Die Verträge zur Einheit Deutschlands

Staatsvertrag

Einigungsvertrag
mit Anlagen

Wahlvertrag

Zwei-plus-Vier-Vertrag

Die Verträge zur Einheit Deutschlands

Textausgabe mit Sachverzeichnis
und einer Einführung
von Professor Dr. Ingo von Münch, Hamburg

Stand: 15. Oktober 1990

Deutscher
Taschenbuch
Verlag

dtv

Sonderausgabe unter redaktioneller Verantwortung
des Verlages C. H. Beck, München
Umschlaggestaltung: Celestino Piatti
Gesamtherstellung: C. H. Beck'sche Buchdruckerei, Nördlingen
ISBN 3 423 05564 2 (dtv)
ISBN 3 406 35128 X (C. H. Beck)

Inhaltsübersicht

Inhaltsverzeichnis der Anlagen I und II

Anlage I: Besondere Bestimmungen zur Überleitung von Bundesrecht

Inhaltsverzeichnis

Inhaltsverzeichnis

II.

Die Teilung Deutschlands war eine unmittelbare Folge des Zweiten Weltkrieges. Von Hitler mit dem Angriff auf Polen am 1. September 1939 begonnen („Seit 5.45 Uhr wird jetzt zurückgeschossen"), endete der „totale Krieg" (Joseph Goebbels) mit der totalen Niederlage des Deutschen Reiches. Mehr als 60 Millionen Menschen – Soldaten und Zivilpersonen – wurden durch den Zweiten Weltkrieg getötet. Deutschland wurde in Besatzungszonen der vier Hauptsiegermächte aufgeteilt, deren Grenzen schon vor dem Ende der Kriegshandlungen, nämlich durch das Londoner Protokoll betreffend die Besatzungszonen in Deutschland und die Verwaltung von Groß-Berlin vom 12. September 1944, festgelegt worden waren.

Während in den ersten Nachkriegsjahren die westlichen drei Besatzungszonen immer mehr zusammenrückten (der Karnevalsschlager „Wir sind die Eingeborenen von Trizonesien ..." drückte das Lebensgefühl der Deutschen in den Westzonen aus), vertiefte sich der Graben zur Sowjetischen Besatzungszone („Ostzone") immer mehr. Die letzte Konferenz der Ministerpräsidenten aller deutschen Länder in West und Ost fand im Jahre 1947 in München statt. Seither verschärfte sich die Spaltung zunächst auch durch die Währungsreform, vor allem aber durch den Bau der Mauer in Berlin und die Errichtung der Sperranlagen an der deutsch-deutschen Grenze durch die Grenztruppen der DDR.

Todesstreifen, Schießbefehl, Selbstschußanlagen, Sperrzonen machten die Grenze im geteilten Deutschland zur unmenschlichsten Grenze in Europa. Die Einheit Deutschlands reduzierte sich greifbar auf wenig mehr als die – wegen der Schranken der EG gegenüber Drittländern für die DDR vorteilhafte – Behandlung des Handels mit der Bundesrepublik als innerdeutscher Handel (Protokoll über den innerdeutschen Handel und die damit zusammenhängenden Fragen vom 25. März 1957), auf die Behandlung von Bürgern der Bundesrepublik im politischen Strafrecht der DDR als Inländer, auf die Geltung von bundesdeutschen Scheidungsurteilen als DDR-Inlandsurteile und auf das Inlandsporto von Briefen im Postverkehr zwischen den beiden Staaten, schließlich auf die fortbestehende Viermächteverantwortung der Alliierten für „Deutschland als Ganzes" und die gemeinsamen alliierten Einrichtungen in Berlin (Luftsicherheitskontrolle; Verwaltung des Kriegsverbrechergefängnisses Spandau).

III.

Während das Grundgesetz in seinem in der Präambel und in Art. 23 S. 2, Art. 116 Abs. 1 und Art. 146 GG gehegten Erwartungen hinsichtlich einer Wiedervereinigung unverändert blieb (gelegentliche politische Diskussionen über eine Streichung des Wiedervereinigungsgebotes der Präambel und über eine Anerkennung einer ausschließlichen DDR-Staatsbürgerschaft blieben ohne Resonanz), wurde die Hoffnung auf eine Vereinigung immer geringer. Immer mehr Deutsche glaubten immer weniger daran, daß sie ein einheitliches Deutschland noch erleben würden. Weil die staatliche Einheit unwiederbringlich verloren schien, flüchtete man sich in den Gedanken der Einheit nicht des Staates, sondern der Nation oder nur der Kulturnation. In Erinnerung an diese weitverbreitete Resignation erscheint die Entwicklung in Deutschland seit dem Herbst 1989 als ein politisches Wunder – in dieser Art und Weise, in dieser atemberaubenden Schnelligkeit und zu diesem Zeitpunkt unvorhergesehen.

Gewiß: an Schritten hin zu einer gewissen Normalisierung des Verhältnisses zwischen Bundesrepublik und DDR hatte es in den letzten Jahren nicht gefehlt. Am 19. März 1970 trafen sich der damalige Bundeskanzler Willy Brandt und der damalige Vorsitzende des Ministerrates der DDR, Willi Stoph, in Erfurt, und in Fortsetzung dieses Gespräches am 21. Mai 1970 in Kassel. Resultat dieser Phase der Entspannungspolitik war der Abschluß des Vertrages über die Grundlagen der Beziehungen zwischen der Bundesrepublik Deutschland und der Deutschen Demokratischen Republik vom 21. Dezember 1972 (Grundvertrag), der von der Bundesregierung nicht als Erschwerung der Wiedervereinigung angesehen wurde, sondern als ein Schritt auf dem Wege dorthin („Wandel durch Annäherung"; „Politik der kleinen Schritte"). Weitere Abkommen zwischen Bundesrepublik und DDR aus den siebziger Jahren betrafen Verkehr, Umwelt und wissenschaftlich-technische Zusammenarbeit; im Jahre 1986 wurde das Kulturabkommen erreicht. Erleichterungen für Reisen in die DDR und aus der DDR erließ die DDR 1972 und 1973. Die Situation in und um Berlin war bereits durch das Viermächte-Abkommen vom 3. September 1971 entspannt worden.

IV.

Dies alles waren aber nur kleine Löcher im Eisernen Vorhang, der nicht nur Deutschland, sondern Europa teilte. In den Ländern Osteuropas wuchs der Wille nach Demokratie, nach freier Zulassung von Gewerkschaften („Solidarnosc" in Polen) und Parteien; Bürgerrechtsbewegungen in der CSSR und in Ungarn wurden unüberhörbar. Die ökonomische Krise machte das System der sozialistischen Planwirtschaft unglaubwürdig und erschütterte das politische System. Der Block der Staaten des Rates für gegenseitige wirtschaftliche Zusammenarbeit (COMECON) und des Warschauer Paktes bekam Risse.

Die Liberalisierungstendenzen in den osteuropäischen Ländern wirkten sich auch auf die deutsche Situation aus: Ungarn, das seine Grenzen zu Österreich geöffnet hatte, erlaubte den aus der DDR geflohenen Deutschen die freie Ausreise in die Bundesrepublik Deutschland; die CSSR erlaubte die Ausreise der Flüchtlinge aus der DDR, die in der Botschaft der Bundesrepublik in Prag Zuflucht gesucht hatten. Die Regierung der DDR ließ schließlich die Durchreise dieser Flüchtlinge mit Zügen durch die DDR zu. Auch in der DDR selbst begann das Volk sich auf sich selbst zu besinnen („Wir sind das Volk"). Auf den großen Montagsdemonstrationen in Leipzig und auf Demonstrationen in anderen Städten und Orten der DDR versammelten sich Hunderttausende von Menschen, um ihren Forderungen nach Freiheit und Demokratie Gehör zu verschaffen. Nach der Ablösung von Erich Honecker beschloß der neue Generalsekretär des

Zentralkomitees der SED, Egon Krenz, die Öffnung der Mauer am Brandenburger Tor und anderer Grenzübergänge; die Entscheidung wurde mit einer eher beiläufigen Mittielung vom Politbüromitglied Schabowski zum Abschluß einer Pressekonferenz am 9. November 1989 bekanntgegeben. Die Menschen in der DDR hatten sich friedlich und ohne Blutvergießen Freiheit und Demokratie selbst erkämpft.

V.

Wie ein lang aufgestauter Strom bewegten sich die Menschen massenhaft von Ost nach West und von West nach Ost. Sah es anfangs noch so aus, als ob das Zusammenwachsen der beiden deutschen Staaten eher gemächlich vonstatten gehen würde (so der von Ministerpräsident Hans Modrow geäußerten Gedanke einer Vertragsgemeinschaft zwischen Bundesrepublik und DDR) oder zunächst nur als Konföderation organisiert werden sollte (so der Zehn-Punkte-Plan von Bundeskanzler Helmut Kohl in seiner Rede vor dem Bundestag am 28. November 1989), so wuchs das Tempo des Vereinigungsprozesses in ungeahnter Weise. Das Volk in der DDR wollte offensichtlich keine Halbheiten – es wollte das Ganze: die vollständige, uneingeschränkte, tatsächliche Vereinigung, und das Ganze schnell. Verständlich ist dies zu gut nach 40 Jahren politischer Unterdrückung durch ein totalitäres Regime mit dem Überwachungssystem der Organisation der Staatssicherheit (STASI), nach 40 Jahren alltäglichem Wirtschaftsmangel, nach 28 Jahren Eingesperrtsein durch die am 13. August 1961 errichtete Mauer. Der Wunsch der Menschen in der DDR nach DM (West) war nicht nur ein materieller Wunsch, sondern hatte auch mit Selbstwertgefühl und Selbstachtung zu tun – nämlich für harte Arbeit nicht in einer weichen, wertlosen Währung („Blechwährung“) ausgezahlt zu werden, auf Reisen in den Westen nicht der arme Verwandte mit allenfalls westlichem Taschengeld sein zu wollen, und im eigenen Land nicht durch währungskräftige „Wessis“ an die Wartewand gedrückt zu werden.

VI.

Aus der besonders wichtigen Bedeutung der Einführung der DM (West) in der DDR wird verständlich, warum der erste der Vereinigungsverträge – nämlich der Vertrag über die Schaffung einer Währungs-, Wirtschafts- und Sozialunion zwischen der Bundesrepublik Deutschland und der DDR vom 15. Mai 1990 („Staatsvertrag“) – im Vertragstitel die Währungsunion an erster Stelle aufführt. Von anderen historischen Beispielen der Schaffung einer Währungseinheit, so dem insbesondere zwischen Mitgliedstaaten des Britischen Commonwealth of Nations vereinbarten Sterling-Gebiet (1931) und dem Franc-Gebiet der Französischen Gemeinschaft (1958), unterscheidet sich die durch den Staatsvertrag geschaffene Währungs-, Wirtschafts und Sozialunion dadurch, daß diese Union ausweislich der Präambel als ein Schritt in Richtung auf die staatliche Einnheit konzipiert ist („Entschlossen, in Freiheit die Einheit Deutschlands in einer europäischen Friedensordnung alsbald zu vollenden“). Formaljuristisch ist der Staatsvertrag ein völkerrechtlicher Vertrag zwischen der Bundesrepublik Deutschland und der (damals noch bestehenden) DDR, materiell-inhaltlich ein verfassungsrechtlicher Vertrag. Dieser materiellrechtliche, staatsrechtliche Inhalt wird insbesondere durch die Art. 1–4 bestimmt:

Es wird „eine Währungsunion mit einem einheitlichen Währungsgebiet und der Deutschen Mark als gemeinsamer Währung" gebildet (Art. 1 Abs. 2 S. 1). Die Deutsche Bundesbank, die gem. Art. 88 GG die Währungs- und Notenbank der Bundesrepublik Deutschland ist, wird nunmehr (auch) „die Währungs- und Notenbank dieses Gebietes" (Art. 1 Abs. 2 S. 2). Die auf die Mark der DDR laufenden Verbindlichkeiten werden nach Maßgabe des Staatsvertrages auf DM umgestellt (Art. 1 Abs. 2 S. 3).

Gemäß Art. 1 Abs. 3 des Staatsvertrages ist Grundlage der Wirtschaftsunion „die Soziale Marktwirtschaft als gemeinsame Wirtschaftsordnung beider Vertragsparteien." Damit geht der Staatsvertrag über die Regelung (oder besser gesagt: die Nicht-Regelung) eines bestimmten Wirtschaftssystems im Grundgesetz – jedenfalls in der Interpretation des Bundesverfassungsgerichts – hinaus. Das Bundesverfassungsgericht hat nämlich im sog. Investitionshilfegesetz-Urteil von 1954, das die Frage der Verfassungsmäßigkeit einer zwangsweise allen Unternehmen auferlegten Geldleistungspflicht zugunsten der im 2. Weltkrieg besonders hart getroffenen Industriezweige betraf, festgestellt: „Das Grundgesetz garantiert weder die wirtschaftspolitische Neutralität der Regierungs- und Gesetzgebungsgewalt noch eine nur mit marktkonformen Mitteln zu steuernde ‚soziale Marktwirtschaft'. Die wirtschaftspolitische Neutralität des Grundgesetzes besteht lediglich darin, daß sich der Verfassunggeber nicht ausdrücklich für ein bestimmtes Wirtschaftssystem entschieden hat. Das ermöglicht dem Gesetzgeber, die ihm jeweils sachgemäß erscheinende Wirtschaftspolitik zu verfolgen, sofern er dabei das Grundgesetz beachtet. Die gegenwärtige Wirtschafts- und Sozialordnung ist zwar eine nach dem Grundgesetz mögliche Ordnung, keineswegs aber die allein mögliche." Das Prinzip der sozialen Marktwirtschaft ist durch den Staatsvertrag zwar nicht Verfassungsrecht geworden, aber doch rechtlich deutlich aufgewertet. Nicht nur das Wirtschaftssystem sondern auch das im Grundgesetz enthaltene Gebot des Sozialstaates (Art. 20 Abs. 1, Art. 28 Abs. 1 GG) sind mit dem Staatsvertrag bekräftigt und konkretisiert. Die im Gesetz zur Förderung der Stabilität und des Wachstums der Wirtschaft (Stabilitätsgesetz) von 1967 enthaltene Zielvorgabe für die staatliche Wirtschafts- und Sozialpolitik – hoher Beschäftigungsstand, Stabilität des Preisniveaus, außenwirtschaftliches Gleichgewicht und stetiges und angemessenes Wirtschaftswachstum (das sog. „magische Viereck") – wird im Staatsvertrag weitergeführt und auf das Gebiet der DDR ausgedehnt: Die Soziale Marktwirtschaft ist nunmehr „die gemeinsame Wirtschaftsordnung" von Bundesrepublik und DDR (Art. 1 Abs. 3 S. 1). Inhaltlich ist die Soziale Marktwirtschaft „insbesondere bestimmt durch Privateigentum, Leistungswettbewerb, freie Preisbildung und grundsätzlich volle Freizügigkeit von Arbeit, Kapital, Gütern und Dienstleistungen" (Art. 1 Abs. 3 S. 2). Mit der Wirtschafts- und Währungsunion bildet die Sozialunion eine Einheit; die Sozialunion „wird insbesondere bestimmt durch eine der Sozialen Marktwirtschaft entsprechende Arbeitsrechtsordnung und ein auf den Prinzipien der Leistungsgerechtigkeit und des sozialen Ausgleichs beruhendes umfassendes System der sozialen Sicherung" (Art. 1 Abs. 4 S. 2). Im Zusammenhang mit den so umschriebenen Grundlagen des Staatsvertrages stehend, aber über den Vertragsgegenstand der Errichtung einer Währungs-, Wirtschafts- und Sozialunion hinausgehend, bekennen sich die Vertragsparteien in den Grundsätzen des Staatsvertrages „zur freiheitlichen, demokratischen, föderativen, rechtsstaatlichen und sozialen Ordnung" (Art. 2 Abs. 1 S. 1). Damit werden in der DDR nicht nur neue Grundsätze staatlichen Handelns eingeführt sondern auch das frühere – diesen Ordnungsgrundsätzen entgegenstehende – SED-System beseitigt.

In den Kapiteln II, III und IV enthält der Staatsvertrag Bestimmungen über die Währungsunion, die Wirtschaftsunion und die Sozialunion im einzelnen. Von besonderer praktischer Bedeutung für die Bevölkerung in der DDR war die Umstellung der Löhne, Gehälter, Stipendien, Renten, Mieten und Pachten sowie weiterer wiederkehrender Zahlungen im Verhältnis 1 zu 1, sowie die Umstellung aller anderen auf Mark der DDR laufenden Forderungen und Verbindlichkeiten grundsätzlich im Verhältnis 2 zu 1, schließlich die Umstellung von Guthaben von natürlichen Personen mit Wohnsitz in der DDR bei Geldinstituten bis zu bestimmten Betragsgrenzen im Verhältnis 1 zu 1 (Art. 10 Abs. 5).

In den Bestimmungen über die Wirtschaftsunion werden die Ziele des Stabilitätsgesetzes wiederholt (Art. 11 Abs. 1 S. 2). Der DDR wird aufgegeben, die „Rahmenbedingungen für die Entfaltung der Marktkräfte und der Privatinitiative" zu schaffen, „um den Strukturwandel, die Schaffung moderner Arbeitsplätze, eine breite Basis aus kleinen und mittleren Unternehmen sowie freien Berufen zu fördern." (Art. 11 Abs. 2 S. 1).

Was die Sozialunion betrifft, so verpflichtet die DDR sich, ein gegliedertes System der Sozialversicherung einzuführen (Art. 18) und ein System der Arbeitslosenversicherung einschließlich Arbeitsförderung einzuführen, das den entsprechenden Regelungen der Bundesrepublik entspricht (Art. 19). Rentenversicherung, Krankenversicherung und Unfallversicherung sind dem Recht in der Bundesrepublik anzugleichen (Art. 20, 21, 23).

In einem eigenen Kapitel (V.) finden sich schließlich Bestimmungen über den Staatshaushalt und die Finanzen in der DDR (Art. 26–34). Viele weitere Einzelheiten, insbesondere zu Aufhebung, Änderung oder Weitergeltung von Rechtsvorschriften (Rechtsanpassung) sind in einem Gemeinsamen Protokoll und in umfangreichen Anlagen zum Staatsvertrag geregelt.

Bemühungen, in die Bezeichnung des Staatsvertrages neben der Schaffung einer Währungs-, Wirtschafts- und Sozialunion auch den Gegenstand Umweltunion aufzunehmen, konnten sich nicht durchsetzen. Jedoch hat die Wirtschaftsunion den Erfordernissen des Umweltschutzes Rechnung zu tragen (Art. 1 Abs. 3 S. 3). Eine eigene Bestimmung (Art. 16) befaßt sich ausschließlich mit dem Umweltschutz; die DDR wird danach – parallel zur Entwicklung des föderativen Staatsaufbaus –

auf Länderebene und mit dem Entstehen einer Verwaltungsgerichtsbarkeit das Umweltrecht der Bundesrepublik übernehmen (Art. 16 Abs. 3). Bei der weiteren Gestaltung eines gemeinsame Umweltrechtes werden die Umweltanforderungen der Bundesrepublik und der DDR „so schnell wie möglich auf hohem Niveau angeglichen und weiterentwickelt (Art. 16 Abs. 4)."

Der Staatsvertrag ist in der Bundesrepublik vom Vertragsgesetz zum Staatsvertrag begleitet und ausgeführt. Das Vertragsgesetz regelt vor allem die zur Umsetzung des Staatsvertrages erforderlichen Regelungen in bezug auf Änderungen von Bundesgesetzen sowie die Finanzierung der Vereinigung durch einen Fonds „Deutsche Einheit", aus dem von 1990 bis 1994 ein Betrag von 115 Milliarden DM für die DDR zur Verfügung gestellt werden sollen. Der Staatsvertrag, dem der Bundestag und die Volkskammer am 21. Juni, der Bundesrat am 22. Juni 1990 zugestimmt haben, ist am 30. Juni 1990 in Kraft getreten.

VII.

Indem der Staatsvertrag sich zu einer freiheitlichen und demokratischen Ordnung bekennt (Art. 2 Abs. 1 S. 1), setzen die Vertragspartner die Durchführung freier Wahlen voraus. An solchen freien Wahlen hat es im Gebiet der DDR 40 Jahre lang gefehlt.

Die Generalversammlung der Vereinten Nationen (UNO) hatte schon am 20. Dezember 1951 eine Entschließung angenommen, die auf freie Wahlen in ganz Deutschland drängte. Die UNO setzte zu diesem Zweck einen internationalen Ausschuß ein, der „unverzüglich eine gleichzeitige Untersuchung in der Bundesrepublik Deutschland, Berlin und der sowjetischen Zone Deutschlands durchführen soll, um festzustellen und zu berichten, ob in diesen Gebieten Bedingungen bestehen, welche es ermöglichen würden, wirklich freie und geheime Wahlen im gesamten Bereich dieser Gebiete abzuhalten." Zu Mitgliedern des Ausschusses wurden Vertreter von Brasilien, Island, den Niederlanden, Pakistan und Polen ernannt; Polen lehnte seine Tätigkeit ab. Die Kommission hielt sich vom 16. bis 23. März 1952 in der Bundesrepublik auf. Die Einreise in die DDR wurde der Kommission verweigert. Nachdem vier Schreiben an den Vorsitzenden der Sowjetischen Kontrollkommission unbeantwortet geblieben waren, stellte der Ausschuß seine Bemühungen ein. In seinem Abschlußbericht vom 5. August 1952 stellte der Ausschuß fest, die Informationen über die innere Entwicklung in Deutschland „lassen dem Ausschuß keine Hoffnung, daß die deutschen Behörden in der Sowjetzone Deutschlands bei der Durchführung seiner Aufgabe mit ihm zusammenarbeiten werden".

Unfreie Wahlen sind nun in der ehemaligen DDR Geschichte. In freien und geheimen Wahlen hat das Volk am 18. März die Abgeordneten der Volkskammer, am 6. Mai die Abgeordneten der Kreistage, Stadtverordnetenversammlungen, Stadtbezirksversammlungen und Gemeindevertretungen, am 14. Oktober 1990 die Abgeordneten der Landtage in den durch das Verfassungsgesetz der DDR zur Bildung von Ländern in der

Deutschen Demokratischen Republik vom 22. Juli 1990 (wieder) geschaffenen Ländern Brandenburg, Mecklenburg-Vorpommern, Sachsen, Sachsen-Anhalt und Thüringen gewählt. Die Wahl im ehemaligen Ost-Berlin wurde mit der Wahl in Berlin(West) auf den 2. Dezember 1990 zur gesamtberliner Wahl vereint, dem Tag der ersten gesamtdeutschen Wahl der Abgeordneten des Deutschen Bundestages.

Diese erste gesamtdeutsche Wahl regelt der Vertrag zur Vorbereitung und Durchführung der ersten gesamtdeutschen Wahl des Deutschen Bundestages zwischen der Bundesrepublik Deutschland und der DDR vom 3. August 1990 (Wahlvertrag). Der Wahlvertrag bezeichnet in seiner Präambel die Wahl des Deutschen Bundestages durch das ganze deutsche Volk „als wichtigen Schritt zur Herstellung der deutschen Einheit", er geht von einer Wahl „aufgrund eines einheitlichen Wahlrechts" aus, und sieht vor, daß hierfür „Änderungen und Anpassungen des Bundeswahlgesetzes erforderlich" sind. Änderungen und Anpassungen des durch Art. 1 Abs. 1 Wahlvertrag auf dem Gebiet der Länder Mecklenburg-Vorpommern, Brandenburg, Sachsen-Anhalt, Sachsen und Thüringen sowie auf das Gebiet von Berlin(Ost) in seinem Geltungsbereich erstreckten Bundeswahlgesetzes betreffen z. B. die vergrößerte Zahl der in der gesamtdeutschen Wahl zu wählenden Bundestagsabgeordneten (656 statt 518) und die Möglichkeit der Verbindung von Landeslisten verschiedener Parteien, die in keinem Land – ausgenommen Berlin – nebeneinander Listenvorschläge einreichen. Die Erlaubnis dieser Listenverbindung (sog. Huckepackverfahren) sollte die Folge haben, daß die für die in einer Liste verbundenen Parteien abgegebenen Stimmen insoweit addiert werden, als es um die Frage geht, ob sie die 5%-Klausel überspringen.

Das Bundesverfassungsgericht hat mit Urteil vom 29. September 1990 aufgrund einer Organklage mehrerer Kläger (Die Grünen; Republikaner; Linke Liste/PDS) und mehrerer Verfassungsbeschwerden einzelner Bürger diese gesetzliche Regelung und die Aufrechterhaltung der auf das gesamte – erweiterte – Wahlgebiet bezogenen Sperrklausel für verfassungswidrig erklärt. In den Entscheidungsgründen stellt das Bundesverfassungsgericht fest, daß die 5%-Klausel zwar grundsätzlich nicht zu beanstanden sei, nämlich wegen des Schutzes der Funktionsfähigkeit des Parlamentes gegen Gefahren, die ihm von einer Parteizersplitterung drohen. Unter besonderen Umständen könne jedoch eine andere Beurteilung geboten sein. Solche besonderen Umstände liegen nach Auffassung des Bundesverfassungsgerichts bei der ersten gesamtdeutschen Wahl vor wegen der außergewöhnlichen Schwierigkeiten kleinerer Parteien. Dem Entscheid des Bundesverfassungsgerichts kam der Bundesgesetzgeber durch das Änderungsgesetz vom 8. Oktober 1990 nach.

VII.

Am 23. August 1990 erklärte die Volkskammer der DDR den Beitritt der Deutschen Demokratischen Republik zum Geltungsbereich des Grundgesetzes der Bundesrepublik Deutschland gemäß Art. 23 GG mit Wirkung vom 3. Oktober 1990. Die Volkskammer stellte dazu in ihrem Beschluß fest: „Sie geht dabei davon aus,

– daß die Beratungen zum Einigungsvertrag zu diesem Termin abgeschlossen sind,
– die Zwei-plus-Vier-Verhandlungen einen Stand erreicht haben, der die außen- und sicherheitspolitischen Bedingungen der deutschen Einheit regelt,
– die Länderbildung soweit vorbereitet ist, daß die Wahl in den Länderparlamenten am 14. Oktober durchgeführt werden kann."

Alle diese Voraussetzungen wurden erfüllt. Die Beratungen zum Einigungsvertrag führten zum Abschluß des Vertrages zwischen der Bundesrepublik Deutschland und der DDR über die Herstellung der Einheit Deutschlands (Einigungsvertrag) am 31. August 1990, dem der Bundestag durch das Gesetz zum Einigungsvertrag vom 23. September 1990 – nach Zustimmung des Bundesrates am 21. September – zustimmte (Art. 1).

Das Gesetz selbst ist knapp gefaßt. Es enthält neben der Zustimmung zum Einigungsvertrag einige rechtstechnische Änderungen, insbesondere Verordnungsermächtigungen für Vertragsanpassungen und zum EG-Recht.

Alle wichtigen Regelungen, insbesondere die Anpassung des Rechts der DDR an das Recht der Bundesrepublik, sind im Vertrag und dessen umfangreichen Anlagen enthalten (Anlage I: Besondere Bestimmungen zur Überleitung von Bundesrecht; Anlage II: Besondere Bestimmungen für fortgeltendes Recht der DDR; Anlage III: Gemeinsame Erklärung der Bundesrepublik Deutschland und der DDR zur Regelung offener Vermögensfragen).

Die wichtigsten Regelungen sind: Die Feststellung (Art. 1), daß mit dem Wirksamwerden des Beitritts der Deutschen Demokratischen Republik zur Bundesrepublik Deutschland gemäß Art. 23 GG am 3. Oktober 1990 die Länder Brandenburg, Mecklenburg-Vorpommern, Sachsen, Sachsen-Anhalt und Thüringen Länder der Bundesrepublik werden; für die Bildung und die Grenzen dieser Länder untereinander werden die Bestimmungen des Verfassungsgesetzes der DDR zur Bildung von Ländern in der Deutschen Demokratischen Republik vom 22. Juli 1990 für maßgeblich erklärt. Art. 2 Abs. 1 klärt die Hauptstadtfrage ohne die Frage des Regierungssitzes zu entscheiden: „Hauptstadt Deutschlands ist Berlin. Die Frage des Sitzes von Parlament und Regierung wird nach der Herstellung der Einheit Deutschlands entschieden." Das in Art. 23 GG bestimmte Inkrafttreten des Grundgesetzes für beigetretene Länder wird in Art. 3 für die Länder Brandenburg, Mecklenburg-Vorpommern, Sachsen, Sachsen-Anhalt und Thüringen sowie für den Teil Berlins, in dem das Grundgesetz bisher nicht galt (also Ost-Berlin), festgelegt. Der Einigungsvertrag enthält sechs Grundgesetzänderungen und einige Empfehlungen zur Änderung des Grundgesetzes. Als „beitrittsbedingte Änderungen des Grundgesetzes" werden in Art. 4 des Einigungsvertrages vorgenommen: die Änderung der Präambel des Grundgesetzes; die Aufhebung des Art. 23 GG; die Änderung des Art. 51 Abs. 2 GG (Erhöhung der Stimmenzahl der Länder im Bundesrat, die mehr als sieben Millionen Einwohner haben – konkret: Baden-Württemberg, Bayern, Niedersachsen, Nordrhein-Westfalen); die Ergänzung des Art. 135a; die Einfügung eines (neuen) Art. 143 („Recht in dem in Art. 3 des Einigungsvertrages genannten Gebiet“ – gemeint ist: im Gebiet der ehemaligen DDR – „kann längstens bis zum 31. Dezember 1992 von Bestimmungen dieses Grundgesetzes abweichen, soweit und solange infolge der unterschiedlichen Verhältnisse die völlige Anpassung an die grundgesetzliche Ordnung noch nicht erreicht werden kann“ – wichtig für die einstweilige Fortgeltung der Fristenlösung beim Schwangerschaftsabbruch –, sowie ein Hinweis auf nicht mehr rückgängig gemacht werdende Eingriffe in das Eigentum); die Neufassung des Art. 146 GG. Von diesen Änderungen des Grundgesetzes kann die Erhöhung der Stimmenzahl der großen Länder der Bundesrepublik nicht eigentlich als „beitrittsbedingt“ bezeichnet werden. Diese sogenannte „Stimmenspreizung“ veränderte im Schnellschußverfahren eine wohlüberlegte Regelung des Grundgesetzes und provoziert den Verdacht, daß dadurch eine Stimmfront der reichen Länder gegen die armen Länder befestigt und gesichert werden soll. Als künftige Verfassungsänderungen werden insbesondere empfohlen die Regelung der Frage des Verhältnisses zwischen Bund und Ländern entsprechend dem Gemeinsamen Beschluß der Ministerpräsidenten vom 5. Juli 1990, die Möglichkeit einer Neuregelung des Raumes Berlin/Brandenburg abweichend von Art. 29 GG, Überlegungen zur Aufnahme von Staatszielbestimmungen in das Grundgesetz (in Betracht kommt vor allem das Staatsziel Umweltschutz) sowie die Frage, ob das Grundgesetz einer Volksabstimmung unterworfen werden soll.

Weitere Regelungen des Einigungsvertrages betreffen z. B. die Finanzverfassung, die Überleitung von Bundesrecht, die Fortgeltung von Recht der ehemaligen DDR, die Fortgeltung von völkerrechtlichen Verträgen, die Fortgeltung von Entscheidungen der Gerichte und der öffentlichen Verwaltung, die Rechtsverhältnisse im öffentlichen Dienst, das Verwaltungs-, Finanz- und Treuhandvermögen, Schuldenregelung, Arbeit und Soziales, Familie und Frauen, Gesundheitswesen, Umweltschutz, Kultur, Rundfunk, Bildung, Wissenschaft und Forschung, Sport. Nicht in den Einigungsvertrag aufgenommen wurde eine von der Bundesregierung beabsichtigte Amnestie für Spionagetätigkeit von Angehörigen der DDR-Auslandsnachrichtendienste.

IX.

Mit dem Beitritt der Länder Brandenburg, Mecklenburg-Vorpommern, Sachsen, Sachsen-Anhalt und Thüringen am 3. Oktober 1990 ist die Teilung Deutschlands beendet. Der 3. Oktoberist deshalb zu Recht als „Tag der deutschen Einheit“ zum gesetzlichen Feiertag erklärt worden (Art. 2 Abs. 2 Einigungsvertrag). Der politische, wirtschaftliche und rechtliche Neuaufbau der neuen Länder der Bundesrepublik hat begonnen. Die Vereinigung Deutschlands ist zugleich ein Beitrag zur Einheit Europas und zum Frieden in der Welt. Dies wird deutlich in dem am 12. September 1990 in Moskau von den Außenministern der Bundesrepublik Deutschland und der DDR und den Außenministern von Frankreich, Großbritannien, den USA und der Sowjetunion unterzeichneten Vertrag über die abschließende Regelung in bezug auf Deutschland (sog. Zwei-plus-Vier-Vertrag).

Einführung

In diesem Vertrag beenden die vier Siegermächte ihre Rechte und Verantwortlichkeiten in bezug auf Berlin und Deutschland als Ganzes – das vereinte Deutschland hat damit seine volle Souveränität (Art. 7). Das vereinte Deutschland erklärt, daß es keinerlei Gebietsansprüche gegen andere Staaten hat und solche auch nicht in Zukunft erheben wird (Art. 1 Abs. 3). Die zwischen Deutschland und Polen bestehende Grenze wird in einem – noch abzuschließenden – völkerrechtlichen Vertrag bestätigt (Art. 1 Abs. 2). Weitere Regelungen betreffen die Reduzierung der deutschen Streitkräfte und den Abzug der sowjetischen Streitkräfte aus dem Gebiet der ehemaligen DDR bis zum Jahre 1994. Auch ohne formellen Friedensvertrag ist endlich Frieden in ganz Europa. Dem deutschen Volk ist eine Vereinigung nach Art Vietnams – dort nach einem langjährigen blutigen Krieg – erspart geblieben.

1. Vertrag über die Schaffung einer Währungs-, Wirtschafts- und Sozialunion zwischen der Bundesrepublik Deutschland und der Deutschen Demokratischen Republik[1]

Vom 18. 5. 1990

(BGBl. II S. 537)

Die Hohen Vertragschließenden Seiten –

dank der Tatsache, daß in der Deutschen Demokratischen Republik im Herbst 1989 eine friedliche und demokratische Revolution stattgefunden hat,

entschlossen, in Freiheit die Einheit Deutschlands in einer europäischen Friedensordnung alsbald zu vollenden,

in dem gemeinsamen Willen, die Soziale Marktwirtschaft als Grundlage für die weitere wirtschaftliche und gesellschaftliche Entwicklung mit sozialem Ausgleich und sozialer Absicherung und Verantwortung gegenüber der Umwelt auch in der Deutschen Demokratischen Republik einzuführen und hierdurch die Lebens- und Beschäftigungsbedingungen ihrer Bevölkerung stetig zu verbessern,

ausgehend von dem beiderseitigen Wunsch, durch die Schaffung einer Währungs-, Wirtschafts- und Sozialunion einen ersten bedeutsamen Schritt in Richtung auf die Herstellung der staatlichen Einheit nach Artikel 23 des Grundgesetzes der Bundesrepublik Deutschland als Beitrag zur europäischen Einigung unter Berücksichtigung der Tatsache zu unternehmen, daß die äußeren Aspekte der Herstellung der Einheit Gegenstand der Gespräche mit den Regierungen der Französischen Republik, der Union der Sozialistischen Sowjetrepubliken, des Vereinigten Königreichs Großbritannien und Nordirland und der Vereinigten Staaten von Amerika sind,

in der Erkenntnis, daß mit der Herstellung der staatlichen Einheit die Entwicklung föderativer Strukturen in der Deutschen Demokratischen Republik einhergeht,

in dem Bewußtsein, daß die Regelungen dieses Vertrages die Anwendung des Rechts der Europäischen Gemeinschaften nach Herstellung der staatlichen Einheit gewährleisten sollen –

sind übereingekommen, einen Vertrag über die Schaffung einer Währungs-, Wirtschafts- und Sozialunion mit den nachfolgenden Bestimmungen zu schließen:

---

[1] Die Zustimmung zu dem Staatsvertrag ist mit Vertragsgesetz vom 25. 6. 1990 (BGBl. II S. 518) erfolgt. Der Staatsvertrag ist am 30. 6. 1990 in Kraft getreten (BGBl. 1990 II S. 700). Der Vertrag ist nach Sachgebieten in 6 Kapitel aufgeteilt und besteht aus 38 Artikeln, einem gemeinsamen Protokoll sowie 9 Anlagen. Die Anlagen, die im folgenden nicht abgedruckt sind, sind mit amtlicher Begründung wiedergegeben in: Verträge und Rechtsakte zur Deutschen Einheit (hrsg. v. Stern/Schmidt-Bleibtreu), Bd. 1, Staatsvertrag, München 1990.

Kapitel I. Grundlagen

Art. 1 Gegenstand des Vertrags. (1) Die Vertragsparteien errichten eine Währungs-, Wirtschafts- und Sozialunion.

(2) Die Vertragsparteien bilden beginnend mit dem 1. Juli 1990 eine Währungsunion mit einem einheitlichen Währungsgebiet und der Deutschen Mark als gemeinsamer Währung. Die Deutsche Bundesbank ist die Währungs- und Notenbank dieses Währungsgebiets. Die auf Mark der Deutschen Demokratischen Republik lautenden Verbindlichkeiten und Forderungen werden nach Maßgabe dieses Vertrags auf Deutsche Mark umgestellt.

(3) Grundlage der Wirtschaftsunion ist die Soziale Marktwirtschaft als gemeinsame Wirtschaftsordnung beider Vertragsparteien. Sie wird insbesondere bestimmt durch Privateigentum, Leistungswettbewerb, freie Preisbildung und grundsätzlich volle Freizügigkeit von Arbeit, Kapital, Gütern und Dienstleistungen; hierdurch wird die gesetzliche Zulassung besonderer Eigentumsformen für die Beteiligung der öffentlichen Hand oder anderer Rechtsträger am Wirtschaftsverkehr nicht ausgeschlossen, soweit private Rechtsträger dadurch nicht diskriminiert werden. Sie trägt den Erfordernissen des Umweltschutzes Rechnung.

(4) Die Sozialunion bildet mit der Währungs- und Wirtschaftsunion eine Einheit. Sie wird insbesondere bestimmt durch eine der Sozialen Marktwirtschaft entsprechende Arbeitsrechtsordnung und ein auf den Prinzipien der Leistungsgerechtigkeit und des sozialen Ausgleichs beruhendes umfassendes System der sozialen Sicherung.

Art. 2 Grundsätze. (1) Die Vertragsparteien bekennen sich zur freiheitlichen, demokratischen, föderativen, rechtsstaatlichen und sozialen Grundordnung. Zur Gewährleistung der in diesem Vertrag oder in Ausführung dieses Vertrags begründeten Rechte garantieren sie insbesondere die Vertragsfreiheit, Gewerbe-, Niederlassungs- und Berufsfreiheit, die Freizügigkeit von Deutschen in dem gesamten Währungsgebiet, die Freiheit, zur Wahrung und Förderung der Arbeits- und Wirtschaftsbedingungen Vereinigungen zu bilden, sowie nach Maßgabe der Anlage IX das Eigentum privater Investoren an Grund und Boden sowie an Produktionsmitteln.

(2) Entgegenstehende Vorschriften der Verfassung der Deutschen Demokratischen Republik über die Grundlagen ihrer bisherigen sozialistischen Gesellschafts- und Staatsordnung werden nicht mehr angewendet.

Art. 3 Rechtsgrundlagen. Für die Errichtung der Währungsunion und die Währungsumstellung gelten die in der Anlage I aufgeführten vereinbarten Bestimmungen. Bis zur Errichtung der Währungsunion werden die in der Anlage II bezeichneten Rechtsvorschriften der Bundesrepublik Deutschland auf den Gebieten des Währungs-, Kredit-, Geld- und Münzwesens sowie der Wirtschafts- und Sozialunion in der Deutschen Demokratischen Republik in Kraft gesetzt; danach gelten sie in der jeweiligen

Fassung im gesamten Währungsgebiet nach Maßgabe der Anlage II, soweit sich aus diesem Vertrag nichts anderes ergibt. Die Deutsche Bundesbank, das Bundesaufsichtsamt für das Kreditwesen und das Bundesaufsichtsamt für das Versicherungswesen üben die ihnen nach diesem Vertrag und nach diesen Rechtsvorschriften zustehenden Befugnisse im gesamten Geltungsbereich dieses Vertrags aus.

Art. 4 Rechtsanpassung. (1) Für die mit der Errichtung der Währungs-, Wirtschafts- und Sozialunion erforderliche Rechtsanpassung in der Deutschen Demokratischen Republik gelten die in Artikel 2 Absatz 1 niedergelegten Grundsätze und die im Gemeinsamen Protokoll vereinbarten Leitsätze; fortbestehendes Recht ist gemäß diesen Grund- und Leitsätzen auszulegen und anzuwenden. Die Deutsche Demokratische Republik hebt bis zur Errichtung der Währungsunion die in der Anlage III bezeichneten Vorschriften auf oder ändert sie und erläßt die in der Anlage IV bezeichneten neuen Rechtsvorschriften, soweit nicht im Vertrag oder in den Anlagen ein anderer Zeitpunkt festgelegt ist.

(2) Die in der Bundesrepublik Deutschland beabsichtigten Änderungen von Rechtsvorschriften sind in der Anlage V aufgeführt. Die in der Deutschen Demokratischen Republik beabsichtigten Regelungen sind in der Anlage VI aufgeführt.

(3) Bei der Übermittlung personenbezogener Informationen gelten die in der Anlage VII enthaltenen Grundsätze.

Art. 5 Amtshilfe. Die Behörden der Vertragsparteien leisten sich nach Maßgabe des innerstaatlichen Rechts bei der Durchführung dieses Vertrags Amtshilfe. Artikel 32 bleibt unberührt.

Art. 6 Rechtsschutz. (1) Wird jemand durch die öffentliche Gewalt in seinen durch diesen Vertrag oder in Ausführung dieses Vertrags gewährleisteten Rechten verletzt, so steht ihm der Rechtsweg zu den Gerichten offen. Soweit eine andere Zuständigkeit nicht begründet ist, ist der ordentliche Rechtsweg gegeben.

(2) Die Deutsche Demokratische Republik gewährleistet gerichtlichen Rechtsschutz einschließlich eines effektiven einstweiligen Rechtsschutzes. Soweit für öffentlich-rechtliche Streitigkeiten keine besonderen Gerichte bestehen, werden Spezialspruchkörper bei den ordentlichen Gerichten eingerichtet. Die Zuständigkeit für diese Streitigkeiten wird bei bestimmten Kreis- und Bezirksgerichten konzentriert.

(3) Bis zum Aufbau einer besonderen Arbeitsgerichtsbarkeit werden Rechtsstreitigkeiten zwischen Arbeitgebern und Arbeitnehmern aus dem Arbeitsverhältnis von neutralen Schiedsstellen entschieden, die paritätisch mit Arbeitgebern und Arbeitnehmern sowie einem neutralen Vorsitzenden zu besetzen sind. Gegen ihre Entscheidung können die staatlichen Gerichte angerufen werden.

(4) Die Deutsche Demokratische Republik läßt eine freie Schiedsgerichtsbarkeit auf dem Gebiet des Privatrechts zu.

Art. 7 Schiedsgericht. (1) Streitigkeiten über die Auslegung oder Anwendung dieses Vertrags einschließlich des Gemeinsamen Protokolls und der Anlagen werden durch die Regierungen der beiden Vertragsparteien im Verhandlungswege beigelegt.

(2) Kann eine Streitigkeit auf diese Weise nicht beigelegt werden, so kann jede Vertragspartei die Streitigkeit einem Schiedsgericht zur Entscheidung vorlegen. Die Vorlage ist unabhängig davon zulässig, ob in der Angelegenheit gemäß Artikel 6 ein staatliches Gericht zuständig ist.

(3) Das Schiedsgericht setzt sich aus einem Präsidenten und vier Mitgliedern zusammen. Innerhalb einer Frist von einem Monat nach Inkrafttreten dieses Vertrags ernennt die Regierung einer jeden Vertragspartei zwei ordentliche und zwei stellvertretende Mitglieder. Innerhalb der gleichen Frist werden der Präsident und der Stellvertreter des Präsidenten im Einvernehmen zwischen den Regierungen der beiden Vertragsparteien ernannt. Werden die in Satz 2 und 3 genannten Fristen nicht eingehalten, so werden die erforderlichen Ernennungen vom Präsidenten des Gerichtshofs der Europäischen Gemeinschaften vorgenommen.

(4) Die Amtszeit beträgt zwei Jahre.

(5) Der Präsident und die Mitglieder des Schiedsgerichts üben ihr Amt unabhängig und frei von Weisungen aus. Vor Beginn ihrer Tätigkeit übernehmen der Präsident und die Mitglieder des Schiedsgerichts die Verpflichtung, ihre Aufgabe unabhängig und gewissenhaft zu erfüllen und das Beratungsgeheimnis zu wahren.

(6) Die Bestimmungen über die Einberufung und das Verfahren des Schiedsgerichts sind in der Anlage VIII geregelt.

Art. 8 Gemeinsamer Regierungsausschuß. Die Vertragsparteien bilden einen Gemeinsamen Regierungsausschuß. Sie werden in diesem Ausschuß Fragen der Durchführung des Vertrags erörtern und – soweit erforderlich – das notwendige Einvernehmen herstellen. Zu den Aufgaben des Ausschusses gehört auch die Beilegung von Streitigkeiten gemäß Artikel 7 Absatz 1.

Art. 9 Vertragsänderungen. Erscheinen Änderungen oder Ergänzungen dieses Vertrags erforderlich, um eines seiner Ziele zu verwirklichen, so werden sie zwischen den Regierungen der Vertragsparteien vereinbart.

Kapitel II. Bestimmungen über die Währungsunion

Art. 10 Voraussetzungen und Grundsätze. (1) Durch die Errichtung einer Währungsunion zwischen den Vertragsparteien ist die Deutsche Mark Zahlungsmittel, Rechnungseinheit und Wertaufbewahrungsmittel im gesamten Währungsgebiet. Zu diesem Zweck wird die geldpolitische Verantwortung der Deutschen Bundesbank als alleiniger Emissionsbank dieser Währung auf das gesamte Währungsgebiet ausgeweitet. Das Recht zur Ausgabe von Münzen obliegt ausschließlich der Bundesrepublik Deutschland.

(2) Die Nutzung der Vorteile der Währungsunion setzt einen stabilen Geldwert für die Wirtschaft der Deutschen Demokratischen Republik voraus, ebenso muß die Währungsstabilität in der Bundesrepublik Deutschland gewährleistet bleiben. Die Vertragsparteien wählen deshalb Umstellungsmodalitäten, die keine Inflationsimpulse im Gesamtbereich der Währungsunion entstehen lassen und gleichzeitig die Wettbewerbsfähigkeit der Unternehmen in der Deutschen Demokratischen Republik stärken.

(3) Die Deutsche Bundesbank regelt durch den Einsatz ihrer Instrumente in eigener Verantwortung, gemäß § 12 Bundesbankgesetz unabhängig von Weisungen der Regierungen der Vertragsparteien, den Geldumlauf und die Kreditversorgung im gesamten Währungsgebiet mit dem Ziel, die Währung zu sichern.

(4) Voraussetzung für die monetäre Steuerung ist, daß die Deutsche Demokratische Republik ein marktwirtschaftliches Kreditsystem aufbaut. Dazu gehört ein nach privatwirtschaftlichen Grundsätzen operierendes Geschäftsbankensystem im Wettbewerb privater, genossenschaftlicher und öffentlich-rechtlicher Banken, ein freier Geld- und Kapitalmarkt und eine nicht reglementierte Zinsbildung an den Finanzmärkten.

(5) Um die in den Absätzen 1 bis 4 bezeichneten Ziele zu erreichen, vereinbaren die Vertragsparteien nach näherer Maßgabe der in der Anlage I niedergelegten Bestimmungen folgende Grundsätze für die Währungsunion:

- Mit Wirkung vom 1. Juli 1990 wird die Deutsche Mark als Währung in der Deutschen Demokratischen Republik eingeführt. Die von der Deutschen Bundesbank ausgegebenen, auf Deutsche Mark lautenden Banknoten und die von der Bundesrepublik Deutschland ausgegebenen, auf Deutsche Mark oder Pfennig lautenden Bundesmünzen sind vom 1. Juli 1990 an alleiniges gesetzliches Zahlungsmittel.
- Löhne, Gehälter, Stipendien, Renten, Mieten und Pachten sowie weitere wiederkehrende Zahlungen werden im Verhältnis 1 zu 1 umgestellt.
- Alle anderen auf Mark der Deutschen Demokratischen Republik lautenden Forderungen und Verbindlichkeiten werden grundsätzlich im Verhältnis 2 zu 1 auf Deutsche Mark umgestellt.
- Die Umstellung von auf Mark der Deutschen Demokratischen Republik lautenden Banknoten und Münzen ist nur für Personen oder Stellen mit Wohnsitz oder Sitz in der Deutschen Demokratischen Republik über Konten bei Geldinstituten in der Deutschen Demokratischen Republik möglich, auf die die umzustellenden Bargeldbeträge eingezahlt werden können.
- Guthaben bei Geldinstituten von natürlichen Personen mit Wohnsitz in der Deutschen Demokratischen Republik werden auf Antrag bis zu bestimmten Betragsgrenzen im Verhältnis 1 zu 1 umgestellt, wobei eine Differenzierung nach dem Lebensalter des Berechtigten stattfindet.
- Sonderregelungen gelten für Guthaben von Personen, deren Wohnsitz oder Sitz sich außerhalb der Deutschen Demokratischen Republik befindet.
- Mißbräuchen wird entgegengewirkt.

(6) Nach einer Bestandsaufnahme des volkseigenen Vermögens und seiner Ertragsfähigkeit sowie nach seiner vorrangigen Nutzung für die Strukturanpassung der Wirtschaft und für die Sanierung des Staatshaushalts wird die Deutsche Demokratische Republik nach Möglichkeit vorsehen, daß den Sparern zu einem späteren Zeitpunkt für den bei der Umstellung 2 zu 1 reduzierten Betrag ein verbrieftes Anteilsrecht am volkseigenen Vermögen eingeräumt werden kann.

(7) Die Deutsche Bundesbank übt die ihr nach diesem Vertrag und nach dem Gesetz über die Deutsche Bundesbank zustehenden Befugnisse im gesamten Währungsgebiet aus. Sie errichtet zu diesem Zweck eine Vorläufige Verwaltungsstelle in Berlin mit bis zu fünfzehn Filialen in der Deutschen Demokratischen Republik, wozu die Betriebsstellen der Staatsbank der Deutschen Demokratischen Republik genutzt werden.

Kapitel III. Bestimmungen über die Wirtschaftsunion

Art. 11 Wirtschaftspolitische Grundlagen. (1) Die Deutsche Demokratische Republik stellt sicher, daß ihre wirtschafts- und finanzpolitischen Maßnahmen mit der Sozialen Marktwirtschaft in Einklang stehen. Die Maßnahmen werden so getroffen, daß sie im Rahmen der marktwirtschaftlichen Ordnung gleichzeitig zur Stabilität des Preisniveaus, zu einem hohen Beschäftigungsstand und zu außenwirtschaftlichem Gleichgewicht bei stetigem und angemessenem Wirtschaftswachstum beitragen.

(2) Die Deutsche Demokratische Republik schafft die Rahmenbedingungen für die Entfaltung der Marktkräfte und der Privatinitiative, um den Strukturwandel, die Schaffung moderner Arbeitsplätze, eine breite Basis aus kleinen und mittleren Unternehmen sowie freien Berufen und den Schutz der Umwelt zu fördern. Die Unternehmensverfassung wird so gestaltet, daß sie auf den in Artikel 1 beschriebenen Prinzipien der Sozialen Marktwirtschaft mit der freien Entscheidung der Unternehmen über Produkte, Mengen, Produktionsverfahren, Investitionen, Arbeitsverhältnisse, Preise und Gewinnverwendung beruht.

(3) Die Deutsche Demokratische Republik richtet ihre Politik unter Beachtung ihrer gewachsenen außenwirtschaftlichen Beziehungen mit den Ländern des Rates für Gegenseitige Wirtschaftshilfe schrittweise auf das Recht und die wirtschaftspolitischen Ziele der Europäischen Gemeinschaften aus.

(4) Die Regierung der Deutschen Demokratischen Republik wird bei Entscheidungen, welche die wirtschaftspolitischen Grundsätze der Absätze 1 und 2 berühren, das Einvernehmen mit der Regierung der Bundesrepublik Deutschland im Rahmen des Gemeinsamen Regierungsausschusses nach Artikel 8 herstellen.

Art. 12 Innerdeutscher Handel. (1) Das zwischen den Vertragsparteien vereinbarte Berliner Abkommen vom 20. September 1951 wird im Hinblick auf die Währungs- und Wirtschaftsunion angepaßt. Der dort geregelte Verrechnungsverkehr wird beendet und der Abschlußsaldo des Swing wird ausgeglichen. Bestehende Verpflichtungen werden in Deutscher Mark abgewickelt.

(2) Die Vertragsparteien stellen sicher, daß Waren, die nicht Ursprungswaren der Bundesrepublik Deutschland oder der Deutschen Demokratischen Republik sind, über die innerdeutsche Grenze in einem zollamtlich überwachten Verfahren befördert werden.

(3) Die Vertragsparteien sind bestrebt, so bald wie möglich die Voraussetzungen für einen vollständigen Wegfall der Kontrollen an der innerdeutschen Grenze zu schaffen.

Art. 13 Außenwirtschaft. (1) Bei der Gestaltung des freien Außenwirtschaftsverkehrs trägt die Deutsche Demokratische Republik den Grundsätzen eines freien Welthandels, wie sie insbesondere im Allgemeinen Zoll- und Handelsabkommen (GATT) zum Ausdruck kommen, Rechnung. Die Bundesrepublik Deutschland wird zur weiteren Integration der Wirtschaft der Deutschen Demokratischen Republik in die Weltwirtschaft ihre Erfahrungen umfassend zur Verfügung stellen.

(2) Die gewachsenen außenwirtschaftlichen Beziehungen der Deutschen Demokratischen Republik, insbesondere bestehende vertragliche Verpflichtungen gegenüber den Ländern des Rates für Gegenseitige Wirtschaftshilfe, genießen Vertrauensschutz. Sie werden unter Berücksichtigung der Gegebenheiten der Währungs- und Wirtschaftsunion und der Interessen aller Beteiligten fortentwickelt sowie unter Beachtung marktwirtschaftlicher Grundsätze ausgebaut. Soweit erforderlich, werden bestehende vertragliche Verpflichtungen von der Deutschen Demokratischen Republik im Einvernehmen mit ihren Vertragspartnern an diese Gegebenheiten angepaßt.

(3) Zur Vertretung der außenwirtschaftlichen Interessen arbeiten die Vertragsparteien unter Beachtung der Zuständigkeiten der Europäischen Gemeinschaften eng zusammen.

Art. 14 Strukturanpassung der Unternehmen. Um die notwendige Strukturanpassung der Unternehmen in der Deutschen Demokratischen Republik zu fördern, wird die Regierung der Deutschen Demokratischen Republik im Rahmen der haushaltspolitischen Möglichkeiten während einer Übergangszeit Maßnahmen ergreifen, die eine rasche strukturelle Anpassung der Unternehmen an die neuen Marktbedingungen erleichtern. Über die konkrete Ausgestaltung der Maßnahmen verständigen sich die Regierungen der Vertragsparteien. Ziel ist es, auf der Grundlage der Sozialen Marktwirtschaft die Leistungsfähigkeit der Unternehmen zu stärken und durch die Entfaltung privater Initiative eine breit gefächerte, moderne Wirtschaftsstruktur auch mit möglichst vielen kleinen und mittleren Betrieben in der Deutschen Demokratischen Republik zu erreichen, um so die Grundlage für mehr Wachstum und zukunftssichere Arbeitsplätze zu schaffen.

Art. 15 Agrar- und Ernährungswirtschaft. (1) Wegen der zentralen Bedeutung der Regelungen der Europäischen Gemeinschaften für die Agrar- und Ernährungswirtschaft führt die Deutsche Demokratische Republik ein Preisstützungs- und Außenschutzsystem entsprechend dem EG-Marktordnungssystem ein, so daß sich die landwirtschaftlichen Erzeugerpreise in der Deutschen Demokratischen Republik denen in der Bundesrepublik Deutschland angleichen. Die Deutsche Demokratische Republik wird keine Abschöpfungen und Erstattungen gegenüber den Europäischen Gemeinschaften einführen, soweit diese entsprechend verfahren.

(2) Für Warenbereiche, für die die Einführung eines vollständigen Preisstützungssystems noch nicht sofort mit dem Inkrafttreten dieses Vertrages möglich ist, können Übergangslösungen angewandt werden. Bis zur rechtlichen Integration der Agrar- und Ernährungswirtschaft der Deutschen Demokratischen Republik in den EG-Agrarmarkt sind bei sensiblen Agrarerzeugnissen im Handel zwischen den Vertragsparteien spezifische mengenmäßige Regelungsmechanismen möglich.

(3) Unbeschadet der Maßnahmen nach Artikel 14 wird die Deutsche Demokratische Republik im Rahmen der haushaltspolitischen Möglichkeiten während einer Übergangszeit den in der Agrar- und Ernährungswirtschaft erforderlichen strukturellen Anpassungsprozeß zur Verbesserung der Wettbewerbsfähigkeit der Betriebe, zur umwelt- und qualitätsorientierten Produktion sowie zur Vermeidung von Überschüssen durch geeignete Maßnahmen fördern.

(4) Über die konkrete Ausgestaltung der in den Absätzen 2 und 3 genannten Maßnahmen verständigen sich die Regierungen der Vertragsparteien.

Art. 16 Umweltschutz. (1) Der Schutz von Menschen, Tieren und Pflanzen, Boden, Wasser, Luft, Klima und Landschaft sowie von Kultur- und sonstigen Sachgütern vor schädlichen Umwelteinwirkungen ist besonderes Anliegen beider Vertragsparteien. Sie lassen sich dabei von dem Vorsorge-, Verursacher- und Kooperationsprinzip leiten. Sie streben die schnelle Verwirklichung einer deutschen Umweltunion an.

(2) Die Deutsche Demokratische Republik trifft Regelungen, die mit Inkrafttreten dieses Vertrags sicherstellen, daß auf ihrem Gebiet für neue Anlagen und Einrichtungen die in der Bundesrepublik Deutschland geltenden Sicherheits- und Umweltschutzanforderungen Voraussetzung für die Erteilung umweltrechtlicher Genehmigungen sind. Für bestehende Anlagen und Einrichtungen trifft die Deutsche Demokratische Republik Regelungen, die möglichst schnell zu entsprechenden Anforderungen führen.

(3) Die Deutsche Demokratische Republik wird parallel zur Entwicklung des föderativen Staatsaufbaus auf Länderebene und mit dem Entstehen einer Verwaltungsgerichtsbarkeit das Umweltrecht der Bundesrepublik Deutschland übernehmen.

(4) Bei der weiteren Gestaltung eines gemeinsamen Umweltrechtes werden die Umweltanforderungen der Bundesrepublik Deutschland und

der Deutschen Demokratischen Republik so schnell wie möglich auf hohem Niveau angeglichen und weiterentwickelt.

(5) Die Deutsche Demokratische Republik harmonisiert die Bestimmungen zur staatlichen Förderung von Umweltschutzmaßnahmen mit denen der Bundesrepublik Deutschland.

Kapitel IV. Bestimmungen über die Sozialunion

Art. 17 Grundsätze der Arbeitsrechtsordnung. In der Deutschen Demokratischen Republik gelten Koalitionsfreiheit, Tarifautonomie, Arbeitskampfrecht, Betriebsverfassung, Unternehmensmitbestimmung und Kündigungsschutz entsprechend dem Recht der Bundesrepublik Deutschland; näheres ergibt sich aus dem Gemeinsamen Protokoll über die Leitsätze und den Anlagen II und III.

Art. 18 Grundsätze der Sozialversicherung. (1) Die Deutsche Demokratische Republik führt ein gegliedertes System der Sozialversicherung ein, für das folgende Grundsätze gelten:

1. Die Renten-, Kranken-, Unfall- und Arbeitslosenversicherung werden jeweils durch Selbstverwaltungskörperschaften des öffentlichen Rechts unter der Rechtsaufsicht des Staates durchgeführt.
2. Die Renten-, Kranken-, Unfall- und Arbeitslosenversicherung einschließlich der Arbeitsförderung werden vor allem durch Beiträge finanziert. Die Beiträge zur Renten-, Kranken- und Arbeitslosenversicherung werden grundsätzlich je zur Hälfte von Arbeitnehmern und Arbeitgebern entsprechend den Beitragssätzen in der Bundesrepublik Deutschland und zur Unfallversicherung von den Arbeitgebern getragen.
3. Lohnersatzleistungen orientieren sich an der Höhe der versicherten Entgelte.

(2) Zunächst werden die Aufgaben der Renten-, Kranken- und Unfallversicherung von einem gemeinsamen Träger durchgeführt; die Einnahmen und Ausgaben werden getrennt nach den Versicherungsarten erfaßt und abgerechnet. Möglichst bis zum 1. Januar 1991 werden für die Renten-, Kranken- und Unfallversicherung eigenständige Träger gebildet. Ziel dabei ist eine Organisationsstruktur der Sozialversicherung, die der in der Bundesrepublik Deutschland entspricht.

(3) In der Deutschen Demokratischen Republik kann für eine Übergangszeit die bestehende umfassende Sozialversicherungspflicht beibehalten werden. Für Selbständige und freiberuflich Tätige soll bei Nachweis einer ausreichenden anderweitigen Sicherung eine Befreiung von der Sozialversicherungspflicht vorgesehen werden. In diesem Zusammenhang wird die Errichtung von berufsständischen Versorgungswerken außerhalb der Rentenversicherung ermöglicht.

(4) Lohnempfänger, deren Lohneinkünfte im letzten Lohnabrechnungszeitraum vor dem 1. Juli 1990 einem besonderen Steuersatz gemäß

§ 10 der Verordnung vom 22. Dezember 1952 über die Besteuerung des Arbeitseinkommens (GBl. Nr. 182 S. 1413) unterlagen, erhalten bis zum 31. Dezember 1990 zu ihrem Rentenversicherungsbeitrag einen Zuschuß bei einem Monatslohn

- bis 600 Deutsche Mark in Höhe von 30 Deutsche Mark,
- über 600 bis 700 Deutsche Mark in Höhe von 20 Deutsche Mark,
- über 700 bis 800 Deutsche Mark in Höhe von 10 Deutsche Mark.

Lohneinkünfte aus mehreren Arbeitsverhältnissen werden zusammengerechnet. Der Zuschuß wird dem Lohnempfänger vom Arbeitgeber ausgezahlt. Der Arbeitgeber erhält diese Aufwendungen auf Antrag aus dem Staatshaushalt erstattet.

(5) Die Versicherungspflicht- und die Beitragbemessungsgrenzen werden nach den Grundsätzen des Sozialversicherungsrechts der Bundesrepublik Deutschland festgelegt.

Art. 19 Arbeitslosenversicherung und Arbeitsförderung. Die Deutsche Demokratische Republik führt ein System der Arbeitslosenversicherung einschließlich Arbeitsförderung ein, das den Regelungen des Arbeitsförderungsgesetzes der Bundesrepublik Deutschland entspricht. Dabei haben Maßnahmen der aktiven Arbeitsmarktpolitik, wie berufliche Bildung und Umschulung, besondere Bedeutung. Belange der Frauen und Behinderten werden berücksichtigt. In der Übergangsphase wird Besonderheiten in der Deutschen Demokratischen Republik Rechnung getragen. Die Regierungen beider Vertragsparteien werden beim Aufbau der Arbeitslosenversicherung einschließlich Arbeitsförderung eng zusammenarbeiten.

Art. 20 Rentenversicherung. (1) Die Deutsche Demokratische Republik leitet alle erforderlichen Maßnahmen ein, um ihr Rentenrecht an das auf dem Grundsatz der Lohn- und Beitragsbezogenheit beruhende Rentenversicherungsrecht der Bundesrepublik Deutschland anzugleichen. Dabei wird in einer Übergangszeit von fünf Jahren für die rentennahen Jahrgänge dem Grundsatz des Vertrauensschutzes Rechnung getragen.

(2) Die Rentenversicherung verwendet die ihr zur Verfügung stehenden Mittel ausschließlich zur Erfüllung der ihr obliegenden Aufgaben bei Rehabilitation, Invalidität, Alter und Tod. Die bestehenden Zusatz- und Sonderversorgungssysteme werden grundsätzlich zum 1. Juli 1990 geschlossen. Bisher erworbene Ansprüche und Anwartschaften werden in die Rentenversicherung überführt, wobei Leistungen aufgrund von Sonderregelungen mit dem Ziel überprüft werden, ungerechtfertigte Leistungen abzuschaffen und überhöhte Leistungen abzubauen. Die der Rentenversicherung durch die Überführung entstehenden Mehraufwendungen werden ihr aus dem Staatshaushalt erstattet.

(3) Die Bestandsrenten der Rentenversicherung werden bei Umstellung auf Deutsche Mark auf ein Nettorentenniveau festgesetzt, das bei einem Rentner mit 45 Versicherungsjahren/Arbeitsjahren, dessen Verdienst jeweils dem volkswirtschaftlichen Durchschnittsverdienst ent-

sprochen hat, 70 vom Hundert des durchschnittlichen Nettoarbeitsverdienstes in der Deutschen Demokratischen Republik beträgt. Bei einer größeren oder geringeren Zahl von Versicherungsjahren/Arbeitsjahren ist der Prozentsatz entsprechend höher oder niedriger. Basis für die Berechnung des Anhebungssatzes der individuell bezogenen Renten ist die nach Zugangsjahren gestaffelte Rente eines Durchschnittsverdieners in der Deutschen Demokratischen Republik, der von seinem Einkommen neben den Pflichtbeiträgen zur Sozialversicherung volle Beiträge zur freiwilligen Zusatzversicherung der Deutschen Demokratischen Republik gezahlt hat. Soweit hiernach eine Anhebung nicht erfolgt, wird eine Rente in Deutscher Mark gezahlt, die der Höhe der früheren Rente in Mark der Deutschen Demokratischen Republik entspricht. Die Hinterbliebenenrenten werden von der Rente abgeleitet, die der Verstorbene nach der Umstellung erhalten hätte.

(4) Die Renten der Rentenversicherung werden entsprechend der Entwicklung der Nettolöhne und -gehälter in der Deutschen Demokratischen Republik angepaßt.

(5) Die freiwillige Zusatzrentenversicherung in der Deutschen Demokratischen Republik wird geschlossen.

(6) Die Deutsche Demokratische Republik beteiligt sich an den Ausgaben ihrer Rentenversicherung mit einem Staatszuschuß.

(7) Personen, die nach dem 18. Mai 1990 ihren gewöhnlichen Aufenthalt aus dem Gebiet der einen Vertragspartei in das Gebiet der anderen Vertragspartei verlegt haben, erhalten von dem bisher zuständigen Rentenversicherungsträger ihre nach den für ihn geltenden Rechtsvorschriften berechnete Rente für die dort zurückgelegten Zeiten.

Art. 21 Krankenversicherung. (1) Die Deutsche Demokratische Republik leitet alle erforderlichen Maßnahmen ein, um ihr Krankenversicherungsrecht an das der Bundesrepublik Deutschland anzugleichen.

(2) Leistungen, die bisher nach den Rechtsvorschriften der Deutschen Demokratischen Republik aus der Krankenversicherung finanziert worden sind, die aber nach den Rechtsvorschriften der Bundesrepublik Deutschland nicht Leistungen der Krankenversicherung sind, werden vorerst aus dem Staatshaushalt der Deutschen Demokratischen Republik finanziert.

(3) Die Deutsche Demokratische Republik führt eine Entgeltfortzahlung im Krankheitsfall ein, die den gesetzlichen Regelungen der Entgeltfortzahlung der Bundesrepublik Deutschland entspricht.

(4) Die Rentner sind in der Krankenversicherung versichert. Maßgebend ist der jeweilige Beitragssatz in der Krankenversicherung. Die Krankenversicherungsbeiträge der Rentner werden von der Rentenversicherung an die Krankenversicherung pauschal abgeführt. Die Höhe des pauschal abzuführenden Betrages bestimmt sich nach dem Gesamtbetrag der Renten vor Abzug des auf die Rentner entfallenden Anteils am Krankenversicherungsbeitrag. Das bei der Umstellung der Renten vorgesehene Nettorentenniveau bleibt davon unberührt.

(5) Die Investitionen bei stationären und ambulanten Einrichtungen des Gesundheitswesens der Deutschen Demokratischen Republik werden aus Mitteln des Staatshaushalts und nicht aus Beitragsmitteln finanziert.

Art. 22 Gesundheitswesen. (1) Die medizinische Betreuung und der Schutz der Gesundheit der Menschen sind besonderes Anliegen der Vertragsparteien.

(2) Neben der vorläufigen Fortführung der derzeitigen Versorgungsstrukturen, die zur Aufrechterhaltung der medizinischen Versorgung der Bevölkerung notwendig ist, wird die Deutsche Demokratische Republik schrittweise eine Veränderung in Richtung des Versorgungsangebots der Bundesrepublik Deutschland mit privaten Leistungserbringern vornehmen, insbesondere durch Zulassung niedergelassener Ärzte, Zahnärzte und Apotheker sowie selbständig tätiger Erbringer von Heil- und Hilfsmitteln und durch Zulassung privater und frei-gemeinnütziger Krankenhausträger.

(3) Zum Aufbau der erforderlichen vertraglichen, insbesondere vergütungsrechtlichen Beziehungen zwischen Trägern der Krankenversicherung und den Leistungserbringern wird die Deutsche Demokratische Republik die erforderlichen gesetzlichen Rahmenbedingungen schaffen.

Art. 23 Renten der Unfallversicherung. (1) Die Deutsche Demokratische Republik leitet alle erforderlichen Maßnahmen ein, um ihr Unfallversicherungsrecht an das der Bundesrepublik Deutschland anzugleichen.

(2) Die Bestandsrenten der Unfallversicherung werden bei der Umstellung auf Deutsche Mark auf der Grundlage des durchschnittlichen Bruttoarbeitsentgelts in der Deutschen Demokratischen Republik neu festgesetzt und gezahlt.

(3) Nach der Umstellung auf Deutsche Mark neu festzusetzende Unfallrenten werden auf der Grundlage des durchschnittlichen monatlichen Bruttoarbeitsentgelts der letzten zwölf Monate vor dem Unfall festgesetzt.

(4) Artikel 20 Absatz 4 und 7 gilt entsprechend.

Art. 24 Sozialhilfe. Die Deutsche Demokratische Republik führt ein System der Sozialhilfe ein, das dem Sozialhilfegesetz der Bundesrepublik Deutschland entspricht.

Art. 25 Anschubfinanzierung. Soweit in einer Übergangszeit in der Arbeitslosenversicherung der Deutschen Demokratischen Republik die Beiträge und in der Rentenversicherung der Deutschen Demokratischen Republik die Beiträge und der Staatszuschuß die Ausgaben für die Leistungen nicht voll abdecken, leistet die Bundesrepublik Deutschland an die Deutsche Demokratische Republik eine vorübergehende Anschubfinanzierung im Rahmen der nach Artikel 28 zugesagten Haushaltshilfe.

Kapitel V. Bestimmungen über den Staatshaushalt und die Finanzen

1. Abschnitt. Staatshaushalt

Art. 26 Grundsätze für die Finanzpolitik der Deutschen Demokratischen Republik. (1) Die öffentlichen Haushalte in der Deutschen Demokratischen Republik werden von der jeweiligen Gebietskörperschaft grundsätzlich in eigener Verantwortung unter Beachtung der Erfordernisse des gesamtwirtschaftlichen Gleichgewichts aufgestellt. Ziel ist eine in die marktwirtschaftliche Ordnung eingepaßte Haushaltswirtschaft. Die Haushalte werden in Einnahmen und Ausgaben ausgeglichen. Alle Einnahmen und Ausgaben werden in den jeweiligen Haushaltsplan eingestellt.

(2) Die Haushalte werden den Haushaltsstrukturen der Bundesrepublik Deutschland angepaßt. Hierzu werden, beginnend ab der Errichtung der Währungsunion mit dem Teilhaushalt 1990, aus dem Staatshaushalt insbesondere die folgenden Bereiche ausgegliedert:
- der Sozialbereich, soweit er in der Bundesrepublik Deutschland ganz oder überwiegend beitrags- oder umlagenfinanziert ist,
- die Wirtschaftsunternehmen durch Umwandlung in rechtlich und wirtschaftlich selbständige Unternehmen,
- die Verkehrsbetriebe unter rechtlicher Verselbständigung,
- die Führung der Deutschen Reichsbahn und der Deutschen Post als Sondervermögen.

Die öffentlichen Wohnungsbaukredite werden substanzgerecht den Einzelobjekten zugeordnet.

(3) Die Gebietskörperschaften in der Deutschen Demokratischen Republik unternehmen bei Aufstellung und Vollzug der Haushalte alle Anstrengungen zur Defizitbegrenzung. Dazu gehören bei den Ausgaben:
- der Abbau von Haushaltssubventionen, insbesondere kurzfristig für Industriewaren, landwirtschaftliche Produkte und Nahrungsmittel, wobei für letztere autonome Preisstützungen entsprechend den Regelungen der Europäischen Gemeinschaften zulässig sind, und schrittweise unter Berücksichtigung der allgemeinen Einkommensentwicklung in den Bereichen des Verkehrs, der Energien für private Haushalte und des Wohnungswesens,
- die nachhaltige Absenkung der Personalausgaben im öffentlichen Dienst,
- die Überprüfung aller Ausgaben einschließlich der ihnen zugrundeliegenden Rechtsvorschriften auf Notwendigkeit und Finanzierbarkeit,
- die Strukturverbesserung des Bildungswesens sowie vorbereitende Aufteilung nach föderativer Struktur (einschließlich Forschungsbereich).

Bei den Einnahmen erfordert die Defizitbegrenzung neben Maßnahmen des 2. Abschnitts dieses Kapitels die Anpassung beziehungsweise Einführung von Beiträgen und Gebühren für öffentliche Leistungen entsprechend den Strukturen in der Bundesrepublik Deutschland.

(4) Es wird eine Bestandsaufnahme des volkseigenen Vermögens vorgenommen. Das volkseigene Vermögen ist vorrangig für die Strukturanpassung der Wirtschaft und für die Sanierung des Staatshaushalts in der Deutschen Demokratischen Republik zu nutzen.

Art. 27 Kreditaufnahme und Schulden. (1) Die Kreditermächtigungen in den Haushalten der Gebietskörperschaften der Deutschen Demokratischen Republik werden für 1990 auf 10 Milliarden Deutsche Mark und für 1991 auf 14 Milliarden Deutsche Mark begrenzt und im Einvernehmen mit dem Bundesminister der Finanzen der Bundesrepublik Deutschland auf die Ebenen verteilt. Für das Treuhandvermögen wird zur Vorfinanzierung zu erwartender Erlöse aus seiner Verwertung ein Kreditermächtigungsrahmen für 1990 von 7 Milliarden Deutsche Mark und für 1991 von 10 Milliarden Deutsche Mark festgelegt. Der Bundesminister der Finanzen der Bundesrepublik Deutschland kann bei grundlegend veränderten Bedingungen eine Überschreitung der Kreditobergrenzen zulassen.

(2) Die Aufnahme von Krediten und das Einräumen von Ausgleichsforderungen erfolgen im Einvernehmen zwischen dem Minister der Finanzen der Deutschen Demokratischen Republik und dem Bundesminister der Finanzen der Bundesrepublik Deutschland. Gleiches gilt für die Übernahme von Bürgschaften, Garantien oder sonstigen Gewährleistungen sowie für die Summe der in den Haushalten auszubringenden Verpflichtungsermächtigungen.

(3) Nach dem Beitritt wird die aufgelaufene Verschuldung des Republikhaushalts in dem Umfang an das Treuhandvermögen übertragen, soweit sie durch die zu erwartenden künftigen Erlöse aus der Verwertung des Treuhandvermögens getilgt werden kann. Die danach verbleibende Verschuldung wird je zur Hälfte auf den Bund und die Länder, die sich auf dem Gebiet der Deutschen Demokratischen Republik neu gebildet haben, aufgeteilt. Von den Ländern und Gemeinden aufgenommene Kredite verbleiben bei diesen.

Art. 28 Finanzzuweisungen der Bundesrepublik Deutschland. (1) Die Bundesrepublik Deutschland gewährt der Deutschen Demokratischen Republik zweckgebundene Finanzzuweisungen zum Haushaltsausgleich für das 2. Halbjahr 1990 von 22 Milliarden Deutsche Mark und für 1991 von 35 Milliarden Deutsche Mark. Außerdem werden gemäß Artikel 25 zu Lasten des Bundeshaushalts als Anschubfinanzierung für die Rentenversicherung 750 Millionen Deutsche Mark für das 2. Halbjahr 1990 sowie für die Arbeitslosenversicherung 2 Milliarden Deutsche Mark für das 2. Halbjahr 1990 und 3 Milliarden Deutsche Mark für 1991 gezahlt.

Die Zahlungen erfolgen bedarfsgerecht.

(2) Die Vertragsparteien stimmen darin überein, daß die gemäß Artikel 18 des Abkommens vom 17. Dezember 1971 über den Transitverkehr

von zivilen Personen und Gütern zwischen der Bundesrepublik Deutschland und Berlin (West) zu zahlende Transitpauschale mit Inkrafttreten dieses Vertrags entfällt. Die Deutsche Demokratische Republik hebt die Vorschriften über die in diesem Abkommen sowie in dem Abkommen vom 31. Oktober 1979 über die Befreiung von Straßenfahrzeugen von Steuern und Gebühren geregelten Gebühren mit Wirkung für die beiden Vertragsparteien auf. In Abänderung der Vereinbarung vom 5. Dezember 1989 vereinbaren die Vertragsparteien, daß ab dem 1. Juli 1990 keine Einzahlungen in den Reise-Devisenfonds mehr geleistet werden. Über die Verwendung eines bei Einführung der Währungsunion noch vorhandenen Betrags der Gegenwertmittel aus dem Reise-Devisenfonds wird zwischen den Finanzministern der Vertragsparteien eine ergänzende Vereinbarung getroffen.

Art. 29 Übergangsregelung im öffentlichen Dienst. Die Regierung der Deutschen Demokratischen Republik gewährleistet unter Beachtung von Artikel 2 Absatz 1 Satz 1, daß in Tarifverträgen oder sonstigen Regelungen im Bereich der öffentlichen Verwaltung unter Beschränkung neuer dienstrechtlicher Vorschriften auf Übergangsregelungen die allgemeinen wirtschaftlichen und finanziellen Verhältnisse in der Deutschen Demokratischen Republik und die Erfordernisse der Konsolidierung des Haushalts beachtet werden. Das Bundespersonalvertretungsgesetz findet sinngemäß Anwendung.

2. Abschnitt. Finanzen

Art. 30 Zölle und besondere Verbrauchsteuern. (1) Die Deutsche Demokratische Republik übernimmt schrittweise im Einklang mit dem Grundsatz in Artikel 11 Absatz 3 das Zollrecht der Europäischen Gemeinschaften einschließlich des Gemeinsamen Zolltarifs sowie die besonderen Verbrauchsteuern nach Maßgabe der Anlage IV.

(2) Die Vertragsparteien sind sich einig, daß ihr Zollgebiet den Geltungsbereich dieses Vertrags umfaßt.

(3) Der Grenzausgleich zwischen den Erhebungsgebieten für Verbrauchsteuern beider Vertragsparteien, ausgenommen für Tabak, entfällt. Die Steuerhoheit bleibt unberührt. Der Ausgleich der Aufkommensverlagerungen wird durch besondere Vereinbarungen geregelt.

(4) Zwischen den Erhebungsgebieten wird der Versand unversteuerter verbrauchsteuerpflichtiger Waren nach Maßgabe der Bestimmungen zugelassen, die den Verkehr mit unversteuerten Waren innerhalb eines Erhebungsgebiets regeln.

(5) Die Steuerentlastung für auszuführende Waren wird erst beim Nachweis der Ausfuhr in andere Gebiete als die der beiden Erhebungsgebiete gewährt.

Art. 31 Besitz- und Verkehrsteuern. (1) Die Deutsche Demokratische Republik regelt die Besitz- und Verkehrsteuern nach Maßgabe der Anlage IV.

(2) Für Zwecke der Umsatzsteuer besteht zwischen den Vertragsparteien keine Steuergrenze; ein umsatzsteuerlicher Grenzausgleich erfolgt nicht. Die Steuerhoheit bleibt unberührt. Das Recht zum Vorsteuerabzug erstreckt sich auch auf die Steuer für Umsätze, die bei der anderen Vertragspartei der Umsatzsteuer unterliegen. Der Ausgleich der sich hieraus ergebenden Aufkommensminderung wird durch besondere Vereinbarung geregelt.

(3) Bei unbeschränkter Vermögensteuerpflicht im Gebiet einer Vertragspartei steht dieser Vertragspartei das ausschließliche Besteuerungsrecht zu; bei unbeschränkter Steuerpflicht im Gebiet beider Vertragsparteien gilt dies für die Vertragspartei, zu der der Steuerpflichtige die engeren persönlichen und wirtschaftlichen Beziehungen hat (Mittelpunkt der Lebensinteressen) oder in deren Gebiet er als nichtnatürliche Person die tatsächliche Geschäftsleitung hat. Auf das Gebiet der anderen Vertragspartei entfallendes Vermögen ist nach den dort für Inlandsvermögen geltenden Vorschriften zu bewerten.

(4) Bei unbeschränkter Erbschaftsteuer- oder Schenkungsteuerpflicht im Gebiet einer Vertragspartei steht dieser Vertragspartei für Erwerbe, für die die Steuer nach dem 31. Dezember 1990 entsteht, das ausschließliche Besteuerungsrecht zu; bei unbeschränkter Steuerpflicht im Gebiet beider Vertragsparteien gilt dies für die Vertragspartei, zu der der Erblasser oder Schenker im Zeitpunkt der Entstehung der Steuerschuld die engeren persönlichen und wirtschaftlichen Beziehungen hatte (Mittelpunkt der Lebensinteressen) oder in deren Gebiet er als nichtnatürliche Person die tatsächliche Geschäftsleitung hatte. Für die Bewertung gilt Absatz 3 Satz 2 entsprechend.

(5) Für Erwerbe von Todes wegen, für die die Steuer nach dem 30. Juni 1990 und vor dem 1. Januar 1991 entsteht, gilt Absatz 4 entsprechend. Erwerbe von Todes wegen von Bürgern der Vertragsparteien, die nach dem 8. November 1989 im Gebiet der anderen Vertragspartei einen Wohnsitz begründet oder dort erstmals ihren gewöhnlichen Aufenthalt hatten und Wohnsitz oder gewöhnlichen Aufenthalt dort noch im Zeitpunkt des Todes hatten, dürfen dort zu keiner höheren Erbschaftsteuer herangezogen werden, als sie sich bei unbeschränkter Steuerpflicht im Gebiet der erstgenannten Vertragspartei ergäbe.

(6) Mitteilungs- und Anzeigepflichten, die sich aus dem Erbschaftsteuer- und Schenkungsteuerrecht der Vertragsparteien ergeben, gelten auch gegenüber den Finanzbehörden der jeweiligen anderen Vertragspartei.

Art. 32 Informationsaustausch. (1) Die Vertragsparteien tauschen die Informationen aus, die zur Durchführung ihres Abgaben- und Monopolrechts erforderlich sind. Zuständig für den Informationsaustausch sind die Finanzminister der Vertragsparteien und die von ihnen ermächtigten Behörden. Alle Informationen, die eine Vertragspartei erhalten hat, sind ebenso geheim zu halten wie die aufgrund ihres innerstaatlichen Rechts beschafften Informationen und dürfen nur den Personen oder Behörden (einschließlich der Gerichte und der Verwaltungsbehörden) zugänglich gemacht werden, die mit der Festsetzung oder Erhebung, der Vollstrekkung oder Strafverfolgung oder mit der Entscheidung von Rechtsmitteln hinsichtlich der unter diesen Abschnitt fallenden Abgaben und Monopole befaßt sind. Diese Personen oder Behörden dürfen die Informationen nur für diese Zwecke verwenden. Sie dürfen die Informationen in einem öffentlichen Gerichtsverfahren oder in einer Gerichtsentscheidung offenlegen.

(2) Absatz 1 verpflichtet eine Vertragspartei nicht,
- Verwaltungsmaßnahmen durchzuführen, die von den Gesetzen und der Verwaltungspraxis dieser oder der anderen Vertragspartei abweichen,
- Informationen zu erteilen, die nach den Gesetzen oder im üblichen Verwaltungsverfahren dieser oder der anderen Vertragspartei nicht beschafft werden können,
- Informationen zu erteilen, die ein Handels-, Industrie-, Gewerbe- oder Berufsgeheimnis oder ein Geschäftsverfahren preisgeben würden oder deren Erteilung der öffentlichen Ordnung widerspräche.

Art. 33 Konsultationsverfahren. (1) Die Vertragsparteien werden sich bemühen, bei den Besitz- und Verkehrsteuern eine Doppelbesteuerung durch Verständigung über eine sachgerechte Abgrenzung der Besteuerungsgrundlagen zu vermeiden. Sie werden sich weiter bemühen, Schwierigkeiten oder Zweifel, die sich bei der Auslegung oder Anwendung ihres Rechts der unter diesen Abschnitt fallenden Abgaben und Monopole im Verhältnis zueinander ergeben, im gegenseitigen Einvernehmen zu beseitigen.

(2) Zur Herbeiführung einer Einigung im Sinne des vorstehenden Absatzes können der Bundesminister der Finanzen der Bundesrepublik Deutschland und der Minister der Finanzen der Deutschen Demokratischen Republik unmittelbar miteinander verkehren.

Art. 34 Aufbau der Finanzverwaltung. (1) Die Deutsche Demokratische Republik schafft die Rechtsgrundlagen für eine dreistufige Finanzverwaltung entsprechend dem Gesetz über die Finanzverwaltung der Bundesrepublik Deutschland mit den sich aus diesem Vertrag ergebenden Abweichungen und richtet die Verwaltungen entsprechend ein.

(2) Bis zur Errichtung der Währungs-, Wirtschafts- und Sozialunion werden vorrangig funktionsfähige Steuer- und Zollverwaltungen aufgebaut.

Kapitel VI. Schlußbestimmungen

Art. 35 Völkerrechtliche Verträge. Dieser Vertrag berührt nicht die von der Bundesrepublik Deutschland oder der Deutschen Demokratischen Republik mit dritten Staaten abgeschlossenen völkerrechtlichen Verträge.

Art. 36 Überprüfung des Vertrags. Die Bestimmungen dieses Vertrags werden bei grundlegender Änderung der gegebenen Umstände überprüft.

Art. 37 Berlin-Klausel. Entsprechend dem Viermächte-Abkommen vom 3. September 1971 wird dieser Vertrag in Übereinstimmung mit den festgelegten Verfahren auf Berlin (West) ausgedehnt.

Art. 38 Inkrafttreten. Dieser Vertrag einschließlich des Gemeinsamen Protokolls sowie der Anlagen I–IX tritt an dem Tag in Kraft, an dem die Regierungen der Vertragsparteien einander mitgeteilt haben, daß die erforderlichen verfassungsrechtlichen und sonstigen innerstaatlichen Voraussetzungen für das Inkrafttreten erfüllt sind.

Geschehen in Bonn am 18. Mai 1990 in zwei Urschriften in deutscher Sprache.

Gemeinsames Protokoll über Leitsätze

In Ergänzung des Vertrags über die Schaffung einer Währungs-, Wirtschafts- und Sozialunion haben die Hohen Vertragschließenden Seiten folgende Leitsätze vereinbart, die gemäß Artikel 4 Absatz 1 Satz 1 des Vertrags verbindlich sind:

A. Generelle Leitsätze

I. Allgemeines

1. Das Recht der Deutschen Demokratischen Republik wird nach den Grundsätzen einer freiheitlichen, demokratischen, föderativen, rechtsstaatlichen und sozialen Ordnung gestaltet und sich an der Rechtsordnung der Europäischen Gemeinschaft orientieren.
2. Vorschriften, die den einzelnen oder Organe der staatlichen Gewalt einschließlich Gesetzgebung und Rechtsprechung auf die sozialistische Gesetzlichkeit, die sozialistische Staats- und Gesellschaftsordnung, die Vorgaben und Ziele zentraler Leitung und Planung der Volkswirtschaft, das sozialistische Rechtsbewußtsein, die sozialistischen Anschauungen, die Anschauungen einzelner Bevölkerungsgruppen oder Parteien, die sozialistische Moral oder vergleichbare Begriffe verpflichten, werden nicht mehr angewendet. Die Rechte und Pflichten der am Rechtsverkehr Beteiligten finden ihre Schranken in den guten Sitten, dem Grundsatz von Treu und Glauben und dem Schutz des wirtschaftlich schwächeren Vertragsteils vor unangemessener Benachteiligung.
3. Genehmigungsvorbehalte sollen nur aus zwingenden Gründen des allgemeinen Wohls bestehen. Ihre Voraussetzungen sind eindeutig zu bestimmen.

II. Wirtschaftsunion

1. Wirtschaftliche Leistungen sollen vorrangig privatwirtschaftlich und im Wettbewerb erbracht werden.
2. Die Vertragsfreiheit wird gewährleistet. In die Freiheit der wirtschaftlichen Betätigung darf nur so wenig wie möglich eingegriffen werden.
3. Unternehmerische Entscheidungen sind frei von Planvorgaben (z. B. im Hinblick auf Produktion, Bezüge, Lieferungen, Investitionen, Arbeitsverhältnisse, Preise und Gewinnverwendung).
4. Private Unternehmen und freie Berufe dürfen nicht schlechter behandelt werden als staatliche und genossenschaftliche Betriebe.
5. Die Preisbildung ist frei, sofern nicht aus zwingenden gesamtwirtschaftlichen Gründen Preise staatlich festgesetzt werden.

6. Die Freiheit des Erwerbs, der Verfügung und der Nutzung von Grund und Boden und sonstiger Produktionsmittel wird für wirtschaftliche Tätigkeit gewährleistet.
7. Unternehmen im unmittelbaren oder mittelbaren Staatseigentum werden nach den Grundsätzen der Wirtschaftlichkeit geführt. Sie sind so rasch wie möglich wettbewerblich zu strukturieren und soweit wie möglich in Privateigentum zu überführen. Dabei sollen insbesondere kleineren und mittleren Unternehmen Chancen eröffnet werden.
8. Für das Post- und Fernmeldewesen werden die ordnungspolitischen und organisatorischen Grundsätze des Poststrukturgesetzes der Bundesrepublik Deutschland schrittweise verwirklicht.

III. Sozialunion

1. Jedermann hat das Recht, zur Wahrung und Förderung der Arbeits- und Wirtschaftsbedingungen Vereinigungen zu bilden, bestehenden Vereinigungen beizutreten, aus solchen Vereinigungen auszutreten und ihnen fernzubleiben. Ferner wird das Recht gewährleistet, sich in den Koalitionen zu betätigen. Alle Abreden, die diese Rechte einschränken, sind unwirksam. Gewerkschaften und Arbeitgeberverbände sind in ihrer Bildung, ihrer Existenz, ihrer organisatorischen Autonomie und ihrer koalitionsgemäßen Betätigung geschützt.
2. Tariffähige Gewerkschaften und Arbeitgeberverbände müssen frei gebildet, gegnerfrei, auf überbetrieblicher Grundlage organisiert und unabhängig sein sowie das geltende Tarifrecht als für sich verbindlich anerkennen; ferner müssen sie in der Lage sein, durch Ausüben von Druck auf den Tarifpartner zu einem Tarifabschluß zu kommen.
3. Löhne und sonstige Arbeitsbedingungen werden nicht vom Staat, sondern durch freie Vereinbarungen von Gewerkschaften, Arbeitgeberverbänden und Arbeitgebern festgelegt.
4. Rechtsvorschriften, die besondere Mitwirkungsrechte des Freien Deutschen Gewerkschaftsbundes, von Betriebsgewerkschaftsorganisationen und betrieblichen Gewerkschaftsleitungen vorsehen, werden nicht mehr angewendet.

B. Leitsätze für einzelne Rechtsgebiete

I. Rechtspflege

1. Vorschriften werden nicht mehr angewendet, soweit sie die Mitwirkung von Kollektiven, gesellschaftlichen Organen, der Gewerkschaften, der Betriebe, von gesellschaftlichen Anklägern und gesellschaftlichen Verteidigern an der Rechtspflege und deren Unterrichtung über Verfahren regeln; das Recht der Gewerkschaften zur Beratung und Prozeßvertretung in Arbeitsstreitigkeiten bleibt unberührt.
2. Vorschriften werden nicht mehr angewendet, soweit sie die Zusammenarbeit der Gerichte mit den örtlichen Volksvertretungen und anderen Organen, die Berichtspflicht der Richter diesen gegenüber sowie die Gerichtskritik regeln.

3. Die Vorschriften über die Mitwirkung der Staatsanwaltschaft an der Rechtspflege werden nur noch angewendet, soweit sie ihre Mitwirkung im Strafverfahren und in Familienrechts-, Kindschafts- und Entmündigungssachen betreffen.
4. Die im Strafrecht der Deutschen Demokratischen Republik auf die sozialistische Gesetzlichkeit sowie auf die sozialistische Staats- und Gesellschaftsordnung bezogenen Grundsätze sowie Vorschriften, die der Verfestigung planwirtschaftlicher Strukturen dienen, einer künftigen Vereinigung beider deutscher Staaten entgegenstehen oder Grundsätzen eines freiheitlichen demokratischen Rechtsstaats widersprechen, finden auf nach Inkrafttreten dieses Vertrages begangene Taten keine Anwendung.
5. Soweit Vorschriften des Strafgesetzbuchs das sozialistische Eigentum betreffen, finden sie auf Taten, die nach Inkrafttreten dieses Vertrages begangen werden, keine Anwendung; die das persönliche oder private Eigentum betreffenden Vorschriften finden nach dem Inkrafttreten dieses Vertrags auch Anwendung auf das sonstige Eigentum oder Vermögen.
6. Soweit die in der Anlage II des Vertrags genannten Regelungen straf- oder bußgeldbewehrt sind und sich diese Bewehrungsvorschriften nicht in das Sanktionensystem der Deutschen Demokratischen Republik einfügen, wird die Deutsche Demokratische Republik diese Vorschriften ihrem Recht in möglichst weitgehender Angleichung an das Recht der Bundesrepublik Deutschland anpassen.

II. Wirtschaftsrecht

1. Zum Zwecke der Besicherung der Kredite werden in der Deutschen Demokratischen Republik gleichwertige Rechte, insbesondere Grundpfandrechte, wie in der Bundesrepublik Deutschland geschaffen.
2. In der Deutschen Demokratischen Republik werden die Voraussetzungen für einen freien Kapitalmarkt geschaffen. Hierzu gehört insbesondere die Freigabe der Zinssätze und die Zulassung von handelbaren Wertpapieren (Aktien und Schuldverschreibungen).
3. Es werden die Voraussetzungen dafür geschaffen, daß Verwaltungsakte und sonstige Anordnungen der in Artikel 3 Satz 3 des Vertrags genannten Behörden gegenüber Personen mit Sitz oder Wohnsitz in der Deutschen Demokratischen Republik, notfalls auch mit Zwangsmitteln, durchgesetzt werden können.
4. Das bestehende Versicherungsmonopol in der Deutschen Demokratischen Republik wird abgeschafft, die Prämienkontrolle in den Versicherungszweigen, in denen die Tarife nicht zum Geschäftsplan gehören, wird beseitigt und die geltenden Rechtsvorschriften und Anordnungen über die Allgemeinen Bedingungen für Versicherungen werden aufgehoben.
5. Bestehende Hemmnisse im Zahlungsverkehr der Deutschen Demokratischen Republik werden beseitigt; seine privatrechtliche Ausgestaltung wird gefördert.

6. Der Außenwirtschaftsverkehr ist grundsätzlich frei. Beschränkungen sind nur aus zwingenden gesamtwirtschaftlichen Gründen sowie aufgrund von zwischenstaatlichen Vereinbarungen zulässig. Die Deutsche Demokratische Republik wird das Außenhandelsmonopol aufheben.
7. Zum Zwecke der Gewinnung vergleichbarer Grundlagen wird die Deutsche Demokratische Republik ihre Statistiken an die der Bundesrepublik Deutschland anpassen und in Abstimmung mit dem Statistischen Bundesamt oder der Deutschen Bundesbank Informationen nach den Maßstäben der Bundesstatistik aus folgenden Bereichen bereitstellen: Arbeitmarkt, Preise, Produktion, Umsätze, Außenwirtschaft und Einzelhandel.

III. Baurecht

Die Deutsche Demokratische Republik wird zur Planungs- und Investitionssicherheit für bauliche Vorhaben baldmöglichst Rechtsgrundlagen schaffen, die dem Baugesetzbuch und dem Raumordnungsgesetz der Bundesrepublik Deutschland entsprechen.

IV. Arbeits- und Sozialrecht

1. Arbeitgeber in der Deutschen Demokratischen Republik können mit Arbeitnehmern aus der Bundesrepublik Deutschland, die vorübergehend in der Deutschen Demokratischen Republik beschäftigt werden, die Anwendung bundesdeutschen Arbeitsrechts vereinbaren.
2. Bei vorübergehenden Beschäftigungen von Arbeitskräften werden Befreiungen von der sich aus einer Beschäftigung ergebenden Versicherungspflicht in der Sozialversicherung ermöglicht, wenn eine Versicherung unabhängig von dieser Beschäftigung besteht.
3. Die Vorschriften der Deutschen Demokratischen Republik über die Sicherheit und den Gesundheitsschutz der Arbeitnehmer werden innerhalb einer angemessenen Übergangszeit an das in der Bundesrepublik Deutschland geltende Arbeitsschutzrecht angepaßt.
4. Die Deutsche Demokratische Republik wird bei einer Änderung der gesetzlichen Mindestkündigungsfristen für Arbeitsverhältnisse die in der Bundesrepublik Deutschland die für Arbeiter und Angestellte jeweils geltenden gesetzlichen Mindestkündigungsfristen nicht überschreiten.
5. Die Deutsche Demokratische Republik wird für das Recht zur fristlosen Kündigung von Arbeitsverhältnissen aus wichtigem Grund eine gesetzliche Regelung schaffen, die den §§ 626, 628 des Bürgerlichen Gesetzbuches entspricht.

Anlagenverzeichnis[1]

Anlage I:	Bestimmungen über die Währungsunion und über die Währungsumstellung
Anlage II:	Von der Deutschen Demokratischen Republik in Kraft zu setzende Rechtsvorschriften
Anlage III:	Von der Deutschen Demokratischen Republik aufzuhebende oder zu ändernde Rechtsvorschriften
Anlage IV:	Von der Deutschen Demokratischen Republik neu zu erlassende Rechtsvorschriften
Anlage V:	Von der Bundesrepublik Deutschland zu ändernde Rechtsvorschriften
Anlage VI:	Regelungen, die in der Deutschen Demokratischen Republik im weiteren Verlauf anzustreben sind
Anlage VII:	Grundsätze für die Übermittlung personenbezogener Informationen zur Durchführung des Vertrags
Anlage VIII:	Allgemeine Verfahrensvorschriften für das Schiedsgericht
Anlage IX:	Möglichkeiten des Eigentumserwerbs privater Investoren an Grund und Boden sowie an Produktionsmitteln zur Förderung gewerblicher arbeitsplatzschaffender Investitionen

---

[1] Die Anlagen sind im folgenden nicht abgedruckt; vgl. den Fußnotenhinweis auf S. 1

Protokollerklärungen

Bei Unterzeichnung des Vertrags über die Schaffung einer Währungs-, Wirtschafts- und Sozialunion zwischen der Bundesrepublik Deutschland und der Deutschen Demokratischen Republik wurden mit Bezug auf diesen Vertrag folgende Erklärungen abgegeben:

1. Beide Vertragsparteien erklären zu Artikel 2 Absatz 1 Satz 2 des Vertrags: Freizügigkeit im Sinne dieser Vorschrift umfaßt auch die Einreise von natürlichen Personen einschießlich der Angehörigen von ethnischen Minderheiten in das Währungsgebiet, die im Besitz eines Personalausweises, eines Passes oder eines Paßersatzpapiers der Bundesrepublik Deutschland oder der Deutschen Demokratischen Republik sind.
2. Die Deutsche Demokratische Republik erklärt, daß sie Staatsangehörigen und Unternehmen aller Mitgliedstaaten der Europäischen Gemeinschaften auf der Grundlage der Gegenseitigkeit Gleichbehandlung mit natürlichen Personen und mit Unternehmen der Bundesrepublik Deutschland gewähren wird, soweit der Zuständigkeitsbereich der Europäischen Gemeinschaften berührt sein könnte und soweit in diesem Vertrag nicht ausdrücklich Abweichendes vereinbart ist; das Protokoll über den innerdeutschen Handel bleibt unberührt.
3. Beide Vertragsparteien verstehen unter dem 3-Monats-FIBOR im Sinne von Artikel 8 § 4 Absatz 1 Satz 3 der Anlage I den jeweiligen Zinssatz, der am zweiten Geschäftstag in Frankfurt am Main vor dem Beginn einer Zinsperiode entsprechend § 2 Absatz 3 der Bedingungen für die Anleihe der Bundesrepublik Deutschland von 1990 (Wertpapier-Kenn-Nummer 113-478) ohne den darin vorgesehenen Abschlag vierteljährlich festgestellt wird.
4. Im Zusammenhang mit Abschnitt I Nummer 3 der Anlage IV erklärt die Deutsche Demokratische Republik: Zur Sicherstellung der Vergabe öffentlicher Aufträge im Wettbewerb werden unverzüglich die entsprechenden Richtlinien erlassen, die von den öffentlichen Auftraggebern spätestens ab dem 1. Januar 1991 anzuwenden sind.

Bonn, den 18. Mai 1990

Für die Bundesrepublik Deutschland Theodor Waigel	Für die Deutsche Demokratische Republik Walter Romberg

2. Vertrag zur Vorbereitung und Durchführung der ersten gesamtdeutschen Wahl des Deutschen Bundestages zwischen der Bundesrepublik Deutschland und der Deutschen Demokratischen Republik[1]

Vom 3. 8. 1990

(BGBl. II S. 822)

Die Bundesrepublik Deutschland und die Deutsche Demokratische Republik,

eingedenk des bei der Schaffung der Währungs-, Wirtschafts- und Sozialunion zum Ausdruck gebrachten Wunsches zur Herstellung der staatlichen Einheit nach Artikel 23 des Grundgesetzes der Bundesrepublik Deutschland,
in dem Willen, als wichtigen Schritt zur Herstellung der deutschen Einheit die Wahl des Deutschen Bundestages durch das ganze deutsche Volk vorzubereiten,
unter Berücksichtigung der Tatsache, daß die Wahl des Deutschen Bundestages in dem nach Artikel 39 Abs. 1 Satz 3 des Grundgesetzes der Bundesrepublik Deutschland festgelegten Zeitraum stattzufinden hat,
in dem Wunsch, daß die bevorstehende Wahl als gesamtdeutsche Wahl aufgrund eines einheitlichen Wahlrechts durchgeführt wird und deshalb der Geltungsbereich des Bundeswahlgesetzes auf das Gebiet der Deutschen Demokratischen Republik erstreckt werden sollte,
in dem Bewußtsein, daß hierbei Änderungen und Anpassungen des Bundeswahlgesetzes erforderlich sind,

sind übereingekommen, einen Vertrag über die Vorbereitung und Durchführung der ersten gesamtdeutschen Wahl des Deutschen Bundestages mit den nachfolgenden Bestimmungen zu schließen:

---

[1] Die Zustimmung zu dem Wahlvertrag ist mit Vertragsgesetz vom 29. 8. 1990 (BGBl. II S. 813) erfolgt. Der Wahlvertrag ist am 3. 9. 1990 in Kraft getreten (BGBl. 1990 II S. 868). Der Vertrag besteht aus 6 Artikeln, einer Anlage mit Übergangsregelungen für die Wahl zum 12. Deutschen Bundestag (Neufassung des § 53 BundeswahlG) sowie einem Anhang mit Ergänzungen der Wahlkreiseinteilung. Der Anhang ist berichtigt worden durch den Änderungsvertrag zum Wahlvertrag vom 20. 8. 1990 (BGBl. II S. 831). Anlage und Anhang zum Wahlvertrag sowie Änderungsvertrag sind im folgenden nicht abgedruckt. – Das Bundesverfassungsgericht hat durch Urteil vom 29. 9. 1990 – 2 BvE 1/90 u. a. – die Änderungen des Bundeswahlgesetzes teilweise für unwirksam erklärt. Durch das „Zehnte Gesetz zur Änderung des Bundeswahlgesetzes sowie zur Änderung des Parteiengesetzes" vom 8. 10. 1990 (BGBl. S. 2141) wurde das durch den Wahlvertrag geschaffene Recht an die Vorgaben des Urteils des Bundesverfassungsgerichts angepaßt.

Art. 1 (1) Für die erste gesamtdeutsche Wahl wird der Geltungsbereich des Bundeswahlgesetzes der Bundesrepublik Deutschland in der Fassung der Bekanntmachung vom 1. September 1975 (BGBl. I S. 2325), zuletzt geändert durch Gesetz vom 11. Juni 1990 (BGBl. I S. 1015), und des Wahlprüfungsgesetzes vom 12. März 1951 (BGBl. I S. 166), zuletzt geändert durch Artikel 3 des Gesetzes vom 24. Juni 1975 (BGBl. I S. 1593), auf das Gebiet der Länder Mecklenburg-Vorpommern, Brandenburg, Sachsen-Anhalt, Sachsen und Thüringen sowie auf das Gebiet von Berlin (Ost) erstreckt. Das Bundeswahlgesetz gilt mit den in der Anlage bezeichneten Änderungen und Maßgaben.[1]

(2) Im Hinblick auf die erste gesamtdeutsche Wahl werden in dem vorbezeichneten Gebiet ferner § 2 Abs. 1, § 5, §§ 18 bis 21 und § 39 Abs. 2 des Parteiengesetzes der Bundesrepublik Deutschland in der Fassung der Bekanntmachung vom 3. März 1989 (BGBl. I S. 327) angewendet. § 20 wird mit der Maßgabe angewendet, daß auch die Wahlergebnisse der Volkskammerwahl vom 18. März 1990 zugrunde gelegt werden.

(3) Politische Vereinigungen im Sinne des Gesetzes über die Wahlen zur Volkskammer der Deutschen Demokratischen Republik am 18. März 1990 vom 20. Februar 1990 (GBl. I S. 60) werden den Parteien im Sinne des § 2 Abs. 1 des Parteiengesetzes der Bundesrepublik Deutschland gleichgestellt.

Art. 2 Die zur Durchführung des Bundeswahlgesetzes erlassene Bundeswahlordnung in der Fassung der Bekanntmachung vom 7. Dezember 1989 (BGBl. 1990 I S. 1, 142), zuletzt geändert durch Verordnung vom 25. Juni 1990 (BGBl. I S. 1199), sowie die Bundeswahlgeräteverordnung vom 3. September 1975 (BGBl. I S. 2459), zuletzt geändert durch Artikel 2 der Verordnung vom 15. November 1989 (BGBl. I S. 1981), gelten auch für die Länder Mecklenburg-Vorpommern, Brandenburg, Sachsen-Anhalt, Sachsen und Thüringen sowie für Berlin (Ost). Der Bundesminister des Innern nimmt die mit Rücksicht auf die in Artikel 1 getroffene Regelung notwendigen Änderungen vor und erläßt im Benehmen mit dem Minister des Innern der Deutschen Demokratischen Republik erforderlichenfalls Anpassungsvorschriften für die Länder Mecklenburg-Vorpommern, Brandenburg, Sachsen-Anhalt, Sachsen und Thüringen sowie für Berlin (Ost).

Art. 3 Für die Vorbereitung und Durchführung der Wahl wird Berlin als ein Land behandelt.

Art. 4 Die Zuständigkeit des Bundeswahlleiters und des Bundeswahlausschusses nach den Vorschriften des Bundeswahlgesetzes und der Bundeswahlordnung erstreckt sich auch auf das Gebiet der Länder Mecklenburg-Vorpommern, Brandenburg, Sachsen-Anhalt, Sachsen und Thüringen sowie auf Berlin (Ost). Der Bundeswahlleiter beruft

---

[1] Die Anlage ist im folgenden nicht abgedruckt; vgl. den Fußnotenhinweis auf S. 25.

zwei zusätzliche Mitglieder mit Wohnsitz in der Deutschen Demokratischen Republik in den Bundeswahlausschuß.

Art. 5 Die Parteien genießen bei der Wahlvorbereitung volle Betätigungsfreiheit im Rahmen der Gesetze, soweit sie nicht vom Bundesverfassungsgericht nach Artikel 21 Abs. 2 Satz 2 des Grundgesetzes im Gebiet der Bundesrepublik Deutschland für verfassungswidrig erklärt oder gemäß § 21 des Parteiengesetzes der Deutschen Demokratischen Republik vom 21. Februar 1990 (GBl. I S. 66), geändert durch Gesetz vom 31. Mai 1990 (GBl. I S. 275), vor dem Inkrafttreten dieses Vertrages vom Großen Senat des Obersten Gerichts im Gebiet der Deutschen Demokratischen Republik verboten worden sind.

Art. 6 Die im bisherigen Geltungsbereich des Bundeswahlgesetzes bereits vorgenommenen Wahlvorbereitungshandlungen, insbesondere die Aufstellung der Bewerber, bleiben unberührt, soweit nicht die Regelung des Artikels 3 eine Neuvornahme erfordert.

Art. 7 Entsprechend dem Viermächte-Abkommen vom 3. September 1971 wird dieser Vertrag in Übereinstimmung mit den festgelegten Verfahren auf Berlin (West) ausgedehnt.

Art. 8 Dieser Vertrag einschließlich der Anlage tritt an dem Tag in Kraft, an dem die Regierungen der Vertragsparteien einander mitgeteilt haben, daß die erforderlichen verfassungsrechtlichen und sonstigen innerstaatlichen Voraussetzungen für das Inkrafttreten erfüllt sind.

Geschehen in Berlin am 3. August 1990 in zwei Urschriften in deutscher Sprache

Für die Bundesrepublik Deutschland Wolfgang Schäuble	Für die Deutsche Demokratische Republik Günther Krause

3. Vertrag über die abschließende Regelung in bezug auf Deutschland[1]

Vom 12. 9. 1990

(BGBl. II S. 1318)

Die Bundesrepublik Deutschland, die Deutsche Demokratische Republik, die Französische Republik, die Union der Sozialistischen Sowjetrepubliken, das Vereinigte Königreich Großbritannien und Nordirland und die Vereinigten Staaten von Amerika –

in dem Bewußtsein, daß ihre Völker seit 1945 miteinander in Frieden leben,

eingedenk der jüngsten historischen Veränderungen in Europa, die es ermöglichen, die Spaltung des Kontinents zu überwinden,

unter Berücksichtigung der Rechte und Verantwortlichkeiten der Vier Mächte in bezug auf Berlin und Deutschland als Ganzes und der entsprechenden Vereinbarungen und Beschlüsse der Vier Mächte aus der Kriegs- und Nachkriegszeit,

entschlossen, in Übereinstimmung mit ihren Verpflichtungen aus der Charta der Vereinten Nationen freundschaftliche, auf der Achtung vor dem Grundsatz der Gleichberechtigung und Selbstbestimmung der Völker beruhende Beziehungen zwischen den Nationen zu entwickeln und andere geeignete Maßnahmen zur Festigung des Weltfriedens zu treffen,

eingedenk der Prinzipien der in Helsinki unterzeichneten Schlußakte der Konferenz über Sicherheit und Zusammenarbeit in Europa,

in Anerkennung, daß diese Prinzipien feste Grundlagen für den Aufbau einer gerechten und dauerhaften Friedensordnung in Europa geschaffen haben,

entschlossen, die Sicherheitsinteressen eines jeden zu berücksichtigen,

überzeugt von der Notwendigkeit, Gegensätze endgültig zu überwinden und die Zusammenarbeit in Europa fortzuentwickeln,

in Bekräftigung ihrer Bereitschaft, die Sicherheit zu stärken, insbesondere durch wirksame Maßnahmen zur Rüstungskontrolle, Abrüstung und Vertrauensbildung; ihrer Bereitschaft, sich gegenseitig nicht als Gegner zu betrachten, sondern auf ein Verhältnis des Vertrauens und der Zusammenarbeit hinzuarbeiten, sowie dementsprechend ihrer Bereitschaft, die Schaffung geeigneter institutioneller Vorkehrungen im Rahmen der Konferenz über Sicherheit und Zusammenarbeit in Europa positiv in Betracht zu ziehen,

in Würdigung dessen, daß das deutsche Volk in freier Ausübung des Selbstbestimmungsrechts seinen Willen beurkundet hat, die staatliche Einheit Deutschlands herzustellen, um als gleichberechtigtes und sou-

[1] Die Zustimmung zu dem sog. Zwei-plus-Vier-Vertrag ist mit Vertragsgesetz vom 11. 10. 1990 (BGBl. II S. 1317) erfolgt.

veränes Glied in einem vereinten Europa dem Frieden der Welt zu dienen,
in der Überzeugung, daß die Vereinigung Deutschlands als Staat mit endgültigen Grenzen ein bedeutsamer Beitrag zu Frieden und Stabilität in Europa ist,
mit dem Ziel, die abschließende Regelung in bezug auf Deutschland zu vereinbaren,
in Anerkennung dessen, daß dadurch und mit der Vereinigung Deutschlands als einem demokratischen und friedlichen Staat die Rechte und Verantwortlichkeiten der Vier Mächte in bezug auf Berlin und Deutschland als Ganzes ihre Bedeutung verlieren,
vertreten durch ihre Außenminister, die entsprechend der Erklärung von Ottawa vom 13. Februar 1990 am 5. Mai 1990 in Bonn, am 22. Juni 1990 in Berlin, am 17. Juli 1990 in Paris unter Beteiligung des Außenministers der Republik Polen und am 12. September 1990 in Moskau zusammengetroffen sind –

sind wie folgt übereingekommen:

Art. 1 (1) Das vereinte Deutschland wird die Gebiete der Bundesrepublik Deutschland, der Deutschen Demokratischen Republik und ganz Berlins umfassen. Seine Außengrenzen werden die Grenzen der Bundesrepublik Deutschland und der Deutschen Demokratischen Republik sein und werden am Tage des Inkrafttretens dieses Vertrags endgültig sein. Die Bestätigung des endgültigen Charakters der Grenzen des vereinten Deutschland ist ein wesentlicher Bestandteil der Friedensordnung in Europa.

(2) Das vereinte Deutschland und die Republik Polen bestätigen die zwischen ihnen bestehende Grenze in einem völkerrechtlich verbindlichen Vertrag.

(3) Das vereinte Deutschland hat keinerlei Gebietsansprüche gegen andere Staaten und wird solche auch nicht in Zukunft erheben.

(4) Die Regierungen der Bundesrepublik Deutschland und der Deutschen Demokratischen Republik werden sicherstellen, daß die Verfassung des vereinten Deutschland keinerlei Bestimmungen enthalten wird, die mit diesen Prinzipien unvereinbar sind. Dies gilt dementsprechend für die Bestimmungen, die in der Präambel und in den Artikeln 23 Satz 2 und 146 des Grundgesetzes für die Bundesrepublik Deutschland niedergelegt sind.

(5) Die Regierungen der Französischen Republik, der Union der Sozialistischen Sowjetrepubliken, des Vereinten Königreichs Großbritannien und Nordirland und der Vereinigten Staaten von Amerika nehmen die entsprechenden Verpflichtungen und Erklärungen der Regierungen der Bundesrepublik Deutschland und der Deutschen Demokratischen Republik förmlich entgegen und erklären, daß mit deren Verwirklichung der endgültige Charakter der Grenzen des vereinten Deutschland bestätigt wird.

Art. 2 Die Regierungen der Bundesrepublik Deutschland und der Deutschen Demokratischen Republik bekräftigen ihre Erklärungen, daß von deutschem Boden nur Frieden ausgehen wird. Nach der Verfassung des vereinten Deutschland sind Handlungen, die geeignet sind und in der Absicht vorgenommen werden, das friedliche Zusammenleben der Völker zu stören, insbesondere die Führung eines Angriffskrieges vorzubereiten, verfassungswidrig und strafbar. Die Regierungen der Bundesrepublik Deutschland und der Deutschen Demokratischen Republik erklären, daß das vereinte Deutschland keine seiner Waffen jemals einsetzen wird, es sei denn in Übereinstimmung mit seiner Verfassung und der Charta der Vereinten Nationen.

Art. 3 (1) Die Regierungen der Bundesrepublik Deutschland und der Deutschen Demokratischen Republik bekräftigen ihren Verzicht auf Herstellung und Besitz von und auf Verfügungsgewalt über atomare, biologische und chemische Waffen. Sie erklären, daß auch das vereinte Deutschland sich an diese Verpflichtungen halten wird. Insbesondere gelten die Rechte und Verpflichtungen aus dem Vertrag über die Nichtverbreitung von Kernwaffen vom 1. Juli 1968 für das vereinte Deutschland fort.

(2) Die Regierung der Bundesrepublik Deutschland hat in vollem Einvernehmen mit der Regierung der Deutschen Demokratischen Republik am 30. August 1990 in Wien bei den Verhandlungen über konventionelle Streitkräfte in Europa folgende Erklärung abgegeben:

„Die Regierung der Bundesrepublik Deutschland verpflichtet sich, die Streitkräfte des vereinten Deutschland innerhalb von drei bis vier Jahren auf eine Personalstärke von 370000 Mann (Land-, Luft- und Seestreitkräfte) zu reduzieren. Diese Reduzierung soll mit dem Inkrafttreten des ersten KSE-Vertrags beginnen. Im Rahmen dieser Gesamtobergrenze werden nicht mehr als 345000 Mann den Land- und Luftstreitkräften angehören, die gemäß vereinbartem Mandat allein Gegenstand der Verhandlungen über konventionelle Streitkräfte in Europa sind. Die Bundesregierung sieht in ihrer Verpflichtung zur Reduzierung von Land- und Luftstreitkräften einen bedeutsamen deutschen Beitrag zur Reduzierung der konventionellen Streitkräfte in Europa. Sie geht davon aus, daß in Folgeverhandlungen auch die anderen Verhandlungsteilnehmer ihren Beitrag zur Festigung von Sicherheit und Stabilität in Europa, einschließlich Maßnahmen zur Begrenzung der Personalstärken, leisten werden."

Die Regierung der Deutschen Demokratischen Republik hat sich dieser Erklärung ausdrücklich angeschlossen.

(3) Die Regierungen der Französischen Republik, der Union der Sozialistischen Sowjetrepubliken, des Vereinigten Königreichs Großbritannien und Nordirland und der Vereinigten Staaten von Amerika nehmen diese Erklärungen der Regierungen der Bundesrepublik Deutschland und der Deutschen Demokratischen Republik zur Kenntnis.

Art. 4 (1) Die Regierungen der Bundesrepublik Deutschland, der Deutschen Demokratischen Republik und der Union der Sozialistischen Sowjetrepubliken erklären, daß das vereinte Deutschland und die Union der Sozialistischen Sowjetrepubliken in vertraglicher Form die Bedingungen und die Dauer des Aufenthalts der sowjetischen Streitkräfte auf dem Gebiet der heutigen Deutschen Demokratischen Republik und Berlins sowie die Abwicklung des Abzugs dieser Streitkräfte regeln werden, der bis zum Ende des Jahres 1994 im Zusammenhang mit der Verwirklichung der Verpflichtungen der Regierungen der Bundesrepublik Deutschland und der Deutschen Demokratischen Republik, auf die sich Absatz 2 des Artikels 3 dieses Vertrags bezieht, vollzogen sein wird.

(2) Die Regierungen der Französischen Republik, des Vereinigten Königreichs Großbritannien und Nordirland und der Vereinigten Staaten von Amerika nehmen diese Erklärung zur Kenntnis.

Art. 5 (1) Bis zum Abschluß des Abzugs der sowjetischen Streitkräfte vom Gebiet der heutigen Deutschen Demokratischen Republik und Berlins in Übereinstimmung mit Artikel 4 dieses Vertrags werden auf diesem Gebiet als Streitkräfte des vereinten Deutschland ausschließlich deutsche Verbände der Territorialverteidigung stationiert sein, die nicht in die Bündnisstrukturen integriert sind, denen deutsche Streitkräfte auf dem übrigen deutschen Hoheitsgebiet zugeordnet sind. Unbeschadet der Regelung in Absatz 2 dieses Artikels werden während dieses Zeitraums Streitkräfte anderer Staaten auf diesem Gebiet nicht stationiert oder irgendwelche andere militärische Tätigkeiten dort ausüben.

(2) Für die Dauer des Aufenthalts sowjetischer Streitkräfte auf dem Gebiet der heutigen Deutschen Demokratischen Republik und Berlins werden auf deutschen Wunsch Streitkräfte der Französischen Republik, des Vereinigten Königreichs Großbritannien und Nordirland und der Vereinigten Staaten von Amerika auf der Grundlage entsprechender vertraglicher Vereinbarung zwischen der Regierung des vereinten Deutschland und den Regierungen der betreffenden Staaten in Berlin stationiert bleiben. Die Zahl aller nichtdeutschen in Berlin stationierten Streitkräfte und deren Ausrüstungsumfang werden nicht stärker sein als zum Zeitpunkt der Unterzeichnung dieses Vertrags. Neue Waffenkategorien werden von nichtdeutschen Streitkräften dort nicht eingeführt. Die Regierung des vereinten Deutschland wird mit den Regierungen der Staaten, die Streitkräfte in Berlin stationiert haben, Verträge zu gerechten Bedingungen unter Berücksichtigung der zu den betreffenden Staaten bestehenden Beziehungen abschließen.

(3) Nach dem Abschluß des Abzugs der sowjetischen Streitkräfte vom Gebiet der heutigen Deutschen Demokratischen Republik und Berlins können in diesem Teil Deutschlands auch deutsche Streitkräfteverbände stationiert werden, die in gleicher Weise militärischen Bündnisstrukturen zugeordent sind wie diejenigen auf dem übrigen deutschen Hoheitsgebiet, allerdings ohne Kernwaffenträger. Darunter fallen nicht konventionelle Waffensysteme, die neben konventioneller andere Einsatzfähigkeiten haben können, die jedoch in diesem Teil Deutschlands für eine kon-

ventionelle Rolle ausgerüstet und nur dafür vorgesehen sind. Ausländische Streitkräfte und Atomwaffen oder deren Träger werden in diesem Teil Deutschlands weder stationiert noch dorthin verlegt.[1]

Art. 6 Das Recht des vereinten Deutschland, Bündnissen mit allen sich daraus ergebenden Rechten und Pflichten anzugehören, wird von diesem Vertrag nicht berührt.

Art. 7 (1) Die Französische Republik, die Union der Sozialistischen Sowjetrepubliken, das Vereinigte Königreich Großbritannien und Nordirland und die Vereinigten Staaten von Amerika beenden hiermit ihre Rechte und Verantwortlichkeiten in bezug auf Berlin und Deutschland als Ganzes. Als Ergebnis werden die entsprechenden, damit zusammenhängenden vierseitigen Vereinbarungen, Beschlüsse und Praktiken beendet und alle entsprechenden Einrichtungen der vier Mächte aufgelöst.

(2) Das vereinte Deutschland hat demgemäß volle Souveränität über seine inneren und äußeren Angelegenheiten.

Art. 8 (1) Dieser Vertrag bedarf der Ratifikation oder Annahme, die so bald wie möglich herbeigeführt werden soll. Die Ratifikation erfolgt auf deutscher Seite durch das vereinte Deutschland. Dieser Vertrag gilt daher für das vereinte Deutschland.

(2) Die Ratifikations- oder Annahmeurkunden werde bei der Regierung des vereinten Deutschland hinterlegt. Diese unterrichtet die Regierungen der anderen Vertragschließenden Seiten von der Hinterlegung jeder Ratifikations- oder Annahmeurkunde.

Art. 9 Dieser Vertrag tritt für das vereinte Deutschland, die Union der Sozialistischen Sowjetrepubliken, die Französische Republik, das Vereinigte Königreich Großbritannien und Nordirland und die Vereinigten Staaten von Amerika am Tag der Hinterlegung der letzten Ratifikations- oder Annahmeurkunde durch diese Staaten in Kraft.

Art. 10 Die Urschrift dieses Vertrags, dessen deutscher, englischer, französischer und russischer Wortlaut gleichermaßen verbindlich ist, wird bei der Regierung der Bundesrepublik Deutschland hinterlegt, die den Regierungen der anderen Vertragschließenden Seiten beglaubigte Ausfertigungen übermittelt.

---

[1] Hierzu heißt es in einer dem Vertrag beigefügten **Vereinbarten Protokollnotiz zu dem Vertrag über die abschließende Regelung in bezug auf Deutschland vom 12. September 1990:** Alle Fragen in bezug auf die Anwendung des Wortes „verlegt", wie es im letzten Satz von Artikel 5 Absatz gebraucht wird, werden von der Regierung des vereinten Deutschland in einer vernünftigen und verantwortungsbewußten Weise entschieden, wobei sie die Sicherheitsinteressen jeder Vertragspartei, wie dies in der Präambel niedergelegt ist, berücksichtigen wird.

Zu Urkund dessen haben die unterzeichneten, hierzu gehörig Bevollmächtigten diesen Vertrag unterschrieben.

Geschehen zu Moskau am 12. September 1990

Für die Bundesrepublik Deutschland
Hans-Dietrich Genscher

Für die Deutsche Demokratische Republik
Lothar de Maizière

Für die Französische Republik
Roland Dumas

Für die Union der Sozialistischen Sowjetrepubliken
E. Schewardnadse

Für das Vereinigte Königreich Großbritannien und Nordirland
Douglas Hurd

Für die Vereinigten Staaten von Amerika
James Baker

3a. Erklärung

zur Aussetzung der Wirksamkeit der Vier-Mächte-Rechte und -Verantwortlichkeiten[1]

Im Zusammenhang mit dem in Moskau am 12. September 1990 unterzeichneten Vertrag über die abschließende Regelung in bezug auf Deutschland haben die Außenminister der Französischen Republik, der Union der Sozialistischen Sowjetrepubliken, des Vereinigten Königreichs Großbritannien und Nordirland und der Vereinigten Staaten von Amerika am 1. Oktober 1990 in New York eine gemeinsame Erklärung unterzeichnet, die von den Regierungen der Bundesrepublik Deutschland und der Deutschen Demokratischen Republik durch Unterzeichnung zur Kenntnis genommen wurde. Der deutsche Wortlaut wird nachstehend wiedergegeben:

„Die Regierungen der Französischen Republik, der Union der Sozialistischen Sowjetrepubliken, des Vereinigten Königreichs Großbritannien und Nordirland und der Vereinigten Staaten von Amerika,

vertreten durch ihre Außenminister, die am 1. Oktober 1990 in New York zusammengetroffen sind,

unter Berücksichtigung des am 12. September 1990 in Moskau unterzeichneten Vertrags über die abschließende Regelung in bezug auf Deutschland, der die Beendigung ihrer Rechte und Verantwortlichkeiten in bezug auf Berlin und Deutschland als Ganzes festlegt,

erklären, daß die Wirksamkeit ihrer Rechte und Verantwortlichkeiten in bezug auf Berlin und Deutschland als Ganzes mit Wirkung vom Zeitpunkt der Vereinigung Deutschlands bis zum Inkrafttreten des Vertrags über die abschließende Regelung in bezug auf Deutschland ausgesetzt wird. Als Ergebnis werden die Wirksamkeit der entsprechenden, damit zusammenhängenden vierseitigen Vereinbarungen, Beschlüsse und Praktiken und die Tätigkeit aller entsprechenden Einrichtungen der Vier Mächte ab dem Zeitpunkt der Vereinigung Deutschlands ebenfalls ausgesetzt.

Die Regierung der Bundesrepublik Deutschland, vertreten durch ihren Außenminister, und die Regierung der Deutschen Demokratischen Republik, vertreten durch ihren Minister für Bildung und Wissenschaft, nehmen diese Erklärung zur Kenntnis.

Für die Regierung der Französischen Republik
Roland Dumas

---

[1] Die Veröffentlichung des deutschen Wortlauts dieser sog. Suspendierungs-Erklärung beruht auf der **Bekanntmachung vom 2. 10. 1990** (BGBl. II S. 1331).

Für die Regierung der Union der Sozialistischen Sowjetrepubliken
E. Schewardnadse

Für die Regierung des Vereinigten Königreichs Großbritannien
und Nordirland
Douglas Hurd

Für die Regierung der Vereinigten Staaten von Amerika
James Baker

Für die Regierung der Bundesrepublik Deutschland
Hans-Dietrich Genscher

Für die Regierung der Deutschen Demokratischen Republik
Hans-Joachim Meyer"

3b. Gemeinsamer Brief[1]

des Bundesministers des Auswärtigen, Hans-Dietrich Genscher, und des amtierenden Außenministers der DDR, Ministerpräsident Lothar de Maizière

An die Außenminister der Sowjetunion, Frankreichs, Großbritanniens und der Vereinigten Staaten im Zusammenhang mit der Unterzeichnung des Vertrages über die abschließende Regelung in bezug auf Deutschland

Herr Außenminister,

im Zusammenhang mit der heutigen Unterzeichnung des Vertrages über die abschließende Regelung in bezug auf Deutschland möchten wir Ihnen mitteilen, daß die Regierungen der Bundesrepublik Deutschland und der Deutschen Demokratischen Republik in den Verhandlungen folgendes dargelegt haben:

1. Die Gemeinsame Erklärung der Regierungen der Bundesrepublik Deutschland und der Deutschen Demokratischen Republik zur Regelung offener Vermögensfragen vom 15. Juni 1990 enthält unter anderem folgende Aussagen:

„Die Enteignungen auf besatzungsrechtlicher bzw. besatzungshoheitlicher Grundlage (1945 bis 1949) sind nicht mehr rückgängig zu machen. Die Regierungen der Sowjetunion und der Deutschen Demokratischen Republik sehen keine Möglichkeit, die damals getroffenen Maßnahmen zu revidieren. Die Regierung der Bundesrepublik Deutschland nimmt dies im Hinblick auf die historische Entwicklung zur Kenntnis. Sie ist der Auffassung, daß einem künftigen gesamtdeutschen Parlament eine abschließende Entscheidung über etwaige staatliche Ausgleichsleistungen vorbehalten bleiben muß."

Gemäß Artikel 41 Absatz 1 des Vertrages zwischen der Bundesrepublik Deutschland und der Deutschen Demokratischen Republik über die Herstellung der Einheit Deutschlands vom 31. August 1990 (Einigungsvertrag) ist die genannte Gemeinsame Erklärung Bestandteil dieses Vertrages. Gemäß Artikel 41 Absatz 3 des Einigungsvertrages wird die Bundesrepublik Deutschland keine Rechtsvorschriften erlassen, die dem oben zitierten Teil der Gemeinsamen Erklärung widersprechen.

2. Die auf deutschem Boden errichteten Denkmäler, die den Opfern des Krieges und der Gewaltherrschaft gewidmet sind, werden geachtet und stehen unter dem Schutz deutscher Gesetze.

Das Gleiche gilt für die Kriegsgräber, sie werden erhalten und gepflegt.

3. Der Bestand der freiheitlich-demokratischen Grundordnung wird auch im vereinten Deutschland durch die Verfassung geschützt. Sie bietet

---

[1] Wiedergegeben nach der im Bulletin v. 14. 9. 1990 Nr. 109, S. 11, veröffentlichten Fassung.

die Grundlage dafür, daß Parteien, die nach ihren Zielen oder nach dem Verhalten ihrer Anhänger darauf ausgehen, die freiheitlich-demokratische Grundordnung zu beeinträchtigen oder zu beseitigen, sowie Vereinigungen, die sich gegen die verfassungsmäßige Ordnung oder gegen den Gedanken der Völkerverständigung richten, verboten werden können. Dies betrifft auch Parteien und Vereinigungen mit nationalsozialistischen Zielsetzungen.

4. Zu den Verträgen der Deutschen Demokratischen Republik ist in Artikel 12 Absatz 1 und 2 des Vertrages zwischen der Bundesrepublik Deutschland und der Deutschen Demokratischen Republik über die Herstellung der Einheit Deutschlands vom 31. August 1990 folgendes vereinbart worden:

„Die Vertragsparteien sind sich einig, daß die völkerrechtlichen Verträge der Deutschen Demokratischen Republik im Zuge der Herstellung der Einheit Deutschlands unter den Gesichtspunkten des Vertrauensschutzes, der Interessenlage der beteiligten Staaten und der vertraglichen Verpflichtungen der Bundesrepublik Deutschland sowie nach den Prinzipien einer freiheitlichen, demokratischen und rechtsstaatlichen Grundordnung und unter Beachtung der Zuständigkeiten der Europäischen Gemeinschaften mit den Vertragspartnern der Deutschen Demokratischen Republik zu erörtern sind, um ihre Fortgeltung, Anpassung oder ihr Erlöschen zu regeln beziehungsweise festzustellen.

Das vereinte Deutschland legt seine Haltung zum Übergang völkerrechtlicher Verträge der Deutschen Demokratischen Republik nach Konsultationen mit den jeweiligen Vertragspartnern und mit den Europäischen Gemeinschaften, soweit deren Zuständigkeiten berührt sind, fest."

Mit dem Ausdruck unserer ausgezeichneten Hochachtung

Hans-Dietrich Genscher

Lothar de Maizière

3c. Erklärung

des Bundesaußenministers bei der Unterzeichnung des Zwei-plus-Vier-Vertrages in Moskau[1]

Der Bundesminister des Auswärtigen, Hans-Dietrich Genscher, gab bei dem abschließenden Zwei-plus-Vier-Außenminister-Treffen in Moskau am 12. September 1990 folgende Erklärung ab:

Dies ist eine historische Stunde für das ganze Europa. Es ist eine glückliche Stunde für uns Deutsche. Gemeinsam haben wir in kurzer Zeit einen weiten Weg zurückgelegt. Das Ziel, das wir uns in Ottawa gesetzt hatten, ist erreicht: die äußeren Aspekte der Herstellung der deutschen Einheit sind geregelt. Wir unterzeichnen heute den Vertrag über die abschließende Regelung in bezug auf Deutschland.

Am 3. Oktober 1990 werden wir, die Deutschen, wieder in einem demokratischen Staat leben – zum ersten Mal nach 57 Jahren. Am 30. Januar 1933 brach die Nacht des Faschismus über Deutschland herein. Wir verloren zuerst unsere Freiheit, dann unseren Frieden und dann unsere staatliche Einheit. Der von Hitler begonnene Krieg setzte ganz Europa in Flammen. In seiner Rede vom 8. Mai 1985 hat sich Bundespräsident Richard von Weizsäcker zu unserer Verantwortung bekannt.

Wir gedenken in dieser Stunde aller Opfer des Krieges und der Gewaltherrschaft. Wir gedenken des unendlichen Leids der Völker, nicht nur derjenigen, deren Vertreter um diesen Tisch versammelt sind. Unsere Gedanken gelten dabei in besonderer Weise dem jüdischen Volk. Wir wollen, daß sich dies niemals wiederholen wird.

Als wir in Bonn am 5. Mai 1990 unsere Gespräche aufnahmen, hatten die demokratisch gewählten Parlamente und Regierungen der beiden deutschen Staaten gerade begonnen, unsere staatliche Vereinigung vorzubereiten. Weniger als zwölf Monate nach der friedlichen Freiheitsrevolution in der DDR wird sich die Vereinigung Deutschlands in Frieden und Freiheit vollziehen, in einem Europa, das dabei ist, seine Einheit wiederzufinden.

Die abschließende Regelung verbindet mit der Herstellung der deutschen Einheit die Beendigung der Rechte und Verantwortlichkeiten der Vier Mächte in bezug auf Berlin und Deutschland als Ganzes. Das vereinte Deutschland erhält damit volle Souveränität über seine inneren und äußeren Angelegenheiten. Wir werden diese Souveränität in europäischer Friedensverantwortung wahrnehmen. Die abschließende Regelung ist ein Dokument des Friedenswillens aller Beteiligten. Es weist in eine bessere europäische Zukunft.

Ich danke Ihnen, meine Kollegen, für das Zustandekommen dieses

---

[1] Wiedergegeben nach der im Bulletin v. 14. 9. 1990 Nr. 109, S. 11 veröffentlichten Fassung.

Vertrages. Ich danke Präsident Gorbatschow, Präsident Bush, Präsident Mitterrand und Premierministerin Thatcher für ihre Beiträge.

Es vollendet sich, was in der Präambel unseres Grundgesetzes verankert wurde. Es wird verwirklicht, was Frankreich, die Vereinigten Staaten von Amerika und das Vereinigte Königreich von Großbritannien und Nordirland im Deutschlandvertrag von 1954 zugesagt haben.

Es erfüllt sich, was wir mit dem Brief zur Deutschen Einheit beim Abschluß des Moskauer Vertrages als Ziel unserer europäischen Friedenspolitik bekräftigt haben.

Wir sind uns bewußt, daß erst die Festlegung wesentlicher Elemente einer europäischen Friedensordnung den Interessenausgleich ermöglicht hat, der in der abschließenden Regelung zum Ausdruck kommt. Im Bewußtsein der Chance, jetzt die Spaltung unseres Kontinents zu überwinden, ist es uns in einer großen gemeinsamen Anstrengung gelungen, innerhalb weniger Monate die Voraussetzungen für einen Rahmen neuer Stabilität in Europa zu schaffen.

Vor fünfzehn Jahren wurde die Schlußakte von Helsinki unterzeichnet. Darin bekräftigen alle KSZE-Teilnehmerstaaten, „Bedingungen zu gewährleisten, unter denen ihre Völker in echtem und dauerhaftem Frieden, frei von jeglicher Bedrohung oder Beeinträchtigung ihrer Sicherheit leben können". Dieser Vision kommen wir mit dem Vertrag, den wir heute schließen, einen großen Schritt näher.

Wir Deutschen wollen mit der wiedergewonnenen nationalen Einheit dem Frieden dienen, und wir wollen zur Einigung Europas beitragen. So steht es in der Präambel unseres Grundgesetzes. Auch der Einigungsvertrag zwischen der Bundesrepublik Deutschland und der Deutschen Demokratischen Republik bekundet unseren Willen, „durch die deutsche Einheit einen Beitrag zur Einigung Europas und zum Aufbau einer europäischen Friedensordnung zu leisten".

In dem Vertrag, den wir schließen, bekräftigen wir Deutschen, daß von deutschem Boden nur Frieden ausgehen wird. Die Politik des vereinten Deutschlands wird bestimmt von der Friedenspflicht unseres Grundgesetzes und des Einigungsvertrages. In diesem Geist leisten wir unseren Beitrag zu Frieden und Stabilität in Europa.

Die staatliche Einheit Deutschlands bedeutet für uns größere Verantwortung, aber nicht Streben nach mehr Macht. Wir bekräftigen den Verzicht auf Herstellung und Besitz von und Verfügungsgewalt über atomare, biologische und chemische Waffen. Wir beschränken die Streitkräfte des vereinten Deutschlands auf 370000 Mann. Jetzt kommt es darauf an, die Strukturen für das neue Europa zu schaffen. Dazu gehören die Vertiefung und die Institutionalisierung des KSZE-Prozesses, über die das Gipfeltreffen der KSZE in Paris im November beschließen wird.

Die grundlegend veränderte Lage in Europa hat schon jetzt die Voraussetzungen geschaffen, für ein neues Verhältnis der Mitgliedstaaten der beiden Bündnisse zueinander. Sie betrachten sich nicht mehr als Gegner und als Bedrohung, sie sehen sich als Partner beim Aufbau einer dauerhaften europäischen Friedensordnung.

Präsident Gorbatschow hat nach dem Treffen mit Bundeskanzler Kohl in Moskau am 10. Februar 1990 erklärt, die deutsche Einigung „kann und muß so verlaufen, daß sie für die konstruktive gesamteuropäische Entwicklung einen Beitrag leistet". Die Begegnung zwischen Präsident Gorbatschow und Bundeskanzler Kohl am 16. Juli 1990 macht es möglich, daß dieses Ziel erreicht wurde.

Es erweist sich, die Herstellung der staatlichen Einheit Deutschlands schafft keine neuen Probleme in Europa, sie trägt zur Lösung bestehender Probleme bei. Jetzt gilt es für uns alle, den Aufbau der europäischen Friedensordnung entschlossen fortzusetzen.

Wir Deutschen werden zur Schaffung der politischen Union der zwölf Staaten der EG beitragen. Ganz Deutschland wird eingebettet sein in die Europäische Gemeinschaft. Sie erweist sich in dieser hoffnungsvollen Phase der Entwicklung Europas als der verläßliche Garant für die innere und äußere Stabilität ihrer Mitglieder und als ein Stabilitätsanker für ganz Europa.

Das vereinte Deutschland bleibt Mitglied im Atlantischen Bündnis als einem wichtigen Fundament einer europäischen Friedensordnung.

Wir betrachten die Vertiefung und die Institutionalisierung des KSZE-Prozesses als die große Zukunftsaufgabe Europas mit dem Ziel der Schaffung einer gesamteuropäischen Friedensordnung. Eine zentrale Bedeutung hat für uns die Entwicklung der Beziehungen zu unseren Nachbarn in Mittel- und Osteuropa insbesondere mit der Sowjetunion. Der umfassende Vertrag, den wir morgen paraphieren werden, unterstreicht den hohen Anspruch, den wir dem deutsch-sowjetischen Verhältnis beimessen.

Die Unverletzlichkeit der Grenzen ist ein Kernelement der Friedensordnung in Europa. Der Vertrag bestätigt den endgültigen Charakter der Grenzen des vereinten Deutschlands. Das vereinte Deutschland wird die bestehende deutsch-polnische Grenze in einem völkerrechtlich verbindlichen Vertrag bestätigen, und zwar innerhalb der kürzest möglichen Zeit nach Herstellung der deutschen Einheit. Dies entspricht dem Willen beider deutscher Parlamente wie er in den gleichlautenden Entschließungen des Deutschen Bundestages und der Volkskammer der DDR vom 21. Juni dieses Jahres zum Ausdruck kommt und wie beide deutsche Regierungen sich dies zu eigen gemacht haben.

Es ist unsere feste Absicht, außerdem einen umfassenden deutsch-polnischen Vertrag zu schließen. Mit diesem Vertrag wollen wir die Grundlagen schaffen für das Zusammenleben von Polen und Deutschen, das unseren Völkern eine gemeinsame Zukunft eröffnet und damit dem Frieden in Europa dient.

Wir werden die Ergebnisse der Zwei-plus-Vier-Gespräche am 1. und 2. Oktober der Außenministerkonferenz der KSZE-Staaten in New York und dann dem KSZE-Gipfel in Paris vorlegen. Für uns war es von Anfang an ein wichtiges Anliegen, daß der Vereinigungsprozeß im europäischen Rahmen stattfindet. Jeder KSZE-Teilnehmerstaat wird erkennen, daß die abschließende Regelung in vollem Umfang den KSZE-Prinzipien entspricht.

Für uns Deutsche ist dieser Vertrag, den wir heute unterzeichnen, ein Anlaß zu Freude, zu Selbstbesinnung und zu Dankbarkeit. Er verpflichtet uns, unsere Verantwortung zu erkennen für die großen Herausforderungen unserer Zeit, für die Wahrung des Friedens, die wirtschaftliche Entwicklung der Dritten Welt, für die Herstellung sozialer Gerechtigkeit überall und für den Schutz der natürlichen Lebensgrundlagen.

Wir werden uns unserer Verantwortung stellen, und wir werden ihr gerecht werden. Unsere Botschaft an die Völker dieser Welt ist:

Wir wollen nichts anderes, als in Freiheit und Demokratie und in Frieden mit allen anderen Völkern leben.

4. Vertrag zwischen der Bundesrepublik Deutschland und der Deutschen Demokratischen Republik über die Herstellung der Einheit Deutschlands[1] – Einigungsvertrag –

Vom 31. 8. 1990

(BGBl. II S. 889)

Die Bundesrepublik Deutschland und die Deutsche Demokratische Republik –

entschlossen, die Einheit Deutschlands in Frieden und Freiheit als gleichberechtigtes Glied der Völkergemeinschaft in freier Selbstbestimmung zu vollenden,

ausgehend von dem Wunsch der Menschen in beiden Teilen Deutschlands, gemeinsam in Frieden und Freiheit in einem rechtsstaatlich geordneten, demokratischen und sozialen Bundesstaat zu leben,

in dankbarem Respekt vor denen, die auf friedliche Weise der Freiheit zum Durchbruch verholfen haben, die an der Aufgabe der Herstellung der Einheit Deutschlands unbeirrt festgehalten haben und sie vollenden,

im Bewußtsein der Kontinuität deutscher Geschichte und eingedenk der sich aus unserer Vergangenheit ergebenden besonderen Verantwortung für eine demokratische Entwicklung in Deutschland, die der Achtung der Menschenrechte und dem Frieden verpflichtet bleibt,

in dem Bestreben, durch die deutsche Einheit einen Beitrag zur Einigung Europas und zum Aufbau einer europäischen Friedensordnung zu leisten, in der Grenzen nicht mehr trennen und die allen europäischen Völkern ein vertrauensvolles Zusammenleben gewährleistet,

in dem Bewußtsein, daß die Unverletzlichkeit der Grenzen und der territorialen Integrität und Souveränität aller Staaten in Europa in ihren Grenzen eine grundlegende Bedingung für den Frieden ist, –

sind übereingekommen, einen Vertrag über die Herstellung der Einheit Deutschlands mit den nachfolgenden Bestimmungen zu schließen:

---

[1] Die Zustimmung zu dem Einigungsvertrag ist mit Vertragsgesetz vom 23. 9. 1990 (BGBl. II S. 885) erfolgt – wiedergegeben unter Nr. **4b**. Der Einigungsvertrag ist am 29. 9. 1990 in Kraft getreten (BGBl. 1990 II S. 1360). Er ist in 9 Kapitel aufgeteilt und besteht aus 45 Artikeln, einem Protokoll mit einzelnen Klarstellungen sowie 3 Anlagen. Die Anlagen sind vollständig wiedergegeben unter Nrn. **5** bis **11**.

Kapitel I. Wirkung des Beitritts

Art. 1 Länder. (1) Mit dem Wirksamwerden des Beitritts der Deutschen Demokratischen Republik zur Bundesrepublik Deutschland gemäß Artikel 23 des Grundgesetzes am 3. Oktober 1990 werden die Länder Brandenburg, Mecklenburg-Vorpommern, Sachsen, Sachsen-Anhalt und Thüringen Länder der Bundesrepublik Deutschland. Für die Bildung und die Grenzen dieser Länder untereinander sind die Bestimmungen des Verfassungsgesetzes zur Bildung von Ländern in der Deutschen Demokratischen Republik vom 22. Juli 1990 – Ländereinführungsgesetz – (GBl. I Nr. 51 S. 955) gemäß Anlage II maßgebend.

(2) Die 23 Bezirke von Berlin bilden das Land Berlin.

Art. 2 Hauptstadt, Tag der Deutschen Einheit. (1) Hauptstadt Deutschlands ist Berlin. Die Frage des Sitzes von Parlament und Regierung wird nach der Herstellung der Einheit Deutschlands entschieden.

(2) Der 3. Oktober ist als Tag der Deutschen Einheit gesetzlicher Feiertag.

Kapitel II. Grundgesetz

Art. 3 Inkrafttreten des Grundgesetzes. Mit dem Wirksamwerden des Beitritts tritt das Grundgesetz für die Bundesrepublik Deutschland in der im Bundesgesetzblatt Teil III, Gliederungsnummer 100-1, veröffentlichten bereinigten Fassung, zuletzt geändert durch Gesetz vom 21. Dezember 1983 (BGBl. I S. 1481), in den Ländern Brandenburg, Mecklenburg-Vorpommern, Sachsen, Sachsen-Anhalt und Thüringen sowie in dem Teil des Landes Berlin, in dem es bisher nicht galt, mit den sich aus Artikel 4 ergebenden Änderungen in Kraft, soweit in diesem Vertrag nichts anderes bestimmt ist.

Art. 4 Beitrittsbedingte Änderungen des Grundgesetzes. Das Grundgesetz für die Bundesrepublik Deutschland wird wie folgt geändert:

1. Die Präambel wird wie folgt gefaßt:
   „Im Bewußtsein seiner Verantwortung vor Gott und den Menschen, von dem Willen beseelt, als gleichberechtigtes Glied in einem vereinten Europa dem Frieden der Welt zu dienen, hat sich das Deutsche Volk kraft seiner verfassungsgebenden Gewalt dieses Grundgesetz gegeben.
   Die Deutschen in den Ländern Baden-Württemberg, Bayern, Berlin, Brandenburg, Bremen, Hamburg, Hessen, Mecklenburg-Vorpommern, Niedersachsen, Nordrhein-Westfalen, Rheinland-Pfalz, Saarland, Sachsen, Sachsen-Anhalt, Schleswig-Holstein und Thüringen haben in freier Selbstbestimmung die Einheit und Freiheit Deutschlands vollendet. Damit gilt dieses Grundgesetz für das gesamte Deutsche Volk."

2. Artikel 23 wird aufgehoben.
3. Artikel 51 Abs. 2 des Grundgesetzes wird wie folgt gefaßt:

   „(2) Jedes Land hat mindestens drei Stimmen, Länder mit mehr als zwei Millionen Einwohnern haben vier, Länder mit mehr als sechs Millionen Einwohnern fünf, Länder mit mehr als sieben Millionen Einwohnern sechs Stimmen."
4. Der bisherige Wortlaut des Artikels 135 a wird Absatz 1. Nach Absatz 1 wird folgender Absatz angefügt:

   „(2) Absatz 1 findet entsprechende Anwendung auf Verbindlichkeiten der Deutschen Demokratischen Republik oder ihrer Rechtsträger sowie auf Verbindlichkeiten des Bundes oder anderer Körperschaften und Anstalten des öffentlichen Rechts, die mit dem Übergang von Vermögenswerten der Deutschen Demokratischen Republik auf Bund, Länder und Gemeinden im Zusammenhang stehen, und auf Verbindlichkeiten, die auf Maßnahmen der Deutschen Demokratischen Republik oder ihrer Rechtsträger beruhen."
5. In das Grundgesetz wird folgender neuer Artikel 143 eingefügt:

   „Artikel 143

   (1) Recht in dem in Artikel 3 des Einigungsvertrags genannten Gebiet kann längstens bis zum 31. Dezember 1992 von Bestimmungen dieses Grundgesetzes abweichen, soweit und solange infolge der unterschiedlichen Verhältnisse die völlige Anpassung an die grundgesetzliche Ordnung noch nicht erreicht werden kann. Abweichungen dürfen nicht gegen Artikel 19 Abs. 2 verstoßen und müssen mit den in Artikel 79 Abs. 3 genannten Grundsätzen vereinbar sein.

   (2) Abweichungen von den Abschnitten II, VIII, VIII a, IX, X und XI sind längstens bis zum 31. Dezember 1995 zulässig.

   (3) Unabhängig von Absatz 1und 2 haben Artikel 41 des Einigungsvertrags und Regelungen zu seiner Durchführung auch insoweit Bestand, als sie vorsehen, daß Eingriffe in das Eigentum auf dem in Artikel 3 dieses Vertrags genannten Gebiet nicht mehr rückgängig gemacht werden."
6. Artikel 146 wird wie folgt gefaßt:

   „Artikel 146

   Dieses Grundgesetz, das nach Vollendung der Einheit und Freiheit Deutschlands für das gesamte deutsche Volk gilt, verliert seine Gültigkeit an dem Tage, an dem eine Verfassung in Kraft tritt, die von dem deutschen Volke in freier Entscheidung beschlossen worden ist."

Art. 5 Künftige Verfassungsänderungen. Die Regierungen der beiden Vertragsparteien empfehlen den gesetzgebenden Körperschaften des vereinten Deutschlands, sich innerhalb von zwei Jahren mit den im Zusammenhang mit der deutschen Einigung aufgeworfenen Fragen zur Änderung oder Ergänzung des Grundgesetzes zu befassen, insbesondere

– in bezug auf das Verhältnis zwischen Bund und Ländern entsprechend dem Gemeinsamen Beschluß der Ministerpräsidenten vom 5. Juli 1990,

– in bezug auf die Möglichkeit einer Neugliederung für den Raum Berlin/Brandenburg abweichend von den Vorschriften des Artikels 29 des Grundgesetzes durch Vereinbarung der beteiligten Länder,
– mit den Überlegungen zur Aufnahme von Staatszielbestimmungen in das Grundgesetz sowie
– mit der Frage der Anwendung des Artikels 146 des Grundgesetzes und in deren Rahmen einer Volksabstimmung.

Art. 6 Ausnahmebestimmung. Artikel 131 des Grundgesetzes wird in dem in Artikel 3 genannten Gebiet vorerst nicht in Kraft gesetzt.

Art. 7 Finanzverfassung. (1) Die Finanzverfassung der Bundesrepublik Deutschland wird auf das in Artikel 3 genannte Gebiet erstreckt, soweit in diesem Vertrag nichts anderes bestimmt ist.

(2) Für die Verteilung des Steueraufkommens auf den Bund sowie auf die Länder und Gemeinden (Gemeindeverbände) in dem in Artikel 3 genannten Gebiet gelten die Bestimmungen des Artikels 106 des Grundgesetzes mit der Maßgabe, daß

1. bis zum 31. Dezember 1994 Absatz 3 Satz 4 und Absatz 4 keine Anwendung finden;
2. bis zum 31. Dezember 1996 der Anteil der Gemeinden an dem Aufkommen der Einkommensteuer nach Artikel 106 Abs. 5 des Grundgesetzes von den Ländern an die Gemeinden nicht auf der Grundlage der Einkommensteuerleistung ihrer Einwohner, sondern nach der Einwohnerzahl der Gemeinden weitergeleitet wird;
3. bis zum 31. Dezember 1994 abweichend von Artikel 106 Abs. 7 des Grundgesetzes den Gemeinden (Gemeindeverbänden) von dem Länderanteil am Gesamtaufkommen der Gemeinschaftssteuern und dem gesamten Aufkommen der Landessteuern ein jährlicher Anteil von mindestens 20 vom Hundert sowie vom Länderanteil aus den Mitteln des Fonds „Deutsche Einheit“ nach Absatz 5 Nr. 1 ein jährlicher Anteil von 40 vom Hundert zufließt.

(3) Artikel 107 des Grundgesetzes gilt in dem in Artikel 3 genannten Gebiet mit der Maßgabe, daß bis zum 31. Dezember 1994 zwischen den bisherigen Ländern der Bundesrepublik Deutschland und den Ländern in dem in Artikel 3 genannten Gebiet die Regelung des Absatzes 1 Satz 4 nicht angewendet wird und ein gesamtdeutscher Länderfinanzausgleich (Artikel 107 Abs. 2 des Grundgesetzes) nicht stattfindet.

Der gesamtdeutsche Länderanteil an der Umsatzsteuer wird so in einen Ost- und Westanteil aufgeteilt, daß im Ergebnis der durchschnittliche Umsatzsteueranteil pro Einwohner in den Ländern Brandenburg, Mecklenburg-Vorpommern, Sachsen, Sachsen-Anhalt und Thüringen in den Jahren

1991	55 vom Hundert
1992	60 vom Hundert
1993	65 vom Hundert
1994	70 vom Hundert

des durchschnittlichen Umsatzsteueranteils pro Einwohner in den Ländern Baden-Württemberg, Bayern, Bremen, Hessen, Hamburg, Niedersachsen, Nordrhein-Westfalen, Rheinland-Pfalz, Saarland und Schleswig-Holstein beträgt. Der Anteil des Landes Berlin wird vorab nach der Einwohnerzahl berechnet. Die Regelungen dieses Absatzes werden für 1993 in Ansehung der dann vorhandenen Gegebenheiten überprüft.

(4) Das in Artikel 3 genannte Gebiet wird in die Regelungen der Artikel 91 a, 91 b und 104 a Abs. 3 und 4 des Grundgesetzes einschließlich der hierzu ergangenen Ausführungsbestimmungen nach Maßgabe dieses Vertrags mit Wirkung vom 1. Januar 1991 einbezogen.

(5) Nach Herstellung der deutschen Einheit werden die jährlichen Leistungen des Fonds „Deutsche Einheit"

1. zu 85 vom Hundert als besondere Unterstützung den Ländern Brandenburg, Mecklenburg-Vorpommern, Sachsen, Sachsen-Anhalt und Thüringen sowie dem Land Berlin zur Deckung ihres allgemeinen Finanzbedarfs gewährt und auf diese Länder im Verhältnis ihrer Einwohnerzahl ohne Berücksichtigung der Einwohnerzahl von Berlin (West) verteilt sowie
2. zu 15 vom Hundert zur Erfüllung zentraler öffentlicher Aufgaben auf dem Gebiet der vorgenannten Länder verwendet.

(6) Bei grundlegender Veränderung der Gegebenheiten werden die Möglichkeiten weiterer Hilfe zum angemessenen Ausgleich der Finanzkraft für die Länder in dem in Artikel 3 genannten Gebiet von Bund und Ländern gemeinsam geprüft.

Kapitel III. Rechtsangleichung

Art. 8 Überleitung von Bundesrecht. Mit dem Wirksamwerden des Beitritts tritt in dem in Artikel 3 genannten Gebiet Bundesrecht in Kraft, soweit es nicht in seinem Geltungsbereich auf bestimmte Länder oder Landesteile der Bundesrepublik Deutschland beschränkt ist und soweit durch diesen Vertrag, insbesondere dessen Anlage I, nichts anderes bestimmt wird.

Art. 9 Fortgeltendes Recht der Deutschen Demokratischen Republik. (1) Das im Zeitpunkt der Unterzeichnung dieses Vertrags geltende Recht der Deutschen Demokratischen Republik, das nach der Kompetenzordnung des Grundgesetzes Landesrecht ist, bleibt in Kraft, soweit es mit dem Grundgesetz ohne Berücksichtigung des Artikels 143, mit in dem in Artikel 3 genannten Gebiet in Kraft gesetztem Bundesrecht sowie mit dem unmittelbar geltenden Recht der Europäischen Gemeinschaften vereinbar ist und soweit in diesem Vertrag nichts anderes bestimmt wird. Recht der Deutschen Demokratischen Republik, das nach der Kompetenzordnung des Grundgesetzes Bundesrecht ist und das nicht bundeseinheitlich geregelte Gegenstände betrifft, gilt unter den Voraussetzungen des Satzes 1 bis zu einer Regelung durch den Bundesgesetzgeber als Landesrecht fort.

(2) Das in Anlage II aufgeführte Recht der Deutschen Demokratischen Republik bleibt mit den dort genannten Maßgaben in Kraft, soweit es mit dem Grundgesetz unter Berücksichtigung dieses Vertrags sowie mit dem unmittelbar geltenden Recht der Europäischen Gemeinschaften vereinbar ist.

(3) Nach Unterzeichnung dieses Vertrags erlassenes Recht der Deutschen Demokratischen Republik bleibt in Kraft, sofern es zwischen den Vertragsparteien vereinbart wird. Absatz 2 bleibt unberührt.

(4) Soweit nach den Absätzen 2 und 3 fortgeltendes Recht Gegenstände der ausschließlichen Gesetzgebung des Bundes betrifft, gilt es als Bundesrecht fort. Soweit es Gegenstände der konkurrierenden Gesetzgebung oder der Rahmengesetzgebung betrifft, gilt es als Bundesrecht fort, wenn und soweit es sich auf Sachgebiete bezieht, die im übrigen Geltungsbereich des Grundgesetzes bundesrechtlich geregelt sind.

(5) Das gemäß Anlage II von der Deutschen Demokratischen Republik erlassene Kirchensteuerrecht gilt in den in Artikel 1 Abs. 1 genannten Ländern als Landesrecht fort.

Art. 10 Recht der Europäischen Gemeinschaften. (1) Mit dem Wirksamwerden des Beitritts gelten in dem in Artikel 3 genannten Gebiet die Verträge über die Europäischen Gemeinschaften nebst Änderungen und Ergänzungen sowie die internationalen Vereinbarungen, Verträge und Beschlüsse, die in Verbindung mit diesen Verträgen in Kraft getreten sind.

(2) Die auf der Grundlage der Verträge über die Europäischen Gemeinschaften ergangenen Rechtsakte gelten mit dem Wirksamwerden des Beitritts in dem in Artikel 3 genannten Gebiet, soweit nicht die zuständigen Organe der Europäischen Gemeinschaften Ausnahmeregelungen erlassen. Diese Ausnahmeregelungen sollen den verwaltungsmäßigen Bedürfnissen Rechnung tragen und der Vermeidung wirtschaftlicher Schwierigkeiten dienen.

(3) Rechtsakte der Europäischen Gemeinschaften, deren Umsetzung oder Ausführung in die Zuständigkeit der Länder fällt, sind von diesen durch landesrechtliche Vorschriften umzusetzen oder auszuführen.

Kapitel IV. Völkerrechtliche Verträge und Vereinbarungen

Art. 11 Verträge der Bundesrepublik Deutschland. Die Vertragsparteien gehen davon aus, daß völkerrechtliche Verträge und Vereinbarungen, denen die Bundesrepublik Deutschland als Vertragspartei angehört, einschließlich solcher Verträge, die Mitgliedschaften in internationalen Organisationen oder Institutionen begründen, ihre Gültigkeit behalten und die daraus folgenden Rechte und Verpflichtungen sich mit Ausnahme der in Anlage I genannten Verträge auch auf das in Artikel 3 genannte Gebiet beziehen. Soweit im Einzelfall Anpassungen erforderlich werden, wird sich die gesamtdeutsche Regierung mit den jeweiligen Vertragspartnern ins Benehmen setzen.

Art. 12 Verträge der Deutschen Demokratischen Republik. (1) Die Vertragsparteien sind sich einig, daß die völkerrechtlichen Verträge der Deutschen Demokratischen Republik im Zuge der Herstellung der Einheit Deutschlands unter den Gesichtspunkten des Vertrauensschutzes, der Interessenlage der beteiligten Staaten und der vertraglichen Verpflichtungen der Bundesrepublik Deutschland sowie nach den Prinzipien einer freiheitlichen, demokratischen und rechtsstaatlichen Grundordnung und unter Beachtung der Zuständigkeiten der Europäischen Gemeinschaften mit den Vertragspartnern der Deutschen Demokratischen Republik zu erörtern sind, um ihre Fortgeltung, Anpassung oder ihr Erlöschen zu regeln beziehungsweise festzustellen.

(2) Das vereinte Deutschland legt seine Haltung zum Übergang völkerrechtlicher Verträge der Deutschen Demokratischen Republik nach Konsultationen mit den jeweiligen Vertragspartnern und mit den Europäischen Gemeinschaften, soweit deren Zuständigkeiten berührt sind, fest.

(3) Beabsichtigt das vereinte Deutschland, in internationale Organisationen oder in sonstige mehrseitige Verträge einzutreten, denen die Deutsche Demokratische Republik, nicht aber die Bundesrepublik Deutschland angehört, so wird Einvernehmen mit den jeweiligen Vertragspartnern und mit den Europäischen Gemeinschaften, soweit deren Zuständigkeiten berührt sind, hergestellt.

Kapitel V. Öffentliche Verwaltung und Rechtspflege

Art. 13 Übergang von Einrichtungen. (1) Verwaltungsorgane und sonstige der öffentlichen Verwaltung oder Rechtspflege dienende Einrichtungen in dem in Artikel 3 genannten Gebiet unterstehen der Regierung des Landes, in dem sie örtlich gelegen sind. Einrichtungen mit länderübergreifendem Wirkungskreis gehen in die gemeinsame Trägerschaft der betroffenen Länder über. Soweit Einrichtungen aus mehreren Teileinrichtungen bestehen, die ihre Aufgaben selbständig erfüllen können, unterstehen die Teileinrichtungen jeweils der Regierung des Landes, in dem sich die Teileinrichtung befindet. Die Landesregierung regelt die Überführung oder Abwicklung. § 22 des Ländereinführungsgesetzes vom 22. Juli 1990 bleibt unberührt.

(2) Soweit die in Absatz 1 Satz 1 genannten Einrichtungen oder Teileinrichtungen bis zum Wirksamwerden des Beitritts Aufgaben erfüllt haben, die nach der Kompetenzordnung des Grundgesetzes vom Bund wahrzunehmen sind, unterstehen sie den zuständigen obersten Bundesbehörden. Diese regeln die Überführung oder Abwicklung.

(3) Zu den Einrichtungen nach den Absätzen 1 und 2 gehören auch

1. Einrichtungen der Kultur, der Bildung und Wissenschaft sowie des Sports,

2. Einrichtungen des Hörfunks und des Fernsehens, deren Rechtsträger die öffentliche Verwaltung ist.

Art. 14 Gemeinsame Einrichtungen der Länder. (1) Einrichtungen oder Teile von Einrichtungen, die bis zum Wirksamwerden des Beitritts Aufgaben erfüllt haben, die nach der Kompetenzordnung des Grundgesetzes von den Ländern wahrzunehmen sind, werden bis zur endgültigen Regelung durch die in Artikel 1 Abs. 1 genannten Länder als gemeinsame Einrichtungen der Länder weitergeführt. Dies gilt nur, soweit die übergangsweise Weiterführung für die Erfüllung der Aufgaben der Länder unerläßlich ist.

(2) Die gemeinsamen Einrichtungen der Länder unterstehen bis zur Wahl der Ministerpräsidenten der Länder den Landesbevollmächtigten. Danach unterstehen sie den Ministerpräsidenten. Diese können die Aufsicht dem zuständigen Landesminister übertragen.

Art. 15 Übergangsregelungen für die Landesverwaltung. (1) Die Landessprecher in den in Artikel 1 Abs. 1 genannten Ländern und die Regierungsbevollmächtigten in den Bezirken nehmen ihre bisherigen Aufgaben vom Wirksamwerden des Beitritts bis zur Wahl der Ministerpräsidenten in der Verantwortung der Bundesregierung wahr und unterstehen deren Weisungen. Die Landessprecher leiten als Landesbevollmächtigte die Verwaltung ihres Landes und haben ein Weisungsrecht gegenüber den Bezirksverwaltungsbehörden sowie bei übertragenen Aufgaben auch gegenüber den Gemeinden und Landkreisen. Soweit in den in Artikel 1 Abs. 1 genannten Ländern bis zum Wirksamwerden des Beitritts Landesbeauftragte bestellt worden sind, nehmen sie die in den Sätzen 1 und 2 genannten Aufgaben und Befugnisse des Landessprechers wahr.

(2) Die anderen Länder und der Bund leisten Verwaltungshilfe beim Aufbau der Landesverwaltung.

(3) Auf Ersuchen der Ministerpräsidenten der in Artikel 1 Abs. 1 genannten Länder leisten die anderen Länder und der Bund Verwaltungshilfe bei der Durchführung bestimmter Fachaufgaben, und zwar längstens bis zum 30. Juni 1991. Soweit Stellen und Angehörige der Länder und des Bundes Verwaltungshilfe bei der Durchführung von Fachaufgaben leisten, räumt der Ministerpräsident ihnen insoweit ein Weisungsrecht ein.

(4) Soweit der Bund Verwaltungshilfe bei der Durchführung von Fachaufgaben leistet, stellt er auch die zur Durchführung der Fachaufgaben erforderlichen Haushaltsmittel zur Verfügung. Die eingesetzten Haushaltsmittel werden mit dem Anteil des jeweiligen Landes an den Leistungen des Fonds „Deutsche Einheit“ oder an der Einfuhr-Umsatzsteuer verrechnet.

Art. 16 Übergangsvorschrift bis zur Bildung einer gesamtberliner Landesregierung. Bis zur Bildung einer gesamtberliner Landesregierung nimmt der Senat von Berlin gemeinsam mit dem Magistrat die Aufgaben der gesamtberliner Landesregierung wahr.

Art. 17 Rehabilitierung. Die Vertragsparteien bekräftigen ihre Absicht, daß unverzüglich eine gesetzliche Grundlage dafür geschaffen wird, daß alle Personen rehabilitiert werden können, die Opfer einer politisch motivierten Strafverfolgungsmaßnahme oder sonst einer rechtsstaats- und verfassungswidrigen gerichtlichen Entscheidung geworden sind. Die Rehabilitierung dieser Opfer des SED-Unrechts-Regimes ist mit einer angemessenen Entschädigungsregelung zu verbinden.

Art. 18 Fortgeltung gerichtlicher Entscheidungen. (1) Vor dem Wirksamwerden des Beitritts ergangene Entscheidungen der Gerichte der Deutschen Demokratischen Republik bleiben wirksam und können nach Maßgabe des gemäß Artikel 8 in Kraft gesetzten oder des gemäß Artikel 9 fortgeltenden Rechts vollstreckt werden. Nach diesem Recht richtet sich auch eine Überprüfung der Vereinbarkeit von Entscheidungen und ihrer Vollstreckung mit rechtsstaatlichen Grundsätzen. Artikel 17 bleibt unberührt.

(2) Den durch ein Strafgericht der Deutschen Demokratischen Republik Verurteilten wird durch diesen Vertrag nach Maßgabe der Anlage I ein eigenes Recht eingeräumt, eine gerichtliche Kassation rechtskräftiger Entscheidungen herbeizuführen.

Art. 19 Fortgeltung von Entscheidungen der öffentlichen Verwaltung. Vor dem Wirksamwerden des Beitritts ergangene Verwaltungsakte der Deutschen Demokratischen Republik bleiben wirksam. Sie können aufgehoben werden, wenn sie mit rechtsstaatlichen Grundsätzen oder mit den Regelungen dieses Vertrags unvereinbar sind. Im übrigen bleiben die Vorschriften über die Bestandskraft von Verwaltungsakten unberührt.

Art. 20 Rechtsverhältnisse im öffentlichen Dienst. (1) Für die Rechtsverhältnisse der Angehörigen des öffentlichen Dienstes zum Zeitpunkt des Beitritts gelten die in Anlage I vereinbarten Übergangsregelungen.

(2) Die Wahrnehmung von öffentlichen Aufgaben (hoheitsrechtliche Befugnisse im Sinne von Artikel 33 Abs. 4 des Grundgesetzes) ist sobald wie möglich Beamten zu übertragen. Das Beamtenrecht wird nach Maßgabe der in Anlage I vereinbarten Regelungen eingeführt. Artikel 92 des Grundgesetzes bleibt unberührt.

(3) Das Soldatenrecht wird nach Maßgabe der in Anlage I vereinbarten Regelungen eingeführt.

Kapitel VI. Öffentliches Vermögen und Schulden

Art. 21 Verwaltungsvermögen. (1) Das Vermögen der Deutschen Demokratischen Republik, das unmittelbar bestimmten Verwaltungsaufgaben dient (Verwaltungsvermögen), wird Bundesvermögen, sofern es nicht nach seiner Zweckbestimmung am 1. Oktober 1989 überwiegend für Verwaltungsaufgaben bestimmt war, die nach dem Grundgesetz von Ländern, Gemeinden (Gemeindeverbänden) oder sonstigen Trägern öffentlicher Verwaltung wahrzunehmen sind. Soweit Verwaltungsvermögen überwiegend für Aufgaben des ehemaligen Ministeriums für Staatssicherheit/des Amtes für Nationale Sicherheit genutzt wurde, steht es der Treuhandanstalt zu, es sei denn, daß es nach dem genannten Zeitpunkt bereits neuen sozialen oder öffentlichen Zwecken zugeführt worden ist.

(2) Soweit Verwaltungsvermögen nicht Bundesvermögen gemäß Absatz 1 wird, steht es mit Wirksamwerden des Beitritts demjenigen Träger öffentlicher Verwaltung zu, der nach dem Grundgesetz für die Verwaltungsaufgabe zuständig ist.

(3) Vermögenswerte, die dem Zentralstaat oder den Ländern und Gemeinden (Gemeindeverbänden) von einer anderen Körperschaft des öffentlichen Rechts unentgeltlich zur Verfügung gestellt worden sind, werden an diese Körperschaft oder ihre Rechtsnachfolgerin unentgeltlich zurückübertragen; früheres Reichsvermögen wird Bundesvermögen.

(4) Soweit nach den Absätzen 1 bis 3 oder aufgrund eines Bundesgesetzes Verwaltungsvermögen Bundesvermögen wird, ist es für die Erfüllung öffentlicher Aufgaben in dem in Artikel 3 genannten Gebiet zu verwenden. Dies gilt auch für die Verwendung der Erlöse aus Veräußerungen von Vermögenswerten.

Art. 22 Finanzvermögen. (1) Öffentliches Vermögen von Rechtsträgern in dem in Artikel 3 genannten Gebiet einschließlich des Grundvermögens und des Vermögens in der Land- und Forstwirtschaft, das nicht unmittelbar bestimmten Verwaltungsaufgaben dient (Finanzvermögen), ausgenommen Vermögen der Sozialversicherung, unterliegt, soweit es nicht der Treuhandanstalt übertragen ist, oder durch Gesetz gemäß § 1 Abs. 1 Sätze 2 und 3 des Treuhandgesetzes Gemeinden, Städten oder Landkreisen übertragen wird, mit Wirksamwerden des Beitritts der Treuhandverwaltung des Bundes. Soweit Finanzvermögen überwiegend für Aufgaben des ehemaligen Ministeriums für Staatssicherheit/des Amtes für Nationale Sicherheit genutzt wurde, steht es der Treuhandanstalt zu, es sei denn, daß es nach dem 1. Oktober 1989 bereits neuen sozialen oder öffentlichen Zwecken zugeführt worden ist. Durch Bundesgesetz ist das Finanzvermögen auf den Bund und die in Artikel 1 genannten Länder so aufzuteilen, daß der Bund und die in Artikel 1 genannten Länder je die Hälfte des Vermögensgesamtwerts erhalten. An dem Länderanteil sind die Gemeinden (Gemeindeverbände) angemessen zu beteiligen. Vermögenswerte, die hiernach der Bund erhält, sind zur Erfüllung öffentlicher Aufgaben in dem in Artikel 3 genannten Gebiet zu verwenden. Die Verteilung des Länderanteils auf die einzelnen Länder soll grundsätzlich so erfolgen, daß das Verhältnis der Gesamtwerte der den einzelnen Ländern übertragenen Vermögensteile dem Verhältnis der Bevölkerungszahlen dieser Länder mit Wirksamwerden des Beitritts ohne Berücksichtigung der Einwohnerzahl von Berlin (West) entspricht. Artikel 21 Abs. 3 ist entsprechend anzuwenden.

(2) Bis zu einer gesetzlichen Regelung wird das Finanzvermögen von den bisher zuständigen Behörden verwaltet, soweit nicht der Bundesmi-

nister der Finanzen die Übernahme der Verwaltung durch Behörden der Bundesvermögensverwaltung anordnet.

(3) Die in den Absätzen 1 und 2 bezeichneten Gebietskörperschaften gewähren sich untereinander auf Verlangen Auskunft über und Einsicht in Grundbücher, Grundakten und sonstige Vorgänge, die Hinweise zu Vermögenswerten enthalten, deren rechtliche und tatsächliche Zuordnung zwischen den Gebietskörperschaften ungeklärt oder streitig ist.

(4) Absatz 1 gilt nicht für das zur Wohnungsversorgung genutzte volkseigene Vermögen, das sich in Rechtsträgerschaft der volkseigenen Betriebe der Wohnungswirtschaft befindet. Gleiches gilt für volkseigenes Vermögen, für das bereits konkrete Ausführungsplanungen für Objekte der Wohnungsversorgung vorliegen. Dieses Vermögen geht mit Wirksamwerden des Beitritts mit gleichzeitiger Übernahme der anteiligen Schulden in das Eigentum der Kommunen über. Die Kommunen überführen ihren Wohnungsbestand unter Berücksichtigung sozialer Belange schrittweise in eine marktwirtschaftliche Wohnungswirtschaft. Dabei soll die Privatisierung auch zur Förderung der Bildung individuellen Wohneigentums beschleunigt durchgeführt werden. Hinsichtlich des volkseigenen Wohnungsbestandes staatlicher Einrichtungen, soweit dieser nicht bereits unter Artikel 21 fällt, bleibt Absatz 1 unberührt.

Art. 23 Schuldenregelung. (1) Mit dem Wirksamwerden des Beitritts wird die bis zu diesem Zeitpunkt aufgelaufene Gesamtverschuldung des Republikhaushalts der Deutschen Demokratischen Republik von einem nicht rechtsfähigen Sondervermögen des Bundes übernommen, das die Schuldendienstverpflichtungen erfüllt. Das Sondervermögen wird ermächtigt, Kredite aufzunehmen

1. zur Tilgung von Schulden des Sondervermögens,
2. zur Deckung anfallender Zins- und Kreditbeschaffungskosten,
3. zum Zwecke des Ankaufs von Schuldtiteln des Sondervermögens im Wege der Marktpflege.

(2) Der Bundesminister der Finanzen verwaltet das Sondervermögen. Das Sondervermögen kann unter seinem Namen im rechtsgeschäftlichen Verkehr handeln, klagen und verklagt werden. Der allgemeine Gerichtsstand des Sondervermögens ist der Sitz der Bundesregierung. Der Bund haftet für die Verbindlichkeiten des Sondervermögens.

(3) Vom Tage des Wirksamwerdens des Beitritts bis zum 31. Dezember 1993 erstatten der Bund und die Treuhandanstalt jeweils die Hälfte der vom Sondervermögen erbrachten Zinsleistungen.

Die Erstattung erfolgt bis zum Ersten des Monats, der dem Monat folgt, in dem das Sondervermögen die in Satz 1 genannten Leistungen erbracht hat.

(4) Mit Wirkung vom 1. Januar 1994 übernehmen der Bund und die in Artikel 1 genannten Länder und die Treuhandanstalt, die beim Sondervermögen zum 31. Dezember 1993 aufgelaufene Gesamtverschuldung nach Maßgabe des Artikels 27 Abs. 3 des Vertrags vom 18. Mai 1990

über die Schaffung einer Währungs-, Wirtschafts- und Sozialunion zwischen der Bundesrepublik Deutschland und der Deutschen Demokratischen Republik. Die Verteilung der Schulden im einzelnen wird durch besonderes Gesetz gemäß Artikel 34 des Gesetzes vom 25. Juli 1990 zu dem Vertrag vom 18. Mai 1990 (BGBl. 1990 II S. 518) geregelt. Die Anteile der in Artikel 1 genannten Länder an dem von der Gesamtheit der in Artikel 1 genannten Länder zu übernehmenden Betrag werden im Verhältnis ihrer Einwohnerzahl zum Zeitpunkt des Wirksamwerdens des Beitritts ohne Berücksichtigung der Einwohnerzahl von Berlin (West) berechnet.

(5) Das Sondervermögen wird mit Ablauf des Jahres 1993 aufgelöst.

(6) Die Bundesrepublik Deutschland tritt mit Wirksamwerden des Beitritts in die von der Deutschen Demokratischen Republik zu Lasten des Staatshaushalts bis zur Einigung übernommenen Bürgschaften, Garantien und Gewährleistungen ein. Die in Artikel 1 Abs. 1 genannten Länder und das Land Berlin für den Teil, in dem das Grundgesetz bisher nicht galt, übernehmen für die auf die Bundesrepublik Deutschland übergegangenen Bürgschaften, Garantien und Gewährleistungen gesamtschuldnerisch eine Rückbürgschaft in Höhe von 50 vom Hundert. Die Schadensbeträge werden zwischen den Ländern im Verhältnis ihrer Einwohnerzahl zum Zeitpunkt des Wirksamwerdens des Beitritts ohne Berücksichtigung der Einwohnerzahl von Berlin (West) aufgeteilt.

(7) Die Beteiligung der Deutschen Demokratischen Republik an der Staatsbank Berlin kann auf die in Artikel 1 genannten Länder übertragen werden. Bis zu einer Übertragung der Beteiligung nach Satz 1 oder einer Übertragung nach Satz 3 stehen die Rechte aus der Beteiligung der Deutschen Demokratischen Republik an der Staatsbank Berlin dem Bund zu. Die Vertragsparteien werden, unbeschadet einer kartellrechtlichen Prüfung, die Möglichkeit vorsehen, daß die Staatsbank Berlin ganz oder teilweise auf ein öffentlich-rechtliches Kreditinstitut in der Bundesrepublik Deutschland oder auf andere Rechtsträger übertragen wird. Werden nicht alle Gegenstände oder Verbindlichkeiten von einer Übertragung erfaßt, ist der verbleibende Teil der Staatsbank Berlin abzuwickeln. Der Bund tritt in die Verbindlichkeiten aus der Gewährträgerhaftung der Deutschen Demokratischen Republik für die Staatsbank Berlin ein. Dies gilt nicht für Verbindlichkeiten, die nach der Übertragung der Beteiligung nach Satz 1 oder nach einer Übertragung nach Satz 3 begründet werden. Satz 5 gilt für von der Staatsbank Berlin in Abwicklung begründete neue Verbindlichkeiten entsprechend. Wird der Bund aus der Gewährträgerhaftung in Anspruch genommen, wird die Belastung in die Gesamtverschuldung des Republikhaushalts einbezogen und mit Wirksamwerden des Beitritts in das nicht rechtsfähige Sondervermögen nach Absatz 1 übernommen.

Art. 24 Abwicklung der Forderungen und Verbindlichkeiten gegenüber dem Ausland und der Bundesrepublik Deutschland.
(1) Die Abwicklung der beim Wirksamwerden des Beitritts noch bestehenden Forderungen und Verbindlichkeiten, soweit sie im Rahmen

des Außenhandels- und Valutamonopols oder in Wahrnehmung anderer staatlicher Aufgaben der Deutschen Demokratischen Republik bis zum 1. Juli 1990 gegenüber dem Ausland und der Bundesrepublik Deutschland begründet worden sind, erfolgt auf Weisung und unter Aufsicht des Bundesministers der Finanzen. In Umschuldungsvereinbarungen der Regierung der Bundesrepublik Deutschland, die nach Wirksamwerden des Beitritts getroffen werden, sind auch die in Satz 1 genannten Forderungen einzubeziehen. Die betroffenen Forderungen werden durch den Bundesminister der Finanzen treuhänderisch verwaltet oder auf den Bund übertragen, soweit die Forderungen wertberichtigt werden.

(2) Das Sondervermögen gemäß Artikel 23 Abs. 1 übernimmt bis zum 30. November 1993 gegenüber den mit der Abwicklung beauftragten Instituten die notwendigen Verwaltungsaufwendungen, die Zinskosten, die durch eine Differenz der Zinsaufwendungen und Zinserlöse entstehen, sowie die sonstigen Verluste, die den Instituten während der Abwicklungszeit entstehen, soweit sie durch eigene Mittel nicht ausgeglichen werden können. Nach dem 30. November 1993 übernehmen der Bund und die Treuhandanstalt die in Satz 1 genannten Aufwendungen, Kosten und den Verlustausgleich je zur Hälfte. Das Nähere wird durch Bundesgesetz geregelt.

(3) Forderungen und Verbindlichkeiten, die auf die Mitgliedschaft der Deutschen Demokratischen Republik oder ihrer Einrichtungen im Rat für Gegenseitige Wirtschaftshilfe zurückgehen, können Gegenstand gesonderter Regelungen der Bundesrepublik Deutschland sein. Diese Regelungen können auch Forderungen und Verbindlichkeiten betreffen, die nach dem 30. Juni 1990 entstehen oder entstanden sind.

Art. 25 Treuhandvermögen. Das Gesetz zur Privatisierung und Reorganisation des volkseigenen Vermögens – Treuhandgesetz – vom 17. Juni 1990 (GBl. I Nr. 33 S. 300) gilt mit Wirksamwerden des Beitritts mit folgender Maßgabe fort:

(1) Die Treuhandanstalt ist auch künftig damit beauftragt, gemäß den Bestimmungen des Treuhandgesetzes die früheren volkseigenen Betriebe wettbewerblich zu strukturieren und zu privatisieren. Sie wird rechtsfähige bundesunmittelbare Anstalt des öffentlichen Rechts. Die Fach- und Rechtsaufsicht obliegt dem Bundesminister der Finanzen, der die Fachaufsicht im Einvernehmen mit dem Bundesminister für Wirtschaft und dem jeweils zuständigen Bundesminister wahrnimmt. Beteiligungen der Treuhandanstalt sind mittelbare Beteiligungen des Bundes. Änderungen der Satzung bedürfen der Zustimmung der Bundesregierung.

(2) Die Zahl der Mitglieder des Verwaltungsrats der Treuhandanstalt wird von 16 auf 20, für den ersten Verwaltungsrat auf 23, erhöht. Anstelle der beiden aus der Mitte der Volkskammer gewählten Vertreter erhalten die in Artikel 1 genannten Länder im Verwaltungsrat der Treuhandanstalt je einen Sitz. Abweichend von § 4 Abs. 2 des Treuhandgesetzes werden der Vorsitzende und die übrigen Mitglieder des Verwaltungsrats von der Bundesregierung berufen.

(3) Die Vertragsparteien bekräftigen, daß das volkseigene Vermögen ausschließlich und allein zugunsten von Maßnahmen in dem in Artikel 3 genannten Gebiet unabhängig von der haushaltsmäßigen Trägerschaft verwendet wird. Entsprechend sind Erlöse der Treuhandanstalt gemäß Artikel 26 Abs. 4 und Artikel 27 Abs. 3 des Vertrags vom 18. Mai 1990 zu verwenden. Im Rahmen der Strukturanpassung der Landwirtschaft können Erlöse der Treuhandanstalt im Einzelfall auch für Entschuldungsmaßnahmen zu Gunsten von landwirtschaftlichen Unternehmen verwendet werden. Zuvor sind deren eigene Vermögenswerte einzusetzen. Schulden, die auszugliedernden Betriebsteilen zuzuordnen sind, bleiben unberücksichtigt. Hilfe zur Entschuldung kann auch mit der Maßgabe gewährt werden, daß die Unternehmen die gewährten Leistungen im Rahmen ihrer wirtschaftlichen Möglichkeiten ganz oder teilweise zurückerstatten.

(4) Die der Treuhandanstalt durch Artikel 27 Abs. 1des Vertrags vom 18. Mai 1990 eingeräumte Ermächtigung zur Aufnahme von Krediten wird von insgesamt bis zu 17 Milliarden Deutsche Mark auf bis zu 25 Milliarden Deutsche Mark erhöht. Die vorgenannten Kredite sollen in der Regel bis zum 31. Dezember 1995 zurückgeführt werden. Der Bundesminister der Finanzen kann eine Verlängerung der Laufzeiten und bei grundlegend veränderten Bedingungen eine Überschreitung der Kreditobergrenzen zulassen.

(5) Die Treuhandanstalt wird ermächtigt, im Einvernehmen mit dem Bundesminister der Finanzen Bürgschaften, Garantien und sonstige Gewährleistungen zu übernehmen.

(6) Nach Maßgabe des Artikels 10 Abs. 6 des Vertrags vom 18. Mai 1990 sind Möglichkeiten vorzusehen, daß den Sparern zu einem späteren Zeitpunkt für den bei der Umstellung 2 : 1 reduzierten Betrag ein verbrieftes Anteilrecht am volkseigenen Vermögen eingeräumt werden kann.

(7) Bis zur Feststellung der DM-Eröffnungsbilanz sind die Zins- und Tilgungsleistungen auf Kredite, die vor dem 30. Juni 1990 aufgenommen wurden, auszusetzen. Die anfallenden Zinszahlungen sind der Deutschen Kreditbank AG und den anderen Banken durch die Treuhandanstalt zu erstatten.

Art. 26 Sondervermögen Deutsche Reichsbahn. (1) Das Eigentum und alle sonstigen Vermögensrechte der Deutschen Demokratischen Republik sowie das Reichsvermögen in Berlin (West), die zum Sondervermögen Deutsche Reichsbahn im Sinne des Artikels 26 Abs. 2 des Vertrags vom 18. Mai 1990 gehören, sind mit Wirksamwerden des Beitritts als Sondervermögen Deutsche Reichsbahn Vermögen der Bundesrepublik Deutschland. Dazu gehören auch alle Vermögensrechte, die nach dem 8. Mai 1945 entweder mit Mitteln des Sondervermögens Deutsche Reichsbahn erworben oder die ihrem Betrieb oder dem ihrer Vorgängerverwaltungen gewidmet worden sind, ohne Rücksicht darauf, für welchen Rechtsträger sie erworben wurden, es sei denn, sie sind in der Folgezeit mit Zustimmung der Deutschen Reichsbahn einem anderen Zweck gewidmet worden. Vermögensrechte, die von der Deutschen

Reichsbahn bis zum 31. Januar 1991 in entsprechender Anwendung des § 1 Abs. 4 der Verordnung über die Anmeldung vermögensrechtlicher Ansprüche vom 11. Juli 1990 (GBl. I Nr. 44 S. 718) benannt werden, gelten nicht als Vermögen, das mit Zustimmung der Deutschen Reichsbahn einem anderen Zweck gewidmet wurde.

(2) Mit den Vermögensrechten gehen gleichzeitig die mit ihnen im Zusammenhang stehenden Verbindlichkeiten und Forderungen auf das Sondervermögen Deutsche Reichsbahn über.

(3) Der Vorsitzer des Vorstands der Deutschen Bundesbahn und der Vorsitzer des Vorstands der Deutschen Reichsbahn sind für die Koordinierung der beiden Sondervermögen verantwortlich. Dabei haben sie auf das Ziel hinzuwirken, die beiden Bahnen technisch und organisatorisch zusammenzuführen.

Art. 27 Sondervermögen Deutsche Post. (1) Das Eigentum und alle sonstigen Vermögensrechte, die zum Sondervermögen Deutsche Post gehören, werden Vermögen der Bundesrepublik Deutschland. Sie werden mit dem Sondervermögen Deutsche Bundespost vereinigt. Dabei gehen mit den Vermögensrechten gleichzeitig die mit ihnen im Zusammenhang stehenden Verbindlichkeiten und Forderungen auf das Sondervermögen Deutsche Bundespost über. Das den hoheitlichen und politischen Zwecken dienende Vermögen wird mit den entsprechenden Verbindlichkeiten und Forderungen nicht Bestandteil des Sondervermögens Deutsche Bundespost.

Zum Sondervermögen Deutsche Post gehören auch alle Vermögensrechte, die am 8. Mai 1945 zum Sondervermögen Deutsche Reichspost gehörten oder die nach dem 8. Mai 1945 entweder mit Mitteln des früheren Sondervermögens Deutsche Reichspost erworben oder die dem Betrieb der Deutschen Post gewidmet worden sind, ohne Rücksicht darauf, für welchen Rechtsträger sie erworben wurden, es sei denn, sie sind in der Folgezeit mit Zustimmung der Deutschen Post einem anderen Zweck gewidmet worden. Vermögensrechte, die von der Deutschen Post bis zum 31. Januar 1991 in entsprechender Anwendung des § 1 Abs. 4 der Verordnung über die Anmeldung vermögensrechtlicher Ansprüche vom 11. Juli 1990 benannt werden, gelten nicht als Vermögen, das mit Zustimmung der Deutschen Post einem anderen Zweck gewidmet wurde.

(2) Der Bundesminister für Post und Telekommunikation regelt nach Anhörung der Unternehmen der Deutschen Bundespost abschließend die Aufteilung des Sondervermögens Deutsche Post in die Teilsondervermögen der drei Unternehmen. Der Bundesminister für Post und Telekommunikation legt nach Anhörung der drei Unternehmen der Deutschen Bundespost innerhalb einer Übergangszeit von drei Jahren fest, welche Vermögensgegenstände den hoheitlichen und politischen Zwecken dienen. Er übernimmt diese ohne Wertausgleich.

Art. 28 Wirtschaftsförderung. (1) Mit Wirksamwerden des Beitritts wird das in Artikel 3 genannte Gebiet in die im Bundesgebiet bestehenden Regelungen des Bundes zur Wirtschaftsförderung unter Berücksichtigung der Zuständigkeiten der Europäischen Gemeinschaften einbezogen. Während einer Übergangszeit werden dabei die besonderen Bedürfnisse der Strukturanpassung berücksichtigt. Damit wird ein wichtiger Beitrag zu einer möglichst raschen Entwicklung einer ausgewogenen Wirtschaftsstruktur unter besonderer Berücksichtigung des Mittelstands geleistet.

(2) Die zuständigen Ressorts bereiten konkrete Maßnahmenprogramme zur Beschleunigung des wirtschaftlichen Wachstums und des Strukturwandels in dem in Artikel 3 genannten Gebiet vor. Die Programme erstrecken sich auf folgende Bereiche:

- Maßnahmen der regionalen Wirtschaftsförderung unter Schaffung eines besonderen Programms zugunsten des in Artikel 3 genannten Gebiets; dabei wird ein Präferenzvorsprung zugunsten dieses Gebiets sichergestellt;
- Maßnahmen zur Verbesserung der wirtschaftlichen Rahmenbedingungen in den Gemeinden mit besonderem Schwerpunkt in der wirtschaftsnahen Infrastruktur;
- Maßnahmen zur raschen Entwicklung des Mittelstandes;
- Maßnahmen zur verstärkten Modernisierung und strukturellen Neuordnung der Wirtschaft auf der Grundlage von in Eigenverantwortung der Industrie erstellten Restrukturierungskonzepten (zum Beispiel Sanierungsprogramme, auch für RGW-Exportproduktion);
- Entschuldung von Unternehmen nach Einzelfallprüfung.

Art. 29 Außenwirtschaftsbeziehungen. (1) Die gewachsenen außenwirtschaftlichen Beziehungen der Deutschen Demokratischen Republik, insbesondere die bestehenden vertraglichen Verpflichtungen gegenüber den Ländern des Rates für Gegenseitige Wirtschaftshilfe, genießen Vertrauensschutz. Sie werden unter Berücksichtigung der Interessen aller Beteiligten und unter Beachtung marktwirtschaftlicher Grundsätze sowie der Zuständigkeiten der Europäischen Gemeinschaften fortentwickelt und ausgebaut. Die gesamtdeutsche Regierung wird dafür Sorge tragen, daß diese Beziehungen im Rahmen der fachlichen Zuständigkeit organisatorisch angemessen geregelt werden.

(2) Die Bundesregierung beziehungsweise die gesamtdeutsche Regierung wird sich mit den zuständigen Organen der Europäischen Gemeinschaften darüber abstimmen, welche Ausnahmeregelungen für eine Übergangszeit auf dem Gebiet des Außenhandels im Hinblick auf Absatz 1 erforderlich sind.

Kapitel VII. Arbeit, Soziales, Familie, Frauen, Gesundheitswesen, und Umweltschutz

Art. 30 Arbeit und Soziales. (1) Es ist Aufgabe des gesamtdeutschen Gesetzgebers,

1. das Arbeitsvertragsrecht sowie das öffentlich-rechtliche Arbeitszeitrecht einschließlich der Zulässigkeit von Sonn- und Feiertagsarbeit

Art. 33 Gesundheitswesen. (1) Es ist Aufgabe der Gesetzgeber, die Voraussetzungen dafür zu schaffen, daß das Niveau der stationären Versorgung der Bevölkerung in dem in Artikel 3 genannten Gebiet zügig und nachhaltig verbessert und der Situation im übrigen Bundesgebiet angepaßt wird.

(2) Zur Vermeidung von Defiziten bei den Arzneimittelausgaben der Krankenversicherung in dem in Artikel 3 genannten Gebiet trifft der gesamtdeutsche Gesetzgeber eine zeitlich befristete Regelung, durch die der Herstellerabgabepreis im Sinne der Arzneimittelpreisverordnung um einen Abschlag verringert wird, der dem Abstand zwischen den beitragspflichtigen Einkommen in dem in Artikel 3 genannten Gebiet und im heutigen Bundesgebiet entspricht.

Art. 34 Umweltschutz. (1) Ausgehend von der in Artikel 16 des Vertrags vom 18. Mai 1990 in Verbindung mit dem Umweltrahmengesetz der Deutschen Demokratischen Republik vom 29. Juni 1990 (GBl. I Nr. 42 S. 649) begründeten deutschen Umweltunion ist es Aufgabe der Gesetzgeber, die natürlichen Lebensgrundlagen des Menschen unter Beachtung des Vorsorge-, Verursacher- und Kooperationsprinzips zu schützen und die Einheitlichkeit der ökologischen Lebensverhältnisse auf hohem, mindestens jedoch dem in der Bundesrepublik Deutschland erreichten Niveau zu fördern.

(2) Zur Förderung des in Absatz 1 genannten Ziels sind im Rahmen der grundgesetzlichen Zuständigkeitsregelungen ökologische Sanierungs- und Entwicklungsprogramme für das in Artikel 3 genannte Gebiet aufzustellen. Vorrangig sind Maßnahmen zur Abwehr von Gefahren für die Gesundheit der Bevölkerung vorzusehen.

Kapitel VIII. Kultur, Bildung und Wissenschaft, Sport

Art. 35 Kultur. (1) In den Jahren der Teilung waren Kunst und Kultur – trotz unterschiedlicher Entwicklung der beiden Staaten in Deutschland – eine Grundlage der fortbestehenden Einheit der deutschen Nation. Sie leisten im Prozeß der staatlichen Einheit der Deutschen auf dem Weg zur europäischen Einigung einen eigenständigen und unverzichtbaren Beitrag. Stellung und Ansehen eines vereinten Deutschlands in der Welt hängen außer von seinem politischen Gewicht und seiner wirtschaftlichen Leistungskraft ebenso von seiner Bedeutung als Kulturstaat ab. Vorrangiges Ziel der Auswärtigen Kulturpolitik ist der Kulturaustausch auf der Grundlage partnerschaftlicher Zusammenarbeit.

(2) Die kulturelle Substanz in dem in Artikel 3 genannten Gebiet darf keinen Schaden nehmen.

(3) Die Erfüllung der kulturellen Aufgaben einschließlich ihrer Finanzierung ist zu sichern, wobei Schutz und Förderung von Kultur und Kunst den neuen Ländern und Kommunen entsprechend der Zuständigkeitsverteilung des Grundgesetzes obliegen.

(4) Die bisher zentral geleiteten kulturellen Einrichtungen gehen in die Trägerschaft der Länder oder Kommunen über, in denen sie gelegen sind. Eine Mitfinanzierung durch den Bund wird in Ausnahmefällen, insbesondere im Land Berlin, nicht ausgeschlossen.

(5) Die durch die Nachkriegsereignisse getrennten Teile der ehemals staatlichen preußischen Sammlungen (unter anderem Staatliche Museen, Staatsbibliotheken, Geheimes Staatsarchiv, Ibero-amerikanisches Institut, Staatliches Institut für Musikforschung) sind in Berlin wieder zusammenzuführen. Die Stiftung preußischer Kulturbesitz übernimmt die vorläufige Trägerschaft. Auch für die künftige Regelung ist eine umfassende Trägerschaft für die ehemals staatlichen preußischen Sammlungen in Berlin zu finden.

(6) Der Kulturfonds wird zur Förderung von Kultur, Kunst und Künstlern übergangsweise bis zum 31. Dezember 1994 in dem in Artikel 3 genannten Gebiet weitergeführt. Eine Mitfinanzierung durch den Bund im Rahmen der Zuständigkeitsverteilung des Grundgesetzes wird nicht ausgeschlossen. Über eine Nachfolgeeinrichtung ist im Rahmen der Verhandlungen über den Beitritt der Länder der in Artikel 1 Abs. 1 genannten Länder zur Kulturstiftung der Länder zu verhandeln.

(7) Zum Ausgleich der Auswirkungen der Teilung Deutschlands kann der Bund übergangsweise zur Förderung der kulturellen Infrastruktur einzelne kulturelle Maßnahmen und Einrichtungen in dem in Artikel 3 genannten Gebiet mitfinanzieren.

Art. 36 Rundfunk. (1) Der „Rundfunk der DDR" und der „Deutsche Fernsehfunk" werden als gemeinschaftliche staatsunabhängige, rechtsfähige Einrichtung von den in Artikel 1 Abs. 1 genannten Ländern und dem Land Berlin für den Teil, in dem das Grundgesetz bisher nicht galt, bis spätestens 31. Dezember 1991 weitergeführt, soweit sie Aufgaben wahrnehmen, für die die Zuständigkeit der Länder gegeben ist. Die Einrichtung hat die Aufgabe, die Bevölkerung in dem in Artikel 3 genannten Gebiet nach den allgemeinen Grundsätzen des öffentlich-rechtlichen Rundfunks mit Hörfunk und Fernsehen zu versorgen. Die bisher der Deutschen Post zugehörige Studiotechnik sowie die der Produktion und der Verwaltung des Rundfunks und des Fernsehens dienenden Liegenschaften werden der Einrichtung zugeordnet. Artikel 21 gilt entsprechend.

(2) Die Organe der Einrichtung sind

1. der Rundfunkbeauftragte,
2. der Rundfunkbeirat.

(3) Der Rundfunkbeauftragte wird auf Vorschlag des Ministerpräsidenten der Deutschen Demokratischen Republik von der Volkskammer gewählt. Kommt eine Wahl durch die Volkskammer nicht zustande, wird der Rundfunkbeauftragte von den Landessprechern der in Artikel 1 Abs. 1 genannten Länder und dem Oberbürgermeister von Berlin mit Mehrheit gewählt. Der Rundfunkbeauftragte leitet die Einrichtung und vertritt sie gerichtlich und außergerichtlich. Er ist für die Erfüllung des Auftrags der Einrichtung im Rahmen der hierfür verfügbaren Mittel

verantwortlich und hat für das Jahr 1991 unverzüglich einen in Einnahmen und Ausgaben ausgeglichenen Haushaltsplan aufzustellen.

(4) Dem Rundfunkbeirat gehören 18 anerkannte Persönlichkeiten des öffentlichen Lebens als Vertreter gesellschaftlich relevanter Gruppen an. Je drei Mitglieder werden von den Landtagen der in Artikel 1 Abs. 1 genannten Länder und von der Stadtverordnetenversammlung von Berlin gewählt. Der Rundfunkbeirat hat in allen Programmfragen ein Beratungsrecht und bei wesentlichen Personal-, Wirtschafts- und Haushaltsfragen ein Mitwirkungsrecht. Der Rundfunkbeirat kann den Rundfunkbeauftragten mit der Mehrheit von zwei Dritteln seiner Mitglieder abberufen. Er kann mit der Mehrheit von zwei Dritteln seiner Mitglieder einen neuen Rundfunkbeauftragten wählen.

(5) Die Einrichtung finanziert sich vorrangig durch die Einnahmen aus dem Rundfunkgebührenaufkommen der Rundfunkteilnehmer, die in dem in Artikel 3 genannten Gebiet wohnen. Sie ist insoweit Gläubiger der Rundfunkgebühr. Im übrigen deckt sie ihre Ausgaben durch Einnahmen aus Werbesendungen und durch sonstige Einnahmen.

(6) Innerhalb des in Absatz 1 genannten Zeitraums ist die Einrichtung nach Maßgabe der föderalen Struktur des Rundfunks durch gemeinsamen Staatsvertrag der in Artikel 1 genannten Länder aufzulösen oder in Anstalten des öffentlichen Rechts einzelner oder mehrerer Länder überzuführen. Kommt ein Staatsvertrag nach Satz 1 bis zum 31. Dezember 1991 nicht zustande, so ist die Einrichtung mit Ablauf dieser Frist aufgelöst. Zu diesem Zeitpunkt bestehendes Aktiv- und Passivvermögen geht auf die in Artikel 1 genannten Länder in Anteilen über. Die Höhe der Anteile bemißt sich nach dem Verhältnis des Rundfunkgebührenaufkommens nach dem Stand vom 30. Juni 1991 in dem in Artikel 3 genannten Gebiet. Die Pflicht der Länder zur Fortführung der Rundfunkversorgung in dem in Artikel 3 genannten Gebiet bleibt hiervon unberührt.

(7) Mit Inkraftsetzung des Staatsvertrags nach Absatz 6, spätestens am 31. Dezember 1991, treten die Absätze 1 bis 6 außer Kraft.

Art. 37 Bildung. (1) In der Deutschen Demokratischen Republik erworbene oder staatlich anerkannte schulische, berufliche und akademische Abschlüsse oder Befähigungsnachweise gelten in dem in Artikel 3 genannten Gebiet weiter. In dem in Artikel 3 genannten Gebiet oder in den anderen Ländern der Bundesrepublik Deutschland einschließlich Berlin (West) abgelegte Prüfungen oder erworbene Befähigungsnachweise stehen einander gleich und verleihen die gleichen Berechtigungen, wenn sie gleichwertig sind. Die Gleichwertigkeit wird auf Antrag von der jeweils zuständigen Stelle festgestellt. Rechtliche Regelungen des Bundes und der Europäischen Gemeinschaften über die Gleichstellung von Prüfungen oder Befähigungsnachweisen sowie besondere Regelungen in diesem Vertrag haben Vorrang. Das Recht auf Führung erworbener, staatlich anerkannter oder verliehener akademischer Berufsbezeichnungen, Grade und Titel bleibt in jedem Fall unberührt.

(2) Für Lehramtsprüfungen gilt das in der Kultusministerkonferenz übliche Anerkennungsverfahren. Die Kultusministerkonferenz wird entsprechende Übergangsregelungen treffen.

(3) Prüfungszeugnisse nach der Systematik der Ausbildungsberufe und der Systematik der Facharbeiterberufe und Abschlußprüfungen und Gesellenprüfungen in anerkannten Ausbildungsberufen stehen einander gleich.

(4) Die bei der Neugestaltung des Schulwesens in dem in Artikel 3 genannten Gebiet erforderlichen Regelungen werden von den in Artikel 1 genannten Ländern getroffen. Die notwendigen Regelungen zur Anerkennung von Abschlüssen schulrechtlicher Art werden in der Kultusministerkonferenz vereinbart. In beiden Fällen sind Basis das Hamburger Abkommen und die weiteren einschlägigen Vereinbarungen der Kultusministerkonferenz.

(5) Studenten, die vor Abschluß eines Studiums die Hochschule wechseln, werden bisher erbrachte Studien- und Prüfungsleistungen nach den Grundsätzen des § 7 der Allgemeinen Bestimmungen für Diplomprüfungsordnungen (ABD) oder im Rahmen der für die Zulassung zu Staatsprüfungen geltenden Vorschriften anerkannt.

(6) Die auf Abschlußzeugnissen der Ingenieur- und Fachschulen der Deutschen Demokratischen Republik bestätigten Hochschulzugangsberechtigungen gelten gemäß Beschluß der Kultusministerkonferenz vom 10. Mai 1990 und seiner Anlage B. Weitergehende Grundsätze und Verfahren für die Anerkennung von Fachschul- und Hochschulabschlüssen für darauf aufbauende Schul- und Hochschulausbildungen sind im Rahmen der Kultusministerkonferenz zu entwickeln.

Art. 38 Wissenschaft und Forschung. (1) Wissenschaft und Forschung bilden auch im vereinten Deutschland wichtige Grundlagen für Staat und Gesellschaft. Der notwendigen Erneuerung von Wissenschaft und Forschung unter Erhaltung leistungsfähiger Einrichtungen in dem in Artikel 3 genannten Gebiet dient eine Begutachtung von öffentlich getragenen Einrichtungen durch den Wissenschaftsrat, die bis zum 31. Dezember 1991 abgeschlossen sein wird, wobei einzelne Ergebnisse schon vorher schrittweise umgesetzt werden sollen.

Die nachfolgenden Regelungen sollen diese Begutachtung ermöglichen sowie die Einpassung von Wissenschaft und Forschung in dem in Artikel 3 genannten Gebiet in die gemeinsame Forschungsstruktur der Bundesrepublik Deutschland gewährleisten.

(2) Mit dem Wirksamwerden des Beitritts wird die Akademie der Wissenschaften der Deutschen Demokratischen Republik als Gelehrtensozietät von den Forschungsinstituten und sonstigen Einrichtungen getrennt. Die Entscheidung, wie die Gelehrtensozietät der Akademie der Wissenschaften der Deutschen Demokratischen Republik fortgeführt werden soll, wird landesrechtlich getroffen. Die Forschungsinstitute und sonstigen Einrichtungen bestehen zunächst bis zum 31. Dezember 1991 als Einrichtungen der Länder in dem in Artikel 3 genannten Gebiet fort, soweit sie nicht vorher aufgelöst oder umgewandelt werden. Die Übergangsfinanzierung dieser Institute und Einrichtungen wird bis zum

31. Dezember 1991 sichergestellt; die Mittel hierfür werden im Jahr 1991 vom Bund und den in Artikel 1 genannten Ländern bereitgestellt.

(3) Die Arbeitsverhältnisse der bei den Forschungsinstituten und sonstigen Einrichtungen der Akademie der Wissenschaften der Deutschen Demokratischen Republik beschäftigten Arbeitnehmer bestehen bis zum 31. Dezember 1991 als befristete Arbeitsverhältnisse mit den Ländern fort, auf die diese Institute und Einrichtungen übergehen. Das Recht zur ordentlichen oder außerordentlichen Kündigung dieser Arbeitsverhältnisse in den in Anlage I dieses Vertrags aufgeführten Tatbeständen bleibt unberührt.

(4) Für die Bauakademie der Deutschen Demokratischen Republik und die Akademie der Landwirtschaftswissenschaften der Deutschen Demokratischen Republik sowie die nachgeordneten wissenschaftlichen Einrichtungen des Ministeriums für Ernährung, Land- und Forstwirtschaft gelten die Absätze 1 bis 3 sinngemäß.

(5) Die Bundesregierung wird mit den Ländern Verhandlungen mit dem Ziel aufnehmen, die Bund-Länder-Vereinbarungen gemäß Artikel 91 b des Grundgesetzes so anzupassen oder neu abzuschließen, daß die Bildungsplanung und die Förderung von Einrichtungen und Vorhaben der wissenschaftlichen Forschung von überregionaler Bedeutung auf das in Artikel 3 genannte Gebiet erstreckt werden.

(6) Die Bundesregierung strebt an, daß die in der Bundesrepublik Deutschland bewährten Methoden und Programme der Forschungsförderung so schnell wie möglich auf das gesamte Bundesgebiet angewendet werden und daß den Wissenschaftlern und wissenschaftlichen Einrichtungen in dem in Artikel 3 genannten Gebiet der Zugang zu laufenden Maßnahmen der Forschungsförderung ermöglicht wird. Außerdem sollen einzelne Förderungsmaßnahmen für Forschung und Entwicklung, die im Bereich der Bundesrepublik Deutschland terminlich abgeschlossen sind, für das in Artikel 3 genannte Gebiet wieder aufgenommen werden; davon sind steuerliche Maßnahmen ausgenommen.

(7) Mit dem Wirksamwerden des Beitritts der Deutschen Demokratischen Republik ist der Forschungsrat der Deutschen Demokratischen Republik aufgelöst.

Art. 39 Sport. (1) Die in dem in Artikel 3 genannten Gebiet in Umwandlung befindlichen Strukturen des Sports werden auf Selbstverwaltung umgestellt. Die öffentlichen Hände fördern den Sport ideell und materiell nach der Zuständigkeitsverteilung des Grundgesetzes.

(2) Der Spitzensport und seine Entwicklung in dem in Artikel 3 genannten Gebiet wird, soweit er sich bewährt hat, weiter gefördert. Die Förderung erfolgt im Rahmen der in der Bundesrepublik Deutschland bestehenden Regeln und Grundsätze nach Maßgabe der öffentlichen Haushalte in dem in Artikel 3 genannten Gebiet. In diesem Rahmen werden das Forschungsinstitut für Körperkultur und Sport (FKS) in Leipzig, das vom Internationalen Olympischen Kommittee (IOC) anerkannte Dopingkontrollabor in Kreischa (bei Dresden) und die For-

schungs- und Entwicklungsstelle für Sportgeräte (FES) in Berlin (Ost) – in der jeweils angemessenen Rechtsform – als Einrichtungen im vereinten Deutschland in erforderlichem Umfang fortgeführt oder bestehenden Einrichtungen angegliedert.

(3) Für eine Übergangszeit bis zum 31. Dezember 1992 unterstützt der Bund den Behindertensport.

Kapitel IX. Übergangs- und Schlußbestimmungen

Art. 40 Verträge und Vereinbarungen. (1) Die Verpflichtungen aus dem Vertrag vom 18. Mai 1990 über die Schaffung einer Währungs-, Wirtschafts- und Sozialunion zwischen der Bundesrepublik Deutschland und der Deutschen Demokratischen Republik gelten fort, soweit nicht in diesem Vertrag Abweichendes bestimmt wird oder die Vereinbarungen im Zuge der Herstellung der Einheit Deutschlands gegenstandslos werden.

(2) Soweit Rechte und Pflichten aus sonstigen Verträgen und Vereinbarungen zwischen der Bundesrepublik Deutschland oder den Bundesländern und der Deutschen Demokratischen Republik nicht im Zuge der Herstellung der Einheit Deutschlands gegenstandslos geworden sind, werden sie von den innerstaatlichen zuständigen Rechtsträgern übernommen, angepaßt oder abgewickelt.

Art. 41 Regelung von Vermögensfragen. (1) Die von der Regierung der Bundesrepublik Deutschland und der Regierung der Deutschen Demokratischen Republik abgegebene Gemeinsame Erklärung vom 15. Juni 1990 zur Regelung offener Vermögensfragen (Anlage III) ist Bestandteil dieses Vertrages.

(2) Nach Maßgabe besonderer gesetzlicher Regelung findet eine Rückübertragung von Eigentumsrechten an Grundstücken oder Gebäuden nicht statt, wenn das betroffene Grundstück oder Gebäude für dringende, näher festzulegende Investitionszwecke benötigt wird, insbesondere der Errichtung einer gewerblichen Betriebsstätte dient und die Verwirklichung dieser Investitionsentscheidung volkswirtschaftlich förderungswürdig ist, vor allem Arbeitsplätze schafft oder sichert. Der Investor hat einen die wesentlichen Merkmale des Vorhabens aufzeigenden Plan vorzulegen und sich zur Durchführung des Vorhabens auf dieser Basis zu verpflichten. In dem Gesetz ist auch die Entschädigung des früheren Eigentümers zu regeln.

(3) Im übrigen wird die Bundesrepublik Deutschland keine Rechtsvorschriften erlassen, die der in Absatz 1 genannten Gemeinsamen Erklärung widersprechen.

Art. 42 Entsendung von Abgeordneten. (1) Vor dem Wirksamwerden des Beitritts der Deutschen Demokratischen Republik wählt die Volkskammer auf der Grundlage ihrer Zusammensetzung 144 Abgeordnete zur Entsendung in den 11. Deutschen Bundestag sowie eine ausreichende Anzahl von Ersatzpersonen. Entsprechende Vorschläge machen die in der Volkskammer vertretenen Fraktionen und Gruppen.

(2) Die Gewählten erwerben die Mitgliedschaft im 11. Deutschen Bundestag aufgrund der Annahmeerklärung gegenüber dem Präsidenten der Volkskammer, jedoch erst mit Wirksamwerden des Beitritts. Der Präsident der Volkskammer übermittelt das Ergebnis der Wahl unter Beifügung der Annahmeerklärung unverzüglich dem Präsidenten des Deutschen Bundestages.

(3) Für die Wählbarkeit und den Verlust der Mitgliedschaft im 11. Deutschen Bundestag gelten im übrigen die Bestimmungen des Bundeswahlgesetzes in der Fassung der Bekanntmachung vom 1. September 1975 (BGBl. I S. 2325), zuletzt geändert durch Gesetz vom 29. August 1990 (BGBl. II S. 813).

Scheidet ein Mitglied aus, so rückt die nächste Ersatzperson nach. Sie muß derselben Partei angehören wie das ausgeschiedene Mitglied zur Zeit seiner Wahl. Die Feststellung, wer als Ersatzperson nachrückt, trifft vor Wirksamwerden des Beitritts der Präsident der Volkskammer, danach der Präsident des Deutschen Bundestages.

Art. 43 Übergangsvorschrift für den Bundesrat bis zur Bildung von Landesregierungen. Von der Bildung der in Artikel 1 Abs. 1 genannten Länder bis zur Wahl des Ministerpräsidenten kann der Landesbevollmächtigte an den Sitzungen des Bundesrates mit beratender Stimme teilnehmen.

Art. 44 Rechtswahrung. Rechte aus diesem Vertrag zugunsten der Deutschen Demokratischen Republik oder der in Artikel 1 genannten Länder können nach Wirksamwerden des Beitritts von jedem dieser Länder geltend gemacht werden.

Art. 45 Inkrafttreten des Vertrags. (1) Dieser Vertrag einschließlich des anliegenden Protokolls und der Anlagen I bis III tritt an dem Tag in Kraft, an dem die Regierungen der Bundesrepublik Deutschland und der Deutschen Demokratischen Republik einander mitgeteilt haben, daß die erforderlichen innerstaatlichen Voraussetzungen für das Inkrafttreten erfüllt sind.

(2) Der Vertrag bleibt nach Wirksamwerden des Beitritts als Bundesrecht geltendes Recht.

Geschehen zu Berlin am 31. August 1990 in zwei Urschriften in deutscher Sprache.

Für die Bundesrepublik Deutschland Wolfgang Schäuble	Für die Deutsche Demokratische Republik Günther Krause

Protokoll

Bei Unterzeichnung des Vertrags zwischen der Bundesrepublik Deutschland und der Deutschen Demokratischen Republik über die Herstellung der Einheit Deutschlands wurden mit Bezug auf diesen Vertrag folgende Klarstellungen getroffen:

I. Zu den Artikeln und Anlagen des Vertrags

1. Zu Artikel 1:

(1) Die Grenzen des Landes Berlin werden durch das Gesetz über die Bildung einer neuen Stadtgemeinde Berlin vom 27. April 1920 (Pr.GS 1920 S. 123) bestimmt mit der Maßgabe

– daß der Protokollvermerk zu Artikel 1 der „Vereinbarung zwischen dem Senat und der Regierung der Deutschen Demokratischen Republik vom 31. März 1988 über die Einbeziehung von weiteren Enklaven und anderen kleinen Gebieten in die Vereinbarung vom 20. Dezember 1971 über die Regelung der Fragen von Enklaven durch Gebietsaustausch" als auf alle Bezirke erstreckt gilt und im Verhältnis zwischen den Ländern Berlin und Brandenburg fortwirkt;

– daß alle Gebiete, in denen nach dem 7. Oktober 1949 eine Wahl zum Abgeordnetenhaus oder zur Stadtverordnetenversammlung von Berlin stattgefunden hat, Bestandteile der Bezirke von Berlin sind.

(2) Die Länder Berlin und Brandenburg überprüfen und dokumentieren innerhalb eines Jahres den sich nach Absatz 1 ergebenden Grenzverlauf.

2. Zu Artikel 2 Abs. 1:

Die Vertragsparteien stimmen darin überein, daß die Entscheidungen nach Satz 2 der Beschlußfassung der gesetzgebenden Körperschaften des Bundes nach Wahl des ersten gesamtdeutschen Bundestages und nach Herstellung der vollen Mitwirkungsrechte der in Artikel 1 Abs. 1 dieses Vertrags genannten Länder vorbehalten bleiben.

3. Zu Artikel 2 Abs. 2:

Die Vertragsparteien sind darüber einig, daß der Charakter des 3. Oktober 1990 als gesetzlicher Feiertag Handlungen nicht ausschließt, die bei Inkrafttreten des Vertrags bereits unaufhebbar festgelegt waren.

4. Zu Artikel 4 Nr. 5:

Artikel 143 Absätze 1 und 2 haben nur zeitliche Bedeutung; sie sind deshalb keine Vorgabe für die künftige Gesetzgebung.

5. Zu Artikel 9 Abs. 5:

Beide Vertragsparteien nehmen die Erklärung des Landes Berlin zur Kenntnis, daß das in Berlin (West) geltende Kirchensteuerrecht mit

Wirkung vom 1. Januar 1991 auf den Teil Berlins erstreckt wird, in dem es bisher nicht galt.

6. Zu Artikel 13:

Einrichtungen oder Teileinrichtungen, die bis zum Wirksamwerden des Beitritts Aufgaben erfüllt haben, die künftig nicht mehr von der öffentlichen Verwaltung wahrgenommen werden sollen, werden wie folgt abgewickelt:

(1) Soweit ein Sachzusammenhang zu öffentlichen Aufgaben besteht, werden die Einrichtungen oder Teileinrichtungen von demjenigen abgewickelt, der Träger dieser öffentlichen Aufgaben ist (Bund, Land, Länder gemeinsam).

(2) In den sonstigen Fällen werden die Einrichtungen oder Teileinrichtungen vom Bund abgewickelt.

In Zweifelsfällen kann von dem betroffenen Land oder vom Bund eine Stelle angerufen werden, die von Bund und Ländern gebildet wird.

7. Zu Artikel 13 Abs. 2:

Soweit Einrichtungen ganz oder teilweise auf den Bund überführt werden, ist geeignetes Personal entsprechend den Notwendigkeiten der Aufgabenerfüllung in angemessenem Umfang zu übernehmen.

8. Zu Artikel 15:

Die Verwaltungshilfen des Bundes und der Länder beim Aufbau der Landesverwaltungen und bei der Durchführung bestimmter Fachaufgaben werden in einer Clearingstelle abgestimmt, die von Bund und Ländern gebildet wird.

9. Zu Artikel 16:

Beide Vertragsparteien nehmen die Ankündigung des Landes Berlin zur Kenntnis, daß der Oberbürgermeister zum 3. Oktober 1990 zum Mitglied des Bundesrates bestellt wird und die Mitglieder des Magistrats wie sonstige Mitglieder der Berliner Landesregierung an der Vertretung der bestellten Mitglieder des Bundesrates beteiligt werden.

10. Zu Artikel 17:

Von dieser Bestimmung wurden auch Personen erfaßt, die durch eine rechtsstaatswidrige Einweisung in eine psychiatrische Anstalt Opfer im Sinne des Artikels 17 geworden sind.

11. Zu Artikel 20 Abs. 2:

Die Einführung des Beamtenrechts nach Maßgabe der in Anlage I vereinbarten Regelungen erfolgt entsprechend den für die Personalausstattung der Bundesrepublik Deutschland maßgebenden Grundsätzen für auf Dauer erforderliche Funktionen.

12. Zu Artikel 21 Abs. 1 Satz 1:

Über die weitere Inanspruchnahme militärisch genutzter Liegenschaften sind die Länder zu unterrichten. Bevor bisher militärisch genutzte Liegenschaften, die Bundesvermögen werden, einer anderen Nutzung zugeführt werden, sind die betroffenen Länder zu hören.

13. Zu Artikel 22 Abs. 4:

Der von den Wohnungsgenossenschaften für Wohnungszwecke genutzte volkseigene Grund und Boden fällt auch unter Absatz 4 und soll letztlich in das Eigentum der Wohnungsgenossenschaften unter Beibehaltung der Zweckbindung überführt werden.

14. Zu Artikel 35:[1]

Die Bundesrepublik Deutschland und die Deutsche Demokratische Republik erklären im Zusammenhang mit Artikel 35 des Vertrags:

1. Das Bekenntnis zum sorbischen Volkstum und zur sorbischen Kultur ist frei.
2. Die Bewahrung und Fortentwicklung der sorbischen Kultur und der sorbischen Traditionen werden gewährleistet.
3. Angehörige des sorbischen Volkes und ihre Organisationen haben die Freiheit zur Pflege und zur Bewahrung der sorbischen Sprache im öffentlichen Leben.
4. Die grundgesetzliche Zuständigkeitsverteilung zwischen Bund und Ländern bleibt unberührt.

15. Zu Artikel 38:

Vereinbarungen der Akademie der Wissenschaften, der Bauakademie und der Akademie der Landwirtschaftswissenschaften der Deutschen Demokratischen Republik mit Organisationen in anderen Staaten oder internationalen Stellen werden nach den in Artikel 12 des Vertrags niedergelegten Grundsätzen überprüft.

16. Zu Artikel 40:

Fälle, in denen die Bundesregierung die Übernahme der Kosten für die medizinische Behandlung von Deutschen aus dem in Artikel 3 genannten Gebiet zugesagt hat, werden von ihr abgewickelt.

17. Zu Anlage II Kapitel II Abschnitt III Nr. 2:

Die Parteien haben Anspruch auf Chancengleichheit bei der Wahlvorbereitung und im Wahlwettbewerb. Geld oder geldwertes Vermögen, das den Parteien weder durch Mitgliedsbeiträge noch durch Spenden oder eine staatliche Wahlkampfkostenerstattung zugeflossen ist, insbesondere Vermögensgegenstände ehemaliger Blockparteien und der PDS in der Deutschen Demokratischen Republik, dürfen weder zur Wahlvorbereitung noch im Wahlkampf verwendet wer-

---

[1] Hierzu heißt in der Denkschrift zum Einigungsvertrag (BR-Drucks. 600/90, S. 378): Mit dieser Protokollnotiz werden die Rechte der Sorben im vereinten Deutschland unter der Wahrung der Kompetenzen von Bund und Ländern gesichert. Dabei besteht auch Einigkeit darüber, daß Ziffer 3 der Protokollnotiz unter analoger Beachtung der Prinzipien der Zweisprachigkeit in der „Vierten Durchführungsbestimmung zum Gesetz über das einheitliche sozialistische Bildungssystem – Bildung und Einziehung im zweisprachigen Gebiet der Bezirke Cottbus und Dresden –" vom 20. Dezember 1968 (GBl. II 1969 Nr. 3 S. 3) Anwendung findet.

den. Die Parteien sind verpflichtet, darüber eidesstattliche Erklärungen der Schatzmeister abzugeben und den Verzicht auf den Einsatz solcher Mittel durch Wirtschaftsprüfer zum 1. Dezember 1990 bestätigen zu lassen. Soweit sich Parteien in der Bundesrepublik Deutschland vor dem Wahltag mit ehemaligen Blockparteien der Deutschen Demokratischen Republik zusammenschließen, haben sie zum Zeitpunkt ihrer Vereinigung über ihr Vermögen in der Weise Rechenschaft abzulegen, daß sie bis zum 1. November 1990 jeweils eine Schlußbilanz und eine Eröffnungsbilanz vorlegen, die den Kriterien von § 24 Abs. 4 des Parteiengesetzes entspricht.

18. Zu Anlage III:[1]

Beide Vertragsparteien stimmen darin überein, daß für die in den Sätzen 2 und 3 der Ziffer 6 geregelten Fälle auch eine Umsetzung nach Ziffer 7 der Gemeinsamen Erklärung vorgesehen werden kann.

II. Protokollerklärung zum Vertrag[2]

Beide Vertragsparteien sind sich einig, daß die Festlegungen des Vertrags unbeschadet der zum Zeitpunkt der Unterzeichnung noch bestehenden Rechte und Verantwortlichkeiten der Vier Mächte in bezug auf Berlin und Deutschland als Ganzes sowie der noch ausstehenden Ergebnisse der Gespräche über die äußeren Aspekte der Herstellung der deutschen Einheit getroffen werden.

---

[1] Hierzu heißt es in der Denkschrift zum Einigungsvertrag (BR-Drucks. 600/90, S. 378): Die Protokollnotiz stellt sicher, daß die Rückabwicklung der Verstaatlichung von Unternehmen einheitlich geregelt werden kann.

[2] Hierzu heißt es in der Denkschrift zum Einigungsvertrag (BR-Drucks. 600/90, S. 378): Die Protokollerklärung zum Vertrag betreffend die Vier-Mächte-Rechte und -Verantwortlichkeiten sowie die Zwei-Plus-Vier-Gespräche hat klarstellenden Charakter. Mit ihr wird der Tatsache Rechnung getragen, daß die abschließende völkerrechtliche Regelung der äußeren Aspekte der Herstellung der Deutschen Einheit bei Unterzeichnung des Einigungsvertrages noch aussteht.

4a. Vereinbarung zwischen der Bundesrepublik Deutschland und der Deutschen Demokratischen Republik zur Durchführung und Auslegung des am 31. August 1990 in Berlin unterzeichneten Vertrages zwischen der Bundesrepublik Deutschland und der Deutschen Demokratischen Republik über die Herstellung der Einheit Deutschlands – Einigungsvertrag –

Vom 18. 9. 1990

(BGBl. II S. 1239)

Die Bundesrepublik Deutschland und die Deutsche Demokratische Republik –

in dem Bestreben, die Durchführung und Auslegung des am 31. August 1990 in Berlin unterzeichneten Vertrages zwischen der Bundesrepublik Deutschland und der Deutschen Demokratischen Republik über die Herstellung der Einheit Deutschlands – Einigungsvertrag – sicherzustellen,

in Ausfüllung des Artikels 9 Abs. 3 des Einigungsvertrags –

sind übereingekommen, eine Vereinbarung mit den nachfolgenden Bestimmungen zu schließen:

Art. 1 Zu der Frage der weiteren Vorgehensweise hinsichtlich der vom ehemaligen Staatssicherheitsdienst der Deutschen Demokratischen Republik gewonnenen personenbezogenen Informationen stellen die Regierungen der beiden Vertragsparteien übereinstimmend fest:

1. Sie erwarten, daß der gesamtdeutsche Gesetzgeber die Grundsätze, wie sie in dem von der Volkskammer am 24. August 1990 verabschiedeten Gesetz über die Sicherung und Nutzung der personenbezogenen Daten des ehemaligen Ministeriums für Staatssicherheit/Amtes für Nationale Sicherheit zum Ausdruck kommen, umfassend berücksichtigt.

2. Sie erwarten, daß der gesamtdeutsche Gesetzgeber die Voraussetzungen dafür schafft, daß die politische, historische und juristische Aufarbeitung der Tätigkeit des ehemaligen Ministeriums für Staatssicherheit/Amtes für Nationale Sicherheit gewährleistet bleibt.

3. Sie gehen davon aus, daß ein angemessener Ausgleich zwischen
- der politischen, historischen und juristischen Aufarbeitung,
- der Sicherung der individuellen Rechte der Betroffenen und
- dem gebotenen Schutz des einzelnen vor unbefugter Verwendung seiner persönlichen Daten

geschaffen wird.

4. Sie gehen davon aus, daß von den in Artikel 1 des Einigungsvertrags genannten Ländern bestellte Beauftragte den Sonderbeauftragten bei der Erfüllung seiner gesetzlichen Aufgaben beraten und unterstützen, damit die Interessen der Bürger der neuen Bundesländer in besonderer Weise Berücksichtigung finden.

5. Sie stellen Einvernehmen darüber fest, daß bei zentraler Verwaltung die sichere Verwahrung, Archivierung und Nutzung der Unterlagen zentral und regional erfolgen kann. In wichtigen Angelegenheiten der sicheren Verwahrung, Archivierung und Nutzung der Unterlagen soll sich der Sonderbeauftragte mit dem Beauftragten des jeweiligen Landes ins Benehmen setzen.

6. Sie gehen davon aus, daß so bald wie möglich den Betroffenen ein Auskunftsrecht – unter Wahrung der schutzwürdigen Interessen Dritter – eingeräumt wird.

7. Sie gehen davon aus, daß der Sonderbeauftragte unverzüglich eine Benutzerordnung erläßt, die die gesetzlichen Vorgaben ausfüllt. Mit dieser Benutzerordnung werden zugleich Inhalt, Art und Umfang der Beratung und Unterstützung durch die Landesbeauftragten näher bestimmt.

8. Sie gehen davon aus, daß bis auf die unumgängliche Mitwirkung bei der Aufklärung und Verfolgung von Straftaten entsprechend § 2 Abs. 1 Nr. 4 der Maßgabe b) zum Bundesarchivgesetz die Nutzung oder Übermittlung von Daten für nachrichtendienstliche Zwecke ausgeschlossen wird. Der Bundesminister des Innern wird das Bundesamt für Verfassungsschutz anweisen, bis zum Erlaß der in Nummer 7 genannten Benutzerordnung keine diesbezüglichen Anfragen an den Sonderbeauftragten zu richten. Die verwendeten Informationen aus den Akten sind so zu kennzeichnen, daß Art, Umfang und Herkunft der übermittelten Daten kontrollierbar und eine abschließende gesetzgeberische Entscheidung über den Verbleib der Daten möglich bleibt.

8. Die Regierungen der beiden Vertragsparteien gehen davon aus, daß die Gesetzgebungsarbeit zur endgültigen Regelung dieser Materie unverzüglich nach dem 3. Oktober 1990 aufgenommen wird. Dabei soll das Volkskammergesetz in Verbindung mit dem Einigungsvertrag als Grundlage dienen.

Art. 2 Die vertragschließenden Seiten geben ihrer Absicht Ausdruck, gemäß Beschluß der Volkskammer der Deutschen Demokratischen Republik vom 14. April 1990 für eine gerechte Entschädigung materieller Verluste der Opfer des NS-Regimes einzutreten. In der Kontinuität der Politik der Bundesrepublik Deutschland ist die Bundesregierung bereit, mit der Claims Conference Vereinbarungen über eine zusätzliche Fondslösung zu treffen, um Härteleistungen an die Verfolgten vorzusehen, die nach den gesetzlichen Vorschriften der Bundesrepublik Deutschland bisher keine oder nur geringfügige Entschädigungen erhalten haben.

Art. 3 Das nachfolgend aufgeführte Recht der Deutschen Demokratischen Republik bleibt nach Wirksamwerden des Beitritts in Kraft. Artikel 9 Abs. 4 des Vertrags gilt entsprechend.[1]

Art. 4 Der am 31. August 1990 in Berlin unterzeichnete Vertrag über die Herstellung der Einheit Deutschlands (Einigungsvertrag) wird wie folgt geändert:[2]

Art. 5 Der am 31. August 1990 in Berlin unterzeichnete Vertrag über die Herstellung der Einheit Deutschlands (Einigungsvertrag) wird wie folgt berichtigt:[2]

Art. 6 Bei Zweifeln oder Unstimmigkeiten über den Inhalt des Vertrags oder seiner Anlagen ist diese Vereinbarung maßgebend.

Art. 7 Diese Vereinbarung tritt gleichzeitig mit dem am 31. August 1990 unterzeichneten Vertrag in Kraft.

Bonn, den 18. September 1990

Für die Bundesrepublik Deutschland
Wolfgang Schäuble

Berlin, den 18. September 1990

Für die Deutsche Demokratische Republik
Günther Krause

---

[1] Im folgenden nicht abgedruckt. Eingearbeitet in Anlage II des Einigungsvertrags (Nr. **6**).

[2] Änderungen bzw. Berichtigungen im folgenden nicht abgedruckt. Eingearbeitet in die Anlagen I und II des Einigungsvertrags (Nrn. **5** und **6**).

4b. Gesetz zu dem Vertrag vom 31. August 1990 zwischen der Bundesrepublik Deutschland und der Deutschen Demokratischen Republik über die Herstellung der Einheit Deutschlands – Einigungsvertragsgesetz – und der Vereinbarung vom 18. September 1990

Vom 23. 9. 1990
(BGBl. II S. 885)

Der Bundestag hat mit Zustimmung des Bundesrates das folgende Gesetz beschlossen; Artikel 79 Abs. 2 des Grundgesetzes ist eingehalten:

Art. 1 Zustimmung zum Vertrag. Dem in Berlin am 31. August 1990 unterzeichneten Vertrag zwischen der Bundesrepublik Deutschland und der Deutschen Demokratischen Republik über die Herstellung der Einheit Deutschlands einschließlich des Protokolls und der Anlagen I bis III sowie der in Bonn und Berlin am 18. September 1990 unterzeichneten Vereinbarung wird zugestimmt. Der Vertrag und die vorgenannten weiteren Urkunden sowie die dazugehörige Vereinbarung werden nachstehend veröffentlicht.[1]

Art. 2 Verordnungsermächtigung. (Verträge der Bundesrepublik Deutschland im Bereich der sozialen Sicherheit). (1) Die Bundesrepublik wird ermächtigt, durch Rechtsverordnung die erforderlichen Anpassungen der von Artikel 11 des Einigungsvertrages erfaßten Verträge und Vereinbarungen der Bundesrepublik Deutschland im Bereich der sozialen Sicherheit (gesetzliche Kranken-, Unfall- und Rentenversicherung, Arbeitsförderung sowie Familienleistungen) in Kraft zu setzen sowie die hierfür erforderlichen Ausführungsvorschriften zu erlassen. Dabei können insbesondere Regelungen getroffen werden über

1. die Zuständigkeit der Versicherungsträger oder anderer Stellen,
2. das Verwaltungsverfahren,
3. die Erstattung von Krankheitskosten, wenn die Leistungen auf eigene Rechnung in Anspruch genommen werden,
4. die gegenseitige Umrechnung von Versicherungszeiten nach den Rechtsvorschriften der Vertragsstaaten,
5. den Ausgleich außergewöhnlicher finanzieller Belastungen eines Trägers der gesetzlichen Krankenversicherung aus der Durchführung eines Abkommens unter den Trägern sowie

---

[1] Siehe den Einigungsvertrag nebst Protokoll unter Nr. **4**, die Vereinbarung unter Nr. **4a** sowie die Anlagen unter Nrn. **5** bis **11**.

6. die Umlage der Aufwendungen für die Erbringung von Leistungen der gesetzlichen Kranken- oder Unfallversicherung auf die Träger der Kranken- oder Unfallversicherung.

(2) Die Rechtsverordnung bedarf der Zustimmung des Bundesrates soweit darin Regelungen getroffen werden, die bei einem Gesetz die Zustimmungsbedürftigkeit begründen würden.

Art. 3 Verordnungsermächtigung. (Verträge der Deutschen Demokratischen Republik im Bereich der sozialen Sicherheit). (1) Die Bundesregierung wird ermächtigt, durch Rechtsverordnung vorübergehend die weitere Anwendung der von Artikel 12 des Einigungsvertrages erfaßten völkerrechtlichen Verträge der Deutschen Demokratischen Republik im Bereich der sozialen Sicherheit (gesetzliche Kranken-, Unfall- und Rentenversicherung, Arbeitsförderung sowie Familienleistungen) in dem in Artikel 3 des Einigungsvertrages genannten Gebiet zu regeln, bis das vereinte Deutschland seine Haltung zum Übergang dieser Verträge festgelegt hat. Zur Durchführung können insbesondere Regelungen getroffen werden über

1. die Zuständigkeit der Versicherungsträger oder anderer Stellen,
2. das Verwaltungsverfahren,
3. den Ausgleich außergewöhnlicher finanzieller Belastungen eines Trägers der gesetzlichen Krankenversicherung aus der Durchführung eines Vertrages unter den Trägern,
4. die Umlage von Aufwendungen für die Erbringung von Leistungen der gesetzlichen Kranken- oder Unfallversicherung auf die Träger der Kranken- oder Unfallversicherung,
5. die Erstattung von Krankheitskosten, wenn die Leistungen auf eigene Rechnung in Anspruch genommen werden,
6. die Verrechnung der aufgrund der Verträge erbrachten Leistungen der Versicherungsträger oder anderer Stellen der Vertragsstaaten,
7. die gegenseitige Umrechnung von Versicherungszeiten nach den Rechtsvorschriften der Vertragsstaaten.

(2) Die Rechtsverordnung bedarf der Zustimmung des Bundesrates soweit darin Regelungen getroffen werden, die bei einem Gesetz die Zustimmungsbedürftigkeit begründen würden.

Art. 4 Verordnungsermächtigung. (EG-Recht und EG-bedingtes Recht). (1) Die Bundesregierung wird ermächtigt, in Ausübung von Ermächtigungen des Rates der Europäischen Gemeinschaften oder gemäß entsprechenden Rechtsakten der Europäischen Gemeinschaften durch Rechtsverordnung die Anwendung und Durchführung des Europäischen Gemeinschaftsrechts oder des auf Grund dieses Rechts ergangenen Bundesrechts in dem in Artikel 3 des Vertrages genannten Gebiet zeitweise aufzuschieben, zu erleichtern und die betroffenen Rechtsvorschriften anzupassen; dies gilt insbesondere für die von den Europäischen Gemeinschaften getroffenen Regelungen des Umwelt-, Verkehrs-, Agrar- und Arbeitsschutzrechts und für die zur Verwirklichung des Binnenmarktes geltenden Rechtsakte der Europäischen Gemeinschaften im Warenverkehr und bei der Dienstleistungs- und Niederlassungsfreiheit. Verordnungsermächtigungen in anderen Vorschriften bleiben unberührt.

(2) Ordnungswidrig handelt, wer vorsätzlich oder fahrlässig einer nach Absatz 1 Satz 1 erlassenen Rechtsverordnung zuwiderhandelt, soweit sie für einen bestimmten Tatbestand auf diese Bußgeldvorschrift verweist.

(3) Die Ordnungswidrigkeit kann mit einer Geldbuße bis zu zehntausend Deutsche Mark geahndet werden.

Art. 5 Verordnungsermächtigung. (Anmeldung vermögensrechtlicher Ansprüche). Die Bundesregierung wird ermächtigt, durch Rechtsverordnung ohne Zustimmung des Bundesrates die Verordnung über die Anmeldung vermögensrechtlicher Ansprüche vom 11. Juli 1990 (Gesetzblatt der DDR Teil I, Nr. 44, S. 718) in der Fassung der 2. Verordnung über die Anmeldung vermögensrechtlicher Ansprüche vom 21. August 1990 (Gesetzblatt der DDR Teil I, Nr. 56, S. 1260) mit dem Ziel zu ändern oder zu ergänzen, die Anmeldung bisher nicht erfaßter Vermögenswerte zu ermöglichen, das Anmeldeverfahren teilweise oder insgesamt zu vereinfachen und die Anmeldefrist zu ändern.[1]

Art. 6 Rückkehr zum einheitlichen Verordnungsrang, Aufhebung und Änderung von Verwaltungsvorschriften. (1) Die auf der Anlage I zu Artikel 8 des Vertrages beruhenden Teile der dort geänderten Rechtsverordnungen sowie die Maßgaben zu Rechtsverordnungen können auf Grund und im Rahmen der jeweils einschlägigen Ermächtigungen durch Rechtsverordnung geändert werden. Das auf Grund von Artikel 9 Abs. 2 bis 4 in Verbindung mit Anlage II zu dem Vertrag im Range einer Rechtsverordnung fortbestehende Bundesrecht sowie die Maßgaben dazu können durch Rechtsverordnung geändert oder aufgehoben werden.

(2) Soweit Verwaltungsvorschriften der Deutschen Demokratischen Republik nach Artikel 9 Abs. 2 in Verbindung mit Anlage II zu dem Vertrag fortbestehen, können sie durch Verwaltungsvorschrift geändert oder aufgehoben werden.

Art. 7 Neufassung der durch den Vertrag geänderten Gesetze. Der jeweils zuständige Bundesminister kann den Wortlaut eines durch den Vertrag geänderten Gesetzes in der am Tage nach der Verkündung dieses Gesetzes oder der am Tage des Inkrafttretens der Änderung geltenden Fassung im Bundesgesetzblatt bekanntmachen.

Art. 8 Änderung des Gesetzes über die Statistik des Warenverkehrs mit der Deutschen Demokratischen Republik und Berlin (Ost). Das Gesetz über die Statistik des Warenverkehrs mit der Deutschen Demokratischen Republik und Berlin (Ost) vom 16. Juni 1978

[1] Siehe die „Dritte Verordnung über die Anmeldung vermögensrechtlicher Ansprüche" vom 5. 10. 1990 (BGBl. I S. 2150).

(BGBl. I S. 751), zuletzt geändert durch Artikel 30 des Zustimmungsgesetzes zum Vertrag über die Schaffung einer Währungs-, Wirtschafts- und Sozialunion vom 25. Juni 1990 (BGBl. II S. 518) wird umbenannt in „Gesetz über die Statistik des Warenverkehrs mit dem in Artikel 3 des Einigungsvertrages genannten Gebiet" und wie folgt geändert:

1. § 1 Satz 1 wird wie folgt gefaßt: „Über den Warenwert zwischen dem in Artikel 3 des Einigungsvertrages genannten Gebiet und dem anderen Teil des Bundesgebietes wird eine Bundesstatistik durchgeführt".
2. § 2 wird wie folgt gefaßt: „Die Statistik erfaßt die Waren, die aus dem Teil des Bundesgebietes, in dem das Grundgesetz bereits vor dem Wirksamwerden des Beitritts galt, in das in Artikel 3 des Einigungsvertrages genannte Gebiet sowie die Waren, die aus dem in Artikel 3 des Einigungsvertrages genannten Gebiet in den anderen Teil des Bundesgebietes verbracht werden".
3. In § 2a treten an die Stelle der Worte „mit der Deutschen Demokratischen Republik einschl. Berlin (Ost)" die Worte „mit dem in Artikel 3 des Einigungsvertrages genannten Gebiet".
4. Nach § 2c wird folgender § 2d eingefügt:
   „**§ 2d.** Die Finanzbehörden übermitteln dem Statistischen Bundesamt für die Durchführung der Statistik auf Anforderung Name und Anschrift der Unternehmen und Betriebe, die Waren in das in Artikel 3 des Einigungsvertrages genannte Gebiet liefern oder aus diesem Gebiet beziehen, solange und soweit solche Anschriften bei der Durchführung der Steuergesetze anfallen".
5. In § 3 werden die Worte „die Deutsche Demokratische Republik einschl. Berlin (Ost) und „der Deutschen Demokratischen Republik einschl. Berlin (Ost)" durch die Worte „das in Artikel 3 des Einigungsvertrages genannte Gebiet" und „dem in Artikel 3 des Einigungsvertrages genannte Gebiet" ersetzt.
6. § 5 wird wie folgt gefaßt: „Dieses Gesetz tritt zum 31. Dezember 1995 außer Kraft".

Art. 9 Berlin-Klausel. Dieses Gesetz gilt auch im Land Berlin, sofern das Land Berlin die Anwendung dieses Gesetzes feststellt. Rechtsverordnungen, die auf Grund dieses Gesetzes erlassen werden, gelten im Land Berlin nach § 14 des Dritten Überleitungsgesetzes.

Art. 10 Inkrafttreten. (1) Dieses Gesetz tritt am Tage nach seiner Verkündung[1] in Kraft.

(2) Der Tag, an dem der Vertrag einschließlich der in Artikel 1 Satz 1 aufgeführten weiteren Urkunden nach Artikel 45 des Vertrages zwischen der Bundesrepublik Deutschland und der Deutschen Demokratischen Republik über die Herstellung der Einheit Deutschlands in Kraft tritt, ist im Bundesgesetzblatt bekanntzugeben[2].

---

[1] Die Verkündung erfolgte am 28. 9. 1990.

[2] Siehe den Fußnotenhinweis auf S. 43.

5. Anlage I zum Einigungsvertrag

Besondere Bestimmungen zur Überleitung von Bundesrecht

gemäß Artikel 8 und Artikel 11 des Vertrages

Inhaltsverzeichnis

Redaktioneller Hinweis:

In Anlage I sind die Änderungen und Berichtigungen durch Art. 4 und 5 der Vereinbarung zur Durchführung und Auslegung des Einigungsvertrages vom 18. 9. 1990 (BGBl. II S. 1239) eingearbeitet. – Siehe im übrigen das ausführliche mit Seitenangaben versehene Inhaltsverzeichnis der Anlage I auf S. VI.

Vorbemerkungen

Von dem Inkrafttreten des Bundesrechts gemäß Artikel 8 des Vertrages sind die in Abschnitt I des jeweiligen Kapitels aufgeführten Rechtsvorschriften ausgenommen. Entsprechendes gilt gemäß Artikel 11 des Vertrages für die in Abschnitt I des Kapitels I genannten völkerrechtlichen Verträge.

Gemäß Abschnitt II des jeweiligen Kapitels werden die dort aufgeführten Rechtsvorschriften aufgehoben, geändert oder ergänzt.

Gemäß Abschnitt III des jeweiligen Kapitels treten die Rechtsvorschriften mit den dort bestimmten Maßgaben in dem in Artikel 3 des Vertrages genannten Gebiet in Kraft.

Soweit in übergeleitetem Bundesrecht auf andere Rechtsvorschriften der Bundesrepublik Deutschland verwiesen wird, ist die Verweisung auch wirksam, wenn die in bezug genommenen Rechtsvorschriften nicht übergeleitet worden sind. Sollen an die Stelle der in bezug genommenen Rechtsvorschriften der Bundesrepublik Deutschland Rechtsvorschriften der Deutschen Demokratischen Republik treten, ist dies ausdrücklich bestimmt.

Kapitel I
Geschäftsbereich des Bundesministers des Auswärtigen

Abschnitt I

Von der Geltung in dem in Artikel 3 des Vertrages genannten Gebiet sind gemäß Artikel 11 des Vertrages ausgenommen:

1. Vertrag über die Beziehungen zwischen der Bundesrepublik Deutschland und den Drei Mächten vom 26. Mai 1952 in der gemäß Liste I des Protokolls über die Beendigung des Besatzungsregimes vom 23. Oktober 1954 geänderten Fassung (BGBl. 1955 II S. 305)
2. Vertrag zur Regelung aus Krieg und Besatzung entstandener Fragen vom 26. Mai 1952 in der gemäß Liste IV des Protokolls über die Beendigung des Besatzungsregimes vom 23. Oktober 1954 geänderten Fassung (BGBl. 1955 II S. 405)
3. Vertrag über den Aufenthalt ausländischer Streitkräfte in der Bundesrepublik Deutschland vom 23. Oktober 1954 nebst zugehörigem Vertragsgesetz vom 24. März 1955 (BGBl. 1955 II S. 253)
4. Deutsch-französische Regierungsvereinbarung – Das Stationierungsrecht und die Statusfragen der französischen Truppen in Deutschland – Der Wortlaut des Briefwechsels vom 21. Dezember 1966 (Bulletin vom 23. Dezember 1966, Nr. 161, S. 1304)
5. NATO-Truppenstatut vom 19. Juni 1951 nebst zugehörigem Vertragsgesetz vom 18. August 1961 (BGBl. 1961 II S. 1183, 1190)

6. Zusatzvereinbarungen zum NATO-Truppenstatut

- Zusatzabkommen zu dem Abkommen zwischen den Parteien des Nordatlantikvertrages über die Rechtsstellung ihrer Truppen hinsichtlich der in der Bundesrepublik Deutschland stationierten ausländischen Truppen vom 3. August 1959 nebst zugehörigem Vertragsgesetz vom 18. August 1961 (BGBl. 1961 II S. 1183, 1218), in der geänderten Fassung vom 21. Oktober 1971 (BGBl. 1973 II S. 1022)
- Unterzeichnungsprotokoll zum Zusatzabkommen vom 3. August 1959 nebst zugehörigem Vertragsgesetz vom 18. August 1961 (BGBl. 1961 II S. 1183, 1313) in der Fassung vom 18. Mai 1981 (BGBl. 1982 II S. 531)
- Abkommen zu Art. 45 Abs. 5 des Zusatzabkommens zu dem Abkommen zwischen den Parteien des Nordatlantikvertrages über die Rechtsstellung ihrer Truppen hinsichtlich der in der Bundesrepublik Deutschland stationierten ausländischen Truppen vom 3. August 1959 nebst zugehörigem Vertragsgesetz vom 18. August 1961 (BGBl. 1961 II S. 1183, 1355)
- Abkommen zwischen der Bundesrepublik Deutschland, Kanada und dem Vereinigten Königreich von Großbritannien und Nordirland über die Durchführung von Manövern und anderen Übungen im Raume Soltau - Lüneburg vom 3. August 1959 nebst zugehörigem Vertragsgesetz vom 18. August 1961 (BGBl. 1961 II S. 1183, 1362) in der Fassung des Änderungsabkommens vom 12. Mai 1970 (BGBl. 1971 II S. 1078)
- Abkommen zwischen der Bundesrepublik Deutschland und dem Königreich Belgien über die Beilegung von Streitigkeiten bei Direktbeschaffungen vom 3. August 1959 nebst zugehörigem Vertragsgesetz vom 18. August 1961 (BGBl. 1961 II S. 1183, 1368)
- Abkommen zwischen der Bundesrepublik Deutschland und Kanada über die Beilegung von Streitigkeiten bei Direktbeschaffungen vom 3. August 1959 nebst zugehörigem Vertragsgesetz vom 18. August 1961 (BGBl. 1961 II S. 1183, 1371)
- Abkommen zwischen der Bundesrepublik Deutschland und der Französischen Republik über die Beilegung von Streitigkeiten bei Direktbeschaffungen vom 3. August 1959 nebst zugehörigem Vertragsgesetz vom 18. August 1961 (BGBl. II S. 1183, 1374)
- Abkommen zwischen der Bundesrepublik Deutschland und dem Vereinigten Königreich von Großbritannien und Nordirland über die Beilegung von Streitigkeiten bei Direktbeschaffungen vom 3. August 1959 nebst zugehörigem Vertragsgesetz vom 18. August 1961 (BGBl. 1961 II S. 1183, 1377)
- Abkommen zwischen der Bundesrepublik Deutschland und den Vereinigten Staaten von Amerika über die Beilegung von Streitigkeiten bei Direktbeschaffungen vom 3. August 1959 nebst zugehörigem Vertragsgesetz vom 18. August 1961 (BGBl. 1961 II S. 1183, 1382).

– Abkommen zwischen der Bundesrepublik Deutschland und den Vereinigten Staaten von Amerika über die Rechtsstellung von Urlaubern vom 3. August 1959 nebst zugehörigem Vertragsgesetz vom 18. August 1961 (BGBl. 1961 II S. 1183, 1385)

7. Protokoll über die Rechtsstellung der aufgrund des Nordatlantikvertrages errichteten internationalen Hauptquartiere vom 28. August 1952 nebst zugehörigem Vertragsgesetz vom 17. Oktober 1969 (BGBl. 1969 II S. 1997)

8. Abkommen zwischen der Bundesrepublik Deutschland und dem Obersten Hauptquartier der Alliierten Mächte, Europa, über die besonderen Bedingungen für die Einrichtung und den Betrieb internationaler militärischer Hauptquartiere in der Bundesrepublik Deutschland – Ergänzungsabkommen – vom 13. März 1967 nebst zugehörigem Vertragsgesetz vom 17. Oktober 1969 (BGBl. 1969 II S. 1997, 2009)

9. Übereinkommen zwischen den Vereinigten Staaten von Amerika und dem Königreich Belgien, der Bundesrepublik Deutschland, der Italienischen Republik, dem Königreich der Niederlande und dem Vereinigten Königreich Großbritannien und Nordirland über Inspektionen in bezug auf den Vertrag zwischen den Vereinigten Staaten von Amerika und der Union der Sozialistischen Sowjetrepubliken über die Beseitigung ihrer Flugkörper mittlerer und kürzerer Reichweite – Stationierungsländer-Übereinkommen (West) – vom 11. Dezember 1987 nebst zugehörigem Vertragsgesetz vom 29. April 1988 (BGBl. 1988 II S. 429)

10. Notenwechsel vom 4. Mai 1988 zwischen der Bundesrepublik Deutschland und der Union der Sozialistischen Sowjetrepubliken über Inspektionen in bezug auf den Vertrag vom 8. Dezember 1987 zwischen den Vereinigten Staaten von Amerika und der Union der Sozialistischen Sowjetrepubliken über die Beseitigung ihrer Flugkörper mittlerer und kürzerer Reichweite mit Verordnung vom 30. Mai 1988 (BGBl. 1988 II S. 534) – Verordnung über Inspektionen nach dem INF-Vertrag –

Kapitel II
Geschäftsbereich des Bundesministers des Innern

Zur Statistik siehe Kapitel XVIII
zum Recht des öffentlichen Dienstes einschließlich des Rechts der Soldaten
siehe Kapitel XIX

Sachgebiet A: Staats- und Verfassungsrecht

Abschnitt II

Bundesrecht wird wie folgt aufgehoben und geändert:

1. Bundeswahlgesetz in der Fassung der Bekanntmachung vom 1. September 1975 (BGBl. I S. 2325), zuletzt geändert durch Gesetz vom 29. August 1990 (BGBl. II S. 813)

§ 55 wird aufgehoben.

2. Gesetz über Titel, Orden und Ehrenzeichen in der im Bundesgesetzblatt Teil III, Gliederungsnummer 1132-1, veröffentlichten bereinigten Fassung, zuletzt geändert durch Artikel 33 des Gesetzes vom 24. April 1986 (BGBl. I S. 560)[1]

§ 16 wird wie folgt gefaßt:

„**§ 16** Bis zum Zeitpunkt des Wirksamwerdens des Beitritts bestehende Ansprüche aus verliehenen staatlichen Auszeichnungen der Deutschen Demokratischen Republik sind erloschen. Ansprüche aus solchen Auszeichnungen können vom Zeitpunkt des Wirksamwerdens des Beitritts an nicht mehr geltend gemacht werden."

3. Gesetz über den Tag der deutschen Einheit in der im Bundesgesetzblatt Teil III, Gliederungsnummer 1136-1, veröffentlichten bereinigten Fassung

Das Gesetz wird aufgehoben.

Abschnitt III

Bundesrecht tritt in dem in Artikel 3 des Vertrages genannten Gebiet mit folgenden Maßgaben in Kraft:

1. Parteiengesetz in der Fassung der Bekanntmachung vom 3. März 1989 (BGBl. I S. 327)

mit folgenden Maßgaben:

---

[1] **Amtl. Anm.:** Protokollvermerk der Bundesrepublik Deutschland und der Deutschen Demokratischen Republik.

Von der Deutschen Demokratischen Republik verliehene Auszeichnungen können weiter geführt oder getragen werden, es sei denn, daß dadurch der ordre public der Bundesrepublik Deutschland verletzt wird. Das gleiche gilt für von der Deutschen Demokratischen Republik zur Annahme genehmigte ausländische Auszeichnungen.

a) Die Frist nach § 2 Abs. 2 beginnt für die beim Präsidenten der Volkskammer gemäß § 2 Abs. 4 des Gesetzes über Parteien und andere politische Vereinigungen – Parteiengesetz – vom 21. Februar 1990 (GBl. I Nr. 9 S. 66), zuletzt geändert durch Gesetz vom 22. Juli 1990 (GBl. I Nr. 49 S. 904), registrierten Parteien mit dem Wirksamwerden des Beitritts.
b) Die nach § 2 Abs. 4 des Parteiengesetzes der Deutschen Demokratischen Republik beim Präsidenten der Volkskammer hinterlegten Unterlagen werden innerhalb von zwei Monaten nach dem Wirksamwerden des Beitritts an den Bundeswahlleiter übermittelt.
c) Die Parteien, die auf dem in Artikel 3 des Vertrages genannten Gebiet bestehen, haben innerhalb eines Jahres nach dem Wirksamwerden des Beitritts ihre Satzungen an die Bestimmungen dieses Gesetzes anzupassen.
d) Während der in Buchstabe c) genannten Frist werden die nach § 2 Abs. 4 des Parteiengesetzes der Deutschen Demokratischen Republik beim Präsidenten der Volkskammer am 1. Mai 1990 registrierten anderen politischen Vereinigungen hinsichtlich der Teilnahme an Wahlen Parteien gleichgestellt.

Sachgebiet B: Verwaltung

Abschnitt I

Von dem Inkrafttreten des Bundesrechts gemäß Artikel 8 des Vertrages sind ausgenommen:

1. Gesetz zur Regelung der Rechtsverhältnisse der unter Artikel 131 des Grundgesetzes fallenden Personen in der Fassung der Bekanntmachung vom 13. Oktober 1965 (BGBl. I S. 1685), zuletzt geändert durch Artikel 4 Abs. 4 des Gesetzes vom 8. Juni 1989 (BGBl. I S. 1026), sowie alle zu seiner Durchführung ergangenen Verordnungen

2. Erstes Gesetz zur Änderung des Gesetzes zur Regelung der Rechtsverhältnisse der unter Artikel 131 des Grundgesetzes fallenden Personen in der im Bundesgesetzblatt Teil III, Gliederungsnummer 2036-2, veröffentlichten bereinigten Fassung

3. Zweites Gesetz zur Änderung des Gesetzes zur Regelung der Rechtsverhältnisse der unter Artikel 131 des Grundgesetzes fallenden Personen in der im Bundesgesetzblatt Teil III, Gliederungsnummer 2036-3, veröffentlichten bereinigten Fassung

4. Drittes Gesetz zur Änderung des Gesetzes zur Regelung der Rechtsverhältnisse der unter Artikel 131 des Grundgesetzes fallenden Personen in der im Bundesgesetzblatt Teil III, Gliederungsnummer 2036-4, veröffentlichten bereinigten Fassung, geändert durch Artikel II § 5 des Gesetzes vom 9. September 1965 (BGBl. I S. 1203) in Verbindung mit Artikel 12 Nr. 2 Buchstabe b) und d) des Gesetzes vom 20. Dezember 1965 (BGBl. I S. 2065), sowie die zu seiner Durchführung ergangenen Anordnungen in den im Bundesgesetzblatt Teil III,

Gliederungsnummern 2036-4-1 und 2036-4-2, veröffentlichten bereinigten Fassungen

5. Viertes Gesetz zur Änderung des Gesetzes zur Regelung der Rechtsverhältnisse der unter Artikel 131 des Grundgesetzes fallenden Personen vom 9. September 1965 (BGBl. I S. 1203), zuletzt geändert durch § 5 Abs. 2 des Gesetzes vom 6. Juli 1967 (BGBl. I S. 629)

6. Gesetz zur Regelung der Wiedergutmachung nationalsozialistischen Unrechts für Angehörige des öffentlichen Dienstes in der Fassung der Bekanntmachung vom 15. Dezember 1965 (BGBl. I S. 2073), zuletzt geändert durch Artikel 4 Abs. 5 des Gesetzes vom 8. Juni 1989 (BGBl. I S. 1026), sowie die zu seiner Durchführung ergangenen Verordnungen und Anordnungen in den im Bundesgesetzblatt Teil III, Gliederungsnummern 2037-1-1 bis 2037-1-3 und 2037-1-5, veröffentlichten bereinigten Fassungen

7. Verordnung zur Durchführung des § 31 d des Gesetzes zur Regelung der Wiedergutmachung nationalsozialistischen Unrechts für Angehörige des öffentlichen Dienstes in der im Bundesgesetzblatt Teil III, Gliederungsnummer 2037-1-4, veröffentlichten bereinigten Fassung, zuletzt geändert durch Verordnung vom 5. August 1974 (BGBl. I S. 1878)

8. Zweites Gesetz zur Regelung der Wiedergutmachung nationalsozialistischen Unrechts für Angehörige des öffentlichen Dienstes in der im Bundesgesetzblatt Teil III, Gliederungsnummer 2037-2, veröffentlichten bereinigten Fassung

9. Drittes Gesetz zur Regelung der Wiedergutmachung nationalsozialistischen Unrechts für Angehörige des öffentlichen Dienstes in der im Bundesgesetzblatt Teil III, Gliederungsnummer 2037-3, veröffentlichten bereinigten Fassung

10. Sechstes Gesetz zur Regelung der Wiedergutmachung nationalsozialistischen Unrechts für Angehörige des öffentlichen Dienstes in der im Bundesgesetzblatt Teil III, Gliederungsnummer 2037-4, veröffentlichten bereinigten Fassung, geändert durch Artikel 14 Nr. 1 des Gesetzes vom 20. Dezember 1965 (BGBl. I S. 2065)

11. Gesetz zur Regelung der Wiedergutmachung nationalsozialistischen Unrechts für die im Ausland lebenden Angehörigen des öffentlichen Dienstes in der Fassung der Bekanntmachung vom 15. Dezember 1965 (BGBl. I S. 2091)

12. Siebentes Gesetz zur Regelung der Wiedergutmachung nationalsozialistischen Unrechts für Angehörige des öffentlichen Dienstes vom 9. September 1965 (BGBl. I S. 1210), geändert durch Artikel 14 Nr. 3 des Gesetzes vom 20. Dezember 1965 (BGBl. I S. 2065)

13. Ausländergesetz vom 28. April 1965 (BGBl. I S. 353), zuletzt geändert durch Artikel 9 Abs. 5 des Gesetzes vom 26. Juni 1990 (BGBl. I S. 1163)

Abschnitt II

Bundesrecht wird wie folgt geändert:

1. Asylverfahrensgesetz vom 16. Juli 1982 (BGBl. I S. 946), zuletzt geändert durch Artikel 1 des Gesetzes vom 20. Dezember 1988 (BGBl. I S. 3362)

a) Dem § 3 wird folgender Absatz 3 angefügt:

„(3) Ausländer, denen bis zum Wirksamwerden des Beitritts in dem in Artikel 3 des Einigungsvertrages genannten Gebiet Asyl gewährt worden ist, gelten als Asylberechtigte im Sinne dieses Gesetzes."

b) § 22 Abs. 2 wird wie folgt gefaßt:

„(2) Die Länder können durch Verwaltungsvereinbarung einen Schlüssel zur Verteilung der Asylbewerber festlegen. Kommt die Verwaltungsvereinbarung nicht bis zum 31. Dezember 1991 zustande, bestimmt die Bundesregierung durch Rechtsverordnung mit Zustimmung des Bundesrates den Schlüssel. Bis zum Inkrafttreten einer Regelung nach Satz 1 oder 2 gilt folgende Regelung:

1. 20 vom Hundert der Asylbewerber werden auf die in Artikel 1 Abs. 1 des Einigungsvertrages genannten Länder verteilt; die Verteilung auf die einzelnen Länder erfolgt entsprechend dem Verhältnis der Wohnbevölkerung dieser Länder;
2. 80 vom Hundert der Asylbewerber werden nach folgendem Schlüssel verteilt:

Baden-Württemberg	15,2 vom Hundert
Bayern	17,4 vom Hundert
Berlin	2,7 vom Hundert
Bremen	1,3 vom Hundert
Hamburg	3,3 vom Hundert
Hessen	9,3 vom Hundert
Niedersachsen	11,6 vom Hundert
Nordrhein-Westfalen	28,0 vom Hundert
Rheinland-Pfalz	5,9 vom Hundert
Saarland	1,8 vom Hundert
Schleswig-Holstein	3,5 vom Hundert

Fällt die Verwaltungsvereinbarung fort, gilt Satz 3 entsprechend."

2. Bundesarchivgesetz vom 6. Januar 1988 (BGBl. I S. 62)

a) § 2 Abs. 8 wird wie folgt gefaßt:

„(8) Unterlagen im Sinne dieses Gesetzes sind Akten, Schriftstücke, Karten, Pläne sowie Träger von Daten-, Bild-, Film-, Ton- und sonstigen Aufzeichnungen, die bei den in Absatz 1 genannten Stellen des Bundes, bei Stellen der Deutschen Demokratischen Republik, bei Stellen der Besatzungszonen, des Deutschen Reiches oder des Deutschen Bundes erwachsen oder in deren Eigentum übergegangen oder diesen zur Nutzung überlassen worden sind."

b) Die vom ehemaligen Staatssicherheitsdienst der Deutschen Demokratischen Republik rechts- und verfassungswidrig gewonnenen personenbezogenen Informationen betreffen eine Vielzahl von Bürgern aus ganz Deutschland. Die Aufbewahrung, Nutzung und Sicherung dieser Unterlagen bedarf wegen der damit verbundenen erheblichen Eingriffe in Grundrechtspositionen einer umfassenden gesetzlichen Regelung durch den gesamtdeutschen Gesetzgeber. Die Vertragsparteien empfehlen den gesetzgebenden Körperschaften dabei die Grundsätze zu berücksichtigen, wie sie in dem von der Volkskammer am 24. August 1990 verabschiedeten Gesetz über die Sicherung und Nutzung der personenbezogenen Daten des ehemaligen Ministeriums für Staatssicherheit/Amtes für Nationale Sicherheit zum Ausdruck gekommen sind. Bis dahin gelten vom Wirksamwerden des Beitritts an für die Behandlung von Unterlagen des ehemaligen Ministeriums für Staatssicherheit/Amtes für Nationale Sicherheit der Deutschen Demokratischen Republik anstelle der Vorschriften des Bundesarchivgesetzes die folgenden besonderen Vorschriften:

§ 1 (1) Die Dateien und Unterlagen des ehemaligen Ministeriums für Staatssicherheit/Amtes für Nationale Sicherheit der Deutschen Demokratischen Republik, die personenbezogene Daten enthalten, sind bis zu einer endgültigen gesetzlichen Regelung durch einen Sonderbeauftragten der Bundesregierung in sichere Verwahrung zu nehmen und gegen unbefugten Zugriff zu sichern. Der Sonderbeauftragte wird auf Vorschlag des Ministerrates der Deutschen Demokratischen Republik, der der Zustimmung der Volkskammer bedarf, bis spätestens zum 2. Oktober 1990 von der Bundesregierung berufen. Sein Ständiger Vertreter ist der Präsident des Bundesarchivs.

(2) Der Sonderbeauftragte ist in der Ausübung dieses Amtes unabhängig und untersteht der Rechtsaufsicht der Bundesregierung. Er ist speichernde Stelle im Sinne des Bundesdatenschutzgesetzes.

(3) Der Sonderbeauftragte wird durch einen von der Bundesregierung zu bestellenden Beirat beraten. Der Beirat besteht aus fünf Personen, von denen mindestens drei ihren Hauptwohnsitz zum Zeitpunkt des Wirksamwerdens des Beitritts in dem in Artikel 3 des Vertrages genannten Gebiet haben müssen.

(4) Der Sonderbeauftragte wird bei der Wahrnehmung seiner Aufgaben durch das Bundesarchiv und den Bundesbeauftragten für den Datenschutz unterstützt. In wichtigen Angelegenheiten ist der Bundesbeauftragte für den Datenschutz vorher zu hören.

§ 2 (1) Die in § 1 genannten Dateien und Unterlagen sind gesperrt. Ihre Löschung ist unzulässig. Die Lagerung erfolgt zentral in dem in Artikel 3 des Vertrages genannten Gebiet. Die personenbezogenen Daten dürfen nur für folgende Zwecke übermittelt und genutzt werden, soweit dies unerläßlich und nicht bis zu einer abschließenden gesetzlichen Regelung aufschiebbar ist:

1. für Zwecke der Wiedergutmachung und der Rehabilitierung von Betroffenen,
2. zur Feststellung einer offiziellen oder inoffiziellen Tätigkeit für

das ehemalige Ministerium für Staatssicherheit/Amt für Nationale Sicherheit der Deutschen Demokratischen Republik und zwar

a) für die Überprüfung von Abgeordneten und Kandidaten für parlamentarische Mandate mit Zustimmung der Betroffenen,
b) für die Weiterverwendung von Personen im öffentlichen Dienst (Anlage I Kapitel XIX Abschnitt III Nr. 1) mit deren Kenntnis und
c) für die Einstellung von Personen in den öffentlichen Dienst und für Sicherheitsüberprüfungen mit Zustimmung der Betroffenen,

3. zur Verfolgung von Straftaten im Zusammenhang mit der Tätigkeit des ehemaligen Ministeriums für Staatssicherheit/Amtes für Nationale Sicherheit der Deutschen Demokratischen Republik und
4. zur Aufklärung und Verfolgung der in Artikel 1 § 2 Abs. 1 des Gesetzs zur Beschränkung des Brief-, Post- und Fernmeldegeheimnisses (Gesetz zu Artikel 10 des Grundgesetzes) genannten Straftaten durch Strafverfolgungsbehörden und andere Behörden im Rahmen ihrer gesetzlichen Aufgaben.

(2) Der Sonderbeauftragte darf für diese Zwecke an die zuständigen Stellen Auskünfte erteilen. Die Herausgabe von Unterlagen und die Einsicht in Unterlagen ist nur in dem erforderlichen Umfang und nur soweit zulässig, wie die Erteilung von Auskünften für den Zweck nicht ausreicht. Der Empfänger darf die Daten nur zu dem Zweck verarbeiten und nutzen, zu dem sie ihm übermittelt worden sind. Sind die benötigten personenbezogenen Daten mit weiteren Daten des Betroffenen oder eines Dritten in Akten so verbunden, daß eine Trennung nicht oder nur mit unvertretbarem Aufwand möglich ist, ist die Herausgabe von Unterlagen oder die Einsichtgewährung auch hinsichtlich dieser Daten zulässig, soweit nicht berechtigte Interessen des Betroffenen oder des Dritten an deren Geheimhaltung überwiegen; eine Nutzung dieser Daten ist unzulässig.

§ 3 Den Betroffenen ist für die in § 2 Abs. 1 Nr. 1 genannten Zwecke sowie zur Abwehr einer gegenwärtigen oder drohenden Verletzung ihres Persönlichkeitsrechtes Auskunft über die zu ihrer Person vorhandenen Daten zu erteilen, soweit dies zur Verfolgung ihrer Rechte unerläßlich und unaufschiebbar ist. Die Auskunft ist so zu erteilen, daß überwiegende schutzwürdige Interessen Dritter nicht beeinträchtigt werden.

§ 4 Der Umgang mit den vorhandenen Dateien und Unterlagen, insbesondere ihre Sicherung gegen unbefugten Zugriff, ihre Nutzung und die Auskunftserteilung an Betroffene unterliegen der Kontrolle des Bundesbeauftragten für den Datenschutz.

§ 5 Im übrigen gelten die Vorschriften des Bundesdatenschutzgesetzes.

3. Gesetz über die Deutsche Bibliothek vom 31. März 1969 (BGBl. I S. 265)

a) § 1 wird wie folgt gefaßt:

„**§ 1** Die zentrale Archivbibliothek und das nationalbibliographische Zentrum der Bundesrepublik Deutschland wird als rechtsfähige bundesunmittelbare Anstalt des öffentlichen Rechts mit Sitz in Frankfurt am Main (Deutsche Bibliothek) und Leipzig (Deutsche Bücherei) errichtet. Der zuständige Bundesminister wird ermächtigt, den Namen der Anstalt des öffentlichen Rechts zu bestimmen."

b) In § 2 Abs. 1 Nr. 1 und 2 werden die Worte „nach dem 8. Mai 1945" durch „ab 1913" ersetzt.

c) § 2 Abs. 2 wird wie folgt gefaßt:

„(2) Soweit sich die Aufgaben nach Absatz 1 auf Musiknoten und Musiktonträger beziehen, werden sie vom Deutschen Musikarchiv der Deutschen Bibliothek und von der Musikaliensammlung der Deutschen Bücherei wahrgenommen."

d) § 11 Abs. 2 wird wie folgt gefaßt:

„(2) Der Generaldirektor und seine ständigen Vertreter in Frankfürt am Main und Leipzig werden auf Vorschlag des Verwaltungsrats vom Bundespräsidenten ernannt. Der zuständige Bundesminister wird ermächtigt, den Sitz des Generaldirektors zu bestimmen."

e) § 18 Abs. 1 wird wie folgt gefaßt:

„(1) Von jedem Druckwerk gemäß § 3, das im Geltungsbereich dieses Gesetzes verlegt oder, soweit es sich um Tonträger handelt, hergestellt wird, ist je ein Stück (Pflichtstück) an die Deutsche Bibliothek und die Deutsche Bücherei abzuliefern."

4. Gesetz zum Schutz deutschen Kulturgutes gegen Abwanderung in der im Bundesgesetzblatt Teil III, Gliederungsnummer 224-2, veröffentlichten bereinigten Fassung, zuletzt geändert durch Artikel 86 des Gesetzes vom 2. März 1974 (BGBl. I S. 469)

Dem § 22 wird folgender Absatz 5 angefügt:

„(5) Die Ausfuhr des nach dem Gesetz zum Schutz des Kulturgutes der Deutschen Demokratischen Republik – Kulturgutschutzgesetz – vom 3. Juli 1980 (GBl. I Nr. 23 S. 191) registrierten Kulturguts bleibt genehmigungspflichtig, bis über seine Eintragung in das nach diesem Gesetz zu führende „Verzeichnis national wertvollen Kulturguts und national wertvoller Archive" entschieden worden ist. Absatz 4 Satz 2 und 3 gilt entsprechend."

Abschnitt III

Bundesrecht tritt in dem in Artikel 3 des Vertrages genannten Gebiet mit folgenden Maßgaben in Kraft:

1. Verwaltungsverfahrensgesetz vom 25. Mai 1976 (BGBl. I S. 1253), geändert durch Artikel 7 Nr. 4 des Gesetzes vom 2. Juli 1976 (BGBl. I S. 1749),

mit folgenden Maßgaben:

a) Für die Ausführung von Landesrecht durch die in Artikel 1 Abs. 1 des Vertrages genannten Länder gilt dieses Gesetz, soweit die öffentlich-rechtliche Verwaltungstätigkeit ihrer Behörden landesrechtlich nicht durch ein Verwaltungsverfahrensgesetz geregelt ist, längstens jedoch bis zum 31. Dezember 1992.

b) § 96 ist entsprechend anzuwenden.

c) Das Gesetz gilt nicht für Verfahren der Grundbuchämter nach der Grundbuchordnung oder anderen grundbuchrechtlichen Vorschriften.

2. Personenstandsgesetz in der im Bundesgesetzblatt Teil III, Gliederungsnummer 211-1, veröffentlichten bereinigten Fassung, zuletzt geändert durch Artikel 9 Abs. 6 des Gesetzes vom 26. Juni 1990 (BGBl. I S. 1163),

mit folgenden Maßgaben:

a) Bestellung der Standesbeamten
Die nach § 5 Abs. 1 des Gesetzes über das Personenstandswesen (Personenstandsgesetz) der Deutschen Demokratischen Republik vom 4. Dezember 1981 (GBl. I Nr. 36 S. 421) für die Standesämter und Urkundenstellen bestellten Leiter und deren Stellvertreter werden Standesbeamte im Sinne des Gesetzes. Einer neuen Bestellung nach § 53 bedarf es nicht.

b) Wahrnehmung der standesamtlichen Aufgaben durch die Urkundenstellen
Abweichend von § 51 obliegt den nach § 6 Abs. 2 des Personenstandsgesetzes der Deutschen Demokratischen Republik errichteten Urkundenstellen bei den Kreisen bis zu einer anderen gesetzlichen Regelung die Fortführung der an sie abgegebenen Personenstandsbücher. Für die Erfüllung der Aufgabe durch die Kreise gilt § 51 entsprechend. Die nach § 1 den Standesbeamten obliegende Führung der Personenstandsbücher wird in den Urkundenstellen von den Leitern der Urkundenstellen und deren Stellvertretern (Buchstabe a) wahrgenommen. Die Vorschriften des Gesetzes über die Fortführung und die Benutzung der Personenstandsbücher sowie für die Beglaubigung und Beurkundung von Erklärungen gelten für die Urkundenstellen entsprechend.

c) Fortführung der bis zum Beitritt angelegten Personenstandsbücher und Ausstellung von Personenstandsurkunden aus diesen Büchern

aa) Für die Fortführung der bis zum Wirksamwerden des Beitritts in dem in Artikel 3 des Vertrages genannten Gebiet angelegten Personenstandsbücher durch die Standesbeamten und die Urkundenstellen gelten die Vorschriften des Gesetzes entsprechend. Die danach dem Personenstandseintrag beizuschreibenden Randvermerke sind auf der Rückseite des Eintrags als Vermerk aufzunehmen. Hinweise zu den Einträgen werden auf der Vorderseite unterhalb der Beurkundung eingetragen.

bb) Soweit die Personenstandseinträge die in den §§ 11, 21 und 37 vorgeschriebenen Angaben nicht enthalten, ist eine Berichtigung oder Ergänzung nicht vorzunehmen. Für die Ausstellung von Personenstandsurkunden aus diesen Personenstandsbüchern sind die in § 62 der Verordnung zur Ausführung des Personenstandsgesetzes in der Fassung der Bekanntmachung vom 25. Februar 1977 (BGBl. I S. 377), zuletzt geändert durch die Verordnung vom 28. Juni 1990 (BGBl. I S. 1388), bezeichneten Vordrucke E, E 1, E 2, F und G (Anlagen 23 bis 27 der Verordnung zur Ausführung des Personenstandsgesetzes) zu benutzen. In diese Personenstandsurkunden dürfen nur Angaben aufgenommen werden, die sich aus dem Personenstandseintrag ergeben. Außerdem können von den Personenstandseinträgen entsprechend § 61a Abs. 1 beglaubigte Abschriften gefertigt werden, welche die Vorderseite des Eintrags ohne die Hinweise und die Rückseite des Eintrags wiedergeben. Sie sind mit „Beglaubigte Abschrift aus dem ...buch des Standesamts ..." zu bezeichnen und mit dem sich aus den Vordrucken Ax, Bx und Cx (Anlagen 16 bis 18 der Verordnung zur Ausführung des Personenstandsgesetzes) ergebenden Übereinstimmungsvermerk zu versehen.

cc) Für diese Personenstandsbücher sind Zweitbücher (§ 44) nicht anzulegen.

d) Standesamt I in Berlin

aa) An die Stelle der Bezeichnung „Der Standesbeamte des Standesamts I in Berlin (West)" tritt die Bezeichnung „Der Standesbeamte des Standesamts I in Berlin".

bb) Der Standesbeamte des Standesamts I in Berlin ist zuständig

aaa) für die Fortführung und Benutzung der nach § 19 des Personenstandsgesetzes der Deutschen Demokratischen Republik beim Standesamt I Berlin – Hauptstadt der Deutschen Demokratischen Republik – angelegten Personenstandsbücher,

bbb) für die Fortführung und Benutzung der nach § 22 des Gesetzes über die konsularische Tätigkeit der Auslandsvertretungen der Deutschen Demokratischen Republik – Konsulargesetz – vom 21. Dezember 1979 (GBl. I Nr. 45 S. 464) von den Auslandsvertretungen der Deutschen Demokratischen Republik angelegten und an das Standesamt I Berlin – Hauptstadt der Deutschen Demokratischen Republik – abgegebenen Personenstandsbücher,

ccc) für die Führung und Benutzung der Sammlung beim Standesamt I Berlin – Hauptstadt der Deutschen Demokratischen Republik – von Personenstandsbüchern, Standesregistern und Personenstandsurkunden aus Gebieten, in denen ein deutscher Standesbeamter nicht tätig ist (entsprechend § 72 der Verordnung zur Ausführung des Personenstandsgesetzes),

ddd) für die Führung der beim Standesamt I Berlin – Hauptstadt der Deutschen Demokratischen Republik – hinterlegten Beschlüsse über Todeserklärungen und Feststellungen der Todeszeit (§ 21 des Personenstandsgesetzes der Deutschen Demokratischen Republik). Von den Beschlüssen können Auszüge oder beglaubigte Abschriften erteilt werden.

Für die Fortführung und Benutzung der Personenstandsbücher gilt Buchstabe c entsprechend.

cc) Ist ein Personenstandsfall bei einem Standesbeamten in der Bundesrepublik Deutschland und nach § 19 des Personenstandsgesetzes der Deutschen Demokratischen Republik beim Standesamt I Berlin – Hauptstadt der Deutschen Demokratischen Republik – oder bei einem Standesamt in der Deutschen Demokratischen Republik und nach § 41 beim Standesbeamten des Standesamts I in Berlin (West) beurkundet worden, so ist – nach einem Abgleich und etwaiger Berichtigung oder Ergänzung der Einträge – nur der Personenstandseintrag bei dem für die Erstbeurkundung zuständigen Standesbeamten fortzuführen. Dem nicht mehr fortzuführenden Eintrag beim Standesbeamten des Standesamts I in Berlin wird hierüber ein Vermerk beigeschrieben.

dd) Familienbücher, für deren Fortführung nach § 13 Abs. 3 der Standesbeamte des Standesamts I in Berlin (West) zuständig ist, weil die Ehegatten ihren Wohnsitz in der Deutschen Demokratischen Republik haben, sind an den nach § 13 zuständig werdenden Standesbeamten abzugeben, sobald dessen Zuständigkeit bekannt wird.

e) Anlegung des Familienbuchs auf Antrag
Das Familienbuch ist auf Antrag unter den in § 15a Abs. 1 Nr. 1 genannten Voraussetzungen auch dann anzulegen, wenn die Ehe nach dem 31. Dezember 1957 vor einem Standesbeamten in der Deutschen Demokratischen Republik geschlossen worden ist.

3. Gesetz zur Neuregelung des Ausländerrechts vom 9. Juli 1990 (BGBl. I S. 1354)

mit folgender Maßgabe:

Die Aufenthaltsrechte, die nicht von Artikel 1 § 94 erfaßt werden, werden in die entsprechenden Aufenthaltsgenehmigungen nach Artikel 1 § 5 überführt.

4. Verordnung zur Durchführung des Ausländergesetzes in der Fassung der Bekanntmachung vom 29. Juni 1976 (BGBl. I S. 1717), zuletzt geändert durch Verordnung vom 3. Mai 1989 (BGBl. I S. 881),

mit folgenden Maßgaben:

a) Aufenthaltsgenehmigungen im Sinne des § 3 Abs. 1 des Ausländergesetzes vom 28. Juni 1979 (GBl. I Nr. 17 S. 149) sind Aufenthaltserlaubnisse im Sinne dieser Verordnung.

b) § 5 Abs. 5 findet ab 1. Januar 1991 Anwendung.

5. Gebührenverordnung zum Ausländergesetz vom 20. Dezember 1977 (BGBl. I S. 2840)

mit folgenden Maßgaben:

a) §§ 1 und 2 Abs. 1 finden keine Anwendung.
b) § 2 Abs. 2 findet bis zum 31. Dezember 1990 auf die Erteilung von Aufenthaltserlaubnissen, Aufenthaltsgenehmigungen und Aufenthaltsberechtigungen nach § 2 der Ausländeranordnung vom 28. Juni 1979 (GBl. I Nr. 17 S. 154) entsprechende Anwendung.

6. Asylverfahrensgesetz vom 16. Juli 1982 (BGBl. I S. 946), zuletzt geändert durch Artikel 1 des Gesetzes vom 20. Dezember 1988 (BGBl. I S. 3362),

mit folgender Maßgabe:

Bei Asylverfahren, die bei Behörden, auch in Beschwerdeinstanzen, der Deutschen Demokratischen Republik anhängig sind, werden die Asylanträge an das Bundesamt für die Anerkennung ausländischer Flüchtlinge abgegeben und die Verfahren nach den Vorschriften dieses Gesetzes zu Ende geführt.

7. Paßgesetz vom 19. April 1986 (BGBl. I S. 537)

mit folgender Maßgabe:

Ein zur Personenfeststellung bestimmter Ausweis der Deutschen Demokratischen Republik ist längstens bis zum 31. Dezember 1995 gültig.

8. Gesetz über Personalausweise in der Fassung der Bekanntmachung vom 21. April 1986 (BGBl. I S. 548)

mit folgender Maßgabe:

Ein zur Personenfeststellung bestimmter Ausweis der Deutschen Demokratischen Republik ist längstens bis zum 31. Dezember 1995 gültig.

9. Gesetz über die Errichtung von Rundfunkanstalten des Bundesrechts in der im Bundesgesetzblatt Teil III, Gliederungsnummer 2251-1, veröffentlichten bereinigten Fassung, zuletzt geändert durch Gesetz vom 30. April 1990 (BGBl. I S. 823),

mit folgender Maßgabe:

Radio Berlin International wird aufgelöst; die von ihm benutzten Frequenzen stehen den Bundesrundfunkanstalten zur Verfügung.

Sachgebiet C: Öffentliche Sicherheit

Abschnitt II

Bundesrecht wird wie folgt geändert:

Waffengesetz in der Fassung der Bekanntmachung vom 8. März 1976 (BGBl. I S. 432), zuletzt geändert durch Artikel 4 des Gesetzes vom 18. Februar 1986 (BGBl. I S. 265),

a) § 53 Abs. 3 wird wie folgt geändert:
   aa) In Nummer 6 wird das Wort „oder“ durch ein Komma ersetzt.
   bb) In Nummer 7 wird der Punkt durch das Wort „oder“ ersetzt und folgende Nummer 8 angefügt:

„8. entgegen § 59b Abs. 5 Satz 1 nach Ablauf der Meldefrist die tatsächliche Gewalt über eine nicht angemeldete Schußwaffe oder über nicht angemeldete Munition ausübt."

b) Nach § 59a wird folgender § 59b eingefügt:

„**§ 59b Überleitungsregelung aus Anlaß der Herstellung der Einheit Deutschlands.** (1) Eine vor Wirksamwerden des Beitritts von den Behörden der Deutschen Demokratischen Republik erteilte Erlaubnis für den Verkehr (Herstellung, Bearbeitung, Instandsetzung, Vertrieb, Transport, Lagerung, Aufbewahrung, Ausstellung, Erwerb, Besitz, Verwendung, Ausfuhr, Einfuhr und Durchfuhr) mit Schußwaffen, patronierter Munition, Schußgeräten und Kartuschen berechtigt bis zum Ablauf von sechs Monaten nach Wirksamwerden des Beitritts zum Verkehr mit den genannten Gegenständen im bisher genehmigten Umfang. Ist vor Ablauf der in Satz 1 genannten Frist ein Antrag auf Erteilung einer Erlaubnis nach dem Waffengesetz gestellt und darüber von der zuständigen Behörde noch nicht entschieden worden, so verlängert sich diese Frist bis zur Unanfechtbarkeit der Entscheidung über diesen Antrag.

(2) Übt jemand am Tag des Wirksamwerdens des Beitritts in dem in Artikel 3 des Einigungsvertrages genannten Gebiet die tatsächliche Gewalt über Schußwaffen und Munition ohne die dazu erforderliche Erlaubnis aus, so hat er diese Schußwaffen und Munition innerhalb von sechs Monaten nach Wirksamwerden des Beitritts der zuständigen Behörde schriftlich anzumelden und dabei seine Personalien, Art und Anzahl der Schußwaffen, das Kaliber der Waffen und der Munition, deren Hersteller- oder Warenzeichen und, wenn die Schußwaffen eine Herstellungsnummer haben, auch diese anzugeben. Zur Anmeldung nach Satz 1 ist jedoch nicht verpflichtet, wer die Schußwaffen oder die Munition vor dem Ablauf der Frist nach Satz 1 einem Berechtigten überläßt. Zum Nachweis der Anmeldung stellt die Behörde eine Waffenbesitzkarte aus, sofern der Anmeldende die erforderliche Zuverlässigkeit besitzt. Andernfalls kann die zuständige Behörde anordnen, daß die Waffen binnen angemessener Frist unbrauchbar gemacht oder einem Berechtigten überlassen werden und dies der zuständigen Behörde nachgewiesen wird. § 37 Abs. 5 ist entsprechend anzuwenden.

(3) Die Waffenbesitzkarte nach Absatz 2 Satz 3 berechtigt nicht zum Erwerb von Munition. Im Besitz des Anmeldenden befindliche Munition ist einem Berechtigten zu überlassen.

(4) Hat jemand eine Schußwaffe oder Munition nach Absatz 2 rechtzeitig angemeldet, so wird er nicht wegen unerlaubten Erwerbs, unerlaubter Ausübung der tatsächlichen Gewalt oder unerlaubter Einfuhr und der damit in Zusammenhang stehenden Abgabenverkürzung bestraft; verkürzte Eingangsabgaben zu unerlaubt eingeführten Schußwaffen oder Munition werden nicht nacherhoben.

(5) Nach Ablauf der Anmeldefrist darf die tatsächliche Gewalt über anmeldepflichtige, jedoch nicht angemeldete Schußwaffen oder Munition nicht mehr ausgeübt werden. § 37 Absatz 5 ist entsprechend anzuwenden.

(6) Hat jemand am Tage des Wirksamwerdens des Beitritts die tatsächliche Gewalt über einen nach § 37 Abs. 1 Satz 1 oder nach § 8 der Ersten Verordnung zum Waffengesetz verbotenen Gegenstand ausgeübt, so wird dieses Verbot nicht wirksam, wenn er diesen Gegenstand innerhalb von sechs Monaten nach Wirksamwerden des Beitritts unbrauchbar macht, einem Berechtigten überläßt oder einen Antrag auf Erteilung einer Ausnahmegenehmigung beim Bundeskriminalamt stellt. § 37 Abs. 5 ist entsprechend anzuwenden."

Abschnitt III

Bundesrecht tritt in dem in Artikel 3 des Vertrages genannten Gebiet mit folgenden Maßgaben in Kraft:

1. Sprengstoffgesetz in der Fassung der Bekanntmachung vom 17. April 1986 (BGBl. I S. 577), zuletzt geändert durch Artikel 1 des Gesetzes vom 28. Juni 1990 (BGBl. I S. 1221),

mit folgenden Maßgaben:

a) Übergangsregelung für sprengstoffrechtliche Erlaubnisse
Eine vor Wirksamwerden des Beitritts von den Behörden der Deutschen Demokratischen Republik erteilte Erlaubnis für den Verkehr (Herstellung, Verarbeitung, Vertrieb, Erwerb, Besitz, Lagerung, Aufbewahrung, Transport und die Verwendung) berechtigt bis zum Ablauf von sechs Monaten nach Wirksamwerden des Beitritts zum Verkehr mit Sprengmitteln im bisher genehmigten Umfang. Ist vor Ablauf der in Satz 1 genannten Frist ein Antrag auf Erteilung einer Erlaubnis nach dem Sprengstoffgesetz gestellt und darüber von der zuständigen Behörde noch nicht entschieden worden, so verlängert sich diese Frist bis zur Unanfechtbarkeit der Entscheidung über diesen Antrag.

b) Übergangsregelung für durch die oberste Bergbehörde der Deutschen Demokratischen Republik zugelassene Sprengstoffe und sprengkräftige Zündmittel
Eine vor Wirksamwerden des Beitritts von der obersten Bergbehörde der Deutschen Demokratischen Republik erteilte Zulassung für Sprengstoffe und sprengkräftige Zündmittel gilt bis zum Ablauf von sechs Monaten nach Inkrafttreten dieses Gesetzes fort. Ist vor Ablauf der in Satz 1 genannten Frist ein Antrag auf Erteilung einer Zulassung nach dem Sprengstoffgesetz gestellt und darüber von der zuständigen Behörde noch nicht entschieden worden, so verlängert sich diese Frist bis zur Unanfechtbarkeit der Entscheidung über diesen Antrag.

c) Übergangsregelung für pyrotechnische Erzeugnisse
Die pyrotechnischen Erzeugnisse, die in dem in Artikel 3 des Vertrages genannten Gebiet durch berechtigte Betriebe hergestellt wur-

den und für die noch keine Zulassung nach § 5 des Sprengstoffgesetzes erteilt worden ist, dürfen in dem in Artikel 3 des Vertrages genannten Gebiet bis zum Ablauf von sechs Monaten nach Wirksamwerden des Beitritts vertrieben, anderen überlassen oder verwendet werden.

2. Gesetz über die Einrichtung eines Bundeskriminalpolizeiamtes (Bundeskriminalamtes) in der Fassung der Bekanntmachung vom 29. Juni 1973 (BGBl. I S. 704), zuletzt geändert durch Artikel 8 Abs. III des Gesetzes vom 9. Dezember 1974 (BGBl. I S. 3393),

mit folgender Maßgabe:

Das Zentrale Kriminalamt der Deutschen Demokratischen Republik wird als gemeinsames Landeskriminalamt der in Artikel 1 Abs. 1 des Vertrages genannten Länder im Sinne des § 3 Abs. 2 weitergeführt, solange und soweit diese keine Landeskriminalämter errichtet haben.

3. Bundesdatenschutzgesetz vom 27. Januar 1977 (BGBl. I S. 201), zuletzt geändert durch Artikel 47 des Gesetzes vom 18. Dezember 1989 (BGBl. I S. 2261),[1]

mit folgenden Maßgaben:

a) Bis zur Schaffung einer Datenschutzkontrolle, längstens jedoch bis zum 31. Dezember 1991, finden die §§ 15 bis 21 in dem in Artikel 3 des Vertrages genannten Gebiet abweichend von § 7 Abs. 2 Anwendung. Der Bundesbeauftragte für den Datenschutz übt die Kontrolle als Organ der in Artikel 1 Abs. 1 des Vertrages genannten Länder und des Landes Berlin für den Teil aus, in dem das Grundgesetz bisher nicht galt.

b) Die Veröffentlichung über die gespeicherten Daten nach § 12, die bei Inkrafttreten des Vertrages schon gespeichert waren, hat binnen eines Jahres nach dem Wirksamwerden des Beitritts zu erfolgen.

c) Abweichend von § 14 Abs. 3 Satz 1 und Satz 2 Halbsatz 1 sind personenbezogene Daten, deren Kenntnis nach Bundesrecht für die speichernde Stelle zur rechtmäßigen Erfüllung der in ihrer Zuständigkeit liegenden Aufgaben nicht mehr erforderlich ist oder deren Speicherung nach Bundesrecht unzulässig gewesen wäre, unverzüglich zu löschen, soweit nicht schutzwürdige Belange des Betroffenen entgegenstehen.

4. Melderechtsrahmengesetz vom 16. August 1980 (BGBl. I S. 1429), zuletzt geändert durch Artikel 5 des Gesetzes vom 24. Februar 1983 (BGBl. I S. 179),

mit folgenden Maßgaben:

a) Das Melderecht ist in dem in Artikel 3 des Vertrages genannten Gebiet innerhalb von einem Jahr nach Wirksamwerden des Beitritts nach den Vorschriften des Melderechtsrahmengesetzes zu gestalten.

---

[1] **Amtl. Anm.:** Sämtliche Dateien in dem in Artikel 3 des Vertrages genannten Gebiet, die nach Personenkennzeichen geordnet sind, sind unverzüglich nach anderen Merkmalen umzuordnen. Personenkennzeichen sind in allen Dateien zum frühestmöglichen Zeitpunkt zu löschen.

b) Soweit für die bisherige Durchführung des Meldewesens in dem in Artikel 3 des Vertrages genannten Gebiet vom Melderechtsrahmengesetz abweichende Daten, insbesondere Ordnungsnummern, verarbeitet worden sind, dürfen sie weiter verarbeitet werden, soweit und solange sie für die Weiterführung der Melderegister erforderlich sind. Die Verarbeitung neu anfallender Daten ist zulässig. Die Verwendung der Daten ist unverzüglich durch Verfahren abzulösen, die die Verwendung der Daten entbehrlich machen. Nach dieser Ablösung, spätestens jedoch bis zum 31. Dezember 1992 sind die in Satz 1 und 2 genannten Daten zu löschen.

c) aa) Das Zentrale Einwohnerregister der Deutschen Demokratischen Republik wird mit Wirksamwerden des Beitritts als gemeinsames Amt der in Artikel 1 Abs. 1 des Vertrages genannten Länder und des Landes Berlin, für den Teil, in dem das Grundgesetz bisher nicht galt, weitergeführt, soweit es Aufgaben des Meldewesens wahrnimmt und solange die örtlichen Melderegister ihre Aufgaben nicht ohne das zentrale Register erfüllen können. Das Zentrale Einwohnerregister ist insoweit zum frühestmöglichen Zeitpunkt, spätestens am 31. Dezember 1992, aufzulösen.

bb) Soweit im Zentralen Einwohnerregister andere als Meldedaten gespeichert sind, sind sie zu löschen, soweit sie nicht für die Aufgabenerfüllung anderer Fachbereichsverwaltungen erforderlich sind. Diese Daten sind von den Meldedaten getrennt zu speichern und zum frühestmöglichen Zeitpunkt spätestens bis zum 31. Dezember 1992 in die Datenbestände der jeweiligen Fachbereichsverwaltungen zu überführen und danach im Zentralen Einwohnerregister unverzüglich zu löschen. Die Verarbeitung neu anfallender Daten, die zur Aufgabenerfüllung der Fachbereichsverwaltungen erforderlich sind, ist bis zur Überführung der Daten in diese Bereiche zulässig. Auskünfte werden nur durch die zuständige Fachbereichsverwaltung nach Maßgabe des für sie geltenden Rechts erteilt.

d) Die örtlichen Melderegister sind unverzüglich in der Weise umzustellen, daß die Inanspruchnahme des Zentralen Einwohnerregisters entbehrlich wird.

5. Zweite Meldedaten-Übermittlungsverordnung des Bundes vom 26. Juni 1984 (BGBl. I S. 810), geändert durch die Erste Änderungsverordnung vom 20. Dezember 1985 (BGBl. I S. 2510),

mit der Maßgabe:

Abweichend von den in der Verordnung vorgesehenen Verfahren der Datenübermittlung kann bis zum 31. Dezember 1992 zwischen dem jeweiligen Absender und dem jeweiligen Empfänger der Daten ein anderes Verfahren vereinbart werden.

Sachgebiet D: Kriegsfolgenrecht

Abschnitt I

Von dem Inkrafttreten des Bundesrechts gemäß Artikel 8 des Vertrages sind ausgenommen:

1. Flüchtlingshilfegesetz in der Fassung der Bekanntmachung vom 15. Mai 1971 (BGBl. I S. 681), zuletzt geändert durch Artikel 2 des Gesetzes vom 26. Juni 1990 (BGBl. I S. 1142), mit der dazu auf Grund des § 23 erlassenen Rechtsverordnung.

2. Beweissicherungs- und Feststellungsgesetz in der Fassung der Bekanntmachung vom 1. Oktober 1969 (BGBl. I S. 1897), zuletzt geändert durch Artikel 3 des Gesetzes vom 17. April 1985 (BGBl. I S. 629), mit den dazu auf Grund der § 15 Abs. 6, § 28 Abs. 1 und § 46 Abs. 2 erlassenen Rechtsverordnungen.

3. Währungsausgleichsgesetz in der Fassung der Bekanntmachung vom 1. Dezember 1965 (BGBl. I S. 2059), zuletzt geändert durch Artikel 16 des Gesetzes vom 18. März 1975 (BGBl. I S. 705), mit den dazu auf Grund der Ermächtigungen in § 1a Abs. 2, § 3 Abs. 3, § 8 Abs. 2, § 9 Abs. 3, § 11 Abs. 4 und § 14a erlassenen Rechtsverordnungen.

Abschnitt II

Bundesrecht wird wie folgt geändert und aufgehoben:

1. Bundesvertriebenengesetz in der Fassung der Bekanntmachung vom 3. September 1971 (BGBl. I S. 1565, 1807), zuletzt geändert durch Artikel 1 des Gesetzes vom 28. Juni 1990 (BGBl. I S. 1247),

a) § 90b wird wie folgt geändert:

aa) In Absatz 1 Satz 1 werden die Nummern 1 und 2 durch die Worte ersetzt „als Vertriebener im Sinne des § 1 aus den in § 1 Abs. 2 Nr. 3 genannten Gebieten".

bb) Folgender Absatz 7a wird eingefügt:
„Bei der Gewährung von Leistungen sind die Vorschriften anzuwenden, die in dem Land gelten, das nach § 2 der Verteilungsordnung in der im Bundesgesetzblatt Teil III, Gliederungsnummer 240-3, veröffentlichten bereinigten Fassung für den Aussiedler als Aufnahmeland festgelegt ist oder festgelegt wird."

cc) In Absatz 8 werden die Worte „Absätze 1 bis 7" durch die Worte „Absätze 1 bis 7a" ersetzt.

b) § 90c wird aufgehoben.

2. Häftlingshilfegesetz in der Fassung der Bekanntmachung vom 4. Februar 1987 (BGBl. I S. 512), zuletzt geändert durch Artikel 8 des Gesetzes vom 26. Juni 1990 (BGBl. I S. 1211)

a) In § 9a Abs. 2 Satz 2 wird das Wort „und" durch ein Komma ersetzt und nach den Worten „für Erben gelten" folgender Teilsatz angefügt „und die Eingliederungshilfen beim Zusammentreffen von eigenen Ansprüchen mit Ansprüchen als Erbe auf die jeweiligen Höchstbeträge begrenzt sind."

b) In § 17 Satz 2 wird nach dem Wort „Förderung" die Angabe „nach § 18" eingefügt.

c) § 18 wird wie folgt geändert:

aa) In Absatz 1 wird die Absatzbezeichnung „(1)" gestrichen.

bb) Absatz 2 wird aufgehoben.

d) Dem § 25a wird folgender Absatz 3 angefügt:

„(3) Für einen Gewahrsam in den in § 3 des Bundesvertriebenengesetzes genannten Gebieten genügt es, wenn abweichend von § 1 Abs. 1 und § 9a Abs. 1 Satz 1 der gewöhnliche Aufenthalt nach der Entlassung aus dem Gewahrsam dort beibehalten oder genommen worden ist. Leistungen nach den §§ 9a bis 9c für einen Gewahrsam in diesen Gebieten werden nur gewährt, wenn sie bis zum 31. Dezember 1992 beantragt worden sind."

e) In § 22 Abs. 1 wird die Angabe „§ 18 Abs. 1 " durch die Angabe „§ 18" ersetzt.

3. Verordnung über die Gleichstellung von Personen nach § 3 des Häftlingshilfegesetzes in der im Bundesgesetzblatt Teil III, Gliederungsnummer 242-1-1, veröffentlichten bereinigten Fassung

a) In § 1 Abs. 1 werden nach den Worten „geflüchtet sind" die Worte „oder dies versucht haben" eingefügt und die Worte „genommen haben oder nehmen" durch das Wort „haben" ersetzt.

b) In § 1 Abs. 2 werden die Worte „genommen haben oder nehmen" durch das Wort „haben" ersetzt.

4. Lastenausgleichsgesetz in der Fassung der Bekanntmachung vom 1. Oktober 1969 (BGBl. I S. 1909), zuletzt geändert durch Artikel 2 des Gesetzes vom 28. Juni 1990 (BGBl. I S. 1247),

§ 234 Abs. 4 und § 334a werden aufgehoben.

5. Kriegsgefangenenentschädigungsgesetz in der Fassung der Bekanntmachung vom 4. Februar 1987 (BGBl. I S. 506), zuletzt geändert durch Artikel 5 des Gesetzes vom 22. Dezember 1989 (BGBl. I S. 2398)

In § 3 Abs. 1 Satz 3 wird der Punkt durch einen Strichpunkt ersetzt und folgender Halbsatz angefügt „das gilt auch beim Zusammentreffen von eigenen Ansprüchen mit Ansprüchen nach § 5."

Abschnitt III

Bundesrecht tritt in dem in Artikel 3 des Vertrages genannten Gebiet mit folgenden Maßgaben in Kraft:

1. Bundesvertriebenengesetz in der Fassung der Bekanntmachung vom 3. September 1971 (BGBl. I S. 1565, 1807), zuletzt geändert durch Artikel 1 des Gesetzes vom 28. Juni 1990 (BGBl. I S. 1247),

mit folgenden Maßgaben:

a) Das Gesetz findet in dem in Artikel 3 des Vertrages genannten Gebiet ausschließlich auf Personen nach § 1 Abs. 2 Nr. 3 und Abs. 3

Anwendung, die nach dem Wirksamwerden des Beitritts und vor dem 1. Januar 1992 dort ständigen Aufenthalt begründet haben.

b) Erbrachte Leistungen für Personen nach § 1 Abs. 2 Nr. 3 und Abs. 3 in dem Gebiet, in dem das Bundesvertriebenengesetz schon vor dem Beitritt gegolten hat, sind anzurechnen.

c) Für die Pflege des Kulturgutes und die Förderung der wissenschaftlichen Forschung nach § 96 bleiben die unter a) bezeichneten Stichtage außer Betracht.

2. Verteilungsverordnung in der im Bundesgesetzblatt Teil III, Gliederungsnummer 240-3, veröffentlichten bereinigten Fassung

mit folgender Maßgabe:

Bis zur Festlegung eines neuen Verteilungsschlüssels durch den Bundesrat wird den in Artikel 1 Abs. 1 des Vertrages genannten Ländern zusammen schrittweise ein Anteil bis zu 20 vom Hundert der Aussiedler zugewiesen, der im Verhältnis der Bevölkerungszahl dieser Länder aufzuteilen ist. Dabei müssen Leistungskraft und Lebensverhältnisse in den beitretenden Ländern berücksichtigt werden.

3. Häftlingshilfegesetz in der Fassung vom 4. Februar 1987 (BGBl. I S. 512), zuletzt geändert durch Artikel 8 des Gesetzes vom 26. Juni 1990 (BGBl. I S 1211)

mit folgenden Maßgaben:

a) Für einen Gewahrsam in den in § 1 Abs. 2 Nr. 3 des Bundesvertriebenengesetzes genannten Gebieten findet das Gesetz in dem in Artikel 3 des Vertrages genannten Gebiet nur auf Personen Anwendung, die nach dem Wirksamwerden des Beitritts und vor dem 1. Januar 1992 dort ständigen Aufenthalt begründet haben.

b) Für einen Gewahrsam in dem in Artikel 3 des Vertrages genannten Gebiet ist für die Gewährung der Leistungen nach §§ 9a bis 9c und für die Ausstellung der Bescheinigung nach § 10 Abs. 4 in den in Artikel 1 Abs. 1 des Vertrages genannten Ländern die nach § 15 errichtete Stiftung für ehemalige politische Häftlinge zuständig.

c) Die Bestimmungen der §§ 4 bis 6 über die entsprechende Anwendung des Bundesversorgungsgesetzes und der zu seiner Durchführung erlassenen Vorschriften gelten in dem in Artikel 3 des Vertrages genannten Gebiet mit den in Anlage I Kapitel VIII K Abschnitt III aufgeführten Maßgaben.

d) Erbrachte Leistungen für Berechtigte nach § 1 Abs. 1 in dem Gebiet, in dem das Häftlingshilfegesetz schon vor dem Beitritt gegolten hat, sind anzurechnen.

4. Lastenausgleichsgesetz in der Fassung der Bekanntmachung vom 1. Oktober 1969 (BGBl. I S. 1909), zuletzt geändert durch Artikel 2 des Gesetzes vom 28. Juni 1990 (BGBl. I S. 1247)

mit folgenden Maßgaben:

a) In dem in Artikel 3 des Vertrages genannten Gebiet ist § 230 Abs. 2 Nr. 1 nur anzuwenden auf Personen, die nach dem Wirksamwerden des Beitritts und vor dem 1. Januar 1992 ihren ständigen Aufenthalt in diesem Gebiet genommen haben.

b) § 6 Abs. 4, §§ 305, 306, 308 bis 311 sowie § 313 Abs. 1 Satz 3, § 314 Abs. 1 Satz 2 und § 316 Abs. 1 Satz 1 sind in dem in Artikel 3 des Vertrages genannten Gebiet nicht anzuwenden.

c) Der Präsident des Bundesausgleichsamtes bestimmt für Antragsteller mit ständigem Aufenthalt in dem in Artikel 3 des Vertrages genannten Gebiet das zuständige Ausgleichsamt.

5. Kriegsgefangenenentschädigungsgesetz in der Fassung der Bekanntmachung vom 4. Februar 1987 (BGBl. I S. 506), zuletzt geändert durch Artikel 5 des Gesetzes vom 22. Dezember 1989 (BGBl. I S. 2398),

mit folgender Maßgabe:

In dem in Artikel 3 des Vertrages genannten Gebiet ist § 1 Abs. 1 Nr. 2 und § 5 Abs. 2 nur anzuwenden auf Personen, die nach dem Wirksamwerden des Beitritts und vor dem 1. Januar 1992 ihren ständigen Aufenthalt in diesem Gebiet genommen haben; diesen Personen werden nur die Leistungen des Abschnitts I des Gesetzes gewährt.

Kapitel III
Geschäftsbereich des Bundesministers der Justiz

Sachgebiet A: Rechtspflege

Abschnitt I

Von dem Inkrafttreten des Bundesrechts gemäß Artikel 8 des Vertrages sind, vorbehaltlich der Sonderregelung für das Land Berlin in Abschnitt IV, ausgenommen:

1. Vergleichsordnung in der im Bundesgesetzblatt Teil III, Gliederungsnummer 311-1, veröffentlichten bereinigten Fassung, zuletzt geändert durch Artikel 10 Abs. 2 des Gesetzes vom 19. Dezember 1985 (BGBl. I S. 2355)

2. Gesetz betreffend die Einführung der Konkursordnung in der im Bundesgesetzblatt Teil III, Gliederungsnummer 311-2, veröffentlichten bereinigten Fassung, geändert durch Artikel 1 Nr. 10 des Gesetzes vom 11. März 1974 (BGBl. I S. 671)

3. Einführungsgesetz zu dem Gesetze betreffend Änderungen der Konkursordnung in der im Bundesgesetzblatt Teil III, Gliederungsnummer 311-3, veröffentlichten bereinigten Fassung, mit Ausnahme seines Artikels IV, der nach näherer Maßgabe in Kraft gesetzt wird

4. Konkursordnung in der im Bundesgesetzblatt Teil III, Gliederungsnummer 311-4, veröffentlichten bereinigten Fassung, zuletzt geändert durch § 36 des Gesetzes vom 25. Juli 1986 (BGBl. I S. 1130 in Verbindung mit der Bekanntmachung vom 30. Juli 1987 – BGBl. I S. 2083)

5. Gesetz über den Sozialplan im Konkurs- und Vergleichsverfahren vom 20. Februar 1985 (BGBl. I S. 369), zuletzt geändert durch Gesetz vom 22. Dezember 1989 (BGBl. I S. 2405)

6. Gesetz zur Schaffung eines Vorrechts für Umlagen auf die Erzeugung von Kohle und Stahl vom 1. März 1989 (BGBl. I S. 326)

7. Bundesrechtsanwaltsordnung in der im Bundesgesetzblatt Teil III, Gliederungsnummer 303-8, veröffentlichten bereinigten Fassung, zuletzt geändert durch Artikel 3 des Gesetzes vom 6. Juli 1990 (BGBl. I S. 1349)

8. Bundesnotarordnung in der im Bundesgesetzblatt Teil III, Gliederungsnummer 303-1, veröffentlichten bereinigten Fassung, zuletzt geändert durch Artikel 1 des Gesetzes vom 7. August 1981 (BGBl. I S. 803).

Abschnitt II

Bundesrecht wird wie folgt geändert oder ergänzt:

1. Nach § 744 der Zivilprozeßordnung in der im Bundesgesetzblatt Teil III, Gliederungsnummer 310-4, veröffentlichten bereinigten Fassung, die zuletzt durch Artikel 4 des Gesetzes vom 17. Mai 1990 (BGBl. I S. 926) geändert worden ist, wird folgender § 744a eingefügt:

„**§ 744a** Leben die Ehegatten gemäß Artikel 234 § 4 Abs. 2 des Einführungsgesetzes zum Bürgerlichen Gesetzbuch im Güterstand der Eigentums- und Vermögensgemeinschaft, sind für die Zwangsvollstreckung in Gegenstände des gemeinschaftlichen Eigentums und Vermögens die §§ 740 bis 744, 774 und 860 entsprechend anzuwenden."

2. Stellung und Befugnisse der Rechtsanwälte

Ein Rechtsanwalt, der in dem in Artikel 3 des Einigungsvertrages genannten Gebiet oder im Geltungsbereich der Bundesrechtsanwaltsordnung zugelassen ist, steht in dem jeweils anderen Gebiet einem dort zugelassenen Rechtsanwalt gleich.

Abschnitt III

Bundesrecht tritt, soweit sich nicht aus den nachfolgenden Maßgaben ein anderer Geltungsbereich ergibt und vorbehaltlich der Sonderregelung für das Land Berlin in Abschnitt IV, in dem in Artikel 3 des Vertrages genannten Gebiet mit folgenden Maßgaben in Kraft:

1. Gerichtsverfassungsgesetz in der Fassung der Bekanntmachung vom 9. Mai 1975 (BGBl. I S. 1077), zuletzt geändert durch Artikel 3 des Gesetzes vom 5. April 1990 (BGBl. I S. 701)

mit folgenden Maßgaben:

Allgemeine Vorschriften

a) Aufbau der Gerichtsbarkeit

(1) Die ordentliche streitige Gerichtsbarkeit der Länder wird in den in Artikel 1 Abs. 1 des Vertrages genannten Ländern durch die Kreisgerichte und die Bezirksgerichte ausgeübt. Diese Gerichte sind auch zuständig für Angelegenheiten der freiwilligen Gerichtsbarkeit, die den Gerichten übertragen sind.

(2) Die Länder richten durch Gesetz die im Gerichtsverfassungsgesetz vorgesehenen Gerichte und Staatsanwaltschaften ein, sobald hierfür unter Berücksichtigung der Bedürfnisse einer geordneten Rechtspflege jeweils die personellen und sachlichen Voraussetzungen gegeben sind. Sie können dabei Regelungen über den Übergang der anhängigen Verfahren treffen.

(3) Bis zur Errichtung selbständiger Gerichtsbarkeiten sind die Kreis- und Bezirksgerichte nach den Maßgaben t) bis x) auch in Angelegenheiten der Verwaltungs-, Finanz-, Arbeits- und Sozialgerichtsbarkeit zuständig.

b) Gleichstellungsklausel

(1) Wo das Gerichtsverfassungsgesetz oder andere Rechtsvorschriften die Zuständigkeit der Gerichte regeln, den Gerichten Aufgaben zuweisen oder Gerichte bezeichnen, treten die Kreisgerichte an die Stelle der Amtsgerichte und die Bezirksgerichte an die Stelle der Landgerichte und der Oberlandesgerichte, soweit nichts anderes bestimmt ist.

(2) Absatz 1 gilt entsprechend für Aufgabenzuweisungen an die Präsidenten oder Präsidien der Gerichte. Dabei steht der Direktor eines Kreisgerichts mit mehr als 20 Richterplanstellen einem Präsidenten des Amtsgerichts gleich.

(3) Die Bezeichnung Senate bei den Bezirksgerichten steht der Bezeichnung Kammern bei den Landgerichten gleich, soweit die Bezirksgerichte an die Stelle der Landgerichte treten.

c) Präsidium und Geschäftsverteilung

(1) Bei den Kreis- und Bezirksgerichten sind erstmals für das am 1. Januar 1992 beginnende Geschäftsjahr Präsidien nach den Vorschriften des Zweiten Titels (§§ 21a bis 21i) nach Maßgabe der Absätze 3 und 4 zu bilden. Bis zu diesem Zeitpunkt gehören dem Präsidium des Bezirksgerichts der Präsident, seine Stellvertreter und die Vorsitzenden der Spruchkörper an. Bei den Kreisgerichten, bei denen das Präsidium nicht nach § 21a Abs. 2 Nr. 3 aus allen wählbaren Richtern besteht, besteht das Präsidium bis zu diesem Zeitpunkt aus dem Direktor, den beiden Richtern mit der längsten und den beiden Richtern mit der kürzesten richterlichen Tätigkeit.

(2) An die Stelle des aufsichtführenden Richters (§ 21a Abs. 2 Satz 1, § 21c Abs. 1, § 21e Abs. 8, §§ 21 h, 21i Abs. 2 Satz 1) tritt der Direktor des Kreisgerichts; § 22a ist nicht anzuwenden.

(3) Die Vorschriften über die paritätische Wahl und Besetzung des Präsidiums mit Vorsitzenden Richtern (§ 21a Abs. 2 Satz 2, § 21b Abs. 2, § 21c Abs. 2 letzter Satzteil) finden keine Anwendung.

(4) Abweichend von § 21b Abs. 1 Satz 2 sind zum Präsidium wählbar alle Richter, die bei dem Gericht eine Planstelle innehaben.

(5) In Spruchkörpern, die mit mehreren Berufsrichtern besetzt sind, bestimmt, abweichend von § 21f Abs. 1, das Präsidium die Vorsitzenden. Auf diese ist § 21e Abs. 2, Abs. 3 Satz 2 entsprechend anzuwenden.

d) Verwendung von Richtern auf Probe, auf Zeit oder kraft Auftrags

Vorschriften, die die Tätigkeit von Richtern auf Probe, Richtern auf Zeit oder Richtern kraft Auftrags ausschließen oder beschränken oder Richtern auf Lebenszeit bestimmte Aufgaben vorbehalten, finden keine Anwendung.

Zuständigkeit und Besetzung der Gerichte

e) Zuständigkeit der Kreisgerichte in bürgerlichen Rechtsstreitigkeiten, Familiensachen und Angelegenheiten der freiwilligen Gerichtsbarkeit

(1) In bürgerlichen Rechtsstreitigkeiten einschließlich von Ehe- und Familiensachen und in Angelegenheiten der freiwilligen Gerichtsbarkeit sind die Kreisgerichte zuständig, soweit die Zuständigkeit der Amtsgerichte oder der Landgerichte im ersten Rechtszug besteht.
(2) Bei den Kreisgerichten, in deren Bezirk das Bezirksgericht seinen Sitz hat, werden Kammern für Handelssachen gebildet. Diese sind für das Gebiet des Bezirksgerichts zuständig für Handelssachen im Sinne des § 95 mit Ausnahme der Nummer 4 Buchstaben c) und f). Die Vorschriften, die die Zuständigkeit der Kammer für Handelssachen von Anträgen der Parteien abhängig machen, finden keine Anwendung.

f) Zuständigkeit der Kreisgerichte in Strafsachen

(1) In Strafsachen sind die Kreisgerichte im ersten Rechtszug zuständig, soweit nicht die Zuständigkeit des Bezirksgerichts ausdrücklich begründet ist; sie dürfen auf keine höhere Strafe als auf drei Jahre Freiheitsstrafe und nicht auf Unterbringung in einem psychiatrischen Krankenhaus, allein oder neben einer Strafe, oder in der Sicherungsverwahrung erkennen.
(2) Die Kreisgerichte nehmen ferner die Aufgaben der Strafvollstreckungskammern nach § 78a und des Landgerichts nach § 161a Abs. 3 Satz 2 der Strafprozeßordnung wahr.

g) Besetzung des Kreisgerichts

(1) Die Kreisgerichte entscheiden, soweit nicht nach den Vorschriften des Gerichtsverfassungsgesetzes oder der Prozeßgesetze die ehrenamtlichen Richter nicht mitwirken,
1. in Handelssachen als Kammern für Handelssachen durch einen Richter und zwei ehrenamtliche Richter (Handelsrichter), in Registersachen durch einen Richter,
2. in Patent-, Gebrauchsmuster-, Geschmacksmuster- und Warenzeichenstreitsachen durch einen Richter und zwei ehrenamtliche Richter,
3. in Landwirtschaftssachen (§ 1 des Gesetzes über das gerichtliche Verfahren in Landwirtschaftssachen) durch einen Richter und zwei ehrenamtliche Richter,
4. in der Hauptverhandlung in Strafsachen als Schöffengerichte durch einen Richter und zwei Schöffen, es sei denn, daß keine höhere Strafe als Freiheitsstrafe von einem Jahr zu erwarten ist,
5. über die Aussetzung der Vollstreckung des Restes einer lebenslangen Freiheitsstrafe oder die Aussetzung der Vollstreckung der Unterbringung durch drei Richter.

(2) Im übrigen entscheiden die Kreisgerichte durch einen Richter.

h) Zuständigkeit der Bezirksgerichte in bürgerlichen Rechtsstreitigkeiten, Familiensachen und Angelegenheiten der freiwilligen Gerichtsbarkeit

(1) In bürgerlichen Rechtsstreitigkeiten einschließlich von Ehe- und Familiensachen und in Angelegenheiten der freiwilligen Gerichtsbarkeit entscheiden die Zivilsenate der Bezirksgerichte über Berufungen und Beschwerden gegen die Entscheidungen des Kreisgerichts, soweit nicht die Zuständigkeit der besonderen Senate nach Maßgabe l) begründet ist. An die Stelle der Zivilsenate treten für die in Maßgabe e) Abs. 2 genannten Verfahren Senate für Handelssachen bei den Bezirksgerichten, in deren Bezirk die Landesregierung ihren Sitz hat; die Landesregierungen können durch Rechtsverordnung die örtliche Zuständigkeit eines anderen Bezirksgerichts begründen.

(2) Die Zivilsenate entscheiden über Berufungen und Beschwerden abschließend, soweit nach den Vorschriften des Gerichtsverfassungsgesetzes und der Zivilprozeßordnung im ersten Rechtszug das Amtsgericht und im zweiten Rechtszug das Landgericht zuständig wäre; Maßgabe l) Abs. 3 bleibt unberührt.

i) Zuständigkeit der Bezirksgerichte in Strafsachen

(1) Die Strafsenate der Bezirksgerichte sind als erkennende Gerichte des ersten Rechtszuges zuständig

1. für die in § 74 Abs. 2, § 74a genannten Straftaten,
2. wenn die Strafgewalt des Kreisgerichts nicht ausreicht,
3. wenn wegen des besonderen Umfangs, der besonderen Schwierigkeit oder der besonderen Bedeutung der Sache eine Verhandlung vor dem Strafsenat geboten ist,
4. soweit nach den Vorschriften des Jugendgerichtsgesetzes die Jugendkammer im ersten Rechtszug zuständig ist.

Die Zuständigkeit des besonderen Senats nach Maßgabe l) bleibt unberührt.

(2) Die Strafsenate der Bezirksgerichte sind ferner zuständig

1. zur Verhandlung und Entscheidung über Berufungen gegen Urteile des Kreisgerichts,
2. zur Entscheidung über Beschwerden gegen Verfügungen des Richters beim Kreisgericht und Entscheidungen der Kreisgerichte,
3. zur Entscheidung über Kassationen in Strafsachen.

j) Besetzung der Bezirksgerichte

(1) Die Bezirksgerichte entscheiden in Strafsachen in der Hauptverhandlung

1. durch zwei Richter und zwei Schöffen
   a) als erkennende Gerichte im ersten Rechtszug,
   b) über Berufungen gegen Urteile der Schöffengerichte,
2. durch einen Richter und zwei Schöffen über Berufungen gegen Urteile des Kreisgerichts als Einzelrichter.

Außerhalb der Hauptverhandlung entscheidet der Vorsitzende allein. In den in Maßgabe i) Abs. 2 Nr. 2 und 3 genannten Fällen entscheiden die Bezirksgerichte durch drei Richter.

(2) Die Bezirksgerichte entscheiden über Berufungen und Beschwerden in Handelssachen und in Landwirtschaftssachen durch einen Richter und zwei ehrenamtliche Richter; diese wirken nicht mit, soweit nach den Vorschriften des Gerichtsverfassungsgesetzes oder der Prozeßgesetze eine Mitwirkung der ehrenamtlichen Richter nicht stattfindet. Soweit nach den Vorschriften des Gerichtsverfassungsgesetzes und der Zivilprozeßordnung das Landgericht im ersten Rechtszug zuständig wäre, entscheidet der Senat für Handelssachen durch drei Richter.
(3) Im übrigen entscheiden die Bezirksgerichte in bürgerlichen Rechtsstreitigkeiten einschließlich von Ehe- und Familiensachen und in Angelegenheiten der freiwilligen Gerichtsbarkeit über Berufungen und Beschwerden durch drei Richter, soweit nicht nach den Vorschriften der Prozeßgesetze ein Richter allein entscheidet.

k) Besondere Senate des Bezirksgerichts

(1) Bei den Bezirksgerichten, in deren Bezirk die Landesregierung ihren Sitz hat, werden besondere Senate gebildet. Diese Senate treten im Rahmen ihrer Zuständigkeit an die Stelle der Oberlandesgerichte.
(2) Die besonderen Senate entscheiden in der Besetzung mit drei Richtern, soweit nicht nach den Vorschriften der Prozeßgesetze der Einzelrichter zu entscheiden hat.

l) Zuständigkeit der besonderen Senate

(1) Die besonderen Senate sind im ersten Rechtszug als Strafsenate für die in § 120 genannten Sachen zuständig. Für diese Sachen ist zunächst für das in Artikel 3 des Einigungsvertrages genannte Gebiet das Kammergericht in Berlin zuständig. Sobald eines der in Artikel 1 Abs. 1 des Einigungsvertrages genannten Länder durch Landesgesetz die Zuständigkeit nach Satz 1 begründet, entfällt die Zuständigkeit des Kammergerichts für das Gebiet dieses Landes. Bereits anhängige Verfahren werden von einem Zuständigkeitswechsel nach Satz 3 nicht berührt.

(2) Die besonderen Senate sind als Strafsenate ferner zuständig
1. für die Verhandlung und Entscheidung des Rechtsmittels der Revision nach Maßgabe des § 121 Abs. 1 Nr. 1,
2. für die Verhandlung und Entscheidung über Rechtsbeschwerden über Entscheidungen der Strafvollstreckungskammern nach Maßgabe des § 121 Abs. 1 Nr. 3,
3. für die Entscheidungen gemäß § 25 Abs. 1, § 35 Satz 2, § 37 Abs. 1 des Einführungsgesetzes zum Gerichtsverfassungsgesetz, soweit der Antrag eine Angelegenheit der Strafrechtspflege oder des Vollzuges betrifft,
4. für die Entscheidungen, die nach dem Gesetz über die internationale Rechtshilfe in Strafsachen dem Oberlandesgericht obliegen,
5. für die Entscheidungen nach den §§ 120, 121, 172 Abs. 2 bis 4 der Strafprozeßordnung sowie über weitere Beschwerden in Haftsachen nach § 310 Abs. 1 der Strafprozeßordnung,
6. für die Entscheidungen, die nach §§ 138a bis 138c der Strafprozeßordnung den Oberlandesgerichten zugewiesen sind,

7. für die Entscheidungen über Beschwerden gegen Entscheidungen der Strafsenate der Bezirksgerichte bei der Eröffnung des Hauptverfahrens und als erkennende Gerichte,
8. für die Bestimmung des zuständigen Gerichts in den Fällen des § 140a und der Kassation (Maßgabe h) zur Strafprozeßordnung – Nr. 14).

(3) Die besonderen Senate sind als Zivilsenate zuständig für die Entscheidung
1. gemäß § 25 Abs. 1 des Einführungsgesetzes zum Gerichtsverfassungsgesetz, soweit nicht die Zuständigkeit des Strafsenats (Absatz 2 Nr. 3) begründet ist,
2. über Beschwerden und weitere Beschwerden nach dem Gesetz über die Angelegenheiten der freiwilligen Gerichtsbarkeit in den in §§ 27, 28, 143 Abs. 2 genannten Fällen sowie nach § 78 der Grundbuchordnung, soweit das Oberlandesgericht zuständig ist,
3. über sofortige Beschwerden nach § 8 Abs. 2 Satz 1 des Sorgerechtsübereinkommens-Ausführungsgesetzes vom 5. April 1990 (BGBl. I S. 701),
4. über Vorlagebeschlüsse nach Artikel III Abs. 1 Satz 1 des Dritten Gesetzes zur Änderung mietrechtlicher Vorschriften vom 21. Dezember 1967 (BGBl. I S. 1248), geändert durch Gesetz vom 5. Juni 1980 (BGBl. I S. 657),
5. über die Bestimmung des zuständigen Gerichts in den Fällen der §§ 5, 46 Abs. 2, 3 des Gesetzes über die Angelegenheiten der freiwilligen Gerichtsbarkeit, soweit das Oberlandesgericht zuständig ist,
6. über die Entscheidung der Landesjustizverwaltung nach Artikel 7 § 1 des Familienrechtsänderungsgesetzes vom 11. August 1961 (BGBl. I S. 1221), geändert durch Gesetz vom 14. Juni 1976 (BGBl. I S. 1421),
7. über Beschwerden gegen Verfügungen der Kartellbehörden nach §§ 62 ff. des Gesetzes gegen Wettbewerbsbeschränkungen,
8. über sonstige Beschwerden, soweit diese nach §§ 71, 89 Abs. 1 Satz 3, §§ 135, 141 Abs. 3, §§ 372a, 380, 387, 390, 406, 409, 411 Abs. 2 der Zivilprozeßordnung (Maßgabe d) zur Zivilprozeßordnung – Nr. 5) und § 102 des Gesetzes über die Zwangsversteigerung und die Zwangsverwaltung (Maßgabe a) zum Gesetz über die Zwangsversteigerung und die Zwangsverwaltung – Nr. 15) zulässig sind,
9. über die Anfechtung von Wahlen zum Präsidium nach § 21b Abs. 6.

m) Bußgeldsachen

Die Maßgaben f), g), i), j), k) und l) gelten für Bußgeldsachen nach Maßgabe des § 46 Abs. 7 des Gesetzes über Ordnungswidrigkeiten sinngemäß. Für die Entscheidung über Rechtsbeschwerden und ihre Zulassung in Bußgeldsachen nach §§ 79 und 80 des Gesetzes über Ordnungswidrigkeiten und für Entscheidungen nach §§ 82, 84 und 85 des Gesetzes gegen Wettbewerbsbeschränkungen ist der besondere Senat des Bezirksgerichts (Maßgabe k) zuständig.

Weitere Anpassungsvorschriften

n) Zuständigkeitskonzentrationen

(1) Die Landesregierungen werden ermächtigt, durch Rechtsverordnung einem Gericht für die Bezirke mehrerer Gerichte Sachen aller Art ganz oder teilweise zuzuweisen oder auswärtige Kammern oder Senate von Gerichten einzurichten, wenn dies für eine sachdienliche Erledigung der Sachen zweckmäßig ist. Die Landesregierungen können die Ermächtigung durch Rechtsverordnung auf die Landesjustizverwaltungen übertragen.

(2) Die Länder können durch Vereinbarung dem Gericht eines Landes obliegende Aufgaben ganz oder teilweise dem zuständigen Gericht eines anderen Landes übertragen.

(3) Die nach dem bisher geltenden Recht vorgenommenen Konzentrationen bleiben, vorbehaltlich einer Regelung durch die Länder, bestehen; soweit sich die sachliche Zuständigkeit ändert, gilt die Konzentration auch für das danach sachlich zuständige Gericht. Satz 1 gilt nicht für Urheberrechtsstreitigkeiten.

o) Staatsanwaltschaften

(1) Bei den Bezirksgerichten sind Staatsanwaltschaften zu bilden, die auch das Amt der Staatsanwaltschaft bei den Kreisgerichten wahrnehmen, soweit dort keine selbständigen Staatsanwaltschaften eingerichtet werden. Eine der Staatsanwaltschaft bei den Oberlandesgerichten entsprechende Staatsanwaltschaft wird nur bei den Bezirksgerichten errichtet, bei denen besondere Senate gebildet sind. Im Sinne der §§ 144, 147 erstreckt sich der Bezirk dieser Staatsanwaltschaft auf das ganze Land.

(2) Zu Hilfsbeamten der Staatsanwaltschaft können auch Angestellte bestellt werden, die gemäß § 152 Abs. 2 bezeichneten Personengruppen vergleichbar sind.

p) Ehrenamtliche Richter

(1) Ehrenamtliche Richter, die nach § 37 des Richtergesetzes der Deutschen Demokratischen Republik vom 5. Juli 1990 (GBl. I Nr. 42 S. 637) gewählt oder berufen worden sind oder demnächst gewählt oder berufen werden, üben ihr Amt für die Dauer des Zeitraums, für den sie gewählt oder berufen sind, nach Maßgabe des Gerichtsverfassungsgesetzes und der sonstigen Verfahrensgesetze aus.

(2) Die Vorschriften über die Heranziehung der Schöffen in Strafverfahren sind erstmals auf die Schöffen anzuwenden, die nach den Vorschriften des Gerichtsverfassungsgesetzes gewählt werden. Bis zu diesem Zeitpunkt bewendet es bei den bisherigen Vorschriften der Deutschen Demokratischen Republik.

q) Urkundsbeamte der Geschäftsstelle und Gerichtsvollzieher

(1) Mit den Aufgaben eines Urkundsbeamten der Geschäftsstelle können auch andere als die in § 153 genannten Personen betraut werden.

(2) Die Aufgaben der Gerichtsvollzieher können auch von Angestellten wahrgenommen werden.

r) Rechte der Sorben

Das Recht der Sorben, in den Heimatkreisen der sorbischen Bevölkerung vor Gericht sorbisch zu sprechen, wird durch § 184 nicht berührt.

s) Gerichtsferien

Die Vorschriften des Siebzehnten Titels des Gerichtsverfassungsgesetzes über die Gerichtsferien sind nicht anzuwenden.

Besondere Vorschriften für die Verwaltungs-, Finanz-, Arbeits- und Sozialgerichtsbarkeit

t) Grundsatz

(1) Die Kreis- und Bezirksgerichte verhandeln und entscheiden bis zur Errichtung einer selbständigen Verwaltungs-, Finanz-, Arbeits- und Sozialgerichtsbarkeit als Gerichte der Länder auch in den in deren Zuständigkeit fallenden Sachen. Die Vorschriften der Verwaltungsgerichtsordnung, der Finanzgerichtsordnung, des Arbeitsgerichtsgesetzes und des Sozialgerichtsgesetzes über die Errichtung, die Organisation und die Besetzung der Gerichte finden für die Dauer der Zuständigkeit der Kreis- und Bezirksgerichte in diesen Sachen insoweit keine Anwendung, als die nachfolgenden Bestimmungen entgegenstehen.
(2) Im Verhältnis der Spruchkörper der Kreis- und Bezirksgerichte, die die ordentliche streitige Gerichtsbarkeit oder Angelegenheiten der freiwilligen Gerichtsbarkeit oder Aufgaben
- der Verwaltungsgerichtsbarkeit,
- der Finanzgerichtsbarkeit,
- der Arbeitsgerichtsbarkeit oder
- der Sozialgerichtsbarkeit

ausüben, gelten die Vorschriften über die Entscheidung über die Zulässigkeit oder Unzulässigkeit des Rechtswegs und die Verweisung in einen anderen Rechtsweg entsprechend.
(3) Für die Dauer der Zuständigkeit der Kreis- und Bezirksgerichte gelten die Maßgaben n), p) und r) entsprechend.
(4) Die Länder richten baldmöglichst durch Gesetz für die in Absatz 1 Satz 1 genannten Sachgebiete Gerichte der Länder ein, soweit hierfür unter Berücksichtigung der Bedürfnisse einer geordneten Rechtspflege jeweils die personellen und sachlichen Voraussetzungen geschaffen werden können. Sie können dabei Regelungen über den Übergang der anhängigen Verfahren treffen.

u) Verwaltungsgerichtsbarkeit

(1) Für Sachen, für die nach dem Recht der Bundesrepublik Deutschland die Verwaltungsgerichte zuständig sind, werden bei den Kreisgerichten, in deren Bezirk das Bezirksgericht seinen Sitz hat, Kammern für Verwaltungssachen eingerichtet. Diese verhandeln und entscheiden durch zwei Richter und drei ehrenamtliche Richter, soweit nicht nach den Vorschriften der Prozeßgesetze die ehrenamtlichen Richter nicht mitwirken oder ein Richter allein entscheidet. In den Fällen des

§ 5 Abs. 3 Satz 2 der Verwaltungsgerichtsordnung sowie des Artikels 2 § 1 Abs. 1 Satz 2 des Gesetzes zur Entlastung der Gerichte in der Verwaltungs- und Finanzgerichtsbarkeit vom 31. März 1978 (BGBl. I S. 446), zuletzt geändert durch Artikel 1 des Gesetzes vom 4. Juli 1985 (BGBl. I S. 1274), entscheiden die Kammern durch den Vorsitzenden; ist ein Berichterstatter bestellt, so entscheidet dieser.

(2) Für Sachen, für die nach dem Recht der Bundesrepublik Deutschland die Oberverwaltungsgerichte zuständig sind, werden bei den Bezirksgerichten, in deren Bezirk die Landesregierung ihren Sitz hat, Senate für Verwaltungssachen eingerichtet. Diese verhandeln und entscheiden durch drei Richter und zwei ehrenamtliche Richter; Absatz 1 Satz 2 letzter Satzteil gilt entsprechend.

(3) Soweit am Tag des Wirksamwerdens des Beitritts ein anderes Kreis- oder Bezirksgericht örtlich zuständig ist, bleibt es dabei. Die Landesregierungen können durch Rechtsverordnung die örtliche Zuständigkeit eines anderen Kreis- oder Bezirksgerichts begründen.

(4) Die Länder können vereinbaren, daß für Streitigkeiten nach dem Asylverfahrensgesetz und wegen Verwaltungsentscheidungen der Ausländerbehörden gegen Asylbewerber Gerichte in den Gebieten, in denen die Verwaltungsgerichtsordnung schon vor dem Wirksamwerden des Beitritts gegolten hat, auch dann zuständig sind, wenn der Asylantragsteller seinen Wohnsitz in dem in Artikel 3 des Vertrages genannten Gebiet hat.

v) Finanzgerichtsbarkeit

Für Sachen, für die nach dem Recht der Bundesrepublik Deutschland die Finanzgerichte zuständig sind, werden bei den Bezirksgerichten, in deren Bezirk die Landesregierung ihren Sitz hat, Senate für Finanzrecht eingerichtet. Diese verhandeln und entscheiden durch drei Richter und zwei ehrenamtliche Richter; Maßgabe u) Abs. 1 Satz 2 letzter Satzteil gilt entsprechend. Ist am Tag des Wirksamwerdens des Beitritts ein anderes Bezirksgericht eines Landes zuständig, so bleibt es dabei. Die Landesregierungen können durch Rechtsverordnung die Zuständigkeit eines anderen Bezirksgerichts des Landes begründen.

w) Arbeitsgerichtsbarkeit

(1) Für Sachen, für die nach dem Recht der Bundesrepublik Deutschland die Arbeitsgerichte zuständig sind, werden bei den Kreisgerichten Kammern für Arbeitsrecht eingerichtet.

(2) Für Sachen, für die nach dem Recht der Bundesrepublik Deutschland die Landesarbeitsgerichte zuständig sind, werden bei den Bezirksgerichten Senate für Arbeitsrecht eingerichtet.

(3) Die Kammern und Senate für Arbeitsrecht entscheiden in den im Arbeitsgerichtsgesetz in der Fassung der Bekanntmachung vom 2. Juli 1979 (BGBl. I S. 853, 1036), zuletzt geändert durch Artikel 1 des Gesetzes vom 26. Juni 1990 (BGBl. I S. 1206), festgelegten Besetzungen.

x) Sozialgerichtsbarkeit

(1) Für Sachen, für die nach dem Recht der Bundesrepublik Deutschland die Sozialgerichte zuständig sind, werden bei den Kreisgerichten, in deren Bezirk das Bezirksgericht seinen Sitz hat, Kammern für Sozialrecht eingerichtet. Diese entscheiden durch einen Richter und zwei ehrenamtliche Richter, soweit nicht nach den Prozeßgesetzen die ehrenamtlichen Richter nicht mitwirken.
(2) Für Sachen, für die nach dem Recht der Bundesrepublik Deutschland die Landessozialgerichte zuständig sind, werden bei den Bezirksgerichten, in deren Bezirk die Landesregierung ihren Sitz hat, Senate für Sozialrecht eingerichtet. Diese verhandeln und entscheiden durch drei Richter und zwei ehrenamtliche Richter; Maßgabe u) Abs. 1 Satz 2 letzter Satzteil gilt entsprechend.
(3) Diesen Kammern und Senaten gehören in allen Streitigkeiten je ein auf Vorschlag der Gewerkschaften und der Arbeitgeberverbände nach § 37 des Richtergesetzes der Deutschen Demokratischen Republik vom 5. Juli 1990 (GBl. I Nr. 42 S. 637) berufener ehrenamtlicher Richter an.
(4) Maßgabe u) Abs. 3 gilt entsprechend.

Überleitungsvorschriften für anhängige Verfahren

y) Oberstes Gericht

(1) Beim Obersten Gericht der Deutschen Demokratischen Republik anhängige Strafverfahren im ersten Rechtszug gehen in der Lage, in der sie sich befinden, auf das nach Maßgabe l) Abs. 1 zuständige Gericht über. Dieses kann die Sache mit bindender Wirkung an das Bezirks- oder Kreisgericht abgeben, wenn es dessen Zuständigkeit für begründet hält.
(2) Beim Obersten Gericht anhängige Revisionsverfahren, Berufungsverfahren, die als Revisionsverfahren fortgesetzt werden, sowie Berufungsverfahren, die Entscheidungen der Spruchstelle für Nichtigkeitserklärungen des Patentamts der Deutschen Demokratischen Republik betreffen, gehen in der Lage, in der sie sich befinden, auf den zuständigen obersten Gerichtshof des Bundes über. Richtet sich die Zulässigkeit der Revision nach neuem Recht, so entscheidet dieser auch über die Zulässigkeit.
(3) Beim Obersten Gericht anhängige andere Berufungs-, Protest-, Beschwerde- und Kassationsverfahren sowie andere Verfahren, für die nach neuem Recht das Bezirksgericht zuständig ist, gehen in der Lage, in der sie sich befinden, auf das Bezirksgericht über. Beim Bezirksgericht entscheidet ein anderer Spruchkörper als der, dessen Entscheidung angefochten ist; Maßgabe h) Satz 3 zur Strafprozeßordnung – Nr. 14 – bleibt unberührt. Ein Richter oder ehrenamtlicher Richter, der an der angefochtenen Entscheidung mitgewirkt hat, ist von der Ausübung des Richteramtes ausgeschlossen.

z) Generalstaatsanwalt der Deutschen Demokratischen Republik

Bei dem Generalstaatsanwalt der Deutschen Demokratischen Republik anhängige Verfahren gehen auf die Staatsanwaltschaft über, die nach den in Kraft gesetzten Vorschriften zuständig ist.

2. Wahlordnung für die Präsidien der Gerichte vom 19. September 1972 (BGBl. I S. 1821)

mit folgenden Maßgaben:

a) Die Regelungen der Wahlordnung finden, soweit sie sich auf die paritätische Besetzung des Präsidiums mit Richtern und Vorsitzenden Richtern beziehen (§ 2 Abs. 1 Satz 2, Abs. 3 Satz 2, § 4 Abs. 1 Nr. 4, § 5 Abs. 2 und 3, § 7 Abs. 3, § 8 Abs. 3 Nr. 5, § 9 Abs. 1 Nr. 5 und 6), keine Anwendung.

b) In § 15 werden die Worte „aufsichtführende Richter" durch das Wort „Direktor" ersetzt.

3. Rechtspflegergesetz vom 5. November 1969 (BGBl. I S. 2065), zuletzt geändert durch Artikel 9 Abs. 2 des Gesetzes vom 26. Juni 1990 (BGBl. I S. 1163)

mit folgenden Maßgaben:

a) Solange und soweit Rechtspfleger mit einer den Erfordernissen des § 2 entsprechenden Ausbildung nicht oder nicht in ausreichender Zahl zur Verfügung stehen, werden die den Rechtspflegern übertragenen Aufgaben der Rechtspflege von Richtern und von im Staatlichen Notariat tätig gewesenen Notaren sowie Geschäfte der Staatsanwaltschaft, soweit sie durch das Rechtspflegergesetz dem Rechtspfleger übertragen worden sind, von Staatsanwälten wahrgenommen.
Gerichtssekretäre können Rechtspflegeraufgaben auf Sachgebieten wahrnehmen, die ihnen nach dem bisherigen Recht des in Artikel 3 des Vertrages genannten Gebietes zur Erledigung zugewiesen sind oder zugewiesen werden können. Gerichtssekretäre können nach näherer Bestimmung des Landesrechts mit weiteren Rechtspflegeraufgaben betraut werden, wenn sie auf Grund von Fortbildungsmaßnahmen zur Erledigung dieser Aufgaben geeignet sind.

b) Die Landesjustizverwaltungen können bestimmen, daß mit Aufgaben eines Rechtspflegers auch betraut werden kann, wer auf dem Sachgebiet, das ihm übertragen werden soll, einen Wissens- und Leistungsstand aufweist, der dem durch die Ausbildung nach § 2 vermittelten Stand vergleichbar ist.

c) Für die Anfechtung von Entscheidungen, die der Richter anstelle des Rechtspflegers getroffen hat, gilt § 11 Abs. 3; § 11 Abs. 5 bleibt unberührt.

4. Verordnung zur einheitlichen Regelung der Gerichtsverfassung in der im Bundesgesetzblatt Teil III, Gliederungsnummer 300-5, veröffentlichten bereinigten Fassung

mit folgender Maßgabe:

An die Stelle des aufsichtführenden Amtsrichters tritt der Direktor des Kreisgerichts.

5. **Zivilprozeßordnung** in der im Bundesgesetzblatt Teil III, Gliederungsnummer 310-4, veröffentlichten bereinigten Fassung, zuletzt geändert durch Artikel 4 des Gesetzes vom 17. Mai 1990 (BGBl. I S. 926)

mit folgenden Maßgaben:

a) Wird ein Richter beim Kreisgericht abgelehnt, so entscheidet das Bezirksgericht, wenn nicht der Richter beim Kreisgericht das Ablehnungsgesuch für begründet hält. Die Entscheidung ist unanfechtbar (§§ 45, 46).

b) Vor dem Bundesgerichtshof müssen sich die Parteien durch einen bei diesem Gericht zugelassenen Rechtsanwalt vertreten lassen. Vor dem Bezirksgericht ist die Vertretung durch einen Rechtsanwalt erforderlich, der in dem in Artikel 3 des Vertrages genannten Gebiet seine Kanzlei unterhält. Im übrigen sind die Vorschriften, die die Zulassung eines Rechtsanwalts bei einem bestimmten Gericht voraussetzen, insoweit nicht anzuwenden (§§ 78, 78 c, 91, 121, 157, 215, 271, 520, 573). § 625 findet keine Anwendung.

c) Für das Verfahren vor den Kreisgerichten gelten die §§ 495ff. über das Verfahren vor den Amtsgerichten.

d) Gegen die Entscheidungen des Bezirksgerichts ist eine Beschwerde nicht zulässig. Ausgenommen sind Erstentscheidungen nach §§ 71, 89 Abs. 1 Satz 3, §§ 135, 141 Abs. 3, §§ 372 a, 380, 387, 390, 406, 409 und § 411 Abs. 2 sowie Beschwerden nach §§ 519 b, 542 Abs. 3 in Verbindung mit § 341 Abs. 2, §§ 568a, 621e Abs. 2.

e) Das Vereinfachte Verfahren zur Abänderung von Unterhaltstiteln nach §§ 641l ff. und das Verfahren über den Regelunterhalt nichtehelicher Kinder nach §§ 642ff. findet erst statt, wenn die in §§ 1612 a, 1615f des Bürgerlichen Gesetzbuchs vorgesehenen Verordnungen in dem in Artikel 3 des Vertrages genannten Gebiet in Kraft getreten sind.

f) Eine gerichtliche Zahlungsaufforderung, die vor dem 1. Juli 1990 erlassen und zugestellt worden ist und deren Vollstreckung bis zum Tag des Wirksamwerdens des Beitritts nicht beantragt wurde, gilt als Mahnbescheid, gegen den ein Widerspruch nicht mehr zulässig ist. Der Lauf der in § 701 bestimmten Frist beginnt am Tag des Wirksamwerdens des Beitritts.

g) Ist am Tag des Wirksamwerdens des Beitritts ein Rechtsmittel eingelegt, so richtet sich seine Zulässigkeit nach den bisher geltenden Vorschriften, wenn das Rechtsmittelgericht vor dem Wirksamwerden des Beitritts bereits Beweis erhoben hat.

h) Für einen Rechtsstreit in Ehesachen (§§ 606 bis 638), der vor dem Wirksamwerden des Beitritts anhängig geworden ist, gelten folgende besondere Regelungen:

  aa) Eine mündliche Verhandlung, die in einem Verfahren auf Scheidung oder Feststellung der Nichtigkeit der Ehe geschlossen worden ist, ist wieder zu eröffnen.

  bb) Tatsachen, die erst durch mit dem Vertrag übergeleitete Rechtsvorschriften erheblich geworden sind, können noch in der Revisionsinstanz vorgebracht werden. Das Revisionsgericht verweist die Sache an das Berufungsgericht zurück, wenn bezüglich der neuen Tatsachen eine Beweisaufnahme erforderlich wird.

cc) Ist ein Verfahren auf Scheidung oder Feststellung der Nichtigkeit der Ehe in der Rechtsmittelinstanz anhängig, so ist, wenn die Ehe aufgelöst wird, in der ersten Entscheidung, die nach dem Wirksamwerden des Beitritts ergeht, über die Kosten des gesamten Verfahrens nach § 93a Abs. 1, 3, 4 zu entscheiden.

dd) Werden innerhalb eines Monats nach dem Wirksamwerden des Beitritts Folgesachen der in § 621 Abs. 1 bezeichneten Art anhängig, während die Scheidungssache in der Rechtsmittelinstanz anhängig ist, so wird der Scheidungsausspruch nicht wirksam, bevor nicht über die Folgesachen erstinstanzlich entschieden ist; das Familiengericht kann den Scheidungsausspruch vorher für wirksam erklären, wenn die Voraussetzungen des § 628 Abs. 1 Satz 1 gegeben sind.

ee) Eine Entscheidung, die auf Grund der bisher geltenden Vorschriften ergangen ist, steht der Berufung auf solche Tatsachen nicht entgegen, die erst durch mit dem Vertrag übergeleitete Rechtsvorschriften erheblich geworden sind.

i) Gegen Entscheidungen, die vor dem Wirksamwerden des Beitritts rechtskräftig geworden sind, finden die vorgesehenen Rechtsbehelfe gegen rechtskräftige Entscheidungen statt (§§ 323, 324, 579ff., 767ff.). Die Voraussetzungen einschließlich der Fristen richten sich nach der Zivilprozeßordnung.

j) Entscheidungen der gesellschaftlichen Gerichte können nicht für vollstreckbar erklärt werden.

k) Eine vor dem Wirksamwerden des Beitritts in dem in Artikel 3 des Vertrages genannten Gebiet begonnene Maßnahme der Zwangsvollstreckung ist nach dem bisherigen Recht zu erledigen. Werden weitere selbständige Maßnahmen zur Fortsetzung der bereits begonnenen Zwangsvollstreckung nach dem Wirksamwerden des Beitritts in dem in Artikel 3 des Vertrages genannten Gebiet eingeleitet, gelten die Vorschriften der Zivilprozeßordnung. Die Verwertung eines gepfändeten Gegenstandes gilt als selbständige Maßnahme.

l) Für die am Tag des Wirksamwerdens des Beitritts noch nicht beendeten Schiedsverfahren, die in dem in Artikel 3 des Vertrages genannten Gebiet durchgeführt werden, sind §§ 1 bis 23 der Verordnung über das schiedsgerichtliche Verfahren der Deutschen Demokratischen Republik vom 18. Dezember 1975 (GBl. I 1976 Nr. 1 S. 8) mit der Maßgabe weiter anzuwenden, daß an die Stelle der Einigung im Sinne der §§ 18 und 19 dieser Verordnung der Schiedsvergleich nach § 1044a tritt.

6. Verwaltungsgerichtsordnung in der im Bundesgesetzblatt Teil III, Gliederungsnummer 340-1, veröffentlichten bereinigten Fassung, zuletzt geändert durch Artikel 2 Nr. 9 des Gesetzes vom 8. Dezember 1986 (BGBl. I S.2191)

mit folgender Maßgabe:

Im Einverständnis der Beteiligten kann der Vorsitzende oder ein von ihm bestimmter Richter den Rechtsstreit ganz oder teilweise anstelle der Kammer oder des Senats entscheiden.

7. Finanzgerichtsordnung vom 6. Oktober 1965 (BGBl. I S. 1477), zuletzt geändert durch Artikel 10 des Gesetzes vom 18. Dezember 1986 (BGBl. I S. 2496)

mit folgender Maßgabe:

Im Einverständnis der Beteiligten kann der Vorsitzende oder ein von ihm bestimmter Richter den Rechtsstreit ganz oder teilweise anstelle des Senats ohne mündliche Verhandlung durch Vorbescheid entscheiden.

8. **Deutsches Richtergesetz** in der Fassung der Bekanntmachung vom 19. April 1972 (BGBl. I S. 713), zuletzt geändert durch Artikel 4 des Gesetzes vom 26. Juni 1990 (BGBl. I S. 1206)

mit folgenden Maßgaben:

a) In dem in Artikel 1 Abs. 1 des Vertrages genannten Gebiet kann in ein Richterverhältnis auch berufen werden, wer die Befähigung zum Berufsrichter nach dem Recht der Deutschen Demokratischen Republik erworben hat. b) Wer nach dem Recht der Deutschen Demokratischen Republik die Befähigung zum Berufsrichter erworben hat und nach dem Wirksamwerden des Beitritts mindestens drei Jahre im richterlichen Dienst tätig war, kann zum Richter auf Lebenszeit ernannt werden.

c) § 10 Abs. 2 findet auf Tätigkeiten vor dem Wirksamwerden des Beitritts in dem in Artikel 1 Abs. 1 des Vertrages genannten Gebiet keine Anwendung.

d) Richter, die nach den Vorschriften des Richtergesetzes der Deutschen Demokratischen Republik vom 5. Juli 1990 (GBl. I Nr. 42 S. 637) in Verbindung mit der Ordnung über die Bildung und Arbeitsweise der Richterwahlausschüsse der Deutschen Demokratischen Republik vom 22. Juli 1990 (GBl. I Nr. 49 S. 904) in ein Richterverhältnis auf Zeit oder auf Probe berufen worden sind, dürfen dieselben Aufgaben wahrnehmen wie Richter auf Lebenszeit.

e) Richter, die nach den Vorschriften des Richtergesetzes der Deutschen Demokratischen Republik in Verbindung mit der Ordnung über die Bildung und Arbeitsweise der Richterwahlausschüsse in ein Richterverhältnis auf Probe berufen worden sind, sind spätestens fünf Jahre nach ihrer Emennung zu Richtern auf Lebenszeit zu ernennen. § 12 Abs. 2 Satz 2 findet auf sie Anwendung.

f) Ein nach den Vorschriften des Richtergesetzes der Deutschen Demokratischen Republik in Verbindung mit der Ordnung über die Bildung und Arbeitsweise der Richterwahlausschüsse in ein Richterverhältnis auf Probe berufener Richter kann ohne seine Zustimmung nur bei einem Gericht oder bei einer Behörde der Gerichtsverwaltung verwendet werden.

g) Ein nach den Vorschriften des Richtergesetzes der Deutschen Demokratischen Republik in Verbindung mit der Ordnung über die Bildung und Arbeitsweise der Richterwahlausschüsse begründetes Richterverhältnis auf Zeit gilt als auf drei Jahre befristet.

h) Die Ernennung oder Berufung eines nach den Vorschriften des Richtergesetzes der Deutschen Demokratischen Republik in Verbindung mit der Ordnung über die Bildung und Arbeitsweise der Richterwahlausschüsse berufenen Richters auf Probe oder auf Zeit ist außer in den Fällen des § 19 Abs. 1 Nr. 2 bis 4 zurückzunehmen, wenn nachträglich Tatsachen bekannt geworden sind, die seine Berufung nicht gerechtfertigt hätten.

i) Amtsbezeichnungen der nach den Vorschriften des Richtergesetzes der Deutschen Demokratischen Republik in Verbindung mit der Ordnung über die Bildung und Arbeitsweise der Richterwahlausschüsse berufenen Richter auf Zeit sind Richter am Kreisgericht, Richter am Bezirksgericht, Direktor des Kreisgerichts, Vizepräsident oder Präsident des Bezirksgerichts.

j) An die Stelle des allgemeinen Dienstalters tritt die Dauer der richterlichen Vortätigkeit.

k) Ein nach den Vorschriften des Richtergesetzes der Deutschen Demokratischen Republik in Verbindung mit der Ordnung über die Bildung und Arbeitsweise der Richterwahlausschüsse berufener Richter auf Zeit kann außer aus den in § 21 genannten Gründen entlassen werden, wenn er für das Richteramt nicht geeignet ist. Die Entlassung kann nur zum Ablauf des sechsten, zwölften und achtzehnten Monats oder zum Ablauf des zweiten oder dritten Jahres erfolgen. § 22 Abs. 4 und 5 findet auf die Entlassung wegen Nichteignung entsprechende Anwendung; § 21 Abs. 3 findet keine Anwendung. Die Entlassungsverfügung kann beim Dienstgericht angefochten werden.

l) Für die nach den Vorschriften des Richtergesetzes der Deutschen Demokratischen Republik in Verbindung mit der Ordnung über die Bildung und Arbeitsweise der Richterwahlausschüsse berufenen Richter auf Probe gelten §§ 27, 31 Nr. 1, § 32 Abs. 1 Satz 1 entsprechend.

m) In dem in Artikel 1 Abs. 1 des Vertrages genannten Gebiet dürfen bei einem Gericht ausschließlich – oder neben Richtern auf Lebenszeit – Richter auf Zeit und Richter auf Probe tätig sein. Richter auf Probe und Richter auf Zeit dürfen auch in einem mit mehreren Berufsrichtern besetzten Spruchkörper den Vorsitz führen.

n) Für die nach den Vorschriften des Richtergesetzes der Deutschen Demokratischen Republik in Verbindung mit der Ordnung über die Bildung und Arbeitsweise der Richterwahlausschüsse berufenen Richter auf Probe gilt § 37 Abs. 3 mit der Maßgabe, daß sie längstens für zusammen sechs Monate angeordnet werden dürfen.

o) Für den Fortbestand der Richterverhältnisse der am Tag des Wirksamwerdens des Beitritts amtierenden Richter gelten die Vorschriften des Richtergesetzes der Deutschen Demokratischen Republik in Verbindung mit der Ordnung über die Bildung und Arbeitsweise der Richterwahlausschüsse. Die auf dieser Grundlage gebildeten Richterwahlausschüsse bleiben auch nach Bildung der Länder bestehen. Die Befugnisse, die nach diesen Vorschriften der Volkskammer oder deren Organen zustehen, gehen auf die Landtage über. Das Landesrecht kann bestimmen, daß die Volkskammerabgeordneten, die Mitglieder der Richterwahlausschüsse nach § 12 Abs. 3 des Richtergesetzes der Deutschen Demokratischen Republik in Verbindung mit § 4 Abs. 2 der Ordnung über die Bildung und Arbeitsweise der Richterwahlausschüsse sind, durch Landtagsabgeordnete ersetzt werden. Bis zu ihrer Ersetzung durch Landtagsabgeordnete üben die zu Mitgliedern des Richterwahlausschusses berufenen Volkskammerabgeordneten ihr Amt aus, auch wenn ihr Mandat vorher endet.

Die Richterwahlausschüsse sollen über den Fortbestand der Richterverhältnisse der nach den Vorschriften des Richtergesetzes der Deutschen Demokratischen Republik zur Ausübung der Rechtsprechung ermächtigten Richter spätestens bis zum 15. April 1991 entscheiden. Bis zur Entscheidung durch den Richterwahlausschuß sind die im Amt befindlichen Richter zur Ausübung der Rechtsprechung ermächtigt.

Mit der Bildung der Landesregierungen gehen die Befugnisse des Ministers der Justiz auf die zuständigen Landesminister über.

p) Die Länder regeln Zuständigkeit und Verfahren für eine Rücknahme der Ernennung oder Berufung gemäß Maßgabe h). Solange das jeweilige Land keine Regelung getroffen hat, richten sich Zuständigkeit und Verfahren der Rücknahme nach den Vorschriften des Richtergesetzes der Deutschen Demokratischen Republik in Verbindung mit der Ordnung über die Bildung und Arbeitsweise der Richterwahlausschüsse.

q) Ein nach den Vorschriften des Richtergesetzes der Deutschen Demokratischen Republik in Verbindung mit der Ordnung über die Bildung und Arbeitsweise der Richterwahlausschüsse berufener Richter mit einer richterlichen Vortätigkeit von mindestens drei Jahren kann mit der Wahrnehmung von mit Dienstaufsichtsbefugnissen verbundenen Aufgaben beauftragt werden. Zuständigkeit und Verfahren richten sich nach dem am Tage vor dem Wirksamwerden des Beitritts nach dem Richtergesetz der Deutschen Demokratischen Republik in Verbindung mit der Ordnung über die Bildung und Arbeitsweise der Richterwahlausschüsse geltenden Recht über die Ernennung in eine Richterstellung mit entsprechenden Aufgaben, soweit nicht in dem jeweiligen Land eine Regelung getroffen worden ist.

r) Für Bildung und Aufgaben des Richterrats gelten die Bestimmungen des Richtergesetzes der Deutschen Demokratischen Republik, soweit nicht in dem jeweiligen Land eine Regelung getroffen worden ist.

s) Die Länder treffen bis spätestens 31. Dezember 1992 Regelungen über die Bildung und Aufgaben des Präsidialrats.

t) Die Altersgrenze richtet sich nach den bisher in der Deutschen Demokratischen Republik geltenden Bestimmungen, bis die jeweiligen Länder eine Regelung getroffen haben. Diese Regelung ist spätestens bis zum 31. Dezember 1991 in Kraft zu setzen.

u) Die Aufgaben des Dienstgerichts werden bis zu einer Regelung durch das jeweilige Land durch einen Senat des Bezirksgerichts wahrgenommen, in dessen Bezirk sich der Sitz der Landesregierung befindet. Der Senat entscheidet in der Besetzung mit drei Richtern. Die Mitglieder des Senats müssen mindestens drei Jahre im richterlichen Dienst tätig gewesen sein; sie werden von dem Präsidium des Gerichts bestimmt, bei dem das Dienstgericht errichtet ist.

v) Bis zur Regelung durch das jeweilige Land findet die Durchführungsverordnung zum Richtergesetz – Disziplinarordnung – vom 1. August 1990 (GBl. I Nr. 52 S. 1061) Anwendung.

w) Die Dienstbezüge, die Versorgung, der Mutterschutz, der Urlaub, die Reise- und Umzugskosten sowie das Trennungsgeld richten sich nach den Bestimmungen, die am Tag des Wirksamwerdens des Beitritts in dem in Artikel 1 Abs. 1 des Vertrages genannten Gebiet gelten. Die Bundesregierung wird durch Rechtsverordnung mit Zustimmung des Bundesrates die Regelungen der Entwicklung der allgemeinen wirtschaftlichen und finanziellen Verhältnisse in dem in Artikel 1 Abs. 1 des Vertrages genannten Gebiet regelmäßig anpassen. Vor Erlaß der Rechtsverordnung nach Satz 2 sind die Regierungen der betroffenen Länder zu hören.

x) Soweit nicht in den Maßgaben p) bis w) etwas anderes bestimmt ist, sind die in Artikel 1 Abs. 1 des Vertrages genannten Länder verpflichtet, Rechtsverhältnisse der Richter bis zum 31. Dezember 1992 nach § 71 Abs. 1 und 2 zu regeln. Die Bundesregierung bestimmt durch Rechtsverordnung, mit welchen Übergangsregelungen die für Landesrichter geltenden richterrechtlichen und auf Richter anwendbaren beamtenrechtlichen Bundesgesetze im Gebiet der in Artikel 1 Abs. 1 des Vertrages genannten Länder gelten, sowie ab wann und mit welchen Anpassungen, die durch die besonderen Gegebenheiten im Gebiet der in Artikel 1 Absatz 1 des Vertrages genannten Länder erforderlich sind, das übrige für Landesrichter unmittelbar oder kraft Verweisung auf beamtenrechtliche Vorschriften geltende Bundesrecht dort eingeführt wird. Vor Erlaß einer Rechtsverordnung nach Satz 2 sind die Regierungen der betroffenen Länder zu hören. Die Rechtsverordnungen bedürfen der Zustimmung des Bundesrates, wenn sie sich auf Gesetze beziehen, die der Zustimmung des Bundesrates bedürfen.

y) Für das in Artikel 1 Abs. 1 des Vertrages genannte Gebiet gelten folgende Überleitungsvorschriften:

aa) Wer am Tag des Wirksamwerdens des Beitritts die Befähigung zum Berufsrichter erworben hat oder demnächst erwirbt, behält diese Befähigung. Gleiches gilt für aus der Vertragsgerichtsbarkeit in die ordentliche Gerichtsbarkeit übergeführte Richter und für aus den Staatlichen Notariaten in die ordentliche Gerichtsbarkeit übergeführte Notare.

bb) Wer nach dem Wirksamwerden des Beitritts gemäß Maßgabe b) in ein Richterverhältnis auf Lebenszeit berufen wird, erfüllt damit auch die Voraussetzungen für die Berufung in ein Richterverhältnis in dem Gebiet, in dem das Deutsche Richtergesetz bereits vor dem Wirksamwerden des Beitritts galt.

cc) In dem in Artikel 1 Abs. 1 des Vertrages genannten Gebiet können Richter aus den Gebieten, in denen das Deutsche Richtergesetz schon vor dem Wirksamwerden des Beitritts galt, im Wege der Zuweisung rechtsprechende Gewalt ausüben. Zugewiesene Richter sind für die Präsidien wahlberechtigt und wählbar.

dd) Hochschullehrer an rechtswissenschaftlichen Fakultäten oder Fachbereichen von wissenschaftlichen Hochschulen oder Universitäten in dem in Artikel 1 Abs. 1 des Vertrages genannten Gebiet, die die Einstellungsvoraussetzungen für Professoren nach § 44 des Hochschulrahmengesetzes erfüllen und nach dem Wirksamwerden des Beitritts berufen worden sind, sind zum Richteramt befähigt.

ee) Wer bis zum 31. Dezember 1991 Richter-, Staatsanwalts-, Rechtsanwalts- oder Notarassisstent ist oder wird, beendet seine Ausbildung nach den in dem in Artikel 1 Abs. 1 des Vertrages genannten Gebiet geltenden Bestimmungen und erwirbt mit dem erfolgreichen Abschluß die in diesen Bestimmungen vorgesehene Befähigung. Dies gilt nicht für Absolventen der Juristischen Hochschule Potsdam-Eiche oder vergleichbarer Einrichtungen.

ff) Diplom-Juristen, die ihr Diplom nicht an der Juristischen Hochschule Potsdam-Eiche oder einer vergleichbaren Einrichtung erworben haben und am Tag des Wirksamwerdens des Beitritts eine mindestens dreijährige Berufserfahrung besitzen, erwerben nach einer erfolgreichen Einarbeitungszeit von einem Jahr bei einem Gericht in dem in Artikel 1 Abs. 1 des Vertrages genannten Gebiet die Befähigung zum Berufsrichter.

gg) Der Abschluß eines rechtswissenschaftlichen Studiums als Diplom-Jurist an einer Universität oder wissenschaftlichen Hochschule in dem in Artikel 1 Abs. 1 des Vertrages genannten Gebiet – mit Ausnahme eines an der Juristischen Hochschule Potsdam-Eiche oder einer vergleichbaren Einrichtung erworbenen Diploms – wird der ersten Staatsprüfung im Sinne der §§ 5 bis 6 gleichgestellt.

hh) Wer vor dem 1. September 1990 in dem in Artikel 1 Abs. 1 des Vertrages genannten Gebiet ein Studium der Rechtswissenschaften – mit Ausnahme eines Studiums an der Juristischen Hochschule Potsdam-Eiche oder einer vergleichbaren Einrichtung – aufgenommen hat, kann das Studium nach den fortgeltenden Bestimmungen abschließen. Der erfolgreiche Abschluß der Ausbildung gilt als erste Staatsprüfung im Sinne der §§ 5 bis 6.

ii) Studenten, die ihr Studium in dem in Artikel 1 Abs. 1 des Vertrages genannten Gebiet bis zum Jahre 1993 abschließen, können einen besonderen Vorbereitungsdienst ableisten, der

sich aus theoretischen und praktischen Ausbildungsabschnitten zusammensetzt und zweieinhalb Jahre dauert.
Der Vorbereitungsdienst umfaßt Einführungslehrgänge in die Rechts- und Wirtschaftsordnung und das Zivilrecht von vier Monaten, das Strafrecht von einem Monat und das Verwaltungsrecht von zwei Monaten, jeweils unter Einschluß des dazugehörigen Verfahrensrechts. Die praktische Ausbildung findet bei folgenden Pflichtstationen statt:
- bei einem ordentlichen Gericht in Zivilsachen für die Dauer von sechs Monaten,
- bei einem Gericht in Strafsachen oder einer Staatsanwaltschaft für die Dauer von drei Monaten,
- bei einer Verwaltungsbehörde für die Dauer von vier Monaten,
- bei einem Rechtsanwalt für die Dauer von vier Monaten.

Im Anschluß an die Pflichtstationen wird der Rechtspraktikant für sechs Monate nach seiner Wahl bei einer oder zwei der in § 5b Abs. 1 Nr. 5 genannten Stationen ausgebildet.
Für die Prüfungsjahrgänge 1991 bis 1993 können die Einführungslehrgänge unter Berücksichtigung ihrer Ausbildung im Recht der Bundesrepublik Deutschland während des Studiums abgekürzt werden; die Dauer der Pflichtstationen verlängert sich um die Zeit, um die der zugehörige Einführungslehrgang verkürzt wird.
Die zweite juristische Prüfung wird nach Maßgabe des jeweiligen Landesrechts von dem Land abgenommen, in dem der Rechtspraktikant den Vorbereitungsdienst überwiegend abgeleistet hat. Bei der Aufgabenstellung für die Rechtspraktikanten sind die Besonderheiten ihres Ausbildungsganges angemessen zu berücksichtigen.
Die Rechtspraktikanten werden in ein Rechtsverhältnis zu ihren Herkunftsländern übernommen.

jj) Ein an der Juristischen Hochschule Potsdam-Eiche oder einer vergleichbaren Einrichtung erworbener Abschluß berechtigt nicht zur Aufnahme eines gesetzlich geregelten juristischen Berufs.

z) Für Staatsanwälte gilt folgendes:
aa) § 38a Abs. 1 des Gesetzes über die Staatsanwaltschaft der Deutschen Demokratischen Republik vom 7. April 1977 (GBl. I Nr. 10 S. 93), zuletzt geändert durch Gesetz vom 5. Juli 1990 (GBl. I Nr. 42 S. 635), gilt entsprechend Maßgabe o) weiter.
bb) Soweit der Minister der Justiz der Deutschen Demokratischen Republik gemäß § 38a Abs. 2 des Gesetzes über die Staatsanwaltschaft Staatsanwälte mit der Rechtsfolge des § 38a Abs. 3 neu berufen hat, verbleibt es hierbei.
cc) Im übrigen gelten die Maßgaben a), b), c), e), h), k), p), q), v), w), y)aa), y)bb), y)ee), y)ff) und y)jj) sinngemäß.

8a. Rechtsberatungsgesetz in der im Bundesgesetzblatt Teil III, Gliederungsnummer 303-12, veröffentlichten bereinigten Fassung, zuletzt geändert durch Artikel 3 des Gesetzes vom 13. Dezember 1989 (BGBl. I S. 2135),

mit folgenden Maßgaben:

a) Personen, die am Tag des Wirksamwerdens des Beitritts eine nach dem Rechtsberatungsgesetz erlaubnispflichtige Tätigkeit ausüben, ohne im Besitz der erforderlichen Erlaubnis zu sein, dürfen erteilte Aufträge in den folgenden sechs Monaten fortführen, sofern sie innerhalb von zwei Wochen nach dem Wirksamwerden des Beitritts um eine entsprechende Erlaubnis nachsuchen. Neue Aufträge dürfen nicht angenommen werden.

b) Soweit in den zur Ausführung des Rechtsberatungsgesetzes erlassenen Rechtsverordnungen die Zuständigkeit des Präsidenten des Landgerichts oder des Amtsgerichts vorgesehen ist, ist für diese Aufgaben der Direktor des Kreisgerichts am Sitz des Bezirksgerichts zuständig, in dessen Bezirk die Rechtsbesorgung ausgeübt werden soll oder ausgeübt wird. Gehört der Ort zu dem Bezirk eines Kreisgerichts, dessen Direktor dem Präsidenten eines Amtsgerichts gleichsteht, entscheidet der Direktor dieses Kreisgerichts.

9. Gesetz zur Durchführung der Richtlinie des Rates der Europäischen Gemeinschaften vom 22. März 1977 zur Erleichterung der tatsächlichen Ausübung des freien Dienstleistungsverkehrs der Rechtsanwälte vom 16. August 1980 (BGBl. I S. 1453), zuletzt geändert durch Artikel 1 des Gesetzes vom 14. März 1990 (BGBl. I S. 479)

mit folgender Maßgabe:

Soweit das Gesetz auf Bestimmungen der Bundesrechtsanwaltsordnung verweist, treten an deren Stelle die entsprechenden Bestimmungen des Rechtsanwaltsgesetzes der Deutschen Demokratischen Republik.

10. Beratungshilfegesetz vom 18. Juni 1980 (BGBl. I S. 689)

mit folgender Maßgabe:

Beratungshilfe wird auch in Angelegenheiten des Arbeitsrechts und des Sozialrechts gewährt.

11. Patentanwaltsordnung vom 7. September 1966 (BGBl. I S. 557), zuletzt geändert durch Artikel 4 des Gesetzes vom 6. Juli 1990 (BGBl. I S. 1349)

mit folgenden Maßgaben:

a) Patentanwälte und Patentassessoren, die am Tag des Wirksamwerdens des Beitritts in die beim Patentamt der Deutschen Demokratischen Republik geführten Listen der Patentanwälte oder der Patentassessoren nicht nur vorläufig eingetragen sind, stehen Personen gleich, die nach § 5 der Patentanwaltsordnung die Voraussetzungen für den Zugang zum Beruf des Patentanwalts durch Prüfung erlangt haben. Die in die beim Patentamt der Deutschen Demokratischen Republik geführte Liste eingetragenen Patentanwälte sind nach der Patentanwaltsordnung zur Patentanwaltschaft zugelassen.

b) Am Tag des Wirksamwerdens des Beitritts noch nicht oder nur vorläufig beschiedene Anträge auf Eintragung in die Liste der Patentanwälte gelten als Anträge auf Zulassung zur Patentanwaltschaft, noch nicht oder nur vorläufig beschiedene Anträge auf Eintragung in die Liste der Patentassessoren gelten als Anträge auf Anerkennung als Patentassessor. Es entscheidet der Präsident des Patentamts nach Anhörung des Vorstands der Patentanwaltskammer nach den Bestimmungen der Patentanwaltsordnung. Die Frage, ob der Antragsteller die Ausbildungsvoraussetzungen erfüllt, wird nach den Bestimmungen der Anordnung der Deutschen Demokratischen Republik über die Vertretung vor dem Patentamt vom 21. März 1990 (GBl. I Nr. 21 S. 208) entschieden.

12. Gesetz über das gerichtliche Verfahren bei Freiheitsentziehungen in der im Bundesgesetzblatt Teil III, Gliederungsnummer 316-1, veröffentlichten bereinigten Fassung, zuletzt geändert durch Artikel 12 Abs. 2 des Gesetzes vom 9. Juli 1990 (BGBl. I S. 1354)

mit folgenden Maßgaben:

a) Unterbringungen, die mit Freiheitsentziehung verbunden sind und vor dem Wirksamwerden des Beitritts vorgenommen wurden, gelten als Freiheitsentziehungen im Sinne von § 1, soweit das Verfahren nicht abweichend geregelt ist.

b) Die zuständige Verwaltungsbehörde hat alsbald die Anordnung der Freiheitsentziehung beim Gericht zu beantragen, sofern der Untergebrachte nicht freigelassen wird. Der Untergebrachte ist spätestens nach Ablauf von sechs Monaten nach dem Wirksamwerden des Beitritts freizulassen, wenn das Gericht die Freiheitsentziehung nicht vorher angeordnet hat. § 13 Abs. 1 Satz 2 findet in dem in Artikel 3 des Vertrages genannten Gebiet während dieses Zeitraums keine Anwendung.

13. Gesetz über die Angelegenheiten der freiwilligen Gerichtsbarkeit in der im Bundesgesetzblatt Teil III, Gliederungsnummer 315-1, veröffentlichten bereinigten Fassung, zuletzt geändert durch Artikel 7 des Gesetzes vom 26. Juni 1990 (BGBl. I S. 1163)

mit folgenden Maßgaben:

a) Für das gerichtliche Verfahren über Unterbringungsmaßnahmen sind die Vorschriften über Unterbringungssachen des Betreuungsgesetzes vom 12. September 1990 (BGBl. I S. 2002) anzuwenden.

b) Verfahren nach §§ 125 bis 148 Abs. 1, die noch nicht entschieden sind, werden durch Beschluß an das zuständige Gericht verwiesen.

c) Solange das jeweilige Land keine Bestimmung über die zuständigen Registergerichte getroffen hat, werden in dem in Artikel 1 Abs. 1 des Vertrages genannten Gebiet die Handels- und Genossenschaftsregister von den Kreisgerichten, in deren Bezirk das Bezirksgericht seinen Sitz hat, für das Gebiet des Bezirksgerichts geführt.

d) Die in dem in Artikel 3 des Vertrages genannten Gebiet bei den Räten der Kreise befindlichen Vorgänge über Handels- und Genossenschaftsregister werden zu den nach Maßgabe c) zuständigen Gerichten übergeführt.

e) Für Verfahren nach § 148 Abs. 2 bis § 158 gilt folgendes:

aa) Eine Dispache, die noch nicht nach § 8 Abs. 2 der Verordnung über das Dispacheverfahren der Deutschen Demokratischen Republik vom 27. Mai 1976 (GBl. I Nr. 21 S. 298) anerkannt ist, gilt als Dispache eines Dispacheurs nach § 728 des Handelsgesetzbuchs oder nach § 87 Abs. 2 des Binnenschiffahrtsgesetzes.

bb) Eine noch nicht rechtskräftig entschiedene Feststellungsklage nach § 10 der Verordnung über das Dispacheverfahren ist als Antrag nach § 150 Satz 1 zu behandeln.

cc) Soweit in einem Rechtsstreit gemäß § 11 der Verordnung über das Dispacheverfahren in erster Instanz bereits eine Beweisaufnahme stattgefunden hat oder bereits ein Urteil ergangen ist, ist der Rechtsstreit nach den bisher geltenden Verfahrensvorschriften zu Ende zu führen. Ist dies nicht der Fall, hat erneut ein Verfahren nach §§ 153 bis 156 stattzufinden.

f) Auf eine nach der Verordnung über das Dispacheverfahren anerkannte Dispache findet § 158 Abs. 2 und 3 Anwendung.

14. Strafprozeßordnung in der Fassung der Bekanntmachung vom 7. April 1987 (BGBl. I S. 1074, 1319), zuletzt geändert durch Artikel 12 Abs. 1 des Gesetzes vom 9. Juli 1990 (BGBl. I S. 1354)

mit folgenden Maßgaben:

a) Am Tag des Wirksamwerdens des Beitritts anhängige, an ein gesellschaftliches Gericht abgegebene Verfahren sind von der Staatsanwaltschaft zu übernehmen. Die Staatsanwaltschaft entscheidet über die Einleitung eines Ermittlungsverfahrens oder dessen Fortführung nach Maßgabe der Vorschriften der Strafprozeßordnung; war das Verfahren bereits bei einem Gericht anhängig gewesen, so ist es diesem zuzuleiten.

b) Eine Regelung, die die Abgabe von Verfahren wegen eines Vergehens mit geringfügigen Folgen an Schiedsstellen zuläßt, falls der Beschuldigte zustimmt und kein öffentliches Interesse an der Verfolgung besteht, bleibt – unbeschadet der §§ 153, 153a – unberührt.

c) Soweit die Vorschriften der Strafprozeßordnung den Hilfsbeamten der Staatsanwaltschaft (§ 152 des Gerichtsverfassungsgesetzes) Befugnisse einräumen, stehen diese Befugnisse bis zum Erlaß einer Rechtsverordnung nach § 152 Abs. 2 des Gerichtsverfassungsgesetzes, längstens jedoch bis zum 30. Juni 1991, auch den Untersuchungsorganen der Ministerien des Innern zu.

d) Die Vollstreckung einer Rechtsfolge aus einer Entscheidung eines Strafgerichts der Deutschen Demokratischen Republik ist zulässig, es sei denn es wird durch ein Gericht festgestellt, daß die Verurteilung mit rechtsstaatlichen Maßstäben nicht vereinbar ist oder daß Art oder Höhe der Rechtsfolge nach rechtsstaatlichen Grundsätzen nicht angemessen sind oder dem Zweck eines Bundesgesetzes widersprechen. Es kann auch festgestellt werden, daß die Rechtsfolge in einer milderen Folgenart zu vollstrecken ist. Der Antrag auf Feststellung kann von dem Verurteilten oder von der Staatsanwaltschaft gestellt werden. Der Antrag ist unzulässig, wenn ein Kassationsverfahren durchgeführt worden ist oder noch durchgeführt werden kann. Über den Antrag entscheidet das Gericht, das nach Maßgabe h) für eine Kassation zuständig wäre. § 458 Abs. 3 Satz 1 und § 462 Abs. 1 Satz 1 und Abs. 2 gelten entsprechend. Die Entscheidung ist nicht anfechtbar. Der Aufschub oder die Unterbrechung der Vollstreckung kann auch von der Staatsanwaltschaft angeordnet werden.

e) Soweit nach § 15 des Gesetzes über die innerdeutsche Rechts- und Amtshilfe in Strafsachen in der im Bundesgesetzblatt Teil III, Gliederungsnummer 312-3, veröffentlichten bereinigten Fassung, zuletzt geändert durch Artikel 2 Abs. 3 des Gesetzes vom 18. August 1980 (BGBl. I S. 1503), die Unzulässigkeit der Vollstreckung einer Strafe festgestellt worden ist, findet eine Vollstreckung auch in dem in Artikel 3 des Vertrages genannten Gebiet nicht statt.

f) Für die Vollstreckung einer von einem Gericht der Deutschen Demokratischen Republik verhängten Geldstrafe und die Festsetzung einer Ersatzfreiheitsstrafe verbleibt es bei dem bisherigen Recht der Deutschen Demokratischen Republik mit folgenden Maßgaben:

aa) Die Regelungen über die Festsetzung einer Ersatzfreiheitsstrafe finden keine Anwendung, soweit die Geldstrafe gegen einen Jugendlichen oder einen Heranwachsenden verhängt wurde.

bb) Für das Verfahren der Vollstreckung gilt statt der Bestimmungen des ZivilVerfahrensrechts (§ 23 Abs. 3 Satz 1 der Ersten Durchführungsbestimmung zur Strafprozeßordnung der Deutschen Demokratischen Republik vom 20. März 1975, GBl. I Nr. 15 S. 285) die Justizbeitreibungsordnung.

cc) Es kann auch eine Ersatzfreiheitsstrafe von weniger als drei Monaten verhängt werden.

g) Der Staatsanwaltschaft am Tag des Wirksamwerdens des Beitritts vorliegende Gesuche von Verurteilten auf Wiederaufnahme des Verfahrens sind dem für die Entscheidung im Wiederaufnahmeverfahren zuständigen Gericht zuzuleiten.
Hat das Gericht vor dem Wirksamwerden des Beitritts eine Wiederaufnahme zu Ungunsten des Angeklagten angeordnet, so gilt die Anordnung, falls die Hauptverhandlung noch nicht abgeschlossen ist, lediglich als den Wiederaufnahmeantrag für zulässig erklärender Beschluß.

h)[1] Die Staatsanwaltschaft und der Verurteilte können bis zum Ablauf der in § 10 Abs. 1 des Rehabilitierungsgesetzes vom 6. September 1990 (GBl. I Nr. 60 S. 1459) genannten Frist die Kassation

---

[1] Nr. 14 Buchst. h) geändert, Buchst. hh) eingefügt durch Art. 4 Nrn. 1 und 2 der Vereinbarung vom 18. 9. 1990 (BGBl. II S. 1239, 1243).

einer rechtskräftigen Entscheidung eines Gerichts der Deutschen Demokratischen Republik beantragen. Über den Antrag entscheidet das Bezirksgericht. War dieses mit der Sache bereits befaßt, so entscheidet ein anderes Bezirksgericht; der besondere Senat des Bezirksgerichts bestimmt vor Beginn des Geschäftsjahres, welche Bezirksgerichte örtlich zuständig sind. Die Vorschriften der Strafprozeßordnung der Deutschen Demokratischen Republik über das Kassationsverfahren in der Fassung des Gesetzes vom 29. Juni 1990 (GBl. I Nr. 39 S. 526) – §§ 311 bis 327 – bleiben mit Ausnahme des § 313 mit folgenden Maßgaben anwendbar:

aa) § 361 gilt sinngemäß.

bb) Der Kassationsantrag des Verurteilten und der in § 361 genannten Personen ist der Staatsanwaltschaft zur Stellungnahme zuzuleiten.

cc) Das Kassationsgericht kann auch ohne Zustimmung der Staatsanwaltschaft die Vollstreckung aussetzen.

dd) Das Kassationsgericht kann in entsprechender Anwendung des § 349 über den Antrag durch Beschluß entscheiden.

ee) § 23 Abs. 2 gilt sinngemäß.

ff) Die Entscheidung des Kassationsgerichts ist nicht anfechtbar.

gg) Für die Entscheidung über die Kosten des Verfahrens gelten die Vorschriften des Zweiten Abschnitts des Siebenten Buches sinngemäß.

hh) § 311 Abs. 2 der Strafprozeßordnung der Deutschen Demokratischen Republik vom 12. Januar 1968, zuletzt geändert durch das 6. Strafrechtsänderungsgesetz vom 29. Juni 1990 (GBl. I Nr. 39 S. 526) wird wie folgt gefaßt:

„(2) Die Kassation ist nur zugunsten eines Verurteilten zulässig. Sie kann durchgeführt werden, wenn

1. die Entscheidung auf einer schwerwiegenden Verletzung des Gesetzes beruht,
2. die Entscheidung im Strafausspruch oder im Ausspruch über die sonstigen Rechtsfolgen der Tat gröblich unrichtig oder nicht mit rechtsstaatlichen Maßstäben vereinbar ist."

i) Das Begnadigungsrecht steht dem Bund auch dann zu, wenn ein Gericht der Deutschen Demokratischen Republik in einer Sache entschieden hat, die der Gerichtsbarkeit des Bundes unterfallen würde.

j) Die abschließende Entscheidung des Gerichts nach Maßgabe d) ist dem Generalbundesanwalt – Bundeszentralregister – mitzuteilen. Sie ist in ihm zu vermerken, wenn die Vollstreckung einer Rechtsfolge insgesamt oder in einer milderen Folgenart für zulässig erklärt worden ist. Ist die Verurteilung noch nicht im Bundeszentralregister eingetragen, so wird die Eintragung von der Registerbehörde entsprechend den Feststellungen in der abschließenden Entscheidung vorgenommen. Die Eintragung im bisherigen Strafregister der Deutschen Demokratischen Republik über eine Rechtsfolge, deren Vollstreckung für unzulässig erklärt worden ist, ist nicht in das Bundeszentralregister zu übernehmen. Bei be-

reits erfolgter Eintragung im Bundeszentralregister ist diese wieder zu entfernen.
Eintragungen auf Grund der gerichtlichen Entscheidung werden hinsichtlich der Folgen nach dem Bundeszentralregistergesetz wie Eintragungen von Verurteilungen durch deutsche Gerichte im bisherigen Geltungsbereich des Bundeszentralregistergesetzes behandelt.

k) Bei einem begründeten Kassationsantrag (Maßgabe h) ist dem Generalbundesanwalt beim Bundesgerichtshof – Bundeszentralregister – die Entscheidung des Gerichts, mit der die angefochtene rechtskräftige Entscheidung aufgehoben und abgeändert oder die Sache zurückverwiesen worden ist, mitzuteilen. Eintragungen im bisherigen Strafregister der Deutschen Demokratischen Republik, die auf einer Entscheidung beruhen, die in einem Kassationsurteil mit Freispruch aufgehoben worden ist, werden nicht in das Bundeszentralregister übernommen oder wieder aus dem Bundeszentralregister entfernt. Ein zurückverweisendes Kassationsurteil und die ihm zugrundeliegende Entscheidung sind im Bundeszentralregister einzutragen, es sei denn, daß die Vollstreckung der im angegriffenen Urteil erkannten Rechtsfolgen ausgesetzt wird. Ist im letztgenannten Fall das angegriffene Urteil bereits aus dem Strafregister der Deutschen Demokratischen Republik in das Bundeszentralregister übernommen worden, so ist die Eintragung zu entfernen. Ergeht eine abschließende Entscheidung mit einer registerpflichtigen Verurteilung, so wird diese Entscheidung im Bundeszentralregister vermerkt.
Auf Eintragungen nach Absatz 1 finden die Vorschriften des Bundeszentralregistergesetzes über die registerrechtliche Behandlung von Wiederaufnahmeverfahren entsprechende Anwendung.

15. Gesetz über die Zwangsversteigerung und die Zwangsverwaltung in der im Bundesgesetzblatt Teil III, Gliederungsnummer 310-4, veröffentlichten bereinigten Fassung, zuletzt geändert durch Artikel 5 Nr. 2 des Gesetzes vom 20. Februar 1986 (BGBl. I S. 301)

mit folgenden Maßgaben:

a) Gegen die Entscheidung des Bezirksgerichts (§§ 95 bis 104) ist eine weitere Beschwerde, ausgenommen im Fall des § 102, nicht zulässig.
b) Eine vor dem Wirksamwerden des Beitritts in dem in Artikel 3 des Vertrages genannten Gebiet anhängig gewordene Vollstreckung in Grundstücke ist nach der Grundstücksvollstreckungsverordnung der Deutschen Demokratischen Republik vom 6. Juni 1990 (GBl. I Nr. 32 S. 288) zu erledigen.

16. Justizbeitreibungsordnung in der im Bundesgesetzblatt Teil III, Gliederungsnummer 365-1, veröffentlichten bereinigten Fassung, zuletzt geändert durch Artikel 5 Abs. 2 des Gesetzes vom 7. Juli 1986 (BGBl. I S. 977)

mit folgender Maßgabe:

Ein vor dem Wirksamwerden des Beitritts in dem in Artikel 3 des Vertrages genannten Gebiet begonnenes Einziehungsverfahren ist nach den bisherigen Regelungen zu erledigen.

17. Artikel IV des Einführungsgesetzes zu dem Gesetze, betreffend Änderungen der Konkursordnung in der im Bundesgesetzblatt Teil III, Gliederungsnummer 311-3, veröffentlichten bereinigten Fassung

mit folgenden Maßgaben:

a) Konkursverfahren im Sinne dieser Vorschrift kann auch ein Verfahren nach der Gesamtvollstreckungsordnung (Anlage II Kapitel III A. Rechtspflege Abschnitt II Nr. 1) sein. Sieht auf Grund dieser Vorschrift erlassenes Landesrecht Beschränkungen oder den Ausschluß eines Verfahrens nach der Gesamtvollstreckungsordnung vor, so gilt dies auch für die Zulässigkeit eines Konkursverfahrens.

b) Sieht auf Grund dieser Vorschrift erlassenes Landesrecht Beschränkungen oder den Ausschluß eines Konkursverfahrens vor, so gilt dies auch für die Zulässigkeit eines Verfahrens nach der Gesamtvollstreckungsordnung.

18. Ausführungsgesetz zum deutsch-österreichischen Konkursvertrag vom 8. März 1985 (BGBl. I S. 535 in Verbindung mit der Bekanntmachung vom 6. Mai 1985, BGBl. I S. 780)

mit folgender Maßgabe:

Die in diesem Gesetz für Konkursverfahren nach der Konkursordnung getroffenen Regelungen (Anlage II Kapitel III A. Rechtspflege Abschnitt II Nr. 1) gelten im Anwendungsbereich der Gesamtvollstreckungsordnung auch für das Gesamtvollstreckungsverfahren.

19. Gerichtskostengesetz in der Fassung der Bekanntmachung vom 15. Dezember 1975 (BGBl. I S. 3047), zuletzt geändert durch Artikel 2 des Gesetzes vom 15. Juni 1989 (BGBl. I S. 1082)

mit folgenden Maßgaben:

a) Die sich aus den in Kraft gesetzten Vorschriften ergebenden Gebühren ermäßigen sich um 20 vom Hundert, wenn der Kostenschuldner seinen allgemeinen Gerichtsstand in dem in Artikel 3 des Vertrages genannten Gebiet hat. Die Ermäßigung erstreckt sich auf andere Kostenschuldner, die als Zweitschuldner gemäß § 58 Abs. 2 in Anspruch genommen werden. § 11 Abs. 3 bleibt unberührt.

b) Das Gericht kann unter Berücksichtigung aller Umstände des Einzelfalles, insbesondere des Umfangs und der Bedeutung der Sache und der Vermögens- und Einkommensverhältnisse der Beteiligten, einen um bis zu einem Drittel geringeren Wert festsetzen, wenn nach den gesetzlichen Vorschriften ein Mindestwert oder ein fiktiver Wert festgelegt ist, weil genügende tatsächliche Anhaltspunkte für die Bestimmung des Wertes nicht bestehen.

c) Im Kassationsverfahren gelten die Vorschriften des Kostenverzeichnisses (Anlage 1 zum Gerichtskostengesetz) über das Revisionsverfahren in Strafsachen sinngemäß.

d) § 73 Abs. 1 und 3 gilt auch für das Inkrafttreten dieses Gesetzes in dem in Artikel 3 des Vertrages genannten Gebiet.
In Strafsachen, in gerichtlichen Verfahren nach dem Gesetz über Ordnungswidrigkeiten und nach dem Strafvollzugsgesetz werden die Kosten nach dem bisherigen Recht erhoben, wenn das Verfahren vor dem Inkrafttreten dieses Gesetzes anhängig geworden ist. Dies gilt nicht im Verfahren über ein Rechtsmittel, das nach dem Inkrafttreten dieses Gesetzes eingelegt worden ist.

20. Kostenordnung in der im Bundesgesetzblatt Teil III, Gliederungsnummer 361-1, veröffentlichten bereinigten Fassung, zuletzt geändert durch Artikel 9 Abs. 4 des Gesetzes vom 26. Juni 1990 (BGBl. I S. 1163)

mit folgenden Maßgaben:

a) Die sich aus den in Kraft gesetzten Vorschriften ergebenden Gebühren ermäßigen sich für Kostenschuldner, die ihren Wohnsitz oder Sitz der Hauptniederlassung, bei einer Handelsgesellschaft den Sitz der Gesellschaft, in dem in Artikel 3 des Vertrages genannten Gebiet haben, um 20 vom Hundert. Soweit in bundesrechtlichen Vorschriften ein höherer Ermäßigungssatz festgelegt ist, gilt dieser. § 33 bleibt unberührt. § 144 Abs. 3 gilt sinngemäß.
b) Eine weitere Beschwerde gegen die Entscheidung des Bezirksgerichts findet nicht statt.
c) Soweit Vorschriften des Rechts der Deutschen Demokratischen Republik, die als Bundesrecht weitergelten, eine weitergehende Befreiung von Gebühren und Auslagen vorsehen als bundesrechtliche Vorschriften in dem Gebiet, in dem die Kostenordnung schon vor dem Beitritt gegolten hat, sind diese Vorschriften des Rechts der Deutschen Demokratischen Republik nicht anzuwenden.
d) Für die Bewertung des land- und forstwirtschaftlichen Vermögens im Sinne des § 19 Abs. 4 gelten die Vorschriften des Bewertungsgesetzes für die Bewertung von Vermögen in dem in Artikel 3 des Vertrages genannten Gebiet. Zum land- und forstwirtschaftlichen Vermögen gehören jedoch auch die Wohngebäude einschließlich des dazugehörigen Grund und Bodens. § 126 Abs. 2 des Bewertungsgesetzes gilt sinngemäß.
e) § 161 gilt auch für das Inkrafttreten dieses Gesetzes in dem in Artikel 3 des Vertrages genannten Gebiet.

21. Gesetz zur Änderung und Ergänzung kostenrechtlicher Vorschriften in der im Bundesgesetzblatt Teil III, Gliederungsnummern 360-3 und 369-1, veröffentlichten bereinigten Fassung, zuletzt geändert durch Artikel 2 des Gesetzes vom 18. August 1980 (BGBl. I S. 1503)

mit folgender Maßgabe:

Eine weitere Beschwerde gegen die Entscheidung des Bezirksgerichts findet nicht statt.

22. Verordnung über Kosten im Bereich der Justizverwaltung in der im Bundesgesetzblatt Teil III, Gliederungsnummer 363-1, veröffentlichten bereinigten Fassung, zuletzt geändert durch Artikel 6 des Gesetzes vom 9. Dezember 1986 (BGBl. I S. 2326)

mit folgenden Maßgaben:

a) Bis zum Inkrafttreten landesrechtlicher Vorschriften gilt in Justizverwaltungsangelegenheiten der Länder des in Artikel 3 des Vertrages genannten Gebietes die Justizverwaltungskostenordnung in der jeweils für die Justizbehörden des Bundes geltenden Fassung entsprechend.
b) § 16 gilt auch für das Inkrafttreten dieses Gesetzes in dem in Artikel 3 des Vertrages genannten Gebiet.

23. Gesetz über Kosten der Gerichtsvollzieher in der im Bundesgesetzblatt Teil III, Gliederungsnummer 362-1, veröffentlichten bereinigten Fassung, zuletzt geändert durch Artikel 9 Abs. 9 des Gesetzes vom 26. Juni 1990 (BGBl. I S. 1163)

mit folgenden Maßgaben:

a) Die sich aus den in Kraft gesetzten Vorschriften ergebenden Gebühren ermäßigen sich um 20 vom Hundert.
b) Für Gebühren und Auslagen, die vor dem Wirksamwerden des Beitritts fällig geworden sind, gilt das bisherige Recht.

24. Gesetz über die Entschädigung der ehrenamtlichen Richter in der Fassung der Bekanntmachung vom 1. Oktober 1969 (BGBl. I S. 1753), zuletzt geändert durch Artikel 5 des Gesetzes vom 9. Dezember 1986 (BGBl. I S. 2326)

mit folgenden Maßgaben:

a) Die sich aus § 2 Abs. 1 ergebende Entschädigung sowie die in § 2 Abs. 2 und 3 festgesetzten Höchstbeträge ermäßigen sich um 20 vom Hundert. Die Entschädigung kann im Einzelfall unter Berücksichtigung aller Umstände bis zu den Höchstsätzen dieses Gesetzes festgesetzt werden, wenn die sich nach Satz 1 ergebende Entschädigung unbillig wäre.
b) Die Entschädigung richtet sich nach dem bisherigen Recht, soweit die Heranziehung vor dem Wirksamwerden des Beitritts erfolgte.

25. Gesetz über die Entschädigung von Zeugen und Sachverständigen in der Fassung der Bekanntmachung vom 1. Oktober 1969 (BGBl. I S. 1756), zuletzt geändert durch Artikel 4 Abs. 18 des Gesetzes vom 8. Juni 1989 (BGBl. I S. 1026)

mit folgenden Maßgaben:

a) Die sich aus § 2 Abs. 3 Satz 2, §§ 3, 5 Abs. 1, 2 und 3 Satz 1, §§ 17 und 17a Abs. 1 bis 3 ergebende Entschädigung sowie die in § 2 Abs. 2 und § 5 Abs. 3 Satz 2 festgesetzten Höchstbeträge ermäßigen sich für Beteiligte, die ihren Wohnsitz oder Sitz in dem in Artikel 3 des Vertrages genannten Gebiet haben, um 20 vom Hundert. Die Entschädigung kann im Einzelfall unter Berücksichtigung aller Umstände bis zu den Höchstsätzen dieses Gesetzes festgesetzt werden, wenn die sich nach Satz 1 ergebende Entschädigung unbillig wäre.

b) § 18 gilt auch für das Inkrafttreten dieses Gesetzes in dem in Artikel 3 des Vertrages genannten Gebiet.

26.[1] Bundesgebührenordnung für Rechtsanwälte in der im Bundesgesetzblatt Teil III, Gliederungsnummer 368-1, veröffentlichten bereinigten Fassung, zuletzt geändert durch Artikel 1 des Gesetzes vom 20. August 1990 (BGBl. I S. 1765)

mit folgenden Maßgaben:

a) Die sich aus den in Kraft gesetzten Vorschriften ergebenden Gebühren ermäßigen sich bei der Tätigkeit von Rechtsanwälten, die ihre Kanzlei in dem in Artikel 3 des Vertrages genannten Gebiet eingerichtet haben, um 20 vom Hundert. Die Gebühren ermäßigen sich in gleicher Weise, wenn ein Rechtsanwalt vor Gerichten oder Behörden, die ihren Sitz in dem in Artikel 1 Abs. 1 des Vertrages genannten Gebiet haben, im Auftrag eines Beteiligten tätig wird, der seinen Wohnsitz oder Sitz in dem in Artikel 3 des Vertrages genannten Gebiet hat. § 11 Abs. 2 bleibt unberührt.

b) Eine weitere Beschwerde gegen die Entscheidung des Bezirksgerichts findet nicht statt.

c) Bei den Gebühren der §§ 83, 85, 86 stehen

aa) im ersten Rechtszug Verfahren vor dem Bezirksgericht den entsprechenden Verfahren des § 83 Abs. 1 Nr. 1 und 2, Verfahren vor dem Kreisgericht den Verfahren des § 83 Abs. 1 Nr. 3,

bb) im Berufungsverfahren Verfahren vor dem Bezirksgericht den entsprechenden Verfahren des § 85 Abs. 1,

cc) im Revisionsverfahren Verfahren vor dem Bezirksgericht den entsprechenden Verfahren des § 86 Abs. 1 Nr. 2

gleich.

d) Im Kassationsverfahren gelten die Vorschriften über das Revisionsverfahren in Strafsachen sinngemäß.

e) In Verfahren, die eine Rehabilitierung gemäß dem 2. Abschnitt des Rehabilitierungsgesetzes vom 6. September 1990 (GBl. I Nr. 60 S. 1459) zum Gegenstand haben, gilt folgendes:

aa) Im ersten Rechtszug gilt § 83 Abs. 1 Nr. 2 sinngemäß. Findet eine mündliche Verhandlung nicht statt, gilt § 84 sinngemäß.

bb) Im Beschwerdeverfahren (§ 14 des Rehabilitierungsgesetzes) gelten die Vorschriften über das Berufungsverfahren vor der großen Strafkammer sinngemäß.

cc) § 89 gilt mit der Maßgabe sinngemäß, daß der Rechtsanwalt im Beschwerdeverfahren die Gebühren für das Verfahren im ersten Rechtszug erhält.

f) § 134 gilt auch für das Inkrafttreten dieses Gesetzes in dem in Artikel 3 des Vertrages genannten Gebiet.

27. Für die Kostengesetze gilt im übrigen die folgende allgemeine Maßgabe:

---

[1] Nr. 26 Buchst. e) eingefügt, Buchst. e) wird Buchst. f) durch Art. 4 Nr. 3 der Vereinbarung vom 18. 9. 1990 (BGBl. II S. 1239, 1243).

Der Bundesminister der Justiz wird ermächtigt, durch Rechtsverordnung die jeweils in den Buchstaben a) der Maßgaben zum Gerichtskostengesetz, zur Kostenordnung, zum Gesetz über Kosten der Gerichtsvollzieher, zum Gesetz über die Entschädigung der ehrenamtlichen Richter, zum Gesetz über die Entschädigung von Zeugen und Sachverständigen und zur Bundesgebührenordnung für Rechtsanwälte bestimmten Ermäßigungssätze zur Anpassung an die wirtschaftlichen Verhältnisse neu festzusetzen oder aufzuheben. Die Rechtsverordnungen bedürfen der Zustimmung des Bundesrates, wenn sie sich auf Gesetze beziehen, die der Zustimmung des Bundesrates bedürfen.

28. Im übrigen gelten, falls in den Nummern 1 bis 27 nichts anderes bestimmt ist, die folgenden

allgemeinen Maßgaben:

a) Soweit in Vorschriften, die in dem in Artikel 3 des Vertrages genannten Gebiet in Kraft gesetzt werden oder auf Grund des Staatsvertrages vom 18. Mai 1990 in Kraft gesetzt worden sind, auf Recht der Bundesrepublik Deutschland verwiesen wird, das in diesem Gebiet keine Anwendung findet, sind die entsprechenden Vorschriften der Deutschen Demokratischen Republik anzuwenden. Bestehen solche Vorschriften nicht oder würde ihre Anwendung dem Sinn der Verweisung widersprechen, gelten die Vorschriften, auf die verwiesen wird, entsprechend.

b) Soweit in fortgeltendem Recht der Deutschen Demokratischen Republik auf Vorschriften verwiesen wird, die keine Anwendung mehr finden, sind die entsprechenden Vorschriften des Rechts der Bundesrepublik Deutschland anzuwenden.

c) Soweit in anderen Vorschriften auf Vorschriften verwiesen wird, die durch diesen Vertrag geändert werden, treten an deren Stelle die geänderten Vorschriften.

d) Die Maßgaben a) bis c) gelten auch, wenn Vorschriften an bestimmte Verfahren anknüpfen.

e) Werden in den Vorschriften, die in dem in Artikel 3 des Vertrages genannten Gebiet in Kraft gesetzt werden, und in dem in diesem Gebiet geltenden Recht vergleichbare Behörden, sonstige Stellen oder Verfahren unterschiedlich bezeichnet, so treten die im dort geltenden Recht bezeichneten Stellen oder Verfahren an die Stelle derjenigen, die in den in Kraft gesetzten Vorschriften genannt sind; gleiches gilt bei Abweichungen in der Bezeichnung sonstiger Umstände, die inhaltlich vergleichbar sind.

f) Durch Verordnung eingeführte Vordrucke können in angepaßter Form verwendet werden.

g) Die am Tag des Wirksamwerdens des Beitritts anhängigen Verfahren werden in der Lage, in der sie sich befinden, nach den in Kraft gesetzten Vorschriften fortgesetzt.

h) Der Lauf einer verfahrensrechtlichen Frist, der vor dem Wirksamwerden des Beitritts begonnen hat, richtet sich nach den in der Deutschen Demokratischen Republik geltenden Vorschriften.

i) Ist am Tag des Wirksamwerdens des Beitritts ein Rechtsmittel oder Rechtsbehelf bereits eingelegt oder zwar noch nicht eingelegt, aber die Frist zur Einlegung noch nicht abgelaufen, so richtet sich die Zulässigkeit des Rechtsmittels oder Rechtsbehelfs und das weitere Verfahren hierzu nach den in Kraft gesetzten Vorschriften. Jedoch führen, wenn ein Rechtsmittel oder Rechtsbehelf bereits unter Beachtung der Formvorschriften des Rechts der Deutschen Demokratischen Republik eingelegt ist, abweichende Formvorschriften nicht zur Unzulässigkeit; nach den in Kraft gesetzten Vorschriften erforderliche Rechtsmittelanträge und -gründe sind binnen eines Monats nach dem Wirksamwerden des Beitritts nachzureichen. Ist die Zulässigkeit eines Rechtsmittels nach den in Kraft gesetzten Vorschriften davon abhängig, daß es von dem Gericht, dessen Entscheidung angefochten ist, zugelassen wird, so entscheidet das Rechtsmittelgericht auch über die Zulassung des Rechtsmittels.

j) Ist vor dem Wirksamwerden des Beitritts ein Rechtsmittel oder Rechtsbehelf nach dem Recht der Deutschen Demokratischen Republik in zulässiger Weise eingelegt worden, jedoch nach den in Kraft gesetzten Vorschriften nicht mehr zulässig und deshalb zu verwerfen, so fallen die im Rechtsmittel- oder Rechtsbehelfsverfahren entstandenen Kosten und notwendigen Auslagen der Staatskasse zur Last. Entsprechendes gilt für Klagen, wenn die Klagebefugnis entfällt.

k) Geht durch das Inkraftsetzen des Bundesrechts in dem in Artikel 3 des Vertrages genannten Gebiet die Zuständigkeit für eine Sache auf eine andere Stelle über, so hat die bisher zuständige Stelle die bei ihr befindlichen Akten und Vorgänge dieser Sache unverzüglich der nunmehr zuständigen Stelle zuzuleiten. Entsprechendes gilt für Akten und Vorgänge, die von der bisher zuständigen Stelle anderen Stellen nur vorübergehend ausgehändigt sind.

l) Am Tag des Wirksamwerdens des Beitritts anhängige Kassationsverfahren werden nach dem Verfahrensrecht der Deutschen Demokratischen Republik zu Ende geführt.

Abschnitt IV

Abweichend von den Regelungen der Abschnitte I und III wird der im bisherigen Geltungsbereich des Grundgesetzes für die Bundesrepublik Deutschland bestehende Gerichtsaufbau der ordentlichen Gerichtsbarkeit einschließlich des Aufbaus der Staatsanwaltschaft, der Verwaltungsgerichtsbarkeit, der Finanzgerichtsbarkeit, der Arbeitsgerichtsbarkeit und der Sozialgerichtsbarkeit auf den Teil des Landes Berlin erstreckt, in dem das Grundgesetz bisher nicht galt.

1. Folgende Rechtsvorschriften gelten abweichend von Abschnitt I auch in dem beigetretenen Teil des Landes Berlin:

a) Bundesrechtsanwaltsordnung in der im Bundesgesetzblatt Teil III, Gliederungsnummer 303-8, veröffentlichten bereinigten Fassung, zuletzt geändert durch Artikel 3 des Gesetzes vom 6. Juli 1990 (BGBl. I S. 1349)

mit folgenden Maßgaben:

aa) Rechtsanwälte, die am Tag des Wirksamwerdens des Beitritts mit Kanzlei in dem Teil des Landes Berlin, in dem das Grundgesetz bisher nicht galt, zugelassen sind, gelten als nach der Bundesrechtsanwaltsordnung zur Rechtsanwaltschaft zugelassen. Sie gehören der Rechtsanwaltskammer Berlin an. Sie haben den Antrag auf Zulassung bei einem Gericht der ordentlichen Gerichtsbarkeit des Landes Berlin zu stellen. Wird der Antrag nicht binnen drei Monaten nach dem Wirksamwerden des Beitritts gestellt, ist die Zulassung zur Rechtsanwaltschaft zu widerrufen.

bb) Personen, die am Tag des Wirksamwerdens des Beitritts ihren Wohnsitz in dem Teil des Landes Berlin, in dem das Grundgesetz bisher nicht galt, unterhalten, können nach der Bundesrechtsanwaltsordnung zur Rechtsanwaltschaft auch zugelassen werden, wenn sie die Befähigung zur anwaltlichen Tätigkeit nach den in den in Artikel 1 Abs. 1 des Vertrages genannten Ländern geltenden Vorschriften besitzen.

cc) Für Berufspflichtverletzungen, die vor dem Wirksamwerden des Beitritts begangen wurden, gilt die Verjährungsbestimmung der Verordnung über die Tätigkeit und die Zulassung von Rechtsanwälten mit eigener Praxis vom 22. Februar 1990 (GBl. I Nr. 17 S. 147).

b) Bundesnotarordnung in der im Bundesgesetzblatt Teil III, Gliederungsnummer 303-1, veröffentlichten bereinigten Fassung, zuletzt geändert durch Artikel 1 des Gesetzes vom 7. August 1981 (BGBl. I S. 803)
mit folgender Maßgabe:
In dem Teil des Landes Berlin, in dem das Grundgesetz bisher nicht galt, werden ausschließlich Rechtsanwälte für die Dauer ihrer Zulassung bei einem Gericht als Notare zu gleichzeitiger Amtsausübung neben dem Beruf des Rechtsanwalts bestellt.
Rechtsanwälte, die am Tag des Wirksamwerdens des Beitritts in dem Teil des Landes Berlin zu Anwaltsnotaren in eigener Praxis bestellt sind, werden nach ihrer Zulassung bei einem Gericht in Berlin, in dem das Grundgesetz bisher nicht galt, zu Anwaltsnotaren nach der Bundesnotarordnung bestellt. Sie gehören der Notarkammer Berlin an.

2. Folgende Rechtsvorschriften gelten in dem Teil des Landes Berlin, in dem das Grundgesetz bisher nicht galt, ohne die in Abschnitt III genannten Maßgaben:

a) Wahlordnung für die Präsidien der Gerichte vom 19. September 1972 (BGBl. I S. 1821)

b) Verordnung zur einheitlichen Regelung der Gerichtsverfassung in der im Bundesgesetzblatt Teil III, Gliederungsnummer 300-5, veröffentlichten bereinigten Fassung

c) Verwaltungsgerichtsordnung in der im Bundesgesetzblatt Teil III, Gliederungsnummer 340-1, veröffentlichten bereinigten Fassung, zuletzt geändert durch Artikel 2 Nr. 9 des Gesetzes vom 8. Dezember 1986 (BGBl. I S. 2191)

d) Finanzgerichtsordnung vom 6. Oktober 1965 (BGBl. I S. 1477), zuletzt geändert durch Artikel 10 des Gesetzes vom 18. Dezember 1986 (BGBl. I S. 2496)

e) Rechtsberatungsgesetz in der im Bundesgesetzblatt Teil III, Gliederungsnummer 303-12, veröffentlichten bereinigten Fassung, zuletzt geändert durch Artikel 3 des Gesetzes vom 13. Dezember 1989 (BGBl. I S. 2135)

f) Gesetz zur Durchführung der Richtlinie des Rates der Europäischen Gemeinschaften vom 22. März 1977 zur Erleichterung der tatsächlichen Ausübung des freien Dienstleistungsverkehrs der Rechtsanwälte vom 16. August 1980 (BGBl. I S. 1453), zuletzt geändert durch Artikel 1 des Gesetzes vom 14. März 1990 (BGBl. I S. 479)

g) Beratungshilfegesetz vom 18. Juni 1980 (BGBl. I S. 689)

h) Gesetz zur Änderung und Ergänzung kostenrechtlicher Vorschriften in der im Bundesgesetzblatt Teil III, Gliederungsnummern 360-3 und 369-1, veröffentlichten bereinigten Fassung, zuletzt geändert durch Artikel 2 des Gesetzes vom 18. August 1980 (BGBl. I S. 1503).

3. Für folgende in Abschnitt III genannte Rechtsvorschriften gelten im Land Berlin folgende Besonderheiten:

a) Gerichtsverfassungsgesetz in der Fassung der Bekanntmachung vom 9. Mai 1975 (BGBl. I S. 1077), zuletzt geändert durch Artikel 3 des Gesetzes vom 5. April 1990 (BGBl. I S. 701)
mit folgenden Maßgaben anstelle der in Abschnitt III in bezug auf dieses Gesetz genannten Maßgaben:

aa) Richter aus dem Teil des Landes Berlin, in dem das Grundgesetz bisher nicht galt, dürfen abweichend von § 23b Abs. 3 Satz 2 Geschäfte des Familienrichters wahrnehmen, wenn sie vor dem Wirksamwerden des Beitritts mindestens drei Jahre als Richter tätig gewesen sind.

bb) § 21f Abs. 1 ist, unbeschadet des § 28 Abs. 2 des Deutschen Richtergesetzes, für das Landgericht Berlin bis zum 31. Dezember 1993 nicht anzuwenden.

cc) Ehrenamtliche Richter:

- Die nach dem Gerichtsverfassungsgesetz in Berlin berufenen Schöffen und Hilfsschöffen üben ihr Amt für die Dauer des Zeitraums aus, für den sie berufen sind. Eine Neuwahl findet nicht statt. Die vorhandenen Vorschlagslisten (§ 52 Abs. 6 GVG) gelten bis zum Ende der laufenden Schöffenwahlperiode fort.
- § 108 gilt mit folgender Maßgabe:
  Zum ehrenamtlichen Richter einer Kammer für Handelssachen bei dem Landgericht Berlin kann bis zum 31. Dezember 1991 auf Vorschlag der Industrie- und Handelskammern auch ernannt werden, wer am Tag des Wirksamwerdens

des Beitritts bei dem Stadtbezirksgericht Berlin-Mitte an einer Kammer für Handelssachen als ehrenamtlicher Richter tätig war.

- § 13 Abs. 1 des Sozialgerichtsgesetzes und § 20 Abs. 1 des Arbeitsgerichtsgesetzes gelten mit folgender Maßgabe: Zum ehrenamtlichen Richter bei dem Sozialgericht Berlin oder dem Arbeitsgericht Berlin kann bis zum 31. Dezember 1991 auf Vorschlag der zuständigen Verbände oder Stellen auch berufen werden, wer am Tag des Wirksamwerdens des Beitritts Schöffe für Arbeitsrecht in dem Teil des Landes Berlin, in dem das Grundgesetz bisher nicht galt, war.
- § 25 der Verwaltungsgerichtsordnung gilt mit folgender Maßgabe:
  Die am Tag des Wirksamwerdens des Beitritts einer Kammer für Verwaltungssachen beim Stadtbezirksgericht Berlin-Mitte zugeordneten Schöffen gelten als ehrenamtliche Richter des Verwaltungsgerichts Berlin für die Dauer der laufenden Wahlperiode mit Wirkung von dem Tag an als gewählt, der zwei Monate nach dem Wirksamwerden des Beitritts liegt.

dd) Die Maßgabe q) zum Gerichtsverfassungsgesetz in Abschnitt III – Nr. 1 – gilt sinngemäß.

ee) Die Maßgaben y) und z) zum Gerichtsverfassungsgesetz in Abschnitt III – Nr. 1 – gelten sinngemäß mit der Maßgabe, daß an die Stelle des Bezirksgerichts das Landgericht Berlin tritt, soweit nicht die Zuständigkeit eines Gerichts der besonderen Gerichtsbarkeiten gegeben ist.

b) Deutsches Richtergesetz in der Fassung der Bekanntmachung vom 19. April 1972 (BGBl. I S. 713), zuletzt geändert durch Artikel 4 des Gesetzes vom 26. Juni 1990 (BGBl. I S. 1206)
mit folgenden Maßgaben anstelle der in Abschnitt III in bezug auf dieses Gesetz genannten Maßgaben:

aa) Wer bei einem Stadtbezirksgericht oder dem Stadtgericht Berlin als Richter tätig war oder ist, kann im Land Berlin Aufgaben der rechtsprechenden Gewalt wahrnehmen, und zwar als
- beisitzender Richter, jedoch nicht bei einem oberen Landesgericht,
- Richter bei dem Arbeitsgericht Berlin,
- Richter bei einem Amtsgericht, jedoch nicht als Vorsitzender eines Schöffengerichts.

Er erhält die Stellung eines Richters auf Probe. Voraussetzung für die Berufung in das Richterverhältnis auf Probe ist die Befähigung zum Berufsrichter im Sinne des § 9 des Richtergesetzes der Deutschen Demokratischen Republik vom 5. Juli 1990 (GBl. I Nr. 42 S. 637). Soweit aus dem Teil des Landes Berlin, in dem das Grundgesetz bisher nicht galt, tätige Richter gemäß § 45 Abs. 2 Satz 2 des Richtergesetzes der Deutschen Demokratischen Republik zur Ausübung der Rechtsprechung lediglich ermächtigt sind, entscheidet über die Berufung in das Richterverhältnis auf Probe der Senator für Justiz gemeinsam mit dem Richterwahlausschuß.

bb) Bis zum 31. Dezember 1993 ist bei dem Landgericht Berlin die Besetzung von Zivilkammern mit zwei Richtern auf Probe oder kraft Auftrags oder abgeordneten Richtern als Beisitzern zulässig, von denen einer länger als zwölf Monate im richterlichen Dienst stehen und die Befähigung zum Richteramt nach §§ 5ff. des Deutschen Richtergesetzes erworben haben muß.

cc) Wer beim Generalstaatsanwalt von Berlin oder bei den Staatsanwaltschaften der Stadtbezirke von Berlin als Staatsanwalt tätig war oder ist, kann im Land Berlin Aufgaben als Staatsanwalt bei der Staatsanwaltschaft bei dem Landgericht in einem dem Richterverhältnis auf Probe entsprechenden Rechtsverhältnis wahrnehmen. Voraussetzung ist die Befähigung zum Amt eines Staatsanwalts gemäß § 35 Abs. 1 des Gesetzes über die Staatsanwaltschaft der Deutschen Demokratischen Republik vom 7. April 1977 (GBl. I Nr. 10 S. 93), zuletzt geändert durch Gesetz vom 5. Juli 1990 (GBl. I Nr. 42 S. 635). Soweit eine Überprüfung der Staatsanwälte durch den zuständigen Ausschuß in der Deutschen Demokratischen Republik nicht stattgefunden hat, entscheidet über die Berufung der Senator für Justiz gemeinsam mit dem Richterwahlausschuß.

dd) Ein Richter, der nach Maßgabe aa) zum Richter auf Probe ernannt worden ist, kann unter der Voraussetzung des § 25 des Richtergesetzes der Deutschen Demokratischen Republik in den Vorruhestand versetzt werden. Für das Vorruhestandsverhältnis gelten die für die Richter der in Artikel 1 Abs. 1 des Vertrages genannten Länder anzuwendenden Vorschriften.

ee) In dem Teil des Landes Berlin, in dem das Grundgesetz bisher nicht galt, gelten für Richter die Maßgaben a), b), c), e), f), h), j), w) und y) zum Deutschen Richtergesetz in Abschnitt III – Nr. 8 –; für Staatsanwälte gelten die Maßgaben a), b), c), e), h), w), y)aa), y)bb), y)ee), y)tt), y)jj) und z)aa) sinngemäß. Das Land Berlin kann das Prüfungsverfahren des Staatsexamens für Studenten der Humboldt-Universität an das geltende Landesrecht anpassen.

c) Zivilprozeßordnung in der im Bundesgesetzblatt Teil III, Gliederungsnummer 310-4 veröffentlichten bereinigten Fassung, zuletzt geändert durch Artikel 4 des Gesetzes vom 17. Mai 1990 (BGBl. I S. 926)

mit folgenden Maßgaben:

aa) Die Maßgaben a) bis d) zur Zivilprozeßordnung in Abschnitt III – Nr. 5 – sind nicht anzuwenden.

bb) In den von Gerichten des Teils des Landes Berlin, in dem das Grundgesetz bisher nicht galt, übergehenden Verfahren ist bis zur Beendigung des Rechtszugs eine Vertretung der Parteien durch einen Rechtsanwalt als Prozeßbevollmächtigten nicht erforderlich, soweit sie nach den bisher geltenden Vorschriften nicht vorgeschrieben war.

Rechtsanwälte mit Kanzlei in dem in Artikel 3 des Vertrages genannten Gebiet, die in übergehenden Verfahren zu Prozeßbevollmächtigten bestellt sind, sind bis zur Beendigung des Rechtszugs zur Fortführung der Prozeßvertretung berechtigt. Vorschriften, die die Zulassung eines Rechtsanwalts bei einem bestimmten Gericht voraussetzen, sind insoweit nicht anzuwenden.

d) Gesetz über die Angelegenheiten der freiwilligen Gerichtsbarkeit in der im Bundesgesetzblatt Teil III, Gliederungsnummer 315-1, veröffentlichten bereinigten Fassung, zuletzt geändert durch Artikel 7 des Gesetzes vom 26. Juni 1990 (BGBl. I S. 1163)
mit folgenden Maßgaben:
aa) Die Maßgaben a) und c) zu diesem Gesetz in Abschnitt III – Nr. 13 – sind nicht anzuwenden.
bb) Die Maßgabe d) zu diesem Gesetz in Abschnitt III – Nr. 13 – gilt im Land Berlin in folgender Fassung:
Die in dem in Artikel 3 des Vertrages genannten Gebiet bei den Räten der Kreise befindlichen Vorgänge über Handels- und Genossenschaftsregister werden zu den nach den im Geltungsbereich des Grundgesetzes der Bundesrepublik Deutschland geltenden Recht zuständigen Gerichten übergeführt.
cc) Für die am Tag des Wirksamwerdens des Beitritts den Teil des Landes Berlin, in dem das Grundgesetz bisher nicht galt, betreffenden anhängigen sowie die künftigen Verfahren nach § 148 Abs. 2 bis § 158 sind die nach dem im bisherigen Geltungsbereich des Grundgesetzes der Bundesrepublik Deutschland geltenden Recht zuständigen Gerichte zuständig.

e) Strafprozeßordnung in der Fassung der Bekanntmachung vom 7. April 1987 (BGBl. I S. 1074, 1319), zuletzt geändert durch Artikel 12 Abs. 1 des Gesetzes vom 9. Juli 1990 (BGBl. I S. 1354)
mit folgender Maßgabe:
Für Kassationsverfahren nach der Maßgabe h) zur Strafprozeßordnung in Abschnitt III – Nr. 14 – tritt im Land Berlin an die Stelle des Bezirksgerichts das Landgericht Berlin.

f) Gerichtskostengesetz in der Fassung der Bekanntmachung vom 15. Dezember 1975 (BGBl. I S. 3047), zuletzt geändert durch Artikel 2 des Gesetzes vom 15. Juni 1989 (BGBl. I S. 1082)
mit folgender Maßgabe:
Die Maßgabe b) zum Gerichtskostengesetz in Abschnitt III – Nr. 19 – ist nicht anzuwenden.

g) Kostenordnung in der im Bundesgesetzblatt Teil III, Gliederungsnummer 361-1, veröffentlichten bereinigten Fassung, zuletzt geändert durch Artikel 9 Abs. 4 des Gesetzes vom 26. Juni 1990 (BGBl. I S. 1163)
mit folgender Maßgabe:
Die Maßgabe a) zur Kostenordnung in Abschnitt III – Nr. 20 – findet für die Tätigkeit von Notaren Anwendung, die ihre Geschäftsstelle in dem Teil des Landes Berlin, in dem das Grundgesetz bisher nicht galt, halten.

h) Gesetz über Kosten der Gerichtsvollzieher in der im Bundesgesetzblatt Teil III, Gliederungsnummer 362-1, veröffentlichten bereinigten Fassung, zuletzt geändert durch Artikel 9 Abs. 9 des Gesetzes vom 26. Juni 1990 (BGBl. I S. 1163)
mit folgender Maßgabe:
Die sich aus den in Kraft gesetzten Vorschriften ergebenden Gebühren ermäßigen sich um 20 vom Hundert, wenn der Kostenschuldner seinen allgemeinen Gerichtsstand in dem Teil des Landes Berlin, in dem das Grundgesetz bisher nicht galt, hat. Soweit die notwendigen Kosten der Zwangsvollstreckung wegen der in Satz 1 vorgesehenen Ermäßigung von dem Vollstreckungsschuldner nicht eingezogen werden können, erstreckt sich die Ermäßigung auf den Auftraggeber.

i) Bundesgebührenordnung für Rechtsanwälte in der im Bundesgesetzblatt Teil III, Gliederungsnummer 368-1, veröffentlichten bereinigten Fassung, zuletzt geändert durch Artikel 1 des Gesetzes vom 20. August 1990 (BGBl. I S. 1765)
mit folgender Maßgabe:
Die Maßgaben b) und c) zur Bundesgebührenordnung für Rechtsanwälte in Abschnitt III – Nr. 26 – sind nicht anzuwenden.

j) Die in Abschnitt III Nr. 28 aufgeführten allgemeinen Maßgaben werden um folgende Überleitungsvorschrift für die Berliner Gerichte ergänzt:
Die bei den Gerichten des Teils des Landes Berlin, in dem das Grundgesetz bisher nicht galt, anhängigen Verfahren gehen am Tag des Wirksamwerdens des Beitritts in der Lage, in der sie sich befinden, auf die nach dem im bisherigen Geltungsbereich des Grundgesetzes der Bundesrepublik Deutschland geltenden Recht zuständigen Gerichte über.
Die Zuständigkeit für Rechtsmittel und Rechtsbehelfe richtet sich nach dem neuen Recht.
Für die Erledigung anhängiger Kassationsverfahren ist anstelle des Bezirksgerichts das Landgericht Berlin zuständig, soweit nicht die Zuständigkeit eines Rechtsmittelgerichts der besonderen Gerichtsbarkeiten gegeben ist.

4. Im übrigen finden die in Abschnitt III aufgeführten Maßgaben im Land Berlin Anwendung. Sie finden keine Anwendung, soweit sie mit der Aufrechterhaltung der besonderen Gerichtsstruktur im Gebiet des Artikels 1 Abs. 1 des Vertrages zusammenhängen.

Sachgebiet B: Bürgerliches Recht

Abschnitt I

Von dem Inkrafttreten des Bundesrechts gemäß Artikel 8 des Vertrages sind ausgenommen:

1. Gesetz über die richterliche Vertragshilfe in der im Bundesgesetzblatt Teil III, Gliederungsnummer 402-4 veröffentlichten bereinigten Fassung.

2. Regelunterhalt-Verordnung vom 27. Juni 1970 (BGBl. I S. 1010), zuletzt geändert durch Verordnung vom 21. Juli 1988 (BGBl. I S. 1082).

Abschnitt II

Bundesrecht wird wie folgt geändert oder ergänzt:

1. Das **Einführungsgesetz zum Bürgerlichen Gesetzbuche** in der im Bundesgesetzblatt Teil III, Gliederungsnummer 400-1, veröffentlichten bereinigten Fassung, zuletzt geändert durch Artikel 3 des Gesetzes vom 26. Juni 1990 (BGBl. I S. 1205)[1]
wird wie folgt geändert:

Nach dem Fünften Teil wird folgender Teil angefügt:

„Sechster Teil
Inkrafttreten und Übergangsrecht aus Anlaß der Einführung des Bürgerlichen Gesetzbuchs und dieses Einführungsgesetzes in dem in Artikel 3 des Einigungsvertrages genannten Gebiet

Artikel 230
Umfang der Geltung; Inkrafttreten

(1) Für das in Artikel 3 des Einigungsvertrages genannte Gebiet gelten der § 616 Abs. 2 und 3 und die §§ 622 sowie 1706 bis 1710 des Bürgerlichen Gesetzbuchs nicht.

(2) Das Bürgerliche Gesetzbuch und dieses Einführungsgesetz treten im übrigen in diesem Gebiet am Tag des Wirksamwerdens des Beitritts nach Maßgabe der folgenden Übergangsvorschriften in Kraft.

Artikel 231
Erstes Buch. Allgemeiner Teil des Bürgerlichen Gesetzbuchs

§ 1 Entmündigung. Rechtskräftig ausgesprochene Entmündigungen bleiben wirksam. Entmündigungen wegen krankhafter Störung der Geistestätigkeit gelten als Entmündigungen wegen Geistesschwäche, Entmündigungen wegen Mißbrauchs von Alkohol gelten als Entmündigungen wegen Trunksucht, Entmündigungen wegen anderer rauscherzeugender Mittel oder Drogen gelten als Entmündigungen wegen Rauschgiftsucht im Sinn des Bürgerlichen Gesetzbuchs.

§ 2 Vereine. (1) Rechtsfähige Vereinigungen, die nach dem Gesetz über Vereinigungen – Vereinigungsgesetz – vom 21. Februar 1990 (GBl. I Nr. 10 S. 75), zuletzt geändert durch Gesetz vom 22. Juni 1990 (GBl. I Nr. 37 S. 470, berichtigt in GBl. I Nr. 39 S. 546) vor dem Wirksamwerden des Beitritts entstanden sind, bestehen fort.

(2)[1] Auf sie sind ab dem Tag des Wirksamwerdens des Beitritts die §§ 21 bis 79 des Bürgerlichen Gesetzbuchs anzuwenden. § 55 Abs. 1 gilt mit der Maßgabe, daß die Vereinsregister statt von den Amtsgerichten von den Stellen geführt werden, die vor dem Wirksamwerden des Beitritts in dem in Artikel 3 des Vertrages genannten Gebiet zutändig waren.

(3) Die in Absatz 1 genannten Vereinigungen führen ab dem Wirksamwerden des Beitritts die Bezeichnung „eingetragener Verein".

(4) Auf nicht rechtsfähige Vereinigungen im Sinn des Gesetzes über Vereinigungen – Vereinigungsgesetz – vom 21. Februar 1990 findet ab dem Tag des Wirksamwerdens des Beitritts § 54 des Bürgerlichen Gesetzbuchs Anwendung.

§ 3 Stiftungen. (1) Die in dem in Artikel 3 des Einigungsvertrags genannten Gebiet bestehenden rechtsfähigen Stiftungen bestehen fort.

(2) Auf Stiftungen des Privaten Rechts sind ab dem Tag des Wirksamwerdens des Beitritts die §§ 80 bis 88 des Bürgerlichen Gesetzbuchs anzuwenden.

§ 4 Haftung juristischer Personen für ihre Organe. Die §§ 31 und 89 des Bürgerlichen Gesetzbuchs sind nur auf solche Handlungen anzuwenden, die am Tag des Wirksamwerdens des Beitritts oder danach begangen werden.

§ 5 Sachen. (1) Nicht zu den Bestandteilen eines Grundstücks gehören Gebäude, Baulichkeiten, Anlagen, Anpflanzungen oder Einrichtungen, die gemäß dem am Tag vor dem Wirksamwerden des Beitritts geltenden Recht vom Grundstückseigentum unabhängiges Eigentum sind. Das gleiche gilt, wenn solche Gegenstände am Tag des Wirksamwerdens des Beitritts oder danach errichtet oder angebracht werden, soweit dies aufgrund eines vor dem Wirksamwerden des Beitritts begründeten Nutzungsrechts an dem Grundstück oder Nutzungsrechts nach §§ 312 bis 315 des Zivilgesetzbuchs der Deutschen Demokratischen Republik zulässig ist.

(2) Das Nutzungsrecht an dem Grundstück und die erwähnten Anlagen, Anpflanzungen oder Einrichtungen gelten als wesentliche Bestandteile des Gebäudes.

§ 6 Verjährung. (1) Die Vorschriften des Bürgerlichen Gesetzbuchs über die Verjährung finden auf die am Tag des Wirksamwerdens des Beitritts bestehenden und noch nicht verjährten Ansprüche Anwendung. Der Beginn, die Hemmung und die Unterbrechung der Verjährung bestimmen sich jedoch für den Zeitraum vor dem Wirksamwerden des Beitritts nach den bislang für das in Artikel 3 des Einigungsvertrages genannte Gebiet geltenden Rechtsvorschriften.

---

[1] Art. 231 § 2 Abs. 2 Satz 2 neugefaßt durch Art. 5 Nr. 1 der Vereinbarung vom 18. 9. 1990 (BGBl. II S. 1239, 1244).

(2) Ist die Verjährungsfrist nach dem Bürgerlichen Gesetzbuch kürzer als nach den Rechtsvorschriften, die bislang für das in Artikel 3 des Einigungsvertrages genannte Gebiet galten, so wird die kürzere Frist von dem Tag des Wirksamwerdens des Beitritts an berechnet. Läuft jedoch die in den Rechtsvorschriften, die bislang für das in Artikel 3 des Einigungsvertrages genannte Gebiet galten, bestimmte längere Frist früher als die im Bürgerlichen Gesetzbuch bestimmte kürzere Frist ab, so ist die Verjährung mit dem Ablauf der längeren Frist vollendet.

(3) Die Absätze 1 und 2 sind entsprechend auf Fristen anzuwenden, die für die Geltendmachung, den Erwerb oder den Verlust eines Rechts maßgebend sind.

Artikel 232
Zweites Buch. Recht der Schuldverhältnisse

§ 1 Allgemeine Bestimmungen für Schuldverhältnisse. Für ein Schuldverhältnis, das vor dem Wirksamwerden des Beitritts entstanden ist, bleibt das bisherige für das in Artikel 3 des Einigungsvertrages genannte Gebiet geltende Recht maßgebend.

§ 2 Miete. (1) Mietverhältnisse aufgrund von Verträgen, die vor dem Wirksamwerden des Beitritts geschlossen worden sind, richten sich von diesem Zeitpunkt an nach den Vorschriften des Bürgerlichen Gesetzbuchs, soweit nicht in den folgenden Absätzen etwas anderes bestimmt ist.

(2) Auf berechtigte Interessen im Sinne des § 564b Abs. 2 Nr. 3 des Bürgerlichen Gesetzbuchs kann der Vermieter sich nicht berufen.

(3) Auf berechtigte Interessen im Sinne des § 564b Abs. 2 Nr. 2 Satz 1 des Bürgerlichen Gesetzbuchs (Eigenbedarf) kann der Vermieter sich erst nach dem 31. Dezember 1992 berufen. Dies gilt nicht, wenn der Ausschluß des Kündigungsrechts für den Vermieter angesichts seines Wohnbedarfs und seiner sonstigen berechtigten Interessen eine Härte bedeuten würde, die auch unter Würdigung der Interessen des Mieters nicht zu rechtfertigen wäre.

(4) Vor dem 1. Januar 1993 kann der Vermieter ein Mietverhältnis nach § 564b Abs. 4 Satz 1 des Bürgerlichen Gesetzbuchs nur kündigen, wenn ihm die Fortsetzung des Mietverhältnisses wegen seines Wohn- oder Instandsetzungsbedarfs oder sonstiger Interessen nicht zugemutet werden kann.

(5) Der Mieter kann einer bis zum 31. Dezember 1992 erklärten Kündigung eines Mietverhältnisses über Geschäftsräume oder gewerblich genutzte unbebaute Grundstücke widersprechen und vom Vermieter die Fortsetzung des Mietverhältnisses verlangen, wenn die Kündigung für ihn eine erhebliche Gefährdung seiner wirtschaftlichen Lebensgrundlage mit sich bringt. Dies gilt nicht,

1. wenn ein Grund vorliegt, aus dem der Vermieter zur Kündigung ohne Einhaltung einer Kündigungsfrist berechtigt ist, oder

2. wenn der Vermieter bei anderweitiger Vermietung eine höhere als die bisherige Miete erzielen könnte und der Mieter sich weigert, in eine angemessene Mieterhöhung von dem Zeitpunkt an einzuwilligen, zu dem die Kündigung wirksam war, oder
3. wenn der Mieter sich weigert, in eine Umlegung der Betriebskosten einzuwilligen, oder
4. wenn dem Vermieter die Fortsetzung des Mietverhältnisses aus anderen Gründen nicht zugemutet werden kann.

Eine Mieterhöhung ist angemessen im Sinne des Satzes 2 Nr. 2, soweit die geforderte Miete die ortsübliche Miete, die sich für Geschäftsräume oder Grundstücke gleicher Art und Lage nach Wegfall der Preisbindungen bildet, nicht übersteigt. Willigt der Mieter in eine angemessene Mieterhöhung ein, so kann sich der Vermieter nicht darauf berufen, daß er bei anderweitiger Vermietung eine höhere als die ortsübliche Miete erzielen könnte.

(6) Bei der Kündigung nach Absatz 5 werden nur die im Kündigungsschreiben angegebenen Gründe berücksichtigt, soweit nicht die Gründe nachträglich entstanden sind. Im übrigen gelten § 556a Abs. 2, 3, 5 bis 7 und § 564a Abs. 2 des Bürgerlichen Gesetzbuchs sowie § 93b Abs. 1 bis 3, § 308a Abs. 1 Satz 1 und § 708 Nr. 7 der Zivilprozeßordnung, § 16 Abs. 3 und 4 des Gerichtskostengesetzes entsprechend.

(7) Die Kündigungsfrist nach § 565 Abs. 1 Nr. 3 des Bürgerlichen Gesetzbuchs verlängert sich für Kündigungen, die vor dem 1. Januar 1994 erklärt werden, um drei Monate.

§ 3 Pacht. (1) Pachtverhältnisse aufgrund von Verträgen, die vor dem Wirksamwerden des Beitritts geschlossen worden sind, richten sich von diesem Zeitpunkt an nach den §§ 581 bis 597 des Bürgerlichen Gesetzbuchs.

(2) Die. §§ 51 und 52 des Landwirtschaftsanpassungsgesetzes vom 29. Juni 1990 (GBl. Teil I Nr. 42 S. 642) bleiben unberührt.

§ 4 Nutzung von Bodenflächen zur Erholung. (1) Nutzungsverhältnisse nach den §§ 312 bis 315 des Zivilgesetzbuchs der Deutschen Demokratischen Republik aufgrund von Verträgen, die vor dem Wirksamwerden des Beitritts geschlossen worden sind, richten sich weiterhin nach den genannten Vorschriften des Zivilgesetzbuchs. Abweichende Regelungen bleiben einem besonderen Gesetz vorbehalten.

(2) Die Bundesregierung wird ermächtigt, durch Rechtsverordnung mit Zustimmung des Bundesrates Vorschriften über eine angemessene Gestaltung der Nutzungsentgelte zu erlassen. Angemessen sind Entgelte bis zur Höhe des ortsüblichen Pachtzinses für Grundstücke, die auch hinsichtlich der Art und des Umfangs der Bebauung in vergleichbarer Weise genutzt werden. In der Rechtsverordnung können Bestimmungen über die Ermittlung des ortsüblichen Pachtzinses, über das Verfahren der Entgelterhöhung sowie über die Kündigung im Fall der Erhöhung getroffen werden.

(3) Für Nutzungsverhältnisse innerhalb von Kleingartenanlagen bleibt die Anwendung des Bundeskleingartengesetzes vom 28. Februar 1983 (BGBl. I S. 210) mit den in Anlage I Kapitel XIV Abschnitt II Nr. 4 zum Einigungsvertrag enthaltenen Ergänzungen unberührt.

§ 5 Arbeitsverhältnisse. Für am Tag des Wirksamwerdens des Beitritts bestehende Arbeitsverhältnisse gelten unbeschadet des Artikels 230 von dieser Zeit an die Vorschriften des Bürgerlichen Gesetzbuchs.

§ 6 Verträge über wiederkehrende Dienstleistungen. Für am Tag des Wirksamwerdens des Beitritts bestehende Pflege- und Wartungsverträge und Verträge über wiederkehrende persönliche Dienstleistungen gelten von dieser Zeit an die Vorschriften des Bürgerlichen Gesetzbuchs.

§ 7 Kontoverträge und Sparkontoverträge. Das Kreditinstitut kann durch Erklärung gegenüber dem Kontoinhaber bestimmen, daß auf einen am Tag des Wirksamwerdens des Beitritts bestehenden Kontovertrag oder Sparkontovertrag die Vorschriften des Bürgerlichenen Gesetzbuchs einschließlich der im bisherigen Geltungsbereich dieses Gesetzes für solche Verträge allgemein verwendeten, näher zu bezeichnenden allgemeinen Geschäftsbedingungen anzuwenden sind. Der Kontoinhaber kann den Vertrag innerhalb eines Monats von dem Zugang der Erklärung an kündigen.

§ 8 Kreditverträge. Auf Kreditverträge, die nach dem 30. Juni 1990 abgeschlossen worden sind, ist § 609a des Bürgerlichen Gesetzbuchs anzuwenden.

§ 9 Bruchteilsgemeinschaften.[1] Auf eine am Tag des Wirksamwerdens des Beitritts bestehende Gemeinschaft nach Bruchteilen finden von dieser Zeit an die Vorschriften des Bürgerlichen Gesetzbuchs Anwendung.

§ 10 Unerlaubte Handlungen. Die Bestimmungen der §§ 823 bis 853 des Bürgerlichen Gesetzbuchs sind nur auf Handlungen anzuwenden, die am Tag des Wirksamwerdens des Beitritts oder danach begangen werden.

Artikel 233
Drittes Buch. Sachenrecht

§ 1 Besitz. Auf ein am Tag des Wirksamwerdens des Beitritts bestehendes Besitzverhältnis finden von dieser Zeit an die Vorschriften des Bürgerlichen Gesetzbuchs Anwendung.

---

[1] Art. 232 § 9 berichtigt durch Art. 5 Nr. 1 der Vereinbarung vom 18. 9. 1990 (BGBl. II S. 1239, 1244).

§ 2 Inhalt des Eigentums. (1) Auf das am Tag des Wirksamwerdens des Beitritts bestehende Eigentum an Sachen finden von dieser Zeit an die Vorschriften des Bürgerlichen Gesetzbuchs Anwendung, soweit nicht in den nachstehenden Vorschriften etwas anderes bestimmt ist.

(2) Wem bisheriges Volkseigentum zufällt oder wer die Verfügungsbefugnis über bisheriges Volkseigentum erlangt, richtet sich nach den besonderen Vorschriften über die Abwicklung des Volkseigentums.

§ 3 Inhalt und Rang beschränkter dinglicher Rechte. (1) Rechte, mit denen eine Sache oder ein Recht am Ende des Tages vor dem Wirksamwerden des Beitritts belastet ist, bleiben mit dem sich aus dem bisherigen Recht ergebenden Inhalt und Rang bestehen, soweit sich nicht aus den nachstehenden Vorschriften ein anderes ergibt.

(2) Eine spätere Bereinigung solcher Rechtsverhältnisse oder ihre Anpassung an das Bürgerliche Gesetzbuch und seine Nebengesetze oder an veränderte Verhältnisse bleibt vorbehalten.

(3) Die Aufhebung eines Rechts, mit dem ein Grundstück oder ein Recht an einem Grundstück belastet ist, richtet sich nach den bisherigen Vorschriften, wenn das Recht der Eintragung in das Grundbuch nicht bedurfte und nicht eingetragen ist.

§ 4 Sondervorschriften für dingliche Nutzungsrechte und Gebäudeeigentum. (1) Für das Gebäudeeigentum nach § 288 Abs. 4 oder § 292 Abs. 3 des Zivilgesetzbuchs der Deutschen Demokratischen Republik gelten von dem Wirksamwerden des Beitritts an die sich auf Grundstücke beziehenden Vorschriften des Bürgerlichen Gesetzbuchs mit Ausnahme der §§ 927 und 928 entsprechend.

(2) Ein Nutzungsrecht nach §§ 287 bis 294 des Zivilgesetzbuchs der Deutschen Demokratischen Republik, das nicht im Grundbuch des belasteten Grundstücks eingetragen ist, wird bis zu einer anderweitigen gesetzlichen Regelung durch die Vorschriften des Bürgerlichen Gesetzbuchs über den öffentlichen Glauben des Grundbuchs nicht beeinträchtigt, wenn ein aufgrund des Nutzungsrechts zulässiges Eigenheim oder sonstiges Gebäude in dem für den öffentlichen Glauben maßgebenden Zeitpunkt ganz oder teilweise errichtet ist. Der Erwerber des Eigentums oder eines sonstigen Rechts an dem belasteten Grundstück kann in diesem Fall die Aufhebung oder Änderung des Nutzungsrechts gegen Ausgleich der dem Nutzungsberechtigten dadurch entstehenden Vermögensnachteile verlangen, wenn das Nutzungsrecht für ihn mit Nachteilen verbunden ist, welche erheblich größer sind als der dem Nutzungsberechtigten durch die Aufhebung oder Änderung seines Rechts entstehende Schaden; dies gilt nicht, wenn er beim Erwerb des Eigentums oder sonstigen Rechts in dem für den öffentlichen Glauben des Grundbuchs maßgeblichen Zeitpunkt das Vorhandensein des Nutzungsrechts kannte.

(3) Die Absätze 1 und 2 gelten entsprechend, soweit aufgrund anderer Rechtsvorschriften Gebäudeeigentum, für das ein Gebäudegrund-

buchblatt anzulegen ist, in Verbindung mit einem Nutzungsrecht an dem betroffenen Grundstück besteht.

§ 5 Mitbenutzungsrechte. (1) Mitbenutzungsrechte im Sinn des § 321 Abs. 1 bis 3 und des § 322 des Zivilgesetzbuchs der Deutschen Demokratischen Republik gelten als Rechte an dem belasteten Grundstück, soweit ihre Begründung der Zustimmung des Eigentümers dieses Grundstücks bedurfte.

(2) Soweit die in Absatz 1 bezeichneten Rechte nach den am Tag vor dem Wirksamwerden des Beitritts geltenden Rechtsvorschriften gegenüber einem Erwerber des belasteten Grundstücks oder eines Rechts an diesem Grundstück auch dann wirksam bleiben, wenn sie nicht im Grundbuch eingetragen sind, behalten sie bis zu einer anderweitigen gesetzlichen Regelung ihre Wirksamkeit auch gegenüber den Vorschriften des Bürgerlichen Gesetzbuchs über den öffentlichen Glauben des Grundbuchs. Der Erwerber des Eigentums oder eines sonstigen Rechts an dem belasteten Grundstück kann in diesem Fall jedoch die Aufhebung oder Änderung des Mitbenutzungsrechts gegen Ausgleich der dem Berechtigten dadurch entstehenden Vermögensnachteile verlangen, wenn das Mitbenutzungsrecht für ihn mit Nachteilen verbunden ist, welche erheblich größer sind als der durch die Aufhebung oder Änderung dieses Rechts dem Berechtigten entstehende Schaden; dies gilt nicht, wenn derjenige, der die Aufhebung oder Änderung des Mitbenutzungsrechts verlangt, beim Erwerb des Eigentums oder sonstigen Rechts an dem belasteten Grundstück in dem für den öffentlichen Glauben des Grundbuchs maßgeblichen Zeitpunkt das Vorhandensein des Mitbenutzungsrechts kannte.

(3) Ein nach Absatz 1 als Recht an einem Grundstück geltendes Mitbenutzungsrecht kann in das Grundbuch auch dann eingetragen werden, wenn es nach den am Tag vor dem Wirksamwerden des Beitritts geltenden Vorschriften nicht eintragungsfähig war.

§ 6 Hypotheken. (1) Für die Übertragung von Hypothekenforderungen nach dem Zivilgesetzbuch der Deutschen Demokratischen Republik, die am Tag des Wirksamwerdens des Beitritts bestehen, gelten die Vorschriften des Bürgerlichen Gesetzbuchs, welche bei der Übertragung von Sicherungshypotheken anzuwenden sind, entsprechend. Das gleiche gilt für die Aufhebung solcher Hypotheken mit der Maßgabe, daß § 1183 des Bürgerlichen Gesetzbuchs und § 27 der Grundbuchordnung nicht anzuwenden ist. Die Regelungen des Bürgerlichen Gesetzbuchs über den Verzicht auf eine Hypothek sind bei solchen Hypotheken nicht anzuwenden.

(2) Die Übertragung von Hypotheken, Grundschulden und Rentenschulden aus der Zeit vor Inkrafttreten des Zivilgesetzbuchs der Deutschen Demokratischen Republik und die sonstigen Verfügungen über solche Rechte richten sich nach den entsprechenden Vorschriften des Bürgerlichen Gesetzbuchs.

§ 7 Am Tag des Wirksamwerdens des Beitritts schwebende Rechtsänderungen. (1) Die Übertragung des Eigentums an einem Grundstück richtet sich statt nach den Vorschriften des Bürgerlichen Gesetzbuchs nach den am Tag vor dem Wirksamwerden des Beitritts geltenden Rechtsvorschriften, wenn der Antrag auf Eintragung in das Grundbuch vor dem Wirksamwerden des Beitritts gestellt worden ist. Dies gilt entsprechend für das Gebäudeeigentum.

(2) Ein Recht nach den am Tag vor dem Wirksamwerden des Beitritts geltenden Vorschriften kann nach diesem Tage gemäß diesen Vorschriften noch begründet werden, wenn hierzu die Eintragung in das Grundbuch erforderlich ist und diese beim Grundbuchamt vor dem Wirksamwerden des Beitritts beantragt worden ist. Auf ein solches Recht ist § 3 Abs. 1 und 2 entsprechend anzuwenden. Ist die Eintragung einer Verfügung über ein Recht der in Satz 1 bezeichneten Art vor dem Wirksamwerden des Beitritts beim Grundbuchamt beantragt worden, so sind auf die Verfügung die am Tag vor dem Wirksamwerden des Beitritts geltenden Vorschriften anzuwenden.

§ 8 Rechtsverhältnisse nach § 459 des Zivilgesetzbuchs. Soweit Rechtsverhältnisse und Ansprüche aufgrund des früheren § 459 des Zivilgesetzbuchs der Deutschen Demokratischen Republik und der dazu ergangenen Ausführungsvorschriften am Ende des Tages vor dem Wirksamwerden des Beitritts bestehen, bleiben sie vorbehaltlich des § 2 sowie etwaiger zukünftiger Vorschriften über die Bereinigung oder Abwicklung solcher Rechtsverhältnisse unberührt. Soweit Gebäudeeigentum besteht, ist § 4 Abs. 1 entsprechend anzuwenden.

Artikel 234
Viertes Buch. Familienrecht

§ 1 Grundsatz. Das Vierte Buch des Bürgerlichen Gesetzbuchs gilt für alle familienrechtlichen Verhältnisse, die am Tag des Wirksamwerdens des Beitritts bestehen, soweit im folgenden nichts anderes bestimmt ist.

§ 2 Verlöbnis. Die Vorschriften über das Verlöbnis gelten nicht für Verlöbnisse, die vor dem Wirksamwerden des Beitritts geschlossen worden sind.

§ 3 Wirkungen der Ehe im allgemeinen. (1) Ehegatten, die vor dem Wirksamwerden des Beitritts die Ehe geschlossen haben und nach dem zur Zeit der Eheschließung geltenden Recht eine dem § 1355 Abs. 2 Satz 1 des Bürgerlichen Gesetzbuchs entsprechende Wahl nicht treffen konnten, können bis zum Ablauf eines Jahres nach Wirksamwerden des Beitritts erklären, daß sie den Geburtsnamen des Mannes oder der Frau als Ehenamen führen wollen. Dies gilt nicht, wenn die Ehe aufgelöst oder für nichtig erklärt ist. Hat ein Ehegatte vor dem Wirksamwerden des Beitritts seinen zur Zeit der Eheschließung geführten Namen dem Ehenamen hinzugefügt, so

1. entfällt der hinzugefügte Name, wenn die Ehegatten gemäß Satz 1

erklären, den Geburtsnamen dieses Ehegatten als Ehenamen führen zu wollen;
2. kann der Ehegatte bis zum Ablauf von zwei Jahren nach Wirksamwerden des Beitritts erklären, anstelle des hinzugefügten Namens nunmehr seinen Geburtsnamen voranstellen zu wollen.

§ 1355 Abs. 3 des Bürgerlichen Gesetzbuchs gilt nicht für einen Ehegatten, dessen zur Zeit der Eheschließung geführter Name Ehename geworden ist.

(2) Eine Namensänderung nach Absatz 1 Satz 1 erstreckt sich auf den Geburtsnamen eines Abkömmlings, welcher das 14. Lebensjahr vollendet hat, nur dann, wenn er sich der Namensänderung seiner Eltern durch Erklärung anschließt. Ein in der Geschäftsfähigkeit beschränkter Abkömmling kann die Erklärung nur selbst abgeben; er bedarf hierzu der Zustimmung seines gesetzlichen Vertreters. Ist der frühere Geburtsname zum Ehenamen eines Abkömmlings geworden, so erstreckt sich die Namensänderung nach Absatz 1 Satz 1 auf den Ehenamen nur dann, wenn die Ehegatten die Erklärung nach Absatz 2 Satz 1 gemeinsam abgeben. Die Erklärungen nach Absatz 2 Satz 1 und 3 sind innerhalb eines Jahres abzugeben; die Frist beginnt mit der Abgabe der Erklärung nach Absatz 1.

(3) Die Erklärungen nach Absatz 1 und 2 bedürfen der öffentlichen Beglaubigung. Sie sind dem für ihre Entgegennahme zuständigen Standesbeamten zu übersenden. Die Erklärungen können auch von den Standesbeamten beglaubigt oder beurkundet werden.

(4) Zur Entgegennahme der Erklärung über die Änderung des Ehenamens ist der Standesbeamte zuständig, der das Familienbuch der Ehegatten führt; wird ein Familienbuch nicht geführt, so ist der Standesbeamte zuständig, der das Heiratsbuch führt. Der Standesbeamte nimmt auf Grund der Erklärung die Eintragung in das von ihm geführte Personenstandsbuch vor.

(5) Zur Entgegennahme der Erklärung über die Änderung des Geburtsnamens ist der Standesbeamte zuständig, der das Geburtenbuch führt; er nimmt auf Grund der Erklärung die Eintragung in das Geburtenbuch vor.

(6) Haben die Ehegatten die Ehe außerhalb des Geltungsbereichs dieses Gesetzes geschlossen und wird ein Familienbuch nicht geführt, so ist der Standesbeamte des Standesamts I in Berlin zuständig. Er erteilt, falls er kein Personenstandsbuch führt, in das auf Grund der Erklärung eine Eintragung vorzunehmen wäre, dem Erklärenden und den weiter von der Erklärung Betroffenen eine Bescheinigung über die Entgegennahme und die Wirkungen der Erklärung. Gleiches gilt, wenn die Geburt des Abkömmlings nicht im Geltungsbereich dieses Gesetzes beurkundet ist.

(7) Der Bundesminister des Innern wird ermächtigt, im Benehmen mit dem Bundesminister der Justiz und mit Zustimmung des Bundesrates zur Durchführung dieses Gesetzes Verwaltungsvorschriften über die nähere Behandlung der Erklärungen und die Mitteilungspflichten der Standesbeamten zu erlassen.

§ 4 Eheliches Güterrecht. (1) Haben die Ehegatten am Tag des Wirksamwerdens des Beitritts im gesetzlichen Güterstand der Eigentums- und Vermögensgemeinschaft des Familiengesetzbuchs der Deutschen Demokratischen Republik gelebt, so gelten, soweit die Ehegatten nichts anderes vereinbart haben, von diesem Zeitpunkt an die Vorschriften über den gesetzlichen Güterstand der Zugewinngemeinschaft.

(2) Jeder Ehegatte kann, sofern nicht vorher ein Ehevertrag geschlossen oder die Ehe geschieden worden ist, bis zum Ablauf von zwei Jahren nach Wirksamwerden des Beitritts dem Kreisgericht gegenüber erklären, daß für die Ehe der bisherige gesetzliche Güterstand fortgelten solle. § 1411 des Bürgerlichen Gesetzbuchs gilt entsprechend. Wird die Erklärung abgegeben, so gilt die Überleitung als nicht erfolgt. Aus der Wiederherstellung des ursprünglichen Güterstandes können die Ehegatten untereinander und gegenüber einem Dritten Einwendungen gegen ein Rechtsgeschäft, das nach der Überleitung zwischen den Ehegatten oder zwischen einem von ihnen und dem Dritten vorgenommen worden ist, nicht herleiten.

(3) Für die Entgegennahme der Erklärung nach Absatz 2 ist jedes Kreisgericht zuständig. Die Erklärung muß notariell beurkundet werden. Haben die Ehegatten die Erklärung nicht gemeinsam abgegeben, so hat das Kreisgericht sie dem anderen Ehegatten nach den für Zustellungen von Amts wegen geltenden Vorschriften der Zivilprozeßordnung bekanntzumachen. Für die Zustellung werden Auslagen nach § 137 Nr. 2 der Kostenordnung nicht erhoben. Wird mit der Erklärung ein Antrag auf Eintragung in das Güterrechtsregister verbunden, so hat das Kreisgericht den Antrag mit der Erklärung an das Registergericht weiterzuleiten. Der aufgrund der Erklärung fortgeltende gesetzliche Güterstand ist, wenn einer der Ehegatten dies beantragt, in das Güterrechtsregister einzutragen. Wird der Antrag nur von einem der Ehegatten gestellt, so soll das Registergericht vor der Eintragung den anderen Ehegatten hören. Für das gerichtliche Verfahren gelten die Vorschriften des Gesetzes über die Angelegenheiten der freiwilligen Gerichtsbarkeit.

(4) In den Fällen des Absatzes 1 gilt für die Auseinandersetzung des bis zum Wirksamwerden des Beitritts erworbenen gemeinschaftlichen Eigentums und Vermögens § 39 des Familiengesetzbuchs der Deutschen Demokratischen Republik sinngemäß.

(5) Für Ehegatten, die vor dem Wirksamwerden des Beitritts geschieden worden sind, bleibt für die Auseinandersetzung des gemeinschaftlichen Eigentums und Vermögens und für die Entscheidung über die Ehewohnung das bisherige Recht maßgebend.

(6) Für die Beurkundung der Erklärung nach Absatz 2 und der Anmeldung zum Güterrechtsregister sowie für die Eintragung in das Güterrechtsregister beträgt der Geschäftswert 5000 Deutsche Mark.

§ 5 Unterhalt des geschiedenen Ehegatten. Für den Unterhaltsanspruch eines Ehegatten, dessen Ehe vor dem Wirksamwerden des Beitritts geschieden worden ist, bleibt das bisherige Recht maßgebend. Unterhaltsvereinbarungen bleiben unberührt.

§ 6 Versorgungsausgleich. Für Ehegatten, die vor dem grundsätzlichen Inkrafttreten der versicherungs- und rentenrechtlichen Vorschriften des Sechsten Buches Sozialgesetzbuch – Gesetzliche Rentenversicherung – in dem in Artikel 3 des Einigungsvertrages genannten Gebiet geschieden worden sind oder geschieden werden, gilt das Recht des Versorgungsausgleichs nicht. Wird die Ehe nach diesem Zeitpunkt geschieden, findet der Versorgungsausgleich insoweit nicht statt, als das auszugleichende Anrecht Gegenstand oder Grundlage einer vor dem Wirksamwerden des Beitritts geschlossenen wirksamen Vereinbarung oder gerichtlichen Entscheidung über die Vermögensverteilung war.

§ 7 Abstammung. (1) Entscheidungen, die vor dem Wirksamwerden des Beitritts ergangen sind und feststellen, daß der Ehemann der Mutter nicht der Vater des Kindes ist, wer der Vater des Kindes ist oder daß eine Anerkennung der Vaterschaft unwirksam ist, bleiben unberührt. Dasselbe gilt für eine Anerkennung der Vaterschaft, die nach dem 31. März 1966 und vor dem Wirksamwerden des Beitritts wirksam geworden ist.

(2) Die Fristen für Klagen, durch welche die Ehelichkeit eines Kindes oder die Anerkennung der Vaterschaft angefochten wird, beginnen nicht vor dem Wirksamwerden des Beitritts, wenn der Anfechtungsberechtigte nach dem bisher geltenden Recht nicht klageberechtigt war.

(3) Ist vor dem Wirksamwerden des Beitritts die Vaterschaft angefochten oder Klage auf Feststellung der Unwirksamkeit einer Anerkennung der Vaterschaft erhoben und über die Klagen nicht vor dem Wirksamwerden des Beitritts rechtskräftig entschieden worden, so wird der Zeitraum von der Klageerhebung bis zum Wirksamwerden des Beitritts in die in Absatz 2 genannten Fristen nicht eingerechnet, wenn die Klage aufgrund des Inkrafttretens des Bürgerlichen Gesetzbuchs nicht mehr von dem Kläger erhoben oder nicht mehr gegen den Beklagten gerichtet werden kann.

(4) Andere als die in Absatz 1 genannten Entscheidungen und Erklärungen, die nach dem bisherigen Recht die Wirkung einer Vaterschaftsfeststellung haben, stehen einer Anerkennung der Vaterschaft im Sinne des Absatzes 1 Satz 2 gleich.

§ 8 Anpassung von Unterhaltsrenten für Minderjährige. (1) Der Vomhundertsatz nach § 1612a Abs. 2 Satz 1 des Bürgerlichen Gesetzbuchs kann für das in Artikel 3 des Einigungsvertrages genannte Gebiet von der Landesregierung durch Rechtsverordnung (Anpassungsverordnung) bestimmt werden. Vor einer Bestimmung soll die Landesregierung die übrigen Landesregierungen in den in Satz 1 genannten Gebieten und die Bundesregierung unterrichten.

(2) Die Landesregierung kann die Ermächtigung weiter übertragen.

(3) Die Absätze 1 und 2 gelten nicht, wenn die Bundesregierung den Vomhundertsatz gemäß § 1612a Abs. 2 Satz 1 des Bürgerlichen Gesetzbuchs in diesen Gebieten bestimmt.

(4) Eine Anpassung nach § 1612a Abs. 1 Satz 1 des Bürgerlichen Ge-

setzbuchs kann nicht für einen früheren Zeitpunkt als den Beginn des zweiten auf das Inkrafttreten der Anpassungsverordnung folgenden Kalendermonats verlangt werden.

§ 9 Regelbedarf des nichtehelichen Kindes. (1) Der Regelbedarf nach § 1615f Abs. 1 Satz 2 des Bürgerlichen Gesetzbuchs kann in dem in Artikel 3 des Einigungsvertrages genannten Gebiet von der jeweiligen Landesregierung durch Rechtsverordnung festgesetzt werden. Vor einer Festsetzung soll die Landesregierung die übrigen Landesregierungen in dem in Satz 1 genannten Gebiet und die Bundesregierung unterrichten. Der Regelbedarf ist in gleicher Weise nach dem Alter abzustufen wie der von der Bundesregierung mit Zustimmung des Bundesrates festgesetzte Regelbedarf. Eine Abstufung nach den örtlichen Unterschieden in den Lebenshaltungskosten findet nicht statt.

(2) Die Landesregierung kann die Ermächtigung weiter übertragen.

(3) Die Absätze 1 und 2 gelten nicht, wenn die Bundesregierung den Regelbedarf gemäß § 1615f Abs. 2 des Bürgerlichen Gesetzbuchs in diesem Gebiet festsetzt.

§ 10 Rechtsverhältnis zwischen den Eltern und dem Kind im allgemeinen. Der Familienname eines vor dem Wirksamwerden des Beitritts geborenen Kindes bestimmt sich in Ansehung der bis zum Wirksamwerden des Beitritts eingetretenen namensrechtlichen Folgen nach dem bisherigen Recht.

§ 11 Elterliche Sorge. (1) Die elterliche Sorge für ein Kind steht demjenigen zu, dem das Erziehungsrecht am Tag vor dem Wirksamwerden des Beitritts nach dem bisherigen Recht zustand. Stand das Erziehungsrecht am Tag vor dem Wirksamwerden des Beitritts dem Vater eines nichtehelichen Kindes oder einem anderen als der Mutter oder dem Vater des Kindes zu, so hat dieser lediglich die Rechtsstellung eines Vormunds.

(2) Entscheidungen, Feststellungen oder Maßnahmen, die das Gericht oder eine Verwaltungsbehörde vor dem Wirksamwerden des Beitritts in Angelegenheiten der elterlichen Sorge getroffen hat, bleiben unberührt. Für die Änderung solcher Entscheidungen, Feststellungen oder Maßnahmen gelten § 1674 Abs. 2 und § 1696 des Bürgerlichen Gesetzbuchs entsprechend.

(3) Hat das Gericht vor dem Wirksamwerden des Beitritts im Scheidungsurteil über das elterliche Erziehungsrecht nicht entschieden oder angeordnet, daß die Ehegatten das elterliche Erziehungsrecht bis zur Dauer eines Jahres nicht ausüben dürfen, gilt § 1671 des Bürgerlichen Gesetzbuchs entsprechend.

(4) Ist ein Kind durch seine Eltern oder mit deren Einverständnis in einer Weise untergebracht, die mit Freiheitsentziehung verbunden ist, so gelten für die Unterbringung vom Wirksamwerden des Beitritts an die Vorschriften des Bürgerlichen Gesetzbuchs. Die Eltern haben alsbald nach dem Wirksamwerden des Beitritts um die gerichtliche Genehmi-

gung der Unterbringung nachzusuchen. Die Unterbringung ist spätestens nach Ablauf von 6 Monaten nach dem Wirksamwerden des Beitritts zu beenden, wenn das Gericht sie nicht vorher genehmigt hat.

§ 12 Legitimation nichtehelicher Kinder. Die Frist nach § 1740e Abs. 1 Satz 1 des Bürgerlichen Gesetzbuchs beginnt nicht vor dem Wirksamwerden des Beitritts.

§ 13 Annahme als Kind. (1) Für Annahmeverhältnisse, die vor dem Wirksamwerden des Beitritts begründet worden sind, gelten § 1755 Abs. 1 Satz 2, §§ 1756, 1760 Abs. 2 Buchstabe e und §§ 1767 bis 1772 des Bürgerlichen Gesetzbuchs nicht. § 1766 des Bürgerlichen Gesetzbuchs gilt nicht, wenn die Ehe vor dem Wirksamwerden des Beitritts geschlossen worden ist.

(2) Vor dem Wirksamwerden des Beitritts ergangene Entscheidungen des Gerichts, durch die ein Annahmeverhältnis aufgehoben worden ist, bleiben unberührt. Dasselbe gilt für Entscheidungen eines staatlichen Organs, durch die ein Annahmeverhältnis aufgehoben worden ist und die vor dem Wirksamwerden des Beitritts wirksam geworden sind.

(3) Ist ein Annahmeverhältnis vor dem Wirksamwerden des Beitritts ohne die Einwilligung des Kindes oder eines Elternteils begründet worden, so kann es aus diesem Grund nur aufgehoben werden, wenn die Einwilligung nach dem bisherigen Recht erforderlich war.

(4) Ist ein Annahmeverhältnis vor dem Wirksamwerden des Beitritts begründet worden und war die Einwilligung eines Elternteils nach dem bisherigen Recht nicht erforderlich, weil

1. deser Elternteil zur Abgabe einer Erklärung für eine nicht absehbare Zeit außerstande war oder
2. der Aufenthalt dieses Elternteils nicht ermittelt werden konnte,

so kann das Annahmeverhältnis gleichwohl auf Antrag dieses Elternteils aufgehoben werden. § 1761 des Bürgerlichen Gesetzbuchs gilt entsprechend. Der Antrag kann nur innerhalb eines Jahres gestellt werden, wenn seit der Annahme noch keine drei Jahre verstrichen sind. Die Frist beginnt im Fall des Satzes 1 Nr. 1 mit dem Zeitpunkt, in dem der Elternteil die Fähigkeit zur Abgabe einer Erklärung wiedererlangt; im Fall des Satzes 1 Nr. 2 beginnt die Frist mit dem Zeitpunkt, in dem dem Elternteil bekannt wird, daß die Annahme ohne seine Einwilligung erfolgt ist.

(5) Ist ein Annahmeverhältnis vor dem Wirksamwerden des Beitritts begründet worden und war die Einwilligung eines Elternteils nach dem bisherigen Recht nicht erforderlich, weil diesem Elternteil das Erziehungsrecht entzogen war, so kann das Annahmeverhältnis gleichwohl auf Antrag dieses Elternteils aufgehoben werden. § 1761 des Bürgerlichen Gesetzbuchs gilt entsprechend. Der Antrag kann nur bis zum Ablauf eines Jahres nach Wirksamwerden des Beitritts gestellt werden.

(6) Ist ein Annahmeverhältnis vor dem Wirksamwerden des Beitritts begründet worden und ist die Einwilligung eines Elternteils ersetzt

worden, weil ihre Verweigerung dem Wohle des Kindes entgegenstand, so gilt Absatz 5 entsprechend.

(7) Ist über die Klage eines leiblichen Elternteils auf Aufhebung eines Annahmeverhältnisses am Tag des Wirksamwerdens des Beitritts noch nicht rechtskräftig entschieden worden, so gilt die Klage als Antrag auf Aufhebung des Annahmeverhältnisses. § 1762 Abs. 3 des Bürgerlichen Gesetzbuchs gilt nicht.

§ 14 Vormundschaft. (1) Ab dem Wirksamwerden des Beitritts gelten für die bestehenden Vormundschaften und vorläufigen Vormundschaften die Vorschriften des Bürgerlichen Gesetzbuchs.

(2) Bisherige Bestellungen von Vormündern bleiben wirksam. Sind Ehegatten nach § 90 Abs. 1 des Familiengesetzbuchs der Deutschen Demokratischen Republik gemeinsam zu Vormündern bestellt, so gilt bei Verhinderung eines Mitvormunds § 1678 Abs. 1, 1. Halbsatz des Bürgerlichen Gesetzbuchs entsprechend.

(3) Führt das Jugendamt oder das Staatliche Notariat selbst eine Vormundschaft, so wird diese als bestellte Amtsvormundschaft fortgeführt (§§ 1791 b, 1897 Satz 1 des Bürgerlichen Gesetzbuchs).

(4) Die Vorschriften des Bürgerlichen Gesetzbuchs über die Anlegung von Mündelgeld sind erst ab 1. Januar 1992 anzuwenden.

(5) Für Ansprüche des Vormunds auf Vergütungen für die Zeit bis zum Wirksamwerden des Beitritts sowie auf Ersatz für Aufwendungen, die er in dieser Zeit gemacht hat, gilt das bisherige Recht.

(6) § 11 Abs. 4 gilt entsprechend.

§ 15 Pflegschaft. (1) Am Tag des Wirksamwerdens des Beitritts werden die bestehenden Pflegschaften zu den entsprechenden Pflegschaften nach dem Bürgerlichen Gesetzbuch. Der Wirkungskreis entspricht dem bisher festgelegten Wirkungskreis.

(2) § 14 Abs. 2 bis 6 gilt entsprechend.

Artikel 235
Fünftes Buch. Erbrecht

§ 1 Erbrechtliche Verhältnisse. (1) Für die erbrechtlichen Verhältnisse bleibt das bisherige Recht maßgebend, wenn der Erblasser vor dem Wirksamwerden des Beitritts gestorben ist.

(2) Anstelle der §§ 1934 a bis 1934 e, 2338 a des Bürgerlichen Gesetzbuchs gelten auch sonst, wenn das nichteheliche Kind vor dem Wirksamwerden des Beitritts geboren ist, die Vorschriften über das Erbrecht des ehelichen Kindes.

§ 2 Verfügungen von Todes wegen. Die Errichtung oder Aufhebung einer Verfügung von Todes wegen vor dem Wirksamwerden des Beitritts wird nach dem bisherigen Recht beurteilt, auch wenn der Erblasser nach dem Wirksamwerden des Beitritts stirbt. Dies gilt auch für die Bindung des Erblassers bei einem gemeinschaftlichen Testament, sofern das Testament vor dem Wirksamwerden des Beitritts errichtet worden ist.

Artikel 236
Einführungsgesetz: Internationales Privatrecht

§ 1 **Abgeschlossene Vorgänge.** Auf vor dem Wirksamwerden des Beitritts abgeschlossene Vorgänge bleibt das bisherige Internationale Privatrecht anwendbar.

§ 2 **Wirkungen familienrechtlicher Rechtsverhältnisse.** Die Wirkungen familienrechtlicher Rechtsverhältnisse unterliegen von dem Wirksamwerden des Beitritts an den Vorschriften des Zweiten Kapitels des Ersten Teils.

§ 3 **Güterstand.** Die güterrechtlichen Wirkungen von Ehen, die vor dem Wirksamwerden des Beitritts geschlossen worden sind, unterliegen von diesem Tag an dem Artikel 15; dabei tritt an die Stelle des Zeitpunkts der Eheschließung der Tag des Wirksamwerdens des Beitritts. Soweit sich allein aus einem Wechsel des anzuwendenden Rechts nach Satz 1 Ansprüche wegen der Beendigung des früheren Güterstandes ergeben würden, gelten sie bis zum Ablauf von zwei Jahren nach Wirksamwerden des Beitritts als gestundet."

2. Für den **Versorgungsausgleich** im Zusammenhang mit Anrechten, die aufgrund der in dem in Artikel 3 des Einigungsvertrages genannten Gebiet geltenden Rechtsvorschriften der gesetzlichen Rentenversicherung oder der dort geltenden Regelungen eines vergleichbaren Sicherungssystems erworben worden sind, gelten die folgenden besonderen Bestimmungen:

§ 1 (1) Hat ein Ehegatte ein Anrecht im Sinne des § 1587 Abs. 1 des Bürgerlichen Gesetzbuchs aufgrund der in dem in Artikel 3 des Einigungsvertrages genannten Gebiet geltenden Rechtsvorschriften der gesetzlichen Rentenversicherung oder der dort geltenden Regelungen eines vergleichbaren Sicherungssystems erworben und ist auf dieses Anrecht das Fremdrentenrecht nicht anzuwenden, so ist der Versorgungsausgleich auszusetzen. § 628 Abs. 1 der Zivilprozeßordnung gilt entsprechend. Dies gilt nicht,

1. soweit über den Versorgungsausgleich ohne Einbeziehung dieses Anrechts eine Teilentscheidung getroffen werden kann;
2. wenn die Voraussetzungen des Absatzes 2 Satz 1 vorliegen; in diesem Falle ist ein vorläufiger Versorgungsausgleich im Sinne von Absatz 2 Satz 2 durchzuführen.

(2) Ein nach Absatz 1 ausgesetzter Versorgungsausgleich ist auf Antrag wieder aufzunehmen, wenn die Voraussetzungen des § 1587g Abs. 1 Satz 2 des Bürgerlichen Gesetzbuchs oder des § 3a Abs. 1 des Gesetzes zur Regelung von Härten im Versorgungsausgleich vorlie-

gen. In diesem Falle ist ein vorläufiger Versorgungsausgleich durchzuführen. Der vorläufige Versorgungsausgleich bestimmt sich nach den Vorschriften über den schuldrechtlichen Versorgungsausgleich, die mit folgender Maßgabe Anwendung finden:

1. Das in Absatz 1 genannte Anrecht ist unter Berücksichtigung der Grundsätze des § 1587a BGB zu bewerten und angemessen auszugleichen.
2. § 1587l des Bürgerlichen Gesetzbuchs gilt nicht.
3. § 3a Abs. 2 des Gesetzes zur Regelung von Härten im Versorgungsausgleich gilt nicht. Eine Hinterbliebenenversorgung zugunsten Geschiedener ist auf die Ausgleichsrente nach § 3a Abs. 1 des Gesetzes zur Regelung von Härten im Versorgungsausgleich anzurechnen; die Anrechnung unterbleibt, soweit dem Berechtigten neben der Ausgleichsrente nach § 1587g des Bürgerlichen Gesetzbuchs Unterhalt zustand.

(3) Für den vorläufigen Versorgungsausgleich findet § 53b Abs. 2 des Gesetzes über Angelegenheiten der freiwilligen Gerichtsbarkeit entsprechend Anwendung.

(4) Ist der Versorgungsausgleich ausgesetzt oder ein vorläufiger Versorgungsausgleich durchgeführt worden, so ist der Versorgungsausgleich wieder aufzunehmen, wenn die versicherungs- und rentenrechtlichen Vorschriften des Sechsten Buches Sozialgesetzbuch in dem in Artikel 3 des Einigungsvertrages genannten Gebiet grundsätzlich in Kraft treten.

§ 2 Liegen die Voraussetzungen für eine Aussetzung des Versorgungsausgleichs oder für die Durchführung eines vorläufigen Versorgungsausgleichs nach § 1 nicht vor und ist für die Versicherung des Berechtigten ein Träger der gesetzlichen Rentenversicherung zuständig, der seinen Sitz in einem der in Artikel 3 des Einigungsvertrages genannten Gebiete hat, so gilt der Berechtigte in Ansehung des Versorgungsausgleichs als bei dem Rentenversicherungsträger des Verpflichteten, wenn dieser seinen Sitz im bisherigen Geltungsbereich des Grundgesetzes hat, andernfalls bei der Bundesversicherungsanstalt für Angestellte versichert. Der Rentenversicherungsträger, bei dem der Berechtigte danach als versichert gilt, führt die Versicherung nach den im bisherigen Geltungsbereich des Grundgesetzes geltenden Vorschriften der gesetzlichen Rentenversicherung, jedoch ohne Berücksichtigung knappschaftlicher Besonderheiten, durch.

Abschnitt III

Bundesrecht tritt in dem in Artikel 3 des Vertrages genannten Gebiet mit folgenden Maßgaben in Kraft:

1. **Grundbuchordnung** in der im Bundesgesetzblatt Teil III, Gliederungsnummer 315-11, veröffentlichten bereinigten Fassung, zuletzt geändert durch Artikel 6 § 3 des Gesetzes vom 25. Juli 1986 (BGBl. I S. 1142)

mit folgenden Maßgaben:

a) Die Grundbücher werden vorbehaltlich späterer bundesgesetzlicher Regelung von den am Tag vor dem Wirksamwerden des Beitritts zuständigen oder den sonstigen durch Landesrecht bestimmten Stellen geführt (Grundbuchämter). Die Zuständigkeit der Bediensteten des Grundbuchamts richtet sich nach den für diese Stellen am Tag vor dem Wirksamwerden des Beitritts bestehenden oder in dem jeweiligen Lande erlassenen späteren Bestimmungen. Diese sind auch für die Zahl der erforderlichen Unterschriften und dafür maßgebend, inwieweit Eintragungen beim Grundstücksbestand zu unterschreiben sind.

b) Amtliches Verzeichnis der Grundstücke im Sinne des § 2 ist das am Tag vor dem Wirksamwerden des Beitritts zur Bezeichnung der Grundstücke maßgebende oder das an seine Stelle tretende Verzeichnis.

c) Die Grundbücher, die nach den am Tag vor dem Wirksamwerden des Beitritts bestehenden Bestimmungen geführt werden, gelten als Grundbücher im Sinne der Grundbuchordnung.

d) Soweit nach den am Tag vor dem Wirksamwerden des Beitritts geltenden Vorschriften Gebäudegrundbuchblätter zu führen sind, sind diese Vorschriften weiter anzuwenden. Dies gilt auch für die Kenntlichmachung der Anlegung des Gebäudegrundbuchblatts im Grundbuch des Grundstücks.

e) In Ergänzung zur Grundbuchordnung sind die Vorschriften in den §§ 2 bis 34 des Gesetzes über die Angelegenheiten der freiwilligen Gerichtsbarkeit entsprechend anwendbar, soweit sich nicht etwas anderes aus Rechtsvorschriften, insbesondere aus den Vorschriften des Grundbuchrechts, oder daraus ergibt, daß die Grundbücher nicht von Gerichten geführt werden.

f) Anträge auf Eintragung in das Grundbuch, die vor dem Wirksamwerden des Beitritts beim Grundbuchamt eingegangen sind, sind von diesem nach den am Tag vor dem Wirksamwerden des Beitritts geltenden Verfahrensvorschriften zu erledigen.

g) Im übrigen gelten die in Anlage I Kapitel III Sachgebiet A Abschnitt III unter Nr. 28 aufgeführten allgemeinen Maßgaben entsprechend. Am Tag des Wirksamwerdens des Beitritts anhängige Beschwerdeverfahren sind an das zur Entscheidung über die Beschwerde nunmehr zuständige Gericht abzugeben.

2. Verordnung zur Ausführung der Grundbuchordnung in der im Bundesgesetzblatt Teil III, Gliederungsnummer 315-11-2, veröffentlichten bereinigten Fassung, zuletzt geändert durch § 174 des Gesetzes vom 3. August 1980 (BGBl. I S. 1310) mit der Maßgabe, daß nur die §§ 7 bis 17 Anwendung finden.

3. Gesetz über Maßnahmen auf dem Gebiete des Grundbuchwesens vom 20. Dezember 1963 (BGBl. I S. 986) mit der Maßgabe, daß nur die §§ 26 und 28 Anwendung finden.

4. Allgemeine Verfügung über die Einrichtung und Führung des Grundbuchs (Grundbuchverfügung) vom 8. August 1935 (Reichsministerialblatt S. 637), zuletzt geändert durch Artikel 1 der Verordnung vom 23. Juli 1984 (BGBl. I S. 1025)

mit folgenden Maßgaben:

a) Die §§ 43 bis 53 sind stets anzuwenden.

b) Die Einrichtung der Grundbücher richtet sich bis auf weiteres nach den am Tag vor dem Wirksamwerden des Beitritts bestehenden oder von dem jeweiligen Lande erlassenen späteren Bestimmungen. Im übrigen ist für die Führung der Grundbücher die Grundbuchverfügung entsprechend anzuwenden, soweit sich nicht aus einer abweichenden Einrichtung des Grundbuchs etwas anderes ergibt oder aus besonderen Gründen Abweichungen erforderlich sind; solche Abweichungen sind insbesondere dann als erforderlich anzusehen, wenn sonst die Rechtsverhältnisse nicht zutreffend dargestellt werden können oder Verwirrung zu besorgen ist.

c) Soweit nach Buchstabe b) Bestimmungen der Grundbuchverfügung nicht herangezogen werden können, sind stattdessen die am Tag vor dem Wirksamwerden des Beitritts geltenden oder von dem jeweiligen Lande erlassenen späteren Bestimmungen anzuwenden. Jedoch sind Regelungen, die mit dem in Kraft tretenden Bundesrecht nicht vereinbar sind, nicht mehr anzuwenden. Dies gilt insbesondere auch für derartige Regelungen über die Voraussetzungen und den Inhalt von Eintragungen. Am Tag vor dem Wirksamwerden des Beitritts nicht vorgesehene Rechte oder Vermerke sind in entsprechender Anwendung der Grundbuchverfügung einzutragen.

d) Im Falle des Buchstabens c) sind auf die Einrichtung und Führung der Erbbaugrundbücher sowie auf die Bildung von Hypotheken-, Grundschuld- und Rentenschuldbriefen bei Erbbaurechten die §§ 56, 57 und 59 der Grundbuchverfügung mit der Maßgabe entsprechend anzuwenden, daß die in § 56 vorgesehenen Angaben in die entsprechenden Spalten für den Bestand einzutragen sind. Ist eine Aufschrift mit Blattnummer nicht vorhanden, ist die in § 55 Abs. 2 der Grundbuchverfügung vorgesehene Bezeichnung „Erbbaugrundbuch" an vergleichbarer Stelle im Kopf der ersten Seite des Grundbuchblatts anzubringen. Soweit in den oben bezeichneten Vorschriften auf andere Vorschriften der Grundbuchverfügung verwiesen wird, deren Bestimmungen nicht anzuwenden sind, treten an die Stelle der in Bezug genommenen Vorschriften der Grundbuchverfügung die entsprechenden anzuwendenden Regelungen über die Einrichtung und Führung der Grundbücher.

5. Verfügung über die grundbuchmäßige Behandlung der Wohnungseigentumssachen vom 1. August 1951 (BAnz. Nr. 152 vom 9. August 1951), zuletzt geändert durch Artikel 2 der Verordnung vom 23. Juli 1984 (BGBl. I S. 1025)

mit folgenden Maßgaben:

a) Soweit auf die Vorschriften der Grundbuchverfügung verwiesen wird und deren Bestimmungen nach den für die Überleitung der

Grundbuchverfügung bestimmten Maßgaben nicht anzuwenden sind, treten an die Stelle der in Bezug genommenen Vorschriften der Grundbuchverfügung die entsprechenden anzuwendenden Regelungen über die Einrichtung und Führung der Grundbücher. Die in § 3 vorgesehenen Angaben sind in diesem Falle in die entsprechenden Spalten für den Bestand einzutragen.

b) Ist eine Aufschrift mit Blattnummer nicht vorhanden, ist die in § 2 erwähnte Bezeichnung an vergleichbarer Stelle im Kopf der ersten Seite des Grundbuchblatts anzubringen.

6. Schiffsregisterordnung in der im Bundesgesetzblatt Teil III, Gliederungsnummer 315-18, veröffentlichten bereinigten Fassung, zuletzt geändert durch Artikel 9 des Dritten Rechtsbereinigungsgesetzes vom 28. Juni 1990 (BGBl. I S. 1221)

mit folgenden Maßgaben:

a) Solange und soweit das jeweilige Land keine Bestimmung über die zuständigen Registergerichte getroffen hat, wird für die in Artikel 3 des Vertrages genannten Gebiete das Seeschiffsregister vom Kreisgericht Rostock (Stadt) und das Binnenschiffsregister vom Kreisgericht der Stadt Magdeburg geführt. Dies gilt entsprechend für die von den bisherigen Registerbehörden geführten Schiffsbauregister. Die Landesregierungen werden ermächtigt, die in Satz 1 bezeichneten Bestimmungen zur Anpassung an die Grundsätze des § 1 der Schiffsregisterordnung durch Rechtsverordnung zu treffen. Sie können die Ermächtigung durch Rechtsverordnung auf die Landesjustizverwaltungen übertragen.

b) Schiffsregister- oder Schiffsbauregisterblätter, die nach den am Tag vor dem Wirksamwerden des Beitritts geltenden Bestimmungen als Register geführt werden, gelten als Register im Sinne der Schiffsregisterordnung.

c) Für ein am Tag des Wirksamwerden des Beitritts eingetragenes Schiff ist auf Antrag eine neue Schiffsurkunde auszustellen; § 63 der Schiffsregisterordnung gilt auch hier. Für die erstmalige Ausstellung dieser neuen Urkunde werden keine Kosten erhoben. Soweit in die Schiffsurkunden aufzunehmende Angaben in einem Registerblatt nach Buchstabe b nicht enthalten sind, können sie in den Schiffsurkunden weggelassen oder durch im Register verzeichnete vergleichbare Angaben ersetzt werden.

d) Wasserfahrzeuge, Geräte und Schiffsbauwerke, die nach den vor dem Wirksamwerden des Beitritts geltenden Vorschriften in das Register eingetragen worden sind, können auch dann eingetragen bleiben, wenn sie nicht zu den Seeschiffen im Sinne des § 3 Abs. 2, erster Halbsatz der Schiffsregisterordnung oder nicht zu den nach § 3 Abs. 3 der Schiffsregisterordnung eintragungsfähigen Binnenschiffen gehören oder als Schiffsbauwerk nicht die Voraussetzungen des § 66 der Schiffsregisterordnung erfüllen; in diesem Fall sind die Vorschriften über eingetragene Schiffe oder eingetragene Schiffsbauwerke entsprechend anzuwenden.

e) Im übrigen gelten die in Anlage I Kapitel III Sachgebiet A Abschnitt III unter Nr. 28 aufgeführten allgemeinen Maßgaben entsprechend. Am Tag des Wirksamwerdens des Beitritts anhängige Beschwerdeverfahren sind an das zur Entscheidung über die Beschwerde nunmehr zuständige Gericht abzugeben.

7. Verordnung zur Durchführung der Schiffsregisterordnung (SchRegDV) vom 24. November 1980 (BGBl. I S. 2169), geändert durch Verordnung vom 7. Juli 1982 (BGBl. I S. 934)

mit folgenden Maßgaben:

a) Die Schiffsregister und Schiffsbauregister sowie die Registerakten sind das nach den Maßgaben zur Schiffsregisterordnung zuständige Kreisgericht Rostock (Stadt) oder Kreisgericht der Stadt Magdeburg in Urschrift abzugeben. § 12 Abs. 1 bis 5 der Verordnung zur Durchführung der Schiffsregisterordnung ist auf diesen Zuständigkeitswechsel nicht anzuwenden.

b) Auf den vor dem Wirksamwerden des Beitritts angelegten Registerblättern können nach dem Stichtag neue Eintragungen vorgenommen werden, wenn die Rechtsverhältnisse dadurch zutreffend wiedergegeben werden und keine Verwirrung entsteht. Andernfalls ist das Registerblatt anläßlich einer neuen Eintragung nach Maßgabe des § 13 der Verordnung zur Durchführung der Schiffsregisterordnung umzuschreiben. Für die Neuanlegung von Registerblättern können unter den Voraussetzungen des Satzes 1 bis zum 31. Dezember 1991 noch die bisherigen Vordrucke verwendet werden, wobei die Angaben über die Registerbehörde oder sonstige überholte Angaben entsprechend zu berichtigen sind.

c) Bei der Ausstellung neuer Schiffsurkunden für Schiffe, die am Tag des Wirksamwerdens des Beitritts im Schiffsregister eingetragen sind, kann von den Mustern in den Anlagen der Verordnung zur Durchführung der Schiffsregisterordnung abgewichen werden, soweit das erforderlich ist, um den Inhalt eines noch fortgeführten Registerblatts aus der Zeit vor dem Wirksamwerden des Beitritts zutreffend wiederzugeben.

8. Produkthaftungsgesetz vom 15. Dezember 1989 (BGBl. I S. 198) mit der Maßgabe, daß dieses Gesetz nur auf solche Produkte anwendbar ist, die am Tag des Wirksamwerdens des Beitritts oder danach in Verkehr gebracht worden sind.

9. Verschollenheitsgesetz in der im Bundesgesetzblatt Teil III Gliederungsnummer 401-6 veröffentlichten bereinigten Fassung, zuletzt geändert durch Art. 3 des Gesetzes vom 25. Juli 1986 (BGBl. I S. 1142)
und
Gesetz zur Änderung von Vorschriften des Verschollenheitsrechts in der im Bundesgesetzblatt Teil III Gliederungsnummer 401-7 veröffentlichten Fassung

jeweils mit folgenden Maßgaben:

a) Die Vorschriften dieser Gesetze sind auf Verfahren, die vor dem Wirksamwerden des Beitritts in dem in Artikel 3 des Vertrags genannten Gebiet bereits eingeleitet sind, nicht anzuwenden. Solche Verfahren sind auf der Grundlage des bislang in dem in Artikel 3 des Vertrages genannten Gebiet geltenden Rechts abzuschließen.

b) Die Wirkung einer vor dem Wirksamwerden des Beitritts erfolgten Todeserklärung bestimmt sich nach dem bislang in dem in Artikel 3 des Vertrages genannten Gebiet geltenden Recht.

10. Gesetz über Rechte an eingetragenen Schiffen und Schiffsbauwerken in der im Bundesgesetzblatt Teil III, Gliederungsnummer 403-4, veröffentlichten bereinigten Fassung, zuletzt geändert durch Gesetz vom 28. August 1969 (BGBl. I S. 1513),

mit folgenden Maßgaben:

a) Artikel 233, §§ 1, 2 und 3 Abs. 1 und 2 des Einführungsgesetzes zum Bürgerlichen Gesetzbuch findet entsprechende Anwendung.

b) Für die Übertragung und die Aufhebung von Hypotheken, die am Tag des Wirksamwerdens des Beitritts bestanden, gelten die Vorschriften des Gesetzes über Rechte an eingetragenen Schiffen und Schiffsbauwerken mit der Maßgabe, daß zur Aufhebung die Zustimmung des Eigentümers nicht erforderlich ist. Die Bestimmungen des vorbezeichneten Gesetzes über den Verzicht auf die Hypothek sind bei solchen Hypotheken nicht anzuwenden.

11. Ehegesetz in der im Bundesgesetzblatt Teil III, Gliederungsnummer 404-1, veröffentlichten bereinigten Fassung, zuletzt geändert durch Artikel 6 § 1 des Gesetzes vom 25. Juli 1986 (BGBl. I S. 1142)

mit folgenden Maßgaben:

a) §§ 1 bis 21 und §§ 28 bis 37 des Ehegesetzes gelten nicht für Ehen, die vor dem Wirksamwerden des Beitritts geschlossen worden sind. Die Wirksamkeit solcher Ehen bestimmt sich nach dem bisherigen Recht.

b) Ist nach dem bisherigen Recht eine Ehe nichtig, so bestimmen sich die Folgen der Nichtigkeit nach den §§ 23 bis 26 des Ehegesetzes. Dies gilt nicht, wenn eine Ehe vor dem Wirksamwerden des Beitritts für nichtig erklärt worden ist.

c) Ist eine Ehe vor dem Wirksamwerden des Beitritts für nichtig erklärt worden, so bestimmen sich die Folgen der Nichtigkeit nach dem bisherigen Recht. Für den Anspruch auf Unterhalt gelten die Vorschriften über den Unterhalt von Ehegatten, deren Ehe vor dem Wirksamwerden des Beitritts geschieden worden ist, entsprechend. Ein Unterhaltsanspruch besteht nicht, wenn der Berechtigte die Nichtigkeit der Ehe bei der Eheschließung gekannt hat.

d) Ist ein Ehegatte vor dem Wirksamwerden des Beitritts für tot erklärt worden, so bestimmt sich die Beendigung der Ehe nach dem bisherigen Recht. Ist der andere Ehegatte eine neue Ehe eingegangen und ist diese vor dem Wirksamwerden des Beitritts geschieden worden, weil der für tot erklärte Ehegatte noch lebte, so bestimmt sich ein Wiederaufleben der durch die Todeserklärung beendeten Ehe nach dem bisherigen Recht.

12. Barwert-Verordnung vom 24. Juni 1977 (BGBl. I S. 1014), zuletzt geändert durch Artikel 61 des Gesetzes vom 18. Dezember 1989 (BGBl. I S. 2261) mit folgender Maßgabe:
Artikel 234 § 6 des Einführungsgesetzes zum Bürgerlichen Gesetzbuche gilt entsprechend.

13. Gesetz zur Regelung von Härten im Versorgungsausgleich vom 21. Februar 1983 (BGBl. I S. 105), zuletzt geändert durch Artikel 62 des Gesetzes vom 18. Dezember 1989 (BGBl. I S. 261) mit folgender Maßgabe:
Artikel 234 § 6 des Einführungsgesetzes zum Bürgerlichen Gesetzbuche gilt entsprechend.

14. Haftpflichtgesetz in der Fassung der Bekanntmachung vom 4. Januar 1978 (BGBl. I S. 145) mit der Maßgabe, daß dieses Gesetz nur auf solche Schadensereignisse anwendbar ist, die am Tag des Wirksamwerdens des Beitritts oder danach eingetreten sind.

Sachgebiet C: Strafrecht und Ordnungswidrigkeitenrecht

Abschnitt I

Von dem Inkrafttreten des Bundesrechts gemäß Artikel 8 des Vertrages sind ausgenommen:

1. Fünftes Gesetz zur Reform des Strafrechts vom 18. Juni 1974 (BGBl. I S. 1297), zuletzt geändert durch Artikel 3 und 4 des Gesetzes vom 18. Mai 1976 (BGBl. I S. 1213).

2. Verordnung zur Durchführung des Gesetzes über die innerdeutsche Rechts- und Amtshilfe in Strafsachen vom 23. Dezember 1953 in der im Bundesgesetzblatt III, Gliederungsnummer 312-3-1 veröffentlichten bereinigten Fassung.

Abschnitt II

Bundesrecht wird wie folgt aufgehoben, geändert oder ergänzt:

1. Das **Einführungsgesetz zum Strafgesetzbuch** vom 2. März 1974 (BGBl. I S. 469), zuletzt geändert durch Artikel 4 des Gesetzes vom 13. April 1986 (BGBl. I S. 393), wird wie folgt geändert:

a) Nach Artikel 1 werden folgende Artikel 1a und 1b eingefügt:

„**Art. 1a Anwendbarkeit der Vorschriften über die Sicherungsverwahrung.** Die Vorschriften des Strafgesetzbuches über die Sicherungsverwahrung finden Anwendung, wenn der Täter
1. die die Verurteilung auslösende Tat an einem Ort begangen hat, an dem das Strafgesetzbuch bereits vor dem Wirksamwerden des Beitritts gegolten hat, oder
2. seine Lebensgrundlage an dem in Nummer 1 bezeichneten Ort hat.

Art. 1b Anwendbarkeit der Vorschriften des internationalen Strafrechts. Soweit das deutsche Strafrecht auf im Ausland begangene Taten Anwendung findet und unterschiedliches Strafrecht im

Geltungsbereich dieses Gesetzes gilt, finden diejenigen Vorschriften Anwendung, die an dem Ort gelten, an welchem der Täter seine Lebensgrundlage hat."

b) Artikel 315 EGStGB erhält folgende Fassung:

„**Art. 315 Geltung des Strafrechts für in der Deutschen Demokratischen Republik begangene Taten.** (1) Auf vor dem Wirksamwerden des Beitritts in der Deutschen Demokratischen Republik begangene Taten findet § 2 des Strafgesetzbuches mit der Maßgabe Anwendung, daß das Gericht von Strafe absieht, wenn nach dem zur Zeit der Tat geltenden Recht der Deutschen Demokratischen Republik weder eine Freiheitsstrafe noch eine Verurteilung auf Bewährung noch eine Geldstrafe verwirkt gewesen wäre. Neben der Freiheitsstrafe werden die Unterbringung in der Sicherungsverwahrung sowie die Führungsaufsicht nach § 68 Abs. 1 des Strafgesetzbuches nicht angeordnet. Wegen einer Tat, die vor dem Wirksamwerden des Beitritts begangen worden ist, tritt Führungsaufsicht nach § 68f des Strafgesetzbuches nicht ein.

(2) Die Vorschriften des Strafgesetzbuches über die Geldstrafe (§§ 40 bis 43) gelten auch für die vor dem Wirksamwerden des Beitritts in der Deutschen Demokratischen Republik begangenen Taten, soweit nachfolgend nichts anderes bestimmt ist. Die Geldstrafe darf nach Zahl und Höhe der Tagessätze insgesamt das Höchstmaß der bisher angedrohten Geldstrafe nicht übersteigen. Es dürfen höchstens dreihundertsechzig Tagessätze verhängt werden.

(3) Die Vorschriften des Strafgesetzbuches über die Aussetzung eines Strafrestes sowie den Widerruf ausgesetzter Strafen finden auf Verurteilungen auf Bewährung (§ 33 des Strafgesetzbuches der Deutschen Demokratischen Republik) sowie auf Freiheitsstrafen Anwendung, die wegen vor dem Wirksamwerden des Beitritts in der Deutschen Demokratischen Republik begangener Taten verhängt worden sind, soweit sich nicht aus den Grundsätzen des § 2 Abs. 3 des Strafgesetzbuches etwas anderes ergibt.

(4) Die Absätze 1 bis 3 finden keine Anwendung, soweit für die Tat das Strafrecht der Bundesrepublik Deutschland schon vor dem Wirksamwerden des Beitritts gegolten hat."

c) Nach Artikel 315 werden folgende Artikel 315a bis 315c eingefügt:

„**Art. 315a Verfolgungs- und Vollstreckungsverjährung für in der Deutschen Demokratischen Republik verfolgte und abgeurteilte Taten.** Soweit die Verjährung der Verfolgung oder der Vollstreckung nach dem Recht der Deutschen Demokratischen Republik bis zum Wirksamwerden des Beitritts nicht eingetreten war, bleibt es dabei. Die Verfolgungsverjährung gilt als am Tag des Wirksamwerdens des Beitritts unterbrochen; § 78c Abs. 3 des Strafgesetzbuches bleibt unberührt.

Art. 315b Strafantrag bei in der Deutschen Demokratischen Republik begangenen Taten. Die Vorschriften des Strafgesetzbuches über den Strafantrag gelten auch für die vor dem Wirksamwerden des Beitritts in der Deutschen Demokratischen Republik begangenen Taten. War nach dem Recht der Deutschen Demokratischen Republik zur Verfolgung ein Antrag erforderlich, so bleibt es dabei. Ein vor dem Wirksamwerden des Beitritts gestellter Antrag bleibt wirksam. War am Tag des Wirksamwerdens des Beitritts das Recht, einen Strafantrag zu stellen, nach dem bisherigen Recht der Deutschen Demokratischen Republik bereits erloschen, so bleibt es dabei. Ist die Tat nach den Vorschriften der Bundesrepublik Deutschland nur auf Antrag verfolgbar, so endet die Antragsfrist frühestens am 31. Dezember 1990.

Art. 315c Anpassung der Strafdrohungen. Soweit Straftatbestände der Deutschen Demokratischen Republik fortgelten, treten an die Stelle der bisherigen Strafdrohungen die im Strafgesetzbuch vorgesehenen Strafdrohungen der Freiheitsstrafe und der Geldstrafe. Die übrigen Strafdrohungen entfallen. § 10 Satz 2 des 6. Strafrechtsänderungsgesetzes der Deutschen Demokratischen Republik bleibt jedoch unberührt. Die Geldstrafe darf nach Art und Höhe der Tagessätze insgesamt das Höchstmaß der bisher angedrohten Geldstrafe nicht übersteigen. Es dürfen höchstens dreihundertsechzig Tagessätze verhängt werden."

2. Das Bundeszentralregistergesetz in der Fassung der Bekanntmachung vom 21. September 1984 (BGBl. I S. 1229; 1985 I S. 195), zuletzt geändert durch Artikel 3 des Gesetzes vom 30. August 1990 (BGBl. I S. 1853), wird wie folgt geändert:

a) Nach dem Dritten Teil wird folgender Vierter Teil eingefügt:

„Vierter Teil: Übernahme des Strafregisters beim Generalstaatsanwalt der Deutschen Demokratischen Republik

§ 64a Strafregister der Deutschen Demokratischen Republik. (1) Der Generalbundesanwalt wird für das Speichern, Verändern, Übermitteln, Sperren und Löschen der Eintragungen und der zugrunde liegenden Unterlagen des bisher beim Generalstaatsanwalt der Deutschen Demokratischen Republik geführten Strafregisters zuständig; er trägt als speichernde Stelle insoweit die datenschutzrechtliche Verantwortung.

(2) Eintragungen des bisher beim Generalstaatsanwalt der Deutschen Demokratischen Republik geführten Strafregisters werden in das Bundeszentralregister übernommen. Die Übernahme der Eintragungen in das Bundeszentralregister erfolgt spätestens anläßlich der Bearbeitung einer Auskunft aus dem Bundeszentralregister nach Prüfung durch die Registerbehörde unter Beachtung von Absatz 3. Die Entscheidung über die Übernahme aller Eintragungen hat innerhalb von drei Jahren zu erfolgen.

(3) Nicht übernommen werden Eintragungen

1. über Verurteilungen oder Erkenntnisse, bei denen der zugrunde liegende Sachverhalt im Zeitpunkt der Übernahme dieses Gesetzes nicht mehr mit Strafe bedroht oder mit Ordnungsmitteln belegt ist,

2. über Verurteilungen oder Erkenntnisse, bei denen sich ergibt, daß diese mit rechtsstaatlichen Maßstäben nicht vereinbar sind,
3. von Untersuchungsorganen und von Staatsanwaltschaften im Sinne des Strafregistergesetzes der Deutschen Demokratischen Republik.

(4) Bis zur Entscheidung über die Übernahme sind die Eintragungen nach Absatz 1 außerhalb des Bundeszentralregisters zu speichern und für Auskünfte nach diesem Gesetz zu sperren. Dies gilt auch für Eintragungen, deren Übernahme abgelehnt worden ist. Die in das Bundeszentralregister zu übernehmenden Eintragungen werden vom Zeitpunkt der Übernahmeentscheidung an nach den Vorschriften dieses Gesetzes behandelt.

(5) Die Tilgungsfrist berechnet sich weiterhin nach den bisherigen Bestimmungen (§§ 26 bis 34 des Strafregistergesetzes der Deutschen Demokratischen Republik). Erfolgt eine Neueintragung nach Übernahme des Bundeszentralregistergesetzes, gelten für die Feststellung und Berechnung der Tilgungsfrist die Vorschriften dieses Gesetzes.

§ 64b Eintragungen und Eintragungsunterlagen. Die nach § 64a Abs. 1 gespeicherten Eintragungen und Eintragungsunterlagen aus dem ehemaligen Strafregister der Deutschen Demokratischen Republik sind nach Ablauf von drei Jahren zu vernichten. Diese dürfen bis dahin außer für Registerführung vor allem für die Prüfung der Übernahme und der Schlüssigkeit verwendet werden. Diese Informationen dürfen außerdem den für die Rehabilitierung zuständigen Stellen für Zwecke der Rehabilitierung übermittelt werden. Eine Verwendung für andere Zwecke ist nur mit Einwilligung des Betroffenen zulässig."

b) Der bisherige „Vierte Teil" wird „Fünfter Teil".

3. Das **Strafvollzugsgesetz** vom 16. März 1976 (BGBl. I S. 581, 2088; 1977 I S. 436), zuletzt geändert durch Artikel 56 des Gesetzes vom 18. Dezember 1989 (BGBl. I S. 2261), wird wie folgt geändert:

a) § 199 Abs. 2 Nr. 3 erhält folgende Fassung:

„§ 50 – Haftkostenbeitrag – erhält folgende Fassung:

„(1) Von Gefangenen, die Bezüge nach diesem Gesetz erhalten, werden Haftkosten nicht erhoben.

(2) Von Gefangenen, die in einem freien Beschäftigungsverhältnis stehen (§ 39 Abs. 1), darf ein Haftkostenbeitrag in Höhe des Betrages erhoben werden, der nach § 17 Abs. 1 Nr. 3 des Vierten Buches Sozialgesetzbuch durchschnittlich zur Bewertung der Sachbezüge festgesetzt ist. Der Bundesminister der Justiz stellt den Durchschnittsbetrag für jedes Kalenderjahr nach den am 1. Oktober des vorhergehenden Jahres geltenden Bewertungen der Sachbezüge, jeweils getrennt für das in Artikel 3 des Einigungsvertrages genannte Gebiet und für das Gebiet, in dem das Strafvollzugsgesetz schon vor dem Wirksamwerden des Beitritts gegolten hat, fest und macht

ihn im Bundesanzeiger bekannt. Der Haftkostenbeitrag darf auch von dem unpfändbaren Teil der Bezüge, jedoch nicht zu Lasten des Hausgeldes oder des Unterhaltsbeitrages angesetzt werden.

(3) Die Selbstbeschäftigung (§ 39 Abs. 2) kann davon abhängig gemacht werden, daß der Gefangene einen Haftkostenbeitrag bis zur Höhe des in Absatz 2 genannnten Satzes monatlich im voraus entrichtet.

(4) Im Land Berlin gilt einheitlich der für das in Artikel 3 des Einigungsvertrages genannte Gebiet geltende Durchschnittsbetrag.""

b) Nach § 201 wird folgender § 202 eingefügt:

„**§ 202 Freiheitsstrafe und Jugendhaft der Deutschen Demokratischen Republik.** (1) Für den Vollzug der nach dem Strafgesetzbuch der Deutschen Demokratischen Republik gegen Jugendliche und Heranwachsende erkannten Freiheitsstrafe gelten die Vorschriften für den Vollzug der Jugendstrafe, für den Vollzug der Jugendhaft die Vorschriften über den Vollzug des Jugendarrestes.

(2) Im übrigen gelten für den Vollzug der nach dem Strafgesetzbuch der Deutschen Demokratischen Republik rechtskräftig erkannten Freiheitsstrafe und der Haftstrafe die Vorschriften des Strafvollzugsgesetzes über den Vollzug der Freiheitsstrafe."

4. Das Gesetz über die Entschädigung für Strafverfolgungsmaßnahmen vom 8. März 1971 (BGBl. I S. 157), zuletzt geändert durch Artikel 1 des Gesetzes vom 24. Mai 1988 (BGBl. I S. 638), wird wie folgt geändert:

Nach § 16 wird folgender § 16a eingefügt:

„**§ 16a Entschädigung für die Folgen einer rechtskräftigen Verurteilung, einer freiheitsentziehenden oder anderen vorläufigen Strafverfolgungsmaßnahme in der Deutschen Demokratischen Republik.** Die §§ 1 und 2 finden keine Anwendung auf die Folgen einer strafgerichtlichen Verurteilung, einer Maßregel oder Nebenfolge oder einer freiheitsentziehenden oder anderen vorläufigen Strafverfolgungsmaßnahme, die vor dem Wirksamwerden des Beitritts in der Deutschen Demokratischen Republik erfolgte oder angeordnet wurde. Voraussetzung, Art und Höhe der Entschädigung für diese Folgen richten sich nach den bis zu diesem Zeitpunkt in der Deutschen Demokratischen Republik geltenden Vorschriften über die Entschädigung für Untersuchungshaft und Strafen mit Freiheitsentzug (§§ 369ff. der Strafprozeßordnung der Deutschen Demokratischen Republik). Bei Kassation übersteigt die Leistung nicht den für den Fall einer strafrechtlichen Rehabilitierung vorgesehenen Umfang."

5. Das Gesetz über die innerdeutsche Rechts- und Amtshilfe in Strafsachen vom 2. Mai 1953 in der im Bundesgesetzblatt III, Gliederungsnummer 312-3 veröffentlichten bereinigten Fassung, zuletzt geändert durch Artikel 1 des Gesetzes vom 18. August 1980 (BGBl. I S. 1503), wird mit folgenden Maßgaben aufgehoben:

a) § 10 Abs. 1 des Gesetzes bleibt für die vor dem Wirksamwerden des Beitritts begangenen Taten anwendbar.
b) Die am Tag des Wirksamwerdens des Beitritts nach § 15 des Gesetzes anhängigen Verfahren werden nach den Vorschriften dieses Gesetzes zu Ende geführt.

Abschnitt III

Bundesrecht tritt in dem in Artikel 3 des Vertrages genannten Gebiet mit folgenden Maßgaben in Kraft:

1. Strafgesetzbuch in der Fassung der Bekanntmachung vom 10. März 1987 (BGBl. I S. 945, 1160), zuletzt geändert durch Artikel 1 des Gesetzes vom 26. 6. 1990 (BGBl. I. S. 1163),

mit folgender Maßgabe:

§ 5 Nr. 8, soweit dort § 175 genannt ist, § 5 Nr. 9, die Vorschriften über die Sicherungsverwahrung, §§ 144, 175, 182, 218 bis 219d und 236 sind nicht anzuwenden.

2. Einführungsgesetz zum Strafgesetzbuch vom 2. März 1974 (BGBl. I S. 469), zuletzt geändert durch Artikel 4 des Gesetzes vom 13. April 1986 (BGBl. I S. 393),

mit folgender Maßgabe:

Artikel 14 bis 292, 298 bis 306, 312 bis 314, 317 bis 319 und 322 bis 326 sind nicht anzuwenden.

3. Jugendgerichtsgesetz in der Fassung der Bekanntmachung vom 11. Dezember 1974 (BGBl. I S. 3427), zuletzt geändert durch Artikel 1 des Gesetzes vom 30. August 1990 (BGBl. I S. 1853),

mit folgenden Maßgaben:

a) §§ 116 bis 125 sind nicht anzuwenden;
b) in der Überschrift vor § 3 sowie in § 1 Abs. 1, § 15 Abs. 2 Nr. 1, § 33 Abs. 1, § 39 Abs. 1, § 40 Abs. 1, § 67 Abs. 4, § 80 Abs. 1, § 104 Abs. 1 Nr. 1, § 105 Abs. 1 und § 108 treten jeweils an die Stelle des Wortes „Verfehlung" bzw. „Verfehlungen" die Worte „rechtswidrige Tat" bzw. „rechtswidrige Taten";
c) in der Überschrift vor § 13 und in § 5 Abs. 2, Abs. 3, § 8 Abs. 1, Abs. 3, § 13 Abs. 1, Abs. 3, § 17 Abs. 2, § 31, § 39 Abs. 1, § 54 Abs. 1, § 55 Abs. 1, § 66 Abs. 1 und § 76 treten jeweils an die Stelle des Wortes „Zuchtmittel" bzw. „Zuchtmitteln" die Worte „Verwarnung, Erteilung von Auflagen und Jugendarrest";
d) § 13 Abs. 2 ist nicht anzuwenden.
e) § 34 Abs. 3 ist in folgender Fassung anzuwenden: „Vormundschaftsrichterliche Erziehungsaufgaben sind
   1. die Unterstützung der Eltern, des Vormundes und des Pflegers durch geeignete Maßnahmen,
   2. die Maßnahmen zur Abwendung einer Gefährdung des Jugendlichen."
f) Für die Anwendung des Jugendgerichtsgesetzes gelten zusätzlich die nachfolgenden Bestimmungen:

„**§ 1 Zeitlicher Geltungsbereich.** (1) Das Jugendgerichtsgesetz wird auch auf rechtswidrige Taten angewandt, die vor dem Wirksamwerden des Beitritts begangen worden sind.

(2) Auf Jugendstrafe darf gegen einen Jugendlichen oder Heranwachsenden nicht erkannt werden, wenn die Straftat vor dem Wirksamwerden des Beitritts begangen ist und nach dem allgemeinen Strafrecht die Verhängung einer Freiheitsstrafe von weniger als drei Monaten zu erwarten gewesen wäre.

§ 2 Freiheitsstrafen und Jugendhaft. (1) Freiheitsstrafen, auf die gegen einen Jugendlichen oder Heranwachsenden erkannt worden ist, werden für die Anwendung des Jugendgerichtsgesetzes der Jugendstrafe gleichgestellt. Die Verurteilung auf Bewährung wird für die Anwendung des Jugendgerichtsgesetzes der Aussetzung der Verhängung der Jugendstrafe gleichgestellt.

(2) Jugendhaft, auf die gegen einen Jugendlichen erkannt worden ist, wird für die Anwendung des Jugendgerichtsgesetzes dem Jugendarrest gleichgestellt.

§ 3 Teilvollstreckung einer Einheitsstrafe. § 56 des Jugendgerichtsgesetzes wird nur für Urteile angewandt, die unter Zugrundelegung des Jugendgerichtsgesetzes ergangen sind.

§ 4 Amnestiefälle. Für Freiheitsstrafen, auf die gegen Jugendliche und Heranwachsende vor dem Wirksamwerden des Beitritts erkannt worden ist und die im Wege der Amnestie ausgesetzt worden sind, gelten die §§ 22 bis 26a des Jugendgerichtsgesetzes entsprechend.

§ 5 Verweisungen. Soweit im Jugendgerichtsgesetz auf Vorschriften verwiesen wird, die durch den Einigungsvertrag geändert werden, treten an deren Stelle die geänderten Vorschriften."

4. **Gesetz über Ordnungswidrigkeiten** in der Fassung der Bekanntmachung vom 19. Februar 1987 (BGBl. I S. 602), zuletzt geändert durch Artikel 2 des Gesetzes vom 30. August 1990 (BGBl. I S. 1853),

   mit folgenden Maßgaben:

   a) Die Vorschriften des Ersten Teils des Gesetzes uber Ordnungswidrigkeiten sind auch dann anzuwenden, wenn eine Handlung vor dem Wirksamwerden des Beitritts begangen worden ist und mit Ordnungsstrafe bedroht war.
   b) Soweit in Rechtsvorschriften der Deutschen Demokratischen Republik der Ausdruck „Ordnungsstrafe" verwendet wird, tritt an seine Stelle der Ausdruck „Geldbuße", in Wortzusammensetzungen der Ausdruck „Bußgeld"; an die Stelle der Ausdrücke „Ordnungsstrafverfügung" und „Ordnungsstrafbestimmung" treten die Ausdrücke „Bußgeldbescheid" und „Bußgeldvorschrift". Bestimmungen über einen höheren Mindestbetrag der Ordnungsstrafe als fünf Deutsche Mark in Rechtsvorschriften der Deutschen Demokratischen Republik sind nicht mehr anzuwenden.

c) Die Zuständigkeitsbestimmungen zur Verhängung von Ordnungsstrafmaßnahmen behalten ihre Gültigkeit, soweit nichts anderes bestimmt wird.

d) Die Verfolgung und Ahndung von Ordnungswidrigkeiten einschließlich des gerichtlichen Verfahrens und der Vollstreckung richtet sich vom Wirksamwerden des Beitritts ab ausschließlich nach den Vorschriften des Gesetzes über Ordnungswidrigkeiten, soweit in den folgenden Vorschriften nichts anderes bestimmt ist.

e) Auf der Grundlage des Gesetzes zur Bekämpfung von Ordnungswidrigkeiten erlassene Ordnungsstrafmaßnahmen, die vor dem 1. Juli 1990 rechtskräftig geworden sind, werden nicht mehr vollstreckt. Dies gilt auch für Ordnungsstrafen, die nach § 39 des Gesetzes zur Bekämpfung von Ordnungswidrigkeiten festgesetzt worden sind. Soweit die Vollstreckung bereits erfolgt ist, hat es damit sein Bewenden.

f) Ist vor dem Wirksamwerden des Beitritts eine Ordnungsstrafmaßnahme erlassen und die Beschwerdefrist nach § 33 des Gesetzes zur Bekämpfung von Ordnungswidrigkeiten noch nicht abgelaufen, so ist der Einspruch nach § 67 des Gesetzes über Ordnungswidrigkeiten gegeben. Eine nach § 33 des Gesetzes zur Bekämpfung von Ordnungswidrigkeiten eingelegte Beschwerde gilt als Einspruch, auch wenn sie am Tag des Wirksamwerdens des Beitritts eingelegt wird. Ist die Frist für die Klage nach § 6 des Gesetzes über die Zuständigkeit und das Verfahren der Gerichte zur Nachprüfung von Verwaltungsentscheidungen vom 29. Juni 1990 (GBl. I Nr. 41 S. 595) noch nicht abgelaufen, so ist innerhalb dieser Frist diese Klage gegeben. Die Klage ist der verklagten Behörde zuzustellen. Im übrigen richtet sich das gerichtliche Verfahren nach den Vorschriften des Gesetzes über Ordnungswidrigkeiten.

g) Ist eine Ordnungsstrafmaßnahme nach Maßgabe von Buchstabe f) angefochten, so sind Ordnungsstrafmaßnahmen nach § 6 Abs. 1 Nr. 1, 2, 4, 5 oder 6 des Gesetzes zur Bekämpfung von Ordnungswidrigkeiten aufzuheben.

h) Soweit für die gerichtlichen Zuständigkeiten und Rechtsmittelzüge auf das Gerichtsverfassungsgesetz und die Strafprozeßordnung verwiesen wird, richten sich die entsprechenden Zuständigkeiten und Rechtsmittelzüge danach, wie sie in Anlage I Kapitel III Buchstabe A Abschnitt III, Nr. 1, Buchstabe a Abs. 1 Satz 1, Abs. 2, Buchstabe b Abs. 1, Buchstabe g Abs. 2, Buchstabe i Abs. 2 Nr. 2, Buchstabe j Abs. 1 Satz 3, Buchstaben k, l, Abs. 2 Nr. 1 und Buchstabe m für das Gerichtsverfassungsgesetz bestimmt sind.

i) Soweit im übrigen auf Vorschriften verwiesen wird, die durch diesen Vertrag geändert werden, treten an deren Stelle die geänderten Vorschriften.

5. Strafvollzugsgesetz vom 16. März 1976 (BGBl. I S. 581, 2088; 1977 I S. 436), zuletzt geändert durch Artikel 56 des Gesetzes vom 18. Dezember 1989 (BGBl. I S. 2261),

mit folgenden Maßgaben:

a) Bei § 43 ist bis zur Geltung einer einheitlichen Bemessungsgrundlage für alle Gefangenen die für die bisherigen Länder der Bundesrepublik Deutschland geltende Bemessungsgrundlage anzuwenden.
b) § 156 Abs. 1 ist bis zum Inkrafttreten beamtenrechtlicher Regelungen in dem in Artikel 3 des Vertrages genannten Gebiet nicht anzuwenden.

6. Gesetz über die Entschädigung für Strafverfolgungsmaßnahmen vom 8. März 1971 (BGBl. I S. 157), zuletzt geändert durch Artikel 1 des Gesetzes vom 24. Mai 1988 (BGBl. I S. 638),

mit folgender Maßgabe:

§§ 16, 18 bis 19 sind nicht anzuwenden.

Sachgebiet D: Handels- und Gesellschaftsrecht, Versicherungsvertragsrecht

Abschnitt II

Bundesrecht wird wie folgt geändert und ergänzt:

1. Gesetz zur Regelung von Ansprüchen aus Lebens- und Rentenversicherungen in der Fassung der Bekanntmachung vom 3. Juli 1964 (BGBl. I S. 433, 806),

mit folgender Maßgabe:

Versicherungsunternehmen können nach diesem Gesetz wegen ihrer Verbindlichkeiten aus Lebens- und Rentenversicherungen, die nach den vor Inkrafttreten des Währungsgesetzes in Geltung gewesenen Vorschriften in Reichsmark zu erfüllen gewesen wären, bis zu einer besonderen oder allgemeinen Abschlußgesetzgebung über die Regelung von Kriegsfolgen und Umstellungsansprüchen nicht in Anspruch genommen werden.

Abschnitt III

Bundesrecht tritt in dem in Artikel 3 des Vertrages genannten Gebiet mit folgenden Maßgaben in Kraft:

1. Handelsgesetzbuch in der im Bundesgesetzblatt Teil III, Gliederungsnummer 4100-1, veröffentlichten bereinigten Fassung, zuletzt geändert durch Artikel 10 des Gesetzes vom 28. Juni 1990 (BGBl. I S. 1221),

mit folgenden Maßgaben:

a) § 62 Abs. 2 bis 4, §§ 63, 64, 73, § 75 Abs. 3, § 75b Satz 2, §§ 82 a, 83 sind nicht anzuwenden.
b) § 664 einschließlich der Anlage zu dieser Vorschrift ist nicht anzuwenden, soweit die Anwendung mit einer von der Deutschen Demokratischen Republik übernommenen völkerrechtlichen Verpflichtung nicht zu vereinbaren ist; insoweit sind die für die Deutsche Demokratische Republik bisher geltenden Rechtsvorschriften weiter anzuwenden.

2. Einführungsgesetz zum Handelsgesetzbuch in der im Bundesgesetzblatt Teil III, Gliederungsnummer 4101-1, veröffentlichten bereinigten Fassung, zuletzt geändert durch Artikel 20 des Gesetzes vom 25. Juni 1990 (BGBl. 1990 II S. 518),

mit folgenden Maßgaben:

a) Artikel 29 ist nicht anzuwenden.

b) Auf Handelsvertretervertragsverhältnisse, die vor dem 1. Juli 1990 nach den Vorschriften des Gesetzes über internationale Wirtschaftsverträge begründet wurden, findet dieses Gesetz in der bis zum 30. Juni 1990 gültigen Fassung vom 5. Februar 1976 (GBl. I Nr. 5 S. 61) bis zum Ablauf des Jahres 1993 weiter Anwendung.

3. Seerechtliche Verteilungsordnung vom 25. Juli 1986 (BGBl. I S. 1130), zuletzt geändert durch § 10 Nr. 2 Buchstabe a) des Gesetzes vom 30. September 1988 (BGBl. I S. 1770),

mit folgenden Maßgaben:

a) Klagen nach § 20 Abs. 4 Satz 4 sind bei dem Kreisgericht des Verteilungsverfahrens zu erheben.

b) Soweit auf Vorschriften der Konkursordnung verwiesen wird, sind die in Bezug genommenen Vorschriften auch im Anwendungsbereich der Gesamtvollstreckungsordnung (Anlage II Kapitel III Sachgebiet A Abschnitt II Nr. 1 Buchstabe a) anzuwenden; die Vorschriften der Gesamtvollstreckungsordnung gelten insoweit nicht.

4. Binnenschiffahrtsgesetz in der im Bundesgesetzblatt Teil III, Gliederungsnummer 4103-1, veröffentlichten bereinigten Fassung, zuletzt geändert durch Artikel 2 des Gesetzes vom 25. Juli 1986 (BGBl. I S. 1120),

mit folgender Maßgabe:

Durch den gesamtdeutschen Gesetzgeber sollte für die gewerbliche Binnenschiffahrt bereits vor dem völkerrechtlichen Inkrafttreten des Straßburger Übereinkommens vom 4. November 1988 über die Beschränkung der Haftung in der Binnenschiffahrt (CLNI) die summenmäßige Haftungsbeschränkung eingeführt werden.

5. Gesetz zu dem Übereinkommen der Vereinten Nationen vom 11. April 1980 über Verträge über den internationalen Warenkauf sowie zur Änderung des Gesetzes zu dem Übereinkommen vom 19. Mai 1956 über den Beförderungsvertrag im internationalen Straßengüterverkehr (CMR) vom 5. Juli 1989 (BGBl. 1989 II S. 586),

mit folgender Maßgabe:

Artikel 3 ist nicht anzuwenden, soweit die Anwendung mit einer von der Deutschen Demokratischen Republik übernommenen völkerrechtlichen Verpflichtung nicht zu vereinbaren ist.

6. Einführungsgesetz zum Aktiengesetz vom 6. September 1965 (BGBl. I S. 1185), zuletzt geändert durch Artikel 10 Abs. 11 des Gesetzes vom 19. Dezember 1985 (BGBl. I S. 2355),

mit folgender Maßgabe:

§ 22 Abs. 1 ist für Aktiengesellschaften, die vor dem 1. Juli 1990 in das Handelsregister eingetragen wurden, mit der Maßgabe anzuwenden, daß das Datum „31. Dezember 1965“ durch das Datum „30. Juni 1990“ ersetzt wird. Für Aktiengesellschaften, die vor dem 1. Juli 1990 zur Eintragung in das Handelsregister angemeldet, aber noch nicht eingetragen worden sind, bleibt es bei den bisherigen Rechtsvorschriften über die Errichtung und Eintragung der Gesellschaft.

7. Gesetz zur Änderung des Gesetzes betreffend die Gesellschaften mit beschränkter Haftung und anderer handelsrechtlicher Vorschriften vom 4. Juni 1980 (BGBI. I. S. 836), geändert durch Artikel 11 Abs. 2 des Gesetzes vom 19. Dezember 1985 (BGBl. I S. 2355),

mit folgenden Maßgaben:

Artikel 12 ist für bereits bestehende oder bis zum 30. Juni 1990 zur Eintragung in das Handelsregister angemeldete, aber noch nicht eingetragene Gesellschaften mit beschränkter Haftung mit der Maßgabe anzuwenden, daß in § 1 Abs. 1 und 2 als Termin für die Kapitalerhöhung oder Umwandlung beziehungsweise Leistung weiterer Einlagen der 1. Juli 1995 festgesetzt wird. Dies gilt auch für Gesellschaften, die zwischen dem 1. Juli 1990 und dem Wirksamwerden des Beitritts auf der Grundlage des Gesetzes über die Änderung des Gesetzes vom 21. Juni 1990 über die lnkraftsetzung von Rechtsvorschriften der Bundesrepublik Deutschland in der Deutschen Demokratischen Republik vom 6. Juli 1990 (GBl. I Nr. 44 S. 713) zur Eintragung in das Handelsregister angemeldet worden sind, mit der Maßgabe, daß als Termin für die Kapitalerhöhung oder Umwandlung beziehungsweise Leistung weiterer Einlagen der 1. Juli 1992 festgesetzt wird.

8. Pflichtversicherungsgesetz vom 5. April 1965 (BGBl. I S. 213), zuletzt geändert durch Gesetz vom 22. März 1988 (BGBl. I S. 358),

mit folgender Maßgabe:

Solange die Aufgaben des Entschädigungsfonds für Schäden aus Kraftfahrzeugunfällen nach den §§ 12 und 13 Abs. 4 des Pflichtversicherungsgesetzes dem rechtsfähigen Verein „Verkehrsopferhilfe e. V.“ in Hamburg zugewiesen sind, kann der Bundesminister der Justiz Satzungsbestimmungen genehmigen, die den für die Regulierung von Schäden, die in dem in Artikel 3 des Einigungsvertrages genannten Gebiet verursacht sind, erforderlichen Deckungsbedarf nach der Höhe des Prämienaufkommens in diesen Gebieten anteilsmäßig auf die dort tätigen Kraftfahrversicherer verteilt. Tritt an die Stelle der Verkehrsopferhilfe eine andere Einrichtung, so kann der Bundesminister der Justiz durch Rechtsverordnung ohne Zustimmung des Bundesrates eine vergleichbare Regelung anordnen.

Sachgebiet E: Gewerblicher Rechtsschutz, Recht gegen den unlauteren Wettbewerb; Urheberrecht

Abschnitt II

Bundesrecht wird wie folgt ergänzt:

1. Zur **Einführung der Rechtsvorschriften auf dem Gebiet des gewerblichen Rechtsschutzes** gelten die folgenden besonderen Bestimmungen:

§ 1 (1) Ab dem Wirksamwerden des Beitritts ist das Deutsche Patentamt alleinige Zentralbehörde auf dem Gebiet des gewerblichen Rechtsschutzes.

(2) Abweichend von § 26 des Patentgesetzes kann bis zum 31. Dezember 1996 zum Mitglied des Patentamts auch berufen werden, wer die in Anlage I Kapitel XIX Sachgebiet A festgelegten Voraussetzungen für die Einstellung in den höheren Dienst erfüllt.

§ 2 Anmeldungen gewerblicher Schutzrechte (Patente, Gebrauchsmuster, Geschmacksmuster und typographische Schriftzeichen, Halbleiterschutzrechte und Warenzeichen), die ab dem Wirksamwerden des Beitritts beim Deutschen Patentamt eingehen, sowie die hierauf erteilten oder eingetragenen Schutzrechte haben Geltung im gesamten Bundesgebiet.

§ 3 (1) Die vor dem Wirksamwerden des Beitritts in dem in Artikel 3 des Einigungsvertrages genannten Gebiet oder im übrigen Bundesgebiet eingereichten Anmeldungen und eingetragenen oder erteilten gewerblichen Schutzrechte werden mit Wirkung für ihr bisheriges Schutzgebiet aufrechterhalten und unterliegen weiterhin den jeweils für sie vor dem Wirksamwerden des Beitritts geltenden Rechtsvorschriften. Das gleiche gilt für die auf Grund internationaler Abkommen mit Wirkung für die genannten Gebiete eingereichten Anmeldungen und eingetragenen oder erteilten Schutzrechte.

(2) Über Beschwerden gegen Entscheidungen des Deutschen Patentamts, die gemäß Absatz 1 unter Anwendung der vor dem Wirksamwerden des Beitritts in dem in Artikel 3 des Einigungsvertrages genannten Gebiet geltenden Rechtsvorschriften ergehen, entscheidet das Bundespatentgericht. Die Beschwerde ist auch gegen Entscheidungen der Beschwerdespruchstellen in den dort am Tag des Wirksamwerdens des Beitritts noch anhängigen Verfahren eröffnet. Das Verfahren richtet sich nach den übergeleiteten Vorschriften des Bundesrechts. Anträge oder Klagen auf Löschung oder Nichtigerklärung eines gemäß Absatz 1 mit Wirkung für das in Artikel 3 des Einigungsvertrages genannte Gebiet aufrechterhaltenen Schutzrechts sowie auf Erteilung einer Zwangslizenz an einem solchen Recht richten sich hinsichtlich ihrer Zulässigkeit und des Verfahrens nach den übergeleiteten Vorschriften des Bundesrechts.

(3) Anmeldungen, die vor dem Wirksamwerden des Beitritts beim Patentamt der Deutschen Demokratischen Republik eingereicht und noch nicht erledigt sind, werden vom Deutschen Patentamt weiterbehandelt.

(4) Anmeldungen, die ab dem Wirksamwerden des Beitritts beim Deutschen Patentamt eingereicht werden und mit denen Schutz nur für das in Artikel 3 des Einigungsvertrages genannte Gebiet begehrt wird, werden als Anmeldungen nach § 2 behandelt. Das Deutsche Patentamt gibt dem Anmelder Gelegenheit, die Anmeldung zurückzunehmen; etwa gezahlte Gebühren werden erstattet.

(5) Ab dem Wirksamwerden des Beitritts werden Eintragungen, die beim Patentamt der Deutschen Demokratischen Republik eingereichte Anmeldungen und von diesem eingetragene oder erteilte Schutzrechte betreffen, in die vom Deutschen Patentamt geführten Rollen oder Register vorgenommen und in den vom Deutschen Patentamt herausgegebenen Bekanntmachungsblättern veröffentlicht.

(6) Der Bundesminister der Justiz wird ermächtigt, durch Rechtsverordnung Bestimmungen zur Ausführung der Absätze 3 bis 5 zu erlassen. Er kann diese Ermächtigung durch Rechtsverordnung auf den Präsidenten des Deutschen Patentamts übertragen.

§ 4 Wer vor dem Wirksamwerden des Beitritts beim Patentamt der Deutschen Demokratischen Republik ein Schutzrecht angemeldet hat, oder sein Rechtsnachfolger genießt für die Anmeldung beim Deutschen Patentamt auch weiterhin ein Prioritätsrecht mit dem in Artikel 4 der Pariser Verbandsübereinkunft zum Schutz des gewerblichen Eigentums in der am 14. Juli 1967 in Stockholm beschlossenen Fassung bestimmten Inhalt.

§ 5 Wer ab dem 1. Juli 1990 in dem Gebiet, in dem ein Schutzrecht vor der nach § 13 vorgesehenen Erstreckung noch nicht gilt, erstmals Benutzungshandlungen vornimmt, die in dem anderen Gebiet ein dort angemeldetes, eingetragenes oder erteiltes Schutzrecht verletzen oder dort einen Anspruch auf angemessene Entschädigung begründen würden, kann sich nach der Erstreckung dieses Schutzrechts nicht auf einen redlich erworbenen Besitzstand berufen. Dies gilt auch, wenn ein Schutzrecht angemeldet wird, dem in dem anderen Gebiet ein älteres Schutzrecht entgegenstehen würde.

§ 6 Für ab dem Wirksamwerden des Beitritts beim Deutschen Patentamt eingereichte Patentanmeldungen ist § 3 Abs. 2 des Patentgesetzes mit der Maßgabe anzuwenden, daß eine beim Patentamt der Deutschen Demokratischen Republik eingereichte Patentanmeldung einer Anmeldung im Sinne von § 3 Abs. 2 Satz 1 Nr. 1 des Patentgesetzes gleichsteht.

§ 7 Der Anspruch auf Löschung eines auf Grund einer ab dem Wirksamwerden des Beitritts eingereichten Anmeldung eingetragenen Gebrauchsmusters nach § 15 Abs. 1 Nr. 2 des Gebrauchsmustergesetzes besteht auch dann, wenn der Gegenstand des Gebrauchsmusters auf Grund einer früheren beim Patentamt der Deutschen Demokratischen Republik eingereichten Patentanmeldung geschützt worden ist.

§ 8 Anmeldungen zur Erteilung von Urheberscheinen für industrielle Muster, die vor dem Wirksamwerden des Beitritts beim Patentamt der Deutschen Demokratischen Republik eingereicht und noch nicht erledigt sind, werden vom Deutschen Patentamt als Anmeldungen zur Erteilung von Patenten für industrielle Muster weiterbehandelt. In diesem Fall gilt der Ursprungsbetrieb als anmeldeberechtigt.

§ 9 (1) Gegen die Eintragung eines ab dem Wirksamwerden des Beitritts angemeldeten Zeichens kann Widerspruch nach § 5 Abs. 4 oder § 6a Abs. 3 des Warenzeichengesetzes auch erheben, wer für gleiche oder gleichartige Waren oder Dienstleistungen ein mit dem angemeldeten Zeichen übereinstimmendes Zeichen (§ 31 des Warenzeichengesetzes) früher beim Patentamt der Deutschen Demokratischen Republik angemeldet hat; der Anmeldung beim Patentamt der Deutschen Demokratischen Republik steht eine internationale Registrierung mit Wirkung für die Deutsche Demokratische Republik gleich.

(2) Die Löschung eines auf Grund einer ab dem Wirksamwerden des Beitritts eingereichten Anmeldung eingetragenen Warenzeichens kann ein Dritter nach § 11 Abs. 1 Nr. 1 des Warenzeichengesetzes auch dann beantragen, wenn das Zeichen für ihn auf Grund einer früheren Anmeldung beim Patentamt der Deutschen Demokratischen Republik für gleiche oder gleichartige Waren oder Dienstleistungen eingetragen ist; einer solchen Eintragung steht eine internationale Registrierung mit Wirkung für die Deutsche Demokratische Republik gleich.

(3) Die vorstehenden Bestimmungen gelten entsprechend für Widersprüche gegen internationale Registrierungen nach § 2 der Verordnung über die internationale Registrierung von Fabrik- oder Handelsmarken sowie für Anträge auf Entziehung des Schutzes nach § 10 der Verordnung über die internationale Registrierung von Fabrik- oder Handelsmarken.

§ 10 Auf beim Patentamt der Deutschen Demokratischen Republik eingetragene Marken (Warenzeichen und Dienstleistungsmarken) sind die Vorschriften über die Benutzung (§ 5 Abs. 7, § 11 Abs. 1 Nr. 4, Abs. 5 und 6 des Warenzeichengesetzes) mit der Maßgabe anzuwenden, daß die Frist von fünf Jahren am Tag des Wirksamwerdens des Beitritts beginnt. Auf Marken, die ab diesem Zeitpunkt auf Grund einer Anmeldung nach § 3 Abs. 3 eingetragen werden, sind die Vorschriften des Warenzeichengesetzes über die Benutzung entsprechend anzuwenden. Die vorstehenden Bestimmungen gelten entsprechend für mit Wirkung für die Deutsche Demokratische Republik international registrierte Marken.

§ 11 Auf Erfindungen, die vor dem Wirksamwerden des Beitritts in dem in Artikel 3 des Einigungsvertrages genannten Gebiet gemacht worden sind, sind die vor dem Wirksamwerden des Beitritts in diesem Gebiet geltenden Vorschriften des Rechts der Arbeitnehmererfindungen anzuwenden.

§ 12 Einer Ausstellung im Sinne des Gesetzes betreffend den Schutz von Mustern und Warenzeichen auf Ausstellungen steht eine Ausstellung gleich, für die in dem in Artikel 3 des Einigungsvertrages genannten Gebiet nach den dort vor dem Wirksamwerden des Beitritts geltenden Rechtsvorschriften durch Bekanntmachung Ausstellungsschutz gewährt worden ist.

§ 13 Eine über die vorstehenden Bestimmungen hinausgehende Rechtsvereinheitlichung, insbesondere die Regelung der Erstreckung bestehender Schutzrechte und anhängiger Anmeldungen auf das jeweils andere Gebiet, bleibt dem künftigen gesamtdeutschen Gesetzgeber vorbehalten.

2. Zur **Einführung des Urheberrechtsgesetzes** gelten die folgenden besonderen Bestimmungen:

§ 1 (1) Die Vorschriften des Urheberrechtsgesetzes sind auf die vor dem Wirksamwerden des Beitritts geschaffenen Werke anzuwenden. Dies gilt auch, wenn zu diesem Zeitpunkt die Fristen nach dem Gesetz über das Urheberrecht der Deutschen Demokratischen Republik schon abgelaufen waren.

(2) Entsprechendes gilt für verwandte Schutzrechte.

§ 2 (1) War eine Nutzung, die nach dem Urheberrechtsgesetz unzulässig ist, bisher zulässig, so darf die vor dem 1. Juli 1990 begonnene Nutzung in dem vorgesehenen Rahmen fortgesetzt werden, es sei denn, daß sie nicht üblich ist. Für die Nutzung ab dem Wirksamwerden des Beitritts ist eine angemessene Vergütung zu zahlen.

(2) Rechte, die üblicherweise vertraglich nicht übertragen werden, verbleiben dem Rechteinhaber.

(3) Die Absätze 1 und 2 gelten für verwandte Schutzrechte entsprechend.

§ 3 (1) Sind vor dem Wirksamwerden des Beitritts Nutzungsrechte ganz oder teilweise einem anderen übertragen worden, so erstreckt sich die Übertragung im Zweifel auch auf den Zeitraum, der sich durch die Anwendung des Urheberrechtsgesetzes ergibt.

(2) In den Fällen des Absatzes 1 hat der Nutzungsberechtigte dem Urheber eine angemessene Vergütung zu zahlen. Der Anspruch auf die Vergütung entfällt, wenn alsbald nach seiner Geltendmachung der Nutzungsberechtigte dem Urheber das Nutzungsrecht für die

Zeit nach Ablauf der bisher bestimmten Schutzdauer zur Verfügung stellt.

(3) Rechte, die üblicherweise vertraglich nicht übertragen werden, verbleiben dem Rechteinhaber.

(4) Die Absätze 1 und 2 gelten für verwandte Schutzrechte entsprechend.

§ 4 Auch nach Außerkrafttreten des Urheberrechtsgesetzes der Deutschen Demokratischen Republik behält ein Beschluß nach § 35 dieses Gesetzes seine Gültigkeit, wenn die mit der Wahrnehmung der Urheberrechte an dem Nachlaß beauftragte Stelle weiter zur Wahrnehmung bereit ist und der Rechtsnachfolger des Urhebers die Urheberrechte an dem Nachlaß nicht selbst wahrnehmen will.

Abschnitt III

Bundesrecht tritt in dem in Artikel 3 des Vertrages genannten Gebiet mit folgenden Maßgaben in Kraft:

1. Gesetz gegen den unlauteren Wettbewerb in der im Bundesgesetzblatt Teil III, Gliederungsnummer 43-1, veröffentlichten bereinigten Fassung, zuletzt geändert durch Artikel 8 des Gesetzes vom 7. März 1990 (BGBl. I S. 422),

mit folgender Maßgabe:

Abweichend von § 27a Abs. 2 Satz 1 kann die Einigungsstelle auch mit einem Rechtskundigen als Vorsitzendem besetzt werden, der die Befähigung zum Berufsrichter nach dem Recht der Deutschen Demokratischen Republik erworben hat.

Sachgebiet F: Verfassungsgerichtsbarkeit

Abschnitt III

Bundesrecht tritt in dem in Artikel 3 des Vertrages genannten Gebiet mit folgenden Maßgaben in Kraft:

Gesetz über das Bundesverfassungsgericht in der Fassung der Bekanntmachung vom 12. Dezember 1985 (BGBl. I S. 2229)

mit folgenden Maßgaben:

a) § 3 Abs. 2 gilt für Personen, die bis zu ihrer Wahl zum Richter des Bundesverfassungsgerichts in dem in Artikel 3 des Vertrages genannten Gebiet tätig sind, mit der Abweichung, daß sie die Befähigung als Diplomjurist besitzen müssen.

b) § 22 Abs. 1 Satz 3 ist in dem in Artikel 3 des Vertrages genannten Gebiet in folgender Fassung anzuwenden: „Die Länder und ihre Verfassungsorgane können sich außerdem durch ihre Beschäftigten vertreten lassen."

Kapitel IV
Geschäftsbereich des Bundesministers der Finanzen

Sachgebiet A: Kriegsfolgenregelungen

Abschnitt I

Von dem Inkrafttreten des Bundesrechts gemäß Artikel 8 des Vertrages sind ausgenommen:

1. Gesetz über die Abwicklung der Kriegsgesellschaften in der im Bundesgesetzblatt Teil III, Gliederungsnummer 4120-5, veröffentlichten bereinigten Fassung

2. Wertpapierbereinigungsgesetz in der im Bundesgesetzblatt Teil III, Gliederungsnummer 4139-1, veröffentlichten bereinigten Fassung, zuletzt geändert durch Artikel 95 Nr. 2 des Gesetzes vom 14. Dezember 1976 (BGBl. I S. 3341)

3. Gesetz zur Änderung und Ergänzung des Wertpapierbereinigungsgesetzes in der im Bundesgesetzblatt Teil III, Gliederungsnummer 4139-1-1, veröffentlichten bereinigten Fassung

4. Zweites Gesetz zur Änderung und Ergänzung des Wertpapierbereinigungsgesetzes in der im Bundesgesetzblatt Teil III, Gliederungsnummer 4139-1-2, veröffentlichten bereinigten Fassung, geändert durch § 38 Nr. 1 des Gesetzes vom 28. Januar 1964 (BGBl. I S. 45)

5. Drittes Gesetz zur Änderung und Ergänzung des Wertpapierbereinigungsgesetzes in der im Bundesgesetzblatt Teil III, Gliederungsnummer 4139-1-3, veröffentlichten bereinigten Fassung, geändert durch §§ 7 und 38 Nr. 2 des Gesetzes vom 28. Januar 1964 (BGBl. I S. 45)

6. Wertpapierbereinigungsschlußgesetz vom 28. Januar 1964 (BGBl. I S. 45)

7. Gesetz zur Bereinigung der auf Reichsmark lautenden Wertpapiere der Konversionskasse für deutsche Auslandsschulden in der im Bundesgesetzblatt Teil III, Gliederungsnummer 4139-1-5, veröffentlichten bereinigten Fassung

8. Verordnung über die Aufgaben des Amts für Wertpapierbereinigung vom 8. Mai 1964 (BGBl. I S. 317)

9. Bereinigungsgesetz für deutsche Auslandsbonds in der im Bundesgesetzblatt Teil III, Gliederungsnummer 4139-2, veröffentlichten bereinigten Fassung, geändert durch Artikel 95 Nr. 3 des Gesetzes vom 14. Dezember 1976 (BGBl. I S. 3341)

einschließlich

aller dazu auf Grund von § 1 Abs. 2, § 5 Abs. 3, § 8 Abs. 6, § 9 Abs. 5, § 19 Abs. 2, § 21 Abs. 2, § 23 Abs. 5, § 24 Abs. 4, § 35 Abs. 2, §§ 58, 64, 65 und 76 ergangenen Rechtsverordnungen

10. Auslandsbonds-Entschädigungsgesetz in der im Bundesgesetzblatt Teil III, Gliederungsnummer 4139-3, veröffentlichten bereinigten Fassung

11. Altsparergesetz in der im Bundesgesetzblatt Teil III, Gliederungsnummer 621-4, veröffentlichten bereinigten Fassung, zuletzt geändert durch Artikel 287 Nr. 36 des Gesetzes vom 2. März 1974 (BGBl. I S. 469), und das

Gesetz zu § 4 Abs. 4 des Altsparergesetzes in der im Bundesgesetzblatt Teil III, Gliederungsnummer 621-4-1, veröffentlichten bereinigten Fassung, geändert durch Gesetz vom 18. Mai 1965 (BGBl. I S. 419)

einschließlich

aller dazu auf Grund von § 2 Abs. 3, § 2a Abs. 2, § 4 Abs. 7, § 9 Abs. 1 und 2, §§ 10a, 13, 14 Abs. 4, § 15 Abs. 7, §§ 17, 18 Abs. 1, 7 und 8, § 19 Abs. 4 und 5, § 23 Abs. 6, §§ 26, 27 Abs. 1 und 2, § 31 Abs. 1 des Altsparergesetzes ergangenen Rechtsverordnungen der Bundesregierung zur Durchführung des Altsparergesetzes und

aller dazu auf Grund der § 18 Abs. 7 und § 31 Abs. 2 des Altsparergesetzes sowie des § 8 Abs. 2 der Zweiten Verordnung zur Durchführung des Altsparergesetzes ergangenen Verordnungen des Präsidenten des Bundesausgleichsamtes zur Durchführung des Altsparergesetzes

12. Allgemeines Kriegsfolgengesetz in der im Bundesgesetzblatt Teil III, Gliederungsnummer 653-1, veröffentlichten bereinigten Fassung, zuletzt geändert durch Artikel 74 des Gesetzes vom 18. Dezember 1989 (BGBl. I S. 2261)

mit Ausnahme der §§ 1 und 2

13. Gesetz zur Regelung der Verbindlichkeiten nationalsozialistischer Einrichtungen und der Rechtsverhältnisse an deren Vermögen vom 17. März 1965 (BGBl. I S. 79), zuletzt geändert durch Artikel 67 des Gesetzes vom 25. Juni 1969 (BGBl. I S. 645)

14. Rechtsträger-Abwicklungsgesetz vom 6. September 1965 (BGBl. I S. 1065), zuletzt geändert durch Artikel 2 des Gesetzes vom 19. Dezember 1985 (BGBl. I S. 2460)

einschließlich

aller dazu auf Grund des § 1 Abs. 2 und § 11 Abs. 3 des Rechtsträger-Abwicklungsgesetzes ergangenen Rechtsverordnungen

15. Reparationsschädengesetz vom 12. Februar 1969 (BGBl. I S. 105), zuletzt geändert durch Artikel 37 des Gesetzes vom 14. Dezember 1976 (BGBl. I S. 3741)

16. Erste Verordnung zur Durchführung des Reparationsschädengesetzes vom 9. Juli 1970 (BGBl. I S. 1053)

17. Gesetz über die Liquidation der Deutschen Reichsbank und der Deutschen Golddiskontbank in der im Bundesgesetzblatt Teil III, Gliederungsnummer 7620-6, veröffentlichten bereinigten Fassung, zuletzt geändert durch § 12 Nr. 8 des Gesetzes vom 17. Dezember 1975 (BGBl. I S. 3123)

18. Gesetz zur Abwicklung der unter Sonderverwaltung stehenden Vermögen von Kreditinstituten, Versicherungsunternehmen und Bausparkassen vom 21. März 1972 (BGBl. I S. 465), geändert durch Artikel 1 des Gesetzes vom 31. Januar 1974 (BGBl. I S. 133)

19. Gesetz zum Abschluß der Währungsumstellung vom 17. Dezember 1975 (BGBl. I S. 3123)

20. Gesetz über die Abgeltung von Besatzungsschäden in der im Bundesgesetzblatt Teil III, Gliederungsnummer 5624-1, veröffentlichten bereinigten Fassung, zuletzt geändert durch Artikel 20 des Gesetzes vom 16. Dezember 1986 (BGBl. I S. 2441)

21. Wertausgleichsgesetz vom 12. Oktober 1971 (BGBl. I S. 1625), geändert durch Artikel 9 Nr. 11 des Gesetzes vom 3. Dezember 1976 (BGBl. I S. 3281)

Abschnitt II

Bundesrecht wird wie folgt aufgehoben, geändert oder ergänzt:

1. Altsparergesetz in der im Bundesgesetzblatt Teil III, Gliederungsnummer 621-4, veröffentlichten bereinigten Fassung, zuletzt geändert durch Artikel 287 Nr. 36 des Gesetzes vom 2. März 1974 (BGBl. I S. 469)

a) In § 14 werden die Absätze 2 bis 4 durch folgenden Absatz 2 ersetzt:

„(2) Entschädigung wird nur auf Antrag gewährt. Der Antrag ist bis zum 31. Dezember 1991 von dem Entschädigungsberechtigten (§ 4) auf amtlichem Formblatt bei dem nach Absatz 1 Satz 2 zuständigen Institut, im Falle des Absatzes 1 Satz 3 bei der Bundesschuldenverwaltung zu stellen. Stand die Altsparanlage im Zeitpunkt der Einführung der Deutschen Mark einer Mehrheit von natürlichen Personen zu, kann der Antrag von jedem Mitberechtigten mit Wirkung für alle Mitberechtigten gestellt werden."

b) § 15 Abs. 4 wird wie folgt gefaßt:

„(4) Die Absätze 2 und 3 gelten auch dann, wenn ein Antrag nach § 14 in der vor dem Wirksamwerden des Beitritts geltenden Fassung nicht gestellt worden ist."

c) In § 18 Abs. 2 wird die Angabe „§ 14 Abs. 3 letzter Satz" durch die Angabe „§ 14 Abs. 2 Satz 3" ersetzt.

d) In § 27 Abs. 1 Satz 2 wird die Angabe „§ 14 Abs. 3" durch die Angabe „§ 14 Abs. 2" ersetzt.

2. Allgemeines Kriegsfolgengesetz in der im Bundesgesetzblatt Teil III, Gliederungsnummer 653-1, veröffentlichten bereinigten Fassung, zuletzt geändert durch Artikel 74 des Gesetzes vom 18. Dezember 1989 (BGBl. I S. 2261)

§ 33 wird wie folgt geändert:

a) In Absatz 2 Nr. 2 werden nach dem Datum „31. Dezember 1952" die Worte „und vor dem 1. Januar 1992" eingefügt.

b) Nach Absatz 2 wird folgender Absatz eingefügt:
„(2a) Ein Recht auf Ablösung besteht auch dann, wenn eine natürliche Person nach dem Wirksamwerden des Beitritts und vor dem 1. Januar 1992 ihren ständigen Aufenthalt in dem in Artikel 3 des Einigungsvertrages genannten Gebiet genommen hat."

3. Reparationsschädengesetz vom 12. Februar 1969 (BGBl. I S. 105), zuletzt geändert durch Artikel 37 des Gesetzes vom 14. Dezember 1976 (BGBl. I S. 3741)

§ 38 Abs. 2 wird wie folgt geändert:

a) In Satz 1 Nr. 2 werden nach dem Datum „31. Dezember 1952" die Worte „und vor dem 1. Januar 1992" eingefügt

b) Nach Absatz 2 wird folgender Absatz eingefügt:
„(2a) Ein Anspruch auf Entschädigung kann unter den Voraussetzungen des Absatzes 2 auch dann zuerkannt werden, wenn ein Anspruchsberechtigter nach dem Wirksamwerden des Beitritts und vor dem 1. Januar 1992 seinen ständigen Aufenthalt in dem in Artikel 3 des Einigungsvertrages genannten Gebiet genommen hat."

Sachgebiet B: Haushalts- und Finanzwesen

Abschnitt I

Von dem Inkrafttreten des Bundesrechts gemäß Artikel 8 des Vertrages sind ausgenommen:

1. Zweites Überleitungsgesetz in der im Bundesgesetzblatt Teil III, Gliederungsnummer 603-4, veröffentlichten bereinigten Fassung nebst Verordnung zur Durchführung des § 10 des Zweiten Überleitungsgesetzes in der im Bundesgesetzblatt Teil III, Gliederungsnummer 603-4-1, veröffentlichten bereinigten Fassung.

2. Drittes Überleitungsgesetz in der im Bundesgesetzblatt Teil III, Gliederungsnummer 603-5, veröffentlichten bereinigten Fassung, zuletzt geändert durch Artikel 6 des Gesetzes vom 30. August 1971 (BGBl. I S. 1426),

mit Ausnahme des § 16.

Abschnitt II

Bundesrecht wird wie folgt aufgehoben, geändert oder ergänzt:

1. Gesetz über die Errichtung eines Fonds „Deutsche Einheit" vom 25. Juni 1990 (BGBl. 1990 II S. 518, 533)

a) Dem § 2 Abs. 1 werden folgende Sätze angefügt:
„Die jährlichen Leistungen des Fonds werden ab 1. Januar 1991

1. zu 85 vom Hundert als besondere Unterstützung den Ländern Brandenburg, Mecklenburg-Vorpommern, Sachsen, Sachsen-Anhalt und Thüringen sowie dem Land Berlin zur Deckung ihres allgemeinen Finanzbedarfs gewährt und auf diese Länder im Verhältnis ihrer Einwohnerzahl am 30. Juni des jeweils vorhergehenden Jahres ohne Berücksichtigung der Einwohnerzahl des

Teils des Landes Berlin, in dem das Grundgesetz bisher schon galt, verteilt sowie

2. zu 15 vom Hundert zur Erfüllung zentraler öffentlicher Aufgaben auf dem Gebiet der vorgenannten Länder verwendet.

Die Länder leiten 40 vom Hundert der ihnen zufließenden Fondsleistungen nach näherer Maßgabe der Landesgesetzgebung an ihre Gemeinden (Gemeindeverbände) weiter."

b) Dem § 5 Abs. 2 wird folgender Satz 2 angefügt:
„Die Kreditaufnahme für den Fonds unterliegt nicht der Beschränkung nach Artikel 115 Abs. 1 Satz 2 des Grundgesetzes."

c) § 6 wird wie folgt geändert:
aa) Dem Absatz 5 wird folgender Satz angefügt:
„Satz 1 gilt nicht für die Länder Brandenburg, Mecklenburg-Vorpommern, Sachsen, Sachsen-Anhalt und Thüringen."
bb) Absatz 6 wird gestrichen.

d) § 7 Satz 1 wird wie folgt gefaßt:
„Alle Einnahmen und Ausgaben des Fonds werden ab 1. Januar 1991 für jedes Rechnungsjahr in einem Wirtschaftsplan veranschlagt."

2. Gesetz über den Finanzausgleich zwischen Bund und Ländern in der Fassung der Bekanntmachung vom 28. Januar 1988 (BGBl. I S. 94), zuletzt geändert durch Artikel 32 des Gesetzes vom 25. Juni 1990 (BGBl. 1990 II S. 518)

a) § 1 wird wie folgt geändert:
aa) Absatz 2 Satz 2 wird wie folgt gefaßt:
„Der Beitrag der Länder wird auf die einzelnen Länder zu 50 vom Hundert nach der Einwohnerzahl am 30. Juni des jeweiligen Jahres und zu 50 vom Hundert nach § 2 verteilt; der Anteil des Landes Berlin am Beitrag der Länder wird vorab nach der Einwohnerzahl ohne Berücksichtigung der Einwohnerzahl des Teils des Landes Berlin, in dem das Grundgesetz bisher nicht galt, berechnet."
bb) Dem Absatz 2 wird folgender Satz angefügt:
„Die Sätze 1 bis 3 gelten nicht für die Länder Brandenburg, Mecklenburg-Vorpommern, Sachsen, Sachsen-Anhalt und Thüringen."
cc) Absatz 3 wird gestrichen.

b) § 2 Abs. 1 wird wie folgt gefaßt:
„(1) Der Länderanteil an der Umsatzsteuer wird bis 31. Dezember 1994 vorbehaltlich der Regelung in Absatz 4 in einen West- und einen Ostanteil aufgeteilt. Der Westanteil ist unter den Ländern Baden-Württemberg, Bayern, Bremen, Hamburg, Hessen, Niedersachsen, Nordrhein-Westfalen, Rheinland-Pfalz, Saarland und Schleswig-Holstein zu verteilen, der Ostanteil unter den Ländern Brandenburg, Mecklenburg-Vorpommern, Sachsen, Sachsen-Anhalt und Thüringen. Die Aufteilung in den West- und den Ostanteil ist so vorzunehmen, daß im Ergebnis der durchschnittliche Um-

satzsteueranteil pro Einwohner in den Ländern Brandenburg, Mecklenburg-Vorpommern, Sachsen, Sachsen-Anhalt und Thüringen in den Jahren

1991	55 vom Hundert
1992	60 vom Hundert
1993	65 vom Hundert
1994	70 vom Hundert

des durchschnittlichen Umsatzsteueranteils pro Einwohner in den Ländern Baden-Württemberg, Bayern, Bremen, Hamburg, Hessen, Niedersachsen, Nordrhein-Westfalen, Rheinland-Pfalz, Saarland und Schleswig-Holstein beträgt. Der West- und der Ostanteil am Länderanteil an der Umsatzsteuer wird jeweils gesondert zu 75 vom Hundert im Verhältnis der Einwohnerzahl der Länder und zu 25 vom Hundert nach den Vorschriften der Absätze 2 bis 4 verteilt."

c) § 11 Abs. 1 wird wie folgt gefaßt:

„(1) Der Finanzausgleich wird bis zum 31. Dezember 1994 jeweils gesondert unter den Ländern Baden-Württemberg, Bayern, Bremen, Hamburg, Hessen, Niedersachsen, Nordrhein-Westfalen, Rheinland-Pfalz, Saarland und Schleswig-Holstein einerseits sowie unter den Ländern Brandenburg, Mecklenburg-Vorpommern, Sachsen, Sachsen-Anhalt und Thüringen andererseits durchgeführt. Das Land Berlin nimmt bis auf weiteres am Finanzausgleich unter den Ländern nicht teil."

d) § 11a wird wie folgt geändert:

aa) In Absatz 1 Satz 1 und Absatz 5 Satz 2 werden nach den Worten „des Umsatzsteueraufkommens" die Worte „im bisherigen Gebiet der Bundesrepublik Deutschland" eingefügt.

bb) Folgender Absatz wird angefügt:

„(7) Die Absätze 1 bis 6 gelten bis zum 31. Dezember 1994 nicht für die Länder Brandenburg, Mecklenburg-Vorpommern, Sachsen, Sachsen-Anhalt und Thüringen sowie bis auf weiteres nicht für das Land Berlin."

3. Gemeindefinanzreformgesetz in der Fassung der Bekanntmachung vom 28. Januar 1985 (BGBl. I S. 201), zuletzt geändert durch Artikel 33 des Gesetzes vom 25. Juni 1990 (BGBl. 1990 II S. 518)

a) § 2 wird wie folgt geändert:

aa) Der bisherige Wortlaut wird Absatz 1.

bb) Folgender Absatz 2 wird angefügt:

„(2) In den Ländern Brandenburg, Mecklenburg-Vorpommern, Sachsen, Sachsen-Anhalt und Thüringen wird der Gemeindeanteil an der Einkommensteuer bis zum 31. Dezember 1996 nach einem Schlüssel auf die Gemeinden aufgeteilt, der von den Ländern auf Grund der jeweils neuesten Bevölkerungsstatistik des Statistischen Bundesamtes ermittelt und durch Rechtsverordnung der Landesregierung festgesetzt wird."

b) § 3 wird wie folgt geändert:

aa) Nach Absatz 1 wird folgender Absatz eingefügt:
„(2) In den Ländern Brandenburg, Mecklenburg-Vorpommern, Sachsen, Sachsen-Anhalt und Thüringen ergibt sich die Schlüsselzahl abweichend von Absatz 1 aus dem Anteil der Gemeinde an der durch Bevölkerungsstatistik des Statistischen Bundesamtes festgestellten Zahl der Einwohner des jeweiligen Landes."

bb) Der bisherige Absatz 2 wird Absatz 3. Ihm wird folgender Satz angefügt:
„Für die Länder Brandenburg, Mecklenburg-Vorpommern, Sachsen, Sachsen-Anhalt und Thüringen ist in der Rechtsverordnung zu bestimmen, welche Bevölkerungsstatistiken jeweils maßgebend sind."

c) Dem § 6 Abs. 2 wird folgender Satz angefügt:
„Abweichend von Satz 1 beträgt bis zum 31. Dezember 1994 die Gewerbesteuerumlage in den Ländern Brandenburg, Mecklenburg-Vorpommern, Sachsen, Sachsen-Anhalt und Thüringen 15 vom Hundert des Gewerbesteueraufkommens."

4. Zerlegungsgesetz in der Fassung der Bekanntmachung vom 25. Februar 1971 (BGBl. I S. 145), zuletzt geändert durch das Gesetz vom 22. Januar 1987 (BGBl. I S. 470)

§ 8 wird wie folgt geändert:

a) Dem Absatz 1 wird folgender Satz angefügt:
„Die Länder Brandenburg, Mecklenburg-Vorpommern, Sachsen, Sachsen-Anhalt und Thüringen nehmen an der Zuweisung der Einkommensteuerberechtigung und an der Zerlegung der Körperschaftsteuer erstmals für den Veranlagungszeitraum 1991 teil; das gleiche gilt im Land Berlin für den Teil, in dem das Grundgesetz bisher nicht galt."

b) Dem Absatz 2 werden folgende Sätze angefügt:
„Die Länder Brandenburg, Mecklenburg-Vorpommern, Sachsen, Sachsen-Anhalt und Thüringen nehmen an der Zerlegung der Lohnsteuer erstmals für das Kalenderjahr 1991 teil; das gleiche gilt im Land Berlin für den Teil, in dem das Grundgesetz bisher nicht galt. Für die Kalenderjahre 1991 bis 1994 wird die Lohnsteuer zwischen den Ländern Brandenburg, Mecklenburg-Vorpommern, Sachsen, Sachsen-Anhalt und Thüringen sowie dem Land Berlin für den Teil, in dem das Grundgesetz bisher nicht galt, einerseits und den übrigen Bundesländern mit Ausnahme des Landes Berlin für den Teil, in dem das Grundgesetz bisher schon galt, andererseits abweichend von § 5 Abs. 5 nach den Hundertsätzen zerlegt, die sich nach den Verhältnissen im Feststellungszeitraum 1992 ergeben. Auf Grund dieser Hundertsätze haben die obersten Finanzbehörden der Einnahmeländer die Zerlegungsanteile der Wohnsitzländer an der von ihnen in den Kalenderjahren 1991 bis 1994 vereinnahmten Lohnsteuer zu ermitteln und bis zum 30. Juni 1995 an die obersten Finanzbehörden der Wohnsitzländer zu überweisen. Die obersten

Finanzbehörden der Länder sollen Vorauszahlungen auf die voraussichtlichen Zerlegungsanteile für 1991 bis 1994 vereinbaren; das Nähere wird durch Rechtsverordnung mit Zustimmung des Bundesrates bestimmt. Für die Zerlegung der Lohnsteuer zwischen den Ländern Brandenburg, Mecklenburg-Vorpommern, Sachsen, Sachsen-Anhalt und Thüringen sowie dem Land Berlin in den Kalenderjahren 1991 bis 1994 gelten Sätze 3 bis 5 entsprechend. Ansprüche nach den Sätzen 4 bis 6 erlöschen, wenn sie nicht bis zum 31. Dezember 1998 geltend gemacht werden."

5. Finanzverwaltungsgesetz in der Fassung der Bekanntmachung vom 30. August 1971 (BGBl. I S. 1427), zuletzt geändert durch Artikel 4 des Gesetzes vom 19. Dezember 1985 (BGBl. I S. 2436)

Dem § 20 Abs. 1 wird folgender Satz angefügt:

„Während einer Übergangszeit bis 31. Dezember 1994 entscheiden die obersten Finanzbehörden der in Artikel 1 Abs. 1 des Einigungsvertrages genannten Länder über den Einsatz der automatischen Einrichtungen für die Festsetzung und Erhebung der von ihnen verwalteten Steuern im Einvernehmen mit dem Bundesminister der Finanzen; dabei können Zwischenlösungen bis zur vollen Einführung eines integrierten automatisierten Besteuerungsverfahrens vorgesehen werden."

6. Abgabenordnung vom 16. März 1976 (BGBl. I S. 613, 1977 I S. 269), zuletzt geändert durch Artikel 9 des Gesetzes vom 22. Dezember 1989 (BGBl. I S. 2408)

a) In § 52 Abs. 2 Nr. 3 werden die Worte „des Grundgesetzes und Berlin (West)" durch die Worte „dieses Gesetzes" ersetzt.

b) In § 263 werden nach dem Zitat "743" ein Komma und das Zitat „744a" eingefügt.

7. Einführungsgesetz zur Abgabenordnung vom 14. Dezember 1976 (BGBl. I S. 3341, 1977 I S. 667), zuletzt geändert durch Artikel 10 des Gesetzes vom 22. Dezember 1989 (BGBl. I S. 2408)

Nach Artikel 97 wird folgender Artikel eingefügt:

„Artikel 97a
Überleitungsregelungen aus Anlaß der Herstellung der Einheit Deutschlands

§ 1 Zuständigkeit. Für vor dem 1. Januar 1991 nach dem Recht der Bundesrepublik Deutschland oder der Deutschen Demokratischen Republik entstandene Besitz- und Verkehrsteuern, Zulagen und Prämien, auf die Abgabenrecht Anwendung findet, und dazugehörige steuerliche Nebenleistungen, bleiben die nach den bisher geltenden Vorschriften einschließlich der Vorschriften der Einzelsteuergesetze örtlich zuständigen Finanzbehörden weiterhin zuständig. Dies gilt auch für das Rechtsbehelfsverfahren.

§ 2 Überleitungsbestimmungen für die Anwendung der Abgabenordnung in dem in Artikel 3 des Einigungsvertrages genannten Gebiet. Für die Anwendung der Abgabenordnung in dem in Artikel 3 des Einigungsvertrages genannten Gebiet gilt folgendes:

1. Verfahren, die beim Wirksamwerden des Beitritts anhängig sind, werden nach den Vorschriften der Abgabenordnung zu Ende geführt, soweit in den nachfolgenden Vorschriften nichts anderes bestimmt ist.
2. Fristen, deren Lauf vor dem Wirksamwerden des Beitritts begonnen hat, werden nach den Vorschriften der Abgabenordnung der Deutschen Demokratischen Republik (AO 1990) vom 22. Juni 1990 (Sonderdruck Nr. 1428 des Gesetzblattes) sowie des Einführungsgesetzes zur Abgabenordnung der Deutschen Demokratischen Republik vom 22. Juni 1990 (Sonderdruck Nr. 1428 des Gesetzblattes) berechnet, soweit in den nachfolgenden Vorschriften nichts anderes bestimmt ist.
3. § 152 ist erstmals auf Steuererklärungen anzuwenden, die nach dem Wirksamwerden des Beitritts einzureichen sind; eine Verlängerung der Steuererklärungsfrist ist hierbei nicht zu berücksichtigen.
4. Die Vorschriften über die Aufhebung und Änderung von Verwaltungsakten sind erstmals anzuwenden, wenn nach dem Wirksamwerden des Beitritts ein Verwaltungsakt aufgehoben oder geändert wird. Dies gilt auch dann, wenn der aufzuhebende oder zu ändernde Verwaltungsakt vor dem Wirksamwerden des Beitritts erlassen worden ist. Auf vorläufige Steuerbescheide nach § 100 Abs. 1 der Abgabenordnung (AO) der Deutschen Demokratischen Republik in der Fassung vom 18. September 1970 (Sonderdruck Nr. 681 des Gesetzblattes) ist § 165 Abs. 2, auf Steuerbescheide nach § 100 Abs. 2 der Abgabenordnung (AO) der Deutschen Demokratischen Republik in der Fassung vom 18. September 1970 (Sonderdruck Nr. 681 des Gesetzblattes) ist § 164 Abs. 2 und 3 anzuwenden.
5.[1] Die Vorschriften über die Festsetzungsverjährung gelten für die Festsetzung sowie für die Aufhebung und Änderung der Festsetzung von Steuern, Steuervergütungen und, soweit für steuerliche Nebenleistungen eine Festsetzungsverjährung vorgesehen ist, von steuerlichen Nebenleistungen, die nach dem Wirksamwerden des Beitritts entstehen. Für vorher entstandene Ansprüche sind die Vorschriften der Abgabenordnung der Deutschen Demokratischen Republik (AO 1990) vom 22. Juni 1990 (Sonderdruck Nr. 1428 des Gesetzblattes) sowie des Einführungsgesetzes zur Abgabenordnung der Deutschen Demokratischen Republik vom 22. Juni 1990 (Sonderdruck Nr. 1428 des Gesetzblattes) über die Verjährung und über die Ausschlußfristen weiter anzuwenden, soweit sie für die Festsetzung einer Steuer, Steuervergütung oder steuerlichen Nebenleistung, für die Aufhebung oder Änderung einer solchen Festsetzung oder für die Geltendmachung von Erstattungsansprüchen von Bedeutung sind; Nummer 9 Satz 2 bis 4 bleibt unberührt. Sätze 1 und 2 gelten sinngemäß für die

---

[1] Art. 97a § 2 Nr. 5 Satz 1 berichtigt durch Art. 5 Nr. 2 der Vereinbarung vom 18. 9. 1990 (BGBl. II S. 1239, 1244).

gesonderte Feststellung von Besteuerungsgrundlagen sowie für die Festsetzung, Zerlegung und Zuteilung von Steuermeßbeträgen. Bei der Einheitsbewertung tritt an die Stelle des Zeitpunkts der Entstehung des Steueranspruchs der Zeitpunkt, auf den die Hauptfeststellung, die Fortschreibung, die Nachfeststellung oder die Aufhebung eines Einheitswertes vorzunehmen ist.

6. §§ 69 bis 76 und 191 Abs. 3 bis 5 sind anzuwenden, wenn der haftungsbegründende Tatbestand nach dem Wirksamwerden des Beitritts verwirklicht worden ist.
7. Bei der Anwendung des § 141 Abs. 1 Nr. 3 tritt an die Stelle des Wirtschaftswerts der Ersatzwirtschaftswert (§ 125 des Bewertungsgesetzes).
8. Die Vorschriften über verbindliche Zusagen auf Grund einer Außenprüfung (§§ 204 bis 207) sind anzuwenden, wenn die Schlußbesprechung nach dem Wirksamwerden des Beitritts stattfindet oder, falls eine solche nicht erforderlich ist, wenn dem Steuerpflichtigen der Prüfungsbericht nach dem Wirksamwerden des Beitritts zugegangen ist. Hat die Schlußbesprechung nach dem 30. Juni 1990 und vor dem Wirksamwerden des Beitritts stattgefunden oder war eine solche nicht erforderlich und ist der Prüfungsbericht dem Steuerpflichtigen nach dem 30. Juni 1990 und vor dem Wirksamwerden des Beitritts zugegangen, sind die bisherigen Vorschriften der Abgabenordnung der Deutschen Demokratischen Republik (AO 1990) vom 22. Juni 1990 (Sonderdruck Nr. 1428 des Gesetzblattes) sowie des Einführungsgesetzes zur Abgabenordnung der Deutschen Demokratischen Republik vom 22. Juni 1990 (Sonderdruck Nr. 1428 des Gesetzblattes) über verbindliche Zusagen auf Grund einer Außenprüfung weiter anzuwenden.
9. Die Vorschriften über die Zahlungsverjährung gelten für alle Ansprüche im Sinne des § 228 Satz 1, deren Verjährung gemäß § 229 nach dem Wirksamwerden des Beitritts beginnt. Liegen die Voraussetzungen des Satzes 1 nicht vor, so sind für die Ansprüche weiterhin die Vorschriften der Abgabenordnung der Deutschen Demokratischen Republik (AO 1990) vom 22. Juni 1990 (Sonderdruck Nr. 1428 des Gesetzblattes) sowie des Einführungsgesetzes zur Abgabenordnung der Deutschen Demokratischen Republik vom 22. Juni 1990 (Sonderdruck Nr. 1428 des Gesetzblattes) über die Verjährung und Ausschlußfristen anzuwenden. Die Verjährung wird jedoch ab Wirksamwerden des Beitritts nur noch nach den §§ 230 und 231 gehemmt und unterbrochen. Auf die nach § 231 Abs. 3 beginnende neue Verjährungsfrist sind die §§ 228 bis 232 anzuwenden.
10. Zinsen entstehen für die Zeit nach dem Wirksamwerden des Beitritts nach den Vorschriften der Abgabenordnung. Die Vorschriften des § 233a über die Verzinsung von Steuernachforderungen und Steuererstattungen sind erstmals für Steuern anzuwenden, die nach dem 31. Dezember 1990 entstehen. Ist eine Steuer über den Tag des Wirksamwerdens des Beitritts hinaus zinslos gestun-

det worden, so gilt dies als Verzicht auf Zinsen im Sinne des § 234 Abs. 2. Die Vorschriften des § 239 Abs. 1 über die Festsetzungsfrist gelten in allen Fällen, in denen die Festsetzungsfrist auf Grund dieser Vorschrift nach dem Wirksamwerden des Beitritts beginnt.

11. § 240 ist erstmals auf Säumniszuschläge anzuwenden, die nach dem Wirksamwerden des Beitritts verwirkt werden.
12. Wird ein Verwaltungsakt angefochten, der vor dem Wirksamwerden des Beitritts wirksam geworden ist, bestimmt sich die Zulässigkeit des außergerichtlichen Rechtsbehelfs nach den bisherigen Vorschriften; ist über den Rechtsbehelf nach dem Wirksamwerden des Beitritts zu entscheiden, richten sich die Art des außergerichtlichen Rechtsbehelfs sowie das weitere Verfahren nach den neuen Vorschriften.
13. Eine vor dem Wirksamwerden des Beitritts begonnene Maßnahme der Zwangsvollstreckung ist nach dem bisherigen Recht zu erledigen. Werden weitere selbständige Maßnahmen zur Fortsetzung der bereits begonnenen Zwangsvollstreckung nach dem Wirksamwerden des Beitritts eingeleitet, gelten die Vorschriften der Abgabenordnung. Als selbständige Maßnahme gilt auch die Verwertung eines gepfändeten Gegenstandes."

8. Treten Rechtsvorschriften auf dem Gebiet des Steuerberatungsrechts in dem in Artikel 3 des Vertrages genannten Gebiet am 1. Januar 1991 in Kraft, sind bis zu diesem Zeitpunkt die Rechtsvorschriften der Deutschen Demokratischen Republik weiter anzuwenden

9. Steuerberatungsgesetz in der Fassung der Bekanntmachung vom 4. November 1975 (BGBl. I S. 2735), zuletzt geändert durch Artikel 18 des Gesetzes vom 25. Juni 1990 (BGBl. 1990 II S. 518), sowie die auf Grund dieses Gesetzes erlassenen Rechtsverordnungen treten in dem in Artikel 3 des Vertrages genannten Gebiet unter gleichzeitiger Änderung des Steuerberatungsgesetzes am 1. Januar 1991 in Kraft:

a) § 3 Abs. 2 wird wie folgt gefaßt:
„Steuerberater und Steuerbevollmächtigte, die vor dem 1. Januar 1991 in dem in Artikel 3 des Einigungsvertrages genannten Gebiet bestellt worden sind, sowie Steuerberatungsgesellschaften, die vor dem 1. Januar 1991 in diesem Gebiet anerkannt worden sind, werden den nach diesem Gesetz bestellten Steuerberatern, Steuerbevollmächtigten und anerkannten Steuerberatungsgesellschaften vorbehaltlich der Regelung in § 40a gleichgestellt."

b) § 12 wird wie folgt geändert:
aa) Der bisherige Wortlaut wird Absatz 1.
bb) Dem neuen Absatz 1 wird folgender Absatz angefügt:
„(2) Stundenbuchhalter im Sinne von § 3 der Anordnung vom 7. Februar 1990 über die Zulassung zur Ausübung der selbständigen Tätigkeit als Helfer in Steuersachen und die Registrierung von Stundenbuchhaltern (GBl. I Nr. 12 S. 92) sind im Bezirk ihres Finanzamtes weiterhin zur geschäftsmäßigen Hilfe in Steuersachen befugt, soweit sie bei der Führung von

Büchern und Aufzeichnungen, die für die Besteuerung von Bedeutung sind, Hilfe in Steuersachen leisten (beschränkte Hilfeleistung)."

c) Nach § 40 wird folgender § 40a eingefügt:

„**§ 40a Vorläufige Bestellung.** Als vorläufig bestellt gelten Steuerberater und Steuerbevollmächtigte, die nach dem 6. Februar 1990 und vor dem 1. Januar 1991 bestellt worden sind. Steuerbevollmächtigte haben mit der vorläufigen Bestellung das Recht zur uneingeschränkten Hilfe in Steuersachen für das Gebiet des Bezirks, in dem sie bestellt worden sind. Über die endgültige Bestellung entscheidet die zuständige oberste Landesbehörde im Benehmen mit der zuständigen Steuerberaterkammer nach dem 31. Dezember 1994. Die endgültige Bestellung darf nicht versagt werden, wenn der Berufsangehörige an einem Übergangsseminar erfolgreich teilgenommen hat. § 157 und die dazu ergangenen Ausführungsvorschriften sind entsprechend anzuwenden."

d) Der fünfte Unterabschnitt erhält folgende Überschrift:
„Für die Berufsgerichtsbarkeit anzuwendende Vorschriften; Berufsgerichtsbarkeit in dem in Artikel 3 des Einigungsvertrages genannten Gebiet"

e) § 153 wird wie folgt geändert:
aa) Der bisherige Wortlaut wird Absatz 1.
bb) Dem neuen Absatz 1 wird folgender Absatz angefügt:
„(2) In dem in Artikel 3 des Einigungsvertrages genannten Gebiet gelten die Vorschriften bezüglich der Berufsgerichtsbarkeit mit der Maßgabe, daß an die Stelle des Landgerichts das Kreisgericht und an die Stelle des Oberlandesgerichts das Bezirksgericht tritt. Die Kammer für Steuerberater- und Steuerbevollmächtigtensachen des Kreisgerichts entscheidet außerhalb der Hauptverhandlung durch den Vorsitzenden."

f) Dem § 157 wird folgender Absatz 9 angefügt:
„(9) Die Bestellung nach Absatz 1 ist für Steuerbevollmächtigte, die bis zum 31. Dezember 1990 in dem in Artikel 3 des Einigungsvertrages genannten Gebiet bestellt worden sind, bis zum Ablauf des 31. Dezember 1997 möglich."

10. Zollgesetz in der Fassung der Bekanntmachung vom 18. Mai 1970 (BGBl. I S. 529), zuletzt geändert durch Gesetz vom 25. Juli 1989 (BGBl. I S. 1541)
§ 2 Abs. 1 Satz 1 wird wie folgt gefaßt:
„Zollgebiet ist das Gebiet der Bundesrepublik Deutschland mit den Zollanschlüssen, aber ohne die Zollausschlüsse und ohne die Zollfreigebiete."

11. Gesetz über das Branntweinmonopol in der im Bundesgesetzblatt Teil III, Gliederungsnummer 612-7, veröffentlichten bereinigten Fassung, zuletzt geändert durch Artikel 2 der Verordnung vom 9. Dezember 1988 (BGBl. I S. 2231)

a) § 2 wird wie folgt gefaßt:

„**§ 2** Monopolgebiet ist das Gebiet der Bundesrepublik Deutschland mit Ausnahme von Zollfreigebieten und Zollausschlüssen. Der Bundesminister der Finanzen wird ermächtigt, durch Rechtsverordnung Zollausschlüsse und andere Zollfreigebiete als die Freihäfen in das Monopolgebiet einzubeziehen."

b) § 3 wird wie folgt geändert:

aa) In Absatz 1 wird in Satz 1 und 2 das Wort „Reichsmonopolverwaltung" durch „Bundesmonopolverwaltung" ersetzt. Satz 3 wird gestrichen.

bb) Absatz 2 wird wie folgt gefaßt:

„(2) Branntwein aus dem zollrechtlich freien Verkehr eines Mitgliedstaates der Europäischen Gemeinschaften unterliegt nicht dem Einfuhrmonopol."

c) § 25 wird wie folgt geändert:

aa) Dem Absatz 2 Nr. 3 wird folgender Satz angefügt:

„Die Verpflichtung zur Schlempe- und Düngerverwertung entfällt, wenn in der Brennerei während des Betriebsjahres ausschließlich Rohstoffe verarbeitet werden, die selbstgewonnen sind."

bb) Dem Absatz 3 Nr. 3 werden folgende Sätze angefügt:

„Die Verpflichtung zur Schlempe- und Düngerverwertung in anderen als Kartoffelgemeinschaftsbrennereien entfällt, wenn in der Brennerei während des Betriebsjahres ausschließlich Rohstoffe der Brennereigüter verarbeitet werden, die selbstgewonnen sind. In diesem Fall muß jeder Besitzer eines Brennereigutes im Betriebsjahr mindestens die Hälfte der Menge an selbstgewonnenen Rohstoffen an die Brennerei liefern, die seinem Anteil an der landwirtschaftlichen Nutzfläche aller Brennereigüter zu Beginn des Betriebsjahres entspricht. Satz 4 gilt entsprechend."

d) In § 99b wird die Zahl „100000" durch „200000" ersetzt.

e) § 154 Abs. 3 wird wie folgt gefaßt:

„(3) Der Bundesminister der Finanzen kann durch Rechtsverordnung abweichend von Absatz 1 regeln

1. das Verfahren, soweit es zur Sicherung des Monopolaufkommens oder zur Feststellung der Bemessungsgrundlagen für den Monopolausgleich erforderlich ist,
2. die Besteuerung bei der Einfuhr, soweit dies zur Anpassung an die Behandlung im Monopolgebiet hergestellter mit Branntweinabgaben belasteter Erzeugnisse oder wegen besonderer Verhältnisse bei der Einfuhr erforderlich ist."

f) Nach § 174 werden folgende §§ 175 und 176 eingefügt:

„Sonder- und Überleitungsregelungen für das in Artikel 3 des Einigungsvertrages genannte Gebiet

§ 175 (1) Brennereien, die nach § 15 Abs. 1 des Gesetzes über das Branntweinmonopol vom 22. Juni 1990 (GBl. SDr. Nr. 1441) brennberechtigt waren und die betriebsfähig sind, erhalten auf Antrag mit Beginn des Betriebsjahres 1991/92 ein landwirtschaftliches oder gewerbliches regelmäßiges Brennrecht, soweit in Absatz 2 und 4 Satz 4 nichts anderes bestimmt ist. Grundlage für die Ermittlung der Höhe des Brennrechts nach Maßgabe des Absatzes 2 ist die jeweilige Durchschnittserzeugung aus den Jahren 1987 bis 1989 (Referenzmenge). Waren am 1. Januar 1990 mehrere Brennereien eines Besitzers auf einem Grundstück vorhanden, so gelten für die Ermittlung der Referenzmenge diese als Einheit.

(2) Das regelmäßige Brennrecht beträgt bei Brennereien mit einer Referenzmenge

1. bis zu 22 000 hl A	
a) für landwirtschaftliche Brennereien	75 vom Hundert und
b) für gewerbliche Brennereien	60 vom Hundert,
2. von mehr als 22 000 bis zu 45 000 hl A	40 vom Hundert,
3. von mehr als 45 000 bis zu 300 000 hl A	20 vom Hundert

der jeweiligen Referenzmenge der Brennerei oder der Brennereieinheit (Absatz 1 Satz 3). Im Fall der Nummer 2 beträgt das regelmäßige Brennrecht mindestens 13 200 hl A, im Fall der Nummer 3 mindestens 18 000 hl A, jedoch nicht mehr als 45 000 hl A. Ist die Referenzmenge höher als 300 000 hl A, wird kein regelmäßiges Brennrecht vergeben, jedoch erhält der Brennereibetrieb für das Betriebsjahr 1991/92 ein einmaliges Erzeugungskontingent von 75 000 hl A zur Herstellung von Branntwein aus Zuckerrübenmelasse.
Brennereien mit Brennbestätigung nach § 15 Abs. 1 des in Absatz 1 genannten Gesetzes erhalten ein regelmäßiges Brennrecht von je 4500 hl A.

(3) Brennrechte werden für die Herstellung von Branntwein aus

1. Korn (Roggen, Weizen, Buchweizen, Hafer oder Gerste),
2. Kartoffeln und anderem Getreide als ausschließlich Korn,
3. Zuckerrübenmelasse

vergeben.

(4) Die Brennrechte werden auf Antrag der Brennereien von der Bundesmonopolverwaltung für Branntwein durch Kontingentbescheid vergeben. Sie setzt, ausgehend von der Art der bisherigen Erzeugungskontingente (§ 15 Abs. 2 des in Absatz 1 genannten Gesetzes) sowie dem Bedarf an Kornbranntwein (§ 101), die Geltung der Brennrechte nach Absatz 3 fest. Die Gesamtmenge an Brennrechten zur Herstellung von Kornbranntwein soll 100 000 hl A nicht überschreiten. Waren mehrere Brennereien eines Besitzers auf einem Grundstück vorhanden (Absatz 1 Satz 3), so legt die Bundesmonopolverwaltung die Brennrechtsaufteilung auf diese Brennereien entsprechend dem Antrag fest; sie kann davon abweichen, wenn die beantragte Aufteilung aus wirtschaftlichen oder agrarischen Gesichtspunkten nicht vertretbar ist.

(5) Der Bundesminister der Finanzen wird ermächtigt, durch Rechtsverordnung das Verfahren für die Bemessung und Vergabe der Brennrechte näher zu regeln.

(6) Die Zusammenlegung von Brennereien nach Absatz 1 und die Übertragung ihrer Brennrechte (§ 42 Abs. 1 und 3) ist bis zum Ende des Betriebsjahres 1997/98 ausgeschlossen.

(7) §§ 36 und 57 finden keine Anwendung.

(8) Alle regelmäßigen Brennrechte aus der Zeit vor dem 7. November 1955 sind erloschen.

(9) Werden andere als die in Absatz 3 genannten Rohstoffe verarbeitet, gilt der daraus hergestellte Branntwein unbeschadet der §§ 38, 39 als außerhalb des Jahresbrennrechts erzeugt.

§ 176 (1) Bis zum 30. September 1991 werden weiter angewandt:

1. Abweichend von § 40 der § 15 Abs. 1 bis 3 des in § 175 Abs. 1 genannten Gesetzes über Erzeugungskontingente.
2. Abweichend von §§ 63, 64 bis 72 a, 73 und 74 die §§ 32, 34 bis 36 des in § 175 Abs. 1 genannten Gesetzes für die Branntweinübernahmepreise.

(2) Bis zum 30. September 1991 tritt an die Stelle des besonderen Jahresbrennrechts nach § 82a Nr. 2 Satz 1 und 2 das jeweilige Erzeugungskontingent.

(3) Ab 1. Oktober 1991 werden bis zum Ablauf des Betriebsjahres 1995/96 abweichend von §§ 63, 64 bis 72a, 73 und 74 die §§ 32, 34 bis 36 des in § 175 Abs. 1 genannten Gesetzes für die Branntweinübernahmepreise mit der Maßgabe weiter angewandt, daß für Brennereien mit einem Jahresbrennrecht von mehr als 10 000 hl A besondere Übernahmepreise festgesetzt werden, die nicht höher sein dürfen als der niedrigste nach durchschnittlichen Selbstkostenpreisen festgesetzte Übernahmepreis oder, falls solche nicht festgelegt werden, als der niedrigste Einzelübernahmepreis.

(4) Absätze 1 und 3 gelten nicht für Branntwein aus anderen Rohstoffen als Getreide, Kartoffeln und Zuckerrübenmelasse sowie aus Verschlußkleinbrennereien."

12. Gesetz über die Errichtung der Bundesmonopolverwaltung für Branntwein in der im Bundesgesetzblatt Teil III, Gliederungsnummer 602-1, veröffentlichten bereinigten Fassung

§ 4 wird wie folgt gefaßt:

„**§ 4** Die bisherigen Zuständigkeiten der von der Deutschen Demokratischen Republik errichteten Monopolverwaltung für Branntwein entfallen. Die Verwaltung des Vermögens dieser Monopolverwaltung, das den Aufgaben des Branntweinmonopols dient, geht auf die Bundesmonopolverwaltung für Branntwein über. Diese ist berechtigt, im Rahmen einer ordnungsgemäßen Verwaltung darüber zu verfügen. Gleichzeitig übernimmt sie die Verpflichtungen der Monopolverwaltung für Branntwein. Privatrechtliche Verträge dieser Monopolverwaltung können von jedem Vertragsteil abweichend von längeren vertraglichen Kündigungsfristen mit einer Frist von mindestens einem Vierteljahr gekündigt werden. Das Kündigungsrecht erlischt am 31. Dezember 1991. Macht ein Vertragsteil von dem außerordentlichen Kündigungsrecht Gebrauch, so hat er den anderen Teil auf seinen Antrag angemessen zu entschädigen. Eine Entschädigung für entgangenen Gewinn ist ausgeschlossen."

13. Das Landwirtschafts-Gasölverwendungsgesetz vom 22. Dezember 1967 (BGBl. I S. 1339), zuletzt geändert durch Artikel 23 des Gesetzes vom 16. Dezember 1986 (BGBl. I S. 2441), tritt in dem in Artikel 3 genannten Gebiet am 1. Januar 1991 in Kraft und wird wie folgt geändert:

Nach § 17 wird folgender § 17a eingefügt:

„**§ 17a Anwendung des Gesetzes in dem in Artikel 3 des Einigungsvertrages genannten Gebiet.** (1) Abweichend von § 2 Abs. 1 gelten in den Ländern Brandenburg, Mecklenburg-Vorpommern, Sachsen, Sachsen-Anhalt und Thüringen sowie in dem Teil des Landes Berlin, in dem das Grundgesetz bisher nicht galt, als Betriebe der Landwirtschaft

1. Betriebe, die durch Bodenbewirtschaftung oder durch mit Bodenbewirtschaftung verbundene Tierhaltung pflanzliche oder tierische Erzeugnisse gewinnen und
   a) aus denen natürliche Personen Einkünfte erzielen oder
   b) deren Inhaber eine landwirtschaftliche Produktionsgenossenschaft oder eine ähnliche Gemeinschaft, eine nichtrechtsfähige Personenvereinigung oder eine juristische Person des privaten Rechts ist und bei denen im Falle der Gewinnung pflanzlicher Erzeugnisse der dauernde und nachhaltige Zukauf fremder Erzeugnisse 30 vom Hundert des Gesamtumsatzes nicht überschreitet oder
   c) deren Inhaber eine Körperschaft, Personenvereinigung oder Vermögensmasse ist, die nach ihrer Satzung, Stiftung oder sonstigen Verfassung und nach ihrer tatsächlichen Geschäftsführung ausschließlich und unmittelbar kirchlichen, gemeinnützigen oder mildtätigen Zwecken dient,

   sowie Wanderschäfereien und Teichwirtschaften;
2. Betriebe, insbesondere Lohnbetriebe, Betriebe von Genossenschaften und Maschinengemeinschaften, Wasser- und Bodenverbände und andere Gemeinschaften, soweit diese für die in Nummer 1 bezeichneten Betriebe Arbeiten zur Gewinnung pflanzlicher oder tierischer Erzeugnisse durch Bodenbewirtschaftung oder durch mit Bodenbewirtschaftung verbundene Tierhaltung ausführen;
3. Schöpfwerke zur Be- und Entwässerung von landwirtschaftlich genutzten Grundstücken.

Einkünfte im Sinne von Nummer 1 Buchstabe a) sind nachhaltige Roherträge von mindestens 4 000 Deutsche Mark jährlich.

(2) Der Bundesminister der Finanzen wird ermächtigt, im Einvernehmen mit dem Bundesminister für Ernährung, Landwirtschaft und Forsten mit Zustimmung des Bundesrates zur Erleichterung der wirtschaftlichen Anpassung durch Rechtsverordnung

1. zu Absatz 1 Nr. 1 zu bestimmen, daß im Falle der Gewinnung tierischer Erzeugnisse
   a) die Gewährung der Verbilligung davon abhängig ist, daß bestimmte Grenzen des Tierbestandes, bezogen auf den Hektar landwirtschaftlich genutzter Fläche, nicht überschritten werden,
   b) die Verbilligung auch Betrieben der Tierproduktion ohne Bewirtschaftung eigener Flächen gewährt wird, soweit diese die Tierproduktion in Zusammenarbeit mit Betrieben der Pflanzenproduktion (Kooperation) betreiben und die Grenzen des Tierbestandes nach Buchstabe a), bezogen auf die von den zusammenarbeitenden Betrieben der Kooperation landwirtschaftlich genutzten Flächen, nicht überschritten werden;
2. anzuordnen, daß Betrieben der Landwirtschaft im Sinne des Absatzes 1 und der vorstehenden Nummer 1 bis zum 31. Dezember 1995 ein Ausgleich bis zur Höhe der Verbilligung nach § 3 für den Gasölverbrauch beim Ausbringen von Dünge- und Pflanzenschutzmitteln sowie für die Beförderung für den eigenen Betrieb von pflanzlichen und tierischen Erzeugnissen und landwirtschaftlichen Betriebsmitteln mit anderen als den in § 1 Abs. 1 genannten Fahrzeugen gewährt wird, soweit diese Fahrzeuge bereits vor dem 1. Januar 1991 zugelassen und zu den genannten Zwecken eingesetzt worden sind."

14. Besitz- und Verkehrsteuern

– Inkrafttreten und allgemeine Anwendungsvorschriften –

(1) Das Recht der Bundesrepublik Deutschland auf folgenden Gebieten tritt in dem in Artikel 3 des Vertrages genannten Gebiet am 1. Januar 1991 in Kraft:

1. das Recht der Besitz- und Verkehrsteuern einschließlich der Einfuhrumsatzsteuer,
2. das Recht der Zulagen und Prämien, auf die Abgabenrecht Anwendung findet,
3. das Rennwett- und Lotterierecht sowie die bundesrechtlichen Regelungen der Abgabe von Spielbanken

Für die in Satz 1 genannten Abgaben, Zulagen und Prämien, die vor dem 1. Januar 1991 entstehen, ist das bis zum 31. Dezember 1990 in dem in Artikel 3 des Vertrages genannten Gebiet geltende Recht weiter anzuwenden.

(2) Bei der Anwendung des in Absatz 1 genannten Rechts für die Zeit vor dem 1. Januar 1991 behalten die Begriffe „Inland", „Erhebungsgebiet", „inländisch", „einheimisch", „Geltungsbereich des Grundgesetzes", „Land Berlin", „Ausland", „Außengebiet", „ausländisch",

„gebietsfremd" und „außengebietlich" die Bedeutung, die sie vor der Herstellung der Einheit Deutschlands in dem Staat hatten, in dessen Recht sie enthalten waren.

(3) Bei der Anwendung des in Absatz 1 genannten Rechts für die Zeit nach der Herstellung der Einheit Deutschlands ist unter der Bezeichnung „Deutsche Demokratische Republik" mit oder ohne Hinweis auf den Einschluß von Berlin (Ost) das in Artikel 3 des Vertrages genannte Gebiet und unter der Bezeichnung „Berlin (West)" der Teil des Landes Berlin, in dem das Grundgesetz schon bisher galt, zu verstehen.

(4) Absatz 1 gilt auf den dort genannten Rechtsgebieten auch für Recht, das auf völkerrechtlichen Verträgen oder Vereinbarungen beruht.

15. Vorauszahlungen zur Einkommen-, Körperschaft-, Gewerbe-, Vermögen- und Grundsteuer in dem in Artikel 3 des Vertrages genannten Gebiet

(1) Bis zur Festsetzung von Vorauszahlungen durch das zuständige Finanzamt sind die zuletzt zu leistenden Abschlagzahlungen nach der Selbstberechnungsverordnung vom 27. Juni 1990 (GBl. I Nr. 41 S. 616) und der Verordnung über die Zahlung von Steuern der in Kapitalgesellschaften umgewandelten ehemaligen volkseigenen Kombinate, Betriebe und Einrichtungen im 2. Halbjahr 1990 vom 27. Juni 1990 (GBl. I Nr. 41 S. 618) als Vorauszahlungen für die Einkommen-, Körperschaft-, Gewerbe- und Vermögensteuer ab 1. Januar 1991 in derselben Höhe und zu denselben Zahlungsterminen an das zuständige Finanzamt zu entrichten, ohne daß es dazu eines Steuerbescheids und einer besonderen Aufforderung bedarf. Dabei ist die bisher zusammengefaßte Abschlagzahlung nach Steuerarten aufzugliedern und der Zeitraum, für den die Steuer entrichtet wird, sowie die Steuernummer anzugeben.

(2) Körperschaften im Sinne der Verordnung über die Zahlung von Steuern der in Kapitalgesellschaften umgewandelten ehemaligen volkseigenen Kombinate, Betriebe und Einrichtungen im 2. Halbjahr 1990 vom 27. Juni 1990 (GBl. I Nr. 41 S. 618) haben ab 1. Januar 1991 bis zu der Festsetzung der Grundsteuer zu den in § 28 des Grundsteuergesetzes genannten Fälligkeitstagen Vorauszahlungen auf die Grundsteuer für Betriebsgrundstücke mit Ausnahme der Mietwohngrundstücke und Einfamilienhäuser zu entrichten, ohne daß es dazu eines Steuerbescheids und einer besonderen Aufforderung bedarf. Der Jahresbetrag der Vorauszahlungen beträgt 0,2 vom Hundert des Wertes, mit dem das Betriebsgrundstück in der DM-Eröffnungsbilanz angesetzt worden ist. Festsetzungen der Grundsteuer, die vor dem 1. Januar 1991 für die in Satz 1 genannten Grundstücke erfolgt sind, verlieren für die Zeit ab 1. Januar 1991 ihre Wirksamkeit.

16. Einkommensteuergesetz 1987 in der Fassung der Bekanntmachung vom 27. Februar 1987 (BGBl. I S. 657), zuletzt geändert durch Artikel 11 des Gesetzes vom 25. Juni 1990 (BGBl. 1990 II S. 518)

a) In § 1 Abs. 3 Satz 1 werden die Worte „außerhalb des Inlands" durch die Worte „im Ausland" ersetzt.
b) § 2a Abs. 5 und 6 wird aufgehoben.
c) § 3 wird wie folgt geändert:
  aa) In Nummer 29 werden die Worte „in der Bundesrepublik Deutschland einschließlich Berlin (West)" durch die Worte „im Inland" ersetzt.
  bb) Nummer 63 wird aufgehoben.
  cc) Nummer 69 wird aufgehoben.
d) § 7 Abs. 5 Satz 4, § 7h Abs. 4, § 7i Abs. 4 und § 11a Abs. 5 werden aufgehoben.
e) § 11b wird wie folgt geändert:
  aa) Absatz 2 wird aufgehoben.
  bb) Der Wortlaut des Absatzes 1 wird § 11 b.
f) In § 42 Abs. 4 werden nach dem Zitat „§§ 10 e," das Zitat „10 f," eingefügt und das Zitat „52 Abs. 21 Satz 4 bis 6" durch das Zitat „52 Abs. 21 Satz 4 bis 7" ersetzt.
g) In § 42a Abs. 2 werden nach dem Zitat „§§ 10 e," das Zitat „10 f," eingefügt und das Zitat „52 Abs. 21 Satz 4 bis 6" durch das Zitat „52 Abs. 21 Satz 4 bis 7" ersetzt.
h) In § 46 Abs. 2 Nr. 8 Buchstabe a wird nach dem Zitat „§§ 10e," das Zitat „10f," eingefügt und das Zitat „52 Abs. 21 Satz 4 bis 6" durch das Zitat „52 Abs. 21 Satz 4 bis 7" ersetzt.
i) § 50 Abs. 3 Satz 3 wird gestrichen.
j) § 52 wird wie folgt geändert:
  aa) In Absatz 1 werden die Jahreszahl „1990" durch die Jahreszahl „1991 " und jeweils die Jahreszahl „1989" durch die Jahreszahl „1990" ersetzt.
  bb) Absatz 14b Satz 2 wird aufgehoben.
  cc) Nach Absatz 27 wird folgender Absatz 27a eingefügt:
  „(27a) § 42 Abs. 4 Satz 4, § 42a Abs. 2 Satz 4 und § 46 Abs. 2 Nr. 8 Buchstabe a gelten auch für Kalenderjahre vor 1991."
k) Nach § 55 werden folgende §§ 56 bis 59 angefügt:

„**§ 56 Sondervorschriften für Steuerpflichtige in dem in Artikel 3 des Einigungsvertrages genannten Gebiet.** Bei Steuerpflichtigen, die am 31. Dezember 1990 einen Wohnsitz oder ihren gewöhnlichen Aufenthalt in dem in Artikel 3 des Einigungsvertrages genannten Gebiet und im Jahre 1990 keinen Wohnsitz oder gewöhnlichen Aufenthalt im bisherigen Geltungsbereich dieses Gesetzes hatten, gilt folgendes:

1. § 7 Abs. 5 ist auf Gebäude anzuwenden, die in dem Artikel 3 des Einigungsvertrages genannten Gebiet nach dem 31. Dezember 1990 angeschafft oder hergestellt worden sind.
2. § 52 Abs. 2 bis 33 ist nicht anzuwenden, soweit darin die Anwendung einzelner Vorschriften für Veranlagungszeiträume oder Wirtschaftsjahre vor 1991 geregelt ist.

§ 57 Besondere Anwendungsregeln aus Anlaß der Herstellung der Einheit Deutschlands. (1) Die §§ 7 c, 7 f, 7 g, 7k und 10e dieses Gesetzes, die §§ 76, 78, 82a und 82f der Einkommensteuer-Durchführungsverordnung sowie die §§ 7 und 12 Abs. 3 des Schutzbaugesetzes sind auf Tatbestände anzuwenden, die in dem in Artikel 3 des Einigungsvertrages genannten Gebiet nach dem 31. Dezember 1990 verwirklicht worden sind.

(2) Die §§ 7b und 7d dieses Gesetzes sowie die §§ 81, 82 d, 82g und 82i der Einkommensteuer-Durchführungsverordnung sind nicht auf Tatbestände anzuwenden, die in dem in Artikel 3 des Einigungsvertrages genannten Gebiet verwirklicht worden sind.

(3) Bei der Anwendung des § 7g Abs. 2 Nr. 1, des § 13a Abs. 4 und 8 und des § 14a Abs. 1 ist in dem in Artikel 3 des Einigungsvertrages genannten Gebiet anstatt vom maßgebenden Einheitswert des Betriebs der Land- und Forstwirtschaft und den darin ausgewiesenen Werten vom Ersatzwirtschaftswert nach § 125 des Bewertungsgesetzes auszugehen.

(4) § 10d Abs. 1 ist anzuwenden, wenn in den vorangegangenen Veranlagungszeiträumen der Gesamtbetrag der Einkünfte nach den Vorschriften dieses Gesetzes ermittelt worden ist. § 10d Abs. 2 und 3 ist auch für Verluste anzuwenden, die in dem in Artikel 3 des Einigungsvertrages genannten Gebiet im Veranlagungszeitraum 1990 entstanden sind.

(5) § 22 Nr. 4 ist auf vergleichbare Bezüge anzuwenden, die auf Grund des Gesetzes über Rechtsverhältnisse der Abgeordneten der Volkskammer der Deutschen Demokratischen Republik vom 31. Mai 1990 (GBl. I Nr. 30 S. 274) gezahlt worden sind.

§ 58 Weitere Anwendung von Rechtsvorschriften, die vor Herstellung der Einheit Deutschlands in dem in Artikel 3 des Einigungsvertrages genannten Gebiet gegolten haben. (1) Die Vorschriften über Sonderabschreibungen nach § 3 Abs. 1 des Steueränderungsgesetzes vom 6. März 1990 (GBl. I Nr. 17 S. 136) in Verbindung mit § 7 der Durchführungsbestimmung zum Gesetz zur Änderung der Rechtsvorschriften über die Einkommen-, Körperschaft- und Vermögensteuer – Steueränderungsgesetz – vom 16. März 1990 (GBl. I Nr. 21 S. 195) sind auf Wirtschaftsgüter weiter anzuwenden, die nach dem 31. Dezember 1989 und vor dem 1. Januar 1991 in dem in Artikel 3 des Einigungsvertrages genannten Gebiet angeschafft oder hergestellt worden sind.

(2) Rücklagen nach § 3 Abs. 2 des Steueränderungsgesetzes vom 6. März 1990 (GBl. I Nr. 17 S. 136) in Verbindung mit § 8 der Durchführungsbestimmung zum Gesetz zur Änderung der Rechtsvorschriften über die Einkommen-, Körperschaft- und Vermögensteuer – Steueränderungsgesetz – vom 16. März 1990 (GBl. I Nr. 21 S. 195) dürfen, soweit sie zum 31. Dezember 1990 zulässigerweise gebildet worden sind, auch nach diesem Zeitpunkt

fortgeführt werden. Sie sind spätestens im Veranlagungszeitraum 1995 gewinn- oder sonst einkünfteerhöhend aufzulösen. Sind vor dieser Auflösung begünstigte Wirtschaftsgüter angeschafft oder hergestellt worden, sind die in Rücklage eingestellten Beträge von den Anschaffungs- oder Herstellungskosten abzuziehen; die Rücklage ist in Höhe des abgezogenen Betrags im Veranlagungszeitraum der Anschaffung oder Herstellung gewinn- oder sonst einkünfteerhöhend aufzulösen.

(3) Die Vorschrift über den Steuerabzugsbetrag nach § 9 Abs. 1 der Durchführungsbestimmung zum Gesetz zur Änderung der Rechtsvorschriften über die Einkommen-, Körperschaft- und Vermögensteuer – Steueränderungsgesetz – vom 16. März 1990 (GBl. I Nr. 21 S. 195) ist für Steuerpflichtige weiter anzuwenden, die vor dem 1. Januar 1991 in dem in Artikel 3 des Einigungsvertrages genannten Gebiet eine Betriebsstätte begründet haben, wenn sie von dem Tag der Begründung der Betriebsstätte an zwei Jahre lang die Tätigkeit ausüben, die Gegenstand der Betriebsstätte ist.

§ 59 Überleitungsregelungen für den Lohnsteuerabzug für Arbeitnehmer und Arbeitgeber in dem in Artikel 3 des Einigungsvertrages genannten Gebiet. (1) Für den Steuerabzug vom Arbeitslohn der Arbeitnehmer, die am 20. September 1990 einen Wohnsitz oder ihren gewöhnlichen Aufenthalt in dem in Artikel 3 des Einigungsvertrages genannten Gebiet und keinen Wohnsitz oder gewöhnlichen Aufenthalt im bisherigen Geltungsbereich dieses Gesetzes hatten, gilt folgendes:

1. Für die Ausstellung der Lohnsteuerkarten 1991 ist abweichend von § 39 Abs. 1 bis 3 die Anordnung über die Ausstellung der Lohnsteuerkarten 1991 für Arbeitnehmer, die ihren Wohnsitz in der Deutschen Demokratischen Republik haben, vom 31. Juli 1990 (GBl. I Nr. 52 S. 1063) weiter anzuwenden. Für einen Arbeitnehmer, der erstmals im Laufe des Kalenderjahrs 1991 Arbeitslohn bezieht, ist die Lohnsteuerkarte 1991 von der Meldebehörde auszustellen, in deren Zuständigkeitsbereich der Arbeitnehmer am 1. Januar 1991 seine Hauptwohnung oder in Ermangelung einer Wohnung seinen gewöhnlichen Aufenthalt hat; § 39 Abs. 2 Satz 2 ist anzuwenden.
2. Abweichend von § 39a Abs. 2 Satz 5 darf auf der Lohnsteuerkarte 1991 ein Freibetrag mit Wirkung vom 1. Januar 1991 an eingetragen werden.
3. § 39c Abs. 2 ist für 1991 nicht anzuwenden.

(2) Abweichend von § 41a Abs. 2 ist für Betriebsstätten (§ 41 Abs. 2) in dem in Artikel 3 des Einigungsvertrages genannten Gebiet Lohnsteueranmeldungszeitraum für das Kalenderjahr 1991 ausschließlich der Kalendermonat.

(3) § 42d ist auch auf die Lohnsteuer anzuwenden, die nach der Herstellung der Einheit Deutschlands auf Grund des weiter anzu-

wendenden Rechts der Deutschen Demokratischen Republik einzubehalten und abzuführen ist. § 20 Abs. 4 der Verordnung zur Besteuerung des Arbeitseinkommens (Bekanntmachung vom 22. Dezember 1952 - GBl. Nr. 182 S. 1413), zuletzt geändert durch das Gesetz vom 22. Juni 1990 (Sonderdruck Nr. 1427 des Gesetzblattes), ist auf die in Satz 1 bezeichnete Lohnsteuer nicht anzuwenden."

17. Gesetz über Kapitalanlagegesellschaften in der Fassung der Bekanntmachung vom 14. Januar 1970 (BGBl. I S. 127), zuletzt geändert durch Artikel 8 des Gesetzes vom 25. Juni 1990 (BGBl. 1990 II S. 518)
§ 53c wird mit Ablauf des 31. Dezember 1990 aufgehoben.

18. Wohnungsbau-Prämiengesetz in der Fassung der Bekanntmachung vom 26. Oktober 1988 (BGBl. I S. 2098), zuletzt geändert durch Artikel 12 des Gesetzes vom 25. Juni 1990 (BGBl. 1990 II S. 518)

Dem § 10 werden folgende Absätze angefügt:

„(6) In den Kalenderjahren 1991 bis 1993 gilt für Beiträge an Bausparkassen zur Erlangung von Baudarlehen, die zur Förderung des Wohnungsbaus in dem in Artikel 3 des Einigungsvertrages genannten Gebiet bestimmt sind, zusätzlich:

1. Der Vertrag muß ausdrücklich zur Verwendung zum Wohnungsbau in dem in Artikel 3 des Einigungsvertrages genannten Gebiet bestimmt sein. Ein Vertrag, der diese Bestimmung nicht enthält, kann entsprechend ergänzt werden.
2. Für Beiträge auf Grund eines Vertrages nach Nummer 1 gilt § 3 Abs. 1 und Abs. 2 mit der Maßgabe, daß sich der Prämiensatz um 5 vom Hundert der Aufwendungen (Zusatzprämie) und die prämienbegünstigten Aufwendungen um 1200 Deutsche Mark, bei Ehegatten um 2 400 Deutsche Mark, erhöhen (zusätzlicher Höchstbetrag).
3. Eine Verfügung, die § 2 Abs. 2, nicht aber dem besonderen vertraglichen Zweck entspricht, ist hinsichtlich der Zusatzprämie und des zusätzlichen Höchstbetrages schädlich. Schädlich ist auch die Verwendung für Ferien- und Wochenendwohnungen, die in einem entsprechend ausgewiesenen Sondergebiet liegen oder die sich auf Grund ihrer Bauweise nicht zum dauernden Bewohnen eignen.

(7) Die Verordnung über die Einführung des Bausparens in der DDR vom 21. Juni 1990 (GBl. I Nr. 37 S. 478) ist letztmalig auf Tatbestände anzuwenden, die vor dem 1. Januar 1991 verwirklicht worden sind. Fördermaßnahmen nach dieser Verordnung werden nur für das Jahr 1990 gewährt."

19. Körperschaftsteuergesetz in der Fassung der Bekanntmachung vom 10. Februar 1984 (BGBl. I S. 217), zuletzt geändert durch Artikel 2 des Gesetzes vom 22. Dezember 1989 (BGBl. I S. 2408)

a) § 5 Abs. 1 wird wie folgt geändert:
   aa) Nach Nummer 1 wird folgende Nummer 1a eingefügt:
      „1a. die Deutsche Reichsbahn;"
   bb) Nach Nummer 2 wird folgende Nummer 2a eingefügt:
      „2a. die Staatsbank Berlin, die Treuhandanstalt;"

b) Dem § 30 wird folgender Absatz 3 angefügt:

„(3) Hat eine Kapitalgesellschaft ihr verwendbares Eigenkapital erstmals zu gliedern, ist vorbehaltlich des § 38 das in der Eröffnungsbilanz auszuweisende Eigenkapital, soweit es das Nennkapital übersteigt, dem Teilbetrag im Sinne des Absatzes 2 Nr. 4 zuzuordnen."

c) § 54 wird wie folgt geändert:

aa) Absatz 1 wird wie folgt gefaßt:

„(1) Diese Fassung des Gesetzes ist, soweit in den folgenden Absätzen sowie in § 54a nichts anderes bestimmt ist, erstmals für den am 1. Januar 1991 beginnenden Veranlagungszeitraum anzuwenden."

bb) Nach Absatz 11 wird folgender neuer Absatz 12 eingefügt:

„(12) § 30 Abs. 3 ist auch für Feststellungszeitpunkte vor dem 1. Januar 1991 anzuwenden, soweit Bescheide noch nicht bestandskräftig sind oder unter dem Vorbehalt der Nachprüfung stehen."

cc) Der bisherige Absatz 12 wird Absatz 13.

d) Nach § 54 wird folgender § 54a eingefügt:

„§ 54a Sondervorschriften für Körperschaften, Personenvereinigungen oder Vermögensmassen in dem in Artikel 3 des Einigungsvertrages genannten Gebiet. Bei Körperschaften, Personenvereinigungen oder Vermögensmassen, die am 31. Dezember 1990 ihre Geschäftsleitung oder ihren Sitz in dem in Artikel 3 des Einigungsvertrages genannten Gebiet und im Jahre 1990 keine Geschäftsleitung und keinen Sitz im bisherigen Geltungsbereich dieses Gesetzes hatten, gilt folgendes:

1. Gewinnausschüttungen für ein vor dem 1. Januar 1991 endendes Wirtschaftsjahr sind abweichend von § 28 Abs. 3 mit dem Teilbetrag im Sinne des § 30 Abs. 2 Nr. 4 zu verrechnen.
2. Auf Gewinnausschüttungen für ein vor dem 1. Januar 1991 endendes Wirtschaftsjahr ist das Körperschaftsteuergesetz (KöStG) der Deutschen Demokratischen Republik in der Fassung vom 18. September 1970 (Sonderdruck Nr. 671 des Gesetzblattes), geändert durch das Gesetz vom 6. März 1990 zur Änderung der Rechtsvorschriften über die Einkommen-, Körperschaft- und Vermögensteuer – Steueränderungsgesetz – (GBl. I Nr. 17 S. 136) und das Gesetz vom 22. Juni 1990 zur Änderung und Ergänzung steuerlicher Rechtsvorschriften bei Einführung der Währungsunion mit der Bundesrepublik Deutschland (Sonderdruck Nr. 1427 des Gesetzblattes), weiter anzuwenden.
3. Soweit ein Verlust aus dem Veranlagungszeitraum 1990 auf das Einkommen eines Veranlagungszeitraums nach 1990 vorgetragen wird, ist die Hinzurechnung nach § 33 Abs. 2 bei dem Teilbetrag im Sinne des § 30 Abs. 2 Nr. 4 vorzunehmen.

4. Bescheinigungen im Sinne der §§ 44 und 45 dürfen nicht ausgestellt werden, wenn die Ausschüttung vor dem 1. Januar 1991 vorgenommen worden ist.
5. Werden Bescheinigungen im Sinne der §§ 44 und 45 entgegen der Nummer 4 ausgestellt, gilt § 44 Abs. 6 entsprechend.
6. Bescheinigungen im Sinne des § 46 dürfen nur ausgestellt werden, wenn Ansprüche auf den Gewinn aus Wirtschaftsjahren veräußert werden, die nach dem 31. Dezember 1990 ablaufen.
7. Die Aufteilung des Eigenkapitals nach § 29 Abs. 2 Satz 1, die Gliederung des verwendbaren Eigenkapitals nach § 30 und die gesonderte Feststellung von Besteuerungsgrundlagen im Sinne des § 47 sind erstmals auf den 1. Januar 1991 vorzunehmen. Dabei ist das verwendbare Eigenkapital entsprechend § 30 Abs. 3 zuzuordnen.
8. § 54 Abs. 2 bis 13 ist nicht anzuwenden, soweit darin die Anwendung einzelner Vorschriften für Veranlagungszeiträume oder Wirtschaftsjahre vor 1991 geregelt ist."

20. Gewerbesteuergesetz in der Fassung der Bekanntmachung vom 14. Mai 1984 (BGBl. I S. 657), zuletzt geändert durch § 5 des Gesetzes vom 26. Juni 1990 (BGBl. I S. 1143)

a) § 2 wird wie folgt geändert:
   aa) Absatz 6 wird aufgehoben.
   bb) Absätze 7 und 8 werden Absätze 6 und 7.

b) § 3 wird wie folgt geändert:
   aa) Nach Nummer 2 wird folgende Nummer 3 eingefügt:
   „3. die Deutsche Reichsbahn, die Staatsbank Berlin, die Treuhandanstalt;".
   bb) Nach Nummer 14 wird folgende Nummer 14a eingefügt:
   „14a. landwirtschaftliche Produktionsgenossenschaften und deren Rechtsnachfolger in der Rechtsform der Genossenschaft in dem in Artikel 3 des Einigungsvertrages genannten Gebiet für die Erhebungszeiträume 1991 bis 1993. In den Erhebungszeiträumen 1992 und 1993 ist Voraussetzung für die Steuerbefreiung, daß sich ihre Tätigkeit auf den Betrieb der Land- und Forstwirtschaft beschränkt;".

c) § 9a wird aufgehoben.

d) § 12 Abs. 4 wird wie folgt geändert:
   aa) In der Nummer 1 wird die Zahl „1." gestrichen.
   bb) Die Nummer 2 wird aufgehoben.

e) § 28 Abs. 1 Satz 3 wird aufgehoben.

f) In § 34 Abs. 1 Satz 2 werden die Worte „oder in einem der in § 2 Abs. 6 Satz 1 bezeichneten Gebiete außerhalb des Geltungsbereichs des Grundgesetzes" gestrichen.

g) In § 35a Abs. 1 werden die Worte „– mit Ausnahme der in § 2 Abs. 6 Satz 1 bezeichneten Gebiete –" gestrichen.

h) § 36 wird wie folgt geändert:

aa) In Absatz 1 wird die Jahreszahl „1990" durch die Jahreszahl „1991" ersetzt.

bb) Nach Absatz 5 wird folgender Absatz 5a eingefügt:

„(5a) Bei Betriebsstätten, die sich in dem in Artikel 3 des Einigungsvertrages genannten Gebiet befinden, ist § 10a erstmals auf Gewerbeverluste des Erhebungszeitraums 1990 anzuwenden. Die Kürzung nach § 10a ist insoweit ausgeschlossen, als die Gewerbeverluste nach § 9a in der Fassung des § 5 Nr. 1 des Gesetzes vom 26. Juni 1990 (BGBl. I S. 1143) vom Gewerbeertrag gekürzt worden sind."

21. Gewerbesteuer-Durchführungsverordn ung in der Fassung der Bekanntmachung vom 24. November 1986 (BGBl. I S. 2074), geändert durch Artikel 4 des Gesetzes vom 25. Juli 1988 (BGBl. I S. 1093)

a) § 7 wird aufgehoben.

b) In § 36 wird die Jahreszahl „1990" durch die Jahreszahl „1991" ersetzt.

22. DDR-Investitionsgesetz vom 26. Juni 1990 (BGBl. I S. 1143)

§ 7 wird wie folgt geändert:

a) Der bisherige Wortlaut wird Absatz 1.

b) Folgende Absätze 2 und 3 werden angefügt:

„(2) Eine Rücklage nach § 1 kann nur gebildet werden, wenn die Wirtschaftsgüter vor dem 1. Januar 1992 überführt werden.

(3) Eine Rücklage nach § 2 kann nur gebildet werden, wenn der Erwerb neuer Anteile im Sinne des § 2 Abs. 1 Satz 2 vor dem 1. Januar 1992 stattgefunden hat. Die Bildung der Rücklage ist ausgeschlossen, soweit der Verlust der Tochtergesellschaft

1. nach den §§ 14 bis 17 des Körperschaftsteuergesetzes einem Organträger zuzurechnen ist oder
2. bei der Einkommensermittlung der Tochtergesellschaft nach § 10d Abs. 1 des Einkommensteuergesetzes in Verbindung mit § 8 Abs. 1 und 5 des Körperschaftsteuergesetzes abgezogen worden ist."

23. Außensteuergesetz vom 8. September 1972 (BGBl. I S. 1713), zuletzt geändert durch Artikel 6 des Gesetzes vom 14. Dezember 1984 (BGBl. I S. 1493)

Dem § 20 wird folgender Absatz 6 angefügt:

„(6) Bei der Anwendung der §§ 2 bis 6 für die Zeit nach dem 31. Dezember 1990 steht der unbeschränkten Steuerpflicht nach § 1 Abs. 1 Satz 1 des Einkommensteuergesetzes die unbeschränkte Steuerpflicht nach § 1 Abs. 1 des Einkommensteuergesetzes der Deutschen Demokratischen Republik in der Fassung vom 18. September 1970 (Sonderdruck Nr. 670 des Gesetzblattes) gleich. Die Anwendung der §§ 2 bis 5 wird nicht dadurch berührt, daß die unbeschränkte Steuerpflicht der natürlichen Personen bereits vor dem 1. Januar 1991 geendet hat."

24. Umsatzsteuergesetz vom 26. November 1979 (BGBl. I S. 1953), zuletzt geändert durch Artikel 10 des Gesetzes vom 25. Juni 1990 (BGBl. 1990 II S. 518)

a) In § 1 Abs. 1 und Abs. 3, § 3 Abs. 8, § 3a Abs. 2 Nr. 2 und Abs. 5, § 4 Nr. 3 Buchstabe b, Nr. 5 Buchstabe c und d, Nr. 6 Buchstabe c, Nr. 8 Buchstabe i, § 4a Abs. 1 Nr. 4 und 5, § 5 Abs. 2 Nr. 2, § 6 Abs. 1 bis 3, § 7 Abs. 1 und 2, § 8 Abs. 1 Nr. 4 und Abs. 2 Nr. 1, § 11 Abs. 2, § 13 Abs. 1 Nr. 1 Buchstabe c, § 15 Abs. 1 Nr. 2, § 16 Abs. 5 Satz 2, § 18 Abs. 5 Nr. 3, Abs. 7 Nr. 1, Abs. 8 und 9, § 24 Abs. 1, § 25 Abs. 2 Nr. 3, § 25a Abs. 1 Nr. 1 und § 28 Abs. 5 werden jeweils das Wort „Erhebungsgebiet“ durch das Wort „Inland“, das Wort „Außengebiet“ durch das Wort „Ausland“, das Wort „außengebietlicher“ durch das Wort „ausländischer“, das Wort „außengebietliche“ durch das Wort „ausländische“ und das Wort „außengebietlichen“ durch das Wort „ausländischen“ ersetzt.

b) § 1 Abs. 2 wird wie folgt gefaßt:
„(2) Inland im Sinne dieses Gesetzes ist das Gebiet der Bundesrepublik Deutschland mit Ausnahme der Zollausschlüsse und der Zollfreigebiete. Ausland im Sinne dieses Gesetzes ist das Gebiet, das danach nicht Inland ist. Wird ein Umsatz im Inland ausgeführt, so kommt es für die Besteuerung nicht darauf an, ob der Unternehmer deutscher Staatsangehöriger ist, seinen Wohnsitz oder Sitz im Inland hat, im Inland eine Betriebstätte unterhält, die Rechnung erteilt oder die Zahlung empfängt.“

c) § 2 Abs. 2 Nr. 2 wird wie folgt gefaßt:
„2. wenn eine juristische Person nach dem Gesamtbild der tatsächlichen Verhältnisse finanziell, wirtschaftlich und organisatorisch in das Unternehmen des Organträgers eingegliedert ist (Organschaft). Die Wirkungen der Organschaft sind auf Innenleistungen zwischen den im Inland gelegenen Unternehmensteilen beschränkt. Diese Unternehmensteile sind als ein Unternehmen zu behandeln. Hat der Organträger seine Geschäftsleitung im Ausland, gilt der wirtschaftlich bedeutendste Unternehmensteil im Inland als der Unternehmer.“

d) § 4 wird wie folgt geändert:
   aa) Nummer 3 Buchstabe a wird wie folgt gefaßt:
      „a) die grenzüberschreitenden Beförderungen von Gegenständen und die Beförderungen im internationalen Eisenbahnfrachtverkehr. Nicht befreit sind die Beförderungen der in § 1 Abs. 3 Nr. 4 Buchstabe a bezeichneten Gegenstände aus einem Freihafen in das Inland;“.
   bb) Nummer 6 Buchstabe a wird wie folgt gefaßt:
      „a) die Lieferungen und sonstigen Leistungen der Deutschen Bundesbahn und der Deutschen Reichsbahn auf Gemeinschaftsbahnhöfen, Betriebswechselbahnhöfen, Grenzbetriebsstrecken und Durchgangsstrecken an Eisenbahnverwaltungen mit Sitz im Ausland;“.

e) § 10 Abs. 6 Sätze 1 und 2 werden wie folgt gefaßt:
„Bei Beförderungen von Personen im Gelegenheitsverkehr mit Kraftomnibussen, die nicht im Inland zugelassen sind, tritt an die

Stelle des vereinbarten Entgelts ein Durchschnittsbeförderungsentgelt. Das Durchschnittsbeförderungsentgelt ist nach der Zahl der beförderten Personen und der Zahl der Kilometer der Beförderungsstrecke im Inland (Personenkilometer) zu berechnen."

f) § 11 Abs. 3 wird wie folgt geändert:

aa) Nummer 3 wird wie folgt gefaßt:

„3. die auf den Gegenstand entfallenden Kosten für die Vermittlung der Lieferung und für die Beförderung bis zum ersten Bestimmungsort im Inland;".

bb) Nummer 4 Buchstabe a wird wie folgt gefaßt:

„a) Kosten für die Vermittlung der Lieferung und für die Beförderung bis zu einem im Zeitpunkt des Entstehens der Einfuhrumsatzsteuer feststehenden weiteren Bestimmungsort im Inland und".

g) § 15 wird wie folgt geändert:

aa) Absatz 2 Nr. 2 wird wie folgt gefaßt:

„2. Umsätze im Ausland, die steuerfrei wären, wenn sie im Inland ausgeführt würden,".

bb) Absatz 3 Nr. 2 Buchstabe b wird wie folgt gefaßt:

„b) nach § 4 Nr. 8 Buchstabe a bis g oder Nr. 10 Buchstabe a steuerfrei wären und der Leistungsempfänger in einem Gebiet außerhalb der Europäischen Wirtschaftsgemeinschaft ansässig ist."

h) § 16 Abs. 5 Satz 1 wird wie folgt gefaßt:

„Bei Beförderungen von Personen im Gelegenheitsverkehr mit Kraftomnibussen, die nicht im Inland zugelassen sind, wird die Steuer, abweichend von Absatz 1, für jeden einzelnen steuerpflichtigen Umsatz durch die zuständige Zolldienststelle berechnet (Einzelbesteuerung)."

i) § 25 Abs. 2 Nr. 1 wird wie folgt gefaßt:

„1. außerhalb des Gebiets der Europäischen Wirtschaftsgemeinschaft bewirkt werden,"

j) § 26 Abs. 3 wird wie folgt gefaßt:

„(3) Der Bundesminister der Finanzen kann unbeschadet der Vorschriften der §§ 163 und 227 der Abgabenordnung anordnen, daß die Steuer für grenzüberschreitende Beförderungen im Luftverkehr niedriger festgesetzt oder ganz oder zum Teil erlassen wird, soweit der Unternehmer keine Rechnungen mit gesondertem Ausweis der Steuer (§ 14 Abs. 1) erteilt hat. Bei Beförderungen durch ausländische Unternehmer kann die Anordnung davon abhängig gemacht werden, daß in dem Land, in dem der ausländische Unternehmer seinen Sitz hat, für grenzüberschreitende Beförderungen im Luftverkehr, die von Unternehmern mit Sitz in der Bundesrepublik Deutschland durchgeführt werden, eine Umsatzsteuer oder ähnliche Steuer nicht erhoben wird."

k) § 26a wird aufgehoben.

l) Dem § 27 wird folgender Absatz 10 angefügt:

„(10) § 26 Abs. 4 und die auf Grund dieser Vorschrift erlassene allgemeine Verwaltungsvorschrift gelten nach Wirksamwerden des Beitritts mit der Maßgabe, daß zur Kürzung der Umsatzsteuer nur Unternehmer berechtigt sind, die im Erhebungsgebiet im Sinne des § 1 Abs. 2 dieses Gesetzes in der bis zum 31. Dezember 1990 geltenden Fassung ansässig sind."

m) Die in den Buchstaben a) bis k) aufgeführten Änderungen treten am 1. Januar 1991 in Kraft.

25. Umsatzsteuer-Durchführungsverordnung vom 21. Dezember 1979 (BGBl. I S. 2359), zuletzt geändert durch die Verordnung vom 30. Juni 1990 (BGBl. I S. 1313)

a) § 1 wird wie folgt gefaßt:

„**§ 1 Sonderfälle des Ortes der sonstigen Leistung.** Erbringt ein Unternehmer, der sein Unternehmen von einem außerhalb des Gebiets der Europäischen Wirtschaftsgemeinschaft liegenden Ort aus betreibt,

1. eine sonstige Leistung, die in § 3a Abs. 4 des Gesetzes bezeichnet ist, an eine im Inland ansässige juristische Person des öffentlichen Rechts, soweit sie nicht Unternehmer ist, oder
2. eine sonstige Leistung, die nicht in § 3a Abs. 2 oder 4 des Gesetzes bezeichnet ist, an einen im Inland ansässigen Unternehmer, eine im Inland belegene Betriebstätte eines Unternehmers oder eine im Inland ansässige juristische Person des öffentlichen Rechts,

so ist diese Leistung abweichend von § 3a Abs. 1 des Gesetzes als im Inland ausgeführt zu behandeln, wenn sie dort genutzt oder ausgewertet wird. Wird die Leistung von einer Betriebstätte eines Unternehmers ausgeführt, gilt Satz 1 entsprechend, wenn die Betriebstätte außerhalb des Gebiets der Europäischen Wirtschaftsgemeinschaft liegt."

b) In der Überschrift zu § 2, § 2, der Überschrift zu § 3, §§ 3, 4, der Überschrift zu § 5, §§ 5, 6, 7 Abs. 1 bis 4, § 8 Abs. 1, §§ 9, 10 Abs. 1, § 13 Abs. 3 und 6, § 14 Abs. 2 Nr. 1, § 15 Abs. 2 Nr. 3, § 17 Abs. 1 Nr. 1 und Abs. 2 Nr. 1, § 24, der Überschrift zu § 41, §§ 41, 43 Nr. 3, §§ 49, 51 Abs. 1, §§ 52, 53 Abs. 1 bis 4, § 54 Abs. 3, § 56 Abs. 2 Nr. 1, der Überschrift zu § 57, § 57 Abs. 1 und Abs. 2 Nr. 2, §§ 58, 59, 68 Abs. 1 Nr. 1 und § 69 Abs. 2 werden jeweils das Wort „Erhebungsgebiet" durch das Wort „Inland", das Wort „Außengebiet" durch das Wort „Ausland", das Wort „außengebietlicher" durch das Wort „ausländischer", das Wort „außengebietliche" durch das Wort „ausländische" und das Wort „außengebietlichen" durch das Wort „ausländischen" ersetzt.

c) § 7 Abs. 5 wird wie folgt gefaßt:

„(5) Bei grenzüberschreitenden Beförderungen im Fährverkehr über den Rhein, die Donau, die Oder und die Neiße sind die Streckenanteile im Inland als ausländische Beförderungsstrecken anzusehen."

d) In § 9 Nr. 4 werden die Sätze 3 und 4 gestrichen.

e) In § 10 Abs. 1 Nr. 2 Buchstabe f werden die Worte „oder im Gebiet der Deutschen Demokratischen Republik einschließlich Berlin (Ost)" gestrichen.

f) § 17 Abs. 1 Nr. 2 wird wie folgt gefaßt:

„2. eine Bestätigung der Grenzzollstelle, daß die nach Nummer 1 gemachten Angaben mit den Eintragungen in dem vorgelegten Paß oder sonstigen Grenzübertrittspapier desjenigen übereinstimmen, der den Gegenstand in das Ausland verbringt."

g) § 19 Abs. 1 wird wie folgt gefaßt:

„(1) Als Beförderungen im Sinne des § 4 Nr. 3 Buchstabe a des Gesetzes gelten nicht:

1. die grenzüberschreitende Beförderung von Gegenständen, bei der der Absende- und Bestimmungsort im Inland liegen und das Ausland nur im Wege der Durchfuhr berührt wird,
2. die grenzüberschreitende Beförderung von Gegenständen oder die Beförderung im internationalen Eisenbahnfrachtverkehr vom Ausland in das Inland auf Grund einer nachträglichen Verfügung zu einem anderen als dem ursprünglich im Frachtbrief angegebenen Bestimmungsort, soweit die Kosten für diese Beförderung nicht in der Bemessungsgrundlage für die Einfuhr (§ 11 des Gesetzes) enthalten sind."

h) § 34 Abs. 2 wird wie folgt gefaßt:

„(2) Fahrausweise für eine grenzüberschreitende Beförderung im Personenverkehr und im internationalen Eisenbahn-Personenverkehr gelten nur dann als Rechnung im Sinne des § 14 Abs. 1 des Gesetzes, wenn eine Bescheinigung des Beförderungsunternehmers oder seines Beauftragten darüber vorliegt, welcher Anteil des Beförderungspreises auf die Strecke im Inland entfällt. In der Bescheinigung ist der Steuersatz anzugeben, der auf den auf das Inland entfallenden Teil der Beförderungsleistung anzuwenden ist."

i) § 36 wird wie folgt geändert:

aa) Absatz 1 Satz 1 wird wie folgt gefaßt:

„Nimmt ein Unternehmer aus Anlaß einer Geschäftsreise (§ 38) im Inland für seine Mehraufwendungen für Verpflegung einen Pauschbetrag in Anspruch oder erstattet er seinem Arbeitnehmer aus Anlaß einer Dienstreise (§ 38) im Inland die Aufwendungen für Übernachtung oder die Mehraufwendungen für Verpflegung nach Pauschbeträgen, so kann er 11,4 vom Hundert dieser Beträge als Vorsteuer abziehen."

bb) Absatz 2 Satz 1 wird wie folgt gefaßt:

„Erstattet ein Unternehmer seinem Arbeitnehmer aus Anlaß einer Dienstreise im Inland die Aufwendungen für die Benutzung eines eigenen Kraftfahrzeugs, so kann er für jeden gefahrenen Kilometer ohne besonderen Nachweis 7,6 vom Hundert der erstatteten Aufwendungen als Vorsteuer abziehen."

cc) Absatz 3 Satz 1 wird wie folgt gefaßt:

„Verwendet ein Unternehmer für eine Geschäftsreise im Inland ein nicht zu einem Unternehmen gehörendes Kraftfahrzeug und nimmt er für die ihm dadurch entstehenden Aufwendungen einen Pauschbetrag in Anspruch, so kann er für jeden gefahrenen Kilometer ohne besonderen Nachweis 5,3 vom Hundert dieses Betrages als Vorsteuer abziehen."

dd) Absatz 4 wird wie folgt gefaßt:

„(4) Die Absätze 1 bis 3 gelten für die auf das Inland entfallenden Aufwendungen für eine Geschäftsreise oder Dienstreise in oder durch das Ausland entsprechend. Bei der Ermittlung der abziehbaren Vorsteuerbeträge ist von den Pauschbeträgen auszugehen, die für die Zwecke der Einkommensteuer oder Lohnsteuer für Reisen im Inland anzusetzen sind."

j) § 37 wird wie folgt geändert:

aa) Absatz 1 wird wie folgt gefaßt:

„(1) An Stelle eines gesonderten Vorsteuerabzugs bei den einzelnen Reisekosten kann der Unternehmer einen Pauschbetrag von 9,2 vom Hundert der ihm aus Anlaß einer im Inland ausgeführten Geschäftsreise oder Dienstreise seines Arbeitnehmers insgesamt entstandenen Reisekosten als Vorsteuer abziehen. Das gleiche gilt für die auf das Inland entfallenden Kosten einer Geschäftsreise oder Dienstreise in oder durch das Ausland."

bb) Absatz 2 Satz 1 wird wie folgt gefaßt:

„Bei der Ermittlung des abziehbaren Vorsteuerbetrages ist von den Beträgen auszugehen, die für die Zwecke der Einkommensteuer oder Lohnsteuer für Reisen im Inland anzusetzen sind."

k) § 51 Abs. 3 Satz 1 wird wie folgt gefaßt:

„Ein im Ausland ansässiger Unternehmer ist ein Unternehmer, der weder im Inland noch in einem Zollfreigebiet einen Wohnsitz, seinen Sitz, seine Geschäftsleitung oder eine Zweigniederlassung hat."

l) § 73a wird aufgehoben.

m) In § 76 wird Satz 2 gestrichen.

n) Die in den Buchstaben a) bis m) aufgeführten Änderungen treten am 1. Januar 1991 in Kraft.

26. Bewertungsgesetz in der Fassung der Bekanntmachung vom 30. Mai 1985 (BGBl. I S. 845), zuletzt geändert durch Artikel 5 des Gesetzes vom 22. Dezember 1989 (BGBl. I S. 2408)

a) In § 110 Abs. 1 Nr. 6 Buchstabe b werden die Worte „vom 26. August 1986 (BGBl. I S. 1421, 1550), geändert durch Artikel 9 des Gesetzes vom 14. Dezember 1987 (BGBl. I S. 2602)," gestrichen.

b) § 111 wird wie folgt geändert:

aa) In Nummer 3 Satz 1 werden die Worte „vom 26. August 1986 (BGBl. I S. 1421, 1550), geändert durch Artikel 9 des Gesetzes vom 14. Dezember 1987 (BGBl. I S. 2602)," gestrichen.

bb) In Nummer 9 werden die Worte „vom 26. August 1986 (BGBl. I S. 1421, 1550), geändert durch Artikel 9 des Gesetzes vom 14. Dezember 1987 (BGBl. I S. 2602)," gestrichen.

c) Dem § 122 Abs. 2 wird folgender Satz angefügt:
„Die in Satz 1 enthaltene Ermächtigung gilt bis zum 31. Dezember 1992."

d) § 124 Satz 1 wird wie folgt gefaßt:
„Diese Fassung des Gesetzes ist erstmals zum 1. Januar 1991 anzuwenden."

e) Folgender Vierter Teil wird angefügt:

„Vierter Teil. Vorschriften für die Bewertung von Vermögen in dem in Artikel 3 des Einigungsvertrages genannten Gebiet

§ 125 Land- und forstwirtschaftliches Vermögen. (1) Einheitswerte, die für Betriebe der Land- und Forstwirtschaft nach den Wertverhältnissen vom 1. Januar 1935 festgestellt worden sind, werden ab dem 1. Januar 1991 nicht mehr angewendet.

(2) Anstelle der Einheitswerte für Betriebe der Land- und Forstwirtschaft werden abweichend von § 19 Abs. 1 Nr. 1 Ersatzwirtschaftswerte für das in Absatz 3 bezeichnete Vermögen ermittelt und ab 1. Januar 1991 der Besteuerung zugrunde gelegt. Der Bildung des Ersatzwirtschaftswerts ist abweichend von § 2 und § 34 Abs. 1, 3 bis 6 und 7 eine Nutzungseinheit zugrunde zu legen, in die alle von derselben Person (Nutzer) regelmäßig selbstgenutzten Wirtschaftsgüter des land- und forstwirtschaftlichen Vermögens im Sinne des § 33 Abs. 2 einbezogen werden, auch wenn der Benutzer nicht Eigentümer ist. § 26 ist sinngemäß anzuwenden.

(3) Zum land- und forstwirtschaftlichen Vermögen gehören abweichend von § 33 Abs. 2 nicht die Wohngebäude einschließlich des dazugehörigen Grund und Bodens. Wohngrundstücke sind dem Grundvermögen zuzurechnen und nach den dafür geltenden Vorschriften zu bewerten.

(4) Der Ersatzwirtschaftswert wird unter sinngemäßer Anwendung der §§ 35, 36, 38, 40, 42 bis 45, 50 bis 54, 56, 59, 60 Abs. 2 und § 62 in einem vereinfachten Verfahren ermittelt. Bei dem Vergleich der Ertragsbedingungen sind abweichend von § 38 Abs. 2 Nr. 1 ausschließlich die in der Gegend als regelmäßig anzusehenden Verhältnisse zugrunde zu legen. § 51a Abs. 1 Nr. 1 Buchstabe c ist nicht anzuwenden.

(5) Für die Ermittlung des Ersatzwirtschaftswerts sind die Wertverhältnisse maßgebend, die bei der Hauptfeststellung der Einheitswerte des land- und forstwirtschaftlichen Vermögens in der Bundesrepublik Deutschland auf den 1. Januar 1964 zugrunde gelegt worden sind.

(6) Aus den Vergleichszahlen der Nutzungen und Nutzungsteile, ausgenommen die forstwirtschaftliche Nutzung und die sonstige land- und forstwirtschaftliche Nutzung, werden unter Anwendung der Ertragswerte des § 40 die Ersatzvergleichswerte als Bestandteile des Ersatzwirtschaftswerts ermittelt. Für die Nutzungen und Nutzungsteile gelten die folgenden Vergleichszahlen:

1. Landwirtschaftliche Nutzung
   a) landwirtschaftliche Nutzung ohne Hopfen und Spargel
      Die landwirtschaftliche Vergleichszahl in 100 je Hektar errechnet sich auf der Grundlage der Ergebnisse der Bodenschätzung unter Berücksichtigung weiterer natürlicher und wirtschaftlicher Ertragsbedingungen.
   b) Hopfen
      Hopfenbau-Vergleichszahl je Ar 40
   c) Spargel
      Spargelbau-Vergleichszahl je Ar 70
2. Weinbauliche Nutzung
   Weinbau-Vergleichszahlen je Ar:
   a) Traubenerzeugung (Nichtausbau) 22
   b) Faßweinausbau 25
   c) Flaschenweinausbau 30
3. Gärtnerische Nutzung
   Gartenbau-Vergleichszahlen je Ar:
   a) Nutzungsteil Gemüse-, Blumen- und Zierpflanzenbau:
      aa) Gemüsebau 50
      bb) Blumen- und Zierpflanzenbau 100
   b) Nutzungsteil Obstbau 50
   c) Nutzungsteil Baumschulen 60
   d) Für Nutzungsflächen unter Glas und Kunststoffplatten, ausgenommen Niederglas, erhöhen sich die vorstehenden Vergleichszahlen bei
      aa) Gemüsebau
          nicht heizbar um das 6-fache
          heizbar um das 8-fache,
      bb) Blumen- und Zierpflanzenbau, Baumschulen
          nicht heizbar um das 4-fache
          heizbar um das 8-fache.

(7) Für die folgenden Nutzungen werden unmittelbar Ersatzvergleichswerte angesetzt:

1. Forstwirtschaftliche Nutzung
   Der Ersatzvergleichswert beträgt 125 Deutsche Mark je Hektar.
2. Sonstige land- und forstwirtschaftliche Nutzung
   Der Ersatzvergleichswert beträgt bei
   a) Binnenfischerei 2 Deutsche Mark je kg des nachhaltigen Jahresfangs
   b) Teichwirtschaft
      aa) Forellenteichwirtschaft 20 000 Deutsche Mark je Hektar
      bb) übrige Teichwirtschaft 1000 Deutsche Mark je Hektar
   c) Fischzucht für Binnenfischerei und Teichwirtschaft
      aa) für Forellenteichwirtschaft 30 000 Deutsche Mark je Hektar
      bb) für übrige Binnenfischerei und Teichwirtschaft 1500 Deutsche Mark je Hektar

d) Imkerei 10 Deutsche Mark je Bienenkasten
e) Wanderschäferei 20 Deutsche Mark je Mutterschaf
f) Saatzucht 15 vom Hundert der nachhaltigen Jahreseinnahmen
g) Weihnachtsbaumkultur 3000 Deutsche Mark je Hektar
h) Pilzanbau 25 Deutsche Mark je Quadratmeter
i) Besamungsstationen 20 vom Hundert der nachhaltigen Jahreseinnahmen.

§ 126 Geltung des Ersatzwirtschaftswerts. (1) Der sich nach § 125 ergebende Ersatzwirtschaftswert gilt für die Grundsteuer; er wird im Steuermeßbetragsverfahren ermittelt. Für eine Neuveranlagung des Grundsteuermeßbetrags wegen Änderung des Ersatzwirtschaftswerts gilt § 22 Abs. 1 Nr. 1 sinngemäß.

(2) Für andere Steuern ist bei demjenigen, dem Wirtschaftsgüter des land- und forstwirtschaftlichen Vermögens zuzurechnen sind, der Ersatzwirtschaftswert oder ein entsprechender Anteil an diesem Wert anzusetzen. Die Eigentumsverhältnisse und der Anteil am Ersatzwirtschaftswert sind im Festsetzungsverfahren der jeweiligen Steuer zu ermitteln.

§ 127 Erklärung zum Ersatzwirtschaftswert. (1) Der Nutzer des land- und forstwirtschaftlichen Vermögens (§ 125 Abs. 2 Satz 2) hat dem Finanzamt, in dessen Bezirk das genutzte Vermögen oder sein wertvollster Teil liegt, eine Erklärung zum Ersatzwirtschaftswert abzugeben. Der Nutzer hat die Steuererklärung eigenhändig zu unterschreiben.

(2) Die Erklärung ist erstmals für das Kalenderjahr 1991 nach den Verhältnissen zum 1. Januar 1991 abzugeben. § 28 Abs. 2 gilt entsprechend.

§ 128 Auskünfte, Erhebungen, Mitteilungen, Abrundung. § 29 und § 30 Nr. 1 gelten bei der Ermittlung des Ersatzwirtschaftswerts sinngemäß.

§ 129 Grundvermögen. (1) Für Grundstücke gelten die Einheitswerte, die nach den Wertverhältnissen am 1. Januar 1935 festgestellt sind oder noch festgestellt werden (Einheitswerte 1935)

(2) Vorbehaltlich der §§ 130 und 131 werden für die Ermittlung der Einheitswerte 1935 statt der §§ 27, 68 bis 94

1. §§ 10, 11 Abs. 1 und 2 und Abs. 3 Satz 2, §§ 50 bis 53 des Bewertungsgesetzes der Deutschen Demokratischen Republik in der Fassung vom 18. September 1970 (Sonderdruck Nr. 674 des Gesetzblattes),
2. § 3a Abs. 1, §§ 32 bis 46 der Durchführungsverordnung zum Reichsbewertungsgesetz vom 2. Februar 1935 (RGBl. I S. 81), zuletzt geändert durch die Verordnung zur Änderung der Durchführungsverordnung zum Vermögensteuergesetz, der

Durchführungsverordnung zum Reichsbewertungsgesetz und der Aufbringungsumlage-Verordnung vom 8. Dezember 1944 (RGBl. I S. 338), und

3. die Rechtsverordnungen der Präsidenten der Landesfinanzämter über die Bewertung bebauter Grundstücke vom 17. Dezember 1934 (Reichsministerialblatt S. 785 ff.), soweit Teile des in Artikel 3 des Einigungsvertrages genannten Gebietes in ihrem Geltungsbereich liegen,

weiter angewandt.

§ 130 Nachkriegsbauten. (1) Nachkriegsbauten sind Grundstücke mit Gebäuden, die nach dem 20. Juni 1948 bezugsfertig geworden sind.

(2) Soweit Nachkriegsbauten mit einem Vielfachen der Jahresrohmiete zu bewerten sind, ist für Wohnraum die ab Bezugsfertigkeit preisrechtlich zulässige Miete als Jahresrohmiete vom 1. Januar 1935 anzusetzen. Sind Nachkriegsbauten nach dem 30. Juni 1990 bezugsfertig geworden, ist die Miete anzusetzen, die bei unverändertem Fortbestand der Mietpreisgesetzgebung ab Bezugsfertigkeit preisrechtlich zulässig gewesen wäre. Enthält die preisrechtlich zulässige Miete Bestandteile, die nicht zur Jahresrohmiete im Sinne von § 34 der weiter anzuwendenden Durchführungsverordnung zum Reichsbewertungsgesetz gehören, sind sie auszuscheiden.

(3) Für Nachkriegsbauten der Mietwohngrundstücke, der gemischtgenutzten Grundstücke und der mit einem Vielfachen der Jahresrohmiete zu bewertenden Geschäftsgrundstücke gilt einheitlich der Vervielfältiger neun.

§ 131 Wohnungseigentum und Teileigentum, Wohnungserbbaurecht und Teilerbbaurecht. (1) Jedes Wohnungseigentum und Teileigentum bildet eine wirtschaftliche Einheit. Für die Bestimmung der Grundstückshauptgruppe ist die Nutzung des auf das Wohnungseigentum und Teileigentum entfallenden Gebäudeteils maßgebend. Die Vorschriften zur Ermittlung der Einheitswerte 1935 bei bebauten Grundstücken finden Anwendung, soweit sich nicht aus den Absätzen 2 und 3 etwas anderes ergibt.

(2) Das zu mehr als achtzig vom Hundert Wohnzwecken dienende Wohnungseigentum ist mit dem Vielfachen der Jahresrohmiete nach den Vorschriften zu bewerten, die für Mietwohngrundstücke maßgebend sind. Wohnungseigentum, das zu nicht mehr als achtzig vom Hundert, aber zu nicht weniger als zwanzig vom Hundert Wohnzwecken dient, ist mit dem Vielfachen der Jahresrohmiete nach den Vorschriften zu bewerten, die für gemischtgenutzte Grundstücke maßgebend sind.

(3) Entsprechen die im Grundbuch eingetragenen Miteigentumsanteile an dem gemeinschaftlichen Eigentum nicht dem Verhältnis der Jahresrohmiete zueinander, so kann dies bei der Feststellung des Wertes entsprechend berücksichtigt werden. Sind einzelne

Räume, die im gemeinschaftlichen Eigentum stehen, vermietet, so ist ihr Wert nach den im Grundbuch eingetragenen Anteilen zu verteilen und bei den einzelnen wirtschaftlichen Einheiten zu erfassen.

(4) Bei Wohnungserbbaurechten oder Teilerbbaurechten gilt § 46 der weiter anzuwendenden Durchführungsverordnung zum Reichsbewertungsgesetz sinngemäß. Der Gesamtwert ist in gleicher Weise zu ermitteln, wie wenn es sich um Wohnungseigentum oder um Teileigentum handelte. Er ist auf den Wohnungserbbauberechtigten und den Bodeneigentümer entsprechend zu verteilen.

§ 132 Fortschreibung und Nachfeststellung der Einheitswerte 1935. (1) Fortschreibungen und Nachfeststellungen der Einheitswerte 1935 werden erstmals auf den 1. Januar 1991 vorgenommen, soweit sich aus den Absätzen 2 bis 4 nichts Abweichendes ergibt.

(2) Für Mietwohngrundstücke und Einfamilienhäuser im Sinne des § 32 der weiter anzuwendenden Durchführungsverordnung zum Reichsbewertungsgesetz unterbleibt eine Feststellung des Einheitswerts auf den 1. Januar 1991, wenn eine ab diesem Zeitpunkt wirksame Feststellung des Einheitswerts für die wirtschaftliche Einheit nicht vorliegt und der Einheitswert nur für die Festsetzung der Grundsteuer erforderlich wäre. Der Einheitswert für Mietwohngrundstücke und Einfamilienhäuser wird nachträglich auf einen späteren Feststellungszeitpunkt festgestellt, zu dem der Einheitswert erstmals für die Festsetzung anderer Steuern als der Grundsteuer erforderlich ist.

(3) Wird für Grundstücke im Sinne des Absatzes 2 ein Einheitswert festgestellt, gilt er für die Grundsteuer von dem Kalenderjahr an, das der Bekanntgabe des Feststellungsbescheids folgt.

(4) Änderungen der tatsächlichen Verhältnisse, die sich nur auf den Wert des Grundstücks auswirken, werden erst durch Fortschreibung auf den 1. Januar 1994 berücksichtigt, es sei denn, daß eine Feststellung des Einheitswerts zu einem früheren Zeitpunkt für die Festsetzung anderer Steuern als der Grundsteuer erforderlich ist.

§ 133 Sondervorschrift für die Anwendung der Einheitswerte 1935. (1) Die Einheitswerte 1935 der Grundstücke und Betriebsgrundstücke im Sinne des § 99 Abs. 1 Nr. 1 sind für die Feststellung der Einheitswerte des Betriebsvermögens, für die Vermögensteuer, die Erbschaftsteuer, die Gewerbesteuer und die Grunderwerbsteuer wie folgt anzusetzen:

1. Mietwohngrundstücke mit 100 vom Hundert des Einheitswerts 1935,
2. Geschäftsgrundstücke mit 400 vom Hundert des Einheitswerts 1935,
3. gemischtgenutzte Grundstücke, Einfamilienhäuser und sonsti-

ge bebaute Grundstücke mit 250 vom Hundert des Einheitswerts 1935,
4. unbebaute Grundstücke mit 600 vom Hundert des Einheitswerts 1935.

Bei Grundstücken im Zustand der Bebauung bestimmt sich die Grundstückshauptgruppe für den besonderen Einheitswert im Sinne von § 33a Abs. 3 der weiter anzuwendenden Durchführungsverordnung zum Reichsbewertungsgesetz nach dem tatsächlichen Zustand, der nach Fertigstellung des Gebäudes besteht.

(2) Absatz 1 gilt entsprechend für die nach § 12 Abs. 3 und 4 des Erbschaftsteuer- und Schenkungsteuergesetzes maßgebenden Werte und für Stichtagswerte bei der Grunderwerbsteuer.

(3) Artikel 10 § 3 des Vermögensteuerreformgesetzes vom 17. April 1974 (BGBl. I S. 949) und Artikel 10 § 3 des Gesetzes zur Reform des Erbschaftsteuer- und Schenkungsteuerrechts vom 17. April 1974 (BGBl. I S. 933) finden keine Anwendung.

§ 134 Betriebsvermögen und Mineralgewinnungsrechte. (1) Für die wirtschaftlichen Einheiten des Betriebsvermögens werden auf den 1. Januar 1991 Einheitswerte allgemein festgestellt (Hauptfeststellung). Der Hauptfeststellungszeitraum beträgt vier Jahre.

(2) Mineralgewinnungsrechte werden bei der Hauptfeststellung der Einheitswerte des Betriebsvermögens auf den 1. Januar 1991 mit den entsprechenden Werten angesetzt, die sich aus der Steuerbilanz zum 31. Dezember 1990 ergeben. Auf den 1. Januar 1992 werden für diese Mineralgewinnungsrechte erstmals Einheitswerte nachträglich festgestellt (Nachfeststellungen). Dabei ist von den Wertverhältnissen des Hauptfeststellungszeitpunkts 1. Januar 1989 in der Bundesrepublik Deutschland auszugehen."

27. **Vermögensteuergesetz** in der Fassung der Bekanntmachung vom 14. März 1985 (BGBl. I S. 558), zuletzt geändert durch Artikel 14 des Gesetzes vom 25. Juni 1990 (BGBl. 1990 II S. 518)
   a) § 3 Abs. 1 wird wie folgt geändert:
      aa) Nach Nummer 1 wird folgende Nummer 1a eingefügt:
      „1a. die Deutsche Reichsbahn;".
      bb) Nach Nummer 2 wird folgende Nummer 2a eingefügt:
      „2a. die Staatsbank Berlin, die Treuhandanstalt;".
      cc) Nach Nummer 7 wird folgende Nummer 7a eingefügt:
      „7a. landwirtschaftliche Produktionsgenossenschaften und deren Rechtsnachfolger in der Rechtsform der Genossenschaft, wenn sie von der Gewerbesteuer befreit sind;".
   b) § 6 wird wie folgt geändert:
      aa) In Absatz 3 Nr. 1 werden die Worte „vom 26. August 1986 (BGBl. I S. 1421, 1550), geändert durch Artikel 9 des Gesetzes vom 14. Dezember 1987 (BGBl. I S. 2602)," gestrichen.
      bb) In Absatz 4 Nr. 1 werden die Worte „vom 26. August 1986 (BGBl. I S. 1421, 1550), geändert durch Artikel 9 des Gesetzes vom 14. Dezember 1987 (BGBl. I S. 2602)," gestrichen.

c) Nach § 24 wird folgender § 24a eingefügt:

„**§ 24a Sondervorschrift aus Anlaß der Herstellung der Einheit Deutschlands.** Für natürliche Personen, Körperschaften, Personenvereinigungen und Vermögensmassen, für deren Besteuerung ein Finanzamt in dem in Artikel 3 des Einigungsvertrages genannten Gebiet zuständig ist (§§ 19 und 20 der Abgabenordnung), wird die Vermögensteuer zum 1. Januar 1991 für vier Jahre allgemein festgesetzt (Hauptveranlagung)."

28. Erbschaftsteuer- und Schenkungsteuergesetz vom 17. April 1974 (BGBl. I S. 933), zuletzt geändert durch Artikel 13 des Gesetzes vom 25. Juni 1990 (BGBl. 1990 II S. 518)

Nach § 37 wird folgender § 37a eingefügt:

„**§ 37a Sondervorschriften aus Anlaß der Herstellung der Einheit Deutschlands.** (1) Dieses Gesetz ist in dem in Artikel 3 des Einigungsvertrages genannten Gebiet erstmals auf Erwerbe anzuwenden, für die die Steuer nach dem 31. Dezember 1990 entstanden ist oder entsteht.

(2) Für den Zeitpunkt der Entstehung der Steuerschuld ist § 9 Abs. 1 Nr. 1 auch dann maßgebend, wenn der Erblasser in dem in Artikel 3 des Einigungsvertrages genannten Gebiet vor dem 1. Januar 1991 verstorben ist, es sei denn, daß die Steuer nach dem Erbschaftsteuergesetz der Deutschen Demokratischen Republik vor dem 1. Januar 1991 entstanden ist. § 9 Abs. 2 gilt entsprechend, wenn die Versteuerung nach § 34 des Erbschaftsteuergesetzes (ErbStG) der Deutschen Demokratischen Republik in der Fassung vom 18. September 1970 (Sonderdruck Nr. 678 des Gesetzblattes) ausgesetzt wurde.

(3) Grundbesitz in dem in Artikel 3 des Einigungsvertrages genannten Gebiet ist bei der Bewertung nach § 12 mit dem Wert anzusetzen, der nach dem Vierten Teil des Bewertungsgesetzes (Vorschriften für die Bewertung von Vermögen in dem in Artikel 3 des Einigungsvertrages genannten Gebiet) auf den Zeitpunkt festgestellt oder zu ermitteln ist, der der Entstehung der Steuer vorangegangen ist oder mit ihr zusammenfällt.

(4) Als frühere Erwerbe im Sinne des § 14 gelten auch solche, die vor dem 1. Januar 1991 dem Erbschaftsteuerrecht der Deutschen Demokratischen Republik unterlegen haben.

(5) Als frühere Erwerbe desselben Vermögens im Sinne des § 27 gelten auch solche, für die eine Steuer nach dem Erbschaftsteuerrecht der Deutschen Demokratischen Republik erhoben wurde, wenn der Erwerb durch Personen im Sinne des § 15 Abs. 1 Steuerklasse I oder II erfolgte.

(6) § 28 ist auch anzuwenden, wenn eine Steuer nach dem Erbschaftsteuerrecht der Deutschen Demokratischen Republik erhoben wird.

(7) Ist in dem in Artikel 3 des Einigungsvertrages genannten Gebiet eine Steuerfestsetzung nach § 33 des Erbschaftsteuergesetzes der Deutschen Demokratischen Republik in der Weise erfolgt, daß die

Steuer jährlich im voraus von dem Jahreswert von Renten, Nutzungen oder Leistungen zu entrichten ist, kann nach Wahl des Erwerbers die Jahressteuer zum jeweils nächsten Fälligkeitstermin mit ihrem Kapitalwert abgelöst werden. § 23 Abs. 2 ist entsprechend anzuwenden.

(8) Wurde in Erbfällen, die vor dem 1. Januar 1991 eingetreten sind, oder für Schenkungen, die vor diesem Zeitpunkt ausgeführt worden sind, die Versteuerung nach § 34 des Erbschaftsteuergesetzes der Deutschen Demokratischen Republik ausgesetzt, ist diese Vorschrift weiterhin anzuwenden, auch wenn die Steuer infolge der Aussetzung der Versteuerung erst nach dem 31. Dezember 1990 entsteht."

29. Erbschaftsteuer-Durchführungsverordnung in der im Bundesgesetzblatt Teil III, Gliederungsnummer 611-8-1, veröffentlichten bereinigten Fassung, geändert durch Artikel 8 des Gesetzes vom 17. April 1974 (BGBl. I S. 933)

a) In § 9 Abs. 1 Nr. 2 sowie in Muster 3 (zu § 9 Abs. 1) und Muster 4 (zu § 9 Abs. 2) werden jeweils die Worte „,in der Sowjetischen Besatzungszone Deutschlands oder im Sowjetsektor von Berlin" gestrichen.

b) Vor § 18 wird in den Abschnitt V folgender § 15 eingefügt:

„**§ 15 Anwendung der Verordnung.** Die vorstehende Fassung der Verordnung findet auf Erwerbe Anwendung, für die die Steuer nach dem 31. Dezember 1990 entstanden ist oder entsteht."

30. Grundsteuergesetz vom 7. August 1973 (BGBl. I S. 965), geändert durch Artikel 15 des Gesetzes vom 14. Dezember 1976 (BGBl. I S. 3341)

a) In § 3 Abs. 1 Nr. 2 werden nach den Worten „Deutschen Bundesbahn" die Worte „oder der Deutschen Reichsbahn" eingefügt.

b) In § 13 Abs. 2 werden nach den Worten „Deutschen Bundesbahn" die Worte „oder der Deutschen Reichsbahn" eingefügt.

c) § 38 wird wie folgt gefaßt:

„**§ 38 Anwendung des Gesetzes.** Diese Fassung des Gesetzes gilt erstmals für die Grundsteuer des Kalenderjahres 1991."

d) Folgender Abschnitt VI wird angefügt:

„Abschnitt VI Grundsteuer für Steuergegenstände in dem in Artikel 3 des Einigungsvertrages genannten Gebiet ab dem Kalenderjahr 1991

§ 40 Land- und forstwirtschaftliches Vermögen. Anstelle der Betriebe der Land- und Forstwirtschaft im Sinne des § 2 tritt das zu einer Nutzungseinheit zusammengefaßte Vermögen im Sinne des § 125 Abs. 3 des Bewertungsgesetzes. Schuldner der Grundsteuer ist abweichend von § 10 der Nutzer des land- und forstwirtschaftlichen Vermögens (§ 125 Abs. 2 des Bewertungsgesetzes). Mehrere Nutzer des Vermögens sind Gesamtschuldner.

§ 41 Bemessung der Grundsteuer für Grundstücke nach dem Einheitswert. Ist ein im Veranlagungszeitpunkt für die Grundsteuer maßgebender Einheitswert 1935 festgestellt oder festzustellen (§ 132 des Bewertungsgesetzes), gelten bei der Festsetzung des Steuermeßbetrags abweichend von § 15 die Steuermeßzahlen der weiter anwendbaren §§ 29 bis 33 der Grundsteuerdurchführungsverordnung vom 1. Juli 1937 (RGBl. I S. 733). Die ermäßigten Steuermeßzahlen für Einfamilienhäuser gelten nicht für das Wohnungseigentum und das Wohnungserbbaurecht einschließlich des damit belasteten Grundstücks.

§ 42 Bemessung der Grundsteuer für Mietwohngrundstükke und Einfamilienhäuser nach der Ersatzbemessungsgrundlage. (1) Bei Mietwohngrundstücken und Einfamilienhäusern, für die ein im Veranlagungszeitpunkt für die Grundsteuer maßgebender Einheitswert 1935 nicht festgestellt oder festzustellen ist (§ 132 des Bewertungsgesetzes), bemißt sich der Jahresbetrag der Grundsteuer nach der Wohnfläche und bei anderweitiger Nutzung nach der Nutzfläche (Ersatzbemessungsgrundlage).

(2) Bei einem Hebesatz von 300 vom Hundert für Grundstücke beträgt der Jahresbetrag der Grundsteuer für das Grundstück

a) für Wohnungen, die mit Bad, Innen-WC und Sammelheizung ausgestattet sind,
2 Deutsche Mark je m^2 Wohnfläche,

b) für andere Wohnungen
1,50 Deutsche Mark je m^2 Wohnfläche,

c) je Abstellplatz für Personenkraftwagen in einer Garage
10 Deutsche Mark.

Für Räume, die anderen als Wohnzwecken dienen, ist der Jahresbetrag je m^2 Nutzfläche anzusetzen, der für die auf dem Grundstück befindlichen Wohnungen maßgebend ist.

(3) Wird der Hebesatz abweichend von Absatz 2 festgesetzt, erhöhen oder vermindern sich die Jahresbeträge des Absatzes 2 in dem Verhältnis, in dem der festgesetzte Hebesatz für Grundstükke zu dem Hebesatz von 300 vom Hundert steht. Der sich danach ergebende Jahresbetrag je m^2 Wohn- oder Nutzfläche wird auf volle Deutsche Pfennige nach unten abgerundet.

(4) Steuerschuldner ist derjenige, dem das Gebäude bei einer Feststellung des Einheitswerts gemäß § 10 zuzurechnen wäre. Das gilt auch dann, wenn der Grund und Boden einem anderen gehört.

§ 43 Steuerfreiheit für neugeschaffene Wohnungen. (1) Für Grundstücke mit neugeschaffenen Wohnungen, die nach dem 31. Dezember 1980 und vor dem 1. Januar 1992 bezugsfertig geworden sind oder bezugsfertig werden, gilt folgendes:

1. Grundstücke mit Wohnungen, die vor dem 1. Januar 1990 bezugsfertig geworden sind, bleiben für den noch nicht abgelaufenen Teil eines zehnjährigen Befreiungszeitraums steuerfrei,

der mit dem 1. Januar des Kalenderjahres beginnt, das auf das Jahr der Bezugsfertigkeit des Gebäudes folgt;

2. Grundstücke mit Wohnungen, die im Kalenderjahr 1990 bezugsfertig geworden sind, sind bis zum 31. Dezember 2000 steuerfrei;
3. Grundstücke mit Wohnungen, die im Kalenderjahr 1991 bezugsfertig werden, sind bis zum 31. Dezember 2001 steuerfrei.

Dies gilt auch, wenn vor dem 1. Januar 1991 keine Steuerfreiheit gewährt wurde.

(2) Befinden sich auf einem Grundstück nur zum Teil steuerfreie Wohnungen im Sinne des Absatzes 1, gilt folgendes:

1. Wird die Grundsteuer nach dem Einheitswert bemessen (§ 41), bemißt sich der Steuermeßbetrag für den sich aus Absatz 1 ergebenden Befreiungszeitraum nur nach dem Teil des jeweils maßgebenden Einheitswerts, der auf die steuerpflichtigen Wohnungen und Räume einschließlich zugehörigen Grund und Bodens entfällt. Der steuerpflichtige Teil des Einheitswerts wird im Steuermeßbetragsverfahren ermittelt.
2. Ist die Ersatzbemessungsgrundlage Wohn- oder Nutzfläche maßgebend (§ 42), bleibt während der Dauer des sich aus Absatz 1 ergebenden Befreiungszeitraums die Wohnfläche der befreiten Wohnungen bei Anwendung des § 42 außer Ansatz.

(3) Einer Wohnung stehen An-, Aus- oder Umbauten gleich, die der Vergrößerung oder Verbesserung von Wohnungen dienen. Voraussetzung ist, daß die Baumaßnahmen zu einer Wertfortschreibung geführt haben oder führen.

§ 44 Steueranmeldung. (1) Soweit die Grundsteuer nach der Wohn- oder Nutzfläche zu bemessen ist, hat der Steuerschuldner eine Steuererklärung nach amtlich vorgeschriebenem Vordruck abzugeben, in der er die Grundsteuer nach § 42 selbst berechnet (Steueranmeldung).

(2) Der Steuerschuldner hat der Berechnung der Grundsteuer den Hebesatz zugrunde zu legen, den die Gemeinde bis zum Beginn des Kalenderjahres bekannt gemacht hat, für das die Grundsteuer erhoben wird. Andernfalls hat er die Grundsteuer nach dem Hebesatz des Vorjahres zu berechnen; für das Kalenderjahr 1991 gilt insoweit ein Hebesatz von 300 vom Hundert.

(3) Die Steueranmeldung ist für jedes Kalenderjahr nach den Verhältnissen zu seinem Beginn bis zu dem Fälligkeitstag abzugeben, zu dem Grundsteuer für das Kalenderjahr nach § 28 erstmals fällig ist. Für die Entrichtung der Grundsteuer gilt § 28 entsprechend.

§ 45 Fälligkeit von Kleinbeträgen. Hat der Rat der Stadt oder Gemeinde vor dem 1. Januar 1991 für kleinere Beträge eine Zahlungsweise zugelassen, die von § 28 Abs. 2 und 3 abweicht, bleibt die Regelung bestehen, bis sie aufgehoben wird.

§ 46 Zuständigkeit der Gemeinden. Die Festsetzung und Erhebung der Grundsteuer obliegt bis zu einer anderen landesrechtlichen Regelung den Gemeinden."

31. Grunderwerbsteuergesetz vom 17. Dezember 1982 (BGBl. I S. 1777), zuletzt geändert durch Artikel 16 des Gesetzes vom 25. Juni 1990 (BGBl. 1990 II S. 518)

a) Dem § 10 wird folgender Absatz 6 angefügt:
„(6) Für Betriebe der Land- und Forstwirtschaft in dem in Artikel 3 des Einigungsvertrages genannten Gebiet tritt an die Stelle des Einheitswerts jeweils der Ersatzwirtschaftswert (§ 125 des Bewertungsgesetzes)."

b) § 18 Abs. 6 wird mit Ablauf des 31. Dezember 1990 aufgehoben.

32. Kapitalverkehrsteuergesetz in der Fassung der Bekanntmachung vom 17. November 1972 (BGBl. I S. 2129), zuletzt geändert durch Artikel 15 des Gesetzes vom 25. Juni 1990 (BGBl. 1990 II S. 518)
Nach § 7 wird folgender § 7a eingefügt:

„§ 7a Sondervorschrift. Wenn inländische Kapitalgesellschaften oder inländische Niederlassungen ausländischer Kapitalgesellschaften ihre Geschäftsleitung oder ihren satzungsmäßigen Sitz in dem in Artikel 3 des Einigungsvertrages genannten Gebiet haben, wird Gesellschaftsteuer ab 1. Januar 1991 nicht erhoben."

33. Versicherungsteuergesetz in der im Bundesgesetzblatt Teil III, Gliederungsnummer 611-15, veröffentlichten bereinigten Fassung, zuletzt geändert durch Artikel 4 des Gesetzes vom 28. Juni 1990 (BGBl. I S. 1249)

a) Dem § 7a wird folgender Absatz 3 angefügt:
„(3) Für das in Artikel 3 des Einigungsvertrages genannte Gebiet bleibt das Finanzamt für Körperschaften in dem Teil des Landes Berlin, in dem das Grundgesetz bisher nicht galt, bis zum 31. Dezember 1993 örtlich zuständig."

b) § 12 wird aufgehoben.

c) Die in den Buchstaben a) und b) aufgeführten Änderungen treten am 1. Januar 1991 in Kraft.

34. Feuerschutzsteuergesetz vom 21. Dezember 1979 (BGBl. I S. 2353), zuletzt geändert durch Artikel 5 des Gesetzes vom 28. Juni 1990 (BGBl. I S. 1249)

a) Dem § 10 wird folgender Absatz 5 angefügt:
„(5) Für das in Artikel 3 des Einigungsvertrages genannte Gebiet bleibt das Finanzamt für Körperschaften in dem Teil des Landes Berlin, in dem das Grundgesetz bisher nicht galt, bis zum 31. Dezember 1993 örtlich zuständig."

b) Dem § 11 wird folgender Absatz 4 angefügt:
„(4) Die an das in § 10 Abs. 5 genannte Finanzamt abzuführende Feuerschutzsteuer steht bis zum 31. Dezember 1993 den in Artikel 1 Abs. 1 des Einigungsvertrages genannten Ländern und dem

Land Berlin für den Teil, in dem das Grundgesetz bisher nicht galt, zu. Aus dem Aufkommen entfallen auf:

früheres Berlin (Ost)	6,6 vom Hundert
Mecklenburg-Vorpommern	8,7 vom Hundert
Brandenburg	19,7 vom Hundert
Sachsen	31,2 vom Hundert
Sachsen-Anhalt	18,8 vom Hundert
Thüringen	15,0 vom Hundert

Die Zerlegung wird vom Finanzamt für Körperschaften in dem Teil des Landes Berlin, in dem das Grundgesetz bisher nicht galt, durchgeführt."

c) § 12a wird aufgehoben.

d) Die in den Buchstaben a) bis c) aufgeführten Änderungen treten am 1. Januar 1991 in Kraft.

35. **Kraftfahrzeugsteuergesetz** in der Fassung der Bekanntmachung vom 1. Februar 1979 (BGBl. I S. 132), zuletzt geändert durch Artikel 17 des Gesetzes vom 25. Juni 1990 (BGBl. 1990 II S. 518)

a) § 3 Nr. 12a wird mit Ablauf des 31. Dezember 1990 aufgehoben.

b) Dem § 3f wird folgender Absatz 6 angefügt:

„(6) Für in dem in Artikel 3 des Einigungsvertrages genannten Gebiet zugelassene Personenkraftwagen sind nur die Absätze 1 und 2 anzuwenden. Für die Berechnung der Dauer der Steuerbefreiung ist dabei von einem Beginn auszugehen, der sich bei Anwendung der Vorschriften dieses Gesetzes vor dem 1. Januar 1991 ergeben hätte."

c) Dem § 3g wird folgender Absatz 8 angefügt:

„(8) Für Personenkraftwagen, die in dem in Artikel 3 des Einigungsvertrages genannten Gebiet zugelassen sind, gelten die vorstehenden Vorschriften über Förderungsbeträge, soweit die technische Verbesserung in der Zeit vom 1. Januar 1991 bis zum 31. Juli 1992 vorgenommen wird. Das Finanzamt kann selbst entscheiden, ob die technischen Voraussetzungen für einen Förderungsbetrag nach den Absätzen 1 und 2 erfüllt sind, solange die zuständige Zulassungsbehörde keine Feststellung getroffen hat."

d) Dem § 9 werden folgende Absätze 6 und 7 angefügt:

„(6) Für Personenkraftwagen und Krafträder, die am 31. Dezember 1990 in dem in Artikel 3 des Einigungsvertrages genannten Gebiet zugelassen waren, beträgt bis zum 31. Dezember 1992 die Jahressteuer abweichend von Absatz 1

1. für Zwei- und Dreiradfahrzeuge 12 Deutsche Mark je angefangene 100 ccm Hubraum,
2. für Personenkraftwagen außer Dreiradfahrzeugen 18 Deutsche Mark je angefangene 100 ccm Hubraum.

(7) Für Personenkraftwagen, die nicht „schadstoffarm" oder „bedingt schadstoffarm Stufe C" sind und nach dem 31. Dezember 1990 in dem in Artikel 3 des Einigungsvertrages genannten Gebiet zugelassen werden, ist Absatz 1 mit der Maßgabe anzu-

wenden, daß an die Stelle des Datums 1. Januar 1986 das Datum 1. Januar 1991 und an die Stelle des Datums 31. Dezember 1985 das Datum 31. Dezember 1990 tritt."

e) § 10 Abs. 5 wird mit Ablauf des 31. Dezember 1990 aufgehoben.

f) Dem § 12 Abs. 4 wird folgender Satz angefügt:
„Ist nach der Standortverlegung die Steuer durch Steuermarken oder im Abrechnungsverfahren zu entrichten, so endet die bisherige Steuerpflicht mit der Standortverlegung."

g) Nach § 12 werden die folgenden §§ 12a und 12b eingefügt:

„§ 12a Entrichtung der Steuer durch Steuermarken. (1) Abweichend von § 12 ist die Kraftfahrzeugsteuer für Fahrzeuge, die in dem in Artikel 3 des Einigungsvertrages genannten Gebiet zugelassen sind, bis zum 31. Dezember 1992 durch Steuermarken zu entrichten. Der Fahrzeughalter hat für ein Fahrzeug, das bereits am 1. Januar 1991 für ihn zugelassen war, bis zum 30. April des jeweils laufenden Kalenderjahrs Steuermarken für das Kalenderjahr im Werte der Jahressteuer zu erwerben und in die amtliche Steuerkarte für sein Fahrzeug einzukleben. Bei Fahrzeugen, die ab dem 1. Januar 1991 zugelassen werden, gilt die Steuermarke für einen mit der Steuerpflicht beginnenden Entrichtungszeitraum von einem Jahr. Bei Zweifeln setzt das Finanzamt die Höhe der durch Steuermarken zu entrichtenden Steuer fest. Endet die Steuerpflicht vor Ablauf des Entrichtungszeitraumes, so wird für jeden vollen Monat, in dem keine Steuerpflicht bestand, auf Antrag ein Zwölftel der entrichteten Jahressteuer erstattet.

(2) Ist das Halten des Fahrzeuges von der Steuer befreit oder ist die Steuer ermäßigt, so trägt das Finanzamt dies auf der Steuerkarte ein. Soweit für eine Steuerbefreiung oder Steuerermäßigung die Feststellungen anderer Behörden verbindlich sind, diese Feststellungen aber noch nicht getroffen wurden, kann das Finanzamt über die Steuerbefreiung oder Steuerermäßigung unter dem Vorbehalt des Widerrufs selbst entscheiden.

(3) Die amtliche Steuerkarte ist bei der Benutzung des Fahrzeuges auf öffentlichen Straßen mitzuführen und bei Verkehrskontrollen den hierfür zuständigen Stellen auf Verlangen vorzuzeigen. Die Zulassungsbehörde hat bei allen Verwaltungshandlungen, die sich auf ein zulassungspflichtiges Fahrzeug beziehen und die Vorlage der Fahrzeugpapiere erfordern, die Erfüllung der Steuerpflicht zu überprüfen; § 13 Abs. 1 Satz 1 bleibt unberührt.

(4) Nach dem Ende der Steuerpflicht ist die Steuerkarte der Zulassungsbehörde zur Weiterleitung an das Finanzamt zu übergeben. Das Finanzamt kann auch aus anderem Anlaß, insbesondere beim Übergang zum Steuerfestsetzungsverfahren, die Vorlage der Steuerkarte verlangen. Ist die Steuer im Markenverfahren nicht oder nicht zutreffend entrichtet worden, wird sie gemäß § 12 festgesetzt.

§ 12b Abrechnungsverfahren. (1) Abweichend von § 12 und § 12a kann die Kraftfahrzeugsteuer für Fahrzeuge, die in dem in Artikel 3 des Einigungsvertrages genannten Gebiet zugelassen sind, bis zum 31. Dezember 1993 auf Antrag im Abrechnungsverfahren entrichtet werden, wenn für einen Fahrzeughalter mehr als 50 Fahrzeuge zugelassen sind und Bedenken gegen die zutreffende Entrichtung der Steuer nicht bestehen. Das Finanzamt kann das Abrechnungsverfahren auch in anderen Fällen zulassen, soweit es der Vereinfachung dient. Die Genehmigung des Abrechnungsverfahrens kann jederzeit widerrufen werden.

(2) Im Abrechnungsverfahren hat der Fahrzeughalter dem Finanzamt innerhalb eines Monats nach Beginn des Kalenderjahres oder zu einem vom Finanzamt bestimmten angemessenen Termin eine Steueranmeldung nach amtlichem Muster einzureichen, in der Angaben über die einbezogenen Fahrzeuge, die Besteuerungsgrundlagen und über die selbst berechnete Steuer enthalten sind. Die errechnete Steuer ist bis zum 15. Februar jedes Kalenderjahres oder zu den vom Finanzamt festgesetzten Terminen zu entrichten; § 11 Abs. 2 ist auf die Summe der angemeldeten Steuer entsprechend anzuwenden.

(3) Treten während eines Kalenderjahres Veränderungen im Fahrzeugbestand oder in der Höhe der Steuer ein, ist dies in einer Steueranmeldung zu berücksichtigen, die einen Monat nach Ende jeden Kalenderjahres oder auf Grund besonderer Aufforderung des Finanzamtes abzugeben ist.

(4) Das Finanzamt stellt für jedes in das Abrechnungsverfahren einbezogene Fahrzeug eine amtliche Steuerkarte aus, in der auf dem für die Steuermarke vorgesehenen Feld der Genehmigungsbescheid für das Abrechnungsverfahren anzugeben ist. § 12a Abs. 2 bis 4 gilt entsprechend.

(5) Zur Feststellung der Besteuerungsgrundlagen für die im Abrechnungsverfahren angemeldete Kraftfahrzeugsteuer ist eine Außenprüfung zulässig. Die Prüfer sind berechtigt, alle Fahrzeuge des Fahrzeughalters zu besichtigen und zu diesem Zweck auch Grundstücke oder Betriebsräume Dritter zu betreten."

36. Kraftfahrzeugsteuer-Durchführungsverordnung in der Fassung der Bekanntmachung vom 3. Juli 1979 (BGBl I S. 2185), zuletzt geändert durch Artikel 2 des Gesetzes vom 22. Dezember 1989 (BGBl. I S. 2436)

a) In § 3 Abs. 1 Nr. 3 werden der Punkt durch ein Komma ersetzt und folgende Nummern 4 und 5 angefügt:

„4. wenn für Fahrzeuge in dem in Artikel 3 des Einigungsvertrages genannten Gebiet die Steuer durch Steuermarken (§ 12a des Gesetzes) entrichtet wird,

5. wenn die Fahrzeuge im Abrechnungsverfahren nach § 12b des Gesetzes besteuert werden."

b) Dem § 5 Abs. 2 wird folgende Nummer 4 angefügt:

„4. Bei dem Übergang vom Steuerkartenverfahren zum automatisierten Festsetzungs- und Erhebungsverfahren teilen die Zulassungsbehörden dem zuständigen Finanzamt alle erforderlichen Daten mit, insbesondere die Höhe der bisher durch Steuermarken entrichteten Steuer."

c) Dem § 7 wird folgender Absatz 4 angefügt:

„(4) Entscheidet das Finanzamt nach § 3g Abs. 8 des Gesetzes oder nach § 12a Abs. 2 des Gesetzes anstelle der Zulassungsbehörde, hat es die Entscheidung in geeigneter Weise in den Fahrzeugpapieren zu vermerken und die Zulassungsbehörde zu unterrichten."

37. Steuerbeamten-Ausbildungsgesetz in der Fassung vom 14. September 1976 (BGBl. I S. 2793), zuletzt geändert durch § 3 des Gesetzes vom 13. März 1985 (BGBl. I S. 554)

Dem § 5 wird folgender Absatz 5 angefügt:

„(5) Solange in dem in Artikel 3 des Einigungsvertrages genannten Gebiet nicht in ausreichender Zahl Bewerber zur Verfügung stehen, welche die Einstellungsvoraussetzungen nach Absatz 1 erfüllen, gelten die in Anlage I Kapitel XIX zum Vertrag vereinbarten Übergangsregelungen zum Bundesbeamtengesetz entsprechend. Der Bundesminister der Finanzen regelt durch Rechtsverordnung mit Zustimmung des Bundesrates in dem in Artikel 3 des Einigungsvertrages genannten Gebiet die Einführung der Beamten des höheren Dienstes."

38. Ausbildungs- und Prüfungsordnung für die Steuerbeamten in der Fassung der Bekanntmachung vom 6. September 1982 (BGBl. I S. 1257)

Dem § 4 wird folgender Absatz 4 angefügt:

„(4) Der Bundesminister der Finanzen regelt durch Rechtsverordnung mit Zustimmung des Bundesrates die Voraussetzungen für die Bestellung zum hauptamtlich Lehrenden in dem in Artikel 3 des Einigungsvertrages genannten Gebiet."

39. Haushaltsgrundsätzegesetz vom 19. August 1969 (BGBl. I S. 1273), zuletzt geändert durch Gesetz vom 18. Juli 1990 (BGBl. I S. 1446)

In § 1 wird folgender Satz 3 angefügt:

„Die Länder Mecklenburg-Vorpommern, Brandenburg, Sachsen-Anhalt, Sachsen und Thüringen sowie das Land Berlin für den Teil, für den das Gesetz bisher nicht galt, haben den Gesetzgebungsauftrag nach Satz 2 bis zum 31. März 1991 zu erfüllen."

40. Vertrag vom 18. Mai 1990 über die Schaffung einer Währungs-, Wirtschafts- und Sozialunion (BGBl. 1990 II S. 518)

Der Vertrag wird in der Anlage I Artikel 5 um folgenden Absatz ergänzt:

„(8) Ist für ein Guthaben einer natürlichen oder juristischen Person oder Stelle kein Umstellungsantrag gestellt worden, kann das kontoführende Geldinstitut auf Antrag des Berechtigten und mit Zustimmung der Prüfbehörde Währungsumstellung beim Minister der Finanzen die Umstellung des am 30. Juni 1990 vorhandenen, auf Mark der Deutschen Demokratischen Republik lautenden Guthabens in Deutsche Mark vornehmen, wenn die Nicht-Umstellung eine besondere Härte darstellt. Eine besondere Härte im Sinne dieser Bestimmung liegt insbesondere vor, wenn Mittel der öffentlichen Hand oder zur Fortführung von Betrieben dringend erforderliche Mittel nicht umgestellt werden oder bei natürlichen Personen durch die Nicht-Umstellung ein unangemessener Nachteil entstünde. Der Antrag ist innerhalb von vier Wochen nach Inkrafttreten dieser Bestimmung zu stellen. Die Prüfbehörde hat die Deutsche Bundesbank von allen Anträgen zu unterrichten."

41. Die Verordnung über die Erstattung von Umsatzsteuer an die Ständige Vertretung der Deutschen Demokratischen Republik und ihre Mitglieder in der Fassung der Bekanntmachung vom 3. Oktober 1988 (BGBl. I S. 1782) wird aufgehoben.

42. Drittes Überleitungsgesetz in der im Bundesgesetzblatt Teil III, Gliederungsnummer 603-5, veröffentlichten bereinigten Fassung, zuletzt geändert durch Artikel 6 des Gesetzes vom 30. August 1971 (BGBl. I S. 1426),
Anlage 2 wird wie folgt geändert:
a) Die Nummern 1, 3 und 4 werden gestrichen.
b) Die in Buchstabe a) aufgeführte Änderung tritt am 1. Januar 1991 in Kraft.

43. Die Verordnung des Landes Berlin vom 8. Februar 1978 zur Durchführung des Gesetzes zur Änderung des Kraftfahrzeugsteuergesetzes vom 3. August 1950 (Gesetz- und Verordnungsblatt für Berlin S. 745) tritt mit Ablauf des 31. Dezember 1990 außer Kraft.

44. Versicherungsaufsichtsgesetz in der Fassung der Bekanntmachung vom 13. Oktober 1983 (BGBl. I S. 1261), zuletzt geändert durch Artikel 9 des Gesetzes vom 25. Juni 1990 (BGBl. 1990 II S. 518)
Der XI. Abschnitt (§§ 161 bis 166) wird aufgehoben.

45. Gesetz über die Errichtung der „Staatlichen Versicherung der DDR in Abwicklung"

§ 1 Gründung der Anstalt. Hiermit wird die Staatliche Versicherung der Deutschen Demokratischen Republik in Abwicklung (Anstalt) gegründet. Sie ist eine rechtsfähige Anstalt des öffentlichen Rechts.

§ 2 Übertragung von Rechten und Pflichten der „Staatlichen Versicherung der DDR". Auf die Anstalt werden hiermit die Rechte und Pflichten des Versicherers aus den privaten Versicherungsverhältnissen übertragen, die bis zum 30. Juni 1990 bei dem unter der Firma „Staatliche Versicherung der DDR" handelnden Versicherungsunternehmen entstanden sind, soweit sie nicht auf die Deutsche Lebensversicherungs-Aktiengesellschaft übergegangen sind.

§ 3 Aufgabe der Anstalt. Aufgabe der Anstalt ist die Abwicklung der Versicherungsverhältnisse, die nach § 2 auf sie übertragen worden sind. Die Anstalt kann sich dazu anderer Unternehmen bedienen;

die insofern bereits getroffenen Vorkehrungen werden nach Möglichkeit beibehalten.

§ 4 Vorstand. Der Vorstand des Unternehmens besteht aus mindestens zwei Mitgliedern. Sie werden vom Verwaltungsrat bestellt und abberufen. Aufgabe des Vorstandes ist die Führung der Geschäfte. Der Vorstand vertritt die Anstalt gerichtlich und außergerichtlich.

§ 5 Verwaltungsrat. Der Verwaltungsrat besteht aus dem Vorsitzenden und mindestens zwei weiteren Personen. Sie werden vom Bundesminister der Finanzen auf die Dauer von fünf Jahren bestellt. Wiederbestellung ist zulässig.

§ 6 Satzung der Anstalt. Die Satzung der Anstalt wird vom Verwaltungsrat beschlossen. Sie bedarf der Genehmigung durch den Bundesminister der Finanzen.

§ 7 Aufsicht. Die Anstalt unterliegt der Aufsicht des Bundesministers der Finanzen.

§ 8 Rechnungslegung. Die Anstalt ist zur Rechnungslegung nach den für Versicherungsunternehmen geltenden Vorschriften verpflichtet.

§ 9 Abwicklungs- und Verwaltungskosten. Die aus § 3 folgenden Abwicklungskosten und die Kosten der Verwaltung der Anstalt trägt die durch das Treuhandgesetz vom 17. Juni 1990 (GBl. I S. 300) errichtete Treuhandanstalt.

§ 10 Auflösung der Anstalt. Der Bundesminister der Finanzen löst die Anstalt auf, sobald die nach § 2 auf sie übergegangenen Versicherungsverhältnisse abgewickelt sind.

46. Gesetz über die Überleitung der Staatsbank Berlin

§ 1 Der Bund tritt in die Verbindlichkeiten aus der Gewährträgerhaftung der Deutschen Demokratischen Republik für die Staatsbank Berlin ein. Dies gilt nicht für Verbindlichkeiten, die nach einer Übertragung der Beteiligung auf Länder oder nach einer Übertragung nach § 2 begründet werden. Satz 1 gilt für von der Staatsbank Berlin in Abwicklung begründete neue Verbindlichkeiten entsprechend. Wird der Bund aus der Gewährträgerhaftung in Anspruch genommen, wird die Belastung in die Gesamtverschuldung des Republikhaushalts einbezogen und nach Herstellung der deutschen Einheit in das nicht rechtsfähige Sondervermögen nach Artikel 23 Abs. 1 des Einigungsvertrages übernommen. Als Inanspruchnahme aus der Gewährträgerhaftung gelten auch Leistungen zu ihrer Abwendung.

§ 2 (1) Der Bundesminister der Finanzen kann zur Ausführung des Artikels 23 Abs. 7 des Einigungsvertrages sowie zur Herstellung einer gesunden Struktur der öffentlich-rechtlichen Kreditinstitute in dem in Artikel 3 des Einigungsvertrages genannten Gebiet durch Rechtsverordnung, die nicht der Zustimmung des Bundesrates bedarf, das Vermögen der Staatsbank Berlin als Ganzes ohne Abwicklung im Wege der Gesamtrechtsnachfolge auf ein öffentlich-rechtliches Kreditinstitut oder einen anderen Rechtsträger oder Teile des Vermögens der Staatsbank Berlin, jeweils als Gesamtheit, gegebenenfalls ohne Abwicklung auf einen oder mehrere Rechtsträger übertragen. Bei Teilübertragungen sind in der Verordnung oder in einer ihren Bestandteil bildenden Anlage die jeweils auf jeden übernehmenden Rechtsträger übergehenden Gegenstände und Verbindlichkeiten zu bezeichnen. Werden nach der Verordnung Gegenstände oder Verbindlichkeiten von einer Übertragung nicht erfaßt, so ist dieser Teil des Vermögens abzuwickeln.

(2) Vor Erlaß der Verordnung sind die Leitungs- und Aufsichtsorgane der Staatsbank Berlin und der beteiligten Rechtsträger zu hören.

(3) Die Übertragung wird am Ende des Tages nach der Verkündung der Verordnung im Bundesgesetzblatt wirksam. Das Vermögen der Staatsbank Berlin geht einschließlich der Verbindlichkeiten, gegebenenfalls nach Maßgabe der in der Verordnung oder in ihrer Anlage festgelegten Aufteilung, auf den oder die in der Verordnung bezeichneten Rechtsträger über. § 613a des Bürgerlichen Gesetzbuches gilt nicht. Bei einer Übertragung des gesamten Vermögens erlischt die Staatsbank Berlin. Auf Grund der Übertragung werden keine Steuern erhoben.

(4) Im Falle der Übertragung von Vermögen der Staatsbank Berlin auf die Deutsche Girozentrale, Deutsche Kommunalbank kann diese für die in Artikel 1 des Einigungsvertrages genannten Länder die Aufgabe einer gemeinsamen Landesbank übernehmen.

47. Gesetz über die Errichtung eines Fonds „Kreditabwicklungsfonds“

§ 1 Errichtung des Fonds. Es wird ein Fonds mit dem Namen „Kreditabwicklungsfonds“ als Sondervermögen des Bundes errichtet.

§ 2 Zweck des Fonds. (1) Der Fonds übernimmt

1. die bei Wirksamwerden des Beitritts der Deutschen Demokratischen Republik zum Geltungsbereich des Grundgesetzes bestehende Gesamtverschuldung des Republikhaushalts,
2. die Verbindlichkeiten aus der Zuteilung von Ausgleichsforderungen gemäß Artikel 8 § 4 Abs. 6 der Anlage I zu dem Vertrag über die Schaffung einer Währungs-, Wirtschafts- und Sozialunion zwischen der Bundesrepublik Deutschland und der Deutschen Demokratischen Republik vom 18. Mai 1990 (BGBl. 1990 II S. 518),
3. die Verpflichtungen des Bundes aus der Gewährträgerhaftung für die Staatsbank Berlin gemäß Artikel 23 Abs. 7 des Einigungsvertrages,
4. die Kosten der Abwicklung von Forderungen und Verbindlichkeiten aus der Wahrnehmung staatlicher Aufgaben der Deutschen Demokratischen Republik gegenüber dem Ausland und der Bundes-

republik Deutschland gemäß Artikel 24 Abs. 2 des Einigungsvertrages.

(2) Der Fonds ist ein Sondervermögen im Sinne von Artikel 110 Abs. 1 und Artikel 115 Abs. 2 des Grundgesetzes; Artikel 115 Abs. 1 des Grundgesetzes findet auf den Fonds keine Anwendung.

§ 3 Stellung im Rechtsverkehr, Verwaltung. Der Fonds ist nicht rechtsfähig. Er kann unter seinem Namen im rechtsgeschäftlichen Verkehr handeln, klagen und verklagt werden. Der allgemeine Gerichtsstand des Fonds ist der Sitz der Bundesregierung. Der Bundesminister der Finanzen verwaltet den Fonds.

§ 4 Vermögenstrennung, Bundeshaftung. (1) Der Fonds ist von dem übrigen Vermögen des Bundes, seinen Rechten und Verbindlichkeiten getrennt zu halten.

(2) Für die Verbindlichkeiten des Fonds haftet der Bund.

§ 5 Kreditermächtigungen. (1) Der Bundesminister der Finanzen wird ermächtigt, für den Fonds Mittel im Wege des Kredits zu beschaffen

1. zur Tilgung von Schulden des Fonds,
2. zur Deckung anfallender Zins- und Kreditbeschaffungskosten,
3. zum Zwecke des Ankaufs von Schuldtiteln des Fonds im Wege der Marktpflege bis zu zehn vom Hundert der umlaufenden Schuldtitel.

(2) Die Kreditaufnahme erfolgt durch die Ausgabe von Schuldverschreibungen, Schatzanweisungen und Schatzwechseln nach dem in § 20 Abs. 2 des Bundesbankgesetzes vorgesehenen Verfahren oder durch Aufnahme von Darlehen gegen Schuldschein.

(3) Die Schuldurkunden des Fonds stehen den Schuldurkunden des Bundes gleich. Die Schuldurkunden werden durch die Bundesschuldenverwaltung ausgefertigt.

(4) Die Schulden des Fonds werden nach den für die Verwaltung der allgemeinen Bundesschuld jeweils geltenden Grundsätzen durch die Bundesschuldenverwaltung verwaltet.

§ 6 Erstattung. Der Bund und die Treuhandanstalt erstatten dem Fonds jeweils die Hälfte der von ihm erbrachten Zinsleistungen. Die Erstattung erfolgt bis zum ersten Tage des Monats, der dem Monat folgt, in dem der Fonds die in Satz 1 genannten Leistungen erbracht hat. Der Bundesminister der Finanzen fordert die Zahlungen unter Beifügung einer Übersicht an, aus der die Summe der Zinsleistungen und die von den Beteiligten zu tragenden Anteile hervorgehen.

§ 7 Wirtschaftsplan. Für den Fonds wird ab 1. Januar 1991 für jedes Rechnungsjahr ein Wirtschaftsplan erstellt, in dem Einnahmen und Ausgaben darzustellen sind.

§ 8 Jahresrechnung. (1) Der Bundesminister der Finanzen stellt am Schluß eines jeden Rechnungsjahres die Jahresrechnung für den

Fonds auf und fügt sie als Anhang der Haushaltsrechnung des Bundes bei.

(2) Die Jahresrechnung muß in übersichtlicher Weise den Bestand des Sondervermögens einschließlich der Forderungen und Verbindlichkeiten erkennen lassen sowie die Einnahmen und Ausgaben nachweisen.

§ 9 Verwaltungskosten. Die Kosten für die Verwaltung des Fonds trägt der Bund.

§ 10 Gleichstellung mit Bundesbehörden. Auf die Verpflichtungen des Fonds Abgaben an den Bund, die Länder, die Gemeinden (Gemeindeverbände) und Körperschaften des öffentlichen Rechts zu entrichten, finden die allgemein für Bundesbehörden geltenden Vorschriften Anwendung.

§ 11 Verteilung der Schulden. Mit Wirkung vom 1. Januar 1994 übernehmen die Treuhandanstalt, der Bund und die Länder Brandenburg, Mecklenburg-Vorpommern, Sachsen, Sachsen-Anhalt und Thüringen sowie das Land Berlin die beim Fonds zum 31. Dezember 1993 aufgelaufene Gesamtverschuldung nach Maßgabe des Artikels 27 Abs. 3 des Vertrages vom 18. Mai 1990 (BGBl. 1990 II S. 518). Die Verteilung der Schulden im einzelnen wird durch besonderes Gesetz gemäß Artikel 34 des Gesetzes vom 25. Juni 1990 (BGBl. 1990 II S. 518) mit Zustimmung des Bundesrates geregelt. Die Anteile der Länder Brandenburg, Mecklenburg-Vorpommern, Sachsen, Sachsen-Anhalt und Thüringen sowie des Landes Berlin an dem von der Gesamtheit der beigetretenen Länder zu übernehmenden Betrag werden im Verhältnis ihrer Einwohnerzahl bei Herstellung der Einheit Deutschlands ohne Berücksichtigung der Einwohnerzahl von Berlin (West) berechnet.

§ 12 Auflösung des Fonds. Der Fonds wird mit Ablauf des Jahres 1993 aufgelöst.

Abschnitt III

Bundesrecht tritt in dem in Artikel 3 des Vertrages genannten Gebiet mit folgenden Maßgaben in Kraft:

1. Die im Vertrag vom 18. Mai 1990 über die Schaffung einer Währungs-, Wirtschafts- und Sozialunion (BGBl. 1990 II S. 518) getroffenen Regelungen über die Errichtung einer Währungsunion einschließlich der Regelungen über die Zuständigkeit und Befugnisse der Deutschen Bundesbank in der Deutschen Demokratischen Republik

mit folgender Maßgabe:

Innerhalb von zwölf Monaten nach Wirksamwerden des Beitritts wird das Gesetz über die Deutsche Bundesbank angepaßt.

2. Erstes Überleitungsgesetz in der im Bundesgesetzblatt Teil III, Gliederungsnummer 603-3, veröffentlichten bereinigten Fassung, zuletzt geändert durch Artikel 1 des Gesetzes vom 8. Juni 1977 (BGBl. I S. 801)

mit folgenden Maßgaben:

a) Bund und Länder tragen die Kosten der Rückführung, der Suchdienste, der Erstaufnahme, der vorläufigen Unterbringung und Eingliederung von Aussiedlern entsprechend der derzeitigen Praxis.

b) § 1 Abs. 1 Nr. 8, Abs. 2 und 3, § 4 Abs. 2 und § 21 treten in dem in Artikel 3 des Vertrages genannten Gebiet am 1. Januar 1991 in Kraft.

c) Im übrigen findet das Gesetz keine Anwendung.

3. Biersteuergesetz in der Fassung der Bekanntmachung vom 15. April 1986 (BGBl. I S. 527), geändert durch Verordnung vom 2. Juli 1990 (BGBl. I S. 1332)

mit folgender Maßgabe:

Unter den in Anlage I Kapitel X Teil E Abschnitt III Nr. 1 Buchstabe a) und b) genannten Voraussetzungen dürfen in dem in Artikel 3 des Vertrages genannten Gebiet

a) die Hauptzollämter zulassen, daß Brauereien abweichend von § 9 Abs. 1 bis 6 Bier herstellen,

b) Hopfenerzeugnisse abweichend von § 11 Abs. 2 und 3 in Verkehr gebracht werden.

4. Das Gesetz zur Neuordnung der Pensionskasse Deutscher Eisenbahnen und Straßenbahnen in der im Bundesgesetzblatt Teil III, Gliederungsnummer 7633-1, veröffentlichen bereinigten Fassung, zuletzt geändert durch Artikel 6 des Gesetzes vom 18. März 1975 (BGBl. I S. 705)

mit der Maßgabe:

Die §§ 2 bis 6a werden in dem in Artikel 3 des Vertrages genannten Gebiet nicht angewendet.

Kapitel V
Geschäftsbereich des Bundesministers für Wirtschaft

Sachgebiet A: Allgemeines Wirtschaftsrecht, Wirtschaftspolitik, Wettbewerbs- und Preisrecht

Abschnitt I

Von dem Inkrafttreten des Bundesrechts gemäß Artikel 8 des Vertrages sind ausgenommen:

Verordnung PR Nr. 63/50 vom 21. September 1950 über einen Preisausgleich für die eisenverbrauchende Wirtschaft in West-Berlin (BAnz. Nr. 189 vom 30. September 1950), zuletzt geändert durch die Verordnung PR 13/67 vom 22. Dezember 1967 (BAnz. Nr. 244 vom 30. Dezember 1967)

Abschnitt II

Bundesrecht wird wie folgt geändert:

1. Gesetz über die Gemeinschaftsaufgabe „Verbesserung der regionalen Wirtschaftsstruktur" vom 6. Oktober 1969 (BGBl. I S. 1861), zuletzt geändert durch Artikel 3 des Gesetzes vom 23. Dezember 1971 (BGBl. I S. 2140)

§ 6 Abs. 2 wird wie folgt gefaßt:

„Der Planungsausschuß beschließt mit den Stimmen des Bundes und der Mehrheit der Stimmen der Länder".

2. Gesetz über die Kontrolle von Kriegswaffen in der imBundesgesetzblatt Teil III, Gliederungsnummer 140-1, veröffentlichten bereinigten Fassung, zuletzt geändert durch Verordnung vom 10. Oktober 1989 (BGBl. I S. 1853)

1. § 26a wird wie folgt gefaßt:

„§ 26a Anzeige der Ausübung der tatsächlichen Gewalt. Wer am Tage des Wirksamwerdens des Beitritts in dem in Artikel 3 des Einigungsvertrages genannten Gebiet die tatsächliche Gewalt über Kriegswaffen ausübt, die er zuvor erlangt hat, hat dies dem Bundesamt für Wirtschaft unter Angabe von Waffenart, Stückzahl, Waffennummer oder sonstiger Kennzeichnung binnen zwei Monaten nach dem Wirksamwerden des Beitritts anzuzeigen, sofern er nicht von dem Genehmigungserfordernis für den Erwerb der tatsächlichen Gewalt freigestellt oder nach § 26b angewiesen ist. Nach Ablauf dieser Frist darf die tatsächliche Gewalt über anmeldepflichtige, jedoch nicht angemeldete Kriegswaffen nicht mehr ausgeübt werden".

2. Nach § 26a wird folgender § 26b eingefügt:

„§ 26b Übergangsregelungen für das in Artikel 3 des Einigungsvertrages genannte Gebiet. (1) Eine vor dem Tage des

Wirksamwerdens des Beitritts in dem in Artikel 3 des Einigungsvertrages genannten Gebiet begonnene oder in Aussicht genommene und nicht aufschiebbare Handlung, die nach diesem Gesetz der Genehmigung bedarf, kann vorläufig genehmigt werden. In diesen Fällen ist die erforderliche Genehmigung binnen eines Monats nach Erteilung der vorläufigen Genehmigung zu beantragen. Wird die Genehmigung versagt, so kann dem Antragsteller in entsprechender Anwendung des § 9 eine angemessene Entschädigung gewährt werden, wenn es auch im Hinblick auf ein schutzwürdiges Vertrauen auf die bisherige Rechtslage eine unbillige Härte wäre, die Entschädigung zu versagen.

(2) Für völkerrechtliche Vereinbarungen der Deutschen Demokratischen Republik, soweit sie die Lieferung oder die Instandhaltung von Kriegswaffen zum Gegenstand haben, gilt abweichend von § 27 folgendes:

1. Soweit vor dem Tage des Wirksamwerdens des Beitritts staatliche Aufträge zur Herstellung oder zur Ausfuhr in oder zur Einfuhr aus Mitgliedstaaten des Warschauer Vertrages für das Jahr 1990 angewiesen sind, gelten die zur Durchführung dieser Anweisungen erforderlichen, nach § 2 oder § 3 genehmigungsbedürftigen Handlungen als genehmigt.
2. Bei Anweisungen im Sinne der Nummer 1 in bezug auf Staaten, die nicht Mitgliedstaaten des Warschauer Vertrages sind, können genehmigungsbedürftige, aber unaufschiebbare Handlungen vorläufig genehmigt werden; Absatz 1 Satz 2 und 3 gilt entsprechend.

(3) Für den Fall, daß die Deutsche Demokratische Republik ein Gesetz zur Inkraftsetzung dieses Gesetzes erläßt, wird der Bundesminister für Wirtschaft ermächtigt, durch Rechtsverordnung ohne Zustimmung des Bundesrates die Maßgaben der Absätze 1 und 2 und des § 26a so zu ändem, daß deren Ziele unter Berücksichtigung der neuen Rechtslage erreicht werden.

Abschnitt III

Bundesrecht tritt in dem in Artikel 3 des Vertrages genannten Gebiet mit folgenden Maßgaben in Kraft:

1. Gesetz über die Gemeinschaftsaufgabe „Verbesserung der regionalen Wirtschaftsstruktur“ vom 6. Oktober 1969 (BGBl. I S. 1861), zuletzt geändert durch Artikel 3 des Gesetzes vom 23. Dezember 1971 (BGBl. I S. 2140),

mit folgenden Maßgaben:

a) In dem in Artikel 3 des Vertrages genannten Gebiet werden für einen Zeitraum von fünf Jahren mit der Möglichkeit diesen Zeitraum zu verlängern, beginnend mit dem Tage des Wirksamwerdens des Beitritts, die in § 1 Abs. 1 genannten Förderungsmaßnahmen durchgeführt. In diesem Gebiet und für diesen Zeitraum sind wegen besonderer strukturpolitischer Erfordernisse Abweichungen von den in § 2 Abs. 1 genannten Grundsätzen, Ergänzungen der in § 1 Abs. 1 genannten Maßnahmen und der in § 3 genannten Förderungsarten sowie eine gesonderte Zuteilung von Bundesmitteln im Rahmen der Gemeinschaftsaufgabe möglich.

b) Für die in Buchstabe a genannte Übergangszeit wird bei der Berechnung des in § 1 Abs. 2 Nr. 1 genannten Bundesdurchschnitts das in Artikel 3 des Vertrages genannte Gebiet nicht berücksichtigt.

c) Für das in Artikel 3 des Vertrages genannte Gebiet werden in dem in Buchstabe a genannten Zeitraum im Rahmenplan die Abweichungen zu § 2 Abs. 1 und Ergänzungen zu § 1 Abs. 1 sowie § 3 festgelegt.

d) Zur Unterstützung des Aufbaus einer wirksamen Wirtschaftsförderung können die in Artikel 3 des Vertrages genannten Länder und der Teil des Landes Berlin, in dem das Grundgesetz bisher nicht galt, sich an den Bund oder andere Länder um Unterstützung bei der Durchführung der Maßnahmen wenden.

e) Die Notwendigkeit einer Verlängerung der vorstehenden Übergangsregelungen ist nach Ablauf von vier Jahren beginnend mit dem Tage des Wirksamwerdens des Beitritts zu überprüfen.

2. Gesetz zur Regelung von Ingenieur- und Architektenleistungen vom 4. November 1971 (BGBl. I S. 1745, 1749), geändert durch Gesetz vom 12. November 1984 (BGBl. I S. 1337),

mit folgender Maßgabe:

Die Worte „bei Erteilung des Ingenieurauftrages" in § 1 Abs. 3 Nr. 3 und „bei Erteilung des Architektenauftrages" in § 2 Abs. 3 Nr. 3 gelten nicht bis zum 31. Dezember 1992.

3. Honorarordnung für Architekten und Ingenieure vom 17. September 1976 (BGBl. I S. 2805, 3616), zuletzt geändert durch Verordnung vom 17. März 1988 (BGBl. I S. 359),

mit folgenden Maßgaben:

Die folgenden Vorschriften finden Anwendung für Leistungen von Auftragnehmern mit Geschäftssitz in dem in Artikel 3 des Vertrages genannten Gebiet, die für Objekte in diesem Gebiet zur Erfüllung von Verträgen erbracht werden, die vom Tage des Wirksamwerdens des Beitritts bis zum 31. Dezember 1992 abgeschlossen werden.

a) Abweichend von § 4 Abs. 1 und 4 gelten die Worte „bei Auftragserteilung" nicht.

b) Abweichend von § 6 Abs. 2 kann für jede Stunde des Auftragnehmers ein Betrag von 45 bis 140 Deutsche Mark und für jede Stunde eines Mitarbeiters, der technische oder wirtschaftliche Aufgaben erfüllt, ein Betrag von 35 bis 100 Deutsche Mark in Ansatz gebracht werden.

c) Die jeweiligen Mindestsätze in den Honorartafeln in den Teilen II, IV, VII bis XIII werden um 15 vom Hundert und in den Honorartafeln in den Teilen V und VI um 25 vom Hundert herabgesetzt.

d) Die Vertragsparteien können vereinbaren, daß die Leistungen zur Erfüllung von Verträgen, die vor dem Inkrafttreten dieser Verordnung abgeschlossen worden sind, nach dieser Verordnung abgerechnet werden, soweit sie bis zum Tage des Wirksamwerdens des Beitritts noch nicht erbracht worden sind. Satz 1 gilt entsprechend für Leistungen zur Erfüllung von Verträgen, die vom Tage des Wirksamwerdens des Beitritts bis zum 31. Dezember 1992 abgeschlossen sind.

4. Verordnung über die Tarife in der Kraftfahrzeug-Haftpflichtversicherung vom 5. Dezember 1984 (BGBl. I S. 1437), zuletzt geändert durch Verordnung vom 16.07.1990 (BGBl. I S. 1476),

mit folgenden Maßgaben:

Folgende Vorschriften finden Anwendung auf die ab 1. Januar 1991 bis zum 31. Dezember 1991 geltenden Tarife der Versicherungsunternehmen für die Kraftfahrzeug-Haftpflichtversicherung in dem in Artikel 3 des Vertrages genannten Gebiet:

a) Die Versicherungsunternehmen haben der Genehmigungsbehörde mit ihrem Antrag auf Genehmigung der Unternehmenstarife besondere Tarifbestimmungen einzureichen.
b) Soweit der Unternehmenstarif für Personenkraftwagen nach dem Wohnort des Versicherungsnehmers gegliedert wird, sind folgende drei Einheiten zu bilden: Berlin mit dem Teil, in dem das Grundgesetz bisher nicht galt, die anderen Städte mit über 300 000 Einwohnern und das übrige Gebiet.
c) Der Schadenbedarf ist für jede einzelne Wagnisgruppe mit dem Wert anzusetzen, der sich für vergleichbare Wagnisgruppen aus § 10 ergibt; die Genehmigungsbehörde kann Abschläge festsetzen.
d) Die in § 17 Abs. 1 genannte Frist wird auf zwei Monate verkürzt.
e) Die gesetzliche Beitragsermäßigung nach Anlage 4 ist für das Kalenderjahr gesondert festzustellen; dabei ist das für 1990 ermittelte Ergebnis zu berücksichtigen.
f) Bei der Gliederung des Unternehmenstarifes können gleichartige Wagniskennziffern oder Wagnisstärkegruppen zusammengefaßt werden. Soweit Kraftfahrzeuge nicht unmittelbar einer Wagniskennziffer nach Anlage 1 zugeordnet werden können, sind sie vergleichbaren Wagniskennziffern zuzuordnen.
g) Bis zum 31. Dezember 1990 kann in dem in Artikel 3 des Vertrages genannten Gebiet nach den bisherigen Regeln verfahren werden.

Sachgebiet B: Berufsrecht, Recht der beruflichen Bildung

Abschnitt II

Bundesrecht wird wie folgt geändert:

1. Wirtschaftsprüferordnung in der Fassung der Bekanntmachung vom 5. November 1975 (BGBl. I S. 2803), zuletzt geändert durch Gesetz vom 20. Juli 1990 (BGBl. I S. 1462)

§ 134a Abs. 3 werden folgende Absätze 4 und 5 angefügt:

„(4) Für Bewerber, die deutsche Staatsangehörige oder Angehörige eines Mitgliedstaates der Europäischen Gemeinschaften sind und am 31. Dezember 1989 ihren Wohnsitz oder ständigen Aufenthalt in dem in Artikel 3 des Einigungsvertrages genannten Gebiet hatten und die den Antrag auf Zulassung zur Prüfung bis zum 31. Dezember 1996 stellen, gelten die §§ 8 und 131 mit der Maßgabe, daß

1. auf den Nachweis des abgeschlossenen Hochschulstudiums nach § 8 Abs. 2 Nr. 1 auch dann verzichtet werden kann, wenn der Bewerber sich in mindestens zehnjähriger Tätigkeit als Mitarbeiter einer auf dem Gebiet des wirtschaftlichen Prüfungswesens tätigen Person, eines Prüfungsverbandes oder einer sonstigen Prüfungseinrichtung bewährt hat,
2. nach § 131 Abs. 1 Satz 1 Nr. 1 ausreicht, wenn der Bewerber im Zeitpunkt der Antragstellung Steuerberater oder Rechtsanwalt ist und mindestens zwei Jahre den Beruf eines Steuerberaters, Steuerbevollmächtigten oder Rechtsanwalts ausgeübt hat.

(5) Abweichend von den Vorschriften des Ersten und Zweiten Abschnitts des Zweiten Teils können Bewerber als Wirtschaftsprüfer nach diesem Gesetz bestellt werden, die nach einem postgradualen Studium vor dem Tage des Wirksamwerdens des Beitritts in dem in Artikel 3 des Einigungsvertrages genannten Gebiet die Berechtigung erworben haben, die Berufsbezeichnung „Wirtschaftsprüfer" zu führen, wenn sie die in Satz 3 vorgesehene Eignungsprüfung oder eine dieser entsprechende Prüfung in dem in Artikel 3 des Einigungsvertrages genannten Gebiet bestanden haben. Die § 7 Abs. 2, §§ 10, 11, 12 Abs. 1 und § 131 g Abs. 3 Satz 1 bis 4 sind entsprechend anzuwenden; § 14a ist mit der Maßgabe anzuwenden, daß die Gebühr für das Prüfungsverfahren 400 Deutsche Mark beträgt. Die Prüfung wird schriftlich und mündlich abgenommen und ist eine ausschließlich die beruflichen Kenntnisse des Bewerbers betreffende Prüfung, mit der seine Fähigkeit, den Beruf eines Wirtschaftsprüfers auszuüben, beurteilt werden soll. Der Bundesminister für Wirtschaft wird ermächtigt, durch Rechtsverordnung mit Zustimmung des Bundesrates Bestimmungen zu erlassen über die Zusammensetzung des Prüfungsausschusses und die Berufung seiner Mitglieder sowie die Einzelheiten der Prüfung und des Prüfungsverfahrens, insbesondere über die in § 14 bezeichneten Angelegenheiten. Auf die Bestellung der Personen, die die Prüfung nach Satz 3 bestanden haben, findet der Dritte Abschnitt des Zweiten Teils Anwendung."

Abschnitt III

Bundesrecht tritt in dem in Artikel 3 des Vertrages genannten Gebiet mit folgenden Maßgaben in Kraft:

1. Handwerksordnung in der Fassung der Bekanntmachung vom 28. Dezember 1965 (BGBl. 1966 I S. 1), zuletzt geändert durch Artikel 43 des Gesetzes vom 28. Juni 1990 (BGBl. I S. 1221), sowie die nach § 7 Abs. 2, §§ 25, 27a Abs. 1, § 40 und § 46 Abs. 3 Satz 3 der Handwerksordnung erlassenen Rechtsverordnungen

mit folgenden Maßgaben:

a) Eine am Tage des Wirksamwerdens des Beitritts in dem in Artikel 3 des Vertrages genannten Gebiet bestehende Berechtigung,
   aa) ein Handwerk als stehendes Gewerbe selbständig zu betreiben,
   bb) zum Einstellen oder zur Ausbildung von Lehrlingen in Handwerksbetrieben oder
   cc) zur Führung des Meistertitels

   bleibt bestehen.

b) Einkaufs- und Liefergenossenschaften und Arbeitsgemeinschaften der Produktionsgenossenschaften des Handwerks bleiben Mitglied der Handwerkskammer, soweit sie Mitglied der Handwerkskammer sind.

c) Gewerbetreibende, die am Tage des Wirksamwerdens des Beitritts in dem in Artikel 3 des Vertrages genannten Gebiet berechtigt sind, ein Handwerk als stehendes Gewerbe selbständig zu betreiben, werden auf Antrag oder von Amts wegen mit dem Handwerk der Anlage A der Handwerksordnung in die Handwerksrolle eingetragen, das dem bisherigen Handwerk zugeordnet werden kann. Führen solche Gewerbetreibende rechtmäßig den Titel Meister des Handwerks, sind sie berechtigt, den Meistertitel des Handwerks der Anlage A der Handwerksordnung zu führen.

d) Gewerbetreibende, die am Tage des Wirksamwerdens des Beitritts in dem in Artikel 3 des Vertrages genannten Gebiet selbständig ein stehendes Gewerbe betreiben, das dort nicht als Handwerk eingestuft, jedoch in der Anlage A der Handwerksordnung als Handwerk aufgeführt ist, werden auf Antrag oder von Amts wegen mit diesem Handwerk in die Handwerksrolle eingetragen.

e) Buchstabe c) Satz 1 findet auf Gewerbetreibende, die ein handwerksähnliches Gewerbe betreiben, entsprechende Anwendung.

f) Die am Tage des Wirksamwerdens des Beitritts in dem in Artikel 3 des Vertrages genannten Gebiet bestehenden Organisationen des Handwerks sind bis 31. Dezember 1991 den Bestimmungen der Handwerksordnung entsprechend anzupassen; bis dahin gelten sie als Organisationen im Sinne der Handwerksordnung. Dasselbe gilt für die bestehenden Facharbeiter- und Meisterprüfungskommissionen; bis zum 31. Dezember 1991 gelten sie als Prüfungsausschüsse im Sinne der Handwerksordnung. Die Handwerkskammern haben unverzüglich, spätestens jedoch bis zum 31. Dezember 1991, die Voraussetzungen für die Beteiligung der Gesellen entsprechend den Bestimmungen der Handwerksordnung zu schaffen.

g) Am Tage des Wirksamwerdens des Beitritts bestehende Lehrverhältnisse werden nach den bisherigen Vorschriften zu Ende geführt, es sei denn, die Parteien des Lehrvertrages vereinbaren die Fortsetzung der Berufsausbildung in einem Handwerk der Anlage A der Handwerksordnung.

h) Lehrlinge, die ihre Berufsausbildung nach bisherigem Recht durchlaufen, werden nach den bisherigen Rechtsvorschriften geprüft, soweit nicht der Bundesminister für Wirtschaft im Einvernehmen mit dem Bundesminister für Bildung und Wissenschaft durch Rechtsverordnung, die nicht der Zustimmung des Bundesrates bedarf, Übergangsvorschriften für Verfahren und Zuständigkeit erläßt.

i) Die am Tage des Wirksamwerdens des Beitritts laufenden Prüfungsverfahren werden nach den bisherigen Vorschriften zu Ende geführt.

k) Die Handwerkskammern können bis zum 1. Dezember 1995 Ausnahmen von den nach § 25 der Handwerksordnung erlassenen Rechtsverordnungen zulassen, wenn die gesetzten Anforderungen noch nicht erfüllt werden können. Die Ausnahmen sind zu befristen. Der Bundesminister für Wirtschaft kann im Einvernehmen mit dem Bundesminister für Bildung und Wissenschaft durch Rechtsverordnung, die nicht der Zustimmung des Bundesrates bedarf, die Befugnis nach Satz 1 einschränken oder aufheben.

l) Die Rechtsverordnungen nach § 27a Abs. 1 und § 40 der Handwerksordnung bedürfen der gesonderten Inkraftsetzung durch den Bundesminister für Wirtschaft im Einvernehmen mit dem Bundesminister für Bildung und Wissenschaft durch Rechtsverordnung, die nicht der Zustimmung des Bundesrates bedarf.

m) Der Bundesminister für Wirtschaft bestimmt durch Rechtsverordnung nach § 46 Abs. 3 der Handwerksordnung, welche Prüfungen an Ausbildungseinrichtungen der Nationalen Volksarmee nach Maßgabe des § 3 Abs. 2 der Verordnung über die Anerkennung von Prüfungen bei der Eintragung in die Handwerksrolle und bei der Ablegung der Meisterprüfung im Handwerk vom 2. November 1982 (BGBl. I S. 1475) als Voraussetzung für die Befreiung von Teil II der Meisterprüfung im Handwerk anerkannt werden.

n) Der Bundesminister für Wirtschaft kann durch Rechtsverordnung nach § 7 Abs. 2 der Handwerksordnung bestimmen, welche Prüfungen von Meistern der volkseigenen Industrie, die bis zum 31. Dezember 1991 abgelegt worden sind, mit welcher Maßgabe als ausreichende Voraussetzung für die Eintragung in die Handwerksrolle anerkannt werden.

o) Prüfungszeugnisse nach der Systematik der Ausbildungsberufe sowie der Systematik der Facharbeiterberufe in Handwerksberufen aus dem in Artikel 3 des Vertrages genannten Gebiet stehen Gesellenprüfungszeugnissen nach § 31 Abs. 2 der Handwerksordnungen gleich.

2. Wirtschaftsprüferordnung in der Fassung der Bekanntmachung vom 5. November 1975 (BGBl. I S. 2803), zuletzt geändert durch Gesetz vom 20. Juli 1990 (BGBl. I S. 1462),

mit folgenden Maßgaben:

a) Wirtschaftsprüfer, vereidigte Buchprüfer, Wirtschaftsprüfungsgesellschaften und Buchprüfungsgesellschaften, die nach den Vorschriften der Wirtschaftsprüferordnung bestellt oder anerkannt sind, bedürfen in dem in Artikel 3 des Vertrages genannten Gebiet keiner erneuten Bestellung oder Anerkennung.

b) Bis zum Inkrafttreten der Rechtsverordnung nach § 134a Abs. 5

Satz 4 werden Eignungsprüfungen nach § 134a Abs. 5 in dem in Artikel 3 des Vertrages genannten Gebiet nach den bisherigen, dem § 134a Abs. 5 entsprechenden Vorschriften durchgeführt; die bei Inkrafttreten der Rechtsverordnung nach § 134a Abs. 5 Satz 4 laufenden Prüfungsverfahren werden nach den bisherigen Vorschriften zu Ende geführt.

3. Schornsteinfegergesetz vom 15. September 1969 (BGBl. I S. 1634, 2432), zuletzt geändert durch Artikel 76 des Gesetzes vom 18. Dezember 1989 (BGBl. I S. 2261),

mit folgenden Maßgaben:

a) Der IV. Teil und § 56 gelten nicht in dem in Artikel 3 des Vertrages genannten Gebiet.

b) Eine am Tage des Wirksamwerdens des Beitritts in dem in Artikel 3 des Vertrages genannten Gebiet bestehende Berechtigung
 aa) zur Eintragung in die Bewerberliste oder
 bb) zur Ausübung der Tätigkeit als Bezirksschornsteinfegermeister
bleibt bestehen.

c) Dem für einen Kehrbezirk in dem in Artikel 3 des Vertrages genannten Gebiet bestellten Bezirksschornsteinfegermeister kann bei Erfordernis nach Erreichen der Altersgrenze gemäß § 9 durch die zuständige Verwaltungsbehörde eine Ausnahmegenehmigung zur weiteren Tätigkeit erteilt werden, soweit mit einem amtsärztlichen Gutachten bestätigt wird, daß der Bezirksschornsteinfegermeister geistig und körperlich in der Lage ist, die Arbeiten der Gesellen und Lehrlinge zu überprüfen. Das amtsärztliche Gutachten ist jährlich zu erneuern.

d) Der Rang der Eintragung in die Bewerberliste für einen Kehrbezirk in dem in Artikel 3 des Vertrages genannten Gebiet richtet sich, solange die Prüfungsverfahren nach den bisherigen Vorschriften erfolgen, nach dem Tag der erfolgreichen Ablegung der Meisterprüfung, dem Alter und dem Prüfungsergebnis des Bewerbers.

e) Zu den Aufgaben des Bezirksschornsteinfegermeisters in dem in Artikel 3 des Vertrages genannten Gebiet gemäß § 13 Abs. 1 gehören auch
 aa) Ausstellung der Bescheinigung bei der Prüfung von Feuerstätten zum Anschluß an bestehende Hausschornsteine;
 bb) Überprüfung der Funktionsfähigkeit gewerblicher und privater Be- und Entlüftungsanlagen.

4. Gesetz zur vorläufigen Regelung des Rechts der Industrie- und Handelskammern in der im Bundesgesetzblatt Teil III, Gliederungsnummer 701-1 veröffentlichten bereinigten Fassung, zuletzt geändert durch Artikel 95 Nr. 5 des Gesetzes vom 14. Dezember 1976 (BGBl. I S. 3341),

mit folgender Maßgabe:

Für die Zeit bis zum 31. Dezember 1992 können die Beiträge der Kammerzugehörigen von den Industrie- und Handelskammern in dem in Artikel 3 des Vertrages genannten Gebiet abweichend von § 3

Abs. 3 und 4 festgesetzt werden; die Beitragsordnung und der Beitragsmaßstab bedürfen der Genehmigung der Aufsichtsbehörde.

Sachgebiet C: Gewerberecht, Recht der Technik, Gewerbe- und Filmförderung

Abschnitt I

Von dem Inkrafttreten des Bundesrechts gemäß Artikel 8 des Vertrages sind ausgenommen:

Gesetz zur Abwicklung und Entflechtung des ehemaligen reichseigenen Filmvermögens in der im Bundesgesetzblatt Teil III, Gliederungsnummer 703-3 veröffentlichten bereinigten Fassung, zuletzt geändert durch Artikel 4 des Gesetzes vom 27. Februar 1974 (BGBl. I S. 444) mit Ausnahme des § 15 Satz 2.

Abschnitt II

Bundesrecht wird wie folgt geändert:

1. Verordnung zum Filmförderungsgesetz vom 22. Juli 1976 (BGBl. I S. 2021)

In die Anlage 1 der Verordnung wird nach „Internationales Kurzfilmfestival, Krakau" die „Internationale Dokumentar- und Kurzfilmwoche für Kino und Fernsehen, Leipzig" eingefügt.

Abschnitt III

Bundesrecht tritt in dem in Artikel 3 des Vertrages genannten Gebiet mit folgenden Maßgaben in Kraft:

1. Spielverordnung in der Fassung der Bekanntmachung vom 11. Dezember 1985 (BGBl. I S. 2245)

mit folgender Maßgabe:

Geldspielgeräte, die den Anforderungen der §§ 13 und 14 Spielverordnung nicht entsprechen, aber vor dem Tage des Wirksamwerdens des Beitritts befugt aufgestellt worden sind, können bis zum 31. Dezember 1991 unter Beachtung der Vorschriften der Verordnung im übrigen aufgestellt bleiben.

2. Getränkeschankanlagenverordnung vom 27. November 1989 (BGBl. I S. 2044)

mit folgenden Maßgaben:

a) Eine nach den bisherigen Vorschriften erteilte Erlaubnis, Genehmigung, Bauartzulassung, Bauartprüfung oder erstattete Anzeige gilt als Bauartzulassung, Bauartprüfung oder Anzeige im Sinne dieser Verordnung.

b) Für Anlagen, die vor dem Tage des Wirksamwerdens des Beitritts errichtet waren oder mit deren Errichtung begonnen wurde, bleiben hinsichtlich der an sie zu stellenden Beschaffenheitsanforderungen die für sie bisher geltenden Vorschriften maßgebend. Die zuständige Behörde kann verlangen, daß diese Anlagen entsprechend den Vorschriften der Verordnung geändert werden, soweit

aa) sie erweitert, umgebaut oder wesentlich geändert werden oder

bb) ihre Nutzung wesentlich geändert wird oder

cc) vermeidbare Gefahren für Leben oder Gesundheit der Beschäftigten oder Dritter zu befürchten sind.

c) Die in der Verordnung enthaltenen Betriebsvorschriften müssen spätestens bis zum 31. Dezember 1991 angewendet werden.

d) Der Ausschuß nach § 19 der Verordnung wird bis zum 31. Dezember 1993 durch folgende sachverständige Mitglieder aus dem in Artikel 3 des Vertrages genannten Gebiet ergänzt:

1 Vertreter der Staatlichen Hygieneinspektion

2 Vertreter der Herstellung von Getränkeschankanlagen oder Bauteilen

1 Vertreter der Betreiber von Getränkeschankanlagen

1 Vertreter der Reiniger und Instandhalter von Getränkeschankanlagen und

1 Vertreter des Amtes für Technische Überwachung.

3. Eichgesetz in der Fassung der Bekanntmachung vom 22. Februar 1985 (BGBl. I S. 410), zuletzt geändert gemäß Artikel 12 der Verordnung vom 26. November 1986 (BGBl. I S. 2089),

mit folgenden Maßgaben:

a) Meßgeräte, für die das Amt für Standardisierung, Meßwesen und Warenprüfung der Deutschen Demokratischen Republik eine Bauartzulassung erteilt hat, sind in dem in Artikel 3 des Vertrages genannten Gebiet für die Gültigkeitsdauer der Zulassung, längstens jedoch bis zum 31. Dezember 1993, zur Ersteichung und unbefristet zur Nacheichung zugelassen.

b) Meßgeräte, die am Tage des Wirksamwerdens des Beitritts in dem in Artikel 3 des Vertrages genannten Gebiet im eichpflichtigen Verkehr verwendet oder bereitgehalten werden und zur Eichung zugelassen sind, aber auf Grund der bisher dort geltenden Vorschriften nicht eichpflichtig waren, müssen bis spätestens 31. Dezember 1991 geeicht sein.

c) Meßgeräte, die in dem in Artikel 3 des Vertrages genannten Gebiet im eichpflichtigen Verkehr verwendet oder bereitgehalten werden und die auf Grund der bisher dort geltenden Vorschriften weder zulassungspflichtig noch eichpflichtig waren, können erstgeeicht und bis zum 31. Dezember 1996 nachgeeicht werden, wenn sie die in der Eichordnung festgelegten Verkehrsfehlergrenzen sowie die in Teil 7 der Eichordnung genannten allgemeinen Anforderungen einhalten. Sie müssen bis spätestens 31. Dezember 1991 geeicht sein.

d) Schankgefäße im Sinne von § 18 Abs. 3 dürfen in dem in Artikel 3 des Vertrages genannten Gebiet bis zum 31. Dezember 1991 gewerbsmäßig in den Verkehr gebracht und bis 31. Dezember 1992 zum Ausschank von Getränken verwendet oder bereitgehalten werden, wenn sie den bisher dort geltenden Vorschriften entsprechen. Schankgefäße ohne Füllstrich dürfen nur noch bis zum 31. Dezember 1991 verwendet oder bereitgehalten werden.

e) Meßgeräte und Schankgefäße, die nur den vorstehenden Übergangsvorschriften entsprechen, dürfen in dem Gebiet, in dem das Grundgesetz schon vor dem Tage des Wirksamwerdens des Beitritts gegolten hat, weder in den Verkehr gebracht noch verwendet oder bereitgehalten werden.

f) Bis zur Einrichtung der erforderlichen Länderbehörden und staatlich anerkannten Prüfstellen, längstens bis zum 31. Dezember 1992, können die Regierungen der Länder in dem in Artikel 3 des Vertrages genannten Gebiet oder die von ihnen bestimmten Stellen abweichend von § 27 des Eichgesetzes andere Stellen mit der Durchführung des Gesetzes und der Eichordnung betrauen. Diese Stellen erheben für gebührenpflichtige Tätigkeiten Kosten nach der Eich- und Beglaubigungskostenverordnung vom 21. April 1982 (BGBl. I S. 428) in der jeweils geltenden Fassung.

4. Eichordnung vom 12. August 1988 (BGBl. I S. 1657)
mit folgenden Maßgaben:

a) Die Überleitungsregelung für Meßgeräte, die nach dem Eichgesetz eichpflichtig sind, gilt auch für Meßgeräte, die nach der Eichordnung eichpflichtig sind.

b) Die Gültigkeitsdauer der Eichung geeichter Meßgeräte, die sich am Tage des Wirksamwerdens des Beitritts in dem in Artikel 3 des Vertrages genannten Gebiet befinden, bestimmt sich bis zur nächsten Nacheichung nach den am Tage des Wirksamwerdens des Beitritts dort geltenden Vorschriften.

c) Für die in dem in Artikel 3 des Vertrages genannten Gebiet zugelassenen oder geeichten Meßgeräte gelten die Prüfzeichen nach den dort geltenden Vorschriften für die Dauer der Gültigkeit der Zulassung oder für die Dauer der Gültigkeit der Eichung. Ab 1. Januar 1991 gelten für neu aufzubringende Prüfzeichen die Stempel und Zeichen nach der Eichordnung.

d) Die Vorschriften über die Konformitätsbescheinigung gelten in dem in Artikel 3 des Vertrages genannten Gebiet nicht für Meßgeräte, die dort bereits vor dem 31. Dezember 1992 verwendet oder bereitgehalten wurden und dort am Tage des Wirksamwerdens des Beitritts nicht eichpflichtig waren. § 77 Abs. 3 Satz 2 und 3 bleibt unberührt.

e) § 4 gilt bis zum 31. Dezember 1992 nicht für quantitative Analysen, die in dem in Artikel 3 des Vertrages genannten Gebiet durchgeführt und nach dem, am Tage des Wirksamwerdens des Beitritts dort geltenden Vorschriften überwacht werden.

5. Fertigpackungsverordnung vom 18. Dezember 1981 (BGBl. I S. 1585), zuletzt geändert durch Verordnung vom 28. Mai 1990 (BGBl. I S. 991),

mit folgenden Maßgaben:

a) Fertigpackungen dürfen in dem in Artikel 3 des Vertrages genannten Gebiet mit einer von den Vorschriften des § 16 des Eichgesetzes und der §§ 6 bis 11, 18 und 20 der Fertigpackungsverordnung abweichenden, den am Tage des Wirksamwerdens des Beitritts dort geltenden Vorschriften entsprechenden Füllmengenangabe bis zum 31. Dezember 1992 erstmals in den Verkehr gebracht und unbefristet weiter abgegeben werden.

b) Fertigpackungen mit den in Anlage 1 Nr. 1a und 2a zur Fertigpackungsverordnung genannten Erzeugnissen mit einer Nennfüllmenge von 0,71 dürfen in dem in Artikel 3 des Vertrages genannten Gebiet bis zum 31. Dezember 1992 erstmals in den Verkehr gebracht und unbefristet weiter abgegeben werden. Fertigpackungen mit den in Anlage 1 Nr. 2b, 5 und 6 zur Fertigpackungsverordnung genannten Erzeugnissen dürfen in diesem Gebiet bis zum 31. Dezember 1992 mit einer in diesen Nummern nicht zugelassenen Nennfüllmenge erstmals in den Verkehr gebracht und unbefristet weiter abgegeben werden, wenn die Nennfüllmenge der Fertigpackungen einem Wert entspricht, mit dem das betreffende Erzeugnis vor dem Tage des Wirksamwerdens des Beitritts in diesem Gebiet in Fertigpackungen in den Verkehr gebracht werden durfte.

c) Bei Fertigpackungen gleicher Nennfüllmenge, die in dem in Artikel 3 des Vertrages genannten Gebiet angeboten werden oder für die dort unter Angabe von Preisen geworben wird, ist die Angabe des Grundpreises nicht erforderlich, wenn die Fertigpackungen vor dem 31. Dezember 1992 erstmals in den Verkehr gebracht werden und die Nennfüllmenge der Fertigpackungen einem Wert entspricht, mit dem das betreffende Erzeugnis vor dem Tage des Wirksamwerdens des Beitritts in diesem Gebiet in Fertigpackungen in den Verkehr gebracht werden durfte.

6. Filmförderungsgesetz in der Fassung der Bekanntmachung vom 18. November 1986 (BGBl. I S. 2047)

mit folgenden Maßgaben:

a) Einem von seiten der Bundesrepublik Deutschland abgeschlossenen zwischenstaatlichen Abkommen im Sinne des § 16 Abs. 1 Nr. 1 steht ein zwischenstaatliches Abkommen der Deutschen Demokratischen Republik über die Gemeinschaftsproduktion von Filmen gleich.

b) Antragsberechtigt nach § 24 Abs. 1 Satz 2 sind Hersteller in dem in Artikel 3 des Vertrages genannten Gebiet für Filme, die nach dem 1. Januar 1991 im Geltungsbereich dieses Gesetzes erstaufgeführt werden.

c) Antragsteller nach § 57 Abs. 1 in Verbindung mit § 56 Abs. 2 aus dem in Artikel 3 des Vertrages genannten Gebiet können Anträge erstmals nach Ablauf des Haushaltsjahres 1991 stellen, wenn sie bis spätestens zum 31. Januar 1992 mitgeteilt haben, daß sie Förderungshilfe in Anspruch nehmen wollen.

d) Für die Bestimmung der Umsatzgrenzen nach § 66 Abs. 3 ist bei Veranstaltern in dem in Artikel 3 des Vertrages genannten Gebiet im Jahre 1991 statt des Umsatzes des Vorjahres der Umsatz des Jahres 1991 maßgeblich.
e) Für Gewerbebetreibende im Sinne des § 66a in dem in Artikel 3 des Vertrages genannten Gebiet erstreckt sich die Auskunftspflicht nach § 70 Abs. 2 auch auf die Aufnahme, Verlegung oder Aufgabe ihres Gewerbes.
f) Die Beteiligung von Vertretern aus dem in Artikel 3 des Vertrages genannten Gebiet im Präsidium, im Verwaltungsrat und in den Kommissionen der Filmförderungsanstalt (§§ 5 bis 8) werden durch einen Beschluß des Verwaltungsrates nach § 6 Abs. 5 geregelt.

Sachgebiet D: Recht des Bergbaus und der Versorgungswirtschaft

Abschnitt I

Von dem Inkrafttreten des Bundesrechts gemäß Artikel 8 des Vertrages sind ausgenommen:

1. Zweites Verstromungsgesetz vom 5. September 1966 (BGBl. I S. 545), zuletzt geändert durch Gesetz vom 25. August 1980 (BGBl. I S. 1605)

2. Drittes Verstromungsgesetz in der Fassung der Bekanntmachung vom 19. April 1990 (BGBl. I S. 917)

3. Gesetz über das Zollkontingent über feste Brennstoffe in der Fassung der Bekanntmachung vom 15. Oktober 1980 (BGBl. I S. 1945)

Abschnitt II

Bundesrecht wird wie folgt geändert oder aufgehoben:

1. Die Verordnung über die Errichtung wirtschaftlicher Pflichtgemeinschaften in der Braunkohlenwirtschaft in der im Bundesgesetzblatt Teil III, Gliederungsnummer 703-11, veröffentlichten bereinigten Fassung wird aufgehoben.

2. Die Erste Verordnung zur Durchführung der Verordnung über die Errichtung wirtschaftlicher Pflichtgemeinschaften in der Braunkohlenwirtschaft in der im Bundesgesetzblatt Teil III, Gliederungsnummer 703-11-1 veröffentlichten bereinigten Fassung, zuletzt geändert durch Artikel 95 Nr. 6 des Gesetzes vom 14. Dezember 1976 (BGBl. I S. 3341), wird aufgehoben.

3. Mineralöldatengesetz vom 20. Dezember 1988 (BGBl. I S. 2353)
a) § 3 Abs. 1 Nr. 2 zweiter Halbsatz wird gestrichen.
b) In § 3 Abs. 1 Nr. 4 werden die Worte „Bundeswehr und verbündete Streitkräfte" durch die Worte „deutschen und ausländischen Streitkräfte" ersetzt.

4. Gesetz über den Abbau von Salzen im Grenzgebiet an der Werra vom 3. Dezember 1984 (BGBl. I S. 1430)

1. § 3 wird wie folgt geändert:
„Auf die untertägige Ausübung der Befugnisse, die sich aus den in den Abbaugebieten A belegenen Bergbauberechtigungen (Bergwerkseigentum, Bewilligungen) für die Aufsuchung, Gewinnung, Aneignung und Aufbereitung der in § 2 Abs. 1 Satz 2 genannten Bodenschätze ergeben, finden die Gesetze, Verordnungen und sonstigen Vorschriften Anwendung, die am Sitz des in den Abbaugebieten A untertägig tätigen Unternehmens für die durchzuführenden Tätigkeiten gelten."

2. § 5 wird wie folgt geändert:
„Auf die untertägige Ausübung der Befugnisse, die sich aus dem Recht zur untertägigen Untersuchung und Gewinnung von Stein-, Kali-, Magnesia- und Borsalzen in den Abbaugebieten B ergeben, finden die Gesetze, Verordnungen und sonstigen Vorschriften Anwendung, die am Sitz des in den Abbaugebieten B untertägig tätigen Unternehmens für die durchzuführenden Tätigkeiten gelten."

3. Nach § 5 wird folgender § 5a eingefügt:
„Das in den Abbaugebieten A tätige Unternehmen ist verpflichtet, die in § 4 Nr. 2 und 3 näher bezeichneten Bedingungen einzuhalten. Das in den Abbaugebieten B tätige Unternehmen ist verpflichtet, die in § 4 Nr. 2 und 3 näher bezeichneten Bedingungen in gleicher Weise auf seiner Seite der Markscheide einzuhalten."

Abschnitt III

Folgende Rechtsvorschriften treten mit den nachfolgend genannten Maßgaben in Kraft:

1. Bundesberggesetz vom 13. August 1980 (BGBl. I S. 1310), zuletzt geändert durch Gesetz vom 12. Februar 1990 (BGBl. I S. 215),

mit folgenden Maßgaben:

a) Mineralische Rohstoffe im Sinne des § 3 des Berggesetzes der Deutschen Demokratischen Republik vom 12. Mai 1969 (GBl. I Nr. 5 S. 29) und der zu dessen Durchführung erlassenen Vorschriften sind bergfreie Bodenschätze im Sinne des § 3 Abs. 3. Geologische Formationen und Gesteine der Erdkruste, die sich zur unterirdischen behälterlosen Speicherung eignen, gelten als bergfreie Bodenschätze im Sinne des § 3 Abs. 3. Die anderen mineralischen Rohstoffe im Sinne des § 2 des Berggesetzes der Deutschen Demokratischen Republik sind grundeigene Bodenschätze im Sinne des § 3 Abs. 4.

b) Untersuchungs-, Gewinnungs- und Speicherrechte des Staates im Sinne des § 5 Abs. 2 bis 4 des Berggesetzes der Deutschen Demokratischen Republik, die Dritten zur Ausübung übertragen worden sind (alte Rechte), werden nach Maßgabe der Buchstaben c) bis g) aufrechterhalten. Soweit sich daraus nichts anderes ergibt, erlischt das Untersuchungs-, Gewinnungs- und Speicherrecht des Staates im Sinne des § 5 des Berggesetzes der Deutschen Demokratischen Republik.

c) Untersuchungsrechte erlöschen zwölf Monate nach dem Tage des Wirksamwerdens des Beitritts. § 14 Abs. 1 ist für die Erteilung einer Erlaubnis und insoweit mit der Maßgabe entsprechend anzuwenden, daß an die Stelle des Inhabers einer Erlaubnis der durch ein Lagerstätteninteressengebiet Begünstigte tritt, das auf der Grundlage der Lagerstättenwirtschaftsanordnung vom 15. März 1971 (GBl. II Nr. 34 S. 279) festgelegt worden ist.

d) (1) Gewinnungsrechte an mineralischen Rohstoffen im Sinne des § 3 des Berggesetzes der Deutschen Demokratischen Republik kann der zur Ausübung Berechtigte innerhalb einer Frist von sechs Monaten nach dem Tage des Wirksamwerdens des Beitritts bei der für die Zulassung von Betriebsplänen zuständigen Behörde zur Bestätigung anmelden.

(2) Die Bestätigung ist zu erteilen, wenn

1. das Gewinnungsrecht

1.1. dem Antragsteller am 31. Dezember 1989 zur Ausübung nach § 5 des Berggesetzes der Deutschen Demokratischen Republik wirksam übertragen war oder

1.2. dem Antragsteller nach dem 31. Dezember 1989
- auf Grund der Vierten Durchführungsbestimmung zur Verordnung über die Gründung und Tätigkeit von Unternehmen mit ausländischer Beteiligung in der Deutschen Demokratischen Republik – Berechtigung zur Gewinnung mineralischer Rohstoffe – vom 14. März 1990 (GBl. I Nr. 21 S. 189),
- auf Grund der Verordnung über die Verleihung von Bergwerkseigentum vom 15. August 1990 (GBl. I Nr. 53 S. 1071) als Bergwerkseigentum oder
- sonst von der zuständigen Behörde übertragen wurde und

1.3. bis zum Tage des Wirksamwerdens des Beitritts nicht aufgehoben worden ist und

2. der Antragsteller das Vorliegen der Voraussetzungen nach Nummer 1. sowie den Umfang der auf Grund der Vorratsklassifikationsanordnung vom 28. August 1979 (Sonderdruck Nr. 1019 des Gesetzblattes), bei radioaktiven Bodenschätzen auf Grund einer entsprechenden methodischen Festlegung, bestätigten und prognostizierten Vorräte sowie

2.1. in den Fällen der Nummer 1.2. erster und dritter Anstrich das Vorliegen einer Bescheinigung der Staatlichen Vorratskommission über die ordnungsgemäße Übertragung des Gewinnungsrechts,

2.2. in den Fällen der Nummer 1.2. zweiter Anstrich die Eintragung des Bergwerkseigentums in das Bergwerksregister

mit den für die Bestätigung erforderlichen Unterlagen nachweist.

(3) Das Gewinnungsrecht ist im beantragten Umfang, höchstens im Umfang der bestätigten und prognostizierten Vorräte sowie

1. in den Fällen des Absatzes 2 Nr. 1.1. und 1.2. erster und dritter Anstrich für eine zur Durchführung der Gewinnung der Vorräte angemessene Frist, die 30 Jahre nicht überschreiten darf,
2. in den Fällen des Absatzes 2 Nr. 1.2. zweiter Anstrich unbefristet

in einer Form zu bestätigen, die den sich aus § 8 oder § 151 in Verbindung mit § 4 Abs. 7 ergebenden Anforderungen entspricht.

(4) Ein bestätigtes Gewinnungsrecht gilt für die Bodenschätze, die Zeit und den Bereich, für die es bestätigt wird

1. in den Fällen des Absatzes 2 Nr. 1.1. und 1.2. erster und dritter Anstrich als Bewilligung im Sinne des § 8,
2. im Falle des Absatzes 2 Nr. 1.2. zweiter Anstrich als Bergwerkseigentum im Sinne des § 151.

(5) Die §§ 75 und 76 gelten für bestätigte alte Rechte sinngemäß.

(6) Nicht oder nicht fristgemäß angemeldete Rechte erlöschen mit Fristablauf. Rechte, denen die Bestätigung versagt wird, erlöschen mit dem Eintritt der Unanfechtbarkeit der Versagung.

(7) Bergrechtliche Pflichten aus einem bis zum Tage des Wirksamwerdens des Beitritts ausgeübten Gewinnungsrecht bleiben von einer das bisherige Gewinnungsrecht nicht voll umfassenden Bestätigung unberührt. Ist die Rechtsnachfolge in bergrechtliche Pflichten strittig, stellt die für die Bestätigung zuständige Behörde die Verantwortung fest. Die Rechtsnachfolger sind verpflichtet, die dazu erforderlichen Auskünfte zu erteilen.

e) Für Gewinnungsrechte an anderen mineralischen Rohstoffen gilt Buchstabe d) entsprechend

mit folgenden Maßgaben:

aa) Der Antragsteller muß zusätzlich nachweisen, daß er sich mit dem Grundeigentümer über eine angemessene Entschädigung für die Gewinnung der Bodenschätze ab dem Tage des Wirksamwerdens des Beitritts geeinigt hat. Ist eine Einigung trotz ernsthafter Bemühungen nicht zustande gekommen, kann der Antragsteller bei der für die Bestätigung zuständigen Behörde eine Entscheidung über die Entschädigung beantragen. Die Behörde entscheidet nach Anhörung des Grundeigentümers in entsprechender Anwendung der §§ 84 bis 90.

bb) Die Bestätigung setzt die Einigung oder die Unanfechtbarkeit der Entscheidung über die Entschädigung voraus.

cc) Die Übertragung der Bewilligung (§ 22) bedarf der Zustimmung des Grundeigentümers. Eine Verleihung von Bergwerkseigentum ist ausgeschlossen. § 31 findet keine Anwendung.

f) Für Speicherrechte gilt Buchstabe d) entsprechend mit der Maßgabe, daß an die Stelle der Gewinnung das Errichten und Betreiben eines Untertagespeichers und an die Stelle der bestätigten und prognostizierten Vorräte die vom Antragsteller nachzuweisende voraussichtlich größte Ausdehnung der in Anspruch genommenen geologischen Speicherformation oder des Kavernenfeldes treten. Auf Untersuchungen des Untergrundes und auf Untergrundspeicher findet § 126 mit der Maßgabe Anwendung, daß auch die Vorschriften der §§ 107 bis 125 entsprechende Anwendung finden.

g) § 153 Satz 2 und 3 und die §§ 159 und 160 finden auf bestätigte alte Rechte entsprechende Anwendung.

h) Die §§ 50 bis 62 und 169 sind mit folgender Maßgabe anzuwenden:

aa) Technische Betriebspläne, die am Tage des Wirksamwerdens des Beitritts nach dem Berggesetz der Deutschen Demokratischen Republik und den auf Grund dieses Gesetzes erlassenen Vorschriften genehmigt sind, gelten, soweit im folgenden nichts anderes bestimmt ist, für die Dauer ihrer Laufzeit, höchstens jedoch bis zum 31. Dezember 1991 als im Sinne der §§ 50 bis 56 zugelassen. Technische Betriebspläne mit einer Laufzeit bis längstens zum 31. Dezember 1990 können bei Fortführung des Vorhabens ohne wesentliche Veränderung nach Maßgabe des bis zum Tage des Wirksamwerdens des Beitritts geltenden Rechts bis längstens 31. Dezember 1991 verlängert werden. Technische Betriebspläne für die am Tage des Wirksamwerdens des Beitritts laufende oder künftige Einstellung eines Betriebes, die vor dem 1. Oktober 1990 genehmigt worden sind, sind innerhalb einer Frist von vier Monaten nach dem Tage des Wirksamwerdens des Beitritts der zuständigen Behörde zur Zulassung als Abschlußbetriebsplan einzureichen; § 169 Abs. 1 Nr. 2 Satz 2 gilt entsprechend. Für Tätigkeiten und Einrichtungen im Sinne der §§ 2, 126 bis 129 und 131, die erst mit dem Wirksamwerden des Beitritts der Betriebsplanpflicht unterliegen, gilt § 169 Abs. 1 Nr. 1 und 2 entsprechend. § 169 Abs. 2 Satz 2 findet keine Anwendung. In allen Fällen ist der Nachweis der Berechtigung im Sinne des § 55 Abs. 1 Satz 1 Nr. 1 unverzüglich nach der Entscheidung über die Bestätigung, bei Erlaubnissen innerhalb von zwölf Monaten nach dem Tage des Wirksamwerdens des Beitritts zu führen.

bb) § 52 Abs. 2a gilt nicht für Vorhaben, bei denen das Verfahren zur Zulassung des Betriebes, insbesondere zur Genehmigung eines technischen Betriebsplanes, am Tage des Wirksamwerdens des Beitritts bereits begonnen war.

cc) Für die Bestellung und Namhaftmachung verantwortlicher Personen gilt für alle Betriebe § 169 Abs. 1 Nr. 3 entsprechend.

i) Festgesetzte Bergbauschutzgebiete im Sinne des § 11 des Berggesetzes der Deutschen Demokratischen Republik, bei denen nach Feststellung der für die Zulassung von Betriebsplänen zuständigen

Behörde innerhalb der nächsten fünfzehn Jahre eine bergbauliche Inanspruchnahme von Grundstücken zu erwarten ist, gelten für den Bereich des Feldes, für das das Gewinnungsrecht bestätigt worden ist, als Baubeschränkungsgebiete nach §§ 107 bis 109 mit der Maßgabe, daß § 107 Abs. 4 unabhängig von den Voraussetzungen für die Festsetzung der Bergbauschutzgebiete gilt, aber erstmalig ab 1. Januar 1995 anzuwenden ist, es sei denn, daß der durch die Baubeschränkung begünstigte Unternehmer eine frühere Aufhebung beantragt. Im übrigen gelten Bergbauschutzgebiete mit dem Tage des Wirksamwerdens des Beitritts als aufgehoben. Das Register der nach Satz 1 als Baubeschränkungsgebiete geltenden Bergbauschutzgebiete gilt als archivmäßige Sicherung nach § 107 Abs. 2.

k) § 112 findet mit der Maßgabe Anwendung, daß als Verstoß auch die Unterlassung oder die nicht ordnungsgemäße Durchführung von Maßnahmen im Sinne der §§ 110 oder 111 gilt, sofern diese vor dem Tage des Wirksamwerdens des Beitritts in bergbaulichen Stellungnahmen gefordert wurde, zu deren Einholung der Bauherr nach dem Berggesetz der Deutschen Demokratischen Republik und den dazu erlassenen Rechtsvorschriften verpflichtet war. Die §§ 114 bis 124 gelten mit der Maßgabe, daß die Haftung nach diesen Vorschriften nur für die Schäden gilt, die ausschließlich ab dem Tage des Wirksamwerdens des Beitritts verursacht werden. Im übrigen sind die für derartige Schäden vor dem Tage des Beitritts geltenden Vorschriften der Deutschen Demokratischen Republik anzuwenden. An die Stelle der in § 124 Abs. 2 enthaltenen planungsrechtlichen Verfahrensabschnitte treten die entsprechenden Verfahrensabschnitte nach dem fortgeltenden Recht der Deutschen Demokratischen Republik, soweit nicht Recht des Gebiets, in dem das Bundesberggesetz schon vor dem Beitritt gegolten hat, auf das in Artikel 3 des Vertrages genannte Gebiet übergeleitet wird.

l) Soweit im übrigen auf Rechtsvorschriften verwiesen wird, die nicht auf das in Artikel 3 des Vertrages genannte Gebiet übergeleitet werden, treten an deren Stelle die entsprechenden Vorschriften des fortgeltenden Rechts der Deutschen Demokratischen Republik.

m) Der Bundesminister für Wirtschaft wird ermächtigt, durch Rechtsverordnung mit Zustimmung des Bundesrates Vorschriften zu erlassen über

aa) eine andere Zuordnung der in Buchstabe a) erfaßten mineralischen Rohstoffe, soweit dies die im Verhältnis zu § 3 Abs. 3 und 4 geltenden anderen oder unbestimmten Kriterien erfordern,

bb) eine Verlängerung der in diesem Gesetz geforderten Fristen um höchstens sechs Monate, soweit das mit Rücksicht auf die erforderliche Anpassung geboten ist,

cc) nähere Einzelheiten zur Aufrechterhaltung und Bestätigung alter Rechte im Sinne des Buchstaben b) sowie für die nach Buchstabe i) als Baubeschränkungsgebiete geltenden Bergbauschutzgebiete und zu deren Aufhebung.

2. Unterlagen-Bergverordnung vom 11. November 1982 (BGBl. I S. 1553)

mit folgender Maßgabe:

Die Verordnung tritt am 1. Januar 1994 in Kraft. Bis zum 31. Dezember 1993 kann in dem in Artikel 3 des Vertrages genannten Gebiet nach Maßgabe von Anlage II Kap. V Sachgebiet D Abschnitt III Nr. 1 nach den bisherigen Regeln verfahren werden.

3. Einwirkungsbereichs-Bergverordnung vom 11. November 1982 (BGBl. I S. 1558)

mit folgender Maßgabe:

Die Verordnung tritt am 1. Januar 1994 in Kraft. Bis zum 31. Dezember 1993 kann in dem in Artikel 3 des Vertrages genannten Gebiet nach Maßgabe von Anlage II Kap. V Sachgebiet D Abschnitt III Nr. 1 nach den bisherigen Regeln verfahren werden.

4. Klima-Bergverordnung vom 9. Juni 1982 (BGBl. I S. 585)

mit folgender Maßgabe:

Die Verordnung tritt am 1. Januar 1994 in Kraft. Bis zum 31. Dezember 1993 kann in dem in Artikel 3 des Vertrages genannten Gebiet nach Maßgabe von Anlage II Kap. V Sachgebiet D Abschnitt III Nr. 1 nach den bisherigen Regeln verfahren werden.

5. Markscheider-Bergverordnung vom 19. Dezember 1986 (BGBl. I S. 2631)

mit folgender Maßgabe:

Die Verordnung tritt am 1. Januar 1994 in Kraft. Bis zum 31. Dezember 1993 kann in dem in Artikel 3 des Vertrages genannten Gebiet nach Maßgabe von Anlage II Kap. V Sachgebiet D Abschnitt III Nr. 1 nach den bisherigen Regeln verfahren werden.

6. Festlandsockel-Bergverordnung vom 21. März 1989 (BGBl. I S. 554)

mit folgender Maßgabe:

Die Verordnung tritt am 1. Januar 1994 in Kraft. Bis zum 31. Dezember 1993 kann in dem in Artikel 3 des Vertrages genannten Gebiet nach Maßgabe von Anlage II Kap. V Sachgebiet D Abschnitt III Nr. 1 nach den bisherigen Regeln verfahren werden.

7. Verordnung über den Sachverständigenausschuß für den Bergbau vom 4. März 1981 (BGBl. I S. 277), geändert durch Verordnung vom 26. November 1986 (BGBl. I S. 2089),

mit folgender Maßgabe:

Für eine Übergangszeit bis zum 31. Juli 1993 wird der Ausschuß um folgende Mitglieder (und Stellvertreter) aus den in Artikel 1 des Vertrages genannten Ländern und aus dem Land Berlin für den Teil, in dem das Grundgesetz bisher nicht galt, ergänzt:

2 Mitglieder als Vertreter der Landesregierungen und 2 Mitglieder als Vertreter der für den Erlaß von Bergverordnungen fachlich zuständigen Landesbehörden jeweils auf Vorschlag des Bundesrates,
1 Mitglied auf Vorschlag des Wirtschaftsverbandes Bergbau,
1 Mitglied auf Vorschlag der Industriegewerkschaft Bergbau, Energie und Wasserwirtschaft.

8. Wärmeschutzverordnung vom 24. Februar 1982 (BGBl. I S. 209)
mit folgenden Maßgaben:

a) In § 13 Abs. 2 Satz 1 tritt an die Stelle der Jahreszahl „1984" die Jahreszahl „1991 ".
b) § 13 Abs. 2 Satz 2 findet keine Anwendung.
c) In § 13 Abs. 3 und § 16 Abs. 1 treten an die Stelle der Jahreszahl „1984" die Jahreszahl „1991 ".
d) Für Gebäude oder bauliche Änderungen, für die bis zum 31. Dezember 1990 der Bauantrag gestellt oder die Bauanzeige erstattet worden ist, kann in dem in Artikel 3 des Vertrages genannten Gebiet nach den bisherigen Regeln verfahren werden.

9. Heizungsanlagen-Verordnung in der Fassung der Bekanntmachung vom 20. Januar 1989 (BGBl. I S. 120)
mit folgenden Maßgaben:

a) Die Verordnung tritt zum 1. Januar 1991 in Kraft. Bis zum 31. Dezember 1993 kann in dem in Artikel 3 des Vertrages genannten Gebiet nach den bisherigen Regeln verfahren werden.
b) § 7 Abs. 3 ist mit der Maßgabe anzuwenden, daß an die Stelle des Datums „1. Oktober 1978" das Datum „1. Januar 1991" und an die Stellen der Daten „30. September 1987" sowie „31. Dezember 1992" jeweils das Datum „31. Dezember 1995" tritt.
c) § 8 Abs. 3 ist mit der Maßgabe anzuwenden, daß an die Stelle des Datums „1. Oktober 1978" das Datum „1. Januar 1991" und an die Stelle des Datums „30. September 1987" das Datum „31. Dezember 1995" tritt.

10. Verordnung über **Heizkostenabrechnung** in der Fassung der Bekanntmachung vom 20. Januar 1989 (BGBl. I S. 115)
mit folgenden Maßgaben:

a) Die Verordnung tritt zum 1. Januar 1991 in Kraft. Bis zum 31. Dezember 1990 kann in dem in Artikel 3 des Vertrages genannten Gebiet nach den bisherigen Regeln verfahren werden.
b) Räume, die vor dem 1. Januar 1991 bezugsfertig geworden sind und in denen die nach der Verordnung erforderliche Ausstattung zur Verbrauchserfassung noch nicht vorhanden ist, sind bis spätestens zum 31. Dezember 1995 auszustatten. Der Gebäudeeigentümer ist berechtigt, die Ausstattung bereits vor dem 31. Dezember 1995 anzubringen.
c) Soweit und solange die nach Landesrecht zuständigen Behörden des in Artikel 3 des Vertrages genannten Gebietes noch nicht die Eignung sachverständiger Stellen gemäß § 5 Abs. 1 Satz 2 und 3

der Verordnung bestätigt haben, können Ausstattungen zur Verbrauchserfassung verwendet werden für die eine sachverständige Stelle aus dem Gebiet, in dem die Verordnung schon vor dem Beitritt gegolten hat, die Bestätigung im Sinne von § 5 Abs. 1 Satz 2 erteilt hat.

d) Als Heizwerte der verbrauchten Brennstoffe (Hu) nach § 9 Abs. 2 Ziff. 3 können auch verwendet werden:

Braunkohlenbrikett	5,5 kWh/kg
Braunkohlenhochtemperaturkoks	8,0 kWh/kg

e) Die Vorschriften dieser Verordnung über die Kostenverteilung gelten erstmalig für den Abrechnungszeitraum, der nach dem Anbringen der Ausstattung beginnt.

f) § 11 Abs. 1 Nr. 1 Buchstabe b) ist mit der Maßgabe anzuwenden, daß an die Stelle des Datums „1. Juli 1981 " das Datum „1. Januar 1991 " tritt.

g) § 12 Abs. 2 ist mit der Maßgabe anzuwenden, daß an die Stelle der Daten „1. Januar 1987" und „1. Juli 1981 " jeweils das Datum „1. Januar 1991" tritt.

11. Energiewirtschaftsgesetz in der im Bundesgesetzblatt III, Gliederungsnummer 752-1, veröffentlichten bereinigten Fassung, zuletzt geändert durch Gesetz vom 19. Dezember 1977 (BGBl. I S. 2750)

mit folgender Maßgabe:

Für das Verfahren nach § 11 Abs. 2 gelten bis zum Inkrafttreten von Enteignungsgesetzen in dem in Artikel 3 des Vertrages genannten Gebiet die Enteignungsvorschriften des Baugesetzbuches vom 8. Dezember 1986 (BGBl. I S. 2191) in der Fassung der Bekanntmachung vom 8. Dezember 1986 (BGBl. I S. 2253), geändert durch Gesetz vom 25. Juli 1988 (BGBl. I S. 2093), entsprechend.

12. Bundestarifordnung Elektrizität vom 18. Dezember 1989 (BGBl. I S. 2255)

mit folgender Maßgabe:

Die Preise sind der Höhe nach möglichst rasch den Grundsätzen der §§ 1 und 12 anzupassen. Den übrigen Anforderungen der Verordnung müssen die Tarife spätestens am 30. Juni 1992 entsprechen.

13. Bundestarifordnung Gas in der im Bundesgesetzblatt Teil III, Gliederungsnummer 721-4, veröffentlichten bereinigten Fassung, geändert durch § 35 der Verordnung vom 21. Juni 1979 (BGBl. I S. 676)

mit folgender Maßgabe:

Die Tarife müssen den Anforderungen der Verordnung spätestens am 30. Juni 1992 entsprechen.

14. Verordnung über Allgemeine Bedingungen für die Elektrizitätsversorgung von Tarifkunden vom 21. Juni 1979 (BGBl. I S. 684)

mit folgenden Maßgaben:

a) Für am Tage des Wirksamwerdens des Beitritts bestehende Versorgungsverträge sind die Elektrizitätsversorgungsunternehmen von der Verpflichtung nach § 2 Abs. 1 Satz 2 bis zum 30. Juni 1992 befreit.

b) Die Bedingungen und Auflagen auf Grund der §§ 16, 18 und 20 der Energieverordnung der Deutschen Demokratischen Republik (EnVO) vom 1. Juni 1988 (GBl. I Nr. 10 S. 89), zuletzt geändert durch die Verordnung vom 25. Juli 1990 zur Änderung der Energieverordnung (GBl. I Nr. 46 S. 812), sowie der dazu ergangenen Durchführungsbestimmungen können bis zum 30. Juni 1992 beibehalten werden, soweit dies zur Sicherstellung der Versorgung erforderlich ist; Veränderungen sind dem Kunden schriftlich mitzuteilen. Abweichend von § 5 ist das Elektrizitätsversorgungsunternehmen berechtigt, die Verwendung von beweglichen Geräten zur Heizung und Klimatisierung, deren Gesamtanschlußwert zwei Kilowatt übersteigt, durch Mitteilung an die betroffenen Kunden oder durch öffentliche Bekanntmachung für bestimmte Zeiten zu untersagen oder in bezug auf ihre Verwendung Auflagen zu machen, falls es dies aus besonderen Gründen für erforderlich hält, um der konkreten Gefahr einer Überbeanspruchung des Niederspannungsnetzes wegen gleichzeitiger Benutzung solcher Geräte durch eine Vielzahl von Kunden entgegenzuwirken.

c) Abweichend von § 10 Abs. 4 bleibt das am Tage des Wirksamwerdens des Beitritts bestehende Eigentum eines Kunden an einem Hausanschluß, den er auf eigene Kosten errichtet oder erweitert hat, bestehen, solange er das Eigentum nicht auf das Elektrizitätsversorgungsunternehmen überträgt.

d) Abweichend von § 22 Abs. 3 ist bis zum 31. Mai 1991 ein Leistungsfaktor zwischen cos phi = 0,95 kapazitiv und 0,85 induktiv zulässig.

15. Verordnung über Allgemeine Bedingungen für die Gasversorgung von Tarifkunden vom 21. Juni 1979 (BGBl. I S. 676)

mit folgenden Maßgaben:

a) Für am Tage des Wirksamwerdens des Beitritts bestehende Versorgungsverträge sind die Gasversorgungsunternehmen von der Verpflichtung nach § 2 Abs. 2 Satz 1 bis zum 30. Juni 1992 befreit.

b) Die Bedingungen und Auflagen auf Grund der §§ 16, 18 und 20 der Energieverordnung der Deutschen Demokratischen Republik (EnVO) vom 1. Juni 1988 (GBl. I Nr. 10 S. 89), zuletzt geändert durch die Verordnung vom 25. Juli 1990 zur Änderung der Energieverordnung (GBl. I Nr. 46 S. 812), sowie der dazu ergangenen Durchführungsbestimmungen können bis zum 30. Juni 1992 beibehalten werden, soweit dies zur Sicherstellung der Versorgung erforderlich ist; Veränderungen sind dem Kunden schriftlich mitzuteilen.

c) Abweichend von § 10 Abs. 4 bleibt das am Tage des Wirksamwerdens des Beitritts bestehende Eigentum eines Kunden an einem Hausanschluß, den er auf eigene Kosten errichtet oder erweitert hat, bestehen, solange er das Eigentum nicht auf das Gasversorgungsunternehmen überträgt.

d) Die §§ 18 bis 21 finden keine Anwendung, soweit bei Kunden in Wohnungen mit Fernwärme und zentraler Warmwasserversorgung am Tage des Wirksamwerdens des Beitritts keine Meßeinrichtungen für die verbrauchte Gasmenge vorhanden sind. Meßeinrichtungen sind nachträglich einzubauen, soweit dies unter Berücksichtigung des Ziels der rationellen und sparsamen Gasverwendung wirtschaftlich vertretbar ist.

16. Verordnung über Allgemeine Bedingungen für die Versorgung mit Wasser vom 20. Juni 1980 (BGBl. I S. 750, 1067)

mit folgenden Maßgaben:

a) Für am Tage des Wirksamwerdens des Beitritts bestehende Versorgungsverträge sind die Wasserversorgungsunternehmen von der Verpflichtung nach § 2 Abs. 1 Satz 2 bis zum 30. Juni 1992 befreit.

b) Abweichend von § 10 Abs. 4 bleibt das am Tage des Wirksamwerdens des Beitritts bestehende Eigentum eines Kunden an einem Hausanschluß, den er auf eigene Kosten errichtet oder erweitert hat, bestehen, solange er das Eigentum nicht auf das Wasserversorgungsunternehmen überträgt.

17. Verordnung über Allgemeine Bedingungen für die Versorgung mit Fernwärme vom 20. Juni 1980 (BGBl. I S. 742), geändert durch Artikel 4 der Verordnung vom 19. Januar 1989 (BGBl. I S. 109)

mit folgenden Maßgaben:

a) Für am Tage des Wirksamwerdens des Beitritts bestehende Versorgungsverträge sind die Fernwärmeversorgungsunternehmen von der Verpflichtung nach § 2 Abs. 1 Satz 2 bis zum 30. Juni 1992 befreit.

b) Abweichend von § 10 Abs. 4 bleibt das am Tage des Wirksamwerdens des Beitritts bestehende Eigentum eines Kunden an einem Hausanschluß, den er auf eigene Kosten errichtet oder erweitert hat, bestehen, solange er das Eigentum nicht auf das Fernwärmeversorgungsunternehmen überträgt.

c) Die §§ 18 bis 21 finden keine Anwendung, soweit bei Kunden am Tage des Wirksamwerdens des Beitritts keine Meßeinrichtungen für die verbrauchte Wärmemenge vorhanden sind. Meßeinrichtungen sind nachträglich einzubauen, es sei denn, daß dies auch unter Berücksichtigung des Ziels der rationellen und sparsamen Wärmeverwendung wirtschaftlich nicht vertretbar ist.

d) Für die am Tage des Wirksamwerdens des Beitritts bestehenden Verträge finden die §§ 45 und 47 der Energieverordnung der Deutschen Demokratischen Republik (EnVO) vom 1. Juni 1988 (GBl. I Nr. 10 S. 89), zuletzt geändert durch die Verordnung vom 25. Juli 1990 zur Änderung der Energieverordnung (GBl. I Nr. 46 S. 812), sowie der dazu ergangenen Durchführungsbestimmungen bis zum 30. Juni 1992 weiter Anwendung, soweit nicht durch Vertrag abweichende Regelungen vereinbart werden, bei denen die Vorschriften dieser Verordnung einzuhalten sind.

18. Erdölbevorratungsgesetz in der Fassung der Bekanntmachung vom 8. Dezember 1987 (BGBl. I S. 2510)

mit folgenden Maßgaben:

a) Der Erdölbevorratungsverband hat seine Bestände innerhalb von 18 Monaten nach Überleitung an die erhöhte Vorratspflicht anzupassen.

b) Die Vorratspflicht der Hersteller nach den §§ 25 bis 28 ist innerhalb von drei Jahren nach dem Tage des Wirksamwerdens des Beitritts zu erfüllen. Soweit erforderlich, können darüber hinaus Einzelfallausnahmen nach § 28 Abs. 2 eingeräumt werden.

Sachgebiet E: Recht der gewerblichen Wirtschaft

Abschnitt III

Bundesrecht tritt in dem in Artikel 3 des Vertrages genannten Gebiet mit folgenden Maßgaben in Kraft:

1. Textilkennzeichnungsgesetz in der Fassung der Bekanntmachung vom 14. August 1986 (BGBl. I S. 1285)

mit folgender Maßgabe:

Textilerzeugnisse, die nicht nach den Vorschriften dieses Gesetzes gekennzeichnet sind, dürfen noch bis zum 31. Dezember 1991

a) in dem in Artikel 3 des Vertrages genannten Gebiet in den Verkehr gebracht oder zur Abgabe an letzte Verbraucher feilgehalten,

b) eingeführt (§ 4 Abs. 2 Nr. 4 des Außenwirtschaftsgesetzes) oder sonst in das in Artikel 3 des Vertrages genannte Gebiet verbracht werden.

2. Kristallglaskennzeichnungsgesetz vom 25. Juni 1971 (BGBl. I S. 857), zuletzt geändert durch das Gesetz vom 29. August 1975 (BGBl. I S. 2307),

mit folgender Maßgabe:

Erzeugnisse aus Kristallglas oder Bleikristall, die nicht nach den Vorschriften dieses Gesetzes gekennzeichnet sind, dürfen noch bis zum 31. Dezember 1991

a) in dem in Artikel 3 des Vertrages genannten Gebiet in den Verkehr gebracht oder zur Abgabe an letzte Verbraucher feilgehalten,

b) eingeführt (§ 4 Abs. 2 Nr. 4 des Außenwirtschaftsgesetzes) oder sonst in das in Artikel 3 des Vertrages genannte Gebiet verbracht werden.

Sachgebiet F: Außenwirtschaftsrecht

Abschnitt II

Bundesrecht wird wie folgt geändert:

1. Außenwirtschaftsgesetz vom 28. April 1961 (BGBl. I S. 481), zuletzt geändert durch Gesetz vom 20. Juli 1990 (BGBl. I S. 1460)

1. In § 4 Abs. 1 Nr. 2 werden die Worte „mit Ausnahme des Währungsgebiets der Mark der Deutschen Demokratischen Republik" gestrichen.
2. § 46 Abs. 2 Satz 2 wird gestrichen.

2. Außenwirtschaftsverordnung vom 18. Dezember 1986 (BGBl. I S. 2671), zuletzt geändert durch Verordnung vom 9. August 1990 (BAnz. S. 4013, 4025)

1. § 19 Abs. 1 Nr. 17a wird aufgehoben.
2. § 19 Abs. 1 Nr. 31a letzter Halbsatz wird aufgehoben.
3. § 19 Abs. 1 Nr. 41c wird aufgehoben.
4. § 21 wird aufgehoben.
5. § 32 Abs. 1 Nr. 36c wird aufgehoben.
6. § 72 wird aufgehoben.

Kapitel VI
Geschäftsbereich des Bundesministers für Ernährung, Landwirtschaft und Forsten

Sachgebiet A: Bodennutzung und Tierhaltung, Veterinärwesen

Abschnitt II

Bundesrecht wird wie folgt aufgehoben:

1. DDR-Tierseuchenschutzverordnung vom 27. Juni 1990 (BGBl. I S. 1264)

Abschnitt III

Bundesrecht tritt in dem in Artikel 3 des Vertrages genannten Gebiet mit folgenden Maßgaben in Kraft:

1. Düngemittelgesetz vom 15. November 1977 (BGBl. I S. 2134), geändert durch § 11 des Gesetzes vom 12. Juli 1989 (BGBl. I S. 1435),

mit folgenden Maßgaben:

a) Düngemittel, die in dem in Artikel 3 des Vertrages genannten Gebiet hergestellt worden sind oder hergestellt werden, dürfen dort bis zum 30. Juni 1992 abweichend von § 2 Abs. 1 auch dann in den Verkehr gebracht werden, wenn ihre Beschaffenheit den Vorschriften genügt, die dort am Tag vor dem Wirksamwerden des Beitritts gegolten haben.

b) An die Stelle der nach Landesrecht zuständigen Behörden treten für die Überwachung nach § 8 Abs. 1 bis zur Bildung solcher Behörden

aa) bei Mineraldüngern der Agrochemische Untersuchungs- und Beratungsdienst des Instituts für Pflanzenernährung und Ökotoxikologie, Jena,

bb) bei organischen und organisch-mineralischen Düngemitteln das Prüfinstitut für landwirtschaftliche Abfallnutzung und Humuswirtschaft, Berlin-Rahnsdorf.

2. Düngemittelverordnung vom 19. Dezember 1977 (BGBl. I S. 2845), zuletzt geändert durch Artikel 1 der Verordnung vom 15. November 1989 (BGBl. I S. 2020),

mit folgender Maßgabe:

Düngemittel, die in dem in Artikel 3 des Vertrages genannten Gebiet hergestellt worden sind oder hergestellt werden, dürfen dort bis zum 30. Juni 1992 abweichend von den Vorschriften der §§ 2 bis 5 und 7 auch dann in den Verkehr gebracht werden, wenn ihre Kennzeichnung und Verpackung den Vorschriften genügt, die dort am Tag vor dem Wirksamwerden des Beitritts gegolten haben.

3. Probenahme- und Analyseverordnung – Düngemittel vom 19. Dezember 1977 (BGBl. I S. 2882), zuletzt geändert durch Artikel 2 der Verordnung vom 15. November 1989 (BGBl. I S. 2020),

mit folgender Maßgabe:

Ergänzend zu den nach § 12 Abs. 2 vorgeschriebenen Untersuchungsmethoden können bis zur Erfüllung der gerätetechnischen und personellen Voraussetzungen für die in § 12 Abs. 2 vorgeschriebenen Untersuchungsmethoden, längstens bis zum 31. Dezember 1991, auch Methoden angewandt werden, deren Anwendung am Tag vor dem Wirksamwerden des Beitritts zulässig ist.

4. Saatgutverkehrsgesetz vom 20. August 1985 (BGBl. I S. 1633), geändert durch Artikel 14 des Gesetzes vom 28. Juni 1990 (BGBl. I S. 1221),

mit folgenden Maßgaben:

a) Überleitung von Sortenzulassungen

(1) Die Sorten, die am Tag des Wirksamwerdens des Beitritts in dem in Artikel 3 des Vertrages genannten Gebiet nach der Sortenzulassungsanordnung vom 24. Juli 1973 (GBl. I Nr. 37 S. 394) zugelassen sind, werden in die Sortenliste nach § 47 des Saatgutverkehrsgesetzes eingetragen, wenn sie die in § 30 des Saatgutverkehrsgesetzes genannten Voraussetzungen erfüllen. § 47 Abs. 3 Satz 2 des Saatgutverkehrsgesetzes ist anzuwenden.

(2) Ist eine Sorte nach dem Saatgutverkehrsgesetz für einen anderen Züchter als nach der Sortenzulassungsanordnung zugelassen worden, so ist als Züchter derjenige einzutragen, der die Voraussetzungen des § 42 Abs. 2 des Saatgutverkehrsgesetzes erfüllt. Der andere bisher eingetragene Züchter kann, wenn die Sorte nicht nach dem Sortenschutzgesetz geschützt ist, nach § 46 des Saatgutverkehrsgesetzes als weiterer Züchter eingetragen werden.

(3) Stimmen für eine nach dem Saatgutverkehrsgesetz zugelassene und für eine andere, nach der Sortenzulassungsanordnung zugelassene Sorte die Sortenbezeichnungen überein, so ist hinsichtlich der Sorte, die später zugelassen worden ist, § 51 des Saatgutverkehrsgesetzes anzuwenden. Diese Vorschrift ist auch auf Sortenbezeichnungen für Sorten anzuwenden, die nach der Sortenzulassungsanordnung zugelassen worden sind, wenn ein Ausschließungsgrund nach § 35 Abs. 2 oder 3 des Saatgutverkehrsgesetzes vorliegt.

(4) Ist eine Sorte nach der Sortenzulassungsanordnung für einen anderen Berechtigten als eine natürliche oder juristische Person oder Personengesellschaft zugelassen worden, so ist innerhalb von drei Monaten nach dem Tag des Wirksamwerdens des Beitritts oder innerhalb einer vom Bundessortenamt etwa gesetzten Nachfrist dem Bundessortenamt mitzuteilen, welcher Berechtigte nach § 48 des Saatgutverkehrsgesetzes die Erhaltungszüchtung übernommen hat und als Züchter eingetragen werden soll; bei Versäumung der Frist wird die Sortenzulassung widerrufen. Eine Sortenzulassung wird nicht allein deshalb widerrufen, weil der eingetra-

gene Berechtigte weder Angehöriger eines der in § 42 Abs. 3 des Saatgutverkehrsgesetzes bezeichneten Staaten ist noch in einem solchen Staat seinen Wohnsitz oder Sitz hat.

(5) Soweit für eine nach der Sortenzulassungsanordnung zugelassene Sorte eine natürliche Person als Verfahrensvertreter nach § 42 Abs. 6 des Saatgutverkehrsgesetzes zu bestellen, aber nicht bestellt ist, ist er innerhalb von drei Monaten nach dem Tag des Wirksamwerdens des Beitritts oder innerhalb einer vom Bundessortenamt etwa gesetzten Nachfrist zu bestellen; bei Versäumung der Frist wird die Sortenzulassung widerrufen.

b) Überleitung von Anträgen auf Sortenzulassung

(1) Anträge auf Sortenzulassung, die bis zum Tag des Wirksamwerdens des Beitritts nach der Sortenzulassungsanordnung gestellt worden sind, gelten als Anträge im Sinne des § 42 des Saatgutverkehrsgesetzes. Der Tag des Eingangs bei der Zentralstelle für Sortenwesen gilt als Antragstag. Die weitere Behandlung des Antrags richtet sich nach den Vorschriften des Saatgutverkehrsgesetzes. Buchstabe a Abs. 5 Satz 1 gilt für Anträge entsprechend; bei Versäumung der Frist wird der Antrag zurückgewiesen.

(2) Das Bundessortenamt macht die Anträge nach Absatz 1 sowie die dafür angegebenen Sortenbezeichnungen bekannt.

c) Zuständige Stelle

(1) Zuständige Stelle für die Durchführung der nach dem Saatgutverkehrsgesetz dem Bundessortenamt obliegenden Aufgaben einschließlich der in dieser Nummer aufgeführten Überleitungsmaßnahmen ist das Bundessortenamt.

(2) Bis zur Änderung der Verwaltungsorganisation treten an die Stelle der nach Landesrecht zuständigen Behörden die Bezirksverwaltungsbehörden und für die Anerkennung von Saatgut, das zur Ausfuhr bestimmt ist, das Amt für Standardisierung, Meßwesen und Warenprüfung Fachgebiet Saat- und Pflanzgut.

d) Gebühren
Gebühren, die im Jahr des Wirksamwerdens des Beitritts für die auf Grund des § 54 des Saatgutverkehrsgesetzes geregelten Tatbestände infolge eines Antrags entstehen, der vor dem Tag des Wirksamwerdens des Beitritts gestellt worden ist, werden nach Vorschriften erhoben, die dort am Tage vor dem Wirksamwerden des Beitritts gegolten haben.

5. Sortenschutzgesetz vom 11. Dezember 1985 (BGBl. I S. 2170), geändert durch Artikel 7 des Gesetzes vom 7. März 1990 (BGBl. I S. 422),

mit folgenden Maßgaben:

a) Überleitung der Sortenschutzrechte

(1) Die nach dem Sortenschutzgesetz und die nach der Sortenschutzverordnung vom 22. März 1972 (GBl. II Nr. 18 S. 213) erteilten und am Tag des Wirksamwerdens des Beitritts noch beste-

henden Sortenschutzrechte haben im gesamten Geltungsbereich des Sortenschutzgesetzes Wirkung.

(2) Die Dauer des Sortenschutzes bestimmt sich nach § 13 des Sortenschutzgesetzes.

(3) Ist ein Sortenschutz für eine Sorte sowohl nach dem Sortenschutzgesetz als auch nach der Sortenschutzverordnung erteilt worden, so ist die Dauer des Sortenschutzes vom Tage der ersten Erteilung an zu rechnen.

(4) Ist der Sortenschutz für eine Sorte nach dem Sortenschutzgesetz einer anderen Person erteilt worden als nach der Sortenschutzverordnung, so gilt als Sortenschutzinhaber der Ursprungszüchter oder Entdecker der Sorte oder sein erster Rechtsnachfolger. Der andere bisherige Sortenschutzinhaber hat für den Bereich, für den ihm bisher das Recht aus dem Sortenschutz zugestanden hat, gegenüber dem verbleibenden Sortenschutzinhaber einen Anspruch auf Erteilung eines ausschließlichen Nutzungsrechts. Solange dem Bundessortenamt nicht nachgewiesen ist, wem der Sortenschutz künftig zusteht, steht er den bisherigen Sortenschutzinhabern gemeinschaftlich zu.

(5) Die nach der Sortenschutzverordnung erteilten und fortbestehenden Sortenschutzrechte werden in die Sortenschutzrolle nach § 28 des Sortenschutzgesetzes eingetragen; § 28 Abs. 2 Satz 2 des Sortenschutzgesetzes ist anzuwenden.

(6) Stimmen für eine nach dem Sortenschutzgesetz geschützte und für eine andere, nach der Sortenschutzverordnung geschützte Sorte die Sortenbezeichnungen überein, so ist hinsichtlich der Sorte, für die der Sortenschutz später erteilt worden ist, § 30 des Sortenschutzgesetzes anzuwenden. Diese Vorschrift ist auch auf Sortenbezeichnungen für Sorten anzuwenden, für die Sortenschutz nach der Sortenschutzverordnung erteilt worden ist, wenn ein Ausschließungsgrund nach § 7 Abs. 2 oder 3 des Sortenschutzgesetzes vorliegt.

(7) Ein Sortenschutz, der nach der Sortenschutzverordnung einem anderen Inhaber als einer natürlichen oder juristischen Person oder einer Personenhandelsgesellschaft erteilt worden ist, ist innerhalb von drei Monaten nach dem Tag des Wirksamwerdens des Beitritts oder innerhalb einer vom Bundessortenamt etwa gesetzten Nachfrist auf einen derartigen Berechtigten zu übertragen; bei Versäumung der Frist wird er widerrufen. Ein Sortenschutz wird nicht allein deshalb widerrufen, weil er einem Inhaber erteilt worden ist, der nicht Angehöriger eines der in § 15 des Sortenschutzgesetzes bezeichneten Staaten ist oder nicht in einem solchen Staat seinen Wohnsitz oder Sitz hat.

(8) Soweit für eine nach der Sortenschutzverordnung geschützte Sorte eine natürliche Person als Verfahrensvertreter nach § 15 Abs. 2 des Sortenschutzgesetzes zu bestellen, aber nicht bestellt ist, ist er innerhalb von drei Monaten nach dem Tag des Wirksam-

werdens des Beitritts oder innerhalb einer vom Bundessortenamt etwa gesetzten Nachfrist zu bestellen; bei Versäumung der Frist wird der Sortenschutz widerrufen.

b) Umwandlung von Wirtschaftssortenschutz

(1) Soweit für Sorten nach der Sortenschutzverordnung ein Wirtschaftssortenschutz erteilt worden ist und am Tag des Wirksamwerdens des Beitritts noch besteht, gilt dieser als Sortenschutz nach dem Sortenschutzgesetz.

(2) Innerhalb von drei Monaten nach dem Tag des Wirksamwerdens des Beitritts hat der bisherige Inhaber des Wirtschaftssortenschutzes dem Bundessortenamt mitzuteilen, welche Person in Anwendung des § 8 des Sortenschutzgesetzes als Sortenschutzinhaber in die Sortenschutzrolle eingetragen werden soll. Geht diese Mitteilung nicht innerhalb der genannten Frist oder innerhalb einer vom Bundessortenamt etwa gesetzten Nachfrist dort ein, so kann der Sortenschutz widerrufen werden.

(3) Soweit am Tag des Wirksamwerdens des Beitritts Dritte auf Grund der für den Wirtschaftssortenschutz maßgebenden Bestimmungen zulässigerweise vegetatives Vermehrungsmaterial verwendet haben und den Aufwuchs zu wirtschaftlichen Zwecken nutzen, ohne hierfür zur Zahlung einer Vergütung an den Inhaber des Wirtschaftssortenschutzes verpflichtet worden zu sein, können sie diese Benutzung bis zum 30. Juni 1993 fortsetzen, ohne zur Zahlung einer Vergütung an den Sortenschutzinhaber verpflichtet zu sein.

c) Überleitung von Anträgen auf Erteilung des Sortenschutzes

(1) Anträge auf Erteilung des Sortenschutzes, die bis zum Tag des Wirksamwerdens des Beitritts nach der Sortenschutzverordnung gestellt worden sind, gelten als Anträge auf Erteilung des Sortenschutzes nach dem Sortenschutzgesetz. Der Tag des Eingangs bei der Zentralstelle für Sortenwesen gilt als Antragstag. Die weitere Behandlung des Antrags richtet sich nach den Vorschriften des Sortenschutzgesetzes, soweit nachfolgend nichts anderes bestimmt ist. Buchstabe a Abs. 7 Satz 1 gilt entsprechend; bei Versäumung der Frist wird der Antrag zurückgewiesen.

(2) Für den Antragsteller eines als Wirtschaftssortenschutz angemeldeten Sortenschutzes gilt Buchstabe b Abs. 2 entsprechend; bei Versäumung der Frist kann der Antrag zurückgewiesen werden.

(3) Das Bundessortenamt macht die Anträge nach Absatz 1 sowie die dafür angegebenen Sortenbezeichnungen bekannt.

d) Überleitung von Rechtsbehelfen

Beschwerdeverfahren nach § 16 der Sortenschutzverordnung, die am Tag des Wirksamwerdens des Beitritts anhängig sind, werden als Widersprüche im Sinne des Sortenschutzgesetzes weiterbehandelt.

e) Übergangsvorschriften

(1) Abweichend von § 6 Abs. 1 Nr. 1 des Sortenschutzgesetzes ist eine Sorte auch dann neu, wenn

1. für sie bis zum Tag des Wirksamwerdens des Beitritts die Erteilung des Sortenschutzes bei der Zentralstelle für Sortenwesen beantragt worden ist und Vermehrungsmaterial oder Erntegut der Sorte mit Zustimmung des Berechtigten oder seines Rechtsvorgängers innerhalb von drei Jahren vor dem Antragstag auf dem Gebiet der Deutschen Demokratischen Republik oder im Geltungsbereich des Sortenschutzgesetzes gewerbsmäßig in den Verkehr gebracht worden ist oder
2. sie in dem in Artikel 3 des Vertrages genannten Gebiet gezüchtet worden ist und in diesem Gebiet Vermehrungsmaterial oder Erntegut der Sorte mit Zustimmung des Berechtigten oder seines Rechtsvorgängers innerhalb von weniger als drei Jahren vor dem Tag des Wirksamwerdens des Beitritts gewerbsmäßig in den Verkehr gebracht worden ist und der Antragstag innerhalb von drei Jahren nach dem erstmaligen Inverkehrbringen liegt.

(2) Bei Sorten von Ackerbohne, Erbsen, Gemüsebohnen, Getreide, Kartoffel, Lupinen und Raps, für die Sortenschutz besteht, hat dieser über die Vorschrift des § 10 des Sortenschutzgesetzes hinaus die Wirkung, daß in dem in Artikel 3 des Vertrages genannten Gebiet in einem Unternehmen gewonnenes Erntegut bis auf weiteres nur mit Zustimmung des Sortenschutzinhabers im selben Unternehmen als Saatgut verwendet werden darf.

f) Rechtsverletzungen

(1) Die Vorschriften des Abschnitts 5 des Sortenschutzgesetzes sind auch auf Handlungen anzuwenden, die entgegen Buchstabe e Abs. 2 vorgenommen werden.

(2) § 37 Abs. 3 des Sortenschutzgesetzes ist nicht auf Sorten anzuwenden, für die am Tag des Wirksamwerdens des Beitritts Sortenschutz bei der Zentralstelle für Sortenwesen beantragt war.

(3) Vorschriften anderer Gesetze, die nach den Vorschriften des Abschnitts 5 des Sortenschutzgesetzes im Falle von Rechtsverletzungen anzuwenden sind, sind auch dann heranzuziehen, wenn die anderen Vorschriften als solche für das in Artikel 3 des Vertrages genannte Gebiet noch nicht allgemein in Kraft getreten sind.

g) Zuständige Stelle

Zuständige Stelle für die Durchführung der in § 16 Abs. 2 des Sortenschutzgesetzes genannten Aufgaben einschließlich der in dieser Nummer aufgeführten Überleitungsmaßnahmen ist das Bundessortenamt.

h) Gebühren

Gebühren, die im Jahr des Wirksamwerdens des Beitritts für Sorten entstehen, für die nach der Sortenschutzverordnung der Sortenschutz erteilt oder beantragt worden ist, werden nach Vorschriften erhoben, die in dem in Artikel 3 des Vertrages genannten Gebiet am Tag vor dem Wirksamwerden des Beitritts gegolten haben.

6. Pflanzenschutzgesetz vom 15. September 1986 (BGBl. I S. 1505), zuletzt geändert durch Artikel 15 des Gesetzes vom 28. Juni 1990 (BGBl. I S. 1221),

mit folgenden Maßgaben:

a) Die Meldungen nach § 19 Abs. 1 sind erstmals zum 30. Juni 1992 zu erstatten.

b) § 23 Abs. 1 und 2 tritt am ersten Tag des sechsten auf das Wirksamwerden des Beitritts folgenden Kalendermonats in Kraft.

c) Pflanzenschutzmittel, die bis zum Tag des Wirksamwerdens des Beitritts nach Maßgabe des Gesetzes zum Schutze der Kultur- und Nutzpflanzen vom 25. November 1953 (GBl. Nr. 125 S. 1179) in der Fassung des Gesetzes vom 11. Juni 1968 (GBl. I Nr. 11 S. 242) zugelassen und nach den Vorschriften, die am Tag vor dem Wirksamwerden des Beitritts gegolten haben, verpackt und gekennzeichnet sind, dürfen noch bis zum 31. Dezember 1992 in dem in Artikel 3 des Vertrages genannten Gebiet in den Verkehr gebracht und, vorbehaltlich der Pflanzenschutz-Anwendungsverordnung vom 27. Juli 1988 (BGBl. I S. 1196) sowie des Satzes 5, angewandt werden. Die Biologische Bundesanstalt für Land- und Forstwirtschaft (Biologische Bundesanstalt) kann im Einzelfall das Inverkehrbringen eines Pflanzenschutzmittels nach Satz 1 über den 31. Dezember 1992 hinaus genehmigen, wenn

aa) der Zulassungsinhaber bis zum 31. Dezember 1991 den Antrag auf Zulassung des Pflanzenschutzmittels nach § 12 des Pflanzenschutzgesetzes gestellt hat,

bb) nach § 12 Abs. 3 Satz 2, auch in Verbindung mit § 13 Abs. 1, des Pflanzenschutzgesetzes vorzulegende Unterlagen diesem Antrag nicht beigefügt werden können, weil die hierfür erforderlichen Untersuchungen, obwohl mit ihnen vor der Antragstellung begonnen worden ist, nicht vor dem 31. Dezember 1991 abgeschlossen werden können, und

cc) keine Anhaltspunkte vorliegen, aus denen sich ergibt, daß das Pflanzenschutzmittel bei bestimmungsgemäßer und sachgerechter Anwendung oder als Folge einer solchen Anwendung

aaa) schädliche Auswirkungen auf die Gesundheit von Mensch oder Tier oder auf Grundwasser hat oder

bbb) sonstige Auswirkungen, insbesondere auf den Naturhaushalt, hat, die nach dem Stande der wissenschaftlichen Erkenntnisse nicht vertretbar sind.

Die Biologische Bundesanstalt entscheidet über das Vorliegen der Voraussetzungen

aa) nach Satz 2 Doppelbuchstabe cc Dreifachbuchstabe aaa im Einvernehmen mit dem Bundesgesundheitsamt,

bb) nach Satz 2 Doppelbuchstabe cc Dreifachbuchstabe bbb hinsichtlich der Vermeidung von Schäden durch Belastung des

Wassers und der Luft sowie durch Abfälle des Pflanzenschutzmittels im Einvernehmen mit dem Umweltbundesamt. Die Genehmigung ist bis zu dem Zeitpunkt zu befristen, an dem die Entscheidung über die Zulassung des Pflanzenschutzmittels nach § 15 des Pflanzenschutzgesetzes getroffen wird. Im Falle einer Genehmigung nach Satz 2 kann das Pflanzenschutzmittel für die Geltungsdauer der Genehmigung innerhalb des in Artikel 3 des Vertrages genannten Gebietes angewandt werden. Die Biologische Bundesanstalt macht die Genehmigungen unter Angabe des Beginns und des Endes der Geltungsdauer im Bundesanzeiger bekannt.

7. Pflanzenschutz-Anwendungsverordnung vom 27. Juli 1988 (BGBl. I S. 1196)

mit folgender Maßgabe:

§ 3 in Verbindung mit Anlage 3 sowie die §§ 4, 6 und 7, soweit sie sich auf § 3 oder Anlage 3 beziehen, treten ein Jahr nach dem Tag des Wirksamwerdens des Beitritts in Kraft.

8.[1] Tierseuchengesetz in der Fassung der Bekanntmachung vom 28. März 1980 (BGBl. I S. 386)

mit folgenden Maßgaben:

a) Sera, Impfstoffe und Antigene (Mittel), die sich am Tag des Wirksamwerdens des Beitritts im Verkehr befinden, gelten in dem in Artikel 3 des Vertrages genannten Gebiet als zugelassen, wenn sie nach § 7 Abs. 4 des Arzneimittelgesetzes vom 27. November 1986 (GBl. I Nr. 37 S. 473) zugelassen oder nach dem Arzneimittelgesetz vom 5. Mai 1964 (GBl. I Nr. 7 S. 101) registriert sind.

b) Mittel im Sinne des § 17c Abs. 1 Satz 2 und Abs. 4 des Tierseuchengesetzes, die durch eine Ausnahmegenehmigung des Staatlichen Veterinärmedizinischen Prüfungsinstitutes zugelassen sind und sich am Tag des Wirksamwerdens des Beitritts im Verkehr befinden, dürfen in dem in Artikel 3 des Vertrages genannten Gebiet noch bis zum 31. Dezember 1992 in den Verkehr gebracht werden.

c) Eine Erlaubnis, die nach Abschnitt I der Zweiten Durchführungsbestimmung zum Arzneimittelgesetz vom 1. Dezember 1986 (GBl. I Nr. 37 S. 483) erteilt worden ist und am Tag des Wirksamwerdens des Beitritts noch besteht, gilt in dem erteilten Umfang als Erlaubnis nach § 17d des Tierseuchengesetzes. Eine hiernach fortbestehende Erlaubnis ist zu widerrufen, wenn der zuständigen Behörde nicht

  aa) bis zum 31. Dezember 1992 nachgewiesen wird, daß ein Versagungsgrund nach § 17d Abs. 4 Nr. 1 des Tierseuchengesetzes nicht vorliegt;

[1] Nr. 8 Buchst. a) geändert durch Art. 5 Nr. 3 der Vereinbarung vom 18. 9. 1990 (BGBl. II S. 1239, 1244).

bb) bis zum Ablauf von sechs Monaten nach dem Tag des Wirksamwerdens des Beitritts eine Person nach § 17d Abs. 4 Nr. 2 des Tierseuchengesetzes benannt ist.

9. Psittakose-Verordnung in der Fassung der Bekanntmachung vom 18. Juni 1975 (BGBl. I S. 1429)

mit folgender Maßgabe:

In dem in Artikel 3 des Vertrages genannten Gebiet kann die zuständige Behörde bis zum 31. Dezember 1992 eine von den §§ 2 und 3 abweichende Kennzeichnung von Papageien und Sittichen zulassen.

10. Schweinepest-Verordnung vom 3. August 1988 (BGBl. I S. 1559)

mit folgender Maßgabe:

In dem in Artikel 3 des Vertrages genannten Gebiet kann die zuständige Behörde in Großbetrieben abweichend von § 7 Abs. 1 für gesonderte, nicht betroffene Betriebsabteilungen die unverzügliche Notimpfung anordnen.

11. Tierseuchen-Schweinehaltungsverordnung vom 29. Juli 1988 (BGBl. I S. 1208, 2657)

mit folgender Maßgabe:

In dem in Artikel 3 des Vertrages genannten Gebiet kann die zuständige Behörde für Schweinehaltungen, die am Tag des Wirksamwerdens des Beitritts bereits bestehen, Ausnahmen von § 9 Abs. 1 zulassen, wenn auf andere Weise der Schutz großer Schweinebestände vor einer Gefährdung durch Tierseuchen sichergestellt ist.

12. Tierimpfstoff-Verordnung vom 2. Januar 1978 (BGBl. I S. 15), geändert durch Verordnung vom 12. April 1984 (BGBl. I S. 624),

mit folgenden Maßgaben:

a) Die Charge eines Mittels, die am Tag des Wirksamwerdens des Beitritts nach § 16 der Zweiten Durchführungsbestimmung zum Arzneimittelgesetz vom 1. Dezember 1986 (GBl. I Nr. 37 S. 483) freigegeben ist, gilt in dem in Artikel 3 des Vertrages genannten Gebiet als nach § 23 der Tierimpfstoff-Verordnung freigegeben.

b) Mittel, die sich am Tag des Wirksamwerdens des Beitritts im Verkehr befinden, dürfen in dem in Artikel 3 des Vertrages genannten Gebiet noch bis zum 31. Dezember 1992 von den Herstellern mit einer von § 29 abweichenden Kennzeichnung und ohne die nach § 30 vorgeschriebene Packungsbeilage in den Verkehr gebracht werden, sofern sie den dort am Tag vor dem Wirksamwerden des Beitritts geltenden arzneimittelrechtlichen Vorschriften entsprechen.

13. Tierkörperbeseitigungsanstalten-Verordnung vom 1. September 1976 (BGBl. I S. 2587), geändert durch Verordnung vom 6. Juni 1980 (BGBl. I S. 667),

mit folgender Maßgabe:

In dem in Artikel 3 des Vertrages genannten Gebiet kann die zuständige Behörde bis zum 31. Dezember 1993 Abweichungen von den §§ 3 bis 6 zulassen, soweit der Grundsatz des § 3 des Tierkörperbeseitigungsgesetzes gewahrt bleibt.

14. Tierschutzgesetz in der Fassung der Bekanntmachung vom 18. August 1986 (BGBl. I S. 1319), zuletzt geändert durch Artikel 3 des Gesetzes vom 20. August 1990 (BGBl. I S. 1762),

mit folgenden Maßgaben:

a) Abweichend von § 5 Abs. 1 Satz 2 kann in dem in Artikel 3 des Vertrages genannten Gebiet die zuständige Behörde Berufskastrierern, die vor dem 1. Januar 1991 ihre Ausbildung erfolgreich abgeschlossen haben, die Erlaubnis erteilen, dort eine den dort bisher geltenden Vorschriften entsprechende Tätigkeit bis auf Widerruf, längstens bis zum 31. Dezember 1995, auszuüben.

b) Genehmigungsbedürftige Tierversuche, die in dem in Artikel 3 des Vertrages genannten Gebiet vor dem Tag des Wirksamwerdens des Beitritts begonnen worden sind, dürfen bis zur Entscheidung über einen Genehmigungsantrag fortgeführt werden, wenn der Genehmigungsantrag bis zum 30. Juni 1991 bei der zuständigen Behörde gestellt worden ist. Anzeigepflichtige Tierversuche dürfen fortgeführt werden, wenn sie bis zum 30. Juni 1991 bei der zuständigen Behörde angezeigt werden und die Behörde die Durchführung dieser Versuche nicht untersagt; dies gilt für Eingriffe und Behandlungen zur Aus-, Fort- oder Weiterbildung entsprechend.

c) Für erlaubnisbedürftige Tätigkeiten nach § 11 ist § 21 Abs. 2 mit der Maßgabe anzuwenden, daß jeweils an die Stelle des Jahres 1987 das Jahr 1991 tritt.

15. Verordnung über das Halten von Hunden im Freien vom 6. Juni 1974 (BGBl. I S. 1265), geändert durch Artikel 2 Nr. 1 des Gesetzes vom 12. August 1986 (BGBl. I S. 1309),

mit folgender Maßgabe:

Die Verordnung tritt am 1. Juli 1991 in Kraft.

16. Schweinehaltungsverordnung vom 30. Mai 1988 (BGBl. I S. 673)

mit folgenden Maßgaben:

a) Die Verordnung tritt am 1. Januar 1991 in Kraft.

b) Abweichend von Buchstabe a) treten in Kraft:

aa) am 1. Januar 1992 § 2 Nr. 2, 3 und 5, §§ 3, 4, 6 und 7 Abs. 1 Satz 1 Nr. 1 und Satz 2, § 9 Abs. 3, § 10 Abs. 2 und 3 und § 12 Nr. 1 Buchstabe a, Nr. 2, 3 Buchstabe a, Nr. 5 Buchstabe b und Nr. 6,

bb) am 1. Januar 1994 § 2 Nr. 4, § 7 Abs. 1 Satz 1 Nr. 2 und Abs. 2 und § 12 Nr. 1 Buchstabe b und Nr. 3 Buchstabe b,

cc) am 1. Januar 1997 § 5 Abs. 1 und § 12 Nr. 1 Buchstabe c.

c) § 5 Abs. 2 ist mit der Maßgabe anzuwenden, daß die Angabe „31. Dezember 1989" durch die Angabe „31. Dezember 1992" ersetzt wird.

17. Verordnung zum Schutz von Tieren bei der Beförderung in Behältnissen vom 20. Dezember 1988 (BGBl. I S. 2413)

mit folgender Maßgabe:

Die Verordnung tritt am 1. Juli 1991 in Kraft.

Sachgebiet B: Agrarpolitik

Abschnitt I

Von dem Inkrafttreten des Bundesrechts gemäß Artikel 8 des Vertrages sind ausgenommen:

1. Reichsnährstands-Abwicklungsgesetz in der im Bundesgesetzblatt Teil III, Gliederungsnummer 780-2, veröffentlichten bereinigten Fassung, geändert durch Gesetz vom 28. August 1964 (BGBl. I S. 709)

2. Gesetz zur Förderung der bäuerlichen Landwirtschaft vom 12. Juli 1989 (BGBl. I S. 1435)

3. Landwirtschaftsförderungsverordnung vom 19. Juli 1989 (BGBl. I S. 1472), geändert durch die Verordnung vom 28. Mai 1990 (BGBl. I S. 990)

Abschnitt II

Bundesrecht wird wie folgt geändert:

1. Gesetz über die Gemeinschaftsaufgabe „Verbesserung der Agrarstruktur und des Küstenschutzes" in der Fassung der Bekanntmachung vom 21. Juli 1988 (BGBl. I S. 1055):

§ 6 Abs. 3 wird wie folgt geändert:

„Der Planungsausschuß beschließt mit den Stimmen des Bundes und der Mehrheit der Stimmen der Länder."

Sachgebiet C: Marktordnung für Landwirtschaft und Ernährungswirtschaft

Abschnitt I

Von dem Inkrafttreten des Bundesrechts gemäß Artikel 8 des Vertrages sind ausgenommen:

1. § 2a des Milchaufgabevergütungsgesetzes vom 17. Juli 1984 (BGBl. I S. 942), zuletzt geändert durch Gesetz vom 24. Juli 1990 (BGBl. I S. 1470)

Abschnitt III

Bundesrecht tritt in dem in Artikel 3 des Vertrages genannten Gebiet mit folgenden Maßgaben in Kraft:

1. Marktstrukturgesetz in der Fassung der Bekanntmachung vom 26. November 1975 (BGBl. I S. 2943), geändert durch Artikel 77 des

Gesetzes vom 14. Dezember 1976 (BGBl. I S. 3341), sowie die auf Grund dieses Gesetzes erlassenen Rechtsverordnungen

mit folgender Maßgabe:

Das Gesetz und die Verordnungen treten am 1. Januar 1994 in Kraft.

2. Milch-Sachkunde-Verordnung vom 22. Dezember 1972 (BGBl. I S. 2555), geändert durch Artikel 10 Abs. 2 des Gesetzes vom 24. April 1986 (BGBl. I S. 560),

mit folgender Maßgabe:

Die Verordnung tritt am 1. Januar 1992 in Kraft.

3. Käseverordnung in der Fassung der Bekanntmachung vom 14. April 1986 (BGBl. I S. 412), zuletzt geändert durch § 22 der Verordnung vom 23. Juni 1989 (BGBl. I S. 1140),

mit folgenden Maßgaben:

a) In dem in Artikel 3 des Vertrages genannten Gebiet dürfen Erzeugnisse abweichend von den §§ 20 bis 22 noch bis zum 31. Dezember 1992 hergestellt und in den Verkehr gebracht werden, sofern sie dem dort bisher geltenden Recht entsprechen.

b) Die in den in Artikel 1 Abs. 1 des Vertrages genannten Ländern und in dem Teil des Landes Berlin, in dem das Grundgesetz bisher nicht galt, zuständigen Stellen der Lebensmittelüberwachung stellen durch besondere Maßnahmen sicher, daß von den §§ 20 bis 22 abweichende Erzeugnisse nur in dem in Artikel 3 des Vertrages genannten Gebiet in den Verkehr gebracht werden.

4. Butterverordnung vom 16. Dezember 1988 (BGBl. I S. 2286, 2657), zuletzt geändert durch Artikel 1 der Verordnung vom 16. August 1990 (BGBl. I S. 1774),

mit folgenden Maßgaben:

a) In dem in Artikel 3 des Vertrages genannten Gebiet darf Butter abweichend von § 3 Abs. 1 und § 5 noch bis zum 31. Dezember 1992 hergestellt, behandelt und in den Verkehr gebracht werden, sofern sie dem dort bisher geltenden Recht entspricht.

b) Die in den in Artikel 1 Abs. 1 des Vertrages genannten Ländern und in dem Teil des Landes Berlin, in dem das Grundgesetz bisher nicht galt, zuständigen Stellen der Lebensmittelüberwachung stellen durch besondere Maßnahmen sicher, daß von § 3 Abs. 1 oder § 5 abweichende Butter nur in dem in Artikel 3 des Vertrages genannten Gebiet in den Verkehr gebracht wird.

5. Verordnung über gesetzliche Handelsklassen für Schweinehälften in der Fassung der Bekanntmachung vom 16. August 1990 (BGBl. I S. 1809),

mit folgender Maßgabe:

Betriebe, die ihren ausschließlichen Sitz in dem in Artikel 3 des Vertrages genannten Gebiet haben, können unabhängig von der Anzahl der von ihnen durchschnittlich wöchentlich geschlachteten Schweine bis zum 31. Dezember 1992 das Verfahren nach § 2 Abs. 3 anwenden; § 2 Abs. 3 Satz 2 und 3 gilt entsprechend.

Sachgebiet D: Agrarsozialrecht

Abschnitt I

Von dem Inkrafttreten des Bundesrechts gemäß Artikel 8 des Vertrages sind ausgenommen:

1. Sozialversicherungs-Beitragsentlastungsgesetz vom 21. Juli 1986 (BGBl. I S. 1070)

2. Gesetz zur Errichtung einer Zusatzversorgungskasse für Arbeitnehmer in der Land- und Forstwirtschaft vom 31. Juli 1974 (BGBl. I S. 1660), zuletzt geändert durch Artikel 29 des Gesetzes vom 18. Dezember 1989 (BGBl. I S. 2261)

Sachgebiet E: Siedlungswesen

Abschnitt III

Bundesrecht tritt in dem in Artikel 3 des Vertrages genannten Gebiet mit folgenden Maßgaben in Kraft:

1. Reichssiedlungsgesetz in der im Bundesgesetzblatt Teil III, Gliederungsnummer 2331-1, veröffentlichten bereinigten Fassung, zuletzt geändert durch Artikel 2 Nr. 24 des Gesetzes vom 8. Dezember 1986 (BGBl. I S. 2191),

mit folgenden Maßgaben:

a) Nach § 1 Abs. 1 Satz 1 können gemeinnützige Siedlungsunteneh-men geschaffen werden; eine entsprechende Verpflichtung besteht nicht.

b) Die Ausübung des Vorkaufsrechts nach § 4 setzt voraus, daß eine Genehmigung nach § 2 der Grundstücksverkehrsverordnung vom 15. Dezember 1977 (GBl. I Nr. 5 S. 73) erteilt worden ist.

Sachgebiet F: Forstwirtschaft, Jagdwesen und Fischerei

Abschnitt II

Bundesrecht wird wie folgt geändert und ergänzt:

1. Bundesjagdgesetz in der Fassung der Bekanntmachung vom 29. September 1976 (BGBl. I S. 2849), zuletzt geändert durch Artikel 6 des Gesetzes vom 28. Juni 1990 (BGBl. I S. 1249)

a) In § 7 Abs. 1 werden die Sätze 2 und 3 wie folgt gefaßt:
„Die Länder können abweichend von Satz 1 die Mindestgröße allgemein oder für bestimmte Gebiete höher festsetzen. Soweit am

Tag des Inkrafttretens des Einigungsvertrages in den Ländern eine andere als die in Satz 1 bestimmte Größe festgesetzt ist, behält es dabei sein Bewenden, falls sie nicht unter 70 Hektar beträgt."

b) Dem § 11 Abs. 5 wird folgender Satz angefügt:
„Auf den in Satz 1 genannten Zeitraum sind die Zeiten anzurechnen, während derer jemand vor dem Tag des Wirksamwerdens des Beitritts eine Jagderlaubnis in der Deutschen Demokratischen Republik besessen hat."

c) § 15 wird wie folgt geändert:
aa) Dem Absatz 5 wird folgender Satz angefügt:
„Eine vor dem Tag des Wirksamwerdens des Beitritts in der Deutschen Demokratischen Republik abgelegte Jagdprüfung für Jäger, die mit der Jagdwaffe die Jagd ausüben wollen, steht der Jägerprüfung im Sinne des Satzes 1 gleich."
bb) In Absatz 6 werden die Worte „und bei der Erteilung von Jagdscheinen an die Mitglieder der Ständigen Vertretung der Deutschen Demokratischen Republik" gestrichen.
cc) In Absatz 7 wird folgender Satz angefügt:
„Eine vor dem Tag des Wirksamwerdens des Beitritts in der Deutschen Demokratischen Republik abgelegte Jagdprüfung für Falkner steht der Falknerprüfung im Sinne des Satzes 1 gleich."

2. Forstsaat-Herkunftsgebietsverordnung vom 31. Juli 1972 (BGBl. I S. 1561), geändert durch Artikel 1 der Verordnung vom 13. August 1982 (BGBl. I S. 1329):

Anlage 1 wird wie folgt geändert:

In der Position „Abies grandis Lindl. Große Küstentanne" wird folgendes Herkunftsgebiet angefügt:

„Bezeichnung des Herkunftsgebietes	Kennziffer	Abgrenzung
Nordöstliches deutsches Tiefland und östliches deutsches Mittelgebirgsland	83003	in Artikel 3 des Einigungsvertrages bezeichneten Gebiet"

3. Seefischereiverordnung vom 18. Juli 1989 (BGBl. I S. 1485):

a) § 2 Abs. 2 Nr. 2 wird wie folgt gefaßt:
„2. im ICES-Bereich III c und im ICES-Bereich III d innerhalb von zwölf Seemeilen gemessen von der Basislinie vor der Küste des Landes Mecklenburg-Vorpommern nicht mit Fahrzeugen mit einer Maschinenleistung von mehr als 221 Kilowatt (300 PS)".

b) In der Anlage 3 wird in der Spalte „Ostsee" angefügt: „Wismar, Rostock, Warnemünde, Stralsund, Ribnitz, Stahlbrode, Neuendorf (Hiddensee), Saßnitz, Lauterbach, Göhren, Lietzow, Breege, Dranske, Ummanz, Seedorf, Zudar, Gager, Karlshagen, Freest, Greifswald, Lassan, Wolgast, Ahlbeck, Zempin, Ückermünde."

Abschnitt III

Bundesrecht tritt in dem in Artikel 3 des Vertrages genannten Gebiet mit folgenden Maßgaben in Kraft:

1. Bundesjagdgesetz in der Fassung der Bekanntmachung vom 29. September 1976 (BGBl. I S. 2849), zuletzt geändert durch Artikel 6 des Gesetzes vom 28. Juni 1990 (BGBl. I S. 1249),

mit folgender Maßgabe:

In Abweichung vom II. Abschnitt „Jagdbezirke und Hegegemeinschaften" und III. Abschnitt „Beteiligung Dritter an der Ausübung des Jagdrechts" sind, solange die zur Ausübung des Jagdrechts erforderlichen landesjagdrechtlichen Vorschriften in dem in Artikel 3 des Vertrages genannten Gebiet noch nicht in Kraft getreten sind, die am Tag des Wirksamwerdens des Beitritts im vorgenannten Gebiet geltenden Vorschriften über die Jagdausübung durch die Jagdgesellschaften innerhalb der bestehenden Jagdgebiete noch anzuwenden, jedoch nicht über den 31. März 1992 hinaus.

2. Gesetz über forstliches Saat- und Pflanzgut in der Fassung der Bekanntmachung vom 26. Juli 1979 (BGBl. I S. 1242), zuletzt geändert durch Artikel 16 des Gesetzes vom 28. Juni 1990 (BGBl. I S. 1221),

mit folgenden Maßgaben:

a) Vermehrungsgut der in § 3 des Gesetzes über forstliches Saat- und Pflanzgut genannten Baumarten und Vermehrungsgut, bei dem es sich um Arthybriden handelt, das nicht den Vorschriften des Gesetzes über forstliches Saat- und Pflanzgut über Zulassung des Ausgangsmaterials sowie Trennung und Kennzeichnung des Vermehrungsgutes entspricht, darf, soweit es nicht der Richtlinie 666/404/EWG des Rates vom 14. Juni 1966 über den Verkehr mit forstlichem Vermehrungsgut (ABl. EG S. 2326) unterliegt, in dem in Artikel 3 des Vertrages genannten Gebiet noch bis zum 31. Dezember 1994 vertrieben werden.

b) Während einer Übergangszeit bis zum 31. Dezember 1994 können abweichend von § 6 Abs. 1 des Gesetzes über forstliches Saat- und Pflanzgut für die Zulassung von Ausgangsmaterial zur Gewinnung von „Geprüftem Vermehrungsgut" auch Ergebnisse von Vergleichsprüfungen, die den Anforderungen der Anlage II des Gesetzes über forstliches Saat- und Pflanzgut nicht entsprechen, verwendet werden, soweit das Vermehrungsgut nicht der Richtlinie 66/404/EWG des Rates vom 14. Juni 1966 über den Verkehr mit forstlichem Vermehrungsgut (ABl. EG S. 2326) unterliegt. Voraussetzung für die Zulassung ist, daß auch das von diesem Ausgangsmaterial stammende Vermehrungsgut einen verbesserten Anbauwert besitzt und die Vergleichsprüfungen vor dem 30. Juni 1990 begonnen worden sind.

c) Beim Vertrieb von Vermehrungsgut, das nicht den Vorschriften des Gesetzes über forstliches Saat- und Pflanzgut entspricht, ist dies auf den Partien und, falls Begleiturkunden vorhanden sind, auch auf diesen anzugeben. Zusätzlich kann angegeben werden, welche

Anforderungen des Gesetzes über forstliches Saat- und Pflanzgut nicht erfüllt sind.

d) Ordnungswidrig handelt, wer vorsätzlich oder fahrlässig entgegen Buchstabe c Satz 1 vorgeschriebene Angaben nicht, nicht richtig oder nicht vollständig macht. Die Ordnungswidrigkeit kann mit einer Geldbuße bis zu zehntausend Deutsche Mark geahndet werden.

3. Verordnung über die Beschränkung des ordentlichen Holzeinschlags in den Forstwirtschaftsjahren 1990 und 1991 vom 11. April 1990 (BGBl. I S. 742)

mit folgender Maßgabe:

§ 1 Abs. 2 Satz 1 tritt nicht in Kraft.

Kapitel VII
Geschäftsbereich des Bundesministers für innerdeutsche Beziehungen

– – –

Kapitel VIII
Geschäftsbereich des Bundesministers für Arbeit und Sozialordnung

Sachgebiet A: Arbeitsrechtsordnung

Abschnitt I

Von dem Inkrafttreten des Bundesrechts gemäß Artikel 8 des Vertrages ist ausgenommen:

Gesetz über die Fristen für die Kündigung von Angestellten in der im Bundesgesetzblatt Teil III, Gliederungsnummer 800-1 veröffentlichten bereinigten Fassung, geändert durch Gesetz vom 26. April 1985 (BGBl. I S. 710)

Abschnitt II

Bundesrecht wird wie folgt aufgehoben:

Seemannsgesetz in der im Bundesgesetzblatt Teil III, Gliederungsnummer 9513-1, veröffentlichten bereinigten Fassung, zuletzt geändert durch Artikel 53 des Gesetzes vom 20. Dezember 1988 (BGBl. I S. 2477), § 18 wird aufgehoben.

Abschnitt III

Bundesrecht tritt in dem in Artikel 3 des Vertrages genannten Gebiet mit folgenden Maßgaben in Kraft:

1. § 616 Abs. 2 und 3 und § 622 des Bürgerlichen Gesetzbuches in der im Bundesgesetzblatt Teil III, Gliederungsnummer 400-2 veröffentlichten bereinigten Fassung, das zuletzt durch Gesetz vom 14. März 1990 (BGBl. I S. 478) geändert worden ist, sind nicht anzuwenden.

2. § 62 Abs. 2 bis 4, §§ 63, 64, 73, 75 Abs. 3, 75b Satz 2, §§ 82a, 83 des Handelsgesetzbuches in der im Bundesgesetzblatt Teil III, Gliederungsnummer 4100-1, veröffentlichten bereinigten Fassung, das zuletzt durch Gesetz vom 23. Oktober 1989 (BGBl. I S. 1910) geändert worden ist, sind nicht anzuwenden.

3. Gewerbeordnung in der Fassung der Bekanntmachung vom 1. Januar 1987 (BGBl. I S. 425), zuletzt geändert durch Artikel 18 des Gesetzes vom 28. Juni 1990 (BGBl. I S. 1221),
ist mit folgenden Maßgaben anzuwenden:
   a) Die §§ 105, 113 bis 114d, 115a, 119a, 133c bis 133f sind nicht anzuwenden.
   b) In § 119b sind die Worte „§§ 114a bis 119a“ durch die Worte „§§ 115, 116 bis 119“ zu ersetzen.

4. Lohnfortzahlungsgesetz vom 27. Juli 1969 (BGBl. I S. 946), zuletzt geändert durch Artikel 54 des Gesetzes vom 20. Dezember 1988 (BGBl. I S. 2477), ist mit folgenden Maßgaben anzuwenden:

a) Die §§ 1 bis 7 und § 9 sind nicht anzuwenden.
b) Die §§ 8, 10 bis 19 werden ab 1. Juli 1991 angewendet.
c) In § 10 Abs. 1 Nr. 1 wird die Angabe „§ 1 Abs. 1 und 2 und den in § 7 Abs. 1" ersetzt durch die Angabe „§ 115a Abs. 1 und 2 des Arbeitsgesetzbuches der Deutschen Demokratischen Republik".
d) In § 10 Abs. 4 wird die Angabe „§ 1 Abs. 1 und 2 oder § 7 Abs. 1" ersetzt durch die Angabe „§ 115a Abs. 1 oder 2 des Arbeitsgesetzbuches der Deutschen Demokratischen Republik".
e) In § 11 Abs. 2 Nr. 2 wird die Angabe „§ 1 oder 7 dieses Gesetzes" ersetzt durch die Angabe „§ 115a Abs. 1 oder 2 des Arbeitsgesetzbuches der Deutschen Demokratischen Republik".
f) In § 12 wird die Angabe „§ 4" ersetzt durch die Angabe „§ 115c des Arbeitsgesetzbuches der Deutschen Demokratischen Republik".
g) In § 14 Abs. 2 Satz 4 wird die Angabe „§ 1 Abs. 3 Nr. 1 und 2" ersetzt durch die Angabe „§ 115a Abs. 3 Buchstabe a des Arbeitsgesetzbuches der Deutschen Demokratischen Republik".

5. Bundesurlaubsgesetz in der im Bundesgesetzblatt Teil III, Gliederungsnummer 800-4, veröffentlichten bereinigten Fassung, zuletzt geändert durch Artikel II § 2 des Gesetzes vom 29. Oktober 1974 (BGBl. I S. 2879),

mit folgenden Maßgaben:

a) § 3 ist in folgender Fassung anzuwenden: „Der Urlaub beträgt jährlich mindestens 20 Arbeitstage. Dabei ist von 5 Arbeitstagen je Woche auszugehen."
b) Soweit in Rechtsvorschriften der Deutschen Demokratischen Republik ein über 20 Arbeitstage hinausgehender Erholungsurlaub festgelegt ist, gilt dieser bis zum 30. Juni 1991 als vertraglich vereinbarter Erholungsurlaub.

6. Kündigungsschutzgesetz in der Fassung der Bekanntmachung vom 25. August 1969 (BGBl. I S. 1317), zuletzt geändert durch Artikel 3 des Gesetzes vom 13. Juli 1988 (BGBl. I S. 1037),

mit folgenden Maßgaben:

a) In § 10 Abs. 2 Satz 2 gilt bis zur Geltung des gesamten Sechsten Buches des Sozialgesetzbuches als maßgebendes Lebensalter jeweils das vollendete 65. Lebensjahr.
b) Die Zuständigkeit des Landesarbeitsamtes gemäß §§ 18 bis 20 wird bis zur Bildung der Landesarbeitsämter durch die Zentrale Arbeitsverwaltung wahrgenommen.
c) Entscheidungen gemäß §§ 20 und 21 trifft der Beirat bei der Zentralen Arbeitsverwaltung oder ein von ihm gebildeter Ausschuß, bis Ausschüsse nach § 20 bei den Landesarbeitsämtern gebildet worden sind und bis der bei der Hauptstelle der Bundesanstalt für Arbeit gebildete Ausschuß nach § 21 auch für das in Artikel 3 des Vertrages genannte Gebiet zuständig ist.

7. Seemannsgesetz in der im Bundesgesetzblatt Teil III, Gliederungsnummer 9513-1, veröffentlichten bereinigten Fassung, zuletzt geändert durch Artikel 53 des Gesetzes vom 20. Dezember 1988 (BGBl. I S. 2477),

mit folgenden Maßgaben:

a) § 35 Abs. 2 und § 65 sind nicht anzuwenden.

b) Für am Tage des Wirksamwerdens des Beitritts bestehende Arbeitsverhältnisse von Kapitänen und Besatzungsmitgliedern gelten von diesem Tag an die Vorschriften des Seemannsgesetzes.

c) § 48 gilt mit folgenden Maßgaben:

aa) Anstelle des Absatzes 1 Satz 2 und 3 finden die §§ 115a bis 115e des Arbeitsgesetzbuches der Deutschen Demokratischen Republik Anwendung; solange sich das Besatzungsmitglied an Bord des Schiffes auf See oder außerhalb des Geltungsbereiches des Grundgesetzes aufhält, ist § 115a Abs. 4 und 5 des Arbeitsgesetzbuches der Deutschen Demokratischen Republik nur insoweit anzuwenden, als das Besatzungsmitglied zur Anzeige seiner Arbeitsunfähigkeit und deren voraussichtlicher Dauer verpflichtet ist.

bb) Ab 1. Juli 1991 ist § 48 Abs. 1 für erkrankte oder verletzte Schiffsleute mit der Maßgabe anzuwenden, daß auch §§ 10 bis 19 des Lohnfortzahlungsgesetzes mit den in Nummer 4 genannten Maßgaben Anwendung finden.

cc) Absatz 2 findet Anwendung, soweit einem Besatzungsmitglied Ansprüche nach dem Fünften Buch Sozialgesetzbuch oder nach der Reichsversicherungsordnung nur deshalb nicht zustehen, weil es nicht innerhalb des Geltungsbereichs des Grundgesetzes erkrankt ist.

d) Anstelle von § 63 Abs. 1 und 2 ist § 55 des Arbeitsgesetzbuches der Deutschen Demokratischen Republik anzuwenden.

c) § 78 gilt mit folgenden Maßgaben:

aa) Anstelle des Absatzes 2 Satz 1 und 2 sind für den erkrankten oder verletzten Kapitän die §§ 115a bis 115e des Arbeitsgesetzbuches der Deutschen Demokratischen Republik anzuwenden; diese sind auch dann anzuwenden, wenn die Verhinderung an der Dienstleistung wegen einer nicht rechtswidrigen Sterilisation oder wegen eines nicht rechtswidrigen Abbruchs der Schwangerschaft durch einen Arzt eingetreten ist.

bb) Anstelle des Absatzes 3 ist § 55 des Arbeitsgesetzbuches der Deutschen Demokratischen Republik anzuwenden.

8. Heimarbeitsgesetz in der im Bundesgesetzblatt Teil III, Gliederungsnummer 804-1, veröffentlichten bereinigten Fassung, zuletzt geändert durch Artikel 4 des Gesetzes vom 13. Juli 1988 (BGBl. I S. 1034),

mit folgenden Maßgaben:

a) Das Gesetz ist ab 1. Juli 1991 anzuwenden.

b) Kürzere als die in § 29 Abs. 2 und 3 Satz 1 genannten Kündigungsfristen können durch Tarifvertrag vereinbart werden. Im Geltungsbereich eines solchen Tarifvertrages gelten die abweichenden tarifvertraglichen Bestimmungen zwischen nicht tarifgebundenen Arbeitgebern und Arbeitnehmern, wenn ihre Anwendung zwischen ihnen vereinbart ist.

9. Erste Rechtsverordnung zur Durchführung des Heimarbeitsgesetzes in der Fassung der Bekanntmachung vom 26. Januar 1976 (BGBl. I S. 221),

mit folgender Maßgabe:

Die Verordnung ist ab 1. Juli 1991 anzuwenden.

10. Mitbestimmungsgesetz vom 4. Mai 1976 (BGBl. I S. 1153), geändert durch Artikel 5 des Gesetzes vom 26. Juni 1990 (BGBl. I S. 1206),

mit folgender Maßgabe:

§ 38 ist nicht anzuwenden.

11. Montan-Mitbestimmungsgesetz in der im Bundesgesetzblatt Teil III, Gliederungsnummer 801-2, veröffentlichten bereinigten Fassung, zuletzt geändert durch Artikel 10 Abs. 22 des Gesetzes vom 19. Dezember 1985 (BGBl. I S. 2355),

mit folgenden Maßgaben:

a) Bis zum 31. März 1991 ist § 1 Abs. 1 in folgender Fassung anzuwenden:

„(1) Die Arbeitnehmer haben ein Mitbestimmungsrecht in den Aufsichtsräten und in den zur gesetzlichen Vertretung berufenen Organen nach Maßgabe dieses Gesetzes in

a) den Unternehmen, deren überwiegender Betriebszweck in der Förderung von Steinkohle, Braunkohle oder Eisenerz oder in der Aufbereitung, Verkokung, Verschwelung oder Brikettierung dieser Grundstoffe liegt und deren Betrieb unter der Aufsicht der Bergbehörden steht,

b) den Unternehmen, deren überwiegender Betriebszweck in der Erzeugung von Eisen und Stahl besteht. Die Herstellung von Walzwerkserzeugnissen einschließlich Walzdraht, Röhren, Walzen, rollendem Eisenbahnmaterial, Freiformschmiedestükken und Gießereierzeugnissen aus Eisen oder Stahl ist als Erzeugung von Eisen und Stahl anzusehen."

b) Vom 1. April 1991 an ist § 1 Abs. 1 in folgender Fassung anzuwenden:

„(1) Die Arbeitnehmer haben ein Mitbestimmungsrecht in den Aufsichtsräten und in den zur gesetzlichen Vertretung berufenen Organen nach Maßgabe dieses Gesetzes in

a) den Unternehmen, deren überwiegender Betriebszweck in der Förderung von Steinkohle, Braunkohle oder Eisenerz oder in der Aufbereitung, Verkokung, Verschwelung oder Brikettierung dieser Grundstoffe liegt und deren Betrieb unter der Aufsicht der Bergbehörden steht,

b) den Unternehmen, deren überwiegender Betriebszweck in der Erzeugung von Eisen und Stahl besteht. Die Herstellung von

Walzwerkserzeugnissen einschließlich Walzdraht, Röhren, Walzen, rollendem Eisenbahnmaterial, Freiformschmiedestükken und Gießereierzeugnissen aus Eisen oder Stahl ist als Erzeugung von Eisen und Stahl anzusehen

1. in einem Unternehmen, dessen Aufsichtsrat am 1. April 1991 nach §§ 4 oder 9 zusammengesetzt ist, oder
2. in einem anderen Unternehmen nach der Verschmelzung mit einem in Nummer 1 bezeichneten Unternehmen oder nach dem Übergang von Betrieben oder Betriebsteilen eines in Nummer 1 bezeichneten Unternehmens, die die genannten Erzeugnisse herstellen oder Roheisen oder Rohstahl erzeugen, auf das andere Unternehmen, wenn dieses mit dem in Nummer 1 bezeichneten Unternehmen verbunden ist (§ 15 des Aktiengesetzes), und solange nach der Verschmelzung oder dem Übergang der überwiegende Betriebszweck des anderen Unternehmens die Herstellung der genannten Erzeugnisse oder die Erzeugung von Roheisen oder Rohstahl ist.

Satz 2 Nr. 2 gilt entsprechend für die weitere Verschmelzung sowie für den weiteren Übergang von Betrieben oder Betriebsteilen."

12. Betriebsverfassungsgesetz in der Fassung der Bekanntmachung vom 23. Dezember 1988 (BGBl. 1989 I S. 1, 902), zuletzt geändert durch Artikel 34 des Gesetzes vom 18. Dezember 1989 (BGBl. I S. 2261),

mit folgenden Maßgaben:

a) Bis zum 31. Dezember 1991 ist § 6 in folgender Fassung anzuwenden:

„**§ 6 Arbeiter und Angestellte.** (1) Arbeiter im Sinne dieses Gesetzes ist, wer überwiegend manuelle und mechanische Tätigkeiten ausübt. Als Arbeiter gelten auch Beschäftigte, die sich in Ausbildung zu einem Arbeiterberuf befinden, sowie die in Heimarbeit Beschäftigten, die in der Hauptsache für den Betrieb Arbeitertätigkeit verrichten.

(2) Angestellte im Sinne dieses Gesetzes sind insbesondere

1. Angestellte in leitender Stellung (die betriebsverfassungsrechtliche Stellung der leitenden Angestellten im Sinne des § 5 Abs. 3 bleibt unberührt),
2. technische Angestellte im Betrieb, Büro und in der Verwaltung, Meister und andere Angestellte in einer ähnlichen Stellung,
3. Büroangestellte, soweit sie nicht ausschließlich mit Botengängen, Reinigung, Aufräumen oder ähnlichen Arbeiten beschäftigt werden, einschließlich Werkstattschreiber,
4. Handlungsgehilfen und andere Angestellte für kaufmännische Dienste, auch wenn der Gegenstand des Unternehmens kein Handelsgewerbe ist, Gehilfen und Praktikanten in Apotheken,
5. Bühnenmitglieder und Musiker ohne Rücksicht auf den künstlerischen Wert ihrer Leistung,

6. Angestellte in Berufen der Erziehung, des Unterrichts, der Fürsorge, der Kranken- und Wohlfahrtspflege,
7. Schiffsführer, Offiziere des Decks- und Maschinendienstes, Schiffsärzte, Funkoffiziere, Zahlmeister, Verwalter und Verwaltungsassistenten sowie die in einer ähnlichen Stellung befindlichen Mitglieder der Schiffsbesatzung von Binnenschiffen oder deutschen Seefahrzeugen,
8. Bordpersonal der Zivilluftfahrt.

(3) Soweit Zweifel bei der Feststellung, wer Arbeiter oder Angestellter ist, auftreten, ist davon auszugehen, daß Angestellter ist, wer überwiegend kaufmännische oder büromäßige Tätigkeiten leistet oder andere bei der Arbeit beaufsichtigt. Als Angestellte gelten auch Beschäftigte, die sich in Ausbildung zu einem Angestelltenberuf befinden, sowie die in Heimarbeit Beschäftigten, die in der Hauptsache für den Betrieb Angestelltentätigkeit verrichten."

b) Zu § 13 wird festgelegt:
Die erstmaligen Betriebsratwahlen nach dem Betriebsverfassungsgesetz finden bis zum 30. Juni 1991 statt. Betriebsräte oder Arbeitnehmervertretungen, die vor dem 31. Oktober 1990 nach demokratischen Grundsätzen von der Belegschaft in geheimer Abstimmung gewählt worden sind, bleiben bis zur Wahl eines neuen Betriebsrates nach dem Betriebsverfassungsgesetz, längstens bis zum 30. Juni 1991, im Amt. Sie nehmen die den Betriebsräten nach dem Betriebsverfassungsgesetz und anderen Gesetzen zustehenden Rechte und Pflichten wahr. Dies gilt nicht in den Betrieben, in denen nach dem Betriebsverfassungsgesetz kein Betriebsrat zu wählen ist.

13. Sprecherausschußgesetz vom 20. Dezember 1988 (BGBl. I S. 2316), mit folgenden Maßgaben:

a) § 37 Abs. 1 Satz 1 ist in folgender Fassung anzuwenden:
„Die erstmaligen Wahlen des Sprecherausschusses oder des Unternehmenssprecherausschusses finden bis zum 30. Juni 1991 statt."

b) § 37 Abs. 2 Satz 2 ist in folgender Fassung anzuwenden:
„Sie bleiben bis zur Wahl nach Absatz 1, spätestens bis zum 30. Juni 1991, im Amt."

14. Tarifvertragsgesetz in der Fassung der Bekanntmachung vom 25. August 1969 (BGBl. I S. 1323), geändert durch Artikel II § 1 des Gesetzes vom 29. Oktober 1974 (BGBl. I S. 2879),

mit folgender Maßgabe:

Bis zum Abschluß eines neuen Tarifvertrages ist der geltende Rahmenkollektivvertrag oder Tarifvertrag mit allen Nachträgen und Zusatzvereinbarungen weiter anzuwenden, soweit eine Registrierung entsprechend dem Arbeitsgesetzbuch erfolgt ist. Der Rahmenkollektivvertrag oder Tarifvertrag tritt ganz oder teilweise außer Kraft, wenn für denselben Geltungsbereich oder Teile desselben ein neuer

Tarifvertrag in Kraft tritt. Bestimmungen bisheriger Rahmenkollektivverträge oder Tarifverträge, die im neuen Tarifvertrag nicht aufgehoben oder ersetzt sind, gelten weiter.
Rationalisierungsschutzabkommen, die vor dem 1. Juli 1990 abgeschlossen und registriert worden sind, treten ohne Nachwirkung am 31. Dezember 1990 außer Kraft; soweit Arbeitnehmer bis zum 31. Dezember 1990 die Voraussetzungen der Rationalisierungsschutzabkommen erfüllt haben, bleiben deren Ansprüche und Rechte vorbehaltlich neuer tarifvertraglicher Regelungen unberührt. Die Regelungen des Artikel 20 des Vertrages und der dazu ergangenen Anlagen bleiben unberührt.

15. Arbeitsgerichtsgesetz in der Fassung der Bekanntmachung vom 2. Juli 1979 (BGBl. I S. 853, 1036), zuletzt geändert durch Artikel 1 des Gesetzes vom 26. Juni 1990 (BGBI. I S. 1206),

mit folgenden Maßgaben:

a) Das Gesetz gilt mit den Maßgaben zu Kapitel III, Sachgebiet A, Abschnitte III und IV.
b) § 48 ist in den in Artikel 1 Abs. 1 des Vertrages genannten Ländern mit folgenden Maßgaben anzuwenden:
   aa) In Arbeitsrechtssachen ist das Kreisgericht zuständig, in dessen Bereich sich der Sitz der Schiedsstelle für Arbeitsrecht befindet, die in der Sache entschieden hat. Wurde die Schiedsstelle nicht angerufen, ist die Sache an diese abzugeben.
   bb) Das Kreisgericht ist auch zuständig, wenn die Schiedsstelle für Arbeitsrecht nicht innerhalb von zwei Monaten seit der Antragstellung entschieden hat.
   cc) Das Kreisgericht ist ohne vorherige Anrufung der Schiedsstelle für Arbeitsrecht zuständig, wenn
      aaa) sich eine Prozeßpartei in Untersuchungshaft oder im Strafvollzug befindet und Ansprüche aus einem vor der Verhaftung oder vor der Aufnahme in den Strafvollzug begründeten Arbeitsverhältnis geltend gemacht werden;
      bbb) der Arbeitnehmer aktiven Wehrdienst oder Zivildienst leistet;
      ccc) der Arbeitnehmer nicht mehr im Betrieb arbeitet, weil er ein neues Arbeitsverhältnis mit einem Betrieb oder an einem anderen Ort begründet hat.
   dd) Besteht in einem Betrieb keine Schiedsstelle für Arbeitsrecht oder braucht diese nicht angerufen zu werden, ist das Kreisgericht zuständig, in dessen Bereich sich der Sitz des Betriebes befindet. Zuständig ist auch das Kreisgericht, in dessen Bereich
      aaa) der Arbeitsort liegt, wenn dieser nicht mit dem Sitz des Betriebes zusammenfällt;
      bbb) der Arbeitnehmer seinen Wohnsitz hat und er zur Zeit der Einleitung des Verfahrens aus dem Betrieb ausgeschieden ist.

16. Gesetz zur Verbesserung der betrieblichen Altersversorgung vom 19. Dezember 1974 (BGBl. I S. 3610), zuletzt geändert durch Artikel 3 des Gesetzes vom 8. Dezember 1986 (BGBl. I S. 2317),

mit folgenden Maßgaben:

a) Dieses Gesetz tritt am 1. Januar 1992 in Kraft.

b) §§ 1 bis 18 finden auf Zusagen über Leistungen der betrieblichen Altersversorgung Anwendung, die nach dem 31. Dezember 1991 erteilt werden; die Nachversicherung gemäß § 18 Abs. 6 von Zeiten vor dem 1. Januar 1992 ist ausgeschlossen.

c) §§ 26 bis 30 sind nicht anzuwenden.

Sachgebiet B: Technischer Arbeitsschutz

Abschnitt II

Bundesrecht wird wie folgt geändert oder ergänzt:

1. Acetylenverordnung vom 27. Februar 1980 (BGBl. I S. 220), geändert durch Artikel 6 Abs. 3 des Gesetzes vom 16. Dezember 1986 (BGBl. I S. 2441)

Dem § 29 wird folgender Absatz angefügt:

„(3) Nach dem Wirksamwerden des Beitritts der Deutschen Demokratischen Republik wird der Ausschuß nach § 28 unverzüglich um die notwendige Anzahl von Vertretern der beteiligten Kreise aus dem in Artikel 3 des Einigungsvertrages genannten Gebiet ergänzt. Nach dem 31. Dezember 1991 wird der Ausschuß mit der in § 28 Abs. 1 vorgesehenen Mitgliederzahl unter Berücksichtigung von Vorschlägen der beteiligten Kreise auch aus dem in Artikel 3 des Einigungsvertrages genannten Gebiet neu berufen."

2. Aufzugsverordnung vom 27. Februar 1980 (BGBl. I S. 205), zuletzt geändert durch Verordnung vom 17. August 1988 (BGBl. I S. 1685)

Dem § 25 wird folgender Absatz angefügt:

„(4) Nach dem Wirksamwerden des Beitritts der Deutschen Demokratischen Republik wird der Ausschuß nach § 24 unverzüglich um die notwendige Anzahl von Vertretern der beteiligten Kreise aus dem in Artikel 3 des Einigungsvertrages genannten Gebiet ergänzt. Nach dem 31. Dezember 1991 wird der Ausschuß mit der in § 24 Abs. 1 vorgesehenen Mitgliederzahl unter Berücksichtigung von Vorschlägen der beteiligten Kreise auch aus dem in Artikel 3 des Einigungsvertrages genannten Gebiet neu berufen."

3. Verordnung über brennbare Flüssigkeiten vom 27. Februar 1980 (BGBl. I S. 229), geändert durch Verordnung vom 3. Mai 1982 (BGBl. I S. 569)

Dem § 26 wird folgender Absatz angefügt:

„(5) Nach dem Wirksamwerden des Beitritts der Deutschen Demokratischen Republik wird der Ausschuß nach § 25 unverzüglich um die notwendige Anzahl von Vertretern der beteiligten Kreise aus dem in Artikel 3 des Einigungsvertrages genannten Gebiet ergänzt. Nach dem 31. Dezember 1991 wird der Ausschuß mit der in § 25 Abs. 1 vorgesehenen Mitgliederzahl unter Berücksichtigung von Vorschlägen der beteiligten Kreise auch aus dem in Artikel 3 des Einigungsvertrages genannten Gebiet neu berufen."

4. Dampfkesselverordnung vom 27. Februar 1980 (BGBl. I S. 173), geändert durch Artikel 6 Abs. 1 des Gesetzes vom 16. Dezember 1986 (BGBl. I S. 2441)

Dem § 31 wird folgender Absatz angefügt:

„(5) Nach dem Wirksamwerden des Beitritts der Deutschen Demokratischen Republik wird der Ausschuß nach § 30 unverzüglich um die notwendige Anzahl von Vertretern der beteiligten Kreise aus dem in Artikel 3 des Einigungsvertrages genannten Gebiet ergänzt. Nach dem 31. Dezember 1991 wird der Ausschuß mit der in § 30 Abs. 1 vorgesehenen Mitgliederzahl unter Berücksichtigung von Vorschlägen der beteiligten Kreise auch aus dem in Artikel 3 des Einigungsvertrages genannten Gebiet neu berufen."

5. Druckbehälterverordnung in der Fassung der Bekanntmachung vom 21. April 1989 (BGBl. I S. 843)

Nach § 39a wird folgender § 39b eingefügt:

„§ 39b Übergangsvorschrift für den Deutschen Druckbehälterausschuß. Nach dem Wirksamwerden des Beitritts wird der Ausschuß nach § 36 unverzüglich um die notwendige Anzahl von Vertretern der beteiligten Kreise aus dem in Artikel 3 des Einigungsvertrages genannten Gebiet ergänzt. Nach dem 31. Dezember 1991 wird der Ausschuß mit der in § 36 Abs. 1 vorgesehenen Mitgliederzahl unter Berücksichtigung von Vorschlägen der beteiligten Kreise auch aus dem in Artikel 3 des Einigungsvertrages genannten Gebiet neu berufen."

6. Verordnung über Gashochdruckleitungen vom 17. Dezember 1974 (BGBl. I S. 3591)

Nach § 15 wird folgender § 15a eingefügt:

„§ 15a Übergangsvorschrift für den Ausschuß für Gashochdruckleitungen. Nach dem Wirksamwerden des Beitritts wird der Ausschuß nach § 14 unverzüglich um die notwendige Anzahl von Vertretern der beteiligten Kreise aus dem in Artikel 3 des Einigungsvertrages genannten Gebiet ergänzt. Nach dem 31. Dezember 1991 wird der Ausschuß mit der in § 18 Abs. 1 vorgesehenen Mitgliederzahl unter Berücksichtigung von Vorschlägen der beteiligten Kreise auch aus dem in Artikel 3 des Einigungsvertrages genannten Gebiet neu berufen."

7. Verordnung über elektrische Anlagen in explosionsgefährdeten Räumen vom 27. Februar 1980 (BGBl. I S. 214)

Nach § 19 wird folgender § 19a eingefügt:

„§ 19a Übergangsvorschrift für den Deutschen Ausschuß für explosionsgeschützte elektrische Anlagen. Nach dem Wirksamwerden des Beitritts wird der Ausschuß nach § 18 unverzüglich um die notwendige Anzahl von Vertretern der beteiligten Kreise aus dem in Artikel 3 des Einigungsvertrages genannten Gebiet ergänzt. Nach dem 31. Dezember 1991 wird der Ausschuß mit der in § 18 Abs. 1 vorgesehenen Mitgliederzahl unter Berücksichtigung von Vorschlägen der beteiligten Kreise auch aus dem in Artikel 3 des Einigungsvertrages genannten Gebiet neu berufen."

8. Gerätesicherheitsgesetz vom 24. Juni 1968 (BGBl. I S. 717), zuletzt geändert durch Artikel 31 des Gesetzes vom 18. Februar 1986 (BGBl. I S. 265)

Dem § 8 wird folgender Absatz angefügt:

„(5) Nach dem Wirksamwerden des Beitritts wird der Ausschuß unverzüglich um die notwendige Anzahl von Vertretern der beteiligten Kreise aus dem in Artikel 3 des Einigungsvertrages genannten Gebiet ergänzt. Nach dem 31. Dezember 1991 wird der Ausschuß mit der in Absatz 2 vorgesehenen Mitgliederzahl unter Berücksichtigung von Vorschlägen der beteiligten Kreise auch aus dem in Artikel 3 des Einigungsvertrages genannten Gebiet neu berufen."

9. Medizingeräteverordnung vom 14. Januar 1985 (BGBl. I S. 93)

a) Nach § 21 wird folgender Abschnitt eingefügt:

„Sechster Abschnitt. Überleitungsregelungen aus Anlaß der Herstellung der Einheit Deutschlands

§ 22 Abweichendes Inkrafttreten, Überleitung. Die §§ 13 und 14 treten in dem in Artikel 3 des Einigungsvertrages genannten Gebiet am 1. Januar 1992 in Kraft. Im übrigen gilt diese Verordnung in dem in Artikel 3 des Einigungsvertrages genannten Gebiet vom Wirksamwerden des Beitritts an nach Maßgabe der §§ 23 bis 27.

§ 23 Weitergeltung von Zulassungen für das Inverkehrbringen. Vor dem Wirksamwerden des Beitritts erteilte Zulassungen und Ausnahmegenehmigungen für das Inverkehrbringen medizinisch-technischer Geräte der Gruppen 1 und 2 gelten als Bauartzulassungen nach § 5, soweit für diese Geräte in dem Gebiet, in dem diese Verordnung schon vor dem Beitritt gegolten hat, bis zum Wirksamwerden des Beitritts Bauartzulassungen nach § 5 nicht erteilt worden sind. Die Zulassungen gelten längstens bis zum 31. Dezember 1994, die Ausnahmegenehmigungen längstens bis zum 31. Dezember 1991. Für die betroffenen Geräte gilt § 5 Abs. 6 Satz 2, soweit sie nach dem 30. Juni 1991 ausgeliefert werden.

§ 24 Weiterbetrieb, Inbetriebnahme. (1) Unabhängig davon, ob die Anforderungen nach § 6 Abs. 1 Satz 1 im Einzelfall erfüllt sind, dürfen medizinisch-technische Geräte

1. weiterbetrieben werden, wenn sie vor dem Wirksamwerden des Beitritts in dem in Artikel 3 des Einigungsvertrages genannten Gebiet zulässigerweise betrieben wurden,

2. bis zum 31. Dezember 1991 errichtet, in Betrieb genommen und auch nach diesem Tag weiterbetrieben werden, wenn sie den Vorschriften entsprechen, die am Tag vor dem Wirksamwerden des Beitritts in dem in Artikel 3 des Einigungsvertrages genannten Gebiet gegolten haben.

(2) § 6 Abs. 5 gilt für die unter Absatz 1 fallenden medizinisch-technischen Geräte mit der Maßgabe, daß die in der anderen Verordnung nach § 24 der Gewerbeordnung enthaltenen Betriebsvorschriften spätestens ab dem 1. Januar 1992 anzuwenden sind. Für die an den Geräteteil zu stellenden Beschaffenheitsanforderungen bleiben die Vorschriften maßgebend, die vor dem Wirksamwerden des Beitritts in dem in Artikel 3 des Einigungsvertrages genannten Gebiet gegolten haben.

(3) Im übrigen bleiben die Bestimmungen dieser Verordnung unberührt.

§ 25 Sicherheitstechnische Kontrollen. § 11 ist für die unter § 24 Abs. 1 fallenden medizinisch-technischen Geräte der Gruppe 1 spätestens ab dem 1. Januar 1992 anzuwenden. Bis zur Anwendung des § 11 sind diese Geräte nach den entsprechenden Vorschriften sicherheitstechnisch zu prüfen, die in dem in Artikel 3 des Einigungsvertrages genannten Gebiet am Tag vor dem Wirksamwerden des Beitritts gegolten haben.

§ 26 Bestandsverzeichnis. Das Bestandsverzeichnis nach § 12 ist spätestens bis zum 31. Dezember 1991 zu erstellen. Bis zur Erstellung sind die medizinisch-technischen Geräte der Gruppen 1 und 3 nach den entsprechenden Vorschriften zu erfassen, die in dem in Artikel 3 des Einigungsvertrages genannten Gebiet am Tag vor dem Wirksamwerden des Beitritts gegolten haben.

§ 27 Übergangsvorschriften des § 28. (1) § 28 gilt mit der Maßgabe, daß an die Stelle der Worte „im Zeitpunkt des Inkrafttretens dieser Verordnung" in Absatz 1 Satz 1 die Worte „am 1. Januar 1986" und an die Stelle der Worte „im Zeitpunkt des Inkrafttretens dieser Verordnung" in Absatz 2 Satz 1 und 2 sowie der Worte „bei Inkrafttreten dieser Verordnung" in Absatz 3 jeweils die Worte „am Tag des Wirksamwerdens des Beitritts" treten.

(2) Der Nachweis der regelmäßigen Wartung nach § 28 Abs. 2 Satz 2 ist für die Zeit ab der Inbetriebnahme der medizinisch-technischen Geräte der Gruppe 1 zu erbringen. Soweit diese Geräte früher als ein Jahr vor dem Wirksamwerden des Beitritts in Betrieb genommen worden sind, genügt der Nachweis für die Zeit ab dem Tag, der ein Jahr vor dem Wirksamwerden des Beitritts liegt. Der Nachweis ist für die einzelnen Geräte durch Vorlage entsprechender Unterlagen zu erbringen. Er gilt auch als erbracht, soweit der Betreiber nachweist, daß er seit mindestens einem Jahr vor dem Wirksamwerden des Beitritts sachverständige Personen beschäftigt, zu deren Aufgaben die Planung, Organisation und Durchführung der Wartung dieser Geräte gehört.

(3) Die Prüfung nach § 28 Abs. 2 Satz 2 bis 4 und Abs. 3 ist bis zum 31. Dezember 1994 durchzuführen."

b) Der bisherige Sechste Abschnitt wird Siebter Abschnitt, die bisherigen §§ 22 bis 24 werden §§ 28 bis 30.

c) In § 11 Abs. 1 Satz 3, § 13 Abs. 3, §§ 16, 19 Abs. 1 Satz 1 und § 20 Abs. 2 Nr. 5 wird jeweils die Zahl „22" durch die Zahl „28" ersetzt.

Abschnitt III

Bundesrecht tritt in dem in Artikel 3 des Vertrages genannten Gebiet mit folgenden Maßgaben in Kraft:

1. §§ 24 bis 24d der Gewerbeordnung in der Fassung der Bekanntmachung vom 1. Januar 1987 (BGBl. I S. 425), die zuletzt durch Artikel 18 des Gesetzes vom 28. Juni 1990 (BGBI. I S. 1221) geändert worden ist,

mit folgenden Maßgaben:

a) Nicht in § 24 Abs. 3 aufgeführte Anlagen, die nach dem bis zum Wirksamwerden des Beitritts geltenden Recht der Deutschen Demokratischen Republik Anforderungen im Sinne von § 24 Abs. 1 entsprechen müssen und die vor diesem Zeitpunkt errichtet sind oder mit deren Errichtug vor diesem Zeitpunkt begonnen wurde, werden nach dem bisherigen Recht in Betrieb genommen und weiter betrieben. Die Pflicht zur Prüfung durch Sachverständige entfällt ab 1. Januar 1993. Die zuständige Behörde kann Ausnahmen von der Prüfpflicht zulassen; sie kann zusätzliche Maßnahmen verlangen, soweit

aa) die Anlage wesentlich geändert wird,

bb) ihre Nutzung wesentlich geändert wird oder

cc) nach der Art des Betriebes vermeidbare Gefahren für Leben oder Gesundheit der Beschäftigten oder Dritter zu befürchten sind.

Durch Rechtsverordnung der Bundesregierung kann die in Satz 2 genannte Frist verlängert werden. Sätze 1 bis 3 gelten entsprechend für in § 24 Abs. 3 aufgeführte Anlagen, für die in einer Rechtsverordnung nach § 24 Abs. 1 Anforderungen nicht festgelegt sind.

b) Bis zum Erlaß von Regelungen nach § 24c Abs. 4 durch die zuständigen Landesregierungen sind die nach dem bis zum Wirksamwerden des Beitritts geltenden Recht der Deutschen Demokratischen Republik amtlich anerkannten Sachverständigen des Amtes für Technische Überwachung Sachverständige im Sinne von § 24c Abs. 1.

Bis zur Aufnahme der Aufsichtstätigkeit der zuständigen Landesbehörden ist zuständige Aufsichtsbehörde nach § 24d Satz 1 das Amt für Technische Überwachung.

2. Acetylenverordnung vom 27. Februar 1980 (BGBl. I S. 220), geändert durch Artikel 6 Abs. 3 des Gesetzes vom 16. Dezember 1986 (BGBl. I S. 2441),

mit folgenden Maßgaben:

a) Der Weiterbetrieb einer Anlage, die in dem in Artikel 3 des Vertrages genannten Gebiet vor dem Wirksamwerden des Beitritts befugt betrieben wurde, ist zulässig. Eine nach dem bis zu diesem Zeitpunkt geltenden Recht erteilte Erlaubnis, Genehmigung, Bauartzulassung, Bauartprüfung oder erstattete Anzeige gilt als Erlaubnis, Genehmigung, Bauartzulassung, Bauartprüfung oder Anzeige im Sinne dieser Verordnung.

b) Für Anlagen, die vor dem Wirksamwerden des Beitritts errichtet waren, oder mit deren Errichtung begonnen wurde, bleiben hinsichtlich der an sie zu stellenden Beschaffenheitsanforderungen die für sie bisher geltenden Vorschriften maßgebend. Die zuständige Behörde kann verlangen, daß diese Anlagen entsprechend den Vorschriften der Verordnung geändert werden, soweit
   aa) sie wesentlich geändert werden oder
   bb) ihre Nutzung wesentlich geändert wird oder
   cc) nach der Art des Betriebes vermeidbare Gefahren für Leben oder Gesundheit der Beschäftigten oder Dritter zu befürchten sind.

   Die in der Verordnung enthaltenen Betriebsvorschriften müssen spätestens bis zum 31. Dezember 1991 angewendet werden.

3. Aufzugsverordnung vom 27. Februar 1980 (BGBl. I S. 205), zuletzt geändert durch Verordnung vom 17. August 1988 (BGBl. I S. 1685),

mit den in Nummer 2 genannten Maßgaben.

4. Verordnung über brennbare Flüssigkeiten vom 27. Februar 1980 (BGBl. I S. 229), geändert durch Verordnung vom 3. Mai 1982 (BGBl. I S. 569),

mit den in Nummer 2 genannten Maßgaben.

5. Dampfkesselverordnung vom 27. Februar 1980 (BGBl. I S. 173), geändert durch Artikel 6 Abs. 1 des Gesetzes vom 16. Dezember 1986 (BGBl. I S. 2441),

mit den in Nummer 2 genannten Maßgaben.

6. Druckbehälterverordnung in der Fassung der Bekanntmachung vom 21. April 1989 (BGBl. I S. 843),

mit den in Nummer 2 genannten Maßgaben.

7. Verordnung über Gashochdruckleitungen vom 17. Dezember 1974 (BGBl. I S. 3591),

mit folgenden Maßgaben:

a) Der Weiterbetrieb einer Anlage, die in dem in Artikel 3 des Vertrages genannten Gebiet vor dem Wirksamwerden des Beitritts befugt betrieben wurde, ist zulässig.
   Eine nach dem bis zu diesem Zeitpunkt geltenden Recht erteilte Erlaubnis, Genehmigung oder erstattete Anzeige gilt als Erlaubnis oder Genehmigung oder Anzeige im Sinne dieser Verordnung.

b) Der Tag des Wirksamwerdens des Beitritts gilt als Tag des Inkrafttretens im Sinne von § 15 Abs. 1. Die in der Verordnung enthaltenen Betriebsvorschriften müssen spätestens bis zum 31. Dezember 1991 angewendet werden.

c) Nicht der öffentlichen Versorgung dienende Gashochdruckleitungen, die vor dem Wirksamwerden des Beitritts errichtet oder in Betrieb genommen sind, sind der zuständigen Behörde bis zum 30. Juni 1991 anzuzeigen.

8. Verordnung über elektrische Anlagen in explosionsgefährdeten Räumen vom 27. Februar 1980 (BGBl. I S. 214),

mit folgenden Maßgaben:

a) Die Zoneneinteilungen des § 2 Abs. 4 gelten mit der Maßgabe, daß der Betreiber bis zum 31. Dezember 1991 die Zonen 10, G und M festzulegen und die notwendigen Explosionsschutzmaßnahmen bis zum 31. Dezember 1992 zu treffen hat. Buchstabe f) bleibt unberührt.

b) Der Weiterbetrieb von elektrischen Anlagen in explosionsgefährdeten Räumen, die in dem in Artikel 3 des Vertrages genannten Gebiet vor dem Wirksamwerden des Beitritts befugt betrieben wurden, ist zulässig.

c) Elektrische Anlagen in explosionsgefährdeten Räumen dürfen bis zum 31. Dezember 1991 in Betrieb genommen werden, wenn sie den vor dem Wirksamwerden des Beitritts gültigen Regeln entsprechen.

d) Nach dem 31. Dezember 1972 ausgestellte Prüfbescheinigungen des Instituts für Bergbausicherheit/Bereich Freiberg, mit denen explosionsgeschützte elektrische Betriebsmittel für die Zonen 0 oder 1 zugelassen wurden, gelten bis zum 31. Dezember 1995 in dem in Artikel 3 des Vertrages genannten Gebiet als Baumusterprüfbescheinigung im Sinne von § 8 Abs. 1 weiter, soweit die Prüfbescheinigung vor dem Wirksamwerden des Beitritts ausgestellt wurde.

e) Ausnahmegenehmigungen nach § 1 der Anordnung über die Erteilung von Ausnahmegenehmigungen zur Abweichung von Forderungen des Gesundheits- und Arbeitsschutzes sowie Brandschutzes (GAB) in staatlichen Standards vom 15. Juni 1982 (GBl. SDr. ST 965 S. 12) bleiben für den Bereich des elektrischen Explosionsschutzes bis zum 31. Dezember 1991 gültig. Buchstabe f) bleibt unberührt.

f) Die zuständige Behörde kann verlangen, daß die in den Buchstaben b) bis d) genannten elektrischen Anlagen oder Betriebsmittel den Vorschriften dieser Verordnung entsprechend geändert oder außer Betrieb genommen werden, soweit
   aa) sie in ihrer Beschaffenheit wesentlich geändert werden oder
   bb) ihre Nutzung wesentlich geändert wird oder
   cc) nach der Art ihres Betriebes vermeidbare Gefahren für Leben oder Gesundheit Beschäftigter oder Dritter zu befürchten sind.

g) Für elektrische Anlagen, die nach Buchstabe b) weiterbetrieben werden dürfen oder deren Inbetriebnahme nach Buchstabe c) zulässig ist, und bei denen nach dem vor dem Wirksamwerden des

Beitritts geltenden Recht der Deutschen Demokratischen Republik Vorprüfungen, Inbetriebnahmeprüfungen oder wiederkehrende Prüfungen durch dazu befugte Personen durchzuführen sind, entfallen diese Prüfungen erst ab 1. Januar 1993.

h) Sachverständiger im Sinne des § 15 Abs. 1 ist auch das Institut für Bergbausicherheit/Bereich Freiberg. Sachverständige im Sinne von § 9 Abs. 1 sind bis zum 31. Dezember 1992 auch Werksangehörige, die am Tag des Wirksamwerdens des Beitritts über eine Anerkennung des Amtes für Technische Überwachung der Deutschen Demokratischen Republik verfügen, nach der sie die Instandsetzung und Änderung eines elektrischen Betriebsmittels bescheinigen dürfen. Die zuständige Behörde kann für die Dauer der Übergangszeit nach Satz 2 abweichende Regelungen treffen.

9. §§ 120a bis f, 139b, g, h, i und m der Gewerbeordnung in der Fassung der Bekanntmachung vom 1. Januar 1987 (BGBl. I S. 425), die zuletzt durch Artikel 18 des Gesetzes vom 28. Juni 1990 (BGBl. I S. 1221) geändert worden ist,

mit folgenden Maßgaben:

a) §§ 120a bis f finden bis zur Neugestaltung des Arbeitsschutzrechts durch den gesamtdeutschen Gesetzgeber auch Anwendung auf

aa) Unternehmen, die nach § 6 Satz 1 vom Anwendungsbereich der Gewerbeordnung ausgenommen sind,

bb) die übrigen freien Berufe,

cc) die Land- und Forstwirtschaft,

dd) die nichtgewerblichen Vereinigungen und Institutionen.

Auf den öffentlichen Dienst finden diese Vorschriften Anwendung bis zum Erlaß entsprechender Regelungen durch die nach dem Wirksamwerden des Beitritts für den öffentlichen Dienst zuständigen Stellen.

b) Bei der Erfüllung der Pflichten nach § 120a sind, soweit Vorschriften nach § 120e nicht bestehen, die in der Bundesrepublik Deutschland bekanntgemachten Unfallverhütungsvorschriften sowie die allgemein anerkannten sicherheitstechnischen, arbeitsmedizinischen und hygienischen Regeln zu berücksichtigen. Wird der Arbeitgeber Mitglied eines Unfallversicherungsträgers, der Unfallverhütungsvorschriften erlassen hat, gelten diese. Die Sätze 1 und 2 gelten nicht für Arbeitsräume, Betriebseinrichtungen, Maschinen und Gerätschaften, die vor dem Wirksamwerden des Beitritts errichtet sind oder mit deren Errichtung begonnen ist oder die vor diesem Zeitpunkt in Betrieb genommen sind, wenn ihre Anwendung umfangreiche Änderungen notwendig macht. Die zuständige Behörde kann jedoch verlangen, daß Arbeitsräume, Betriebseinrichtungen, Maschinen und Gerätschaften entsprechend den Unfallverhütungsvorschriften und Regeln geändert werden, soweit

aa) sie wesentlich geändert werden oder

bb) ihre Nutzung wesentlich geändert wird oder

cc) nach der Art des Betriebes vermeidbare Gefahren für Leben oder Gesundheit der Beschäftigten zu befürchten sind.

c) In dem in Artikel 3 des Vertrages genannten Gebiet werden bis zur Aufnahme der Aufsichtstätigkeit durch die zuständigen Landesbehörden die Aufsichtsaufgaben nach § 139b durch diejenigen staatlichen Stellen wahrgenommen, die für die Kontrolle der Einhaltung der entsprechenden Arbeitsschutzvorschriften nach dem bis zum Wirksamwerden des Beitritts geltenden Recht zuständig waren. Entsprechendes gilt für die in anderen arbeitsschutzrechtlichen Gesetzen und Verordnungen vorgesehenen Aufsichtsaufgaben der zuständigen Landesbehörden.

10. Arbeitsstättenverordnung vom 20. März 1975 (BGBl. I S. 729), zuletzt geändert durch Artikel 2 der Verordnung vom 1. August 1983 (BGBl. I S. 1057),

mit folgender Maßgabe:

An die Stelle des Zeitpunktes des Inkrafttretens in § 56 tritt der Tag des Wirksamwerdens des Beitritts.

11. Verordnung über besondere Arbeitsschutzanforderungen bei Arbeiten im Freien in der Zeit vom 1. November bis 31. März vom 31. August 1968 (BGBl. I S. 901), zuletzt geändert durch § 58 Abs. 2 Satz 2 Nr. 2 der Verordnung vom 20. März 1975 (BGBl. I S. 729),

mit folgender Maßgabe:

Die Verordnung ist ab 1. April 1991 anzuwenden.

12. Gesetz über Betriebsärzte, Sicherheitsingenieure und andere Fachkräfte für Arbeitssicherheit vom 12. Dezember 1973 (BGBl. I S. 1885), geändert durch § 70 des Gesetzes vom 12. April 1976 (BGBl. I S. 965),

mit folgenden Maßgaben:

a) Die Verpflichtung der Arbeitgeber nach § 2 gilt als erfüllt, wenn die betriebsärztlichen Aufgaben durch eine Einrichtung des betrieblichen Gesundheitswesens wahrgenommen werden. Die Buchstaben b) und d) sind anzuwenden.

b) Der Arbeitgeber kann die Fachkunde als Betriebsarzt nach § 4 als nachgewiesen ansehen bei Fachärzten für Arbeitsmedizin oder Arbeitshygiene und Fachärzten mit staatlicher Anerkennung als Betriebsarzt.

c) Der Arbeitgeber kann die Fachkunde als Fachkraft für Arbeitssicherheit nach § 7 als nachgewiesen ansehen bei Fachkräften, die eine Hochschul-, Fachschul- oder Meisterqualifikation besitzen und eine der Ausbildung entsprechende praktische Tätigkeit mindestens zwei Jahre lang ausgeübt haben und eine Ausbildung als Fachingenieur oder Fachökonom für Arbeitsschutz oder Arbeitsschutzinspektor oder Sicherheitsingenieur oder Fachingenieur für Brandschutz oder den Erwerb der anerkannten Zusatzqualifikation im Gesundheits- und Arbeitsschutz für Sicherheitsinspektoren oder eine entsprechende Ausbildung auf dem Gebiet der Arbeitshygiene nachweisen können. Fachkräfte für Arbeitssicherheit erfüllen die Anforderungen auch, wenn sie vor dem Inkrafttreten dieses Gesetzes mindestens zwei Jahre lang auf dem Gebiet der Arbeitssicherheit tätig waren.

d) Für die Ermittlung der Einsatzzeit der Betriebsärzte sind folgende Mindestwerte zugrunde zu legen:
   aa) 0,25 Stunden/Beschäftigten × Jahr für Betriebe mit geringfügigen Gefährdungen,
   bb) 0,6 Stunden/Beschäftigten × Jahr für Betriebe, in denen eine arbeitsmedizinische Betreuung durchzuführen ist, weil besondere Arbeitserschwernisse vorliegen oder besonderen Berufskrankheiten vorzubeugen ist oder besondere arbeitsbedingte Gefährdungen für die Arbeitnehmer oder Dritte vorliegen,
   cc) 1,2 Stunden/Beschäftigten × Jahr für Betriebe, in denen diese arbeitsmedizinischen Untersuchungen in jährlichen oder kürzeren Zeitabständen durchzuführen sind.

   Die auf der Grundlage der Mindestwerte ermittelte Einsatzzeit ist zu erhöhen, wenn der Umfang der vom Betriebsarzt durchzuführenden arbeitsmedizinischen Untersuchungen überdurchschnittlich hoch ist oder in Durchsetzung von Rechtsvorschriften zusätzliche Aufgaben im Betrieb zu lösen sind.

e) Für die Ermittlung der Einsatzzeit der Fachkräfte für Arbeitssicherheit sind folgende Mindestwerte zugrunde zu legen:
   aa) 0,2 Stunden/Beschäftigten × Jahr für Betriebe mit geringfügigen Gefährdungen,
   bb) 1,5 Stunden/Beschäftigten × Jahr für Betriebe mit mittleren Gefährdungen,
   cc) 3,0 Stunden/Beschäftigten × Jahr für Betriebe mit hohen Gefährdungen,
   dd) 4,0 Stunden/Beschäftigten × Jahr für Betriebe mit sehr hohen Gefährdungen.

   Die auf der Grundlage der Mindestwerte ermittelte Einsatzzeit ist zu erhöhen, wenn der Schwierigkeitsgrad der arbeitssicherheitlichen Aufgabe oder der Umfang der Aufgaben der technischen Arbeitshygiene überdurchschnittlich hoch ist oder zusätzliche Aufgaben, z.B. für die Bereiche des Brand- oder Strahlenschutzes, zu lösen sind.

f) Wird der Arbeitgeber Mitglied eines Unfallversicherungsträgers und hat dieser Unfallverhutungsvorschriften gemäß § 14 Abs. 1 erlassen, so treten an die Stelle der Bestimmungen in den Buchstaben b) bis e) die entsprechenden Bestimmungen der Unfallverhütungsvorschriften. Die erforderliche Fachkunde kann auch weiterhin als nachgewiesen angesehen werden, wenn die Voraussetzungen der Buchstaben b) und c) erfüllt sind.

g) Für den öffentlichen Dienst der in Artikel 1 des Vertrages genannten Länder und des Landes Berlin für den Teil, in dem das Grundgesetz bisher nicht galt, ist bis zum Erlaß entsprechender Vorschriften durch die für den öffentlichen Dienst zuständigen Minister der Länder die Richtlinie des Bundesministers des Innern für den betriebsärztlichen und sicherheitstechnischen Dienst in den Verwaltungen und Betrieben des Bundes vom 28. Januar 1978 (GMBl. S. 114ff.) anzuwenden.

13. Röntgenverordnung vom 8. Januar 1987 (BGBl. I S. 114), zuletzt geändert durch Verordnung vom 3. April 1990 (BGBl. I S. 607),

mit folgender Maßgabe:

Die Bundesregierung wird ermächtigt, durch Rechtsverordnung die in § 45 enthaltenen Fristen für das in dem in Artikel 3 des Vertrages genannte Gebiet zu verlängern.

14. Gefahrstoffverordnung vom 26. August 1986 (BGBl. I S. 1470), zuletzt geändert durch Verordnung vom 23. April 1990 (BGBl. I S. 790),

mit folgenden Maßgaben:

a) Eine nach dem bis zum Wirksamwerden des Beitritts geltenden Recht erteilte Erlaubnis oder erstattete Anzeige gilt als Erlaubnis oder Anzeige im Sinne dieser Verordnung.

b) Vor dem Wirksamwerden des Beitritts in den Verkehr gebrachte gefährliche Stoffe, Zubereitungen oder Erzeugnisse dürfen noch bis zum 31. Dezember 1991 nach den bisher geltenden Vorschriften gekennzeichnet sein, soweit sie in dem in Artikel 3 des Vertrages genannten Gebiet verbleiben.

c) Gefährliche Stoffe, Zubereitungen oder Erzeugnisse, für die in dem in Artikel 3 des Vertrages genannten Gebiet bis zum Wirksamwerden des Beitritts keine Kennzeichnungspflicht bestand, dürfen in diesem Gebiet noch bis 1. Juni 1991 ohne Kennzeichnung in den Verkehr gebracht oder verwendet werden.

d) Holzwerkstoffe dürfen abweichend von § 9 Abs. 3 bis zum 31. Dezember 1992 hergestellt und in den Verkehr gebracht werden. Abweichend von Satz 1 dürfen Möbel aus diesen Holzwerkstoffen in den Verkehr gebracht werden, wenn sie vor dem 31. Dezember 1991 hergestellt worden sind.

e) Stoffe, Zubereitungen und Erzeugnisse, die polychlorierte Dioxine und Furane enthalten, dürfen abweichend von § 9 Abs. 6 bis zum 31. Dezember 1991 in den Verkehr gebracht werden.

f) Personen, die bis zum Wirksamwerden des Beitritts nach den bisher geltenden Vorschriften eine Prüfung abgelegt haben, die der Prüfung nach § 13 Abs. 2 entspricht, besitzen die erforderliche Sachkenntnis.

g) Wer am Tag des Wirksamwerdens des Beitritts eine Tätigkeit nach § 11 Abs. 2 Nr. 3 ausübt, hat dieses bis zum 1. Februar 1991 der zuständigen Behörde anzuzeigen und mindestens eine Person zu benennen, die vor dem Tag des Wirksamwerdens des Beitritts für die entsprechende Tätigkeit verantwortlich war.

Sachgebiet C: Sozialer Arbeitsschutz

Abschnitt III

Bundesrecht tritt in dem in Artikel 3 des Vertrages genannten Gebiet mit folgenden Maßgaben in Kraft:

1. §§ 105a bis 105j der Gewerbeordnung in der Fassung der Bekanntmachung vom 1. Januar 1987 (BGBl. I S. 425), die zuletzt durch Artikel 18 des Gesetzes vom 28. Juni 1990 (BGBl. I S. 1221) geändert worden ist,

mit folgender Maßgabe:

Die Vorschriften sind ab dem 1. Januar 1993 anzuwenden. Bis zu diesem Zeitpunkt gilt das in Anlage II Kapitel VIII Sachgebiet C Abschnitt III Nr. 1 Buchstabe a aufgeführte Recht der Deutschen Demokratischen Republik fort.

2. Verordnung über Ausnahmen vom Verbot der Beschäftigung von Arbeitnehmern an Sonn- und Feiertagen in der Eisen- und Stahlindustrie in der Fassung vom 31. Juli 1968 (BGBl. I S. 885), geändert durch Artikel 12 Abs. 1 des Gesetzes vom 24. April 1986 (BGBl. I S. 560),

mit in Nummer 1 genannter Maßgabe.

3. Verordnung über Ausnahmen vom Verbot der Beschäftigung von Arbeitnehmern an Sonn- und Feiertagen in der Papierindustrie in der im Bundesgesetzblatt Teil III, Gliederungsnummer 7107-5, veröffentlichten bereinigten Fassung, geändert durch Artikel 12 Abs. 2 des Gesetzes vom 24. April 1986 (BGBl. I S. 560),

mit in Nummer 1 genannter Maßgabe.

4. Verordnung über Sonntagsruhe im Handelsgewerbe und in Apotheken in der im Bundesgesetzblatt Teil III, Gliederungsnummer 7107-1, veröffentlichten bereinigten Fassung

mit in Nummer 1 genannter Maßgabe.

5. Bekanntmachung betreffend Ausnahmen von den Bestimmungen über die Sonntagsruhe gemäß § 105e Abs. 1 der Gewerbeordnung in der im Bundesgesetzblatt Teil III, Gliederungsnummer 7107-2, veröffentlichten bereinigten Fassung

mit in Nummer 1 genannter Maßgabe.

6. Bekanntmachung betreffend Ausnahmen von dem Verbot der Sonntagsarbeit im Gewerbebetrieb in der im Bundesgesetzblatt Teil III, Gliederungsnummer 7107-3, veröffentlichten bereinigten Fassung

mit in Nummer 1 genannter Maßgabe.

7. Arbeitszeitordnung in der im Bundesgesetzblatt Teil III, Gliederungsnummer 8050-1, veröffentlichten bereinigten Fassung, zuletzt geändert durch Artikel 21 des Gesetzes vom 10. März 1975 (BGBl. I S. 685),

mit folgenden Maßgaben:

a) § 16 Abs. 2 ist nicht anzuwenden, soweit das Verbot der Beschäftigung von Frauen bei Bauten aller Art geregelt ist.
b) § 19 ist nicht anzuwenden.
c) Allein wegen der Überleitung dieses Gesetzes ist eine arbeitsvertragliche Erhöhung der Arbeitszeit nicht zulässig.
d) Soweit in dem in Artikel 3 des Vertrages genannten Gebiet in Tarifverträgen oder in Arbeitsverträgen die in Rechtsvorschriften festgelegte Arbeitszeit als die maßgebliche Arbeitszeit bezeichnet worden ist, gilt diese Arbeitszeit bis zum 30. Juni 1991 als vertraglich vereinbarte Arbeitszeit. Entsprechendes gilt auch für die in diesen Rechtsvorschriften genannten Zuschläge für Sonn- und Feiertagsarbeit, Nachtarbeit und Überstundenarbeit.

8. Ausführungsverordnung zur Arbeitszeitordnung in der im Bundesgesetzblatt Teil III, Gliederungsnummer 8050-1-1, veröffentlichten bereinigten Fassung, zuletzt geändert durch Artikel 24 der Verordnung vom 18. April 1975 (BGBl. I S. 967),

mit folgenden Maßgaben:

a) Nummer 20 ist nicht anzuwenden, soweit das Verbot der Beschäftigung von Frauen bei Bauten aller Art geregelt ist.
b) Die Nummern 21 und 22 sind nicht anzuwenden.

9. Ausführungsverordnung zum Gesetz über Kinderarbeit und über die Arbeitszeit der Jugendlichen in der im Bundesgesetzblatt Teil III, Gliederungsnummer 8051-1-2, veröffentlichten bereinigten Fassung

mit folgender Maßgabe:

Nummer 52 ist nicht anzuwenden, soweit das Verbot der Beschäftigung von weiblichen Jugendlichen bei Bauten aller Art geregelt ist.

10. Verordnung über die Arbeitszeit in Krankenpflegeanstalten in der im Bundesgesetzblatt Teil III, Gliederungsnummer 8050-2, veröffentlichten bereinigten Fassung, geändert durch Artikel 241 des Gesetzes vom 2. März 1974 (BGBl. I S. 469),

mit den in Nummer 7, Buchstabe c und d genannten Maßgaben.

11. Gesetz über die Arbeitszeit in Bäckereien und Konditoreien in der im Bundesgesetzblatt Teil III, Gliederungsnummer 8050-8, veröffentlichten bereinigten Fassung, zuletzt geändert durch Gesetz vom 14. Juli 1976 (BGBl. I S. 1801),

mit folgender Maßgabe:

Die §§ 5 bis 7 des Gesetzes sind ab dem 1. Januar 1993 anzuwenden.

12. Verordnung zur Durchführung des Gesetzes über die Arbeitszeit in Bäckereien und Konditoreien in der im Bundesgesetzblatt Teil III, Gliederungsnummer 8050-8-1, veröffentlichten bereinigten Fassung, zuletzt geändert durch Verordnung vom 18. April 1975 (BGBl. I S. 967),

mit folgender Maßgabe:

Artikel 2 der Verordnung ist ab dem 1. Januar 1993 anzuwenden.

13. Freizeitanordnung in der im Bundesgesetzblatt Teil III, Gliederungsnummer 8050-9, veröffentlichten bereinigten Fassung

mit folgender Maßgabe:

§ 2 der Verordnung ist ab dem 1. Januar 1992 anzuwenden. Bis zu diesem Zeitpunkt gilt das in Anlage II Kapitel VIII Sachgebiet C Abschnitt III Nummer 1 Buchstabe c, Nummern 2 und 4 aufgeführte Recht der Deutschen Demokratischen Republik fort.

Sachgebiet D: Übergreifende Vorschriften des Sozialrechts

Abschnitt II

Bundesrecht wird wie folgt aufgehoben oder ergänzt:

1. Sozialgerichtsgesetz in der Fassung der Bekanntmachung vom 23. September 1975 (BGBl. I S. 2535), zuletzt geändert durch Artikel 32 des Gesetzes vom 20. Dezember 1988 (BGBl. I S. 2477), wird wie folgt geändert:

a) § 78 Abs. 2 wird gestrichen.

b) Nach § 84 wird folgender § 84a eingefügt:

„**§ 84a** Für das Vorverfahren gilt § 25 Abs. 4 des Zehnten Buches Sozialgesetzbuch nicht."

Für Klagen gegen Verwaltungsakte, die vor dem 1. Januar 1991 von Leistungsträgern im bisherigen Geltungsbereich des Sozialgerichtsgesetzes erstellt worden sind (Datum des Bescheides), findet § 78 Abs. 2 weiter Anwendung, soweit die in dessen bisherigem Geltungsbereich errichteten Sozialgerichte zuständig sind.

Abschnitt III

Bundesrecht tritt in dem in Artikel 3 des Vertrages genannten Gebiet mit folgenden Maßgaben in Kraft:

1. Sozialgesetzbuch – Allgemeiner Teil – vom 11. Dezember 1975 (BGBl. I S. 3015), zuletzt geändert durch Artikel 2 des Gesetzes vom 30. Juni 1989 (BGBl. I S. 1294),

mit folgenden Maßgaben:

a) Artikel I und II finden für den Bereich der Kranken-, Renten- und Unfallversicherung ab 1. Januar 1991 Anwendung.

b) Artikel I §§ 18 bis 29 und Artikel II § 1 finden entsprechend der Überleitung des materiellen Rechts und der organisationsrechtlichen Vorschriften in den einzelnen Bereichen Anwendung.

2. Sozialgesetzbuch – Verwaltungsverfahren – vom 18. August 1980 (BGBl. I S. 1469, 2218), zuletzt geändert gemäß Artikel 85 Abs. 2 des Gesetzes vom 18. Dezember 1989 (BGBl. I S. 2261, 1990 I S. 1337),

mit folgender Maßgabe:

Artikel I und II sind für den Bereich der Kranken-, Renten- und Unfallversicherung ab 1. Januar 1991 anzuwenden.

3. Verordnung zur Bestimmmung der zur Beglaubigung befugten Behörden nach dem Sozialgesetzbuch vom 27. September 1985 (BGBl. I S. 1952),

mit folgender Maßgabe:

Nummer 2 gilt entsprechend.

4. Sozialgerichtsgesetz in der Fassung der Bekanntmachung vom 23. September 1975 (BGBl. I S. 2535), zuletzt geändert durch Artikel 32 des Gesetzes vom 20. Dezember 1988 (BGBl. I S. 2477), unbeschadet der Maßgaben in Anlage I Kapitel III

mit folgender Maßgabe:

Die §§ 144 bis 149 finden keine Anwendung. Die Berufung bedarf der Zulassung nach § 150 Nr. 1 in den in Artikel 2 § 4 Abs. 1 des Gesetzes zur Entlastung der Gerichte in der Verwaltungs- und Finanzgerichtsbarkeit vom 31. März 1978 (BGBl. I S. 446), zuletzt geändert durch Artikel 1 des Gesetzes vom 4. Juli 1985 (BGBl. I S. 1274), genannten Fällen; für die Beschwerde gegen die Nichtzulassung gilt § 131 Abs. 3 und 4 der Verwaltungsgerichtsordnung entsprechend. § 150 Nr. 2 und 3 bleibt unberührt.

Diese Maßgabe gilt nicht für den in Artikel 3 des Vertrages genannten Teil des Landes Berlin.

Sachgebiet E: Arbeitsmarktpolitik, Arbeitsförderung, Arbeitslosenversicherung

Abschnitt I

Von dem Inkrafttreten des Bundesrechts gemäß Artikel 8 des Vertrages sind ausgenommen:

1. Heimkehrergesetz in der im Bundesgesetzblatt Teil III, Gliederungsnummer 84-1, veröffentlichten bereinigten Fassung, zuletzt geändert durch Artikel 39 des Gesetzes vom 20. Dezember 1988 (BGBl. I S. 2477)

2. Verordnung zur Durchführung des Gesetzes über Hilfsmaßnahmen für Heimkehrer in der im Bundesgesetzblatt Teil III, Gliederungsnummer 84-1-1, veröffentlichten bereinigten Fassung, zuletzt geändert durch Artikel 1 der Verordnung vom 13. Februar 1975 (BGBl. I S. 498)

Abschnitt II

Bundesrecht wird wie folgt aufgehoben, geändert oder ergänzt:

1. Arbeitsförderungsgesetz vom 25. Juni 1969 (BGBl. I S. 582), zuletzt geändert durch Artikel 19 des Gesetzes vom 28. Juni 1990 (BGBl. I S. 1221)

a) § 62a wird wie folgt geändert:

aa) In Absatz 3 Satz 5 werden jeweils die Verweisung „Satz 3" durch die Verweisung „Satz 4" und die Verweisung „Absatz 1 Satz 1 Buchstabe a oder c" durch die Verweisung „Absatz 1 Satz 1 Nr. 1 oder 3" ersetzt.

bb) In Absatz 7 Satz 2 Nr. 2 wird die Verweisung „Absatzes 1 Satz 1 Buchstabe c" durch die Verweisung „Absatzes 1 Satz 1 Nr. 3" ersetzt.

b) In § 63 Abs. 4 Satz 1 wird die Angabe „§ 17 Nr. 1 des Kündigungsschutzgesetzes" durch die Angabe „§ 17 Abs. 1 des Kündigungsschutzgesetzes" ersetzt.

c) § 112 wird wie folgt geändert:

aa) Absatz 5 wird wie folgt geändert:

aaa) In Nummer 4 Satz 2 Halbsatz 2 wird die Verweisung „§ 112a Abs. 1 Satz 2" durch die Verweisung „§ 112a Abs. 1 Satz 3" ersetzt.

bbb) In Nummer 8 wird die Verweisung „(§ 107 Nr. 5 Buchstabe d)" durch die Verweisung „(§ 107 Satz 1 Nr. 5 Buchstabe d)" ersetzt.

bb) In Absatz 6 Satz 3 wird die Verweisung „Absatz 2 Satz 3" durch die Verweisung „Absatz 1 Satz 2" ersetzt.

cc) In Absatz 7 wird die Verweisung „nach den Absätzen 2 bis 6" durch die Verweisung „nach den Absätzen 1 bis 6" ersetzt.

dd) In Absatz 8 Satz 1 wird die Verweisung „nach Absatz 2" durch die Verweisung „nach Absatz 3" ersetzt.

d) § 241b wird aufgehoben.

e) Nach § 249a werden folgende §§ 249b bis d eingefügt:

„**§ 249b** (1) Die Förderung nach dem Arbeitsförderungsgesetz vom 22. Juni 1990 (GBl. I Nr. 36 S. 403) steht bei der Anwendung dieses Gesetzes der Förderung nach diesem Gesetz gleich.

(2) Ist nach dem Arbeitsförderungsgesetz vom 22. Juni 1990 (GBl. I Nr. 36 S. 403) ein Anspruch auf Arbeitslosengeld, Kurzarbeitergeld oder Arbeitslosenhilfe entstanden, so ist für Zeiten vor dem Wirksamwerden des Beitritts das Arbeitsförderungsgesetz vom 22. Juni 1990 (GBl. I Nr. 36 S. 403) weiterhin anzuwenden. Bei der Anwendung dieses Gesetzes steht die Entstehung eines Anspruchs nach dem Arbeitsförderungsgesetz vom 22. Juni 1990 (GBl. I Nr. 36 S. 403) der Entstehung eines Anspruchs nach diesem Gesetz gleich. Nur die Höhe der Leistung ist für die Zeit nach dem 31. Dezember 1990 auf der Grundlage des Arbeitsentgelts neu festzusetzen, das für die Bemessung der Leistung maßgebend ist. Abweichend von § 113 Abs. 1 Satz 1 ist die auf der Lohnsteuerkarte zu Beginn des Jahres 1991 eingetragene Lohnsteuerklasse maßgebend. Eine Verminderung der Leistung ist ausgeschlossen.

(3) Absatz 2 Satz 3 bis 5 gilt für das Unterhaltsgeld und Übergangsgeld entsprechend.

(4) Absatz 2 Satz 1 gilt für das Konkursausfallgeld einschließlich der Beiträge nach § 141n entsprechend.

§ 249c (1) Bei der Anwendung des § 19 Abs. 1a und 1b sind auch Zeiten des Aufenthalts und einer erstmaligen Beschäftigung in dem in Artikel 3 des Einigungsvertrages genannten Gebiet zu berücksichtigen.

(2) Abweichend von § 59b erhöht sich das Übergangsgeld jeweils in den gleichen Zeitabständen und um den gleichen Vomhundertsatz wie die Renten in dem in Artikel 3 des Einigungsvertrages genannten Gebiet, wenn es überwiegend auf Arbeitsentgelt aus diesem Gebiet beruht.

(3) Bei der Anwendung des § 62a Abs. 3 Satz 1 ist die Bezugsgröße maßgebend, die in dem Land gilt, das nach § 2 der Verteilungsverordnung in der im Bundesgesetzblatt Teil III, Gliederungsnummer 240-3, veröffentlichten bereinigten Fassung für den Aussiedler als Aufnahmeland festgelegt ist oder festgelegt wird.

(4) Bei Anwendung des § 91 Abs. 2 Satz 3 und des § 94 Abs. 2 ist für Maßnahmen zur Arbeitsbeschaffung, die in dem Gebiet, in dem dieses Gesetz schon vor dem Wirksamwerden des Beitritts gegolten hat, bis zum 30. Juni 1991 bewilligt werden, anstelle des Bundesdurchschnitts der Durchschnitt nur dieses Gebiets zugrunde zu legen.

(5) Bei Anwendung des § 91 Abs. 4 ist für Maßnahmen zur Arbeitsbeschaffung, die in dem Gebiet, in dem dieses Gesetz schon vor dem Wirksamwerden des Beitritts gegolten hat, bis zum 31. Dezember 1991 bewilligt werden, anstelle des Bundesdurchschnitts der Durchschnitt nur dieses Gebiets zugrunde zu legen.

(6) Bei Anwendung des § 94 Abs. 3 Satz 2 für Maßnahmen zur Arbeitsbeschaffung, die in dem Gebiet, in dem dieses Gesetz schon vor dem Wirksamwerden des Beitritts gegolten hat, bis zum 30. Juni 1991 bewilligt werden, dürfen Zuschüsse von mehr als 90 bis 100 vom Hundert des Arbeitsentgelts für höchstens 15 vom Hundert aller im Kalenderjahr nur in diesem Gebiet zugewiesenen Arbeitnehmer bewilligt werden.

(7) Bei der Anwendung des § 105a steht der Berufsunfähigkeit oder Erwerbsunfähigkeit im Sinne der gesetzlichen Rentenversicherung die Invalidität oder Berufsunfähigkeit im Sinne des Rentenrechts gleich, das in dem in Artikel 3 des Einigungsvertrages genannten Gebiet gilt.

(8) Ergänzend zu § 107 stehen den Zeiten einer die Beitragspflicht begründenden Beschäftigung gleich:

1. Zeiten einer Beschäftigung, die nach dem Arbeitsförderungsgesetz vom 22. Juni 1990 (GBl. I Nr. 36 S. 403) die Beitragspflicht begründet haben,
2. Zeiten, die nach den §§ 107, 249b Abs. 5 des Arbeitsförderungsgesetzes vom 22. Juni 1990 (GBl. I Nr. 36 S. 403) einer die Bei-

tragspflicht begründenden Beschäftigung gleichgestanden haben.

Den Zeiten nach § 107 Satz 1 Nr. 5 Buchstaben b oder c stehen Zeiten des Bezuges der entsprechenden Leistungen nach § 107 Satz 1 Nr. 5 Buchstaben b oder c des Arbeitsförderungsgesetzes vom 22. Juni 1990 (GBl. I Nr. 36 S. 403) gleich.

(9) Bei der Anwendung einer Rechtsverordnung nach § 111 Abs. 2 Satz 1 ist die jeweilige Leistungsbemessungsgrenze maßgebend, die in dem Gebiet gilt, in dem der Arbeitslose vor Entstehung des Anspruchs zuletzt in einer die Beitragspflicht begründenden Beschäftigung gestanden hat.

(10) Bei der Anwendung des § 111 Abs. 2 sind

1. Regelungen über die gewöhnlichen gesetzlichen Abzüge vom Arbeitsentgelt, die in dem in Artikel 3 des Einigungsvertrages genannten Gebiet gelten, nicht zu berücksichtigen, soweit sie von denen in dem Gebiet abweichen, in dem das Arbeitsförderungsgesetz schon vor dem Beitritt galt,
2. Kirchensteuer-Hebesätze, die in dem in Artikel 3 des Einigungsvertrages genannten Gebiet gelten, erstmals bei der Leistungsverordnung für das dritte Kalenderjahr nach Einführung der Kirchensteuer in diesem Gebiet zu berücksichtigen,
3. Beitragssätze der gesetzlichen Krankenversicherung, die in dem in Artikel 3 des Einigungsvertrages genannten Gebiet gelten, erstmals für die Leistungsverordnung 1992 zu berücksichtigen.

(11) Bei der Anwendung des § 112 sind nach Absatz 8 Satz 1 gleichgestellte Zeiten im Bemessungszeitraum mit dem letzten Bruttodurchschnittslohn im Sinne des § 112 Abs. 1 des Arbeitsförderungsgesetzes vom 22. Juni 1990 (GBl. I Nr. 36 S. 403) bis zur Höhe von 2700 Deutsche Mark monatlich zu berücksichtigen. Im übrigen sind für Zeiten einer die Beitragspflicht begründenden Beschäftigung, die vor dem 1. Januar 1991 in dem in Artikel 3 des Einigungsvertrages genannten Gebiet zurückgelegt worden sind, § 112 des Arbeitsförderungsgesetzes vom 22. Juni 1990 (GBl. I Nr. 36 S. 403) und die in dieser Bestimmung genannten Vorschriften weiterhin anzuwenden.

(12) Bei der Anwendung des § 112 ist für die Zeit des Bezuges von Wartegeld oder Übergangsgeld nach der Anlage zu Artikel 20 des Einigungsvertrags das Arbeitsentgelt zugrunde zu legen, nach dem diese Leistung bemessen wird.

(13) Beruht das Arbeitsentgelt nach § 112 überwiegend auf Zeiten mit Arbeitsentgelten aus dem in Artikel 3 des Einigungsvertrages genannten Gebiet, so errechnet sich der Anpassungssatz nach § 112a Abs. 1 Satz 1 aus der Veränderung der Bruttoarbeitsentgelte, die der jeweiligen Rentenanpassung in diesem Gebiet zugrunde liegen. Der Jahreszeitraum verkürzt sich jeweils nach Maßgabe der

Verkürzung des Jahresabstandes der Rentenanpassungen in dem in Artikel 3 des Einigungsvertrages genannten Gebiet.

(14) Der Anspruch auf Arbeitslosengeld ruht nach § 118 Abs. 1 Satz 1 auch für die Zeit, für die dem Arbeitslosen ein Anspruch auf

1. Schwangerschafts- und Wochengeld oder Mütterunterstützung,
2. Wartegeld oder Übergangsgeld nach der Anlage zu Artikel 20 des Einigungsvertrages

zuerkannt ist.

(15) Dem Vorruhestandsgeld nach § 118b steht Vorruhestandsgeld nach der Verordnung über Vorruhestandsgeld vom 8. Februar 1990 (GBl. I Nr. 7 S. 42) gleich.

(16) Ergänzend zu § 134 Abs. 1 Satz 1 Nr. 4 Buchstabe a steht dem Bezug von Arbeitslosengeld nach diesem Gesetz der Bezug

1. von Arbeitslosengeld nach dem Arbeitsförderungsgesetz vom 22. Juni 1990 (GBl. I Nr. 36 S. 403) gleich;
2. von staatlicher Unterstützung nach der Verordnung vom 8. Februar 1990 (GBl. I Nr. 7 S. 47) gleich, soweit sie nach § 249b Abs. 6 des Arbeitsförderungsgesetzes vom 22. Juni 1990 (GBl. I Nr. 36 S. 403) dem Bezug von Arbeitslosengeld gleichgestanden hat.

(17) § 134 Abs. 2 und 3 ist entsprechend auf Zeiten anzuwenden, in denen ein Arbeitsloser in dem in Artikel 3 des Einigungsvertrages genannten Gebiet eine den in § 134 Abs. 2 genannten Zeiten vergleichbare Zeit zurückgelegt oder nach den dort geltenden Vorschriften eine den in § 134 Abs. 3 genannten Leistungen vergleichbare Leistung bezogen hat.

(18) Bei der Anwendung von § 135 steht dem Anspruch auf Arbeitslosenhilfe nach diesem Gesetz der Anspruch auf Arbeitslosenhilfe nach dem Arbeitsförderungsgesetz vom 22. Juni 1990 (GBl. I Nr. 36 S. 403) gleich.

(19) § 137 Abs. 1 gilt mit der Maßgabe, daß bis zum 31. Dezember 1990 dem Kindergeld nach dem Bundeskindergeldgesetz das staatliche Kindergeld nach den in dem Artikel 3 des Einigungsvertrages genannten Gebiet geltenden Vorschriften gleichsteht.

(20) Ergänzend zu den in § 138 Abs. 3 genannten Leistungen gelten nicht als Einkommen

1. die Mütterunterstützung, soweit sie 600 Deutsche Mark monatlich nicht übersteigt,
2. das staatliche Kindergeld und der Zuschuß zum Familieneinkommen nach den in dem Artikel 3 des Einigungsvertrages genannten Gebiet geltenden Vorschriften bis zum 31. Dezember 1990,
3. der Zuschlag zum staatlichen Kindergeld nach § 1 der Verordnung über die Gewährung eines Zuschlages zum staatlichen Kindergeld vom 4. Januar 1990 (GBl. I Nr. 2 S. 3) bis zum 31. Dezember 1990,

4. der Zuschuß zum Familienaufwand nach den in dem Artikel 3 des Einigungsvertrages geltenden Vorschriften bis zum 31. Dezember 1990.

(21) Bei der Anwendung der §§ 141a bis 141 n, 145 Nr. 3 und § 71 Abs. 4 gelten anstelle der Vorschriften der Konkursordnung, die in Bezug genommen oder vorausgesetzt werden, die entsprechenden Vorschriften der Gesamtvollstreckungsordnung, wenn bei Zahlungsunfähigkeit des Arbeitgebers die Gesamtvollstreckungsordnung anzuwenden ist oder im Falle des § 141b Abs. 3 Nr. 2 anzuwenden wäre.

(22) Die Mitgliedschaft in einer Genossenschaft, die nach § 69 Abs. 3 des Landwirtschaftsanpassungsgesetzes vom 29. Juni 1990 (GBl. I Nr. 42 S. 642) spätestens am 1. Januar 1992 in eine zulässige Rechtsform umgestaltet werden muß, schließt eine Beschäftigung als Arbeitnehmer (§ 168 Abs. 1 Satz 1) dieser Genossenschaft nicht aus.

(23) Bei der Anwendung des § 169c Nr. 3 steht der Berufsunfähigkeit oder Erwerbsunfähigkeit im Sinne der gesetzlichen Rentenversicherung die Invalidität oder Berufsunfähigkeit im Sinne des Rentenrechts gleich, das in dem in Artikel 3 des Einigungsvertrages genannten Gebiet gilt.

(24) Die Mittel nach § 186b Abs. 1 sind im Jahr 1992 für das in Artikel 3 des Einigungsvertrages genannte Gebiet auch für das Jahr 1990 aufzubringen. Die von den Arbeitgebern nach § 186e des Arbeitsförderungsgesetzes vom 22. Juni 1990 (GBl. I Nr. 36 S. 403) für das Jahr 1990 gezahlte Umlage ist anzurechnen; soweit sie die Aufwendungen übersteigt, ist sie mit den nach § 186b Abs. 1 für das Jahr 1991 aufzubringenden Mitteln zu verrechnen.

(25) Im Wege der Verschmelzung übernimmt die Bundesanstalt für Arbeit das Vermögen der Arbeitsverwaltung der Deutschen Demokratischen Republik und tritt in die Rechte und Pflichten der Arbeitsverwaltung der Deutschen Demokratischen Republik ein. Artikel 20 des Einigungsvertrages bleibt unberührt.

(26) Für den Vorstand und Verwaltungsrat gelten für die Restdauer der laufenden Amtsperiode (1. April 1986 bis 31. März 1992) folgende Sonderregelungen:

1. Abweichend von § 192 Abs. 2 besteht der Verwaltungsrat aus einundfünfzig, der Vorstand aus zwölf Mitgliedern; die Erweiterung ist unverzüglich vorzunehmen.
2. Die zusätzlich zu berufenden Mitglieder sollen ihren Wohnsitz oder gewöhnlichen Aufenthaltsort in dem in Artikel 3 des Einigungsvertrages genannten Gebiet haben.
3. Für die Berufung der zusätzlichen Mitglieder gelten die §§ 192, 195, 196 und 197 dieses Gesetzes entsprechend. Vorschlagsberechtigt für die zusätzlichen Vertreter der öffentlichen Körperschaften in den Organen sind

a) für den Verwaltungsrat
   aa) die Bundesregierung und die Spitzenvereinigung der kommunalen Selbstverwaltungskörperschaften für je ein Mitglied
   bb) der Bundesrat für zwei Mitglieder
b) für den Vorstand der Bundesrat.

4. Kommt während der laufenden Amtsperiode im Vorstand wegen Stimmengleichheit eine Entscheidung nicht zustande, so entscheidet der Verwaltungsrat.

(27) Die Beiräte bei den Arbeitsämtern nehmen ihre beratenden Aufgaben im Sinne des § 190 des Arbeitsförderungsgesetzes vom 22. Juni 1990 (GBl. I Nr. 36 S. 403) bis zur Bildung von Verwaltungsausschüssen weiterhin wahr. Bis zur Bildung von Verwaltungsausschüssen bei den Landesarbeitsämtern in dem in Artikel 3 des Einigungsvertrages genannten Gebiet nimmt der Beirat der Zentralen Arbeitsverwaltung seine bisherigen Aufgaben weiter wahr.

(28) Die Amtsperiode der Mitglieder der Verwaltungsausschüsse bei den Landesarbeitsämtern und Arbeitsämtern endet am 31. März 1992.

(29)[1] § 241 b in der bis zum Tage des Wirksamwerdens des Beitritts geltenden Fassung ist für Ansprüche, die vor dem Wirksamwerden des Beitritts entstanden sind, weiterhin anzuwenden.

§ 249d Für das in Artikel 3 des Einigungsvertrages genannte Gebiet gilt dieses Gesetz mit folgenden Maßgaben:

1. § 34 Abs. 4 gilt nicht für berufliche Bildungsmaßnahmen, die an Fachhochschulen, Hochschulen oder ähnlichen Bildungsstätten in dem in Artikel 3 des Einigungsvertrags genannten Gebiet stattfinden und bis zum 31. Dezember 1992 begonnen haben. Der Teilnehmer an einer Maßnahme nach Satz 1 wird nicht gefördert, wenn er innerhalb der letzten sechs Monate vor dem Beitritt seinen Wohnsitz oder gewöhnlichen Aufenthalt nicht in dem in Artikel 3 des Einigungsvertrags genannten Gebiet hatte.
2. § 40 Abs. 1 b ist erst für Bewilligungszeiträume zu berücksichtigen, die nach dem 30. Juni 1992 beginnen. Vom 1. Oktober 1992 gilt er ohne die einschränkende Maßgabe des Satzes 1.
3. Die Teilnahme an einer Fortbildungsmaßnahme, die die Voraussetzungen des § 41 Abs. 2a des Arbeitsförderungsgesetzes vom 22. Juni 1990 (GBl. I Nr. 36 S. 403) erfüllt, wird bis zum Ende der Maßnahme weiter gefördert.
4. Ein Antragsteller, dessen Teilnahme an der Bildungsmaßnahme notwendig ist, damit er bei drohender Arbeitslosigkeit nicht arbeitslos wird, steht hinsichtlich der Förderung seiner Teilnahme an der Bildungsmaßnahme dann einem Antragsteller, der die Voraussetzung des § 44 Abs. 2 Satz 1 Nr. 2 erfüllt, gleich,

---

[1] § 249c Abs. 29 geändert durch Art. 4 Nr. 4 Vereinbarung vom 18. 9. 1990 (BGBl. II S. 1243).

wenn er innerhalb der letzten zwölf Monate mindestens sechs Monate seinen Wohnsitz oder gewöhnlichen Aufenthalt in dem in Artikel 3 des Einigungsvertrages genannten Gebiet hatte und bis zum 31. Dezember 1992 in die Maßnahme eingetreten ist.

5. § 44 Abs. 5 des Arbeitsförderungsgesetzes findet auf Teilnehmer, die in eine nach dem Arbeitsförderungsgesetz vom 22. Juni 1990 (GBl. I Nr. 36 S. 403) geförderte Bildungsmaßnahme eingetreten sind, keine Anwendung.
6. Wer vor dem 1. Juli 1990 in eine Maßnahme der beruflichen Fortbildung und Umschulung eingetreten ist und Leistungen nach § 5 der Verordnung vom 8. Februar 1990 über die Umschulung von Bürgern zur Sicherung einer Berufstätigkeit (GBl. I Nr. 11 S. 83) und nach § 3 der Durchführungsbestimmung zur Verordnung vom 16. März 1990 (GBl. I Nr. 21 S. 192) beantragt hat, erhält für die Dauer der Maßnahme die Unterstützungsleistung als Unterhaltsgeld und die Maßnahmekosten in der bisher gewährten Höhe. Die Ausgleichszahlungen übernimmt die Bundesanstalt für Arbeit.
7. Die Vorschriften der Produktiven Winterbauförderung (§§ 77 bis 82, 186a und 238) sind in dem in Artikel 3 des Einigungsvertrages genannten Gebiet mit Wirkung vom 1. April 1991 anzuwenden.
8. Schlechtwettergeld wird in Betrieben des Baugewerbes mit Sitz in dem in Artikel 3 des Einigungsvertrages genannten Gebiet bis zum 31. März 1992 auch gewährt, wenn diese die Voraussetzungen des § 83 Nr. 1 und 2 nicht erfüllen.
9. Die Bemessung des Schlechtwettergeldes für witterungsbedingte Arbeitsausfälle der Monate November und Dezember 1990 erfolgt nach § 68 des Arbeitsförderungsgesetzes vom 22. Juni 1990 (GBl. I Nr. 36 S. 403).
10. §§ 128, 134 Abs. 4 Satz 4 finden keine Anwendung bei Arbeitnehmern, die bis zum 31. Dezember 1992 aus einem Betrieb, der in dem in Artikel 3 des Einigungsvertrages genannten Gebiet gelegen ist, entlassen worden sind.
11. Ergänzend zu § 163 Abs. 2 gewährt die Bundesanstalt für Arbeit für die Schlechtwetterzeiten 1990/91 und 1991/92 Arbeitgebem mit Sitz in dem in Artikel 3 des Einigungsvertrages genannten Gebiet auf Antrag einen Zuschuß zu den Beitragsaufwendungen zur Krankenversicherung der Bezieher von Schlechtwettergeld. Der Zuschuß beträgt für die Schlechtwetterzeit 1990/9175 vom Hundert, für die Schlechtwetterzeit 1991/92 50 vom Hundert des auf das Arbeitsentgelt im Sinne des § 163 Abs. 1 entfallenden Betrages nach dem jeweils geltenden Beitragssatz des Trägers der Krankenversicherung. Für die Antragstellung gilt die Ausschlußfrist des § 88 Abs. 2 Satz 2 entsprechend.
12. Abweichend von § 166 Abs. 3 Satz 2 gewährt die Bundesanstalt für Arbeit für die Schlechtwetterzeit 1990/91 Arbeitgebern mit Sitz in dem in Artikel 3 des Einigungsvertrages genannten Gebiet auf Antrag einen Zuschuß in Höhe von 75 vom Hundert

der Beitragsaufwendungen zur Rentenversicherung der Bezieher von Schlechtwettergeld.

13. Für Personen, die als Wehr- oder Zivildienstleistende oder als Gefangene beitragspflichtig sind (§ 168 Abs. 2 und 3a des Arbeitsförderungsgesetzes vom 22. Juni 1990 – GBl. I Nr. 36 S. 403 –), werden für Zeiten vor dem 1. Januar 1991 keine Beiträge erhoben.
14. In § 171 Abs. 1 Satz 1 Nr. 1 Halbsatz 2 tritt an die Stelle des Betrages von 610 Deutsche Mark ein Betrag, der zu einem Siebtel der in dem in Artikel 3 des Einigungsvertrages genannten Gebiet geltenden monatlichen Bezugsgröße in demselben Verhältnis steht wie 610 Deutsche Mark zu einem Siebtel der in dem Gebiet, in dem das Arbeitsförderungsgesetz schon vor dem Beitritt galt, geltenden monatlichen Bezugsgröße nach § 18 des Vierten Buches Sozialgesetzbuch, aufgerundet auf volle zehn Deutsche Mark.
15. Bei der Anwendung des § 175 Abs. 1 Satz 1 Nr. 1 und 3 sowie Satz 2 tritt an die Stelle der Beitragsbemessungsgrenze der Rentenversicherung der Arbeiter und Angestellten die Beitragsbemessungsgrenze des Rentenrechts, das in dem in Artikel 3 des Einigungsvertrages genannten Gebiet gilt.
16. Bei der Anwendung des § 175 Abs. 1 Satz 1 Nr. 2a tritt an die Stelle des durchschnittlichen Bruttoarbeitsentgelts aller Versicherten der Rentenversicherung der Arbeiter und Angestellten ohne Auszubildende im vorvergangenen Kalenderjahr die in dem in Artikel 3 des Einigungsvertrages genannten Gebiet geltende Bezugsgröße der Sozialversicherung.
17. Die Umlagebeträge nach § 186a sind ab 1. April 1991 von Arbeitgebern des Baugewerbes mit Sitz in dem in Artikel 3 des Einigungsvertrages genannten Gebiet an das Landesarbeitsamt Berlin ausschließlich abzuführen, solange für sie eine Abführung der Beträge über die gemeinsame Einrichtung (§ 186a Abs. 2 Satz 1) nicht möglich ist; § 186a Abs. 2 Satz 3 findet insoweit keine Anwendung.
18. Bis zur Bildung von Landesarbeitsämtern übernimmt in dem in Artikel 3 des Einigungsvertrages genannten Gebiet die Zentrale Arbeitsverwaltung die Aufgaben der Landesarbeitsämter.
19. § 233b Abs. 2 Satz 1 Nr. 3 ist bis zum Inkrafttreten der §§ 28a bis 28r des Vierten Buches Sozialgesetzbuch in folgender Fassung anzuwenden:

    „3. gegen Bestimmungen über die Verpflichtung zur Zahlung von Sozialversicherungsbeiträgen,“.

§ 249e (1) Die Bundesanstalt gewährt Arbeitnehmern, die in der Zeit vom Tage des Wirksamwerdens des Beitritts an bis zum 31. Dezember 1991 nach Vollendung des 57. Lebensjahres aus einer die Beitragspflicht begründenden Beschäftigung von mindestens 90 Kalendertagen in dem in Artikel 3 des Einigungsvertrages genannten Gebiet ausscheiden und in den letzten 90 Kalendertagen der

Beschäftigung ihren Wohnsitz oder gewöhnlichen Aufenthalt in diesem Gebiet hatten, ein Altersübergangsgeld nach Maßgabe der folgenden Absätze.

(2) Anspruch auf Altersübergangsgeld hat, wer

1. arbeitslos ist, sich beim Arbeitsamt arbeitslos gemeldet und Altersübergangsgeld beantragt hat,
2. die in den §§ 101 bis 103 genannten Voraussetzungen allein deshalb nicht erfüllt, weil er nicht bereit ist, jede zumutbare Beschäftigung anzunehmen, die er ausüben kann und darf, sowie an zumutbaren beruflichen Bildungsmaßnahmen teilzunehmen (§ 103 Abs. 1 Satz 1 Nr. 2),
3. an dem Tag, an dem die Voraussetzungen der Absätze 1 und 2 Nr. 1 und 2 erstmals erfüllt sind,
   a) bei Erfüllung der Voraussetzungen für einen Anspruch auf Arbeitslosengeld diese Leistung für 832 Tage beanspruchen könnte (§ 106) oder
   b) aufgrund eines Anspruchs auf Arbeitslosengeld mit einer Dauer von 832 Tagen Arbeitslosengeld nicht länger als 78 Tage bezogen hat.

(3) Auf das Altersübergangsgeld sind die Vorschriften über das Arbeitslosengeld und für Empfänger dieser Leistung mit folgenden Maßgaben entsprechend anzuwenden:

1. Die Dauer des Anspruchs beträgt 936 Tage. Sie mindert sich im Falle des Absatzes 2 Nr. 3 Buchstabe b um die Tage, für die der Anspruch auf Arbeitslosengeld erfüllt worden ist.
2. Die Höhe des Anspruchs beträgt 65 vom Hundert des um die gesetzlichen Abzüge, die bei Arbeitnehmern gewöhnlich anfallen, verminderten Arbeitsentgelts im Sinne des § 112. Für Ansprüche, die vor dem 1. April 1991 entstehen, erhöht sich das Altersübergangsgeld für die ersten 312 Tage um 5 Prozentpunkte. § 112a ist hinsichtlich des Erhöhungsbetrages nicht anzuwenden.
3. Bei der Anwendung des § 112 Abs. 11 tritt an die Stelle des 58. Lebensjahres das 57. Lebensjahr.
4. Die Bundesanstalt kann in der Anordnung nach § 103 Abs. 5 Regelungen treffen, die die Besonderheiten des Altersübergangsgeldes berücksichtigen. Bis zum Inkrafttreten einer solchen Regelung gelten für das Altersübergangsgeld die Regelungen entsprechend, die die Besonderheiten des § 105c berücksichtigen.

(4) Das Arbeitsamt soll dem Berechtigten, der nach Unterrichtung über die Regelung des Satzes 278 Tage Altersübergangsgeld bezogen hat und in absehbarer Zeit die Voraussetzungen für den Anspruch auf Altersruhegeld voraussichtlich erfüllt, auffordern, innerhalb eines Monats Altersruhegeld zu beantragen. Stellt der Berechtigte den Antrag nicht, ruht der Anspruch auf Altersübergangsgeld vom Tage nach Ablauf der Frist an bis zu dem Tage, an dem der Berechtigte Altersruhegeld beantragt.

(5) Ist ein Anspruch auf Altersübergangsgeld entstanden, so gelten für den Anspruch auf Arbeitslosengeld die Vorschriften dieses Gesetzes mit folgenden Maßgaben:

1. Die Dauer eines Anspruchs auf Arbeitslosengeld, der auf Zeiten einer die Beitragspflicht begründenden Beschäftigung vor der Entstehung des Anspruchs auf Altersübergangsgeld beruht, mindert sich um die Tage, für die der Anspruch auf Altersübergangsgeld erfüllt worden ist.
2. Ein Anspruch auf Arbeitslosengeld ruht in der Zeit, in der ein Anspruch auf Altersübergangsgeld nicht erschöpft ist.
3. Hat der Berechtigte 78 Tage Altersübergangsgeld bezogen, so
   a) erlischt ein Anspruch auf Arbeitslosengeld, der auf Zeiten vor Entstehung des Anspruchs auf Altersübergangsgeld beruht,
   b) bleiben Zeiten einer die Beitragspflicht begründenden Beschäftigung vor der Entstehung des Anspruchs auf Altersübergangsgeld bei der Anwendung der §§ 104 und 106 außer Betracht.

(6) Für den Anspruch auf Arbeitslosenhilfe steht das Altersübergangsgeld dem Arbeitslosengeld gleich.

(7) Ein Anspruch auf Altersübergangsgeld besteht nicht, wenn bei Antragstellung für die bisherige berufliche Tätigkeit des Antragstellers in der Region ein deutlicher Mangel an Arbeitskräften besteht und der Antragsteller eine solche Beschäftigung ausüben kann.

(8) Der Bundesminister für Arbeit und Sozialordnung kann im Einvernehmen mit dem Bundesminister der Finanzen und dem Bundesminister für Wirtschaft die in Absatz 1 genannte Befristung durch Rechtsverordnung bis zum 31. Dezember 1992 verlängern, wenn dies aus arbeitsmarktpolitischen Gründen geboten ist.

(9) Ist eine Arbeitnehmerin in der Zeit vom Tage des Wirksamwerdens des Beitritts an bis zum 31. Dezember 1990 aus einer die Beitragspflicht begründenden Beschäftigung ausgeschieden, so tritt in den Absätzen 1 und 3 Nr. 3 an die Stelle des 57. Lebensjahres das 55. Lebensjahr. In diesen Fällen beträgt die Dauer des Anspruchs auf Altersübergangsgeld 1560 Tage.

(10) Mehraufwendungen, die der Bundesanstalt für Arbeit durch die Anspruchsdauer von mehr als 832 Tagen entstehen, erstattet der Bund. Verwaltungskosten werden nicht erstattet."

2. **Arbeitnehmerüberlassungsgesetz** in der Fassung der Bekanntmachung vom 14. Juni 1985 (BGBl. I S. 1068), zuletzt geändert durch Gesetz vom 22. Dezember 1989 (BGBl. I S. 2406),

nach Artikel 1 § 19 wird eingefügt:

„**§ 20 Überleitungsregelungen aus Anlaß der Herstellung der Einheit Deutschlands.** Für das in Artikel 3 des Einigungsvertrages genannte Gebiet gilt

1. § 12 Abs. 3 erst, wenn § 28a des Vierten Buches Sozialgesetzbuch in Kraft tritt.

2. § 18 Abs. 2 Nr. 4 ist bis zum Inkrafttreten der §§ 28a bis 28r des Vierten Buches Sozialgesetzbuch in folgender Fassung anzuwenden: „4. Verstöße gegen Bestimmungen über die Verpflichtung zur Zahlung von Sozialversicherungsbeiträgen,“.“

3. Gesetz zur Bekämpfung der Schwarzarbeit in der Fassung der Bekanntmachung vom 29. Januar 1982 (BGBl. I S. 109), zuletzt geändert durch Artikel 14 des Gesetzes vom 20. Dezember 1988 (BGBl. I S. 2330)
Nach § 2a wird folgender § 2b eingefügt:

„**§ 2b Überleitungsregelung aus Anlaß der Herstellung der Einheit Deutschlands.** Für das in Artikel 3 des Einigungsvertrages genannte Gebiet ist § 2a Abs. 2 Nr. 4 bis zum Inkrafttreten der §§ 28a bis 28r des Vierten Buches Sozialgesetzbuch in folgender Fassung anzuwenden:
„4. Verstöße gegen Bestimmungen über die Verpflichtung zur Zahlung von Sozialversicherungsbeiträgen,“.“

4. Altersteilzeitgesetz vom 20. Dezember 1988 (BGBl. I S. 2343, 2348), zuletzt geändert durch Artikel 3 des Gesetzes vom 22. Dezember 1989 (BGBl. I S. 2398),

a) In § 2 Abs. 1 Nr. 2 wird folgender Satz angefügt:
„§ 249c Abs. 8 Satz 1 des Arbeitsförderungsgesetzes gilt in dem in Artikel 3 des Einigungsvertrages genannten Gebiet entsprechend.“

b) Nach § 13 wird eingefügt:

„**§ 13a Überleitungsregelung aus Anlaß der Herstellung der Einheit Deutschlands.** (1) An die Stelle der in § 3 Abs. 1 Nr. 1 Buchstabe b vorgesehenen Beiträge zur Höherversicherung treten für Arbeitnehmer aus dem in Artikel 3 des Einigungsvertrages genannten Gebiet Pflichtbeiträge zur Sozialversicherung.

(2) Für Betriebe, die ihren Sitz in dem in Artikel 3 des Einigungsvertrages genannten Gebiet haben, ist bei der Berechnung nach § 7 Abs. 1 Satz 1 der Durchschnitt der letzten drei Monate vor Beginn der Altersteilzeitarbeit des Arbeitnehmers maßgebend.

(3) An die Stelle der in § 10 Abs. 1 vorgesehenen Leistung treten die in dem in Artikel 3 des Einigungsvertrages genannten Gebiet vorgesehenen vergleichbaren Leistungen.“

5. Heimkehrergesetz in der im Bundesgesetzblatt Teil III, Gliederungsnummer 84-1, veröffentlichten bereinigten Fassung, zuletzt geändert durch Artikel 39 des Gesetzes vom 20. Dezember 1988 (BGBl. I S. 2477),

§§ 2 und 3 werden aufgehoben.

6. Schwerbehindertengesetz in der Fassung der Bekanntmachung vom 26. August 1986 (BGBl. I S. 1421, 1550), zuletzt geändert durch Artikel 20 des Gesetzes vom 28. Juni 1990 (BGBl. I S. 1221),

a) In § 5 Abs. 1 werden nach dem Wort „Bundesbahn“ die Worte „und die Deutsche Bundespost“ eingefügt.
b) In § 11 Abs. 2 wird die Zahl „150“ durch die Zahl „200“ ersetzt.

c) In § 35 Abs. 2 werden die Zahl „33" durch die Zahl „38" und die Zahl „11 " durch die Zahl „16" ersetzt.

d) In § 41 Abs. 3 Satz 1 werden die Worte „das Post- und Fernmeldewesen" durch die Worte „Post und Telekommunikation" ersetzt.

e) Dem § 54 wird folgender Absatz 4 angefügt:
„(4) Die Betreuung und Förderung nichtwerkstattfähiger Behinderter kann in Einrichtungen und Gruppen durchgeführt werden, die der Werkstatt angegliedert sind."

f) In § 59 Abs. 1 Satz 5 Nr. 3 wird der Punkt durch ein Semikolon ersetzt und folgender Halbsatz angefügt: „das gleiche gilt für Schwerbehinderte, die diese Voraussetzungen am 1. Oktober 1979 nur deshalb nicht erfüllt haben, weil sie ihren Wohnsitz oder ihren gewöhnlichen Aufenthalt zu diesem Zeitpunkt in dem in Artikel 3 des Einigungsvertrages genannten Gebiet hatten."

7. Arbeitslosenhilfe-Verordnung vom 7. August 1974 (BGBl. I S. 1929), zuletzt geändert durch Verordnung vom 20. Dezember 1988 (BGBl. I S. 2598),
nach § 13 wird folgender § 13a eingefügt:

„§ 13a Überleitungsregelung aus Anlaß der Herstellung der Einheit Deutschlands. Bis zum 31. Dezember 1991 steht bei Anwendung des § 11 die Invalidenrente, die Bergmannsinvalidenrente und die Bergmannsrente im Sinne des Rentenrechts, das in dem in Artikel 3 des Einigungsvertrages genannten Gebiet gilt, der Rente wegen Berufsunfähigkeit gleich."

8. Arbeitserlaubnisverordnung, zuletzt geändert durch Artikel 3 des Gesetzes vom 6. Januar 1987 (BGBl. I S. 89),
nach § 15 wird folgender § 15a eingefügt:

„§ 15a Überleitungsregelung aus Anlaß der Herstellung der Einheit Deutschlands. (1) In den Fällen des § 1 Abs. 2, des § 2 Abs. 1 Nr. 1, Abs. 2, 3 und 5, des § 4 Abs. 1 und 2 werden auch Zeiten des Aufenthalts in dem in Artikel 3 des Einigungsvertrages genannten Gebiet berücksichtigt.

(2) Im Falle des § 2 Abs. 2 Nr. 1 wird auch der Abschluß einer vergleichbaren Schul- und Berufsausbildung in dem in Artikel 3 des Einigungsvertrages genannten Gebiet berücksichtigt.

(3) Eine Arbeitserlaubnis, die freien Zugang zum Arbeitsmarkt einräumt, gilt mit der Ausnahme der Fälle des § 2 Abs. 1 Nr. 2 und 3 sowie des Abs. 6 bis zum 31. Dezember 1992 nicht in dem in Artikel 3 des Einigungsvertrages genannten Gebiet, sofern der Ausländer in diesem Gebiet
1. bei Inkrafttreten des Einigungsvertrags keinen Wohnsitz oder gewöhnlichen Aufenthalt hat oder
2. eine unselbständige Tätigkeit von weniger als fünf Jahren ausgeübt hat."

Abschnitt III

Bundesrecht tritt in dem in Artikel 3 des Vertrages genannten Gebiet mit folgenden Maßgaben in Kraft:

1. Schwerbehindertengesetz in der Fassung der Bekanntmachung vom 26. August 1986 (BGBl. I S. 1421, 1550), zuletzt geändert durch Artikel 20 des Gesetzes vom 28. Juni 1990 (BGBl. I S. 1221),

mit folgenden Maßgaben:

a) § 4 ist mit folgenden Maßgaben anzuwenden:

aa) Bei Anwendung des Absatzes 1 gelten Anerkennungen als Beschädigte nach der Anordnung über die Anerkennung als Beschädigte und Ausgabe von Beschädigtenausweisen vom 10. Juni 1971 (GBl. II Nr. 56 S. 493) in der Fassung der Anordnung Nr. 2 vom 18. Juli 1979 – Umtausch von Beschädigtenausweisen – (GBl. I Nr. 33 S. 315) bis zum Ablauf ihrer Gültigkeit, längstens bis zum 31. Dezember 1993, als Feststellungen über das Vorliegen einer Behinderung und den Grad der Behinderung von 30 bei Ausweisstufe I, 50 bei Ausweisstufe II, 80 bei Ausweisstufe III und 100 bei Ausweisstufe IV im Sinne des § 4 Abs. 1, solange die Voraussetzungen der Anerkennung fortbestehen.

bb) Schwer- und Schwerstbeschädigtenausweise, die gemäß der Anordnung über die Anerkennung als Beschädigte und Ausgabe von Beschädigtenausweisen vom 10. Juni 1971 in dem in Artikel 3 des Vertrages genannten Gebiet ausgegeben worden sind, gelten bis zum Ablauf ihrer Gültigkeit, längstens bis zum 31. Dezember 1993, als Ausweise über die Eigenschaft als Schwerbehinderte mit einem Grad der Behinderung von 50 bei Ausweisstufe II, 80 bei Ausweisstufe III und 100 bei Ausweisstufe IV im Sinne des § 4 Abs. 5.

cc) Bis zur Errichtung der in § 4 Abs. 1 genannten Behörden sind für den Erlaß von Verwaltungsakten nach § 4 die in den Kreisen, kreisfreien Städten und Stadtbezirken bestimmten Behörden zuständig.

b) Vor dem Wirksamwerden des Beitritts nach § 11 Abs. 1 des Gesetzes zur Sicherung der Eingliederung Schwerbehinderter in Arbeit, Beruf und Gesellschaft (Schwerbehindertengesetz – SchwbG) vom 21. Juni 1990 (GBl. I Nr. 35 S. 381) entstandene Verpflichtungen zur Zahlung von Ausgleichsabgabe für in der Zeit vom 1. Juli 1990 bis zum Beitritt unbesetzte Pflichtplätze bleiben bestehen.

c) § 24 ist mit folgenden Maßgaben anzuwenden:

aa) Die erstmaligen Wahlen der Schwerbehindertenvertretungen in der Zeit bis 30. November 1990 sind nach den Grundsätzen des vereinfachten Wahlverfahrens durchzuführen. Maßnahmen, die zur Vorbereitung oder Durchführung dieser Wahlen vor dem Wirksamwerden des Beitritts rechtswirksam getroffen worden sind, bleiben unberührt. Ab dem 1. Oktober 1990 gewählte Schwerbehindertenvertretungen, die beim Wirksamwerden des Beitritts im Amt sind, verbleiben bis zur nächsten regelmäßigen Wahl im Amt.

bb) Bei der Anwendung des Absatzes 8 Satz 5 tritt bis zur Errichtung der Widerspruchsausschüsse bei den Hauptfürsorgestellen an die Stelle des Widerspruchsausschusses die Versammlung der Schwerbehinderten, die mit einer Mehrheit von drei Vierteln der Stimmen das Erlöschen des Amtes eines Vertrauensmannes oder einer Vertrauensfrau wegen gröblicher Verletzung ihrer Pflichten beschließen kann.

d) Bis zur Errichtung der Hauptfürsorgestellen in dem in Artikel 3 des Vertrages genannten Gebiet nehmen die Arbeitsämter die Aufgaben und Befugnisse, die den Hauptfürsorgestellen in § 31 Abs. 1 zugewiesen sind, wahr.

e) Ergänzend zu § 46 dürfen Schwerbehinderte in dem in Artikel 3 des Vertrages genannten Gebiet bis zum 31. Dezember 1992 nur unter Berücksichtigung von Art und Schwere ihrer Behinderung zur Nachtarbeit herangezogen werden. Nachtarbeit ist für Schwerbehinderte nicht zulässig, wenn ärztlich festgestellt wird, daß sie diese auf Grund ihrer Behinderung nicht leisten können.

f) Wertmarken im Sinne des § 59 werden

aa) bis zum 31. März 1991 gegen Entrichtung von 30 Deutsche Mark für ein Jahr und von 15 Deutsche Mark für ein halbes Jahr ausgegeben; im Falle der Rückgabe wird ein Betrag von 2,50 Deutsche Mark pro Monat erstattet, sofern der zu erstattende Betrag 7,50 Deutsche Mark nicht unterschreitet;

bb) bis zum 31. Dezember 1992 gegen Entrichtung von 60 Deutsche Mark für ein Jahr und von 30 Deutsche Mark für ein halbes Jahr ausgegeben; im Falle der Rückgabe wird ein Betrag von 5 Deutsche Mark pro Monat erstattet, sofern der zu erstattende Betrag 15 Deutsche Mark nicht unterschreitet.

g) § 59 Abs. 1 Satz 1 und 2 in Verbindung mit § 61 Abs. 1 Nr. 5 gilt für die Deutsche Reichsbahn mit Wirkung vom 1. Juli 1991.

h) Die Vorauszahlungspflicht nach § 64 entsteht erstmals, wenn eine Festsetzung der Erstattung der Fahrgeldausfälle für ein Jahr vorausgegangen ist.

i) § 65 Abs. 1 Satz 1 gilt nicht für die Aufwendungen für die unentgeltliche Beförderung im Straßenpersonennahverkehr, soweit die Treuhandanstalt erstattungsberechtigter Unternehmer ist. Diese Aufwendungen werden von den in Artikel 1 Abs. 1 des Vertrages genannten Ländern und dem Land Berlin für den Teil, in dem das Grundgesetz bisher nicht galt, getragen.

k) Soweit im Schwerbehindertengesetz auf Vorschriften des Bundespersonalvertretungsgesetzes Bezug genommen ist, finden diese Anwendung, soweit nicht das Gesetz zur sinngemäßen Anwendung des Bundespersonalvertretungsgesetzes vom 22. Juli 1990 (GBl. I Nr. 52 S. 1014) Abweichendes bestimmt.

l) Vorschriften dieses Gesetzes oder auf Grund dieses Gesetzes, die die Deutsche Bundesbahn betreffen, sind auf die Deutsche Reichsbahn entsprechend anwendbar.

2. Werkstättenverordnung Schwerbehindertengesetz vom 13. August 1980 (BGBl. I S. 1365),

mit folgender Maßgabe:

Die zum Zeitpunkt des Wirksamwerdens des Beitritts bestehenden, nach dem 1. Juli 1990 vorläufig anerkannten Werkstätten gelten als Werkstätten im Aufbau im Sinne des § 17 Abs. 3 dieser Verordnung.

3. Förderungssätze-Verordnung vom 16. Juli 1973 (BGBl. I S. 841), zuletzt geändert durch Verordnung vom 22. Dezember 1983 (BGBl. I S. 1661),

mit folgender Maßgabe:

Die Verordnung ist ab 1. April 1991 anzuwenden.

4. Wintergeld-Verordnung vom 24. Mai 1978 (BGBl. I S. 646),

mit folgender Maßgabe:

Die Verordnung ist ab 1. April 1991 anzuwenden.

5. Winterbau-Umlage-Verordnung vom 13. Juli 1972 (BGBl. I S. 1201), zuletzt geändert durch Verordnung vom 3. November 1986 (BGBl. I S. 1728),

mit folgender Maßgabe:

Die Verordnung ist ab 1. April 1991 anzuwenden.

6. Gefangenen-Beitragsverordnung vom 14. März 1977 (BGBl. I S. 448),

mit folgender Maßgabe:

Als jährliche Beitragsbemessungsgrundlage für den Beitrag zur Bundesanstalt für Arbeit sind 90 vom Hundert der Bezugsgröße der Sozialversicherung zugrunde zu legen, die in dem in Artikel 3 des Vertrages genannten Gebiet gilt.

7. Für das in Artikel 3 des Vertrages genannte Gebiet gelten folgende Anordnungen des Verwaltungsrates der Bundesanstalt für Arbeit mit folgenden Maßgaben als Anordnungen im Sinne des § 191 Abs. 3 des Arbeitsförderungsgesetzes:

a) Anordnung des Verwaltungsrats der Bundesanstalt für Arbeit über die Förderung der ganzjährigen Beschäftigung in der Bauwirtschaft (Winterbau-Anordnung) vom 4. Juli 1972 (Amtliche Nachrichten der Bundesanstalt für Arbeit 1972 S. 511), zuletzt geändert durch die Änderungsanordnung vom 6. Juli 1988 (Amtliche Nachrichten der Bundesanstalt für Arbeit 1988 S. 1367),
die §§ 1 bis 13 sind ab 1. April 1991 anzuwenden.

b) Anordnung des Verwaltungsrats der Bundesanstalt für Arbeit über die Arbeits- und Berufsförderung Behinderter (AReha) vom 31. Juli 1975, zuletzt geändert durch die 15. Änderungsanordnung vom 6. Juli 1990,

diese Anordnung ist mit folgenden Maßgaben anzuwenden:

aa) In § 24 Abs. 3 Satz 2 Nr. 1 werden ersetzt
   aaa) in Buchstabe a die Zahl „450" durch die Zahl „300" und die Zahl „710" durch die Zahl „455",
   bbb) in Buchstaben b und c jeweils die Zahl „150" durch die Zahl „135",
   ccc) in Buchstabe d die Zahl „710" durch die Zahl „465" und die Zahl „750" durch die Zahl „495",
   ddd) in Buchstabe e die Zahl „335" durch die Zahl „290" und die Zahl „375" durch die Zahl „330".

bb) In § 24 Abs. 3 Satz 2 Nr. 2 werden die Zahl „340" durch die Zahl „290", die Zahl „555" durch die Zahl „360" und die Zahl „250" durch die Zahl „210" ersetzt.

cc) In § 24 Abs. 4 werden die Zahl „710" durch die Zahl „465", die Zahl „450" durch die Zahl „300", die Zahl „555" durch die Zahl „360" und die Zahl „340" durch die Zahl „290" ersetzt.

dd) In § 24 Abs. 5 werden die Zahl „90" durch die Zahl „75" und die Zahl „110" durch die Zahl „95" ersetzt.

ee) In § 27 Abs. 2 werden die Zahl „4400" durch die Zahl „3200" und die Zahl „2750" durch die Zahl „2000" ersetzt.

ff) In § 33 Abs. 4 Satz 1 wird die Zahl „495" durch die Zahl „300" ersetzt.

gg) In § 44 Abs. 2 werden die Zahl „400" durch die Zahl „300" und die Zahl „500" durch die Zahl „400" ersetzt.

hh) In § 44 Abs. 4 wird die Zahl „1000" durch die Zahl „800" ersetzt.

ii) In § 50 Abs. 1 werden die Zahl „10 000" durch die Zahl „8 000" und die Zahl „20 000" durch die Zahl „16 000" ersetzt.

kk) Das Ausbildungsgeld nach § 24 Abs. 3 Satz 2 Nr. 1 Buchstabe d wird in Härtefällen jeweils zuzüglich eines Betrags bis zu 50 DM monatlich für Kosten der Unterkunft gewährt, wenn diese 40 DM monatlich übersteigen.

ll) Die Höhe der Trennungsbeihilfe nach § 43 Abs. 2 richtet sich nach folgender Tabelle:

Bruttoarbeitsentgelt bis einschließlich DM			Trennungsbeihilfe in DM 1. Jahr		2. Jahr	
wöch.	4wöch.	monatl.	wöch.	tägl.	wöch.	tägl.
210	840	910	161	23	80,50	11,50
270	1080	1170	147	21	73,50	10,50
330	1320	1430	133	19	66,50	9,50
390	1560	1690	119	17	59,50	8,50
450	1800	1950	105	15	52,50	7,50
510	2040	2210	91	13	45,50	6,50

Sachgebiet F: Sozialversicherung (Allgemeine Vorschriften)

Abschnitt I

Von dem Inkrafttreten des Bundesrechts gemäß Artikel 8 des Vertrages sind ausgenommen:

1. Gesetz zur Regelung der Wiedergutmachung nationalsozialistischen Unrechts in der Sozialversicherung vom 22. Dezember 1970 (BGBl. I S. 1846), zuletzt geändert gemäß Artikel 21 des Gesetzes vom 18. Dezember 1989 (BGBl. I S. 2261; 1990 S. 1337).

2. Artikel 4 des Gesetzes zur Änderung und Ergänzung der Vorschriften über die Wiedergutmachung nationalsozialistischen Unrechts in der Sozialversicherung vom 22. Dezember 1970 (BGBl. I S. 1846).

3. Sachbezugsverordnung 1990 in der Fassung der Bekanntmachung vom 18. Dezember 1984 (BGBl. I S. 1642), zuletzt geändert durch Artikel 2 der Verordnung vom 12. Dezember 1989 (BGBl. I S. 2177).

Abschnitt II

Bundesrecht wird wie folgt ergänzt:

1. Zur **Abwicklung des Trägers der Sozialversicherung** in dem in Artikel 3 des Vertrages genannten Gebiet gelten die folgenden besonderen Bestimmungen:

§ 1 (1) Der Träger der Sozialversicherung wird zum 1. Januar 1991 in eine rechtsfähige Anstalt des öffentlichen Rechts umgewandelt; sie führt den Namen „Überleitungsanstalt Sozialversicherung".

(2) Der Bundesminister für Arbeit und Sozialordnung bestellt im Benehmen mit den Spitzenverbänden der Träger der Krankenversicherung, der Rentenversicherung und der Unfallversicherung den Geschäftsführer und den stellvertretenden Geschäftsführer. Bei der Überleitungsanstalt werden Widerspruchsausschüsse gebildet, deren Mitglieder zu gleichen Teilen aus Vertretern der Arbeitgeber und der Arbeitnehmer bestehen. Sie werden auf Vorschlag der im § 48 Abs. 1 Satz 1 Nr. 1 und 2 des Vierten Buches Sozialgesetzbuch genannten Vereinigungen vom Geschäftsführer ernannt. Bei der Anwendung dieses Absatzes sollen bisherige Funktionsträger berücksichtigt werden.

(3) Das Bundesversicherungsamt führt die Aufsicht über die Überleitungsanstalt.

§ 2 (1) Die Überleitungsanstalt erfüllt die Aufgaben der Rentenversicherung und der Unfallversicherung längstens bis zum 31. Dezember 1991 im Namen und im Auftrag der Träger der Rentenversicherung und der Unfallversicherung, soweit diese ihre Aufgaben noch nicht wahrzunehmen haben. Die Träger der Rentenversicherung und die Träger der Unfallversicherung können unter Beachtung von Artikel 30 Abs. 4 des Vertrages im Einvernehmen mit den anderen Trägern

des gleichen Versicherungszweiges und deren Aufsichtsbehörden weitere Aufgaben übernehmen; eines Einvernehmens bedarf es nicht, soweit die ordnungsgemäße Erledigung der Aufgaben der übrigen Träger nicht berührt wird.
Die §§ 89 und 91 Abs. 1 und 2 des Zehnten Buches Sozialgesetzbuch gelten entsprechend. Die Aufteilung der Verwaltungskosten und Auslagen auf die drei Zweige der Sozialversicherung erfolgt im Verhältnis der Höhe der jeweiligen Ausgaben; die Aufteilung auf die einzelnen Träger wird von den Spitzenverbänden des jeweiligen Zweiges der Sozialversicherung geregelt. Zur Erfüllung ihrer Aufgaben nach Satz 1 erhält die Überleitungsanstalt von den zuständigen Trägern der Rentenversicherung und der Unfallversicherung rechtzeitig monatlich Vorschüsse, soweit die ihr zufließenden Einnahmen nicht ausreichen, die laufenden Ausgaben zu decken. Das Bundesversicherungsamt setzt die Vorschüsse fest. Für die Höhe der Vorschüsse der Unfallversicherung gilt der Aufteilungsmaßstab in Anlage I, Kap. VIII, Sachgebiet I, Abschnitt III, 1., e (2) des Vertrages entsprechend.

(2) Zu den Aufgaben der Überleitungsanstalt gehört auch die Durchführung der Geschäfte, die den Bereich des mit 31. Dezember 1990 aufgelösten Versicherungszweiges „Krankenversicherung" des Trägers der Sozialversicherung betreffen. Sie umfassen die Einziehung der Forderungen und die Erfüllung der Verpflichtungen.

§ 3 (1) Das Vermögen des Trägers der Sozialversicherung geht auf die Sozialversicherungsträger über, deren Zuständigkeit für das in Artikel 3 des Vertrages genannte Gebiet besteht. Das Nähere regelt ein Bundesgesetz. Bis zur Aufteilung des Vermögens nach Maßgabe des in Satz 2 genannten Gesetzes sind Verfügungen nur mit Zustimmung des Bundesministers für Arbeit und Sozialordnung zulässig; dies gilt nicht, soweit es sich um die Verfügung über liquide Mittel zur Erfüllung fälliger Verbindlichkeiten handelt.

(2) Die Träger der Sozialversicherung, deren Zuständigkeit für das in Artikel 3 des Vertrages genannte Gebiet besteht, sind hinsichtlich des Vermögens Rechtsnachfolger der entsprechenden am 8. Mai 1945 dort zuständig gewesenen Sozialversicherungsträger.

§ 4 (1) Die Überleitungsanstalt tritt in die Arbeitsverhältnisse ein, die im Zeitpunkt der Umwandlung zwischen dem Träger der Sozialversicherung und seinen Arbeitnehmern bestehen.

(2) Den Beschäftigten der Überleitungsanstalt ist die Fortsetzung des Arbeitsverhältnisses von den Trägern, deren Zuständigkeit in dem in Artikel 3 des Vertrages genannten Gebiet besteht, bis spätestens zum 31. Dezember 1991 anzubieten, es sei denn, eine solche Fortsetzung wäre für die Träger deshalb unzumutbar, weil beim Arbeitnehmer die Voraussetzungen für eine außerordentliche Kündigung aus wichtigem Grund nach Anlage I Kapitel XIX Abschnitt III Nr. 1 Abs. 5 des Vertrages vorliegen.

(3) Die Anbietungspflicht nach Absatz 2 obliegt für die Beschäftigten, die im Bereich der Krankenversicherung der Überleitungsanstalt tätig

sind, den Krankenkassen, für die im Bereich der Rentenversicherung Beschäftigten den Rentenversicherungsträgern und für die im Bereich der Unfallversicherung Beschäftigten den Unfallversicherungsträgern. Die Aufschlüsselung der anzubietenden Stellen in den einzelnen Versicherungszweigen erfolgt aufgrund von Vereinbarungen der jeweiligen Versicherungsträger unter Beteiligung ihrer Spitzenverbände. Hierbei sind die berechtigten Interessen der Beschäftigten zu berücksichtigen.

(4) Der Überleitungsanstalt wird für Geschäfte ihrer Auflösung nach Erledigung der Aufgaben nach § 2 Abs. 1 von den Trägern der Rentenversicherung und der Unfallversicherung Personal in ausreichendem Umfang zur Verfügung gestellt.

2. Vom 1. Januar 1991 an gilt in dem in Artikel 3 des Vertrages genannten Gebiet folgende **Regelung über das Meldeverfahren zur Sozialversicherung:**

„§ 1 Allgemeines. Beschäftigte, für die Beiträge oder Beitragsanteile zur gesetzlichen Kranken- oder Rentenversicherung oder nach dem Arbeitsförderungsgesetz zu entrichten sind, sind bei der Krankenkasse, die den Gesamtsozialversicherungsbeitrag einzieht, an- und abzumelden. Bei einem Wechsel der Krankenkassenzuständigkeit hat der Arbeitgeber den Beschäftigten bei der bisher zuständigen Krankenkasse abzumelden und bei der nun zuständigen Krankenkasse anzumelden. Die Anmeldung hat innerhalb von zwei Wochen nach dem Beginn der Beschäftigung, die Abmeldung innerhalb von sechs Wochen nach deren Ende zu erfolgen. Die Meldungen sind auf den Vordrucken des dem Beschäftigten von dem Träger der Rentenversicherung übersandten Versicherungsnachweisheftes (SVN-Heft) zu erstatten. Der Beschäftigte hat zu diesem Zweck dem Arbeitgeber das SVN-Heft auszuhändigen. Ist der Beschäftigte nicht im Besitz eines SVN-Heftes, sind die Meldungen auf entsprechenden Ersatzvordrucken zu erstatten. Die Ersatzvordrucke sind den Krankenkassen von der Datenstelle im Auftrag aller Träger der Rentenversicherung zur Verfügung zu stellen.

§ 2 Ausfüllen der Vordrucke. Auf dem Vordruck sind bei einer Meldung folgende Felder immer wie folgt auszufüllen:

1. „Bei Anmeldung: Anschrift, bei Abmeldung/Jahresmeldung: Anschriftenänderung".

   Die Anschrift des Beschäftigten im Zeitpunkt der Meldung.

2. „Verheiratet: ja".

   Bejahendenfalls ist ein „X" einzutragen.

3. „Rentner od. Rentenantragssteller: ja".

   Es ist ein „X" einzutragen, wenn eine Rente aus der Rentenversicherung bezogen wird oder beantragt ist.

4. „Mehrfachbeschäftigter: ja".

   Es ist ein „X" einzutragen, wenn der Beschäftigte bei mehreren Arbeitgebern beschäftigt ist.

5. „Angaben zur Tätigkeit".

Es ist in das Feld „A" die Zahl 999 und in das Feld „B" die Zahl 99 einzutragen.

6. „Betriebsnummer".

Es ist die Nummer einzutragen, die dem Arbeitgeber für den Betrieb, in dem die Beschäftigung ausgeübt wird, vom Arbeitsamt zugeteilt ist. Ist eine Nummer noch nicht zugeteilt, ist sie bei dem für den Betrieb zuständigen Arbeitsamt unverzüglich zu beantragen; der Arbeitgeber hat die für die Zuteilung der Betriebsnummer erforderlichen Auskünfte zu erteilen.

7. „Beitragsgruppe(n) (siehe Rücks.) KV, RV, BA".

Die Beitragsgruppen sind in der Weise zu verschlüsseln, daß für jeden Beschäftigten in der Reihenfolge: Krankenversicherung, Rentenversicherung und Bundesanstalt für Arbeit die jeweilige in Betracht kommende Ziffer anzugeben ist.

Krankenversicherung	
kein Beitrag	0
allgemeiner Beitrag	1
erhöhter Beitrag	2
ermäßigter Beitrag	3
Beitrag zur landwirtschaftlichen KV	4
halber Beitrag	5
Rentenversicherung	
kein Beitrag	0
voller Beitrag zur ArV	1
voller Beitrag zur AnV	2
halber Beitrag zur ArV	3
halber Beitrag zur AnV	4
Beitrag zur BA	
kein Beitrag	0
Beitrag	1
halber Beitrag	2

8. "Name der Krankenkasse (Geschäftsstelle)".

Es sind der Name und gegebenenfalls die zuständige Geschäftsstelle der Krankenkasse einzutragen.

9. „Name und Anschrift des Arbeitgebers (Firmenstempel)".

Anstelle der vollständigen Bezeichnung kann auch eine verkürzte verständliche Bezeichnung der Firma und deren Anschrift eingetragen werden.

10. Bei einer Anmeldung ist zusätzlich folgendes Feld auszufüllen:

„Beginn der Beschäftigung".

Es ist das Datum des Beginns der Beschäftigung einzutragen. Tag und Monat sind mit jeweils zwei Ziffern, das Jahr mit seinen letzten beiden Ziffern anzugeben; ist der Tag oder Monat nur mit einer der Ziffern eins bis neun anzugeben, ist vor diese Ziffer eine Null zu setzen.

11. Bei einer Abmeldung sind zusätzlich folgende Felder auszufüllen: „Beschäftigt gegen Entgelt".

    Es ist in die Felder „bis Tag Monat im Jahr" das Ende der Beschäftigung einzutragen. Tag und Monat sind mit jeweils zwei Ziffern, das Jahr mit seinen letzten beiden Ziffern anzugeben; ist der Tag oder Monat nur mit einer der Ziffern eins bis neun anzugeben, ist vor diese Ziffer eine Null zu setzen.

§ 3 Besonderheiten. Bei einer Anmeldung auf einem Ersatzvordruck gilt § 2 mit folgenden Besonderheiten:

1. „Name, Vorname (Rufname)".

   In der ersten Schreibzeile ist zuerst der Familienname und dann der Vorname (Rufname) einzutragen; sie sind durch ein Komma zu trennen.

2. „Geburtsdatum".

   Das Geburtsdatum ist in der ersten Schreibzeile rechts in der Reihenfolge Tag, Monat und Jahr anzugeben. Tag und Monat sind mit jeweils zwei Ziffern, das Jahr mit seinen letzten beiden Ziffern anzugeben; ist der Tag oder Monat nur mit einer der Ziffern eins bis neun anzugeben, ist vor diese Ziffer eine Null zu setzen.

3. „Versicherungsnummer".

   Einzutragen ist die von dem Träger der Rentenversicherung für den Beschäftigten vergebene Versicherungsnummer, soweit bekannt.

4. „Staatsangehörigkeit".

   Einzutragen ist der vom Statistischen Bundesamt festgelegte Schlüssel.

   Wenn keine deutsche Versicherungsnummer angegeben werden kann, sind für die Vergabe der Versicherungsnummer außerdem einzutragen:

5. „Staatsangehörigkeit".

   Die Staatsangehörigkeit des Beschäftigten in Worten.

6. „Geburtsort".

   Geburtsort des Beschäftigten.

7. „Geburtsname".

   Ein Geburtsname ist nur einzutragen, wenn dieser von dem als Ehename geführten Familiennamen abweicht.

8. „Geschlecht".

   In das zutreffende Feld ist ein „X" einzutragen.

9. „Art der Versicherung in der gesetzlichen Rentenversicherung".

In das zutreffende Feld ist ein „X" einzutragen.

Die Angaben zur Person des Beschäftigten sollen amtlichen Unterlagen entnommen werden.

§ 4 Abmeldung auf Ersatzvordruck. Bei einer Abmeldung auf einem Ersatzvordruck gelten die §§ 2 und 3; kann die Versicherungsnummer nicht angegeben werden, ist die Meldung ohne diese Angabe zu erstatten.

§ 5 Abgabe der Meldung durch den Arbeitgeber. (1) Die Vordrucke sollen mit Schreibmaschine ausgefüllt werden. Die einzutragenden Zeichen sollen vollständig und auch auf den Durchschriften gut lesbar sein.

(2) Die Erstschrift der Meldungen ist von dem Arbeitgeber der zuständigen Krankenkasse zu übersenden. Die erste Durchschrift ist dem Beschäftigten auszuhändigen; die zweite Durchschrift ist zu den Lohnunterlagen zu nehmen.

§ 6 Besonderheiten bei Bundesknappschaft und See-Krankenkasse. Die Bundesknappschaft und die See-Krankenkasse können Abweichungen von der Form der Meldungen und deren Ausfüllung bestimmen. Für Beschäftigte, für die die See-Krankenkasse zuständig ist, sind auch Angaben über Berufsgruppe, Fahrzeuggruppe und Patent entsprechend dem Schlüsselverzeichnis der See-Krankenkasse zu machen; die Frist für die Anmeldung beträgt einen Monat. Die Bundesknappschaft bestimmt die Fristen für die An- und Abmeldungen selbst. Bei Meldungen bei der Bundesknappschaft ist als Betriebsnummer die im grundsätzlichen Einvernehmen mit der Bundesanstalt für Arbeit von der Bundesknappschaft vergebene Arbeitgebernummer einzutragen. Bei Meldungen bei der See-Krankenkasse ist als Betriebsnummer die im grundsätzlichen Einvernehmen mit der Bundesanstalt für Arbeit von der See-Berufsgenossenschaft vergebene Arbeitgebernummer einzutragen.

§ 7 Bestandsmeldung. Der Arbeitgeber hat jeden Beschäftigten, für den Beiträge oder Beitragsanteile zur gesetzlichen Kranken- oder Rentenversicherung oder nach dem Arbeitsförderungsgesetz zu entrichten sind, bei der zuständigen Krankenkasse innerhalb eines Monats ab Übernahme des Beitragseinzugs durch die Krankenkasse anzumelden (Bestandsmeldung). § 1 Satz 4 bis 6 gilt. Die Bestandsmeldungen kann der Arbeitgeber auch in Form einer Liste erstatten. Die Liste hat für den Beschäftigten folgende Angaben zu enthalten:
1. die Versicherungsnummer,
2. den Vor- und Familiennamen,
3. das Geburtsdatum,
4. die Anschrift,
5. den Beginn der Beschäftigung,
6. die Beitragsgruppen.

Sollte die Versicherungsnummer nicht bekannt sein, sind zusätzlich die Daten für die Vergabe der Versicherungsnummer aufzunehmen. § 3 Nr. 5 bis 9 gilt. Die Krankenkasse kann für die Angaben auf der Liste eine Form bestimmen.

§ 8 Kontrollmeldung durch Entleiher. (1) Leiharbeitnehmer sind innerhalb von zwei Wochen von dem Entleiher der Krankenkasse, die für den Gesamtsozialversicherungsbeitragseinzug zuständig ist, zu melden. Sind für den Leiharbeitnehmer keine Beiträge oder Beitragsanteile zur gesetzlichen Kranken- oder Rentenversicherung oder nach dem Arbeitsförderungsgesetz zu entrichten, ist die Meldung an die Krankenkasse zu erstatten, die bei Versicherungspflicht in der Krankenversicherung zuständig wäre, wenn er zu dem Entleiher in einem versicherungspflichtigen Beschäftigungsverhältnis stünde. Die Krankenkasse hat eine Durchschrift der Meldung an das für den Betriebssitz des Verleihers örtlich zuständige Arbeitsamt zu senden. Die erforderlichen Vordrucke hat der Entleiher bei der Krankenkasse anzufordern. Die Bundesanstalt für Arbeit stellt den Krankenkassen die Vordrucke für die Meldung von Leiharbeitnehmern zur Verfügung.

§ 9 Aufgaben der Träger der Krankenversicherung. (1) Die Krankenkassen haben an Hand der Meldungen eine Mitgliederbestandsdatei zu führen und zu prüfen, ob die erforderlichen Angaben vollständig und richtig gemacht worden sind.

(2) Bei allen Anmeldungen ohne Versicherungsnummer ist festzustellen, ob die Versicherungsnummer in der Mitgliederbestandsdatei ermittelt werden kann. Kann die Versicherungsnummer nicht ermittelt werden, sind die Daten zur Vergabe einer Versicherungsnummer unverzüglich an die Datenstelle in Würzburg oder die Bundesversicherungsanstalt für Angestellte zu übermitteln. Diese veranlaßt die Vergabe einer Versicherungsnummer oder die Ausstellung eines SVN-Heftes. Die Versicherungsnummer ist der Krankenkasse mitzuteilen.

(3) Die Krankenkassen haben alle eingehenden Meldungen an die zuständigen Stellen weiterzuleiten. Für die Aufbereitung, Sicherung und Weiterleitung der Daten gelten die entsprechenden Vorschriften der Zweiten Datenerfassungs-Verordnung und der Zweiten Datenübermittlungs-Verordnung sinngemäß.

§ 10 Verordnungsermächtigung. Der Bundesminister für Arbeit und Sozialordnung wird ermächtigt, durch Rechtsverordnung mit Zustimmung des Bundesrates die Geltungsdauer der §§ 1 bis 9 zu befristen.

§ 11 Übergangsregelung. Bis zum 31. Dezember 1990 kann in dem in Artikel 3 des Einigungsvertrages genannten Gebiet nach den beim Wirksamwerden des Beitritts geltenden Regeln verfahren werden."

Abschnitt III

Bundesrecht tritt in dem in Artikel 3 des Vertrages genannten Gebiet mit folgenden Maßgaben in Kraft:

1. Sozialgesetzbuch – Gemeinsame Vorschriften für die Sozialversicherung – vom 23. Dezember 1976 (BGBl. I S. 3845), zuletzt geändert durch Gesetz vom 23. März 1990 (BGBl. I S. 582),

mit folgenden Maßgaben:

a) Artikel I §§ 4 und 5 gilt auch entsprechend im Verhältnis der in Artikel 1 Abs. 1 des Vertrages genannten Länder sowie des Teils des Landes Berlin, in dem das Grundgesetz bisher nicht galt, zu den übrigen Ländern, solange unterschiedliche Bezugsgrößen in der Sozialversicherung bestehen.

b) Artikel I § 17 Abs. 1 Nr. 3 ist von dem Wirksamwerden des Beitritts an anzuwenden; der Bundesminister für Arbeit und Sozialordnung wird ermächtigt, im Einvernehmen mit dem Bundesminister der Finanzen durch Rechtsverordnung mit Zustimmung des Bundesrates für das Kalenderjahr 1991 den Wert der Sachbezüge in dem in Artikel 3 des Vertrages genannten Gebiet nach dem dortigen tatsächlichen Verkehrswert zu bestimmen.

c) Die Bezugsgröße (Artikel I § 18) beträgt in dem in Artikel 3 des Vertrages genannten Gebiet 1400 DM monatlich. Der Bundesminister für Arbeit und Sozialordnung wird ermächtigt, durch Rechtsverordnung mit Zustimmung des Bundesrates diesen Betrag unter Berücksichtigung der Entwicklung der Arbeitsentgelte in dem in Artikel 3 des Vertrages genannten Gebiet fortzuschreiben. Bei der Bestimmung der Bezugsgröße in den übrigen Ländern werden die Versicherten in dem in Artikel 3 des Vertrages genannten Gebiet nicht berücksichtigt. Die Sätze 1 bis 3 sind mit dem Wirksamwerden des Beitritts anzuwenden.

d) Artikel I §§ 18a bis 18e ist ab 1. Januar 1992 anzuwenden.

e) Artikel I §§ 28a bis 28r gilt ab der Übernahme des Beitragseinzugs durch die Krankenkassen. Bis zur Übernahme des Beitragseinzugs durch die Krankenkassen bleiben die Finanzämter weiterhin für den Beitragseinzug und die Weiterleitung zuständig. Sie haben die Rechte und Pflichten der Einzugsstellen. Der Einzug umfaßt den Gesamtsozialversicherungsbeitrag zuzüglich des Beitrags zur Unfallversicherung. Die Krankenkassen haben auch die Beiträge zur Unfallversicherung, einschließlich der Beiträge der Selbständigen, monatlich bis zum Einzug des Beitrags durch die Unfallversicherungsträger einzuziehen und an die Überleitungsanstalt weiterzuleiten.
Auf Anlage II des Vertrages, Kapitel VIII, Sachgebiet F, Abschnitt III Nummer 2 Buchstabe e und Nummer 9 wird verwiesen.

f) Artikel I § 28k Abs. 2 findet erst Anwendung, wenn er durch Rechtsverordnung in Kraft gesetzt wird. Der Bundesminister für Arbeit und Sozialordnung wird ermächtigt, durch Rechtsverordnung mit Zustimmung des Bundesrates den Zeitpunkt des Inkrafttretens zu bestimmen.

g) Bei neu errichteten Versicherungsträgern wird die Wahl zur Vertreterversammlung für die laufende Amtsperiode ohne Wahlhandlung durchgeführt. Werden aus einer Gruppe mehrere gültige Vorschlagslisten eingereicht und in ihnen insgesamt mehr Bewerber benannt, als Mitglieder zu wählen sind, beruft die Aufsichtsbehörde die Mitglieder der Vertreterversammlung nach Anhörung der Listenvertreter. Die Aufsichtsbehörde hat die Sitze anteilsmäßig, jedoch unter billiger Berücksichtigung der Minderheiten zu verteilen. Artikel I §§ 48a bis 48c findet keine Anwendung.

h) Bei Versicherungsträgern, deren Zuständigkeit auf das in Artikel 3 des Vertrages genannte Gebiet erstreckt wird, werden die Selbstverwaltungsorgane für die laufende Amtsperiode durch die Hinzuwahl weiterer Organmitglieder entsprechend der Zunahme der Zahl der zur Gruppe der Versicherten gehörenden Personen, jedoch höchstens um die Anzahl der bereits vorhandenen Organmitglieder, ergänzt; Artikel I § 43 Abs. 1 findet keine Anwendung. Die Aufsichtsbehörde bestimmt die Anzahl der weiteren Organmitglieder nach Anhörung des Versicherungsträgers. Für die Wahl der weiteren Mitglieder der Vertreterversammlung gelten § 128 der Wahlordnung für die Sozialversicherung und Buchstabe g) entsprechend. Die weiteren Mitglieder des Vorstandes werden nach Ergänzung der Vertreterversammlung von den hinzugewählten Mitgliedern der Vertreterversammlung gewählt. Das Ergänzungsverfahren für die Vertreterversammlung ist bis zum 31. März 1991 abzuschließen.

i) Bei den achten allgemeinen Sozialversicherungswahlen brauchen die Voraussetzungen des Artikel I § 48a Abs. 4 Satz 1 bei Arbeitnehmervereinigungen in dem in Artikel 3 des Vertrages genannten Gebiet erst am 31. Juli 1991 vorzuliegen; in Artikel I § 48b Abs. 1 tritt in diesen Fällen anstelle des 28. Februar der 31. August.

k)[1] Artikel I §§ 56, 87 bis 90 und § 94 tritt mit dem Wirksamwerden des Betritts in Kraft.

l) Artikel I § 107 Abs. 1 Satz 1 ist mit der Maßgabe anzuwenden, daß

in der Zeit bis zum 31. Dezember 1991 die Bundesanstalt für Arbeit nur die Erfüllung der Pflichten nach § 99 prüft.

m) Artikel I §§ 102, 105, § 108, § 110 tritt am 1. Januar 1992 in Kraft.

n) Artikel II § 18b tritt am 1. Januar 1992 in Kraft.

o) Soweit in den vorgenannten Buchstaben nichts anderes bestimmt ist, treten die Vorschriften des Sozialgesetzbuches – Gemeinsame Vorschriften für die Sozialversicherung – am 1. Januar 1991 in Kraft.

Soweit Vorschriften des Sozialgesetzbuches – Gemeinsame Vorschriften für die Sozialversicherung – nicht vor dem 1. Januar 1991 in Kraft treten, kann bis zum 31. Dezember 1990 nach den am Tag des Wirksamwerdens des Beitritts in dem in Artikel 3 des Vertrages genannten Gebiet geltenden Regeln verfahren werden.

---

[1] Nr. 1 Buchst. k) geändert durch Art. 4 Nr. 5 der Vereinbarung vom 18. 9. 1990 (BGBl. II S. 1243).

2. Sozialversicherungs-Rechnungsverordnung vom 3. August 1981 (BGBl. I S. 809),

mit folgenden Maßgaben:

a) Die Verordnung ist von der Überleitungsanstalt nur anzuwenden, soweit es die Aufsichtsbehörde unter Berücksichtigung der technischen Ausstattung bestimmt.
b) Für neu errichtete Versicherungsträger in dem in Artikel 3 des Vertrages genannten Gebiet können die Aufsichtsbehörden für eine bestimmte Zeit Befreiungen von der Anwendung der Verordnung anordnen.
c) Die Aufsichtsbehörden haben bei der Anwendung von Buchstaben a) und b) auf einheitliche und vergleichbare Statistikergebnisse zu achten.
d) Diese Maßgaben gelten auch für allgemeine Verwaltungsvorschriften, die sich auf das Rechnungswesen und die Statistik in der Sozialversicherung beziehen.

3. Verordnung über das Haushaltswesen in der Sozialversicherung vom 21. Dezember 1977 (BGBl. I S. 3147):

mit folgender Maßgabe:

Die in Nummer 2 genannte Maßgabe gilt entsprechend.

4. Beitragsüberwachungsverordnung vom 22. Mai 1989 (BGBl. I S. 992),

mit folgenden Maßgaben:

a) Die Verordnung gilt ab der Übernahme des Beitragseinzugs durch die Krankenkassen.
b) Soweit der Arbeitgeber die in dieser Verordnung festgelegten Pflichten nicht erfüllen kann, kann ihm von der Einzugsstelle eine Frist bis spätestens zum 1. Januar 1992 eingeräumt werden.

5. Künstlersozialversicherungsgesetz vom 27. Juli 1981 (BGBl. I S. 705), zuletzt geändert durch Gesetz vom 20. Dezember 1988 (BGBl. I S. 2606),

mit folgenden Maßgaben:

a) Das Künstlersozialversicherungsgesetz tritt, soweit in Buchstabe b) nichts Abweichendes bestimmt ist, am 1. Januar 1992 in Kraft. Auf Anlage II des Vertrags, Kapitel VIII, Sachgebiet F, Abschnitt III Nummer 2 Buchstaben b und c, Nummern 4 und 5 wird verwiesen.
b) Die §§ 23 bis 26, 27 Abs. 1, §§ 28 bis 33, 35, 36 a, 37, 38 bis 43, 46 und 47 treten am 1. Januar 1991 in Kraft. Die für das Jahr 1991 zu zahlende Künstlersozialabgabe wird in dem in Artikel 3 des Vertrages genannten Gebiet gesondert nach den Vomhundertsätzen erhoben, die durch Rechtsverordnung nach § 26 Abs. 5 für die übrigen Länder bestimmt worden sind. Sie wird für die Beitragserstattung durch den Kulturfonds der Deutschen Demokratischen Republik verwendet.

c) Der Kulturfonds der Deutschen Demokratischen Republik erstattet im Rahmen der ihm für diesen Zweck zur Verfügung stehenden staatlichen Mittel sowie der Einnahmen aus der Künstlersozialabgabe nach Buchstabe b) selbständigen Künstlern und Publizisten, die ihren Wohnsitz oder gewöhnlichen Aufenthalt in dem in Artikel 3 des Vertrages genannten Gebiet haben und deren Jahresarbeitseinkommen 24000 Deutsche Mark nicht übersteigt, auf Antrag die von ihnen für das Jahr 1991 gezahlten Beiträge zur Kranken- und Rentenversicherung bis zur Hälfte.

d) Soweit das Künstlersozialversicherungsgesetz am 1. Januar 1992 in Kraft tritt, kann die Künstlersozialkasse bereits im Jahre 1991 die Maßnahmen treffen, die zur Durchführung des Gesetzes erforderlich sind.

6. Verordnung über die Satzung der Künstlersozialkasse vom 13. August 1982 (BGBl I S. 1149),

mit folgender Maßgabe:

Die Verordnung ist ab dem 1. Januar 1991 anzuwenden.

7. Verordnung zur Durchführung des Künstlersozialversicherungsgesetzes vom 23. Mai 1984 (BGBl. I S. 709),

mit folgender Maßgabe:

Die Verordnung ist ab dem 1. Januar 1991 anzuwenden.

8. Beitragszahlungsverordnung vom 22. Mai 1989 (BGBl. I S. 990),

mit folgender Maßgabe:

Die in Nummer 4 Buchstabe a genannte Maßgabe gilt entsprechend.

9. Arbeitsentgeltverordnung in der Fassung der Bekanntmachung vom 18. Dezember 1984 (BGBl. I S. 1642), zuletzt geändert durch Artikel 1 der Verordnung vom 12. Dezember 1989 (BGBl. I S. 2177),

mit folgender Maßgabe:

Die Verordnung ist ab dem 1. Januar 1991 anzuwenden.

10. Zweite Datenübermittlungs-Verordnung vom 29. Mai 1980 (BGBl. I S. 616), zuletzt geändert durch Verordnung vom 5. Dezember 1989 (BGBl. I S. 2110),

mit folgender Maßgabe:

Diese Verordnung ist ab dem 1. Januar 1992 anzuwenden.

11. Zweite Datenerfassungs-Verordnung vom 29. Mai 1980 (BGBl. I S. 593), zuletzt geändert durch Verordnung vom 5. Dezember 1989 (BGBl. I S. 2117),

mit folgender Maßgabe:

Es gilt die in Nummer 10 genannte Maßgabe.

Sachgebiet G: Krankenversicherung – Gesundheitliche Versorgung

Abschnitt II

Bundesrecht wird wie folgt geändert oder ergänzt:

1. **Sozialgesetzbuch (Fünftes Buch) – Gesetzliche Krankenversicherung** – Artikel 1 des Gesetzes vom 20. Dezember 1988 (BGBl. I S. 2477), zuletzt geändert durch Artikel 12 Abs. 8 des Gesetzes vom 9. Juli 1990 (BGBl. I S. 1354), wird wie folgt ergänzt:

   Nach § 307 wird angefügt:

   „Zwölftes Kapitel. Überleitungsregelungen aus Anlaß der Herstellung der Einheit Deutschlands

   § 308 Inkrafttreten; Geltungsbereich. (1) Dieses Buch tritt nach Maßgabe der Vorschriften dieses Kapitels in dem in Artikel 3 des Einigungsvertrages genannten Gebiet am 1. Januar 1991 in Kraft, soweit nachfolgend nichts Abweichendes bestimmt ist. Soweit in den nachfolgenden Vorschriften nichts Abweichendes bestimmt ist, kann in der Krankenversicherung in der Zeit bis zum 31. Dezember 1990 nach dem beim Wirksamwerden des Beitritts in dem in Artikel 3 des Einigungsvertrages genannten Gebiet geltenden Regeln verfahren werden.

   (2) Die Vorschriften dieses Kapitels gelten für Versicherte, die einer Krankenkasse mit Sitz in dem in Artikel 3 des Einigungsvertrags genannten Gebiet angehören oder angehören würden, wenn sie nicht bei einer anderen sich über den gesamten Geltungsbereich dieses Gesetzes erstreckenden Krankenkasse versichert wären, auch dann, wenn für sie Leistungen in dem Gebiet erbracht werden, in dem dieses Gesetzbuch schon vor dem Wirksamwerden des Beitritts gegolten hat.

   (3) Die Vorschriften dieses Kapitels gelten für die Allgemeine Ortskrankenkasse Berlin nur insoweit, als sie ihre Zuständigkeit mit Inkrafttreten dieses Gesetzes auf das in Artikel 3 des Einigungsvertrages genannte Gebiet erstreckt. Sie gilt insoweit als Kasse mit Sitz in dem in Artikel 3 des Einigungsvertrages genannten Gebiet.

   § 309 Versicherter Personenkreis. (1) Die Jahresarbeitsentgeltgrenze nach § 6 Abs. 1 Nr. 1 ist aus der für das in Artikel 3 des Einigungsvertrages genannte Gebiet maßgebenden Beitragsbemessungsgrenze zu errechnen.

   (2) Wer bis zum 31. Dezember 1990 in der gesetzlichen Krankenversicherung in dem in Artikel 3 des Einigungsvertrages genannten Gebiet pflichtversichert war und mit Ablauf des 31. Dezember 1990 aus der Versicherungspflicht ausscheidet, bleibt versichert, ohne daß es eines Antrags auf freiwillige Versicherung bedarf. Die Versicherung wird als freiwillige Versicherung bis zum Wirksamwerden einer Austrittserklärung weitergeführt.

§ 310 Leistungen. (1) Bei Inanspruchnahme von Leistungen nach § 23 Abs. 4, §§ 24, 40 Abs. 2, § 41 bis zum 30. Juni 1991 sind keine Zuzahlungen zu leisten. In der Zeit vom 1. Juli 1991 bis zum 30. Juni 1992 beträgt die Zuzahlung fünf Deutsche Mark je Kalendertag.

(2) Soweit eine Behandlung nach § 29 bis zum 30. Juni 1991 durchgeführt wird, erstattet die Krankenkasse die vollen Kosten. Für eine Behandlung, die zwischen dem 1. Juli 1991 und dem 30. Juni 1992 durchgeführt wird, erstattet die Krankenkasse 90 vom Hundert, unter den Voraussetzungen des § 29 Abs. 1 Satz 2 für das zweite und jedes weitere Kind 95 vom Hundert der Kosten.

(3) Die Krankenkasse erstattet dem Versicherten 80 vom Hundert der Kosten der Versorgung mit Zahnersatz nach § 30, wenn die Behandlung in der Zeit vom 1. Januar 1991 bis zum 30. Juni 1992 beginnt. § 30 Abs. 5 ist erst auf die Behandlungen anzuwenden, die nach dem 30. Juni 1992 beginnen; die erforderlichen Untersuchungen für den Zeitraum der Jahre 1989 bis 1991 gelten als in Anspruch genommen. Solange die Verbände der Krankenkassen und die kassenzahnärztlichen Vereinigungen Verfahrensregelungen noch nicht vereinbart haben, wird die Forderung des Zahnarztes gegen den Versicherten erst fällig, wenn der Versicherte den Zuschuß nach Satz 1 von der Krankenkasse erhalten hat.

(4) Bei Inanspruchnahme von Leistungen nach § 31 ist bis zum 30. Juni 1991 keine Zuzahlung zu leisten. Bei Inanspruchnahme dieser Leistungen zwischen dem 1. Juli und dem 31. Dezember 1991 beträgt die Zuzahlung 1,50 Deutsche Mark je Mittel.

(5) Bei Inanspruchnahme von Leistungen nach § 32 ist bis zum 30. Juni 1991 keine Zuzahlung zu leisten. Bei Inanspruchnahme dieser Leistungen zwischen dem 1. Juli 1991 und dem 30. Juni 1992 beträgt die Zuzahlung fünf vom Hundert der Kosten.

(6) Zu den Kosten von orthopädischen Schuhen ist bis zum 30. Juni 1991 kein Eigenanteil zu zahlen. In der Zeit zwischen dem 1. Juli 1991 und dem 30. Juni 1992 beträgt der Eigenanteil 50 vom Hundert des Eigenanteils, der jeweils für diese Jahre von den Krankenkassen in dem Gebiet, in dem dieses Gesetzbuch Fünftes Buch schon vor dem Wirksamwerden des Beitritts gegolten hat, festgesetzt worden ist.

(7) § 36 Abs. 2 gilt bis zum 31. Dezember 1993 mit der Maßgabe, daß die Landesverbände der Krankenkassen und die Verbände der Ersatzkassen für die nach § 36 Abs. 1 bestimmten Hilfsmittel statt der Festsetzung von Festbeträgen Vertragspreise vereinbaren können; die Vertragspreise sind Höchstpreise.

(8) Bei Inanspruchnahme von Krankenhausbehandlung nach § 39 ist bis zum 30. Juni 1991 keine und für die Zeit zwischen dem 1. Juli und dem 31. Dezember 1991 für längstens vierzehn Tage eine Zuzahlung von 2,50 Deutsche Mark je Kalendertag zu leisten. Vom 1. Januar 1992 bis zum 30. Juni 1992 beträgt die Zuzahlung fünf Deutsche Mark je Kalendertag für längstens vierzehn Tage.

(9) Das Sterbegeld nach § 59 beträgt beim Tod eines Mitglieds 70 vom

Hundert der in dem in Artikel 3 des Einigungsvertrages genannten Gebiet geltenden Bezugsgröße, höchstens jedoch 2100 Deutsche Mark, beim Tod eines nach § 10 Versicherten die Hälfte des Sterbegeldes für das Mitglied. Für Versicherte der knappschaftlichen Krankenversicherung erhöht sich der Vomhundertsatz um die Hälfte. Das Sterbegeld darf jedoch die nach § 59 geltenden Höchstbeträge nicht übersteigen.

(10) Fahrkosten nach § 60, die bis zum 30. Juni 1991 entstanden sind, übernimmt die Krankenkasse in vollem Umfang. Zwischen dem 1. Juli 1991 und dem 30. Juni 1992 entstandene Fahrkosten übernimmt die Krankenkasse in den in § 60 Abs. 2 Satz 1 genannten Fällen in Höhe des zehn Deutsche Mark je Fahrt übersteigenden Betrages.

(11) Bei der Anwendung der §§ 61 und 62 sind die in dem in Artikel 3 des Einigungsvertrages genannten Gebiet geltende monatliche Bezugsgröße und Jahresarbeitsentgeltgrenze zugrunde zu legen.

§ 311 Beziehungen der Krankenkassen zu den Leistungserbringern. (1) § 71 ist mit folgenden Maßgaben anzuwenden:

a) Bei der Anwendung des Grundsatzes der Beitragssatzstabilität ist zu berücksichtigen, daß für die Finanzierung der Ausgaben, die auf das in Artikel 3 des Einigungsvertrages genannte Gebiet entfallen, nur die Einnahmen aus der Durchführung der Versicherung in dem in Artikel 3 des Einigungsvertrages genannten Gebiet verwendet werden dürfen.

b) Bis zu einer Regelung durch den gesamtdeutschen Gesetzgeber gilt:

  aa) Der Herstellerabgabepreis im Sinne der Arzneimittel-Preisverordnung vom 14. November 1980 (BGBl. I S. 2147) wird für apothekenpflichtige Arzneimittel, die an Verbraucher in dem in Artikel 3 des Einigungsvertrages genannten Gebiet abgegeben werden, im Jahre 1991 um einen Abschlag von 55 vom Hundert verringert. Die Abgabe der in Satz 1 genannten Arzneimittel an Abnehmer außerhalb des in Artikel 3 des Einigungsvertrages genannten Gebietes ist unzulässig.

  bb) Der pharmazeutische Unternehmer und der pharmazeutische Großhandel können von ihren Abnehmern Nachweise über die Verwendung der in Absatz 1 genannten Arzneimittel verlangen. Das Nähere regeln die Beteiligten oder ihre Verbände.

  cc) Die Höhe des Abschlags ist zum 1. Januar 1992 und zum 1. Januar 1993 durch Verordnung des Bundesministers für Arbeit und Sozialordnung entsprechend dem Verhältnis der beitragspflichtigen Einnahmen in dem in Artikel 3 des Einigungsvertrages genannten Gebiet und in dem Gebiet, in dem das SGB V schon vor dem Beitritt gegolten hat, zu verringern.

  dd) Diese Vorschrift tritt mit Ablauf des 31. Dezember 1993 außer Kraft. Absatz 1 gilt vom 1. Juli 1991 an nicht für Arzneimittel, die nach der Verordnung über unwirtschaftliche Arzneimittel in der gesetzlichen Krankenversicherung vom 21. Februar 1990 (BGBl. I S. 301) nicht zu Lasten der Krankenkassen verordnet werden dürfen.

c) Die Vergütung für Leistungen, die in dem Gebiet, in dem das Gesetz schon vor dem Beitritt gegolten hat, erbracht werden, richtet sich bis zu dem Zeitpunkt, in dem sich die wirtschaftlichen Verhältnisse in dem in Artikel 3 des Einigungsvertrages genannten Gebiet an die wirtschaftlichen Verhältnisse im Gebiet, in dem das Gesetz schon vor dem Beitritt gegolten hat, angeglichen haben, nach den Vergütungsregelungen, die für vergleichbare in dem in Artikel 3 des Einigungsvertrages genannten Gebiet erbrachte Leistungen gelten. Der Leistungserbringer ist nicht verpflichtet, den Versicherten zu behandeln; er kann von dem Versicherten den Differenzbetrag zu der Vergütung, die er von einem Versicherten aus dem Gebiet, in dem das Gesetz schon vor dem Beitritt gegolten hat, erhalten hätte, verlangen. Die Sätze 1 und 2 finden keine Anwendung, wenn

1. die Behandlung einer akuten Erkrankung unaufschiebbar ist;
2. die Behandlung einer Krankheit in dem in Artikel 3 des Einigungsvertrages genannten Gebiet nicht möglich ist.

(2) Zur Sicherstellung der kassenärztlichen Versorgung werden bei Anwendung des § 72 die in dem in Artikel 3 des Einigungsvertrages genannten Gebiet bestehenden ärztlich geleiteten kommunalen, staatlichen und freigemeinnützigen Gesundheitseinrichtungen einschließlich der Einrichtungen des Betriebsgesundheitswesens (Polikliniken, Ambulatorien u.a.) kraft Gesetzes bis zum 31. Dezember 1995 zur ambulanten Versorgung zugelassen. Der Zulassungsausschuß kann die Zulassung nach Satz 1 widerrufen, wenn eine ordnungsgemäße und wirtschaftliche ambulante Versorgung durch die Einrichtung nicht möglich ist. Der Zulassungsausschuß entscheidet über eine Verlängerung der Zulassung nach Satz 1 im Benehmen mit der Landesbehörde, insbesondere unter Berücksichtigung des Anteils der in freier Praxis niedergelassenen Ärzte.

(3) Soweit dies zur Sicherstellung der ambulanten ärztlichen Versorgung erforderlich ist, können die Spitzenverbände der Krankenkassen und die Kassenärztliche Bundesvereinigung gemeinsam bis zum 31. Dezember 1995 eine Treuhandgesellschaft zur Übernahme der Trägerschaft von Einrichtungen nach Absatz 2 gründen, um deren Fortbestand zu ermöglichen. Das Nähere wird zwischen den Spitzenverbänden der Krankenkassen und der Kassenärztlichen Bundesvereinigung geregelt.

(4) Bei Anwendung des § 77 gilt bis zum 31. Dezember 1995:

a) Ordentliche Mitglieder der Kassenärztlichen Vereinigung in dem beigetretenen Gebiet sind
   1. die Kassenärzte,
   2. die Fach- oder Gebietsärzte, die in den Einrichtungen nach Absatz 2 beschäftigt sind.

b) Außerordentliche Mitglieder der Kassenärztlichen Vereinigung können ermächtigte Ärzte und Ärzte in Weiterbildung zum Facharzt werden. Außerordentliche Mitglieder sind nicht stimmberechtigt.

c) In den Organen der Kassenärztlichen Vereinigung sind die Kassenärzte und die Ärzte, die in den Einrichtungen nach Absatz 2 beschäftigt sind, je zur Hälfte vertreten. Die in Buchstabe a) Nr. 2 genannten Ärzte setzen sich zu 60 vom Hundert aus den ärztlichen Leitern dieser Einrichtungen zusammen. Die Leiter werden aus der Mitte der in der Einrichtung tätigen Fach- und Gebietsärzte jeweils für die Dauer von zwei Jahren in unmittelbarer und geheimer Wahl gewählt. Die Wahl wird vom Träger der Einrichtung bestätigt.

d) Bis kassenärztliche Vereinigungen als Körperschaften des öffentlichen Rechts handlungsfähig sind, nehmen die nach demokratischen Regeln entstandenen, privatrechtlich organisierten, vorläufigen kassenärztlichen Vereinigungen im Einvernehmen mit den Aufsichtsbehörden der Länder die Aufgaben von kassenärztlichen Vereinigungen längstens bis zum 30. Juni 1991 wahr. Die Zuständigkeit der Kassenärztlichen Vereinigung Berlin (West) erstreckt sich auf den Teil des Landes Berlin, in dem das Grundgesetz bisher nicht galt.

(5) § 83 gilt mit der Maßgabe, daß die Verbände der Krankenkassen mit den ermächtigten Einrichtungen oder ihren Verbänden im Einvernehmen mit den kassenärztlichen Vereinigungen besondere Verträge schließen können.

(6) Bei Anwendung des § 85 gilt:

Die Gesamtvergütung an die Kassenärzte und die Einrichtungen nach Absatz 2 kann pauschaliert verteilt werden.

(7) Bei Anwendung des § 95 gilt das Erfordernis des Absatzes 2 Satz 3 dieser Vorschrift nicht

a) für Ärzte, die bei Inkrafttreten dieses Gesetzes in dem in Artikel 3 des Einigungsvertrages genannten Gebiet die Facharztanerkennung besitzen,
b) für Zahnärzte, die bereits zwei Jahre in dem in Artikel 3 des Einigungsvertrages genannten Gebiet zahnärztlich tätig sind.

(8) Bei Anwendung des § 96 gilt:

Die Zulassungsausschüsse in dem in Artikel 3 des Einigungsvertrages genannten Gebiet bestehen bis zum 31. Dezember 1995 aus drei Vertretern der Krankenkassen und drei Vertretern der Ärzte. Die Vertreter der Ärzte sind ein Kassenarzt, ein Arzt, der in einer Einrichtung nach Absatz 2 beschäftigt ist, sowie ein außerordentliches Mitglied der Kassenärztlichen Vereinigung.

(9) § 98 Abs. 2 Nr. 12 findet bis zum 31. Dezember 1995 mit der Maßgabe Anwendung, daß die Vorschrift nicht für die Zulassung von Ärzten der Jahrgänge 1941 und früher gilt, wenn diese am 1. Januar 1990 ihren ständigen Wohnsitz in dem in Artikel 3 des Einigungsvertrages genannten Gebiet hatten.

(10) Bei der Anwendung des § 105 gilt zusätzlich:

Die Niederlassung in freier Praxis ist mit dem Ziel zu fördern, daß der freiberuflich tätige Arzt maßgeblicher Träger der ambulanten Versorgung wird. Der Anteil der in Absatz 2 genannten Einrichtungen ist entsprechend zu verringern. Diesem Ziel dient auch die Umwandlung der genannten Einrichtungen in Gemeinschaftseinrichtungen der ambulanten ärztlichen Versorgung (Gemeinschaftspraxen, Praxisgemeinschaften u.a.).

(11) Die §§ 124 und 126 gelten mit der Maßgabe, daß bis zum 31. Dezember 1993 die in Absatz 2 genannten Einrichtungen, die Heil- und Hilfsmittel erbringen, zugelassen sind, soweit sie wirtschaftlich leistungsfähig sind. Nach dem 31. Dezember 1993 richtet sich die Zulassung dieser Einrichtungen nach den §§ 124 und 126, soweit eine wirtschaftliche Versorgung mit Heil- und Hilfsmitteln durch private Leistungserbringer nicht sichergestellt werden kann.

§ 312 Organisation der Krankenkassen. (1) Die See-Krankenkasse (§ 165), die Bundesknappschaft (§ 167) sowie die Ersatzkassen (§ 168), deren örtliche Zuständigkeit das gesamte Gebiet umfaßt, in dem dieses Buch schon vor dem Wirksamwerden des Beitritts gegolten hat, erstrecken vom 1. Januar 1991 an ihre Zuständigkeit auf das in Artikel 3 des Einigungsvertrages genannte Gebiet.

(2) Bei Anwendung des § 143 gilt:

a) Für die am 14. Oktober 1990 bestehenden Bezirke des in Artikel 3 des Einigungsvertrages genannten Gebietes wird zum 1. Januar 1991 je eine Ortskrankenkasse errichtet. Die Landesregierung kann durch Rechtsverordnung den örtlichen Zuständigkeitsbereich der Ortskrankenkassen abweichend von den Bezirksgrenzen bestimmen. Die Zuständigkeit der Allgemeinen Ortskrankenkasse Berlin (West) erstreckt sich vom 1. Januar 1991 an auf den Teil des Landes Berlin, in dem dieses Buch bisher nicht galt.
b) Die Aufsichtsbehörde erläßt eine vorläufige Satzung und stellt im Namen und für Rechnung der Krankenkasse den Geschäftsführer ein. Die Einstellung erfolgt zunächst befristet bis zum Ablauf von zwei Jahren nach Durchführung der ersten Sozialversicherungswahlen.
c) Mit Errichtung der Ortskrankenkassen gehen die die Krankenkassen betreffenden Aufgaben der Sozialversicherung in dem in Artikel 3 des Einigungsvertrages genannten Gebiet auf die Ortskrankenkassen über, soweit nicht andere Krankenkassen zuständig sind. Hat der Träger der gesetzlichen Krankenversicherung vor dem 1. Januar 1991 einem Versicherten eine Leistung der gesetzlichen Krankenversicherung bewilligt, die erst nach diesem Zeitpunkt erbracht wird, hat die zuständige Krankenkasse die Kosten von dem Zeitpunkt an zu tragen, von dem an der Versicherte bei ihr versichert ist.

(3) Bei Errichtungen und Anschlußerrichtungen von Betriebskrankenkassen in dem in Artikel 3 des Einigungsvertrages genannten Ge-

biet gelten § 147 Abs. 1 Nr. 3 und § 148 Abs. 1 Satz 3 nicht, wenn die nach § 148 Abs. 2 erforderliche Abstimmung bis zum 31. Dezember 1991 bei der Aufsichtsbehörde beantragt worden ist. Die Aufsichtsbehörde hat den Termin für die Abstimmung innerhalb eines halben Jahres nach der Antragstellung festzusetzen.

(4) Die in § 147 Abs. 2 vorgesehene Kostentragungspflicht des Arbeitgebers gilt nicht, solange der in § 241 Satz 2 festgelegte einheitliche Beitragssatz für die Mitglieder gilt, die einer Krankenkasse mit Sitz in dem in Artikel 3 des Einigungsvertrages genannten Gebiet angehören oder angehören würden, wenn sie nicht bei einer anderen sich über den gesamten Geltungsbereich dieses Gesetzes erstreckenden Krankenkasse versichert wären.

(5) § 157 Abs. 2 Nr. 3 und § 158 Abs. 1 Satz 3 gelten nicht bei Errichtungen und Ausdehnungen von Innungskrankenkassen in dem in Artikel 3 des Einigungsvertrages genannten Gebiet, wenn die nach § 158 Abs. 2 erforderliche Abstimmung bis zum 31. Dezember 1991 bei der Aufsichtsbehörde beantragt worden ist. Die Aufsichtsbehörde hat den Termin für die Abstimmung innerhalb eines halben Jahres nach der Antragstellung festzusetzen.

(6) Die Zuständigkeit der Bundesknappschaft sowie der See-Krankenkasse nach § 182 Abs. 1 ist auch für Rentner und Rentenantragsteller gegeben, die zuletzt bei der Bundesknappschaft oder der See-Krankenkasse versichert gewesen wären, wenn deren Zuständigkeit sich bereits vor dem 1. Januar 1991 auf das in Artikel 3 des Einigungsvertrages genannte Gebiet erstreckt hätte.

(7) Für versicherungspflichtig Beschäftigte, die am 1. Januar 1991 in einem Beschäftigungsverhältnis stehen, gilt § 183 Abs. 5 Satz 1 mit der Maßgabe, daß die Mitgliedschaft bei der gewählten Krankenkasse mit dem 1. Januar 1991 beginnt, wenn bis zum 15. Januar 1991 das Wahlrecht ausgeübt und dies dem Arbeitgeber mitgeteilt wird.

(8) Bei Anwendung des § 202 haben die Zahlstellen der Versorgungsbezüge bis zum 30. Juni 1991 die Empfänger von Versorgungsbezügen zu ermitteln und den zuständigen Krankenkassen die Empfänger sowie die Höhe der Versorgungsbezüge mitzuteilen.

§ 313 Finanzierung. (1) Bis zur Angleichung der wirtschaftlichen Verhältnisse in dem in Artikel 3 des Einigungsvertrages genannten Gebiet an das Niveau im übrigen Bundesgebiet haben Krankenkassen, die ihre Zuständigkeit auf das in Artikel 3 des Einigungsvertrages genannte Gebiet erstrecken, in Ergänzung der in § 220 vorgesehenen Regelungen in ihrem Haushalt die Einnahmen und Ausgaben für die Durchführung der Versicherung in diesem Gebiet getrennt auszuweisen. Dies gilt auch für den Rechnungsabschluß sowie für Geschäftsübersichten und Statistiken. Die Krankenkassen dürfen für die Finanzierung der Ausgaben, die auf das in Artikel 3 des Einigungsvertrages genannte Gebiet entfallen, nur die Einnahmen aus der Durchführung der Versicherung in diesem Gebiet verwenden; entsprechend ist ein besonderer Beitragssatz festzulegen. Der Beitragssatz beträgt bis zum

31. Dezember 1991 12,8 vom Hundert. Dieser Beitragssatz gilt auch für Krankenkassen mit Sitz in dem in Artikel 3 des Einigungsvertrages genannten Gebiet.

(2) Bei der Anwendung der beitragsrechtlichen Regelungen der § 223 Abs. 3, § 226 Abs. 2, § 232 Abs. 1, § 235 Abs. 3, § 240 Abs. 4 gelten die für das in Artikel 3 des Einigungsvertrages genannte Gebiet festgesetzte Bezugsgröße und Beitragsbemessungsgrenze. Bei Anwendung des § 234 Abs. 1 gilt Satz 1 ab 1. Januar 1992.

(3) Abweichend von § 236 Abs. 1 gilt als beitragspflichtige Einnahmen ein Dreißigstel des Betrages, der als monatlicher Bedarf nach dem Bundesausbildungsförderungsgesetz festgesetzt ist.

(4) Bei Anwendung des § 241 gilt bis zum 31. Dezember 1991 einheitlich ein allgemeiner Beitragssatz von 12,8 vom Hundert.

(5) Bei Anwendung des § 248 Abs. 2 werden Zeiten der Versicherung in der Sozialversicherung der Deutschen Demokratischen Republik Zeiten einer Versicherung in der gesetzlichen Krankenversicherung der Bundesrepublik Deutschland gleichgestellt.

(6) Bei Anwendung des § 249 Abs. 2 Nr. 1 und Abs. 3 tritt an die Stelle des Betrages von 610 Deutsche Mark ein Betrag, der in demselben Verhältnis zu einem Siebtel der in dem in Artikel 3 des Einigungsvertrages genannten Gebiet geltenden monatlichen Bezugsgröße steht, wie 610 Deutsche Mark zu einem Siebtel der in den übrigen Ländern geltenden monatlichen Bezugsgröße nach § 18 des Vierten Buches Sozialgesetzbuch, aufgerundet auf volle zehn Deutsche Mark. Diese Regelung tritt mit dem Wirksamwerden des Beitritts in Kraft.

(7) Abweichend von § 250 Abs. 1 Nr. 1 und § 255 werden die Krankenversicherungsbeiträge für pflichtversicherte Rentner im Kalenderjahr 1991 von den Trägern der Rentenversicherung pauschal an die Bundesversicherungsanstalt für Angestellte für die Krankenkassen mit Ausnahme der landwirtschaftlichen Krankenkassen abgeführt. Der Pauschalbeitrag beträgt 12,8 vom Hundert des Gesamtbetrages der Renten.

(8) Die §§ 247, 250 Abs. 1 Nr. 2 und § 256 treten zum 1. Januar 1992 in Kraft.

(9) Die §§ 260 bis 263 sind mit folgenden Maßgaben anzuwenden:

a) Die Krankenkassen können im Jahre 1991 Betriebsmitteldarlehen aufnehmen, wenn die Einnahmen nicht ausreichen, um die Ausgaben im Rahmen der Durchführung der Versicherung in dem in Artikel 3 des Einigungsvertrages genannten Gebiet zu decken. Das Betriebsmitteldarlehen kann bis zur Höhe von sechs Monatsausgaben aufgenommen werden. Die Aufnahme höherer Darlehen bedarf der Zustimmung der Aufsichtsbehörde.

b) Die §§ 261 und 262 finden für Krankenkassen mit Sitz in dem in Artikel 3 des Einigungsvertrages genannten Gebiet bis zum 31. Dezember 1994 keine Anwendung. Krankenkassen, deren Zuständigkeit sich auf das in Artikel 3 des Einigungsvertrages genannte Gebiet erstreckt, haben bei der Bildung der Rücklagen nach den

§§ 261 und 262 die Ausgaben im Zusammenhang mit der Durchführung der Versicherung in dem in Artikel 3 des Einigungsvertrages genannten Gebiet außer Betracht zu lassen.

(10) Die §§ 265 bis 273 sind mit folgenden Maßgaben anzuwenden:

a) Der Finanzausgleich für aufwendige Leistungsfälle nach § 265 und die Finanzausgleiche bei überdurchschnittlichen Bedarfssätzen nach §§ 266 und 267 sind für das in Artikel 3 des Einigungsvertrages genannte Gebiet getrennt durchzuführen. Bei der Anwendung der §§ 265 bis 267 dürfen nur Aufwendungen für Versicherte berücksichtigt werden, die einer Krankenkasse mit Sitz in dem in Artikel 3 des Einigungsvertrages genannten Gebiet angehören oder angehören würden, wenn sie nicht bei einer anderen sich über den gesamten Geltungsbereich dieses Gesetzes erstreckenden Krankenkasse versichert wären.

b) Der Finanzausgleich in der Krankenversicherung der Rentner nach den §§ 268 bis 273 wird getrennt für die versicherungspflichtigen Rentner durchgeführt, die einer Krankenkasse mit Sitz in dem in Artikel 3 des Einigungsvertrages genannten Gebiet angehören oder angehören würden, wenn sie nicht bei einer anderen sich über den gesamten Geltungsbereich dieses Gesetzes erstreckenden Krankenkasse versichert wären.

§ 314 Bußgeldvorschriften. § 306 Satz 1 Nr. 5 ist bis zum Inkrafttreten der §§ 28a bis 28r des Vierten Buches in folgender Fassung anzuwenden:

„5. Verstöße gegen Bestimmungen über die Verpflichtung zur Zahlung von Sozialversicherungsbeiträgen."

2. **Krankenhausfinanzierungsgesetz** in der Fassung der Bekanntmachung vom 23. Dezember 1985 (BGBl. 1986 I S. 33), zuletzt geändert durch Artikel 22 des Gesetzes vom 20. Dezember 1988 (BGBl. I S. 2477):

a) Der 4. Abschnitt wird wie folgt gefaßt:

„4. Abschnitt. Überleitungsvorschriften aus Anlaß der Herstellung der Einheit Deutschlands

§ 21 Überleitung. (1) Dieses Gesetz ist in dem in Artikel 3 des Einigungsvertrages genannten Gebiet mit Ausnahme der in Absatz 2 genannten Vorschriften ab 1. Januar 1991 anzuwenden. Das gleiche gilt für die auf Grund dieses Gesetzes erlassenen Rechtsverordnungen, soweit in Anlage I Kapitel VIII Sachgebiet A Abschnitt III Nr. 5 und 6 des Einigungsvertrages nichts anderes bestimmt ist. Bis zum 31. Dezember 1990 gilt das bis zum Wirksamwerden des Beitritts in der Deutschen Demokratischen Republik geltende Krankenhausfinanzierungsrecht weiter.

(2) Die §§ 9 und 17 Abs. 5 Satz 1 treten in dem in Artikel 3 des Einigungsvertrages genannten Gebiet am 1. Januar 1994 in Kraft. Bis zum 31. Dezember 1993 gelten in dem genannten Gebiet die §§ 22 bis 26.

§ 22 Einzelförderung. (1) Die Länder bewilligen auf Antrag des Krankenhausträgers Fördermittel

1. für die Errichtung (Neubau, Sanierung, Erweiterungsbau, Umbau) von Krankenhäusern einschließlich der Erstausstattung mit den für den Krankenhausbetrieb notwendigen Anlagegütern,
2. für Anlaufkosten, für Umstellungskosten bei innerbetrieblichen Änderungen sowie für Erwerb, Erschliessung, Miete und Pacht von Grundstücken, soweit ohne die Förderung die Aufnahme oder Förderung des Krankenhausbetriebs gefährdet wäre,
3. für Lasten aus Darlehen, die vor der Aufnahme des Krankenhauses in den Krankenhausplan für förderungsfähige Investitionen aufgenommen worden sind,
4. als Ausgleich für die Abnutzung von Anlagegütem, soweit sie mit Eigenmitteln des Krankenhausträgers beschafft worden sind und bei Beginn der Förderung nach diesem Gesetz vorhanden waren,
5. zur Erleichterung der Schließung von Krankenhäusern,
6. zur Umstellung von Krankenhäusern oder Krankenhausabteilungen auf andere Aufgaben, insbesondere zu ihrer Umstellung in Pflegeeinrichtungen oder selbständige, organisatorisch und wirtschaftlich vom Krankenhaus getrennte Pflegeabteilungen.

Die Förderung kann mit Zustimmung des Krankenhausträgers ganz oder teilweise durch Festbetrag erfolgen; dieser kann auch auf Grund pauschaler Kostenwerte festgelegt werden.

(2) Die Fördermittel sind so zu bemessen, daß sie die förderungsfähigen und unter Beachtung betriebswirtschaftlicher Grundsätze notwendigen Investitionskosten einschließlich des investiven Nachholbedarfs decken.

§ 23 Pauschale Förderung. (1) Durch feste jährliche Beträge (Jahrespauschalen) werden auf Antrag des Krankenhausträgers von den Ländern gefördert

1. die Instandhaltung und Instandsetzung der Anlagegüter des Krankenhauses,
2. die Wiederbeschaffung, Ergänzung, Nutzung und Mitbenutzung von Anlagegütern mit einer durchschnittlichen Nutzungsdauer von mehr als drei Jahren,
3. kleine Baumaßnahmen nach § 22 Abs. 1 Satz 1 Nr. 1, wenn die Anschaffungs- oder Herstellungskosten für das einzelne Vorhaben 100000 DM ohne Umsatzsteuer nicht übersteigen.

Der Krankenhausträger kann mit der Jahrespauschale im Rahmen der Zweckbindung der Fördermittel nach Satz 1 frei wirtschaften. Soweit er damit die Anschaffung, Nutzung oder Mitbenutzung medizinisch-technischer Großgeräte finanzieren will, bedarf es hierzu der vorherigen Zustimmung der zuständigen Landesbehörden; § 10 bleibt unberührt.

(2) Die Fördermittel nach Absatz 1 betragen jährlich für jedes nach § 8 Abs. 1 als förderungsfähig und bedarfsnotwendig anerkannte Krankenhausbett (Planbett) bei Krankenhäusern

1. der Grundversorgung (Orts- und Stadtkrankenhäuser) 8000 DM,
2. der Regelversorgung (Kreiskrankenhäuser und Kreiskrankenhäuser mit erweiterter Aufgabenstellung) 10000 DM,
3. der Schwerpunktversorgung (Bezirkskrankenhäuser) 15000 DM,
4. der Zentralversorgung (Fachkrankenhäuser) 15000 DM.

Abweichend von Satz 1 kann ein anderer Betrag festgesetzt werden, soweit dies wegen des Bau- oder Ausstattungszustandes oder zur Erhaltung der Leistungsfähigkeit des Krankenhauses unter Berücksichtigung seiner im Krankenhausplan bestimmten Aufgaben notwendig oder ausreichend ist; § 22 Abs. 2 gilt entsprechend. Die Pauschalbeträge sind in regelmäßigen Abständen an die Entwicklung anzupassen.

(3) Freigemeinnützige und private Krankenhäuser sind von der zuständigen Landesbehörde auf Antrag ihrer Träger für Zwecke dieser Vorschrift entsprechend ihrer Aufgabenstellung einer Krankenhausgruppe nach Absatz 2 Satz 1 zuzuordnen.

§ 24 Vorläufige Krankenhausförderliste. (1) Soweit und solange nach Inkrafttreten dieses Gesetzes in einem Land ein Krankenhausplan oder ein Investitionsprogramm nach § 6 noch nicht aufgestellt ist, tritt an deren Stelle für die Anwendung des § 8 die Feststellung der zuständigen Landesbehörde, daß die Voraussetzungen für eine Förderung nach den §§ 22 und 23 vorliegen (vorläufige Krankenhausförderliste).

(2) In die vorläufige Krankenhausförderliste sind auf Antrag ihrer Träger alle öffentlichen, freigemeinnützigen, privaten und sonstigen Krankenhäuser aufzunehmen, die am 30. Juni 1990 in Betrieb waren, soweit sie für eine ausreichende stationäre Versorgung der Bevölkerung erforderlich sind.

(3) Gemeinsam mit den Landesverbänden der Krankenkassen, den Verbänden der Ersatzkassen, dem Landesausschuß des Verbandes der privaten Krankenversicherung sowie mit der Landeskrankenhausgesellschaft oder den Vereinigungen der Krankenhausträger im Lande sind bei der Aufstellung der Krankenhausförderliste einvernehmliche Regelungen anzustreben. Das betroffene Krankenhaus ist anzuhören.

§ 25 Nicht geförderte Krankenhäuser. Krankenhäuser, deren Investitionskosten nicht öffentlich gefördert werden, erhalten von den Sozialleistungsträgern und anderen öffentlich-rechtlichen Kostenträgern keine höheren Pflegesätze als vergleichbare geförderte Krankenhäuser in dem in Artikel 3 des Einigungsvertrages genannten Gebiet.

§ 26 Vorsorge- oder Rehabilitationseinrichtungen. (1) Die §§ 22 und 23 gelten entsprechend für Vorsorge- oder Rehabilitationseinrichtungen in dem in Artikel 3 des Einigungsvertrages genannten Gebiet, die am 30. Juni 1990 in Betrieb waren, soweit sie für eine leistungsfähige und wirtschaftliche Versorgung der Bevölkerung mit stationären oder teilstationären medizinischen Leistungen zur Vorsorge oder Rehabilitation einschließlich der Anschlußheilbehandlung notwendig sind.

(2) Die in § 23 genannten Jahrespauschalen sind unter Beachtung des § 22 Abs. 2 ohne Anknüpfung an Bettenzahlen nach dem Versorgungsauftrag sowie dem Bau- und Ausstattungszustand der einzelnen Einrichtung zu bemessen.

(3) Die nach Absatz 1 förderungsfähigen Vorsorge- oder Rehabilitationseinrichtungen werden auf Antrag ihrer Träger im Einvernehmen mit den Landesverbänden der Krankenkassen und den Verbänden der Ersatzkassen sowie im Benehmen mit dem Verband Deutscher Rentenversicherungsträger in eine Förderliste aufgenommen; § 8 Abs. 1 Satz 2 und 3 gilt entsprechend."

b) Vor § 27 wird die Abschnittsüberschrift

„5. Abschnitt. Sonstige Vorschriften"

eingefügt.

3. Bundespflegesatzverordnung vom 21. August 1985 (BGBl. I S. 1666), zuletzt geändert durch die Verordnung vom 21. November 1989 (BGBl. I S. 2043),

a) Nach § 19 wird folgender § 19a angefügt:

„§ 19a Überleitungsregelungen aus Anlaß der Herstellung der Einheit Deutschlands. (1) Die als Vertragsparteien betroffenen Krankenkassen vereinbaren im ersten Halbjahr 1991 mit den Trägern der einzelnen Krankenhäuser in dem in Artikel 3 des Einigungsvertrages genannten Gebiet Krankenhausbudgets und Pflegesätze nach § 16 für die Zeit vom 1. Januar 1991 bis längstens zum 31. Dezember 1991. An Stelle des Kosten- und Leistungsnachweises nach dem Muster der Anlagen 1 und 2 dieser Verordnung können die Vertragsparteien für die im Jahr 1991 stattfindenden Pflegesatzverhandlungen einen vereinfachten Kosten- und Leistungsnachweis verwenden, der von dem zuständigen Bundesminister durch Rechtsverordnung erlassen wird.

(2) Kommt eine Pflegesatzvereinbarung bis zum 31. Mai 1991 nicht zustande, entscheidet die in § 18a des Krankenhausfinanzierungsgesetzes genannte Schiedsstelle auf Antrag einer Vertragspartei unverzüglich über die Gegenstände, über die keine Einigung erzielt werden konnte. Soweit am 30. Mai 1991 in einem in Artikel 3 des Einigungsvertrages genannten Land eine Schiedsstelle noch nicht errichtet ist, entscheidet die zuständige Landesbehörde.

(3) Solange für 1991 Pflegesätze noch nicht rechtswirksam vereinbart oder festgesetzt sind, erhalten die Krankenhäuser von den Krankenkassen monatliche Abschlagszahlungen in Höhe des ihnen im Dezember 1990 von der Krankenversicherung der Deutschen Demokratischen Republik gezahlten Budgetanteils. Bei Meinungsverschiedenheiten über die Höhe des Budgetanteils so-

wie seine Verteilung auf die zahlungspflichtigen Krankenkassen gilt Absatz 2 entsprechend."

b) § 13 Abs. 1 Satz 2 Nr. 5 ist mit der Maßgabe anzuwenden, daß er in dem in Artikel 3 des Einigungsvertrages genannten Gebiet am 1. Januar 1994 in Kraft tritt.

4. Das Zweite Buch der Reichsversicherungsordnung in der im Bundesgesetzblatt Teil III, Gliederungsnummer 820-1, veröffentlichten bereinigten Fassung, zuletzt geändert durch Artikel 9 des Gesetzes vom 26. Juni 1990 (BGBl. I S. 1211), tritt am 1. Januar 1991 in Kraft.

5. Das Gesetz zur Weiterentwicklung des Rechts der gesetzlichen Krankenversicherung vom 10. August 1972 (BGBl. I S. 1433), geändert durch Artikel 6 des Gesetzes vom 20. Dezember 1988 (BGBl. I S. 2477, 2555), tritt am 1. Januar 1991 in Kraft.

Abschnitt III

Bundesrecht tritt in dem in Artikel 3 des Vertrages genannten Gebiet mit folgenden Maßgaben in Kraft:

1. Zweites Gesetz über die Krankenversicherung der Landwirte – Artikel 8 des Gesetzes vom 20. Dezember 1988 – (BGBl. I S. 2477, 2557), geändert durch Artikel 8 des Gesetzes vom 6. Oktober 1989 (BGBl. I S. 1822),

mit folgenden Maßgaben:

a) Abweichend von § 2 Abs. 1 Nr. 1 werden die Maßstäbe zur Berechnung der Existenzgrundlage von der Selbstverwaltung der landwirtschaftlichen Krankenkasse festgelegt. Bis zum Erlaß einer Satzungsregelung gilt die Mindesthöhenfestsetzung der landwirtschaftlichen Alterkasse Oldenburg-Bremen entsprechend.

b) In § 2 Abs. 1 Nr. 2 Buchstabe b) wird jede Vorruhestandsgeldzahlung berücksichtigt.

c) In § 2 Abs. 1 Nr. 5 tritt an Stelle der Frist von 60 Monaten eine Frist von zwölf Monaten.

d) Die Voraussetzungen der Mitunternehmereigenschaft nach § 2 Abs. 3 Satz 2 müssen innerhalb eines Unternehmens erfüllt sein, welches eine nach dem Landwirtschaftsanpassungsgesetz vom 20. Juli 1990 (GBl. I Nr. 42 S. 642) spätestens seit dem 1. Januar 1992 zulässige Rechtsform innehat. Als Zeit der Selbstbewirtschaftung gilt auch die Zeit einer vorherigen Mitgliedschaft in einem landwirtschaftlichen Unternehmen bis zum Zeitpunkt der vorgeschriebenen Änderungen der Rechtsform.

e) Der Vorrang der Versicherungspflicht nach § 3 Abs. 2 Nr. 2 besteht auch für die nach § 2 Abs. 1 Nr. 5 versicherten Personen, wenn sie in den letzten fünf Jahren, frühestens berechnet vom 1. Januar 1991 an, zu neun Zehnteln in der landwirtschaftlichen Krankenversicherung versichert waren.

f) Ergänzend zu § 17 gilt:

aa) Für das in Artikel 3 des Vertrages genannte Gebiet wird zum 1. Januar 1991 eine gemeinsame landwirtschaftliche Krankenkasse mit Sitz in Potsdam errichtet. Die Regierungen der in Artikel 1 Abs. 1 des Vertrages genannten Länder werden ermächtigt, unter Beachtung der wirtschaftlichen Leistungsfähigkeit durch Gesetz für jedes Land eine landwirtschaftliche Krankenkasse bei den landwirtschaftlichen Berufsgenossenschaften zu errichten. Dabei ist für das Land Brandenburg und den Teil Berlins, für den das Grundgesetz bisher nicht galt, eine gemeinsame landwirtschaftliche Krankenkasse vorzusehen. Deren Zuständigkeit kann sich auf den Teil Berlins, für den das Grundgesetz schon vor dem Beitritt gegolten hat, erstrecken, sobald die übergangsweise vorgesehenen Regelungen des § 313 Abs. 1 über die getrennte Haushaltsführung und Beitragsfestsetzung außer Kraft gesetzt werden.

bb) Bis zu dem Zeitpunkt, zu dem die nach Doppelbuchstabe aa) errichtete landwirtschaftliche Krankenkasse ihre Tätigkeit aufnimmt, nimmt deren Aufgaben die Hannoversche Landwirtschaftliche Krankenkasse wahr. Sie erhält hierfür die erforderliche personelle Unterstützung von den anderen landwirtschaftlichen Krankenkassen mit Sitz in dem Gebiet, in dem das Gesetz schon vor dem Beitritt gegolten hat, mit Ausnahme der Krankenkasse für den Gartenbau, und zwar im Verhältnis der Personalstärke dieser Träger. Außerdem sind sie berechtigt, im Einvernehmen mit dem Bundesminister für Arbeit und Sozialordnung für Rechnung der landwirtschaftlichen Krankenkasse Personal anzuwerben und unter Vertrag zu nehmen.

cc) Die Krankenkasse für den Gartenbau erstreckt vom 1. Januar 1991 ihre Zuständigkeit auf das in Artikel 3 des Vertrages genannte Gebiet. Sie hat in ihrem Haushalt die Einnahmen und Ausgaben für die Durchführung der Versicherung in dem beigetretenen Gebiet getrennt auszuweisen. Für die Finanzierung der Ausgaben, die auf das beigetretene Gebiet entfallen, dürfen nur die Einnahmen aus der Durchführung der Versicherung in diesem Gebiet verwendet werden.

g) Die §§ 39 Abs. 1 Satz 1 Nr. 2 und 3, 45 Abs. 1 Nr. 1 und 2 sowie § 50 finden ab dem 1. Januar 1992 Anwendung; die übrigen Vorschriften ab dem 1. Januar 1991.

2. Zulassungsverordnung für Kassenärzte in der im Bundesgesetzblatt Teil III, Gliederungsnummer 8230-25, veröffentlichten bereinigten Fassung, zuletzt geändert durch Artikel 18 des Gesetzes vom 20. Dezember 1988 (BGBl. I S. 2477),

mit folgenden Maßgaben:

Die §§ 3, 25, 31 Abs. 9 und 34 finden mit folgenden Maßgaben Anwendung:

a) Für Ärzte, die bei Inkrafttreten dieses Gesetzes in dem in Artikel 3 des Vertrages genannten Gebiet die Facharztanerkennung besitzen, gilt das Erfordernis des § 3 Abs. 2 Buchstabe b) nicht.

b) Die Vorschriften der §§ 25 und 31 Abs. 9 gelten bis zum 31. Dezember 1995 nicht für die Zulassung oder Ermächtigung von Ärzten der Jahrgänge 1941 und älter, wenn diese am 1. Januar 1990 ihren ständigen Wohnsitz in dem beigetretenen Gebiet hatten.

c) Der Zulassungsausschuß nach § 34 besteht in dem in Artikel 3 des Vertrages genannten Gebiet bis zum 31. Dezember 1995 aus drei Vertretern der Krankenkassen und drei Vertretern der Ärzte. Vertreter der Ärzte sind ein Kassenarzt, ein Arzt, der in einer Einrichtung nach § 311 Abs. 2 beschäftigt ist, sowie ein außerordentliches Mitglied der Kassenärztlichen Vereinigung.

3. Zulassungsverordnung für Kassenzahnärzte in der im Bundesgesetzblatt Teil III, Gliederungsnummer 8230-26, veröffentlichten bereinigten Fassung, zuletzt geändert durch Artikel 19 des Gesetzes vom 20. Dezember 1988 (BGBl. I S. 2477),

mit folgenden Maßgaben:

Die §§ 3, 25, 31 Abs. 9 und § 34 finden mit folgenden Maßgaben Anwendung:

a) Für Zahnärzte, die bei Inkrafttreten dieses Gesetzes in dem in Artikel 3 des Vertrages genannten Gebiet bereits zwei Jahre zahnärztlich tätig sind, gilt das Erfordernis des § 3 Abs. 2 Buchstabe b) nicht.

b) Die Vorschriften der §§ 25, 31 Abs. 9 gelten bis zum 31. Dezember 1995 nicht für die Zulassung oder Ermächtigung von Zahnärzten der Jahrgänge 1941 und älter, wenn diese am 1. Januar 1990 ihren ständigen Wohnsitz in dem in Artikel 3 des Vertrages genannten Gebiet hatten.

c) Der Zulassungsausschuß nach § 34 besteht in dem in Artikel 3 des Vertrages genannten Gebiet bis zum 31. Dezember 1995 aus drei Vertretern der Krankenkassen und drei Vertretern der Zahnärzte. Vertreter der Zahnärzte sind ein Kassenzahnarzt, ein Zahnarzt, der in einer Einrichtung nach § 311 Abs. 2 beschäftigt ist, sowie ein außerordentliches Mitglied der Kassenzahnärztlichen Vereinigung.

4. Die Hebammenhilfe-Gebührenverordnung vom 28. Oktober 1986 (BGBl. I S. 1662), geändert durch Verordnung vom 6. Juli 1990 (BGBl. I S. 1395),

mit folgenden Maßgaben:

Die Vergütung für Leistungen in dem in Artikel 3 des Vertrages genannten Gebiet beträgt 45 vom Hundert der im Gebührenverzeichnis (Anlage zu § 2 Abs. 1) genannten Beträge.

5. Krankenhaus-Buchführungsverordnung in der Fassung der Bekanntmachung vom 24. März 1987 (BGBl. I S. 1045),

mit folgender Maßgabe:

Die Verordnung tritt für Krankenhäuser, die nicht Kapitalgesellschaften im Sinne des Zweiten Abschnittes des Dritten Buchs des Handelsgesetzbuchs sind, erst am 1. Januar 1993 in Kraft. Abweichend von Satz 1 tritt § 8 der Verordnung in dem genannten Gebiet erst am 1. Januar 1994 in Kraft.

6. Abgrenzungsverordnung vom 12. Dezember 1985 (BGBl. I S. 2255), mit folgender Maßgabe:

§ 4 tritt erst am 1. Januar 1994 in Kraft.

7. Gebührenordnung für Ärzte in der Fassung der Bekanntmachung vom 10. Juni 1988 (BGBl. I S. 818),

mit folgenden Maßgaben:

a) Die Vergütung für Leistungen, die in dem in Artikel 3 des Vertrages genannten Gebiet erbracht werden, beträgt 45 vom Hundert der nach § 5 bemessenen Gebühr. § 5 Abs. 1 Satz 4 gilt entsprechend.

b) Leistungen, die vor dem Wirksamwerden des Beitritts in dem in Artikel 3 des Vertrages genannten Gebiet erbracht worden sind, werden nach dem dort bisher geltenden Recht vergütet.

8. Gebührenordnung für Zahnärzte vom 22. Oktober 1987 (BGBl. I S. 2316),

mit folgenden Maßgaben:

a) Die Vergütung für Leistungen, die in dem in Artikel 3 des Vertrages genannten Gebiet erbracht werden, beträgt 45 vom Hundert der nach § 5 bemessenen Gebühr. § 5 Abs. 1 Satz 4 gilt entsprechend.

b) Leistungen, die vor dem Wirksamwerden des Beitritts in dem in Artikel 3 des Vertrages genannten Gebiet erbracht worden sind, werden nach dem dort bisher geltenden Recht vergütet.

9. Die Gebührenordnung für Ärzte und die Gebührenordnung für Zahnärzte finden entsprechende Anwendung für die Vergütung ärztlicher oder zahnärztlicher Leistungen der in Abschnitt II Nummer 1 § 311 Abs. 2 Satz 1 genannten Einrichtungen, soweit nicht durch Bundesgesetz etwas anderes bestimmt ist.

10. Der Bundesminister für Arbeit und Sozialordnung wird ermächtigt, durch Rechtsverordnung mit Zustimmung des Bundesrates die für das in Artikel 3 des Vertrages genannte Gebiet vorgeschriebene Höhe der Vergütungen nach der Gebührenordnung für Ärzte, der Gebührenordnung für Zahnärzte sowie nach den Hebammenhilfe-Gebührenverordnung in regelmäßigen Abständen an die wirtschaftliche Entwicklung anzupassen. Dabei ist das Verhältnis der für das in Artikel 3 des Vertrages genannte Gebiet bestimmten Bezugsgröße zu der Bezugsgröße für das Gebiet, in dem das Grundgesetz schon vor dem Beitritt gegolten hat, zu berücksichtigen.

11. Die Nummern 2, 3 und 4 treten am 1. Januar 1991 in Kraft.

Sachgebiet H: Gesetzliche Rentenversicherung

Abschnitt I

Von dem Inkrafttreten des Bundesrechts gemäß Artikel 8 des Vertrages sind ausgenommen:

1. Viertes Buch der Reichsversicherungsordnung in der im Bundesgesetzblatt Teil III, Gliederungsnummer 820-1, veröffentlichten bereinigten Fassung, zuletzt geändert durch Artikel 6 des Gesetzes vom 18. Dezember 1989 (BGBl. I S. 2261; 1990 I S. 1337),
2. Erste bis 21. Bemessungsverordnung - Fundstellennachweis A, Bundesrecht, Gliederungsnummer 820-1-1-1 bis 5, 8232-37-6 bis 21,
3. Angestelltenversicherungsgesetz in der im Bundesgesetzblatt Teil III, Gliederungsnummer 821-1, veröffentlichten bereinigten Fassung, zuletzt geändert nach Maßgabe des Artikels 85 durch Artikel 7 des Gesetzes vom 18. Dezember 1989 (BGBl. I S. 2261; 1990 I S. 1337),
4. Angestelltenversicherungs-Neuregelungsgesetz in der im Bundesgesetzblatt Teil III, Gliederungsnummer 821 -2, veröffentlichten bereinigten Fassung, zuletzt geändert durch § 1 Abs. 6 des Gesetzes vom 22. Dezember 1989 (BGBl. I S. 2406),
5. Reichsknappschaftsgesetz in der im Bundesgesetzblatt Teil III, Gliederungsnummer 822-1, veröffentlichten bereinigten Fassung, zuletzt geändert nach Maßgabe des Artikels 85 durch Artikel 9 des Gesetzes vom 18. Dezember 1989 (BGBl. I S. 2261; 1990 I S. 1337),
6. Hauerarbeiten-Verordnung in der im Bundesgesetzblatt Teil III, Gliederungsnummer 822-1-1, veröffentlichten bereinigten Fassung,
7. Gleichstellungs-Verordnung vom 24. Mai 1968 (BGBl. I S. 557),
8. Knappschaftsrentenversicherungs-Neuregelungsgesetz in der im Bundesgesetzblatt Teil III, Gliederungsnummer 822-8, veröffentlichten bereinigten Fassung, zuletzt geändert durch § 1 Abs. 7 des Gesetzes vom 22. Dezember 1989 (BGBl. I S. 2406),
9. Arbeiterrentenversicherungs-Neuregelungsgesetz in der im Bundesgesetzblatt Teil III, Gliederungsnummer 8232-4, veröffentlichten bereinigten Fassung, zuletzt geändert durch § 1 Abs. 5 des Gesetzes vom 22. Dezember 1989 (BGBl. I S. 2406),
10. Rentenversicherungs-Ruhensvorschriften-Verordnung in der im Bundesgesetzblatt Teil III, Gliederungsnummer 8232-4-1, veröffentlichten bereinigten Fassung, geändert durch die Verordnung vom 29. Juli 1981 (BGBl. I S. 740),
11. Verordnung über das Verfahren bei Anwendung des § 1255 der Reichsversicherungsordnung und des § 32 des Angestelltenversicherungsgesetzes in der im Bundesgesetzblatt Teil III, Gliederungsnummer 8232-5, veröffentlichten bereinigten Fassung, zuletzt geändert durch die Verordnung vom 18. Dezember 1970 (BGBl. I S. 1737),
12. Erste bis Siebente Verordnung über Änderungen der Bezugsgrößen für die Berechnung von Renten in den Rentenversicherungen der Arbeiter und der Angestellten sowie in der knappschaftlichen Rentenversicherung in der im Bundesgesetzblatt Teil III, Gliederungsnummer 8232-7-1 bis 7, veröffentlichten bereinigten Fassung,
13. Achte bis Dreizehnte Verordnung über Änderungen der Bezugsgrößen für die Berechnung von Renten in den Rentenversicherungen der Arbeiter und der Angestellten sowie in der knappschaftlichen Ren-

tenversicherung, die RV-Bezugsgrößenverordnungen 1971 bis 1984 sowie der Sozialversicherungs-Bezugsgrößenverordnungen 1985 bis 1990, Fundstellennachweis A, Bundesrecht, Gliederungsnummern 8232-7-8 bis 33,

14. Verordnung über die Berechnung des Kapitalwerts bei Abfindungen nach § 1295 der Reichsversicherungsordnung und nach § 72 des Angestelltenversicherungsgesetzes in der im Bundesgesetzblatt Teil III, Gliederungsnummer 8232-9, veröffentlichten bereinigten Fassung,

15. Erstes bis Sechstes Rentenanpassungsgesetz in der im Bundesgesetzblatt Teil III, Gliederungsnummern 8232-10-1 bis 8232-10-6, veröffentlichten bereinigten Fassung,

16. Siebentes bis 21. Rentenanpassungsgesetz sowie die Rentenanpassungsgesetze 1982 bis 1990, Fundstellennachweis A, Bundesrecht, Gliederungsnummem 8232-10-7 bis 8232-10-30,

17. Fremdrentengesetz in der im Bundesgesetzblatt Teil III, Gliederungsnummer 824-2, veröffentlichten bereinigten Fassung, zuletzt geändert nach Maßgabe des Artikels 85 durch Artikel 15 des Gesetzes vom 18. Dezember 1989 (BGBl. I S. 2261; 1990 S. 1337),

18. Verordnung über die Anerkennung von Systemen und Einrichtungen der sozialen Sicherheit als gesetzliche Rentenversicherung in der im Bundesgesetzblatt Teil III, Gliederungsnummer 824-2-1, veröffentlichten bereinigten Fassung, zuletzt geändert durch Verordnung vom 10. April 1978 (BGBl. I S. 470),

19. Fremdrenten- und Auslandsrenten-Neuregelungsgesetz in der im Bundesgesetzblatt Teil III, Gliederungsnummer 824-3, veröffentlichten bereinigten Fassung, zuletzt geändert durch Artikel 4 Gesetz vom 18. Mai 1990 (BGBl. I S. 986),

20. Handwerkerversicherungsgesetz in der im Bundesgesetzblatt Teil III, Gliederungsnummer 8250-1, veröffentlichten bereinigten Fassung, zuletzt geändert durch Artikel 12 des Gesetzes vom 20. Dezember 1988 (BGBl. I S. 2477),

21. GAL-Beitragsverordnungen - Fundstellennachweis A, Bundesrecht, Gliederungsnummern 8251-1-1-1 bis -11,

22. Gesetz zur Änderung des Gesetzes über eine Altershilfe für Landwirte in der im Bundesgesetzblatt III, Gliederungsnummer 8251-3, veröffentlichten bereinigten Fassung, zuletzt geändert durch Artikel 3 des Gesetzes vom 29. Juli 1969 (BGBl. I S. 1017),

23. Gesetz über den Ablauf der durch Kriegsvorschriften gehemmten Fristen in der Sozial- und Arbeitslosenversicherung in der im Bundesgesetzblatt Teil III, Gliederungsnummer 826-1, veröffentlichten bereinigten Fassung,

24. Auswirkungsgesetz in der im Bundesgesetzblatt Teil III, Gliederungsnummer 826-13, veröffentlichten bereinigten Fassung,

25. Verordnung über die Zahlung von Renten in das Ausland in der im Bundesgesetzblatt Teil III, Gliederungsnummer 826-16, veröffentlichten bereinigten Fassung,

26. Verordnung zur Durchführung des Artikels 6 § 21 des Fremdrenten- und Auslandsrenten-Neuregelungsgesetzes in der im Bundesgesetzblatt Teil III, Gliederungsnummer 826-17, veröffentlichten bereinigten Fassung,
27. Fremdrenten-Nachversicherungsverordnung in der im Bundesgesetzblatt Teil III, Gliederungsnummer 826-18, veröffentlichten bereinigten Fassung,
28. Rentenversicherungs-Änderungsgesetz vom 9. Juni 1965 (BGBl. I S. 476),
29. Zweites Rentenversicherungs-Änderungsgesetz vom 23. Dezember 1966 (BGBl. I S. 745),
30. Verordnung über die Erteilung von Rentenauskünften an Versicherte der gesetzlichen Rentenversicherungen vom 22. Dezember 1975 (BGBl. I S. 3184),
31. Zweite Verordnung über die Erteilung von Rentenauskünften an Versicherte der gesetzlichen Rentenversicherung vom 5. August 1977 (BGBl. I S. 1486),
32. Kindererziehungszeiten-Erstattungsverordnung vom 2. Januar 1986 (BGBl. I S. 31),
33. Kindererziehungsleistungs-Erstattungsverordnung vom 18. Dezember 1987 (BGBl. I S. 2814),
34. Rentenreformgesetz vom 16. Oktober 1972 (BGBl. I S. 1965), zuletzt geändert durch Artikel 25 des Gesetzes vom 18. Dezember 1989 (BGBl. I S. 2261; 1990 S. 1337),
35. RV-Beitragsentrichtungsverordnung vom 21. Juni 1976 (BGBl. I S. 1667), zuletzt geändert durch die Verordnung vom 16. Juli 1986 (BGBl. I S. 1060),
36. Gesetz zur Stärkung der Finanzgrundlagen der gesetzlichen Rentenversicherung vom 16. Mai 1985 (BGBl. I S. 766),
37. Gesetz über eine Altershilfe für Landwirte in der Fassung der Bekanntmachung vom 14. September 1965 (BGBl. I S. 1448), zuletzt geändert durch Artikel 2 des Gesetzes vom 28. Mai 1990 (BGBl. I S. 986),
38. Artikel 2 des Gesetzes zur Neuregelung der Altershilfe für Landwirte in der Fassung der Bekanntmachung vom 14. September 1965 (BGBl. I S. 1448), zuletzt geändert durch Artikel 2 des Gesetzes vom 20. Dezember 1985 (BGBl. I S. 2475),
39. Drittes Gesetz zur Änderung und Ergänzung des Gesetzes über eine Altershilfe für Landwirte vom 13. August 1969 (BGBl. I S. 801), geändert durch Artikel 3 des Gesetzes vom 29. Juli 1969 (BGBl. I S. 1017),
40. Viertes Gesetz zur Änderung und Ergänzung des Gesetzes über eine Altershilfe für Landwirte vom 29. Juli 1969 (BGBl. I S. 1017),
41. Sechstes Gesetz zur Änderung und Ergänzung des Gesetzes über eine Altershilfe für Landwirte vom 26. Juli 1972 (BGBl. I S. 1293),

42. Siebentes Änderungsgesetz GAL vom 19. Dezember 1973 (BGBl. I S. 1937),

43. Gesetz über die Kaufmannseigenschaft von Land- und Forstwirten und den Ausgleichsanspruch des Handelsvertreters vom 13. Mai 1976 (BGBl. I S. 1197),

44. GAL-Beitragszuschußverordnung vom 21. Mai 1986 (BGBl. I S. 750),

45. Gesetz zur Förderung der Einstellung der landwirtschaftlichen Erwerbstätigkeit vom 21. Februar 1989 (BGBl. I S. 233), geändert durch Artikel 77 des Gesetzes vom 18. Dezember 1989 (BGBl. I S. 2261; 1990 I S. 1337),

46. Stillegungsverordnung vom 14. Juni 1989 (BGBl. I S. 1095),

47. Artikel 23 und 24 des Gesetzes zu dem Vertrag vom 18. Mai 1990 über die Schaffung einer Währungs-, Wirtschafts- und Sozialunion zwischen der Bundesrepublik Deutschland und der Deutschen Demokratischen Republik vom 25. Juni 1990 (BGBl. II S. 517).

Abschnitt II

Bundesrecht wird wie folgt ergänzt:

1. Zur Durchführung der Versicherung in dem in Artikel 3 des Einigungsvertrages genannten Gebiet gelten vom 1. Januar 1991 an folgende besondere Bestimmungen:

„**§ 1** Die Ausgaben der Überleitungsanstalt für die Träger der Rentenversicherung der Arbeiter und der Angestellten werden von diesen nach dem Verhältnis ihrer Beitragseinnahmen für die Durchführung der Versicherung in dem in Artikel 3 des Einigungsvertrages genannten Gebiet getragen. Die auf die knappschaftliche Rentenversicherung entfallenden Ausgaben trägt die Bundesknappschaft.

§ 2 Im Haushalt der Bundesversicherungsanstalt für Angestellte, der Bundesknappschaft, der Bundesbahn-Versicherungsanstalt, der Seekasse und der Landesversicherungsanstalt Berlin sind die Einnahmen und Ausgaben für die Durchführung der Versicherung in dem in Artikel 3 des Einigungsvertrages genannten Gebiet getrennt auszuweisen. Dies gilt auch für den Rechnungsabschluß sowie für Geschäftsübersichten und Statistiken.

§ 3 Die Ausgaben für Leistungen zur Rehabilitation dürfen fünf Prozent der auf das in Artikel 3 des Einigungsvertrages genannten Gebiet entfallenden Rentenausgaben nicht überschreiten.

§ 4 Der Bund erstattet die Aufwendungen, die den Trägern der Rentenversicherung im Jahre 1991 für Pflegegeld, Blindengeld und Sonderpflegegeld entstehen. Darüber hinaus erstattet der Bund die Aufwendungen der Träger der Rentenversicherung für Kriegsbeschädigtenrente, Sozialzuschläge und für die Auszahlung der weiteren Sonderleistungen. Der Bund erstattet den Trägern der Rentenversicherung auch die Aufwendungen, die in Höhe des Kindergeldes für die

Zahlung von Kinderzuschlägen entstehen, soweit Kindergeld neben Kinderzuschlag nicht gezahlt wird; dabei kann eine pauschale Erstattung vorgesehen werden. Der Bundesminister für Arbeit und Sozialordnung wird ermächtigt, im Einvernehmen mit dem Bundesminister der Finanzen durch Rechtsverordnung mit Zustimmung des Bundesrates das Nähere über die Erstattungen zu bestimmen.

§ 5 Für die Finanzierung der Ausgaben der Träger der Rentenversicherung der Arbeiter und der Angestellten, die auf das in Artikel 3 des Einigungsvertrages genannte Gebiet entfallen, dürfen nur die Einnahmen aus der Durchführung der Versicherung in dem in Artikel 3 des Einigungsvertrages genannten Gebiet verwendet werden. Der Bund leistet im Jahr 1991 zu diesen Ausgaben Zuschüsse in Höhe von 19,8 vom Hundert der Rentenausgaben. Die Zuschüsse verändern sich in den Folgejahren in der Weise, daß ihr Verhältnis zu den Rentenausgaben dem Verhältnis entspricht, in dem die zu den übrigen Rentenausgaben der Rentenversicherung der Arbeiter und der Angestellten einschließlich der Aufwendungen aus der Erbringung von Kindererziehungsleistungen für Mütter der Geburtsjahrgänge vor 1921 zu leistenden Bundeszuschüsse zu diesen Ausgaben stehen.

§ 6 Die Träger der Rentenversicherung der Arbeiter und der Angestellten tragen die Ausgaben für die Durchführung der Versicherung in dem in Artikel 3 des Einigungsvertrages genannten Gebiet nach dem Verhältnis ihrer darauf entfallenden Beitragseinnahmen gemeinsam (Finanzverbund).

§ 7 Der Bund stellt durch haushaltsgesetzliche Regelung unverzinsliche Betriebsmitteldarlehen zur Verfügung, um die jederzeitige Leistungsfähigkeit der Träger der Rentenversicherung der Arbeiter und der Angestellten in dem in Artikel 3 des Einigungsvertrages genannten Gebiet sicherzustellen.

§ 8 Das Bundesversicherungsamt verteilt die Beträge nach §§ 1, 4, 5, 6 und 7 nach den Beitragseinnahmen, setzt die Vorschüsse fest und führt die Abrechnung durch. Bei Zahlung von laufenden Geldleistungen in dem in Artikel 3 des Einigungsvertrages genannten Gebiet durch die Deutsche Bundespost ist das Bundesversicherungsamt für die Festsetzung der Vorschüsse zuständig. Die Träger der Rentenversicherung zahlen die zu erstattenden Beträge innerhalb von zwei Wochen nach dem Empfang der Zahlungsaufforderung.

§ 9 Bis zum 31. Dezember 1990 kann in dem in Artikel 3 des Einigungsvertrages genannten Gebiet nach den beim Wirksamwerden des Beitritts geltenden Regeln verfahren werden.

2. Verordnung über die Vergabe und Zusammensetzung der Versicherungsnummer vom 7. Dezember 1987 (BGBl. I S. 2532):
a) Die Anlage 1 wird wie folgt geändert:
aa) Vor den Worten „LVA Hannover 10“ werden folgende Worte eingefügt:
„LVA Mecklenburg-Vorpommern 02

LVA Thüringen 03
LVA Brandenburg 04
LVA Sachsen-Anhalt 08
LVA Sachsen 09".

bb) Die Worte „Berlin, Bremen", werden durch die Worte „Land Berlin, Bremen" ersetzt.

cc) Nach der Bereichsnummer "82" werden die Worte „Mecklenburg-Vorpommern, Brandenburg, Sachsen-Anhalt, Thüringen, Sachsen" sowie die Bereichsnummer „89" eingefügt.

b) Die bundesunmittelbaren Träger der Rentenversicherung, die Landesversicherungsanstalt Berlin und der Träger der Sozialversicherung als Träger der Rentenversicherung können bereits im Jahr 1990 mit der Vergabe der Versicherungsnummer unter Verwendung der für das in Artikel 3 des Einigungsvertrages genannte Gebiet bestimmten Bereichsnummern beginnen.

3. Nach § 12 des Artikels 2 des Gesetzes zur Neuregelung der Altershilfe für Landwirte in der Fassung der Bekanntmachung vom 14. September 1965 (BGBl. I S. 1448, 1458), zuletzt geändert durch Artikel 2 des Gesetzes vom 20. Dezember 1985 (BGBl. I S. 2475), wird eingefügt:

„§ 12a Mit der Durchführung des Gesetzes über eine Altershilfe für Landwirte in dem Teil des Landes Berlin, in dem das Grundgesetz vor dem Beitritt gegolten hat, bleibt bis zu einer anderweitigen Regelung die landwirtschaftliche Alterskasse beauftragt, die bei der Hannoverschen Landwirtschaftlichen Berufsgenossenschaft errichtet ist."

Abschnitt III

Bundesrecht tritt in dem in Artikel 3 des Vertrages genannten Gebiet mit folgenden Maßgaben in Kraft:

1. Rentenreformgesetz 1992 vom 18. Dezember 1989 (BGBl. I S. 2261; 1990 I S. 1337), geändert durch Gesetz vom 22. Dezember 1989 (BGBl. I S. 2406),

mit folgenden Maßgaben:

a) Artikel 85 Abs. 2 bis 6 ist nicht anzuwenden.

b) Artikel 1 § 3 Satz 1 Nr. 2, § 5 Abs. 1 Satz 1 Nr. 1 und 2, Satz 2, § 6 Abs. 1 Nr. 1, Abs. 2 bis 5, § 8 Abs. 2 Satz 1 Nr. 1 und 2, Satz 2 und 3, §§ 146, 149, 166 Nr. 1, 170 Abs. 1 Nr. 1, §§ 181, 182, 184 bis 186 und 192 tritt bereits mit Wirksamwerden des Beitritts in Kraft.

c) Bei Anwendung des Artikels 1 § 166 Nr. 1 sind bis zum 31. Dezember 1991 in dem in Artikel 3 des Vertrages genannten Gebiet 70 vom Hundert der für dieses Gebiet maßgebenden Bezugsgröße beitragspflichtige Einnahmen.

d) Die nachfolgenden Vorschriften des Artikels 1 treten am 1. Januar 1991 mit folgenden Maßgaben in Kraft: § 5 Abs. 3, §§ 9 und 10, 11 Abs. 1 und 2, §§ 12 bis 19, 20 Abs. 1 und 2, §§ 21 bis 23, 24 Abs. 1 bis 3, § 25 Abs. 1, 3 und 4, § 26 Abs. 2 und 3, § 27 Abs. 1 Satz 1 Nr. 1 bis 3, 5 und 6 Abs. 2, §§ 28 bis 30, 31 Abs. 1 Satz 1 Nr. 1, 3 bis 5 und Satz 2, Abs. 2 Satz 1 und Abs. 3, §§ 164, 215, 235 und 301 Abs. 1;

aa) bei Anwendung dieser Vorschriften treten bis 31. Dezember 1991 an die Stelle des Begriffs

1. „Berufsunfähigkeit" oder „Erwerbsunfähigkeit" der Begriff „Invalidität",
2. „Rente wegen verminderter Erwerbsfähigkeit" der Begriff „Invalidenrente",
3. „Wartezeit von 15 Jahren" der Begriff „Beitragszeit von 15 Jahren",
4. „allgemeine Wartezeit" der Begriff „Pflichtbeitragszeit von fünf Jahren",
5. „Verletztenrente" der Begriff „Unfallrente" und
6. „Kinderzuschuß" oder „Kinderzulage" der Begriff „Kinderzuschlag".

Das Übergangsgeld wird in Höhe des Krankengeldes gezahlt, wenn zuvor Krankengeld bezogen wurde. Das Übergangsgeld erhöht sich bis zum 31. Dezember 1991 nach dem Ende des Bemessungszeitraums jeweils in den Zeitabständen und um den Vomhundertsatz wie die Renten in dem in Artikel 3 des Vertrages genannten Gebiet.

Reisekosten nach § 30 Abs. 2 werden bis zum 31. Dezember 1991 nur für eine Familienheimfahrt oder eine Fahrt eines Angehörigen übernommen.

bb) Bis zum 31. Dezember 1990 kann in dem in Artikel 3 des Vertrages genannten Gebiet nach den beim Wirksamwerden des Beitritts geltenden Regeln verfahren werden.

e) Bei der Anwendung der in Buchstabe b) und d) genannten Vorschriften sind als Beitragsbemessungsgrenze und Bezugsgröße die für das in Artikel 3 des Vertrages genannte Gebiet bestimmten Werte maßgebend.

f) Artikel 1 §§ 125 bis 145 findet in dem in Artikel 3 des Vertrages genannten Gebiet ab dem 1. Januar 1991 mit folgenden Maßgaben Anwendung.

aa) In den in Artikel 1 Abs. 1 des Vertrages genannten Ländern wird zum 1. Januar 1991 je eine Landesversicherungsanstalt als Träger der Rentenversicherung der Arbeiter errichtet. Die Länder bestimmen den Sitz und genehmigen die Satzung der Landesversicherungsanstalten.

bb) Die Zuständigkeit der Bundesversicherungsanstalt für Angestellte, der Bundesknappschaft, der Bundesbahn-Versicherungsanstalt und der Seekasse erstreckt sich vom 1. Januar 1991 auf das in Artikel 3 des Vertrages genannte Gebiet. Die Zuständigkeit der Bundesbahn-Versicherungsanstalt umfaßt auch Versicherte, die als Arbeiter bei der Deutschen Reichsbahn beschäftigt sind; Beschäftigte der Bundesbahn-Versicherungsanstalt können auch Beschäftigte der Deutschen Reichsbahn sein. Die Zuständigkeit der Landesversicherungsanstalt Berlin erstreckt sich vom 1. Januar 1991 auch auf den Teil des Landes Berlin, in dem das Grundgesetz bisher nicht galt.

Die Zuständigkeit der Bundesknappschaft erstreckt sich auch auf Beschäftigte, die am 31. Dezember 1990 in bergbaulichen Betrieben beschäftigt oder solchen Beschäftigten gleichgestellt sind, solange sie diese Beschäftigung ausüben und sofern für sie der Beitragssatz der bergbaulich Versicherten gilt.

cc) Bis zum 31. Dezember 1990 kann in dem in Artikel 3 des Vertrages genannten Gebiet nach den beim Wirksamwerden des Beitritts geltenden Regeln verfahren werden.

g) Artikel 1 § 168 Abs. 1 Nr. 1 und 2, Abs. 2 und 3, § 169 Nr. 3 findet bereits mit Wirksamwerden des Beitritts

mit folgenden Maßgaben Anwendung:

aa) An die Stelle des Betrages von 610 bzw. 750 Deutsche Mark tritt ein Betrag, der in demselben Verhältnis zu einem Siebtel der in dem in Artikel 3 des Vertrages genannten Gebiet geltenden monatlichen Bezugsgröße steht wie der Betrag von 610 bzw. 750 Deutsche Mark zu einem Siebtel der in den übrigen Ländern geltenden monatlichen Bezugsgröße nach § 18 des Vierten Buches Sozialgesetzbuch, aufgerundet auf volle zehn Deutsche Mark.

bb)[1] Bei der Anwendung des § 168 Abs. 1 Nr. 2 treten für die Jahre 1990 und 1991 in dem in Artikel 3 des Vertrages genannten Gebiet an die Stelle der Worte „80 vom Hundert der Bezugsgröße" die Worte „70 vom Hundert der für das in Artikel 3 des Einigungsvertrages genannte Gebiet maßgebenden Bezugsgröße".

h) Die Artikel 80, 81 und 82 finden ab dem 1. Januar 1992 Anwendung.

i) Artikel 85 Abs. 7 wird mit folgenden Maßgaben angewendet:

aa) Artikel 1 § 287 Abs. 4 und § 310 wird nicht übergeleitet.

bb) Artikel 1 § 69 Abs. 2, §§ 160, 275 und 292 findet in dem in Artikel 3 des Vertrages genannten Gebiet ab 1. Januar 1992 Anwendung.

cc) Bis zum 31. Dezember 1990 kann in dem in Artikel 3 des Vertrages genannten Gebiet nach den beim Wirksamwerden des Beitritts geltenden Regeln verfahren werden.

2. Tarifordnung für die deutschen Theater vom 27. Oktober 1937 (Reichsarbeitsblatt VI S. 1080) einschließlich der Satzung der Versorgungsanstalt der deutschen Bühnen

mit folgenden Maßgaben:

a) Die Regelungen finden ab 1. Januar 1991 Anwendung.

b) Es können Anwartschaften nur für Zeiten nach dem 31. Dezember 1990 begründet werden.

---

[1] Nr. 1 Buchst. g) Doppelbuchst. bb) geändert u. Doppelbuchst. cc) gestrichen durch Art. 5 Nr. 4 der Vereinbarung vom 18. 9. 1990 (BGBl. II S. 1239, 1244).

c) Bei der Zusammensetzung des Verwaltungsrates muß die Erweiterung des Geltungsbereichs angemessen berücksichtigt werden.

d) Beitragsunabhängige Leistungen werden nur in dem Verhältnis gewährt, in dem die in dem in Artikel 3 des Vertrages genannten Gebiet geltende Bezugsgröße zu der in den übrigen Ländern geltenden Bezugsgröße nach § 18 des Vierten Buches Sozialgesetzbuch steht; durch die Satzung kann Abweichendes geregelt werden.

3. §§ 1 und 20 der Tarifordnung für die deutschen Kulturorchester vom 30. März 1938 (Reichsarbeitsblatt VI S. 597), geändert durch Tarifordnung vom 1. August 1939 (Reichsarbeitsblatt VI S. 1345) einschließlich der Satzung der Versorgungsanstalt der deutschen Kulturorchester mit den unter Nummer 2 genannten Maßgaben.

4. Versorgungsausgleichs-Erstattungsverordnung vom 11. März 1980 (BGBl. I S. 280), zuletzt geändert durch Verordnung vom 20. Dezember 1985 (BGBl. I S. 2553),

mit folgender Maßgabe:

Diese Verordnung findet ab dem 1. Januar 1992 Anwendung.

5. Nachversicherungs-Härte-Verordnung in der im Bundesgesetzblatt Teil III, Gliederungsnummer 8232-4-2, veröffentlichten bereinigten Fassung,

mit folgender Maßgabe:

Die Verordnung findet ab dem 1. Januar 1992 Anwendung.

6. Verordnung über die von den Trägern der Sozialversicherung an die Deutsche Bundespost zu zahlenden Vergütungen für das Auszahlen von Renten vom 25. April 1978 (BGBl. I S. 584),

mit folgender Maßgabe:

Die Verordnung findet ab dem 1. Januar 1992 Anwendung.

7. Versicherungsunterlagen-Verordnung in der im Bundesgesetzblatt Teil III, Gliederungsnummer 8232-11, veröffentlichten bereinigten Fassung, zuletzt geändert gemäß Artikel 85 Abs. 6 des Gesetzes vom 18. Dezember 1989 (BGBl. I S. 2261; 1990 I S. 1337),

mit folgender Maßgabe:

Die Verordnung findet ab dem 1. Januar 1992 Anwendung.

8. Verordnung über das Entrichten von Pflichtbeiträgen zu den Rentenversicherungen der Arbeiter und der Angestellten bei Aufenthalt außerhalb des Geltungsbereichs des Grundgesetzes vom 4. Dezember 1972 (BGBl. I S. 2232), zuletzt geändert durch § 10 der Verordnung vom 21. Juni 1976 (BGBl. I S. 1667),

mit folgender Maßgabe:

Die Verordnung findet ab dem 1. Januar 1992 Anwendung.

9. RV-Pauschalbeitragsverordnung vom 19. März 1974 (BGBl. I S. 757), zuletzt geändert durch Verordnung vom 25. März 1983 (BGBl. I S. 402), gilt für das in Artikel 3 des Vertrages genannte Gebiet

mit folgenden Maßgaben:

a) Für Personen, die ihren Wohnsitz oder gewöhnlichen Aufenthalt in dem in Artikel 3 des Vertrages genannten Gebiet haben und dort aufgrund gesetzlicher Pflicht Dienst leisten, werden bis zum 31. Dezember 1991 für die Berechnung der Beiträge 70 vom Hundert der für das in Artikel 3 des Vertrages genannten Gebiet maßgebenden Bezugsgröße zugrunde gelegt.

b) Bis zum 31. Dezember 1990 kann in dem in Artikel 3 des Vertrages genannte Gebiet nach den beim Wirksamwerden des Beitritts geltenden Regeln verfahren werden.

Sachgebiet I: Gesetzliche Unfallversicherung

Abschnitt I

Von dem Inkrafttreten des Bundesrechts gemäß Artikel 8 des Vertrags sind ausgenommen:

1. Gesetz zur vorläufigen Neuregelung von Geldleistungen in der gesetzlichen Unfallversicherung in der im Bundesgesetzblatt Teil III, Gliederungsnummer 8231-12, veröffentlichten bereinigten Fassung,

2. Zweites Gesetz zur vorläufigen Neuregelung von Geldleistungen in der gesetzlichen Unfallversicherung in der im Bundesgesetzblatt Teil III, Gliederungsnummer 8231-14, veröffentlichten bereinigten Fassung,

3. Unfallversicherungsanpassungsverordnung vom 16. November 1979 (BGBl. I S. 1942),

4. Unfallversicherungsanpassungsverordnung 1981 vom 27. Oktober 1980 (BGBl. I S. 2032),

5. Unfallversicherungsanpassungsverordnung 1983 vom 3. Mai 1983 (BGBl. I S. 546).

Abschnitt III

Bundesrecht tritt in dem in Artikel 3 des Vertrages genannten Gebiet mit folgenden Maßgaben in Kraft:

1. Drittes, Fünftes und Sechstes Buch der Reichsversicherungsordnung in der im Bundesgesetzblatt Teil III, Gliederungsnummer 820-1, veröffentlichten bereinigten Fassung, zuletzt geändert durch Artikel 9 des Gesetzes vom 26. Juni 1990 (BGBl. I S. 1211),

mit folgenden Maßgaben:

a) § 537 über die Aufgaben der Unfallversicherung, §§ 636 bis 642 und 849 über die Haftung von Unternehmern und anderen Personen, die Bußgeldvorschriften der §§ 772, 773, 834 und 895 sowie die §§ 1501 bis 1543 e über die Beziehungen der Versicherungsträger zueinander und zu anderen Verpflichteten und die §§ 1545 bis 1548, 1552 bis 1587, 1735 bis 1772 über das Verfahren

finden ab dem 1. Januar 1991 Anwendung.

b) §§ 556 und 557, 558 mit Ausnahme des Absatzes 3 Satz 2 bis 4,

§§ 559 bis 569 b, 779a bis 779c und 779d Abs. 2 über medizinische, berufsfördernde und ergänzende Leistungen sowie die §§ 619 bis 631, soweit sie diese Leistungen betreffen,

mit folgenden Maßgaben:

(1) Das Verletztengeld bei Arbeitnehmern (§ 561 Abs. 1) wird in Höhe des Krankengeldes gezahlt, auf das ohne Vorliegen eines Arbeitsunfalls Anspruch bestehen würde.

(2) Das Übergangsgeld (§§ 568, 568 a) wird in Höhe der dort genannten Vomhundertsätze des Verletztengeldes nach Absatz 1 gezahlt.

(3) Leistungen, die dem Verletztengeld oder Übergangsgeld entsprechen und die vor dem Wirksamwerden des Beitritts nach dem bisherigen Recht des in Artikel 3 des Vertrages genannten Gebietes bewilligt worden sind, werden in bisheriger Höhe weitergezahlt, wenn sie die entsprechenden Leistungen nach dem übergeleiteten Recht übersteigen.

(4) Die Vorschriften finden ab dem 1. Januar 1991 Anwendung.

c)[1] §§ 538, 643 bis 704, 790 bis 798, 850 bis 862 und die entsprechenden Regelungen der §§ 766 bis 769, 831 bis 833, 892 bis 894, 978 und 1147 über die Träger der Versicherung und deren Verfassung sowie die §§ 776 bis 779, soweit sie die Zuständigkeit der Träger betreffen,

mit folgenden Maßgaben:

(1) Die Träger der Versicherung, deren örtliche Zuständigkeit den gesamten bisherigen Geltungsbereich des Grundgesetzes umfaßt, erstrecken ihre Zuständigkeit auf das in Artikel 3 des Vertrages genannte Gebiet.

(2) Die Zuständigkeit der
- Bau-Berufsgenossenschaft Hamburg erstreckt sich auf das Land Mecklenburg-Vorpommern,
- Bau-Berufsgenossenschaft Hannover erstreckt sich auf die Länder Brandenburg, Sachsen-Anhalt und auf den Teil des Landes Berlin, in dem das Grundgesetz bisher nicht galt,
- Bau-Berufsgenossenschaft Frankfurt am Main erstreckt sich auf das Land Thüringen,
- Bayerischen Bau-Berufsgenossenschaft erstreckt sich auf das Land Sachsen,
- Nordwestlichen Eisen- und Stahl-Berufsgenossenschaft erstreckt sich auf die Länder Mecklenburg-Vorpommern, Brandenburg und auf den Teil des Landes Berlin, in dem das Grundgesetz bisher nicht galt,
- Maschinenbau- und Kleineisenindustrie-Berufsgenossenschaft erstrecken sich auf das Land Sachsen-Anhalt und auf das Land Sachsen, mit Ausnahme des Bezirks Chemnitz,

---

[1] Nr. 1 Buchst. c) geändert durch Art. 5 Nr. 5 der Vereinbarung vom 18. 9. 1990 (BGBl. II S. 1239, 1244).

– Süddeutschen Eisen- und Stahl-Berufsgenossenschaft erstreckt sich auf das Land Thüringen und auf den Bezirk Chemnitz des Landes Sachsen.

(3) Für das in Artikel 3 des Vertrages genannte Gebiet und den Teil des Landes Berlin, in dem das Grundgesetz bisher galt, wird eine gemeinsame landwirtschaftliche Berufsgenossenschaft mit Sitz in Potsdam errichtet. Die Regierungen der in Artikel 1 des Vertrages genannten Länder werden ermächtigt, unter Beachtung der wirtschaftlichen Leistungsfähigkeit durch Gesetz für jedes Land eine, für die Länder Brandenburg und Berlin eine gemeinsame landwirtschaftliche Berufsgenossenschaft zu errichten.

(4) Die Eigenunfallversicherung Berlin erstreckt ihre Zuständigkeit auf den Teil des Landes Berlin, in dem das Grundgesetz bisher nicht galt.

(5) Die sachliche Zuständigkeit der unter Absatz 1 bis Absatz 4 genannten Träger richtet sich nach den Vorschriften, die im bisherigen Geltungsbereich des Grundgesetzes schon gegolten haben. Soweit die Maschinenbau- und Kleineisenindustrie-Berufsgenossenschaft sich erstreckt, ist sie auch zuständig für Unternehmen, die zum Zuständigkeitsbereich der Hütten- und Walzwerks-Berufsgenossenschaft gehören würden. Soweit die Süddeutsche Eisen- und Stahl-Berufsgenossenschaft sich erstreckt, ist sie auch zuständig für Unternehmen, die zum Zuständigkeitsbereich der Süddeutschen Edel- und Unedelmetall-Berufsgenossenschaft gehören würden. Für Unfälle im Sinne der Verordnung über die Erweiterung des Versicherungsschutzes vom 11. April 1973 (GBl. I Nr. 22 S. 199), für die nur nach dem Recht, das in dem in Artikel 3 des Vertrages genannten Gebiet gilt, Versicherungsschutz besteht, ist der Bund (die Bundesausführungsbehörde für Unfallversicherung) zuständig.

(6) Bei der Zuordnung von Unternehmen, die in dem in Artikel 3 des Vertrages genannten Gebiet ihren Sitz haben, zum jeweils sachlich zuständigen Unfallversicherungsträger ergehen die Bescheide über die Aufnahme in das Unternehmerverzeichnis unter dem Vorbehalt, daß unrichtige Eintragungen, die bis zum 31. Dezember 1991 erfolgt sind, unverzüglich mit Wirkung zum 1. Januar 1992 zu berichtigen sind; dies gilt auch dann, wenn die Unrichtigkeit nicht offensichtlich war oder nicht zu nachweisbar schwerwiegenden Unzuträglichkeiten führt. Auf den Vorbehalt ist in jedem Aufnahmebescheid hinzuweisen.

(7) Bis zu dem Zeitpunkt, zu dem die nach Absatz 3 errichtete landwirtschaftliche Berufsgenossenschaft ihre Tätigkeit aufnimmt, werden deren Aufgaben von der Hannoverschen Landwirtschaftlichen Berufsgenossenschaft wahrgenommen. Sie erhält hierfür die erforderliche personelle Unterstützung von den anderen landwirtschaftlichen Berufsgenossenschaften mit Ausnahme der Gartenbau-Berufsgenossenschaft, und zwar im Verhältnis der Personalstärke

dieser Träger. Außerdem ist sie berechtigt, im Einvernehmen mit dem Bundesminister für Arbeit und Sozialordnung für Rechnung der zuständigen landwirtschaftlichen Berufsgenossenschaft Personal anzuwerben und unter Vertrag zu nehmen.

(8) Für die Durchführung der Aufgaben der Unfallversicherung durch die „Überleitungsanstalt Sozialversicherung" (Überleitungsanstalt) gilt folgendes:

1. Die Überleitungsanstalt erfüllt bis zum 31. Dezember 1991 folgende Aufgaben der Träger der Unfallversicherung, soweit diese die Aufgaben nicht bereits vorher selbst übernehmen:
   – Für die Unfallversicherung im gewerblichen und landwirtschaftlichen Bereich sowie für den Bund und die Bundesanstalt für Arbeit: Entschädigung aller Arbeitsunfälle, die bis zum 31. Dezember 1990 eingetreten sind,
   – für die Unfallversicherung im Landesbereich und im kommunalen Bereich: Entschädigung aller Arbeitsunfälle,
   – Entgegennahme und Verwaltung der Unfallumlage und sonstiger Einnahmen der Unfallversicherung.
2. Die Überleitungsanstalt überträgt die bis zum 31. Dezember 1990 eingetretenen Arbeitsunfälle, außer den unter ee) genannten, auf die nach Absatz 1 bis Absatz 4 zuständigen Träger der Unfallversicherung über ihre drei Spitzenverbände wie folgt:
   aa) Jeder der drei Bereiche der Unfallversicherung erhält den Anteil an der Zahl von Arbeitsunfällen, der hinsichtlich der Leistungsaufwendungen seiner Mitglieder im Jahr 1989 für Renten (Kontengruppe 50 des Kontenrahmens) seinem Anteil an Leistungsaufwendungen für Renten der Mitglieder aller drei Spitzenverbände der Träger der Unfallversicherung entspricht. Die Arbeitsunfälle werden numerisch nach Geburtstag und -monat des Leistungsempfängers, innerhalb eines Geburtstages alphabetisch nach dem Familiennamen verteilt. Die so erfolgte Zuweisung gilt auch für abgeleitete Renten, die sich später als neuer Versicherungsfall ergeben.
   bb) Der Hauptverband der gewerblichen Berufsgenossenschaften e.V. verteilt die auf die gewerblichen Berufsgenossenschaften und die See-Berufsgenossenschaft entfallenden Arbeitsunfälle nach einem Verteilungsschlüssel, der aufgrund des Durchschnitts der Anteile aus dem der Beitragsberechnung zugrunde gelegten Entgelt des Jahres 1989 und den Rentenzahlbeträgen (Kontengruppe 50 des Kontenrahmens) im Jahr 1989 für in den Jahren 1985 bis 1989 erstmals entschädigte Arbeitsunfälle ermittelt wird. Bei der Ermittlung des Verteilungsschlüssels sind die in Satz 1 aufgeführten Entgelte und Rentenzahlbeträge der Berufsgenossenschaften, die sich nicht auf das in Artikel 3 des Vertrages genannte Gebiet erstrecken, mitzuerfassen; die sich danach ergebenden Anteile derjenigen Berufsgenossenschaften, die sich nicht auf das in Artikel 3 des Vertrages genannte Gebiet

erstrecken, sind auf alle sich erstreckenden Metall- und Bau-Berufsgenossenschaften getrennt nach Wirtschaftszweigen und nach den in Satz 1 aufgeführten Kriterien für den Verteilungsschlüssel aufzuteilen. Im übrigen gelten die Sätze 2 und 3 unter aa) entsprechend.

Im Jahr 1995 ermittelt der Hauptverband der gewerblichen Berufsgenossenschaften e.V. in gleicher Weise wie in Satz 1 aufgeführt einen Verteilungsschlüssel aufgrund des Durchschnitts der Anteile aus dem der Beitragsberechnung zugrunde gelegten Entgelt des Jahres 1994 und den Rentenzahlbeträgen (Kontengruppe 50 des Kontenrahmens) im Jahr 1994 für in den Jahren 1991 bis 1994 erstmals entschädigte Arbeitsunfälle. Abweichungen in der finanziellen Belastung werden erstmals für die im Jahr 1994 aus den quotenmäßig zugewiesenen Arbeitsunfällen erwachsene Rentenlast untereinander ausgeglichen; entsprechendes gilt jeweils für die Folgejahre unter Beibehaltung des im Jahr 1995 neu ermittelten Schlüssels.

cc) Der Bundesverband der landwirtschaftlichen Berufsgenossenschaften e.V. verteilt die auf die Gartenbau-Berufsgenossenschaft und die nach Absatz 3 neu errichtete landwirtschaftliche Berufsgenossenschaft entfallenden Arbeitsunfälle entsprechend dem Verhältnis der Beschäftigten im Gartenbau und in der Landwirtschaft in dem in Artikel 3 des Vertrages genannten Gebiet nach dem Stand vom 31. Dezember 1990. Sätze 2 und 3 unter aa) gelten entsprechend.

dd) Der Bundesverband der Unfallversicherungsträger der öffentlichen Hand e.V. verteilt die auf den Bund, die Bundesanstalt für Arbeit, die in Artikel 1 Abs. 1 des Vertrags genannten Länder, die Eigenunfallversicherung Berlin und die nach § 656 Reichsversicherungsordnung bestimmten oder errichteten Träger entfallenden Arbeitsunfälle wie folgt:

- Für den Bund und die Bundesanstalt für Arbeit einerseits und die Träger der Unfallversicherung im Landes- und kommunalen Bereich andererseits werden Anteile entsprechend aa) ermittelt; die Aufwendungen für Renten aufgrund des Fremdrentengesetzes bleiben dabei außer Betracht.
- Die auf den Bund und die Bundesanstalt für Arbeit entfallenden Arbeitsunfälle werden auf die Bundesausführungsbehörde für Unfallversicherung übertragen.
- Die auf die Träger der Unfallversicherung im Landes- und kommunalen Bereich entfallenden Arbeitsunfälle werden auf die in Artikel 1 Abs. 1 des Vertrages genannten Länder und die Eigenunfallversicherung Berlin entsprechend der Zahl der Einwohner dieser Länder und des Teils von Berlin, in dem das Grundgesetz bisher nicht galt, nach dem Stand vom 31. Dezember 1990 verteilt. Die Länder be-

stimmen über die Verteilung in ihrem Zuständigkeitsbereich. Sätze 2 und 3 unter aa) gelten entsprechend.

ee) Die Arbeitsunfälle, die aufgrund von § 1 der Verordnung über die Erweiterung des Versicherungsschutzes vom 11. April 1973 (GBl. I Nr. 22 S. 199) entschädigt werden, werden auf die Bundesausführungsbehörde für Unfallversicherung übertragen.

ff) Arbeitsunfälle und Berufskrankheiten, bei denen der Zeitpunkt des Versicherungsfalls vor dem 1. Januar 1991 liegt, die aber erst nach diesem Stichtag – jedoch spätestens bis zum 31. Dezember 1994 – angezeigt werden, gelten als Fälle, die entsprechend aa) zu verteilen sind.

3. Die Überleitungsanstalt erfaßt die Aufwendungen für die Entschädigung von Arbeitsunfällen im Landes- und kommunalen Bereich, die nach dem 31. Dezember 1990 eingetreten sind, gesondert je nach zuständigem Träger.

(9) Die Vorschriften finden ab dem 1. Januar 1991 Anwendung.

d) § 546 Abs. 2, §§ 708 bis 722, 801, 865 bis 867 und 767 Abs. 2 Nr. 5 über die Unfallverhütung und Erste Hilfe mit folgenden Maßgaben:

(1) Soweit neue Träger der gesetzlichen Unfallversicherung in dem in Artikel 3 des Vertrages genannten Gebiet gebildet werden, sind die im bisherigen Geltungsbereich des Grundgesetzes bekannt gemachten Unfallverhütungsvorschriften entsprechend anzuwenden, solange diese Träger keine eigenen Unfallverhütungsvorschriften in Kraft gesetzt haben.

(2) Die Unfallversicherungsträger prüfen, inwieweit die im bisherigen Arbeitsschutzregelwerk, das in dem in Artikel 3 des Vertrages genannten Gebiet gilt (z. B. staatliche Standards mit Forderungen des Gesundheits- und Arbeitsschutzes sowie Brandschutzes, staatliche Standards der Arbeitshygiene, Vorschriften zu arbeitsmedizinischen Tauglichkeits- und Überwachungsuntersuchungen, arbeitshygienische Meß- und Bewertungsvorschriften, Werkstoff-, Bau-, und Prüfvorschriften für überwachungspflichtige Anlagen), enthaltenen Festlegungen bei der Erarbeitung und Fortentwicklung ihrer Unfallverhütungsvorschriften einzubeziehen sind.

(3) Soweit die neuen Träger im Landes- und kommunalen Bereich ihre Aufgaben noch nicht von der Überleitungsanstalt übernommen haben, wird die Aufgabe der Unfallverhütung und Ersten Hilfe von den für den Arbeitsschutz zuständigen staatlichen Behörden wahrgenommen. Aufwendungen für diese Aufgabe werden nicht erstattet.

(4) Die Vorschriften finden ab dem 1. Januar 1991 Anwendung.

e) §§ 723 bis 761, 802 bis 829, 870 bis 890, 767 Abs. 2 Nr. 6, §§ 770 und 771 über Aufbringung und Verwendung der Mittel

mit folgenden Maßgaben:

(1) Die Unfallumlage nach § 44 Abs. 1 des Gesetzes über die Sozialversicherung vom 28. Juni 1990 (GBl. I Nr. 38 S. 486) wird bis zum 31. Dezember 1991 weiterhin von allen Arbeitgebern erhoben. Der zur Deckung der Ausgaben der Unfallversicherung erforderliche Umlagesatz wird vom Bundesminister für Arbeit und Sozialordnung festgesetzt. Soweit § 735 Reichsversicherungsordnung zur Anwendung kommt, gilt die Umlage als Beitragsvorschuß, im übrigen als Anteil der vom Bund, der Bundesanstalt für Arbeit, den Ländern oder den Gemeinden zu tragenden Ausgaben.

(2) Die Aufwendungen der Überleitungsanstalt, die nicht aus der Unfallumlage nach Absatz 1 gedeckt werden können, werden von den Unfallversicherungsträgern getragen, soweit ihre Aufgaben von der Überleitungsanstalt wahrgenommen worden sind. Der Umfang der Leistungsverpflichtung der einzelnen Träger der Unfallversicherung bestimmt sich dabei nach der unter c) (8) 2. enthaltenen Aufteilung. Für die Unfallversicherungsträger im Landes- und kommunalen Bereich haben die in Artikel 1 Abs. 1 des Vertrages genannten Länder und die Eigenunfallversicherung Berlin die Aufwendungen zu tragen. Überschüsse sind unter allen zuständigen Unfallversicherungsträgern nach dem gleichen Schlüssel zu verteilen. Die Aufwendungen für die Entschädigung der Arbeitsunfälle von Versicherten im Landes- und kommunalen Bereich, die nach dem 31. Dezember 1990 eingetreten sind, sind von den in Artikel 1 Abs. 1 des Vertrages genannten Ländern und der Eigenunfallversicherung Berlin zu tragen, soweit in diesen Ländern die Aufgaben der Überleitungsanstalt noch nicht von den neu zu bildenden Unfallversicherungsträgern wahrgenommen werden.

(3) Dem nach Buchstabe c) Absatz 7 gesetzlich beauftragten Unfallversicherungsträger werden seine Ausgaben von dem zuständigen Unfallversicherungsträger erstattet. Bis zur Erstattung sind die Aufwendungen jeweils von der beauftragten und den unterstützenden Unfallversicherungsträgern nach einem vom Bundesverband der landwirtschaftlichen Berufsgenossenschaften auszuarbeitenden Schlüssel zu tragen, der sich an den Kontenklassen 4 und 5 des Kontenrahmens orientiert; auf Aufforderung sind entsprechende Vorschüsse zu zahlen.

(4) Der Bund erstattet die Aufwendungen der Unfallversicherungsträger für Sozialzuschläge. Er erstattet ferner die Aufwendungen der Unfallversicherungsträger für Kinderzuschläge in Höhe des Kindergeldes, soweit Kindergeld neben Kinderzuschlag nicht gezahlt wird; dabei kann eine pauschale Erstattung vorgesehen werden. Der Bundesminister für Arbeit und Sozialordnung wird ermächtigt, im Einvernehmen mit dem Bundesminister der Finanzen durch Rechtsverordnung mit Zustimmung des Bundesrats das Nähere über die Erstattung zu bestimmen.

(5) Die Vorschriften finden ab dem 1. Januar 1991 Anwendung.

f) §§ 539 bis 545 über den Kreis der versicherten Personen, §§ 547 bis 555a, 776 bis 779 und 835 bis 840 über den Versicherungsumfang, § 558 Abs. 3 Sätze 2 bis 4 über das Pflegegeld, §§ 570 bis 631, 779d Abs. 1, §§ 780 bis 789 und 841 bis 848 über Entschädigung durch Renten oder sonstige Leistungen in Geld,
§§ 632 und 635 über Besonderheiten für Unternehmerversicherung,
§§ 762 bis 765a und 830, 891 und 891a über weitere Einrichtungen und Maßnahmen
mit folgender Maßgabe:
Die Vorschriften finden ab dem 1. Januar 1992 Anwendung.

g) Bis zum 31. Dezember 1990 kann in dem in Artikel 3 des Vertrages genannten Gebiet nach den beim Wirksamwerden des Beitritts geltenden Regeln verfahren werden.

2. Artikel 3 des Unfallversicherungs-Neuregelungsgesetzes vom 30. April 1963 in der im Bundesgesetzblatt Teil III, Gliederungsnummer 8321-16, veröffentlichten bereinigten Fassung
mit folgender Maßgabe:
Die Vorschrift findet ab dem 1. Januar 1991 Anwendung.

3. Verordnung über die orthopädische Versorgung Unfallverletzter vom 18. Juli 1973 (BGBl. I S. 871),
mit folgender Maßgabe:
Die Verordnung tritt am 1. Januar 1991 in Kraft. Bis zum 31. Dezember 1990 kann in dem in Artikel 3 des Vertrages genannten Gebiet nach den beim Wirksamwerden des Beitritts geltenden Regeln verfahren werden.

4. Berufskrankheiten-Verordnung vom 20. Juni 1968 (BGBl. I S. 721), zuletzt geändert durch Verordnung vom 22. März 1988 (BGBl. I S. 400),
mit folgender Maßgabe:
Die Verordnung findet ab dem 1. Januar 1992 Anwendung.

5. Verordnung über die Höchstgrenze des Jahresarbeitsverdienstes vom 10. November 1971 (BGBl. I S. 1789), zuletzt geändert durch Verordnung vom 15. März 1985 (BGBl. I S. 572),
mit folgender Maßgabe:
Die Verordnung findet ab dem 1. Januar 1992 Anwendung.

6. Verordnung über die Berechnung des Kapitalwertes bei Abfindungen von Leistungen aus der gesetzlichen Unfallversicherung nach den §§ 604 und 616 Reichsversicherungsordnung vom 17. August 1965 (BGBl. I S. 894),
mit folgender Maßgabe:
Die Verordnung findet ab dem 1. Januar 1992 Anwendung.

7. Verordnung über die Gewährung von Mehrleistungen zu den Geldleistungen der gesetzlichen Unfallversicherung vom 18. August 1967

(BGBl. I S. 935), geändert durch Verordnung vom 20. Juni 1979 (BGBl. I S. 660),
mit folgender Maßgabe:
Die Verordnung findet ab dem 1. Januar 1992 Anwendung.

Sachgebiet K: Soziales Entschädigungsrecht und Rehabilitation

Abschnitt I

Von dem Inkrafttreten des Bundesrechts gemäß Artikel 8 des Vertrages sind ausgenommen:

1. Artikel 2 des Fünften Anpassungsgesetzes-KOV vom 18. Dezember 1973 (BGBl. I S. 1909), zuletzt geändert durch Artikel 2 des Gesetzes vom 11. Dezember 1975 (BGBl. I S. 3031),

2. Artikel 2 § 2 Abs. 3 des Gesetzes zur Verbesserung der Haushaltsstruktur im Geltungsbereich des Arbeitsförderungs- und des Bundesversorgungsgesetzes vom 18. Dezember 1975 (BGBl. I S. 3113),

3. Anrechnungs-Verordnung 1990/91 vom 30. Juni 1990 (BGBl. I S. 1316).

Abschnitt II

Bundesrecht wird wie folgt ergänzt:

Bundesversorgungsgesetz in der Fassung der Bekanntmachung vom 22. Januar 1982 (BGBl. I S. 21), zuletzt geändert durch Artikel 1 des Gesetzes vom 26. Juni 1990 (BGBl. I S. 1211):

Nach § 84 wird eingefügt:

„**§ 84a** Berechtigte, die am 18. Mai 1990 ihren Wohnsitz oder gewöhnlichen Aufenthalt in dem in Artikel 3 des Einigungsvertrages genannten Gebiet hatten, erhalten vom Zeitpunkt der Verlegung des Wohnsitzes oder gewöhnlichen Aufenthalts, frühestens vom 1. Januar 1991 an, Versorgung nach dem Bundesversorgungsgesetz mit den für dieses Gebiet nach dem Einigungsvertrag geltenden Maßgaben, auch wenn sie ihren Wohnsitz oder gewöhnlichen Aufenthalt in das Gebiet verlegen, in dem dieses Gesetz schon vor dem Beitritt gegolten hat. Satz 1 gilt entsprechend für Deutsche und deutsche Volkszugehörige aus den in § 1 der Auslandsversorgungsverordnung genannten Staaten, die nach dem 18. Mai 1990 ihren Wohnsitz oder gewöhnlichen Aufenthalt in dem in Artikel 3 des Einigungsvertrages genannten Gebiet begründet haben."

Abschnitt III

Bundesrecht tritt in dem in Artikel 3 des Vertrages genannten Gebiet mit folgenden Maßgaben in Kraft:

1. Bundesversorgungsgesetz in der Fassung der Bekanntmachung vom 22. Januar 1982 (BGBl. I S. 21), zuletzt geändert durch Artikel 1 des Gesetzes vom 26. Juni 1990 (BGBl. I S. 1211),

mit folgenden Maßgaben:

a) Die in den §§ 14,15, 26c Abs. 6, § 31 Abs. 1 und 5, § 32 Abs. 2, § 33a Abs. 1, § 35 Abs. 1, § 36 Abs. 1 und 3, §§ 40, 40b Abs. 3, § 41 Abs. 2, §§ 46, 47 Abs. 1, § 51 Abs. 1 bis 3 und § 53 in der jeweils geltenden Fassung genannten Deutsche Mark-Beträge sind mit dem Vomhundertsatz zu multiplizieren, der sich aus dem jeweiligen Verhältnis der verfügbaren Standardrente (§ 68 Abs. 3 des Sechsten Buches Sozialgesetzbuch) in dem in Artikel 3 des Vertrages genannten Gebiet zur verfügbaren Standardrente in dem Gebiet, in dem das Bundesversorgungsgesetz schon vor dem Beitritt gegolten hat, ergibt. Dieser Vomhundertsatz gilt auch für den Bemessungsbetrag nach § 33 Abs. 1 Buchstabe a und die nach § 30 Abs. 5 letzter Satz bekanntgemachten Vergleichseinkommen sowie die in § 64e Abs. 7 genannten Rentenleistungen. Der in § 15 Satz 2 genannte Multiplikator ist ebenfalls mit dem in Satz 1 genannten Vomhundertsatz zu multiplizieren. Die sich ergebenden Beträge sind auf volle Deutsche Mark abzurunden, und zwar bis 0,49 Deutsche Mark nach unten und von 0,50 Deutsche Mark an nach oben. Abweichend hiervon ist der Multiplikator in § 15 Satz 2 auf drei Dezimalstellen nach dem Komma zu runden.
Der Bundesminister für Arbeit und Sozialordnung gibt den maßgebenden Vomhundertsatz und den Veränderungstermin jeweils im Bundesanzeiger bekannt.

b) § 16c ist mit folgenden Maßgaben anzuwenden:
   aa) Das Versorgungskrankengeld erhöht sich nach Absatz 1 Satz 1 erster Halbsatz bis zum 31. Dezember 1991 nach dem Ende des Bemessungszeitraums jeweils in den Zeitabständen und um den Vomhundertsatz wie die Renten in dem in Artikel 3 des Vertrages genannten Gebiet.
   bb) In Absatz 2 tritt an die Stelle des Wortes „jährlich“ das Wort „jeweils“.

c) § 19 Abs. 2, §§ 22, 26 Abs. 3 Nr. 2 sind mit folgender Maßgabe anzuwenden:
An die Stelle der dort genannten rentenrechtlichen Bestimmungen treten die entsprechenden Bestimmungen, die in dem in Artikel 3 des Vertrages genannten Gebiet gelten.

d) § 25c ist mit folgenden Maßgaben anzuwenden:
   aa) Geldleistungen sind nach Absatz 1 mindestens in der sich nach dem Bundessozialhilfegesetz ergebenden Höhe zu gewähren.
   bb) Einkommen und Vermögen sind nach Absatz 2 höchstens in der sich nach dem Bundessozialhilfegesetz ergebenden Höhe einzusetzen.

e) § 26a Abs. 6 erster Halbsatz ist entsprechend der für § 16c Abs. 1 Satz 1 erster Halbsatz bestimmten Maßgabe anzuwenden.

f) § 56 findet von dem Zeitpunkt an Anwendung, zu dem das nach Buchstabe a Satz 1 maßgebene Verhältnis den Wert 100 vom Hundert erreicht.

g) Auch andere als die in § 65 genannten Ansprüche, die auf der gleichen Ursache beruhen, führen zu einem Ruhen des Anspruchs auf Versorgungsbezüge. Dies gilt bei der Kriegsbeschädigtenrente, dem Pflegegeld, dem Blindengeld und dem Sonderpflegegeld sowie bei der von einer Kriegsbeschädigtenrente abgeleiteten Hinterbliebenenrente nach dem Rentenangleichungsgesetz vom 28. Juni 1990 (GBl. I Nr. 38 S. 495) für den Betrag, der vom Träger der Rentenversicherung allein auf Grund der Kriegsbeschädigung gezahlt wird.

h) § 85 gilt nicht für eine den ursächlichen Zusammenhang verneinende Entscheidung, die nach dem 8. Mai 1945 in dem in Artikel 3 des Vertrages genannten Gebiet getroffen worden ist.

i) Die sich nach diesem Gesetz ergebenden neuen Versorgungsansprüche werden auf Antrag festgestellt. Wird der Antrag bis zum 31. Dezember 1993 gestellt, so beginnen die Versorgungsansprüche mit dem Monat, in dem ihre Voraussetzungen erfüllt sind, frühestens mit dem Monat Januar 1991.

k) Soweit die Rente eines Beschädigten ohne ärztliche Untersuchung unter Zugrundelegung des bisher anerkannten Grades der Minderung der Erwerbsfähigkeit festgestellt wird, ist eine spätere Neufeststellung der Rente innerhalb von fünf Jahren nach dem 31. Dezember 1990 nicht von einer wesentlichen Änderung im Sinne des § 48 des Zehnten Buches Sozialgesetzbuch abhängig.

l) Die in den Buchstaben a bis k genannten Maßgaben gelten für Berechtigte, die am 18. Mai 1990 ihren Wohnsitz oder gewöhnlichen Aufenthalt in dem in Artikel 3 des Vertrages genannten Gebiet hatten. Satz 1 gilt entsprechend für Deutsche und deutsche Volkszugehörige aus den in § 1 der Auslandsversorgungsverordnung genannten Staaten, die nach dem 18. Mai 1990 ihren Wohnsitz oder gewöhnlichen Aufenthalt in dem in Artikel 3 des Vertrages genannten Gebiet begründet haben.

m) Das Bundesversorgungsgesetz findet in dem in Artikel 3 des Vertrages genannten Gebiet mit den vorgenannten Maßgaben vom 1. Januar 1991 an Anwendung.

2. Gesetz über die Errichtung der Verwaltungsbehörden der Kriegsopferversorgung in der im Bundesgesetzblatt Teil III, Gliederungsnummer 833-2, veröffentlichten bereinigten Fassung, geändert durch Artikel 3 des Gesetzes vom 24. Juli 1972 (BGBl. I S. 1284),

ist mit folgenden Maßgaben anzuwenden:

a) In § 1 Abs. 2 Satz 1 wird das Wort „besondere" gestrichen.
b) § 6 findet keine Anwendung.
c) Die in Artikel 1 Abs. 1 des Vertrages genannten Länder können Aufgaben der von ihnen zu errichtenden Landesversorgungsämter und Versorgungsämter aufgrund von Vereinbarungen ganz oder teilweise durch andere Bundesländer wahrnehmen lassen.

d) Das Gesetz findet in dem in Artikel 3 des Vertrages genannten Gebiet mit den vorgenannten Maßgaben vom 1. Januar 1991 an Anwendung.

3. Rentenkapitalisierungsgesetz-KOV vom 27. April 1970 (BGBl. I S. 413), geändert durch Artikel 2 des Gesetzes vom 4. Juni 1985 (BGBl. I S. 910),

mit folgender Maßgabe:

Das Gesetz findet in dem in Artikel 3 des Vertrages genannten Gebiet vom 1. Januar 1991 an Anwendung.

4. Gesetz über das Verwaltungsverfahren der Kriegsopferversorgung in der Fassung der Bekanntmachung vom 6. Mai 1976 (BGBl. I S. 1169), zuletzt geändert durch Artikel II § 16 des Gesetzes vom 18. August 1980 (BGBl. I S. 1469),

mit folgender Maßgabe:

Das Gesetz findet in dem in Artikel 3 des Vertrages genannten Gebiet vom 1. Januar 1991 an Anwendung.

5. Orthopädieverordnung vom 4. Oktober 1989 (BGBl. I S. 1834),

mit folgender Maßgabe:

Die Verordnung findet in dem in Artikel 3 des Vertrages genannten Gebiet vom 1. Januar 1991 an Anwendung.

6. Versehrtenleibesübungen-Verordnung vom 29. Juli 1981 (BGBl. I S. 779), zuletzt geändert durch Verordnung vom 9. Oktober 1987 (BGBl. I S. 2287),

mit folgender Maßgabe:

Die Verordnung findet in dem in Artikel 3 des Vertrages genannten Gebiet vom 1. Januar 1991 an Anwendung.

7. Verordnung zur Durchführung des § 15 des Bundesversorgungsgesetzes vom 31. Januar 1972 (BGBl. I S. 105),

mit folgender Maßgabe:

Die Verordnung findet in dem in Artikel 3 des Vertrages genannten Gebiet vom 1. Januar 1991 an Anwendung.

8. Verordnung zur Durchführung des § 19 Abs. 1 des Bundesversorgungsgesetzes vom 5. August 1965 (BGBl. I S. 755), zuletzt geändert durch Verordnung vom 27. Oktober 1986 (BGBl. I S. 1661),

mit folgender Maßgabe:

Die Verordnung findet in dem in Artikel 3 des Vertrages genannten Gebiet vom 1. Januar 1991 an Anwendung.

9. Verordnung über die soziale Kriegsbeschädigten- und Kriegshinterbliebenenfürsorge vom 8. Februar 1919 (RGBl. I S. 187; III 830-2-4), zuletzt geändert durch § 34 der Verordnung vom 13. Februar 1924 (RGBl. I S. 100),

mit folgender Maßgabe:

Die Verordnung findet in dem in Artikel 3 des Vertrages genannten Gebiet vom 1. Januar 1991 an Anwendung.

10. Verordnung zur Kriegsopferfürsorge vom 16. Januar 1979 (BGBl. I S. 80), zuletzt geändert durch § 11 der Kraftfahrzeughilfe-Verordnung vom 28. September 1987 (BGBl. I S. 2251),

mit folgender Maßgabe:

Die Verordnung findet in dem in Artikel 3 des Vertrages genannten Gebiet vom 1. Januar 1991 an Anwendung.

11. Berufsschadensausgleichsverordnung in der Fassung der Bekanntmachung vom 29. Juli 1984 (BGBl. I S. 861), zuletzt geändert durch Artikel 3 des Gesetzes vom 4. Juni 1985 (BGBl. I S. 910),

mit folgender Maßgabe:

Die Verordnung findet in dem in Artikel 3 des Vertrages genannten Gebiet vom 1. Januar 1991 an Anwendung.

12. Verordnung zur Durchführung des § 31 Abs. 5 des Bundesversorgungsgesetzes in der Fassung der Bekanntmachung vom 20. April 1970 (BGBl. I S. 410),

mit folgender Maßgabe:

Die Verordnung findet in dem in Artikel 3 des Vertrages genannten Gebiet vom 1. Januar 1991 an Anwendung.

13. Ausgleichsrentenverordnung in der Fassung vom 1. Juli 1975 (BGBl. I S. 1769), zuletzt geändert durch Verordnung vom 12. Juni 1990 (BGBl. I S. 1096),

mit folgenden Maßgaben:

a) Die Bewertung von Einkünften nach § 3, die nicht in Geld bestehen, richtet sich nach der jeweiligen in dem in Artikel 3 des Vertrages genannten Gebiet geltenden Fassung der Sachbezugsverordnung.
b) Die in § 9 Abs. 3 Satz 5 genannten Deutsche Mark-Beträge werden jeweils mit dem Vomhundertsatz multipliziert, der sich aus dem jeweiligen Verhältnis der verfügbaren Standardrente in dem in Artikel 3 des Vertrages genannten Gebiet zur verfügbaren Standardrente in dem Gebiet, in dem die Ausgleichsrentenverordnung schon vor dem Beitritt gegolten hat, ergibt und vom Bundesminister für Arbeit und Sozialordnung im Bundesanzeiger bekannt gemacht worden ist.
c) Die Verordnung findet in dem in Artikel 3 des Vertrages genannten Gebiet mit den vorgenannten Maßgaben vom 1. Januar 1991 an Anwendung.

14. Verordnung über die sachliche Zuständigkeit in der Kriegsopferversorgung vom 20. Mai 1963 in der im Bundesgesetzblatt Teil III, Gliederungsnummer 833-4, veröffentlichten bereinigten Fassung, zuletzt geändert durch Verordnung vom 23. Juni 1988 (BGBl. I S. 911),

mit folgender Maßgabe:

Die Verordnung findet in dem in Artikel 3 des Vertrages genannten Gebiet vom 1. Januar 1991 an Anwendung.

15. Verordnung über die Zuständigkeit der Verwaltungsbehörden der Kriegsopferversorgung für Berechtigte außerhalb des Geltungsbereichs des Grundgesetzes vom 9. Juni 1964 (BGBl. I S. 349), geändert durch Verordnung vom 22. Dezember 1966 (BGBl. I S. 772),

mit folgender Maßgabe:

Die Verordnung findet in dem in Artikel 3 des Vertrages genannten Gebiet vom 1. Januar 1991 an Anwendung.

16. Erstattungsverordnung vom 31. Juli 1967 (BGBl. I S. 860), geändert durch Verordnung vom 12. März 1986 (BGBl. I S. 345),

mit folgender Maßgabe:

Die Verordnung findet in dem in Artikel 3 des Vertrages genannten Gebiet vom 1. Januar 1991 an Anwendung.

17. Auslandsversorgungsverordnung vom 30. Juni 1990 (BGBl. I S. 1321),

mit folgender Maßgabe:

Die Verordnung findet in dem in Artikel 3 des Vertrages genannten Gebiet vom 1. Januar 1991 an Anwendung.

18. Opferentschädigungsgesetz in der Fassung der Bekanntmachung vom 7. Januar 1985 (BGBl. I S. 1), zuletzt geändert durch Artikel 6 des Gesetzes vom 26. Juni 1990 (BGBl. I S. 1211),

mit folgenden Maßgaben:

a) Auf Berechtigte nach § 1 Abs. 1 Satz 1, die ihren Wohnsitz oder gewöhnlichen Aufenthalt in dem in Artikel 3 des Vertrages genannten Gebiet haben, sowie auf Berechtigte aus dem vorgenannten Gebiet, die nach der Schädigung ihren Wohnsitz oder gewöhnlichen Aufenthalt in das Gebiet, in dem das Opferentschädigungsgesetz schon vor dem Beitritt gegolten hat, verlegt haben, sind die Vorschriften des Bundesversorgungsgesetzes mit den unter Nummer 1 aufgeführten Maßgaben anzuwenden.

b) § 6 ist in dem in Artikel 3 des Vertrages genannten Gebiet mit den unter Nummer 2 aufgeführten Maßgaben anzuwenden.

c) § 10 gilt für Ansprüche aus Taten, die in dem in Artikel 3 des Vertrages genannten Gebiet nach dem 31. Dezember 1990 begangen worden sind. Darüber hinaus gelten die §§ 1 bis 7 für Ansprüche aus Taten, die in dem in Satz 1 genannten Gebiet in der Zeit vom 7. Oktober 1949 bis zum 31. Dezember 1990 begangen worden sind, nach Maßgabe des § 10a.

d) § 10a gilt für Personen, die in dem in Artikel 3 des Vertrages genannten Gebiet ihren Wohnsitz oder gewöhnlichen Aufenthalt haben oder zur Zeit der Schädigung hatten, wenn die Schädigung in der Zeit vom 7. Oktober 1949 bis zum 31. Dezember 1990 in dem vorgenannten Gebiet eingetreten ist.

e) Die sich nach diesem Gesetz ergebenden neuen Versorgungsansprüche werden auf Antrag festgestellt. Wird der Antrag bis zum

31. Dezember 1993 gestellt, so beginnen die Versorgungsansprüche mit dem Monat, in dem ihre Voraussetzungen erfüllt sind, frühestens mit dem Monat Januar 1991.

f) Leistungen nach dem Schadensersatzvorauszahlungsgesetz vom 14. Dezember 1988 (GBl. I Nr. 29 S. 345), die auf der gleichen Ursache beruhen und wegen einer gesundheitlichen Schädigung für Zeiträume nach dem 31. Dezember 1990 gewährt worden sind oder gewährt werden, werden auf Leistungen nach dem Opferentschädigungsgesetz angerechnet.

g) Das Opferentschädigungsgesetz tritt in dem in Artikel 3 des Vertrages genannten Gebiet mit den vorgenannten Maßgaben am 1. Januar 1991 in Kraft.

19. Gesetz über die Unterhaltsbeihilfe für Angehörige von Kriegsgefangenen in der Fassung der Bekanntmachung vom 18. März 1964 (BGBl. I S. 218),

mit folgenden Maßgaben:

a) Das Gesetz gilt für Berechtigte, die am 18. Mai 1990 ihren Wohnsitz oder gewöhnlichen Aufenthalt in dem in Artikel 3 des Vertrages genannten Gebiet hatten, mit den unter Nummer 1 aufgeführten Maßgaben.

b) Das Gesetz findet mit der vorgenannten Maßgabe in dem in Artikel 3 des Vertrages genannten Gebiet vom 1. Januar 1991 an Anwendung.

20. Artikel 2 des Neunten Anpassungsgesetzes-KOV vom 27. Juni 1977 (BGBl. I S. 1037),

mit folgender Maßgabe:

Die Vorschrift findet in dem in Artikel 3 des Vertrages genannten Gebiet vom 1. Januar 1991 an Anwendung.

21. Gesetz über die Angleichung der Leistungen zur Rehabilitation vom 7. August 1974 (BGBl. I S. 1881), zuletzt geändert durch Artikel 11 des Gesetzes vom 26. Juni 1990 (BGBl. I S. 1211),

mit folgender Maßgabe:

a) Die aufgrund des § 5 Abs. 6 Satz 2 des Gesetzes bis zum Wirksamwerden des Beitritts abgeschlossenen Gesamtvereinbarungen und

b) die aufgrund des § 8 Abs. 1 Nr. 4 und Abs. 2 des Gesetzes erarbeiteten Grundsätze zur Beurteilung der Angemessenheit von Kosten in Einrichtungen der beruflichen Rehabilitation (KGS) vom 21. September 1983 werden auf die in dem in Artikel 3 des Vertrages genannten Gebiet tätigen Rehabilitationsträger erstreckt.

Sachgebiet L: Förderung der Vermögensbildung

Abschnitt III

Bundesrecht tritt in dem in Artikel 3 des Vertrages genannten Gebiet mit folgenden Maßgaben in Kraft:

1. Fünftes Vermögensbildungsgesetz in der Fassung der Bekanntmachung vom 19. Januar 1989 (BGBl. I S. 137), geändert durch Artikel 3 des Finanzmarktförderungsgesetzes vom 22. Februar 1990 (BGBl. I S. 266),

   mit folgender Maßgabe:

   Das Gesetz ist ab 1. Januar 1991 anzuwenden.

2. Verordnung zur Durchführung des Fünften Vermögensbildungsgesetzes vom 23. Oktober 1987 (BGBl. I S. 2327),

   mit folgender Maßgabe:

   Die Verordnung ist ab 1. Januar 1991 anzuwenden.

Kapitel IX
Geschäftsbereich des Bundesministers der Verteidigung

siehe Kapitel XIX
Recht des öffentlichen Dienstes
einschließlich des Rechts der Soldaten

Kapitel X
Geschäftsbereich des Bundesministers für Jugend, Familie, Frauen und Gesundheit

Sachgebiet A: Frauenpolitik

Abschnitt III

Bundesrecht tritt in dem in Artikel 3 des Vertrages genannten Gebiet mit folgenden Maßgaben in Kraft:

1. Gesetz zum Schutze der erwerbstätigen Mutter (Mutterschutzgesetz – MuSchG) in der Fassung der Bekanntmachung vom 18. April 1968 (BGBl. I S. 315), zuletzt geändert durch Artikel 2 des Gesetzes vom 30. Juni 1989 (BGBl. I S. 1297),

mit folgender Maßgabe:

Das Gesetz ist ab 1. Januar 1991 anzuwenden. Es gilt nicht für Geburten vor dem 1. Januar 1991 (vgl. Anlage II Kapitel X A. Abschnitt III Nr. 1–12, Kapitel VIII A. Abschnitt III Nr. 1b)).

Sachgebiet B: Jugend

Abschnitt III

Bundesrecht tritt in dem in Artikel 3 des Vertrages genannten Gebiet mit den folgenden Maßgaben in Kraft:

1. Kinder- und Jugendhilfegesetz vom 26. Juni 1990 (BGBl. I S. 1163),

mit folgenden Maßgaben:

a) Über die in Artikel 10 Abs. 1 genannten Übergangsfassungen einzelner Vorschriften hinaus sind bis zum 31. Dezember 1994 abweichend von Artikel 1 in folgenden Fassungen anzuwenden:

aa) § 16 Abs. 1 Satz 1:
„Müttern, Vätern, anderen Erziehungsberechtigten und jungen Menschen können Leistungen der allgemeinen Förderung der Erziehung in der Familie angeboten werden."

bb) § 18 Abs. 1:
„Mütter und Väter, die allein für ein Kind oder einen Jugendlichen zu sorgen haben oder tatsächlich sorgen, können bei der Ausübung der Personensorge, einschließlich der Geltendmachung von Unterhalts- oder Unterhaltsersatzansprüchen des Kindes oder Jugendlichen, beraten und unterstützt werden."

cc) § 18 Abs. 2 1. Halbsatz:
„Ist anzunehmen, daß ein Kind nichtehelich geboren wird, so kann auf Verlangen der Mutter vor der Geburt die Feststellung der Vaterschaft durch geeignete Ermittlungen und sonstige Maßnahmen vorbereitet werden."

dd) § 18 Abs. 3:

„Die Mutter eines nichtehelichen Kindes kann bei der Geltendmachung von Ansprüchen auf Erstattung der Entbindungskosten nach § 1615k und auf Unterhalt nach § 1615 I des Bürgerlichen Gesetzbuchs beraten und unterstützt werden."

ee) § 18 Abs. 4:

„Mütter und Väter, denen die elterliche Sorge nicht zusteht, können bei der Ausübung des Umgangsrechts beraten und unterstützt werden. Bei der Herstellung von Besuchskontakten und bei der Ausführung gerichtlicher oder vereinbarter Umgangsregelungen kann in geeigneten Fällen Hilfestellung geleistet werden."

ff) § 19 Satz 1:

„Müttern oder Vätern, die allein für ein Kind unter sechs Jahren zu sorgen haben, können Betreuung und Unterkunft gemeinsam mit dem Kind in einer geeigneten Wohnform angeboten werden, wenn und solange sie aufgrund ihrer Persönlichkeitsentwicklung dieser Form zur Unterstützung bei der Pflege und Erziehung des Kindes bedürfen."

gg) § 21 Satz 1:

„Können Personensorgeberechtigte wegen des mit ihrer beruflichen Tätigkeit verbundenen ständigen Ortswechsels die Erfüllung der Schulpflicht ihres Kindes oder Jugendlichen nicht sicherstellen und ist deshalb eine anderweitige Unterbringung des Kindes oder des Jugendlichen notwendig, so können sie beraten und unterstützt werden."

hh) § 23 Abs. 3:

„Wird eine geeignete Tagespflegeperson vermittelt und ist die Förderung des Kindes in Tagespflege für sein Wohl geeignet und erforderlich, so können dieser Person die entstehenden Aufwendungen, einschließlich der Kosten der Erziehung ersetzt werden."

ii) § 23 Abs. 4:

„Zusammenschlüsse von Tagespflegepersonen können beraten und unterstützt werden."

kk) § 25:

„Mütter, Väter und andere Erziehungsberechtigte, die die Förderung von Kindern selbst organisieren wollen, können beraten und unterstützt werden."

ll) § 27 Abs. 3 Satz 2:

„Sie kann bei Bedarf Ausbildungs- und Beschäftigungsmaßnahmen im Sinne von § 13 Abs. 2 einschließen."

mm) § 37 Abs. 2 Satz 1 1. Halbsatz:

„Die Pflegeperson soll vor der Aufnahme des Kindes oder des Jugendlichen und während der Dauer der Pflege beraten und unterstützt werden;"

b) Abweichend von Artikel 10 Abs. 2 ist bis zum 31. Dezember 1994 Artikel 1 § 27 Abs. 2 mit folgender Maßgabe anzuwenden:

„Wenn und soweit die in §§ 28 bis 33 und 35 genannten Hilfearten nicht bedarfsgerecht zur Verfügung stehen, sollen sie vorrangig Kindern und Jugendlichen geleistet werden, denen sonst Hilfe zur Erziehung nach § 34 gewährt werden müßte."

c) Wer am Tage des Inkrafttretens dieses Gesetzes gemäß der Maßgabe nach Buchstabe k ein Kind oder einen Jugendlichen außerhalb des Elternhauses in seiner Familie regelmäßig betreut oder ihm Unterkunft gewährt und dafür einer Pflegeerlaubnis nach Artikel 1 § 44 bedarf, darf ohne diese Erlaubnis das Kind oder den Jugendlichen weiter betreuen oder ihm Unterkunft gewähren, sofern die Erlaubnis unverzüglich beantragt wird. Bis zum Abschluß des Erlaubniserteilungsverfahrens kann das Jugendamt die Betreuung oder Unterkunftsgewährung untersagen, wenn Tatsachen festgestellt werden, die geeignet sind, das leibliche, geistige oder seelische Wohl des Kindes oder Jugendlichen zu gefährden und eine unverzügliche Beseitigung der Gefährdung nicht zu erwarten ist.

d) Für eine am Tage des Inkrafttretens des Gesetzes gemäß der Maßgabe nach Buchstabe k bestehende Einrichtung, zu deren Betrieb der Träger einer Erlaubnis nach Artikel 1 § 45 bedarf, gilt Artikel 12 Abs. 3.

e) Abweichend von Artikel 13 gilt ein am Tage des Inkrafttretens dieses Gesetzes gemäß der Maßgabe nach Buchstabe k bestehender und nach § 7 des Gesetzes zur Errichtung der Strukturen eines neuen Kinder- und Jugendhilferechts – Jugendhilfeorganisationsgesetz – vom 20. Juli 1990 (GBl. Nr. 49 S. 891) zusammengesetzter Jugendwohlfahrtsausschuß als Jugendhilfeausschuß, bis sich die erstmals nach diesem Zeitpunkt gewählte Vertretungskörperschaft konstituiert hat.

f) Ein am Tage des Inkrafttretens dieses Gesetzes gemäß der Maßgabe nach Buchstabe k bestehender Landesjugendwohlfahrtsausschuß gilt als Landesjugendhilfeausschuß, bis aufgrund landesrechtlicher Regelung ein neuer Landesjugendhilfeausschuß gebildet wird.

g) Artikel 15 findet keine Anwendung.

h) Das Jugendamt ist verpflichtet, dem Vormundschaftsgericht oder dem Familiengericht nach deren Errichtung
   aa) noch geführte oder beantragte Vormundschaften oder Pflegschaften,
   bb) noch wirksame Anordnungen
      a) von Heimerziehung
      b) über den persönlichen Umgang,
   cc) andere noch wirksame Anordnungen, die das Erziehungsrecht der Eltern oder eines Elternteils einschränken,

   unverzüglich anzuzeigen.

   Das Jugendamt hat dafür Sorge zu tragen, daß die im Rahmen der Entscheidungen nach Satz 1 bisher geführten Akten dem Vormundschaftsgericht oder dem Familiengericht übergeben werden.

i) Bis zu einer anderweitigen landesrechtlichen Regelung nehmen die in Artikel 1 des Vertrages genannten Länder die Aufgaben der überörtlichen Träger sowie der nach Landesrecht zuständigen Behörden wahr. Sie können zur Durchführung dieser Aufgaben örtliche Träger heranziehen und ihnen dabei Weisungen erteilen; in diesen Fällen erlassen die Länder den Widerspruchsbescheid.

k) Abweichend von Artikel 24 Satz 1 tritt das Gesetz in dem in Artikel 3 des Vertrages genannten Gebiet mit dem Wirksamwerden des Beitritts in Kraft.

2. Gesetz zur Förderung eines Freiwilligen Sozialen Jahres vom 17. August 1964 (BGBl. I S. 640), zuletzt geändert durch Art. 1 des Gesetzes vom 18. Dezember 1975 (BGBl. I S. 3155),

mit folgenden Maßgaben:

a) Bei der Anwendung des § 1 Abs. 1 Nr. 5 Satz 2 ist bis zum Inkrafttreten der Reichsversicherungsordnung in dem in Artikel 3 des Vertrages genannten Gebiet die Beitragsbemessungsgrenze zugrundezulegen, die dort gemäß dem Gesetz über Sozialversicherung vom 28. Juni 1990 (GBl. I, Nr. 38 S. 486) gilt.

b) Für die Dauer von einem Jahr nach Wirksamwerden des Beitritts sind über die in § 2 Abs. 1 Nr. 1 bis 3 genannten Träger hinaus andere Träger, die für eine den Bestimmungen des § 1 entsprechende Durchführung Gewähr bieten, auch ohne Zustimmung der zuständigen Landesbehörden zugelassen.

Sachgebiet C: Zivildienst

Abschnitt II

Bundesrecht wird wie folgt ergänzt:

Nach § 51 des Zivildienstgesetzes in der Fassung der Bekanntmachung vom 31. Juli 1986 (BGBl. I S. 1205), zuletzt geändert durch Artikel 5 des Gesetzes vom 26. Juni 1990 (BGBl. I S. 1211, 1216), wird folgender neuer § 51a eingefügt:

„**§ 51a Überleitungsregelungen aus Anlaß der Herstellung der Einheit Deutschlands.** Die Bundesregierung wird ermächtigt, durch Rechtsverordnung mit Zustimmung des Bundesrates für die Zivildienstbeschädigungen von Dienstpflichtigen Übergangsregelungen zu bestimmen, die den besonderen Verhältnissen in dem in Artikel 3 des Einigungsvertrages genannten Gebiet Rechnung tragen. Die Verordnungsermächtigung erstreckt sich insbesondere auf Art, Berechnungsgrundlagen, Höhe von Versorgungsleistungen und Ruhensregelungen abweichend von diesem Gesetz."

Abschnitt III

Bundesrecht tritt in dem in Artikel 3 des Vertrages genannten Gebiet mit folgenden Maßgaben in Kraft:

1. Kriegsdienstverweigerungsgesetz vom 28. Februar 1983 (BGBl. I S. 203), zuletzt geändert durch das Gesetz vom 30. Juni 1989 (BGBl. I S. 1290),

mit folgender Maßgabe:

Die im Zeitpunkt des Wirksamwerdens des Beitritts der Deutschen Demokratischen Republik nach dem bisherigen Recht in dem in Artikel 3 des Vertrages genannten Gebiet als Zivildienstpflichtige festgestellten Personen gelten als anerkannte Kriegsdienstverweigerer im Sinne des Kriegsdienstverweigerungsgesetzes.

2. Zivildienstgesetz in der Fassung der Bekanntmachung vom 31. Juli 1986 (BGBl. I S. 1205), zuletzt geändert durch Artikel 5 des Gesetzes vom 26. Juni 1990 (BGBl. I S. 1211, 1216),

mit folgenden Maßgaben:

a) Die im Zeitpunkt des Wirksamwerdens des Beitritts nach dem bisherigen Recht in dem in Artikel 3 des Vertrages genannten Gebiet anerkannten Zivildienstplätze gelten bis zu einer Überprüfung durch das Bundesamt für den Zivildienst in Köln als anerkannte Dienstplätze im Sinne des Zivildienstgesetzes.

b) In der Nationalen Volksarmee der Deutschen Demokratischen Republik geleisteter Wehrdienst wird auf nach dem Zivildienstgesetz zu leistenden Zivildienst angerechnet.

Sachgebiet D: Gesundheitspolitik

Abschnitt I

Von dem Inkrafttreten des Bundesrechts gemäß Artikel 8 des Vertrages ist ausgenommen:

1. Reichsärztekammer-Abwicklungsgesetz vom 9. Oktober 1973 (BGBl. I S. 1449)

Abschnitt II

Bundesrecht wird wie folgt aufgehoben, geändert oder ergänzt:

1. Bundesärzteordnung in der Fassung der Bekanntmachung vom 16. April 1987 (BGBl. I S. 1218), geändert durch Artikel 45 des Gesetzes vom 20. Dezember 1988 (BGBl. I S. 2477),

a) § 3 wird wie folgt geändert:

aa) In Absatz 1 wird Satz 5 gestrichen.

bb) Absatz 2 Satz 2 und Absatz 3 Satz 3 erhalten jeweils folgende Fassung:

„Absatz 1 Satz 2 bis 4 bleibt unberührt."

b) § 4 Abs. 4 wird wie folgt geändert:

aa) In Satz 1 werden die Worte „im Krankenhaus, in der Praxis eines niedergelassenen Arztes, in einem Sanitätszentrum oder einer ähnlichen Einrichtung der Bundeswehr oder in einer Justizvollzugsanstalt mit hauptamtlichem Anstaltsarzt" ersetzt durch die Worte „im Krankenhaus, in der Praxis eines niedergelassenen Arztes oder einer sonstigen Einrichtung der ambulanten ärztlichen Versorgung, in einem Sanitätszentrum oder einer ähnlichen Einrichtung des Sanitätsdienstes der Streitkräfte oder entsprechenden Einrichtungen der Polizeien oder in einer Justizvollzugsanstalt mit hauptamtlichem Anstaltsarzt."

bb) In Satz 3 werden die Worte „der Bundeswehr" gestrichen.

c) § 5 Abs. 1 wird wie folgt geändert:

aa) Satz 1 erhält folgende Fassung:

„Die Approbation ist zurückzunehmen, wenn bei ihrer Erteilung eine der Voraussetzungen des § 3 Abs. 1 Satz 1 Nr. 4 oder 5 nicht vorgelegen hat oder bei einer vor Wirksamwerden des Beitritts erteilten Approbation das an einer Ausbildungsstätte in dem in Artikel 3 des Einigungsvertrages genannten Gebiet oder das in einem Fall des § 14 Abs. 1 Satz 2 oder in einem Fall des § 14a Abs. 4 Satz 1 erworbene Medizinstudium nicht abgeschlossen war oder die Ausbildung nach § 3 Abs. 1 Satz 2 oder § 3 Abs. 2 oder 3 oder die nach § 14b nachzuweisende Ausbildung nicht abgeschlossen war."

bb) In Satz 3 wird die Angabe „§ 3 Abs. 1 Satz 5, Abs. 2 oder 3" ersetzt durch die Angabe „§ 3 Abs. 2 oder 3".

d) § 12 wird wie folgt geändert:

aa) An Absatz 1 werden folgende Sätze 2 und 3 angefügt:

„In den Fällen des § 14 Abs. 3 Satz 2 wird sie von der zuständigen Behörde des Landes erteilt, in dessen Gebiet die Behörde ihren Sitz hatte, von der der Antragsteller seine nach den Vorschriften der Deutschen Demokratischen Republik erteilte Approbation erhalten hat. In den Fällen des § 14a Abs. 4 Satz 1 bis 3 wird die Approbation von der zuständigen Behörde des Landes erteilt, in dem der Antragsteller sein Medizinstudium erfolgreich abgeschlossen hat."

bb) Absatz 2 erhält folgende Fassung:

„(2) Die Entscheidungen nach § 10 Abs. 4 und § 10 Abs. 4 in Verbindung mit § 14a Abs. 4 Satz 3 trifft die zuständige Behörde des Landes, in dem der Antragsteller die ärztliche Prüfung abgelegt oder das Medizinstudium nach § 14a Abs. 4 Satz 1 abgeschlossen hat. Die Entscheidungen nach § 14 Abs. 4 Satz 4 trifft die zuständige Behörde des Landes, in dem der Antragsteller seine Ausbildung abgeschlossen hat."

cc) Absatz 3 erhält folgende Fassung:

„(3) Die Entscheidungen nach § 3 Abs. 1 Satz 1 in Verbindung mit Satz 2, Abs. 2 oder 3, nach § 10 Abs. 1, 2, 3 und 5, § 14 Abs. 2 Satz 2, § 14 Abs. 4 Satz 6 sowie § 14b trifft die zuständige Behörde des Landes, in dem der ärztliche Beruf ausgeübt werden soll."

dd) In Absatz 7 wird die Angabe „oder 5" gestrichen.

e) § 13 erhält folgende Überschrift:

„VII Straf- und Bußgeldvorschriften"

f) Nach § 13 wird folgender neuer § 13a eingefügt:

„§ 13a (1) Ordnungswidrig handelt, wer entgegen § 14 Abs. 4 Satz 1 die Berufsbezeichnung „Arzt" oder „Ärztin" ohne Zusatz führt.

(2) Die Ordnungswidrigkeit kann mit einer Geldbuße bis zu fünftausend Deutsche Mark geahndet werden."

g) § 14 erhält folgende Fassung:

„**§ 14** (1) Eine Approbation oder Bestallung, die bei Wirksamwerden des Beitritts im bisherigen Geltungsbereich dieses Gesetzes zur Ausübung des ärztlichen Berufs berechtigt, gilt als Approbation im Sinne dieses Gesetzes. Das gleiche gilt unbeschadet der Vorschriften des Absatzes 4 für eine Approbation, die am Tage vor dem Wirksamwerden des Vertrages in dem in Artikel 3 des Einigungsvertrages genannten Gebiet zur Ausübung des ärztlichen Berufs berechtigt, soweit sie vor dem 1. Juli 1988 erteilt und nicht durch eine zu diesem Zeitpunkt geltende Anordnung nach § 15 der Approbationsordnung für Ärzte vom 13. Januar 1977 (GBl. I Nr. 5 S. 30) in der Fassung der Anordnung Nr. 2 vom 24. August 1981 (GBl. I Nr. 29 S. 346) eingeschränkt worden ist. Die Berechtigung zur weiteren Führung einer im Zusammenhang mit der Anerkennung als Facharzt verliehenen Bezeichnung durch Inhaber einer in Satz 2 genannten Approbation, die am Tage vor dem Wirksamwerden des Beitritts eine solche Bezeichnung in dem in Artikel 3 des Einigungsvertrages genannten Gebiet führen dürfen, richtet sich nach Landesrecht.

(2) Eine vor dem 1. Juli 1988 erteilte, in dem in Artikel 3 des Einigungsvertrages genannten Gebiet am Tage vor dem Wirksamwerden des Beitritts zur Ausübung des ärztlichen Berufs berechtigende, jedoch durch eine zu diesem Zeitpunkt geltende Anordnung nach § 15 der Approbationsordnung für Ärzte vom 13. Januar 1977 (GBl. I Nr. 5 S. 30) in der Fassung der Anordnung Nr. 2 vom 24. August 1981 (GBl. I Nr. 29 S. 346) eingeschränkte Approbation als Arzt gilt als Erlaubnis nach § 10 Abs. 1 dieses Gesetzes. Der Inhaber einer solchen Approbation erhält auf Antrag eine Approbation als Arzt im Sinne dieses Gesetzes, wenn er die Voraussetzungen des § 3 Abs. 1 Satz 1 Nr. 2 und 3 erfüllt.

(3) Eine nach dem 30. Juni 1988 erteilte, am Tage vor dem Wirksamwerden des Beitritts in dem in Artikel 3 des Einigungsvertrages genannten Gebiet gültige Approbation als Arzt berechtigt zu ärztlicher Tätigkeit in abhängiger Stellung. Der Inhaber einer solchen Approbation erhält auf Antrag eine Approbation als Arzt im Sinne dieses Gesetzes, wenn er eine achtzehnmonatige ärztliche Tätigkeit in abhängiger Stellung in einer oder mehreren der in § 4 Abs. 4 Satz 1 und 3 genannten Einrichtungen nachweist und die Voraussetzungen des § 3 Abs. 1 Satz 1 Nr. 1 bis 3 dieses Gesetzes erfüllt.

(4) Der Inhaber einer am Tage vor dem Wirksamwerden des Beitritts in dem in Artikel 3 des Einigungsvertrages genannten Gebiet gültigen Approbation für ärztliche Tätigkeiten in einem medizinisch-theoretischen Fachgebiet gemäß § 4 der Approbationsordnung für Ärzte vom 13. Januar 1977 (GBl. I Nr. 5 S. 30) in der Fassung der Anordnung Nr. 2 vom 24. August 1981 (GBl. I Nr. 29

S. 346) darf die Berufsbezeichnung „Arzt“ oder „Ärztin“ nur mit dem Zusatz „(theoretische Medizin)“ führen. Die in Satz 1 genannte Approbation berechtigt nicht zur Ausübung der Heilkunde. Wer sich bei Wirksamwerden des Beitritts in einer entsprechenden Ausbildung befindet, kann diese Ausbildung abschließen. Er erhält auf Antrag eine Approbation für ärztliche Tätigkeiten in einem medizinisch-theoretischen Fachgebiet nach § 4 der in Satz 1 genannten Approbationsordnung für Ärzte, sofern er die Ausbildung bis zum 31. Dezember 1992 erfolgreich abschließt. Die in Satz 1 genannten Beschränkungen gelten auch insoweit. Der Inhaber einer solchen Approbation erhält auf Antrag eine Approbation als Arzt im Sinne dieses Gesetzes, wenn er die Gleichwertigkeit seines Ausbildungsstandes mit dem eines nach den Vorschriften der aufgrund des § 4 dieses Gesetzes erlassenen Approbationsordnung für Ärzte ausgebildeten Arztes nachweist und die Voraussetzungen des § 3 Abs. 1 Satz 1 Nr. 2 und 3 erfüllt.

(5) Eine bei Wirksamwerden des Beitritts gültige Erlaubnis zur vorübergehenden Ausübung des ärztlichen Berufes und eine am Tage vor dem Wirksamwerden des Beitritts in dem in Artikel 3 des Einigungsvertrages genannten Gebiet gültige staatliche Erlaubnis zur Ausübung ärztlicher Tätigkeit gemäß § 10 Abs. 3 der Approbationsordnung für Ärzte vom 13. Januar 1977 (GBl. I Nr. 5 S. 30) in der Fassung der Anordnung Nr. 2 vom 24. August 1981 (GBl. I Nr. 29 S. 346) gelten mit ihrem bisherigen Inhalt als Erlaubnis nach § 10 Abs. 1 dieses Gesetzes.“

h) § 14a erhält folgenden neuen Absatz 4:

„(4) Studierende der Medizin, die nach dem Wirksamwerden des Beitritts ein vorher begonnenes Medizinstudium an Universitäten oder medizinischen Akademien in dem in Artikel 3 des Einigungsvertrages genannten Gebiet fortsetzen, schließen das Studium nach den bisher für dieses Gebiet geltenden Rechtsvorschriften ab, sofern dies bis zum 31. Dezember 1998 geschieht. Der erfolgreiche Studienabschluß steht dem Abschluß des Medizinstudiums durch die bestandene ärztliche Prüfung nach § 3 Abs. 1 Satz 1 Nr. 4 gleich. Inhaber eines entsprechenden Nachweises erhalten auf Antrag eine Erlaubnis für die Tätigkeit als Arzt im Praktikum nach § 10 Abs. 4. Studierende, die im September 1991 ein Medizinstudium an den in Satz 1 genannten Ausbildungsstätten aufnehmen, schließen den vorklinischen Studienabschnitt einschließlich des Physikums nach den in Satz 1 genannten Vorschriften ab, sofern sie das Physikum bis zum 31. Dezember 1994 bestehen. Sie setzen das Medizinstudium nach den Vorschriften der aufgrund des § 4 erlassenen Approbationsordnung für Ärzte fort und schließen die Ausbildung hiernach ab. Für Studierende, die im Jahre 1992 und später ein Medizinstudium an den in Satz 1 genannten Ausbildungsstätten aufnehmen, gelten die Vorschriften dieser Verordnung vom Beginn dieses Studiums an. In der Verordnung können hinsichtlich der Art der Prüfungen besondere Regelungen für die in Satz 5 und 6 genannten Studierenden getroffen werden."

2. Gesetz über die Ausübung der Zahnheilkunde in der Fassung der Bekanntmachung vom 16. April 1987 (BGBl. I S. 1225)

a) § 2 wird wie folgt geändert:

aa) In Absatz 1 wird Satz 6 gestrichen.

bb) Absatz 2 Satz 2 und Absatz 3 Satz 3 erhalten jeweils folgende Fassung:

„Absatz 1 Satz 2 bis 5 bleibt unberührt."

b) § 4 Abs. 1 wird wie folgt geändert:

aa) Absatz 1 Satz 1 erhält folgende Fassung:

„Die Approbation ist zurückzunehmen, wenn bei ihrer Erteilung die zahnärztliche Prüfung nicht bestanden oder bei einer vor Wirksamwerden des Beitritts erteilten Approbation das an einer Ausbildungsstätte in dem in Artikel 3 des Einigungsvertrages genannten Gebiet oder das in einem Fall des § 20 Abs. 1 Satz 2 oder in einem Fall des § 20 Abs. 4 Satz 1 erworbene Studium der Zahnheilkunde nicht abgeschlossen war oder die Ausbildung nach § 2 Abs. 1 Satz 2 oder § 2 Abs. 2 oder 3 oder die nach § 20a nachzuweisende Ausbildung nicht abgeschlossen war."

bb) In Satz 3 wird die Angabe „oder 6" gestrichen.

c) § 16 wird wie folgt geändert:

aa) An Absatz 1 wird folgender Satz 2 angefügt:

„In den Fällen des § 20 Abs. 4 Satz 1 wird die Approbation von der zuständigen Behörde des Landes erteilt, in dem der Antragsteller sein Studium der Zahnheilkunde erfolgreich abgeschlossen hat."

bb) Absatz 2 erhält folgende Fassung:

„(2) Die Entscheidungen nach § 2 Abs. 1 Satz 1 in Verbindung mit Satz 2, Abs. 2 oder 3, nach den §§ 8 bis 10, 13, § 20 Abs. 2 Satz 2 und § 20a trifft die zuständige Behörde des Landes, in dem der zahnärztliche Beruf ausgeübt werden soll."

cc) In Absatz 5 wird die Angabe „oder 6" gestrichen.

d) § 20 erhält folgende Fassung:

„§ 20 (1) Eine Approbation oder Bestallung, die beim Wirksamwerden des Beitritts im bisherigen Geltungsbereich dieses Gesetzes zur Ausübung des zahnärztlichen Berufs berechtigt, gilt als Approbation im Sinne dieses Gesetzes. Das gleiche gilt für eine Approbation, die am Tage vor dem Wirksamwerden des Beitritts in dem in Artikel 3 des Einigungsvertrages genannten Gebiet zur Ausübung des zahnärztlichen Berufs berechtigt, soweit sie nicht durch eine zu diesem Zeitpunkt geltende Anordnung nach § 13 der Approbationsordnung für Zahnärzte vom 13. Januar 1977 (GBl. I Nr. 5 S. 34) in der Fassung der Anordnung Nr. 2 vom 24. August 1981 (GBl. I Nr. 29 S. 346) eingeschränkt worden ist. Die Berechtigung zur weiteren Führung einer im Zusammenhang mit der Anerkennung als Fachzahnarzt verliehenen Bezeichnung durch Inhaber einer in Satz 2 genannten Approbation, die am Tage vor dem Wirksamwerden des Beitritts eine solche Bezeichnung in dem in Artikel 3 des Einigungsvertrages genannten Gebiet führen dürfen, richtet sich nach Landesrecht.

(2) Eine in dem in Artikel 3 des Einigungsvertrages genannten Gebiet am Tage vor dem Wirksamwerden des Beitritts zur Ausübung des zahnärztlichen Berufs berechtigende, jedoch durch eine zu diesem Zeitpunkt geltende Anordnung nach § 13 der Approbationsordnung für Zahnärzte vom 13. Januar 1977 (GBl. I Nr. 5 S. 34) in der Fassung der Anordnung Nr. 2 vom 24. August 1981 (GBl. I Nr. 29 S. 346) eingeschränkte Approbation als Zahnarzt gilt als Erlaubnis nach § 13 Abs. 1 dieses Gesetzes. Der Inhaber einer solchen Approbation erhält auf Antrag eine Approbation als Zahnarzt im Sinne dieses Gesetzes, wenn er die Voraussetzungen des § 2 Abs. 1 Satz 1 Nr. 2 und 3 erfüllt.

(3) Eine beim Wirksamwerden des Beitritts gültige Erlaubnis zur vorübergehenden Ausübung der Zahnheilkunde und eine am Tage vor dem Wirksamwerden des Beitritts in dem in Artikel 3 des Einigungsvertrages genannten Gebiet gültige staatliche Erlaubnis zur Ausübung stomatologischer Tätigkeiten gemäß § 8 Abs. 3 der Approbationsordnung für Zahnärzte vom 13. Januar 1977 (GBl. I Nr. 5 S. 34) in der Fassung der Anordnung Nr. 2 vom 24. August 1981 (GBl. I Nr. 29 S. 346) gelten mit ihrem bisherigen Inhalt als Erlaubnis nach § 13 Abs. 1 dieses Gesetzes.

(4) Studierende der Zahnheilkunde, die nach dem Wirksamwerden des Beitritts ein vorher begonnenes Studium der Zahnheilkunde an Universitäten oder Medizinischen Akademien in dem in Artikel 3 des Einigungsvertrages genannten Gebiet fortsetzen, schließen das Studium nach den bisher für dieses Gebiet geltenden Rechtsvorschriften ab, sofern dies bis zum 31. Dezember 1997 geschieht. Der erfolgreiche Studienabschluß steht dem Abschluß des Studiums der Zahnheilkunde durch die bestandene zahnärztliche Prüfung nach § 2 Abs. 1 Satz 1 Nr. 4 gleich. Für Studierende, die im September 1991 und später ein Studium der Zahnheilkunde an den in Satz 1 genannten Ausbildungsstätten aufnehmen, gelten die Vorschriften der aufgrund des § 3 dieses Gesetzes erlassenen Approbationsordnung für Zahnärzte. In dieser Verordnung soll bis zum 31. Dezember 1992 geregelt werden, daß das Studium der Zahnheilkunde künftig eine Pflichtunterrichtsveranstaltung in der Kinderzahnheilkunde zu umfassen und sich die zahnärztliche Prüfung auf dieses Fach zu erstrecken hat."

3. Approbationsordnung für Ärzte in der Fassung der Bekanntmachung vom 14. Juli 1987 (BGBl. I S. 1593), zuletzt geändert durch Verordnung vom 21. Dezember 1989 (BGBl. I S. 2549)

In § 34a Abs. 2 Satz 1 erhalten der zweite und dritte Spiegelstrich folgende Fassung:

„– in der Praxis eines niedergelassenen Arztes oder einer sonstigen Einrichtung der ambulanten ärztlichen Versorgung,
– in einem Sanitätszentrum oder einer ähnlichen Einrichtung des Sanitätsdienstes der Streitkräfte oder der Polizeien oder".

4. Hebammengesetz vom 4. Juni 1985 (BGBl. I S. 902), geändert durch Artikel 1 der Verordnung vom 22. Mai 1986 (BGBl. I S. 833),

a) Nach § 27 wird folgender § 27a eingefügt:

„**§ 27a** (1) Eine vor dem Wirksamwerden des Beitritts nach den Vorschriften der Deutschen Demokratischen Republik erteilte Erlaubnis als Hebamme gilt als Erlaubnis nach § 1 Abs. 1.

(2) Eine vor dem Wirksamwerden des Beitritts nach den Vorschriften der Deutschen Demokratischen Republik begonnene Ausbildung als Hebamme wird nach diesen Vorschriften abgeschlossen. Nach Abschluß der Ausbildung erhält der Antragsteller, wenn die Voraussetzungen des § 2 Abs. 1 Nr. 2 und 3 vorliegen, eine Erlaubnis nach § 1 Abs. 1."

b) Nach § 30 wird folgender Abschnitt IXa eingefügt:

„IXa. Abschnitt. Überlegungsregelung aus Anlaß der Herstellung der Einheit Deutschlands

§ 30a (1) § 6 Abs. 1 Satz 3 gilt in dem in Artikel 3 des Einigungsvertrages genannten Gebiet für Medizinische Fachschulen entsprechend.

(2) Abweichend von § 6 Abs. 2 Nr. 1 und 2 können in dem in Artikel 3 des Einigungsvertrages genannten Gebiet Medizinische Fachschulen als geeignet für die Ausbildung staatlich anerkannt werden, wenn sie

1. von einem Direktor mit pädagogischer Hochschulqualifikation oder mit einer anderen Hochschulausbildung und einer abgeschlossenen Ausbildung in einem medizinischen Beruf geleitet werden und
2. über eine im Verhältnis zur Zahl der Ausbildungsplätze ausreichende Zahl von
   - Fachschullehrern mit pädagogischem Hochschulabschluß oder
   - Fachschullehrern mit Fachschulabschluß, die zum Zeitpunkt des Wirksamwerdens des Beitritts an einer Medizinischen Fachschule unterrichten sowie
   - an der Ausbildung mitwirkende Ärztinnen oder Ärzte und sonstige Fachkräfte

   verfügen.

(3) Medizinische Fachschulen, die vor dem Wirksamwerden des Beitritts nach den Vorschriften der Deutschen Demokratischen Republik gebildet wurden und zu diesem Zeitpunkt Hebammen ausbilden, gelten als staatlich anerkannt nach Absatz 2, sofern die Anerkennung nicht zurückgenommen wird. Die Anerkennung ist

zurückzunehmen, falls nicht innerhalb von drei Jahren nach dem Wirksamwerden des Beitritts nachgewiesen wird, daß die Voraussetzungen des § 6 Abs. 2 erfüllt sind."

5. Krankenpflegegesetz vom 4. Juni 1985 (BGBl. I S. 893), geändert durch Artikel 2 der Verordnung vom 22. Mai 1986 (BGBl. I S. 833),

a) Nach § 27 wird folgender § 27a eingefügt:

„**§ 27a** (1) Eine vor dem Wirksamwerden des Beitritts nach den Vorschriften der Deutschen Demokratischen Republik erteilte Erlaubnis als Krankenschwester, Krankenpfleger, Kinderkrankenschwester oder Kinderkrankenpfleger gilt als Erlaubnis nach § 1 Abs. 1 Nr. 1 oder 2.

(2) Eine vor dem Wirksamwerden des Beitritts nach den Vorschriften der Deutschen Demokratischen Republik erteilte Erlaubnis als Facharbeiter für Krankenpflege oder für Krankenpflege und Sozialdienst gilt als Erlaubnis nach § 1 Abs. 1 Nr. 3.

(3) Eine vor dem Wirksamwerden des Beitritts nach den Vorschriften der Deutschen Demokratischen Republik begonnene Ausbildung als Krankenschwester, Krankenpfleger, Kinderkrankenschwester, Kinderkrankenpfleger, Facharbeiter für Krankenpflege oder für Krankenpflege und Sozialdienst wird nach diesen Vorschriften abgeschlossen. Nach Abschluß der Ausbildung erhält der Antragsteller, wenn die Voraussetzungen des § 2 Abs. 1 Nr. 2 und 3 vorliegen, eine Erlaubnis nach § 1 Abs. 1 Nr. 1, 2 oder 3."

b) Nach § 30 wird folgender Abschnitt VIII a eingefügt:

„VIIIa. Abschnitt. Überleitungsregelung aus Anlaß der Herstellung der Einheit Deutschlands

§ 30a (1) § 2 Abs. 2 gilt entsprechend für Antragsteller, die eine mindestens dreijährige Dienstzeit im Sanitätsdienst der Nationalen Volksarmee oder der Deutschen Volkspolizei abgeleistet haben.

(2) § 5 Abs. 1 Satz 3 gilt in dem in Artikel 3 des Einigungsvertrages genannten Gebiet für Medizinische Fachschulen entsprechend.

(3) Abweichend von § 5 Abs. 2 Nr. 1 und 2 können in dem in Artikel 3 des Einigungsvertrages genannten Gebiet Medizinische Fachschulen als geeignet für die Ausbildung staatlich anerkannt werden, wenn sie

1. von einem Direktor mit pädagogischer Hochschulqualifikation oder mit einer anderen Hochschulausbildung und einer abgeschlossenen Ausbildung in einem medizinischen Beruf geleitet werden und
2. über eine im Verhältnis zur Zahl der Ausbildungsplätze ausreichende Zahl von
   - Fachschullehrern mit pädagogischem Hochschulabschluß oder

- Fachschullehrern mit Fachschulabschluß, die zum Zeitpunkt des Wirksamwerdens des Beitritts an einer Medizinischen Fachschule unterrichten, sowie
- an der Ausbildung mitwirkende Ärztinnen oder Ärzte und sonstige Fachkräfte

verfügen.

(4) § 8 Satz 2 gilt entsprechend für eine Ausbildung im Sanitätsdienst der Nationalen Volksarmee und der Deutschen Volkspolizei.

(5) § 10 Abs. 1 Satz 2 gilt in dem in Artikel 3 des Einigungsvertrages genannten Gebiet für Medizinische Fachschulen entsprechend.

(6) Abweichend von § 10 Abs. 2 Nr. 1 können in dem in Artikel 3 des Einigungsvertrages genannten Gebiet Medizinische Fachschulen als geeignet staatlich anerkannt werden, wenn sie von einem Direktor mit einer in Absatz 3 Nr. 1 genannten Qualifikation geleitet werden.

(7) § 28 Abs. 1 Satz 1 gilt in dem in Artikel 3 des Einigungsvertrages genannten Gebiet auch für die Umschulung von Personen, die eine andere medizinische Fachschulausbildung als die in § 28 Abs. 1 Satz 1 genannte nach den Vorschriften der Deutschen Demokratischen Republik abgeschlossen haben, entsprechend. § 28 Abs. 1 Satz 2 und Absatz 2 gelten nicht.

(8) § 29 Satz 1 gilt in dem in Artikel 3 des Einigungsvertrages genannten Gebiet für Medizinische Fachschulen und für Ausbildungseinrichtungen für Berufe in der Krankenpflege in kirchlicher Trägerschaft entsprechend. Die Anerkennung ist zurückzunehmen, falls nicht innerhalb von drei Jahren nach dem Wirksamwerden des Beitritts nachgewiesen wird, daß die Voraussetzungen des § 5 Abs. 2 oder § 10 Abs. 2 erfüllt sind."

6. Ausbildungs- und Prüfungsverordnung für Hebammen und Entbindungspfleger in der Fassung der Bekanntmachung vom 16. März 1987 (BGBl. I S. 929).

In § 3 wird nach Absatz 1 folgender Absatz 1a eingefügt:

„(1a) Bei den Medizinischen Fachschulen, die nach § 30a Abs. 2 des Hebammengesetzes als Hebammenschulen staatlich anerkannt sind, kann abweichend von Absatz 1 Nr. 4 Buchstabe b der Prüfungsausschuß auch mit mindestens einem Diplom-Medizinpädagogen oder einem Medizinpädagogen mit dem medizinischen Fachschulabschluß als Hebamme besetzt werden."

7. Ausbildungs- und Prüfungsverordnung für die Berufe in der Krankenpflege vom 16. Oktober 1985 (BGBl. I S. 1973)

In § 3 wird nach Absatz 1 folgender Absatz 1a eingefügt:

„(1a) Bei den Medizinischen Fachschulen, die nach § 30a Abs. 3 oder 6 des Krankenpflegegesetzes als Krankenpflege- oder Kinderkrankenpflegeschulen oder als Schulen für die Krankenpflegehilfe staatlich anerkannt sind, kann abweichend von Absatz 1 Nr. 4 Buchstabe b der Prüfungsausschuß auch mit mindestens einem Diplom-Medizinpädagogen oder einem Medizinpädagogen mit dem medizinischen Fachschulabschluß als Krankenschwester oder Krankenpfleger oder als Kinderkrankenschwester oder Kinderkrankenpfleger besetzt werden."

8. Rettungsassistentengesetz vom 10. Juli 1989 (BGBl. I S. 1384)

§ 8 wird wie folgt geändert:

a) Nach Absatz 4 wird folgender Absatz 4a eingefügt:
„(4a) Absatz 4 gilt für Antragsteller mit vergleichbaren Sanitäts- oder Fachprüfungen bei der Nationalen Volksarmee oder der Deutschen Volkspolizei entsprechend."

b) In Absatz 5 werden die Wörter „nach Absatz 3 und 4" ersetzt durch die Wörter „nach den Absätzen 3, 4 und 4 a".

9. Beschäftigungs- und Arbeitstherapeutengesetz vom 25. Mai 1976 (BGBl. I S. 1246), geändert durch Artikel 40 des Gesetzes vom 18. Februar 1986 (BGBl. I S. 265),

Nach § 8 wird folgender § 8a eingefügt:

„**§ 8a** (1) Eine vor dem 1. September 1991 nach der Anordnung über die staatliche Erlaubnis zur Ausübung der medizinischen, pharmazeutischen und sozialen Fachschul- und Facharbeiterberufe vom 7. August 1980 (GBl. I Nr. 26 S. 254) erteilte Erlaubnis als Arbeitstherapeutin oder Arbeitstherapeut oder eine einer solchen Erlaubnis gleichgestellte Erlaubnis gilt als Erlaubnis nach § 1.

(2) Eine vor dem 1. September 1991 in dem in Artikel 3 des Einigungsvertrages genannten Gebiet begonnene Ausbildung als Arbeitstherapeutin oder Arbeitstherapeut kann in diesem Gebiet nach den dort bisher geltenden Regeln abgeschlossen werden. Nach Abschluß der Ausbildung erhält der Antragsteller, wenn die Voraussetzungen des § 2 Abs. 1 Nr. 2 und 3 vorliegen, eine Erlaubnis nach § 1."

10. Ausbildungs- und Prüfungsordnung für Beschäftigungs- und Arbeitstherapeuten vom 23. März 1977 (BGBl. I S. 509)

Nach § 14 wird eingefügt:

„**§ 14a Überleitungsregelung aus Anlaß der Herstellung der Einheit Deutschlands.** Diese Verordnung findet in dem in Artikel 3 des Einigungsvertrages genannten Gebiet ab dem 1. September 1991 Anwendung."

11. Gesetz über den Beruf des Diätassistenten vom 17. Juli 1973 (BGBl. I S. 853), geändert durch Artikel 39 des Gesetzes vom 18. Februar 1986 (BGBl. I S. 265)

Nach § 9 wird folgender § 9a eingefügt:

„**§ 9a** (1) Eine vor dem Wirksamwerden des Beitritts nach den Vorschriften der Deutschen Demokratischen Republik erteilte Erlaubnis als Diätassistentin oder Diätassistent gilt als Erlaubnis nach § 1.

(2) Abweichend von § 2 Abs. 1 Nr. 1 wird eine Erlaubnis nach § 1 auch erteilt, wenn der Antragsteller eine vor dem 1. Januar 1996 in dem in Artikel 3 des Einigungsvertrages genannten Gebiet begonne-

ne Ausbildung als Diätassistent nach den dort bisher geltenden Regeln erfolgreich abgeschlossen hat."

12. Ausbildungs- und Prüfungsordnung für Diätassistenten vom 12. Februar 1974 (BGBl. I S. 163)

Nach § 13 wird folgender § 13a eingefügt:

„**§ 13a Überleitungsregelung aus Anlaß der Herstellung der Einheit Deutschlands.** Diese Verordnung findet in dem in Artikel 3 des Einigungsvertrages genannten Gebiet ab dem 1. Januar 1996 Anwendung."

13. Gesetz über die Ausübung der Berufe des Masseurs, des Masseurs und medizinischen Bademeisters und des Krankengymnasten in der im Bundesgesetzblatt Teil III, Gliederungsnummer 2124-7, veröffentlichten bereinigten Fassung, zuletzt geändert durch Gesetz vom 9. Mai 1989 (BGBl. I S. 876)

a) Nach § 15 wird folgender § 15a eingefügt:

„**§ 15a** Eine vor dem Wirksamwerden des Beitritts nach den Vorschriften der Deutschen Demokratischen Republik erteilte Erlaubnis als Masseurin oder Masseur oder als Physiotherapeutin oder Physiotherapeut gilt als Erlaubnis nach § 1."

b) Nach § 17 wird folgender § 17a eingefügt:

„**§ 17a** Abweichend von § 2 Abs. 1 Nr. 2 und 3 wird die Erlaubnis zur Führung der Berufsbezeichnung „Masseur" oder „Krankengymnast" auch erteilt, wenn der Antragsteller eine vor dem 1. Januar 1996 in dem in Artikel 3 des Einigungsvertrages genannten Gebiet begonnene Ausbildung als Masseur oder Physiotherapeut nach den dort bisher geltenden Regeln erfolgreich abgeschlossen hat."

14. Ausbildungs- und Prüfungsordnung für Masseure und für Masseure und medizinische Bademeister in der im Bundesgesetzblatt Teil III, Gliederungsnummer 2124-7-1, veröffentlichten bereinigten Fassung, geändert durch Verordnung vom 19. November 1982 (BGBl. I S. 1561)

Nach § 23 wird eingefügt:

„**§ 23a** Diese Verordnung findet in dem in Artikel 3 des Einigungsvertrages genannten Gebiet ab dem 1. Januar 1996 Anwendung."

15. Ausbildungs- und Prüfungsordnung für Krankengymnasten in der im Bundesgesetzblatt Teil III, Gliederungsnummer 2124-7-2, veröffentlichten bereinigten Fassung, geändert durch Verordnung vom 25. Juni 1971 (BGBl. I S. 847)

Nach § 22 wird eingefügt:

„**§ 22a** Diese Verordnung findet in dem in Artikel 3 des Einigungsvertrages genannten Gebiet ab dem 1. Januar 1996 Anwendung."

16. Orthoptistengesetz vom 28. November 1989 (BGBl. I S. 2061)

Nach § 11 wird folgender § 11a eingefügt:

„**§ 11a** (1) Eine vor dem 1. September 1991 nach der Anordnung über die staatliche Erlaubnis zur Ausübung der medizinischen, pharmazeutischen und sozialen Fachschul- und Facharbeiterberufe vom 7. August 1980 (GBl. I Nr. 26 S. 254) erteilte Erlaubnis als Orthoptistin oder Orthoptist oder eine einer solchen Erlaubnis gleichgestellte Erlaubnis gilt als Erlaubnis nach § 1.

(2) Eine vor dem 1. September 1991 in dem in Artikel 3 des Einigungsvertrages genannten Gebiet begonnene Ausbildung als Orthoptistin oder Orthoptist kann in diesem Gebiet nach den dort bisher geltenden Regeln abgeschlossen werden. Nach Abschluß der Ausbildung erhält der Antragsteller, wenn die Voraussetzungen des § 2 Abs. 1 Nr. 2 und 3 vorliegen, eine Erlaubnis nach § 1."

17. Ausbildungs- und Prüfungsverordnung für Orthoptistinnen und Orthoptisten vom 21. März 1990 (BGBl. I S. 563)

Nach § 15 wird eingefügt:

„**§ 15a Überleitungsregelung aus Anlaß der Herstellung der Einheit Deutschlands.** Die Verordnung findet in dem in Artikel 3 des Einigungsvertrages genannten Gebiet ab dem 1. September 1991 Anwendung."

18. Gesetz über technische Assistenten in der Medizin vom 8. September 1971 (BGBl. I S. 1515), geändert durch Artikel 38 des Gesetzes vom 18. Februar 1986 (BGBl. I S. 265)

a) Nach § 13 wird folgender § 13a eingefügt:

„**13a** Eine vor dem Wirksamwerden des Beitritts nach den Vorschriften der Deutschen Demokratischen Republik erteilte Erlaubnis als Medizinisch-technische Laborassistentin, Medizinisch-technischer Laborassistent, Medizinisch-technische Radiologieassistentin oder Medizinisch-technischer Radiologieassistent gilt als Erlaubnis nach § 1."

b) Nach § 15 wird folgender § 15a eingefügt:

„**§ 15a** Abweichend von § 2 Nr. 3 und § 3 wird eine Erlaubnis nach § 1 in der entsprechenden Fachrichtung auch erteilt, wenn der Antragsteller eine vor dem 1. Januar 1996 in dem in Artikel 3 des Einigungsvertrages genannten Gebiet begonnene Ausbildung als Medizinisch-technischer Laborassistent oder Medizinischtechnischer Radiologieassistent nach den dort bisher geltenden Regeln erfolgreich abgeschlossen hat."

19. Ausbildungs- und Prüfungsordnung für technische Assistenten in der Medizin vom 20. Juni 1972 (BGBl. I S. 929).

Nach § 15 wird eingefügt:

„**§ 15a Überleitungsregelung aus Anlaß der Herstellung der Einheit Deutschlands.** Diese Verordnung findet in dem in Artikel 3 des Einigungsvertrages genannten Gebiet vorbehaltlich des Satzes 2 ab dem 1. Januar 1996 Anwendung. Soweit sie sich auf die Ausbildung in der Fachrichtung veterinärmedizinischtechnischer Assistent bezieht, tritt sie mit Wirksamwerden des Beitritts in Kraft."

20. Betäubungsmittelgesetz vom 28. Juli 1981 (BGBl. I S. 681, 1187), zuletzt geändert durch Artikel 8 des Gesetzes vom 27. Januar 1987 (BGBl. I S. 475)

a) § 11 Abs. 1 Satz 2 sowie § 12 Abs. 1 Nr. 3 und Absatz 2 Satz 3 werden aufgehoben.

b) In § 29 Abs. 1 Nr. 5 wird die Angabe „§ 11 Abs. 1 Satz 3" durch die Angabe „§ 11 Abs. 1 Satz 2" ersetzt.

21.[1] Bundes-Apothekerordnung in der Fassung der Bekanntmachung vom 19. Juli 1989 (BGBl. I S. 1478, 1842)

a) § 4 wird wie folgt geändert:

aa) In Absatz 1 Satz 2 wird das Komma nach den Worten „Nummer 4" durch einen Punkt ersetzt. Die Worte „es sei denn, daß die Gleichwertigkeit des Ausbildungsstandes nicht gegeben ist." werden gestrichen.

bb) In den Absätzen 2 und 3 wird jeweils der letzte Satz gestrichen.

b) § 12 wird wie folgt geändert:

aa) In Absatz 1 wird folgender Satz angefügt: „In Fällen des § 4 Abs. 1 Satz 2 wird die Approbation von der zuständigen Behörde des Landes erteilt, in dessen Gebiet der Antragsteller sein Pharmaziestudium erfolgreich abgeschlossen hat."

bb) In Absatz 3 werden die Worte „Abs. 1 Satz 2," gestrichen.

c) § 14 wird wie folgt geändert:

aa) In Absatz 1 wird folgender Satz 2 angefügt:

„Eine Approbation, die bei Wirksamwerden des Beitritts in dem in Artikel 3 des Einigungsvertrages genannten Gebiet zur Ausübung des Apothekerberufs berechtigt, gilt als Approbation im Sinne dieses Gesetzes."

bb) Der bisherige Absatz 2 wird Absatz 4.

cc) Es werden folgende Absätze 2 und 3 eingefügt:

„(2) Eine bei Wirksamwerden des Beitritts in dem in Artikel 3 des Einigungsvertrages genannten Gebiet geltende eingeschränkte Approbation für eine pharmazeutische Tätigkeit auf experimentell pharmakologisch-toxikologischem und chemisch-analytischem Gebiet nach Anlage 2 der Approbationsordnung für Apotheker vom 13. Januar 1977 (GBl. I Nr. 5 S. 38), geändert durch Anordnung Nr. 2 vom 20. August 1990 (GBl. I Nr. 59 S. 1450), gilt als unbefristete Erlaubnis nach § 11 Abs. 2 Satz 1. Sie berechtigt zur Führung der Berufsbezeichnung „Apotheker" oder „Apothekerin" nur mit dem Zusatz „für experimentelle Pharmakologie und Toxikologie".

(3) Eine bei Wirksamwerden des Beitritts in dem in Artikel 3 des Einigungsvertrages genannten Gebiet geltende vorübergehende Erlaubnis zur Ausübung des Apothekerberufs und eine zu diesem Zeitpunkt in diesen Gebieten geltende Erlaubnis zur

[1] Nr. 21 Buchst. c) cc) geändert durch Art. 4 Nr. 6 der Vereinbarung vom 18. 9. 1990 (BGBl. II S. 1239, 1244).

Ausübung des Apothekerberufs nach § 9 Abs. 2 der Approbationsordnung für Apotheker vom 13. Januar 1977 (GBl. I Nr. 5 S. 38), geändert durch Anordnung Nr. 2 vom 20. August 1990 (GBl. I Nr. 59 S. 1450), gelten mit ihrem bisherigen Inhalt als Erlaubnis nach § 11 weiter."

21a. Gesetz über das Apothekenwesen in der Fassung der Bekanntmachung vom 15. Oktober 1980 (BGBl. I S. 1993), geändert durch Artikel 2 des Gesetzes vom 23. Juli 1988 (BGBl. I S. 1077)

mit folgenden Änderungen:

a) In § 2 wird folgender Absatz 2a eingefügt:

„(2 a) Ergänzend zu Absatz 1 Nr. 1 ist einem Antragsteller, der Bürger eines anderen Staates ist, die Erlaubnis für den Betrieb einer Apotheke in dem in Artikel 3 des Einigungsvertrages genannten Gebiet zu erteilen, wenn er am 1. Januar 1990 seinen ständigen Wohnsitz in dem in Artikel 3 des Einigungsvertrages genannten Gebiet hatte und die übrigen Voraussetzungen des Absatzes 1 erfüllt."

b) Nach § 28 wird folgender § 28a eingefügt:

„§ 28a (1) Die staatlichen öffentlichen Apotheken, die Pharmazeutischen Zentren und weitere Einrichtungen des staatlichen Apothekenwesens in dem in Artikel 3 des Einigungsvertrages genannten Gebiet werden in die Treuhandschaft der Treuhandanstalt mit dem Ziel ihrer Privatisierung überführt.

(2) Apotheken, die in dem in Artikel 3 des Einigungsvertrages genannten Gebiet vorrangig der Arzneimittelversorgung eines oder mehrerer Krankenhäuser dienen und eine räumliche Einheit mit einem Krankenhaus bilden, werden als Krankenhausapotheken in das Eigentum des jeweiligen Krankenhausträgers überführt. Im Interesse der ordnungsgemäßen Arzneimittelversorgung kann abweichend von § 14 Abs. 4 Satz 2 einer Krankenhausapotheke in dem im Artikel 3 des Einigungsvertrages genannten Gebiet auf Antrag des Trägers des Krankenhauses durch die zuständige Behörde die Genehmigung zur Belieferung von Verschreibungen erteilt werden, die von Ärzten der zum Krankenhaus gehörenden Poliklinik ausgestellt wurden. Die Genehmigung ist zurückzunehmen, wenn in zumutbarer Entfernung vom Krankenhaus eine Apotheke den Betrieb aufnimmt. Die Genehmigung erlischt spätestens am 31. Dezember 1993.

(3) Für die zum Zeitpunkt des Wirksamwerdens des Beitritts bestehenden Apotheken in dem in Artikel 3 des Einigungsvertrages genannten Gebiet gilt die Erlaubnis als erteilt; bei staatlichen Apotheken für den jeweiligen Träger. Bei Wechsel des Trägers ist die Erlaubnis neu zu beantragen. Für die Treuhandanstalt und den Träger eines Krankenhauses gilt die Erlaubnis als erteilt.

(4) Die Bezirksapothekeninspektionen und Bezirksdirektionen des Apothekenwesens in dem in Artikel 3 des Einigungsvertrages ge-

nannten Gebiet sind mit Bildung der Länder aufzulösen. Die Auflösung der Pharmazeutischen Zentren ist bis 30. Juni 1991 abzuschließen.

(5) Die Treuhandanstalt ist verpflichtet, Apotheken auf Antrag berechtigter Personen nach Absatz 6

1. an diese bis zum 31. Dezember 1991 zu verkaufen oder
2. diesen die Verwaltung zu übertragen, wenn auf Grund der Rechtslage ein unmittelbarer Verkauf der Apotheke nicht möglich ist oder der Antragsteller sich nicht mehr als fünf Jahre vor Erreichen des Vorruhestandsalters befindet.

Die Verwaltung ist auf höchstens fünf Jahre zu beschränken. Sie ist so auszugestalten, daß sie mit dem 31. Dezember 1996 spätestens endet. Im Interesse der Sicherstellung der Arzneimittelversorgung kann die Dauer der Verwaltung bis zum Eintritt des Rentenalters verlängert werden. § 13 Abs. 2 und 3 findet entsprechende Anwendung.

(6) Voraussetzungen für den Kauf und die Verwaltung einer Apotheke sind

1. für den Käufer der Besitz einer Erlaubnis nach § 1 Abs. 2,
2. für den Verwalter der Besitz einer Genehmigung nach § 13 Abs. 1b,
3. eine Option gemäß Absatz 7.

Die Erlaubnis oder die Genehmigung und die Option sind dem Antrag nach Absatz 5 beizufügen.

(7)[1] Die zuständige Behörde hat die in Treuhandschaft zu überführenden Apotheken zum Kauf oder zur Verwaltung auszuschreiben. Sie erteilt auf Antrag eine Option zum Kauf oder zur Verwaltung einer Apotheke. Die Entscheidung trifft durch Stimmenmehrheit eine Kommission, die sich zusammensetzt aus

1. einem Vertreter der zuständigen Behörde als Vorsitzenden,
2. einem Vertreter der Treuhandanstalt,
3. drei Apothekern, von denen mindestens einer Apothekenleiter und einer Mitarbeiter ist. Diese Apotheker werden von der Landesapothekerkammer benannt. Solange die Landesapothekerkammer noch nicht besteht, werden sie von dem Landesverband des Verbandes der Apotheker benannt.

(8) Einem Pharmazieingenieur, der aufgrund einer Ausnahmegenehmigung in dem in Artikel 3 des Einigungsvertrages genannten Gebiet eine Apotheke leitet, kann auf Antrag die Genehmigung zur Verwaltung der von ihm bisher geleiteten Apotheke erteilt werden, wenn der Antragsteller

a) diese Apotheke mindestens 10 Jahre zuverlässig geleitet hat und
b) die Anforderungen des § 2 Abs. 1 Nr. 4 und 7 erfüllt.

Die Erteilung der Genehmigung setzt ferner voraus, daß die vom

---

[1] Abs. 7 Ziff. 3 und Abs. 9 geändert durch Art. 5 Nr. 6 der Vereinbarung vom 18. 9. 1990 (BGBl. II S. 1239, 12447).

Pharmazieingenieur verwaltete Apotheke Zweigapotheke einer öffentlichen Apotheke wird. Über entsprechende Anträge ist gemäß Absatz 7 zu entscheiden. Die Genehmigung zur Verwaltung gilt bis zum Eintritt des Rentenalters, höchstens jedoch fünf Jahre.

(9)[1] Der Verkauf oder die Übertragung einer Verwaltung von staatlichen Apotheken, die bei Wirksamwerden des Beitritts in dem in Artikel 3 des Einigungsvertrages genannten Gebiet bestehen, ist bis zum 31. Dezember 1992 nur an Antragsteller gestattet, die bei Inkrafttreten dieses Vertrages Bürger des in Artikel 3 genannten Gebietes waren oder nach 1972 als ehemalige Bürger dieses Gebietes ihren ständigen Wohnsitz außerhalb dieses Gebietes hatten und ihren Wohnsitz nach dem 1. Januar 1990 wieder in diesem Gebiet genommen haben."

22. Approbationsordnung für Apotheker vom 19. Juli 1989 (BGBl. I S. 1489)

Nach § 23 wird eingefügt:

„**§ 23a Überleitungsvorschrift aus Anlaß der Herstellung der Einheit Deutschlands.** (1) Personen, die das Studium der Pharmazie an einer Universität in dem in Artikel 3 des Einigungsvertrages genannten Gebiet vor dem 1. September 1990 aufgenommen haben, legen den Zweiten und Dritten Abschnitt der Pharmazeutischen Prüfung nach den Vorschriften dieser Verordnung ab. Personen, die das Studium der Pharmazie in dem in Satz 1 genannten Gebiet vor dem 1. September 1988 aufgenommen und sich der Hauptprüfung vor dem 31. Dezember 1990 erfolgreich unterzogen haben, schließen die Ausbildung nach den bisher für dieses Gebiet geltenden Rechtsvorschriften ab. Diejenigen, die die Hauptprüfung erst nach dem genannten Termin bestanden haben, legen zusätzlich den Dritten Abschnitt der Pharmazeutischen Prüfung nach den Vorschriften dieser Verordnung ab.

(2) Abweichend von §§ 8 und 17 Abs. 2 werden Personen, die das Studium der Pharmazie an einer Universität in dem in Artikel 3 des Einigungsvertrages genannten Gebiet absolvieren und den Ersten Abschnitt der Pharmazeutischen Prüfung vor dem 31. Dezember 1992 ablegen, mündlich geprüft. Die Vorschriften des § 11 gelten entsprechend."

22a. Apothekenbetriebsordnung vom 9. Februar 1987 (BGBl. I S. 547), geändert durch Artikel 24 des Gesetzes vom 20. Dezember 1988 (BGBl. I S. 2477)

a) § 2 wird wie folgt geändert:
   aa) In Absatz 6 Satz 1 und 2 werden jeweils nach dem Wort „Apothekerassistenten" die Worte „oder Pharmazieingenieure" eingefügt.
   bb) In Absatz 7 werden nach dem Wort „Apothekerassistent" die Worte „oder Pharmazieingenieur" eingefügt.

b) § 3 wird wie folgt geändert:
   aa) In Absatz 3 Satz 1 Nr. 5 werden nach dem Wort „Apotheker-

assistenten" der Punkt durch ein Komma ersetzt und folgende Nummern angefügt:
„6. Pharmazieingenieure,
7. Personen, die sich in der Ausbildung zum Beruf des Pharmazieingenieurs befinden,
8. Apothekenassistenten,
9. Pharmazeutische Assistenten."

bb) In Absatz 3 Satz 2 werden nach dem Wort „Apothekenhelfer" die Worte „und Apothekenfacharbeiter" eingefügt.

cc) In Absatz 5 Satz 2 wird die Angabe „Absatz 3 Nr. 2 bis 4" durch die Angabe „Absatz 3 Nr. 2 bis 4 und 7 bis 9" ersetzt. Folgender Satz 3 wird angefügt: „Die in Absatz 3 Nr. 9 genannten Personen dürfen keine Arzneimittel abgeben."

c) § 17 Abs. 6 Satz 1 Nr. 2 erhält folgende Fassung:
„2. das Namenszeichen des Apothekers, des Apothekerassistenten oder des Pharmazieingenieurs, der das Arzneimittel abgegeben, oder des Apothekers, der die Abgabe beaufsichtigt hat,"

d) Nach § 35 wird folgender § 35a angefügt:

„§ 35a (1) Auf Apotheken in dem in Artikel 3 des Einigungsvertrages genannten Gebiet, für die gemäß § 28a Abs. 3 des Gesetzes über das Apothekenwesen eine Erlaubnis als erteilt gilt, finden § 4 Abs. 2 bis 5 und 8 sowie § 29 Abs. 2 bis zum 1. Januar 1996 keine Anwendung. Die Apotheken müssen jedoch bis zu diesem Zeitpunkt in der Anzahl, Grundfläche, Anordnung und Ausstattung der Betriebsräume weiterhin den Vorschriften entsprechen, die bis zum Wirksamwerden des Beitritts für sie gegolten haben.

(2) In Apotheken gemäß Absatz 1 ist abweichend von den Vorschriften des § 6 Abs. 3 Satz 3 und § 11 Abs. 2 Satz 1 die Identität des Arzneimittels oder der Ausgangsstoffe nur dann festzustellen, wenn die Identität des Inhalts eines jeden Behältnisses nicht auf andere Weise sichergestellt ist.

(3) Krankenhausapotheken, für die gemäß § 28a Abs. 2 Satz 2 des Gesetzes über das Apothekenwesen eine Genehmigung zur Belieferung von Verschreibungen von Ärzten der zum Krankenhaus gehörenden Poliklinik erteilt ist, dürfen abweichend von § 31 Abs. 1 Arzneimittel auch auf Grund solcher Verschreibungen abgeben."

23. Gesetz zur Neuordnung des Arzneimittelrechts vom 24. August 1976 (BGBl. I S. 2445), zuletzt geändert durch Artikel 2 des Gesetzes vom 11. April 1990 (BGBl. I S. 717)

Artikel 3 wird wie folgt geändert:

a) Nach § 4 wird folgender § 4a eingefügt:

„§ 4a Abweichend von § 14 Abs. 1 des Arzneimittelgesetzes kann in dem in Artikel 3 des Einigungsvertrages genannten Gebiet der Herstellungsleiter bis zum 31. Dezember 1992 gleichzeitig Kontrolleiter sein. Ein Vertriebsleiter ist spätestens nach Ablauf von sechs Monaten nach Wirksamwerden des Beitritts zu benennen."

b) Nach § 10 werden folgende §§ 10a und 10b eingefügt:

„**§ 10a** Die Charge eines Serums, eines Impfstoffes, eines Testallergens, eines Testserums oder eines Testantigens, die bei Wirksamwerden des Beitritts nach § 16 der Zweiten Durchführungsbestimmung zum Arzneimittelgesetz vom 1. Dezember 1986 (GBl. I Nr. 35 S. 483) freigegeben ist, gilt in dem in Artikel 3 des Einigungsvertrages genannten Gebiet als freigegeben im Sinne des § 32 Abs. 1 Satz 1 des Arzneimittelgesetzes. Auf die Freigabe findet § 32 Abs. 5 des Arzneimittelgesetzes entsprechende Anwendung.

§ 10b Arzneimittel, die nach § 21 des Arzneimittelgesetzes der Pflicht zur Zulassung oder nach § 38 des Arzneimittelgesetzes der Pflicht zur Registrierung unterliegen und in einer Apotheke in dem in Artikel 3 des Einigungsvertrages genannten Gebiet hergestellt und in dieser an den Verbraucher abgegeben werden, können dort nach dem Wirksamwerden des Beitritts noch bis zum 31. Dezember 1992 ohne Zulassung oder Registrierung nach dem Arzneimittelgesetz in den Verkehr gebracht werden."

c) Nach § 23 werden folgende §§ 24 bis 30 eingefügt:

„**§ 24** Fertigarzneimittel, die Arzneimittel im Sinne des § 2 Abs. 1 oder Abs. 2 Nr. 1 des Arzneimittelgesetzes sind und sich bei Wirksamwerden des Beitritts in dem in Artikel 3 des Einigungsvertrages genannten Gebiet im Verkehr befinden, dürfen ohne die in § 11 des Arzneimittelgesetzes vorgeschriebene Packungsbeilage noch bis zum 31. Dezember 1991 von den pharmazeutischen Unternehmern und danach noch von Groß- und Einzelhändlern in Verkehr gebracht werden, sofern sie den vor Wirksamwerden des Beitritts geltenden arzneimittelrechtlichen Vorschriften der Deutschen Demokratischen Republik entsprechen. Die zuständige Bundesoberbehörde kann durch Auflagen Warnhinweise anordnen, soweit es erforderlich ist, um bei der Anwendung des Arzneimittels eine unmittelbare oder mittelbare Gefährdung von Mensch oder Tier zu verhüten.

§ 25 Bei einer klinischen Prüfung, die bei Wirksamwerden des Beitritts in dem in Artikel 3 des Einigungsvertrages genannten Gebiet durchgeführt wird, ist die Versicherung nach § 40 Abs. 1 Nr. 8 des Arzneimittelgesetzes abzuschließen.

§ 26 Wer bei Wirksamwerden des Beitritts Arzneimittel im Sinne des § 2 Abs. 1 oder Abs. 2 Nr. 1 des Arzneimittelgesetzes, die zum Verkehr außerhalb der Apotheken freigegeben sind, in dem in Artikel 3 des Einigungsvertrages genannten Gebiet im Einzelhandel außerhalb der Apotheken in den Verkehr bringt, kann diese Tätigkeit dort bis zum 31. Dezember 1992 weiter ausüben, soweit er nach den Rechtsvorschriften der Deutschen Demokratischen Republik dazu berechtigt war.

§ 27 Die Anzeigepflicht nach § 67 des Arzneimittelgesetzes gilt nicht für Betriebe, Einrichtungen und für Personen in dem in Artikel 3 des Einigungsvertrages genannten Gebiet, die bereits bei Wirksamwerden des Beitritts eine Tätigkeit im Sinne jener Vorschrift ausüben.

§ 28 Die erforderliche Sachkenntnis als Pharmaberater nach § 75 Abs. 2 Nr. 2 des Arzneimittelgesetzes besitzt auch, wer in dem in Artikel 3 des Einigungsvertrages genannten Gebiet eine Ausbildung als Pharmazieingenieur, Apothekenassistent oder Veterinäringenieur abgeschlossen hat.

§ 29 Die §§ 84 bis 94a des Arzneimittelgesetzes sind nicht auf Arzneimittel anwendbar, die in dem in Artikel 3 des Einigungsvertrages genannten Gebiet vor Wirksamwerden des Beitritts an den Verbraucher abgegeben worden sind.

§ 30 Der Bundesminister für Jugend, Familie, Frauen und Gesundheit wird ermächtigt, durch Rechtsverordnung mit Zustimmung des Bundesrates in dem in Artikel 3 des Einigungsvertrages genannten Gebiet Überwachungsaufgaben nach den §§ 64, 65, 68, 69 und 72 bis 73a des Arzneimittelgesetzes bis zum 31. Dezember 1994 anderen Behörden zu übertragen, solange in dem genannten Gebiet zuständige Behörden noch nicht bestimmt sind."

24. Erstes Gesetz zur Änderung des Arzneimittelgesetzes vom 24. Februar 1983 (BGBl. I S. 169), geändert durch Artikel 3 des Gesetzes vom 11. April 1990 (BGBl. I S. 717)

In Artikel 2 wird nach § 2 folgender § 3 eingefügt:

„**§ 3** Für Arzneimittel, die zur Anwendung bei Tieren bestimmt sind und die bei Wirksamwerden des Beitritts in dem in Artikel 3 des Einigungsvertrages genannten Gebiet zugelassen sind, gilt § 2 Abs. 1, 2 und 4 entsprechend."

25. Zweites Gesetz zur Änderung des Arzneimittelgesetzes vom 16. August 1986 (BGBl. I S. 1296), zuletzt geändert durch Artikel 4 des Gesetzes vom 11. April 1990 (BGBl. I S. 717)

In Artikel 2 wird nach § 4 folgender § 5 eingefügt:

„**§ 5** Für die Verpflichtung zur Vorlage oder Übersendung einer Fachinformation nach § 11a des Arzneimittelgesetzes gilt § 2 für Arzneimittel, die sich bei Wirksamwerden des Beitritts in dem in Artikel 3 des Einigungsvertrages genannten Gebiet in Verkehr befinden, entsprechend."

26. Arzneimittel-Warnhinweisverordnung vom 21. Dezember 1984 (BGBl. 1985 I S. 22), zuletzt geändert durch Verordnung vom 24. Oktober 1987 (BGBl. I S. 2333),

Dem § 6 wird folgender Absatz 3 angefügt:

„(3) Arzneimittel, die den Bestimmungen der §§ 1 bis 3a nicht entsprechen und die sich bei Wirksamwerden des Beitritts in dem in Artikel 3 des Einigungsvertrages genannten Gebiet in Verkehr befinden, dürfen dort von pharmazeutischen Unternehmern noch bis zum 31. Dezember 1991 und danach noch von Groß- und Einzelhändlern in den Verkehr gebracht werden, sofern sie den vor Wirksamwerden des Beitritts geltenden arzneimittelrechtlichen Vorschriften der Deutschen Demokratischen Republik entsprechen."

27. Betriebsverordnung für pharmazeutische Unternehmer vom 8. März 1985 (BGBl. I S. 546), geändert durch Verordnung vom 25. März 1988 (BGBl. I S. 480)

Dem § 18 werden folgende Absätze 4 bis 6 angefügt:

„(4) Arzneimittel, die in dem in Artikel 3 des Einigungsvertrages genannten Gebiet nicht den Vorschriften dieser Verordnung entsprechend hergestellt und geprüft wurden oder die nicht nach den Vorschriften dieser Verordnung gekennzeichnet und verpackt sind, dürfen vom pharmazeutischen Unternehmer dort noch bis zum 31. Dezember 1991 in den Verkehr gebracht werden.

(5) Betriebsräume und Einrichtungen in dem in Artikel 3 des Einigungsvertrages genannten Gebiet müssen bis zum 31. Dezember 1992 den Vorschriften dieser Verordnung entsprechen. Die zuständige Behörde kann darüber hinaus befristete Ausnahmen zulassen, wenn ein wichtiger Grund vorliegt.

(6) Für Arzneimittel im Sinne des § 2 Abs. 2 Nr. 2 bis 4 des Arzneimittelgesetzes, die in dem in Artikel 3 des Einigungsvertrages genannten Gebiet hergestellt und geprüft werden, finden die Bestimmungen dieser Verordnung bis zum 31. Dezember 1992 keine Anwendung."

28. Betriebsverordnung für Arzneimittelgroßhandelsbetriebe vom 10. November 1987 (BGBl. I S. 2370)

Dem § 11 werden folgende Absätze 4 bis 6 angefügt:

„(4) Arzneimittel, die in dem in Artikel 3 des Einigungsvertrages genannten Gebiet nicht den Vorschriften dieser Verordnung entsprechend umgefüllt, abgepackt oder gekennzeichnet werden, dürfen dort noch bis zum 31. Dezember 1991 in den Verkehr gebracht werden.

(5) Betriebsräume und Einrichtungen in dem in Artikel 3 des Einigungsvertrages genannten Gebiet müssen spätestens am 31. Dezember 1992 den Vorschriften dieser Verordnung entsprechen. Die zuständige Behörde kann darüber hinaus befristete Ausnahmen zulassen, wenn ein wichtiger Grund vorliegt.

(6) Wer bei Wirksamwerden des Beitritts in dem in Artikel 3 des Einigungsvertrages genannten Gebiet einen Großhandel mit Arzneimitteln im Sinne des § 9 Abs. 1 betreibt, dem gilt die amtliche Anerkennung im Sinne des § 9 vorläufig als erteilt. Die vorläufige amtliche Anerkennung erlischt, wenn nicht bis zum 30. Juni 1991 die Erteilung einer endgültigen amtlichen Anerkennung beantragt wird und, im Falle rechtzeitiger Antragstellung, mit Eintritt der Unanfechtbarkeit der Entscheidung über den Antrag."

29. Arzneibuchverordnung vom 27. September 1986 (BGBl. I S. 1610), geändert durch Verordnung vom 22. September 1989 (BGBl. S. 1780)

Nach § 4 wird folgender § 4a eingefügt:

„**§ 4a** Arzneimittel, die den Anforderungen des Deutschen Arzneibuches 9. Ausgabe (DAB 9) nicht genügen oder nicht nach dessen Vorschriften hergestellt und geprüft sind und die sich bei Wirksamwerden des Beitritts in dem in Artikel 3 des Einigungsvertrages genannten Gebiet in Verkehr befinden, dürfen dort von pharmazeutischen Unternehmern noch bis zum 31. Dezember 1992 und danach noch von Groß- und Einzelhändlern in den Verkehr gebracht werden, sofern sie den vor Wirksamwerden des Beitritts geltenden arzneimittelrechtlichen Vorschriften der Deutschen Demokratischen Republik entsprechen."

30. Verordnung über radioaktive oder mit ionisierenden Strahlen behandelte Arzneimittel vom 28. Januar 1987 (BGBl. I S. 502)

Nach § 6 wird folgender § 6a eingefügt:

„**§ 6a** Arzneimittel, die den Anforderungen dieser Verordnung nicht entsprechen und die sich bei Wirksamwerden des Beitritts in dem in Artikel 3 des Einigungsvertrages genannten Gebiet in Verkehr befinden, dürfen dort von pharmazeutischen Unternehmern noch bis zum 31. Dezember 1992 und danach noch von Groß- und Einzelhändlern in den Verkehr gebracht werden, sofern sie den vor Wirksamwerden des Beitritts geltenden arzneimittelrechtlichen Vorschriften der Deutschen Demokratischen Republik entsprechen."

31. Verordnung über den Nachweis der Sachkenntnis im Einzelhandel mit freiverkäuflichen Arzneimitteln vom 20. Juni 1978 (BGBl. I S. 753)

Dem § 10 wird folgender Satz angefügt:

„Satz 1 gilt entsprechend für Erlaubnisse als Pharmazieingenieur, Apothekenassistent, Pharmazeuticher Assistent oder Apothekenfacharbeiter, die vor dem Wirksamwerden des Beitritts nach den Vorschriften der Deutschen Demokratischen Republik erteilt worden sind oder nach Wirksamwerden des Beitritts in dem in Artikel 3 des Einigungsvertrages genannten Gebiet erteilt werden."

32. Verordnung über tierärztliche Hausapotheken in der Fassung der Bekanntmachung vom 3. Mai 1985 (BGBl. I S. 752), geändert durch Artikel 3 der Verordnung vom 11. März 1988 (BGBl. I S. 303),

§ 15a wird wie folgt geändert:

a) Der bisherige Wortlaut wird Absatz 1.
b) Folgender Absatz 2 wird angefügt:

„(2) Das tierärztliche Dispensierrecht darf in dem in Artikel 3 des Einigungsvertrages genannten Gebiet bis zum 31. Dezember 1992 nach den dort bisher geltenden Vorschriften weiter ausgeübt werden."

33. Gentechnikgesetz vom 1. Juli 1990 (BGBl. 1990 I S. 1080)

Nach § 41 wird folgender § 41a eingefügt:

„**§ 41a Überleitungsvorschrift aus Anlaß der Herstellung der Einheit Deutschlands.**[1] (1) Eine Einrichtung nach I der Richtlinie zur invitro-Rekombination von genetischem Material vom 26. November 1985 (Verfügungen und Mitteilungen des Ministeriums für Gesundheitswesen der Deutschen Demokratischen Republik vom 10. Februar 1986, Sonderdruck) gilt als gentechnische Anlage im Sinne des § 3 Nr. 4. Die nach § 8 Abs. 1 erforderliche Genehmigung ist bis zum 31. März 1991 bei der zuständigen Behörde zu beantragen.

(2) Werden in einer Einrichtung nach Absatz 1 Satz 1 ausschließlich gentechnische Arbeiten der Sicherheitsstufe 1 durchgeführt, so ist die Einrichtung als gentechnische Anlage unverzüglich bei der zuständigen Behörde anzumelden.

(3) Liegt für gentechnische Arbeiten eine Erlaubnis des Ministeriums für Gesundheitswesen der Deutschen Demokratischen Republik für gentechnische Arbeiten gemäß der Richtlinie zur invitro-Rekombination von genetischem Material vom 26. November 1985 vor, gilt die Erlaubnis als Genehmigung nach § 8 Abs. 1 Satz 2. Die Genehmigung ist bis zum 30. September 1991 befristet.

(4) Bedurften gentechnische Arbeiten nach der Richtlinie zur in-vitro-Rekombination von genetischem Material vom 26. November 1985 lediglich einer Anzeige, sind sie bis zum 31. März 1991 bei der zuständigen Behörde anzumelden."

Abschnitt III

Bundesrecht tritt in dem in Artikel 3 des Vertrages genannten Gebiet mit folgenden Maßgaben in Kraft:

1. Betäubungsmittelgesetz vom 28. Juli 1981 (BGBl. I S. 681, 1187), zuletzt geändert durch Artikel 8 des Gesetzes vom 27. Januar 1987 (BGBl. I S. 475)

mit folgenden Maßgaben:

a) Wer beim Wirksamwerden des Beitritts, ohne zu dem in § 4 genannten Personenkreis zu gehören, in dem in Artikel 3 des Vertrages genannten Gebiet am Verkehr mit Betäubungsmitteln, deren lsomeren, Estern, Ethern, Molekülverbindungen und Salzen (§ 3 Abs. 1 Nr. 1), die bis dahin nicht dem Suchtmittelgesetz vom 19. Dezember 1973 (GBl. I Nr. 58 S. 572) unterfielen, oder am Verkehr mit ausgenommenen Zubereitungen (§ 3 Abs. 1 Nr. 2) teilnimmt, bleibt dazu bis zum 31. Dezember 1991 berechtigt. Beantragt er vor dem 1. Januar 1992 eine Erlaubnis, so dauert die Berechtigung fort bis zur unanfechtbaren oder rechtskräftigen Ablehnung des Antrags. Der nach Satz 1 oder 2 Berechtigte ist mit dem

[1] § 41a berichtigt durch Art. 5 Nr. 6 der Vereinbarung vom 18. 9. 1990 (BGBl. II S. 1239, 1244).

Wirksamwerden des Beitritts wie der Inhaber einer Erlaubnis an alle Vorschriften des Betäubungsmittelgesetzes und der dazu ergangenen Verordnungen gebunden.

b) Wer als Berechtigter im Sinne des Buchstabens a) dort bezeichnete Betäubungsmittel beim Wirksamwerden des Beitritts in Gewahrsam hat, ist verpflichtet, diese Betäubungsmittel bis zum 31. Dezember 1991
   1. dem Bundesgesundheitsamt unter Angabe der Art und Menge zu melden und
   2. wenn er eine Erlaubnis nach § 3 Abs. 1 nicht beantragen will, sie entweder nach § 12 abzugeben oder nach § 16 zu vernichten. Die Abgabe oder Vernichtung ist vorher dem Bundesgesundheitsamt anzuzeigen.

c) Eine von § 14 abweichende Kennzeichnung oder Werbung darf für Betäubungsmittel, die in dem in Artikel 3 des Vertrages genannten Gebiet hergestellt oder vor dem Wirksamwerden des Beitritts in dieses Gebiet eingeführt wurden, noch bis zum 31. Dezember 1992 im Betäubungsmittelverkehr und in der Werbung verwendet werden, sofern sie den vor dem Wirksamwerden des Beitritts geltenden suchtmittelrechtlichen Vorschriften der Deutschen Demokratischen Republik entspricht.

d) Sind Betäubungsmittel in dem in Artikel 3 des Vertrages genannten Gebiet nicht in der nach § 15 erforderlichen Weise aufbewahrt und gesichert, so dürfen sie noch bis zum 31. Dezember 1992 in der bisher zulässigen Weise aufbewahrt werden. Satz 1 gilt nicht für die Aufbewahrung in Apotheken, tierärztlichen Hausapotheken und auf Kauffahrteischiffen.

e) Eine Erlaubnis, die auf Grund des § 5 Abs. 1 des Suchtmittelgesetzes erteilt worden ist und zum Zeitpunkt des Wirksamwerdens des Beitritts rechtsgültig bestand, gilt als Erlaubnis im Sinne des § 3 des Betäubungsmittelgesetzes.

f) § 18 des Betäubungsmittelgesetzes gilt erst für die für das Kalenderjahr 1992 abzugebenden Meldungen.

g) Die dem Bundesgesundheitsamt obliegenden Aufgaben der Durchführung und Überwachung des Verkehrs mit Betäubungsmitteln in dem in Artikel 3 des Vertrages genannten Gebiet nimmt das Zentrale Suchtmittelbüro (Anordnung über das Zentrale Suchtmittelbüro beim Ministerium für Gesundheitswesen vom 28. Januar 1974, GBl. I Nr. 16 S. 149) bis zu dessen Überführung oder Abwicklung nach Artikel 13 Abs. 2 Satz 2 des Vertrages wahr. Dies gilt nicht für die Aufgaben des Bundesgesundheitsamtes nach der Betäubungsmittel-Außenhandelsverordnung vom 16. Dezember 1981 (BGBl. I S. 1420) und der Betäubungsmittel-Binnenhandelsverordnung vom 16. Dezember 1981 (BGBl. I S. 1425).

h) § 26 des Betäubungsmittelgesetzes ist bis zur Schaffung einheitlicher Behörden auf die Grenztruppen, die Deutsche Volkspolizei sowie den Katastrophen- und Zivilschutz in dem in Artikel 3 des Vertrages genannten Gebiet entsprechend anzuwenden.

i) Bis zur Schaffung einer einheitlichen für den Geltungsbereich dieses

Vertrages zuständigen Bundespolizeibehörde werden die nach § 27 des Betäubungsmittelgesetzes vorgeschriebenen Meldungen und Auskünfte von den bisher zuständigen Stellen in dem in Artikel 3 des Vertrages genannten Gebiet gegenüber dem Bundesgesundheitsamt erstattet.

2. Betäubungsmittel-Verschreibungsverordnung vom 16. Dezember 1981 (BGBl. I S. 1427), zuletzt geändert durch Verordnung vom 23. Juli 1986 (BGBl. I S. 1099),

mit folgenden Maßgaben:

a) Als Betäubungsmittelrezepte im Sinne des § 5 Abs. 2 der Betäubungsmittel-Verschreibungsverordnung gelten

aa) Suchtmittelrezepte nach § 4 Abs. 3 der Zweiten Durchführungsbestimmung zum Suchtmittelgesetz – Verschreibungs- und Abgabeordnung – vom 28. Januar 1974 (GBl. I Nr. 16 S. 157), zuletzt geändert durch die Sechste Durchführungsbestimmung zum Suchtmittelgesetz – Ergänzung des Suchtmittelverzeichnisses, weitere Bestimmungen über Verschreibung, Abgabe, Ein- und Ausfuhr – vom 27. April 1989 (GBl. I Nr. 12 S. 172), bis zum 31. Dezember 1991,

bb) Anforderungsscheine nach § 10 Abs. 1 der 2. Durchführungsbestimmung zum Suchtmittelgesetz, die für den Stationsbedarf einer Teileinheit (Station) eines gegliederten Krankenhauses oder für ein nichtgegliedertes Krankenhaus ausgestellt werden, bis auf Widerruf. Die Anforderungsscheine dürfen nur durch Krankenhausapotheken oder krankenhausversorgende Apotheken im Rahmen eines Versorgungsvertrages nach § 14 Abs. 2 oder 5 des Gesetzes über das Apothekenwesen in der Fassung der Bekanntmachung vom 15. Oktober 1980 (BGBl. I S. 1993), zuletzt geändert durch Artikel 2 des Gesetzes vom 23. Juli 1988 (BGBl. I S. 1077) beliefert werden.

b) Vor dem 1. Juli 1991 können in dem in Artikel 3 des Vertrages genannten Gebiet tätige Ärzte, Zahnärzte und Tierärzte Betäubungsmittelrezepte nach § 5 Abs. 2 der Betäubungsmittel-Verschreibungsverordnung nur dann anfordern, wenn sie ihre Suchtmittel-Rezeptvordrucke aufgebraucht haben und die bisher zuständige Gesundheitsbehörde die Ausgabe der Rezeptvordrucke eingestellt hat. Wer nach diesem Zeitpunkt Betäubungsmittelrezepte beim Bundesgesundheitsamt anfordert, hat etwaige Restbestände von Suchtmittel-Rezeptvordrucken an das Bundesgesundheitsamt zurückzugeben.

3. Bundes-Seuchengesetz in der Fassung der Bekanntmachung vom 18. Dezember 1979 (BGBl. I S. 2262, 1980 I S. 151), zuletzt geändert durch Artikel 7 des Gesetzes vom 26. Juni 1990 (BGBl. I S. 1211)

mit folgenden Maßgaben:

a) § 18 Abs. 1 tritt für Beschäftigte in Lebensmittelbetrieben, die im Zeitpunkt des Wirksamwerdens des Beitritts bereits tätig sind, ein Jahr nach Wirksamwerden des Beitritts in Kraft.

b) § 22 Abs. 4 Satz 1 tritt für Personen, die im Zeitpunkt des Wirksamwerdens des Beitritts mikrobiologische und serologische Untersuchungen zur Feststellung übertragbarer Krankheiten rechtmäßig durchführen, vier Jahre nach Wirksamwerden des Beitritts in Kraft.

c) Soweit nach den §§ 51 bis 55, 59 bis 61 des Bundes-Seuchengesetzes das Bundesversorgungsgesetz und die zu seiner Durchführung erlassenen Vorschriften entsprechend anzuwenden sind, gelten diese Vorschriften mit den in Anlage I, Kapitel VIII, K, Abschnitt III, Nummer 1 des Vertrages aufgeführten Maßgaben. Die nach dem bisher in der Deutschen Demokratischen Republik geltenden Recht geleisteten Zahlungen für Impfschäden werden so lange weiter gewährt, bis Leistungen nach den §§ 51 bis 55, 59 bis 61 des Bundes-Seuchengesetzes in Verbindung mit dem Bundesversorgungsgesetz erbracht werden. Die entsprechenden Vorschriften der Deutschen Demokratischen Republik sind insoweit bis zu diesem Zeitpunkt den Zahlungen zugrundezulegen. Die geleisteten Zahlungen sind auf Zahlungen nach dem Bundes-Seuchengesetz in Verbindung mit dem Bundesversorgungsgesetz für denselben Zeitraum anzurechnen.

4. Trinkwasserverordnung vom 22. Mai 1986 (BGBl. I S. 760)

mit folgenden Maßgaben:

a) Ein Zeitpunkt für das Inkrafttreten von Anlage 2 Nr. 1 in Verbindung mit § 2 Abs. 1 (Grenzwert für Arsen) ist binnen eines Jahres nach Wirksamwerden des Beitritts festzulegen.

b) Anlage 2 Nr. 2 in Verbindung mit § 2 Abs. 1 (Grenzwert für Blei) tritt 5 Jahre nach Wirksamwerden des Beitritts in Kraft.

c) Anlage 2 Nr. 3 in Verbindung mit § 2 Abs. 1 (Grenzwert für Cadmium) tritt 3 Jahre nach Wirksamwerden des Beitritts in Kraft.

d) Anlage 2 Nr. 8 in Verbindung mit § 2 Abs. 1 (Grenzwert für Nitrat) tritt 5 Jahre nach Wirksamwerden des Beitritts in Kraft.

e) Ein Zeitpunkt für das Inkrafttreten von Anlage 2 Nr. 10 in Verbindung mit § 2 Abs. 1 (Grenzwert für Quecksilber) ist binnen eines Jahres nach Wirksamwerden des Beitritts festzulegen.

f) Ein Zeitpunkt für das Inkrafttreten von Anlage 2 Nr. 13 in Verbindung mit § 2 Abs. 1 (Grenzwert für PSM und PCB) ist binnen eines Jahres nach Wirksamwerden des Beitritts festzulegen.

g) Anlage 4 Nr. 1, 2 und 3 in Verbindung mit § 3 (Grenzwert für Färbung, Trübung, Geruchsschwellenwert) tritt 10 Jahre nach Wirksamwerden des Beitritts in Kraft.

h) Anlage 4 Nr. 10 und 13 in Verbindung mit § 3 (Grenzwert für Eisen und Mangan) tritt 5 Jahre nach Wirksamwerden des Beitritts in Kraft.

5. Gesetz zur Bekämpfung der Geschlechtskrankheiten in der im Bundesgesetzblatt Teil III, Gliederungsnummer 126-4, veröffentlichten bereinigten Fassung, zuletzt geändert durch Artikel 11 des Gesetzes vom 19. Dezember 1986 (BGBl. I S. 2555).

Die in § 20 genannten Gegenstände dürfen noch ein Jahr nach Wirksamwerden des Beitritts ohne Genehmigung des Bundesgesundheitsamtes in dem in Artikel 3 des Vertrages bezeichneten Gebiet in den Verkehr gebracht werden, sofern sie nach dem bisher in der Deutschen Demokratischen Republik geltenden Recht in den Verkehr gebracht werden dürfen.

Sachgebiet E: Lebensmittel- und Bedarfsgegenständerecht

Abschnitt II

Bundesrecht wird wie folgt geändert oder ergänzt:

1. § 6 der Lebensmittelkontrolleur-Verordnung vom 16. Juni 1977 (BGBl. I S. 1002) wird wie folgt geändert:

a) In Absatz 2 werden folgende Nummern 3 und 4 angefügt:
„3. die zum Zeitpunkt des Inkrafttretens dieser Verordnung in dem in Artikel 3 des Einigungsvertrages genannten Gebiet Aufgaben der Überwachung des Verkehrs mit Lebensmitteln, Tabakerzeugnissen, kosmetischen Mitteln und Bedarfsgegenständen dort wahrnehmen oder
4. die eine Ausbildung aufgrund entsprechender Vorschriften der Deutschen Demokratischen Republik vor dem Tage des Inkrafttretens dieser Verordnung in dem in Artikel 3 des Einigungsvertrages genannten Gebiet begonnen haben und sie danach nach dem bisher geltenden Recht der Deutschen Demokratischen Republik abschließen."

b) In Absatz 3 werden die Worte „Absatz 1 Nr. 1" durch die Worte „Absatz 1 Nr. 1 und 3" ersetzt.

Abschnitt III

Bundesrecht tritt in dem in Artikel 3 des Vertrages genannten Gebiet mit folgenden Maßgaben in Kraft:

1. Lebensmittel- und Bedarfsgegenständegesetz vom 15. August 1974 (BGBl. I S. 1945, 1946), zuletzt geändert durch § 20 des Milch- und Margarinegesetzes vom 25. Juli 1990 (BGBI. I S. 1471)

mit folgenden Maßgaben:

a) In dem in Artikel 3 des Vertrages genannten Gebiet dürfen Erzeugnisse abweichend von den Vorschriften des Gesetzes noch bis zum 31. Dezember 1992 hergestellt und in den Verkehr gebracht werden, sofern sie dem dort bisher geltenden Recht entsprechen. Dabei müssen abweichend von § 13 des Lebensmittel- und Bedarfsgegenständegesetzes noch im Verkehr befindliche Erzeugnisse mit den Worten „bestrahlt" oder „mit ionisierenden Strahlen behandelt" kenntlich gemacht werden.

b) Die in den in Artikel 1 Abs. 1 des Vertrages genannten Ländern und in dem Teil des Landes Berlin, in dem das Grundgesetz bisher nicht galt, zuständigen Stellen der Lebensmittelüberwachung stellen durch besondere Maßnahmen sicher, daß Erzeugnisse nach Buchstabe a nur in dem in Artikel 3 des Vertrages genannten Gebiet in den Verkehr gebracht werden.

2. Verordnung über Speiseeis in der im Bundesgesetzblatt Teil III, Gliederungsnummer 2125-4-7, veröffentlichten bereinigten Fassung, zuletzt geändert durch Artikel 3 der Verordnung vom 3. Dezember 1987 (BGBl. I S. 2443),

mit folgenden Maßgaben:

a) In dem in Artikel 3 des Vertrages genannten Gebiet dürfen Erzeugnisse abweichend von den Vorschriften der Verordnung noch bis zum 31. Dezember 1992 hergestellt und in den Verkehr gebracht werden, sofern sie dem dort bisher geltenden Recht entsprechen.

b) Die in den in Artikel 1 Abs. 1 des Vertrages genannten Ländern und in dem Teil des Landes Berlin, in dem das Grundgesetz bisher nicht galt, zuständigen Stellen der Lebensmittelüberwachung stellen durch besondere Maßnahmen sicher, daß Erzeugnisse nach Buchstabe a nur in dem in Artikel 3 des Vertrages genannten Gebiet in den Verkehr gebracht werden.

3. Verordnung über Teigwaren in der im Bundesgesetzblatt Teil III, Gliederungsnummer 2125-4-8, veröffentlichten bereinigten Fassung, zuletzt geändert durch Artikel 19 der Verordnung vom 16. Mai 1975 (BGBl. I S. 1281, 1859) mit den in Nummer 2 genannten Maßgaben

4. Verordnung über koffeinhaltige Erfrischungsgetränke in der im Bundesgesetzblatt Teil III, Gliederungsnummer 2125-4-14, veröffentlichten bereinigten Fassung, geändert durch Artikel 33 der Verordnung vom 16. Mai 1975 (BGBl. I S. 1281) mit den in Nummer 2 genannten Maßgaben

5. Verordnung über vitaminisierte Lebensmittel in der im Bundesgesetzblatt Teil III, Gliederungsnummer 2125-4-23, veröffentlichten bereinigten Fassung, zuletzt geändert durch Artikel 4 der Verordnung vom 3. Dezember 1987 (BGBl. I S. 2443) mit den in Nummer 2 genannten Maßgaben

6. Fleisch-Verordnung in der Fassung der Bekanntmachung vom 21. Januar 1982 (BGBl. I S. 89), zuletzt geändert durch Verordnung vom 25. März 1988 (BGBl. I S. 482) mit den in Nummer 2 genannten Maßgaben

7. Lebensmittel-Bestrahlungs-Verordnung vom 19. Dezember 1959 (BGBl. I S. 761), geändert durch Artikel 3 der Verordnung vom 16. Mai 1975 (BGBl. I S. 1281, 1859) mit den in Nummer 2 genannten Maßgaben

8. Verordnung über den Verkehr mit Essig und Essigessenz vom 25. April 1972 (BGBl. I S. 732), zuletzt geändert durch Artikel 5 der Verordnung vom 13. Juni 1990 (BGBl. I S. 1053) mit den in Nummer 2 genannten Maßgaben

9. Eiprodukte-Verordnung vom 19. Februar 1975 (BGBl. I S. 537, 1031), zuletzt geändert durch Artikel 7 der Verordnung vom 22. Dezember 1981 (BGBl. I S. 1625) mit den in Nummer 2 genannten Maßgaben

10. Hackfleisch-Verordnung vom 10. Mai 1976 (BGBl. I S. 1186), zuletzt geändert durch Artikel 4 der Verordnung vom 13. März 1984 (BGBl. I S. 393) mit den in Nummer 2 genannten Maßgaben

11. Aflatoxin-Verordnung vom 30. November 1976 (BGBl. I S. 3313) mit den in Nummer 2 genannten Maßgaben

12. Nährwert-Kennzeichnungsverordnung in der Fassung der Bekanntmachung vom 25. August 1988 (BGBl. I S. 1709, 1751), geändert durch Artikel 4 der Verordnung vom 13. Juni 1990 (BGBl. I S. 1053) mit den in Nummer 2 genannten Maßgaben

13. Aromenverordnung vom 22. Dezember 1981 (BGBl. I S. 1625, 1677), zuletzt geändert durch Verordnung vom 2. April 1985 (BGBl. I S. 631) mit den in Nummer 2 genannten Maßgaben

14. Trinkwasser-Aufbereitungs-Verordnung vom 19. Dezember 1959 (BGBl. I S. 762), zuletzt geändert durch Artikel 3 der Verordnung vom 13. Dezember 1979 (BGBl. I S. 2328) mit den in Nummer 2 genannten Maßgaben

15. Lösungsmittel-Höchstmengenverordnung vom 25. Juli 1989 (BGBl. I S. 1568) mit den in Nummer 2 genannten Maßgaben

16. Schadstoff-Höchstmengenverordnung vom 23. März 1988 (BGBl. I S. 422) mit den in Nummer 2 genannten Maßgaben

17. Tabakverordnung vom 20. Dezember 1977 (BGBl. I S. 2831), zuletzt geändert durch Verordnung vom 21. März 1986 (BGBl. I S. 368) mit den in Nummer 2 genannten Maßgaben

18. Nitrosamin-Bedarfsgegenstände-Verordnung vom 15. Dezember 1981 (BGBl. I S. 1406) mit den in Nummer 2 genannten Maßgaben

19. Bierverordnung vom 2. Juli 1990 (BGBl. I S. 1332)

mit folgenden Maßgaben:

a) In dem in Artikel 3 des Vertrages genannten Gebiet dürfen Erzeugnisse abweichend von den Vorschriften der Verordnung noch bis zum 31. Dezember 1992 in den Verkehr gebracht werden, sofern sie dem dort bisher geltenden Recht entsprechen.

b) Die in den in Artikel 1 Abs. 1 des Vertrages genannten Ländern und in dem Teil des Landes Berlin, in dem das Grundgesetz bisher nicht galt, zuständigen Stellen der Lebensmittelüberwachung stellen durch besondere Maßnahmen sicher, daß Erzeugnisse nach Buchstabe a nur in den in Artikel 3 des Vertrages genannten Gebieten in den Verkehr gebracht werden.

20. Gesetz betreffend die Verwendung gesundheitsschädlicher Farben bei der Herstellung von Nahrungsmitteln, Genußmitteln und Gebrauchsgegenständen in der im Bundesgesetzblatt Teil III, Gliederungsnummer 2125-1, veröffentlichten bereinigten Fassung, zuletzt geändert durch § 8 der Verordnung vom 16. Dezember 1977 (BGBl. I S. 2589) mit den in Nummer 1 genannten Maßgaben

21. Gesetz betreffend den Verkehr mit blei- und zinkhaltigen Gegenständen in der im Bundesgesetzblatt Teil III, Gliederungsnummer 2125-9, veröffentlichten bereinigten Fassung, zuletzt geändert durch Artikel 63 des Gesetzes vom 2. März 1974 (BGBl. I S. 469) mit den in Nummer 1 genannten Maßgaben

22. Gesetz betreffend Phosphorzündwaren in der im Bundesgesetzblatt Teil III, Gliederungsnummer 2125-10, veröffentlichten bereinigten Fassung, zuletzt geändert durch Artikel 64 des Gesetzes vom 2. März 1974 (BGBl. I S. 469) mit den in Nummer 1 genannten Maßgaben

23. Lebensmitteltransportbehälter-Verordnung vom 13. April 1987 (BGBl. I S. 1212)

mit folgender Maßgabe:

Transportbehälter, die den Vorschriften der Verordnung nicht entsprechen, dürfen noch bis zum 31. Dezember 1991 in dem in Artikel 3 des Vertrages genannten Gebiet verwendet werden, sofern sie dem dort bisher geltenden Recht entsprechen.

Sachgebiet F: Fleisch- und Geflügelfleischhygienerecht

Abschnitt II

Bundesrecht wird wie folgt aufgehoben oder ergänzt:

1. Fleischhygienegesetz in der Fassung der Bekanntmachung vom 24. Februar 1987 (BGBl. I S. 649):

a) In § 4 Abs. 1 Nr. 11 und 12 wird jeweils Satz 2 gestrichen.

b) In § 6 Abs. 5 werden folgende Nummern angefügt:

„4. Personen, die bis zum Wirksamwerden des Beitritts in dem in Artikel 3 des Einigungsvertrages genannten Gebiet bei der Durchführung der Überwachung nach Absatz 1 Satz 1 mitgewirkt haben oder

5. Personen, die eine Ausbildung aufgrund entsprechender Vorschriften der Deutschen Demokratischen Republik vor dem Wirksamwerden des Beitritts in dem in Artikel 3 des Einigungsvertrages genannten Gebiet abgeschlossen oder begonnen haben und danach nach dem dort bisher geltenden Recht abschließen."

2. Verordnung über Geflügelfleischkontrolleure vom 24. Juli 1973 (BGBl. I S. 899)

In § 2 wird folgender Absatz 4 angefügt:

„(4) Die Anforderungen nach Absatz 1 Nr. 1 gelten auch als erfüllt bei Personen,

1. die bis zum Wirksamwerden des Beitritts in dem in Artikel 3 des Einigungsvertrages genannten Gebiet dort Aufgaben im Sinne des § 1 dieser Verordnung wahrgenommen haben oder
2. eine Ausbildung aufgrund entsprechender Vorschriften der Deutschen Demokratischen Republik vor dem Wirksamwerden des Beitritts in dem in Artikel 3 des Einigungsvertrages genannten Gebiet

abgeschlossen oder begonnen haben und sie danach nach dem dort bisher geltenden Recht abschließen."

Abschnitt III

Bundesrecht tritt in dem in Artikel 3 des Vertrages genannten Gebiet mit folgenden Maßgaben in Kraft:

1. Fleischhygiene-Verordnung vom 30. Oktober 1986 (BGBl. I S. 1678), geändert durch Artikel 2 der Verordnung vom 11. März 1988 (BGBl. I S. 303)

mit folgender Maßgabe:

Betriebe in dem in Artikel 3 des Vertrages genannten Gebiet, die die in der Verordnung gestellten Anforderungen an Betriebe für den innerstaatlichen Verkehr nicht erfüllen, dürfen bisher zulässige Räume, Einrichtungs- und Ausrüstungsgegenstände noch bis zum 31. Dezember 1992 weiter verwenden.

Sachgebiet G: Tierärzte

Abschnitt II

Bundesrecht wird wie folgt aufgehoben, geändert oder ergänzt:

1. Bundes-Tierärzteordnung in der Fassung der Bekanntmachung vom 20. November 1981 (BGBl. I S. 1193), zuletzt geändert durch Verordnung vom 20. Juni 1986 (BGBl. I S. 932)

a) § 4 wird wie folgt geändert:

aa) In Absatz 1 wird Satz 2 gestrichen.

bb) In den Absätzen 1a bis 4 wird jeweils nach dem Hinweis auf Absatz 1 die Angabe „Satz 1 " gestrichen.

cc) In Absatz 3 wird Satz 3 gestrichen.

b) In den §§ 5 bis 7, 8 Abs. 1, § 9a Abs. 1, § 13 Abs. 1 und 2 Satz 1, § 15 Abs. 2 und § 15a wird jeweils nach dem Hinweis auf § 4 Abs. 1 die Angabe „Satz 1" gestrichen.

c) § 6 Abs. 1 erhält folgende Fassung:

„(1) Die Approbation ist zurückzunehmen, wenn bei ihrer Erteilung die Tierärztliche Prüfung nicht bestanden oder die Ausbildung nach § 4 Abs. 1a Satz 1, Abs. 2 oder 3, die Ausbildung im Fall des § 15 Abs. 4 oder die nach § 15a nachzuweisende Ausbildung nicht abgeschlossen war."

d) In § 7 Abs. 1 Satz 2 wird die Angabe „Abs. 1 Satz 2" gestrichen.

e) § 13 wird wie folgt geändert:

aa) Absatz 1 erhält folgende Fassung:

„(1) Die Approbation erteilt in den Fällen des § 4 Abs. 1 die zuständige Behörde des Landes, in dem der Antragsteller die Tierärztliche Prüfung oder in den Fällen des § 15 Abs. 6 die Tierärztliche Hauptprüfung abgelegt hat."

bb) In Absatz 2 Satz 1 werden die Worte „Satz 2 oder" gestrichen.

cc) In Absatz 5 werden die Worte „§ 4 Abs. 1 Satz 2 oder" gestrichen.

f) Dem § 15 werden folgende Absätze angefügt:

„(4) Eine Approbation oder Bestallung, die bis zum Wirksamwerden des Beitritts in dem in Artikel 3 des Einigungsvertrages genannten Gebiet zur Ausübung des tierärztlichen Berufs berechtigt, gilt als Approbation im Sinne dieses Gesetzes.

(5) Eine bis zum Wirksamwerden des Beitritts gültige Erlaubnis zur vorübergehenden Ausübung des tierärztlichen Berufes und eine bis zum Wirksamwerden des Beitritts in dem in Artikel 3 des Einigungsvertrages genannten Gebiet gültige befristete schriftliche Erlaubnis zur Ausübung des tierärztlichen Berufs gemäß § 12 Abs. 2 der Anordnung über die Approbation als Tierarzt vom 3. Juli 1974 (GBl. I Nr. 35 S. 337) gelten mit ihrem bisherigen Inhalt als Erlaubnis im Sinne des § 2 Abs. 2.

(6) Studierende der Veterinärmedizin, die nach dem Wirksamwerden des Beitritts ein vorher begonnenes Studium der Veterinärmedizin an Universitäten des in Artikel 3 des Einigungsvertrages genannten Gebietes fortsetzen, schließen die Ausbildung nach den dort bis zum Wirksamwerden des Beitritts geltenden Vorschriften ab. Der erfolgreiche Abschluß der Ausbildung steht dem Abschluß des Studiums der Veterinärmedizin durch die bestandene Tierärztliche Prüfung nach § 4 Abs. 1 Nr. 4 gleich. Für Studierende, die das Studium der Veterinärmedizin nach dem Wirksamwerden des Beitritts aufnehmen, gelten die Vorschriften der Approbationsordnung für Tierärzte vom Beginn dieses Studiums an."

2. Approbationsordnung für Tierärzte vom 22. April 1986 (BGBl. I S. 600)

a) § 64 wird wie folgt geändert:

aa) In Absatz 2 wird die Angabe „Abs. 1 Satz 2" gestrichen.

bb) In Absatz 3 Satz 3 wird nach dem Hinweis auf § 4 Abs. 1 die Angabe „Satz 1" gestrichen.

b) § 67 Abs. 1 Satz 2 erhält folgende Fassung:

„Bei Antragstellern, die eine Einschreibung oder Zulassung für das Studium der Veterinärmedizin an einer Hochschule im Geltungsbereich dieser Verordnung noch nicht erlangt haben, trifft in den Fällen, in denen der Antragsteller seinen gewöhnlichen Aufenthalt in dem Land

1. Baden-Württemberg oder Bayern hat oder zuletzt hatte, die zuständige Behörde des Landes Bayern
2. Berlin, Brandenburg, Mecklenburg-Vorpommern oder Schleswig-Holstein hat oder zuletzt hatte, die zuständige Behörde des Landes Berlin
3. Bremen, Hamburg, Niedersachsen oder Nordrhein-Westfalen hat oder zuletzt hatte, die zuständige Behörde des Landes Niedersachsen

4. Hessen, Rheinland-Pfalz oder Saarland hat oder zuletzt hatte, die zuständige Behörde des Landes Hessen
5. Sachsen, Sachsen-Anhalt oder Thüringen hat oder zuletzt hatte, die zuständige Behörde des Landes Sachsen

die Entscheidung; in den Fällen, in denen eine Zuständigkeit nach den Nummern 1 bis 5 nicht begründet ist, trifft die zuständige Behörde des Landes Niedersachsen die Entscheidung."

c) Dem § 69 wird folgender Absatz angefügt:
„(4) Hinsichtlich der Studierenden der Veterinärmedizin, die nach dem Wirksamwerden des Beitritts ein vorher begonnenes Studium der Veterinärmedizin an Universitäten des in Artikel 3 des Einigungsvertrages genannten Gebietes fortsetzen, gilt § 2 Satz 2 und 3 mit der Maßgabe, daß die belegten Pflichtlehrveranstaltungen die in Anlage 1 zu § 2 aufgeführten Fachgebiete enthalten müssen. Hinsichtlich der praktischen Ausbildung nach § 1 Satz 1 Nr. 2 Buchstabe a in Verbindung mit § 58 können Studierende der Veterinärmedizin, die nach dem Wirksamwerden des Beitritts ein vorher begonnenes Studium der Veterinärmedizin an Universitäten der in Artikel 3 des Einigungsvertrages genannten Gebiete fortsetzen, diese Ausbildung an den bisher üblichen Ausbildungsstätten ableisten. Die Vorschriften des § 63 gelten für diese Studierenden mit der Maßgabe, daß bis zum 31. Dezember 1996 anstelle einer praktischen Ausbildung nach § 1 Satz 1 Nr. 2 Buchstabe c eine praktische Ausbildung von mindestens 6 Monaten nach Bestehen der Tierärztlichen Hauptprüfung abgeleistet werden kann."

Abschnitt III

Bundesrecht tritt in dem in Artikel 3 des Vertrages genannten Gebiet mit folgenden Maßgaben in Kraft:

1. Gebührenordnung für Tierärzte in der Fassung der Bekanntmachung vom 23. Februar 1988 (BGBl. I S. 191)

mit folgenden Maßgaben:

a) aa) Die nach den §§ 2 und 3 errechnete Gebühr ist um 20 vom Hundert zu mindern, wenn die Leistung in dem in Artikel 3 des Vertrages genannten Gebiet erbracht worden ist.

bb) Leistungen, die vor dem Wirksamwerden des Beitritts in dem in Artikel 3 des Vertrages genannten Gebiet erbracht worden sind, werden nach dem dort bisher geltenden Recht vergütet.

b) Die Bundesregierung wird ermächtigt, durch Rechtsverordnung mit Zustimmung des Bundesrates die für das in Artikel 3 des Vertrages genannte Gebiet vorgeschriebene Minderung der Gebühren an die dort vorgenommene Änderung der Bezugsgröße (§ 18 SGB IV) anzupassen.

Sachgebiet H: Familie und Soziales

Abschnitt I

Von dem Inkrafttreten des Bundesrechts gemäß Artikel 8 des Vertrages sind ausgenommen:

1. Unterhaltsvorschußgesetz vom 23. Juli 1979 (BGBl. I S. 1184), zuletzt geändert durch Artikel 22 des Gesetzes vom 28. Juni 1990 (BGBl. I S. 1221)
2. Gesetz zur Errichtung einer Stiftung „Mutter und Kind – Schutz des ungeborenen Lebens“ vom 13. Juli 1984 (BGBl. I S. 880), zuletzt geändert durch Artikel 3 des Gesetzes vom 20. Juli 1988 (BGBl. I S. 1046)
3. Verordnung über die Pauschsätze für Instandsetzung und Pflege der Gräber im Sinne des Gräbergesetzes für die Haushaltsjahre 1987 und 1988 vom 7. November 1988 (BGBl. I S. 2115)

Abschnitt II

Bundesrecht wird wie folgt geändert oder ergänzt:

1. Bundeskindergeldgesetz in der Fassung der Bekanntmachung vom 30. Januar 1990 (BGBl. I S. 149), zuletzt geändert durch Artikel 9 des Gesetzes vom 9. Juli 1990 (BGBl. I S. 1354),

   a) § 2 wird wie folgt geändert:

      aa) In Absatz 3 Satz 2 wird der Punkt durch ein Semikolon ersetzt und folgender Halbsatz angefügt:
      „dem Grundwehr- oder Zivildienst steht der entsprechende Dienst, der in dem in Artikel 3 des Einigungsvertrages genannten Gebiet geleistet worden ist, gleich.“

      bb) In Absatz 5 Satz 3 werden die Worte zwischen „Aufenthalt“ und „haben“ ersetzt durch die Worte „in Albanien, Bulgarien oder der Sowjetunion“.

   b) § 3 wird wie folgt geändert:

      aa) In Absatz 3 Satz 2 erhält der zweite Halbsatz folgende Fassung:
      „es wird jedoch dem Elternteil gewährt, dem die Sorge für die Person des Kindes oder das elterliche Erziehungsrecht für das Kind allein zusteht.“

      bb) In Absatz 4 Satz 1 werden nach dem Wort „Vormundschaftsgericht“ die Worte eingefügt:
      „oder das entsprechende Gericht in dem in Artikel 3 des Einigungsvertrages genannten Gebiet.“

   c) Nach § 44c wird folgender § 44d eingefügt:

   „§ 44d Überleitungsregelungen aus Anlaß der Herstellung der Einheit Deutschlands. (1) Bei der Anwendung des § 2 Abs. 2 Satz 6 und Abs. 4 Satz 3 erster Halbsatz stehen den dort genannten Vorschriften des Bundeserziehungsgeldgesetzes die entsprechenden Vorschriften, die in dem in Artikel 3 des Einigungsvertrages genannten Gebiet gelten, gleich.

(2) Abweichend von § 3 Abs. 2 bis 4 steht Berechtigten, die für Dezember 1990 für ihre Kinder Kindergeld in dem in Artikel 3 des Einigungsvertrages genannten Gebiet bezogen haben, das Kindergeld für diese Kinder auch für die folgende Zeit zu, solange sie ihren Wohnsitz oder gewöhnlichen Aufenthalt in diesem Gebiet beibehalten und die Kinder die Voraussetzungen ihrer Berücksichtigung weiterhin erfüllen. § 3 Abs. 2 bis 4 ist insoweit erst für die Zeit vom Beginn des Monats an anzuwenden, in dem ein hierauf gerichteter Antrag bei der zuständigen Stelle eingegangen ist; der hiernach Berechtigte muß die nach Satz 1 geleisteten Zahlungen gegen sich gelten lassen.

(3) Bei der Anwendung des § 8 Abs. 1 Satz 1 Nr. 1 bleiben Ansprüche auf den Kinderzuschlag zu einer Rente aus der gesetzlichen Renten- oder Unfallversicherung in dem in Artikel 3 des Einigungsvertrages genannten Gebiet bis zum 31. Dezember 1991 außer Betracht.

(4) Für die Leistungsjahre 1991 und 1992 wird die Anwendung des § 11 Abs. 3 gegenüber Berechtigten ausgeschlossen, die während des überwiegenden Teils des jeweils vorletzten Jahres ihren gewöhnlichen Aufenthalt in dem in Artikel 3 des Einigungsvertrages genannten Gebiet gehabt haben; dies gilt gegenüber Berechtigten, die verheiratet sind und von ihrem Ehegatten nicht dauernd getrennt leben, nur, wenn die Summe der genannten Aufenthaltszeiten beider Ehegatten zwölf Monate überstiegen hat. Gegenüber diesen Berechtigten ist

1. für das Leistungsjahr 1991 entsprechend § 11 Abs. 4 zu verfahren; jedoch wird auf Antrag des Berechtigten zunächst ungemindertes Kindergeld ohne Glaubhaftmachung des voraussichtlichen Einkommens unter dem Vorbehalt der Rückforderung gezahlt;
2. für das Leistungsjahr 1992 vorbehaltlich des § 11 Abs. 4 das Einkommen des Jahres 1991 maßgeblich; solange sich dieses noch nicht endgültig feststellen läßt, wird ungemindertes Kindergeld ohne Glaubhaftmachung des Einkommens unter dem Vorbehalt der Rückforderung gezahlt; § 11 Abs. 3 Satz 4 bis 6 gilt entsprechend.

(5) Für das Leistungsjahr 1991 wird Berechtigten, die in dem in Artikel 3 des Einigungsvertrages genannten Gebiet einen Wohnsitz oder ihren gewöhnlichen Aufenthalt haben, Zuschlag zum Kindergeld nach § 11a Abs. 8 auf Antrag ohne Glaubhaftmachung des voraussichtlichen Einkommens unter dem Vorbehalt der Rückforderung gezahlt.

(6) Abweichend von § 15 Abs. 1 wird das Kindergeld für die Monate Januar bis März 1991 den Berechtigten, die in dem in Artikel 3 des Einigungsvertrages genannten Gebiet bei einem anderen als einem der in § 45 Abs. 1 Buchstabe a Satz 1 bezeichneten Arbeitgeber beschäftigt sind, für die Kinder, für die ihnen in dem genannten Gebiet für Dezember 1990 Kindergeld zu zahlen war, von dem Arbeitgeber auf Grund der ihm vorliegenden Auszahlungskarten in

der sich aus § 10 Abs. 1 ergebenden Höhe zuzüglich je Kind monatlich 48 DM Zuschlag zum Kindergeld vorbehaltlich späterer Prüfung des Anspruchs durch die nach § 15 Abs. 1 zuständige Stelle ausgezahlt; § 11 Abs. 3 Sätze 5 und 6 ist anzuwenden. Der Arbeitgeber hat die auszuzahlenden Beträge der Lohnsteuer, die er für seine Arbeitnehmer insgesamt einbehalten hat, zu entnehmen und in der Lohnsteueranmeldung in einer Summe gesondert anzugeben. Übersteigt der für Kindergeldzahlungen zu entnehmende Betrag den Betrag, der insgesamt an Lohnsteuer einzubehalten ist, so wird der übersteigende Betrag dem Arbeitgeber auf Antrag von dem Finanzamt, an das die Lohnsteuer abzuführen ist, aus den Lohnsteuereinnahmen ersetzt. Die Finanzämter rechnen die von den Arbeitgebern geleisteten Kindergeldzahlungen mit dem für ihren Dienstsitz zuständigen Arbeitsamt – Kindergeldkasse – ab.

(7) Das Zentrale Einwohnerregister in dem in Artikel 3 des Einigungsvertrages genannten Gebiet übermittelt der Bundesanstalt für Arbeit nach Wirksamwerden des Beitritts unverzüglich folgende Daten aller Einwohner, zu deren Person im Melderegister Daten von minderjährigen Kindern gespeichert sind, und dieser Kinder:

1. Vor- und Familiennamen, frühere Namen und akademische Grade
2. Wohnung, bei mehreren die Hauptwohnung
3. Tag der Geburt
4. Geschlecht
5. Staatsangehörigkeit
6. Familienstand.

Die Bundesanstalt darf die übermittelten Daten nur dazu verwenden, eine Datei über mögliche Zahlungsempfänger in dem in Artikel 3 des Einigungsvertrages genannten Gebiet zu erstellen und diese durch Zusendung von Antragsvordrucken in die Lage zu versetzen, ihre Ansprüche geltend zu machen. Sie hat die Daten der Einwohner, die bis zum 31. März 1991 keinen Antrag gestellt haben, und ihrer Kinder unverzüglich zu löschen."

d) § 44d Abs. 7 tritt mit dem Wirksamwerden des Beitritts in Kraft. Die übrigen in den Buchstaben a) bis c) genannten Änderungen treten am 1. Januar 1991 in Kraft.

2. Bundeserziehungsgeldgesetz in der Fassung der Bekanntmachung vom 25. Juli 1989 (BGBl. I S. 1550)

a) § 1 Abs. 4 wird wie folgt gefaßt:

„(4) Anspruch auf Erziehungsgeld hat auch, wer als

1. Angehöriger eines Mitgliedstaates der Europäischen Gemeinschaften oder
2. Grenzgänger aus Österreich, Polen, der Schweiz oder der Tschechoslowakei

ein Arbeitsverhältnis im Geltungsbereich dieses Gesetzes hat, bei dem die wöchentliche Arbeitszeit die Grenze für geringfügige Beschäftigungen gemäß § 8 Viertes Buch Sozialgesetzbuch übersteigt, und die Voraussetzungen des Absatzes 1 Nr. 2 bis 4 erfüllt."

b) In § 15 Abs. 1 wird nach Satz 1 folgender Satz eingefügt: „Anspruch auf Erziehungsurlaub haben auch die in § 1 Abs. 4 genannten Personen, deren wöchentliche Arbeitszeit unter der Grenze für geringfügige Beschäftigungen liegt."

Abschnitt III

Bundesrecht tritt in dem in Artikel 3 des Vertrages genannten Gebiet mit nachfolgenden Maßgaben in Kraft:

1. Bundeskindergeldgesetz in der Fassung der Bekanntmachung vom 30. Januar 1990 (BGBl. I S. 149), zuletzt geändert durch Artikel 9 des Gesetzes vom 9. Juli 1990 (BGBl. I S. 1354)

mit folgenden Maßgaben

a) § 44d Abs. 7 tritt mit Wirksamwerden des Beitritts in Kraft.

b) Im übrigen ist das Bundeskindergeldgesetz ab 1. Januar 1991 anzuwenden. Bis zum 31. Dezember 1990 wird in dem in Artikel 3 des Vertrages genannten Gebiet nach den dort bisher geltenden Regelungen mit folgender Maßgabe verfahren:
Die Auszahlungsstellen stellen den Berechtigten, denen sie Kindergeld zahlen, auf deren Antrag eine Bescheinigung über die Kinder – nach Nach- und Vornamen und Geburtsdatum gekennzeichnet –, für die sie für den Monat der Ausstellung der Bescheinigung Kindergeld zahlen, und über die Höhe dieser Zahlung aus.

2. Bundeserziehungsgeldgesetz in der Fassung der Bekanntmachung vom 25. Juli 1989 (BGBl. I S. 1550)

mit folgenden Maßgaben:

a) Das Gesetz ist ab 1. Januar 1991 anzuwenden; es ist für die Kinder anzuwenden, die nach dem 31. Dezember 1990 geboren sind.

b) Vorbehaltlich anderer Regelungen durch die in Artikel 3 des Vertrages genannten Länder wird seine Ausführung den Kreisen und kreisfreien Städten übertragen.

c) Bei der Berechnung des Einkommens wird abweichend von § 6 Abs. 1 Satz 1 des Bundeserziehungsgeldgesetzes für die in den Jahren 1991 und 1992 geborenen Kinder das voraussichtliche Einkommen des Jahres zugrundegelegt, in dem das Kind geboren ist. Zur Berechnung des Einkommens hat der Antragsteller die monatlichen Einkünfte seines Ehegatten und, falls er in der Zeit, in der das Erziehungsgeld einkommensabhängig ist, erwerbstätig ist, seine eigenen monatlichen Einkünfte glaubhaft zu machen.

3. Das Bundessozialhilfegesetz in der Fassung der Bekanntmachung vom 20. Januar 1987 (BGBl. I S. 401, 494), das zuletzt durch Artikel 4 des Gesetzes vom 26. Juni 1990 (BGBl. I S. 1163) geändert worden ist, tritt am 1. Januar 1991 mit folgenden Maßgaben in Kraft:

a) Bis zu einer anderweitigen landesrechtlichen Regelung sind die in Artikel 3 des Vertrages genannten Länder überörtliche Träger der

Sozialhilfe. Sie können zur Durchführung ihrer Aufgaben örtliche Träger der Sozialhilfe heranziehen und ihnen dabei Weisungen erteilen; in diesen Fällen erlassen die Länder den Widerspruchsbescheid.

b) Gesetzliche Ansprüche sind von den Trägern der Sozialhilfe nur insoweit zu erfüllen, als die im Einzelfall dafür erforderlichen sozialen Dienste und Einrichtungen in dem in Artikel 3 des Vertrages genannten Gebiet vorhanden oder sonst mit den zur Verfügung stehenden Mitteln erreichbar sind; die Verpflichtung der Träger der Sozialhilfe, auf die Schaffung ausreichender sozialer Dienste und Einrichtungen hinzuwirken (§ 17 Abs. 1 Nr. 2 des Ersten Buches Sozialgesetzbuch), bleibt unberührt.

c) Der monatliche Regelsatz für den Haushaltsvorstand (§ 22 Abs. 1) beträgt 400 Deutsche Mark. Notwendige Neufestsetzungen erfolgen gemäß § 22 Abs. 3 in Verbindung mit der Regelsatzverordnung.

d) § 23 Abs. 1 Nr. 1 und 2 ist nicht anzuwenden.

e) Für Hilfeempfänger in Anstalten, Heimen oder gleichartigen Einrichtungen, die das 18. Lebensjahr noch nicht vollendet haben, beträgt die Höhe des monatlichen Barbetrages zur persönlichen Verfügung (§ 21 Abs. 3)
   aa) bis zur Vollendung des 7. Lebensjahres 10 Deutsche Mark
   bb) vom Beginn des 8. bis zur Vollendung des 14. Lebensjahres 20 Deutsche Mark
   cc) vom Beginn des 15 bis zur Vollendung des 18. Lebensjahres 40 Deutsche Mark

   Neufestsetzungen erfolgen gemäß § 21 Abs. 3 Satz 3.

f) Der Grundbetrag nach § 79 Abs. 1 und 2 beträgt 700 Deutsche Mark, der Grundbetrag nach § 81 Abs. 1 1050 Deutsche Mark und der Grundbetrag nach § 81 Abs. 2 1450 Deutsche Mark.

g) Blindenhilfe (§ 67) und Pflegegeld (§ 69) betragen:
   aa) Blindenhilfe nach Vollendung des 18. Lebensjahres 442 Deutsche Mark
   bb) Blindenhilfe bis zur Vollendung des 18. Lebensjahres 220 Deutsche Mark
   cc) Pflegegeld nach § 69 Abs. 4 Satz 1163 Deutsche Mark
   dd) Pflegegeld für die in § 24 Abs. 2 genannten Personen 442 Deutsche Mark

h) Der Bundesminister für Jugend, Familie, Frauen und Gesundheit setzt für das in Artikel 3 des Vertrages genannte Gebiet im Einvernehmen mit dem Bundesminister für Wirtschaft und dem Bundesminister der Finanzen durch Rechtsverordnung mit Zustimmung des Bundesrates die Grundbeträge der Einkommensgrenzen und die Höhe der Blindenhilfe und des Pflegegeldes unter Berücksichtigung der Einkommensentwicklung in dem bezeichneten Gebiet jeweils zum 1. Juli eines Jahres, erstmals zum 1. Juli 1991, solange neu fest, bis Übereinstimmung mit den im übrigen Geltungsbereich des Gesetzes geltenden Beträgen besteht.

i) Der Bundesminister für Jugend, Familie, Frauen und Gesundheit macht das Bundessozialhilfegesetz in der vom 1. Januar 1991 an geltenden Fassung nebst den vorstehenden Maßgaben bekannt.

4. Regelsatzverordnung vom 20. Juli 1962 (BGBl. I S. 515), zuletzt durch Verordnung vom 21. März 1990 (BGBl. I S. 562) geändert,
mit folgender Maßgabe:
Sie ist ab 1. Januar 1991 anzuwenden.

5. Verordnung zur Durchführung des § 24 Abs. 2 Satz 1 des Bundessozialhilfegesetzes vom 28. Juni 1974 (BGBl. I S. 1365),
mit folgender Maßgabe:
Sie ist ab 1. Januar 1991 anzuwenden.

6. Eingliederungshilfe-Verordnung in der Fassung der Bekanntmachung vom 1. Februar 1975 (BGBl. I S. 433)
mit folgender Maßgabe:
Sie ist ab 1. Januar 1991 anzuwenden.

7. Verordnung zur Durchführung des § 72 des Bundessozialhilfegesetzes vom 9. Juni 1976 (BGBl. I S. 1469)
mit folgender Maßgabe:
Sie ist ab 1. Januar 1991 anzuwenden.

8. Verordnung zur Durchführung des § 76 des Bundessozialhilfegesetzes vom 28. November 1962 (BGBl. I S. 692), geändert durch Verordnung vom 23. November 1976 (BGBl. I S. 3234)
mit folgender Maßgabe:
Sie ist ab 1. Januar 1991 anzuwenden.

9. Verordnung zur Durchführung des § 81 Abs. 1 Nr. 3 des Bundessozialhilfegesetzes vom 12. Mai 1975 (BGBl. I S. 1109)
mit folgender Maßgabe:
Sie ist ab 1. Januar 1991 anzuwenden.

10. Verordnung zur Durchführung des § 88 Abs. 2 Nr. 8 des Bundessozialhilfegesetzes vom 11. Februar 1988 (BGBl. I S. 150)
mit folgender Maßgabe:
Sie ist ab 1. Januar 1991 anzuwenden.

11. Gräbergesetz vom 1. Juli 1965 (BGBl. I S. 589), zuletzt geändert durch Artikel 23 des Gesetzes vom 28. Juni 1990 (BGBl. I S. 1221)
mit folgender Maßgabe:
Es ist ab 1. Januar 1995 anzuwenden.

12. Heimgesetz in der Fassung der Bekanntmachung vom 23. April 1990 (BGBl. I S. 763, 1069)
mit folgender Maßgabe:
Heimverhältnisse, die beim Wirksamwerden des Beitritts bestehen, richten sich von diesem Zeitpunkt an nach dem neuen Recht.

13. Heimmindestbauverordnung in der Fassung der Bekanntmachung vom 3. Mai 1983 (BGBl. I S. 550)

mit folgender Maßgabe:

Für die Berechnung der Frist in § 30 Abs. 1 Satz 2 als Zeitpunkt für das Inkrafttreten der Verordnung gilt der Tag des Wirksamwerdens des Beitritts.

14. Verordnung über die Mitwirkung der Bewohner von Altenheimen, Altenwohnheimen und Pflegeheimen für Volljährige in Angelegenheiten des Heimbetriebs vom 19. Juli 1976 (BGBl. I S. 1819)

mit folgender Maßgabe:

Heimausschüsse nach der Verordnung über Feierabend- und Pflegeheime vom 1. März 1978 (GBl. I Nr. 10 S. 128) gelten als Heimbeiräte im Sinne der Verordnung.

15. Gesetz über die Errichtung einer Stiftung „Hilfswerk für behinderte Kinder" vom 17. Dezember 1971 (BGBl. I S. 2018), zuletzt geändert durch das Gesetz vom 20. Juli 1988 (BGBl. I S. 1052)

mit folgender Maßgabe:

Die in § 13 letzter Halbsatz genannte Jahreszahl „1983" wird durch die Zahl „1993" ersetzt.

Kapitel XI
Geschäftsbereich des Bundesministers für Verkehr

Sachgebiet A: Eisenbahnverkehr

Abschnitt III

Bundesrecht tritt in dem in Artikel 3 des Vertrages genannten Gebiet mit folgenden Maßgaben in Kraft:

1. Allgemeines Eisenbahngesetz in der im Bundesgesetzblatt Teil III, Gliederungsnummer 930-1, veröffentlichten bereinigten Fassung, zuletzt geändert gemäß Verordnung vom 26. November 1986 (BGBl. I S. 2089),

mit folgenden Maßgaben:

a) § 6a gilt erst ab 1. Januar 1992.

b) In den in § 4 Abs. 2, § 5 Abs. 1, § 6 Abs. 4 und 5, §§ 6 g, 7 Abs. 2, § 8a Abs. 3 und § 9 genannten Fällen steht die Deutsche Reichsbahn der Deutschen Bundesbahn gleich.

2. Gesetz über die vermögensrechtlichen Verhältnisse der Deutschen Bundesbahn in der im Bundesgesetzblatt Teil III, Gliederungsnummer 931-2, veröffentlichten bereinigten Fassung,

mit folgender Maßgabe:

Für § 1 finden die Vorschriften des Artikels 26 Abs. 1 und 2 des Vertrages Anwendung.

3. Bundesbahngesetz in der im Bundesgesetzblatt Teil III, Gliederungsnummer 931-1, veröffentlichten bereinigten Fassung, zuletzt geändert durch Gesetz vom 28. Juni 1990 (BGBl. I S. 1221),

mit folgenden Maßgaben:

a) Die Vorschriften des Bundesbahngesetzes sind auf das Sondervermögen „Deutsche Reichsbahn“ sinngemäß anzuwenden.

b) § 1 ist mit den folgenden Maßgaben anzuwenden:

aa) Das dem S-Bahnverkehr dienende Reichsbahnvermögen in Berlin (West) wird im Anschluß an die Vereinbarung zwischen dem Senat von Berlin und der Deutschen Reichsbahn vom 29. Dezember 1983 bis zum 31. Dezember 1993 vom Land Berlin verwaltet, wobei Investitionsentscheidungen, die finanziell über dieses Datum hinauswirken, im Einvernehmen mit der Deutschen Reichsbahn zu treffen sind. Die beteiligten Träger der Aufgaben- und Finanzverantwortung sind beauftragt, sich bis zu diesem Zeitpunkt über einen länderübergreifenden Verbund des öffentlichen Personennahverkehrs im Raum Berlin zu verständigen.

bb) Das nicht betrieblichen Zwecken dienende ehemalige Reichsbahnvermögen (Vorratsvermögen) in Berlin (West) wird nach den bestehenden Rechten und Pflichten längstens bis zur Zusammenführung beider Bahnen vom Bundesminister für Verkehr und in dessen Auftrag von der Verwaltungsstelle des ehemaligen Reichsbahnvermögens veraltet. Die Genehmigung des Wirtschaftsplans und des Jahresabschlusses ergeht im Einvernehmen mit dem Bundesminister der Finanzen.

c) § 36 ist mit folgender Maßgabe anzuwenden:
Anhängige Verfahren zum Bau oder zur Änderung von Anlagen der Deutschen Reichsbahn sind nach dem Bundesbahngesetz und dem Verwaltungsverfahrensgesetz zu Ende zu führen, wenn eine abschließende Sachentscheidung vor Wirksamwerden des Beitritts noch nicht ergangen ist.

4. Eisenbahn-Verkehrsordnung in der im Bundesgesetzblatt Teil III, Gliederungsnummer 934-1, veröffentlichten bereinigten Fassung, zuletzt geändert durch Verordnung vom 30. Juni 1989 (BGBl. I S. 1273), mit den für das Netz der Deutschen Reichsbahn nach § 5 Abs. 2 genehmigten abweichenden Beförderungsbedingungen

mit folgender Maßgabe:

Im Verkehr zwischen den deutschen Eisenbahnen, der bis zum Wirksamwerden des Beitritts auf der Grundlage des Übereinkommens vom 9. Mai 1980 über den internationalen Eisenbahnverkehr (COTIF) (BGBl. 1985 II S. 130) durchgeführt wurde, sind Sonderabmachungen abweichend von § 7 in dem Umfang zulässig, wie es Artikel 6 § 4 der Einheitlichen Rechtsvorschriften für den Vertrag über die internationale Eisenbahnbeförderung von Gütern (ER/CIM – Anhang B zum COTIF) vorsieht.

5. Eisenbahnkreuzungsgesetz in der Fassung der Bekanntmachung vom 21. März 1971 (BGBl. I S. 337)

mit folgender Maßgabe:

Schienenwege der Deutschen Reichsbahn stehen in den in § 8 Abs. 1, § 9 Abs. 1, § 13 Abs. 1 Satz 2 genannten Fällen Schienenwegen der Deutschen Bundesbahn gleich.

6. Eisenbahn-Bau- und Betriebsordnung vom 8. Mai 1967 (BGBl. II S. 1563), zuletzt geändert durch Verordnung vom 18. Dezember 1981 (BGBl. I S. 1490),

mit folgenden Maßgaben:

a) Für bestehende Anlagen können die in § 3 genannten Stellen die Fortgeltung von Vorschriften der Eisenbahn-Bau- und Betriebsordnung vom 17. Juli 1928 (RGBl. II S. 541), zuletzt geändert durch Verordnung vom 23. Juli 1943 (RGBl. II S. 361), bis zum 31. Dezember 1993 zulassen.
b) Angehörige des Bundesgrenzschutzes mit bahnpolizeilichen Aufgaben gelten als Bahnpolizeibeamte im Sinne des § 60 Abs. 1 Nr. 1.
c) Behörden des Bundesgrenzschutzes mit bahnpolizeilichen Aufgaben gelten als Bahnpolizeibehörden im Sinne des § 61.

7. Eisenbahn-Bau- und Betriebsordnung für Schmalspurbahnen vom 25. Februar 1972 (BGBl. I S. 269), geändert durch Verordnung vom 21. November 1983 (BGBl. I S. 1382),

mit folgender Maßgabe:

Für bestehende Anlagen können die in § 3 genannten Stellen die Fortgeltung von Vorschriften der Eisenbahn-Bau- und Betriebsordnung für Schmalspurbahnen vom 25. Juni 1943 (RGBl. II S. 285) bis zum 31. Dezember 1993 zulassen.

8. Eisenbahn-Signalordnung 1959 vom 7. Oktober 1959 (BGBl. II S. 1021), zuletzt geändert durch Verordnung vom 7. Juli 1986 (BGBl. I S. 1012),

mit folgender Maßgabe:

Abschnitt C Nr. 2 der Anlage wird erweitert um die von Abschnitt B abweichenden Signale der mit Genehmigungsverfügung des Ministers für Verkehrswesen eingeführten DV 301 der Deutschen Reichsbahn vom 16. September 1970, gültig ab 1. Oktober 1971.

9. Verordnung über den Ausgleich gemeinwirtschaftlicher Leistungen im Eisenbahnverkehr vom 2. August 1977 (BGBl. I S. 1465), geändert durch Verordnung vom 30. Juni 1989 (BGBl. I S. 1273),

mit folgender Maßgabe:

Die Verordnung ist erst ab 1. Januar 1992 anzuwenden.

10. Bei der Anwendung der Verordnungen unter Nummern 6 bis 8, insbesondere bei der Errichtung neuer sowie der wesentlichen Änderung bestehender Anlagen und Fahrzeuge, ist auf eine Vereinheitlichung hinzuwirken.

11. Soweit einzelne Bestimmungen der unter den Nummern 1 bis 9 genannten Rechtsvorschriften unter Berücksichtigung besonderer Gegebenheiten nicht oder nicht unmittelbar Anwendung finden können, gelten sie für die Deutsche Reichsbahn sinngemäß. Gleiches gilt für sonstige Gesetze und Rechtsverordnungen des Bundes, die besondere Regelungen für die Deutsche Bundesbahn vorsehen.

Sachgebiet B: Straßenverkehr

Abschnitt I

Von dem Inkrafttreten des Bundesrechts gemäß Artikel 8 des Vertrages sind ausgenommen:

Höchstzahlenverordnung GüKG vom 9. Dezember 1986 (BGBl. I S. 2452), geändert durch Verordnung vom 5. Dezember 1989 (BGBl. I S. 2131).

Abschnitt III

Bundesrecht tritt in dem in Artikel 3 des Vertrages genannten Gebiet mit folgenden Maßgaben in Kraft:

1. Straßenverkehrsgesetz in der im Bundesgesetzblatt Teil III, Gliederungsnummer 9231-1, veröffentlichten bereinigten Fassung, zuletzt geändert durch Gesetz vom 28. Januar 1987 (BGBl. I S. 486),

mit folgenden Maßgaben:

a) § 24a findet bis zum 31. Dezember 1992 keine Anwendung.

b) Für die nach bisherigem Recht der Deutschen Demokratischen Republik erfolgten Zulassungen dürfen die örtlichen Fahrzeugregister von den für die Zulassung zuständigen Behörden unter entsprechender Anwendung der § 31 Abs. 1, §§ 32 bis 35, 37 bis 47 des Straßenverkehrsgesetzes sowie der §§ 1 bis 3, 5, 8 und 15 der Fahrzeugregisterverordnung vom 20. Oktober 1987 (BGBl. I S. 2305) bis zum 31. Dezember 1993 weitergeführt werden.

c) Nach bisherigem Recht der Deutschen Demokratischen Republik erfolgte Zulassungen dürfen an das Zentrale Fahrzeugregister übermittelt und dort unter entsprechender Anwendung der § 31 Abs. 2, §§ 32 bis 47 des Straßenverkehrsgesetzes sowie der §§ 4, 5, 12 Abs. 1, §§ 13 bis 15, 17 der Fahrzeugregisterverordnung bis zum 31. Dezember 1993 verarbeitet werden.

d) Die Vorschriften des Straßenverkehrsgesetzes und der Fahrzeugregisterverordnung, die sich auf das Versicherungskennzeichen beziehen, gelten erst ab 1. Januar 1991; § 34 Abs. 5 Satz 2 gilt erst ab 1. März 1991.

e) Der Bundesminister für Verkehr bestimmt nach Anhörung der zuständigen obersten Landesbehörden durch Rechtsverordnung ohne Zustimmung des Bundesrates die Festlegung von Unterscheidungszeichen der Verwaltungsbezirke und von Erkennungsnummern nach § 23 Abs. 2 der Straßenverkehrs-Zulassungs-Ordnung für das in Artikel 3 des Vertrages genannte Gebiet. Die Ermächtigung ist bis zum 31. Dezember 1991 befristet.

f) Das Kraftfahrt-Bundesamt darf das bestehende Zentrale Fahrerlaubnisregister für das in Artikel 3 des Vertrages genannte Gebiet unter entsprechender Anwendung der §§ 29 bis 30a des Straßenverkehrsgesetzes sowie der §§ 13a bis 13d der Straßenverkehrs-Zulassungs-Ordnung bis zu einer gesetzlichen Regelung über die Übernahme in das Verkehrszentralregister weiterführen.

g) Die Aufgaben der medizinisch psychologischen Untersuchungsstellen können bis zum 31. Dezember 1991 vom Verkehrsmedizinischen Dienst der Deutschen Demokratischen Republik wahrgenommen werden.

h) Für Maßnahmen nach den Vorschriften für die Fahrerlaubnis auf Probe tritt an die Stelle der Regelung des § 24a des Straßenverkehrsgesetzes die entsprechende Regelung, die in dem in Artikel 3 des Vertrages genannten Gebiet gilt.

i) Die §§ 7 bis 20 des Straßenverkehrsgesetzes finden nur auf solche Schadensereignisse Anwendung, die nach Wirksamwerden des Beitritts eingetreten sind.

2. **Straßenverkehrs-Zulassungs-Ordnung** in der Fassung der Bekanntmachung vom 28. September 1988 (BGBl. I S. 1793), zuletzt geändert durch Verordnung vom 23. Juli 1990 (BGBl. I S. 1489),

mit folgenden Maßgaben:

(1) Die Aufgaben der medizinisch-psychologischen Untersuchungsstellen können bis zum 31. Dezember 1991 vom Verkehrsmedizini-

schen Dienst der Deutschen Demokratischen Republik wahrgenommen werden.

(2) Zur Mofa-Ausbildung im Sinne von § 4a sind auch Fahrlehrer berechtigt, die die Fahrlehrerlaubnis der Klasse A nach den bisherigen Vorschriften der Deutschen Demokratischen Republik besitzen.

(3) Nach den bisherigen Vorschriften der Deutschen Demokratischen Republik erteilte Fahrerlaubnisse, einschließlich der Fahrerlaubnisse der Nationalen Volksarmee, bleiben im Umfang der dadurch nachgewiesenen Berechtigung gültig, ausgenommen jedoch Fahrerlaubnisse der Klasse D.

(4) Nach den bisherigen Vorschriften der Deutschen Demokratischen Republik erteilte Fahrerlaubnisse der Klasse D bleiben bis zum 31. Dezember 1993 gültig. Anschließend erfolgt die Erteilung der entsprechenden Fahrerlaubnis zur Fahrgastbeförderung in Kraftomnibussen unter entsprechender Anwendung der Vorschriften für die Verlängerung gemäß § 15 f.

(5) Nach den bisherigen Vorschriften der Deutschen Demokratischen Republik erteilte Personenbeförderungs-Erlaubnisscheine für die Personenbeförderung in Kraftomnibussen und Taxen bleiben bis zum Ablauf ihrer Geltungdauer gültig. Anschließend erfolgt die Erteilung einer entsprechenden Fahrerlaubnis zur Fahrgastbeförderung unter entsprechender Anwendung der Vorschriften für die Verlängerung gemäß § 15f.

(6) Nach den bisherigen Vorschriften der Deutschen Demokratischen Republik erteilte Fahrerlaubnisse der Klasse B berechtigen auch zum Führen von Kraftfahrzeugen mit einem zulässigen Gesamtgewicht von nicht mehr als 7,5 t und einem mitgeführten einachsigen Anhänger, bisherige Fahrerlaubnisse der Klasse BE jedoch nur zum Führen von Fahrzeugkombinationen, deren Zugfahrzeug ein zulässiges Gesamtgewicht von nicht mehr als 3,5 t hat.

(7) Nach den bisherigen Vorschriften der Deutschen Demokratischen Republik erteilte Fahrerlaubnisse der Klassen A, B, D und M berechtigen auch zum Führen von Kraftfahrzeugen der Klasse 5.

(8) Nach den bisherigen Vorschriften der Deutschen Demokratischen Republik erteilte Fahrerlaubnisse der Klasse T berechtigen auch zum Führen von Krankenfahrstühlen (§ 18 Abs. 2 Nr. 5).

(9) Die Regelungen in den Nummern 6 bis 8 gelten auch für Fahrerlaubnisse, die den dort genannten Fahrerlaubnissen entsprechen.

(10) Inhaber einer nach den bisherigen Vorschriften der Deutschen Demokratischen Republik erteilten Fahrerlaubnis der Klasse A – beschränkt auf Krafträder bis 150 cm^3 Hubraum – dürfen ab Vollendung des 18. Lebensjahres nur Krafträder der Klasse 1a und erst ab Vollendung des 20. Lebensjahres Krafträder der Klasse 1 führen.

(11) Unbeschadet der Regelung nach Nummer 10 gelten abweichend von § 7 für die nach den bisherigen Vorschriften der Deutschen De-

mokratischen Republik erteilten Fahrerlaubnisse die Mindestaltersvorschriften der Deutschen Demokratischen Republik weiter.

(12) Führerscheine, die nach den bisherigen Mustern der Deutschen Demokratischen Republik ausgefertigt worden sind, auch solche der Nationalen Volksarmee, bleiben gültig.

(13) Sehtests nach § 9a und Untersuchungen des Sehvermögens nach § 15e Abs. 1 Nr. 2a und § 15f Abs. 2 Nr. 1 können bis zum 31. Dezember 1991 auch von praktischen Ärzten, die über die erforderlichen Einrichtungen verfügen, durchgeführt und bescheinigt werden.

(14) Als Prüfungsfahrzeuge können bis zum 31. Dezember 1991 für die Klasse 1a auch vorhandene Krafträder mit einer Motorleistung von mindestens 15 kW und für die Klasse 1b vorhandene Krafträder mit einem Hubraum von mehr als 50 cm^3, aber nicht mehr als 150 cm^3 verwendet werden. Für diese Prüfungsfahrzeuge muß bis zu diesem Zeitpunkt keine Funkanlage zur Verfügung stehen.

(15) Als Prüfungsfahrzeuge für die Klasse 2 können bis zum 31. Dezember 1993 auch vorhandene Lastkraftwagen (Zugfahrzeuge) mit einem zulässigen Gesamtgewicht von mindestens 10t und ohne Zweileitungsbremsanlage verwendet werden.

(16) Als Prüfungsfahrzeuge für die Klasse 3 können bis zum 31. Dezember 1993 auch vorhandene Personenkraftwagen mit einer durch die Bauart bestimmten Höchstgeschwindigkeit von mindestens 100 km/h verwendet werden.

(17) Bei Anfragen an das Verkehrszentralregister wird das Fahrerlaubnisregister der Deutschen Demokratischen Republik einbezogen, um Auskünfte unter Beachtung der für das Verkehrszentralregister geltenden Vorschriften zu erteilen.

(18) Für die Neuerteilung einer nach den bisherigen Vorschriften der Deutschen Demokratischen Republik entzogenen Fahrerlaubnis gilt § 15c sinngemäß.

(19) Folgende Vorschriften finden keine Anwendung: §§ 14a, 15l Abs. 2, § 23 Abs. 2 Sätze 7 und 8, Abschnitt D der Anlage IV.

(20) § 18 Abs. 1 und 4 gelten ab 1. März 1991.

(21) Kleinkrafträder und Fahrräder mit Hilfsmotor im Sinne der bisherigen Vorschriften der Deutschen Demokratischen Republik gelten als Kleinkrafträder und Fahrräder mit Hilfsmotor nach § 18 Abs. 2 Nr. 4, wenn sie bis 28. Februar 1992 erstmals in den Verkehr gekommen sind.

(22) Motorisierte Krankenfahrstühle im Sinne der bisherigen Vorschriften der Deutschen Demokratischen Republik gelten als maschinell angetriebene Krankenfahrstühle nach § 18 Abs. 2 Nr. 5, wenn sie bis 28. Februar 1991 erstmals in den Verkehr gekommen sind.

(23) Nach den bisherigen Vorschriften der Deutschen Demokratischen Republik erteilte Allgemeine Betriebserlaubnisse gelten als

vorschriftsmäßig im Sinne des § 19 Abs. 1, wenn die auf Grund solcher Betriebserlaubnisse hergestellten Fahrzeuge bis 30. Juni 1994 erstmals in den Verkehr gebracht werden.

(24) Nachträge zu Allgemeinen Betriebserlaubnissen im Sinne der Nummer 23 sind nur bis zum Ablauf der Gültigkeit der jeweiligen Betriebserlaubnis zulässig. Verlängerungen von Betriebserlaubnissen dürfen nur bis 31. Dezember 1991 genehmigt werden.

(25) Nach den bisherigen Vorschriften der Deutschen Demokratischen Republik erteilte Einzelbetriebserlaubnisse gelten als vorschriftsmäßig im Sinne des § 19 Abs. 1, wenn die betreffenden Fahrzeuge bis spätestens 31. Dezember 1991 erstmals in den Verkehr gebracht werden.

(26) Nach den mit der Deutschen Demokratischen Republik gemäß dem Übereinkommen vom 20. März 1958 (GBl. II 1976 S. 307, 1978 S. 32, 1987 S. 24) vereinbarten Bedingungen erteilte Genehmigungen und Prüfzeichen für Ausrüstungsgegenstände oder Teile von Fahrzeugen gelten als vorschriftsmäßig im Sinne von § 21a.

(27) Nach den bisherigen Vorschriften der Deutschen Demokratischen Republik erteilte Bauartgenehmigungen gelten als vorschriftsmäßig im Sinne von § 22a, wenn sie nach dieser Bestimmung bauartgenehmigungspflichtig wären, oder werden – ohne Bauartgenehmigungspflicht – als vorschriftsmäßig im Sinne von § 22 angesehen.

(28) Nach den bisherigen Vorschriften der Deutschen Demokratischen Republik bis 31. Dezember 1990 zugeteilte oder ausgegebene Kennzeichen dürfen noch bis 31. Dezember 1993 verwendet werden. Insoweit dürfen noch nach den bisherigen Vorschriften der Deutschen Demokratischen Republik Zulassungsscheine und Fahrzeugbriefe ausgefertigt und verwendet werden.

(29) Die Verwendung der bisherigen Kennzeichen nach Nummer 28 ist nicht gestattet, wenn der Fahrzeughalter durch die zuständige oberste Landesbehörde oder durch die von ihr bestimmten Stellen aufgefordert worden ist, für sein Fahrzeug innerhalb einer festgesetzten Frist ein Kennzeichen nach § 23 zuteilen zu lassen, und der Fahrzeughalter dieser Aufforderung nicht nachkommt.

(30) Den Untersuchungen nach § 29 unterliegen auch solche Fahrzeuge, die noch kein eigenes Kennzeichen nach Art der Anlage V haben müssen.

(31) Im Verkehr befindliche Fahrzeuge, die noch nicht einer Hauptuntersuchung nach § 29 unterzogen waren, müssen gemäß Aufruf durch die zuständige oberste Landesbehörde oder durch die von ihr bestimmten Stellen im Rahmen der zu beantragenden Zuteilung eines neuen Kennzeichens gemäß § 29 untersucht werden, und zwar bei jährlicher Untersuchungsfrist bis spätestens 31. Dezember 1991, bei zweijähriger Untersuchungsfrist bis spätestens 31. Dezember 1992.

(32) Bei im Verkehr befindlichen Fahrzeugen, die noch nicht einer Bremsensonderuntersuchung nach § 29 unterzogen waren, ist diese

Untersuchung vor der ersten vorgeschriebenen Hauptuntersuchung durchzuführen, wobei die Bremsensonderuntersuchung nicht länger als drei Monate zurückliegen darf.

(33) Bei im Verkehr befindlichen Fahrzeugen, die noch nicht einer Zwischenuntersuchung nach § 29 unterzogen waren, beginnt die Frist für die erste Zwischenuntersuchung an dem Tage zu laufen, an dem die erste Hauptuntersuchung durchgeführt wurde.

(34) §§ 29a bis 29d sind mit Wirksamwerden des Beitritts anzuwenden. Als Versicherungsnachweis gilt bis 31. Dezember 1990 anstelle des Musters 6 die Dreifachkarte nach den bisherigen Vorschriften der Deutschen Demokratischen Republik.

(35) Über die nach § 1 des Pflichtversicherungsgesetzes vom 5. April 1965 (BGBl. I S. 213), zuletzt geändert durch Gesetz vom 22. März 1988 (BGBl. I S. 358), zum 1. Januar 1991 abzuschließenden Haftpflichtversicherungen, die die Versicherungsverhältnisse gemäß dem bisherigen Recht der Deutschen Demokratischen Republik ablösen, ist vom Versicherer ein Nachweis nach Muster 6 zu § 29a auszustellen und dem Halter auszuhändigen. Der Halter hat diesen Nachweis an die für das betreffende Fahrzeug zuständige Zulassungsstelle weiterzuleiten.

(36) §§ 29e, 29g und 29h sind mit Wirksamwerden des Beitritts anzuwenden. Auf Antrag kann das Versicherungskennzeichen nach § 29e für das Verkehrsjahr 1991/1992 bereits für die Monate Januar und Februar 1991 ausgegeben werden mit der Wirkung, daß der Versicherungsnachweis auch für diese beiden Monate erbracht wird.

(37) Die zu den bisherigen Vorschriften der Deutschen Demokratischen Republik über die höchstzulässigen Abmessungen und Achslasten erteilten Ausnahmegenehmigungen gelten in dem in Artikel 3 des Vertrages genannten Gebiet bis spätestens 30. Juni 1991.

(38) Bei Fahrzeugen, die nach den bisherigen Vorschriften der Deutschen Demokratischen Republik einer Abgassonderuntersuchung unterzogen wurden, muß die erste Untersuchung nach § 47a spätestens ein Jahr nach der gemäß den Bestimmungen der Deutschen Demokratischen Republik erfolgten Untersuchung vorgenommen werden.

(39) Bei Fahrzeugen, die bislang einer Abgassonderuntersuchung nicht unterzogen wurden, ist die erste Untersuchung nach § 47a spätestens in dem Jahr und in dem Monat durchzuführen, der für die nächste vorgeschriebene Hauptuntersuchung nach § 29 maßgeblich ist.

(40) Abweichend von § 47b gelten Anerkennungen nach den bisherigen Vorschriften der Deutschen Demokratischen Republik noch bis 30. Juni 1991.

(41) §§ 35, 56 Abs. 2 Nr. 6 gelten für die ab 1. Juli 1991 erstmals in den Verkehr kommenden Fahrzeuge.

(42) § 57a gilt für die ab 1. Januar 1991 erstmals in den Verkehr kommenden Fahrzeuge.

(43) Fahrzeuge, die unter Beachtung der bisherigen Vorschriften der Deutschen Demokratischen Republik über Bau, Betrieb und Ausrüstung bis 31. Dezember 1990 erstmals in den Verkehr gekommen sind, gelten weiterhin als vorschriftsmäßig, wenn sie
1. spätestens bis zur nächsten vorgeschriebenen Hauptuntersuchung (§ 29) den Bestimmungen des § 35a Abs. 7 bis 9 (soweit geeignete Verankerungen vorhanden sind), §§ 35g, 35h, 36 Abs. 2a Satz 2 und 3, § 41 Abs. 14 sowie §§ 53a und 54b entsprechen,
2. spätestens bis 1. Juli 1991 den Bestimmungen der § 56 Abs. 3, §§ 57a, 58 entsprechen,
3. spätestens bis 31. Dezember 1997 der Vorschrift des § 41 Abs. 17 entsprechen.

(44) Das nach den bisherigen Vorschriften der Deutschen Demokratischen Republik vorgeschriebene Erste-Hilfe-Material gilt als vorschriftsmäßig im Sinne des § 35h. Die nach den bisherigen Vorschriften der Deutschen Demokratischen Republik vorgeschriebenen Feuerlöscher gelten als vorschriftsmäßig im Sinne des § 35g und die nach den bisherigen Vorschriften der Deutschen Demokratischen Republik vorgesehenen Warndreiecke und Warnleuchten als vorschriftsmäßig im Sinne des § 53a Abs. 1 und 2.

(45) Bereits im Verkehr befindliche sowie neu in den Verkehr kommende Fahrräder sind bis 31. Dezember 1992 mit Sicherungsmitteln gemäß § 67 Abs. 3 Satz 4, Abs. 4 Nr. 3 und Abs. 7 nachzurüsten.

(46) Die auf Grund der bisherigen Vorschriften der Deutschen Demokratischen Republik gebildeten Nachfolgeorganisationen des ehemaligen Staatlichen Amtes für Technische Überwachung dürfen als Überwachungsorganisationen im Sinne von Abschnitt 7 der Anlage VIII anerkannt werden. Die Vorschriften in 7.2.2 bis 7.2.6, 7.3 und 7.5 sind entsprechend anzuwenden.

(47) Abschnitt 7.7 der Anlage VIII ist auch auf den Träger der Technischen Prüfstelle in dem in Artikel 3 des Vertrages genannten Gebiet anzuwenden.

3. Achtundzwanzigste Verordnung über Ausnahmen von den Vorschriften der Straßenverkehrs-Zulassungs-Ordnung vom 22. April 1981 (BGBl. I S. 393), geändert durch Verordnung vom 14. Juni 1988 (BGBl. I S. 765),

mit folgender Maßgabe:

Sie gilt auch für nach den bisherigen Vorschriften der Deutschen Demokratischen Republik erteilte Fahrerlaubnisse der Klasse T und diesen Fahrerlaubnissen entsprechende Fahrerlaubnisse.

4. 37. Ausnahmeverordnung zur StVZO vom 19. Dezember 1988 (BGBl. I S. 2412)

mit folgender Maßgabe:

In § 1 entfallen die Worte „oder die mit Zweitaktmotor ausgerüstet sind“.

5. Fahrzeugteile-Verordnung in der im Bundesgesetzblatt Teil III, Gliederungsnummer 9232-6, veröffentlichten bereinigten Fassung, zuletzt geändert durch Verordnung vom 18. Februar 1986 (BGBl. I S. 265),

mit folgender Maßgabe:

Abweichend von § 4 ist für die Prüfung von Heizungen, Gleitschutzvorrichtungen, Scheiben aus Sicherheitsglas, Auflaufbremsen, mechanischen Verbindungseinrichtungen, Warneinrichtungen, Sicherheitsgurten, Rückhalteeinrichtungen für Kinder sowie Fahrtschreibern und Kontrollgeräten übergangsweise auch die Technische Prüfstelle der ehemaligen Deutschen Demokratischen Republik in Dresden zuständig.

6. Fahrzeugregisterverordnung vom 20. Oktober 1987 (BGBl. I S. 2305),

mit folgender Maßgabe:

Im örtlichen Fahrzeugregister dürfen auch für die Kraftfahrzeugbesteuerung notwendige Merkmale gespeichert werden. Diese Speicherung ist so bald wie möglich durch Verfahren abzulösen, die eine Speicherung im örtlichen Register entbehrlich machen, spätestens jedoch bis zum 31. Dezember 1994.

7. Kraftfahrsachverständigengesetz vom 22. Dezember 1971 (BGBl. I S. 2086), zuletzt geändert durch Gesetz vom 8. Juni 1989 (BGBl. I S. 1026),

mit folgender Maßgabe:

Die bis 31. März 1991 nach dem bisherigen Recht der Deutschen Demokratischen Republik erfolgten oder noch vorzunehmenden amtlichen Anerkennungen als Sachverständiger behalten ihre Gültigkeit und gelten als vorschriftsmäßige Anerkennungen im Sinne des Kraftfahrsachverständigengesetzes.

8.[1] Fahrlehrergesetz vom 25. August 1969 (BGBl. I S. 1336), zuletzt geändert durch Gesetz vom 8. Juni 1989 (BGBl. I S. 1026),

mit folgenden Maßgaben:

a) Die Voraussetzungen für die Erteilung der Fahrlehrerlaubnis (§ 2) richten sich bis zum 31. März 1991 nach bisherigem Recht der Deutschen Demokratischen Republik, sofern der Bewerber die Ausbildung vor dem Wirksamwerden des Beitritts begonnen hat.

b) Der Inhaber einer nach bisherigem Recht der Deutschen Demokratischen Republik erteilten Fahrlehrerlaubnis (gültiger Fahrlehrerschein) ist bis zum 31. Dezember 1992 berechtigt, Fahrschüler auszubilden (§§ 2, 8).

c) Die Beschränkung nach Buchstabe b entfällt, sobald sich der Inhaber der Fahrlehrerlaubnis einer Fortbildung von mindestens insgesamt vier Wochen in einer amtlich anerkannten Fahrlehrerausbil-

[1] Nr. 8 Buchst. a) geändert durch Art. 4 Nr. 7 der Vereinbarung vom 18. 9. 1990 (BGBl. II S. 1239, 1243).

dungsstätte oder einer von der zuständigen obersten Landesbehörde anerkannten Stelle mit Erfolg, der insbesondere durch eine theoretische Prüfung im Verhaltensrecht entsprechend der Richtlinie des Bundesministers für Verkehr vom 22. Januar 1987 (VkBl. S. 198) festzustellen ist, unterzogen hat.

d) Die notwendigen Anforderungen an die Fortbildung nach Buchstabe c werden durch Rechtsverordnung des Bundesministers für Verkehr ohne Zustimmung des Bundesrates nach Anhörung der zuständigen obersten Landesbehörden bestimmt.

e) Die nach bisherigem Recht der Deutschen Demokratischen Republik erteilten Fahrschul- und Zweigstellenerlaubnisse (Fahrschulstützpunkte) bleiben gültig (§§ 11, 14, 21).

f) Die nach bisherigem Recht der Deutschen Demokratischen Republik erteilten amtlichen Anerkennungen von Fahrlehrerausbildungsstätten bleiben gültig (§§ 22, 29).

9. Durchführungsverordnung zum Fahrlehrergesetz vom 16. September 1969 (BGBl. I S. 1763), zuletzt geändert durch Verordnung vom 23. Juli 1990 (BGBl. I S. 1484),

mit folgenden Maßgaben:

a) Die dem bisherigen Muster entsprechenden Fahrlehrerscheine gelten bis zum 31. Dezember 1992 weiter (§ 2).

b) Abweichend von § 4 genügt bis zum 30. Juni 1991, wenn die nach bisherigem Recht der Deutschen Demokratischen Republik erforderlichen Lehrmittel vorhanden sind.

c) Zur Ausbildung für die Klasse 1a dürfen bis zum 31. Oktober 1991 vorhandene Krafträder mit einer Motorleistung von mindestens 15 kW und zur Ausbildung für die Klasse 1b bis 31. Oktober 1991 vorhandene Krafträder mit einem Hubraum von mehr als 50 cm^3 bis einschließlich 150 cm^3 (§ 5 Abs. 1 Nr. 2 und 3) benutzt werden.

d) Zur Ausbildung für die Klasse 2 dürfen bis zum 30. September 1993 vorhandene Lastkraftwagen (Zugfahrzeuge) ohne Zweileitungsbremsanlage mit einem zulässigen Gesamtgewicht von mindestens 10 t benutzt werden (§ 5 Abs. 1 Nr. 4).

e) Zur Ausbildung für die Klasse 3 dürfen bis 31. Oktober 1993 vorhandene Personenkraftwagen mit einer durch die Bauart bestimmten Höchstgeschwindigkeit von mindestens 100 km/h benutzt werden (§ 5 Abs. 1 Nr. 5).

f) § 5 Abs. 2 Satz 1 ist bis zum 31. Oktober 1991 nicht anzuwenden.

g) Eine Betriebserlaubnis nach § 22 der Straßenverkehrs-Zulassungs-Ordnung (§ 5 Abs. 2 Satz 2) ist für die Doppelbedienungseinrichtung in Ausbildungsfahrzeugen, die vor dem 1. Januar 1991 zugelassen worden sind, bis zum 30. September 1993 nicht erforderlich.

h) § 5 Abs. 2 Satz 3 ist bis zum 30. Juni 1991 nicht anzuwenden.

i) Abweichend von § 7 Abs. 1 Satz 1 Nr. 1 genügt bis zum 31. Dezember 1993, wenn eine Lehrkraft mit nach bisherigem Recht der Deutschen Demokratischen Republik abgeschlossener juristischer Ausbildung zur Verfügung steht.

j) Abweichend von § 9 genügt bis zum 30. Juni 1991, wenn die nach bisherigem Recht der Deutschen Demokratischen Republik erforderlichen Lehrmittel vorhanden sind.

k) Für die Lehrfahrzeuge nach § 10 gelten die Maßgaben nach Buchstaben c bis h.

10. Fahrlehrer-Ausbildungsordnung vom 13. Mai 1977 (BGBl. I S. 733), geändert durch Verordnung vom 20. November 1987 (BGBl. I S. 2387),

mit folgender Maßgabe:

Eine begonnene Ausbildung kann nach den bisherigen Vorschriften zu Ende geführt werden (§§ 2, 3, 4).

11. Prüfungsordnung für Fahrlehrer vom 27. Juli 1979 (BGBl. I S. 1263), geändert durch Verordnung vom 9. Dezember 1980 (BGBl. I S. 2240),

mit folgender Maßgabe:

Abweichend von § 2 Nr. 1 genügt bis zum 31. Dezember 1993, wenn dem Prüfungsausschuß ein Mitglied mit nach bisherigem Recht der Deutschen Demokratischen Republik abgeschlossener juristischer Ausbildung angehört.

12. Fahrschüler-Ausbildungsordnung vom 31. Mai 1976 (BGBl. I S. 1366), zuletzt geändert durch Verordnung vom 23. Juli 1990 (BGBl. I S. 1484),

mit folgenden Maßgaben:

a) Die Schulung auf Autobahnen oder Kraftfahrstraßen (§ 5 Abs. 3 Satz 1 Nr. 2) kann durch eine zusätzliche zeitgleiche Schulung auf Bundes- oder Landstraßen ersetzt werden, wenn die nächste Ausfahrt mehr als 30 km vom Sitz der Fahrschule entfernt ist.

b) § 5 Abs. 5 ist bis zum 31. Oktober 1991 nicht anzuwenden.

13. Gebührenordnung für Maßnahmen im Straßenverkehr vom 26. Juni 1970 (BGBl. I S. 865, 1298), zuletzt geändert durch Verordnung vom 23. März 1990 (BGBl. I S. 572),

mit folgender Maßgabe:

Bis zum 31. Dezember 1992 können die zuständigen obersten Landesbehörden oder bezüglich der Gebühren des Bundes der Bundesminister für Verkehr die Gebührensätze bis zu 40 vom Hundert ermäßigen.

14. Straßenverkehrs-Ordnung vom 16. November 1970 (BGBl. I S. 1565, 1971 I S. 38), zuletzt geändert durch Verordnung vom 9. November 1989 (BGBl. I S. 1976),

mit folgenden Maßgaben:

a) Die Verordnung tritt am 1. Januar 1991 in Kraft.

b) § 3 Abs. 3 Nr. 2 Buchstabe c Satz 1 tritt am 1. Januar 1993 in Kraft.

c) § 3 Abs. 3 Nr. 2 Buchstabe c Satz 2 in Verbindung mit Satz 1 tritt am 1. Januar 1992 in Kraft.

d) Das Zeichen 401 - Bundesstraßennummernschild - im Sinne des § 12 Abs. 3 Ziff. 8 Buchstabe a steht dem Zeichen 306 – Vorfahrtstraße – gleich.

e) Die besonderen Regeln für die Truppen nichtdeutscher Vertragsstaaten des Nordatlantikpaktes gelten auch für andere in dem in Artikel 3 genannten Gebiet stationierte Streitkräfte.

f) Für bestehende Lichtsignalanlagen ist die Farbfolge GRÜN – GRÜN/GELB – GELB – ROT – ROT/GELB weiterhin zulässig; das Lichtzeichen GRÜN/GELB hat dann die Bedeutung des Lichtzeiches GRÜN im Sinne des § 37 Abs. 2 Ziff. 1. Für die Lichtsignalanlagen, die nach Wirksamwerden des Beitritts neu errichtet oder umgerüstet werden, ist ausschließlich die Farbfolge gemäß § 37 Abs. 2 zulässig.

g) Lichtanlagen können bis zum 31. Dezember 1992 abweichend von § 37 Abs. 2 Ziff. 3 auch rotes Blinklicht zeigen. Das rote Blinklicht hat dann die Bedeutung „HALT".

h) Neben den in den §§ 39 bis 43 geregelten Verkehrszeichen bleiben diejenigen Verkehrszeichen der Anlage 2 der Straßenverkehrs-Ordnung vom 26. Mai 1977 (GBl. I Nr. 20 S. 257), zuletzt geändert durch Verordnung vom 9. September 1986 (GBl. I Nr. 31 S. 417), gültig, die in ihrer Ausführung dem Sinn der in §§ 39 bis 43 geregelten Verkehrszeichen entsprechen. Es gelten die Bestimmungen der §§ 39 bis 43.

Die bis zum Wirksamwerden des Beitritts aufgestellten Verkehrszeichen gemäß Anlage 2 zur Straßenverkehrs-Ordnung der Deutschen Demokratischen Republik, die nicht in den §§ 39 bis 43 geregelt sind, bleiben mit hinweisendem Charakter gültig.

15. Personenbeförderungsgesetz in der Fassung der Bekanntmachung vom 8. August 1990 (BGBl. I S. 1690)

mit folgenden Maßgaben:

a) § 13 Abs. 4, §§ 46, 48, 49, 51 Abs. 3 und 5 treten am 1. Januar 1993 in Kraft.

b) Bis zum 31. Dezember 1991 gelten die in der Anlage zu § 2 Abs. 2 der Verordnung über die Aufhebung bzw. Beibehaltung von Rechtsvorschriften auf dem Gebiet der Preise vom 25. Juni 1990 (GBl. I Nr. 37 S. 472) aufgeführten staatlichen Preisregelungen für den Straßenbahn-, O-Bus- und Linienverkehr mit Kraftfahrzeugen als genehmigte Beförderungsentgelte im Sinne von § 39 Abs. 1.

c) § 45 a tritt am 1. Januar 1992 in Kraft.

d) Für Unternehmen, die bei Wirksamwerden des Beitritts zu genehmigungspflichtigen Beförderungen berechtigt sind, gilt die Genehmigung bis längstens 31. Dezember 1991 als erteilt. Die Weiterführung des Unternehmens nach diesem Zeitpunkt setzt die rechtzeitige Einholung der Genehmigung nach dem Personenbeförderungsgesetz voraus.

e) Genehmigungen, die Unternehmen gemäß § 3 der Verordnung über den gewerblichen Personenverkehr vom 20. Juni 1990 (GBl. I

Nr. 40 S. 574) erhalten haben, gelten bis zum Ablauf ihrer Gültigkeit fort.

f) Genehmigungen für den Vertragsverkehr gemäß § 1 Abs. 1 in Verbindung mit § 2 der Verordnung über den gewerblichen Personenverkehr vom 20. Juni 1990 (GBl. I Nr. 40 S. 574) gelten als Genehmigungen für Sonderformen des Linienverkehrs gemäß § 2 Abs. 1 Nr. 3 in Verbindung mit § 43 fort, soweit sie nicht auf Grund der Freistellungsverordnung vom 30. August 1962 (BGBl. I S. 601), zuletzt geändert durch Verordnung vom 30. Juni 1989 (BGBl. I S. 1273), von den Vorschriften des Personenbeförderungsgesetzes freigestellt sind.

g) Anhängige Verfahren zum Bau oder zur Änderung von Betriebsanlagen für Straßenbahnen in dem in Artikel 3 genannten Gebiet werden nach dem Personenbeförderungsgesetz zu Ende geführt, wenn eine abschließende Sachentscheidung vor Wirksamwerden des Beitritts noch nicht ergangen ist.

16. Verordnungen über den Ausgleich gemeinwirtschaftlicher Leistungen im Straßenpersonenverkehr vom 2. August 1977 (BGBl. I S. 1460), geändert durch Verordnung vom 30. Juni 1989 (BGBl. I S. 1273),

mit folgender Maßgabe:

Die Verordnung tritt am 1. Januar 1992 in Kraft.

17. Fünfte Verordnung über die durchschnittlichen verkehrsspezifischen Kosten nach dem Personenbeförderungsgesetz vom 10. April 1990 (BGBl. I S. 741)

mit folgender Maßgabe:

Die Verordnung tritt am 1. Januar 1992 in Kraft.

18. Güterkraftverkehrsgesetz in der Fassung der Bekanntmachung vom 10. März 1983 (BGBl. I S. 256), zuletzt geändert durch Gesetz vom 28. Juni 1990 (BGBl. I S. 1221),

mit folgenden Maßgaben:

a) Genehmigungen für den Güterfernverkehr, Erlaubnisse für den Güternahverkehr und für den Umzugsverkehr, Bescheinigungen über die Bestimmung eines Standortes sowie Meldebestätigungen für die im Werkfernverkehr verwendeten Kraftfahrzeuge, die auf Grund der Verordnung über den Güterkraftverkehr vom 20. Juni 1990 (GBl. I Nr. 40 S. 580) erteilt worden sind, gelten als Genehmigungen, Erlaubnisse, Standortbescheinigungen und Meldebestätigungen im Sinne des Güterkraftverkehrsgesetzes. Eine Zulassung als Abfertigungsspediteur nach der Verordnung über den Güterkraftverkehr gilt als Bestellung zum Abfertigungsspediteuer im Sinne des Güterkraftverkehrsgesetzes.

b) Ortsmittelpunkte, die auf Grund der Verordnung über den Güterkraftverkehr von der zuständigen Kreisverwaltung bestimmt worden sind, gelten als Ortsmittelpunkte im Sinne des Güterkraftverkehrsgesetzes.

c) Die Bestimmungen des Güterkraftverkehrsgesetzes für die Deutsche Bundesbahn gelten auch für die Deutsche Reichsbahn.

d) Die fachliche Eignung braucht ein Antragsteller mit Sitz oder Niederlassung in dem in Artikel 3 des Vertrages genannten Gebiet nicht nachzuweisen, wenn er dort mindestens zwei Jahre lang Güterkraftverkehr für andere betrieben hat. Diese Regelung gilt bis zum 31. Dezember 1991.

e) Bis zum 31. Dezember 1991 kann die Genehmigung nach § 8 in dem in Artikel 3 des Vertrages genannten Gebiet mit der Bedingung erteilt werden, daß die Genehmigungsvoraussetzungen nach § 10 Abs. 1 Nr. 2 und 3 innerhalb von sechs Monaten nach Genehmigungserteilung nachzuweisen sind.

f) Der Bundesminister für Verkehr wird ermächtigt, durch Rechtsverordnung ohne Zustimmung des Bundesrates bis zu einer Neufestsetzung der Höchstzahlen nach § 9 Abs. 1 für das in Artikel 3 des Vertrages genannte Gebiet unter Berücksichtigung des öffentlichen Verkehrsbedürfnisses und der Verkehrssicherheit vorläufige Höchstzahlen festzusetzen.

Sachgebiet C: Luftfahrt

Abschnitt II

Bundesrecht wird wie folgt geändert:

Verordnung über die Erhebung von Gebühren für die Inanspruchnahme von Diensten und Einrichtungen der Flugsicherung beim An- und Abflug vom 28. September 1989 (BGBl. I S. 1809)

In § 1 Abs. 1 werden nach dem Wort „Flughäfen" die Worte „Berlin-Schönefeld,", nach dem Wort „Bremen" das Wort „Dresden,", nach dem Wort „Düsseldorf" das Wort „Erfurt," und nach den Worten „Köln/Bonn" das Wort „Leipzig," eingefügt.

Abschnitt III

Bundesrecht tritt in dem in Artikel 3 des Vertrages genannten Gebiet mit folgenden Maßgaben in Kraft:

1. Luftverkehrsgesetz in der Fassung der Bekanntmachung vom 14. Januar 1981 (BGBl. I S. 61), zuletzt geändert durch Gesetz vom 28. Juni 1990 (BGBl. I S. 1221),

mit folgenden Maßgaben:

a) Die §§ 33 bis 56 finden nur auf solche Schadensereignisse Anwendung, die nach dem Wirksamwerden des Beitritts eingetreten sind.

b) Der Bundesminister für Verkehr wird ermächtigt, für einen Zeitraum von drei Jahren ab Wirksamwerden des Beitritts Aufgaben nach § 31 Abs. 2, die von den in Artikel 3 genannten Ländern wahrzunehmen wären, auf andere Luftfahrtbehörden zu übertragen.

2. Luftverkehrs-Zulassungs-Ordnung in der Fassung der Bekanntmachung vom 13. März 1979 (BGBl. I S. 308), zuletzt geändert durch Verordnung vom 21. Juli 1986 (BGBl. I S. 1097),

mit folgender Maßgabe:

Nach den bisher geltenden Vorschriften der Deutschen Demokratischen Republik erteilte gültige Erlaubnisse und Berechtigungen für Luftfahrer werden unter Berücksichtigung aller erworbenen Befähigungen bis zum Ablauf des Jahres 1991 von den zuständigen Behörden gemäß § 28 auf Antrag umgeschrieben.

3. Flugsicherungs-Streckengebührenverordnung vom 14. April 1984 (BGBl. I S. 629), zuletzt geändert durch Verordnung vom 10. September 1986 (BGBl. I S. 1524)

und

4. Verordnung über die Erhebung von Gebühren für die Inanspruchnahme von Diensten und Einrichtungen der Flugsicherung beim An- und Abflug vom 28. September 1989 (BGBl. I S. 1809)

jeweils mit folgender Maßgabe:

Bei den unter Nummern 3 und 4 genannten Rechtsvorschriften sind Flüge militärischer Luftfahrzeuge der Warschauer Vertragsstaaten denen der NATO-Mitgliedstaaten gebührenrechtlich gleichgestellt.

Sachgebiet D: Seeverkehr

Abschnitt II

Bundesrecht wird wie folgt aufgehoben, geändert oder ergänzt:

1. Seeunfalluntersuchungsgesetz vom 6. Dezember 1985 (BGBl. I S. 2146), geändert durch Gesetz vom 16. Dezember 1986 (BGBl. I S. 2441)

a) In § 5 Abs. 1 Satz 2 werden die Worte „und Kiel" ersetzt durch die Worte, „Kiel und Rostock".
b) § 12 Abs. 2 Satz 2 und § 14 Abs. 4 Satz 3 werden aufgehoben.
c) Dem § 19 wird folgender Absatz 8 angefügt:
„(8) Befähigungszeugnisse, Zulassungen als Seelotse und Fahrerlaubnisse für Sportboote, die von einer Behörde der Deutschen Demokratischen Republik ausgestellt sind, gelten im Sinne dieser Vorschrift als von einer Behörde der Bundesrepublik Deutschland ausgestellt, es sei denn, der Seeunfall hat sich vor dem Wirksamwerden des Beitritts des in Artikel 3 des Vertrages genannten Gebiets ereignet."

2. Verordnung zur Durchführung des Seeunfalluntersuchungsgesetzes vom 5. Juni 1986 (BGBl. I S. 860)

In § 1 Nr. 4 wird der Punkt am Ende durch ein Semikolon ersetzt, und es wird folgende Nummer 5 angefügt:

„5. das Seeamt Rostock für Seeunfälle, die im Zuständigkeitsbereich des Wasser- und Schiffahrtsamtes Stralsund sowie in den angrenzenden Häfen eingetreten sind".

3. Allgemeine Lotsverordnung vom 21. April 1987 (BGBl. I S. 1290)

In §§ 1 und 3 Nr. 2 wird jeweils nach dem Wort „Trave" das Wort „und" durch ein Komma ersetzt, und es wird nach den Worten „Flensburger Förde" jeweils angefügt: „Wismar, Rostock und Stralsund".

4. Seeschiffahrtsstraßen-Ordnung in der Fassung der Bekanntmachung vom 15. April 1987 (BGBl. I S. 1266), geändert durch Verordnung vom 8. August 1989 (BGBl. I S. 1583)

In der Anlage I Abschnitt I – Sichtzeichen – wird der Unterabschnitt B 9 – Bezeichnung der Grenze zur Deutschen Demokratischen Republik in der Lübecker Bucht – aufgehoben.

5. Verordnung über die Besatzung von Schiffen unter fremder Flagge vom 28. Oktober 1981 (BGBl. I S. 1163), geändert durch Verordnung vom 20. März 1985 (BGBl. I S. 585)

§ 1 Satz 2 wird wie folgt gefaßt:

„Die völkerrechtlichen Regeln über die friedliche Durchfahrt durch das Küstenmeer bleiben unberührt."

Abschnitt III

Bundesrecht tritt in dem in Artikel 3 des Vertrages genannten Gebiet mit folgenden Maßgaben in Kraft:

1. Flaggenrechtsgesetz in der Fassung der Bekanntmachung vom 4. Juli 1990 (BGBl. I S. 1342)

mit folgender Maßgabe:

Die nach den bisherigen Vorschriften der Deutschen Demokratischen Republik ausgestellten Ausweise über das Recht zur Führung der Staatsflagge der Deutschen Demokratischen Republik gelten längstens für die Dauer von sechs Monaten nach Wirksamwerden des Beitritts als Ausweise über die Berechtigung zur Führung der Bundesflagge; das Bundesamt für Seeschiffahrt und Hydrographie kann auf Antrag auf dem Ausweis oder einer beglaubigten Abschrift oder Ablichtung des Ausweises einen entsprechenden Vermerk anbringen.

2. Seeunfalluntersuchungsgesetz vom 6. Dezember 1985 (BGBl. I S. 2146), geändert durch Gesetz vom 16. Dezember 1986 (BGBl. I S. 2441),

mit folgenden Maßgaben:

a) Die bei Wirksamwerden des Beitritts bei der Seekammer oder Großen Seekammer oder dem Seefahrtsamt der Deutschen Demokratischen Republik anhängigen nicht abgeschlossenen Untersuchungsverfahren stehen einer erneuten Untersuchung nicht entgegen.

b) § 26 bezieht sich auch auf die Gesetze der in Artikel 3 genannten Länder, die über Vereinbarungen mit dem Bund über die Ausübung der schiffahrtspolizeilichen Vollzugsaufgaben erlassen werden.

3. Verordnung zur Durchführung des Seeunfalluntersuchungsgesetzes vom 5. Juni 1986 (BGBl. I S. 860)

mit folgender Maßgabe:

Bei der Anwendung der §§ 5 und 6 werden auch die Personen berücksichtigt, die in der „Liste der Beisitzer der Seekammern" der Deutschen Demokratischen Republik erfaßt sind.

4. Gesetz über das Seelotswesen in der Fassung der Bekanntmachung vom 13. September 1984 (BGBl. I S. 1213), zuletzt geändert durch Gesetz vom 16. Dezember 1986 (BGBl. I S. 2441),

mit folgenden Maßgaben:

a) Die Grenzen der neuen Seelotsreviere nach § 5 Abs. 1, die Grenzen der neuen Fahrtgebiete nach § 43 Nr. 1 sowie die für die neuen Seelotsreviere geltenden Lotsabgaben und Lotsgelder nach § 45 Abs. 2 werden vom Bundesminister für Verkehr durch Bekanntmachung im Bundesanzeiger bestimmt.

b) Die nach den bisher geltenden Rechtsvorschriften der Deutschen Demokratischen Republik über das Lotswesen erteilten Lotsenzulassungen gelten als Bestallungen und Erlaubnisse nach diesem Gesetz.

c) Bei der Anwendung von § 45 Abs. 3 Satz 2 ist während eines Zeitraums von fünf Jahren nach Wirksamwerden des Beitritts das öffentliche Interesse an der Förderung des Verkehrs zu berücksichtigen.

5. Allgemeine Lotsverordnung vom 21. April 1987 (BGBl. I S. 1290) mit folgenden Maßgaben:

a) § 6 findet in dem in Artikel 3 genannten Gebiet keine Anwendung.

b) Während eines Zeitraums von zwei Jahren ab Wirksamwerden des Beitritts wird der Lotsversetzbetrieb von dem bisherigen Unternehmen fortgeführt.

6. Seelotsuntersuchungsordnung vom 5. März 1959 (BGBl. II S. 202), zuletzt geändert durch Verordnung vom 19. Dezember 1975 (BGBl. 1976 I S. 9),

mit folgender Maßgabe:

Zuständig nach § 3 Abs. 1 sind auch die dafür im Bundesanzeiger bekanntgemachten Vertrauensärzte.

7. Schiffssicherheitsverordnung vom 8. Dezember 1986 (BGBl. I S. 2361), geändert durch Verordnung vom 26. Juni 1987 (BGBl. I S. 1570),

mit folgenden Maßgaben:

a) Bei Schiffen, die bei Wirksamwerden des Beitritts die Staatsflagge der Deutschen Demokratischen Republik geführt haben, gelten die Anforderungen dieser Verordnung in der an diesem Tage geltenden Fassung als erfüllt, soweit diese Schiffe den bisher für sie geltenden Vorschriften und technischen Regeln entsprechen. Die nach den bisherigen Vorschriften der Deutschen Demokratischen Republik ausgestellten Zeugnisse entsprechend § 13 dieser Verordnung gelten als Zeugnisse im Sinne dieser Vorschrift, sofern innerhalb von drei Monaten nach Wirksamwerden des Beitritts ein Antrag auf Erteilung eines neuen Zeugnisses im Sinne von § 13 gestellt wird.

Die Erteilung ist in diesem Fall gebührenfrei. Amtliche Zulassungen, Prüfungen und deren Kennzeichnung für auf den genannten Schiffen vorhandene Anordnungen, Einrichtungen, Anlagen, Geräte, Instrumente, Rettungsmittel, Aussetzungsvorrichtungen, Bauteile und Werkstoffe sowie Tagebücher, die auf Grund internationaler Vorschriften an Bord zu führen sind, gelten als Zulassungen, Prüfungen und deren Kennzeichnung sowie als Tagebücher im Sinne dieser Verordnung. Besichtigungen im Sinne des § 11 finden nicht allein deshalb statt, weil das Schiff infolge dieses Vertrages das Recht zur Führung der Bundesflagge erhält.

b) Bei Schiffsbauwerken, deren Kiel in dem in Artikel 3 genannten Gebiet vor Wirksamwerden des Beitritts gelegt war, gelten die Anforderungen dieser Verordnung in der an diesem Tage geltenden Fassung als erfüllt, soweit diese Schiffsbauwerke den bisher für sie geltenden Vorschriften und technischen Regeln entsprechen.

8. Seeschiffahrtsstraßen-Ordnung in der Fassung der Bekanntmachung vom 15. April 1987 (BGBl. I S. 1266), geändert durch Verordnung vom 8. August 1989 (BGBl. I S. 1583),

mit folgender Maßgabe:

Sämtliche bisherigen Seegewässer der Deutschen Demokratischen Republik gelten bis zu einer anderweitigen Regelung als Seeschifffahrtsstraßen im Sinne dieser Verordnung.

9. Schiffsvermessungsverordnung vom 5. Juli 1982 (BGBl. I S. 916, 1169), zuletzt geändert durch Verordnung vom 3. September 1990 (BGBl. I S. 1993),

mit folgenden Maßgaben:

Für Schiffe, die bis zum Wirksamwerden des Beitritts zur Führung der Staatsflagge der Deutschen Demokratischen Republik berechtigt waren, sowie für Sport- und Vergnügungsfahrzeuge, die bis zum Wirksamwerden des Beitritts nach einem vereinfachten Verfahren vermessen wurden, gelten die Meßbriefe und amtlich erteilten Vermessungsbescheinigungen als Meßbriefe und Bescheinigungen im Sinne von § 9, sofern innerhalb von drei Monaten nach Wirksamwerden des Beitritts ein Antrag auf Erteilung eines neuen Zeugnisses im Sinne von § 9 gestellt wird. Die Erteilung ist in diesem Fall gebührenfrei.

10. Sportbootführerscheinverordnung-See vom 20. Dezember 1973 (BGBl. I S. 1988), zuletzt geändert durch Verordnung vom 8. August 1989 (BGBl. I S. 1583),

mit folgenden Maßgaben:

a) Die bisher erteilten und gültigen Befähigungsnachweise für das Führen von Sportbooten gelten als Sportbootführerscheine im Sinne dieser Verordnung.

b) Die privaten Organisationen in dem in Artikel 3 genannten Gebiet für die Ausübung des Wassersports im Seebereich wirken bei der Erfüllung der Aufgaben nach §§ 4 und 6 mit, sofern die erforderlichen Voraussetzungen dafür gegeben sind.

11. Seetagebuchverordnung vom 8. Februar 1985 (BGBl. I S. 306)
mit folgender Maßgabe:
Von Schiffen der Deutschen Demokratischen Republik an Bord geführte Schiffstagebücher und Maschinentagebücher dürfen bis zu einer Neuregelung, mindestens für ein Jahr nach Wirksamwerden des Beitritts, als Seetagebücher im Sinne der Verordnung weitergeführt werden.

12. Ölhaftungsbescheinigungs-Verordnung vom 10. Juni 1975 (BGBl. I S. 1337), zuletzt geändert durch Verordnung vom 26. Oktober 1989 (BGBl. I S. 1922),
mit folgender Maßgabe:
Die vor Wirksamwerden des Beitritts nach den bisherigen Vorschriften der Deutschen Demokratischen Republik ausgestellten Ölhaftungszertifikate gelten bis zum Ablauf ihrer Gültigkeit als Ölhaftungsbescheinigungen.

13. Schiffsbesetzungsverordnung vom 4. April 1984 (BGBl. I S. 523), zuletzt geändert durch Verordnung vom 18. Dezember 1989 (BGBl. I S. 2457),
mit folgenden Maßgaben:

a) Als Schiffsbesatzungszeugnisse im Sinne von § 4 gelten bis zum Ablauf ihrer Gültigkeitsdauer, längstens jedoch ein Jahr nach dem Wirksamwerden des Beitritts, auch die nach den bisherigen Vorschriften der Deutschen Demokratischen Republik ausgestellten und gültigen Zeugnisse über die Zusammensetzung der Schiffsbesatzung. Vor Ablauf der genannten Frist ist ein Antrag nach § 4 auf Erteilung eines Schiffsbesatzungszeugnisses zu stellen. Die Erteilung ist in diesem Fall gebührenfrei.

b) Die vor Wirksamwerden des Beitritts nach den bisherigen Vorschriften der Deutschen Demokratischen Republik ausgestellten und gültigen Befähigungszeugnisse und sonstigen Qualifikationsnachweise von Kapitänen, Schiffsoffizieren und anderen Besatzungsmitgliedern für die Besetzung von Schiffen gelten als Befähigungszeugnisse und Qualifikationsnachweise nach dieser Verordnung entsprechend.

14. Schiffsoffizier-Ausbildungsverordnung vom 11. Februar 1985 (BGBl. I S. 323), geändert durch Verordnung vom 18. Dezember 1989 (BGBl. I S. 2457),
Schiffsmechaniker-Ausbildungsverordnung vom 24. März 1983 (BGBl. I S. 338), zuletzt geändert durch Verordnung vom 23. März 1988 (BGBl. I S. 402), und
Schiffsbetriebsmeister-Verordnung vom 18. April 1978 (BGBl. I S. 514)
mit folgenden Maßgaben:

a) Die Vorschriften der Verordnungen, die organistorische Änderungen im Bildungs- und Berufsbildungsbereich voraussetzen, werden erst dann angewendet, wenn die Voraussetzungen hierfür gegeben sind.

b) Als Befähigungsnachweise im Sinne der Schiffsoffizier-Ausbildungsverordnung gelten auch die entsprechenden vor Wirksamwerden des Beitritts nach den bisherigen Vorschriften der Deutschen Demokratischen Republik ausgestellten und gültigen Befähigungszeugnisse, Berechtigungsscheine und Qualifikationsnachweise mit den damit verbundenen Befugnissen.

c) Die vor Wirksamwerden des Beitritts nach den bisherigen Vorschriften der Deutschen Demokratischen Republik erworbenen Qualifikationen werden bei Anwendung der Verordnungen von der zuständigen Stelle als Zulassungsvoraussetzungen im Sinne dieser Verordnungen entsprechend anerkannt.

15. Verordnung über die Krankenfürsorge auf Kauffahrteischiffen vom 25. April 1972 (BGBl. I S. 734), geändert durch Verordnung vom 8. Dezember 1987 (BGBl. I S. 2553),

mit folgenden Maßgaben:

a) Bei Schiffen, die im Zeitpunkt des Wirksamwerdens des Beitritts zur Führung der Staatsflagge der Deutschen Demokratischen Republik berechtigt oder in dem in Artikel 3 genannten Gebiet auf Kiel gelegt waren, gelten die Vorschriften des Zweiten Abschnitts, soweit sie den bisherigen Vorschriften der Deutschen Demokratischen Republik entsprechen, als erfüllt; im übrigen kann die See-Berufsgenossenschaft Änderungen zur Anpassung der Schiffe an die Vorschriften dieser Verordnung anordnen.

b) Die vor Wirksamwerden des Beitritts nach den bisherigen Vorschriften der Deutschen Demokratischen Republik ausgestellten Zeugnisse über die medizinische Schiffsausrüstung gelten bis zum Ablauf ihrer Gültigkeit als Zeugnisse im Sinne dieser Verordnung entsprechend.

16. Verordnung über die Seediensttauglichkeit vom 19. August 1970 (BGBl. I S. 1241), geändert durch Verordnung vom 9. September 1975 (BGBl. I S. 2507),

mit folgender Maßgabe:

Die vor Wirksamwerden des Beitritts nach den bisherigen Vorschriften der Deutschen Demokratischen Republik ausgestellten Gesundheitszeugnisse gelten bis zum Ablauf ihrer Gültigkeit als Zeugnisse im Sinne dieser Verordnung.

17. Seemannsamtsverordnung vom 21. Oktober 1981 (BGBl. I S. 1146) mit folgender Maßgabe:

Die nach den bisherigen Vorschriften der Deutschen Demokratischen Republik ausgestellten Musterrollen sind spätestens ein Jahr und die gültigen Seefahrtsbücher spätestens drei Jahre nach Wirksamwerden des Beitritts zu schließen und durch Seefahrtbücher und Musterrollen nach dieser Verordnung zu ersetzen. Die Seemannsämter bringen auf Antrag in diesen Dokumenten einen Vermerk an, aus dem ihre einstweilige Gültigkeit im Sinne dieser Verordnung hervorgeht.

18. Verordnung über die Übermittlung schiffahrtsgeschäftlicher Unterlagen an ausländische Stellen vom 14. Dezember 1966 (BGBl. II S. 1542)

mit folgender Maßgabe:

Der Genehmigungspflicht unterliegt auch die Übermittlung von Unterlagen, die sich auf das Schiffahrtsgeschäft vor dem Wirksamwerden des Beitritts beziehen.

Sachgebiet E: Binnenschiffahrt und Wasserstraßen

Abschnitt III

Bundesrecht tritt in dem in Artikel 3 des Vertrages genannten Gebiet mit folgenden Maßgaben in Kraft:

1. Binnenschiffs-Untersuchungsordnung vom 17. März 1988 (BGBl. I S. 238)

mit folgenden Maßgaben:

a) Die Verordnung gilt für alle Binnenschiffe, deren Kiel nach Wirksamwerden des Beitritts gelegt wird; auf bestehende Schiffe ist sie in der Weise anzuwenden, daß eine Anpassung der technischen Anforderungen an die geltenden Bestimmungen baldmöglichst erfolgt; übergangsweise können jedoch die technischen Vorschriften als erfüllt gelten, wenn die für diese Schiffe bisher geltenden Vorschriften eingehalten sind; dies gilt jedoch längstens bis zu dem in Artikel 8 Abs. 2 der Richtlinie 82/714/EWG des Rates genannten Endtermin am 1. Juli 1998.

b) Die Schiffszeugnisse (Klassedokumente), die nach den bisherigen Vorschriften der Deutschen Demokratischen Republik ausgestellt wurden, gelten bis zum Ablauf ihrer Gültigkeit im bisherigen räumlichen Geltungsbereich sowie auf den Wasserstraßen, die zum Geltungsbereich der Binnenschiffahrtsstraßen-Ordnung gehören, weiter.

c) Die nach den bisherigen Vorschriften der Deutschen Demokratischen Republik ausgestellten Schiffsstellenpläne gelten weiter, jedoch nicht länger als bis zum Ablauf der Gültigkeit der Schiffszeugnisse.

2. Verordnung über die Eichung von Binnenschiffen vom 30. Juni 1975 (BGBl. I S. 1785), zuletzt geändert durch Verordnung vom 11. September 1989 (BGBl. I S. 1665),

mit folgender Maßgabe:

Die nach den bisher geltenden Vorschriften der Deutschen Demokratischen Republik ausgestellten Eichscheine gelten bis zum Ablauf ihrer Gültigkeit weiter.

3. Gesetz über Schifferdienstbücher in der im Bundesgesetzblatt Teil III, Gliederungsnummer 9503-4 veröffentlichten bereinigten Fassung, zuletzt geändert durch Gesetz vom 21. April 1986 (BGBl. I S. 551),

mit folgender Maßgabe:

Die nach den bisherigen Vorschriften der Deutschen Demokratischen Republik ausgestellten Schifferdienstbücher gelten als Schifferdienstbücher im Sinne dieses Gesetzes.

4. Binnenschifferpatentverordnung vom 7. Dezember 1981 (BGBl. I S. 1333), zuletzt geändert durch Verordnung vom 13. September 1988 (BGBl. I S. 1745),

mit folgender Maßgabe:

Die nach den bisherigen Vorschriften der Deutschen Demokratischen Republik erteilten Befähigungszeugnisse und Berechtigungsscheine gelten als Befähigungszeugnisse im Sinne der Verordnung. Sie behalten ihre Gültigkeit für die Fahrzeugart und -größe, für die sie erteilt wurden und im darin eingetragenen Geltungsbereich. Für den Umtausch und die Erweiterung der Befähigungszeugnisse und Berechtigungsscheine ist § 29 entsprechend anzuwenden.

5. Verordnung zur Einführung der Binnenschiffahrtsstraßen-Ordnung vom 1. Mai 1985 (BGBl. I S. 734) und die Binnenschiffahrtsstraßen-Ordnung (Anhang zur vorstehend genannten Verordnung), zuletzt geändert durch Verordnung vom 13. September 1988 (BGBl. I S. 1745),

mit folgenden Maßgaben:

a) Die Binnenschiffahrtsstraßen-Ordnung gilt auf den Grenzgewässern der Oder und Neiße nur insoweit, als völkerrechtliche Verpflichtungen dem nicht entgegenstehen.

b) Die Sonderbestimmungen für einzelne Wasserstraßen gemäß Kapitel X bis XVII sowie der Anlage 12 bis 14 der Binnenwasserstraßen-Verkehrsordnung (BWVO) der Deutschen Demokratischen Republik vom 5. Mai 1989 (Sonderdruck Nr. 1318 des GBl.) in der Fassung der Anordnung von Nr. 2 vom 30. März 1990 (Sonderdruck Nr. 1318/1 des Gesetzblattes) gelten zusätzlich.

c) Für die Wasserstraßen in dem Teil Berlins, in dem das Grundgesetz schon bisher galt, gelten die dort bestehenden Sondervorschriften weiter.

6. Sportbootführerscheinverordnung-Binnen vom 22. März 1989 (BGBl. I S. 536, 1102)

mit folgenden Maßgaben:

a) Die nach den bisherigen Vorschriften der Deutschen Demokratischen Republik erteilten Befähigungsnachweise für Sport- und Hausboote gelten als Sportbootführerscheine im Sinne dieser Verordnung.

b) Für die Fahrerlaubnispflicht gilt § 3 Abs. 1 Nr. 2 dieser Verordnung auf den Wasserstraßen gemäß Kapitel IX bis XVII der Binnenwasserstraßen-Verkehrsordnung (BWVO) der Deutschen Demokratischen Republik (Sonderdruck Nr. 1318 des Gesetzblattes) in der Fassung der Anordnung Nr. 2 vom 30. März 1990 (Sonderdruck Nr. 1318/1 des Gesetzblattes); für die Wasserstraßen im Land Berlin einschließlich des Teils, in dem das Grundgesetz bisher nicht galt, gilt jedoch abweichend § 2 Abs. 1 dieser Verordnung.

c) Für die Umschreibung von Befähigungszeugnissen gilt § 8 Satz 2 dieser Verordnung entsprechend.

d) Der bisher in der Deutschen Demokratischen Republik zur Erteilung von Befähigungsnachweisen berechtigte Sportverband Bund Deutscher Segler (BDS) nimmt gemeinsam mit den bereits beauftragten Verbänden Deutscher Motor-Yachtverband e.V. und Deutscher Segler-Verband e.V. die Aufgaben nach § 11 wahr.

7. Bundeswasserstraßengesetz in der Fassung der Bekanntmachung vom 23. August 1990 (BGBl. I S. 1818)

mit folgenden Maßgaben:

a) § 56 Abs. 2 gilt entsprechend für die Fortführung der beim Wirksamwerden des Beitritts anhängigen Verfahren und Maßnahmen zum Ausbau oder Neubau von in dem in Artikel 3 des Vertrages genannten Gebiet gelegenen Wasserstraßen.

b) Der Bundesminister für Verkehr wird ermächtigt, zur Überleitung des Bundesrechts im Einvernehmen mit dem Bundesminister der Finanzen die in dem in Artikel 3 genannten Gebiet gelegenen Wasserstraßen durch Rechtsverordnung zu Bundeswasserstraßen zu erklären, die als Binnenwasserstraßen dem allgemeinen Verkehr dienen. In der Rechtsverordnung ist die Anlage zum Gesetz zu ändern. § 2 des Bundeswasserstraßengesetzes findet keine Anwendung.

Sachgebiet F: Straßenbau

Abschnitt III

Bundesrecht tritt in dem in Artikel 3 des Vertrages genannten Gebiet mit folgenden Maßgaben in Kraft:

1. Bundesfernstraßengesetz in der Fassung der Bekanntmachung vom 8. August 1990 (BGBl. I S. 1714), geändert durch Gesetz vom 12. Februar 1990 (BGBl. I S. 205),

mit folgenden Maßgaben:

a) Autobahnen und Fernverkehrsstraßen in dem in Artikel 3 des Vertrages genannten Gebiet sind in dem in § 1 Abs. 4 bestimmten Umfang Bundesautobahnen und Bundesstraßen (Bundesfernstraßen) im Sinne des Gesetzes; § 2 Abs. 4 bleibt unberührt. Die Straßenbaulast für diese Straßen geht auf den Bund und in den Fällen des § 5 Abs. 2 bis 3a auf die Gemeinden über.

b) Soweit der Bund Träger der Straßenbaulast wird, gehen gleichzeitig das Eigentum an den Straßen sowie alle mit ihnen im Zusammenhang stehenden Rechte und Pflichten auf den Bund über. Werden Gemeinden Träger der Baulast, gehen das Eigentum an den Straßen sowie alle mit ihnen in Zusammenhang stehenden Rechte und Pflichten auf sie über. § 6 findet entsprechende Anwendung. Eigentumsrechte Privater bleiben unberührt.

c) Anhängige Verfahren zum Bau oder zur Änderung von Autobahnen und Fernverkehrsstraßen in dem in Artikel 3 des Vertrages genannten Gebiet werden nach dem Bundesfernstraßengesetz und dem Verwaltungsverfahrensgesetz zu Ende geführt, wenn eine abschließende Sachentscheidung vor Wirksamwerden des Beitritts noch nicht ergangen ist.

Sachgebiet G: Allgemeine verkehrliche Bestimmungen

Abschnitt II

Bundesrecht wird wie folgt geändert oder ergänzt:

1. Gemeindeverkehrsfinanzierungsgesetz in der Fassung der Bekanntmachung vom 28. Januar 1988 (BGBl. I S. 100)

a) Dem § 2 wird folgender Absatz 3 angefügt:

„(3) In den Ländern Berlin, Brandenburg, Mecklenburg-Vorpommern, Sachsen, Sachsen-Anhalt und Thüringen gilt Absatz 1 Nr. 1 bis 4 auch für die Grunderneuerung, soweit die Förderung des Vorhabens vor dem 1. Januar 1996 begonnen hat. Dabei gilt bei Verkehrswegen nach Nummer 2 nicht die Beschränkung auf Verdichtungsräume oder zugehörige Randgebiete sowie die Führung auf besonderem Bahnkörper."

b) In § 4 Abs. 1 Satz 1 und 2 sowie in § 6 Abs. 2 Satz 5 wird jeweils nach dem Wort „Zonenrandgebiet" eingefügt: „und in den Ländern Brandenburg, Mecklenburg-Vorpommern, Sachsen, Sachsen-Anhalt und Thüringen".

c) § 10 Abs. 1 und 2 wird wie folgt gefaßt:

„(1) Für Vorhaben zur Verbesserung der Verkehrsverhältnisse der Gemeinden nach Maßgabe dieses Gesetzes sind bis zu einem Betrag von 3 280 Millionen Deutsche Mark jährlich zu verwenden:

1. 90 vom Hundert des Mehraufkommens an Mineralölsteuer, das sich auf Grund des Artikels 8 § 1 des Steueränderungsgesetzes 1966 vom 23. Dezember 1966 (BGBl. I S. 702) ergibt,
2. 90 vom Hundert des Mehraufkommens an Mineralölsteuer, das sich auf Grund des Artikels 1 § 1 des Verkehrsfinanzgesetzes 1971 vom 28. Februar 1972 (BGBl. I S. 201) ergibt, soweit es nach Artikel 3 des Verkehrsfinanzgesetzes 1971 für Zwecke dieses Gesetzes zur Verfügung steht.

(2) Von den Mitteln nach Absatz 1 kann der Bundesminister für Verkehr einen Betrag von 0,25 vom Hundert, im Benehmen mit den Ländern bis zu 0,50 vom Hundert, für Forschungszwecke in Anspruch nehmen. Im übrigen sind die Mittel zu verwenden

1. zu 75,8 vom Hundert für die Länder Baden-Württemberg, Bayern, Bremen, Hamburg, Hessen, Niedersachsen, Nordrhein-Westfalen, Rheinland-Pfalz, Saarland und Schleswig-Holstein,
2. zu 24,2 vom Hundert für die Länder Berlin, Brandenburg, Mecklenburg-Vorpommern, Sachsen, Sachsen-Anhalt und Thüringen.

Je 50 vom Hundert dieser Mittel entfallen auf Vorhaben nach § 2

Abs. 1 Nr. 1 und Nr. 5 Satz 1 und auf die sonstigen Vorhaben nach § 2 Abs. 1 und § 11. Eine notwendige Veränderung oder Verlegung anderer Verkehrswege im Zusammenhang mit einem Vorhaben nach § 2 gilt dabei als Teil dieses Vorhabens. Aus den Mitteln für sonstige Vorhaben nach § 2 Abs. 1 Nr. 2 bis 4, Nr. 5 Satz 2 und Nr. 6 und § 11 kann

1. den Ländern Baden-Württemberg, Bayern, Bremen, Hamburg, Hessen, Niedersachsen, Nordrhein-Westfalen, Rheinland-Pfalz, Saarland und Schleswig-Holstein vorab ein Betrag von bis zu 100 Millionen Deutsche Mark,
2. den Ländern Berlin, Brandenburg, Mecklenburg-Vorpommern, Sachsen, Sachsen-Anhalt und Thüringen vorab ein Betrag von bis zu 50 Millionen Deutsche Mark

entsprechend ihren Anteilen nach § 6 Abs. 2 für Vorhaben nach § 2 Abs. 1 Nr. 6 zur Verfügung gestellt werden. Die Höhe dieser Beträge bestimmt der Bundesminister für Verkehr im Benehmen mit den Ländern."

d) § 11 Abs. 1 wird wie folgt geändert:
 aa) Satz 2 wird wie folgt gefaßt:
 „Die §§ 2 Abs. 1 und 2, die §§ 3, 4, 9, 10 Abs. 2 sowie die §§ 12 und 14 gelten sinngemäß."
 bb) Folgender Satz 3 wird angefügt:
 „Für Anlagen vorhandener S-Bahnen gilt auch § 2 Abs. 3."

e) § 12 Abs. 4 wird wie folgt gefaßt:
„(4) In den Ländern Berlin, Brandenburg, Mecklenburg-Vorpommern, Sachsen, Sachsen-Anhalt und Thüringen finden die Absätze 1 bis 3 keine Anwendung."

Abschnitt III

Bundesrecht tritt in dem in Artikel 3 des Vertrages genannten Gebiet mit folgenden Maßgaben in Kraft:

1. Gesetz über die Beförderung gefährlicher Güter vom 6. August 1975 (BGBl. I S. 2121), zuletzt geändert durch Gesetz vom 28. Juni 1990 (BGBl. I S. 1221),

2. Gefahrgutbeauftragtenverordnung vom 12. Dezember 1989 (BGBl. I S. 2185),

3. Gefahrgutverordnung Straße vom 22. Juli 1985 (BGBl. I S. 1550), zuletzt geändert durch Verordnung vom 18. Juni 1990 (BGBl. I S. 1326),

4. Gefahrgutverordnung Eisenbahn vom 22. Juli 1985 (BGBl. I S. 1560), zuletzt geändert durch Verordnung vom 6. Juni 1990 (BGBl. I S. 1001),

5. Gefahrgutverordnung Binnenschiffahrt in der Fassung der Bekanntmachung vom 30. Juni 1977 (BGBl. I S. 1119), zuletzt geändert durch Verordnung vom 16. März 1989 (BGBl. I S. 489),

6. Gefahrgutverordnung See in der Fassung der Bekanntmachung vom 27. Juni 1986 (BGBl. I S. 961), geändert durch Verordnung vom 30. Juni 1989 (BGBl. I S. 1278),

7. Kostenverordnung für Maßnahmen bei der Beförderung gefährlicher Güter vom ... (BGBl. I S. ...)

Die unter den Nummern 1 bis 7 genannten Rechtsvorschriften gelten mit folgenden Maßgaben:

a) Gefährliche Güter dürfen unbeschadet der Geltung des übergeleiteten Rechts in dem in Artikel 3 des Vertrages genannten Gebiet bis zum 30. Juni 1991 auch nach Maßgabe der bisherigen Vorschriften der Deutschen Demokratischen Republik transportiert werden.
b) §§ 7 und 7a der Gefahrgutverordnung Straße treten in dem in Artikel 3 des Vertrages genannten Gebiet am 1. Juli 1991 in Kraft.
c) Soweit die Durchführung des Gesetzes über die Beförderung gefährlicher Güter und der auf ihm beruhenden Rechtsvorschriften den in Artikel 1 des Vertrages genannten Ländern obliegt, können sie zur gemeinsamen Erledigung ihrer Aufgaben Vereinbarungen schließen, die solange gelten, bis die nach Landesrecht zuständigen Stellen die Aufgaben nach diesen Rechtsvorschriften selbst ausführen.
d) Die Industrie- und Handelskammern in dem in Artikel 3 des Vertrages genannten Gebiet können zur gemeinsamen Erledigung ihrer Aufgaben nach den auf dem Gesetz über die Beförderung gefährlicher Güter beruhenden Rechtsvorschriften Vereinbarungen schließen, die solange gelten, bis die Aufgaben durch die jeweils zuständige Industrie- und Handelskammer selbst ausgeführt werden.
e) Die den leitenden Mitarbeitern gemäß § 8 Abs. 1 der Verordnung über die Gewährleistung des sicheren Transports gefährlicher Güter (VOTG) vom 21. Juli 1988 (GBl. I Nr. 18 S. 205) bis zum 31. Dezember 1990 erteilten Befähigungsnachweise gelten bis zum 30. September 1991 als Nachweis der Sachkunde für eine Bestellung zum Gefahrgutbeauftragten gemäß § 2 Abs. 1 der Gefahrgutbeauftragtenverordnung. Die Fortbildungsschulung ist bis spätestens 1. Oktober 1994 durchzuführen.
f) Festverbundene Tanks, Aufsetztanks, Tankcontainer, Eisenbahnkesselwagen und Binnentankschiffe, die vor dem 1. Juli 1991 in Verkehr gekommen sind und nicht den am 1. Juli 1991 geltenden Rechtsvorschriften entsprechen, dürfen bis zur nächsten nach dem 30. Juni 1991 liegenden wiederkehrenden Prüfung, längstens jedoch bis zum 30. Juni 1992, weiterverwendet werden. Fahrzeuge, die den Bau- und Ausrüstungsanforderungen der auf dem Gesetz über die Beförderung gefährlicher Güter beruhenden Rechtsvorschriften nicht entsprechen, dürfen bis zum 30. Juni 1992 weiterverwendet werden, wenn die Bau- und Ausrüstungsanforderungen der bisherigen Rechtsvorschriften der Deutschen Demokratischen Republik eingehalten sind.
   Binnenschiffe, die unter die Vorschriften der Sätze 1 und 2 fallen, dürfen nicht auf Rhein und Mosel verkehren.
g) Zuständigkeiten der Deutschen Bundesbahn nach den vorgenannten übergeleiteten Rechtsvorschriften obliegen in dem in Artikel 3 des Vertrages genannten Gebiet der Deutschen Reichsbahn.

h) Die Landesregierungen der in Artikel 1 des Vertrages genannten Länder können für eine Übergangszeit bis zum 30. Juni 1992 im Rahmen des § 12 des Gesetzes über die Beförderung gefährlicher Güter die Höhe der Gebührensätze durch Rechtsverordnungen ermäßigen, sofern nicht der Bund Kostengläubiger ist.

8. Straßenbahn-Bau- und Betriebsordnung vom 11. Dezember 1987 (BGBl. I S. 2648)

mit folgender Maßgabe:

Abweichend von § 65 brauchen Betriebsanlagen und Fahrzeuge, die nach den bisherigen Vorschriften der Deutschen Demokratischen Republik gebaut worden sind, den Vorschriften der Verordnung nicht angepaßt zu werden, soweit die Sicherheit dies nicht erfordert. Abweichend von Satz 1 hat die Technische Aufsicht in dem in Artikel 3 des Vertrages genannten Gebiet angemessene Fristen zu setzen, innerhalb derer die Anforderungen an Betriebsanlagen oder Fahrzeuge, die in § 65 Abs. 4 genannt sind, aus Sicherheitsgründen zu erfüllen sind.

Kapitel XII
Geschäftsbereich des Bundesministers für Umwelt, Naturschutz und Reaktorsicherheit

Sachgebiet A: Immissionsschutzrecht

Abschnitt II

Bundesrecht wird wie folgt geändert:

Bundes-Immissionsschutzgesetz in der Fassung der Bekanntmachung vom 14. Mai 1990 (BGBl. I S. 880)

a) § 10 wird wie folgt geändert:

aa) Nach Absatz 3 Satz 2 wird folgender Satz eingefügt:
„In dem in Artikel 3 des Einigungsvertrages genannten Gebiet können während dieser Zeit Einwendungen nur schriftlich erhoben werden."

bb) Im Absatz 4 Nummer 4 wird der Punkt durch ein Semikolon ersetzt und folgende Nummer angefügt:
„5. in dem in Artikel 3 des Einigungsvertrages genannten Gebiet darauf hinzuweisen, daß die Zustellung der Entscheidung über die Einwendungen durch öffentliche Bekanntmachung erfolgt."

cc) Im Absatz 8 wird nach Satz 1 folgender Satz eingefügt:
„In dem in Artikel 3 des Einigungsvertrages genannten Gebiet erfolgt die Zustellung des Genehmigungsbescheides mit Ausnahme an den Antragsteller durch öffentliche Bekanntmachung."

b) Es wird folgender § 10a eingefügt:

„**§ 10a Verwaltungshilfe.** (1) Bei Anlagen, die der Genehmigung nach Spalte 1 des Anhangs zur Vierten Verordnung zur Durchführung des Bundes-Immissionsschutzgesetzes bedürfen, hat in dem in Artikel 3 des Einigungsvertrages genannten Gebiet die zuständige Genehmigungsbehörde, nachdem sie geprüft hat, ob die geplante Anlage auf Grund der bestehenden Grundstücks- und Planungssituation realisierbar erscheint, dem Antragsteller aufzugeben, eine Stellungnahme einer von ihr benannten Behörde zur Erfüllung der Genehmigungsvoraussetzungen durch die geplante Anlage beizubringen. Die Behörde muß in dem Gebiet des bisherigen Geltungsbereiches des Grundgesetzes liegen. Die Genehmigungsbehörde hat die Stellungnahme bei der Prüfung der Genehmigungsvoraussetzungen zu berücksichtigen.

(2) Bei anderen genehmigungsbedürftigen Anlagen kann eine Stellungnahme nach Absatz 1 gefordert werden, wenn dies wegen der Art, Menge und Gefährlichkeit der von der geplanten Anlage ausgehenden Emissionen oder wegen der technischen Besonderheiten dieser Anlage erforderlich ist.

(3) Von der Beibringung einer Stellungnahme nach Absatz 1 kann abgesehen werden, wenn dies wegen der Umstände des Einzelfalls, ins-

besondere wegen der technischen Auslegung der geplanten Anlage oder des Umfangs der Einzelprüfungen, nicht erforderlich ist.

(4) Soweit dies zur Durchführung von Prüfungen erforderlich ist, kann vom Antragsteller die Vorlage von Sachverständigengutachten verlangt werden."

c) Nach § 67 wird folgender § 67a eingefügt:

„§ 67a Überleitungsregelung aus Anlaß der Herstellung der Einheit Deutschlands. (1) In dem in Artikel 3 des Einigungsvertrages genannten Gebiet muß eine genehmigungsbedürftige Anlage, die vor dem 1. Juli 1990 errichtet worden ist oder mit deren Errichtung vor diesem Zeitpunkt begonnen wurde, innerhalb von sechs Monaten nach diesem Zeitpunkt der zuständigen Behörde angezeigt werden. Der Anzeige sind Unterlagen über Art, Umfang und Betriebsweise beizufügen.

(2) In dem in Artikel 3 des Einigungsvertrages genannten Gebiet darf die Erteilung einer Genehmigung zur Errichtung und zum Betrieb oder zur wesentlichen Änderung der Lage, Beschaffenheit oder des Betriebs einer genehmigungsbedürftigen Anlage wegen der Überschreitung eines Immissionswertes durch die Immissionsvorbelastung nicht versagt werden, wenn

1. die Zusatzbelastung geringfügig ist und mit einer deutlichen Verminderung der Immissionsbelastung im Einwirkungsbereich der Anlage innerhalb von fünf Jahren ab Genehmigung zu rechnen ist

oder

2. im Zusammenhang mit dem Vorhaben Anlagen stillgelegt oder verbesssert werden und dadurch eine Verminderung der Vorbelastung herbeigeführt wird, die im Jahresmittel mindestens doppelt so groß ist wie die von der Neuanlage verursachte Zusatzbelastung.

(3) Soweit die Technische Anleitung zur Reinhaltung der Luft vom 27. Februar 1986 (GMBl. S. 95, 202) die Durchführung von Maßnahmen zur Sanierung von Altanlagen bis zu einem bestimmten Termin vorsieht, verlängern sich die hieraus ergebenden Fristen für das in Artikel 3 des Einigungsvertrages genannte Gebiet um ein Jahr; als Fristbeginn gilt der 1. Juli 1990."

d) Dem § 74 wird folgender Satz angefügt:

„§ 10a tritt am 30. Juni 1992 außer Kraft."

Abschnitt III

Bundesrecht tritt in dem in Artikel 3 des Vertrages genannten Gebiet mit folgenden Maßgaben in Kraft:

1. Verordnung über Kleinfeuerungsanlagen in der Fassung vom 15. Juli 1988 (BGBl. I S. 1059)

mit folgender Maßgabe:

Die Anforderungen des § 3 Abs. 2 sind abweichend von § 23 Abs. 1 bei Feuerungsanlagen für den Einsatz von Braunkohlenbriketts oder nicht pechgebundenen Steinkohlenbriketts spätestens nach Ablauf von vier Jahren nach dem 1. Januar 1991 einzuhalten.

2. § 4 Abs. 1 der Verordnung über Schwefelgehalt von leichtem Heizöl und Dieselkraftstoff vom 15. Januar 1975 (BGBl. I S. 264), zuletzt geändert durch Verordnung vom 14. Dezember 1987 (BGBl. I S. 2671),

mit folgender Maßgabe:

Eine Ausnahme kann auch insoweit erteilt werden, als die Einhaltung des zulässigen Gehalts an Schwefelverbindungen für den Antragsteller eine unzumutbare Härte bedeuten würde. Die Bewilligung ist im Hinblick auf eine rasche Verwirklichung des Verordnungsziels mit Auflagen zu versehen.

3. Störfall-Verordnung in der Fassung der Bekanntmachung vom 19. Mai 1988 (BGBl. I S. 625)

mit folgender Maßgabe:

Der Betreiber einer genehmigungsbedürftigen Anlage, die vor dem 1. Juli 1990 errichtet worden ist oder mit deren Errichtung begonnen wurde, hat

a) die Anzeige nach § 12 Abs. 1 innerhalb von acht Monaten abzugeben und

b) die nach § 7 anzufertigende Sicherheitsanalyse bis zum 31. Dezember 1992 bereitzuhalten; in begründeten Fällen kann die zuständige Behörde diese Frist bis zu zwei Jahren verlängern.

4. Verordnung über Großfeuerungsanlagen vom 22. Juni 1983 (BGBl. I S. 719)

mit folgender Maßgabe:

Soweit Vorschriften der Verordnung die Durchführung von Maßnahmen oder die Abgabe bestimmter Verzichtserklärungen des Betreibers innerhalb bestimmter Fristen vorsehen, verlängern sich diese in dem in Artikel 3 des Vertrages genannten Gebiet um ein Jahr; Fristbeginn ist der 1. Juli 1990.

5. Verordnung über Anlagen der Landesverteidigung vom 9. April 1986 (BGBl. I S. 380)

mit folgender Maßgabe:

§ 1 Abs. 2 der Verordnung findet in dem in Artikel 3 des Vertrages genannten Gebiet keine Anwendung.

6. Benzinbleigesetz vom 5. August 1971 (BGBl. I S. 1234), zuletzt geändert durch Gesetz vom 18. Dezember 1987 (BGBl. I S. 2810),

mit folgender Maßgabe:

In § 3 Abs. 3 Satz 2 finden die Worte

„, im Falle des Absatzes 2 bei einer Ausnahme von der Begrenzung auf 0,40 g Blei im Liter längstens bis zum 31. Dezember 1973 und bei einer Ausnahme von der Begrenzung auf 0, 15 g Blei im Liter längstens bis zum 31. Dezember 1977"

keine Anwendung.

Sachgebiet B: Kerntechnische Sicherheit und Strahlenschutz

Abschnitt II

Bundesrecht wird wie folgt geändert:

1. Atomgesetz in der Fassung der Bekanntmachung vom 15. Juli 1985 (BGBl. I S. 1565), zuletzt geändert durch Artikel 4 des Gesetzes vom 14. März 1990 (BGBl. I S. 478)

Nach § 57 wird folgender § 57a eingefügt:

„**§ 57a Überleitungsregelung aus Anlaß der Herstellung der Einheit Deutschlands.** (1) Für bis zum 30. Juni 1990 in dem in Artikel 3 des Einigungsvertrages genannten Gebiet erteilte Genehmigungen, Erlaubnisse und Zulassungen gilt folgendes:

1. Genehmigungen und Erlaubnisse für Kernkraftwerke werden mit Ablauf des 30. Juni 1995, für Beförderungen radioaktiver Stoffe mit Ablauf des 30. Juni 1992 sowie alle sonstigen Genehmigungen, Erlaubnisse und Zulassungen mit Ablauf des 30. Juni 2000 unwirksam, soweit in den genannten Genehmigungen, Erlaubnissen und Zulassungen nicht eine kürzere Befristung festgelegt ist; die Genehmigungen, Erlaubnisse und Zulassungen gelten mit diesen Befristungen als Genehmigungen nach den entsprechenden Vorschriften dieses Gesetzes und den auf Grund dieses Gesetzes erlassenen Verordnungen fort. Eine Genehmigung zur wesentlichen Veränderung einer Anlage oder ihres Betriebes im Sinne des § 7 Abs. 1 läßt eine Genehmigung nach Satz 1 insoweit unberührt, als die Genehmigung sich auf Teile der Anlage bezieht, die nicht von der Änderung betroffen sind.
2. Auf nach Nummer 1 befristet fortgeltende Genehmigungen findet § 18 keine Anwendung, wenn der Genehmigungsinhaber ein Rechtsträger ist, auf den das Gesetz zur Privatisierung und Reorganisation des volkseigenen Vermögens (Treuhandgesetz) der Deutschen Demokratischen Republik vom 17. Juni 1990 (GBl. I Nr. 33 S. 300) Anwendung findet.
3. Bei Umwandlung von Rechtsträgern auf Grund des Treuhandgesetzes der Deutschen Demokratischen Republik gelten erteilte Genehmigungen, Erlaubnisse und Zulassungen mit den Befristungen nach Nummer 1 fort, soweit eine Anordnung der Fortgeltung im Zeitpunkt des Wirksamwerdens des Beitritts noch nicht erfolgt ist; die zuständige Behörde hat in angemessener Zeit zu prüfen, ob der neue Inhaber durch organisatorische Maßnahmen und durch die Bereitstellung von sachlichen und persönlichen Mitteln die Fortführung der Errichtung und des Betriebes der Anlage oder der Tätigkeit gewährleistet. § 18 findet keine Anwendung.

(2) Beförderungen radioaktiver Stoffe, die bisher in dem in Artikel 3 des Einigungsvertrages genannten Gebiet keiner Genehmigung bedurften, unterliegen ab 1. Juli 1992 den Genehmigungsvorschriften dieses Gesetzes und den auf Grund dieses Gesetzes erlassenen Rechtsverordnungen.“

2. Strahlenschutzverordnung in der Fassung der Bekanntmachung vom 30. Juni 1989 (BGBl. I S. 1321, 1926), geändert durch Verordnung vom 3. April 1990 (BGBl. I S. 607)

Nach § 89 wird folgender § 89a eingefügt:

„**§ 89a Überleitungsregelung aus Anlaß der Herstellung der Einheit Deutschlands.** Die Regelungen des § 1 Abs. 1 Nr. 1, des § 3 Abs. 3 und des § 29 Abs. 1 Satz 1, Abs. 2 Satz 1 und Abs. 6 für die Aufsuchung, Gewinnung und Aufbereitung radioaktiver Bodenschätze finden in dem in Artikel 3 des Einigungsvertrages genannten Gebiet keine Anwendung."

3. Strahlenschutzvorsorgegesetz vom 19. Dezember 1986 (BGBl. I S. 2610), geändert durch Artikel 3 Nr. 1 des Gesetzes vom 9. Oktober 1989 (BGBl. I S. 1830)

Dem § 11 wird folgender Absatz 9 angefügt:

„(9) Die Ermittlung der Umweltradioaktivität, die aus bergbaulicher Tätigkeit in Gegenwart natürlicher radioaktiver Stoffe stammt, ist in dem in Artikel 3 des Einigungsvertrages genannten Gebiet Aufgabe des Bundes im Sinne von § 2. Zuständig ist das Bundesamt für Strahlenschutz."

Sachgebiet C: Wasserwirtschaft

Abschnitt III

Bundesrecht tritt in dem in Artikel 3 des Vertrages genannten Gebiet mit folgenden Maßgaben in Kraft:

1. Abwasserabgabengesetz in der Fassung der Bekanntmachung vom 5. März 1987 (BGBl. I S. 880)

mit folgender Maßgabe:

Das Gesetz tritt für Einleiter, die nach der Anordnung vom 2. Februar 1984 über Abwassereinleitungsentgelt (GBl. I Nr. 5 S. 70), geändert durch Anordnung Nr. 2 vom 1. Juni 1987 (GBl. I Nr. 14 S. 164), am 30. Juni 1990 entgeltpflichtig waren, am 1. Januar 1991, im übrigen am 1. Januar 1993 in Kraft; die Länder können zu den Verfahren der Bewertung der Schadstoffe, der Schadstoffgruppen und der Schwellenwerte Übergangsregelungen treffen, die spätestens am 31. Dezember 1992 außer Kraft treten.

2. Wasch- und Reinigungsmittelgesetz in der Fassung der Bekanntmachung vom 5. März 1987 (BGBl. I S. 875) mit folgender Maßgabe:

Das Gesetz findet ab dem 1. Januar 1992 Anwendung.

3. Tensidverordnung vom 30. Januar 1977 (BGBl. I S. 244), zuletzt geändert durch Verordnung vom 4. Juni 1986 (BGBl. I S. 851),

mit folgender Maßgabe:

Die Verordnung findet ab dem 1. Januar 1992 Anwendung.

4. Phosphathöchstmengenverordnung vom 4. Juni 1980 (BGBl. I S. 664)
mit folgender Maßgabe:
Die Verordnung findet ab dem 1. Januar 1992 Anwendung.

Sachgebiet D: Abfallwirtschaft

Abschnitt II

Bundesrecht wird wie folgt geändert:

Abfallgesetz vom 27. August 1986 (BGBl. I S. 1410, 1501), zuletzt geändert durch Artikel 2 des Gesetzes vom 11. Mai 1990 (BGBl. I S. 870)

a) Nach § 8 wird folgender § 8a eingefügt:

„§ 8a Prüfung der Zulassungsvoraussetzungen. (1) In dem in Artikel 3 des Einigungsvertrages genannten Gebiet hat bei Anlagen, die der Planfeststellung nach § 7 Abs. 1 bedürfen, die zuständige Planfeststellungsbehörde, nachdem sie geprüft hat, ob die geplante Anlage auf Grund der bestehenden Grundstücks- und Planungssituation realisierbar erscheint, dem Antragsteller aufzugeben, eine Stellungnahme einer von ihr benannten Behörde zur Erfüllung der Zulassungsvoraussetzungen durch die geplante Anlage beizubringen; die Behörde muß im bisherigen Geltungsbereich des Grundgesetzes liegen. Die Planfeststellungsbehörde hat die Stellungnahme bei der Prüfung der Zulassungsvoraussetzungen zu berücksichtigen.

(2) Bei anderen genehmigungsbedürftigen Anlagen nach § 7 Abs. 2 kann eine Stellungnahme nach Absatz 1 gefordert werden, wenn dies wegen der Art, Menge und Gefährlichkeit der von der geplanten Anlage ausgehenden Emissionen oder wegen der technischen Besonderheiten dieser Anlage erforderlich ist.

(3) Von der Beibringung einer Stellungnahme nach Absatz 1 kann abgesehen werden, wenn dies wegen der Umstände des Einzelfalls, insbesondere wegen der technischen Auslegung der geplanten Anlage oder des Umfangs der Einzelprüfungen, nicht erforderlich ist.

(4) Soweit dies zur Durchführung von Prüfungen erforderlich ist, kann vom Antragsteller die Vorlage von Sachverständigengutachten verlangt werden.

(5) Einwendungen im Rahmen des Zulassungsverfahrens können innerhalb der gesetzlich festgelegten Frist nur schriftlich erhoben werden. Die Zustellung des Zulassungsbescheides nach § 7 Abs. 1 erfolgt durch öffentliche Bekanntmachung."

b) Nach § 9 wird folgender § 9a eingefügt:

„§ 9a Nachträgliche Anordnungen. (1) In dem in Artikel 3 des Einigungsvertrages genannten Gebiet kann die zuständige Behörde für ortsfeste Abfallentsorgungsanlagen, die vor dem 1. Juli 1990 betrieben wurden oder mit deren Errichtung begonnen war, Befristungen, Bedingungen und Auflagen für deren Einrichtung und Betrieb anordnen. § 9 Satz 2 gilt entsprechend.

(2) Bestehende Anlagen nach Absatz 1 Satz 1 sind bis zum 31. Dezember 1990 der zuständigen Behörde anzuzeigen.
Soweit ein Betreiber nicht ermittelt werden kann, ist die zuständige Behörde erfassungs- und anzeigepflichtig. Der Anzeige sind Unterlagen über Art, Umfang und Betriebsweise beizufügen."

c) Nach § 10 wird folgender § 10a eingefügt:

„**§ 10a Stillegung bestehender Abfallentsorgungsanlagen.** (1) In dem in Artikel 3 des Einigungsvertrages genannten Gebiet hat der Inhaber einer bestehenden Abfallentsorgungsanlage nach § 9a ihre beabsichtigte Stillegung der zuständigen Behörde unverzüglich anzuzeigen. § 9a Abs. 2 Satz 2 gilt entsprechend.

(2) Der Anzeige nach Absatz 1 sind Unterlagen über Art, Umfang und Betriebsweise sowie die beabsichtigte Rekultivierung sowie sonstige Vorkehrungen zum Schutz des Wohls der Allgemeinheit beizufügen.

(3) § 10 Abs. 2 und 3 gelten entsprechend.

(4) Für Abfallentsorgungsanlagen, die vor dem 1. Juli 1990 stillgelegt wurden, gilt § 9a Abs. 2 entsprechend. Satz 1 gilt für Anlagen nach § 10 Abs. 3 entsprechend."

d) Nach § 31 wird folgender § 32 eingefügt:

„**§ 32 Außerkrafttreten.** § 8a Abs. 1 bis 4 treten am 30. Juni 1992 außer Kraft."

Sachgebiet E: Chemikalienrecht

Abschnitt III

Bundesrecht tritt in dem in Artikel 3 des Vertrages genannten Gebiet mit folgenden Maßgaben in Kraft:

1. Chemikaliengesetz in der Fassung der Bekanntmachung vom 14. März 1990 (BGBl. I S. 521)
mit folgenden Maßgaben:
   a) § 19a Abs. 5 ist mit der Maßgabe anzuwenden, daß in Satz 1 und 2 jeweils an Stelle des Datums „5. April 1989" das Datum „1. August 1990" tritt.
   b) § 19a Abs. 5 Satz 1 Nr. 2 Buchstabe a findet keine Anwendung.
   c) § 19a Abs. 5 ist mit der Maßgabe anzuwenden, daß in Satz 2 an Stelle des Datums „1. April 1990" das Datum „1. August 1990" tritt.

2. PCB-, PCT-, VC-Verbotsverordnung vom 18. Juli 1989 (BGBl. I S. 1482)
mit folgenden Maßgaben:

a) § 3 Abs. 4 ist mit der Maßgabe anzuwenden, daß in Satz 1 und 2 jeweils an Stelle des Datums „31. Dezember 1990“ das Datum „31. Dezember 1991“ tritt.
b) § 4 findet auf vor dem Wirksamwerden des Beitritts bereits in den Verkehr gebrachte Erzeugnisse vom 1. Januar 1991 an Anwendung.

3. Pentachlorphenolverbotsverordnung vom 12. Dezember 1989 (BGBl. I S. 2235)
mit folgenden Maßgaben:
a) § 1 Abs. 2 ist mit der Maßgabe anzuwenden, daß an Stelle des Zeitpunkts des Inkrafttretens der Verordnung der Zeitpunkt des Wirksamwerdens des Beitritts tritt.
b) § 4 ist mit der Maßgabe anzuwenden, daß die Worte „bis zum 22. März 1990“ durch die Worte „bis zum Ablauf von 3 Monaten nach Wirksamwerden des Beitritts“ sowie die Worte „vor Inkrafttreten dieser Verordnung“ durch die Worte „vor Wirksamwerden des Beitritts“ ersetzt werden.

Sachgebiet F: Naturschutz und Landschaftspflege

Abschnitt III

Bundesrecht tritt in dem in Artikel 3 des Vertrages genannten Gebiet mit folgenden Maßgaben in Kraft:

Bundesnaturschutzgesetz in der Fassung der Bekanntmachung vom 12. März 1987 (BGBl. I S. 889), zuletzt geändert durch Artikel 6 des Gesetzes vom 12. Februar 1990 (BGBl. I S. 205),

mit folgender Maßgabe:

Für die Anwendung des § 4 Satz 2 und des § 38 Abs. 1 gilt als Datum des Inkrafttretens dieses Gesetzes der 1. Juli 1990.

Kapitel XIII
Geschäftsbereich des Bundesministers für Post und Telekommunikation

Sachgebiet A: Postverfassungsrecht

Abschnitt II

Bundesrecht wird wie folgt geändert oder aufgehoben:

1. Postverfassungsgesetz vom 8. Juni 1989 (BGBl. I S. 1026):

a) § 32 Abs. 1 Satz 2 wird wie folgt gefaßt:
„Er besteht aus einer gleich großen Anzahl von Vertretern des Deutschen Bundestages und des Bundesrates, wobei die Zahl der Bundesratsvertreter der Zahl der Länder entspricht."

b) Die Berlin betreffenden Sonderregelungen in § 1 Abs. 3, § 2 Abs. 3, § 46 Abs. 2, § 47 Abs. 1 Satz 1 Nr. 2 und Satz 3 sowie § 61 Satz 2 Nr. 1 werden aufgehoben.

Abschnitt III

Bundesrecht tritt in dem in Artikel 3 des Vertrages genannten Gebiet mit folgenden Maßgaben in Kraft:

1. Postverfassungsgesetz vom 8. Juni 1989 (BGBl. I S. 1026)

a) § 59 ist mit folgender Maßgabe anzuwenden:
Die Zuordnung des Personals der auf der Grundlage von Artikel 13 Abs. 2 des Vertrages überführten Einrichtungen der Deutschen Post zu den einzelnen Unternehmen der Deutschen Bundespost obliegt als gemeinsame Aufgabe den Vorständen der Unternehmen der Deutschen Bundespost; in Streitfällen entscheidet der Bundesminister für Post- und Telekommunikation.

b) § 65 ist mit folgender Maßgabe anzuwenden:
Die Absätze 1 bis 4 sind entsprechend auf Rechtsvorschriften der Deutschen Demokratischen Republik anzuwenden. Bei der Anwendung des Absatzes 1 treten in Satz 1 die Worte „am 31. Dezember 1991" an die Stelle der Worte „zwei Jahre nach dem Inkrafttreten dieses Gesetzes" und entfallen in Satz 2 die Worte „innerhalb eines Jahres nach Inkrafttreten dieses Gesetzes."

Sachgebiet B: Postwesen

Abschnitt I

Von dem Inkrafttreten des Bundesrechts gemäß Artikel 8 des Vertrages sind ausgenommen:

1. Postordnung vom 16. Mai 1963 (BGBl. I S. 341), zuletzt geändert durch Verordnung vom 23. Juni 1989 (BGBl. I S. 1158)

2. Postgebührenordnung vom 10. August 1988 (BGBl. I S. 1575), geändert durch Verordnung vom 23. Juni 1989 (BGBl. I S. 1158, 1279)

3. Postzeitungsordnung vom 9. September 1981 (BGBl. I S. 950), zuletzt geändert durch Verordnung vom 17. Oktober 1988 (BGBl. I S. 2065)

4. Postzeitungsgebührenverordnung vom 17. Oktober 1988 (BGBl. I S. 2067), geändert durch Verordnung vom 15. September 1989 (BGBl. I S. 1743)

5. Auslandspostgebührenordnung vom 15. August 1988 (BGBl. I S. 1593, 1751; 1989 I S. 343)

6. Postgiroordnung vom 5. Dezember 1984 (BGBl. I S. 1478), zuletzt geändert durch Verordnung vom 22. März 1989 (BGBl. I S. 541)

7. Postgirogebührenordnung vom 5. Dezember 1984 (BGBl. I S. 1484), zuletzt geändert durch Verordnung vom 23. Juni 1989 (BGBl. I S. 1164)

8. Postsparkassenordnung vom 24. April 1986 (BGBl. I S. 626), geändert durch Verordnung vom 22. März 1989 (BGBl. I S. 546)

9. Posteinschränkungsverordnung vom 6. Juli 1978 (BGBl. I S. 979)

10. Dienstpostverordnung vom 6. Juli 1978 (BGBl. I S. 980)

11. Feldpostverordnung vom 6. Juli 1978 (BGBl. I S. 982)

12. Datapost-Verordnung vom 20. Dezember 1984 (BGBl. I S. 1687)

13. Verordnung über den Post- und Fernmeldeverkehr mit der Deutschen Post der Deutschen Demokratischen Republik vom 4. Juni 1976 (BGBl. II S. 633), zuletzt geändert durch Verordnung vom 1. Oktober 1981 (BGBl. I S. 1109)

14. Verordnung über die Gebühren im Post- und Fernmeldeverkehr mit der Deutschen Post der Deutschen Demokratischen Republik vom 4. Juni 1976 (BGBl. I S. 1400), zuletzt geändert durch Verordnung vom 26. Juni 1989 (BGBl. I S. 1260).

Abschnitt III

Bundesrecht tritt in dem in Artikel 3 des Vertrages genannten Gebiet mit folgenden Maßgaben in Kraft:

1. Das Gesetz über das Postwesen in der Fassung der Bekanntmachung vom 3. Juli 1989 (BGBl. I S. 1449), ist mit folgender Maßgabe anzuwenden:

In § 12 Abs. 3 werden nach dem Wort „Paketen" ein Komma und die Worte „Wirtschaftspaketen oder Poststücken" eingefügt.

Sachgebiet C: Fernmeldewesen

Abschnitt III

Bundesrecht tritt in dem in Artikel 3 des Vertrages genannten Gebiet mit folgenden Maßgaben in Kraft:

1. Das Gesetz über Fernmeldeanlagen in der Fassung der Bekanntmachung vom 3. Juli 1989 (BGBl. I S. 1455) ist mit folgender Maßgabe anzuwenden:

   In § 25 wird die Angabe „1. Juli 1990" durch die Angabe „31. Dezember 1991" ersetzt.

2. Die Telekommunikationsordnung in der Fassung der Bekanntmachung vom 16. Juli 1987 (BGBl. I S. 1761), zuletzt geändert durch Gesetz vom 18. Dezember 1989 (BGBl. I S. 2261), sowie die Auslandstelekommunikationsordnung vom 4. Februar 1988 (BGBl. I S. 119), zuletzt geändert durch Verordnung vom 26. Juni 1989 (BGBl. I S. 1231) und die Auslandstelekommunikationsgebührenordnung vom 4. Februar 1988 (BGBl. I S. 127), zuletzt geändert durch Verordnung vom 26. Juni 1989 (BGBl. I S. 1234),

   treten insoweit in Kraft, als dies zur Durchführung der folgenden Dienste erforderlich ist:

   - Telefax-Dienst
   - Teletex-Dienst
   - Datenübermittlungsdienst
   - mobiler Funktelefondienst im C-Netz
   - Funkrufdienst (City-Ruf)
   - Bildschirmtext-Dienst
   - Bildübermittlungsdienst
   - Bündelfunknetze (Chekker)
   - Telepoint (Birdi)
   - Videokommunikation/Videokonferenz
   - Satellitenverteildienste
   - Breitbandverteildienst
   - Temex-Dienst
   - Rundfunkübermittlungsdienst
   - Besonderer Funkdienst für die Seeschiffahrt
   - Funknachrichten an einen oder mehrere Empfänger
   - Übermittlungsdienst für Presseinformationen

Kapitel XIV
Geschäftsbereich des Bundesministers für Raumordnung, Bauwesen und Städtebau

Abschnitt I

Von dem Inkrafttreten des Bundesrechts gemäß Artikel 8 des Vertrages sind ausgenommen:

1. Maßnahmengesetz zum Baugesetzbuch vom 17. Mai 1990 (BGBl. I S. 926), soweit nicht Vorschriften dieses Gesetzes in § 246a des Baugesetzbuchs für anwendbar erklärt werden.

2. Gesetz zur dauerhaften sozialen Verbesserung der Wohnungssituation im Land Berlin vom 14. Juli 1987 (BGBl. I S. 1625).

Abschnitt II

Bundesrecht wird wie folgt ergänzt:

1. Baugesetzbuch in der Fassung der Bekanntmachung vom 8. Dezember 1986 (BGBl. I S. 2253), geändert durch Artikel 21 § 5 Abs. 5 des Gesetzes vom 25. Juli 1988 (BGBl. I S. 1093)

Nach § 246 wird folgender § 246a eingefügt:

„§ 246a Überleitungsregelungen aus Anlaß der Herstellung der Einheit Deutschlands. (1) Bis zum 31. Dezember 1997 gelten in dem in Artikel 3 des Einigungsvertrages genannten Gebiet die folgenden Maßgaben:

1. (Bauleitplanung; Raumordnung und Landesplanung, Teil-Flächennutzungsplan, Ausarbeitung von Bauleitplänen) § 1 Abs. 4 Satz 2, § 4 Abs. 3 und § 5 Abs. 1 Satz 3 der Bauplanungs- und Zulassungsverordnung der Deutschen Demokratischen Republik vom 20. Juni 1990 (GBl. I S. 739) sind anzuwenden. § 2 Abs. 4 der Bauplanungs- und Zulassungsverordnung der Deutschen Demokratischen Republik ist mit der Maßgabe anzuwenden, daß Satz 2 folgende Fassung erhält: „Das Recht der Gemeinden, andere fachlich geeignete Personen oder Stellen zu beauftragen, bleibt unberührt."

2. (Planungspflicht) § 2 Abs. 6 der Bauplanungs- und Zulassungsverordnung der Deutschen Demokratischen Republik ist mit der Maßgabe anzuwenden, daß in Satz 1 „oder die von ihm bezeichnete Stelle" gestrichen wird; die Vorschrift ist auf § 204 Abs. 1 entsprechend anzuwenden.

3. (Vorzeitiger Bebauungsplan) § 8 Abs. 2 bis 4 ist in der Fassung des § 8 Abs. 2 bis 4 der Bauplanungs- und Zulassungsverordnung der Deutschen Demokratischen Republik mit der Maßgabe anzuwenden, daß in § 8 Abs. 4 Satz 1 der Satzteil „1. innerhalb einer Frist von fünf Jahren nach dem Inkrafttreten dieser Verordnung," sowie Nummer 2 gestrichen werden.

4. (Genehmigungspflicht der Satzungen) Satzungen nach diesem Gesetzbuch einschließlich der Satzungen nach den Nummern 6, 8 und 13 bedürfen der Genehmigung der höheren Verwaltungsbehörde; § 6 Abs. 2 und 4 ist entsprechend anzuwenden. Die Erteilung der Genehmigung des Bebauungsplans ist ortsüblich bekanntzumachen. Andere Satzungen sind zusammen mit der Erteilung der Genehmigung ortsüblich bekanntzumachen; die Bekanntmachung kann auch in entsprechender Anwendung des § 12 Satz 2 bis 5 vorgenommen werden. In den Fällen des § 13 Abs. 1 Satz 1 und des § 143 Abs. 3 bedarf es keiner Genehmigung; im Falle des § 17 Abs. 1 Satz 3, Abs. 2 und 3 bedarf es der Zustimmung der höheren Verwaltungsbehörde.
5. (Veränderungssperre) § 12 Abs. 1 Satz 2 der Bauplanungs- und Zulassungsverordnung der Deutschen Demokratischen Republik ist mit der Maßgabe anzuwenden, daß eine Genehmigung nur versagt werden darf, wenn für die mit dem Rechtsvorgang bezweckte Nutzung eine Ausnahme nach § 14 Abs. 2 nicht erteilt werden könnte. In § 17 Abs. 1 werden in Satz 1 das Wort „zwei" durch das Wort „drei" und in Satz 2 das Wort „Zweijahresfrist" durch das Wort „Dreijahresfrist" ersetzt. In § 18 Abs. 1 Satz 1 wird das Wort „vier" durch das Wort „fünf" ersetzt.
6. (Vorhaben- und Erschließungsplan) § 55 der Bauplanungs- und Zulassungsverordnung der Deutschen Demokratischen Republik ist mit folgenden Maßgaben anzuwenden:
   a) In Absatz 1 wird in Satz 1 der Satzteil vor Nummer 1 wie folgt gefaßt: „Die Gemeinde kann durch Satzung die Zulässigkeit von Vorhaben abweichend von den §§ 30, 31 und 33 bis 35 des Baugesetzbuchs bestimmen, wenn". In Absatz 1 Satz 3 wird „Anlage 1 zu dieser Verordnung" durch „aufgrund des § 2 Abs. 5 des Baugesetzbuchs erlassenen Verordnung" ersetzt. § 9 Abs. 8, § 31 Abs. 1 und § 36 dieses Gesetzbuchs sowie § 4 Abs. 3 der Bauplanungs- und Zulassungsverordnung der Deutschen Demokratischen Republik sind entsprechend anzuwenden. Eine Satzung nach § 55 Abs. 1 der Bauplanungs- und Zulassungsverordnung der Deutschen Demokratischen Republik gilt für Zwecke der Teilungsgenehmigung als Bebauungsplan.
   b) Die §§ 58 und 59 der Bauplanungs- und Zulassungsverordnung der Deutschen Demokratischen Republik sind auf Satzungen nach § 55 der Bauplanungs- und Zulassungsverordnung der Deutschen Demokratischen Republik mit der Maßgabe anzuwenden, daß § 58 Abs. 1 Satz 1 Nr. 2 der Bauplanungs- und Zulassungsverordnung der Deutschen Demokratischen Republik auch für die Begründung der Satzung nach § 55 Abs. 1 der Bauplanungs- und Zulassungsverordnung der Deutschen Demokratischen Republik gilt; § 216 ist anzuwenden.
   c) Beschlüsse nach § 55 Abs. 1 der Bauplanungs- und Zulassungsverordnung der Deutschen Demokratischen Republik sind Entscheidungen im Sinne des § 2 Abs. 1 Satz 1 des Gesetzes über

die Umweltverträglichkeitsprüfung; § 17 des Gesetzes über die Umweltverträglichkeitsprüfung ist entsprechend anzuwenden.

7. (Gesetzliche Vorkaufsrechte der Gemeinde) In den Fällen der §§ 24 und 25 ist abweichend von § 28 Abs. 2 Satz 2 auf den von der Gemeinde zu zahlenden Betrag § 3 Abs. 3 des Maßnahmengesetzes zum Baugesetzbuch vom 17. Mai 1990 (BGBl. I S. 926) entsprechend anzuwenden. Auf Verkaufsfälle vor dem 1. Januar 1998 ist diese Nummer weiter anzuwenden.

8. (Zulässigkeit von Vorhaben) Die § 4 Abs. 2 Satz 1, Abs. 4 und 5, § 9 Abs. 3 und § 10 Abs. 3 Satz 1 des Maßnahmengesetzes zum Baugesetzbuch sind anzuwenden.

9. (Vertrauensschaden) Anstelle des § 39 ist folgende Vorschrift anzuwenden:

   „Haben Eigentümer oder in Ausübung ihrer Nutzungsrechte sonstige Nutzungsberechtigte im berechtigten Vertrauen auf den Bestand eines rechtsverbindlichen Bebauungsplans oder die bei Wirksamwerden des Beitritts bestehende Zulässigkeit nach § 34 Vorbereitungen für die Verwirklichung von Nutzungsmöglichkeiten getroffen, die sich aus dem Bebauungsplan oder aus § 34 ergeben, können sie angemessene Entschädigung in Geld verlangen, soweit die Aufwendungen durch die Aufstellung, Änderung, Ergänzung oder Aufhebung eines Bebauungsplans an Wert verlieren. Dies gilt auch für Abgaben nach bundes- oder landesrechtlichen Vorschriften, die für die Erschließung des Grundstücks erhoben wurden. Satz 1 gilt ferner für angemessene Kosten und Gegenleistungen für den Erwerb eines Grundstücks oder eines zur Bebauung berechtigenden sonstigen Rechts, wenn auf dem Grundstück eine Nutzung nach § 34 bei Wirksamwerden des Beitritts zulässig war und sich das Vertrauen auf die Zulässigkeit im Sinne des Satzes 1 auf eine Baugenehmigung, einen Vorbescheid oder eine schriftliche Auskunft der für die Erteilung der Genehmigung zuständigen Behörde stützt. Überschreitet in Fällen des Satzes 3 die Gegenleistung den Verkehrswert in einer dem Rechtsverkehr erkennbaren Weise deutlich, bemißt sich die Entschädigung nach dem Verkehrswert des Grundstücks (§ 194). Die §§ 43 und 44 sind entsprechend anzuwenden."

   § 42 Abs. 1 bis 3 und 5 bis 10 findet auf die bei Wirksamwerden des Beitritts nach § 34 zulässigen Nutzungen keine Anwendung.

10. (Zulässigkeit der Enteignung) Eine Satzung nach Nummer 6 gilt für Zwecke der Enteignung als Bebauungsplan nach § 85 Abs. 1 Nr. 1, um Grundstücke entsprechend den Bestimmungen der Satzung, die im Bebauungsplan als Festsetzungen nach § 9 getroffen werden können, für öffentliche Zwecke zu nutzen oder eine solche Nutzung vorzubereiten.

11. (Erschließung) Anstelle von § 124 ist § 54 der Bauplanungs- und Zulassungsverordnung der Deutschen Demokratischen Republik anzuwenden. Für Erschließungsanlagen oder Teile von Erschlie-

ßungsanlagen, die vor dem Wirksamwerden des Beitritts bereits hergestellt worden sind, kann nach diesem Gesetzbuch ein Erschließungsbeitrag nicht erhoben werden. Bereits hergestellte Erschließungsanlagen oder Teile von Erschließungsanlagen sind die einem technischen Ausbauprogramm oder den örtlichen Ausbaugepflogenheiten entsprechend fertiggestellten Erschließungsanlagen oder Teile von Erschließungsanlagen. Leistungen, die Beitragspflichtige für die Herstellung von Erschließungsanlagen oder Teilen von Erschließungsanlagen erbracht haben, sind auf den Erschließungsbeitrag anzurechnen. Die Landesregierungen werden ermächtigt, bei Bedarf Überleitungsregelungen durch Rechtsverordnung zu treffen.

12. (Städtebauliche Sanierungsmaßnahmen) Ergänzend zu § 141 ist § 28 Abs. 4 der Bauplanungs- und Zulassungsverordnung der Deutschen Demokratischen Republik anzuwenden. § 142 Abs. 4 2. Halbsatz ist nicht anzuwenden.

13. (Städtebauliche Entwicklungsmaßnahmen) Die §§ 165 bis 171 sind in der Fassung der §§ 6, 7, 9 Abs. 3 und § 10 Abs. 3 des Maßnahmengesetzes zum Baugesetzbuch anzuwenden; § 15 Abs. 2 des Maßnahmengesetzes zum Baugesetzbuch ist mit der Maßgabe anzuwenden, daß die Worte „1. Juni 1995" durch die Worte „1. Januar 1998" ersetzt werden.

14. (Erhaltungssatzung) Ergänzend zu § 172 Abs. 1 Satz 1 Nr. 2 ist § 43 Abs. 1 Satz 3 der Bauplanungs- und Zulassungsverordnung der Deutschen Demokratischen Republik anzuwenden. § 172 Abs. 4 Satz 2 ist nicht anzuwenden; § 173 Abs. 2 ist auch bei Versagung einer Genehmigung nach § 172 Abs. 4 anzuwenden.

15. (Städtebauliche Gebote) Ergänzend zu § 176 ist § 8 des Maßnahmengesetzes zum Baugesetzbuch anzuwenden; § 16 des Maßnahmengesetzes zum Baugesetzbuch ist mit der Maßgabe anzuwenden, daß die Worte „1. Juni 1995" durch die Worte „1. Januar 1998" ersetzt werden.

16. (Wertermittlung) Bis zum Inkrafttreten einer Rechtsverordnung nach § 199 Abs. 2 in dem jeweiligen Land sind § 50 Abs. 1 und § 51 Abs. 1 und 2 der Bauplanungs- und Zulassungsverordnung der Deutschen Demokratischen Republik weiter anzuwenden; die Landesregierung oder die von ihr bestimmte Behörde kann die Behörden in den jeweiligen kreisfreien Städten und Landkreisen bestimmen, bei denen die Geschäftsstellen einzurichten sind, soweit dies nicht bereits nach § 53 der Bauplanungs- und Zulassungsverordnung der Deutschen Demokratischen Republik geschehen ist.

17. (Verfahren vor den Kammern [Senaten] für Baulandsachen) Die §§ 217 bis 232 sind mit der Maßgabe anzuwenden, daß die Kammern für Verwaltungsrecht bei den Kreisgerichten und die Senate für Verwaltungsrecht bei den Bezirksgerichten zuständig sind; für das Verfahren gelten die Vorschriften der Verwaltungsgerichts-

ordnung. Dies gilt nicht für das Land Berlin für den Teil, in dem das Grundgesetz bisher nicht galt. § 217 ist auch auf Verwaltungsakte nach den Nummern 7 und 9 anzuwenden.

18. Die nach diesem Gesetzbuch der höheren Verwaltungsbehörde zugewiesenen Aufgaben werden von den Regierungsbevollmächtigten in den Bezirken wahrgenommen, bis die Landesregierung eine Zuständigkeitsregelung trifft.

Soweit in den nach Satz 1 Nr. 1 bis 17 anzuwendenden Vorschriften der Bauplanungs- und Zulassungsverordnung der Deutschen Demokratischen Republik auf andere Vorschriften dieser Verordnung verwiesen wird, gelten an deren Stelle die inhaltsgleichen Vorschriften dieses Gesetzbuchs; „Aufsichtsbehörde“ ist durch „höhere Verwaltungsbehörde“, „Minister für Bauwesen, Städtebau und Wohnungswirtschaft“ durch „Landesregierung“ zu ersetzen.
Soweit Vorschriften des Maßnahmengesetzes zum Baugesetzbuch anzuwenden sind, gelten diese Vorschriften abweichend von Artikel 1 des Wohnungsbau-Erleichterungsgesetzes bis zum 31. Dezember 1997. Soweit in diesem Gesetzbuch auf Vorschriften verwiesen wird, die in dem in Artikel 3 des Einigungsvertrages genannten Gebiet keine Anwendung finden, sind die entsprechenden Vorschriften der Deutschen Demokratischen Republik anzuwenden. Bestehen solche Vorschriften nicht oder würde ihre Anwendung dem Sinn der Verweisung widersprechen, gelten die Vorschriften, auf die verwiesen wird, entsprechend.

(2) Auf Verfahren, die nach den Maßgaben des Absatzes 1 bis zum 31. Dezember 1997 eingeleitet worden sind, sind die Maßgaben weiter anzuwenden. Der nach Absatz 1 Satz 1 Nr. 3 anzuwendende § 8 Abs. 2 und 3 der Bauplanungs- und Zulassungsverordnung der Deutschen Demokratischen Republik ist in bezug auf Teil-Flächennutzungspläne nach dem 31. Dezember 1997 weiter anzuwenden. Der nach Absatz 1 Satz 1 Nr. 8 anzuwendende § 4 Abs. 2 Satz 1 des Maßnahmengesetzes zum Baugesetzbuch ist anzuwenden auf Vorhaben, für die vor dem 1. Januar 1998 bei der zuständigen Behörde ein Antrag auf Genehmigung gestellt wurde und darüber vor dem 1. Januar 1998 noch nicht unanfechtbar entschieden worden ist. Der nach Absatz 1 Satz 1 Nr. 8 und 13 anzuwendende § 9 Abs. 3 des Maßnahmengesetzes zum Baugesetzbuch sowie die nach Absatz 1 Satz 1 Nr. 6b anzuwendenden §§ 58 und 59 der Bauplanungs- und Zulassungsverordnung der Deutschen Demokratischen Republik sind auch nach dem 31. Dezember 1997 auf Satzungen anzuwenden, die unter Anwendung des Absatzes 1 Satz 1 Nr. 6, 8 und 13 erlassen worden sind. Die nach den Maßgaben des Absatzes 1 gefaßten Beschlüsse und erlassenen Satzungen gelten als solche nach diesem Gesetzbuch.

(3) Auf Verfahren, die nach der Bauplanungs- und Zulassungsverordnung der Deutschen Demokratischen Republik vor dem Wirksamwerden des Beitritts eingeleitet worden sind, sind die Vorschriften dieses Gesetzbuchs nach den Maßgaben des Absatzes 1 anzuwenden. Die §§ 58 und 59 der Bauplanungs- und Zulassungsverordnung der

Deutschen Demokratischen Republik sind auch nach dem Wirksamwerden des Beitritts auf Bauleitpläne und Satzungen anzuwenden, die unter Anwendung der Bauplanungs- und Zulassungsverordnung der Deutschen Demokratischen Republik erlassen worden sind. Beschlüsse und Satzungen, die nach der Bauplanungs- und Zulassungsverordnung der Deutschen Demokratischen Republik gefaßt oder erlassen worden sind, gelten als solche nach diesem Gesetzbuch.

(4) § 64 der Bauplanungs- und Zulassungsverordnung der Deutschen Demokratischen Republik ist mit der Maßgabe anzuwenden, daß in Absatz 3 Satz 1 die Worte „innerhalb einer Frist von sechs Monaten nach dem Inkrafttreten dieser Verordnung" durch die Worte „bis zum 30. Juni 1991 " ersetzt werden; Absatz 1 Satz 2 ist anzuwenden."

2. **Baunutzungsverordnung** in der Fassung der Bekanntmachung vom 23. Januar 1990 (BGBl. I S. 132)

   Nach § 26 wird folgender § 26a eingefügt:

   „**§ 26a Überleitungsregelungen aus Anlaß der Herstellung der Einheit Deutschlands.** (1) In dem in Artikel 3 des Einigungsvertrages genannten Gebiet ist § 17 Abs. 3 auf Gebiete anzuwenden, die am 1. Juli 1990 überwiegend bebaut waren.

   (2) Soweit in dieser Verordnung auf Vorschriften verwiesen wird, die in dem in Artikel 3 des Einigungsvertrages genannten Gebiet keine Anwendung finden, sind die entsprechenden Vorschriften der Deutschen Demokratischen Republik anzuwenden. Bestehen solche Vorschriften nicht oder würde ihre Anwendung dem Sinn der Verweisung widersprechen, gelten die Vorschriften, auf die verwiesen wird, entsprechend."

3. **Raumordnungsgesetz** in der Fassung der Bekanntmachung vom 19. Juli 1989 (BGBl. I S. 1461)

   Nach § 12 wird folgender § 12a eingefügt:

   „**§ 12a Überleitungsregelungen aus Anlaß der Herstellung der Einheit Deutschlands.** In dem in Artikel 3 des Einigungsvertrages genannten Gebiet ist dieses Gesetz mit folgenden Maßgaben anzuwenden:

   1. § 2 Abs. 1 Nr. 4 findet keine Anwendung.
   2. § 2 Abs. 1 Nr. 7 Unterabsatz 2 ist in folgender Fassung anzuwenden:

      „Die flächengebundene bäuerliche Landwirtschaft ist in besonderem Maße zu schützen. In gleichberechtigter Form stehen nebeneinander Einzelbauernwirtschaften und landwirtschaftliche Betriebe in Form juristischer Personen. Für die land- und forstwirtschaftliche Nutzung gut geeignete Böden sind in ausreichendem Umfang zu erhalten. Bei einer Änderung der Bodennutzung sollen ökologisch verträgliche Nutzungen angestrebt werden."
   3. Die §§ 2 und 3 des Gesetzes über die Inkraftsetzung des Raumordnungsgesetzes der Bundesrepublik Deutschland in der Deut-

schen Demokratischen Republik vom 5. Juli 1990 (GBl. I S. 627) finden weiterhin Anwendung."

4. Bundeskleingartengesetz vom 28. Februar 1983 (BGBl. I S. 210), geändert durch Artikel 2 des Gesetzes vom 8. Dezember 1986 (BGBl. I S. 2191)

Nach § 20 wird folgender § 20a eingefügt:

„**§ 20a Überleitungsregelungen aus Anlaß der Herstellung der Einheit Deutschlands.** In dem in Artikel 3 des Einigungsvertrages genannten Gebiet ist dieses Gesetz mit folgenden Maßgaben anzuwenden:

1. Kleingartennutzungsverhältnisse, die vor dem Wirksamwerden des Beitritts begründet worden und nicht beendet sind, richten sich von diesem Zeitpunkt an nach diesem Gesetz.
2. Vor dem Wirksamwerden des Beitritts geschlossene Nutzungsverträge über Kleingärten sind wie Kleingartenpachtverträge über Dauerkleingärten zu behandeln, wenn die Gemeinde bei Wirksamwerden des Beitritts Eigentümerin der Grundstücke ist oder nach diesem Zeitpunkt das Eigentum an diesen Grundstücken erwirbt.
3. Bei Nutzungsverträgen über Kleingärten, die nicht im Eigentum der Gemeinde stehen, verbleibt es bei der vereinbarten Nutzungsdauer. Sind die Kleingärten im Bebauungsplan als Flächen für Dauerkleingärten festgesetzt worden, gilt der Vertrag als auf unbestimmte Zeit verlängert. Hat die Gemeinde vor Ablauf der vereinbarten Nutzungsdauer beschlossen, einen Bebauungsplan aufzustellen mit dem Ziel, die Fläche für Dauerkleingärten festzusetzen, und den Beschluß nach § 2 Abs. 1 Satz 2 des Baugesetzbuchs bekannt gemacht, verlängert sich der Vertrag vom Zeitpunkt der Bekanntmachung an um sechs Jahre. Vom Zeitpunkt der Rechtsverbindlichkeit des Bebauungsplans an sind die Vorschriften über Dauerkleingärten anzuwenden. Unter den in § 8 Abs. 4 Satz 1 der Bauplanungs- und Zulassungsverordnung der Deutschen Demokratischen Republik vom 20. Juni 1990 (GBl. I S. 739) in der Fassung des § 246a Abs. 1 Satz 1 Nr. 3 des Baugesetzbuchs genannten Voraussetzungen kann ein vorzeitiger Bebauungsplan aufgestellt werden.
4. Die vor dem Wirksamwerden des Beitritts Kleingärtnerorganisationen verliehene Befugnis, Grundstücke zum Zwecke der Vergabe an Kleingärtner anzupachten, kann unter den für die Aberkennung der kleingärtnerischen Gemeinnützigkeit geltenden Voraussetzungen entzogen werden. Das Verfahren der Anerkennung und des Entzugs der kleingärtnerischen Gemeinnützigkeit regeln die Länder.
5. Anerkennungen der kleingärtnerischen Gemeinnützigkeit, die vor dem Wirksamwerden des Beitritts ausgesprochen worden sind, bleiben unberührt.
6. Der beim Wirksamwerden des Beitritts zu leistende Pachtzins kann schrittweise unter Berücksichtigung der Einkommensverhältnisse der Pächter erhöht werden. Nach Ablauf von drei Jahren seit Wirksamwerden des Beitritts kann der Pachtzins nach § 5 Abs. 1 verlangt werden. Kann der ortsübliche Pachtzins im erwerbsmäßigen Obst-

und Gemüseanbau nach § 5 Abs. 1 nicht ermittelt werden, ist der entsprechende Pachtzins in der benachbarten oder in einer vergleichbaren Gemeinde oder einem vergleichbaren Landkreis als Bemessungsgrundlage zugrunde zu legen.

7. Vor dem Wirksamwerden des Beitritts rechtmäßig errichtete Gartenlauben, die die in § 3 Abs. 2 vorgesehene Größe überschreiten, oder andere der kleingärtnerischen Nutzung dienende bauliche Anlagen können unverändert genutzt werden. Die Kleintierhaltung in Kleingartenanlagen bleibt unberührt, soweit sie die Kleingärtnergemeinschaft nicht wesentlich stört und der kleingärtnerischen Nutzung nicht widerspricht.
8. Eine vor dem Wirksamwerden des Beitritts bestehende Befugnis des Kleingärtners, seine Laube dauernd zu Wohnzwecken zu nutzen, bleibt unberührt, soweit andere Vorschriften der Wohnnutzung nicht entgegenstehen. Für die dauernde Nutzung der Laube kann der Verpächter zusätzlich ein angemessenes Entgelt verlangen."

5. Zweites Wohnungsbaugesetz in der Fassung der Bekanntmachung vom 14. August 1990 (BGBl. I S. 1730)

Nach § 116 wird folgender § 116a eingefügt:

„§ 116a Überleitungsregelungen aus Anlaß der Herstellung der Einheit Deutschlands. In dem in Artikel 3 des Einigungsvertrages genannten Gebiet ist dieses Gesetz mit folgenden Maßgaben anzuwenden:

1. Die Vorschriften dieses Gesetzes sind anzuwenden auf neugeschaffene Wohnungen, für die Mittel aus öffentlichen Haushalten nach diesem Gesetz erstmalig nach dem Wirksamwerden des Beitritts bewilligt werden.
2. Für öffentlich-rechtliche Streitigkeiten, die aus diesem Gesetz entstehen können, ist bis zur Bildung von Verwaltungsgerichten der ordentliche Rechtsweg gegeben.
3. Die Bundesregierung wird ermächtigt, mit Zustimmung des Bundesrates durch Rechtsverordnung ab dem Wirksamwerden des Beitritts die Einkommensgrenzen des § 25 unter Berücksichtigung der Einkommensverhältnisse und -entwicklungen in dem in Artikel 3 des Einigungsvertrages genannten Gebiet anzupassen.
4. § 116 ist in dem Land Berlin für den Teil, in dem das Grundgesetz bisher nicht galt, nicht anzuwenden."

6. Wohnungsbindungsgesetz 1965 in der Fassung der Bekanntmachung vom 22. Juli 1982 (BGBl. I S. 972), zuletzt geändert durch Artikel 1 des Gesetzes vom 17. Mai 1990 (BGBl. I S. 934)

Nach § 32 wird folgender § 33 eingefügt:

„§ 33 Überleitungsregelungen aus Anlaß der Herstellung der Einheit Deutschlands. In dem in Artikel 3 des Einigungsvertrages genannten Gebiet ist dieses Gesetz mit folgenden Maßgaben anzuwenden:

1. Das Gesetz gilt für öffentlich geförderte Wohnungen nach Maßgabe des § 116a Nr. 1 des Zweiten Wohnungsbaugesetzes und der nachfolgenden Nummer 2.

2. Ist die Bescheinigung nach § 5 in den Ländern in dem Gebiet, in dem das Wohnungsbindungsgesetz schon vor dem Beitritt gegolten hat, ausgestellt worden, so gilt sie nicht in dem in Artikel 3 des Einigungsvertrages genannten Gebiet. Wenn nach den wohnungswirtschaftlichen Verhältnissen ein öffentliches Interesse an den Beschränkungen nach Satz 1 nicht mehr besteht, können die Regierungen der in Artikel 1 Abs. 1 des Einigungsvertrages genannten Länder und des Landes Berlin durch Rechtsverordnung bestimmen, daß und in welchem Umfang die in den Ländern, in deren Gebiet das Wohnungsbindungsgesetz schon vor dem Beitritt gegolten hat, ausgestellten Bescheinigungen gelten.
3. § 5 Abs. 4 Satz 3 ist in dem Land Berlin für den Teil, in dem das Grundgesetz bisher nicht galt, nicht anzuwenden."

7. Gesetz zur Regelung der Miethöhe vom 18. Dezember 1974 (BGBl. I S. 3603, 3604), zuletzt geändert durch Gesetz vom 20. Dezember 1982 (BGBl. I S. 1912)

Nach § 10 wird folgender § 11 angefügt:

„**§ 11** (1) In dem in Artikel 3 des Einigungsvertrages genannten Gebiet findet dieses Gesetz für Wohnraum Anwendung, der nicht mit Mitteln aus öffentlichen Haushalten gefördert wurde und nach dem Wirksamwerden des Beitritts

1. in neu errichteten Gebäuden fertiggestellt wurde oder
2. aus Räumen wiederhergestellt wurde, die auf Dauer zu Wohnzwekken nicht mehr benutzbar waren, oder aus Räumen geschaffen wurde, die nach ihrer baulichen Anlage und Ausstattung anderen als Wohnzwecken dienten. Bei der Vermietung dieses Wohnraums sind Preisvorschriften nicht anzuwenden.

(2) Für Wohnraum, dessen höchstzulässiger Mietzins sich bei Wirksamwerden des Beitritts aus Rechtsvorschriften ergibt, gelten § 1 Satz 1 und § 3 sowie die folgenden Absätze. § 3 ist auch auf vor dem Wirksamwerden des Beitritts begonnene aber noch nicht beendete bauliche Maßnahmen anzuwenden.

(3) Die Bundesregierung wird ermächtigt, durch Rechtsverordnung mit Zustimmung des Bundesrates

1. den höchstzulässigen Mietzins unter Berücksichtigung der Einkommensentwicklung schrittweise mit dem Ziel zu erhöhen, die in § 2 Abs. 1 Satz 1 Nr. 2 bezeichnete Miete zuzulassen. Dabei sind Art, Größe, Ausstattung, Beschaffenheit und Lage des Wohnraums zu berücksichtigen;
2. zu bestimmen, daß die Betriebskosten oder Teile davon nach § 4 anteilig auf die Mieter umgelegt werden dürfen;
3. zu bestimmen, daß nach dem 31. Dezember 1992 beim Abschluß neuer Mietverträge bestimmte Zuschläge verlangt werden dürfen, oder die in § 10 Abs. 2 bezeichnete Miete vereinbart werden darf; dabei kann die höchstzulässige Miete festgelegt werden;
4. für den Teil des Landes Berlin, in dem das Grundgesetz bisher nicht galt, oder einen Teil davon Sonderregelungen vorzusehen.

(4) Der Vermieter kann vorbehaltlich des § 1 Satz 3 gegenüber dem Mieter schriftlich erklären, daß der Mietzins um einen bestimmten Betrag, bei Betriebskosten um einen bestimmbaren Betrag, bis zur Höhe des nach der Rechtsverordnung nach Absatz 3 zulässigen Mietzinses erhöht werden soll. Hat der Vermieter seine Erklärung mit Hilfe automatischer Einrichtungen gefertigt, so bedarf es nicht seiner eigenhändigen Unterschrift.

(5) Die Erklärung des Vermieters hat die Wirkung, daß von dem Ersten des auf die Erklärung folgenden übernächsten Monats der erhöhte Mietzins an die Stelle des bisher entrichteten Mietzinses tritt.

(6) Der Mieter ist berechtigt, das Mietverhältnis spätestens am dritten Werktag des Kalendermonats, von dem an der Mietzins erhöht werden soll, für den Ablauf des übernächsten Kalendermonats zu kündigen. Kündigt der Mieter, so tritt die Erhöhung nicht ein.

(7) Die Bundesregierung wird ermächtigt, durch Rechtsverordnung mit Zustimmung des Bundesrates zu bestimmen, daß über § 3 hinaus bis zum 1. Januar 1996 bei erheblichen Instandsetzungsmaßnahmen eine Erhöhung der jährlichen Miete in einem bestimmten Umfang der aufgewendeten Kosten verlangt werden kann. Bei der Bestimmung des Umfangs ist zu berücksichtigen,

1. welche Beträge dem Vermieter aufgrund einer Rechtsverordnung nach Absatz 3 zustehen,
2. daß die zu erwartende Mieterhöhung für die Mieter im Hinblick auf deren Einkommen keine Härte bedeuten darf, die ihnen auch unter Berücksichtigung der Interessen des Vermieters an der Instandsetzungsmaßnahme nicht zuzumuten ist."

Instandsetzungsmaßnahmen aufgrund einer Rechtsverordnung nach Satz 1 stehen bei der Anwendung sonstiger Vorschriften dieses Gesetzes baulichen Maßnahmen nach § 3 gleich.

8. Wohngeldgesetz in der Fassung der Bekanntmachung vom 28. Februar 1990 (BGBl. I S. 310), geändert durch Gesetz vom 10. August 1990 (BGBl. I S. 1522)

Nach § 41 wird folgender § 42 angefügt:

„§ 42 Überleitungsregelungen aus Anlaß der Herstellung der Einheit Deutschlands. (1) In dem in Artikel 3 des Einigungsvertrages genannten Gebiet ist

1. § 8 Abs. 1 bis 5 nicht anzuwenden. Die in § 15 Abs. 2 bis 4 und § 16 aufgeführten Beträge sind durch die in der Rechtsverordnung nach Absatz 2 Nr. 2 genannten Beträge zu ersetzen. Die in § 17 Abs. 2 bis 4 aufgeführten Vomhundertsätze sind, soweit sie entrichtete Steuern vom Einkommen berücksichtigen, durch die in der Rechtsverordnung nach Absatz 2 Nr. 3 genannten Vomhundertsätze zu ersetzen. Die nach § 36 Abs. 1 Satz 1 Nr. 1 Buchstabe a) und Satz 2 in Verbindung mit § 6 Abs. 1 Satz 1 Nr. 1 und Nr. 2 der Wohngeldverordnung in der Fassung der Bekanntmachung vom 25. Mai 1988 (BGBl. I S. 643), zuletzt geändert durch die Verordnung vom 17. August 1990 (BGBl. I S 1777), abzusetzenden Pauschbeträge für

Heizungs- bzw. Warmwasserkosten werden durch die in der Rechtsverordnung nach Absatz 2 Nr. 4 genannten Pauschbeträge ersetzt;

2. § 32 Abs. 1 in folgender Fassung anzuwenden:
„(1) Das Wohngeld beträgt 50 v. H. der anerkannten laufenden Aufwendungen für die Unterkunft im Sinne des Bundessozialhilfegesetzes, soweit diese Regelung nicht durch Rechtsverordnung nach § 42 Abs. 2 Nr. 6 aufgehoben und ein abweichender Vomhundertsatz bestimmt wird. Der Betrag wird auf volle Deutsche Mark gerundet.";
3. § 36 Abs. 1 Nr. 2 Satz 2 und Abs. 2 nicht anzuwenden.

(2) Die Bundesregierung wird ermächtigt, durch Rechtsverordnung mit Zustimmung des Bundesrates für das in Artikel 3 des Einigungsvertrages genannte Gebiet

1. die Höchstbeträge für Miete und Belastung nach § 8 Abs. 1 bis 5 entsprechend der Entwicklung der Mieten festzulegen und zu ändern;
2. die Beträge in § 15 Abs. 2 bis 4 und § 16 unter Berücksichtigung der Entwicklung der Einkommen festzulegen und zu ändern;
3. die pauschalen Abzüge nach § 17 Abs. 2 bis 4 unter Berücksichtigung der entrichteten Steuern vom Einkommen festzulegen und zu ändern;
4. die in Absatz 1 Nr. 1 Satz 4 genannten Pauschbeträge für Heizungs- bzw. Warmwasserkosten unter Berücksichtigung der von Mietern für diese Betriebskosten im Durchschnitt entrichteten Beträge festzulegen und zu ändern;
5. die Vorschriften des Absatzes 1 Nr. 1 sowie der vorstehenden Nummern 1 bis 4 mit den zugehörigen Rechtsverordnungen aufzuheben, sobald in dem in Artikel 3 des Einigungsvertrages genannten Gebiet die Einkommen, Mieten oder die von Mietern im Durchschnitt entrichteten Beträge für Heizungs- und Warmwasserkosten mit denen im übrigen Bundesgebiet vergleichbar sind;
6. Absatz 1 Nr. 2 aufzuheben und für das in Artikel 3 des Einigungsvertrages genannte Gebiet erstmals auf der Grundlage einer Zufallsstichprobe nach § 36 Abs. 2 Nr. 1 Buchstabe a) und Nummer 2 den Vomhundertsatz zur Bemessung des Wohngeldes nach § 32 Abs. 1 festzulegen, sobald die dafür erforderlichen Berechnungen unter Berücksichtigung der Wohngeld-Statistik mit hinreichender Genauigkeit erfolgen können;
7. Absatz 1 Nr. 3 bei Vorliegen der in Nummer 6 genannten Voraussetzungen aufzuheben, soweit darin bestimmt wird, daß § 36 Abs. 2 nicht anzuwenden ist."

Abschnitt III

Bundesrecht tritt in dem in Artikel 3 des Vertrages genannten Gebiet mit folgenden Maßgaben in Kraft:

Wohngeldgesetz in der Fassung der Bekanntmachung vom 28. Februar 1990 (BGBl. I S. 310), geändert durch Gesetz vom 10. August 1990 (BGBl. I S. 1522),

mit folgenden Maßgaben:

Das Gesetz ist einschließlich des Artikels 2 des Gesetzes vom 10. August 1990 ab 1. Januar 1991 anzuwenden. § 42 Abs. 2 ist mit Wirksamwerden des Vertrages anzuwenden.

Kapitel XV
Geschäftsbereich des Bundesministers für Forschung und Technologie

– – –

Kapitel XVI
Geschäftsbereich des Bundesministers für Bildung und Wissenschaft

Sachgebiet A: Hochschulen

Abschnitt II

Bundesrecht wird wie folgt geändert oder ergänzt:

1. Hochschulbauförderungsgesetz vom 1. September 1969 (BGBl. I S. 1556), zuletzt geändert durch § 80 des Gesetzes vom 26. Januar 1976 (BGBl. I S. 185)[1]

a) 7 Abs. 2 Satz 1 wird wie folgt gefaßt:
„Ein Beschluß des Planungsausschusses kommt zustande, wenn ihm der Bund und die Mehrheit der Länder zustimmen."

b) Nach § 14 wird folgender § 14a eingefügt:
„**§ 14a Überleitungsregelungen aus Anlaß der Herstellung der Einheit Deutschlands.** (1) Während eines Zeitraums von einem Jahr nach dem Tag des Wirksamwerdens des Beitritts können Hochschulen oder Hochschuleinrichtungen in den in Artikel 1 Abs. 1 des Einigungsvertrages genannten Ländern und in dem Teil des Landes Berlin, in dem das Grundgesetz bisher nicht galt, abweichend von § 4 Abs. 2 Satz 1 vorläufig in die Anlage aufgenommen werden. Die vorläufige Aufnahme kann jeweils bis zum Ende eines Jahres, längstens jedoch bis zum Ende des Jahres 1993 erfolgen. Die Bundesregierung bestimmt durch Rechtsverordnung mit Zustimmung des Bundesrates, ob bis zu diesem Zeitpunkt die vorläufige Aufnahme erlischt oder eine Aufnahme nach § 4 Abs. 2 erfolgt.

(2) Bis zum Ende des Jahres 1994 kann für Hochschulen und Hochschuleinrichtungen in den in Artikel 1 Abs. 1 des Einigungsvertrages genannten Ländern und in dem Teil des Landes Berlin, in dem das Grundgesetz bisher nicht galt, ein vereinfachtes Verfahren zur Ergänzung eines bereits aufgestellten Rahmenplans oder zur Aufstellung eines Rahmenplans angewandt werden, das von Anforderungen nach § 5 Abs. 2, § 6 und § 8 Abs. 1 Satz 1 und Abs. 2 abweicht.

(3) Der Planungsausschuß beschließt, ob ein vereinfachtes Verfah-

---

[1] **Amtl. Anm.:** Bis zum Erlaß der Landesgesetze nach § 72 Abs. 1 Satz 3 des Hochschulrahmengesetzes in der am Tag des Wirksamwerdens des Beitritts geltenden Fassung bestimmt das bis dahin geltende Landesrecht in den in Artikel 1 Abs. 1 des Einigungsvertrages genannten Ländern sowie in dem Teil des Landes Berlin, in dem das Grundgesetz bisher nicht galt, was Hochschulen und Hochschuleinrichtungen im Sinne des § 4 des Hochschulbauförderungsgesetzes sind. Der im Zeitpunkt des Wirksamwerdens des Beitritts bestehende Status der Universitäten, der anderen Hochschulen und der Fachschulen in diesem Gebiet kann im übrigen nur durch Landesgesetz geändert werden.

ren nach Absatz 2 angewandt wird. Er legt die Einzelheiten dieses Verfahrens fest."

2. **Hochschulrahmengesetz** vom 26. Januar 1976 in der Fassung der Bekanntmachung vom 9. April 1987 (BGBl. I S. 1170)

a) § 27 wird wie folgt geändert:

aa) Nach Absatz 2 wird folgender Absatz 3 eingefügt:

„(3) Staatsangehörige eines anderen Mitgliedstaats der Europäischen Gemeinschaften sind Deutschen nach Absatz 1 gleichgestellt, wenn die für das Studium erforderlichen Sprachkenntnisse nachgewiesen werden."

bb) Der bisherige Absatz 3 wird Absatz 4; in ihm wird das Wort „andere" durch das Wort „weitere" ersetzt.

b) Nach § 33 wird folgender § 33a eingefügt:

„§ 33a Überleitungsregelungen aus Anlaß der Herstellung der Einheit Deutschlands. (1) Solange die in Artikel 1 Abs. 1 des Einigungsvertrages genannten Länder und der Teil des Landes Berlin, in dem das Grundgesetz bisher nicht galt, dem Staatsvertrag über die Vergabe von Studienplätzen vom 14. Juni 1985 noch nicht beigetreten sind, kann ein Studiengang an Hochschulen in diesen Ländern oder an einer dieser Hochschulen mit Zustimmung des jeweiligen Landes in das Verfahren der Zentralstelle nach § 31 Abs. 1 einbezogen werden. Während eines Zeitraums von fünf Jahren nach dem Tag des Wirksamwerdens des Beitritts kann ein Studiengang an Hochschulen in den in Artikel 1 Abs. 1 des Einigungsvertrages genannten Ländern und in dem Teil des Landes Berlin, in dem das Grundgesetz bisher nicht galt, oder an einer dieser Hochschulen mit Zustimmung des jeweiligen Landes in das Verfahren nach § 31 Abs. 1 auch dann als gesonderter Studiengang einbezogen werden, wenn er nach Inhalt und Abschluß im wesentlichen einem Studiengang an den Hochschulen in den anderen Ländern entspricht.

(2) § 32 Abs. 2 Satz 1 Nr. 5 gilt nicht für Bewerber, die vor dem Wintersemester 1991/92 ein Studium an einer Hochschule in den in Artikel 1 Abs. 1 des Einigungsvertrages genannten Ländern und in dem Teil des Landes Berlin, in dem das Grundgesetz bisher nicht galt, abgeschlossen haben.

(3) Solange die in Artikel 1 Abs. 1 des Einigungsvertrages genannten Länder und der Teil des Landes Berlin, in dem das Grundgesetz bisher nicht galt, dem Staatsvertrag über die Vergabe von Studienplätzen vom 14. Juni 1985 noch nicht beigetreten sind und ein Studiengang an Hochschulen dieser Länder nicht nach Absatz 1 Satz 1 in das Verfahren der Zentralstelle einbezogen ist, können die für diese Länder geltenden Quoten nach § 32 Abs. 3 Nr. 1 Satz 5 für die Vergabe der Studienplätze an den Hochschulen in den anderen Ländern abweichend von § 32 Abs. 3 Nr. 1 Satz 6 bemessen werden. Unter den in Satz 1 genannten Voraussetzungen kann auch für die Vergabe von Studienplätzen nach § 32 Abs. 3 Nr. 2 Satz 1 die Bil-

dung von Quoten für Bewerber mit einer in den in Artikel 1 Abs. 1 des Einigungsvertrages genannten Ländern und in dem Teil des Landes Berlin, in dem das Grundgesetz bisher nicht galt, erworbenen Hochschulzugangsberechtigung vorgesehen werden; § 32 Abs. 3 Nr. 1 Satz 6 sowie Satz 1 gilt entsprechend.

(4) Für die Vergabe von Studienplätzen in Studiengängen an Hochschulen in den in Artikel 1 Abs. 1 des Einigungsvertrages genannten Ländern und in dem Teil des Landes Berlin, in dem das Grundgesetz bisher nicht galt, an Bewerber mit einer in den anderen Ländern erworbenen Hochschulzugangsberechtigung gilt Absatz 3 entsprechend.

(5) Für Zeiten eines Studiums an einer Hochschule in den in Artikel 1 Abs. 1 des Einigungsvertrages genannten Ländern und in dem Teil des Landes Berlin, in dem das Grundgesetz bisher nicht galt, bis einschließlich Wintersemester 1990/91 kann das Landesrecht von § 32 Abs. 3 Nr. 2 Satz 7 abweichende Regelungen treffen.

(6) Für die Vergabe von Studienplätzen nach § 33 Abs. 2 Nr. 1 Satz 1 und Nr. 2 Buchstabe a gelten die Absätze 2 bis 5 entsprechend."

c) § 34 wird wie folgt geändert:
   aa) Der bisherige § 34 wird Absatz 1.
   bb) Folgender Absatz 2 wird angefügt:
      „(2) Absatz 1 gilt entsprechend für Dienste und Leistungen nach Artikel 23 der Verfassung der Deutschen Demokratischen Republik einschließlich der dem Wehrdienst entsprechenden Dienste nach den Buchstaben b bis d der Bekanntmachung über den Dienst, der der Ableistung des Wehrdienstes entspricht vom 25. März 1982 (GBl. I Nr. 12 S. 268)."

d) In § 57f wird der Punkt durch einen Strichpunkt ersetzt und folgender Halbsatz angefügt:
   „in dem in Artikel 3 des Einigungsvertrages genannten Gebiet sind die §§ 57a bis 57e erstmals auf Arbeitsverträge anzuwenden, die drei Jahre nach dem Tag des Wirksamwerdens des Beitritts abgeschlossen werden."

e) § 72 wird wie folgt geändert:
   aa) Absatz 1 wird wie folgt geändert:
      aaa) Nach Satz 2 wird folgender Satz 3[1] eingefügt:
         „Innerhalb von drei Jahren nach dem Tag des Wirksamwerdens des Beitritts sind in den in Artikel 1 Abs. 1 des Einigungsvertrages genannten Ländern und in dem Teil

---

[1] **Amtl. Anm.:** Unbeschadet der unmittelbar gültigen oder früher umzusetzenden Vorschriften des Hochschulrahmengesetzes sowie anderer unmittelbar gültiger bundesrechtlicher Bestimmungen gelten bis zum Inkrafttreten der Landesgesetze nach § 72 Abs. 1 Satz 3 des Hochschulrahmengesetzes in der am Tag des Wirksamwerdens des Beitritts geltenden Fassung die Rechtsvorschriften der Deutschen Demokratischen Republik für das Hochschulwesen als Landesrecht fort.

des Landes Berlin, in dem das Grundgesetz bisher nicht galt, den Vorschriften dieses Gesetzes entsprechende Landesgesetze zu erlassen."

bbb) Der bisherige Satz 3 wird Satz 4. Er wird wie folgt gefaßt: „§ 9 in der ab 1. Januar 1988 geltenden Fassung, § 27 Abs. 3 in der vom Tage des Wirksamwerdens des Beitritts an geltenden Fassung, § 33a Abs. 4, die §§ 57a bis 57f und § 70 Abs. 6 gelten unmittelbar; bis zum Inkrafttreten entsprechender Landesgesetze gilt § 27 Abs. 1, 2 und 4 in den in Artikel 1 Abs. 1 des Einigungsvertrages genannten Ländern und in dem Teil des Landes Berlin, in dem das Grundgesetz bisher nicht galt, unmittelbar."

bb) Absatz 2 Satz 2 wird wie folgt gefaßt:
„Erstmals für Zulassungen zum Sommersemester 1991, längstens jedoch bis zum Inkrafttreten des Landesrechtes nach Satz 1 sind die Vorschriften der Artikel 7 bis 14 des Staatsvertrages über die Vergabe von Studienplätzen vom 14. Juni 1985 nach Maßgabe der entsprechenden Vorschriften dieses Gesetzes anzuwenden."

cc) In Satz 5 wird die Zahl „1989" durch die Zahl „1993" ersetzt.

f) Nach § 75 wird folgender § 75a eingefügt:
„§ 75a Überleitungsregelungen aus Anlaß der Herstellung der Einheit Deutschlands. Die Übernahme des wissenschaftlichen und künstlerischen Personals der Hochschulen in die nach diesem Gesetz vorgesehenen Rechtsverhältnisse ist in dem nach § 72 Abs. 1 Satz 3 erlassenen Gesetz zu regeln. Die Grundsätze des § 75 Abs. 3, 4, 6 und 8 sind entsprechend anzuwenden; die allgemeinen Regelungen in den Vorschriften des Einigungsvertrages über den öffentlichen Dienst bleiben unberührt. Die mitgliedschaftsrechtliche Stellung derjenigen Beamten und Angestellten, die in ihrem bisherigen Rechtsverhältnis verbleiben, wird durch Landesrecht bestimmt."

Sachgebiet B: Ausbildungsförderung

Abschnitt II

Bundesrecht wird wie folgt aufgehoben, geändert oder ergänzt:

Bundesausbildungsförderungsgesetz in der Fassung der Bekanntmachung vom 6. Juni 1983 (BGBl. I S. 645, 1680), zuletzt geändert durch Gesetz vom 22. Mai 1990 (BGBl. I S. 936), und nach den § 2 Abs. 3, § 13 Abs. 4, §§ 14 a, 15 Abs. 4, § 18 Abs. 6, § 18b Abs. 1, § 21 Abs. 3 Nr. 4, § 44 Abs. 1 und § 45 Abs. 4 dieses Gesetzes erlassene Rechtsverordnungen treten in dem in Artikel 3 des Einigungsvertrages genannten Gebiet am 1. Januar 1991 in Kraft und werden wie folgt geändert:

1. Bundesausbildungsförderungsgesetz:

a) § 5 Abs. 2 Satz 1 wird wie folgt geändert:

aa) In Nummer 1 wird das Wort „oder“ nach dem Wort „kann“ durch ein Komma ersetzt.

bb) Der Nummer 2 wird das Wort „oder“ angefügt.

cc) Nach Nummer 2 wird folgende Nummer 3 angefügt:

„3. die Ausbildung im Ausland vor dem 1. Oktober 1990 begonnen und für den Monat Dezember 1990 nach dem Stipendienrecht der Deutschen Demokratischen Republik gefördert wurde“.

b) § 6a wird aufgehoben.

c) § 12 wird wie folgt geändert:

aa) Absatz 1 wird wie folgt gefaßt:

„(1) Als monatlicher Bedarf gelten für Schüler

1. von Berufsfachschulen und Fachschulklassen, deren Besuch eine abgeschlossene Berufsausbildung nicht voraussetzt, soweit die Ausbildungsstätte
   a) in den Ländern Brandenburg, Mecklenburg-Vorpommern, Sachsen, Sachsen-Anhalt, Thüringen oder in dem Teil des Landes Berlin, in dem das Gesetz bisher nicht galt, liegt, 250 DM,
   b) im sonstigen Geltungsbereich des Gesetzes oder im Ausland liegt, 310 DM,
2. von Abendhauptschulen, Berufsaufbauschulen, Abendrealschulen und von Fachoberschulklassen, deren Besuch eine abgeschlossene Berufsausbildung voraussetzt, soweit die Ausbildungsstätte
   a) in dem in Nummer 1 Buchstabe a bezeichneten Gebiet liegt, 445 DM,
   b) im sonstigen Geltungsbereich des Gesetzes oder im Ausland liegt, 555 DM.“

bb) Absatz 2 Satz 1 wird wie folgt gefaßt:

„Als monatlicher Bedarf gelten, wenn der Auszubildende nicht bei seinen Eltern wohnt, für Schüler

1. von weiterführenden allgemeinbildenden Schulen und Berufsfachschulen sowie von Fach- und Fachoberschulklassen, deren Besuch eine abgeschlossene Berufsausbildung nicht voraussetzt, soweit die Ausbildungsstätte
   a) in dem in Absatz 1 Nr. 1 Buchstabe a bezeichneten Gebiet liegt, 445 DM,
   b) im sonstigen Geltungsbereich des Gesetzes oder im Ausland liegt, 555 DM,
2. von Abendhauptschulen, Berufsaufbauschulen, Abendrealschulen und von Fachoberschulklassen, deren Besuch eine abgeschlossene Berufsausbildung voraussetzt, soweit die Ausbildungsstätte
   a) in dem in Absatz 1 Nr. 1 Buchstabe a bezeichneten Gebiet liegt, 535 DM,
   b) im sonstigen Geltungsbereich des Gesetzes oder im Ausland liegt, 670 DM.“

d) § 13 wird wie folgt geändert:

aa) Absatz 1 wird wie folgt gefaßt:

„(1) Als monatlicher Bedarf gelten für Auszubildende in

1. Fachschulklassen, deren Besuch eine abgeschlossene Berufsausbildung voraussetzt, Abendgymnasien und Kollegs, soweit die Ausbildungsstätte
   a) in dem in § 12 Abs. 1 Nr. 1 Buchstabe a bezeichneten Gebiet liegt, 460 DM,
   b) im sonstigen Geltungsbereich des Gesetzes oder im Ausland liegt, 500 DM,
2. Höheren Fachschulen, Akademien und Hochschulen, soweit die Ausbildungsstätte
   a) in dem in § 12 Abs. 1 Nr. 1 Buchstabe a bezeichneten Gebiet liegt, 500 DM,
   b) im sonstigen Geltungsbereich des Gesetzes oder im Ausland liegt, 540 DM."

bb) Absatz 2 wird wie folgt gefaßt:

„(2) Die Beträge nach Absatz 1 erhöhen sich für die Unterkunft, wenn der Auszubildende

1. bei seinen Eltern wohnt, soweit die Ausbildungsstätte
   a) in dem in § 12 Abs. 1 Nr. 1 Buchstabe a bezeichneten Gebiet liegt, um monatlich 20 DM,
   b) im sonstigen Geltungsbereich des Gesetzes oder im Ausland liegt, um monatlich 65 DM,
2. nicht bei seinen Eltern wohnt, soweit die Ausbildungsstätte
   a) in dem in § 12 Abs. 1 Nr. 1 Buchstabe a bezeichneten Gebiet liegt, um monatlich 50 DM,
   b) im sonstigen Geltungsbereich des Gesetzes oder im Ausland liegt, um monatlich 210 DM."

e) In § 16 Abs. 3 Satz 1 wird nach der Textstelle „Abs. 2 Nr. 2" die Textstelle „und 3" eingefügt.

f) In § 24 wird nach Absatz 1 folgender Absatz 1a eingefügt:

„(1a) Abweichend von Absatz 1 ist das Vierfache des Einkommens in den Monaten Oktober bis Dezember des Kalenderjahres vor Beginn des Bewilligungszeitraums maßgebend, wenn der jeweilige Einkommensbezieher seinen ständigen Wohnsitz am 30. Juni 1990 in dem in § 12 Abs. 1 Nr. 1 Buchstabe a bezeichneten Gebiet hatte."

g) § 40 wird wie folgt geändert:

aa) Dem Absatz 1 werden folgende Sätze angefügt:

„In den Ländern Brandenburg, Mecklenburg-Vorpommern, Sachsen, Sachsen-Anhalt und Thüringen errichten die Kreise und kreisfreien Städte Ämter für Ausbildungsförderung. Mehrere Kreise und/oder kreisfreie Städte können ein gemeinsames Amt für Ausbildungsförderung errichten. In dem Teil des

Landes Berlin, in dem das Gesetz bisher nicht galt, nehmen die Bezirke die Aufgaben der Ämter für Ausbildungsförderung wahr."

bb) Dem Absatz 2 werden folgende Sätze angefügt:
„In den Ländern Brandenburg, Mecklenburg-Vorpommern, Sachsen, Sachsen-Anhalt und Thüringen sowie in dem Teil des Landes Berlin, in dem das Gesetz bisher nicht galt, richten die staatlichen Hochschulen für die in Satz 1 genannten Auszubildenden Ämter für Ausbildungsförderung ein. Soweit in den in Satz 4 genannten Ländern Studentenwerke als Anstalten des öffentlichen Rechts errichtet sind, sind sie abweichend von Satz 4 Ämter für Ausbildungsförderung."

h) § 40a Satz 1 wird wie folgt gefaßt:
„Die Länder können Landesämter für Ausbildungsförderung errichten."

i) § 42 Abs. 1 Satz 1 wird wie folgt gefaßt:
„Die Länder können Förderungsausschüsse bei Hochschulen errichten."

k) In § 48 Abs. 4 wird nach der Textstelle „Abs. 2 Nr. 2" die Textstelle „und 3" eingefügt.

l) Nach § 58 wird folgender § 59 eingefügt:
„§ 59 Fortzahlung bisheriger Stipendien. (1) Solange ein Bescheid auf Grund dieses Gesetzes nicht ergangen ist, längstens jedoch bis zum 31. März 1991, wird Ausbildungsförderung in Höhe des Förderungsbetrages geleistet, der für den Monat Dezember 1990 auf Grund

1. der Verordnung über die Gewährung von Stipendien an Direktstudenten der Universitäten, Hoch- und Fachschulen der Deutschen Demokratischen Republik – Stipendienverordnung – vom 11. Juni 1981 (GBl. I Nr. 17 S. 229), zuletzt geändert durch die Verordnung über die Erhöhung der Unterstützung für Studenten und Lehrlinge mit Kindern vom 16. Juli 1985 (GBl. I Nr. 21 S. 249),
2. der Anordnung über die Gewährung von Stipendien an Direktstudenten, Forschungsstudenten und Aspiranten der Universitäten, Hoch- und Fachschulen – Stipendienanordnung – vom 29. Juni 1990 (GBl. I Nr. 53 S. 1079), 3. der Anordnung über die Gewährung von Stipendien an zur Aus- und Weiterbildung in andere Staaten delegierte Bürger der DDR vom 16. Juni 1982 (GBl. I Nr. 29 S. 542),

für den Besuch einer Ausbildungsstätte nach § 2 festgesetzt worden ist. Dies gilt nur, wenn der Auszubildende die Ausbildung innerhalb desselben Ausbildungsabschnitts fortsetzt, Ausbildungsförderung nach diesem Gesetz beantragt und die Festsetzung nach Satz 1 nachweist.

(2) Nach Absatz 1 vorab geleistete Beträge werden mit dem nach diesem Gesetz bewilligten Förderungsbetrag verrechnet. Ist nach

diesem Gesetz ein geringerer Förderungsbetrag zu zahlen, so ist der überzahlte Betrag nicht zu erstatten."

m) Dem § 66a werden folgende Absätze 6 und 7 angefügt:

„(6) Auszubildende der Palucca Schule Dresden, der Staatlichen Ballettschule Berlin, der Fachschule für Tanz Leipzig und der Staatlichen Fachschule für Artistik Berlin, die die Ausbildung vor dem 1. Januar 1991 aufgenommen haben, werden in den Klassen 9 und 10 wie Schüler von weiterführenden allgemeinbildenden Schulen und in den Klassen 11 und 12 wie Schüler von Berufsfachschulen gefördert.

(7) Für Auszubildende, die die Ausbildung vor dem 1. Januar 1991 aufgenommen haben und für den Monat Dezember 1990 nach dem Stipendienrecht der Deutschen Demokratischen Republik gefördert wurden, findet § 10 Abs. 3 keine Anwendung."

2. Verordnung über die Errichtung eines Beirates für Ausbildungförderung vom 11. November 1971 (BGBl. I S. 1801), zuletzt geändert durch Verordnung vom 11. Juli 1988 (BGBl. I S. 1028)

§ 2 wird wie folgt geändert:

a) In Nummer 1 wird das Wort „vier" durch das Wort „sechs" ersetzt.
b) In Nummer 2 wird das Wort „fünf" durch das Wort „sieben" ersetzt.
c) In Nummer 3 wird das Wort „zwei" durch das Wort „drei" ersetzt.
d) In Nummer 6 wird das Wort „vier" durch das Wort „sechs" ersetzt.

3. Verordnung über die Förderungshöchstdauer für den Besuch von Höheren Fachschulen, Akademien und Hochschulen in der Fassung der Bekanntmachung vom 29. Juni 1981 (BGBl. I S. 577), zuletzt geändert durch Verordnung vom 11. Juli 1988 (BGBl. I S. 1029)

§ 9 wird wie folgt geändert:

a) Die bisherigen Sätze 1 und 2 werden Absatz 1.
b) Dem Absatz 1 wird folgender Absatz 2 angefügt:

„(2) Die Förderungshöchstdauer für die Ausbildung an Hochschulen in den Ländern Brandenburg, Mecklenburg-Vorpommern, Sachsen, Sachsen-Anhalt, Thüringen und in dem Teil des Landes Berlin, in dem die Verordnung bisher nicht galt, bestimmt sich nach der vom zuständigen Fachministerium in den Studienplänen für die jeweilige Fachrichtung festgelegten Regelstudienzeit."

4. Verordnung über Zusatzleistungen in Härtefällen nach dem Bundesausbildungsförderungsgesetz vom 15. Juli 1974 (BGBl. I S. 1449), zuletzt geändert durch Verordnung vom 24. Februar 1986 (BGBl. I S. 315)

§ 9 Abs. 1 wird wie folgt gefaßt:

„(1) Ausbildungsförderung nach § 8 wird nur in Höhe von 75 vom Hundert des Betrages geleistet, um den die Kosten der Unterkunft bei dem Bedarfssatz

1. nach § 12 Abs. 2 Nr. 1 Buchstabe a des Gesetzes 30 DM,
2. nach § 12 Abs. 2 Nr. 1 Buchstabe b des Gesetzes 80 DM,

3. nach § 12 Abs. 2 Nr. 2 Buchstabe a des Gesetzes 40 DM,
4. nach § 12 Abs. 2 Nr. 2 Buchstabe b des Gesetzes 120 DM,
5. nach § 13 Abs. 1 in Verbindung mit § 13 Abs. 2 Nr. 2 des Gesetzes die in § 13 Abs. 2 Nr. 2 des Gesetzes bezeichneten Beträge

im Monat übersteigen, höchstens aber ein Betrag von 75 DM im Monat."

5. Die in Nummer 1 Buchstaben a bis f und h bis m und Nummer 2 bis 4 genannten Änderungen treten am 1. Januar 1991 im gesamten Geltungsbereich des Grundgesetzes in Kraft. Die in Nummer 1 Buchstabe g genannte Änderung tritt an dem in Artikel 45 des Einigungsvertrages genannten Tag im gesamten Geltungsbereich des Grundgesetzes in Kraft. Nummer 1 Buchstabe g tritt am 31. Dezember 1993 außer Kraft.

6. Die Verordnung über die Ausbildungsförderung für Auszubildende mit Wohnsitz außerhalb des Geltungsbereichs des Gesetzes vom 1. Juni 1990 (BGBl. I S. 998) tritt mit Ablauf des 31. Dezember 1990 außer Kraft.

Sachgebiet C: Berufliche Bildung

Abschnitt II

Bundesrecht wird wie folgt geändert:

1. Nach § 108 des Berufsbildungsgesetzes vom 14. August 1969 (BGBl. I S. 1112), das zuletzt durch § 19 des Gesetzes vom 23. Dezember 1981 (BGBl. I S. 1692) geändert worden ist, wird eingefügt:

„**§ 108a Gleichstellung von Abschlußzeugnissen im Rahmen der Deutschen Einheit.** Prüfungszeugnisse nach der Systematik der Ausbildungsberufe und der Systematik der Facharbeiterberufe und Prüfungszeugnisse nach § 34 Abs. 2 stehen einander gleich."

Abschnitt III

Bundesrecht tritt in dem in Artikel 3 des Vertrages genannten Gebiet mit folgenden Maßgaben in Kraft:

1. Berufsbildungsgesetz vom 14. August 1969 (BGBl. I S. 1112), zuletzt geändert durch § 19 des Gesetzes vom 23. Dezember 1981 (BGBl. I S. 1692), und auf Grund § 21 Abs. 1 und 2, §§ 25, 29 Abs. 1, § 43 Abs. 1 und 2, § 46 Abs. 2, § 47 Abs. 3, § 76 Abs. 2, § 77 Abs. 5, § 80 Abs. 2, § 81 Abs. 4, § 82 Abs. 2, §§ 93, 95 Abs. 4, § 96 Abs. 2 erlassene Rechtsverordnungen

mit folgenden Maßgaben:

a) Rechtsverordnungen nach § 21 Abs. 1 des Gesetzes bedürfen der gesonderten Inkraftsetzung durch den Bundesminister für Bildung und Wissenschaft durch Rechtsverordnung, die nicht der Zustimmung des Bundesrates bedarf. Rechtsverordnungen nach § 29

Abs. 1 und § 43 des Gesetzes bedürfen der gesonderten Inkraftsetzung durch den Bundesminister für Wirtschaft oder den sonst zuständigen Fachminister im Einvernehmen mit dem Bundesminister für Bildung und Wissenschaft durch Rechtsverordnung, die nicht der Zustimmung des Bundesrates bedarf.

b) Die zuständige Stelle kann bis zum 31. Dezember 1995 Ausnahmen von den Ausbildungsverordnungen nach § 25 des Gesetzes zulassen, wenn die durch technische Regeln gesetzten Anforderungen noch nicht erfüllt werden können. Die Ausnahmen sind zu befristen. Der Bundesminister für Wirtschaft oder der sonst zuständige Fachminister kann im Einvernehmen mit dem Bundesminister für Bildung und Wissenschaft durch Rechtsverordnung, die nicht der Zustimmung des Bundesrates bedarf, die Befugnis nach Satz 1 einschränken oder aufheben.

c) Die Regelungen in Ausbildungsverordnungen nach § 25 des Gesetzes über die Ausbildung in überbetrieblichen Ausbildungsstätten (§ 27 des Gesetzes) werden nicht angewendet, wenn die zuständige Stelle feststellt, daß eine solche Ausbildung nicht möglich ist.

d) Bei Inkrafttreten des Gesetzes über die Inkraftsetzung des Berufsbildungsgesetzes der Bundesrepublik Deutschland in der Deutschen Demokratischen Republik – IGBBiG – vom 19. Juli 1990 (GBl. I Nr. 50 S. 907) bestehende Ausbildungsverhältnisse werden nach den neuen Vorschriften zu Ende geführt, es sei denn, daß eine Ausbildung nach den neuen Vorschriften nicht möglich ist oder der Lehrling eine Fortsetzung nach den bisherigen Vorschriften ausdrücklich wünscht. Sofern die Beendigung des Lehrverhältnisses nach den neuen Ausbildungsverordnungen im bisherigen Betrieb nicht möglich ist, sind das zuständige Arbeitsamt und die zuständige Stelle verpflichtet, den Lehrling zu unterstützen, einen neuen Ausbildungsbetrieb zu finden, der die Ausbildung nach den neuen Ausbildungsverordnungen fortsetzt.

e) Die Ausbildungszeit soll nach § 29 Abs. 3 des Gesetzes verlängert werden, soweit eine Berufsausbildung mit Abitur durchgeführt wird.

f) Die Anwendung der §§ 76, 77, 80 bis 82, 86, 88, 90, 92 bis 96 des Gesetzes und der auf Grund dieser Bestimmungen erlassenen Verordnungen bestimmt der Bundesminister für Wirtschaft oder der sonst zuständige Fachminister im Einvernehmen mit dem Bundesminister für Bildung und Wissenschaft durch Rechtsverordnung, die nicht der Zustimmung des Bundesrates bedarf.

g) Die Betriebe sind verpflichtet, die praktische Berufsausbildung zweckentsprechend aufrecht zu erhalten, soweit dies zur Erfüllung von Lehrverträgen erforderlich ist, die vor Inkrafttreten des Gesetzes über die Inkraftsetzung des Berufsbildungsgesetzes der Bundesrepublik Deutschland in der Deutschen Demokratischen Republik – IGBBiG – vom 19. Juli 1990 (GBl. I Nr. 50 S. 907) abgeschlossen worden sind. Für Betriebsakademien und andere der beruflichen Bildung dienende Einrichtungen ist dies mindestens bis zum 31. Dezember 1990 zu gewährleisten. Auf Antrag der Handwerkskammern und der Industrie- und Handelskammern ist durch die Betriebe zu prüfen, inwieweit vorhandene Kapazitäten der praktischen Berufsausbildung (insbesondere Lehrwerkstätten) als überbetriebliche Ausbildungsstätten genutzt werden oder als Treuhandvermögen an die vorgenannten Kammern zur Nutzung übertragen werden können.

h) Solange die in §§ 79, 87, 89 und 91 des Gesetzes genannten zuständigen Stellen nicht bestehen, bestimmt das Land die zuständige Stelle.

i) Lehrlinge, die gemäß der Systematik der Facharbeiterberufe ausgebildet werden, werden nach den bisherigen Rechtsvorschriften geprüft, soweit nicht der Bundesminister für Wirtschaft oder der sonst zuständige Fachminister im Einvernehmen mit dem Bundesminister für Bildung und Wissenschaft durch Rechtsverordnung, die nicht der Zustimmung des Bundesrates bedarf, Übergangsvorschriften für Verfahren und Zuständigkeiten erläßt.

k) Die am Tage des Wirksamwerdens des Beitritts laufenden Prüfungsverfahren in der beruflichen Fortbildung und beruflichen Umschulung werden nach den bisherigen Vorschriften zu Ende geführt.

Sachgebiet D: Fernunterricht

Abschnitt III

Bundesrecht tritt in dem in Artikel 3 des Vertrages genannten Gebiet mit folgenden Maßgaben in Kraft:

1. Fernunterrichtsschutzgesetz vom 24. August 1976 (BGBl. I S. 2525), zuletzt geändert durch das Gesetz vom 3. Dezember 1976 (BGBl. I S. 3281)

mit folgender Maßgabe:

Ein Fernlehrgang, der von der Staatlichen Zentralstelle für Fernunterricht nach den §§ 12 und 13 des Fernunterrichtsschutzgesetzes zugelassen ist, gilt bis zum 31. Dezember 1991 in den in Artikel 1 Abs. 1 des Vertrages genannten Ländern und in dem Teil des Landes Berlin, in dem das Grundgesetz bisher nicht galt, als zugelassen.

Kapitel XVII
Geschäftsbereich des Bundesministers für wirtschaftliche Zusammenarbeit

Abschnitt III

Bundesrecht tritt in dem in Artikel 3 des Vertrages genannten Gebiet mit folgenden Maßgaben in Kraft:

Entwicklungshelfer-Gesetz vom 18. Juni 1969 (BGBl. I S. 549), zuletzt geändert durch Artikel 75 des Gesetzes vom 18. Dezember 1989 (BGBl. I S. 2261),

mit folgenden Maßgaben:

a) Soweit in § 8 Abs. 2 auf § 3 Abs. 2 und § 6 Abs. 1 des Mutterschutzgesetzes Bezug genommen wird, gilt bis zu dessen Überleitung am 1. Januar 1991 für Geburten vor dem 1. Januar 1991 § 244 Abs. 1 bis 3 des Arbeitsgesetzbuches vom 16. Juni 1977 (GBl. I Nr. 18 S. 185), zuletzt geändert durch Gesetz vom 22. Juni 1990 (GBl. I Nr. 35 S. 371)[1]

b) Soweit in den §§ 9 bis 11 auf Rechtsvorschriften des Rentenversicherungsrechts Bezug genommen wird, sind bis zum 31. Dezember 1991 die für die Renten- und Unfallversicherung geltenden Rechtsvorschriften in Anlage II Kapitel VIII Sachgebiet F Abschnitt III heranzuziehen.

c) Als Beitragssatz und Beitragsbemessungsgrenze nach § 7 Abs. 2 Satz 1 letzter Teilsatz sind bis zum 31. Dezember 1990 die für die gesetzliche Krankenversicherung in dem in Artikel 3 des Vertrages genannten Gebiet geltenden Werte zugrunde zu legen.

---

[1] **Amtl. Anm.:** Siehe Anlage II Kapitel X Sachgebiet A Abschnitt III Nr. 1.

Kapitel XVIII
Statistik

Abschnitt I

Von dem Inkrafttreten des Bundesrechts gemäß Artikel 8 des Vertrages ist ausgenommen:

1. Gesetz über die Statistik des Warenverkehrs mit der Deutschen Demokratischen Republik und Berlin (Ost) vom 16. Juni 1978 (BGBl. I S. 751), geändert durch Artikel 30 des Gesetzes vom 25. Juni 1990 (BGBl. I S. 517).

Abschnitt II

Bundesrecht wird wie folgt ergänzt:

1. Die Bundesregierung wird ermächtigt, durch Rechtsverordnung ohne Zustimmung des Bundesrates abweichend von den übergeleiteten Rechtsvorschriften, die eine Bundesstatistik als Repräsentativerhebung anordnen, die Zahl der in die Erhebung einzubeziehenden Einheiten dem erweiterten Geltungsbereich anzupassen.

2. Zur Einführung statistischer Rechtsvorschriften auf dem in Artikel 3 des Vertrages genannten Gebiet gelten die folgenden Bestimmungen:

§ 1 Der jeweils zuständige Bundesminister wird ermächtigt, für eine Übergangszeit von zwei Jahren nach Wirksamwerden des Beitritts durch Rechtsverordnung ohne Zustimmung des Bundesrates abweichend von den übergeleiteten Rechtsvorschriften, die eine Bundesstatistik anordnen, zur Anpassung des statistischen Berichtswesens in dem in Artikel 3 des Einigungsvertrages genannten Gebiet Erhebungen oder die Erhebung einzelner Merkmale auszusetzen, Berichtszeiträume, Berichtszeitpunkte oder Erhebungstermine zu verschieben sowie die Periodizität, die Berichtswege oder den Kreis der zu Befragenden zu verändern.

§ 2 Weiterverwendung von Hilfsmerkmalen. Soweit bei den bisherigen statistischen Erhebungen auf dem in Artikel 3 des Einigungsvertrages genannten Gebiet von den statistischen Rechtsvorschriften des Bundes abweichende Hilfsmerkmale, Ordnungsnummern und laufende Nummern verwendet worden sind, dürfen sie nach Wirksamwerden des Beitritts weiterverwendet werden, wenn

a) ohne sie die übergeleiteten Rechtsvorschriften, die eine Bundesstatistik anordnen, nicht durchgeführt oder

b) die statistische Aufbereitung und Auswertung vorhandenen statistischen Materials nicht abgeschlossen

werden können. In den Fällen des Buchstaben a) sind die in Satz 1 genannten Daten zum frühestmöglichen Zeitpunkt durch die den statistischen Rechtsvorschriften des Bundes entsprechenden Daten zu ersetzen und zu löschen, spätestens jedoch bis zum 31. Dezember 1992.

In den Fällen des Buchstaben b) sind die Daten nach Abschluß der Auswertung zu löschen, spätestens jedoch bis zum 31. Dezember 1994.

§ 3 Gemeinsames Statistisches Amt. (1) Das Statistische Amt der Deutschen Demokratischen Republik wird mit dem Wirksamwerden des Beitritts bis spätestens zum 31. Dezember 1992 als gemeinsames Statistisches Amt der in Artikel 1 Abs. 1 des Einigungsvertrages genannten Länder weitergeführt, soweit es Aufgaben wahrnimmt, die in die Zuständigkeit der Länder fallen. Es ist insoweit innerhalb des in Satz 1 genannten Zeitraums zum frühestmöglichen Zeitpunkt in entsprechende Einrichtungen der Länder zu überführen.

(2) Absatz 1 Satz 1 gilt entsprechend für das Datenverarbeitungszentrum Statistik des Statistischen Amtes der Deutschen Demokratischen Republik mit der Maßgabe, daß es bis zum 31. Dezember 1992 von den in Artikel 1 Abs. 1 des Einigungsvertrages genannten Ländern einschließlich des Bereichs weitergeführt wird, in dem Aufgaben wahrgenommen werden, die in die Zuständigkeit des Bundes fallen. Soweit Aufgaben des Bundes wahrgenommen werden, beteiligt sich der Bund anteilig an den Kosten. Das Datenverarbeitungszentrum Statistik ist mit dem in Satz 1 genannten Zeitpunkt aufzulösen, sofern nicht die genannten Länder beabsichtigen, es als gemeinsame Einrichtung fortzuführen.

Kapitel XIX
Recht der im öffentlichen Dienst stehenden Personen einschließlich des Rechts der Soldaten

Sachgebiet A: Recht der im öffentlichen Dienst stehenden Personen

Abschnitt II

Bundesrecht wird wie folgt geändert:

1. Bundesbeamtengesetz in der Fassung der Bekanntmachung vom 27. Februar 1985 (BGBl. I S. 479), zuletzt geändert durch Artikel 7 des Gesetzes vom 18. Dezember 1989 (BGBl. I S. 2219)

a) § 96 wird wie folgt geändert:

aa) In Absatz 1 werden die Worte „aus sieben ordentlichen und sieben stellvertretenden Mitgliedern" durch die Worte „aus acht ordentlichen und acht stellvertretenden Mitgliedern" ersetzt.

bb) In Absatz 2 werden in Satz 2 die Worte „der Leiter der Personalabteilung einer anderen obersten Bundesbehörde" durch die Worte „die Leiter der Personalabteilungen von zwei anderen obersten Bundesbehörden" ersetzt und in Satz 3 die Worte „der Leiter der Personalabteilung einer weiteren obersten Bundesbehörde" durch die Worte „die Leiter der Personalabteilungen von zwei weiteren obersten Bundesbehörden" ersetzt.

cc) In Absatz 3 werden die Worte „drei ordentliche und drei stellvertretende Mitglieder" durch die Worte „vier ordentliche und vier stellvertretende Mitglieder" ersetzt.

b) In § 100 Abs. 3 Satz 1 werden die Worte „von mindestens fünf Mitgliedern" durch die Worte „von mindestens sechs Mitgliedern" ersetzt.

2. Beamtenversorgungsgesetz in der Fassung der Bekanntmachung vom 12. Februar 1987 (BGBl. I S. 570, 1339), zuletzt geändert durch Artikel 1 des Gesetzes vom 28. Juni 1990 (BGBl. I S. 1221).

Nach § 107 wird folgender § 107a eingefügt:

„**§ 107a Überleitungsregelungen aus Anlaß der Herstellung der Einheit Deutschlands.** Die Bundesregierung wird ermächtigt, durch Rechtsverordnung, die bis zum 30. September 1992 zu erlassen ist, mit Zustimmung des Bundesrates für die Beamtenversorgung Übergangsregelungen zu bestimmen, die den besonderen Verhältnissen in dem in Artikel 3 des Einigungsvertrages genannten Gebiet Rechnung tragen. Diese Verordnungsermächtigung erstreckt sich insbesondere auf Berechnungsgrundlagen, Höhe von Versorgungsleistungen und Ruhensregelungen abweichend von diesem Gesetz."

3. Bundesbesoldungsgesetz in der Fassung der Bekanntmachung vom 21. Februar 1989 (BGBl. I S. 261), zuletzt geändert durch Artikel 1 des Gesetzes vom 19. Juli 1990 (BGBl. I S. 1451).

Nach § 72 wird folgender Paragraph eingefügt:

„**§ 73 Überleitungsregelungen aus Anlaß der Herstellung der Einheit Deutschlands.** Die Bundesregierung wird ermächtigt, durch Rechtsverordnungen, die bis zum 30. September 1992 zu erlassen sind, mit Zustimmung des Bundesrates für die Besoldung im Sinne von § 1 und die hierzu erlassenen besonderen Rechtsvorschriften Übergangsregelungen zu bestimmen, die den besonderen Verhältnissen in dem in Artikel 3 des Einigungsvertrages genannten Gebiet Rechnung tragen. Diese Verordnungsermächtigung erstreckt sich insbesondere darauf, die Besoldung entsprechend den allgemeinen wirtschaftlichen und finanziellen Verhältnissen und ihrer Entwicklung in dem in Artikel 3 des Einigungsvertrages genannten Gebiet abweichend von diesem Gesetz festzusetzen und regelmäßig anzupassen; das gilt auch für andere Leistungen des Dienstherrn sowie für Besonderheiten der Ämtereinstufung und für die Angleichung der Ämter- und Laufbahnstrukturen. Die Übergangsregelungen sind zu befristen."

Abschnitt III

Bundesrecht tritt in dem in Artikel 3 des Vertrages genannten Gebiet mit folgenden Maßgaben in Kraft:

1. Rechtsverhältnisse der Arbeitnehmer im öffentlichen Dienst

(1) Für die beim Wirksamwerden des Beitritts in der öffentlichen Verwaltung der Deutschen Demokratischen Republik einschließlich des Teils von Berlin, in dem das Grundgesetz bisher nicht galt, beschäftigten Arbeitnehmer gelten die am Tage vor dem Wirksamwerden des Beitritts für sie geltenden Arbeitsbedingungen mit den Maßgaben dieses Vertrages, insbesondere der Absätze 2 bis 7 fort. Diesen Maßgaben entgegenstehende oder abweichende Regelungen sind nicht anzuwenden. Die für den öffentlichen Dienst im übrigen Bundesgebiet bestehenden Arbeitsbedingungen gelten erst, wenn und soweit die Tarifvertragsparteien dies vereinbaren.[1]

(2) Soweit Einrichtungen nach Artikel 13 Abs. 2 des Vertrages ganz oder teilweise auf den Bund überführt werden, bestehen die Arbeitsverhältnisse der dort beschäftigten Arbeitnehmer nach Absatz 1 zum Bund; Entsprechendes gilt bei Überführung auf bundesunmittelbare Körperschaften, Anstalten und Stiftungen des öffentlichen Rechts. Die Arbeitsverhältnisse der übrigen Arbeitnehmer ruhen vom Tage des Wirksamwerdens des Beitritts[2] an. Während des Ruhens des Arbeits-

---

[1] **Amtl. Anm.:** Kann entfallen, sobald zwischen den Tarifvertragsparteien eine entsprechende Vereinbarung getroffen ist.

[2] **Amtl. Anm.:** Ist eine Entscheidung nach Artikel 13 Abs. 2 bis zum Tage des Wirksamwerdens des Beitritts nicht möglich, kann bestimmt werden, daß der nach Satz 2 maßgebende Zeitpunkt um bis zu drei Monate hinausgeschoben wird. Bis zu diesem Zeitpunkt gilt Satz 1.

verhältnisses nach Satz 2 hat der Arbeitnehmer Anspruch auf ein monatliches Wartegeld in Höhe von 70 vom Hundert des durchschnittlichen monatlichen Arbeitsentgelts der letzten sechs Monate; einmalige oder Sonderzahlungen werden hierbei nicht berücksichtigt. Der Arbeitgeber fördert in Zusammenarbeit mit der Arbeitsverwaltung die für eine Weiterverwendung gegebenenfalls erforderlichen Fortbildungs- oder Umschulungsmaßnahmen. Wird der Arbeitnehmer nicht innerhalb von sechs Monaten, gegebenenfalls in einem anderen Verwaltungsbereich, weiterverwendet, endet das Arbeitsverhältnis mit Ablauf dieser Frist; hat der Arbeitnehmer am Tag des Wirksamwerdens des Beitritts das 50. Lebensjahr vollendet, beträgt die Frist neun Monate. Während der Ruhenszeit anderweitig erzieltes Erwerbseinkommen oder Lohnersatzleistungen sind auf das monatliche Wartegeld anzurechnen, soweit die Summe aus diesen Einnahmen und dem Wartegeld die Bemessungsgrundlage des Wartegeldes übersteigt. Unabhängig von Satz 1 und Satz 5 endet das Arbeitsverhältnis mit Erreichen des Rentenalters.

(3) Absatz 2 gilt entsprechend für die Arbeitnehmer bei Einrichtungen, die Aufgaben der Länder, des Landes Berlin für den Teil, in dem das Grundgesetz bisher nicht galt, oder Gemeinschaftsaufgaben nach Artikel 91b des Grundgesetzes wahrnehmen.

(4) Die ordentliche Kündigung eines Arbeitsverhältnisses in der öffentlichen Verwaltung ist auch zulässig, wenn

1. der Arbeitnehmer wegen mangelnder fachlicher Qualifikation oder persönlicher Eignung den Anforderungen nicht entspricht oder
2. der Arbeitnehmer wegen mangelnden Bedarfs nicht mehr verwendbar ist oder
3. die bisherige Beschäftigungsstelle ersatzlos aufgelöst wird oder bei Verschmelzung, Eingliederung oder wesentlicher Änderung des Aufbaues der Beschäftigungsstelle die bisherige oder eine anderweitige Verwendung nicht mehr möglich ist.

Soweit kein Wartegeld gewährt wurde, kann in den Fällen der Nummern 2 und 3 ein Übergangsgeld gewährt werden, das nach Höhe und Dauer dem monatlichen Wartegeld nach Absatz 2 entspricht. Absatz 2 Satz 6 gilt entsprechend. Die Kündigungsfristen bestimmen sich nach § 55 des Arbeitsgesetzbuches der Deutschen Demokratischen Republik vom 16. Juni 1977 (GBl. I Nr. 18 S. 185), zuletzt geändert durch Gesetz zur Änderung und Ergänzung des Arbeitsgesetzbuches vom 22. Juni 1990 (GBl. I Nr. 35 S. 371). Die Maßgabe in Anlage II Kapitel XIX Sachgebiet B Abschnitt III Nummer 2 Buchstabe b gilt für entsprechende Regelungen bei Entlassungen im Bereich des Ministeriums des Innern und der Zollverwaltung entsprechend. Dieser Absatz tritt nach Ablauf von zwei Jahren nach dem Wirksamwerden des Beitritts außer Kraft.

(5) Ein wichtiger Grund für eine außerordentliche Kündigung ist insbesondere dann gegeben, wenn der Arbeitnehmer

1. gegen die Grundsätze der Menschlichkeit oder Rechtsstaatlichkeit

verstoßen hat, insbesondere die im Internationalen Pakt über bürgerliche und politische Rechte vom 19. Dezember 1966 gewährleisteten Menschenrechte oder die in der Allgemeinen Erklärung der Menschenrechte vom 10. Dezember 1948 enthaltenen Grundsätze verletzt hat oder

2. für das frühere Ministerium für Staatssicherheit/Amt für nationale Sicherheit tätig war

und deshalb ein Festhalten am Arbeitsverhältnis unzumutbar erscheint.

(6) Die Kündigung nach den Absätzen 4 und 5 kann auch in den Fällen der Absätze 2 und 3 ausgesprochen werden.

(7) Für Richter und Staatsanwälte gelten die besonderen Vorschriften nach Kapitel III Sachgebiet A Abschnitt III Nr. 8.

2. Beamtenrechtsrahmengesetz in der Fassung der Bekanntmachung vom 27. Februar 1985 (BGBl. I S. 462), zuletzt geändert durch Artikel 3 des Gesetzes vom 28. Mai 1990 (BGBl. I S. 967),

mit folgenden Maßgaben:

a) Die in Artikel 1 Abs. 1 des Vertrages genannten Länder und das Land Berlin für den Teil, in dem das Grundgesetz bisher nicht galt, sind im Sinne des § 1 des Beamtenrechtsrahmengesetzes verpflichtet, ihr Beamtenrecht bis zum 31. Dezember 1992 zu regeln. Bis zum Inkrafttreten des jeweiligen Landesbeamtenrechts gelten in diesen Ländern und im Land Berlin für den Teil, in dem das Grundgesetz bisher nicht galt, die für Bundesbeamte bestehenden Vorschriften einschließlich der sich aus diesem Abschnitt ergebenden Übergangsregelungen entsprechend.

b) Die in Artikel 1 Abs. 1 des Vertrages genannten Länder und das Land Berlin für den Teil, in dem das Grundgesetz bisher nicht galt, können durch Gesetz von den Bestimmungen des Beamtenrechtsrahmengesetzes abweichende Regelungen nach Maßgabe der Nummer 2 Buchstabe c treffen; diese Regelungen sind bis zum 31. Dezember 1996 zu befristen.

c) Beschäftigte, die in dem in Artikel 3 des Vertrages genannten Gebiet im öffentlichen Dienst der Länder und Gemeinden tätig sind, können nach Maßgabe des § 2 Abs. 2 des Beamtenrechtsrahmengesetzes zu Beamten auf Probe in entsprechender Anwendung der Maßgaben a) zu Nummer 3 ernannt werden. Nummer 3 Buchstaben b) bis d) gilt entsprechend. Die Aufgabe des Bundespersonalausschusses hat die unabhängige Stelle (§§ 61, 62 des Beamtenrechtsrahmengesetzes) wahrzunehmen. Die in Nummer 3 Buchstabe e) genannte Zuständigkeit des Bundesministers des Innern nimmt im Benehmen mit diesem das dafür zuständige Ministerium des jeweiligen Landes wahr. Die Bewährungsanforderungen sind in einem dem § 13 Abs. 3 des Beamtenrechtsrahmengesetzes entsprechenden Verfahren abzustimmen.

3. Bundesbeamtengesetz in der Fassung der Bekanntmachung vom 27. Februar 1985 (BGBl. I S. 479), zuletzt geändert durch Artikel 7 des Gesetzes vom 18. Dezember 1989 (BGBl. I S. 2218),

mit folgenden Maßgaben:

a) Für die Ernennung von Bundesbeamten gilt das Bundesbeamtengesetz bis zum 31. Dezember 1996 mit folgenden Abweichungen.

b) Beschäftigte, die in der öffentlichen Verwaltung in dem in Artikel 3 des Vertrages genannten Gebiet tätig sind, können nach Maßgabe des § 4 des Bundesbeamtengesetzes zu Beamten auf Probe ernannt werden. Die Laufbahnbefähigung kann durch eine Bewährung auf einem Dienstposten, der nach Schwierigkeit mindestens der zu übertragenden Funktion entsprochen hat, ersetzt werden. Die Feststellung hierüber trifft die zuständige oberste Dienstbehörde für ihren Bereich. Soll die Anstellung in einem höheren Amt als dem Eingangsamt der Laufbahn erfolgen, so bedarf dies in den Laufbahngruppen des gehobenen und des höheren Dienstes der Zustimmung des Bundespersonalausschusses. Die Probezeit dauert drei Jahre. Der Bundespersonalausschuß kann die Probezeit bis auf mindestens zwei Jahre abkürzen. Während der Probezeit soll dem Beamten durch entsprechende Aus- und Fortbildungsangebote Gelegenheit gegeben werden, sich für seine Laufbahn fachlich weiter zu qualifizieren. Ob sich der Beamte in der Probezeit bewährt und damit seine Befähigung bestätigt hat, entscheidet die oberste Dienstbehörde für ihren Bereich. Die oberste Dienstbehörde kann ihre Befugnisse für Laufbahnen des einfachen, mittleren und gehobenen Dienstes ganz oder teilweise auf andere Behörden übertragen. Der Bundespersonalausschuß kann Unterausschüsse bilden.

c) Für Bewerber, die nicht in der öffentlichen Verwaltung beschäftigt sind, ist Nummer 3 Buchstabe b) entsprechend anzuwenden, bis geeignete Laufbahnbewerber zur Verfügung stehen.

d) Ein Beamter auf Probe kann auch entlassen werden, wenn Voraussetzungen vorliegen, die bei einem Arbeitnehmer im öffentlichen Dienst eine Kündigung des Arbeitsverhältnisses rechtfertigen würden. Übergangsgeld nach § 47 des Beamtenversorgungsgesetzes wird in diesen Fällen nur gewährt, wenn auch einem Arbeitnehmer ein Übergangsgeld nach Maßgabe der Nummer 1 Abs. 4 gewährt werden würde. Die Ernennung zum Beamten ist nicht zulässig, wenn der Beamtenbewerber im Zeitpunkt der Ernennung das 50. Lebensjahr vollendet hat. Der Bundespersonalausschuß kann für Einzelfälle und für Gruppen Ausnahmen zulassen.

e) Die näheren Einzelheiten der Bewährungsanforderungen regelt der Bundesminister des Innern durch Rechtsverordnung.

4. Arbeitszeitverordnung in der Fassung der Bekanntmachung vom 24. September 1974 (BGBl. I S. 2356), zuletzt geändert durch Verordnung vom 22. Mai 1990 (BGBl. I S. 962),

mit folgender Maßgabe:

Die Bundesregierung kann durch Rechtsverordnung bis zum 30. September 1992 Übergangsregelungen treffen, die den besonderen Verhältnissen in dem in Artikel 3 des Vertrages genannten Gebiet Rechnung tragen. Die Verordnungsermächtigung erstreckt sich insbesondere darauf, die Dauer der regelmäßigen wöchentlichen Arbeitszeit entsprechend den allgemeinen wirtschaftlichen und finanziellen Verhältnissen im Bereich des in Artikel 3 des Vertrages genannten Gebietes und seiner Entwicklung abweichend von der Arbeitszeitverordnung festzusetzen und regelmäßig anzupassen. Bis zum Inkrafttreten einer Rechtsverordnung richtet sich die regelmäßige wöchentliche Arbeitszeit der Beamten nach der regelmäßigen wöchentlichen Arbeitszeit der Arbeitnehmer derselben Dienststelle.

5. Mutterschutzverordnung in der Fassung der Bekanntmachung vom 20. Dezember 1983 (BGBl. I S. 1495), geändert durch Verordnung vom 17. Dezember 1985 (BGBl. I S. 2322),

mit folgender Maßgabe:

Die Verordnung tritt am 1. Januar 1991 in Kraft und ist für Geburten nach dem 31. Dezember 1990 anzuwenden.

6. Erholungsurlaubsverordnung in der Fassung der Bekanntmachung vom 11. Oktober 1970 (BGBl. I S. 1378), zuletzt geändert durch Verordnung vom 13. März 1990 (BGBl. I S. 485),

mit folgender Maßgabe:

Die Bundesregierung kann durch Rechtsverordnung bis zum 30. September 1992 Übergangsregelungen treffen, die den besonderen Verhältnissen in dem in Artikel 3 des Vertrages genannten Gebiet Rechnung tragen. Die Verordnungsermächtigung erstreckt sich insbesondere darauf, die Urlaubsdauer entsprechend den allgemeinen wirtschaftlichen und finanziellen Verhältnissen im Bereich des in Artikel 3 des Vertrages genannten Gebietes und ihrer Entwicklung abweichend von der Erholungsurlaubsverordnung festzusetzen und regelmäßig anzupassen. Bis zum Inkrafttreten einer Rechtsverordnung richtet sich die Urlaubsdauer der Beamten nach der Urlaubsdauer der Arbeitnehmer derselben Dienststelle.

7. Erziehungsurlaubsverordnung vom 17. Dezember 1985 (BGBl. I S. 2322), geändert durch Gesetz vom 30. Juni 1989 (BGBl. I S. 1297),

mit folgender Maßgabe:

Die Verordnung tritt am 1. Januar 1991 in Kraft und ist für Geburten nach dem 31. Dezember 1990 anzuwenden.

8. Bundespolizeibeamtengesetz in der Fassung der Bekanntmachung vom 3. Juni 1976 (BGBl. I S. 1357), zuletzt geändert durch Artikel 3 des Gesetzes vom 20. Dezember 1988 (BGBl. I S. 2363),

mit folgender Maßgabe:

Die Maßgaben zu Nummer 3 finden Anwendung, wobei bei Aus- und Fortbildungsangeboten nach Nummer 3 Buchstabe b) Satz 7 die Ziele des § 7 des Bundespolizeibeamtengesetzes zu berücksichtigen sind.

9. Beamtenversorgungsgesetz in der Fassung der Bekanntmachung vom 12. Februar 1987 (BGBl. I S. 570, 1339), zuletzt geändert durch Artikel 1 des Gesetzes vom 28. Juni 1990 (BGBl. I S. 1221),

mit folgenden Maßgaben:

a) Das Gesetz findet in der ab 1. Januar 1992 geltenden Fassung Anwendung.
b) Die Wartezeit des § 4 Abs. 1 kann nur durch die darin bezeichneten Zeiten ab Wirksamwerden des Beitritts erfüllt werden.
Diese Übergangsregelung endet fünf Jahre nach Wirksamwerden des Beitritts.
c) §§ 69, 69 a, 77 bis 82, 84 bis 106, 108 und 109 finden keine Anwendung.

10. Bundesdisziplinarordnung in der Fassung der Bekanntmachung vom 20. Juli 1967 (BGBl. I S. 750, 984), zuletzt geändert durch Artikel 12 des Gesetzes vom 18. Dezember 1989 (BGBl. I S. 2218),

mit folgenden Maßgaben:

Solange in dem in Artikel 3 des Vertrages genannten Gebiet Landesdisziplinarordnungen noch keine Anwendung finden, gelten für Beamte, die nicht Bundesbeamte sind, die Bestimmungen der Bundesdisziplinarordnung entsprechend, mit Ausnahme der den Bundesdisziplinaranwalt betreffenden Vorschriften. Dessen Befugnisse nimmt die Einleitungsbehörde wahr. Als Disziplinargerichte sind Spruchkörper bei der Verwaltungsgerichtsbarkeit zu bestimmen. Wegen landesrechtlicher Besonderheiten, die die Bundesdisziplinarordnung nicht regelt, gilt ersatzweise das Disziplinarrecht des Landes Niedersachsen entsprechend.

11. Bundesbesoldungsgesetz in der Fassung der Bekanntmachung vom 21. Februar 1989 (BGBl. I S. 261), zuletzt geändert durch Artikel 1 des Gesetzes vom 19. Juli 1990 (BGBl. I S. 1451), mit den zu seiner Ergänzung und Ausführung erlassenen Rechtsvorschriften,

mit folgender Maßgabe:

Bis zum Inkrafttreten der Rechtsverordnungen auf Grund des § 73 finden für Beamte, Richter und Soldaten, die in dem in Artikel 3 des Vertrages genannten Gebiet ernannt werden, die für vergleichbare Arbeitnehmer des öffentlichen Dienstes in diesen Gebieten geltenden Bezügeregelungen entsprechende Anwendung; soweit ein Vergleich nicht möglich ist, bestimmt die oberste Dienstbehörde im Einvernehmen mit dem für das Besoldungsrecht zuständigen Minister die Besoldung unter Berücksichtigung der Regelungen nach § 73.

12. Bundesreisekostengesetz in der Fassung der Bekanntmachung vom 13. November 1973 (BGBl. I S. 1621), zuletzt geändert durch Gesetz vom 28. Mai 1990 (BGBl. I S. 967),

mit folgender Maßgabe:

Die Bundesregierung kann durch Rechtsverordnung bis zum 30. September 1992 Übergangsregelungen treffen, die den besonderen Verhältnissen in dem in Artikel 3 des Vertrages genannten Gebiet Rechnung tragen. Diese Verordnungsermächtigung erstreckt sich insbesondere darauf, die Tage- und Übernachtungsgelder (§§ 9, 10 des Bundesreisekostengesetzes) entsprechend den allgemeinen wirtschaftlichen und finanziellen Verhältnissen im Bereich des in Artikel

3 des Vertrages genannten Gebietes und seiner Entwicklung abweichend von diesem Gesetz festzusetzen und anzupassen.

13. Bundesumzugskostengesetz in der Fassung der Bekanntmachung vom 13. November 1973 (BGBl. I S. 1628), zuletzt geändert durch Gesetz vom 28. Mai 1990 (BGBl. I S. 967)

mit folgender Maßgabe:

Die Bundesregierung kann durch Rechtsverordnung bis zum 30. September 1992 Übergangsregelungen treffen, die den besonderen Verhältnissen in dem in Artikel 3 des Vertrages genannten Gebiet Rechnung tragen. Diese Verordnungsermächtigung erstreckt sich insbesondere darauf, die Pauschvergütung für sonstige Umzugsauslagen (§ 9 des Bundesumzugskostengesetzes) entsprechend den allgemeinen wirtschaftlichen und finanziellen Verhältnissen im Bereich des in Artikel 3 des Vertrages genannten Gebietes und seiner Entwicklung abweichend von diesem Gesetz festzusetzen und anzupassen.

14. Trennungsgeldverordnung vom 20. Mai 1986 (BGBl. I S. 745)

mit folgender Maßgabe:

Die Bundesregierung kann durch Rechtsverordnung bis zum 30. September 1992 Übergangsregelungen treffen, die den besonderen Verhältnissen in dem in Artikel 3 des Vertrages genannten Gebiet Rechnung tragen. Diese Verordnungsermächtigung erstreckt sich insbesondere darauf, das Trennungsgeld beim auswärtigen Verbleiben (§ 3 der Trennungsgeldverordnung) entsprechend den allgemeinen wirtschaftlichen und finanziellen Verhältnissen im Bereich des in Artikel 3 des Vertrages genannten Gebietes und seiner Entwicklung abweichend von diesem Gesetz festzusetzen und anzupassen.

15. Bundespersonalvertretungsgesetz vom 15. März 1974 (BGBl. I S. 693), zuletzt geändert durch Artikel 4 des Gesetzes vom 28. Mai 1990 (BGBl. I S. 967),

mit folgenden Maßgaben:

a) In Angelegenheiten der nach dem Gesetz zur sinngemäßen Anwendung des Bundespersonalvertretungsgesetzes (BPersVG) – Personalvertretungsgesetz – der Deutschen Demokratischen Republik vom 22. Juli 1990 (GBl. I Nr. 52 S. 1014) gebildeten oder noch zu bildenden Personalvertretungen und Organe, die bei weiterbestehenden Dienststellen im Sinne des Artikels 13 Abs. 1 und 2 und des Artikels 14 des Vertrages im Amt bleiben, finden dessen Bestimmungen weiterhin, längstens bis zum 31. Mai 1993, entsprechende Anwendung, soweit sie nicht durch Bundesgesetz oder durch Rechtsverordnung der Bundesregierung geändert oder außer Kraft gesetzt oder durch gesetzliche Vorschriften der in Artikel 1 Abs. 1 des Vertrages genannten Länder und des Landes Berlin für den Teil, in dem das Grundgesetz bisher nicht galt, ersetzt werden. Entsprechendes gilt für Einigungsverfahren, an denen Stellen beteiligt sind, die nach dem Bundespersonalvertretungsgesetz gebildet sind.

b) Bei der Anwendung des Bundespersonalvertretungsgesetzes und des Gesetzes zur sinngemäßen Anwendung des Bundespersonalvertretungsgesetzes (BPersVG) – Personalvertretungsgesetz – der Deutschen Demokratischen Republik vom 22. Juli 1990 (GBl. I Nr. 52 S. 1014) haben die für die öffentliche Verwaltung in Kapitel V des Staatsvertrages zwischen der Bundesrepublik Deutschland und der Deutschen Demokratischen Republik über die Schaffung einer Währungs-, Wirtschafts- und Sozialunion vom 18. Mai 1990 (BGBl. II 1990 S. 518) festgelegten Vorgaben für eine Übergangszeit von zwei Jahren nach dem Wirksamwerden des Beitritts Vorrang vor einzelnen Bestimmungen des Gesetzes und des Gesetzes zur sinngemäßen Anwendung des Bundespersonalvertretungsgesetzes der Deutschen Demokratischen Republik vom 22. Juli 1990.

c) Das Gesetz gilt, soweit nicht das Gesetz zur sinngemäßen Anwendung des Bundespersonalvertretungsgesetzes der Deutschen Demokratischen Republik noch Anwendung findet, in den Verwaltungen, die der Gesetzgebungskompetenz der in Artikel 1 Abs. 1 des Vertrages genannten Länder und des Landes Berlin für den Teil, in dem das Grundgesetz bisher nicht galt, unterliegen, bis zu einer Neuregelung durch diese Länder in allen seinen Teilen.

d) Die Bundesregierung wird ermächtigt, durch Rechtsverordnung, die bis zum 30. September 1992 zu erlassen ist und nicht der Zustimmung des Bundesrates bedarf, Übergangsregelungen zur Durchführung des Gesetzes zu bestimmen. Soweit in einer solchen Verordnung übergangsweise vor dem Inkrafttreten landesrechtlicher Regelungen Gegenstände geregelt werden, die in die Gesetzgebungskompetenz der Länder fallen und nicht der Rahmengesetzgebungskompetenz des Bundes unterliegen, bedarf sie der Zustimmung des Bundesrates.

16. Wahlordnung zum Bundespersonalvertretungsgesetz vom 23. September 1974 (BGBl. I S. 2337), zuletzt geändert durch Verordnung vom 25. Oktober 1989 (BGBl. I S. 1921),

mit folgender Maßgabe:

Solange Gruppen nicht gebildet sind und § 19 des Gesetzes zur sinngemäßen Anwendung des Bundespersonalvertretungsgesetzes (BPersVG) – Personalvertretungsgesetz – der Deutschen Demokratischen Republik vom 22. Juli 1990 (GBl. I Nr. 52 S. 1014) Anwendung findet, ist nach der Wahlordnung zum Gesetz zur sinngemäßen Anwendung des Bundespersonalvertretungsgesetzes – Personalvertretungsgesetz, Wahlordnung – der Deutschen Demokratischen Republik vom 22. Juli 1990 (GBl. I Nr. 52 S. 1030) zu verfahren.

Die Ermächtigung zum Erlaß von Rechtsverordnungen nach Nummer 15 gilt entsprechend.

17. Wehrsoldgesetz in der Fassung der Bekanntmachung vom 20. Februar 1978 (BGBl. I S. 265), zuletzt geändert durch Artikel 2 des Gesetzes vom 19. Juli 1990 (BGBl. I S. 1451), und die zu seiner Ausführung erlassenen Rechtsvorschriften

mit folgender Maßgabe:

Die Bundesregierung wird ermächtigt, durch Rechtsverordnung, die bis zum 30. September 1992 zu erlassen ist und nicht der Zustimmung des Bundesrates bedarf, Übergangsregelungen zu treffen, die den besonderen Verhältnissen in dem in Artikel 3 des Vertrages genannten Gebiet Rechnung tragen. Die Verordnungsermächtigung erstreckt sich auch darauf, die Bezüge nach dem Wehrsoldgesetz entsprechend den allgemeinen wirtschaftlichen und finanziellen Verhältnissen in dem in Artikel 3 des Vertrages genannten Gebiet abweichend vom Wehrsoldgesetz und den dazu erlassenen Rechtsvorschriften festzusetzen und regelmäßig anzupassen. Die Übergangsregelungen sind zu befristen. Bis zum Inkrafttreten der Rechtsverordnung sind die am Tage vor dem Wirksamwerden des Beitritts geltenden Bestimmungen weiter anzuwenden.

Sachgebiet B: Recht der Soldaten

Abschnitt II

Bundesrecht wird wie folgt geändert und ergänzt:

1. Soldatenversorgungsgesetz in der Fassung der Bekanntmachung vom 5. März 1987 (BGBl. I S. 842), zuletzt geändert durch Artikel 4 des Gesetzes vom 26. Juni 1990 (BGBl. I S. 1211)

a) In der Inhaltsübersicht wird im Sechsten Teil nach Nummer 4 folgende Nummer 4a eingefügt:
„4a. Übergangsregelungen aus Anlaß der Herstellung der Einheit Deutschlands... 92a".

b) Nach § 92 wird folgender Unterabschnitt eingefügt:
„4a. Übergangsregelungen aus Anlaß der Herstellung der Einheit Deutschlands

§ 92a Die Bundesregierung wird ermächtigt, durch Rechtsverordnung, die bis zum 30. September 1992 zu erlassen ist, mit Zustimmung des Bundesrates für die Soldatenversorgung Übergangsregelungen zu bestimmen, die den besonderen Verhältnissen in dem in Artikel 3 des Vertrages genannten Gebiet Rechnung tragen. Die Verordnungsermächtigung erstreckt sich insbesondere auf Art, Berechnungsgrundlagen, Höhe von Versorgungsleistungen und Ruhensregelungen abweichend von diesem Gesetz."

2. Für **Rechtsverhältnisse der Soldaten der ehemaligen Nationalen Volksarmee** gelten die folgenden besonderen Bestimmungen:

§ 1 Die Soldaten der ehemaligen Nationalen Volksarmee sind mit dem Wirksamwerden des Beitritts Soldaten der Bundeswehr. Über ihr Dienstverhältnis wird bestimmt:

1. Ein Soldat, der auf Grund der Wehrpflicht Wehrdienst leistet, steht in einem Wehrdienstverhältnis nach dem Soldatengesetz in Verbindung mit dem Pflichtgesetz.

2. Für Soldaten auf Zeit und für Berufssoldaten, die beim Wirksamwerden des Beitritts der ehemaligen Nationalen Volksarmee angehörten, gelten die am Tage vor dem Wirksamwerden des Beitritts für sie geltenden Dienstverhältnisse nach Maßgabe der nachfolgenden Vorschriften fort.

§ 2 (1) Das Dienstverhältnis eines Soldaten auf Zeit oder Berufssoldaten der ehemaliqen Nationalen Volksarmee ruht mit dem Wirksamwerden des Beitritts.

(2) Während des Ruhens des Dienstverhältnisses nach Absatz 1 hat der Soldat Anspruch auf ein monatliches Wartegeld in Höhe von 70 vom Hundert der durchschnittlichen monatlichen Dienstbezüge der letzten sechs Monate; einmalige oder Sonderzahlungen werden hierbei nicht berücksichtigt. Während der Ruhenszeit anderweitig erzieltes Erwerbseinkommen oder Lohnersatzleistungen sind auf das monatliche Wartegeld anzurechnen, soweit die Summe aus diesen Einnahmen und dem Wartegeld die Bemessungsgrundlage des Wartegeldes übersteigt.

(3) Wird der Soldat auf Zeit oder Berufssoldat der ehemaligen Nationalen Volksarmee nicht innerhalb von sechs Monaten weiterverwendet, endet das Dienstverhältnis mit Ablauf dieser Frist; hat er am Tage des Beitritts das 50. Lebensjahr vollendet, beträgt die Frist neun Monate. Während der Frist gelten die Entlassungsvorschriften des § 7 Abs. 1 Satz 1 bis 3 und Abs. 2 dieses Abschnitts. Die Heilfürsorge in der Zeit des Anspruchs auf Wartegeld richtet sich nach § 5, die Versorgungsbezüge richten sich nach § 6 dieses Abschnitts.

(4) Für Soldaten auf Zeit oder Berufssoldaten, die nach Absatz 3 Satz 1 nicht weiterverwendet werden oder nach Absatz 3 Satz 2 entlassen werden, gilt § 6 Absatz 2 dieses Abschnitts entsprechend.

§ 3 Wenn der Bundesminister der Verteidigung bestimmt, daß militärische Einheiten, Verbände, Dienststellen oder Einrichtungen der ehemaligen Nationalen Volksarmee ganz oder teilweise fortbestehen oder in andere Einheiten, Verbände, Dienststellen oder Einrichtungen eingegliedert werden, findet § 2 Abs. 1 dieses Abschnitts auf die dort verwendeten Soldaten auf Zeit und Berufssoldaten keine Anwendung. In diesen Fällen gelten die bestehenden soldatischen Dienstverhältnisse nach Maßgabe der §§ 4 bis 7 dieses Abschnitts weiter.

§ 4 (1) Die nach dem bisherigen Recht der Deutschen Demokratischen Republik bestehenden soldatischen Rechte und Pflichten der Soldaten der ehemaligen Nationalen Volksarmee sind erloschen.

(2) Die Rechte und Pflichten der Soldaten auf Zeit und Berufssoldaten der ehemaligen Nationalen Volksarmee bestimmen sich nach den entsprechend anzuwendenden Vorschriften des § 1 Abs. 4 und 5 sowie des zweiten Unterabschnitts des ersten Abschnitts des Soldatengesetzes mit Ausnahme der §§ 9, 27 und 30 Abs. 1 bis 4.

(3) Der Bundesminister der Verteidigung bestimmt, welchen Dienstgrad sie vorläufig führen dürfen. Er berücksichtigt dabei Vorbildung, Ausbildung, Dienstzeiten, Laufbahnzugehörigkeit und Funktionen in

der Nationalen Volksarmee und setzt sie in Beziehung zur dienstgradgerechten Verwendbarkeit in der Bundeswehr.

§ 5 (1) Besoldung und Heilfürsorge richten sich für Soldaten auf Zeit und Berufssoldaten der ehemaligen Nationalen Volksarmee nach dem Recht, das am Tage vor dem Wirksamwerden des Beitritts in der Deutschen Demokratischen Republik gilt. Die Bundesregierung wird bis zum 30. September 1992 ermächtigt, durch Rechtsverordnung, die nicht der Zustimmung des Bundesrates bedarf, Besoldung und Heilfürsorge auf die Angemessenheit im Verhältnis zu den Regelungen in anderen Bereichen des öffentlichen Dienstes zu überprüfen und neu festzusetzen. Sonderleistungen aus Anlaß der Entlassung und Leistungen, deren Gewährung auf einen der in § 7 Abs. 2 dieses Abschnitts genannten oder mit diesen vergleichbare Sachverhalte zurückzuführen ist, sind ausgeschlossen.

(2) Besoldung und Heilfürsorge werden der Entwicklung in dem in Artikel 3 des Vertrages genannten Gebiet entsprechend den dort geltenden Regelungen im zivilen öffentlichen Dienst angepaßt. Näheres regelt die Bundesregierung durch Rechtsverordnung; die Ermächtigung ist bis zum 30. September 1992 befristet.

(3) Die Bezüge der Soldaten, die auf Grund der Wehrpflicht Wehrdienst leisten, richten sich nach dem Wehrsoldgesetz mit der sich aus Anlage I Kapitel XIX Sachgebiet A Abschnitt III Nummer 17 ergebenden Übergangsregelung.

§ 6 (1) Für die Versorgungsbezüge gelten die Regelungen der Anlage II Kapitel VIII Buchstabe H Abschnitt III Nummer 9. Für die Beschädigtenversorgung von Soldaten, die nach dem Wirksamwerden des Beitritts eine Wehrdienstbeschädigung erleiden, gelten die Vorschriften des Soldatenversorgungsgesetzes.

(2) Für die Eingliederung in das zivile Berufsleben gelten die Vorschriften des Arbeitsförderungsgesetzes, insbesondere für Maßnahmen der beruflichen Ausbildung, Fortbildung und Umschulung. Durch den Berufsförderungsdienst der Bundeswehr wird zusätzliche Hilfestellung gewährt.

(3) § 5 Abs. 1 Satz 2 und 3 dieses Abschnitts gilt entsprechend.

§ 7 (1) Ein Soldat auf Zeit oder Berufssoldat der ehemaligen Nationalen Volksarmee ist zu entlassen, wenn er dies beantragt. Ein Soldat auf Zeit ist zu entlassen, wenn die festgesetzte Dienstzeit endet. Ein Berufssoldat kann entlassen werden, wenn er die nach bisherigem Recht geltende Mindestdienstzeit erreicht oder überschritten hat. Ein Soldat auf Zeit oder Berufssoldat kann ferner entlassen werden,

1. wenn er wegen mangelnder fachlicher Qualifikation oder persönlicher Eignung den Anforderungen nicht entspricht,
2. wenn er wegen mangelnden Bedarfs nicht mehr verwendbar ist oder
3. wenn die bisherige Beschäftigungsstelle ganz oder teilweise aufgelöst wird oder bei Verschmelzung, Eingliederung oder wesentlicher

Änderung ihres Aufbaus die bisherige oder eine anderweitige Verwendung nicht mehr möglich ist.

In den Fällen des Satzes 1 und des Satzes 4 Nr. 2 und 3 kann ein Übergangsgeld gewährt werden, das nach Höhe und Dauer dem monatlichen Wartegeld nach § 2 Abs. 2 Satz 1 und Abs. 3 Satz 1 dieses Abschnitts entspricht, im Falle des Satzes 1 jedoch nicht, wenn die Voraussetzungen des Satzes 4 Nr. 1 vorliegen. § 2 Abs. 2 Satz 2 dieses Abschnitts gilt entsprechend.

(2) Ein Soldat auf Zeit oder Berufssoldat der ehemaligen Nationalen Volksarmee ist zu entlassen, wenn er

1. gegen die Grundsätze der Menschlichkeit oder Rechtsstaatlichkeit verstoßen hat, insbesondere die im Internationalen Pakt über bürgerliche und politische Rechte vom 19. Dezember 1966 gewährleisteten Menschenrechte oder die in der Allgemeinen Erklärung der Menschenrechte vom 10. Dezember 1948 enthaltenen Grundsätze verletzt hat oder
2. für das frühere Ministerium für Staatssicherheit/Amt für Nationale Sicherheit tätig war und dadurch die Fortsetzung des Dienstverhältnisses unzumutbar erscheint.

(3) Die Entlassungsverfügung muß dem Soldaten in den Fällen des Absatzes 1 Satz 4 Nr. 1 bis 3 spätestens zwei Monate vor dem Entlassungstag zugestellt werden.

§ 8 (1) Ein Soldat auf Zeit oder Berufssoldat der ehemaligen Nationalen Volksarmee im Sinne des § 1 Nr. 2 dieses Abschnitts kann auf Grund freiwilliger Verpflichtung nach den Vorschriften des Soldatengesetzes für zwei Jahre in das Dienstverhältnis eines Soldaten auf Zeit berufen werden. Die Altersgrenze des § 40 Abs. 1 Nr. 1 des Soldatengesetzes findet keine Anwendung.

(2) Die Bundesregierung regelt durch Rechtsverordnung in Abweichung von § 27 Abs. 4 Satz 3 des Soldatengesetzes die Verleihung eines höheren als des untersten Dienstgrades der Mannschaften bei der Berufung.

(3) Die Besoldung richtet sich nach dem Bundesbesoldungsgesetz in Verbindung mit den sich aus Anlage I Kapitel XIX Sachgebiet A Abschnitt II Nummer 3 und Abschnitt III Nummer 11 ergebenden Übergangsregelungen.

(4) Der Bundesminister der Verteidigung entscheidet über eine Verlängerung der Dienstzeit und über die Übernahme zum Berufssoldaten. Er hört vor der Übernahme von Offizieren zu Berufssoldaten einen unabhängigen Ausschuß zur persönlichen Eignung an. Zusammensetzung, Befugnisse und Verfahren dieses Ausschusses regelt die Bundesregierung. Die Ernennung zum Berufssoldaten ist in der Regel nicht zulässig, wenn der Bewerber das 50. Lebensjahr vollendet hat.

(5) Die Versorgungsbezüge des nach Absatz 1 berufenen Soldaten auf Zeit, dessen Dienstzeit nicht verlängert wird oder der nicht als Berufssoldat übernommen wird, richten sich nach § 6 dieses Abschnitts.

§ 9 Die vorstehenden Regelungen dieses Abschnitts treten mit Ablauf des 31. Dezember 1996 außer Kraft.

Abschnitt III

Bundesrecht tritt in dem in Artikel 3 des Vertrages genannten Gebiet mit folgenden Maßgaben in Kraft:

1. Wehrpflichtgesetz in der Fassung der Bekanntmachung vom 13. Juni 1968 (BGBl. I S. 879), zuletzt geändert durch Artikel 1 des Gesetzes vom 30. Juni 1989 (BGBl. I S. 1292),

mit folgender Maßgabe:

Die Dauer des Grundwehrdienstes nach § 5 Abs. 1 sowie dessen Beendigung richten sich für die Wehrpflichtigen, die als Angehörige der ehemaligen Nationalen Volksarmee in dem in Artikel 3 des Vertrages genannten Gebiet zum Zeitpunkt des Beitritts Grundwehrdienst leisten, nach dem bisherigen Recht der Deutschen Demokratischen Republik.

2. Verordnung über das Ausbildungsgeld für Sanitätsoffizier-Anwärter vom 10. November 1976 (BGBl. I S. 3229), zuletzt geändert durch Verordnung vom 11. August 1990 (BGBl. I S. 1757),

mit folgender Maßgabe:

Die Bundesregierung setzt die jeweilige Höhe des Ausbildungsgeldes unter Berücksichtigung der allgemeinen wirtschaftlichen und finanziellen Verhältnisse in dem in Artikel 3 des Vertrages genannten Gebiet durch Rechtsverordnung fest.

3. Mutterschutzverordnung für weibliche Sanitätsoffiziere vom 29. Januar 1986 (BGBl. I S. 239)

mit folgender Maßgabe:

Die Verordnung tritt in dem in Artikel 3 des Vertrages genannten Gebiet am 1. Januar 1991 in Kraft und ist auf Geburten nach dem 31. Dezember 1990 anzuwenden.

4. Erziehungsurlaubsverordnung für weibliche Sanitätsoffiziere vom 29. Januar 1986 (BGBl. I S. 240)

mit folgender Maßgabe:

Die Maßgabe zu Nummer 3 gilt entsprechend.

5. Soldatenversorgungsgesetz in der Fassung der Bekannt machung vom 5. März 1987 (BGBl. I S. 842), zuletzt geändert durch Artikel 4 des Gesetzes vom 26. Juni 1990 (BGBl. I S. 1211),

mit folgenden Maßgaben:

a) Das Gesetz findet in der ab 1. Januar 1992 geltenden Fassung Anwendung.

b) Das Gesetz findet nicht Anwendung auf Soldaten, die aus einem Wehrdienstverhältnis der ehemaligen Nationalen Volksarmee ausgeschieden sind, und auf Soldaten auf Zeit und Berufssoldaten der ehemaligen Nationalen Volksarmee, die auf Grund der Regelung in

Abschnitt II Nummer 2 § 1 dieser Anlage Soldaten der Bundeswehr sind und für die weder ein Dienstverhältnis als Soldat auf Zeit mit einer Dienstzeit von mehr als zwei Jahren noch ein solches als Berufssoldat der Bundeswehr begründet wird; dies gilt nicht für die Beschädigtenversorgung von Soldaten, die nach Wirksamwerden des Beitritts eine Wehrdienstbeschädigung erleiden.

c) Bei der Berechnung der Dienstzeit nach § 15 Abs. 2 des Soldatenversorgungsgesetzes können nur Zeiten ab Wirksamwerden des Beitritts berücksichtigt werden. Diese Übergangsregelung tritt fünf Jahre nach Wirksamwerden des Beitritts außer Kraft.

d) Nicht anzuwenden sind die Vorschriften des § 43 des Soldatenversorgungsgesetzes in Verbindung mit § 86 des Beamtenversorgungsgesetzes sowie der §§ 64, 67 bis 79, 91, 94 bis 94c und des § 97 des Soldatenversorgungsgesetzes.

6. Unterhaltssicherungsgesetz in der Fassung der Bekanntmachung vom 14. Dezember 1987 (BGBl. I S. 2614), zuletzt geändert durch Artikel 1 des Gesetzes vom 25. April 1990 (BGBl. I S. 769),

mit folgender Maßgabe:

Die Bundesregierung wird ermächtigt, durch Rechtsverordnung, die nicht der Zustimmung des Bundesrates bedarf, die Höhe der in Beträgen festgeschriebenen Leistungen sowie die Leistungsgrenzen entsprechend den wirtschaftlichen und finanziellen Verhältnissen in dem in Artikel 3 des Vertrages genannten Gebiet anzupassen.

6. Anlage II zum Einigungsvertrag

Besondere Bestimmungen für fortgeltendes Recht der Deutschen Demokratischen Republik

Inhaltsverzeichnis

Redaktioneller Hinweis:

In Anlage II sind die Ergänzungen, Änderungen und Berichtigungen durch Art. 3, 4 und 5 der Vereinbarung zur Durchführung und Auslegung des Einigungsvertrages vom 18. 9. 1990 (BGBl. II S. 1239) eingearbeitet. – Siehe im übrigen das ausführliche mit Seitenangaben versehene Inhaltsverzeichnis der Anlage II auf S. VIII.

Vorbemerkungen

Das in Abschnitt I des jeweiligen Kapitels aufgeführte Recht der Deutschen Demokratischen Republik bleibt in Kraft. Entsprechendes gilt für die in Abschnitt I des Kapitels I genannten völkerrechtlichen Verträge gemäß Artikel 12 des Vertrages.

Gemäß Abschnitt II des jeweiligen Kapitels werden die dort aufgeführten Rechtsvorschriften der Deutschen Demokratischen Republik aufgehoben, geändert oder ergänzt.

Gemäß Abschnitt III des jeweiligen Kapitels bleibt Recht der Deutschen Demokratischen Republik mit den dort bestimmten Maßgaben in Kraft.

Soweit in Rechtsvorschriften der Deutschen Demokratischen Republik, die als Bundesrecht fortgelten, auf nicht fortgeltende Vorschriften verwiesen wird, treten an ihre Stelle grundsätzlich die entsprechenden Vorschriften des Bundesrechts, soweit nichts anderes bestimmt ist.

Soweit in Rechtsvorschriften der Deutschen Demokratischen Republik, die als Bundesrecht fortgelten, eine Ermächtigung zum Erlaß von Rechtsverordnungen, Anordnungen oder allgemeinen Verwaltungsvorschriften enthalten ist, findet Art. 129 des Grundgesetzes entsprechend Anwendung.

Soweit Rechtsvorschriften ausdrücklich aufgeführt sind, die von der Deutschen Demokratischen Republik zwischen der Unterzeichnung dieses Vertrages und dem Wirksamwerden des Beitritts erlassen werden, treten sie gemäß Artikel 9 Abs. 3 des Vertrages in Verbindung mit Absatz 2 und Anlage II auch ohne zusätzliche Vereinbarung zwischen der Bundesrepublik Deutschland und der Deutschen Demokratischen Republik mit den in dieser Anlage niedergelegten Maßgaben in Kraft.

Kapitel I
Geschäftsbereich des Bundesministers des Auswärtigen

Abschnitt I

Folgende Verträge der Deutschen Demokratischen Republik gemäß Artikel 12 des Vertrages gelten in dem in Artikel 3 des Vertrages genannten Gebiet weiter:

1. Abkommen zwischen der Deutschen Demokratischen Republik, der Union der Sozialistischen Sowjetrepubliken und der Tschechoslowakischen Sozialistischen Republik über Inspektionen im Zusammenhang mit dem Vertrag zwischen der Union der Sozialistischen Sowjetrepubliken und den Vereinigten Staaten von Amerika über die Beseitigung ihrer Raketen mit mittlerer und kürzerer Reichweite vom 11. Dezember 1987

(Bekanntmachung vom 15. Dezember 1988, GBl. II Nr. 2 S. 21)

2. Notenwechsel vom 23. Dezember 1987 zwischen der Deutschen Demokratischen Republik und den Vereinigten Staaten von Amerika in bezug auf den Vertrag vom 8. Dezember 1987 zwischen der Union der Sozialistischen Sowjetrepubliken und den Vereinigten Staaten von Amerika über die Beseitigung ihrer Raketen mittlerer und kürzerer Reichweite und auf das dazugehörige Protokoll über Inspektionen

(Quelle für den Notenwechsel: Staatsarchiv)

Kapitel II
Geschäftsbereich des Bundesministers des Innern

zur Statistik und zum Recht des öffentlichen Dienstes
siehe Kapitel XIX

Sachgebiet A: Staats- und Verfassungsrecht

Abschnitt I

Folgendes Recht[1] der Deutschen Demokratischen Republik bleibt in Kraft:

1. Länderwahlgesetz – LWG – vom 22. Juli 1990 (GBl. I Nr. 51 S. 960)

2. Gesetz zur Änderung des Gesetzes über die Wahlen zu Landtagen in der Deutschen Demokratischen Republik vom 22. Juli 1990 (Länderwahlgesetz – LWG) vom 30. August 1990 (GBl. I Nr. 58 S. 1422)

3. Erste Durchführungsbestimmung zur Verordnung über die Entschädigung der Mitglieder kommunaler Vertretungen – Entschädigungsverordnung – vom 4. September 1990 (GBl. I Nr. 60 S. 1473)

Abschnitt II

Folgendes Recht der Deutschen Demokratischen Republik bleibt mit folgenden Änderungen in Kraft:

§ 1 Abs. 1, § 2 Abs. 2 und 3, §§ 22, 23 Abs. 2 und 3 sowie § 25 Abs. 1 des Ländereinführungsgesetzes vom 22. Juli 1990 (GBl. I Nr. 51 S. 955)

mit folgenden Änderungen: In § 1 Abs. 1 und § 25 Abs. 1 tritt an die Stelle des Datums 14. Oktober 1990 das Datum 3. Oktober 1990.

Abschnitt III

Folgendes Recht[2] der Deutschen Demokratischen Republik bleibt mit folgenden Maßgaben in Kraft:

1. §§ 20a und 20b des Parteiengesetzes der Deutschen Demokratischen Republik vom 21. Februar 1990 (GBl. I Nr. 9 S. 66), das zuletzt durch Gesetz vom 22. Juli 1990 (GBl. I Nr. 49 S. 904), geändert worden ist

mit folgenden Maßgaben:

a) Die Kommission unterliegt der Rechtsaufsicht der Bundesregierung. Die Bundesregierung beruft nach Wirksamwerden des Beitritts im Benehmen mit dem Bundestagspräsidenten sechs weitere Mitglieder der Kommission. Die Bundesregierung kann von dem Wirksamwerden des Beitritts an im Benehmen mit dem Bundestagspräsidenten bis zu einer Entscheidung des 12. Deutschen Bun-

---

[1] Nrn. ***2*** und ***3*** eingefügt aufgrund Art. 3 Nrn. 1 und 4 der Vereinbarung vom 18. 9. 1990 (BGBl. II S. 1239, 1240).

[2] Nrn. ***2*** und ***3*** eingefügt aufgrund Art. 3 Nrn. 2 und 3 der Vereinbarung vom 18. 9. 1990 (BGBl. II S. 1239, 1240).

destages Mitglieder der Kommission aus wichtigem Grund abberufen und Ersatzmitglieder berufen.

b) Die Bundesregierung kann durch Rechtsverordnung unter Berücksichtigung der Bestimmungen in Buchstabe a) die Einrichtung der Kommission und das Verfahren regeln.

c) Die Kommission leitet über die Bundesregierung dem Deutschen Bundestag bis zum 15. Januar 1991 einen Zwischenbericht zu.

d)[1] Die treuhänderische Verwaltung nach § 20b Abs.3 wird der auf Grundlage des Gesetzes vom 17. Juni 1990 (GBl. I Nr. 33 S. 300) gebildeten Treuhandanstalt übertragen. Diese führt das Vermögen an die früher Berechtigten oder deren Rechtsnachfolger zurück. Soweit dies nicht möglich ist, ist das Vermögen zugunsten gemeinnütziger Zwecke, insbesondere der wirtschaftlichen Umstrukturierung, in dem in Artikel 3 des Vertrages genannten Gebiet zu verwenden. Nur soweit Vermögen nachweislich nach materiell-rechtsstaatlichen Grundsätzen im Sinne des Grundgesetzes erworben worden ist, wird es den in § 20a Abs. 2 genannten Institutionen wieder zur Verfügung gestellt. Die Treuhandanstalt nimmt die vorbezeichneten Aufgaben im Einvernehmen mit der Kommission wahr.

2. Die §§ 4, 8 und 10 des Gesetzes über Rechtsverhältnisse der Abgeordneten der Volkskammer der Deutschen Demokratischen Republik vom 31. Mai 1990 (GBl. I Nr. 30 S. 274) gelten mit folgenden Maßgaben fort:

a) Abgeordnete der Volkskammer der Deutschen Demokratischen Republik erhalten Übergangsgeld für die Dauer von drei Monaten gemäß § 8 Abs. 1 in Höhe der Entschädigung nach § 4 Abs. 1. Übersteigt die Dauer der Mitgliedschaft in der Volkskammer der Deutschen Demokratischen Republik in der 10. Legislaturperiode drei Monate, so wird für jeden weiteren Monat der Mitgliedschaft, längstens für drei weitere Monate, ein um 30 vom Hundert gekürztes Übergangsgeld nach Satz 1 gewährt.

b) Bezüge aus der Mitgliedschaft im Deutschen Bundestag, im Europäischen Parlament oder in einem Landesparlament, aus einem Amtsverhältnis, aus einer Verwendung im öffentlichen Dienst, aus einem sonstigen Beschäftigungsverhältnis, aus einer selbständigen Tätigkeit sowie Renten werden angerechnet. Beim Zusammentreffen eines Übergangsgeldes nach Nummer 1 mit einem Übergangsgeld aus einer Tätigkeit als Mitglied des Ministerrates/Staatssekretär ist § 10 Abs. 1 sinngemäß anzuwenden.

c) Die Leistungen unterliegen der Beitragspflicht zur Sozialversicherung.

d) Die Zeiten des Bezugs dieser Leistungen sind wie Arbeitsrechtsver-

---

[1] **Amtl. Anm.:** Die Parteien gehen davon aus, daß es sich bei dieser Regelung nicht um Enteignung handelt, sondern darum, daß die materielle Rechtslage bzw. der dieser Rechtslage entsprechende Rechtszustand zugunsten der früher Berechtigten wiederhergestellt wird.

hältnisse im Ausweis für Arbeit und Sozialversicherung einzutragen.

e) Die Zeiten des Bezugs dieser Leistungen gelten bei der Gewährung und Berechnung von Renten der Sozialversicherung als versicherungspflichtige Tätigkeit. Im Berechnungszeitraum für Alters- und Invalidenrenten liegende Zeiten des Bezugs dieser Leistungen bleiben bei der Berechnung des Durchschnittsverdienstes unberücksichtigt, wenn es für den Rentner günstiger ist.

f) Die von der Volkskammer der Deutschen Demokratischen Republik in das Europäische Parlament entsandten Abgeordneten erhalten für die laufende Legislaturperiode des Europäischen Parlaments die Rechtsstellung eines Mitglieds des Europäischen Parlaments nach dem Gesetz über die Rechtsverhältnisse der Mitglieder des Europäischen Parlaments aus der Bundesrepublik Deutschland vom 6. April 1979 (BGBl. I S. 413) in der jeweils geltenden Fassung unter Beibehaltung ihrer beratenden Funktion, soweit und solange der gesamtdeutsche Gesetzgeber keine andere Regelung getroffen hat.

3. Beschluß des Ministerrats der Deutschen Demokratischen Republik über Regelungen zur sozialen Sicherstellung für ausscheidende Mitglieder des Ministerrates vom 8. Februar 1990 in der Fassung des Beschlusses vom 8. August 1990 (GBl. I Nr. 62 S. 1552) und Beschluß des Ministerrats der Deutschen Demokratischen Republik zur sozialen Sicherstellung für aus ihren Funktionen ausscheidende Staatssekretäre vom 29. August 1990 (GBl. I Nr. 62 S. 1553)

mit folgenden Maßgaben:

a) Mitglieder des Ministerates, die aus nicht in ihrer Person liegenden Gründen aus der Regierung ausscheiden, das Rentenalter noch nicht erreicht haben und nicht sofort eine andere Tätigkeit aufnehmen können oder bei denen die Aufnahme einer solchen mit einer Einkommensminderung verbunden ist, erhalten ein Übergangsgeld. Das Übergangsgeld wird für die auf den Tag des Ausscheidens folgenden drei Monate in Höhe des im letzten Monat vor dem Ausscheiden gezahlten Gehalts gewährt. Übersteigt die Dauer der Mitgliedschaft im Ministerrat drei Monate, so wird für jeden weiteren Monat der Mitgliedschaft, längstens für drei weitere Monate, ein um 30 vom Hundert gekürztes Übergangsgeld nach Satz 1 gezahlt.

b) Bezüge aus der Mitgliedschaft im Deutschen Bundestag, im Europäischen Parlament oder in einem Landesparlament, aus einem Amtsverhältnis, aus einer Verwendung im öffentlichen Dienst, aus einem sonstigen Beschäftigungsverhältnis oder aus einer selbständigen Tätigkeit sowie Renten werden angerechnet.

c) Die Leistungen unterliegen der Beitragspflicht zur Sozialversicherung.

d) Die Zeiten des Bezugs dieser Leistungen sind wie Arbeitsrechtsverhältnisse im Ausweis für Arbeit und Sozialversicherung einzutragen.

e) Die Zeiten des Bezugs dieser Leistungen gelten bei der Gewährung und Berechnung von Renten der Sozialversicherung als versicherungspflichtige Tätigkeit. Im Berechnungszeitraum für Alters- und Invalidenrenten liegende Zeiten des Bezugs dieser Leistungen bleiben bei der Berechnung des Durchschnittsverdienstes unberücksichtigt, wenn es für den Rentner günstiger ist.

Sachgebiet B: Verwaltung

Abschnitt I

Folgendes Recht der Deutschen Demokratischen Republik bleibt in Kraft:

Gesetz über die Selbstverwaltung der Gemeinden und Landkreise in der DDR (Kommunalverfassung) vom 17. Mai 1990 (GBl. I Nr. 28 S. 255)[1]

Abschnitt III

Folgendes Recht der Deutschen Demokratischen Republik bleibt mit folgenden Maßgaben in Kraft:

1. Gesetz über die Gewährung des Aufenthaltes für Ausländer in der Deutschen Demokratischen Republik – Ausländergesetz – vom 28. Juni 1979 (GBl. I Nr. 17 S. 149) mit Ausnahme der §§ 4, 5, 6 Abs. 3 Satz 2, des § 7 Abs. 3 Satz 2 und des § 9 sowie mit folgenden Maßgaben:

a) Ausländer ist jeder, der nicht Deutscher im Sinne des Artikels 116 Abs. 1 des Grundgesetzes ist.

b) Nach § 6 Abs. 3 Satz 1 darf eine Genehmigung nur unter den in §§ 10 und 11 des Ausländergesetzes vom 28. April 1965 (BGBl. I S. 353), daß zuletzt durch Artikel 9 Abs. 5 des Gesetzes vom 26. Juni 1990 (BGBl. I S. 1163) geändert worden ist, bezeichneten Voraussetzungen entzogen werden; die Wörter „oder für ungültig erklart" finden keine Anwendung.

c) Nach § 6 Abs. 4 erlischt die Genehmigung außer durch Fristablauf durch Ausreise aus dem Bundesgebiet, sofern eine Wiedereinreise nicht genehmigt wurde.

d) Das Verfahren bei Freiheitsentziehungen nach § 8 richtet sich nach dem Gesetz über das gerichtliche Verfahren bei Freiheitsentziehungen in der im Bundesgesetzblatt Teil III, Gliederungsnummer 316-1, veröffentlichten bereinigten Fassung, zuletzt geändert durch Artikel 12 Abs. 2 des Gesetzes vom 9. Juli 1990 (BGBl. I S. 1354), mit den durch diesen Vertrag bestimmten Maßgaben.

---

[1] **Amtl. Anm.:** „Die Vertragsparteien gehen übereinstimmend davon aus, daß § 13 Abs. 2 Satz 2 des Kommunalverfassungsgesetzes der Deutschen Demokratischen Republik gegenstandslos ist, soweit er nach der für den 13. November 1990 zu erwartenden Entscheidung des Bundesverfassungsgerichts zum Ausländerwahlrecht der Länder Hamburg und Schleswig-Holstein mit dem Grundgesetz nicht zu vereinbaren ist."

e) Das Gesetz tritt mit Ablauf des 31. Dezember 1990 außer Kraft.

2. Anordnung über den Aufenthalt von Ausländern in der Deutschen Demokratischen Republik (Ausländeranordnung – AAO –) vom 28. Juni 1979 (GBl. I Nr. 17 S. 154)

mit folgender Maßgabe:

Die Anordnung tritt mit Ablauf des 31. Dezember 1990 außer Kraft.

3. Durchführungsverordnung zum Gesetz über die Gewährung des Aufenthaltes für Ausländer in der Deutschen Demokratischen Republik – Ausländergesetz – zur Gewährung des ständigen Wohnsitzes bzw. des länger befristeten Aufenthaltes (Wohnsitzverordnung) vom 11. Juli 1990 (GBl. I Nr. 48 S. 869)

mit folgenden Maßgaben:

a) Ausländer im Sinne dieser Verordnung ist jeder, der nicht Deutscher im Sinne des Artikels 116 Abs. 1 des Grundgesetzes ist.

b) In den §§ 14 und 17 tritt an die Stelle des Rechtsmittels der Beschwerde der Widerspruch. Abweichend von § 14 Abs. 2 Satz 1 ist der Widerspruch innerhalb eines Monats nach Bekanntgabe der Entscheidung schriftlich oder zur Niederschrift einzulegen.

c) Das gerichtliche Verfahren (§ 15) richtet sich nach der Verwaltungsgerichtsordnung.

d) Die Verordnung tritt mit Ablauf des 31. Dezember 1990 außer Kraft.

4. Anordnung vom 21. Dezember 1989 über die Erfüllung der Meldepflicht (GBl. I Nr. 26 S. 274)

mit folgender Maßgabe:

Die §§ 1 und 2 sowie die Anlage zur Anordnung treten mit dem Tag des Wirksamwerdens des Beitritts außer Kraft.

5. Das Amt für Karten- und Vermessungswesen der Deutschen Demokratischen Republik wird mit Wirksamwerden des Beitritts als gemeinsames Amt der in Artikel 1 Abs. 1 des Vertrages genannten Länder bis spätestens zum 31. Dezember 1992 weitergeführt, soweit es Aufgaben wahrnimmt, die in die Zuständigkeit der Länder fallen. Es ist insoweit innerhalb des in Satz 1 genannten Zeitraums in entsprechende Einrichtungen der Länder zu überführen.

Sachgebiet C: Öffentliche Sicherheit

Abschnitt III

Folgendes Recht der Deutschen Demokratischen Republik bleibt mit folgenden Maßgaben in Kraft:

1. Verordnung über das Meldewesen in der Deutschen Demokratischen Republik – Meldeordnung (MO) – vom 15. Juli 1965 (GBl. II Nr. 109 S. 761) zuletzt geändert durch die Dritte Verordnung über das Meldewesen in der Deutschen Demokratischen Republik – Meldeordnung (MO) – vom 29. Mai 1981 (GBl. I S. 281)

mit folgenden Maßgaben:

a) Folgende Vorschriften finden keine Anwendung:
§ 2 Abs. 3, § 9 Abs. 3 Satz 2, §§ 10, 14, 15, 17 Abs. 9, § 20 Abs. 2, § 22 Abs. 2, §§ 25, 26, 27, 28 Abs. 1 Nr. 2, § 28 Abs. 2 und 5, §§ 29 und 30.

b) § 7 Abs. 4 ist in folgender Fassung anzuwenden:
„Meldepflichtige Personen können sich bei der An- und Abmeldung durch einen ausweispflichtigen Haushaltsangehörigen vertreten lassen."

c) Hat eine meldepflichtige Person eine weitere Wohnung, die im bisherigen Geltungsbereich des Grundgesetzes liegt, so richtet sich, abweichend von den §§ 7 und 8, die Bestimmung der Haupt- und Nebenwohnung nach § 12 Abs. 2 und 3 des Melderechtsrahmengesetzes.

d) Das Melderecht in dem in Artikel 3 des Vertrages genannten Gebiet ist innerhalb eines Jahres nach Inkrafttreten dieses Vertrages nach den Vorschriften des Melderechtsrahmengesetzes anzupassen.

2.[1] Gesetz über die Aufgaben der Polizei vom 13. September 1990 (GBl. I Nr. 61 S. 1489)

mit folgenden Maßgaben:

a) Dieses Gesetz bleibt bis zum Inkrafttreten von Polizeigesetzen der Länder in den in Artikel 1 Abs. 1 des Vertrags genannten Ländern in Kraft, längstens jedoch bis zum 31. Dezember 1991.

b) Mit Wirksamwerden des Beitritts tritt § 81 außer Kraft.

---

[1] Nr. 2 neugefaßt durch Art. 4 Nr. 8 der Vereinbarung vom 18. 9. 1990 (BGBl. II S. 1239, 1243).

Kapitel III
Geschäftsbereich des Bundesministers der Justiz

Sachgebiet A: Rechtspflege

Abschnitt I

Folgendes Recht[1] der Deutschen Demokratischen Republik bleibt in Kraft:

1. Durchführungsbestimmung zur Verordnung über die Tätigkeit von Notaren in eigener Praxis vom 9. August 1990 (GBl. I Nr. 54 S. 1152)
2. Verordnung über die Dienstordnung der Notare vom 22. August 1990 (GBl. I Nr. 57 S. 1332)
3. Gesetz über die Schiedsstellen in den Gemeinden (GBl. I Nr. 61 S. 1527)
4. Verordnung über die Ausbildung von Studenten, die vor dem 1. September 1990 an den juristischen Sektionen der Universitäten der Deutschen Demokratischen Republik immatrikuliert worden sind, vom 5. September 1990 (GBl. I Nr. 59 S. 1436).
5. Beschluß der Volkskammer der Deutschen Demokratischen Republik zum Richtergesetz – Ordnung über die Bildung und Arbeitsweise der Richterwahlausschüsse – vom 22. Juli 1990 (GBl. I Nr. 49 S. 904)
6. Durchführungsverordnung zum Richtergesetz vom 1. August 1990 – Disziplinarordnung – (GBl. I Nr. 52 S. 1061)
7. Erste Durchführungsbestimmung zum Richtergesetz vom 14. August 1990 (GBl. I Nr. 56 S. 1267)
8. Zweite Durchführungsbestimmung zum Richtergesetz – Ordnung zur Wahl und Berufung ehrenamtlicher Richter – vom 1. September 1990 (GBl. I Nr. 62 S. 1553).
9. Anordnung über die Assistentenzeit für Hochschulabsolventen an den Kreisgerichten der Deutschen Demokratischen Republik – Richterassistentenordnung – vom 24. Januar 1978 (GBl. I Nr. 6 S. 88)
10. Anordnung über die Bestellung von Dolmetschern und Übersetzern für die Gerichte und Staatlichen Notariate vom 5. Februar 1976 (GBl. I Nr. 6 S. 101).

Abschnitt II

Folgendes Recht der Deutschen Demokratischen Republik bleibt mit folgenden Aufhebungen, Änderungen, Ergänzungen und Maßgaben in Kraft:

---

[1] Nrn. 4 und 8 neugefaßt durch Art. 4 Nrn. 9 und 10 der Vereinbarung vom 18. 9.1990 (BGBl. II S. 1239, 1243).

1. Verordnung über die Gesamtvollstreckung – Gesamtvollstreckungsverordnung – vom 6. Juni 1990 (GBl. I Nr. 32 S. 285), geändert durch die Zweite Verordnung über die Gesamtvollstreckung – Unterbrechung des Verfahrens – vom 25. Juli 1990 (GBl. I Nr. 45 S. 782)

mit folgenden Maßgaben:

a) Sie gilt in dem in Artikel 3 des Vertrages genannten Gebiet als Gesetz des Bundes fort.

b) Sie wird wie folgt geändert:

aa) Die Überschrift wird wie folgt gefaßt: „Gesamtvollstreckungsordnung"

bb) Der Satz vor § 1 wird gestrichen.

cc) § 1 wird wie folgt geändert:

– Absatz 1 Satz 1 wird wie folgt gefaßt:
„Die Gesamtvollstreckung erfolgt bei Zahlungsunfähigkeit einer natürlichen oder juristischen Person sowie einer nicht rechtsfähigen Personengesellschaft oder eines Nachlasses, bei einer juristischen Person oder einem Nachlaß auch im Falle der Überschuldung."

– Absatz 2 Satz 2 wird aufgehoben.

– In Absatz 4 Satz 1 werden die Worte „Verordnung über die Gesamtvollstreckung" durch das Wort „Gesamtvollstreckungsordnung" ersetzt.

– In Absatz 4 Satz 2 werden die Worte „dieser Verordnungen" durch die Worte „dieses Gesetzes" ersetzt

dd) § 6 Abs. 1 Satz 1 wird wie folgt gefaßt:

„Der Eröffnungsbeschluß ist in einer Tageszeitung und auszugsweise im Bundesanzeiger öffentlich bekanntzumachen."

ee) In § 9 Abs. 2 wird das Wort „Werktätigen" durch das Wort „Arbeitnehmern" ersetzt.

ff) In § 10 Abs. 1 Nr. 3 wird das Wort „abgeschlossen" durch das Wort „vorgenommen" ersetzt.

gg) § 12 wird wie folgt gefaßt:

„**§ 12 Eigentums- und Pfandrechte Dritter.** (1) Gegenstände, an denen Dritten ein Eigentums- oder ein Pfandrecht zusteht, sind vom Verwalter an die Berechtigten herauszugeben, wenn er nicht das Pfandrecht durch Zahlung ablöst. Verweigert der Verwalter die Herausgabe eines Gegenstands oder die Anerkennung eines Pfandrechts, kann der Berechtigte auf Herausgabe oder auf Feststellung seines Rechts klagen.

(2) Die Verwertung der Gegenstände, die von Dritten beansprucht werden, ist bis zur Entscheidung über das Bestehen eines Eigentums- oder Pfandrechts auszusetzen.

(3) Der Verwalter hat auch die zur Deckung weiterer Verwaltungsausgaben sowie die zur Erfüllung nicht anerkannter Forderungen erforderlichen Geldbeträge bis zur Einstellung der

Gesamtvollstreckung bzw. bis zur Entscheidung über das Bestehen bestrittener Ansprüche zurückzubehalten. Ein bei Einstellung der Gesamtvollstreckung verbleibender Überschuß ist nachträglich zu verteilen."

hh) § 13 wird wie folgt gefaßt:

„**§ 13 Vorab zu begleichende Ansprüche.** (1) Aus den vorhandenen Mitteln hat der Verwalter mit Einwilligung des Gerichts vorab in folgender Reihenfolge zu begleichen:

1. die durch die Verwaltung entstandenen notwendigen Ausgaben einschließlich derjenigen, die durch den Abschluß oder die Erfüllung von Verträgen, durch die Geltendmachung von Forderungen und Rechten des Schuldners sowie durch die Ablösung von Pfandrechten entstehen;
2. die Gerichtskosten für das Verfahren einschließlich der vom Gericht festgesetzten Vergütung des Verwalters und der Mitglieder des Gläubigerausschusses;
3. mit gleichem Rang
   a) Lohn- oder Gehaltsforderungen von Arbeitnehmern, die im Unternehmen des Schuldners beschäftigt waren, höchstens für einen nicht länger als 6 Monate vor der Eröffnung der Gesamtvollstreckung zurückliegenden Zeitraum sowie für den Zeitraum, für den sie von ihrer Beschäftigung infolge einer Kündigung durch den Verwalter freigestellt sind;
   b) die Ansprüche der Träger der Sozialversicherung und der Bundesanstalt für Arbeit auf Beiträge einschließlich Säumniszuschläge und auf Umlagen wegen der Rückstände für die letzten 6 Monate vor Eröffnung der Gesamtvollstreckung.

(2) Gehen in Absatz 1 Nr. 3 Buchstabe a) bezeichnete Ansprüche für einen vor der Eröffnung der Gesamtvollstreckung liegenden Zeitraum nach § 141 m Abs. 1 des Arbeitsförderungsgesetzes oder nach § 9 Abs. 3 Satz 1 des Vorruhestandsgesetzes auf die Bundesanstalt für Arbeit über, so werden sie mit dem Rang gemäß § 17 Abs. 3 Nr. 1 berichtigt. Das gleiche gilt für die in Absatz 1 Nr. 3 Buchstabe b) bezeichneten Ansprüche auf Beiträge, die nach § 141 n Abs. 2 Satz 1 des Arbeitsförderungsgesetzes gegenüber dem Schuldner bestehen bleiben."

ii) § 15 wird wie folgt geändert:

– In Absatz 4 Satz 2 werden nach dem Wort „Forderungsbeträge" die Worte „dieser Gläubiger" eingefügt
– In Absatz 5 Satz 1 werden die Worte „eines Zwangsvergleichs" durch die Worte „eines Vergleichs" ersetzt.

jj) In § 16 Abs. 4 Satz 2 werden nach dem Wort „Forderungsbeträge" die Worte „dieser Gläubiger" eingefügt.

kk) § 17 Abs. 3 wird wie folgt geändert:
– Nummer 1 wird wie folgt gefaßt:

„1. mit gleichem Rang
a) Lohn- oder Gehaltsforderungen für die Zeit bis zu 12 Monaten vor der Eröffnung der Gesamtvollstreckung,
b) die Forderungen der Träger der Sozialversicherung und der Bundesanstalt für Arbeit wegen der Rückstände für die letzten 12 Monate vor der Eröffnung der Gesamtvollstreckung auf Beiträge einschließlich Säumniszuschläge und auf Umlagen,
c) Forderungen aus einem vom Verwalter vereinbarten Sozialplan, soweit die Summe der Sozialplanforderungen nicht größer ist als der Gesamtbetrag von 3 Monatsverdiensten der von einer Entlassung betroffenen Arbeitnehmer und ein Drittel des zu verteilenden Erlöses nicht übersteigt; entsprechendes gilt für außerhalb eines Sozialplans zu gewährende Leistungen,

soweit die in den Buchstaben a) und b) genannten Forderungen nicht gemäß § 13 vorab zu begleichen sind;"

– Die bisherige Nummer 2 wird gestrichen; die bisherigen Nummern 3 bis 5 werden Nummern 2 bis 4

ll) § 20 wird wie folgt gefaßt:

„**§ 20 Rechtsmittel.** Gegen Entscheidungen des Gerichts steht dem Schuldner und allen Betroffenen die sofortige Beschwerde zu.

mm) § 21 wird wie folgt gefaßt:

„**§ 21 Ergänzende Vorschriften.** (1) Die Vergütung und die Erstattung von Auslagen des Verwalters und der Mitglieder des Gläubigerausschusses richten sich nach der Verordnung über die Vergütung des Konkursverwalters, des Vergleichsverwalters, der Mitglieder des Gläubigerausschusses und der Mitglieder des Gläubigerbeirats in der im Bundesgesetzblatt Teil III, Gliederungsnummer 311-6, veröffentlichten bereinigten Fassung, zuletzt geändert durch Verordnung vom 11. Juni 1979 (BGBl. I S. 637), in der jeweils geltenden Fassung.

(2) Die Landesregierungen werden ermächtigt, durch Rechtsverordnung die Gesamtvollstreckungssachen einem Kreisgericht für die Bezirke mehrerer Kreisgerichte zuzuweisen, sofern die Zusammenfassung für eine sachliche Förderung und schnellere Erledigung der Verfahren zweckmäßig ist. Die Landesregierungen können die Ermächtigung durch Rechtsverordnung auf die Landesjustizverwaltungen übertragen. Die Erste Durchführungsbestimmung zur Verordnung über die Gesamtvollstreckung vom 31. Juli 1990 (GBl. I Nr. 54 S. 1152) gilt bis zu ihrer Änderung nach Maßgabe des Landesrechts in dem in Artikel 3 des Einigungsvertrages genannten Gebiet als Rechtsverordnung im Sinne des Satzes 1 fort."

nn) In § 22 wird nach Absatz 3 folgender Absatz 4 angefügt:

„(4) Absatz 1 gilt entsprechend für ein Konkursverfahren, das im Geltungsbereich der Konkursordnung eröffnet wird. Die Absätze 2 und 3 sind in diesem Fall nicht anzuwenden."

oo) In § 23 werden die Worte „Bei Inkrafttreten dieser Verordnung" durch die Worte „Am 1. Juli 1990" ersetzt.

pp) § 24 wird gestrichen.

c) Wird in übergeleitetem Bundesrecht auf die Vergleichsordnung in der im Bundesgesetzblatt Teil III, Gliederungsnummer 311-1, veröffentlichten bereinigten Fassung, zuletzt geändert durch Artikel 10 Abs. 2 des Gesetzes vom 19. Dezember 1985 (BGBl. I S. 2355) Bezug genommen, so ist sie nicht anzuwenden. An ihre Stelle treten, soweit möglich, die entsprechenden Vorschriften der Gesamtvollstreckungsordnung oder des Gesetzes über die Unterbrechung von Gesamtvollstreckungsverfahren.

d) Ein Gesamtvollstreckungsverfahren erfaßt auch das im Geltungsbereich der Konkursordnung befindliche Vermögen des Schuldners. Die Zwangsvollstreckung in solches Vermögen oder ein gesondertes Konkursverfahren hierüber sind nicht zulässig.

2. Zweite Verordnung über die Gesamtvollstreckung – Unterbrechung des Verfahrens – vom 25. Juli 1990 (GBl. I Nr. 45 S. 782)

mit folgenden Maßgaben:

a) Sie gilt in dem in Artikel 3 des Vertrages genannten Gebiet als Gesetz des Bundes fort.

b) Sie wird wie folgt geändert:

aa) Die Überschrift wird wie folgt gefaßt:
„Gesetz über die Unterbrechung von Gesamtvollstreckungsverfahren"

bb) Der Satz vor § 1 wird gestrichen.

cc) In § 1 werden die Worte „Diese Verordnung" durch die Worte „Dieses Gesetz" und das Wort „Gesamtvollstreckungsverordnung" durch das Wort „Gesamtvollstreckungsordnung" ersetzt.

dd) In § 6 Abs. 3 Satz 1 wird vor dem Wort „Beschwerde" das Wort „sofortige" eingefügt.

ee) § 7 wird wie folgt geändert:

– In Absatz 1 Satz 4 werden das Wort „Gesamtvollstreckungsverordnung" jeweils durch das Wort „Gesamtvollstreckungsordnung" und die Worte „im Rang nach § 17 Abs. 3 Ziff. 5" durch die Worte „im Rang des § 17 Abs. 3 Nr. 4" ersetzt.

– In Absatz 3 Satz 2 wird das Wort „Gesamtvollstreckungsverordnung" durch das Wort „Gesamtvollstreckungsordnung" ersetzt.

ff) In § 9 Abs. 1 Satz 1 und 2 wird das Wort „Gesamtvollstreckungsverordnung" jeweils durch das Wort „Gesamtvollstreckungsordnung" ersetzt.

gg) §§ 10 und 11 werden gestrichen.

3. Die in Anlage I Kapitel III Sachgebiet A Abschnitt III unter Nummer 28 aufgeführten allgemeinen Maßgaben gelten entsprechend.

Abschnitt III

Folgendes Recht[1] der Deutschen Demokratischen Republik bleibt – unbeschadet der Maßgabe y) zum Deutschen Richtergesetz – Nr. 8 – in Anlage I Kapitel III Sachgebiet A Abschnitt III – mit folgenden Maßgaben in Kraft:

1. Rechtsanwaltsgesetz (GBl. I Nr. 61 S. 1504)

mit folgenden Maßgaben:

a) Soweit nach fortgeltendem Berufsrecht der Deutschen Demokratischen Republik der Senat für Anwaltssachen beim Obersten Gericht zuständig ist, tritt an dessen Stelle der Senat für Anwaltssachen des Bundesgerichtshofs; an die Stelle des Generalstaatsanwalts tritt der Generalbundesanwalt.

b) Soweit auf die Verfahrensordnung zur gerichtlichen Nachprüfung von Verwaltungsentscheidungen verwiesen wird, tritt an deren Stelle das Gesetz über die Angelegenheiten der freiwilligen Gerichtsbarkeit.

c) Die nach dem Berufsrecht der Deutschen Demokratischen Republik errichteten Rechtsanwaltskammern gehören der Bundesrechtsanwaltskammer an. Vorschriften über den Zusammenschluß von Rechtsanwaltskammern nach dem Berufsrecht der Deutschen Demokratischen Republik entfallen.

d) Soweit nach fortgeltendem Berufsrecht der Deutschen Demokratischen Republik der Minister der Justiz zum Erlaß von Rechtsverordnungen ermächtigt ist, tritt an seine Stelle der Bundesminister der Justiz.

e) Die Befähigung zur anwaltlichen Tätigkeit besitzt auch, wer die Befähigung zum Richteramt nach §§ 5ff. des Deutschen Richtergesetzes hat oder wer die Eignungsprüfung nach dem Gesetz über die Eignungsprüfung für die Zulassung zur Rechtsanwaltschaft vom 6. Juli 1990 (BGBl. I S. 1349) bestanden hat.

f) Vorschriften über die überörtliche Sozietät entfallen. Sie sind auch auf vor dem Wirksamwerden des Beitritts eingegangene Rechtsverhältnisse nicht anzuwenden.

2. Verordnung über dieTätigkeit von Notaren in eigener Praxis vom 20. Juni 1990 (GBl. I Nr. 37 S. 475), geändert durch die Verordnung zur Änderung und Ergänzung der Verordnung über die Tätigkeit von Notaren in eigener Praxis vom 22. August 1990 (GBl. I Nr. 57 S. 1328)

mit folgenden Maßgaben:

---

[1] Nr. 1f geändert durch Art. 4 Nr. 11 der Vereinbarung vom 18. 9. 1990 (BGBl. II S. 1239, 1244)

a) Soweit der Senat für Notarsachen bei dem Obersten Gericht zuständig ist, tritt an dessen Stelle der Senat für Notarsachen des Bundesgerichtshofs.
b) Die Notarkammern gehören der Bundesnotarkammer an.
c) Soweit auf Vorschriften des Disziplinarverfahrens gegen Richter der Deutschen Demokratischen Republik verwiesen wird, tritt an deren Stelle das Recht des Disziplinarverfahrens gegen Bundesbeamte; soweit auf Vorschriften des Gesetzes zur Nachprüfung von Verwaltungsentscheidungen verwiesen wird, gelten an deren Stelle für das Verfahren §§ 33, 35 Abs. 1 und 2, §§ 36, 37 und 38 Abs. 4 bis 6 und für die Kosten §§ 179 bis 182 des Rechtsanwaltsgesetzes entsprechend.
d) § 2 ist in folgender Fassung anzuwenden:

„**§ 2 Stellung und Aufgaben des Notars.** (1) Der Notar nimmt als unabhängiges Organ der Rechtspflege staatliche Funktionen wahr. Er ist unparteischer Betreuer der Rechtsuchenden.

(2) Die Notare sind zuständig, Beurkundungen jeder Art vorzunehmen sowie Unterschriften, Handzeichen und Abschriften zu beglaubigen. Zu ihren Aufgaben gehören insbesondere auch die Beurkundung von Versammlungsbeschlüssen, die Vornahme von Verlosungen und Auslosungen, die Aufnahme von Vermögensverzeichnissen, die Anlegung und Abnahme von Siegeln, die Aufnahme von Protesten, die Zustellung von Erklärungen sowie die Ausstellung sonstiger Bescheinigungen, über amtlich von ihnen wahrgenommene Tatsachen.

(3) Die Notare sind auch zuständig, Auflassungen entgegenzunehmen sowie Teilhypotheken- und Teilgrundschuldbriefe auszustellen.

(4) Die Notare sind ferner zuständig, freiwillige Versteigerungen durchzuführen. Eine Versteigerung beweglicher Sachen sollen sie nur vomehmen, wenn diese durch die Versteigerung unbeweglicher Sachen oder durch eine von dem Notar beurkundete oder vermittelte Vermögensauseinandersetzung veranlaßt ist.

(5) Inwieweit die Notare zur Vermittlung von Nachlaß- und Gesamtgutauseinandersetzungen – einschließlich der Erteilung von Zeugnissen nach §§ 36 und 37 der Grundbuchordnung – zur Aufnahme von Nachlaßverzeichnissen und Nachlaßinventaren sowie zur Anlegung und Abnahme von Siegeln im Rahmen eines Nachlaßsicherungsverfahrens zuständig sind, bestimmt sich nach den landesrechtlichen Vorschriften.

(6) Im übrigen sind die Notare zuständig für die Wahrnehmung der in den §§ 21 bis 24 der Bundesnotarordnung bezeichneten Aufgaben."

e) Die dem Minister der Justiz der Deutschen Demokratischen Republik nach § 18 Abs. 3 der Verordnung über die Tätigkeit von Notaren in eigener Praxis vom 20. Juni 1990 (GBl. I Nr. 37 S. 475), geändert durch die Verordnung zur Änderung und Ergänzung der Verordnung über die Tätigkeit von Notaren in eigener Praxis vom

22. August 1990 (GBl. I Nr. 57 S. 1328), obliegende Aufgabe geht auf den Bundesminister der Justiz über.

3. Die in Anlage I Kapitel III Sachgebiet A Abschnitt III unter Nummer 28 aufgeführten allgemeinen Maßgaben gelten entsprechend.

Abschnitt IV

In dem Teil des Landes Berlin, in dem das Grundgesetz bisher nicht galt, gelten folgende Besonderheiten:

1. Folgende Vorschriften gelten nicht:

a) Rechtsanwaltsgesetz der Deutschen Demokratischen Republik (GBl. I Nr. 61 S. 1504)

b) Verordnung über die Tätigkeit von Notaren in eigener Praxis vom 20. Juni 1990 (GBl. I Nr. 37 S. 475), geändert durch die Verordnung zur Änderung und Ergänzung der Verordnung über die Tätigkeit von Notaren in eigener Praxis vom 22. August 1990 (GBl. I Nr. 57 S. 1328)

c) Durchführungsbestimmung zur Verordnung über die Tätigkeit von Notaren in eigener Praxis vom 9. August 1990 (GBl. I Nr. 54 S. 1152)

d) Verordnung über die Dienstordnung der Notare (DONot) vom 22. August 1990 (GBl. I Nr. 57 S. 1332)

2. Die Gesamtvollstreckungsordnung und das Gesetz über die Unterbrechung von Gesamtvollstreckungsverfahren gelten mit folgenden ergänzenden Maßgaben:

a) An die Stelle des Kreisgerichts tritt das Amtsgericht.

b) Die Gesamtvollstreckungsordnung und das Gesetz über die Unterbrechung von Gesamtvollstreckungsverfahren sind auch dann anzuwenden, wenn eine Zuständigkeit von Gerichten in dem Teil des Landes Berlin begründet ist, in dem das Grundgesetz bisher schon galt.

c) § 21 Abs. 2 der Gesamtvollstreckungsordnung ermächtigt auch zur Zuweisung von Streitigkeiten nach der Gesamtvollstreckungsordnung an ein Amtsgericht in dem Teil des Landes Berlin, in dem das Grundgesetz bisher schon galt.

Sachgebiet B: Bürgerliches Recht

Abschnitt I

Folgendes Recht[1] der Deutschen Demokratischen Republik bleibt in Kraft:

1. § 2 Abs. 4 der Anordnung zur Sicherung der rechtlichen Stellung der anerkannten Verfolgten des Naziregimes vom 5. Oktober 1949 (ZVOBl. I Nr. 89 S. 765).

---

[1] Nrn. ***3a*** und ***3b*** eingefügt aufgrund Art. 3 Nr. 7 und 8 der Vereinbarung vom 18. 9. 1990 (BGBl. II S. 1239, 1240).

2. Verordnung über die Anmeldung vermögensrechtlicher Ansprüche vom 11. Juli 1990 (GBl. I Nr. 44 S. 718).

3. 2. Verordnung über die Anmeldung vermögensrechtlicher Ansprüche vom 21. August 1990 (GBl. I Nr. 56 S. 1260).

3a. Gesetz zur Aufhebung des Gesetzes übe die Versicherung der volkseigenen Wirtschaft vom 13. September 1990 (GBl. I Nr. 61 S. 1488).

3b. Verordnung über die Aufhebung von Rechtsvorschriften auf dem Gebiet des Versicherungswesens vom 29. August 1990 (GBl. I Nr. 59 S. 1430).

Mit Inkrafttreten dieses Vertrages treten die folgenden Gesetze der Deutschen Demokratischen Republik in Kraft:

4. Gesetz über besondere Investitionen in der Deutschen Demokratischen Republik *(in dieser Ausgabe gesondert wiedergegeben unter Nr. **8**)*

5. Gesetz zur Regelung offener Vermögensfragen *(in dieser Ausgabe gesondert wiedergegeben unter Nr. **9**)*

Abschnitt II

Folgendes Recht der Deutschen Demokratischen Republik bleibt mit folgenden Aufhebungen in Kraft:

1. Verordnung über den Verkehr mit Grundstücken – Grundstücksverkehrsverordnung – vom 15. Dezember 1977 (GBl. 1978 I Nr. 5 S. 73), zuletzt geändert durch das 1. Zivilrechtsänderungsgesetz vom 28. Juni 1990 (GBl. I Nr. 39 S.524)

a) § 3 Abs. 1, 2 und 4 wird aufgehoben.
b) §§ 5 und 6 werden aufgehoben.
c) § 7 erhält folgende Fassung:
„Für die Erteilung der Genehmigung sind die Landratsämter und die Stadtverwaltungen zuständig."
d) §§ 8 bis 15 werden aufgehoben.

Abschnitt III

Folgendes Recht[1] der Deutschen Demokratischen Republik bleibt mit folgenden Maßgaben in Kraft:

1. Das Staatshaftungsgesetz vom 12. Mai 1969 (GBl. I Nr. 5 S. 34), geändert durch das Gesetz vom 14. Dezember 1988 (GBl. I Nr. 28 S. 329), gilt mit folgenden Maßgaben als Landesrecht fort:

a) Die Präambel wird gestrichen.
b) § 1 Abs. 1 erhält folgende Fassung:
„(1) Für Schäden, die einer natürlichen oder einer juristischen Person hinsichtlich ihres Vermögens oder ihrer Rechte durch Mitarbei-

---

[1] Nr. ***2*** eingefügt aufgrund Art. 3, Nr. 5 der Vereinbarung vom 18. 9. 1990 (BGBl. II S. 1239, 1241).

ter oder Beauftragte staatlicher oder kommunaler Organe in Ausübung staatlicher Tätigkeit rechtswidrig zugefügt werden, haftet das jeweilige staatliche oder kommunale Organ."

c) § 1 Abs. 4 erhält folgende Fassung:
„(4) Für den Ersatz von Schäden, die einer natürlichen oder einer juristischen Person hinsichtlich ihres Vermögens oder ihrer Rechte durch eine gerichtliche Entscheidung rechtswidrig zugefügt werden, gelten die dafür bestehenden Gesetze oder anderen Rechtsvorschriften."

d) § 2 erhält folgende Fassung:
„Natürliche und juristische Personen haben alle ihnen möglichen und zumutbaren Maßnahmen zu ergreifen, um einen Schaden zu verhindern oder zu mindern. Verletzen sie diese Pflicht schuldhaft, so wird die Haftung des staatlichen oder kommunalen Organs entsprechend eingeschränkt oder ausgeschlossen."

e) § 6a erhält unter Verzicht auf eine Untergliederung in Absätze folgende Fassung:
„Gegen die Entscheidung über Grund und Höhe des Schadensersatzanspruches (§ 5 Abs. 3) steht natürlichen und juristischen Personen, nachdem über ihre Beschwerde entschieden worden ist, der Rechtsweg zu den ordentlichen Gerichten offen. Ohne Rücksicht auf den Wert des Streitgegenstandes ist das Kreisgericht zuständig, in dessen Bezirk das Organ seinen Sitz hat, aus dessen Verhalten der Anspruch hergeleitet wird."

f) § 7 wird gestrichen.

g) § 9 erhält folgende Fassung:
„(1) Für den Ersatzanspruch der staatlichen oder kommunalen Organe gegen Mitarbeiter wegen der von ihnen rechtswidrig und schuldhaft verursachten Schäden gelten die Rechtsvorschriften über die Haftung der Arbeitnehmer.

(2) Handeln Bürger im Auftrag von staatlichen oder kommunalen Organen, können sie im Falle rechtswidriger und vorsätzlicher Schadensverursachung in entsprechender Anwendung der Rechtsvorschriften über die Haftung der Arbeitnehmer in Anspruch genommen werden."

h) § 10 erhält unter Verzicht auf eine Untergliederung in Absätze folgende Fassung:
„Ein Schadensersatzanspruch steht auch Angehörigen eines ausländischen Staates zu, die im Geltungsbereich dieses Gesetzes keinen Wohnsitz oder ständigen Aufenthalt haben."

2. Stiftungsgesetz vom 13. September 1990 (GBl. I Nr. 61 S. 1483) mit folgender Maßgabe:

Dieses Gesetz gilt, soweit es bundesrechtlich nicht geregelte Gegenstände betrifft, in den in Artikel 1 Abs. 1 des Vertrages genannten Ländern als Landesrecht fort.

Sachgebiet C: Strafrecht und Ordnungswidrigkeitenrecht

Abschnitt I

Folgendes Recht der Deutschen Demokratischen Republik bleibt in Kraft:

1. §§ 84, 149, 153 bis 155, 238 des Strafgesetzbuchs der Deutschen Demokratischen Republik – StGB – vom 12. Januar 1968 in der Neufassung vom 14. Dezember 1988 (GBl. I 1989 Nr. 3 S. 33), geändert durch das 6. Strafrechtsänderungsgesetz vom 29. Juni 1990 (GBl. I Nr. 39 S. 526).

2. §§ 8 bis 10 des 6. Strafrechtsänderungsgesetzes der Deutschen Demokratischen Republik vom 29. Juni 1990 (GBl. I Nr. 39 S. 526).

3. §§ 5, 8, 16, 21, 23 der Verordnung vom 22. März 1984 zur Bekämpfung von Ordnungswidrigkeiten (GBl. I Nr. 14 S. 173), zuletzt geändert durch Verordnung vom 27. Juni 1990 zur Änderung der Verordnung vom 22. März 1984 zur Bekämpfung von Ordnungswidrigkeiten (GBl. I Nr. 39 S. 542).

4. § 1 Abs. 2 bis § 4 Abs. 1 sowie § 5 des Gesetzes über die Unterbrechung der Schwangerschaft vom 9. März 1972 (GBl. I Nr. 5 S. 89).

5. § 1 bis § 4 Abs. 2 Satz 1 sowie § 4 Abs. 3 bis § 9 der Durchführungsbestimmung zum Gesetz über die Unterbrechung der Schwangerschaft vom 9. März 1972 (GBl. II Nr. 12 S. 149).

Abschnitt II

Folgendes Recht der Deutschen Demokratischen Republik bleibt mit folgender Änderung in Kraft:

§ 191 a des Strafgesetzbuches der Deutschen Demokratischen Republik – StGB – vom 12. Januar 1968 in der Neufassung vom 14. Dezember 1988 (GBl. I 1989 Nr. 3 S. 33), geändert durch das 6. Strafrechtsänderungsgesetz vom 29. Juni 1990 (GBl. I Nr. 39 S. 526)

§ 191 a wird wie folgt gefaßt:

„**§ 191 a Verursachung einer Umweltgefahr.** (1) Wer unter Verletzung verwaltungsrechtlicher Pflichten eine Verunreinigung des Bodens mit schädlichen Stoffen oder Krankheitserregern in bedeutendem Umfang verursacht, wird mit Freiheitsstrafe bis zu fünf Jahren oder mit Geldstrafe bestraft.

(2) Der Versuch ist strafbar.

(3) Handelt der Täter fahrlässig, so ist die Strafe Freiheitsstrafe bis zu zwei Jahren oder Geldstrafe.

(4) Verwaltungsrechtliche Pflichten im Sinne des Absatzes 1 verletzt, wer gegen eine Rechtsvorschrift, eine vollziehbare Untersagung, Anordnung oder Auflage verstößt, die dem Schutz des Bodens vor Verunreinigungen dient."

Abschnitt III

Folgendes Recht[1] der Deutschen Demokratischen Republik bleibt mit folgenden Maßgaben in Kraft:

1. Schadensersatzvorauszahlungsgesetz vom 14. Dezember 1988 (GBl. I Nr. 29 S. 345)

mit folgender Maßgabe:

Es findet auf die vor dem Wirksamwerden des Beitritts gestellten Anträge Anwendung.

2. Rehabilitierungsgesetz vom 6. September 1990 (GBl. I Nr. 60 S. 1459)

mit folgenden Maßgaben:

a) § 1 Abs. 1 Nr. 2 und 3 und Abs. 4 sowie der 3. bis 5. Abschnitt (§§ 18 bis 42) finden keine Anwendung. § 2 Abs. 2 gilt nur für Ansprüche der gemäß dem 2. Abschnitt (§§ 3 bis 17) rehabilitierten Personen.

b) Personen, die durch eine rechtsstaatswidrige Einweisung in eine psychiatrische Anstalt Opfer im Sinne des Artikels 17 des Vertrages geworden sind, haben die gleichen Ansprüche wie gemäß dem 2. Abschnitt (§§ 3 bis 17) Rehabilitierte.

c) § 2 Abs 2 und 3 wird wie folgt gefaßt:

„(2) Ferner begründet die Rehabilitierung Ansprüche des Betroffenen nach Maßgabe dieses Gesetzes.

(3) Für die Rückerstattung oder Rückgabe von Vermögenswerten, die im Zusammenhang mit rechtsstaatswidrigen Strafverfolgungsmaßnahmen dem Betroffenen oder Dritten entzogen worden sind, findet das Gesetz zur Regelung offener Vermögensfragen (Anlage II Kapitel III Sachgebiet B Abschnitt I zum Vertrag vom 31. August 1990) Anwendung."

d) § 6 wird wie folgt gefaßt:

„**§ 6** Ansprüche auf Rückerstattung bezahlter Geldstrafen, Gebühren und Auslagen des Strafverfahrens sowie Haftkosten bleiben einer besonderen gesetzlichen Regelung vorbehalten."

e) § 8 Abs. 2 wird wie folgt gefaßt:

„(2) Bei der Entscheidung über soziale Ausgleichsleistungen sind an den Rehabilitierten bereits erbrachte Leistungen, insbesondere nach dem Häftlingshilfegesetz, anzurechnen."

f) Soweit nach § 11 Abs. 1 Satz 2 und Absatz 2 das Oberste Gericht zuständig ist, tritt an seine Stelle das Bezirksgericht.

g) Soweit nach § 14 Abs. 2 das Oberste Gericht zuständig ist, tritt an seine Stelle der Besondere Senat des Bezirksgerichts, in dessen Bezirk die Landesregierung ihren Sitz hat (Anlage I Kapitel III Sachgebiet A Abschnitt III Nr. 1 – Gerichtsverfassungsgesetz – Buchstabe k zum Vertrag vom 31. August 1990).

---

[1] Nr. *2* eingefügt aufgrund Art. 3 Nr. 6 der Vereinbarung vom 18. 9. 1990 (BGBl. II S. 1239, 1240).

h) In den Fällen einer Verweisung nach § 15 gilt ein Antrag auf Rehabilitierung als rechtzeitig gestellter Kassationsantrag und umgekehrt.

i) In § 15 wird folgender neuer Absatz 3 angefügt:

„(3) Ein Verweisungsbeschluß nach Absatz 1 oder Absatz 2 ist für das Gericht, an das verwiesen wird, bindend."

Für die Anwendung in dem Teil des Landes Berlin, in dem das Grundgesetz bisher nicht galt, gelten zusätzlich folgende Maßgaben:

a) An die Stelle der in § 11 Abs. 1 bezeichneten Gerichte tritt das Landgericht Berlin.

b) § 11 Abs 2 und 3 findet keine Anwendung.

c) Soweit nach § 14 Abs. 2 das Oberste Gericht zuständig ist, tritt an seine Stelle das Kammergericht.

Sachgebiet D: Handels- und Gesellschaftsrecht, Versicherungsvertragsrecht

Abschnitt I

Mit Inkrafttreten dieses Vertrages tritt das folgende Gesetz der Deutschen Demokratischen Republik in Kraft:

1. Gesetz über die Eröffnungsbilanz in Deutscher Mark und die Kapitalneufestsetzung *(in dieser Ausgabe gesondert wiedergegeben unter Nr.* ***10****)*.

Folgendes Recht der Deutschen Demokratischen Republik bleibt in Kraft:

2. Anordnung über den Abschluß der Buchführung in Mark der Deutschen Demokratischen Republik zum 30. Juni 1990 vom 27. Juni 1990 (GBl. I Nr. 40 S. 593)

Abschnitt III

Folgendes Recht der Deutschen Demokratischen Republik bleibt mit folgenden Maßgaben in Kraft:

1. § 16 Abs. 1, Abs. 2 Satz 1 und Abs. 4 in Verbindung mit § 13 Abs. 1 der Verordnung über die Pflichtversicherung für Kraftfahrzeughalter – Pflichtversicherungsordnung – vom 1. August 1990 (GBl. I Nr. 52 S. 1053) gelten in dem in Artikel 3 des Vertrages genannten Gebiet bis zum 31. Dezember 1991 fort. Der Bundesminister der Justiz wird ermächtigt, durch Rechtsverordnung ohne Zustimmung des Bundesrates die Geltungsdauer dieser Bestimmungen zu verlängern.

Kapitel IV
Geschäftsbereich des Bundesministers der Finanzen

Abschnitt I

Folgendes Recht[1] der Deutschen Demokratischen Republik bleibt in Kraft:

1. Sparkassengesetz vom 29. Juni 1990 (GBl. I Nr. 40 S. 567)

2. Verordnung über die Tilgung der Anteilrechte von Inhabern mit Wohnsitz außerhalb der Deutschen Demokratischen Republik an der Altguthaben-Ablösungs-Anleihe vom 27. Juni 1990 (GBl. I Nr. 39 S. 543)

3. Durchführungsbestimmung zur Verordnung über die Tilgung der Anteilrechte von Inhabern mit Wohnsitz außerhalb der Deutschen Demokratischen Republik an der Altguthaben-Ablösungs-Anleihe vom 20. Juli 1990 (GBl. I Nr. 49 S. 906)

4. Gesetz zur Feststellung von rechtswidrigen Handlungen mit Wirkung auf die Währungsumstellung von Mark der Deutschen Demokratischen Republik in Deutsche Mark vom 29. Juni 1990 (GBl. I Nr. 38 S. 501)

5. Mit Inkrafttreten dieses Vertrages tritt das folgende Kirchensteuergesetz der Deutschen Demokratischen Republik in Kraft *(in dieser Ausgabe gesondert wiedergegeben unter Nr.* ***11****)*

6. Erste Durchführungsverordnung zum Treuhandgesetz vom 15. August 1990 (GBl. I Nr. 53 S. 1076)

7. Zweite Durchführungsverordnung zum Treuhandgesetz vom 22. August 1990 (GBl. I Nr. 56 S. 1260)

8. Dritte Durchführungsverordnung zum Treuhandgesetz vom 29. August 1990 (GBl. I Nr. 57 S. 1333)

9. Satzung der Treuhandanstalt vom 18. Juli 1990 (GBl. I Nr. 46 S. 809)

10. Fünfte Durchführungsverordnung zum Treuhandgesetz vom 12. September 1990 (GBl. I Nr. 60 S. 1466)

11. Anordnung zur Zoll- und Verbrauchssteuerentlastung von Waren, die an die Westgruppe der Streitkräfte der UdSSR geliefert werden vom 29. August 1990 (GBl. I Nr. 63 S. 1608)

12. Erste Durchführungsbestimmung zum Zollgesetz – Zollgrenze, Zollbinnenlinie – vom 24. August 1990 (GBl. I Nr. 59 S. 1439)

13. Erste Durchführungsbestimmung zur Allgemeinen Zollordnung – Zollstraße, Zollandungsplätze, Zollflugplätze – vom 24. August 1990 (GBl. I Nr. 59 S. 1442)

---

[1] Nrn. *10, 11, 12* und *13* eingefügt aufgrund Art. 3 Nrn. 11, 15, 16, 17 der Vereinbarung vom 18. 9. 1990 (BGBl. II S. 1239, 1240).

Abschnitt II

Folgendes Recht der Deutschen Demokratischen Republik bleibt mit folgenden Änderungen in Kraft:

1. Das Gesetz über die Staatsbank Berlin vom 29. Juni 1990 (GBl. I Nr. 38 S. 504)

a) § 1 Abs. 4 wird wie folgt gefaßt:

„(4) Das Grundkapital der Bank steht der Deutschen Demokratischen Republik zu. § 13 bleibt unberührt. Nach Herstellung der Einheit Deutschlands gilt für die Zuordnung des Grundkapitals Artikel 23 Abs. 7 des Einigungsvertrages."

b) § 2 Abs. 1 wird wie folgt geändert:

aa) In Nummer 1 wird der letzte Spiegelstrich gestrichen.

bb) Nummer 2 wird gestrichen.

cc) Die Nummern 4 und 5 werden gestrichen.

dd) In Nummer 6 werden nach dem Wort „Kreditinstituten" die Worte „, insbesondere des Sparkassensektors" angefügt.

c) § 7 wird aufgehoben.

d) § 13 wird wie folgt gefaßt:

„(1) Der Minister der Finanzen kann zur Ausführung des Artikels 23 Abs. 7 des Einigungsvertrages durch Rechtsverordnung, die der Zustimmung des Bundesministers der Finanzen bedarf, das Vermögen der Bank als Ganzes ohne Abwicklung im Wege der Gesamtrechtsnachfolge auf ein öffentlich-rechtliches Kreditinstitut in der Bundesrepublik Deutschland oder einen anderen Rechtsträger (Rechtsträger) oder Teile des Vermögens der Bank, jeweils als Gesamtheit, ggf. ohne Abwicklung auf einen oder mehrere Rechtsträger übertragen. Bei Teilübertragungen sind in der Verordnung oder in einer ihren Bestandteil bildenden Anlage die jeweils auf jeden übernehmenden Rechtsträger übergehenden Gegenstände und Verbindlichkeiten zu bezeichnen. Werden nach der Verordnung Gegenstände oder Verbindlichkeiten von einer Übertragung nicht erfaßt, so ist dieser Teil des Vermögens abzuwickeln.

(2) Vor dem Erlaß der Verordnung sind die Leitungs- und Aufsichtsorgane der Bank und der beteiligten Rechtsträger zu hören.

(3) Die Übertragung wird am Ende des Tages nach der Verkündung der Verordnung im Gesetzblatt der Deutschen Demokratischen Republik wirksam. Das Vermögen der Bank geht einschließlich der Verbindlichkeiten, ggf. nach Maßgabe der in der Verordnung oder in ihrer Anlage festgelegten Aufteilung, auf den oder die in der Verordnung bezeichneten Rechtsträger über. § 613a des Bürgerlichen Gesetzbuches gilt nicht. Bei einer Übertragung des gesamten Vermögens erlischt die Bank. Auf Grund der Übertragung werden keine Steuern erhoben."

e) Nach § 13 wird folgender § 13a angefügt:

„§ 13a Nach Herstellung der Einheit Deutschlands tritt § 13 außer Kraft; die Zuständigkeiten gemäß § 6 Abs. 2 Nr. 1, 2 und 3, §§ 8,

10 Abs. 2 und § 12 gehen auf den Bundesminister der Finanzen über."

Abschnitt III

Folgendes Recht[1] der Deutschen Demokratischen Republik bleibt mit folgenden Maßgaben in Kraft:

1. Das Gesetz über die Feststellung des Haushaltsplans der Deutschen Demokratischen Republik für die Zeit vom 1. Juli bis 31. Dezember des Haushaltsjahres 1990 (Haushaltsgesetz 1990) vom 22. Juli 1990 (GBl. I Nr. 46 S. 787) gilt als Teil des Bundeshaushalts 1990 nach Maßgabe folgender Bestimmungen fort:

a) In § 5 Abs. 1 ist die Zahl „8000000000" durch die Zahl „12 000 000 000" zu ersetzen.

b) In § 11 Abs. 2 treten an die Stelle des § 35 der Haushaltsordnung der Republik und der Betragsgrenze gemäß § 35 Abs. 3 Satz 4 der Haushaltsordnung der Republik § 37 der Bundeshaushaltsordnung und § 5 des Gesetzes über die Feststellung des Bundeshaushaltsplans für das Haushaltsjahr 1990.

c) In § 14 Abs. 1 tritt an die Stelle von § 21 der Haushaltsordnung der Republik § 23 der Bundeshaushaltsordnung.

d) In § 15 Abs. 1 werden die Worte „22. Juli 1990" durch die Worte „1. Juli 1990" ersetzt.

2. Das Gesetz vom 6. Juli 1990 über das Vermögen der Gemeinden, Städte und Landkreise – Kommmunalvermögensgesetz – (GBl. I Nr. 42 S. 660)

mit folgender Maßgabe:

a) Den Gemeinden, Städten und Landkreisen ist nur das ihren Verwaltungsaufgaben unmittelbar dienende Vermögen (Verwaltungsvermögen) und das sonstige Vermögen (Finanzvermögen) in Übereinstimmung mit Artikel 10 Abs. 6 und Artikel 26 Abs. 4 des Vertrages vom 18. Mai 1990 über die Schaffung einer Währungs-, Wirtschafts- und Sozialunion (BGBl. 1990 II S. 518) sowie den Artikeln 21 und 22 des Einigungsvertrages zu übertragen.

b) In § 4 Abs. 2 wird folgender Satz angefügt:
„Soweit die Summe der Beteiligungen der Gemeinden, Städte und Landkreise 49 vom Hundert des Kapitals einer Kapitalgesellschaft für die Versorgung mit leitungsgebundenen Energien überschreiten würde, werden diese Beteiligungen anteilig auf diesen Anteil gekürzt."

3. Investitionszulagenverordnung vom 4. Juli 1990 (GBl. I Nr. 41 S. 621)
mit der Maßgabe, daß diese Verordnung im gesamten Geltungsbereich des Grundgesetzes als Bundesrecht gilt.

4. Die Verordnung vom 4. Juli 1990 zur Abwicklung der Forderungen

[1] Nrn. *12, 13, 14, 15, 16* und *17* eingefügt aufgrund Art. 3 Nrn. 9, 10, 12, 13, 14, 18 der Vereinb. v. 18. 9. 1990 (BGBl. II. S. 1239, 1241).

und Verbindlichkeiten realisierter Verträge in westlichen Währungen (konvertierbare Währungen, Clearing-Währungen und Verrechnungseinheiten) und Deutsche Mark gegenüber Devisenausländern und Vertragspartnern in der Bundesrepublik Deutschland und Westberlin (GBl. I Nr. 42 S. 662)

mit folgender Maßgabe:

Alle Kostenfragen sind entsprechend den Festlegungen zur Abwicklung der Forderungen und Verbindlichkeiten gegenüber dem Ausland und der Bundesrepublik Deutschland gemäß Artikel 24 des Einigungsvertrages zu behandeln.

5. Anordnung über das Statut der Genossenschaftsbank Berlin vom 30. März 1990 (GBl. I Nr. 27 S. 251), geändert durch Anordnung Nr. 2 über das Statut der Genossenschaftsbank Berlin vom 23. August 1990 (GBl. I Nr. 58 S. 1426)

mit folgender Maßgabe:

Der Minister der Finanzen kann im Einvernehmen mit dem Bundesminister der Finanzen durch Rechtsverordnung das Statut der Genossenschaftsbank Berlin ändern, soweit dies zur Herstellung einer gesunden Struktur des genossenschaftlichen Bankwesens und zur Anpassung der Rechtsverhältnisse der Genossenschaftsbank Berlin an die anderer Kreditinstitute erforderlich ist. In der Verordnung kann auch die Umwandlung der Genossenschaftsbank Berlin in eine Kapitalgesellschaft vorgesehen oder zugelassen werden. Nach Herstellung der deutschen Einheit geht die Verordnungsermächtigung auf den Bundesminister der Finanzen über.

6. Gesetz über die Verwendung von Gasöl durch Betriebe der Landwirtschaft (Landwirtschafts-Gasölverwendungsgesetz) vom 24. August 1990 (GBl. I Nr. 57 S. 1325)

mit folgender Maßgabe:

Das Gesetz bleibt bis zum 31. Dezember 1990 in Kraft.

7. Die Durchführungsbestimmung zum Landwirtschafts-Gasölverwendungsgesetz vom 31. August 1990 (GBl. I Nr. 57 S. 1327)

mit folgender Maßgabe:

Sie bleibt bis zum 31. Dezember 1995 in Kraft.

8. §§ 2 bis 4 der Anordnung über die Aufhebung von Rechtsvorschriften auf dem Gebiet der freiwilligen Sach- und Haftpflichtversicherungen der Bürger vom 22. August 1990 (GBl. I Nr. 56 S. 1270)

mit folgender Maßgabe:

Sie bleiben in Kraft.

9. §§ 2 und 3 der Anordnung über die Aufhebung von Rechtsvorschriften auf dem Gebiet der freiwilligen Personenversicherungen der Bürger vom 22. August 1990 (GBl. I Nr. 56 S. 1269)

mit folgender Maßgabe:

Sie bleiben in Kraft.

10. §§ 2 und 3 der Anordnung zur Aufhebung der Anordnung über die Bedingungen für die freiwillige Versicherung der Parteien und gesellschaftlichen Organisationen vom 22. August 1990 (GBl. I Nr. 56 S. 1269)

mit folgender Maßgabe:

Sie bleiben bis zum 31. Dezember 1990 in Kraft.

11. §§ 2 und 3 der Anordnung zur Aufhebung der Anordnung über die Bedingungen für die freiwillige Versicherung von Kulturen der privaten Gartenbaubetriebe und anderen hauptberuflichen Pflanzenproduzenten vom 22. August 1990 (GBl. I Nr. 56 S. 1269)

mit folgender Maßgabe:

Sie bleiben bis zum 31. Dezember 1990 in Kraft.

12. Gesetz über die Errichtung des Ausgleichsfonds Währungsumstellung vom 13. September 1990 (GBl. I Nr. 61 S. 1487)

mit folgender Maßgabe:

Der Fonds wird nach Erfüllung seiner Aufgaben aufgelöst.

13. Vierte Durchführungsverordnung zum Treuhandgesetz vom 12. September 1990 (GBl. I Nr. 60 S. 1465)

mit folgender Maßgabe:

§ 2 wird gestrichen.

14. Gesetz über den Nachweis der Rechtmäßigkeit des Erwerbs von Umstellungsguthaben vom 29. Juni 1990 (GBl. I Nr. 38 S. 503)

mit folgenden Maßgaben:

a) In den Fällen des § 5 Abs. 4 Satz 2 entscheidet anstelle des zeitweiligen Sonderausschusses eine Kammer für Verwaltungssachen bei dem Kreisgericht, in dessen Bezirk das Gesamtguthaben zur Umstellung angemeldet worden ist.
b) Dieses Gericht entscheidet auch über Beschwerden nach § 6.

15. Zweite Verordnung über die Beantragung und die Gewährung von Investitionszulagen für Anlageninvestitionen – Zweite Investitionszulagenverordnung – vom 13. September 1990 (GBl. I Nr. 61 S. 1489)

mit folgender Maßgabe:

Diese Verordnung gilt im gesamten Geltungsbereich des Grundgesetzes als Bundesrecht.

16. a) Anordnung über die Satzung des Sparkassenverbandes der DDR vom 20. März 1990 (GBl. I Nr. 24 S. 233)
b) Anordnung über den Betrieb und die Geschäfte der Sparkassen – Sparkassenanordnung – vom 26. Juli 1990 (GBl. I Nr. 56 S. 1275)
c) Anordnung über die Wahlordnung für die Wahl von Dienstkräften der Sparkassen in den Verwaltungsrat vom 29. August 1990 (GBl. I Nr. 60 S. 1475)
d) Anordnung über die Verfahrensweise zur Überleitung der Sparkassen an die Gewährträger vom 29. August 1990 (GBl. I Nr. 60 S. 1474)

mit folgender Maßgabe:

Die Anordnungen gelten in den in Artikel 1 Abs. 1 des Vertrages genannten Ländern bis zu einer anderweitigen landesrechtlichen Regelung, längstens jedoch bis zum 30. Juni 1991.

17. Verordnung über Maßnahmen zur Entschuldung bisher volkseigener Unternehmen von Altkrediten – Entschuldungsverordnung – vom 5. September 1990 (GBl. I Nr. 59 S. 1435)

mit folgender Maßgabe:

Die Verordung bleibt bis zum 30. Juni 1991 in Kraft.

Kapitel V
Geschäftsbereich des Bundesministers für Wirtschaft

Sachgebiet A: Allgemeines Wirtschaftsrecht, Wirtschaftspolitik, Wettbewerbs- und Preisrecht

Abschnitt I[1]

Folgendes Recht der Deutschen Demokratischen Republik bleibt in Kraft:

Dritte Durchführungsbestimmung zum Gesetz über den Außenwirtschafts-, Kapital- und Zahlungsverkehr – Einfuhrliste – vom 8. August 1990 (Sonderdruck Nr. 1453/3 des Gesetzblattes)

Abschnitt III

Folgendes Recht[2] der Deutschen Demokratischen Republik bleibt mit folgenden Maßgaben in Kraft:

1. Verordnung über die Aufhebung bzw. Beibehaltung von Rechtsvorschriften auf dem Gebiet der Preise vom 25. Juni 1990 (GBl. I Nr. 37 S. 472)

mit folgenden Maßgaben:

a) § 2 Abs. 1 ist anzuwenden im Bereich

aa) der Wasserwirtschaft bis 31. Dezember 1990,

bb) der Energiewirtschaft, soweit sie sich auf Elektroenergie, Gas und feste Brennstoffe bezieht, bis 31. Dezember 1990, soweit sie sich auf Wärmeenergie bezieht, bis 30. Juni 1991,

cc) des Verkehrswesens (ohne Sondervermögen Deutsche Reichsbahn) bis 31. Dezember 1991,

dd) der Mieten und Pachten, soweit sie sich auf Wohnraum beziehen, bis 31. Dezember 1991, soweit sie sich auf andere als Wohnräume beziehen, bis 31. Dezember 1990.

b) § 2 Abs. 1 findet keine Anwendung im Bereich der Post und des Fernmeldewesens.

c) § 2 Abs. 3 gilt bis zum 31. Dezember 1990, wobei erforderliche Regelungen vom jeweils zuständigen Bundesminister im Einvernehmen mit dem Bundesminister der Finanzen erlassen werden.

2. Die Zweite Verordnung über die Aufhebung bzw. Beibehaltung von Rechtsvorschriften auf dem Gebiet der Preise vom 25. Juli 1990 (GBl. I Nr. 45 S. 785) gilt bis zum 31. Dezember 1990 fort.

3. Die §§ 4 und 10 der Arzneimittelpreis-Verordnung vom 4. Juli 1990 (GBl. I Nr. 44 S. 715) gelten bis zum Inkrafttreten der Bestimmungen Fünftes Buch Sozialgesetzbuch fort.

---

[1] *Abschnitt I* eingefügt aufgrund Art. 3 Nr. 22 der Vereinbarung v. 18. 9. 1990 (BGBl. II S. 1239, 1241).

[2] Nrn. *7, 8, 9* und *10* eingefügt durch Art. 3 Nrn. 19, 20, 21, 23 der Vereinbarung v. 18. 9. 1990 (BGBl. II S. 1239, 1241, 1242).

4. Verordnung über die Gründung, Tätigkeit und Umwandlung von Produktionsgenossenschaften des Handwerks vom 8. März 1990 (GBl. I Nr. 18 S. 164)

mit folgender Maßgabe:

Produktionsgenossenschaften des Handwerks sind mit Wirkung vom 31. Dezember 1992 aufgelöst, sofern ihre Umwandlung nach den Vorschriften dieser Verordnung in eine der in § 4 Abs. 1 genannten Rechtsformen oder in eine eingetragene Genossenschaft nicht bis zu diesem Zeitpunkt vollzogen ist.

5. Anordnung über kooperative Einrichtungen im Bereich der Dienst-, Reparatur- und unmittelbaren Versorgungsleistungen vom 20. Oktober 1980 (GBl. I Nr. 32 S. 316)

mit folgender Maßgabe:

Die Anordnung tritt zum 31. Dezember 1992 außer Kraft.

6. Verordnung über die Förderung des Erwerbs von Grund und Boden durch kleine und mittelständische Unternehmen der DDR vom 11. Juli 1990 (GBl. I Nr. 42 S. 665)

Die Verordnung tritt zum 31. Dezember 1990 außer Kraft.

7. Anordnung über die Gewährung von Subventionen für Elektroenergie, Gas-, Wärmeenergie und Trinkwasser bei Lieferung an die Bevölkerung sowie die Ableitung von Abwasser der Bevölkerung vom 28. August 1990 (GBl. I. Nr. 59 S. 1446)

mit folgenden Maßgaben:

a) Die Anordnung bleibt hinsichtlich Elektroenergie, Gas und Trinkwasser bis zum 31. Dezember 1990 und hinsichtlich Wärmeenergie bis zum 30. Juni 1991 in Kraft.
b) § 4 wird gestrichen.

8. Anordnung über die Gewährung von Subventionen für feste Brennstoffe bei Lieferung an die Bevölkerung vom 24. August 1990 (GBl. I Nr. 59 S. 1447)

mit folgenden Maßgaben:

a) Die Anordnung bleibt bis zum 31. Dezember 1990 in Kraft.
b) § 4 wird gestrichen.

9. Erste Verordnung zur Änderung der Verordnung über die Außenwirtschaft vom 8. August 1990 (GBl. I Nr. 54 S. 1143)

mit folgender Maßgabe:

Die Verordnung bleibt bis zum 31. März 1991 in Kraft.

10. Verordnung über die Brennstoffbevorratung von Wärmeerzeugungsanlagen (Heizwerks-Bevorratungs-Verordnung – HeizBevV) vom 5. September 1990 (GBl. I. Nr. 61 S. 1544)

mit folgender Maßgabe:

Die Verordnung bleibt bis zum 31. März 1991 in Kraft.

Sachgebiet D: Recht des Bergbaus und der Versorgungswirtschaft

Abschnitt III

Folgendes Recht der Deutschen Demokratischen Republik bleibt mit folgenden Maßgaben in Kraft

1. a) Vorschriften der Deutschen Demokratischen Republik, die ganz oder teilweise auf Grund des Berggesetzes der Deutschen Demokratischen Republik vom 12. Mai 1969 (GBl. I Nr. 5 S. 29) oder der zu dessen Durchführung ergangenen Vorschriften erlassen worden sind und Regelungen enthalten, die nach § 64 Abs. 3, §§ 65 bis 68, 125 Abs. 4, § 129 Abs. 2 und § 131 Abs. 2 des Bundesberggesetzes vom 13. August 1980 (BGBl. I S. 1310), zuletzt geändert durch Gesetz vom 12. Februar 1990 (BGBl. I S. 215), erlassen werden können, gelten als Verordnungen im Sinne des § 176 Abs. 3 des Bundesberggesetzes

mit folgenden Maßgaben:

aa) In § 176 Abs. 3 Satz 2 des Bundesberggesetzes tritt neben § 68 Abs. 1 der § 64 Abs. 3,

bb) in § 176 Abs. 3 Satz 3 des Bundesberggesetzes treten neben § 68 Abs. 2 die § 125 Abs. 4, § 129 Abs. 2 und § 131 Abs. 2.

b) Die Vorschriften des Berggesetzes der Deutschen Demokratischen Republik und die auf Grund dessen erlassenen Vorschriften zur Gewährleistung der öffentlichen Sicherheit in stillgelegten Anlagen von bergbaulichen Gewinnungsbetrieben, für die ein Rechtsnachfolger nicht vorhanden oder nicht mehr feststellbar ist, oder die bis zum Tag des Wirksamwerdens des Beitritts endgültig eingestellt waren, gelten bis zum Erlaß entsprechender ordnungsbehördlicher Vorschriften der in Artikel 1 Abs. 1 des Vertrages genannten Länder und des Teiles des Landes Berlin, in dem das Grundgesetz bisher nicht galt, mit der Maßgabe weiter, daß an die Stelle der Räte der Bezirke die Landesregierungen treten.

2. Die Verordnung über unterirdische Hohlräume vom 17. Januar 1985 (GBl. I Nr. 5 S. 57) gilt bis zum 31. Dezember 1995.

3. Die Durchführungsbestimmung zur Verordnung über unterirdische Hohlräume vom 17. Januar 1985 (GBl. I Nr. 5 S. 61) gilt bis zum 31. Dezember 1995.

4. Energieverordnung vom 1. Juni 1988 (GBl. I Nr. 10 S. 89), zuletzt geändert durch die Verordnung vom 25. Juli 1990 zur Änderung der Energieverordnung (GBl. I Nr. 46 S. 812) sowie die dazu ergangenen Rechtsvorschriften in der Fassung der Fünften Durchführungsbestimmung zur Energieverordnung – Anpassungsvorschriften – vom 27. August 1990 (GBl. I Nr. 58 S. 1423)

mit folgenden Maßgaben:

a) Die §§ 10, 14, 33 Abs. 2 und § 52 sowie die dazu ergangenen Durchführungsbestimmungen gelten bis zum 31. März 1991 fort.

b) Die §§ 29 Abs. 1 bis 3, §§ 30, 31, 48 und 69 Abs. 4 sowie die dazu ergangenen Durchführungsbestimmungen gelten für bestehende Mitbenutzungsrechte an Grundstücken und Bauwerken für Energiefortleitungsanlagen bis zum 31. Dezember 2010 fort. Für bestehende Mitbenutzungsrechte an Grundstücken von Städten und Gemeinden für Energiefortleitungsanlagen, die der kommunalen Versorgung dienen, gilt dies nur bis zum 31. Dezember 1991, soweit nicht bereits vorher ein wirksamer Konzessionsvertrag abgeschlossen wird. Ein nach diesen Vorschriften bestehendes Mitbenutzungsrecht bedarf zur Erhaltung gegenüber dem öffentlichen Glauben des Grundbuches nicht der Eintragung in das Grundbuch.

Sachgebiet E: Außenwirtschaftsrecht

Abschnitt II

Folgendes Recht der Deutschen Demokratischen Republik bleibt mit folgenden Änderungen oder Maßgaben in Kraft:

1. §§ 8 und 50 des Gesetzes über den Außenwirtschafts-, Kapital- und Zahlungsverkehr – GAW – vom 28. Juni 1990 (GBl. I Nr. 39 S. 515)

a) § 8 wird wie folgt gefaßt:

„Zur Erfüllung zwischenstaatlicher Vereinbarungen, welche die Deutsche Demokratische Republik abgeschlossen hat, können gegenüber Personen, die in dem in Artikel 3 des Einigungsvertrages genannten Gebiet ansässig sind, Beschränkungen angeordnet oder Pflichten für Lieferungen oder Bezüge festgelegt werden, sofern die Verpflichtungen aus Vereinbarungen oder Abkommen bestehen, die vor dem 1. Juli 1990 eingegangen worden sind. Dies gilt auch zur Sicherung der gesamtwirtschaftlichen Erfordernisse aus bestehenden Verrechnungsabkommen. Die Festlegung von Verpflichtungen für Lieferungen oder Bezüge ist nur zulässig, wenn die Verpflichtungen auf andere wirtschaftlich tragbare Weise nicht erfüllt werden können.

Soweit es sich bei der Festlegung von Verpflichtungen nach Satz 1 um eine Maßnahme im Sinne des Artikels 14 Abs. 2 Satz 1 des Grundgesetzes handelt, sind die Gebietsansässigen unter gerechter Abwägung ihrer Interessen und der Interessen der Allgemeinheit angemessen in Geld zu entschädigen."

b) § 50 gilt bis 31. Dezember 1991 fort.

2. Der Beschluß des Ministerrates zur „Finanzierung und Verrechnung des Handels mit RGW-Ländern" in Verbindung mit dem Beschluß des Ministerrats vom 11. Juli 1990 „Einstellung der Verrechnungen mit den Mitgliedsländern des RGW in transferablen Rubeln ab 1. Januar 1991" gilt bis zum 31. März 1991 fort.

3. Die „Richtlinie über die Gewährung finanzieller Hilfen zur Erfüllung von Exportverträgen mit den RGW-Ländern im 2. Halbjahr 1990" vom 27. Juni 1990 gilt bis zum 31. Dezember 1990 fort.

Kapitel VI
Geschäftsbereich des Bundesministers für Ernährung, Landwirtschaft und Forsten

Sachgebiet A: Bodennutzung und Tierhaltung

Abschnitt II

Folgendes Recht der Deutschen Demokratischen Republik bleibt mit folgenden Änderungen in Kraft:

1. Gesetz über die strukturelle Anpassung der Landwirtschaft an die soziale und ökologische Marktwirtschaft in der Deutschen Demokratischen Republik – Landwirtschaftsanpassungsgesetz – vom 29. Juni 1990 (GBl. I Nr. 42 S. 642)

a) In § 44 Abs. 1 Satz 2 werden nach dem Wort „Wirtschaftsgebäuden“ ein Komma und die Worte „Milchreferenzmengen, Lieferungsrechte für Zuckerrüben“ eingefügt.
b) § 53 Abs. 3 wird gestrichen.
c) § 69 Abs. 1 Nr. 2 bis 4 wird gestrichen.

Abschnitt III

Folgendes Recht der Deutschen Demokratischen Republik bleibt mit folgenden Maßgaben in Kraft:

1. Gesetz zur Förderung der agrarstrukturellen und agrarsozialen Anpassung der Landwirtschaft der DDR an die soziale Marktwirtschaft Fördergesetz – vom 6. Juli 1990 (GBl. I Nr. 42 S. 633) sowie die darauf gestützten Anordnungen

mit folgenden Maßgaben:

a) Das Gesetz und die darauf gestützten Anordnungen finden nur Anwendung, soweit nicht das Gesetz über die Gemeinschaftsaufgabe „Verbesserung der Agrarstruktur und des Küstenschutzes“ in der Fassung der Bekanntmachung vom 21. Juli 1988 (BGBl. I S. 1055) anzuwenden ist.
b) § 1 Abs. 1 Nr. 4 und die darauf gestützten Anordnungen treten mit Ablauf des 31. Dezember 1990 außer Kraft.

2. Gesetz über die landwirtschaftlichen Produktionsgenossenschaften – LPG-Gesetz – vom 2. Juli 1982 (GBl. I Nr. 25 S. 443), zuletzt geändert durch das Gesetz über die Änderung oder Aufhebung von Gesetzen der Deutschen Demokratischen Republik vom 28. Juni 1990 (GBl. I Nr. 38 S. 483),

mit folgender Maßgabe:

Das Gesetz tritt mit Ablauf des 31. Dezember 1991 außer Kraft.

Sachgebiet B: Treuhandvermögen

Abschnitt II

Folgendes Recht der Deutschen Demokratischen Republik bleibt mit folgenden Änderungen in Kraft:

1. Gesetz über die Übertragung des Eigentums und die Verpachtung volkseigener landwirtschaftlich genutzter Grundstücke an Genossenschaften, Genossenschaftsmitglieder und andere Bürger vom 22. Juli 1990 (GBl. I Nr. 49 S. 899):

a) § 4 Abs. 3 wird gestrichen. Absatz 4 wird Absatz 3, Absatz 5 wird Absatz 4.

b) § 8 wird gestrichen.

Sachgebiet C: Forstwirtschaft

Abschnitt III

Folgendes Recht der Deutschen Demokratischen Republik bleibt mit folgenden Maßgaben in Kraft:

1. Fachbereichsstandard Forstsaatgutwesen, Anerkennung und Bewirtschaftung von Forstsaatgutbeständen vom September 1987 – TGL 27249-03

mit folgenden Maßgaben:

a) Soweit für Vermehrungsgut das Gesetz über forstliches Saat- und Pflanzgut in der Fassung der Bekanntmachung vom 26. Juli 1979 (BGBl. I S. 1242), zuletzt geändert durch Artikel 16 des Gesetzes vom 28. Juni 1990 (BGBl. I S. 1221), während der in der Anlage I Kapitel VI Sachgebiet F Abschnitt III Nr. 2 Buchstabe a) festgelegten Übergangszeit oder auf Grund einer Rechtsverordnung zu diesem Vertrag nicht angewendet wird, gilt der Fachbereichsstandard Forstsaatgutwesen, Anerkennung und Bewirtschaftung von Forstsaatgutbeständen vom September 1987 – TGL 27249-03.

b) Die im Fachbereichsstandard enthaltenen Herkunftsgebiete gelten als Herkunftsgebiete nach § 5 des Gesetzes über forstliches Saat- und Pflanzgut, soweit die Baumarten dem Gesetz über forstliches Saat- und Pflanzgut unterliegen und die Vorschriften des Gesetzes über forstliches Saat- und Pflanzgut angewendet werden.

Kapitel VII

Geschäftsbereich des Bundesministers für innerdeutsche Beziehungen

– – –

Kapitel VIII
Geschäftsbereich des Bundesministers für Arbeit und Sozialordnung

Sachgebiet A: Arbeitsrechtsordnung

Abschnitt II

Folgendes Recht der Deutschen Demokratischen Republik bleibt mit folgenden Änderungen in Kraft:

1. § 115b des Arbeitsgesetzbuches der Deutschen Demokratischen Republik vom 16. Juni 1977 (GBl. I Nr. 18 S. 185), zuletzt geändert durch Gesetz vom 22. Juni 1990 (GBl. I Nr. 35 S. 371):

a) § 115b Abs. 1 wird durch folgende Absätze 1 bis 3 ersetzt:

„(1) Für den in § 115a Abs. 1 bezeichneten Zeitraum ist dem Arbeitnehmer das ihm bei der für ihn maßgebenden regelmäßigen Arbeitszeit zustehende Arbeitsentgelt fortzuzahlen. Ausgenommen sind Auslösungen, Schmutzzulagen und ähnliche Leistungen, soweit der Anspruch auf sie im Falle der Arbeitsfähigkeit davon abhängig ist, ob und in welchem Umfang dem Arbeitnehmer Aufwendungen, die durch diese Leistungen abgegolten werden sollen, tatsächlich entstanden sind, und dem Arbeitnehmer solche Aufwendungen während der Arbeitsunfähigkeit nicht entstehen. Erhält der Arbeitnehmer Akkordlohn oder eine sonstige auf das Ergebnis der Arbeit abgestellte Vergütung, so ist der von dem Arbeitnehmer in der für ihn maßgebenden regelmäßigen Arbeitszeit erzielbare Durchschnittsverdienst fortzuzahlen.

(2) Wird in dem Betrieb verkürzt gearbeitet und würde deshalb das Arbeitsentgelt des Arbeitnehmers im Falle seiner Arbeitsfähigkeit gemindert, so ist die verkürzte Arbeitszeit für ihre Dauer als die für den Arbeitnehmer maßgebende regelmäßige Arbeitszeit im Sinne des Absatzes 1 anzusehen. Dies gilt nicht im Falle des § 1 Abs. 2 des Gesetzes zur Regelung der Lohnzahlung an Feiertagen.

(3) Von den Absätzen 1 und 2 kann durch Tarifvertrag abgewichen werden. Im Geltungsbereich eines solchen Tarifvertrages kann zwischen nicht tarifgebundenen Arbeitgebern und Arbeitnehmern die Anwendung der tarifvertraglichen Regelung über die Fortzahlung des Arbeitsentgelts im Krankheitsfalle vereinbart werden."

b) § 115b Abs. 2 wird § 115b Abs. 4 und gilt bis zum 30. Juni 1991.

Abschnitt III

Folgendes Recht der Deutschen Demokratischen Republik bleibt mit folgenden Maßgaben in Kraft:

1. Folgende Paragraphen des Arbeitsgesetzbuches der Deutschen Demokratischen Republik vom 16. Juni 1977 (GBl. I Nr. 18 S. 185), zuletzt geändert durch Gesetz vom 22. Juni 1990 (GBl. I Nr. 35 S. 371):

a) §§ 55, 58 Abs. 1 Buchstabe a) und Abs. 2, § 59 Abs. 2, §§ 115a, 115c bis e gelten fort.

b) § 58 Abs. 1 Buchstabe b) gilt bis zum 31. Dezember 1990. Über diesen Zeitpunkt hinaus gilt er

aa) für Mütter bzw. Väter, deren Kind vor dem 1. Januar 1991 geboren wurde, sowie

bb) für alleinerziehende Arbeitnehmer, deren Kind vor dem 1. Januar 1992 geboren wurde. § 58 Abs. 1 Buchstabe b) geht bei diesen alleinerziehenden Arbeitnehmern dem § 9 Mutterschutzgesetz und dem § 18 Bundeserziehungsgeldgesetz vor.

c) §§ 62 bis 66 gelten bis zum 31. Dezember 1991.

d) § 70 gilt bis zum 31. Dezember 1991.

e) § 186 gilt bis zum 30. Juni 1991.

f) §§ 260 bis 265a gelten bis zum 31. Dezember 1991.

g) §§ 267 bis 269a gelten bis zum 31. Dezember 1990.

2. § 8 der Verordnung über den Erholungsurlaub vom 28. September 1978 (GBl. I Nr. 33 S. 365) gilt fort.

3. Gesetz über die Errichtung und das Verfahren der Schiedsstellen für Arbeitsrecht vom 29. Juni 1990 (GBl. I Nr. 38 S. 505) gilt in dem in Artikel 1 Abs. 1 des Vertrages genannten Gebiet fort; es findet Anwendung

mit folgenden Maßgaben:

a) § 2 Abs. 1 Satz 3 ist in folgender Fassung anzuwenden:
„Das Kreisgericht ist ohne vorherige Anrufung der Schiedsstelle für Arbeitsrecht zuständig, wenn

1. sich eine Prozeßpartei in Untersuchungshaft oder im Strafvollzug befindet und Ansprüche aus einem vor der Verhaftung oder vor der Aufnahme in den Strafvollzug begründeten Arbeitsverhältnis geltend gemacht werden;
2. der Arbeitnehmer aktiven Wehrdienst oder Zivildienst leistet;
3. der Arbeitnehmer nicht mehr im Betrieb arbeitet, weil er ein neues Arbeitsverhältnis mit einem Betrieb an einem anderen Ort begründet hat."

b) Für die Vertretung vor der Schiedsstelle nach § 4 gilt § 11 Abs. 1 Satz 2 und 3 des Arbeitsgerichtsgesetzes in der Fassung der Bekanntmachung vom 12. Juli 1979 (BGBl. I S. 853, 1036), zuletzt geändert durch Artikel 1 des Gesetzes vom 26. Juni 1990 (BGBl. I S. 1206) entsprechend.

4. Verordnung zu Übergangsregelungen bis zur erstmaligen Wahl der Betriebsräte nach dem Betriebsverfassungsgesetz vom 11. Juli 1990 (GBl. I Nr. 44 S. 715) gilt bis zum 30. Juni 1991.

Sachgebiet C: Sozialer Arbeitsschutz

Abschnitt III

Folgendes Recht der Deutschen Demokratischen Republik bleibt mit folgenden Maßgaben in Kraft:

1. Folgende Paragraphen des Arbeitsgesetzbuches der Deutschen Demokratischen Republik vom 16. Juni 1977 (GBl. I Nr. 18 S. 185), zuletzt geändert durch Gesetz vom 22. Juni 1990 (GBl. I Nr. 35 S. 371):
   a) § 168 Abs. 1, 3 und 4 gilt bis zum 31. Dezember 1992.
   b) § 168 Abs. 2 gilt bis zum Inkrafttreten landesrechtlicher Regelungen zur Sonn- und Feiertagsruhe.
   c) § 185 gilt bis zum 31. Dezember 1991.

2. § 3 in Verbindung mit § 1 der Verordnung über die besondere Unterstützung der Familien mit schwerstgeschädigten Kindern vom 24. April 1986 (GBl. I Nr. 15 S. 243) gilt bis zum 31. Dezember 1991, soweit der Anspruch auf den Hausarbeitstag geregelt ist.

3. Verordnung über die Einführung gesetzlicher Feiertage vom 16. Mai 1990 (GBl. I Nr. 27 S. 248) gilt bis zum Inkrafttreten landesrechtlicher Regelungen zur Sonn- und Feiertagsruhe.

4. § 2 der Zweiten Durchführungsbestimmung vom 8. Juli 1986 zur Verordnung über die besondere Unterstützung der Familien mit schwerstgeschädigten Kindern (GBl. I Nr. 24 S. 349) gilt bis zum 31. Dezember 1991, soweit der Anspruch auf den Hausarbeitstag geregelt ist.

5. Erste Durchführungsbestimmung vom 7. Juni 1990 zur Verordnung über die Einführung gesetzlicher Feiertage (GBl. I Nr. 31 S. 281) gilt bis zum Inkrafttreten landesrechtlicher Regelungen zur Sonn- und Feiertagsruhe.

Sachgebiet D: Übergreifende Vorschriften des Sozialrechts

– – –

Sachgebiet E: Arbeitsmarktpolitik, Arbeitsförderung, Arbeitslosenversicherung

Abschnitt I

Folgendes Recht der Deutschen Demokratischen Republik gilt fort:

1. Folgende vom Minister für Arbeit und Soziales der Deutschen Demokratischen Republik am 1. Juli 1990 in Kraft gesetzte Anordnungen zum Arbeitsförderungsgesetz (AFG) vom 22. Juni 1990 (GBl. I Nr. 36

S. 403) gelten als Anordnungen im Sinne des § 191 Abs. 3 des Arbeitsförderungsgesetzes vom 25. Juni 1969 (BGBl. I S. 582) in dem in Artikel 3 des Vertrages genannten Gebiet fort:

a) Anordnung über die individuelle Förderung der beruflichen Ausbildung (A Ausbildung) (GBl. I Nr. 53 S. 1083),
b) Anordnung über die Förderung der Berufsausbildung von ausländischen Auszubildenden sowie von lernbeeinträchtigten oder sozial benachteiligten deutschen Auszubildenden (AFdB) (GBl. I Nr. 53 S. 1095),
c) Anordnung über die individuelle Förderung der beruflichen Fortbildung und Umschulung (A Fortbildung und Umschulung) (GBl. I Nr. 53 S. 1090),
d) Anordnung zur Förderung der Arbeitsaufnahme (FdA - Anordnung) (GBl. I Nr. 53 S. 1098),
e) Anordnung über die Förderung von Allgemeinen Maßnahmen zur Arbeitsbeschaffung aus Mitteln der Arbeitsverwaltung (ABM-Anordnung) (GBl. I Nr. 53 S. 1115),
f) Anordnung über Maßnahmen zur Arbeitsbeschaffung für ältere Arbeitnehmer (Anordnung nach § 99 AFG) (GBl. I Nr. 53 S. 1119) und
g) Anordnung über das Verfahren bei der Gewährung von Kurzarbeitergeld (Kug-Anordnung) (GBl. I Nr. 53 S. 1114).

An die Stelle der in diesen Anordnungen genannten Vorschriften des Arbeitsförderungsgesetzes (AFG) vom 22. Juni 1990 (GBl. I Nr. 36 S. 403) und der hierzu erlassenen Anordnungen treten die entsprechenden Vorschriften des Arbeitsförderungsgesetzes vom 25. Juni 1969 (BGBl. I S. 582), der dazu erlassenen Anordnungen und des Ersten Buches Sozialgesetzbuch. Die Anordnungen nach Satz 1 können von der Bundesanstalt für Arbeit geändert und aufgehoben werden. Die in diesen Anordnungen vorgesehenen Regelungen über die Verwaltungszuständigkeit werden durch die in den entsprechenden Anordnungen der Bundesanstalt für Arbeit vorgesehenen Regelungen ersetzt; bis zur Bildung von Landesarbeitsämtern übernimmt die Zentrale Arbeitsverwaltung die Aufgaben der Landesarbeitsämter.

2. Die Durchführungsbestimmung vom 13. Juni 1990 zur Verordnung über die Veränderung von Arbeitsrechtsverhältnissen ausländischer Bürger, die auf der Grundlage von Regierungsabkommen in der DDR beschäftigt und qualifiziert werden (GBl. I Nr. 42 S. 666), gilt als Verwaltungsvorschrift fort.

3. Anordnung über die Verlängerung der Frist für den Bezug des Kurzarbeitergeldes vom 20. August 1990 (GBl. I Nr. 57 S. 1396)

Abschnitt III

Folgendes Recht der Deutschen Demokratischen Republik bleibt mit folgenden Maßgaben in Kraft:

1.[1] Folgende Bestimmungen des Arbeitsförderungsgesetzes (AFG) vom 22. Juni 1990 (GBl. I Nr. 36 S. 403):

a) Folgende Regelungen gelten fort:

aa) § 19 Abs. 1 Satz 2, §§ 68, 69, 72 Abs. 3, § 93 Abs. 1 Satz 3, §§ 155 bis 161, 186e Satz 1 und 2, § 249b Abs. 4 bis zum 31. Dezember 1990.

bb) § 91 Abs. 4 Satz 2, § 95 Abs. 3 Satz 2, § 163 Abs. 2 Satz 2 bis 4, § 166 Abs. 3 Satz 2.

cc) §§ 165, 166a bis zum 31. Dezember 1991.

dd) § 118 Satz 1 Nr. 3 bis 5 sowie Satz 2 und 3 ist für Empfänger von Invalidenrente, Bergmannsinvalidenrente, Bergmannsvollrente oder Altersrente im Sinne des Rentenrechts, das in dem in Artikel 3 des Einigungsvertrages genannten Gebiet gilt, weiterhin anzuwenden. Den Alters- oder Invalidenrenten stehen an ihrer Stelle gezahlte Versorgungen gleich. Der Bundesminister für Arbeit und Sozialordnung kann durch Rechtsverordnung, die nicht der Zustimmung des Bundesrates bedarf, Versorgungsleistungen der Versorgungssysteme, die bei Erreichen besonderer Altersgrenzen oder bestimmter Dienstzeiten gewährt werden, der Altersrente gleichstellen, soweit dies zur Vermeidung von Doppelleistungen erforderlich ist. Er hat dabei zu bestimmen, ob die Lohnersatzleistung des Arbeitsförderungsgesetzes voll oder nur bis zur Höhe der Versorgungsleistung ruht. § 118 Satz 3 ist bei der Arbeitslosenhilfe nicht anzuwenden.

ee) Für Zeiten, die vor dem 1. Januar 1991 in dem in Artikel 3 des Vertrages genannten Gebiet zurückgelegt werden, ist anstelle des § 111 des Arbeitsförderungsgesetzes vom 25. Juni 1969 (BGBl. I S. 582) § 111 des Arbeitsförderungsgesetzes (AFG) vom 22. Juni 1990 (GBl. I Nr. 36 S. 403) weiterhin anzuwenden. § 249b Abs. 2 Satz 3 bis 5 des Arbeitsförderungsgesetzes vom 25. Juni 1969 (BGBl. I S. 582) gilt entsprechend.

b) Folgende Regelungen gelten in dem in Artikel 3 des Einigungsvertrages genannten Gebiet mit folgenden Maßgaben fort:

aa) § 40c Abs. 4 mit der Maßgabe, daß die Bundesanstalt für Arbeit durch Anordnung bestimmen kann, daß für Ausbildungsplatzbewerber für die Ausbildungsjahre 1990/91 und 1991/92 Ausbildungsmaßnahmen in überbetrieblichen Einrichtungen ohne die Beschränkung auf Maßnahmen, die im ersten Jahr einer Ausbildung beginnen, gefördert werden können; an die Stelle der in dieser Vorschrift genannten Absätze 1 und 2 treten die entsprechenden Vorschriften des Arbeitsförderungsgesetzes vom 25. Juni 1969 (BGBl. I S. 582). Die Bundesanstalt für Arbeit kann bei ungünstiger Lage auf dem Ausbildungsstellenmarkt durch frühestens am 1. September 1992 in Kraft treten-

[1] Nr. 1 Buchst. a) dd) Sätze 3 und 4 eingefügt durch Art. 4 Nr. 12 der Vereinbarung vom 18. 9. 1990 (BGBl. II S. 1239, 1244).

de Anordnung bestimmen, daß die Förderung nach Satz 1 auch auf Ausbildungsplatzbewerber für das Ausbildungsjahr 1992/93 erstreckt wird.

bb) § 63 Abs. 5 mit der Maßgabe, daß nach Satz 6 folgende Sätze 7 bis 11 angefügt werden:

„Liegen die Voraussetzungen für die Gewährung von Unterhaltsgeld nach § 44 Abs. 2 des Arbeitsförderungsgesetzes vom 25. Juni 1969 (BGBl. I S. 582) vor, so wird Arbeitnehmern, die Anspruch auf Kurzarbeitergeld haben, anstelle des Unterhaltsgeldes Kurzarbeitergeld gezahlt, das

1. im Falle des § 68 Abs. 4 Nr. 1 73 v.H.,
2. im Falle des § 68 Abs. 4 Nr. 2 65 v.H.

des um die gesetzlichen Abzüge verminderten Arbeitsentgelts beträgt. Die Vorschriften des § 44 Abs. 4 bis 6 des Arbeitsförderungsgesetzes vom 25. Juni 1969 (BGBl. I S. 582) gelten entsprechend. Teilnehmer, denen Kurzarbeitergeld nach Satz 7 gezahlt wurde, erhalten nach dem Auslaufen der Regelung des § 63 Abs. 5 bis zur Beendigung der Weiterbildungsmaßnahme Unterhaltsgeld mindestens in Höhe des zuletzt bezogenen Kurzarbeitergeldes. Der Bundesminister für Arbeit und Sozialordnung kann im Einvernehmen mit den Bundesministern der Finanzen und für Wirtschaft durch Rechtsverordnung die Geltungsdauer des § 63 Abs. 5 bis zum 31. Dezember 1991 verlängern, wenn dies zur Vermeidung von Entlassungen erforderlich und aus arbeitsmarktpolitischen Gründen geboten ist. Diese Rechtsverordnung bedarf nicht der Zustimmung des Bundesrates."

cc) § 67 Abs. 2 Nr. 3, soweit dieser den § 63 Abs. 5 in Bezug nimmt, mit der Maßgabe, daß der Bundesminister für Arbeit und Sozialordnung die Bezugsfrist nach § 67 Abs. 1 für die Fälle des § 63 Abs. 5 bis zum 30. Juni 1991, bei Verlängerung der Geltungsdauer des § 63 Abs. 5 bis zum 31. Dezember 1991 verlängern kann. Diese Rechtsverordnung bedarf nicht der Zustimmung des Bundesrates.

dd) § 70 in Verbindung mit § 118 Satz 1 Nr. 4 und 5 ist mit der Maßgabe anzuwenden, daß auch § 118 Satz 2 und 3 entsprechend gilt.

ee) Bis zum 31. Dezember 1990 gilt § 155 Abs. 2 Satz 2 zweiter Halbsatz und § 155a mit der Maßgabe, daß an die Stelle der fünften Woche einer Sperrzeit die vierte Woche einer Sperrzeit tritt.

ff) Für Ansprüche auf Arbeitslosengeld, die vor dem 1. Januar 1992 entstehen, ist § 242 in dem in Artikel 3 des Vertrages genannten Gebiet weiterhin anzuwenden. An die Stelle des Nettodurchschnittslohnes tritt für Ansprüche, die nach dem 31. Dezember 1990 entstanden sind, das für das Arbeitslosengeld nach § 111 maßgebende Arbeitsentgelt. Sätze 1 und 2 gelten für das Eingliederungsgeld, das Unterhaltsgeld, das Übergangsgeld, die Arbeitslosenhilfe, das Altersübergangsgeld sowie für das Kurzarbeitergeld und das Schlechtwettergeld entsprechend. Anspruch auf Sozialzuschlag besteht längstens bis zum 30. Juni 1995.

2. Verordnung über die Veränderung von Arbeitsrechtsverhältnissen mit ausländischen Bürgern, die auf der Grundlage von Regierungsabkommen in der DDR beschäftigt und qualifiziert werden, vom 13. Juni 1990 (GBl. I Nr. 35 S. 398)

ist mit folgenden Maßgaben anzuwenden:

a) In § 2 Abs. 2 tritt an die Stelle der Betriebsgewerkschaftsleitung (BGL) die Vertretung der Belegschaft des Betriebes.

b) In § 4 Abs. 2 werden die Worte „und, wenn dies nicht möglich ist, eines Überleitungsvertrages" und in § 4 Abs. 3 die Worte „oder ein Überleitungsvertrag" sowie die Worte „,gemäß den arbeitsrechtlichen Bestimmungen der Deutschen Demokratischen Republik," gestrichen.

c) § 6 Abs. 2 Buchst. d) wird in folgender Fassung angewendet: „d) Leistungen bei Arbeitslosigkeit nach dem Arbeitsförderungsgesetz;".

d) § 7 wird gestrichen.

3. Die Anordnung über die Förderung der Beschäftigung von Bürgern, die in ihrem Sozialverhalten gestört sind, vom 29. Mai 1990 (GBl. I Nr. 34 S. 364) gilt mit der Maßgabe, daß nur Personen gefördert werden, die bis zum Wirksamwerden des Beitritts in eine Fördermaßnahme eingetreten sind.

4. Die Verordnung über finanzielle Leistungen bei vorzeitiger Beendigung der Beschäftigung ausländischer Bürger in Unternehmen der DDR vom 18. Juli 1990 (GBl. I Nr. 46 S. 813) gilt mit der Maßgabe, daß Unternehmen Anträge auf Erstattung oder Bereitstellung der Aufwendungen aus dem Bundeshaushalt an das Bundesministerium der Finanzen stellen können. Die Verordnung tritt mit Ablauf des 31. Dezember 1991 außer Kraft.

5.[1] Die Verordnung über die Gewährung von Vorruhestandsgeld vom 8. Februar 1990 (GBl. I Nr. 7 S. 42) gilt für Arbeitnehmer, die bis zum Wirksamwerden des Beitritts die Voraussetzungen dieser Verordnung erfüllen, weiter mit der Maßgabe, daß

a) das Vorruhestandsgeld und die darauf entsprechend den Vorschriften über das Arbeitslosengeld zu entrichtenden Sozialversicherungsbeiträge auf Antrag von der Bundesanstalt für Arbeit aus Mitteln des Bundes gezahlt werden,

b) das Vorruhestandsgeld 65 v.H. des durchschnittlichen Nettoarbeitsentgelts der letzten drei Monate beträgt,

c) das für die Berechnung des Nettoarbeitsentgelts maßgebende Ar-

---

[1] Nr. 5 Buchst. c) neu gefaßt durch Art. 4 Nr. 13 der Vereinbarung vom 18. 9. 1990 (BGBl. II S. 1239, 1244).

beitsentgelt durch die für das in dem in Artikel 3 des Vertrages genannten Gebiet geltende Bemessungsgrenze in der Arbeitslosenversicherung begrenzt wird,

d) §§ 112 a, 115 des Arbeitsförderungsgesetzes vom 25. Juni 1969 (BGBl. I S. 582) entsprechend anzuwenden sind,

e) eine Neufestlegung des Vorruhestandsgeldes nach Buchstabe b) solange unterbleibt, bis der nach Buchstabe b) festzulegende Betrag das vor dem Tag des Wirksamwerdens des Beitritts zuletzt gezahlte Vorruhestandsgeld übersteigt.

Sachgebiet F: Sozialversicherung (Allgemeine Vorschriften)

Abschnitt III

Folgendes Recht der Deutschen Demokratischen Republik bleibt mit folgenden Maßgaben in Kraft:

1. Die nachfolgenden Bestimmungen gelten mit der Maßgabe, daß die dem Minister für Arbeit und Soziales übertragenen Ermächtigungen vom Bundesminister für Arbeit und Sozialordnung wahrzunehmen sind, wobei die Ausführung durch Rechtsverordnung mit Zustimmung des Bundesrates erfolgt, soweit nach den Bestimmungen des Grundgesetzes eine Zustimmung erforderlich ist.

2.[1] Folgende Paragraphen des Gesetzes über die Sozialversicherung - SVG - vom 28. Juni 1990 (GBl. I Nr. 38 S. 486)

mit folgenden Maßgaben:

a) § 39 Satz 2 bleibt bis zum 31. Dezember 1990 in Kraft.

b) Die §§ 7, 10, 13, 18 bis 23, 27 Abs. 1 und 3, § 28 Abs. 1, §§ 29, 40 bis 42, 47 Abs. 1, §§ 51, 70, 72, 78, 79 und 80 Abs. 2 bleiben bis zum 31. Dezember 1991 in Kraft, wobei § 10 für den Versicherungszweig Krankenversicherung nicht anzuwenden ist. § 22 ist mit der Maßgabe anzuwenden, daß in der Unfallversicherung auch ehrenamtliche Tätigkeiten für den Staat, im Gesundheitsdienst und in der Wohlfahrtspflege sowie in einem Hilfeleistungsunternehmen versichert sind. § 42 ist mit der Maßgabe anzuwenden, daß die Beitragsbemessungsgrenze ab 1. Januar 1991 3.000 Deutsche Mark beträgt.

c) Die §§ 10, 15 bis 17, 35 bis 38 und 70 sind bis zum 31. Dezember 1991 für selbständige Künstler und Publizisten anzuwenden, wobei für die Leistungen der Krankenversicherung, unbeschadet der Maßgabe unter Sachgebiet G Abschnitt III Nr. 1, bereits ab 1. Januar 1991 das Fünfte Buch Sozialgesetzbuch gilt.

d) Die §§ 43 bis 46 bleiben bis zum 31. Dezember 1991 mit der Maßgabe in Kraft, daß die Unfallumlage für das Jahr 1991 als Vorschuß zu betrachten ist.

---

[1] Nr. 2 Buchst. b) Satz 2 eingefügt durch Art. 4 Nr. 14 der Vereinbarung vom 18. 9. 1990 (BGBl. II S. 1239, 1244).

e) Die §§ 48 bis 50 bleiben bis zur Übernahme des Beitragseinzugs durch die Krankenkassen mit folgenden Maßgaben in Kraft:

aa) Sozialversicherungsbeiträge, die nach dem Arbeitsentgelt oder dem Arbeitseinkommen zu bemessen sind, werden spätestens am 10. des Monats fällig, der dem Monat folgt, in dem die Beschäftigung oder Tätigkeit, mit der das Arbeitsentgelt oder Arbeitseinkommen erzielt wird, ausgeübt worden ist oder als ausgeübt gilt; dies gilt auch, wenn in diesem Monat nur Abschläge auf Lohn oder Gehalt gezahlt wurden.

bb) Entrichten Unternehmen die Sozialversicherungsbeiträge nicht oder nicht rechtzeitig, hat durch die Finanzämter eine Mahnung zu erfolgen. Bevor den Unternehmen eine Mahnung zugestellt wird, ist die Berechtigung der Absendung der Mahnung zu prüfen.

Es ist ein Säumniszuschlag von 1 Prozent des rückständigen auf 100 DM abgerundeten Sozialversicherungsbeitrages zu entrichten. Ein Säumniszuschlag wird bei einer Säumnis bis zu 5 Tagen nicht erhoben.

3. Die Verordnung zur Sozialpflichtversicherung der Arbeiter und Angestellten – SVO – vom 17. November 1977 (GBl. I Nr. 35 S. 373), zuletzt geändert durch die Verordnung über die Änderung oder Aufhebung von Rechtsvorschriften vom 28. Juni 1990 (GBl. I Nr. 38 S. 509),

mit folgenden Maßgaben:

a) Die Verordnung, die Erste Durchführungsbestimmung zur Verordnung zur Sozialpflichtversicherung der Arbeiter und Angestellten - SVO vom 17. November 1977 (GBl. I Nr. 35 S. 391) und die Zweite Durchführungsbestimmung zur Verordnung zur Sozialpflichtversicherung der Arbeiter und Angestellten - SVO - vom 7. März 1985 (GBl. I Nr. 10 S. 111) bleiben bis zum 31. Dezember 1991 in Kraft, soweit in den Buchstaben b) bis e) nichts Abweichendes bestimmt ist.

b) §§ 2 Abs. 1, §§ 3 bis 7, 15, 17, 56 Abs. 5, §§ 60, 61 gelten mit der allgemeinen Maßgabe, daß diese Verordnung nur für die Versicherungszweige Renten- und Unfallversicherung anzuwenden ist.

c) §§ 62 und 63 gelten mit der Maßgabe, daß sie nicht auf Personen anzuwenden sind, die nach dem 31. Dezember 1990 eine solche Beschäftigung aufnehmen.

d) §§ 1, 4, 5 und 20 der Ersten Durchführungsbestimmung vom 17. November 1977 gelten mit der allgemeinen Maßgabe, daß sie nur für die Versicherungszweige Renten- und Unfallversicherung anzuwenden sind.

e) § 1 der Zweiten Durchführungsbestimmung vom 7. März 1985 gilt mit der Maßgabe unter Buchstabe d).

4. Verordnung über die Sozialversicherung bei der Staatlichen Versicherung der Deutschen Demokratischen Republik vom 9. Dezember 1977 (GBl. I 1978 Nr. 1 S. 1), zuletzt geändert durch die Verordnung über die Änderung oder Aufhebung von Rechtsvorschriften vom 28. Juni 1990 (GBl. I Nr. 38 S. 509),

mit folgenden Maßgaben:

a) Die Verordnung, die Erste Durchführungsbestimmung zur Verordnung über die Sozialversicherung bei der Staatlichen Versicherung der Deutschen Demokratischen Republik vom 9. Dezember 1977 (GBl. I 1978 Nr. 1 S. 23), zuletzt geändert durch die Verordnung vom 28. Juni 1990 (GBl. I Nr. 38 S. 509), und die Zweite Durchführungsbestimmung zur Verordnung über die Sozialversicherung bei der Staatlichen Versicherung der Deutschen Demokratischen Republik vom 7. März 1985 (GBl. I Nr. 10 S. 113) bleiben bis zum 31. Dezember 1991 in Kraft, soweit in den Buchstaben b) bis d) nichts Abweichendes bestimmt ist.

b) Die §§ 6 bis 31, 76 Abs. 5, 80, 81, 90, 91 und 94 gelten mit der allgemeinen Maßgabe, daß diese Verordnung nur für die Versicherungszweige Renten- und Unfallversicherung anzuwenden ist; bei selbständigen Künstlern und Publizisten ist diese Verordnung auch auf den Versicherungszweig Krankenversicherung mit der Maßgabe anzuwenden, daß für die Leistungen, unbeschadet der Maßgabe unter Sachgebiet G Abschnitt III Nr. 1, bereits ab 1. Januar 1991 das Fünfte Buch Sozialgesetzbuch gilt.

c) Die Erste Durchführungsbestimmung vom 9. Dezember 1977 gilt mit der Maßgabe, daß die §§ 2 bis 32 und 47 nur für die Versicherungszweige Renten- und Unfallversicherung anzuwenden sind; bei selbständigen Künstlern und Publizisten ist die Durchführungsbestimmung auch für den Versicherungszweig Krankenversicherung anzuwenden.

d) Die Zweite Durchführungsbestimmung vom 7. März 1985 gilt mit der Maßgabe, daß die §§ 2 bis 4 nur für die Versicherungszweige Renten- und Unfallversicherung anzuwenden sind; bei selbständigen Künstlern und Publizisten ist die Durchführungsbestimmung auch für den Versicherungszweig Krankenversicherung anzuwenden.

5. Verordnung über die Sozialpflichtversicherung der in eigener Praxis tätigen Ärzte, Zahnärzte, Tierärzte und der freiberuflich tätigen Kultur- und Kunstschaffenden vom 9. Dezember 1977 (Sonderdruck des Gesetzblattes Nr. 942), zuletzt geändert durch die Verordnung über die Änderung oder Aufhebung von Rechtsvorschriften vom 28. Juni 1990 (GBl. I Nr. 38 S. 509),

mit folgenden Maßgaben:

a) Die Verordnung und die Erste Durchführungsbestimmung zur Verordnung über die Sozialpflichtversicherung der in eigener Praxis tätigen Ärzte, Zahnärzte, Tierärzte und der freiberuflich tätigen Kultur- und Kunstschaffenden vom 9. Dezember 1977 bleiben bis zum 31. Dezember 1991 in Kraft, soweit in den Buchstaben b) und c) nichts Abweichendes bestimmt ist.

b) §§ 1 bis 5, 7, 10, 20 Abs. 5 und 7, §§ 27 bis 29 gelten mit der allgemeinen Maßgabe, daß diese Verordnung nur für die Versicherungszweige Renten- und Unfallversicherung anzuwenden ist; bei selbständigen Künstlern und Publizisten ist diese Verordnung auch auf den Versicherungszweig Krankenversicherung mit der Maßgabe anzuwenden, daß für die Leistungen, unbeschadet der Maßgabe unter Sachgebiet G Abschnitt III Nr. 1, bereits ab 1. Januar 1991 das Fünfte Buch Sozialgesetzbuch gilt.

c) Die Erste Durchführungsbestimmung vom 9. Dezember 1977 gilt mit der Maßgabe, daß die §§ 1 bis 8, 10, 11 und 18 nur für die Versicherungszweige Renten- und Unfallversicherung anzuwenden sind; bei selbständigen Künstlern und Publizisten ist die Durchführungsbestimmung auch für den Versicherungszweig Krankenversicherung anzuwenden.

6. Verordnung über die Gewährung und Berechnung von Renten der Sozialpflichtversicherung – Rentenverordnung – vom 23. November 1979 (GBl. I Nr. 43 S. 401), zuletzt geändert durch Verordnung über die Änderung oder Aufhebung von Rechtsvorschriften vom 28. Juni 1990 (GBl. I Nr. 38 S. 509), einschließlich der dazu abgeschlossenen Vereinbarungen zur Rentenversorgung zwischen dem Ministerium für Arbeit und Soziales und der Kirchen sowie der Ersten Durchführungsbestimmung zur Rentenverordnung vom 23. November 1979 (GBl. I Nr. 43 S. 413; Ber. GBl. I 1980 Nr. 10 S. 88), zuletzt geändert durch die Verordnung über die Änderung oder Aufhebung von Rechtsvorschriften vom 28. Juni 1990 (GBl. I Nr. 38 S. 509),

mit folgenden Maßgaben:

a) Die Verordnung einschließlich der genannten Vereinbarungen und die Erste Durchführungsbestimmung bleiben bis zum 31. Dezember 1991 in Kraft, soweit in Buchstabe b) nichts Abweichendes bestimmt ist.

b) Es werden

aa) bei der Berechnung von Renten Zeiten nicht berücksichtigt, die von einem anderen Versicherungsträger in dem Gebiet, in dem das Grundgesetz schon vor dem Wirksamwerden des Beitritts gegolten hat, oder einem ausländischen Versicherungsträger bei einer Rente anzurechnen sind,

bb) auf Rentenbeträge, die zusätzlich zu berechneten Renten gewährt werden, Renten angerechnet, die von einem anderen Versicherungsträger in dem Gebiet, in dem das Grundgesetz schon vor dem Wirksamwerden des Beitritts gegolten hat, oder einem ausländischen Versicherungsträger geleistet werden.

7. Folgende Paragraphen der Zweiten Verordnung über die Gewährung und Berechnung von Renten der Sozialpflichtversicherung – Zweite Rentenverordnung – vom 26. Juli 1984 (GBl. I Nr. 23 S. 281)

mit folgenden Maßgaben:

a) Die §§ 4, 12 bis 14 bleiben bis zum 31. Dezember 1991 in Kraft.

b) Bei Anwendung von Buchstabe a) gilt die Erste Durchführungsbestimmung zur 2. Rentenverordnung vom 8. April 1985 (GBl. I Nr. 10 S. 115).

8.[1] Gesetz zur Angleichung der Bestandsrenten an das Nettorentenniveau der Bundesrepublik Deutschland und zu weiteren rentenrechtlichen Regelungen - Rentenangleichungsgesetz - vom 28. Juni 1990 (GBl. I Nr. 38 S. 495) einschließlich der auf der Grundlage des § 29 erlassenen Regelungen zur Überführung der zusätzlichen Versorgungssysteme

mit folgenden Maßgaben:

a) Leistungen nach § 18 werden nur für Neuzugänge bis 31. Dezember 1991 bewilligt und längstens bis 30. Juni 1995 gezahlt.

b) An § 32 Abs. 2 wird mit Wirkung vom 1. Juli 1990 an angefügt: „Das gilt nicht, wenn vor dem 31. Dezember 1950 wegen fehlender amtlicher Dokumente oder aus anderen wichtigen Gründen eine Eheschließung nicht möglich war oder eine eheähnliche Gemeinschaft bestand und die Ehe erst nach diesem Zeitpunkt geschlossen wurde. Erfolgte die Rückkehr aus der Emigration bzw. die Entlassung aus der Internierung, Haft oder Kriegsgefangenschaft nach dem 31. Dezember 1945, tritt an die Stelle des 31. Dezember 1950 der Ablauf von fünf Jahren nach der Rückkehr. Die Einstellung der Zahlung von Hinterbliebenenpensionen hat keinen Einfluß auf die Zahlung bereits festgesetzter Renten der Sozialversicherung."

c) Die aufgrund der getroffenen Vereinbarungen zwischen dem Staatssekretariat für Arbeit und Löhne beim Ministerrat der Deutschen Demokratischen Republik und

- dem Bund Evangelischer Kirchen in der Deutschen Demokratischen Republik über die Rentenversorgung für auf Lebenszeit angestellte Mitarbeiter der Evangelischen Kirchen und deren Hinterbliebene vom 28. März 1980,
- der Evangelisch-Lutherischen Freikirche sowie der Evangelisch-lutherischen (altlutherischen) Kirche über die Rentenversorgung für auf Lebenszeit angestellte Mitarbeiter der selbständigen Evangelisch-Lutherischen Kirchen in der DDR und deren Hinterbliebene vom 9. Januar 1985,
- dem Bund Evangelischer Kirchen in der Deutschen Demokratischen Republik über die Rentenversorgung der Diakonissen der evangelischen Mutterhäuser und Diakoniewerke in der Deutschen Demokratischen Republik vom 1. März 1985,
- der Gemeinschaft der Siebenten-Tags-Adventisten über die Rentenversorgung für auf Lebenszeit angestellte Mitarbeiter der Gemeinschaft der Siebenten-Tags-Adventisten und deren Hinterbliebene vom 8. Januar 1985,

---

[1] Nr. 8 Buchst e) und f) eingefügt durch Art. 4 Nr. 15 der Vereinbarung vom 18. 9. 1990 (BGBl. II S. 1239, 1244).

- der Evangelisch-methodistischen Kirche der Deutschen Demokratischen Republik über die Rentenversorgung für auf Lebenszeit angestellte Mitarbeiter der Evangelisch-methodistischen Kirche in der Deutschen Demokratischen Republik und deren Hinterbliebene vom 13. Mai 1986

begünstigten Personen gelten in dem durch die jeweilige Vereinbarung eingeräumten Umfang und ab dem sich daraus ergebenden Zeitpunkt als Berechtigte oder Versicherte der Sozialpflichtversicherung und der Freiwilligen Zusatzrentenversicherung, soweit sie auch mit dem Ministerium für Arbeit und Soziales beim Ministerrat der Deutschen Demokratischen Republik eine ergänzende Vereinbarung abgeschlossen haben.

d) Die Rentenanpassungen erfolgen durch Rechtsverordnung der Bundesregierung mit Zustimmung des Bundesrates.

e) § 27 Abs. 1 wird wie folgt gefaßt:

„Ansprüche und Anwartschaften aus zusätzlichen Versorgungssystemen können gekürzt oder aberkannt werden, wenn der Berechtigte oder die Person, von der sich die Berechtigung ableitet, gegen die Grundsätze der Menschlichkeit oder Rechtsstaatlichkeit verstoßen oder in schwerwiegendem Maße ihre Stellung zum eigenen Vorteil oder zum Nachteil anderer mißbraucht hat."

f) Dem § 32 wird folgender Absatz 3 angefügt:

„(3) Ehrenpensionen können bei Vorliegen der Voraussetzungen gemäß § 27 Abs. 1 gekürzt oder entzogen werden. Die Entscheidung darüber obliegt den Kommissionen gemäß § 27 Abs. 2."

9. Verordnung zur Durchführung des Gesetzes über die Sozialversicherung vom 15. August 1990 (GBl. I Nr. 53 S. 1075)

mit folgender Maßgabe:

Die Verordnung bleibt bis zur Übernahme des Beitragseinzugs durch die Krankenkassen in Kraft.

10. Soweit nichts anderes bestimmt ist, gelten die in den Nummern 2 bis 9 genannten Gesetze, Verordnungen und Durchführungsbestimmungen bis zum 31. Dezember 1990 in vollem Umfang weiter. Dies gilt nicht, soweit gemäß Anlage I Bestimmungen, die vor dem 1. Januar 1991 in Kraft treten, übergeleitet worden sind.

Sachgebiet G: Krankenversicherung – Gesundheitliche Versorgung

Abschnitt III

Folgendes Recht[1] der Deutschen Demokratischen Republik bleibt mit folgenden Maßgaben in Kraft:

---

[1] Nr. *4* eingefügt aufgrund Art. 3 Nr. 24 der Vereinbarung vom 18. 9. 1990 (BGBl. II S. 1239, 1242).

1. § 71 Buchstabe c des Gesetzes über die Sozialversicherung vom 28. Juni 1990 (GBl. I Nr. 39 S. 486) und die Vorschriften über die Gewährung dieser Leistung durch Krankenkassen gelten bis zum 30. Juni 1991.

2. § 83 des Gesetzes über die Sozialversicherung – SVG – vom 28. Juni 1990 (GBl. I Nr. 38 S. 486) gilt bis zum 30. Juni 1991.

3.[1] Die in §§ 19 und 20 des Gesetzes über die vertraglichen Beziehungen der Krankenversicherung zu den Leistungserbringern – Krankenkassen-Vertragsgesetz – vom 13. September 1990 (GBl. I Nr. 61 S. 1533) enthaltenen Regelungen über nicht erstattungsfähige Arzneimittel und über Festbeträge für Arzneimittel gelten bis zum 31. Dezember 1993.

§ 15 gilt bis zum 31. Dezember 1991.

4. Anordnung über die Erfassung und Sicherung des Eigentums im Gesundheitswesen an mediznischer Gerätetechnik aus der Bundesrepublik Deutschland auf der Grundlage von Hilfssendungen – Inventarisierung Medizintechnik – vom 22. August 1990 (GBl. I Nr. 59 S. 1445)

mit folgender Maßgabe:

Die Anordnung gilt in dem in Artikel 3 des Vertrages genannten Gebiet als Landesrecht fort.

Sachgebiet H: Gesetzliche Rentenversicherung

Abschnitt III

Folgendes Recht der Deutschen Demokratischen Republik bleibt mit folgenden Maßgaben in Kraft:

1. Verordnung über die freiwillige Zusatzrentenversicherung der Sozialversicherung – FZR-Verordnung – vom 17. November 1977 (GBl. I Nr. 35 S. 395), zuletzt geändert durch Verordnung über die Änderung oder Aufhebung von Rechtsvorschriften vom 28. Juni 1990 (GBl. I Nr. 38 S. 509),

mit folgenden Maßgaben:

a) Die Verordnung und die §§ 13, 14, 16, 17 und 20 der Ersten Durchführungsbestimmung zur Verordnung über die freiwillige Zusatzrentenversicherung der Sozialversicherung – FZR-Verordnung – vom 17. November 1977 (GBl. I Nr. 35 S. 400) sind bis zum 31. Dezember 1991 anzuwenden.

b) Es gilt die Maßgabe unter Sachgebiet F Abschnitt III Nr. 1.

2. Folgende Paragraphen der Verordnung über die Pflichten und Rechte der Eisenbahner – Eisenbahner-Verordnung – vom 28. März 1973 (GBl. I Nr. 25 S. 217) und der auf ihrer Grundlage erlassenen Versorgungsordnung der Deutschen Reichsbahn (Anlage 11 zum Rahmenkollektivvertrag für die Beschäftigten der Deutschen Reichsbahn vom

[1] Nr. 3 neugefaßt durch Art. 4 Nr. 16 der Vereinbarung vom 18. 9. 1990 (BGBl. II S. 1239, 1244).

20. April 1960, zuletzt geändert durch 53. Nachtrag vom 26. April 1989)

mit folgenden Maßgaben:

a) Die §§ 11 bis 15 der Verordnung und die Versorgungsordnung sind bis zum 31. Dezember 1991 anzuwenden.
b) Es gilt die Maßgabe unter Sachgebiet F Abschnitt III Nr. 1.

3. Folgende Paragraphen der Verordnung über die Pflichten und Rechte der Mitarbeiter der Deutschen Post – Post-Dienst-Verordnung (PDVO) – vom 28. März 1973 (GBl. I Nr. 25 S. 222) und der auf ihrer Grundlage erlassenen Versorgungsordnung der Deutschen Post vom 31. Mai 1973, zuletzt geändert durch Weisung des Ministers für Post- und Fernmeldewesen vom 16. Mai 1988

mit folgenden Maßgaben:

a) Die §§ 16 bis 20 der Verordnung und die Versorgungsordnung sind bis zum 31. Dezember 1991 anzuwenden.
b) Es gilt die Maßgabe unter Sachgebiet F Abschnitt III Nr. 1.

4. Anordnung über die Einführung einer Zusatzrentenversorgung für die Arbeiter und Angestellten in den wichtigsten volkseigenen Betrieben vom 9. März 1954 (GBl. Nr. 30 S. 301)

mit folgenden Maßgaben:

a) Die Anordnung ist bis zum 31. Dezember 1991 anzuwenden.
b) Von der Anordnung kann für die Zeit bis zum 31. Dezember 1991 durch Tarifvertrag oder Betriebsvereinbarung abgewichen werden.
c) Es gilt die Maßgabe unter Sachgebiet F Abschnitt III Nr. 1.

5.[1] Anordnung über Ehrenpensionen für Kämpfer gegen den Faschismus und für Verfolgte des Faschismus und für deren Hinterbliebene vom 20. September 1976, zuletzt geändert durch das Rentenangleichungsgesetz vom 28. Juni 1990 (GBl. I Nr. 38 S. 495),

mit folgender Maßgabe:

Die Anordnung ist bis zum 31. Dezember 1991 anzuwenden. Die zu diesem Zeitpunkt laufenden Leistungen an Berechtigte und sich daraus ableitende Leistungen an Hinterbliebene werden weitergezahlt.

6. Anordnung über die Gewährung einer berufsbezogenen Zuwendung an Ballettmitglieder in staatlichen Einrichtungen vom Juni 1983

mit folgenden Maßgaben:

a) Die Anordnung ist bis zum 31. Dezember 1991 anzuwenden.
b) Von der Anordnung kann für die Zeit bis zum 31. Dezember 1991 durch Tarifvertrag oder Betriebsvereinbarung abgewichen werden.

7. Folgende Paragraphen der Verordnung über die freiwillige und zusätzliche Versicherung in der Sozialversicherung vom 28. Januar 1947

mit folgenden Maßgaben:

---

[1] Nr. 5 geändert durch Art. 4 Nr. 17 der Vereinbarung vom 18. 9. 1990 (BGBl. II S. 1239, 1244).

a) §§ 1 und 7 bleiben in Kraft;
b) ab dem 1. Januar 1991 gilt ein Beitragssatz von 18,7 vom Hundert und als Mindestbeitragsbemessungsgrundlage ein Siebtel der in dem in Artikel 3 des Vertrages genannten Gebiet geltenden Bezugsgröße;
c) bei der Anwendung von Buchstabe a) gelten die §§ 2 und 7 der Verordnung vom 25. Juni 1953 über die Neuregelung der freiwilligen Versicherung in der Sozialversicherung (GBL. I Nr. 80 S. 823) und die §§ 2, 3 und 10 der dazu erlassenen Ersten Durchführungsbestimmung vom 6. Juli 1953 (GBl. I Nr. 86 S. 865).

8. Verordnung über die freiwillige Versicherung auf Zusatzrente bei der Sozialversicherung vom 15. März 1968 (GBl. II Nr. 29 S. 154)

mit folgenden Maßgaben:

a) Eine bestehende Versicherung kann fortgeführt werden.
b) Bei der Anwendung der Verordnung sind die Erste Durchführungsbestimmung vom 15. März 1968 (GBl. II Nr. 29 S. 161) und § 39 Abs. 2 der Verordnung vom 17. November 1977 über die freiwillige Zusatzrentenversicherung der Sozialversicherung – FZR-Verordnung – (GBl. I Nr. 35 S. 395) zu berücksichtigen.

9.[1] Regelungen für Sonder- und Zusatzversorgungssysteme (Versorgungssysteme) mit folgenden Maßgaben:

a) Die noch nicht geschlossenen Versorgungssysteme sind bis zum 31. Dezember 1991 zu schließen; Neueinbeziehungen sind vom 3. Oktober 1990 an nicht mehr zulässig. Bis zur Schließung sind die versicherungs- und beitragsrechtlichen Regelungen der jeweiligen Versorgungssysteme weiter anzuwenden, soweit sich aus diesem Vertrag nichts anderes ergibt. Sie sind den allgemeinen Regelungen der Sozialversicherung in dem in Artikel 3 des Vertrages genannten Gebiet anzupassen.
b) Die erworbenen Ansprüche und Anwartschaften auf Leistungen wegen verminderter Erwerbsfähigkeit, Alter und Tod sind, soweit dies noch nicht geschehen ist, bis zum 31. Dezember 1991 in die Rentenversicherung zu überführen. Bis zur Überführung sind die leistungsrechtlichen Regelungen der jeweiligen Versorgungssysteme weiter anzuwenden, soweit sich aus diesem Vertrag, insbesondere den nachfolgenden Regelungen, nichts anderes ergibt. Ansprüche und Anwartschaften sind, auch soweit sie bereits überführt sind oder das jeweilige Versorgungssystem bereits geschlossen ist,
   1. nach Art, Grund und Umfang den Ansprüchen und Anwartschaften nach den allgemeinen Regelungen der Sozialversicherung in dem in Artikel 3 des Vertrages genannten Gebiet unter Berücksichtigung der jeweiligen Beitragszahlungen anzupassen, wobei ungerechtfertigte Leistungen abzuschaffen und überhöhte Leistungen abzubauen sind sowie eine Besserstellung gegenüber

---

[1] Nr. 9 Buchst. b) Ziff. 2 neugefaßt durch Art. 4 Nr. 18 der Vereinbarung vom 18. 9. 1990 (BGBl. II S. 1239, 1244).

vergleichbaren Ansprüchen und Anwartschaften aus anderen öffentlichen Versorgungssystemen nicht erfolgen darf, und

2. darüber hinaus zu kürzen oder abzuerkennen, wenn der Berechtigte oder die Person, von der sich die Berechtigung ableitet, gegen die Grundsätze der Menschlichkeit oder Rechtsstaatlichkeit verstoßen oder in schwerwiegendem Maße ihre Stellung zum eigenen Vorteil oder zum Nachteil anderer mißbraucht hat.

Bei Personen, die am 3. Oktober 1990 leistungsberechtigt sind, darf bei der Anpassung nach Satz 3 Nr. 1 der Zahlbetrag nicht unterschritten werden, der für Juli 1990 aus der Sozialversicherung und dem Versorgungssystem zu erbringen war. Bei Personen, die in der Zeit vom 4. Oktober 1990 bis 30. Juni 1995 leistungsberechtigt werden, darf bei der Anpassung nach Satz 3 Nr. 1 der Zahlbetrag nicht unterschritten werden, der für Juli 1990 aus der Sozialversicherung und dem Versorgungssystem zu erbringen gewesen wäre, wenn der Versorgungsfall am 1. Juli 1990 eingetreten wäre.

c) Die Versorgungssysteme werden bis zur Überführung der darin erworbenen Ansprüche und Anwartschaften in die Rentenversicherung weitergeführt. Verantwortlich sind die jeweiligen Funktionsnachfolger gemäß Artikel 13 des Vertrages (Funktionsnachfolger). Die Funktionsnachfolger haben die noch nicht geschlossenen Versorgungssysteme zu schließen und die Überführung der erworbenen Ansprüche und Anwartschaften in die Rentenversicherung durchzuführen.

d) Soweit die Einnahmen und das wirtschaftlich verwertbare Vermögen der Versorgungssysteme nicht ausreichen, die Ausgaben zu decken, die vor der Überführung der erworbenen Ansprüche und Anwartschaften in die Rentenversicherung anfallen, werden die erforderlichen Mittel von den jeweiligen Funktionsnachfolgern aufgebracht. Die der Rentenversicherung durch die Überführung der erworbenen Ansprüche und Anwartschaften entstehenden Mehraufwendungen werden ihr vom Bund erstattet. Die Aufwendungen des Bundes nach Satz 2 werden von den anderen Funktionsnachfolgern dem Bund erstattet, soweit dieser nicht selbst Funktionsnachfolger ist. Soweit eine Zuordnung von Aufwendungen zu einzelnen Funktionsnachfolgern nicht möglich ist, erfolgt die Erstattung anteilig durch die in Artikel 1 des Vertrages genannten Länder nach deren Einwohnerzahl.

e) Die in den Versorgungssystemen enthaltenen Regelungen über Versorgungsleistungen aufgrund vorzeitiger Entlassung bei Erreichen besonderer Altersgrenzen oder bestimmter Dienstzeiten (erweiterte Versorgung, Übergangsrente oder vergleichbare Leistungen) treten am 31. Dezember 1990 außer Kraft. Ansprüche auf solche Versorgungsleistungen haben nur Personen, die am 3. Oktober 1990 die Voraussetzungen für die Versorgungsleistungen erfüllt haben und bis zum 31. Dezember 1990 entlassen worden sind; Buchstabe b) Satz 2 und 3 gilt entsprechend. Die Versorgungsleistungen werden nach Überführung der Ansprüche und Anwartschaften nach Buchstabe b) Satz 1 von der Rentenversicherung ausgezahlt, sobald die Maßnahmen nach Buchstabe b) Satz 3 durchgeführt sind. Die der Rentenversicherung durch die Auszahlung entstehenden Mehraufwendungen einschließlich der Verwaltungskosten werden ihr vom Bund erstattet; Buchstabe d) Satz 3 und 4 gilt entsprechend.

f) Die Bundesregierung wird ermächtigt, durch Rechtsverordnung mit Zustimmung des Bundesrates das Nähere zu den Maßgaben nach Buchstaben a) bis e) zu bestimmen.

Sachgebiet I: Gesetzliche Unfallversicherung

Abschnitt III

Folgendes Recht der Deutschen Demokratischen Republik bleibt mit folgenden Maßgaben in Kraft:

1. Die Verordnung über die Erweiterung des Versicherungsschutzes bei Unfällen in Ausübung gesellschaftlicher, kultureller oder sportlicher Tätigkeiten vom 11. April 1973 (GBl. I Nr. 22 S. 199), zuletzt geändert durch Bekanntmachung vom 20. September 1977 (GBl. I Nr. 31 S. 346), bleibt bis zum 31. Dezember 1991 mit der Maßgabe in Kraft, daß der erweiterte Versicherungsschutz auf die in § 2 genannten Tätigkeiten eingeschränkt wird.

2. Die Achte Durchführungsbestimmung vom 2. Januar 1957 zur Verordnung über die Sozialpflichtversicherung – Deckung der Lasten aus Arbeitsunfällen und Berufskrankheiten – (GBl. I Nr. 3 S. 21; Ber. GBl. I Nr. 9 S. 88), zuletzt geändert durch die Neunte Durchführungsbestimmung vom 14. Januar 1958 (GBl. I Nr. 8 S. 82), bleibt bis zum 31. Dezember 1991 in Kraft.

3. Der § 24 mit Anlage der Ersten Durchführungsbestimmung zur Verordnung über die Sozialversicherung bei der Staatlichen Versicherung der Deutschen Demokratischen Republik vom 9. Dezember 1977 (GBl. I 1978 Nr. 1 S. 23), zuletzt geändert durch Verordnung vom 28. Juni 1990 (GBl. I Nr. 38 S. 509), bleibt bis zum 31. Dezember 1991 in Kraft.

4. Die §§ 220 und 221 des Arbeitsgesetzbuchs der Deutschen Demokratischen Republik vom 16. Juni 1977 (GBl. I Nr. 18 S. 185), zuletzt geändert durch Gesetz vom 22. Juni 1990 (GBl. I Nr. 35 S. 371), bleiben bis zum 31. Dezember 1991 in Kraft.

5. Die Verordnung über die Verhütung, Meldung und Begutachtung von Berufskrankheiten vom 26. Februar 1981 (GBl. I Nr. 12 S. 137) und die Erste Durchführungsbestimmung zur Verordnung über die Verhütung, Meldung und Begutachtung von Berufskrankheiten – Liste der Berufskrankheiten – vom 21. April 1981 (GBl. I Nr. 12 S. 139; Ber. GBl. I Nr. 25 S. 312) bleiben bis zum 31. Dezember 1991 in Kraft.

Kapitel IX
Geschäftsbereich des Bundesministers der Verteidigung

siehe Kapitel XIX

Recht des öffentlichen Dienstes einschließlich des Rechts der Soldaten

Kapitel X
Geschäftsbereich des Bundesministers für Jugend, Familie, Frauen und Gesundheit

Sachgebiet A: Frauenpolitik

Abschnitt III

Folgendes Recht der Deutschen Demokratischen Republik bleibt mit folgenden Maßgaben in Kraft:

1. §§ 242, 243 Abs. 1, §§ 248 und 249 des Arbeitsgesetzbuches der Deutschen Demokratischen Republik vom 16. Juni 1977 (GBl. I Nr. 18 S. 185), zuletzt geändert durch Gesetz zur Änderung und Ergänzung des Arbeitsgesetzbuches vom 22. Juni 1990 (GBl. I Nr. 35 S. 371),

mit folgender Maßgabe:

Diese Vorschriften gelten bis zum 31. Dezember 1990.

2. § 24 des Gesetzes über die Sozialversicherung – SVG – vom 28. Juni 1990 (GBl. I Nr. 38 S. 486) mit der Maßgabe wie zu Nummer 1.

3. Arbeitsschutzanordnung[5] – Arbeitsschutz für Frauen und Jugendliche – vom 9. August 1973 (GBl. I Nr. 44 S. 465), soweit sie Schwangere und Stillende betrifft, mit der Maßgabe wie zu Nummer 1.

4. §§ 244, 245 des Arbeitsgesetzbuches der Deutschen Demokratischen Republik vom 16. Juni 1977 (GBl. I Nr. 18 S. 185), zuletzt geändert durch Gesetz zur Änderung und Ergänzung des Arbeitsgesetzbuches vom 22. Juni 1990 (GBl. I Nr. 35 S. 371),

mit folgenden Maßgaben:

a) Die Vorschriften bleiben bis 31. Dezember 1990 in Kraft und gelten über diesen Zeitpunkt hinaus nur für Geburten vor dem 1. Januar 1991.

b) Der Durchschnittslohn und der Nettodurchschnittsverdienst werden nach der Verordnung über die Berechnung des Durchschnittsverdienstes und über die Lohnzahlung vom 21. Dezember 1961 (GBl. II Nr. 83 S. 551; Ber. GBl. II 1962 Nr. 2 S. 11), zuletzt geändert durch die Besoldungsverordnung vom 25. März 1982 (GBl. I Nr. 12 S. 253), sowie den §§ 69 bis 75 der Verordnung zur Sozialpflichtversicherung der Arbeiter und Angestellten – SVO – vom 17. November 1977 (GBl. I Nr. 35 S. 373) berechnet.

5. § 25 Abs. 1 Buchstabe b), § 71 Buchstabe b) des Gesetzes über die Sozialversicherung – SVG – vom 28. Juni 1990 (GBl. I Nr. 38 S. 486) mit den Maßgaben wie zu Nummer 4.

6. §§ 44 und 45 der Verordnung zur Sozialpflichtversicherung der Arbeiter und Angestellten – SVO – vom 17. November 1977 (GBl. I Nr. 35 S. 373), geändert durch die Verordnung über die Änderung oder Aufhebung von Rechtsvorschriften vom 28. Juni 1990 (GBl. I Nr. 38 S. 509), mit den Maßgaben wie zu Nummer 4.

7. § 15 der Ersten Durchführungsbestimmung zur Verordnung zur Sozialpflichtversicherung der Arbeiter und Angestellten – SVO – vom 17. November 1977 (GBl. I Nr. 35 S. 391), geändert durch die Verordnung über die Änderung oder Aufhebung von Rechtsvorschriften vom 28. Juni 1990 (GBl. I Nr. 38 S. 509), mit den Maßgaben wie zu Nummer 4.

8. §§ 63 bis 65 der Verordnung über die Sozialversicherung bei der Staatlichen Versicherung der Deutschen Demokratischen Republik vom 9. Dezember 1977 (GBl. I 1978 Nr. 1 S. 1), geändert durch die Verordnung über die Änderung oder Aufhebung von Rechtsvorschriften vom 28. Juni 1990 (GBl. I Nr. 38 S. 509), mit den Maßgaben wie zu Nummer 4.

9. § 42 der Ersten Durchführungsbestimmung zur Verordnung über die Sozialversicherung bei der Staatlichen Versicherung der Deutschen Demokratischen Republik vom 9. Dezember 1977 (GBl. 1978 I Nr. 1 S. 23), geändert durch die Verordnung über die Änderung oder Aufhebung von Rechtsvorschriften vom 28. Juni 1990 (GBl. I Nr. 38 S. 509), mit den Maßgaben wie zu Nummer 4.

10. § 2 Abs. 2 des Gesetzes über den Mutter- und Kinderschutz und die Rechte der Frau vom 27. September 1950 (GBl. I Nr. 111 S. 1037) in der Fassung des Änderungsgesetzes vom 28. Mai 1958 (GBl. I Nr. 33 S. 416)

mit folgender Maßgabe:

Diese Vorschrift bleibt bis zum 31. Dezember 1990 in Kraft und gilt über diesen Zeitpunkt hinaus nur noch für Geburten vor dem 1. Januar 1991.

11. Erste Durchführungsbestimmung zum Gesetz über den Mutter- und Kinderschutz und die Rechte der Frau – Ausstellung von Ausweisen für Schwangere und Wöchnerinnen – vom 10. Februar 1953 (GBl. I Nr. 31 S. 390) mit der Maßgabe wie zu Nummer 10.

12. Zweite Durchführungsbestimmung zum Gesetz über den Mutter- und Kinderschutz und die Rechte der Frau – Ausstellung von Ausweisen für Schwangere und Wöchnerinnen – vom 1. März 1954 (GBl. I Nr. 25 S. 233) mit der Maßgabe wie zu Nummer 10.

Sachgebiet B: Jugend

Abschnitt I

Folgendes Recht der Deutschen Demokratischen Republik bleibt in Kraft:

1.[1] Anordnung vom 20. Juli 1990 über die Errichtung der Stiftung „Demokratische Jugend" (GBl. I Nr. 60 S. 1473).

2. Erste Durchführungsbestimmung vom 5. Januar 1966 zur Verordnung über die Pflichten und Rechte der Lehrkräfte und Erzieher – Arbeitsordnung für pädagogische Kräfte der Volksbildung – Fürsorge- und Aufsichtsordnung – (GBl. II Nr. 5 S. 19).

3. § 2 der Vierten Durchführungsbestimmung vom 20. Dezember 1968 zum Gesetz über das einheitliche sozialistische Bildungssystem – Bildung und Erziehung im zweisprachigen Gebiet der Bezirke Cottbus und Dresden – (GBl. II 1969 Nr. 3 S. 33).

4. Verordnung vom 16. Oktober 1975 über die Schüler- und Kinderspeisung und deren Durchführungsbestimmungen.

Abschnitt III

Folgendes Recht[2] der Deutschen Demokratischen Republik bleibt mit folgenden Maßgaben in Kraft:

1. §§ 3 bis 5 der Sechsten Durchführungsbestimmung vom 29. Dezember 1981 zur Jugendhilfeverordnung (GBl. I 1982 Nr. 6 S. 141) in der Fassung der Achten Durchführungsbestimmung vom 17. Dezember 1984 der Jugendhilfeverordnung (GBl. I 1985 Nr. 1 S. 6)

mit folgender Maßgabe:

Die dort genannten Pflegegeldbeträge gelten als Mindestbeträge.

2. Verordnung über Tageseinrichtungen für Kinder vom 18. September 1990 (GBl. I Nr. 63 S. 1577)

mit folgenden Maßgaben:

a) § 7 2. Halbsatz wird wie folgt gefaßt:
„. . .können durch die Träger von Tageseinrichtungen für Kinder im Territorium und die zuständigen kommunalen Behörden des Stadt- oder Landkreises oder der Gemeinde beraten und unterstützt werden."

b) § 18 findet keine Anwendung.

c) § 19 Abs. 1 wird gestrichen.

3. Verordnung über die Betreuung von Kindern in Tagespflege vom 18. September 1990 (GBl. I Nr. 63 S. 1579)

---

[1] Nr. 1 neugefaßt durch Art. 5 Nr. 8 der Vereinbarung vom 18. 9. 1990 (BGBl. II S. 1239, 1245).

[2] Nrn. *2* und *3* eingefügt aufgrund Art. 3 Nrn. 26, 27 der Vereinbarung vom 18. 9. 1990 (BGBl. II S. 1239, 1242).

mit folgenden Maßgaben:

a) § 2 Abs. 1 Satz 2 wird wie folgt ergänzt:
„..., soweit sie die Tätigkeit der Tagespflege gewerbsmäßig betreibt".

b) In § 2 Abs. 2 wird das Wort „sollen" durch das Wort „können" ersetzt.

Sachgebiet D: Gesundheitspolitik

Abschnitt III

Folgendes Recht[1] der Deutschen Demokratischen Republik bleibt mit folgenden Maßgaben in Kraft:

1. Anordnung über das Zentrale Suchtmittelbüro beim Ministerium für Gesundheitswesen vom 28. Januar 1974 (GBl. I Nr. 16 S. 149) bis zur Überführung oder Abwicklung des Zentralen Suchtmittelbüros nach Artikel 13 Abs. 2 Satz 2.

2. § 11 Abs. 3, § 15 Abs. 4 Satz 5, § 16 Abs. 1, Abs. 2 Satz 4 und Abs. 3 Satz 2 der Ersten Durchführungsbestimmung zum Suchtmittelgesetz – Unterstellte Substanzen, Erlaubnisse, Abgabe- und Bezugsberechtigungen, Ein-, Aus- und Durchfuhr – vom 28. Januar 1974 (GBl. I Nr. 16 S. 149) bis zum Ablauf von drei Jahren nach Wirksamwerden des Beitritts.

3. § 4 Abs. 1 und 2 der Zweiten Durchführungsbestimmung zum Suchtmittelgesetz – Verschreibungs- und Abgabeordnung – vom 28. Januar 1974 (GBl. I Nr. 16 S. 157), zuletzt geändert durch die Sechste Durchführungsbestimmung zum Suchtmittelgesetz – Ergänzung des Suchtmittelverzeichnisses, weitere Bestimmungen über Verschreibung, Abgabe, Ein- und Ausfuhr – vom 27. April 1989 (GBl. I Nr. 12 S. 172), bis zum 30. Juni 1991, § 4 Abs. 3 Satz 1 und 2 dieser Durchführungsbestimmung bis zum 31. Dezember 1991, § 4 Abs. 3 Satz 3, § 8, § 10 Abs. 2 Satz 5 und § 17 Abs. 3 dieser Durchführungsbestimmung bis zum Ablauf von drei Jahren nach Wirksamwerden des Beitritts sowie § 10 Abs. 1 dieser Durchführungsbestimmung bis auf Widerruf.

4. § 4 Abs. 2, § 8 Abs. 2 Satz 3, § 9 Satz 3, § 15 Abs. 2 Satz 2 und Abs. 3 Satz 3, § 16 Abs. 3 Satz 3 und Abs. 4 Satz 2, § 21 Abs. 1 Satz 2 sowie Abs. 3 Satz 2 der Dritten Durchführungsbestimmung zum Suchtmittelgesetz – Aufbewahrung, Nachweisführung, Berichterstattung, Kontrolle – vom 28. Januar 1974 (GBl. I Nr. 16 S. 161) bis zum Ablauf von drei Jahren nach dem Wirksamwerden des Beitritts.

5. §§ 1 und 3 in Verbindung mit Anlage 1 Teil II, A Buchstabe b Nrn. 4 - 6 der Fünften Durchführungsbestimmung zum Suchtmittelgesetz – Neufassung des Suchtmittelverzeichnisses, weitere Bestimmungen über Verschreibung, Abgabe, Ein- und Ausfuhr – vom 21. Januar

---

[1] Nr. *9* eingefügt aufgrund Art. 3 Nr. 25 der Vereinbarung vom 18. 9. 1990 (BGBl. II. S. 1239, 1242).

1983 (GBl. I Nr. 7 S. 69), zuletzt geändert durch die Sechste Durchführungsbestimmung zum Suchtmittelgesetz – Ergänzung des Suchtmittelverzeichnisses, weitere Bestimmungen über Verschreibung, Abgabe, Ein- und Ausfuhr – vom 27. April 1989 (GBl. I Nr. 12 S. 172),

mit folgender Maßgabe:

Die dort aufgeführten Zubereitungen dürfen in dem in Artikel 3 des Vertrages genannten Gebiet noch bis zum 31. Dezember 1991 wie bisher verschrieben und von den Apotheken abgegeben werden.

6. Anordnung über eine erweiterte materielle Unterstützung für Bürger bei Gesundheitsschäden infolge medizinischer Maßnahmen vom 28. Januar 1987 (GBl. I Nr. 4 S. 34)

mit folgenden Maßgaben:

Sie gilt für Schäden weiter, die auf medizinische Maßnahmen zurückzuführen sind, die vor dem Wirksamwerden des Beitritts durchgeführt wurden. Als Dauerleistungen bewilligte Entschädigungsleistungen werden weiter gewährt. Die Zahlung der Entschädigungsleistungen wird durch die zuständigen Landesbehörden durchgeführt.

7. Gemeinsame Anweisung des Ministers für Gesundheitswesen und des Ministers für Hoch- und Fachhochschulwesen zur Durchführung des Vorpraktikums vor Aufnahme des Medizin- bzw. Stomatologiestudiums vom 12. September 1983 (Verf. u. Mitt. MfGE Nr. 7 S. 57), jedoch nur, soweit sie Personen betrifft, die zum Zeitpunkt des Wirksamwerdens des Beitritts das Vorpraktikum ableisten.

8. Anweisung zur Durchführung des Klinischen Praktikums im 6. Jahr des Medizinstudiums (Pflichtassistenz) an medizinischen Hochschuleinrichtungen und staatlichen Einrichtungen des Gesundheitswesens vom 10. September 1976 (Verf. u. Mitt. MfGE 1977 Nr. 1. S. 1) in der Fassung der Änderungsanweisung vom 30. Juni 1977 (Verf. u. Mitt. MfGE 1978 Nr. 1 S. 6)

mit der Maßgabe:

§§ 6 bis 8 gelten bis zum 31. Dezember 1990.

9. Gesetz über den Rettungsdienst der Deutschen Demokratischen Republik – Rettungsdienstgesetz – vom 13. September 1990 (GBl. I. Nr. 62 S. 1547)

mit folgender Maßgabe:

Das Gesetz gilt in den in Artikel 1 Abs. 1 des Vertrages genannten Ländern bis zu einer anderweitigen landesrechtlichen Regelung, längstens jedoch bis zum 31. Dezember 1992.

Sachgebiet H: Familie und Soziales

Abschnitt I[1]

Folgendes Rechtder Deutschen Demokratischen Republik bleibt in Kraft:

Unterhaltssicherungsverordnung vom 19. Mai 1988 (GBl. I Nr. 11 S. 129), geändert durch die Zweite Unterhaltssicherungsverordnung vom 31. August 1990 (GBl. I Nr. 59 S. 1432).

Abschnitt III

Folgendes Recht[2] der Deutschen Demokratischen Republik bleibt mit folgenden Maßgaben in Kraft:

1. § 246 des Arbeitsgesetzbuches der Deutschen Demokratischen Republik vom 16. Juni 1977 (GBl. I Nr. 18 S. 185), zuletzt geändert durch das Gesetz zur Änderung und Ergänzung des Arbeitsgesetzbuches vom 22. Juni 1990 (GBl. I Nr. 35 S. 371),

mit folgenden Maßgaben:

a) Die Vorschriften sind ab dem 1. Januar 1991 nur noch für Kinder anwendbar, die vor dem 1. Januar 1991 geboren sind.

b) Sie gelten bis zum 31. Dezember 1993.

c) Der Durchschnittslohn und der Nettodurchschnittsverdienst werden nach der Verordnung über die Berechnung des Durchschnittsverdienstes und über die Lohnzahlung vom 21. Dezember 1961 (GBl. II Nr. 83 S. 551; Ber. GBl. II 1962 Nr. 2 S. 11), zuletzt geändert durch die Besoldungsverordnung vom 25. März 1982 (GBl. I Nr. 12 S. 253), sowie den §§ 69 bis 75 der Verordnung zur Sozialpflichtversicherung der Arbeiter und Angestellten – SVO – vom 17. November 1977 (GBl. I Nr. 35 S. 373), geändert durch die Verordnung über die Änderung oder Aufhebung von Rechtsvorschriften vom 28. Juni 1990 (GBl. I Nr. 38 S. 509), berechnet.

2. §§ 26, 46 bis 55 der Verordnung zur Sozialpflichtversicherung der Arbeiter und Angestellten – SVO – vom 17. November 1977 (GBl. I Nr. 35 S. 373), geändert durch die Verordnung über die Änderung oder Aufhebung von Rechtsvorschriften vom 28. Juni 1990 (GBl. I Nr. 38 S. 509), mit den unter Nummer 1 genannten Maßgaben.

3. §§ 45, 66 bis 73 der Verordnung über die Sozialversicherung bei der Staatlichen Versicherung der Deutschen Demokratischen Republik vom 9. Dezember 1977 (GBl. I 1978 Nr. 1 S. 1), geändert durch die Verordnung über die Änderung oder Aufhebung von Rechtsvorschriften vom 28. Juni 1990 (GBl. I Nr. 38 S. 509), mit den unter Nummer 1 genannten Maßgaben.

---

[1] Abschnitt I neugefaßt durch Art. 4 Nr. 19 der Vereinbarung vom 18. 9. 1990 (BGBl. II S. 1239, 1244).

[2] Nrn. *18* und *19* eingefügt aufgrund Art. 3 Nrn. 28, 29 der Vereinbarung vom 18. 9. 1990 (BGBl. II S. 1239, 1242).

4. §§ 1 bis 3 der Verordnung über die Verbesserung von Leistungen nach der Geburt des dritten und jedes weiteren Kindes und für verheiratete werktätige Mütter mit drei und mehr Kindern bei Pflege erkrankter Kinder vom 24. Mai 1984 (GBl. I Nr. 16 S. 193) mit den unter Nummer 1 genannten Maßgaben.

5. §§ 1 bis 6a) und § 11 der Verordnung über die weitere Verbesserung der Arbeits- und Lebensbedingungen der Familien mit Kindern vom 24. April 1986 (GBl. I Nr. 15 S. 241), zuletzt geändert durch § 11 der Verordnung über die Änderung und Aufhebung von Rechtsvorschriften vom 28. Juni 1990 (GBl. I Nr. 38 S. 509), mit den unter Nummer 1 genannten Maßgaben.

6. Verordnung über die Erhöhung der staatlichen Geburtenhilfe und die Verlängerung des Wochenurlaubs vom 10. Mai 1972 (GBl. II Nr. 27 S. 314) mit den unter Nummer 1 genannten Maßgaben.

7. §§ 25 Abs. 2, Abs. 3 Satz 1 b), Satz 2, § 71 e) des Gesetzes über die Sozialversicherung – SVG – vom 28. Juni 1990 (GBl. I Nr. 38 S. 486) mit den unter Nummer 1 genannten Maßgaben.

8. §§ 6 bis 8 der Verordnung über die besondere Unterstützung der Familien mit schwerstgeschädigten Kindern vom 24. April 1986 (GBl. I Nr. 15 S. 243)

mit folgender Maßgabe:

Sie gelten bis zum 31. Dezember 1990.

9. § 71 Buchst. f) und g) des Gesetzes über die Sozialversicherung – SVG – vom 28. Juni 1990 (GBl. I Nr. 38 S. 486)

mit folgender Maßgabe:

Sie gelten bis zum 31. Dezember 1990.

10. Sozialfürsorgeverordnung vom 23. November 1979 (GBl. I Nr. 43 S. 422), zuletzt geändert durch das Sozialhilfegesetz vom 21. Juni 1990 (GBl. I Nr. 35 S. 392),

mit folgender Maßgabe:

Sie gelten bis zum 31. Dezember 1990.

11. Gesetz über den Anspruch auf Sozialhilfe – Sozialhilfegesetz – vom 21. Juni 1990 (GBl. I Nr. 35 S. 392) mit der unter Nummer 10 genannten Maßgabe.

12. Erste Durchführungsbestimmung zum Gesetz über den Anspruch auf Sozialhilfe – Sozialhilfegesetz – vom 21. Juni 1990 (GBl. I Nr. 41 S. 624) mit der unter Nummer 10 genannten Maßgabe.

13. Zweite Durchführungsbestimmung zum Gesetz über den Anspruch auf Sozialhilfe – Sozialhilfegesetz – vom 21. Juni 1990 (GBl. I Nr. 41 S. 624) mit der unter Nummer 10 genannten Maßgabe.

14. Dritte Durchführungsbestimmung zum Gesetz über den Anspruch auf Sozialhilfe – Sozialhilfegesetz – vom 21. Juni 1990 (GBl. I Nr. 41 S. 624) mit der unter Nummer 10 genannten Maßgabe.

15. § 12 der Verordnung über das Bestattungs- und Friedhofswesen vom 17. April 1980 (GBl. I Nr. 18 S. 159) mit folgender Maßgabe:

Es gilt bis zum 31. Dezember 1994.

16. § 6 Abs. 1 und § 19 Abs. 2 der Verordnung über Feierabend- und Pflegeheime vom 1. März 1978 (GBl. I Nr. 10 S. 125)

mit folgender Maßgabe:

Sie gelten bis zum 31. Dezember 1990.

17. Richtlinie des Ministers für Gesundheitswesen und des amtierenden Direktors der Verwaltung der Sozialversicherung zur Finanzierung der stationären und ambulanten Einrichtungen des Gesundheitswesens vom 19. Juni 1990

mit folgender Maßgabe:

Sie gilt bis zum 31. Dezember 1990.

18. Verordnung zur Ergänzung der Verordnung vom 12. März 1987 über staatliches Kindergeld – Zweite Verordnung über staatliches Kindergeld – vom 29. August 1990 (GBl. I Nr. 58 S. 1423)

mit folgender Maßgabe:

Die Verordnung tritt am 31. Dezember 1990 außer Kraft.

19. Anordnung zur Zahlung des Ausgleichsbetrages zum staatlichen Kindergeld vom 21. August 1990 (GBl. I Nr. 57 S. 1396)

mit folgender Maßgabe:

Die Anordnung tritt zum 31. Dezember 1990 außer Kraft.

Kapitel XI
Geschäftsbereich des Bundesministers für Verkehr

Sachgebiet A: Eisenbahnverkehr

Abschnitt III

Folgendes Recht der Deutschen Demokratischen Republik bleibt mit folgenden Maßgaben in Kraft:

1. Verordnung vom 22. Januar 1976 über die Staatliche Bahnaufsicht – Bahnaufsichtsverordnung – (BAVO) (GBl. I Nr. 3 S. 33)

   mit folgender Maßgabe:

   Für eine Aufhebung oder Änderung sind die in Artikel 1 des Vertrages genannten Länder zuständig.

2. Anordnung vom 13. Mai 1982 über den Bau und Betrieb von Anschlußbahnen – Bau- und Betriebsordnung für Anschlußbahnen (BOA) – (Sonderdruck Nr. 1080 des Gesetzblattes)

   mit folgender Maßgabe:

   Für eine Aufhebung oder Änderung sind die in Artikel 1 des Vertrages genannten Länder zuständig.

3. Bau- und Betriebsordnung für Pioniereisenbahnen (BOP) vom 15. Februar 1979 (Sonderdruck Nr. 1/1979 des MBl. SB)

   mit folgender Maßgabe:

   Für eine Aufhebung oder Änderung sind die in Artikel 1 des Vertrages genannten Länder zuständig.

4. Anordnung vom 5. Januar 1979 über die Qualitätsfeststellung an Erzeugnissen für die Deutsche Reichsbahn und für die der Staatlichen Bahnaufsicht unterliegenden Bahnen (GBl. I Nr. 5 S. 54)

   mit folgender Maßgabe:

   Der Bundesminister für Verkehr ist ermächtigt, die Anordnung aufzuheben.

5. Arbeitsschutzanordnung 351/2 vom 20. November 1969 – Deutsche Reichsbahn – (Sonderdruck Nr. 652 des Gesetzblattes)

   mit folgender Maßgabe:

   Der Bundesminister für Verkehr ist ermächtigt, die Anordnung aufzuheben.

6. Arbeitsschutzanordnung 352/1 vom 6. Januar 1965 – Bahnen, die nicht von der Deutschen Reichsbahn verwaltet werden – (GBl. II Nr. 15 S. 108)

   mit folgender Maßgabe:

   Für eine Aufhebung oder Änderung sind die in Artikel 1 des Vertrages genannten Länder zuständig.

7. Anordnung vom 4. Juli 1974 über die Regelungen der Rechtsbeziehungen zwischen der Deutschen Reichsbahn und den Anschlußbahnen – Allgemeine Bedingungen für Anschlußbahnen (ABA) – (GBl. I Nr. 38 S. 357), zuletzt geändert durch Anordnung Nr. 2 vom 7. August 1984 (GBl. I Nr. 24 S. 290),

mit folgender Maßgabe:

Der Bundesminister für Verkehr ist ermächtigt, die Anordnung aufzuheben.

8. Eisenbahn-Bau und Betriebsordnung (BO) vom 17. Juli 1928 (RGBl. II Nr. 37 S. 541), zuletzt geändert durch Verordnung vom 23. Juli 1943 (RGBl. II Nr. 30 S. 361),
soweit ihre Fortgeltung durch die in § 3 der Eisenbahn-Bau- und Betriebsordnung vom 8. Mai 1967 (BGBl. II S. 1563), zuletzt geändert durch Verordnung vom 18. Dezember 1981 (BGBl. I S. 1490), genannten Stellen zugelassen worden ist (vgl. Anlage I Kapitel XI Sachgebiet A Abschnitt I Nr. 6a).

9. Verordnung vom 25. Juni 1943 über die Eisenbahn-Bau- und Betriebsordnung für Schmalspurbahnen (RGBl. II Nr. 27 S. 285),

soweit ihre Fortgeltung durch die in § 3 der Eisenbahn-Bau- und Betriebsordnung für Schmalspurbahnen vom 25. Februar 1972 (BGBl. I S. 269), geändert durch Verordnung vom 21. November 1983 (BGBl. I S. 1382), genannten Stellen zugelassen worden ist (vgl. Anlage I Kapitel XI Sachgebiet A Abschnitt I Nr. 7).

10. Anordnung vom 9. März 1949 betreffend Übernahme des Betriebes von nicht reichsbahneigenen Eisenbahnen des öffentlichen Verkehrs durch die Deutsche Wirtschaftskommission – Generaldirektion Reichsbahn (Zentralverordnungsblatt Teil I Nr. 23 S. 183),

mit folgender Maßgabe:

Der Bundesminister für Verkehr ist ermächtigt, die Anordnung aufzuheben.

Sachgebiet B: Straßenverkehr

Abschnitt III

Folgendes Recht der Deutschen Demokratischen Republik bleibt mit folgenden Maßgaben in Kraft:

1. § 4 Abs. 2, § 14 Abs. 1 Nr. 1, § 45 Abs. 1 Nr. 4, § 70 Abs. 1 und 3, § 71 der Verordnung vom 20. Juni 1990 über den Güterkraftverkehr (GüKVO) (GBl. I Nr. 40 S. 580)

mit folgenden Maßgaben:

a) § 4 Abs. 2, § 14 Abs. 1 Nr. 1, § 45 Abs. 1 Nr. 4 gelten bis zum 31. Dezember 1992.

b) In § 70 Abs. 1 und 3 tritt an die Stelle des 31. Oktober 1990 der 31. Dezember 1990.

c) In § 70 Abs. 1 Satz 3 entfallen die Worte „bis 31. Juli 1990".
d) In § 71 tritt an die Stelle des 30. September 1990 der 31. Dezember 1990.

2. Durchführungsbestimmung zu § 10 Abs. 1 der Verordnung über den Güterkraftverkehr vom 16. August 1990 (TVA Nr. 24 vom 30. August 1990)

mit folgender Maßgabe:

Der Bundesminister für Verkehr wird ermächtigt, durch Rechtsverordnung ohne Zustimmung des Bundesrates bis zu einer Neufestsetzung der Höchstzahlen nach § 9 Abs. 1 des Güterkraftverkehrsgesetzes in der Fassung der Bekanntmachung vom 10. März 1983 (BGBl. I S. 256), zuletzt geändert durch Gesetz vom 28. Juni 1990 (BGBl. I S. 1221), für das in Artikel 3 des Vertrages genannte Gebiet unter Berücksichtigung des öffentlichen Verkehrsbedürfnisses und der Verkehrssicherheit vorläufige Höchstzahlen festzusetzen.

3. § 11 Abs. 2 sowie die Vorschriften der § 2 Buchstabe g, §§ 7 und 11, die sich auf den Gelegenheitsverkehr einschließlich des Taxen- und Mietwagenverkehrs beziehen, der Verordnung vom 20. Juni 1990 über den gewerblichen Personenverkehr (PBefVO) (GBl. I Nr. 40 S. 574)

mit folgender Maßgabe:

Sie gelten bis zum 31. Dezember 1992.

4. Straßenverkehrs-Ordnung – StVO – vom 26. Mai 1977 (GBl. I Nr. 20 S. 257), zuletzt geändert durch die Fünfte Verordnung vom 9. September 1986 (GBl. I Nr. 31 S. 417),

mit folgenden Maßgaben:

a) Die Verordnung gilt bis zum 31. Dezember 1990 fort.
b) § 7 Abs. 2 in Verbindung mit § 47 Abs. 1 bis 3 gilt über den 31. Dezember 1990 fort.
c) § 12 Abs. 2 Buchstabe b gilt für die in § 3 Abs. 3 Nr. 2 Buchstaben a und c der Straßenverkehrs-Ordnung vom 16. November 1970 (BGBl. I S. 1565, 1971 S. 38), zuletzt geändert durch Verordnung vom 9. November 1989 (BGBl. I S. 1976), bezeichneten Kraftfahrzeuge bis zum 31. Dezember 1992.
d) § 12 Abs. 2 Buchstabe c gilt für Personenkraftwagen sowie für andere Kraftfahrzeuge mit einem zulässigen Gesamtgewicht bis 2,8 t bis zum 31. Dezember 1991.
e) Die Verkehrszeichen der Anlage 2 Bilder 215 (Wendeverbot), 419 (nicht gültig für abgebildete Fahrzeugart), 421 (nicht gültig für Schwerst-Gehbehinderte mit Ausnahmegenehmigung) und 422 (gültig bei Nässe) behalten ihre bisherige Bedeutung.
f) Zuwiderhandlungen gegen die in den Buchstaben a bis d genannten Vorschriften und Zuwiderhandlungen gegen das mit Bild 215 angeordnete Verbot sowie gegen eine jeweils zusammen mit Bild 422 angeordnete Beschränkung stehen Ordnungswidrigkeiten im Sinne des § 24 des Straßenverkehrsgesetzes in der im Bundesgesetzblatt

Teil III, Gliederungsnummer 9231-1, veröffentlichten bereinigten Fassung, zuletzt geändert durch Gesetz vom 28. Januar 1987 (BGBl. I S. 486), gleich.

5. Straßenverkehrs-Zulassungs-Ordnung – StVZO – vom 26. November 1981 (GBl. I 1982 Nr. 1 S. 6)

mit folgenden Maßgaben:

a) Die Bestimmungen über Kennzeichen, Zulassungsscheine und Fahrzeugbriefe gelten bis zum 31. Dezember 1993.

b) Die Bestimmungen zur Verlängerung von bereits erteilten Allgemeinen Betriebserlaubnissen gelten bis zum 31. Dezember 1991.

c) Die Bestimmungen zur Genehmigung von Nachträgen zu bereits erteilten Allgemeinen Betriebserlaubnissen gelten bis zum Ablauf der Gültigkeit der jeweiligen Betriebserlaubnis, längstens jedoch bis 30. Juni 1994, fort.

6. Erste Durchführungsbestimmung zur Straßenverkehrs-Zulassungs-Ordnung – StVZO – vom 29. März 1982 (GBl. I Nr. 17 S. 355)

mit folgender Maßgabe:

Die sich auf Kennzeichen, Zulassungsscheine und Fahrzeugbriefe erstreckenden Vorschriften gelten bis zum 31. Dezember 1993 fort.

7. Anordnung über amtlich anerkannte Sachverständige für den Kraftfahrzeugverkehr – Kfz-Sachverständigen-Anordnung – vom 30. Mai 1990 (GBl. I Nr. 34 S. 365)

mit folgender Maßgabe:

Die Anordnung gilt bis zum 31. März 1991 fort.

Sachgebiet C: Binnenschiffahrt und Wasserstraßen

Abschnitt III

Folgendes Recht der Deutschen Demokratischen Republik bleibt mit folgenden Maßgaben in Kraft:

1. Anordnung vom 21. Dezember 1977 über die Regelung des Verkehrs auf Binnengewässern – Binnengewässer-Verkehrs-Ordnung (BGVO) – (Sonderdruck Nr. 951 des Gesetzblattes) in der Fassung der Anordnung Nr. 2 vom 15. Februar 1984 (Sonderdruck Nr. 951/1 des Gesetzblattes)

mit folgender Maßgabe:

Sie gilt als Landesrecht in dem in Artikel 3 des Vertrages genannten Gebiet.

2. Anordnung vom 5. Mai 1989 über die Regelung des Verkehrs auf den Binnenwasserstraßen – Binnenwasserstraßen-Verkehrsordnung (BWVO) – (Sonderdruck Nr. 1318 des Gesetzblattes) in der Fassung der Anordnung Nr. 2 vom 30. März 1990 (Sonderdruck Nr. 1318/1 des Gesetzblattes)

mit folgender Maßgabe:

Die Fortgeltung bezieht sich ausschließlich auf die Grenzgewässer der Oder und Neiße.

Sachgebiet D: Straßenbau

Abschnitt III

Folgendes Recht der Deutschen Demokratischen Republik bleibt mit folgenden Maßgaben in Kraft:

1. Verordnung vom 22. August 1974 über die öffentlichen Straßen – Straßenverordnung – (GBl. I Nr. 57 S. 515) mit folgender Maßgabe:

Sie gilt als Landesrecht in dem in Artikel 3 des Vertrages genannten Gebiet.

2. Erste Durchführungsbestimmung zur Straßenverordnung vom 22. August 1974 (GBl. I Nr. 57 S. 522)

mit folgender Maßgabe:

Für eine Aufhebung oder Änderung sind die in Artikel 1 des Vertrages genannten Länder zuständig.

3. Zweite Durchführungsbestimmung zur Straßenverordnung vom 14. Mai 1984 – Sperrordnung – (GBl. I Nr. 20 S. 259) mit folgender Maßgabe:

Für eine Aufhebung oder Änderung sind die in Artikel 1 des Vertrages genannten Länder zuständig.

Sachgebiet E: Allgemeine verkehrliche Bestimmungen

Abschnitt III

Folgendes Recht der Deutschen Demokratischen Republik bleibt mit folgenden Maßgaben in Kraft:

1. Verordnung vom 21. Juli 1988 über die Gewährleistung des sicheren Transports gefährlicher Güter (VOTG) (GBl. I Nr. 18 S. 205)

mit folgender Maßgabe:

Sie gilt bis zum 30. Juni 1991.

2. Erste Durchführungsbestimmung vom 21. Juli 1988 zur Verordnung über die Gewährleistung des sicheren Transports gefährlicher Güter (VOTG) (GBl. I Nr. 18 S. 210)

mit folgender Maßgabe:

Sie gilt bis zum 30. Juni 1991.

3. Zweite Durchführungsbestimmung vom 21. Juli 1988 zur Verordnung über die Gewährleistung des sicheren Transports gefährlicher Güter (VOTG) – Meldepflicht bzw. Melde- und Begleitpflicht bestimmter gefährlicher Güter – (GBl. I Nr. 18 S. 213)

mit folgender Maßgabe:

Sie gilt bis zum 30. Juni 1991.

4. Dritte Durchführungsbestimmung vom 21. Juli 1988 zur Verordnung über die Gewährleistung des sicheren Transports gefährlicher Güter (VOTG) – Transport von Giften – (GBl. I Nr. 18 S. 215)

mit folgender Maßgabe:

Sie gilt bis zum 30. Juni 1991.

5. Transportordnung für gefährliche Güter (TOG) vom 30. Januar 1979 (TVA Nr. 153/20/79)

mit folgender Maßgabe:

Sie gilt bis zum 30. Juni 1991.

6. Ordnung über den Seetransport und Hafenumschlag gefährlicher Güter (OSHG) vom 4. Juni 1987 (TVA Nr. 170/18/87)

mit folgender Maßgabe:

Sie gilt bis zum 30. Juni 1991.

7. Ordnung über den Lufttransport gefährlicher Güter (OLTG) vom 13. Februar 1979 (TVA Nr. 190/18/85)

mit folgender Maßgabe:

Sie gilt bis zum 30. Juni 1991.

8. Anordnung vom 27. Februar 1979 über die Mitnahme gefährlicher Güter in öffentliche Beförderungsmittel (GBl. I Nr. 11 S. 86) in der Fassung der Personenbeförderungsverordnung (PBVO) vom 5. Januar 1984 (GBl. I Nr. 4 S. 25)

mit folgender Maßgabe:

Sie gilt bis zum 30. Juni 1991.

Kapitel XII
Geschäftsbereich des Bundesministers für Umwelt, Naturschutz und Reaktorsicherheit

Abschnitt III

Folgendes Recht[1] der Deutschen Demokratischen Republik bleibt mit folgenden Maßgaben in Kraft:

1. Umweltrahmengesetz vom 29. Juni 1990 (GBl. I Nr. 42 S. 649)
mit folgenden Maßgaben:
Folgende Regelungen gelten fort:
a) Artikel 1 § 2 Abs. 1 in Verbindung mit
aa) Anlage 1 zu Artikel 1
aaa) Nummer 1 f) aa) (Erste Allgemeine Verwaltungsvorschrift zur Störfall-Verordnung (1. StörfallVwV) vom 26. August 1988 (GMBl. S. 398)
bbb) Nummer 1 f) bb) (Zweite Allgemeine Verwaltungsvorschrift zur Störfall-Verordnung (2. StörfallVwV) vom 27. April 1982 (GMBl. S. 205)
ccc) Nummer 1 h) Erste Allgemeine Verwaltungsvorschrift zum Bundes-Immissionsschutzgesetz (Technische Anleitung zur Reinhaltung der Luft – TA Luft) vom 27. Februar 1986 (GMBl. S. 95, 202)
ddd) Nummer 1 i) Allgemeine Verwaltungsvorschrift über genehmigungsbedürftige Anlagen nach § 16 der Gewerbeordnung – Technische Anleitung zum Schutz gegen Lärm (TA Lärm) vom 16. Juli 1968 (Beilage zum BAnz. Nr. 137 vom 26. Juli 1968); übergeleitet gemäß § 66 Abs. 2 des Bundes-Immissionsschutzgesetzes
eee) Nummer 2 c) Allgemeine Verwaltungsvorschrift zur Durchführung der Benzinqualitätsangabeverordnung vom 6. November 1985 (Bundesanzeiger vom 13. November 1985)
bb) Anlage 2 zu Artikel 1 Nr. 7 und 8
b) Artikel 1 § 4 Abs. 3 in folgender Fassung:
„Erwerber von Anlagen, die gewerblichen Zwecken dienen oder im Rahmen wirtschaftlicher Unternehmungen Verwendung finden, sind für die durch den Betrieb der Anlage vor dem 1. Juli 1990 verursachten Schäden nicht verantwortlich, soweit die zuständige Behörde im Einvernehmen mit der obersten Landesbehörde sie von der Verantwortung freistellt. Eine Freistellung kann erfolgen, wenn dies unter Abwägung der Interessen des Erwerbers, der Allgemein-

[1] Nr. *5* eingefügt aufgrund Art. 3 Nr. 30 der Vereinbarung vom 18. 9. 1990 (BGBl. II S. 1239, 1242).

heit und des Umweltschutzes geboten ist. Der Antrag auf Freistellung muß spätestens bis zum 31. Dezember 1991 gestellt sein. Die Haftung auf Grund privatrechtlicher Ansprüche bleibt unberührt."

c) Artikel 2 § 2 Abs. 1 in Verbindung mit Anlage 1 zu Artikel 2 Nr. 6 und 7

d) Artikel 3 § 2 Abs. 1 Nr. 1 in Verbindung mit Anlage 1 zu Artikel 3 Nr. 3

e) Artikel 4

aa) § 2 Nr. 1 in Verbindung mit Anlage 1 zu Artikel 4 Nr. 4

bb) § 2 Nr. 2 in Verbindung mit Anlage 2 zu Artikel 4 Nr. 3 mit folgender Maßgabe:

Die in den Nummern 9 und 10 dieser Anleitung genannten Fristen verlängern sich um ein Jahr.

f) Artikel 4 § 3 in Verbindung mit Artikel 1 § 4 Abs. 3 in der oben geänderten Fassung.

2. Verordnung über die Gewährleistung von Atomsicherheit und Strahlenschutz vom 11. Oktober 1984 (GBl. I Nr. 30 S. 341) nebst Durchführungsbestimmung zur Verordnung über die Gewährleistung von Atomsicherheit und Strahlenschutz vom 11. Oktober 1984 (GBl. I Nr. 30 S. 348; Ber. GBl. I 1987 Nr. 18 S. 196)

mit folgender Maßgabe:

Die Vorschriften gelten fort für bergbauliche und andere Tätigkeiten, soweit dabei radioaktive Stoffe, insbesondere Radonfolgeprodukte, anwesend sind. An die Stelle des in den fortgeltenden Regelungen genannten Staatlichen Amtes für Atomsicherheit und Strahlenschutz oder des Präsidenten dieses Amtes treten die zuständigen Stellen.

3. Anordnung zur Gewährleistung des Strahlenschutzes bei Halden und industriellen Absetzanlagen und bei der Verwendung darin abgelagerter Materialien vom 17. November 1980 (GBl. I Nr. 34 S. 347) mit der in Nummer 2 genannten Maßgabe.

4. Anordnung vom 2. Februar 1984 über Abwassereinleitungsentgelt (GBl. I Nr. 5 S. 70), geändert durch Anordnung Nr. 2 vom 1. Juni 1987 (GBl. I Nr. 14 S. 164)

mit folgender Maßgabe:

Die Anordnung tritt am 31. Dezember 1990 außer Kraft.

5. a) Verordnung über die Festsetzung des Nationalparks Vorpommersche Boddenlandschaft vom 12. September 1990 (Sonderdruck Nr. 1466 des Gesetzblattes)

b) Verordnung über die Festsetzung des Nationalparks Jasmund vom 12. September 1990 (Sonderdruck Nr. 1467 des Gesetzblattes)

c) Verordnung über dieFestsetzung des Nationalparkes „Müritz-Nationalpark" vom 12. September 1990 (Sonderdruck Nr. 1468 des Gesetzblattes)

d) Verordnung über die Festsetzung des Nationalparks Hochharz vom 12. September 1990 (Sonderdruck Nr. 1469 des Gesetzblattes)

e) Verordnung über die Festsetzung des Nationalparks Sächsische Schweiz vom 12. September 1990 (Sonderdruck Nr. 1470 des Gesetzblattes)

f) Verordnung über die Festsetzung von Naturschutzgebieten und einem Landschaftsschutzgebiet von zentraler Bedeutung mit der Gesamtbezeichnung „Biosphärenreservat Südost-Rügen" vom 12. September 1990 (Sonderdruck Nr. 1471 des Gesetzblattes)

g) Verordnung über die Festsetzung von Naturschutzgebieten und einem Lanschaftsschutzgebiet von zentraler Bedeutung mit der Bezeichnung „Biosphärenreservat Schorfheide-Chorin" vom 12. September 1990 (Sonderdruck Nr. 1472 des Gesetzblattes)

h) Verordnung über die Festsetzung von Naturschutzgebieten und einem Landschaftsschutzgebiet von zentraler Bedeutung mit der Gesamtbezeichnung „Biosphärenreservat Spreewald" vom 12. September 1990 (Sonderdruck Nr. 1473 des Gesetzblattes)

i) Verordnung über die Festsetzung von Naturschutzgebieten und einem Landschaftsschutzgebiet von zentraler Bedeutung „Biosphärenreservat Mittlere Elbe" vom 12. September 1990 (Sonderdruck Nr. 1474 des Gesetzblattes)

j) Verordnung über die Festsetzung von Naturschutzgebieten und einem Landschaftsschutzgebiet von zentraler Bedeutung mit der Gesamtbezeichnung „Biosphärenreservat Vessertal" vom 12. September 1990 (Sonderdruck Nr. 1475 des Gesetzblattes)

k) Verordnung über die Festsetzung von Naturschutzgebieten und einem Landschaftsschutzgebiet von zentraler Bedeutung mit der Gesamtbezeichnung „Biosphärenreservat Rhön" vom 12. September 1990 (Sonderdruck Nr. 1476 des Gesetzblattes)

l) Verordnung über die Festsetzung von Naturschutzgebieten und einem Landschaftsschutzgebiet von zentraler Bedeutung mit der Gesamtbezeichung „Naturpark Schaalsee" vom 12. September 1990 (Sonderdruck Nr. 1477 des Gesetzblattes)

m) Verordnung über die Festsetzung von Naturschutzgebieten und einem Landschaftsschutzgebiet von zentraler Bedeutung als Naturpark „Drömling" vom 12. September 1990 (Sonderdruck Nr. 1478 des Gesetzblattes)

n) Verordnung über die Festsetzung von Naturschutzgebieten und einem Landschaftsschutzgebiet von zentraler Bedeutung als Naturpark „Märkische Schweiz" vom 12. September 1990 (Sonderdruck Nr. 1479 des Gesetzblattes)

mit folgender Maßgabe:

Die Verordnungen gelten mit der Maßgabe, daß sie auf den Neubau, den Ausbau und die Unterhaltung von Bundesverkehrswegen keine Anwendung finden. Bei der Durchführung der genannten Maßnahmen ist der Schutzzweck der Verordnungen zu berücksichtigen.

Kapitel XIII
Geschäftsbereich des Bundesministers für Post und Telekommunikation

Sachgebiet B: Postwesen

Abschnitt III

Folgendes Recht der Deutschen Demokratischen Republik bleibt mit folgenden Maßgaben in Kraft:

1.[1] Anordnung über den Postdienst – Post-Anordnung – vom 28. Februar 1986 (GBl. I Nr. 8 S. 69), zuletzt geändert durch die Anordnung Nr. 3 vom 31. August 1990 (GBl. I Nr. 459S. 1451),

mit folgender Maßgabe:

Die §§ 55 und 56 entfallen.

2.[1] Anordnung über den Vertrieb von Presseerzeugnissen – Postzeitungsvertriebs-Anordnung – vom 28. Februar 1986 (GBl. I Nr. 9 S. 96), geändert durch die Anordnung Nr. 2 vom 31. August 1990 (GBl. I Nr. 60 S. 1478),

mit folgenden Maßgaben:

a) § 5 Abs. 4 bis 7 und § 32 Abs. 2 entfallen.
b) Die in den §§ 3 und 4 getroffenen Zulassungsvoraussetzungen gehen nicht über die entsprechenden Voraussetzungen der Postzeitungsordnung vom 9. September 1981 (BGBl. I S. 950), zuletzt geändert durch die Verordnung vom 17. Oktober 1988 (BGBl. I S. 2065), hinaus.

3. Anordnung über den Postscheckdienst – Postscheck-Anordnung – vom 28. Februar 1986 (GBl. I Nr. 9 S. 102), geändert durch die Anordnung Nr. 2 über den Postscheckdienst – Postscheck-Anordnung – vom 20. Juni 1990 (GBl. I Nr. 57 S. 1409), mit folgender Maßgabe:

§ 4 Abs. 5 und § 14 entfallen.

4. Anordnung über den Postspargirodienst – Postspargiro-Anordnung – vom 28. Februar 1986 (GBl. I Nr. 8 S. 87), geändert durch die Anordnung Nr. 2 über den Postspargirodienst – Postspargiro-Anordnung – vom 20. Juni 1990 (GBl. I Nr. 57 S. 1410), mit folgender Maßgabe:

§ 4 Abs. 3 und § 16 entfallen.

5. Anordnung über den Postsparkassendienst – Postsparkassenordnung – vom 31. Oktober 1983 (GBl. I Nr. 38 S. 429), geändert durch die Anordnung Nr. 2 über den Postsparkassendienst – Postsparkassenordnung – vom 20. Juni 1990 (GBl. I Nr. 57 S. 1408), mit folgender Maßgabe:

§ 2 Abs. 3 und Abs. 5 und § 13 entfallen.

---

[1] Nrn. 1 und 2 geändert durch Art. 4 Nrn. 20 und 21 der Vereinbarung vom 18. 9. 1990 (BGBl. II S. 1239, 1244).

Sachgebiet C: Fernmeldewesen

Abschnitt I

Folgendes Recht der Deutschen Demokratischen Republik bleibt in Kraft:

1. Anordnung über den Telegrammdienst – Telegramm-Anordnung – vom 28. Februar 1986 (GBl. I Nr. 12 S. 173), geändert durch die Anordnung Nr. 2 über den Telegrammdienst – 2. Telegramm-Anordnung – vom 20. Juni 1990 (GBl. I Nr. 46 S. 817)

Abschnitt III

Folgendes Recht der Deutschen Demokratischen Republik bleibt mit folgenden Maßgaben in Kraft:

1. Anordnung über den Fernsprechdienst – Fernsprech-Anordnung – vom 28. Februar 1986 (GBl. I Nr. 11 S. 133), zuletzt geändert durch die Anordnung Nr. 3 über den Fernsprechdienst – 3. Fernsprech-Anordnung – vom 20. Juni 1990 (GBl. I Nr. 46 S. 813),

mit folgenden Maßgaben:

a) In § 8 Abs. 3 Satz 2 entfallen die Worte „nach Abstimmung mit den örtlichen Räten"

b) In § 11 entfallen die Worte „in Zusammenwirken mit den örtlichen Räten".

2. Anordnung über den Telex-Dienst – Telex-Anordnung – vom 28. Februar 1986 (GBl. I Nr. 12 S. 166), geändert durch die Anordnung Nr. 2 über den Telex-Dienst – Telex-Anordnung – vom 23. April 1990 (GBl. I Nr. 28 S. 269), mit folgender Maßgabe:

In § 6 Abs. 1 entfallen die Worte „durch Staatsorgane und Betriebe, mit denen bereits ein Telex-Teilnehmerverhältnis besteht".

3. Anordnung über leitungsgebundene Fernmeldeanlagen für den nichtöffentlichen Fernmeldeverkehr und für das Überlassen von Übertragungswegen vom 28. Februar 1986 (Sonderdruck Nr. 128 S. 9 des Gesetzblattes)

mit folgender Maßgabe:

Die Bestimmungen, die das Erteilen von Genehmigungen zum Gegenstand haben, finden keine Anwendung.

4.[1] §§ 3 bis 6 und 16 Abs. 2 Buchstabe a), Abs. 5 bis 7 sowie Anlage 2 Abschnitte II und III der Anordnung über das Herstellen, Errichten, Betreiben und Ändern von Rundfunkempfängern und Empfangsantennenanlagen für den Hör- und Fernseh-Rundfunk – Rundfunk-An-

---

[1] Nr. 4 Buchst. a) neugefaßt durch Art. 5 Nr. 9 der Vereinbarung vom 18. 9. 1990 (BGBl. II S. 1239, 1445).

ordnung – vom 28. Februar 1986 (GBl. I Nr. 10 S. 111) bleiben bis zum 31. Dezember 1991 in Kraft und sind mit folgenden Maßgaben anzuwenden:

a) Die Gebühren richten sich nach der Anordnung vom 4. September 1990 über die Erhöhung des Hör-, Rundfunk- und Fernseh-Rundfunkgebühren (GBl. I Nr. 59 S. 1449).

b) Der der Deutschen Bundespost entstehende Aufwand wird vom Gebührengläubiger erstattet.

Kapitel XIV
Geschäftsbereich des Bundesministers für Raumordnung, Bauwesen und Städtebau

Abschnitt III

Folgendes Recht[1] der Deutschen Demokratischen Republik bleibt mit folgenden Maßgaben in Kraft:

1. Gesetz über die Gewährleistung von Belegungsrechten im kommunalen und genossenschaftlichen Wohnungswesen vom 22. Juli 1990 (GBl. I Nr. 49 S. 894)

mit folgenden Maßgaben:

a) Es gilt auch für die am 1. September 1990 noch als volkseigen bestehenden Wohnungen, soweit oder solange sie nicht auf private Eigentümer zurückzuübertragen sind.

b) Es tritt am 31. Dezember 1995 außer Kraft, soweit nichts anderes bestimmt wird.

c) In § 17 Abs. 1 entfällt die Mindestandrohung von 1000 Deutsche Mark.

2. Anordnung über die Ermittlung der Mietpreise und Nutzungsentgelte für Gewerberäume und -objekte vom 23. August 1990 (GBl. I Nr. 58 S. 1424)

mit folgender Maßgabe:

Die Anordnung tritt am 31. Dezember 1990 außer Kraft.

3. a) Anordnung über Bauvorlagen, Bautechnische Prüfungen und Überwachung – BauVorl-/BauPrüf-/ÜbAO – vom 13. August 1990 (GBl. I Nr. 57 S. 1400)

b) Anordnung über Feuerungsanlagen, Anlagen zur Verteilung von Wärme und zur Warmwasserversorgung sowie Brennstofflagerung – Feuerungsanordnung – FeuAO – vom 10. September 1990 (GBl. I Nr. 62 S. 1557)

c) Anordnung über den Bau und den Betrieb von Garagen vom 10. September 1990 (GBl. I Nr. 63 S. 1611)

mit folgender Maßgabe:

Die Anordnungen gelten in den in Artikel 1 Abs. 1 des Vertrages genannten Ländern.

---

[1] Nrn. *2* und *3* eingefügt aufgrund Art. 3 Nrn. 31, 32 der Vereinbarung vom 18. 9. 1990 (BGBl. II S. 1239, 1243).

Kapitel XV
Geschäftsbereich des Bundesministers für Forschung und Technologie

Abschnitt II

Folgendes Recht der Deutschen Demokratischen Republik wird aufgehoben:

1. Beschluß über die weitere Tätigkeit der Akademie der Wissenschaften der Deutschen Demokratischen Republik vom 27. Juni 1990 in Verbindung mit der Verordnung über die Akademie der Wissenschaften der DDR vom 27. Juni 1990 (GBl. I Nr. 9 S. 543)

2. Beschluß über das Statut des Forschungsrates der Deutschen Demokratischen Republik vom 27. Juni 1990 (Beschluß des Ministerrates der Deutschen Demokratischen Republik Nr. 14/23/90 vom 27. Juni 1990)

3. Statut des Ministeriums für Wissenschaft und Technik als Arbeitsgrundlage vom 21. Dezember 1989 (Beschluß des Ministerrates der Deutschen Demokratischen Republik Nr. 2 – 7/10/89 – vom 21. Dezember 1989)

4. Verordnung über die Leitung, Planung und Finanzierung der Forschung an der Akademie der Wissenschaften der Deutschen Demokratischen Republik und an Universitäten und Hochschulen, insbesondere der Forschungskooperation mit den Kombinaten – Forschungsverordnung – vom 12. Dezember 1985 (GBl. I 1986 Nr. 2 S. 12)

5. Beschluß über Grundsätze für die Gestaltung ökonomischer Beziehungen der Kombinate der Industrie mit den Einrichtungen der Akademie der Wissenschaften sowie des Hochschulwesens vom 12. September 1985 (GBl. I 1986 Nr. 2 S. 9)

6. Verordnung über die Planung, Errichtung und Nutzung von Versuchsanlagen und Experimentalbauten vom 1. November 1972 (GBl. II Nr. 70 S. 805)

7. Anordnung über Leistungen auf dem Gebiet von Wissenschaft und Technik, für die Honorare gezahlt werden – Honorarordnung Wissenschaft und Technik – vom 6. März 1990 (GBl. I Nr. 19 S. 177)

8. Anordnung über die Aufhebung einer Rechtsvorschrift auf dem Gebiet von Wissenschaft und Technik vom 2. März 1990 (GBl. I Nr. 19 S. 176)

9. Anordnung über das Pflichtenheft für Aufgaben der Forschung und Entwicklung vom 29. Dezember 1989 (GBl. I 1990 Nr. 2 S. 5)

10. Anordnung über die Teilnahme am internationalen automatisierten Informationsaustausch der Mitgliedsländer des RGW vom 18. März 1988 (GBl. I Nr. 8 S. 77)

11. Anordnung über Festlegungen zur Anwendung von Musterverträgen in der wissenschaftlich-technischen Zusammenarbeit mit der UdSSR vom 8. Januar 1987 (Sekretariat des Ministerrates)

12. Anordnung über Grundsätze für das einheitliche Herangehen an die Ermittlung, Planung und Nachweisführung des Nutzens und der Effektivität der Maßnahmen des wissenschaftlich-technischen Fortschritts – Nutzensanordnung – vom 19. Dezember 1986 (GBl. I 1987 Nr. 1 S. 1)

13. Anordnung über die Allgemeinen Bedingungen der wissenschaftlich-technischen Zusammenarbeit zwischen der Deutschen Demokratischen Republik und der UdSSR vom 11. November 1986 (Sonderdruck Nr. 765/1 des Gesetzblattes)

14. Anordnung zur Bereitstellung von Informationen über wissenschaftlich-technische Ergebnisse vom 20. Juni 1979 (GBl. I Nr. 19 S. 164)

15. Anordnung über die Registrierpflicht der Informationseinrichtungen für Wissenschaft und Technik vom 7. Mai 1974 (GBl. I Nr. 26 S. 263)

16. Anordnung über die Verbindlichkeit der „Ordnung der Information über Wissenschaft und Technik für die Leitung und Planung der Volkswirtschaft" vom 5. April 1972 (GBl. II Nr. 19 S. 223)

Kapitel XVI
Geschäftsbereich des Bundesministers für Bildung und Wissenschaft

Sachgebiet A: Ausbildungsförderung

Abschnitt III

Folgendes Recht der Deutschen Demokratischen Republik bleibt mit folgenden Maßgaben in Kraft:

1. Verordnung über Ausbildungsbeihilfen für Schüler der erweiterten allgemeinbildenden polytechnischen Oberschulen sowie der Spezialschulen im Bereich der Volksbildung vom 11. Juni 1981 (GBl. I Nr. 17 S. 232),
2. Verordnung über die Gewährung von Stipendien an Direktstudenten der Universitäten, Hoch- und Fachschulen der Deutschen Demokratischen Republik – Stipendienverordnung – vom 11. Juni 1981 (GBl. I Nr. 17 S. 229), zuletzt geändert durch die Verordnung über die Erhöhung der Unterstützung für Studenten und Lehrlinge mit Kindern vom 16. Juli 1985 (GBl. I Nr. 21 S. 249),
3. Anordnung über die Gewährung von Stipendien an Direktstudenten, Forschungsstudenten und Aspiranten der Universitäten, Hoch- und Fachschulen – Stipendienanordnung – vom 29. Juni 1990 (GBl. I Nr. 53 S. 1079),
4. Anordnung Nr. 2 über die Gewährung von Stipendien an Direktstudenten, Forschungsstudenten und Aspiranten der Universitäten, Hoch- und Fachschulen (Stipendienanordnung Nr. 2) vom 17. August 1990 (GBl. I Nr. 63 S. 1617),
5. Anordnung über die Gewährung von Stipendien an zur Aus- und Weiterbildung in andere Staaten delegierte Bürger der DDR vom 16. Juni 1982 (GBl. I Nr. 29 S. 542) und
6. § 6 der Anordnung über die Durchführung einjähriger Bildungsgänge für Jugendliche an Berufsschulen vom 14. August 1990 (GBl. I Nr. 57 S. 1413)

jeweils mit folgender Maßgabe:

Die aufgeführten Rechtsvorschriften sind bis zum 31. Dezember 1990 anzuwenden.

Sachgebiet B: Berufliche Bildung

Abschnitt III

Folgendes Recht der Deutschen Demokratischen Republik bleibt mit folgenden Maßgaben in Kraft:

Verordnung über die Erhöhung der Entgelte der Lehrlinge vom 15. März 1990 (GBl. I Nr. 18 S. 170)

mit folgender Maßgabe:
Diese Verordnung gilt so lange, als für die Berufsausbildung in den Ausbildungsberufen tarifvertragliche Regelungen noch nicht getroffen sind.

Sachgebiet: Schulwesen[1]

Abschnitt III

Folgendes Recht der Deutschen Demokratischen Republik bleibt mit folgenden Maßgaben in Kraft:

a) Erste Durchführungsbestimmung zur Verordnung über Mitwirkungsgremien und Leitungsstrukturen im Schulwesen – Bildung von Elternvertretungen – vom 17. August 1990 (GBl. I. Nr. 60 S. 1471)
b) Verordnung zur Errichtung von Studentenwerken vom 18. September 1990 (GBl. I. Nr. 63 S. 1606)
c) Verordnung über Hochschulen (Vorläufige Hochschulordnung) vom 18. September 1990 (GBl. I. Nr. 63 S. 1585)
d) Verordnung über Grundsätze und Regelungen für allgemeinbildende Schulen und berufsbildende Schulen – Vorläufige Schulordnung – vom 18. September 1990 (GBl. I Nr. 63 S. 1579)
e) Verordnung über die Ausbildung für Lehrämter vom 18. September 1990 (GBl. I Nr. 63 S. 1584)

mit folgenden Maßgaben:

aa) Die Durchführungsbestimmung und die Verordnungen treten mit Wirksamwerden des Beitritts in den in Artikel 1 Abs. 1 des Vertrages genannten Ländern in Kraft.
bb) Sie bleiben bis zum Erlaß anderweitiger landesrechtlicher Regelungen in Kraft, längstens jedoch bis zum 30. Juni 1991.

---

[1] Sachgebiet *„Schulwesen"* eingefügt aufgrund Art. 3 Nr. 33 der Vereinbarung vom 18. 9. 1990 (BGBl. II S. 1239, 1243).

Kapitel XVIII
Statistik

Abschnitt III

Folgendes Recht der Deutschen Demokratischen Republik bleibt mit folgender Maßgabe in Kraft:

§ 6 des Statistikgesetzes der DDR vom 20. Juli 1990 (GBl. I Nr. 52 S. 1004) nur insoweit als die nachstehenden in der Anlage zu diesem Gesetz genannten Erhebungen nach dem Wirksamwerden des Beitritts auf der Grundlage des Bundesstatistikgesetzes unter Berücksichtigung von § 2 der Anlage I des Vertrages Kapitel XVIII Abschnitt II bis spätestens zum 30. Juni 1991 abgeschlossen sein müssen:

1. für das Jahr 1990
   - Berufstätigenerhebung
   - Kostenstrukturerhebung des produzierenden Handwerks
   - Kostenstrukturstatistik – Dienstleistungen,
   - Viehbestände und deren Reproduktion
   - Kostenstrukturerhebung in Landwirtschaftsbetrieben
2. für das 4. Quartal 1990
   - Statistik des Haushaltsbudgets (laufende Wirtschaftsrechnung)
   - Erhebungen über Arbeitskräfte, Einkommen, Arbeitszeiten
   - Totalerhebung der Produktion nach Erzeugnissen
   - Kostenstrukturerhebung der Industrie
   - Abrechnung fertiggestellter Wohnungen
   - Kostenstrukturerhebung im Baugewerbe und Verkehr
   - Kostenstrukturstatistik des Binnenhandels und des Gastgewerbes
   - Bruttoanlageninvestitionen
   - Marktproduktion tierischer und pflanzlicher Erzeugnisse
   - Finanzerhebung landwirtschaftlicher Betriebe.

Kapitel XIX
Recht des öffentlichen Dienstes einschließlich des Rechts der Soldaten

Sachgebiet A: Recht der im öffentlichen Dienst stehenden Personen

Abschnitt III

1. Gesetz zur sinngemäßen Anwendung des Bundespersonalvertretungsgesetzes (BPersVG) – Personalvertretungsgesetz – vom 22. Juli 1990 (GBl. I Nr. 52 S. 1014)

   nach Maßgabe der Anlage I Kapitel XIX Abschnitt III Nr. 15.

2. Wahlordnung zum Gesetz zur sinngemäßen Anwendung des Bundespersonalvertretungsgesetzes – Personalvertretungsgesetz, Wahlordnung – vom 22. Juli 1990 (GBl. Nr. 52 S. 1030)

   nach Maßgabe der Anlage I Kapitel XIX Abschnitt III Nr. 16.

Sachgebiet B: Recht der Soldaten

Abschnitt III

Folgendes Recht der Deutschen Demokratischen Republik bleibt in Kraft:

1. § 29 Abs. 1 Satz 1 und § 30 Abs. 1, Abs. 4 des Wehrdienstgesetzes vom 25. März 1982 (GBl. I Nr. 12 S. 221) in Verbindung mit dem Beschluß über die Musterung und Einberufung zum Wehrdienst sowie die Entlassung aus dem Wehrdienst im 1. Halbjahr 1990 vom 8. Februar 1990 (GBl. I Nr. 8 S. 44)

   mit folgender Maßgabe:

   Diese Bestimmungen gelten für die Wehrpflichtigen, die als Angehörige der ehemaligen Nationalen Volksarmee in dem in Artikel 3 des Vertrages genannten Gebiet zum Zeitpunkt des Wirksamwerdens des Beitritts Grundwehrdienst leisten.

2. Besoldungsordnung für die Angehörigen der Nationalen Volksarmee vom 12. Oktober 1982 (Nr. 005/9/001) in der Fassung vom 15. August 1990

   mit folgenden Maßgaben:

   a) Die Bundesregierung wird bis zum 30. September 1992 ermächtigt, durch Rechtsverordnung, die nicht der Zustimmung der Bundesrates bedarf, die Leistungen auf die Angemessenheit im Verhältnis zu den Regelungen in anderen Bereichen des öffentlichen Dienstes zu überprüfen und neu festzusetzen. Die Bundesregierung wird ferner ermächtigt, bis zum 30. September 1992 die Leistungen der Entwicklung in dem in Artikel 3 des Vertrages genannten Gebiet entsprechend den dort geltenden Regelungen im zivilen öffentlichen Dienst durch Rechtsverordnung anzupassen.

b) Die Regelungen über Einmalzahlungen im Zusammenhang mit der Entlassung aus dem Wehrdienst in Abschnitt 901 in Verbindung mit Abschnitt 912 finden bis zum 31. Dezember 1990 Anwendung. Soweit Wartegeld oder Übergangsgeld nach Anlage I Kapitel XIX Sachgebiet A Abschnitt III Nr. 1 §§ 2 und 7 gezahlt worden ist, ist es auf die Einmalzahlungen anzurechnen. Laufende Übergangszahlungen nach Abschnitt 901 in Verbindung mit Abschnitt 922 oder 923 sind ausgeschlossen.

3. Mutterschutzregelungen für weibliche Soldaten der Nationalen Volksarmee auf der Grundlage der DV 010/0/007 Urlaub, Ausgang, Dienstbefreiung – Urlaubsvorschrift – vom 12. April 1990

mit folgender Maßgabe:

Die Mutterschutzregelung gilt bis zum 31. Dezember 1990.

4. § 27 Abs. 1 des Wehrdienstgesetzes vom 25. März 1982 (GBl. I Nr. 12 S. 221) in Verbindung mit Ordnung Nr. 064/9/001 des Ministers für Abrüstung und Verteidigung über die Verpflegung in der NVA – Verpflegungsordnung – vom 24. Juni 1990

mit folgenden Maßgaben:

Es gelten die Festlegungen über die Zahlung des Verpflegungsgeldes an die Zeit- und Berufssoldaten der ehemaligen Nationalen Volksarmee; die Regelung findet nur auf den in Anlage I Kapitel XIX Sachgebiet B, Recht der Soldaten, Abschnitt II Nummer 2 §§ 3 bis 7 genannten Personenkreis Anwendung.

7. Anlage III zum Einigungsvertrag

Gemeinsame Erklärung der Regierungen der Bundesrepublik Deutschland und der Deutschen Demokratischen Republik zur Regelung offener Vermögensfragen vom 15. Juni 1990

Die Teilung Deutschlands, die damit verbundene Bevölkerungswanderung von Ost nach West und die unterschiedlichen Rechtsordnungen in beiden deutschen Staaten haben zu zahlreichen vermögensrechtlichen Problemen geführt, die viele Bürger in der Deutschen Demokratischen Republik und in der Bundesrepublik Deutschland betreffen.

Bei der Lösung der anstehenden Vermögensfragen gehen beide Regierungen davon aus, daß ein sozial verträglicher Ausgleich unterschiedlicher Interessen zu schaffen ist. Rechtssicherheit und Rechtseindeutigkeit sowie das Recht auf Eigentum sind Grundsätze, von denen sich die Regierungen der Deutschen Demokratischen Republik und der Bundesrepublik Deutschland bei der Lösung der anstehenden Vermögensfragen leiten lassen. Nur so kann der Rechtsfriede in einem künftigen Deutschland dauerhaft gesichert werden.

Die beiden deutschen Regierungen sind sich über folgende Eckwerte einig:

1. Die Enteignungen auf besatzungsrechtlicher bzw. besatzungshoheitlicher Grundlage (1945 bis 1949) sind nicht mehr rückgängig zu machen. Die Regierungen der Sowjetunion und der Deutschen Demokratischen Republik sehen keine Möglichkeit, die damals getroffenen Maßnahmen zu revidieren. Die Regierung der Bundesrepublik Deutschland nimmt dies im Hinblick auf die historische Entwicklung zur Kenntnis. Sie ist der Auffassung, daß einem künftigen gesamtdeutschen Parlament eine abschließende Entscheidung über etwaige staatliche Ausgleichsleistungen vorbehalten bleiben muß.
2. Treuhandverwaltungen und ähnliche Maßnahmen mit Verfügungsbeschränkungen über Grundeigentum, Gewerbebetriebe und sonstiges Vermögen sind aufzuheben. Damit wird denjenigen Bürgern, deren Vermögen wegen Flucht aus der DDR oder aus sonstigen Gründen in eine staatliche Verwaltung genommen worden ist, die Verfügungsbefugnis über ihr Eigentum zurückgegeben.
3. Enteignetes Grundvermögen wird grundsätzlich unter Berücksichtigung der unter a) und b) genannten Fallgruppen den ehemaligen Eigentümern oder ihren Erben zurückgegeben.
   a) Die Rückübertragung von Eigentumsrechten an Grundstücken und Gebäuden, deren Nutzungsart bzw. Zweckbestimmung insbesondere dadurch verändert wurden, daß sie dem Gemeinge-

brauch gewidmet, im komplexen Wohnungs- und Siedlungsbau verwendet, der gewerblichen Nutzung zugeführt oder in eine neue Unternehmenseinheit einbezogen wurden, ist von der Natur der Sache her nicht möglich.
In diesen Fällen wird eine Entschädigung geleistet, soweit nicht bereits nach den für Bürger der Deutschen Demokratischen Republik geltenden Vorschriften entschädigt worden ist.

b) Sofern Bürger der Deutschen Demokratischen Republik an zurückzuübereignenden Immobilien Eigentum oder dingliche Nutzungsrechte in redlicher Weise erworben haben, ist ein sozial verträglicher Ausgleich an die ehemaligen Eigentümer durch Austausch von Grundstücken mit vergleichbarem Wert oder durch Entschädigung herzustellen.
Entsprechendes gilt für Grundvermögen, das durch den staatlichen Treuhänder an Dritte veräußert wurde. Die Einzelheiten bedürfen noch der Klärung.

c) Soweit den ehemaligen Eigentümern oder ihren Erben ein Anspruch auf Rückübertragung zusteht, kann statt dessen Entschädigung gewählt werden.

Die Frage des Ausgleichs von Wertveränderungen wird gesondert geregelt.

4. Die Regelungen unter Ziffer 3 gelten entsprechend für ehemals von Berechtigten selbst oder in ihrem Auftrag verwaltete Hausgrundstücke, die auf Grund ökonomischen Zwangs in Volkseigentum übernommen wurden

5. Mieterschutz und bestehende Nutzungsrechte von Bürgern der Deutschen Demokratischen Republik an durch diese Erklärung betroffenen Grundstücken und Gebäuden werden wie bisher gewahrt und regeln sich nach dem jeweils geltenden Recht der Deutschen Demokratischen Republik.

6. Bei verwalteten Betrieben werden die bestehenden Verfügungsbeschränkungen aufgehoben; der Eigentümer übernimmt sein Betriebsvermögen.

Für Betriebe und Beteiligungen, die 1972 in Volkseigentum überführt wurden, gilt das Gesetz vom 7. März 1990 über die Gründung und Tätigkeit privater Unternehmen und über Unternehmensbeteiligungen. Hierbei wird § 19 Absatz 2 Satz 4 des Gesetzes so ausgelegt, daß den privaten Gesellschaften der staatliche Anteil auf Antrag zu verkaufen ist; die Entscheidung über den Verkauf steht somit nicht im Ermessen der zuständigen Stelle.

7. Bei Unternehmen und Beteiligungen, die zwischen 1949 und 1972 durch Beschlagnahme in Volkseigentum überführt worden sind, werden dem früheren Eigentümer unter Berücksichtigung der Wertentwicklung des Betriebes das Unternehmen als Ganzes oder Gesellschaftsanteile bzw. Aktien des Unternehmens übertragen, soweit er keine Entschädigung in Anspruch nehmen will. Einzelheiten bedürfen noch der näheren Regelung.

8. Sind Vermögenswerte – einschließlich Nutzungsrechte – auf Grund unlauterer Machenschaften (z. B. durch Machtmißbrauch, Korruption, Nötigung oder Täuschung von seiten des Erwerbers) erlangt worden, so ist der Rechtserwerb nicht schutzwürdig und rückgängig zu machen. In Fällen des redlichen Erwerbs findet Ziffer 3.b) Anwendung.

9. Soweit es zu Vermögenseinziehungen im Zusammenhang mit rechtsstaatswidrigen Strafverfahren gekommen ist, wird die Deutsche Demokratische Republik die gesetzlichen Voraussetzungen für ihre Korrektur in einem justizförmigen Verfahren schaffen.

10. Anteilsrechte an der Altguthaben-Ablösungsanleihe von Bürgern der Bundesrepublik Deutschland werden einschließlich der Zinsen in der zweiten Jahreshälfte 1990 – also nach der Währungsumstellung – bedient.

11. Soweit noch Devisenbeschränkungen im Zahlungsverkehr bestehen, entfallen diese mit dem Inkrafttreten der Währungs-, Wirtschafts- und Sozialunion.

12. Das durch staatliche Stellen der Bundesrepublik Deutschland auf der Grundlage des Rechtsträger-Abwicklungsgesetzes treuhänderisch verwaltete Vermögen von juristischen Personen des öffentlichen Rechts, die auf dem Gebiet der DDR existieren oder existiert haben, wird an die Berechtigten bzw. deren Rechtsnachfolger übergeben.

13. Zur Abwicklung:

a) Die Deutsche Demokratische Republik wird die erforderlichen Rechtsvorschriften und Verfahrensregelungen umgehend schaffen.

b) Sie wird bekanntmachen, wo und innerhalb welcher Frist die betroffenen Bürger ihre Ansprüche anmelden können. Die Antragsfrist wird sechs Monate nicht überschreiten.

c) Zur Befriedigung der Ansprüche auf Entschädigung wird in der Deutschen Demokratischen Republik ein rechtlich selbständiger Entschädigungsfonds getrennt vom Staatshaushalt gebildet.

d) Die Deutsche Demokratische Republik wird dafür Sorge tragen, daß bis zum Ablauf der Frist gemäß Ziffer 13.b) keine Verkäufe von Grundstücken und Gebäuden vorgenommen werden, an denen frühere Eigentumsrechte ungeklärt sind, es sei denn, zwischen den Beteiligten besteht Einvernehmen, daß eine Rückübertragung nicht in Betracht kommt oder nicht geltend gemacht wird. Veräußerungen von Grundstücken und Gebäuden, an denen frühere Eigentumsrechte ungeklärt sind und die dennoch nach dem 18. Oktober 1989 erfolgt sind, werden überprüft.

14. Beide Regierungen beauftragen ihre Experten, weitere Einzelheiten abzuklären.

8. Gesetz über besondere Investitionen in der Deutschen Demokratischen Republik

EVertr/Anl. II Kap. III Sachgeb. B Abschn. I Nr. 4
(BGBl. 1990 II S. 1157)

§ 1 Besondere Investitionszwecke. (1) Grundstücke und Gebäude, die ehemals in Volkseigentum standen und Gegenstand von Rückübertragungsansprüchen sind oder sein können, können von dem gegenwärtigen Verfügungsberechtigten auch bei Vorliegen eines Antrags nach der Verordnung über die Anmeldung vermögensrechtlicher Ansprüche vom 11. Juli 1990 (GBl. I Nr. 44 S. 718) veräußert werden, wenn besondere Investitionszwecke vorliegen.

(2) Besondere Investitionszwecke liegen vor, wenn ein Vorhaben dringlich und geeignet ist für

a) die Sicherung oder Schaffung von Arbeitsplätzen, insbesondere durch die Errichtung einer gewerblichen Betriebsstätte oder eines Dienstleistungsunternehmens,
b) die Deckung eines erheblichen Wohnbedarfs der Bevölkerung oder
c) die für derartige Vorhaben erforderlichen Infrastrukturmaßnahmen

und die Inanspruchnahme dieses Grundstücks oder Gebäudes hierzu erforderlich ist.

(3) Der Vorhabenträger ist zu der Durchführung eines von ihm vorgelegten, die wesentlichen Merkmale des Vorhabens aufzeigenden Plans verpflichtet. Die Bescheinigung nach § 2 Absatz 2 darf nur erteilt werden, wenn er nach seinen persönlichen und wirtschaftlichen Verhältnissen für die Durchführung des Plans hinreichend Gewähr bietet. Sie ist unter der Auflage zu erteilen, daß in den Veräußerungsvertrag eine Bestimmung aufgenommen wird, wonach das Grundstück oder Gebäude nach Ablauf einer festgesetzten Frist im Fall der Nichtdurchführung des Plans an den Veräußerer zurückfällt (Rückfallklausel).

§ 2 Grundstücksverkehr und Investitionsbescheinigung. (1) Die Genehmigung nach der Verordnung über den Verkehr mit Grundstücken – Grundstücksverkehrsverordnung – vom 15. Dezember 1977 (GBl. I 1978 Nr. 5 S. 73), geändert durch die Verordnung vom 14. Dezember 1988 (GBl. I Nr. 28 S. 330), ist zu erteilen, wenn eine Bescheinigung gemäß Absatz 2 vom Antragsteller vorgelegt wird; § 6 Absatz 2 und § 7 der Verordnung über die Anmeldung vermögensrechtlicher Ansprüche vom 11. Juli 1990 (GBl. I Nr. 44 Seite 718) finden keine Anwendung.

(2) Das Landratsamt oder die Stadtverwaltung haben auf Antrag des Veräußerers eines Grundstückes oder Gebäudes nach Anhörung der Gemeinde das Vorliegen eines besonderen Investitionszwecks zu bescheinigen, wenn die Voraussetzungen nach § 1 vorliegen und solange keine auf

Rückübertragung gerichtete behördliche oder gerichtliche Entscheidung oder eine Mitteilung über die beabsichtigte Rückübertragung durch die zuständige Behörde ergangen ist. Der Antrag kann nur bis zum 31. Dezember 1992 gestellt werden.

(3) Die für die Führung des Grundbuchs zuständige Stelle darf eine genehmigungsbedürfige Verfügung in das Grundbuch nur eintragen, wenn der Genehmigungsbescheid vorgelegt worden ist. Sie darf nicht mehr eintragen, wenn die Genehmigungsbehörde ihr mitgeteilt hat, daß gegen den Genehmigungsbescheid ein Rechtsbehelf mit aufschiebender Wirkung eingelegt worden ist. Die Genehmigungsbehörde ist verpflichtet, unverzüglich eine solche Mitteilung zu machen, wenn die Voraussetzungen dafür vorliegen. Entsprechendes gilt, wenn die aufschiebende Wirkung des Rechtsbehelfs entfällt.

§ 3 Entschädigung. (1) Ein Berechtigter, bei dem eine Rückübertragung von Eigentumsrechten an einem Grundstück oder Gebäude nach diesen Vorschriften ausgeschlossen ist, kann vom Veräußerer die Zahlung eines Geldbetrages in Höhe des Erlöses aus der Veräußerung des Grundstücks oder Gebäudes verlangen. Unterschreitet der Erlös den Verkehrswert, den das Grundstück oder Gebäude im Zeitpunkt der Veräußerung hatte, nicht unwesentlich, so kann der Berechtigte Zahlung des Verkehrswertes verlangen. Soweit ihm nach anderen Vorschriften eine Entschädigung zusteht, kann er diese wahlweise in Anspruch nehmen.

(2) Ist in dem Veräußerungsvertrag eine nachträgliche Erhöhung des Kaufpreises ausbedungen und wird der Kaufpreis aufgrund dieser Vereinbarung erhöht, so erhöht sich auch der Anspruch des Berechtigten nach Absatz 1 Satz 1 entsprechend; in den Fällen des Absatzes 1 Satz 2 kann der Berechtigte jedoch nicht mehr verlangen als den Betrag des gesamten Erlöses aus der Veräußerung.

(3) In den Fällen des Absatzes 1 Satz 1 und 2 sowie des Absatzes 2 sind die seit dem Übergang in Volkseigentum aus Mitteln des Staatshaushaltes finanzierten Werterhöhungen sowie die eingetragenen Wertminderungen festzustellen und auszugleichen. Für die Feststellung von Wertveränderungen gelten die bewertungsrechtlichen Vorschriften.

§ 4 Verwaltungsverfahren. (1) Vor Erteilung der Bescheinigung nach § 2 Absatz 2 ist derjenige, der einen Rückübertragungsanspruch geltend macht, anzuhören, wenn dem Landratsamt oder der Stadtverwaltung die Anmeldung und die ladungsfähige Anschrift des Anmelders bekannt sind. Die Anhörung kann unterbleiben, wenn die voraussichtliche Dauer des Verfahrens bis zu ihrer Durchführung den Erfolg des geplanten Vorhabens gefährden würde.

(2) Wenn zwingende öffentliche Interessen dies erfordern, kann auch die sofortige Vollziehung der Genehmigung besonders angeordnet werden.

9. Gesetz zur Regelung offener Vermögensfragen

EVertr/Anl. II Kap. III Sachgeb. B Abschn. I Nr. 5
(BGBl. 1990 II S. 1159)

Abschnitt I. Allgemeine Bestimmungen

§ 1 Geltungsbereich. (1) Dieses Gesetz regelt vermögensrechtliche Ansprüche an Vermögenswerten, die

a) entschädigungslos enteignet und in Volkseigentum überführt wurden;
b) gegen eine geringere Entschädigung enteignet wurden, als sie Bürgern der früheren Deutschen Demokratischen Republik zustand;
c) durch staatliche Verwalter oder nach Überführung in Volkseigentum durch den Verfügungsberechtigten an Dritte veräußert wurden;
d) auf der Grundlage des Beschlusses des Präsidiums des Ministerrates vom 9. Februar 1972 und im Zusammenhang stehender Regelungen in Volkseigentum übergeleitet wurden.

(2) Dieses Gesetz gilt desweiteren für bebaute Grundstücke und Gebäude, die aufgrund nicht kostendeckender Mieten und infolgedessen eingetretener Überschuldung durch Enteignung, Eigentumsverzicht, Schenkung oder Erbausschlagung in Volkseigentum übernommen wurden.

(3) Dieses Gesetz betrifft auch Ansprüche an Vermögenswerten sowie Nutzungsrechte, die aufgrund unlauterer Machenschaften, z. B. durch Machtmißbrauch, Korruption, Nötigung oder Täuschung von seiten des Erwerbers, staatlicher Stellen oder Dritter, erworben wurden.

(4) Dieses Gesetz regelt ferner die Aufhebung der

- staatlichen Treuhandverwaltung über Vermögenswerte von Bürgern, die das Gebiet der früheren Deutschen Demokratischen Republik ohne die zum damaligen Zeitpunkt erforderliche Genehmigung verlassen haben;
- vorläufigen Verwaltung über Vermögenswerte von Bürgern der Bundesrepublik Deutschland und Berlin (West) sowie von juristischen Personen mit Sitz in der Bundesrepublik Deutschland oder Berlin (West), die Staatsorganen der früheren Deutschen Demokratischen Republik durch Rechtsvorschrift übertragen wurde;
- Verwaltung des ausländischen Vermögens, die der Regierung der früheren Deutschen Demokratischen Republik übertragen wurde

(im folgenden staatliche Verwaltung genannt) und die damit im Zusammenhang stehenden Ansprüche der Eigentümer und Berechtigten.

(5) Dieses Gesetz schließt die Behandlung von Forderungen und anderen Rechten in bezug auf Vermögenswerte gemäß Absätze 1 bis 4 ein.

(6) Dieses Gesetz ist entsprechend auf vermögensrechtliche Ansprüche von Bürgern und Vereinigungen anzuwenden, die in der Zeit vom 30. Januar 1933 bis zum 8. Mai 1945 aus rassischen, politischen, religiösen oder

weltanschaulichen Gründen verfolgt wurden und deshalb ihr Vermögen infolge von Zwangsverkäufen, Enteignungen oder auf andere Weise verloren haben.

(7) Dieses Gesetz gilt entsprechend für die Rückgabe von Vermögenswerten, die im Zusammenhang mit der nach anderen Vorschriften erfolgten Aufhebung rechtsstaatswidriger straf-, ordnungsstraf- oder verwaltungsrechtlicher Entscheidungen steht.

(8) Dieses Gesetz gilt nicht für

a) Enteignungen von Vermögenswerten auf besatzungsrechtlicher oder besatzungshoheitlicher Grundlage;
b) vermögensrechtliche Ansprüche, die seitens der Deutschen Demokratischen Republik durch zwischenstaatliche Vereinbarungen geregelt wurden;
c) Anteilrechte an der Altguthabenablösungsanleihe;
d) für Ansprüche von Gebietskörperschaften des beitretenden Gebiets gemäß Artikel 3 des Einigungsvertrags

soweit sie vom Kommunalvermögensgesetz vom 6. Juli 1990 (GBl. I Nr. 42 S. 660) erfaßt sind.

§ 2 Begriffsbestimmung. (1) Berechtigte im Sinne dieses Gesetzes sind natürliche und juristische Personen, deren Vermögenswerte von Maßnahmen gemäß § 1 betroffen sind, sowie ihre Rechtsnachfolger.

(2) Vermögenswerte im Sinne dieses Gesetzes sind bebaute und unbebaute Grundstücke sowie rechtlich selbständige Gebäude und Baulichkeiten (im folgenden Grundstücke und Gebäude genannt), Nutzungsrechte und dingliche Rechte an Grundstücken oder Gebäuden sowie bewegliche Sachen. Vermögenswerte im Sinne dieses Gesetzes sind auch Kontoguthaben und sonstige auf Geldzahlungen gerichtete Forderungen sowie Eigentum/Beteiligungen an Unternehmen oder an Betriebsstätten/Zweigniederlassungen von Unternehmen mit Sitz außerhalb der Deutschen Demokratischen Republik.

Abschnitt II. Rückübertragung von Vermögenswerten

§ 3 Grundsatz. (1) Vermögenswerte, die den Maßnahmen im Sinne des § 1 unterlagen und in Volkseigentum überführt oder an Dritte veräußert wurden, sind auf Antrag an die Berechtigten zurückzuübertragen, soweit dies nicht nach diesem Gesetz ausgeschlossen ist. Über die Rückübertragung entscheidet die zuständige Behörde.

(2) Werden von mehreren Personen Ansprüche auf Rückübertragung desselben Vermögenswertes geltend gemacht, so gilt derjenige als Berechtigter, der von einer Maßnahme gemäß des § 1 als Erster betroffen war.

(3) Liegt eine Anmeldung nach der Verordnung über die Anmeldung vermögensrechtlicher Ansprüche vom 11. Juli 1990 (GBl. I Nr. 44 S. 718), zuletzt geändert durch die 2. Verordnung über die Anmeldung vermögensrechtlicher Ansprüche vom 21. August 1990 – im folgenden Anmeldeverordnung genannt – vor, so ist der Verfügungsberechtigte

verpflichtet, den Abschluß dinglicher Rechtsgeschäfte oder die Eingehung langfristiger vertraglicher Verpflichtungen ohne Zustimmung des Berechtigten zu unterlassen. Ausgenommen sind solche Rechtsgeschäfte, die zur Erfüllung von Rechtspflichten des Eigentümers oder zur Erhaltung und Bewirtschaftung des Vermögenswertes unbedingt erforderlich sind. Dies gilt auch bei verspäteter Anmeldung.

(4) Wird die Anmeldefrist (§ 3 der Anmeldeverordnung) versäumt und liegt keine verspätete Anmeldung vor, kann der Verfügungsberechtigte über das Eigentum verfügen oder schuldrechtliche oder dingliche Verpflichtungen eingehen. Ist über das Eigentum noch nicht verfügt worden, so kann der Berechtigte den Anspruch auf Rückübertragung noch geltend machen. Anderenfalls steht ihm nur noch ein Anspruch auf den Erlös zu.

(5) Der Verfügungsberechtigte hat sich vor einer Verfügung zu vergewissern, daß keine Anmeldung im Sinne des Absatzes 3 vorliegt.

§ 4 Ausschluß der Rückübertragung. (1) Eine Rückübertragung des Eigentumsrechtes oder sonstiger Rechte an Vermögenswerten ist ausgeschlossen, wenn dies von der Natur der Sache her nicht mehr möglich ist.

(2) Die Rückübertragung ist ferner ausgeschlossen, wenn natürliche Personen, Religionsgemeinschaften oder gemeinnützige Stiftungen in redlicher Weise an dem Vermögenswert Eigentum oder dingliche Nutzungsrechte erworben haben. Dies gilt bei Grundstücken und Gebäuden nicht, sofern das dem Erwerb zugrundeliegende Rechtsgeschäft nach dem 18. Oktober 1989 geschlossen worden ist und nach § 6 Absätze 1 und 2 der Anmeldeverordnung nicht hätte genehmigt werden dürfen.

(3) Als unredlich ist der Rechtserwerb in der Regel dann anzusehen, wenn er

a) nicht in Einklang mit den zum Zeitpunkt des Erwerbs in der Deutschen Demokratischen Republik geltenden allgemeinen Rechtsvorschriften, Verfahrensgrundsätzen und einer ordnungsgemäßen Verwaltungspraxis stand, und der Erwerber dies wußte oder hätte wissen müssen, oder
b) darauf beruhte, daß der Erwerber durch Korruption oder Ausnutzung einer persönlichen Machtstellung auf den Zeitpunkt oder die Bedingungen des Erwerbs oder auf die Auswahl des Erwerbsgegenstandes eingewirkt hat, oder
c) davon beeinflußt war, daß sich der Erwerber eine von ihm selbst oder von dritter Seite herbeigeführte Zwangslage oder Täuschung des ehemaligen Eigentümers zu Nutze gemacht hat.

§ 5 Ausschluß der Rückübertragung von Eigentumsrechten an Grundstücken und Gebäuden. Eine Rückübertragung von Eigentumsrechten an Grundstücken und Gebäuden ist gemäß § 4 Absatz 1 insbesondere auch dann ausgeschlossen, wenn Grundstücke und Gebäude

a) mit erheblichem baulichen Aufwand in ihrer Nutzungsart oder Zweckbestimmung verändert wurden und ein öffentliches Interesse an dieser Nutzung besteht,
b) dem Gemeingebrauch gewidmet wurden,

c) im komplexen Wohnungsbau oder Siedlungsbau verwendet wurden,
d) der gewerblichen Nutzung zugeführt oder in eine Unternehmenseinheit einbezogen wurden und nicht ohne erhebliche Beeinträchtigung des Unternehmens zurückgegeben werden können.

§ 6 Rückübertragung von Unternehmen. (1) Ein Unternehmen ist auf Antrag an den Berechtigten zurückzugeben, wenn es unter Berücksichtigung des technischen Fortschritts und der allgemeinen wirtschaftlichen Entwicklung mit dem enteigneten Unternehmen im Zeitpunkt der Enteignung vergleichbar ist. Wesentliche Verschlechterungen oder wesentliche Verbesserungen der Vermögens- oder Ertragslage sind auszugleichen. Das Unternehmen ist mit dem enteigneten Unternehmen vergleichbar, wenn das Produkt- oder Leistungsangebot des Unternehmens unter Berücksichtigung des technischen und wirtschaftlichen Fortschritts im Grundsatz unverändert geblieben ist oder frühere Produkte oder Leistungen durch andere ersetzt worden sind. Ist das Unternehmen mit einem oder mehreren anderen Unternehmen zusammengefaßt worden, so kommt es für die Vergleichbarkeit nur auf diesen Unternehmensteil an.

(2) Eine wesentliche Verschlechterung der Vermögenslage liegt vor, wenn sich bei der Aufstellung der Eröffnungsbilanz zum 1. Juli 1990 nach dem D-Markbilanzgesetz eine Überschuldung oder eine Unterdeckung des für die Rechtsform gesetzlich vorgeschriebenen Mindestkapitals ergibt. In diesem Falle stehen dem Unternehmen die Ansprüche nach den §§ 24, 26 Absatz 3, § 28 des D-Markbilanzgesetzes zu; diese Ansprüche dürfen nicht abgelehnt werden. Im Falle des § 28 des D-Markbilanzgesetzes ist das Kapitalentwertungskonto vom Verpflichteten zu tilgen. Der Anspruch nach Satz 2 entfällt, soweit nachgewiesen wird, daß die Eigenkapitalverhältnisse im Zeitpunkt der Enteignung nicht günstiger waren.

(3) Eine wesentliche Verbesserung der Vermögenslage liegt vor, wenn sich bei der Aufstellung der D-Markeröffnungsbilanz nach dem D-Markbilanzgesetz eine Ausgleichsverbindlichkeit nach § 26 des D-Markbilanzgesetzes ergibt und nachgewiesen wird, daß das Unternehmen im Zeitpunkt der Enteignung im Verhältnis zur Bilanzsumme ein geringeres Eigenkapital hatte. Ein geringeres Eigenkapital braucht nicht nachgewiesen zu werden, soweit die Ausgleichsverbindlichkeit dem Wertansatz von Grund und Boden oder Bauten, die zu keinem Zeitpunkt im Eigentum des Unternehmens standen, entspricht.

(4) Eine wesentliche Veränderung der Ertragslage liegt vor, wenn die für das nach dem am 1. Juli 1990 beginnende Geschäftsjahr zu erwartenden Umsätze in Einheiten der voraussichtlich absetzbaren Produkte oder Leistungen unter Berücksichtigung der allgemeinen wirtschaftlichen Entwicklung wesentlich höher oder niedriger als im Zeitpunkt der Enteignung sind. Müssen neue Produkte entwickelt werden, um einen vergleichbaren Umsatz zu erzielen, so besteht in Höhe der notwendigen Entwicklungskosten ein Erstattungsanspruch, es sei denn, das Unternehmen ist nicht sanierungsfähig. Ist der Umsatz wesentlich höher als im Zeitpunkt der Enteignung, insbesondere wegen der Entwicklung neuer

Produkte, so entsteht in Höhe der dafür notwendigen Entwicklungskosten, soweit diese im Falle ihrer Aktivierung noch nicht abgeschrieben wären, eine Ausgleichsverbindlichkeit, es sei denn, daß dadurch eine wesentliche Verschlechterung der Vermögenslage nach Absatz 2 eintreten würde.

(5) Die Rückgabe der enteigneten Unternehmen an die Berechtigten erfolgt durch Übertragung der Rechte, die dem Eigentümer nach der jeweiligen Rechtsform zustehen. Hat das Unternehmen eine andere Rechtsform als das enteignete, so ist es auf Verlangen des Berechtigten vor der Rückgabe in die frühere oder eine andere Rechtsform umzuwandeln. Ist das zurückzugebende Unternehmen mit einem oder mehreren anderen Unternehmen zu einer neuen Unternehmenseinheit zusammengefaßt worden, so sind, wenn das Unternehmen nicht entflochten wird, Anteile in dem Wert auf den Berechtigten zu übertragen, der in entsprechender Anwendung der Absätze 1 bis 4 im Falle einer Entflechtung dem Verhältnis des Buchwertes des zurückzugebenden Unternehmens zum Buchwert des Gesamtunternehmens entspricht. Die Entflechtung kann nicht verlangt werden, wenn diese wirtschaftlich nicht vertretbar ist. Verbleiben Anteile bei der Treuhandanstalt, insbesondere zum Ausgleich wesentlicher Werterhöhungen, so können diese von den Anteilseignern erworben werden, denen Anteilsrechte nach diesem Gesetz übertragen worden sind.

(6) Der Antrag auf Rückgabe eines Unternehmens kann von jedem Berechtigten gestellt werden. Der Antrag des Berechtigten gilt als zugunsten aller Berechtigten, denen der gleiche Anspruch zusteht, erhoben. Statt der Rückgabe kann die Entschädigung gewählt werden, wenn kein Berechtigter einen Antrag auf Rückgabe stellt.

(7) Ist die Rückgabe nach Absatz 1 Satz 1 nicht möglich oder entscheidet sich der Berechtigte für eine Entschädigung, so ist der Wert des Unternehmens zum Zeitpunkt der Übernahme in Volkseigentum oder in staatliche Verwaltung in Deutscher Mark zu erstatten. Ein damals erhaltener Kaufpreis oder Ablösungsbetrag ist im Verhältnis zwei Mark der Deutschen Demokratischen Republik zu einer Deutschen Mark umzurechnen und vom Betrag der Entschädigung abzusetzen.

(8) Ist in den Fällen des § 1 Absatz 1 Buchstabe d die Rückgabe im Zeitpunkt des Inkrafttretens dieses Gesetzes bereits erfolgt, so kann der Berechtigte verlangen, daß die Rückgabe nach den Vorschriften dieses Gesetzes überprüft und an dessen Bedingungen angepaßt wird.

(9) Der Minister der Finanzen wird ermächtigt, im Einvernehmen mit dem Minister für Wirtschaft durch Rechtsverordnung das Verfahren und die Zuständigkeit der Behörden oder Stellen für die Durchführung der Rückgabe und Entschädigung von Unternehmen und Beteiligungen zu regeln sowie Vorschriften über die Berechnung der Veränderungen der Vermögens- und Ertragslage der Unternehmen und deren Bewertung zu erlassen.

§ 7 Wertausgleich. Bei der Rückübertragung von Vermögenswerten – außer in den Fällen des § 6 – sind die seit dem Übergang in Volkseigentum aus Mitteln des Staatshaushaltes finanzierten Werterhöhungen sowie die eingetretenen Wertminderungen festzustellen und auszugleichen. Für die Feststellung von Wertveränderungen gelten die bewertungsrechtlichen Vorschriften.

§ 8 Wahlrecht. (1) Soweit den Berechtigten ein Anspruch auf Rückübertragung gemäß § 3 zusteht, können sie stattdessen Entschädigung wählen. Ausgenommen sind Berechtigte, deren Grundstücke durch Eigentumsverzicht, Schenkung oder Erbausschlagung in Volkseigentum übernommen wurden.

(2) Liegt die Berechtigung bei einer Personenmehrheit, kann das Wahlrecht nur gemeinschaftlich ausgeübt werden.

§ 9 Grundsätze der Entschädigung. (1) In den Fällen des § 4 Absätze 1 und 2 wird eine Entschädigung in Geld gewährt. Für Grundstücke im Sinne des § 1 Absatz 2, die durch Eigentumsverzicht, Schenkung oder Erbausschlagung in Volkseigentum übernommen wurden, wird keine Entschädigung gewährt.

(2) Kann ein Grundstück aus den Gründen des § 4 Absatz 2 nicht zurückübertragen werden, kann die Entschädigung durch Übereignung von Grundstücken mit möglichst vergleichbarem Wert erfolgen. Ist dies nicht möglich, ist ebenfalls in Geld zu entschädigen. Für die Bereitstellung von Ersatzgrundstücken gilt § 21 Absatz 3 Satz 1 und Absatz 4 entsprechend.

(3) Das Nähere regelt ein Gesetz.

§ 10 Bewegliche Sachen. (1) Wurden bewegliche Sachen verkauft und können sie gemäß § 3 Absatz 3 und § 4 Absätze 2 und 3 nicht zurückgegeben werden, steht den Berechtigten ein Anspruch in Höhe des erzielten Erlöses gegen den Entschädigungsfonds zu, sofern ihm der Erlös nicht bereits auf einem Konto gutgeschrieben oder ausgezahlt wurde.

(2) Wurde bei der Verwertung einer beweglichen Sache kein Erlös erzielt, hat der Berechtigte keinen Anspruch auf Entschädigung.

Abschnitt III. Aufhebung der staatlichen Verwaltung

§ 11 Grundsatz. (1) Die staatliche Verwaltung über Vermögenswerte wird auf Antrag des Berechtigten durch Entscheidung der Behörde aufgehoben. Der Berechtigte kann stattdessen unter Verzicht auf sein Eigentum Entschädigung nach § 9 wählen.

(2) Hat der Berechtigte seinen Anspruch bis zum Ablauf der Anmeldefrist (§ 3 der Anmeldeverordnung) nicht angemeldet, ist der staatliche Verwalter berechtigt, über den verwalteten Vermögenswert zu verfügen. Die Verfügung über den Vermögenswert ist nicht mehr zulässig, wenn der Berechtigte seinen Anspruch am verwalteten Vermögen nach Ablauf der Frist angemeldet hat.

(3) Der Verwalter hat sich vor einer Verfügung zu vergewissern, daß keine Anmeldung im Sinne der Anmeldeverordnung vorliegt.

(4) Dem Berechtigten steht im Falle der Verfügung der Verkaufserlös zu. Wird von dem Berechtigten kein Anspruch angemeldet, ist der Verkaufs-

erlös an die für den Entschädigungsfonds zuständige Behörde zur Verwaltung abzuführen.

(5) Soweit staatlich verwaltete Geldvermögen aufgrund von Vorschriften diskriminierenden oder sonst benachteiligenden Charakters gemindert wurden, ist ein Ausgleich vorzusehen. Das Nähere regelt ein Gesetz.

§ 12 Staatlich verwaltete Unternehmen und Unternehmensbeteiligungen. Die Modalitäten der Rückführung staatlich verwalteter Unternehmen und Unternehmensbeteiligungen richten sich nach § 6. Anstelle des Zeitpunktes der Enteignung gilt der Zeitpunkt der Inverwaltungnahme.

§ 13 Haftung des staatlichen Verwalters. (1) Ist dem Berechtigten des staatlich verwalteten Vermögenswertes durch eine gröbliche Verletzung der Pflichten, die sich aus einer ordnungsgemäßen Wirtschaftsführung ergeben, durch den staatlichen Verwalter oder infolge Verletzung anderer dem staatlichen Verwalter obliegenden Pflichten während der Zeit der staatlichen Verwaltung rechtswidrig ein materieller Nachteil entstanden, ist ihm dieser Schaden zu ersetzen.

(2) Der Schadensersatz ist auf der Grundlage der gesetzlichen Regelungen der Staatshaftung festzustellen und aus dem Entschädigungsfonds zu zahlen.

(3) Dem Entschädigungsfonds steht gegenüber dem staatlichen Verwalter oder der ihm übergeordneten Kommunalverwaltung ein Ausgleichsanspruch zu.

§ 14 (1) Dem Berechtigten stehen keine Schadensersatzansprüche zu, wenn Vermögenswerte nicht in staatliche Verwaltung genommen wurden, weil das zuständige Staatsorgan keine Kenntnis vom Bestehen der sachlichen Voraussetzungen für die Begründung der staatlichen Verwaltung oder vom Vorhandensein des Vermögenswertes hatte und unter Berücksichtigung der konkreten Umstände nicht erlangen konnte.

(2) Ein Anspruch auf Schadensersatz besteht auch dann nicht, wenn dem Berechtigten bekannt war, daß die staatliche Verwaltung über den Vermögenswert nicht ausgeübt wird oder er diese Kenntnis in zumutbarer Weise hätte erlangen können.

§ 15 Befugnisse des staatlichen Verwalters. (1) Bis zur Aufhebung der staatlichen Verwaltung ist die Sicherung und ordnungsgemäße Verwaltung des Vermögenswertes durch den staatlichen Verwalter wahrzunehmen.

(2) Der staatliche Verwalter ist bis zur Aufhebung der staatlichen Verwaltung nicht berechtigt, ohne Zustimmung des Eigentümers langfristige vertragliche Verpflichtungen einzugehen oder dingliche Rechtsgeschäfte abzuschließen. Ausgenommen sind solche Rechtsgeschäfte, die zur Erfüllung von Rechtspflichten des Eigentümers oder zur Erhaltung und Bewirtschaftung des Vermögenswertes unbedingt erforderlich sind.

(3) Die Beschränkung gemäß Absatz 2 entfällt nach Ablauf der Anmeldefrist (§ 3 der Anmeldeverordnung), solange der Eigentümer seinen An-

spruch auf den staatlich verwalteten Vermögenswert nicht angemeldet hat.

(4) Der staatliche Verwalter hat sich vor einer Verfügung zu vergewissern, daß keine Anmeldung im Sinne des Absatzes 3 vorliegt.

Abschnitt IV. Rechtsverhältnisse zwischen Berechtigten und Dritten

§ 16 Übernahme von Rechten und Pflichten. (1) Mit der Rückübertragung von Eigentumsrechten oder der Aufhebung der staatlichen Verwaltung sind die Rechte und Pflichten, die sich aus dem Eigentum am Vermögenswert ergeben, durch den Berechtigten selbst oder durch einen vom Berechtigten zu bestimmenden Verwalter wahrzunehmen.

(2) Mit der Rückübertragung von Eigentumsrechten oder der Aufhebung der staatlichen Verwaltung tritt der Berechtigte in alle in bezug auf den jeweiligen Vermögenswert bestehenden Rechtsverhältnisse ein.

(3) Bestehende Rechtsverhältnisse können nur auf der Grundlage der jeweils geltenden Rechtsvorschriften geändert oder beendet werden.

§ 17 Miet- und Nutzungsrechte. Durch die Rückübertragung von Grundstücken und Gebäuden oder die Aufhebung der staatlichen Verwaltung werden bestehende Miet- oder Nutzungsrechtsverhältnisse nicht berührt. Dies gilt nicht in den Fällen des § 1 Absatz 3, wenn der Mieter oder Nutzer bei Abschluß des Vertrages nicht redlich im Sinne des § 4 Absätze 2 und 3 gewesen ist.

§ 18 Grundstücksbelastungen. (1) Bei der Rückübertragung von Grundstücken sind die dinglichen Belastungen, die im Zeitpunkt des Übergangs in Volkseigentum bestanden haben, wieder im Grundbuch einzutragen. Soweit der Begünstigte vom Staat bereits befriedigt worden ist, geht die zugrunde liegende Forderung auf den Entschädigungsfonds über. In diesem Falle ist auf Ersuchen der zuständigen Behörde eine Sicherungshypothek zugunsten des Entschädigungsfonds im Grundbuch einzutragen, sofern die Forderung nicht durch den Berechtigten vorher beglichen wird.

(2) Persönliche Forderungen aus Hypotheken, die zugunsten volkseigener Geld- oder Kreditinstitute begründet wurden und die nach Überführung des Grundstückes in Volkseigentum noch fortbestehen, erlöschen, wenn keine Rückübertragung des Grundstückes an den Berechtigten erfolgt. Dem Rechtsnachfolger des Geld- oder Kreditinstitutes ist ein Ausgleich aus dem Entschädigungsfonds zu gewähren.

(3) Aufbauhypotheken sind vom Berechtigten zu übernehmen, wenn eine der Kreditaufnahme entsprechende werterhöhende oder werterhaltende Baumaßnahme durchgeführt wurde.

(4) Das Nähere regelt ein Gesetz.

§ 19 Sonstige Ansprüche Dritter an Grundstücken. (1) Mieter und Nutzer von Wohn-, Erholungs- und Geschäftsgrundstücken können Ansprüche aus von ihnen im Zusammenhang mit dem Grundstück getätigten Aufwendungen, deren Leistung nach den in der Deutschen Demokratischen Republik geltenden gesetzlichen Bestimmungen dem Eigentümer obliegt oder für die eine Forderung auf Aufwendungs- bzw. Kostenerstattung, Wertersatz oder angemessene Entschädigung besteht, unabhängig von der Fälligkeit der Forderung anmelden.

(2) Die Anmeldung erfolgt im Rahmen des im Abschnitt VI geregelten Verfahrens.

(3) Erkennt der Berechtigte die Ansprüche an, soll darüber eine Vereinbarung abgeschlossen werden. Im Streitfall steht der Zivilrechtsweg offen.

(4) Die Aufhebung der staatlichen Verwaltung oder die Rückübertragung wird davon nicht berührt.

§ 20 Vorkaufsrecht. (1) Mietern und Nutzern von Ein- und Zweifamilienhäusern sowie von Grundstücken für Erholungszwecke, die staatlich verwaltet sind oder auf die ein Anspruch auf Rückübertragung besteht, wird auf Antrag ein Vorkaufsrecht am Grundstück eingeräumt.

(2) Bei Grundstücken, an denen Dritte Eigentums- oder dingliche Nutzungsrechte erworben haben, wird den Berechtigten auf Antrag ein Vorkaufsrecht am Grundstück eingeräumt.

(3) Anträge auf Eintragung des Vorkaufsrechts sind im Rahmen des Verfahrens nach Abschnitt VI zu stellen.

§ 21 Ersatzgrundstück. (1) Mieter oder Nutzer von Einfamilienhäusern und Grundstücken für Erholungszwecke, die staatlich verwaltet sind oder auf die ein rechtlich begründeter Anspruch auf Rückübertragung geltend gemacht wurde, können beantragen, daß dem Berechtigten ein Ersatzgrundstück zur Verfügung gestellt wird, wenn sie bereit sind, das Grundstück zu kaufen. Der Berechtigte ist nicht verpflichtet, ein Ersatzgrundstück in Anspruch zu nehmen.

(2) Anträgen nach § 9 Absatz 2 ist vorrangig zu entsprechen.

(3) Dem Antrag nach Absatz 1 Satz 1 ist zu entsprechen, wenn der Berechtigte einverstanden ist, ein in kommunalem Eigentum stehendes Grundstück im gleichen Stadt- oder Gemeindegebiet zur Verfügung steht und einer Eigentumsübertragung keine berechtigten Interessen entgegenstehen. Dies gilt insbesondere, wenn die Mieter und Nutzer erhebliche Aufwendungen zur Werterhöhung oder Werterhaltung des Objektes getätigt haben.

(4) Wertdifferenzen zwischen dem Wert des Ersatzgrundstückes und dem Wert des Grundstückes zum Zeitpunkt der Inverwaltungnahme oder des Entzuges des Eigentumsrechtes sind auszugleichen.

(5) Wurde dem Berechtigten eines staatlich verwalteten Grundstückes ein Ersatzgrundstück übertragen, ist der staatliche Verwalter berechtigt, das Grundstück an den Mieter oder Nutzer zu verkaufen.

Abschnitt V. Organisation

§ 22 Durchführung der Regelung offener Vermögensfragen. (1) Die Vorschriften dieses Gesetzes sowie die Aufgaben in bezug auf den zu bildenden Entschädigungsfonds werden von den Ländern Mecklenburg-Vorpommern, Brandenburg, Sachsen, Sachsen-Anhalt, Thüringen und Berlin durchgeführt.

(2) Die Errichtung des Entschädigungsfonds wird durch Gesetz geregelt.

§ 23 Landesbehörden. Die Länder errichten Ämter und Landesämter zur Regelung offener Vermögensfragen.

§ 24 Untere Landesbehörden. Für jeden Landkreis, jede kreisfreie Stadt und für Berlin wird ein Amt zur Regelung offener Vermögensfragen als untere Landesbehörde eingerichtet. Im Bedarfsfall kann ein solches Amt für mehrere Kreise als untere Landesbehörde gebildet werden.

§ 25 Obere Landesbehörden. Für jedes Land wird ein Landesamt zur Regelung offener Vermögensfragen gebildet.

§ 26 Widerspruchsausschüsse. (1) Bei jedem Landesamt zur Regelung offener Vermögensfragen wird ein Widerspruchsausschuß gebildet; bei Bedarf können mehrere Widerspruchsausschüsse gebildet werden. Der Ausschuß besteht aus einem Vorsitzenden und zwei Beisitzern.

(2) Der Widerspruchsausschuß entscheidet weisungsunabhängig mit Stimmenmehrheit über den Widerspruch.

§ 27 Amts- und Rechtshilfe. Alle Behörden und Gerichte haben den in diesem Abschnitt genannten Behörden unentgeltlich Amts- und Rechtshilfe zu leisten.

§ 28 Übergangsregelungen. (1) Bis zur Errichtung der unteren Landesbehörden werden die Aufgaben dieses Gesetzes von den Landratsämtern oder Stadtverwaltungen der kreisfreien Städte wahrgenommen. Die auf der Grundlage der Anmeldeverordnung eingereichten Anmeldungen sind durch die Ämter zur Regelung offener Vermögensfragen nach deren Bildung von den Landratsämtern oder Stadtverwaltungen der kreisfreien Städte zur weiteren Bearbeitung zu übernehmen.

(2) Bis zur Länderbildung nehmen die Regierungsbevollmächtigten für die Bezirke die Aufgaben gemäß § 23 wahr.

(3) Zur Gewährleistung der einheitlichen Durchführung dieses Gesetzes beauftragt der Ministerrat übergangsweise eine zentrale Stelle.

§ 29 Beirat. Bei der zentralen Stelle gemäß § 28 Absatz 3 ist ein Beirat zu bilden, der aus je einem Vertreter der in § 22 Absatz 1 genannten Länder, vier Vertretern der Interessenverbände und aus vier Sachverständigen besteht.

Abschnitt VI. Verfahrensregelungen

§ 30 Antrag. Ansprüche nach diesem Gesetz sind bei der zuständigen Behörde mittels Antrag geltend zu machen. Die Anmeldung nach der

Anmeldeverordnung gilt als Antrag auf Rückübertragung oder auf Aufhebung der staatlichen Verwaltung.

§ 31 Pflichten der Behörde. (1) Die Behörde ermittelt den Sachverhalt von Amts wegen, der Antragsteller hat hierbei mitzuwirken.

(2) Die Behörde hat die betroffenen Rechtsträger oder staatlichen Verwalter sowie Dritte, deren rechtliche Interessen durch den Ausgang des Verfahrens berührt werden können, über die Antragstellung zu informieren und zu dem weiteren Verfahren hinzuzuziehen.

(3) Auf Verlangen hat der Antragsteller Anspruch auf Auskunft durch die Behörde über alle Informationen, die zur Durchsetzung seines Anspruches erforderlich sind. Hierzu genügt die Glaubhaftmachung des Anspruches. Die Auskunft ist schriftlich zu erteilen.

(4) Die Behörde ist berechtigt, vom Rechtsträger, derzeitigen Eigentümer, staatlichen Verwalter sowie weiteren mit der Verwaltung von Vermögenswerten Beauftragten umfassende Auskunft zu fordern.

Entscheidung, Wahlrecht

§ 32 (1) Die Behörde hat dem Antragsteller die beabsichtigte Entscheidung schriftlich mitzuteilen und ihm Gelegenheit zur Stellungnahme binnen eines Monats zu geben. Dabei ist er auf die Möglichkeit der Auskunftserteilung gemäß § 31 Absatz 3 sowie auf das Wahlrecht nach Absatz 2 hinzuweisen.

(2) Solange die Behörde noch nicht entschieden hat, kann der Antragsteller statt Rückübertragung des Vermögenswertes oder Aufhebung der staatlichen Verwaltung Entschädigung nach § 9 wählen. Dies gilt nicht in den Fällen des § 8 Absatz 1 Satz 2.

(3) Hat der Antragsteller Auskunft verlangt, kann die Behörde über den Antrag frühestens einen Monat, nachdem dem Antragsteller die Auskunft zugegangen ist, entscheiden.

(4) Entscheidungen und Mitteilungen nach diesem Abschnitt, die eine Frist in Lauf setzen, sind den in ihren Rechten Betroffenen zuzustellen.

§ 33 (1) Hat der Antragsteller Entschädigung gewählt, beschränkt sich die Entscheidung auf die Feststellung der Berechtigung und die Feststellung der Ausübung des Wahlrechtes; das weitere Verfahren regelt sich nach besonderen Vorschriften.

(2) Über Wertausgleichsansprüche gem. § 7 und über Schadenersatzansprüche gemäß § 13 Absätze 2 und 3 und § 14 ist eine gesonderte Entscheidung zu treffen.

(3) Über die Entscheidung ist den Beteiligten ein schriftlicher Bescheid zu erteilen und zuzustellen. Der Bescheid ist zu begründen und mit einer Rechtsbehelfsbelehrung zu versehen.

(4) Mit der Entscheidung ist den Beteiligten ein Übergabeprotokoll zuzustellen. Dieses hat Angaben zum festgestellten Eigentums- und Vermögensstatus, zu getroffenen Vereinbarungen, zu angemeldeten Rechten im Sinne des § 19 sowie zu sonstigen wesentlichen Regelungen in bezug auf die zu übergebenden Vermögenswerte zu enthalten.

(5) Die Entscheidung wird einen Monat nach Zustellung bestandskräftig, wenn kein Widerspruch eingelegt wird.

§ 34 Eigentumsübergang, Grundbuchberichtigung und Löschung von Vermerken über die staatliche Verwaltung. (1) Mit der Unanfechtbarkeit einer Entscheidung über die Rückübertragung von Eigentumsrechten oder sonstigen dinglichen Rechten gehen die Rechte auf den Berechtigten über.

(2) Bei Rückübertragung von Eigentums- oder sonstigen dinglichen Rechten an Grundstücken und Gebäuden beantragt die Behörde die Berichtigung des Grundbuches bei der das Grundbuch führenden Behörde. Gebühren für die Grundbuchberichtigung werden nicht erhoben.

(3) Der Berechtigte ist von der Entrichtung der Grunderwerbssteuer befreit.

(4) Bei der Aufhebung der staatlichen Verwaltung beantragt die Behörde bei der das Grundbuch führenden Behörde die Löschung des Vermerkes über die staatliche Verwaltung.

§ 35 Örtliche Zuständigkeit. (1) Für die Entscheidung über Vermögenswerte in staatlicher Verwaltung ist das Amt zur Regelung offener Vermögensfragen zuständig, in dessen Bereich der Antragsteller, im Erbfall der betroffene Erblasser, seinen letzten Wohnsitz hatte. Das gilt auch für Vermögenswerte, die beschlagnahmt und in Volkseigentum übernommen wurden.

(2) In den übrigen Fällen ist das Amt zur Regelung offener Vermögensfragen zuständig, in dessen Bereich der Vermögenswert belegen ist.

(3) Ist der Antrag an ein örtlich unzuständiges Amt oder an eine andere unzuständige Stelle gerichtet worden, haben diese den Antrag unverzüglich an das zuständige Amt zur Regelung offener Vermögensfragen abzugeben und den Antragsteller zu benachrichtigen.

§ 36 Widerspruchsverfahren. (1) Gegen Entscheidungen des Amtes zur Regelung offener Vermögensfragen kann Widerspruch erhoben werden. Der Widerspruch ist innerhalb eines Monats nach Zustellung der Entscheidung schriftlich bei dem Amt zu erheben, das die Entscheidung getroffen hat. Der Widerspruch soll begründet werden. Wird dem Widerspruch nicht oder nicht in vollem Umfang abgeholfen, ist er dem zuständigen Widerspruchsausschuß zuzuleiten.

(2) Kann durch die Aufhebung oder Änderung der Entscheidung ein anderer als der Widerspruchsführer beschwert werden, so ist er vor Abhilfe oder Erlaß des Widerspruchsbescheids zu hören.

(3) Der Widerspruchsbescheid ist zu begründen, mit einer Rechtsmittelbelehrung zu versehen und zuzustellen.

§ 37 Zulässigkeit des Gerichtsweges. Gegen den Widerspruchsbescheid kann der Beschwerte Antrag auf Nachprüfung durch das Gericht stellen.

§ 38 Kosten. (1) Das Verwaltungsverfahren einschließlich des Widerspruchsverfahrens ist kostenfrei.

(2) Die Kosten einer Vertretung trägt der Antragsteller. Die Kosten der Vertretung im Widerspruchsverfahren sind dem Widerspruchsführer zu erstatten, soweit die Zuziehung eines Bevollmächtigten zur zweckentsprechenden Rechtsverfolgung notwendig und der Widerspruch begründet war. Über die Tragung der Kosten wird bei der Entscheidung zur Sache mitentschieden.

§ 39 Außerkrafttreten. Folgende Vorschriften treten außer Kraft:

1. Erste Durchführungsanweisung zur Verordnung zur Sicherung von Vermögenswerten vom 8. September 1952 (VOBl. für Groß-Berlin Teil I S. 459)
2. Verordnung über die in das Gebiet der Deutschen Demokratischen Republik und dem demokratischen Sektor von Groß-Berlin zurückkehrenden Personen vom 11. Juni 1953 (GBl. Nr. 78 S. 805)
3. Erste Durchführungsbestimmung zur Verordnung über die in das Gebiet der Deutschen Demokratischen Republik und den demokratischen Sektor von Groß-Berlin zurückkehrenden Personen vom 11. Juni 1953 (GBl. Nr. 78 S. 806)
4. Zweite Durchführungsbestimmung zur Verordnung über die in das Gebiet der Deutschen Demokratischen Republik und den demokratischen Sektor von Groß-Berlin zurückkehrenden Personen vom 31. August 1953 (GBl. Nr. 95 S. 955)
5. Verordnung über die Verwaltung und den Schutz ausländischen Eigentums in der Deutschen Demokratischen Republik vom 6. September 1951 (GBl. Nr. 111 S. 839)
6. Verordnung über die Verwaltung und den Schutz ausländischen Eigentums in Groß-Berlin vom 18. Dezember 1951 (VOBl. für Groß-Berlin Teil I Nr. 80 S. 565)
7. Anordnung Nr. 2 über die Behandlung des Vermögens von Personen, die die Deutsche Demokratische Republik nach dem 10. Juni 1953 verlassen vom 3. Oktober 1958 (VOBl. für Groß-Berlin Teil I S. 673)
8. Verordnung über die Rechte und Pflichten des Verwalters des Vermögens von Eigentümern, die die Deutsche Demokratische Republik ungesetzlich verlassen haben, gegenüber Gläubigern in der Deutschen Demokratischen Republik vom 11. Dezember 1968 (GBl. II 1969 S. 1)
9. Anordnung zur Regelung von Vermögensfragen vom 11. November 1989 (GBl. I Nr. 22 S. 247)
10. §§ 17 bis 21 des Gesetzes über die Gründung und Tätigkeit privater Unternehmen und über Unternehmensbeteiligungen vom 7. März 1990 (GBl. I Nr. 17 S. 141), zuletzt geändert durch Gesetz über die Änderung oder Aufhebung von Gesetzen der Deutschen Demokratischen Republik vom 28. Juni 1990 (GBl. I Nr. 38 S. 483)
11. sowie zu diesen Rechtsvorschriften erlassene Anweisungen.

10. Gesetz über die Eröffnungsbilanz in Deutscher Mark und die Kapitalneufestsetzung (D-Markbilanzgesetz – DMBilG)

EVertr/Anl. II Kap. III Sachgeb. D Abschn. I Nr. 1
(BGBl. 1990 II S. 1169)

Inhaltsübersicht

Abschnitt 9. Sonstige Vorschriften

Abschnitt 10. Schlußvorschriften

Abschnitt 1. Inventar. Eröffnungsbilanz. Anhang

Unterabschnitt 1. Inventar. Eröffnungsbilanz

§ 1 Pflicht zur Aufstellung. (1) Unternehmen mit Hauptniederlassung (Sitz) in der Deutschen Demokratischen Republik am 1. Juli 1990, die als Kaufleute nach § 238 des Handelsgesetzbuchs verpflichtet sind, Bücher zu führen, haben ein Inventar und eine Eröffnungsbilanz in Deutscher Mark für den 1. Juli 1990 sowie einen Anhang nach § 19 aufzustellen, der mit der Eröffnungsbilanz eine Einheit bildet. Unternehmen, die ihre Eröffnungsbilanz nicht nach § 37 offenlegen müssen, brauchen einen Anhang nicht aufzustellen.

(2) Als Unternehmen, die nach Absatz 1 zur Führung von Büchern verpflichtet sind, gelten auch
1. volkseigene Kombinate, Betriebe, selbständige Einrichtungen und wirtschaftsleitende Organe, zwischenbetriebliche Einrichtungen und sonstige im Register der volkseigenen Wirtschaft eingetragene Wirtschaftseinheiten sowie volkseigene Güter,
2. Aktiengesellschaften im Aufbau, Gesellschaften mit beschränkter Haftung im Aufbau,
3. Genossenschaften jeder Art einschließlich kooperativer Einrichtungen,
4. Betriebe mit oder ohne eigene Rechtspersönlichkeit des Staates, der Länder, Kreise, Städte und Gemeinden, die ein Handelsgewerbe im Sinne des § 1 des Handelsgesetzbuchs betreiben, soweit sie nicht zu den in § 4 des Handelsgesetzbuchs bezeichneten Gewerbetreibenden gehören,
5. Anstalten, Stiftungen und Vereine, die ein Handelsgewerbe im Sinne des § 1 des Handelsgesetzbuchs betreiben, soweit sie nicht zu den in § 4 des Handelsgesetzbuchs bezeichneten Gewerbetreibenden gehören,
6. die Deutsche Post,
7. die Deutsche Reichsbahn,
8. Zweigniederlassungen und Betriebsstätten von Unternehmen nach Absatz 1 mit Hauptniederlassung außerhalb der Deutschen Demokratischen Republik.

(3) Absatz 1 ist auch auf die Treuhandanstalt und auf in Absatz 1 und 2 bezeichnete Unternehmen anzuwenden, die sich in Abwicklung befinden oder über deren Vermögen das Gesamtvollstreckungsverfahren eingeleitet worden ist.

(4) Führt ein zur Rechnungslegung verpflichtetes Unternehmen den Geschäftsbetrieb eines in Absatz 1 bis 3 bezeichneten Unternehmens im eigenen oder fremden Namen, aber für fremde Rechnung, so hat es auch dessen Pflichten nach diesem Gesetz zu erfüllen; die Vorschriften dieses Gesetzes sind entsprechend anzuwenden.

(5) Zur Rechnungslegung verpflichtete Unternehmen, die innerhalb der Aufstellungsfrist nach § 4 Abs. 1 Satz 1 für die Eröffnungsbilanz entstehen oder in eine private Rechtsform umgewandelt werden, können für die Zwecke dieses Gesetzes als zum 1. Juli 1990 gegründet angesehen werden.

§ 2 **Inventar.** Auf das Inventar zum 1. Juli 1990 ist § 240 des Handelsgesetzbuchs entsprechend anzuwenden. In das Inventar sind auch solche Vermögensgegenstände aufzunehmen, die dem Unternehmen nach dem 30. Juni 1990 innerhalb der Aufstellungsfrist nach § 4 Abs. 1 Satz 1 für die Eröffnungsbilanz aus ehemals volkseigenem Vermögen unentgeltlich übertragen werden.

§ 3 **Inventur.** (1) Für die Aufstellung des Inventars braucht eine Inventur zur mengenmäßigen Erfassung der Vermögensgegenstände und Schulden nicht durchgeführt zu werden, wenn bei der Inventur zum 30. Juni 1990 die Vermögensgegenstände und Schulden vollständig aufgenommen und die in Absatz 2 bis 6 enthaltenen Grundsätze beachtet worden sind. Die erst nach dem 30. Juni 1990 erworbenen Vermögensgegenstände und Schulden, die nach § 2 Satz 2 oder nach § 4 Abs. 3 in das Inventar aufzunehmen sind, sind in die Inventur einzubeziehen oder gesondert aufzunehmen. War der Prüfer bei prüfungspflichtigen Unternehmen (§ 33 Abs. 1) bei der Inventur nicht anwesend, kann auf eine neue Inventur nur verzichtet werden, wenn der Prüfer die Ordnungsmäßigkeit der Inventur zum 30. Juni 1990 anerkennt.

(2) Die Vermögensgegenstände sind grundsätzlich körperlich zu erfassen. § 241 des Handelsgesetzbuchs darf angewandt werden, Absatz 3 Nr. 1 mit der Maßgabe, daß das Inventar in den ersten vier Monaten des Geschäftsjahrs aufgestellt werden kann. Die körperliche Bestandsaufnahme kann bei den Vermögensgegenständen des Anlagevermögens unterbleiben, wenn diese in einer den Grundsätzen ordnungsmäßiger Buchführung entsprechenden Weise verzeichnet sind und in den letzten zwölf Monaten eine körperliche Aufnahme stattgefunden hat.

(3) Bei Grundstücken und Gebäuden sind alle gesetzlichen oder vertraglichen Einschränkungen zu erfassen, die sich auf deren Nutzung, Verfügbarkeit oder Verwertung beziehen; es sind außerdem alle bekannten Sachverhalte festzuhalten, aus denen sich finanzielle Verpflichtungen ergeben können.

(4) Forderungen und Verbindlichkeiten sind in besonderen Listen zu erfassen und in einer den Grundsätzen ordnungsmäßiger Buchführung entsprechenden Art und Weise nachzuweisen. Forderungen und Verbindlichkeiten gegenüber dem Staat, der Treuhandanstalt, Gesellschaftern und Tochterunternehmen (§ 21 Abs. 1 Satz 1) sind gesondert zu erfassen; der Rechtsgrund ist jeweils anzugeben. Bei Verbindlichkeiten gegenüber

Geldinstituten und Außenhandelsbetrieben ist der Grund für die Kreditgewährung anzugeben.

(5) In besonderen Listen sind alle Sachverhalte zu erfassen, die zu einer Rückstellung nach § 249 Abs. 1 Satz 1 des Handelsgesetzbuchs für ungewisse Verbindlichkeiten oder für drohende Verluste aus schwebenden Geschäften führen können oder für die Rückstellungen nach § 249 Abs. 1 Satz 2 des Handelsgesetzbuchs zu bilden sind.

(6) In besonderen Listen sind alle Haftungsverhältnisse, die nach § 251 des Handelsgesetzbuchs zu vermerken sind, und alle sonstigen finanziellen Verpflichtungen zu erfassen, über die nach § 19 Abs. 3 Nr. 6 im Anhang zu berichten ist, soweit sie nicht nach Absatz 2 bis 5 berücksichtigt sind.

§ 4 Aufstellung der Eröffnungsbilanz. (1) Die Eröffnungsbilanz und der Anhang sind in den ersten vier Monaten des Geschäftsjahrs aufzustellen. Unternehmen, die in der Eröffnungsbilanz eine Bilanzsumme von höchstens drei Millionen neunhunderttausend Deutsche Mark nach Abzug eines Fehlbetrags nach § 268 Abs. 3 des Handelsgesetzbuchs ausweisen oder die am 1. Juli 1990 höchstens fünfzig Arbeitnehmer beschäftigen, dürfen die Eröffnungsbilanz und den Anhang in den ersten sechs Monaten des Geschäftsjahrs aufstellen, wenn dies einem ordnungsgemäßen Geschäftsgang entspricht.

(2) Die Eröffnungsbilanz und der Anhang haben unter Beachtung der Grundsätze ordnungsmäßiger Buchführung ein den tatsächlichen Verhältnissen entsprechendes Bild der Vermögenslage im Sinne des § 264 Abs. 2 Satz 1 des Handelsgesetzbuchs zu vermitteln. Führen besondere Umstände dazu, daß die Eröffnungsbilanz ein den tatsächlichen Verhältnissen entsprechendes Bild nicht vermittelt, so sind im Anhang zusätzliche Angaben zu machen, sofern ein solcher aufzustellen ist. Es sind nur solche Grundsätze ordnungsmäßiger Buchführung anzuwenden, die in der Bundesrepublik Deutschland entstanden sind oder die zu diesem Gesetz entstehen werden.

(3) Übertragen Unternehmen zum Zwecke der Neustrukturierung oder Privatisierung innerhalb der Aufstellungsfrist für die Eröffnungsbilanz nach Absatz 1 Satz 1 Vermögensgegenstände oder Schulden auf andere Unternehmen, so können die sich daraus ergebenden Änderungen in den Eröffnungsbilanzen und Inventaren der betroffenen Unternehmen, jedoch nur übereinstimmend, berücksichtigt werden.

§ 5 Anzuwendende Vorschriften. (1) Auf die Eröffnungsbilanz sind die §§ 243 bis 261 des Handelgesetzbuchs mit Ausnahme von § 243 Abs. 3, § 247 Abs. 3, §§ 252, 253 Abs. 1 Satz 1, Abs. 4, § 255 Abs. 3, § 256 Satz 1 entsprechend anzuwenden, soweit sie sich auf die Bilanz beziehen und dieses Gesetz keine abweichenden Regelungen enthält; Angaben über verbundene Unternehmen brauchen nicht gemacht zu werden. Unternehmen, die nicht Einzelkaufmann oder Personenhandelsgesellschaft sind, haben außerdem § 265 Abs. 3 bis 8, §§ 266, 268 Abs. 3 bis 7, §§ 270 bis 272, Genossenschaften die §§ 336, 337 des Handelsgesetzbuchs anzuwenden, soweit dieses Gesetz abweichende Regelungen nicht enthält oder geschäftszweigbezogene Vorschriften über Form und Inhalt der Bilanz nicht zu beachten sind.

(2) Werden in der Eröffnungsbilanz die Größenmerkmale des § 267 Abs. 1 oder 2 des Handelsgesetzbuchs bezüglich der Bilanzsumme oder der Arbeitnehmerzahl nicht überschritten, dürfen kleine Unternehmen die Erleichterungen des § 266 Abs. 1 Satz 3 des Handelsgesetzbuchs und mittelgroße Unternehmen die Erleichterungen des § 327 Nr. 1 des Handelsgesetzbuchs bereits bei der Aufstellung der Eröffnungsbilanz in Anspruch nehmen.

Unterabschnitt 2. Bilanzansatz- und Bewertungsvorschriften

§ 6 Allgemeine Anforderungen. (1) Bei der Bewertung der in der Eröffnungsbilanz ausgewiesenen Vermögensgegenstände und Schulden gilt insbesondere folgendes:

1. Bei der Bewertung ist von der Fortführung der Unternehmenstätigkeit auszugehen, sofern dem nicht tatsächliche oder rechtliche Gegebenheiten entgegenstehen.
2. Die Vermögensgegenstände und Schulden sind zum Stichtag der Eröffnungsbilanz einzeln zu bewerten.
3. Es ist vorsichtig zu bewerten, namentlich sind alle vorhersehbaren Risiken und Verluste, die bis zum Stichtag der Eröffnungsbilanz entstanden sind, zu berücksichtigen, selbst wenn diese erst zwischen dem Stichtag und dem Tag der Aufstellung der Eröffnungsbilanz bekannt geworden sind; Gewinne sind nur zu berücksichtigen, wenn sie am Stichtag realisiert sind.

(2) Die auf die in der Eröffnungsbilanz ausgewiesenen Vermögensgegenstände und Schulden angewandten Ansatz- und Bewertungsmethoden sind für die folgenden Bilanzen verbindlich, soweit nicht abgewichen werden muß oder eine Abweichung nach § 252 Abs. 2 des Handelsgesetzbuchs zulässig ist; für die erstmalige Abweichung in einem nachfolgenden Abschluß von einem in der Eröffnungsbilanz ausgeübten Wahlrecht bedarf es eines begründeten Ausnahmefalls nicht.

§ 7 Neubewertung. (1) Vermögensgegenstände und Schulden sind neu zu bewerten. Vermögensgegenstände sind mit ihren Wiederbeschaffungs- oder Wiederherstellungskosten anzusetzen (Neuwert); sie dürfen jedoch höchstens mit dem Wert angesetzt werden, der ihnen beizulegen ist (Zeitwert). Wesentliche Werterhöhungen, die innerhalb von vier Monaten nach dem Bilanzstichtag eintreten, sind zu berücksichtigen. Die bisherige Nutzung der Vermögensgegenstände und ihr Zurückbleiben hinter dem technischen Fortschritt sind bei der Ermittlung des Zeitwerts durch einen Wertabschlag zu berücksichtigen. Die in der Eröffnungsbilanz angesetzten Werte gelten für die Folgezeit als Anschaffungs- oder Herstellungskosten, soweit Berichtigungen nach § 36 nicht vorzunehmen sind.

(2) Auf die Ermittlung der Wiederbeschaffungskosten ist § 255 Abs. 1 des Handelsgesetzbuchs über die Anschaffungskosten entsprechend anzuwenden. Dabei ist von den Preisverhältnissen im gesamten Währungsgebiet der Deutschen Mark auszugehen.

(3) Auf die Ermittlung der Wiederherstellungskosten ist § 255 Abs. 2 des Handelsgesetzbuchs über die Herstellungskosten entsprechend mit der Maßgabe anzuwenden, daß die in dessen Satz 3 bezeichneten Aufwendungen einzurechnen sind; Zinsen für Fremdkapital dürfen nicht angesetzt werden. Der Berechnung der Aufwendungen für den Verbrauch von Gütern und für bezogene Leistungen sind deren Wiederbeschaffungskosten gemäß Absatz 2 und der Berechnung von Aufwendungen für eigene Leistungen die Lohn- und Gehaltsverhältnisse in der Deutschen Demokratischen Republik zugrunde zu legen. Erhöhungen der Personalkosten innerhalb der ersten vier Monate nach dem Stichtag der Eröffnungsbilanz dürfen berücksichtigt werden.

(4) Bei abnutzbaren Vermögensgegenständen ist der Wertabschlag für die bisherige Nutzung in entsprechender Anwendung des § 253 Abs. 2 Satz 1 und 2 des Handelsgesetzbuchs zu bemessen. Bei der Festlegung der Nutzungsdauer abnutzbarer Vermögensgegenstände sind die Zeiten zugrundezulegen, die für die steuerliche Gewinnermittlung ab 1. Juli 1990 anzusetzen sind. Bei abnutzbaren Vermögensgegenständen, deren tatsächliche Nutzung die Nutzungsdauer nach Satz 2 nach vernünftiger kaufmännischer Beurteilung voraussichtlich überschreitet, darf der Wert unter Berücksichtigung der längeren Nutzungsdauer angesetzt werden.

(5) Vermögensgegenstände, die im Unternehmen nicht mehr verwendet werden, sind mit dem zu erwartenden Verkaufserlös nach Abzug der noch anfallenden Kosten anzusetzen (Veräußerungswert). Vermögensgegenstände, die noch genutzt werden, aber vor dem 1. Juli 1990 bereits vollständig abgeschrieben worden sind, dürfen höchstens mit ihrem Veräußerungswert angesetzt werden.

§ 8 Immaterielle Vermögensgegenstände. (1) Das Bilanzierungsverbot des § 248 Abs. 2 des Handelsgesetzbuchs für selbst geschaffene immaterielle Vermögensgegenstände des Anlagevermögens gilt auch, wenn die Vermögensgegenstände im Wege der Umwandlung vor dem 1. Juli 1990 erworben worden sind. Ein unentgeltlich erworbener Geschäfts- oder Firmenwert darf nicht angesetzt werden; § 31 Abs. 1 Nr. 1 bleibt unberührt.

(2) Entgeltlich erworbene immaterielle Vermögensgegenstände des Anlagevermögens, die technisch oder wirtschaftlich überholt sind, dürfen höchstens mit ihrem Veräußerungswert angesetzt werden.

(3) Statt der Summe der aus der Einzelbewertung der entgeltlich erworbenen immateriellen Vermögensgegenstände sich ergebenden Beträge kann der Betrag angesetzt werden, den ein Käufer bei Fortführung des Unternehmens im Rahmen des Gesamtkaufpreises für die entgeltlich erworbenen immateriellen Vermögensgegenstände insgesamt zu zahlen bereit wäre. Der Betrag ist, soweit es sich um abnutzbare Vermögensgegenstände handelt, in entsprechender Anwendung des § 255 Abs. 4 des Handelsgesetzbuchs abzuschreiben.

§ 9 Grund und Boden. (1) Grund und Boden ist mit seinem Verkehrswert anzusetzen. Dabei darf die Preisentwicklung im gesamten Währungsgebiet der Deutschen Mark bis zur Feststellung der Eröffnungsbilanz berücksichtigt werden. Bis zur Bildung von selbständigen und unabhängigen Gutachterausschüssen für die Ermittlung der Grundstückswerte und für sonstige Wertermittlungen können für die Ermittlung des Verkehrswerts die vom Ministerium für Wirtschaft empfohlenen Richtwerte herangezogen werden.

(2) Bestehen Nutzungs-, Verfügungs- oder Verwertungsbeschränkungen, die den Verkehrswert nach allgemeiner Verkehrsauffassung wesentlich beeinträchtigen, so sind diese wertmindernd zu berücksichtigen. Dies gilt auch für künftige Rekultivierungs- und Entsorgungsverpflichtungen, soweit sie den Eigentümer betreffen.

(3) Ein unentgeltlich auf mindestens zehn Jahre unentziehbar eingeräumtes grundstücksgleiches Recht darf mit dem Barwert der üblichen Nutzungsentschädigung angesetzt werden, wenn der dazu gehörende Grund und Boden wie Anlagevermögen genutzt wird. Der angesetzte Betrag ist in der Bilanz oder im Anhang gesondert anzugeben.

§ 10 Bauten und andere Anlagen. (1) Gebäude und andere Bauten, technische und andere Anlagen, Maschinen, Betriebs- und Geschäftsausstattung sind mit ihren Wiederherstellungskosten (§ 7 Abs. 3) oder mit ihren Wiederbeschaffungskosten (§ 7 Abs. 2) unter Berücksichtigung des Wertabschlags für zwischenzeitliche Nutzung (§ 7 Abs. 4), höchstens jedoch mit ihrem Zeitwert (§ 7 Abs. 1 Satz 1) anzusetzen. Unterlassene Instandhaltungen und Großreparaturen zur Erhaltung der Bausubstanz sind bei der Ermittlung des Zeitwerts wertmindernd zu berücksichtigen.

(2) Als Zeitwert der in Absatz 1 bezeichneten Vermögensgegenstände kann auch ihr Verkehrswert angesetzt werden.

§ 11 Finanzanlagen. (1) Beteiligungen an einem anderen Unternehmen nach § 1 sind in der Eröffnungsbilanz mit dem Betrag anzusetzen, der dem ausgewiesenen anteiligen Eigenkapital in der Eröffnungsbilanz dieses Unternehmens entspricht. Steht dem anderen Unternehmen eine Ausgleichsforderung oder eine Forderung auf Einzahlung von Eigenkapital gegen das beteiligte Unternehmen zu, so sind diese unter den Verbindlichkeiten gegenüber verbundenen Unternehmen gesondert auszuweisen. Andere Beteiligungen sind mit ihrem Verkehrswert anzusetzen. Satz 3 darf auch auf Beteiligungen nach Satz 1 angewandt werden.

(2) Aktien und andere Wertpapiere, die an einer Börse zum amtlichen Handel oder zum geregelten Markt zugelassen oder in den Freiverkehr einbezogen sind, sind mit ihrem Kurswert am Stichtag der Eröffnungsbilanz anzusetzen.

(3) Ausleihungen, die vor dem 1. Juli 1990 begründet wurden, sind mit der Wirkung auf Deutsche Mark umzustellen, daß für zwei Mark der Deutschen Demokratischen Republik eine Deutsche Mark anzusetzen ist.

§ 12 Vorräte. (1) Roh-, Hilfs- und Betriebsstoffe sind mit ihren Wiederbeschaffungs- oder Wiederherstellungskosten anzusetzen.

(2) Unfertige Erzeugnisse und Leistungen sowie fertige Erzeugnisse sind mit ihren Wiederherstellungskosten anzusetzen. Bei fertigen Erzeugnissen darf, wenn dies einer vereinfachten Ermittlung der Wiederherstel-

lungskosten dient, der Betrag angesetzt werden, der sich ergibt, wenn von den zu erwartenden Erlösen die Vertriebskosten und der zu erwartende Gewinn abgesetzt werden. Dieses Verfahren darf auch auf unfertige Erzeugnisse und Leistungen angewandt werden, wenn die bis zur Fertigstellung zusätzlich anfallenden Kosten, die ebenfalls abzusetzen sind, zuverlässig berechnet werden können.

(3) Waren, die ohne Be- oder Verarbeitung zur Weiterveräußerung bestimmt sind, sind mit den Wiederbeschaffungskosten anzusetzen. Absatz 2 Satz 2 darf entsprechend angewandt werden.

(4) Vorräte nach Absatz 1 bis 3 sind jedoch höchstens mit ihrem Zeitwert (§ 7 Abs. 1 Satz 1) anzusetzen. § 7 Abs. 5 Satz 1 bleibt unberührt.

§ 13 Forderungen. (1) Auf Mark der Deutschen Demokratischen Republik lautende Forderungen, die vor dem 1. Juli 1990 begründet wurden, werden, soweit Absatz 2 nichts anderes bestimmt, mit der Wirkung auf Deutsche Mark umgerechnet, daß für zwei Mark der Deutschen Demokratischen Republik eine Deutsche Mark anzusetzen ist.

(2) Abweichend von Absatz 1 werden Mieten und Pachten sowie sonstige regelmäßig wiederkehrende Zahlungen, die nach dem 30. Juni 1990 fällig werden, mit der Wirkung auf Deutsche Mark umgerechnet, daß für eine Mark der Deutschen Demokratischen Republik eine Deutsche Mark anzusetzen ist.

(3) Der Grundsatz der Einzelbewertung ist zu beachten. Minderverzinsliche oder unverzinsliche Forderungen sowie zweifelhafte Forderungen sind mit dem niedrigeren beizulegenden Wert anzusetzen; eingeräumte Sicherheiten sind zu berücksichtigen. Pauschalwertberichtigungen wegen des allgemeinen Kreditrisikos sind vom Gesamtbetrag der Forderungen abzusetzen.

(4) Forderungen, die Verbindlichkeiten nach § 16 Abs. 3 und 4 entsprechen, dürfen nicht angesetzt werden.

(5) Ausstehende Einlagen sind, auch wenn sie nicht eingefordert sind, wie Forderungen zu bewerten, jedoch nicht abzuzinsen.

§ 14 Kassenbestand, Schecks, Guthaben bei Geldinstituten. (1) Zahlungsmittel in Mark der Deutschen Demokratischen Republik sind nur anzusetzen, soweit sie weiterhin gesetzliche Zahlungsmittel sind.

(2) Schecks sind wie Forderungen zu behandeln.

(3) Guthaben bei Geldinstituten in Mark der Deutschen Demokratischen Republik sind mit dem Betrag anzusetzen, den das Geldinstitut in Deutscher Mark gutbringen muß.

§ 15 Rechnungsabgrenzungsposten. Aktive und passive Rechnungsabgrenzungsposten nach § 250 des Handelsgesetzbuchs sind im Verhältnis von zwei Mark der Deutschen Demokratischen Republik zu einer Deutschen Mark umzurechnen, soweit nicht ein anderes Umstellungsverhältnis vorgeschrieben ist.

§ 16 Verbindlichkeiten. (1) Auf Mark der Deutschen Demokratischen Republik lautende Verbindlichkeiten, die vor dem 1. Juli 1990 begründet wurden, werden, soweit Absatz 2 nichts anderes bestimmt, mit der Wirkung auf Deutsche Mark umgerechnet, daß für zwei Mark der Deutschen Demokratischen Republik eine Deutsche Mark anzusetzen ist.

(2) Abweichend von Absatz 1 werden folgende auf Mark der Deutschen Demokratischen Republik lautende Verbindlichkeiten mit der Wirkung auf Deutsche Mark umgerechnet, daß für eine Mark der Deutschen Demokratischen Republik eine Deutsche Mark anzusetzen ist:
1. Löhne und Gehälter in Höhe der nach dem 1. Mai 1990 gelten Tarifverträge sowie Stipendien, die nach dem 30. Juni 1990 fällig werden;
2. Renten, die nach dem 30. Juni 1990 fällig werden, soweit sich aus Artikel 20 des Vertrages über die Schaffung einer Währungs-, Wirtschafts- und Sozialunion zwischen der Bundesrepublik Deutschland und der Deutschen Demokratischen Republik nichts anderes ergibt;
3. Mieten und Pachten sowie sonstige regelmäßig wiederkehrende Zahlungen, die nach dem 30. Juni 1990 fällig werden, mit Ausnahme wiederkehrender Zahlungen aus und in Lebensversicherungen und privaten Rentenversicherungen.

(3) Verbindlichkeiten sind in die Eröffnungsbilanz nicht aufzunehmen, wenn eine schriftliche Erklärung des Gläubigers vorliegt, daß er
1. Zahlung nur verlangen wird, soweit die Erfüllung aus dem Jahresüberschuß möglich ist, und
2. im Falle der Auflösung, Zahlungsunfähigkeit oder Überschuldung des Unternehmens hinter alle Gläubiger zurücktritt, die eine solche Erklärung nicht abgegeben haben.

Der Gesamtbetrag solcher Verbindlichkeiten ist im Anhang unter den sonstigen finanziellen Verpflichtungen gesondert anzugeben, soweit sie nicht auf Grund einer Vereinbarung mit dem Unternehmen als nachrangiges Kapital ausgewiesen werden.

(4) Verbindlichkeiten, die innerhalb der Aufstellungsfrist nach § 4 Abs. 1 Satz 1 für die Eröffnungsbilanz erlassen werden, sind nicht zu bilanzieren.

§ 17 Rückstellungen. (1) Ungewisse Verbindlichkeiten, die vor dem 1. Juli 1990 in Mark der Deutschen Demokratischen Republik begründet wurden, sind wie Verbindlichkeiten in Deutsche Mark umzurechnen und als Rückstellungen auszuweisen.

(2) Rückstellungen für drohende Verluste aus schweben den Geschäften nach § 249 Abs. 1 Satz 1 des Handelsgesetzbuchs sind in der Eröffnungsbilanz neu zu bilden. Sie sind insbesondere einzustellen, wenn zu erwarten ist, daß ein Absatz- oder Beschaffungsgeschäft nach Erfüllung zu einem Aufwand führt, der die Gegenleistung übersteigt, oder zu einer Abschreibung auf den gelieferten Gegenstand führt.

(3) Rückstellungen, die nicht nach Absatz 1 umzurechnen sind, sind in Höhe des Betrags in Deutscher Mark anzusetzen, der nach vernünftiger kaufmännischer Beurteilung notwendig ist, um die Verpflichtung zu erfüllen.

(4) Werden Rückstellungen wegen der erstmaligen Anwendung des § 249 Abs. 1 Satz 1 des Handelsgesetzbuchs in der Eröffnungsbilanz gebildet,

so ist in Höhe des Betrags dieser Rückstellungen, soweit er nicht durch eine Ausgleichsforderung nach § 24 Abs. 1 Satz 1 ausgeglichen wird, auf der Aktivseite ein Sonderverlustkonto aus Rückstellungsbildung gesondert auszuweisen. Der aktivierte Betrag ist in den Folgejahren jeweils in Höhe der Aufwendungen abzuschreiben, die zur Erfüllung der zurückgestellten Verpflichtungen entstehen. Soweit die Aktivierung des Sonderverlustkontos zu einer Rücklage führt, darf diese nur zum Ausgleich von Verlusten verwendet werden.

(5) § 249 Abs. 1 Satz 2 Nr. 1 des Handelsgesetzbuchs braucht nicht angewandt zu werden. § 249 des Handelsgesetzbuchs bleibt im übrigen unberührt. Wird ein Wertabschlag nach § 9 Abs. 2 oder § 10 Abs. 1 Satz 2 vorgenommen, so ist eine eventuelle Rückstellung nur in Höhe des den Wertabschlag übersteigenden Betrags zu bilden. § 16 Abs. 3 und 4 ist entsprechend anzuwenden.

§ 18 Währungsumrechnung. Auf ausländische Währung lautende Vermögensgegenstände, Schulden und Rechnungsabgrenzungsposten sowie am Bilanzstichtag nicht abgewickelte Kassa-Geschäfte sind mit dem Kassa-Kurs am Bilanzstichtag in Deutsche Mark umzurechnen. Nicht abgewickelte Termingeschäfte sind zum Terminkurs am Bilanzstichtag umzurechnen. Forderungen und Lieferansprüche sind mit dem Geldkurs, Verbindlichkeiten und Lieferverpflichtungen mit dem Briefkurs umzurechnen.

Unterabschnitt 3. Anhang. Vergleichende Darstellung

§ 19 Anhang. (1) Im Anhang sind die auf die Posten der Eröffnungsbilanz angewandten Bilanzierungs- und Bewertungsmethoden, insbesondere die bei der Neubewertung angewandten, anzugeben und so zu erläutern, daß ein sachverständiger Dritter die Wertansätze beurteilen kann; insbesondere sind bei Schätzungen die Vergleichsmaßstäbe darzustellen. Bei der Ausübung von Wahlrechten sind wesentliche Auswirkungen auf die Vermögenslage gesondert darzustellen. Außerdem sind diejenigen Angaben aufzunehmen, die zu den einzelnen Posten der Eröffnungsbilanz vorgeschrieben oder die im Anhang zu machen sind, weil sie in Ausübung eines Wahlrechts nicht in die Eröffnungsbilanz aufgenommen wurden.

(2) Im Anhang sind die Maßnahmen zu beschreiben, die für die Zeit nach dem 30. Juni 1990 getroffen oder geplant worden sind, um das Unternehmen an die veränderten Bedingungen anzupassen. Dazu gehören insbesondere Änderungen des Unternehmenszwecks, Aufgabe oder Neuaufnahme von Produkten, Stillegungen, die Aufspaltung oder der Zusammenschluß mit anderen Unternehmen. Die voraussichtlichen Kosten der Umstrukturierung sind anzugeben.

(3) Im Anhang sind ferner anzugeben:
1. zu den in der Bilanz ausgewiesenen Verbindlichkeiten
   a) der Gesamtbetrag der Verbindlichkeiten mit einer Restlaufzeit von mehr als fünf Jahren,

b) der Gesamtbetrag der Verbindlichkeiten, die durch Pfandrechte oder ähnliche Rechte gesichert sind, unter Angabe von Art und Form der Sicherheiten;

2. die Aufgliederung der in Nummer 1 verlangten Angaben für jeden Posten der Verbindlichkeiten nach dem vorgeschriebenen Gliederungsschema, sofern sich diese Angaben nicht aus der Bilanz ergeben;
3. zu dem in der Eröffnungsbilanz ausgewiesenen Grund und Boden sowie zu den Gebäuden und anderen Bauten sind alle gesetzlichen oder vertraglichen Einschränkungen zu vermerken, die sich auf deren Nutzung, Verfügbarkeit oder Verwertung beziehen. Es sind außerdem alle Sachverhalte anzugeben, aus denen sich künftige finanzielle Verpflichtungen ergeben können, insbesondere für Großreparaturen, Rekultivierungs- oder Entsorgungsaufwendungen;
4. zu den in der Eröffnungsbilanz ausgewiesenen technischen Anlagen und Maschinen, anderen Anlagen sowie der Betriebs- und Geschäftsausstattung sind deren Zustand (durchschnittliche Abnutzung, technischer Stand) und deren zukünftige Einsatzmöglichkeiten zu beschreiben; der voraussichtliche Investitionsbedarf in den nächsten vier Jahren ist, soweit vorhersehbar, anzugeben;
5. Ansprüche, die sich gegen das Unternehmen ergeben können, weil die früheren Eigentümer des Unternehmens, von Unternehmensteilen, Betrieben oder von Vermögensgegenständen enteignet worden sind;
6. der Gesamtbetrag der sonstigen finanziellen Verpflichtungen, die nicht in der Bilanz erscheinen und die auch nicht nach § 251 des Handelsgesetzbuchs oder auf Grund anderer Vorschriften dieses Gesetzes anzugeben sind, sofern diese Angaben für die Beurteilung der Finanzlage von Bedeutung sind; davon sind Verpflichtungen gegenüber Gesellschaftern gesondert anzugeben;
7. die Zahl der beschäftigten Arbeitnehmer;
8. alle Mitglieder des Geschäftsführungsorgans und eines Aufsichtsrats, auch wenn sie nur vorläufig bestellt sind, mit dem Familiennamen und mindestens einem ausgeschriebenen Vornamen. Der Vorsitzende eines Aufsichtsrats, seine Stellvertreter und ein etwaiger Vorsitzender des Geschäftsführungsorgans sind als solche zu bezeichnen;
9. Name und Sitz anderer Unternehmen, von denen das Unternehmen oder eine für seine Rechnung handelnde Person mindestens den fünften Teil der Anteile besitzt; außerdem sind die Höhe des Anteils am Kapital und das in der Eröffnungsbilanz ausgewiesene Eigenkapital oder ein nicht durch Eigenkapital gedeckter Fehlbetrag dieser Unternehmen anzugeben; auf die Berechnung der Anteile ist § 16 Abs. 2 und 4 des Aktiengesetzes entsprechend anzuwenden;
10. Rückstellungen, die in der Bilanz unter dem Posten „sonstige Rückstellungen" nicht gesondert ausgewiesen werden, sind zu erläutern, wenn sie einen nicht unerheblichen Umfang haben. Aufwandrückstellungen sind stets gesondert anzugeben und zu erläutern;
11. Name und Sitz des unmittelbaren Mutterunternehmens sowie der Ort der Offenlegung der von diesem Mutterunternehmen aufgestellten Konzerneröffnungsbilanz.

(4) Die in Absatz 2 und 3 verlangten Angaben und Erläuterungen können unterbleiben, soweit sie
1. für die Darstellung der Vermögenslage des Unternehmens nach § 264 Abs. 2 des Handelsgesetzbuchs von untergeordneter Bedeutung sind oder
2. in den Fällen des Absatzes 2, 3 Nr. 4 und 9 nach vernünftiger kaufmännischer Beurteilung geeignet sind, dem Unternehmen einen erheblichen Nachteil zuzufügen.

§ 20 Vergleichende Darstellung. (1) Dem Anhang ist eine vergleichende Darstellung als Anlage beizufügen, aus der sich ergibt, in welchem Umfang die Posten der Schlußbilanz zum 30. Juni 1990 im Vergleich mit den Posten der D-Markeröffnungsbilanz zum 1. Juli 1990 sich verändert haben. Die sich aus der Neubewertung der Vermögensgegenstände und der Schulden ergebenden Differenzen gegenüber der Schlußbilanz sind in einem gesonderten Nachweis unter der Bezeichnung Neubewertungsdifferenzen, gegliedert nach den Posten der D-Markeröffnungsbilanz, darzustellen. Die Neubewertungsdifferenzen sind durch Einzelnachweise zu dokumentieren.

(2) Die Zuordnung der Posten der Schlußbilanz zum 30. Juni 1990 zu den Posten der D-Markeröffnungsbilanz sowie der gesonderte Nachweis gemäß Absatz 1 sind auf der Grundlage der vom Statistischen Amt der Deutschen Demokratischen Republik herausgegebenen Formblätter vorzunehmen, soweit für Geldinstitute und Außenhandelsbetriebe keine abweichenden Regelungen gemäß Anlage I Artikel 8 § 5 des Vertrages über die Schaffung einer Währungs-, Wirtschafts- und Sozialunion zwischen der Bundesrepublik Deutschland und der Deutschen Demokratischen Republik vom 18. Mai 1990 erlassen worden sind.

Abschnitt 2. Konzerneröffnungsbilanz. Gesamteröffnungsbilanz

§ 21 Pflicht zur Aufstellung. (1) Zur Aufstellung einer Eröffnungsbilanz verpflichtete Unternehmen, die die Mehrheit der Anteile an einem anderen Unternehmen (Tochterunternehmen) besitzen (Mutterunternehmen), haben in den ersten fünf Monaten des Geschäftsjahrs für den 1. Juli 1990 eine Konzerneröffnungsbilanz in Deutscher Mark sowie einen Anhang gemäß § 22 aufzustellen, der mit der Konzerneröffnungsbilanz eine Einheit bildet. Ein Mutterunternehmen ist von der Pflicht zur Aufstellung der Konzerneröffnungsbilanz und des Anhangs befreit, wenn am Stichtag die Bilanzsummen in den Eröffnungsbilanzen des Mutterunternehmens und der einzubeziehenden Tochterunternehmen nach Abzug von in den Eröffnungsbilanzen auf der Aktivseite ausgewiesenen Fehlbeträgen insgesamt fünfzig Millionen Deutsche Mark nicht überschreiten oder die Konzernunternehmen insgesamt nicht mehr als fünfhundert Arbeitnehmer beschäftigen.

(2) Die Konzerneröffnungsbilanz und der Anhang sind klar und übersichtlich aufzustellen. Sie haben unter Beachtung der Grundsätze ordnungsmäßiger Buchführung ein den tatsächlichen Verhältnissen entspre-

chendes Bild der Vermögenslage des Konzerns im Sinne des § 297 Abs. 2 Satz 2 des Handelsgesetzbuchs zu vermitteln. Führen besondere Umstände dazu, daß die Konzerneröffnungsbilanz ein den tatsächlichen Verhältnissen entsprechendes Bild im Sinne des Satzes 2 nicht vermittelt, so sind im Konzernanhang zusätzliche Angaben zu machen.

(3) In die Konzerneröffnungsbilanz sind das Mutterunternehmen und alle Tochterunternehmen ohne Rücksicht auf den Sitz der Tochterunternehmen einzubeziehen, sofern die Einbeziehung nicht nach den §§ 295, 296 des Handelsgesetzbuchs unterbleibt. Ändert sich die Zusammensetzung des Konzerns innerhalb der Aufstellungsfrist, so sind diese Änderungen so zu behandeln, als wären sie bereits zum 1. Juli 1990 eingetreten. Dies gilt auch für Unternehmen, die innerhalb der Aufstellungsfrist nach dem 1. Juli 1990 gegründet werden.

(4) Auf die Konzerneröffnungsbilanz sind die §§ 5 bis 19 dieses Gesetzes sowie die §§ 295 bis 298, 300, 301, 303, 304, 307, 308, 310 bis 312 des Handelsgesetzbuchs und die für die Rechtsform und den Geschäftszweig der in die Konzerneröffnungsbilanz einbezogenen Unternehmen mit Sitz im Geltungsbereich dieses Gesetzes geltenden Vorschriften mit Ausnahme des § 296 Abs. 1 Nr. 3 des Handelsgesetzbuchs entsprechend anzuwenden, soweit sie sich auf die Bilanz großer Kapitalgesellschaften beziehen und die Konzerneröffnungsbilanz wegen ihrer Eigenart keine Abweichungen bedingt. Bei der Anwendung des § 308 des Handelsgesetzbuchs kann unterstellt werden, daß die Eröffnungsbilanzen von Tochter- und Mutterunternehmen mit Sitz im Geltungsbereich dieses Gesetzes einheitlich bewertet sind.

(5) Die Treuhandanstalt und die von ihr gegründeten Treuhand-Aktiengesellschaften stellen anstatt einer Konzerneröffnungsbilanz eine Gesamteröffnungsbilanz in vereinfachter Form und anstatt eines Konzernanhangs einen Gesamtanhang auf. Sie fassen jeweils die Gesamt- oder Konzerneröffnungsbilanzen ihrer Tochtergesellschaften zusammen. Bei der Kapitalkonsolidierung nach § 301 des Handelsgesetzbuchs kann unterstellt werden, daß ein nach Verrechnung auf der Aktivseite entstehender Unterschiedsbetrag Geschäfts- oder Firmenwert oder ein auf der Passivseite entstehender Unterschiedsbetrag Eigenkapital ist, soweit er im letzteren Fall nicht auf unterlassene Rückstellungen zurückzuführen ist. § 303 des Handelsgesetzbuchs über die Schuldenkonsolidierung braucht nur auf Geschäfte zwischen den Mutterunternehmen und ihren jeweiligen Tochterunternehmen angewandt zu werden. Auch brauchen Zwischenergebnisse nach § 304 des Handelsgesetzbuchs nur herausgerechnet zu werden, wenn sie auf Lieferungen und Leistungen zwischen den aufstellenden Mutterunternehmen und ihren jeweiligen Tochterunternehmen beruhen. Im übrigen sind auf die Aufstellung, Prüfung, Feststellung und Offenlegung die nach diesem Gesetz für die Konzerneröffnungsbilanz und den Konzernanhang geltenden Vorschriften entsprechend anzuwenden. § 295 des Handelsgesetzbuchs ist nicht anzuwenden.

§ 22 Konzernanhang. (1) Auf den Konzernanhang ist § 19 entsprechend anzuwenden. Aus den Anhängen der Tochterunternehmen sind jedoch nur diejenigen Angaben zusammenfassend zu übernehmen, die für die Beurteilung des Konzerns von wesentlicher Bedeutung sind.

(2) Im Konzernanhang sind außerdem die nach § 313 Abs. 2 des Handelsgesetzbuchs verlangten Angaben zu machen. § 313 Abs. 3 des Handelsgesetzbuchs ist anzuwenden.

§ 23 Vorlage- und Auskunftspflichten. (1) Jedes Mutterunternehmen kann von seinen Tochterunternehmen alle Aufklärungen und Nachweise verlangen, welche die Aufstellung der Konzerneröffnungsbilanz und des Konzernanhangs erfordert. Dies gilt auch für Auskünfte, die sich auf andere, dem Mutterunternehmen durch Gesetz übertragene Aufgaben beziehen.

(2) Die Tochterunternehmen haben jedem Mutterunternehmen ihre Eröffnungsbilanz einschließlich Anhang und, wenn sie gleichzeitig Mutterunternehmen sind, ihre Konzerneröffnungsbilanz einschließlich Konzernanhang unverzüglich nach deren Aufstellung und die Prüfungsberichte unverzüglich nach deren Eingang einzureichen. Werden die einzureichenden Unterlagen nachträglich geändert, so sind die geänderten Fassungen unverzüglich nach der Änderung einzureichen. Werden die Unterlagen vor ihrer Feststellung eingereicht, ist die Feststellung mitzuteilen, sobald diese erfolgt ist.

Abschnitt 3. Kapitalausstattung

Unterabschnitt 4. Vermögensausgleich und Eigenkapitalsicherung von bisher volkseigenen Unternehmen

§ 24 Ausgleichsforderungen. (1) Unternehmen, die als bisher volkseigenes Vermögen der Treuhandanstalt oder einem ihrer Tochterunternehmen zur Privatisierung oder aus diesem Grunde dem Staat, den Gemeinden, Städten, Kreisen, Ländern oder anderen Vermögensträgern unentgeltlich übertragen wurden, und die nicht Geldinstitute, Außenhandelsbetriebe oder Versicherungsunternehmen sind, erhalten, wenn sich bei der Aufstellung der Eröffnungsbilanz ergibt, daß sie einen nicht durch Eigenkapital gedeckten Fehlbetrag ausweisen müßten, beginnend mit dem 1. Juli 1990 eine gesondert auszuweisende verzinsliche Forderung (Ausgleichsforderung) in Höhe des Fehlbetrags, wenn der Schuldner die Ausgleichsforderung nicht innerhalb der Feststellungsfrist für die Eröffnungsbilanz ablehnt. Er hat sie abzulehnen, wenn das Unternehmen nicht sanierungsfähig ist.

(2) Die Ausgleichsforderung mindert sich in Höhe des Betrags, um den der Fehlbetrag durch Ausnutzung von Bewertungswahlrechten ausgeglichen werden kann. § 36 bleibt unberührt. Die Ausgleichsforderung ist so zu verzinsen, daß eine Abwertung wegen Minderverzinsung nach § 13 Abs. 3 Satz 2 nicht notwendig wird.

(3) Die Ausgleichsforderung richtet sich gegen das Unternehmen, dem zur Privatisierung und Reorganisation des volkseigenen Vermögens die Anteilsrechte an dem berechtigten Unternehmen unentgeltlich übertragen worden sind. Sind Unternehmen als ehemals volkseigenes Vermö-

gen dem Staat, den Ländern, Kreisen, Städten, Gemeinden oder anderen Vermögensträgern durch Gesetz übertragen worden, richtet sich die Ausgleichsforderung gegen diese Stellen. Werden der Treuhandanstalt zustehende Anteilsrechte unentgeltlich auf Tochterunternehmen übertragen, so sind diese Schuldner der Ausgleichsforderung. Diese können ihrerseits Ausgleichsforderungen nach Absatz 1 gegen die Treuhandanstalt geltend machen, wenn sie ein unmittelbares Tochterunternehmen der Treuhandanstalt sind.

(4) Das Unternehmen hat den Schuldner der Ausgleichsforderung zu unterrichten, sobald sich bei der Aufstellung der Eröffnungsbilanz eine solche abzeichnet. Dem Schuldner stehen die Rechte nach § 23 ab 1. Juli 1990 zu. Die Treuhandanstalt unterrichtet unverzüglich den Minister der Finanzen und den Bundesminister der Finanzen über Ausgleichsforderungen, die gegen die Treuhandanstalt gerichtet sind.

(5) Mutterunternehmen, die Schuldner einer Ausgleichsforderung nach Absatz 1 sind, stellen in Höhe ihrer Verbindlichkeit aus dieser Ausgleichsforderung auf der Aktivseite ihrer Eröffnungsbilanz ein Beteiligungsentwertungskonto ein. Der aktivierte Betrag ist in den Folgejahren jeweils in Höhe der Tilgung der Ausgleichsforderung abzuschreiben. Soweit die Aktivierung des Beteiligungsentwertungskontos zu einer Rücklage führt, darf diese nur zum Ausgleich von Verlusten verwendet werden.

§ 25 Ausgleichsverbindlichkeiten. (1) Ergibt sich bei der Aufstellung der Eröffnungsbilanz von in § 24 Abs. 1 Satz 1 bezeichneten Unternehmen, daß ein höheres Eigenkapital auszuweisen wäre, als es dem für das Sachanlagevermögen auszuweisenden Betrag, vermindert um den für den zum 1. Juli 1990 übergegangenen Grund und Boden auszuweisenden Betrag, entspricht, so werden sie in Höhe des übersteigenden Betrags mit einer gesondert auszuweisenden Ausgleichsverbindlichkeit belastet. Das für die Rechtsform des Unternehmens oder seine Tätigkeit gesetzlich vorgeschriebene Mindestkapital darf jedoch nicht unterschritten werden. § 36 bleibt unberührt.

(2) Gläubiger der Verbindlichkeit ist diejenige Person, die bei Entstehen einer Ausgleichsforderung nach § 24 Abs. 3 Schuldner der Ausgleichsforderung wäre. Auf die Verzinsung der Ausgleichsverbindlichkeit ist § 24 Abs. 2 Satz 3 entsprechend anzuwenden.

(3) Das Unternehmen hat den Gläubiger der Ausgleichsverbindlichkeit zu unterrichten, sobald sich bei der Aufstellung der Eröffnungsbilanz eine solche abzeichnet. Dem Gläubiger stehen die Rechte nach § 23 ab 1. Juli 1990 zu.

(4) Mutterunternehmen, die Gläubiger einer Ausgleichsverbindlichkeit nach Absatz 1 sind, stellen in Höhe dieses Betrags auf der Aktivseite ihrer Eröffnungsbilanz eine entsprechende Forderung ein. Beträge, die dem Mutterunternehmen zur Tilgung der Ausgleichsverbindlichkeit des Tochterunternehmens zufließen, werden mit dieser Forderung jeweils verrechnet.

(5) Sind Beteiligungen oder Grund und Boden auf ein Unternehmen mit Wirkung zum 1. Juli 1990 unentgeltlich übergegangen, so sind sie an die Treuhandanstalt zu übertragen, wenn eine in der Eröffnungsbilanz festgestellte Überschuldung nicht beseitigt oder innerhalb der Feststellungsfrist nach § 35 Abs. 1 Satz 3 das Gesamtvollstreckungsverfahren eingeleitet oder das Unternehmen aufgelöst wird.

§ 26 Eigenkapitalsicherung. (1) Unternehmen im Sinne des § 24 Abs. 1 Satz 1 haben als Eigenkapital den Betrag auszuweisen, um den der Gesamtbetrag der auf der Aktivseite der Eröffnungsbilanz ausgewiesenen Vermögensgegenstände einschließlich der nach diesem Gesetz einzustellenden Sonderposten und der Rechnungsabgrenzungsposten höher ist als der Gesamtbetrag der auf der Passivseite ausgewiesenen Schulden und der Rechnungsabgrenzung.

(2) Ist dem Unternehmen nach dem für seine Rechtsform maßgeblichen Recht die Bildung eines gezeichneten Kapitals vorgeschrieben, so ist dieses in der in der Satzung oder im Gesellschaftsvertrag vorgesehenen Höhe, zumindest aber in Höhe des gesetzlich vorgeschriebenen Mindestkapitals neu festzusetzen. § 27 Abs. 2 Satz 2 und 3, Abs. 3 und 7 ist anzuwenden.

(3) Reicht das nach Absatz 1 ermittelte Eigenkapital zur Bildung des gezeichneten Kapitals nicht aus, so ist der Fehlbetrag als Ausstehende Einlage auf der Aktivseite vor dem Anlagevermögen gesondert auszuweisen. Für die Einzahlung des Kapitals gelten die für die Rechtsform des Unternehmens maßgeblichen Vorschriften. Ist die Mindesteinzahlung nicht vollständig bewirkt, gilt der Fehlbetrag als eingefordert. Die Forderung entfällt, wenn der Anteilseigner die Auflösung des Unternehmens innerhalb der Feststellungsfrist für die Eröffnungsbilanz beschließt oder die Einleitung des Gesamtvollstreckungsverfahrens verlangt. § 24 Abs. 4 Satz 3 ist entsprechend anzuwenden. § 19 Abs. 4 des Gesetzes betreffend die Gesellschaften mit beschränkter Haftung ist nicht anzuwenden.

(4) Hat der Anteilseigner nach Überführung des Unternehmens in eine private Rechtsform seine Einlage bis zum 30. Juni 1990 geleistet, so kann in den Fällen des Absatzes 3 ein Fehlbetrag dadurch ausgeglichen werden, daß auf der Aktivseite der Eröffnungsbilanz an Stelle der Ausstehenden Einlage in entsprechender Anwendung des § 28 Abs. 1 und 2 unter den dortigen Voraussetzungen ein Kapitalentwertungskonto ausgewiesen wird. § 30 ist anzuwenden.

Unterabschnitt 5. Neufestsetzung der Kapitalverhältnisse privater Unternehmen

§ 27 Neufestsetzung. (1) Dieser Unterabschnitt ist auf Unternehmen anzuwenden, die bis zum 30. Juni 1990 in einer Rechtsform des privaten Rechts entstanden oder zur Eintragung in das Handelsregister angemeldet, aber noch nicht eingetragen worden sind und keine Unternehmen im Sinne des § 24 Abs. 1 Satz 1 sind. Als Eigenkapital ist der in § 26 Abs. 1 bezeichnete Betrag auszuweisen.

(2) Aktiengesellschaften und Kommanditgesellschaften auf Aktien haben ihr Grundkapital, Gesellschaften mit beschränkter Haftung ihr Stammkapital in der in der Satzung oder im Gesellschaftsvertrag vorgesehenen Höhe, zumindest aber in Höhe des gesetzlich vorgeschriebenen Mindestkapitals neu festzusetzen. Das gezeichnete Kapital kann mit einem höheren Betrag festgesetzt werden, wenn sich bei der Aufstellung der Eröffnungsbilanz nach Abzug der Rücklage nach § 31 ein höheres Eigenkapital ergibt. Der übersteigende Betrag ist bei Aktiengesellschaften und Kommanditgesellschaften auf Aktien der gesetzlichen Rücklage, bei Gesellschaften mit beschränkter Haftung einer Sonderrücklage zuzuweisen, die nur zum Ausgleich von Verlusten verwendet werden darf.

(3) Die Gesellschafter dürfen auf Grund der Neufestsetzung keine Zahlungen erhalten und von der Verpflichtung zur Leistung von Einlagen nicht befreit werden; § 57 Abs. 1 Satz 1, § 62 des Aktiengesetzes, § 30 Abs. 1, § 31 des Gesetzes betreffend die Gesellschaften mit beschränkter Haftung sind auf die in der Eröffnungsbilanz gebildeten Rücklagen entsprechend anzuwenden.

(4) Offene Handelsgesellschaften und Kommanditgesellschaften haben die Kapitaleinlagen ihrer Gesellschafter, soweit solche im Gesellschaftsvertrag vereinbart sind, und Kommanditgesellschaften zusätzlich die Hafteinlagen ihrer Kommanditisten in entsprechender Anwendung des Absatzes 2 und 3 neu festzusetzen. Das Entnahmerecht der Gesellschafter nach § 122 des Handelsgesetzbuchs darf nicht dazu führen, daß das in der Eröffnungsbilanz ausgewiesene Eigenkapital niedriger wird als die Summe der auf der Aktivseite ausgewiesenen Beträge nach § 31. Persönlich haftende Gesellschafter haben zuviel entnommene Beträge zurückzuerstatten. Führen Zahlungen an Kommanditisten zu einer solchen Minderung des Eigenkapitals, gelten diese als Rückzahlung der Einlage nach § 172 Abs. 4 des Handelsgesetzbuchs.

(5) Genossenschaften haben die Geschäftsguthaben, die Geschäftsanteile und die Haftsummen neu festzusetzen; Absatz 3 ist entsprechend anzuwenden.

(6) Bei der Neufestsetzung können die Anteile auf die folgenden Beträge gestellt werden:
1. Aktien auf einen Nennbetrag von fünfzig Deutsche Mark oder auf höhere Nennbeträge, die auf volle hundert Deutsche Mark lauten,
2. die Geschäftsanteile an Gesellschaften mit beschränkter Haftung auf fünfhundert Deutsche Mark oder jeden höheren Betrag der durch hundert teilbar ist, und zwar unabhängig von der Zahl der Gesellschafter,
3. die Geschäftsanteile bei Genossenschaften auf fünfzig Deutsche Mark oder auf jeden höheren auf volle fünfzig Deutsche Mark lautenden Betrag.

(7) In der Eröffnungsbilanz sind das gezeichnete Kapital und die Rücklagen in der Höhe auszuweisen, wie sie nach der Neufestsetzung bestehen sollen.

§ 28 Vorläufige Neufestsetzung. (1) An Stelle einer endgültigen Neufestsetzung nach § 27 kann von Unternehmen, die nicht Geldinstitute oder Außenhandelsbetriebe sind, die Neufestsetzung vorläufig in der Weise durchgeführt werden, daß das in der Schlußbilanz in Mark der Deutschen Demokratischen Republik ausgewiesene gezeichnete Kapital (Grundkapital, Stammkapital, Einlagen, Genußrechtskapital, Geschäftsguthaben) mit dem gleichen Betrag in Deutscher Mark in die Eröffnungsbilanz übernommen und der Unterschied, um den der Betrag des gezeichneten Kapitals das bei der Aufstellung der Eröffnungsbilanz ermittelte Eigenkapital übersteigt, als Kapitalentwertungskonto auf der Aktivseite der Eröffnungsbilanz eingestellt wird.

(2) Der Betrag, der als Kapitalentwertungskonto ausgewiesen wird, darf nicht höher sein als neun Zehntel des gezeichneten Kapitals. Eine Kapitalrücklage darf nicht beibehalten werden. Eine Gewinnrücklage darf beibehalten werden, soweit diese nach § 31 gebildet worden ist und nach vernünftiger kaufmännischer Beurteilung erwartet werden kann, daß das Unternehmen das Kapitalentwertungskonto aus künftigen Jahresüberschüssen tilgen kann. Das Unternehmen ist verpflichtet, das Kapitalentwertungskonto innerhalb von fünf Geschäftsjahren nach dem Stichtag der Eröffnungsbilanz auszugleichen. Zur Tilgung sind Werterhöhungen auf Grund der Berichtigung von Wertansätzen nach § 36 sowie die Jahresüberschüsse zu verwenden. Eine anderweitige Verwendung ist unzulässig, solange das Kapitalentwertungskonto besteht.

§ 29 Gesellschaftsrechtliche Beziehungen. (1) Das Verhältnis der mit den Anteilen verbundenen Rechte zueinander wird durch die Neufestsetzung nicht berührt.

(2) Vertragliche Beziehungen des Unternehmens zu Dritten, die von der Gewinnausschüttung des Unternehmens, dem Nennbetrag oder dem Wert ihrer Anteile oder ihres gezeichneten Kapitals oder in sonstiger Weise von den bisherigen Kapital- oder Gewinnverhältnissen abhängen, bestimmen sich nach den durch die Neufestsetzung eingetretenen neuen Kapital- oder Gewinnverhältnissen. Dritte brauchen eine durch die Neufestsetzung eintretende Kürzung ihrer Rechte nach Satz 1 nicht gegen sich gelten zu lassen, soweit sie darauf beruht, daß in der Eröffnungsbilanz das gezeichnete Kapital zu den Rücklagen in einem durch §§ 27, 28 nicht bedingten ungünstigeren Verhältnis steht, als dies in der Schlußbilanz der Fall ist.

(3) Wird während des Bestehens eines Kapitalentwertungskontos eine Kapitalerhöhung beschlossen, so ist jedem Anteilseigner auf sein Verlangen ein seinem Anteil an dem bisherigen gezeichneten Kapital entsprechender Teil der neuen Anteile zuzuteilen, es sei denn, daß ein Dritter die Anteile übernommen und sich verpflichtet hat, sie den Anteilseignern zum Bezug anzubieten.

§ 30 Auflösung von Kapitalentwertungskonten. (1) Wird ein Kapitalentwertungskonto nicht innerhalb der in § 28 Abs. 2 Satz 4 bestimmten Frist ausgeglichen, so hat das für Kapitalmaßnahmen zuständige Organ des Unternehmens spätestens bei der Beschlußfassung über die Verwendung des Ergebnisses aus dem Jahresabschluß des fünften Geschäftsjahrs nach dem Stichtag der Eröffnungsbilanz die Maßnahmen zu beschließen, die erforderlich sind, um das Kapitalentwertungskonto auf andere Weise als durch Tilgung, insbesondere durch Ermäßigung des gezeichneten Kapitals, auszugleichen.

(2) Die Maßnahmen gemäß Absatz 1 sind unverzüglich durchzuführen. Ihre Durchführung gilt als endgültige Neufestsetzung. Auf die Ermäßigung des gezeichneten Kapitals sind die für die Rechtsform des Unternehmens maßgeblichen Vorschriften, von Aktiengesellschaften und Kommanditgesellschaften auf Aktien die §§ 229 bis 236 des Aktiengesetzes über die vereinfachte Kapitalherabsetzung anzuwenden.

Unterabschnitt 6. Vorläufige Gewinnrücklage

§ 31 Vorläufige Gewinnrücklage. (1) Unternehmen dürfen, wenn sie nicht Geldinstitute oder Außenhandelsbetriebe sind, folgende Maßnahmen treffen, um eine Gewinnrücklage bilden zu können:

1. Die nicht entgeltlich erworbenen immateriellen Vermögensgegenstände des Anlagevermögens dürfen mit dem Betrag angesetzt werden, den ein Erwerber des Unternehmens bei dessen Fortführung im Rahmen des Gesamtkaufpreises für diese Vermögensgegenstände ansetzen würde; dabei darf auch ein Geschäfts- oder Firmenwert berücksichtigt werden.
2. Die Aufwendungen für die Ingangsetzung und Erweiterung des Geschäftsbetriebs nach § 269 Satz 1 des Handelsgesetzbuchs dürfen aktiviert werden. Dazu gehören alle Maßnahmen, die nach dem 1. März 1990 ergriffen wurden und geeignet sind, die Wettbewerbsfähigkeit des Unternehmens herzustellen.
3. Zuschüsse, Beihilfen und andere Vermögensvorteile, die ohne Rückzahlungsverpflichtung von Dritten für Investitionen gewährt werden, dürfen aktiviert werden, sofern der Auftrag für die Investition bis zum Ablauf der Aufstellungsfrist für die Eröffnungsbilanz verbindlich erteilt worden ist.

In Höhe der nach Satz 1 Nr. 1 bis 3 aktivierten Beträge ist auf der Passivseite eine Gewinnrücklage zu bilden, die bis zur Tilgung der aktivierten Beträge als vorläufige zu bezeichnen ist.

(2) Der nach Absatz 1 Nr. 1 angesetzte Betrag ist planmäßig innerhalb der Zeit abzuschreiben, die der durchschnittlichen Restnutzungsdauer der nach § 7 neu bewerteten entgeltlich erworbenen immateriellen Vermögensgegenstände des Unternehmens entspricht. Fehlen Vergleichszahlen oder sind die Verhältnisse nicht vergleichbar, so ist der Betrag in jedem folgenden Geschäftsjahr zu mindestens einem Viertel durch Abschreibung zu tilgen.

(3) Für die Ingangsetzung und Erweiterung des Geschäftsbetriebs nach Absatz 1 Nr. 2 ausgewiesene Beträge sind in jedem folgenden Geschäftsjahr zu mindestens einem Viertel durch Abschreibung zu tilgen.

(4) Die nach Absatz 1 Nr. 3 aktivierten Beträge sind in den Folgejahren erfolgsneutral umzubuchen, sobald deren Bilanzierungsfähigkeit eingetreten ist. Entfällt der Anspruch nach Absatz 1 Nr. 3 nachträglich, so ist der hierfür angesetzte Betrag unmittelbar mit den Rücklagen zu verrechnen.

(5) Von Absatz 1 Nr. 1 und 2 darf nur insoweit Gebrauch gemacht werden, als nach vernünftiger kaufmännischer Beurteilung angenommen werden kann, daß das Unternehmen in der Lage sein wird, die sich hieraus ergebenden Aufwendungen und eine Gewinnausschüttung in Höhe der Zinserträge aus einer Ausgleichsforderung nach § 24 aus den laufenden Erträgen ohne Beeinträchtigung des in der Eröffnungsbilanz ausgewiesenen Eigenkapitals zu decken.

(6) Werden Beträge nach Absatz 1 Nr. 1 oder 2 aktiviert, so dürfen bis zu deren Tilgung durch Abschreibung Gewinne nur ausgeschüttet werden, wenn die nach der Ausschüttung verbleibenden jederzeit auflösbaren Gewinnrücklagen zuzüglich eines Gewinnvortrags und abzüglich eines Verlustvortrags dem angesetzten Betrag mindestens entsprechen. Entstehende Verluste sind in Höhe der Abschreibungen nach Absatz 2 und 3 mit der Gewinnrücklage zu verrechnen. § 36 bleibt unberührt.

(7) Beträge nach Absatz 1 sind bei der Berechnung von Ausgleichsforderungen und Ausgleichsverbindlichkeiten nach den §§ 24, 25, der Ausstehenden Einlage nach § 26 Abs. 3 und des Kapitalentwertungskontos nach § 26 Abs. 4, § 28 Abs. 1 nicht zu berücksichtigen.

(8) Nach Absatz 1 aktivierte Beträge und die in Höhe dieser Beträge gebildete Gewinnrücklage sind gesondert unter entsprechender Bezeichnung auszuweisen und im Anhang zu erläutern.

Abschnitt 4. Festsetzung und Anpassung von Leistungen in Deutscher Mark

§ 32 Festsetzung und Anpassung von Leistungen in Deutscher Mark. (1) Verweisen Verträge, die erst nach dem 30. Juni 1990 zu erfüllen sind, auf Preise, die bisher nach staatlichen Preisvorschriften festgesetzt wurden, aber einer Preisbindung nicht mehr unterliegen, so ist der Preis, wenn eine Preisfestsetzung bis zum 30. Juni 1990 nicht stattgefunden hat, von dem Gläubiger durch Erklärung gegenüber dem zur Zahlung Verpflichteten zu bestimmen. Die getroffene Bestimmung ist für den anderen Teil jedoch nur verbindlich, wenn sie der Billigkeit entspricht. Entspricht sie nicht der Billigkeit, wird die Bestimmung durch Urteil getroffen; das gleiche gilt, wenn die Bestimmung verzögert wird.

(2) Führt die Umrechnung von vor dem 1. Juli 1990 begründeten Forderungen und Verbindlichkeiten aus schwebenden Verträgen, insbesondere aus Dauerschuldverhältnissen dazu, daß das ursprüngliche Gleichgewicht von Leistung und Gegenleistung erheblich verschoben wird und droht dadurch einem Vertragspartner oder beiden Vertragspartnern ein nicht zumutbarer Nachteil, so kann jeder Vertragspartner verlangen, daß der andere Vertragspartner seine Leistung nach billigem Ermessen neu festsetzt. Die getroffene Bestimmung ist für den benachteiligten Vertragspartner nur verbindlich, wenn sie der Billigkeit entspricht. Entspricht sie nicht der Billigkeit, so wird die Bestimmung durch Urteil getroffen; das gleiche gilt, wenn die Bestimmung verzögert wird.

(3) Erfolgt in den Fällen des Absatzes 1 und 2 die Neubestimmung nach billigem Ermessen innerhalb der Aufstellungsfrist für die Eröffnungsbilanz, so ist eine Rückstellung nach § 17 Abs. 2 nur zu bilden, wenn zu erwarten ist, daß auch das neu festgesetzte Entgelt zu einem Verlust führen wird.

Abschnitt 5. Verfahren

Unterabschnitt 7. Prüfung

§ 33 Prüfung. (1) Die Eröffnungsbilanz und der Anhang, jedoch ohne die vergleichende Darstellung nach § 20, sind durch einen Prüfer zu prüfen. Hat keine Prüfung stattgefunden, so kann die Eröffnungsbilanz nicht festgestellt werden. Kapitalgesellschaften und Genossenschaften, deren Bilanzsumme in der Eröffnungsbilanz drei Millionen neunhunderttausend Deutsche Mark nach Abzug eines Fehlbetrags nach § 268 Abs. 3 des Handelsgesetzbuchs nicht übersteigt oder die am Stichtag nicht mehr als fünfzig Arbeitnehmer beschäftigen, brauchen die Eröffnungsbilanz und den Anhang nicht prüfen zu lassen, soweit sie nicht Geldinstitute oder Außenhandelsbetriebe sind. Einzelkaufleute und Personenhandelsgesellschaften brauchen die Eröffnungsbilanz nicht prüfen zu lassen, soweit sie nicht Geldinstitute sind.

(2) Ist das Unternehmen in der Zeit vom 1. März 1990 bis zum Ablauf der Aufstellungsfrist für die Eröffnungsbilanz gegründet oder durch Gesetz oder auf Grund eines Beschlusses in eine private Rechtsform umgewandelt worden, so kann in die Prüfung der Eröffnungsbilanz auch die Prüfung der Gründung oder Umwandlung einbezogen werden. Dies gilt auch für die Prüfung von Sacheinlagen.

(3) Die Konzerneröffnungsbilanz und der Konzernanhang sind durch einen Prüfer zu prüfen. Hat keine Prüfung stattgefunden, so kann die Konzerneröffnungsbilanz nicht festgestellt werden.

(4) Werden die geprüften Unterlagen nach Vorlage des Prüfungsberichts geändert, so hat der Prüfer diese Unterlagen erneut zu prüfen, soweit es die Änderung erfordert. Über das Ergebnis der Prüfung ist zu berichten; der Bestätigungsvermerk ist entsprechend zu ergänzen.

(5) § 317 des Handelsgesetzbuchs über Gegenstand und Umfang der Prüfung ist mit der Maßgabe anzuwenden, daß auch das Inventar in die Prüfung einzubeziehen ist. Bei Geldinstituten und Außenhandelsbetrieben ist außerdem die vergleichende Darstellung nach § 20 zu prüfen.

§ 34 Durchführung der Prüfung. (1) Prüfer können nach der Wirtschaftsprüferordnung der Bundesrepublik Deutschland bestellte und vereidigte Wirtschaftsprüfer und anerkannte Wirtschaftsprüfungsgesellschaften sein. Gesellschaften mit beschränkter Haftung, deren Bilanzsumme in der Eröffnungsbilanz fünfzehn Millionen fünfhunderttausend Deutsche Mark nach Abzug eines Fehlbetrags nach § 268 Abs. 3 des Handelsgesetzbuchs nicht übersteigt oder die am Stichtag der Eröffnungsbilanz nicht mehr als zweihundertfünfzig Arbeitnehmer beschäftigen, können ihre Eröffnungsbilanz auch von nach der Wirtschaftsprüferordnung der Bundesrepublik Deutschland bestellten vereidigten Buchprüfern oder anerkannten Buchprüfungsgesellschaften prüfen lassen.

(2) Ist das Unternehmen eine Genossenschaft, so dürfen die nach § 33 vorgeschriebenen Prüfungen abweichend von § 319 Abs. 1 Satz 1 des Handelsgesetzbuchs nur von einem Prüfungsverband durchgeführt werden, dem das Prüfungsrecht nach § 63 des Gesetzes betreffend die Erwerbs- und Wirtschaftgenossenschaften verliehen worden ist. Der Prüfungsverband ist jedoch nur prüfungsberechtigt, sofern mehr als die Hälfte der Mitglieder seines Vorstands Wirtschaftsprüfer nach Absatz 1 Satz 1 ist. Hat der Prüfungsverband nur zwei Vorstandsmitglieder, so muß einer von ihnen Wirtschaftsprüfer nach Absatz 1 Satz 1 sein. Hat der Verband, dem die Genossenschaft als Mitglied angehört, eine Vereinbarung über die Durchführung von Prüfungen mit einem Prüfungsverband in der Bundesrepublik Deutschland abgeschlossen, so ist dieser zuständig. § 55 Abs. 3 des Gesetzes betreffend die Erwerbs- und Wirtschaftsgenossenschaften bleibt unberührt.

(3) Ist das Unternehmen eine Sparkasse, so dürfen die nach § 33 vorgeschriebenen Prüfungen abweichend von § 319 Abs. 1 Satz 1 des Handelsgesetzbuchs nur von der Prüfungsstelle eines Sparkassen- und Giroverbands durchgeführt werden. Die Prüfung darf von der Prüfungsstelle jedoch nur durchgeführt werden, wenn der Leiter der Prüfungsstelle die Voraussetzungen des § 319 des Handelsgesetzbuchs erfüllt. Außerdem muß sichergestellt sein, daß der Prüfer die Prüfung unabhängig von den Weisungen der Organe des Sparkassen- und Giroverbands durchführen kann.

(4) Auf die Bestellung des Prüfers in den Fällen des Absatzes 1 ist § 318 des Handelsgesetzbuchs mit der Maßgabe anzuwenden, daß das geschäftsführende Organ des Unternehmens den Prüfer vorläufig bestellen kann, insbesondere um seine Anwesenheit bei der Inventur zu erreichen. Die Bestätigung der nach § 318 des Handelsgesetzbuchs zur Wahl des Prüfers berufenen Personen ist unverzüglich nachzuholen.

(5) Auf die Prüfung sind die §§ 317, 318, 319 Abs. 2, 3, §§ 320 bis 323 des Handelsgesetzbuchs entsprechend anzuwenden.

Unterabschnitt 8. Feststellung und Berichtigung

§ 35 Feststellung. (1) Die Eröffnungsbilanz und der Anhang sowie die Konzerneröffnungsbilanz und der Konzernanhang bedürfen der Feststellung. Die für die Aufstellung dieser Unterlagen geltenden Vorschriften sind auch bei der Feststellung anzuwenden. Die Feststellung ist bei Einzelunternehmen vom Inhaber, bei anderen Unternehmen von den Anteilseignern oder dem sonst zuständigen Organ in der für Beschlußfassungen nach der Rechtsform des Unternehmens vorgeschriebenen Form unverzüglich nach Vorlage der Unterlagen herbeizuführen; die Eröffnungsbilanz und der Anhang sind spätestens vor Ablauf des achten Monats und von kleinen Unternehmen nach § 4 Abs. 1 Satz 2 spätestens vor Ablauf des elften Monats nach dem Bilanzstichtag, die Konzerneröffnungsbilanz und der Konzernanhang spätestens vor Ablauf des achten

Monats nach dem Bilanzstichtag festzustellen. Das Geschäftsführungsorgan hat zu diesem Zweck die festzustellenden Unterlagen unverzüglich nach ihrer Aufstellung und den Prüfungsbericht unverzüglich nach seiner Vorlage dem zur Feststellung berufenen Organ vorzulegen. Hat das Unternehmen einen Aufsichtsrat, so hat der Aufsichtsrat die Unterlagen in entsprechender Anwendung des § 171 des Aktiengesetzes zu prüfen und über das Ergebnis der Prüfung schriftlich zu berichten.

(2) Die in Absatz 1 Satz 1 bezeichneten Unterlagen können nicht festgestellt werden, wenn der Bestätigungsvermerk versagt worden ist. Die Eröffnungsbilanz oder die Konzerneröffnungsbilanz ist nichtig, wenn sie bei bestehender Prüfungspflicht nicht in der vorgeschriebenen Form geprüft oder nicht festgestellt worden ist. Werden die Unterlagen nach Prüfung geändert, so wird ein Beschluß über die Feststellung erst wirksam, wenn auf Grund der erneuten Prüfung ein hinsichtlich der Änderungen uneingeschränkter Bestätigungsvermerk erteilt worden ist.

(3) Das Geschäftsführungsorgan hat dem Feststellungsorgan sogleich mit den festzustellenden Unterlagen einen Bericht vorzulegen, in dem die Vorschläge zur Neufestsetzung der Kapitalverhältnisse und die wesentlichen Umstände darzulegen sind, die für die Bewertung der Vermögensgegenstände und für die Vorschläge zur Neufestsetzung maßgebend gewesen sind, soweit sich diese Erläuterungen nicht aus dem Anhang oder dem Konzernanhang ergeben.

§ 36 Berichtigung von Wertansätzen. (1) Ergibt sich bei der Aufstellung späterer Jahresabschlüsse, daß Vermögensgegenstände oder Sonderposten in der Eröffnungsbilanz nicht oder mit einem zu niedrigen Wert oder Schulden oder Sonderposten zu Unrecht oder mit einem zu hohen Wert angesetzt worden sind, so ist in der späteren Bilanz der unterlassene Ansatz nachzuholen oder der Wertansatz zu berichtigen, wenn es sich um einen wesentlichen Betrag handelt. Der Gewinn ist in Gewinnrücklagen, bei Aktiengesellschaften vorweg in die gesetzliche Rücklage bis zu deren vorgeschriebenen Höhe, einzustellen, soweit er nicht mit einem Verlust aus einer Verminderung des Sonderverlustkontos aus Rückstellungsbildung nach § 17 Abs. 4 oder der Ausgleichsforderung nach § 24 Abs. 1 oder des Beteiligungsentwertungskontos nach § 24 Abs. 5 oder der Ausstehenden Einlage nach § 26 Abs. 3 oder des Kapitalentwertungskontos nach § 26 Abs. 4, § 28 Abs. 1 oder einem Verlust aus der Erhöhung der Ausgleichsverbindlichkeiten nach § 25 Abs. 1 zu verrechnen ist.

(2) Ergibt sich bei der Aufstellung späterer Jahresabschlüsse, daß Vermögensgegenstände oder Sonderposten in der Eröffnungsbilanz zu Unrecht oder mit einem zu hohen Wert oder Schulden oder Sonderposten nicht oder mit einem zu geringen Wert angesetzt worden sind, so ist in der späteren Bilanz der Wertansatz zu berichtigen oder der unterlassene Ansatz nachzuholen, wenn es sich um einen wesentlichen Betrag handelt. Der Verlust ist offen mit dem Eigenkapital, vorweg mit dem Jahresergebnis und den Gewinnrücklagen, zu verrechnen, soweit er nicht mit dem Gewinn aus einer Erhöhung des Sonderverlustkontos aus Rückstellungsbildung nach § 17 Abs. 4 oder der Ausgleichsforderung nach § 24

Abs. 1 oder des Beteiligungsentwertungskontos nach § 24 Abs. 5 oder der Ausstehenden Einlage nach § 26 Abs. 3 oder des Kapitalentwertungskontos nach § 26 Abs. 4, § 28 Abs. 1 oder dem Gewinn aus einer Verminderung der Ausgleichsverbindlichkeit nach § 25 Abs. 1 zu verrechnen ist.

(3) Absatz 1 und 2 ist auch anzuwenden, wenn ein für die Eröffnungsbilanz eingeräumtes Wahlrecht nachträglich mit Wirkung für diese abweichend ausgeübt wird. Gewinne nach Absatz 1 können mit Verlusten nach Absatz 2 nur innerhalb des Eigenkapitals verrechnet werden.

(4) In den Fällen des Absatzes 1 bis 3 gilt die Eröffnungsbilanz als geändert. Absatz 1 bis 3 ist letztmals auf Jahresabschlüsse für Geschäftsjahre anzuwenden, die im Jahre 1994 enden. Forderungen und Verbindlichkeiten nach den §§ 24, 25 und 26 Abs. 3 können nicht mehr geändert werden, soweit sie im Zeitpunkt der Berichtigung getilgt oder auf eine dritte Person übergegangen sind oder Sicherungsrechte dritter Personen dadurch beeinträchtigt werden.

(5) Absatz 1 bis 4 ist auf die Konzerneröffnungsbilanz entsprechend anzuwenden.

Unterabschnitt 9. Offenlegung

§ 37 Offenlegung. (1) Unternehmen haben die Eröffnungsbilanz und den Anhang sowie die Konzerneröffnungsbilanz und den Konzernanhang offenzulegen, wenn sie nach ihrer Rechtsform oder wegen ihres Geschäftszweigs zur Offenlegung ihrer Jahresabschlüsse verpflichtet sind oder wenn sie in ihrer Eröffnungsbilanz oder in ihrer Konzerneröffnungsbilanz eine Bilanzsumme von mehr als einhundertfünfundzwanzig Millionen Deutsche Mark ausweisen und am Bilanzstichtag mehr als fünftausend Arbeitnehmer beschäftigen. Die §§ 325, 326, 328 und 339 des Handelsgesetzbuchs sind entsprechend anzuwenden; auf die Bestimmung der Größenmerkmale ist § 5 Abs. 2 anzuwenden. Die vergleichende Darstellung nach § 20 braucht nicht offengelegt zu werden. § 1 des Gesetzes über die Inkraftsetzung von Rechtsvorschriften der Bundesrepublik Deutschland in der Deutschen Demokratischen Republik vom 21. Juni 1990 (GBl. I Nr. 34 S. 357) ist nicht anzuwenden.

(2) Das Registergericht prüft bei der Einreichung der Unterlagen, ob die Unterlagen vollzählig sind und, sofern vorgeschrieben, fristgerecht bekanntgemacht worden sind.

(3) Ist die Prüfung der Gründung, Umwandlung oder von Sacheinlagen in die Prüfung der Eröffnungsbilanz einbezogen worden, so kann das Gericht unterstellen, daß die Wertansätze für Vermögensgegenstände in der Eröffnungsbilanz deren tatsächlichem Wert entsprechen, wenn die Eröffnungsbilanz und der Anhang einen uneingeschränkten Bestätigungsvermerk erhalten haben.

(4) Unternehmen, die nach den bis zum 30. Juni 1990 gültigen Rechtsvorschriften gegenüber dem Statistischen Amt der Deutschen Demokratischen Republik berichtspflichtig waren, sowie neu gebildete Kapitalgesellschaften haben die D-Markeröffnungsbilanz und die vergleichende

Darstellung nach § 20 unverzüglich nach ihrer Feststellung der örtlich zuständigen Dienststelle des Statistischen Amtes der Deutschen Demokratischen Republik in zweifacher Ausfertigung einzureichen.

Abschnitt 6. Geschäftszweigbezogene Vorschriften

Unterabschnitt 10. Vorschriften für Geldinstitute und Außenhandelsbetriebe

§ 38 Anwendungsbereich. (1) Geldinstitute und Außenhandelsbetriebe haben die Vorschriften dieses Gesetzes zu beachten, soweit in diesem Unterabschnitt nichts anderes bestimmt ist. Sie dürfen die in diesem Gesetz größenabhängig zugelassenen Erleichterungen nicht in Anspruch nehmen. § 19 Abs. 3 Nr. 1 Buchstabe a dieses Gesetzes und die §§ 25a bis 26b des Gesetzes über das Kreditwesen sind auf Geldinstitute nicht anzuwenden.

(2) Geldinstitute sind Unternehmen, die vor dem 1. Juli 1990 im Währungsgebiet der Mark der Deutschen Demokratischen Republik befugt Bankgeschäfte gemäß § 1 Abs. 1 des Gesetzes über das Kreditwesen betrieben haben; die Befugnis kann auf Gesetz, Verordnung, behördlicher Anordnung oder behördlicher Erlaubnis beruhen.

(3) Außenhandelsbetriebe sind Unternehmen, die vor dem 1. Juli 1990 im Währungsgebiet der Mark der Deutschen Demokratischen Republik im Auftrag staatlicher Stellen im Rahmen des Außenhandels- und Valutamonopols Geschäfte mit Unternehmen oder Ländern außerhalb des Währungsgebiets der Mark der Deutschen Demokratischen Republik betrieben haben. Dazu rechnen auch Unternehmen, die den Geschäftsbetrieb von Außenhandelsbetrieben ganz oder teilweise zum Zwecke der Abwicklung übernommen haben, hinsichtlich des abzuwickelnden Vermögens.

§ 39 Eröffnungsbilanz. (1) Geldinstitute haben abweichend von § 247 Abs. 1, §§ 251, 265 Abs. 5 bis 7, §§ 266 bis 268 des Handelsgesetzbuchs und unbeschadet einer weiteren Gliederung die Eröffnungsbilanz gemäß der Verordnung über Formblätter für die Gliederung des Jahresabschlusses von Kreditinstituten in der Fassung der Bekanntmachung vom 14. September 1987 (BGBl. I S. 2169) aufzustellen, und zwar

1. Geldinstitute, die Kapitalgesellschaft sind, nach dem Muster 1 dieser Verordnung für die Bilanz,
2. Geldinstitute, die eingetragene Genossenschaft sind, nach dem Muster 2 dieser Verordnung für die Bilanz,
3. Geldinstitute, die Sparkasse sind, und andere Geldinstitute des öffentlichen Rechts nach Mustern, die durch Änderung dieser Verordnung festgelegt werden.

(2) Geldinstitute haben in der Eröffnungsbilanz Pauschalwertberichtigungen nach § 13 Abs. 3 auf Forderungen aus Bankgeschäften in Höhe von 1 vom Hundert und auf Eventualforderungen des Bankgeschäfts aus Bürgschaften und sonstigen Gewährleistungen in Höhe von 0,5 vom Hundert vom Gesamtbetrag der Forderungen an Kunden abzusetzen,

soweit diese sich nicht gegen eine Gebietskörperschaft, eine Körperschaft des öffentlichen Rechts, eine Anstalt oder ein Geldinstitut im Währungsgebiet der Deutschen Mark richten oder von ihnen verbürgt sind.

(3) Die Beibehaltung der Pauschalwertberichtigung in künftigen Bilanzen richtet sich nach den allgemeinen Bewertungsgrundsätzen.

(4) Abweichend von § 16 Abs. 1 sind die nachstehend bezeichneten auf Mark der Deutschen Demokratischen Republik lautenden Verbindlichkeiten der Geldinstitute, die vor dem 1. Juli 1990 begründet wurden, mit der Wirkung auf Deutsche Mark umzurechnen, daß für eine Mark der Deutschen Demokratischen Republik eine Deutsche Mark anzusetzen ist:

Verbindlichkeiten gegenüber natürlichen Personen mit Wohnsitz in der Deutschen Demokratischen Republik,
- die nach dem 1. Juli 1976 geboren sind, bis zu zweitausend Mark,
- die zwischen dem 2. Juli 1931 und dem 1. Juli 1976 geboren sind, bis zu viertausend Mark,
- die vor dem 2. Juli 1931 geboren sind, bis zu sechstausend Mark,

sofern sie einen entsprechenden Antrag gestellt haben. Ferner sind die nach dem 31. Dezember 1989 begründeten Verbindlichkeiten gegenüber natürlichen oder juristischen Personen oder Stellen, deren Wohnsitz sich außerhalb der Deutschen Demokratischen Republik befindet, in der Weise umzustellen, daß für drei Mark der Deutschen Demokratischen Republik eine Deutsche Mark gutgeschrieben wird, sofern diese Personen oder Stellen einen entsprechenden Antrag gestellt haben.

§ 40 Ausgleichsforderungen. (1) Geldinstituten und Außenhandelsbetrieben wird, soweit ihre Vermögenswerte in Anwendung der Bewertungsvorschriften des Unterabschnitts 2 dieses Gesetzes zur Deckung der aus der Einführung der Währung der Deutschen Mark und der Währungsumstellung in der Deutschen Demokratischen Republik hervorgehenden Verbindlichkeiten einschließlich der Rückstellungen nicht ausreichen, beginnend mit dem 1. Juli 1990 eine verzinsliche Forderung gegen den Ausgleichsfonds Währungsumstellung zugeteilt.

(2) Für Geldinstitute ist die Forderung in der Höhe anzusetzen, daß die Vermögenswerte ausreichen, um die in Absatz 1 genannten Schulden zu decken und ein Eigenkapital in der Höhe auszuweisen, daß es mindestens 4 vom Hundert der Bilanzsumme und die Auslastung des gemäß § 10 des Gesetzes über das Kreditwesen vom Bundesaufsichtsamt für das Kreditwesen erlassenen Grundsatzes I in der Fassung der Bekanntmachung vom 19. Dezember 1985 (Bundesanzeiger Nr. 239 vom 24. Dezember 1985 S. 15302) höchstens das Dreizehnfache beträgt.

(3) Für Außenhandelsbetriebe ist die Ausgleichsforderung in der Höhe anzusetzen, daß die Vermögenswerte ausreichen, um die in Absatz 1 bezeichneten Schulden zu decken.

(4) § 36 ist mit der Maßgabe entsprechend anzuwenden, daß es nicht auf die Wesentlichkeit ankommt. § 36 Abs. 4 Satz 3 ist nicht anzuwenden.

§ 41 Ausgleichsverbindlichkeiten. (1) Geldinstitute und Außenhandelsbetriebe haben in ihre Eröffnungsbilanz zum 1. Juli 1990 Verbindlichkeiten gegenüber dem Ausgleichsfonds Währungsumstellung (Ausgleichsverbindlichkeiten) in der Höhe einzustellen, in der bei Geldinstituten das Eigenkapital die in § 40 Abs. 2 genannten Grenzen und bei Außenhandelsbetrieben die Vermögenswerte die Schulden übersteigen.

(2) § 40 Abs. 4 ist entsprechend anzuwenden.

§ 42 Vergleichende Darstellung. Geldinstitute haben in der vergleichenden Darstellung nach § 20 außerdem anzugeben,

1. für welche Forderungen über zehntausend Deutsche Mark sie zum Stichtag 1. Juli 1990 Einzelwertberichtigungen gebildet oder Abschreibungen vorgenommen haben; die abgesetzten Beträge sind anzugeben und zu begründen;
2. die Anzahl der Konten, auf denen Guthaben in Mark der Deutschen Demokratischen Republik
   a) bis zu zweitausend Deutsche Mark im Verhältnis eins zu eins,
   b) bis zu viertausend Deutsche Mark im Verhältnis eins zu eins,
   c) bis zu sechstausend Deutsche Mark im Verhältnis eins zu eins
   gutgeschrieben wurden;
3. den Gesamtbetrag der Guthaben in Mark der Deutschen Demokratischen Republik, für die ein Umstellungsantrag noch gestellt werden kann.

§ 43 Prüfung. (1) Geldinstitute und Außenhandelsbetriebe in der Rechtsform einer Kapitalgesellschaft oder des öffentlichen Rechts können abweichend von § 34 Abs. 1 nur von einem Wirtschaftsprüfer oder einer Wirtschaftsprüfungsgesellschaft geprüft werden, soweit sie nicht Sparkassen sind.

(2) Die Prüfung erstreckt sich auch auf die Frage, ob bei der nachträglichen Umstellung von Kontoguthaben natürlicher Personen die Voraussetzungen gemäß Artikel 5 Abs. 7 der Anlage I zum Vertrag über die Schaffung einer Währungs-, Wirtschafts- und Sozialunion zwischen der Bundesrepublik Deutschland und der Deutschen Demokratischen Republik für die Wiedereinsetzung in den vorigen Stand vorlagen.

Unterabschnitt 11. Vorschriften für Versicherungsunternehmen

§ 44 Anwendungsbereich. (1) Versicherungsunternehmen haben die Vorschriften dieses Gesetzes zu beachten, soweit in diesem Unterabschnitt nichts anderes bestimmt ist. Sie dürfen die in diesem Gesetz größenabhängig zugelassenen Erleichterungen nicht in Anspruch nehmen. Die §§ 55, 56 Abs. 1 des Versicherungsaufsichtsgesetzes sind nicht anzuwenden.

(2) Versicherungsunternehmen sind Unternehmen, die den Betrieb von Versicherungsgeschäften zum Gegenstand haben und nicht Träger der Sozialversicherung sind. Dazu gehören auch Unternehmen, die nicht der Versicherungsaufsicht unterliegen oder keine eigene Rechtspersönlichkeit haben. Die Vorschriften über Versicherungsunternehmen sind auch auf Unternehmen anzuwenden, die keine Erlaubnis zum Geschäftsbetrieb als Versicherungsunternehmen haben oder die sich in Abwicklung befinden.

§ 45 Eröffnungsbilanz. (1) Versicherungsunternehmen haben abweichend von § 265 Abs. 6, 7, §§ 266 bis 268 des Handelsgesetzbuchs und unbeschadet einer weiteren Gliederung die Eröffnungsbilanz gemäß der Verordnung über die Rechnungslegung von Versicherungsunternehmen vom 11. Juli 1973, zuletzt geändert durch Verordnung vom 23. Dezember 1986 (BGBl. 1987 I S. 2), aufzustellen.

(2) Versicherungsunternehmen haben die Rückstellungen gemäß § 56 Abs. 3 des Versicherungsaufsichtsgesetzes zu bilden. § 56 Abs. 4 des Versicherungsaufsichtsgesetzes ist anzuwenden. § 17 Abs. 4 ist auch auf versicherungstechnische Rückstellungen mit Ausnahme der Beitragsüberträge anzuwenden.

(3) Versicherungsunternehmen haben im Anhang zusätzlich die in § 12 Nr. 3 der Verordnung über die Rechnungslegung von Versicherungsunternehmen vom 11. Juli 1973 vorgeschriebenen Angaben zu machen.

§ 46 Prüfung. Einreichung. (1) Versicherungsunternehmen können abweichend von § 34 Abs. 1 nur von einem Wirtschaftsprüfer oder einer Wirtschaftsprüfungsgesellschaft geprüft werden.

(2) Die D-Markeröffnungsbilanz, der Anhang sowie die vergleichende Darstellung nach § 20 sind spätestens vor Ablauf des siebenten Monats nach dem Bilanzstichtag, die Konzerneröffnungsbilanz und der Konzernanhang spätestens vor Ablauf des elften Monats dem Bundesaufsichtsamt für das Versicherungswesen in zweifacher Ausfertigung einzureichen. Der Bericht des Prüfers über die Prüfung nach § 33 Abs. 1 Satz 1 ist spätestens vor Ablauf des achten Monats nach dem Bilanzstichtag, der Bericht über die Prüfung nach § 33 Abs. 3 Satz 1 spätestens vor Ablauf des zwölften Monats dem Bundesaufsichtsamt für das Versicherungswesen in zweifacher Ausfertigung einzureichen.

Abschnitt 7. Straf- und Ordnungsstrafvorschriften. Zwangsgelder

§ 47 Strafvorschriften. (1) Die Strafvorschriften der §§ 331 bis 333 des Handelsgesetzbuchs sind auf die Eröffnungsbilanz, den Anhang, die Konzerneröffnungsbilanz, den Konzernanhang, und die nach diesem Gesetz zu bestellenden Prüfer entsprechend anzuwenden. Satz 1 gilt auch für nicht in der Rechtsform einer Kapitalgesellschaft betriebene Unternehmen.

(2) § 331 des Handelsgesetzbuchs ist darüber hinaus auch anzuwenden auf die Verletzung von Pflichten durch den Geschäftsleiter (§ 1 Abs. 2 Satz 1 des Gesetzes über das Kreditwesen) eines nicht in der Rechtsform einer Kapitalgesellschaft betriebenen Geldinstituts, durch den Inhaber eines in der Rechtsform des Einzelkaufmanns betriebenen Geldinstituts oder durch den Geschäftsleiter im Sinne des § 53 Abs. 2 Nr. 1 des Gesetzes über das Kreditwesen.

§ 48 Ordnungsstrafvorschriften. (1) Ordnungswidrig handelt, wer als Mitglied des vertretungsberechtigten Organs oder des Aufsichtsrats eines Unternehmens oder als Geschäftsleiter im Sinne des § 1 Abs. 2 Satz 1 oder des § 53 Abs. 2 Nr. 1 des Gesetzes über das Kreditwesen oder als Inhaber eines in der Rechtsform des Einzelkaufmanns betriebenen Unternehmens

1. bei der Aufstellung oder Feststellung der Eröffnungsbilanz oder des Anhangs einer Vorschrift
   a) des § 4 Abs. 2 Satz 1 oder 2 oder des § 5 Abs. 1 Satz 1 in Verbindung mit § 243 Abs. 1 oder 2, §§ 244, 245, 246, 247 Abs. 1 oder 2, §§ 248, 249 Abs. 1 Satz 1 oder Abs. 3, § 250 Abs. 1 Satz 1 oder Abs. 2 oder § 251 des Handelsgesetzbuchs über Form oder Inhalt,
   b) des § 5 Abs. 1 Satz 1 in Verbindung mit § 253 Abs. 1 Satz 2, Abs. 2 Satz 1, 2 oder 3 oder Abs. 3 Satz 1 oder 2, § 255 Abs. 1 oder 2 Satz 1, 2 oder 6 des Handelsgesetzbuchs oder der §§ 6 bis 18 über die Bewertung,
   c) des § 5 Abs. 1 Satz 2 in Verbindung mit § 265 Abs. 3 bis 8, §§ 266, 268 Abs. 3 bis 7 oder § 272 des Handelsgesetzbuchs oder des § 39 Abs. 1 oder 2 oder des § 45 über die Gliederung oder
   d) des § 19 Abs. 1 bis 3, der §§ 20 oder 22 über die im Anhang zu machenden Angaben,
2. bei der Aufstellung der Konzerneröffnungsbilanz oder des Konzernanhangs einer Vorschrift
   a) des § 21 Abs. 3 über den Konsolidierungskreis,
   b) des § 21 Abs. 4 Satz 1 in Verbindung mit den §§ 5 bis 19 oder § 297 Abs. 2 oder 3 oder § 298 Abs. 1 des Handelsgesetzbuchs, dieser in Verbindung mit § 243 Abs. 1 oder 2, §§ 244, 245, 246, 247 Abs. 1 oder 2, §§ 248, 249 Abs. 1 Satz 1 oder Abs. 3, § 250 Abs. 1 Satz 1 oder Abs. 2 oder § 251 des Handelsgesetzbuchs, über Form oder Inhalt,
   c) des § 21 Abs. 4 Satz 1 in Verbindung mit § 300 des Handelsgesetzbuchs über die Konsolidierungsgrundsätze oder das Vollständigkeitsgebot,
   d) des § 21 Abs. 4 Satz 1 in Verbindung mit § 311 Abs. 1 Satz 1 des Handelsgesetzbuchs, dieser in Verbindung mit § 312 des Handelsgesetzbuchs, über die Behandlung assoziierter Unternehmen, oder
   e) des § 22 über die im Konzernanhang zu machenden Angaben oder
3. bei der Offenlegung, Veröffentlichung oder Vervielfältigung einer Vorschrift des § 37 Abs. 1 Satz 1 in Verbindung mit § 328 des Handelsgesetzbuchs über Form oder Inhalt

zuwiderhandelt.

(2) Ordnungswidrig handelt auch, wer zu einer Eröffnungsbilanz oder einem Anhang oder einer Konzerneröffnungsbilanz oder einem Konzernanhang, die auf Grund gesetzlicher Vorschriften zu prüfen sind, einen Vermerk nach § 322 des Handelsgesetzbuchs erteilt, obwohl nach § 34 Abs. 5 in Verbindung mit § 319 Abs. 2 des Handelsgesetzbuchs er oder nach § 34 Abs. 5 in Verbindung mit § 319 Abs. 3 des Handelsgesetzbuchs die Wirtschaftsprüfungsgesellschaft oder Buchprüfungsgesellschaft, für die er tätig wird, nicht Prüfer sein darf.

(3) Die Ordnungswidrigkeit kann mit einer Ordnungsstrafe bis zu fünfzigtausend Deutsche Mark geahndet werden.

§ 49 Festsetzung von Zwangsgeld. Mitglieder des vertretungsberechtigten Organs, bei Einzelunternehmen der Inhaber, die

1. § 1 Abs. 1 über die Pflicht zur Aufstellung einer Eröffnungsbilanz und eines Anhangs,
2. § 21 Abs. 1 über die Pflicht zur Aufstellung einer Konzerneröffnungsbilanz und eines Anhangs,
3. § 34 Abs. 4 dieses Gesetzes in Verbindung mit § 318 Abs. 1 Satz 4 des Handelsgesetzbuchs über die Pflicht zur unverzüglichen Erteilung des Prüfungsauftrags,
4. § 34 Abs. 4 dieses Gesetzes in Verbindung mit § 318 Abs. 4 Satz 3 des Handelsgesetzbuchs über die Pflicht, den Antrag auf gerichtliche Bestellung des Prüfers zu stellen,
5. § 34 Abs. 5 dieses Gesetzes in Verbindung mit § 320 des Handelsgesetzbuchs über die Pflichten gegenüber dem Prüfer oder
6. § 37 dieses Gesetzes in Verbindung mit § 325 des Handelsgesetzbuchs über die Pflicht zur Offenlegung der Eröffnungsbilanz oder des Anhangs oder der Konzerneröffnungsbilanz oder des Konzernanhangs

nicht befolgen, sind hierzu vom Registergericht durch Festsetzung von Zwangsgeld anzuhalten; § 335 Satz 2 bis 8 des Handelsgesetzbuchs ist anzuwenden. Für die Festsetzung des Zwangsgelds gelten die §§ 132 bis 139 des Gesetzes über die Angelegenheiten der freiwilligen Gerichtsbarkeit.

Abschnitt 8. Steuern. Gebühren

§ 50 Steuerliche Eröffnungsbilanz und Folgewirkungen. (1) Steuerpflichtige, die Rechtsträger eines Unternehmens nach § 1 sind, haben die Vorschriften dieses Gesetzes auch für die steuerrechtliche Gewinnermittlung zu befolgen.

(2) Zum 1. Juli 1990 ist eine steuerliche Eröffnungsbilanz aufzustellen, die, abgesehen von den folgenden Abweichungen, der handelsrechtlichen Eröffnungsbilanz entsprechen muß. Ein nach § 9 Abs. 3 oder § 31 Abs. 1 gebildeter Aktivposten ist nicht anzusetzen. § 11 Abs. 1 Satz 1 ist mit der Maßgabe anzuwenden, daß der Beteiligungsbuchwert dem ausgewiesenen anteiligen Eigenkapital in der steuerlichen Eröffnungsbilanz des Unternehmens entspricht, an dem die Beteiligung besteht. § 5 Abs. 2, 3 und 5 des Einkommensteuergesetzes ist anzuwenden. Rückstellungen nach § 5 Abs. 4 des Einkommensteuergesetzes und Rückstellungen nach § 249 Abs. 1 Satz 2 Nr. 1, Satz 3 und Abs. 2 des Handelsgesetzbuchs dürfen nicht gebildet werden.

(3) Die Berichtigung von Ansätzen nach § 36 führt zu einer Berichtigung der steuerlichen Eröffnungsbilanz und etwaiger Folgebilanzen. Sind bereits Steuerbescheide erlassen worden, so sind sie zu ändern, soweit die Berichtigung von Bilanz- oder Wertansätzen zu einem geänderten Gewinn oder Verlust führt oder sich auf die Feststellung von Einheitswerten auswirkt.

(4) Beträge, die zum Ausgleich eines Kapitalentwertungskontos nach § 26 Abs. 4 oder § 28 Abs. 1 verwendet werden, dürfen bei der steuerrechtlichen Gewinnermittlung nicht abgezogen werden.

(5) Auf Steuerpflichtige, die freiwillig Bücher führen und regelmäßig Abschlüsse machen, ist Absatz 1 bis 4 entsprechend anzuwenden.

§ 51 Umstellungsbedingte Vermögensänderungen. (1) Die aus der Eröffnungsbilanz und der Neufestsetzung nach § 26 Abs. 2 bis 4, §§ 27, 28, 30 sich ergebenden zahlenmäßigen Veränderungen im Vermögen der in § 50 Abs. 1 oder 5 bezeichneten Steuerpflichtigen sowie deren Gesellschafter oder Mitglieder wirken sich auf die Steuern vom Einkommen und Ertrag nicht aus. Dies gilt insbesondere für die Bildung von Rücklagen oder die Auflösung bisheriger Unterbewertungen, wenn die Erträge auf der Neubewertung von Vermögensgegenständen und Schulden beruhen, die spätestens am 1. Juli 1990 Betriebsvermögen gewesen sind oder auf das Unternehmen mit Wirkung vom 1. Juli 1990 übertragen worden sind, oder auf dem Erlaß von Schulden beruhen.

(2) Die aus der Neufestsetzung sich ergebenden zahlenmäßigen Veränderungen im Vermögen der in § 1 bezeichneten Gesellschaften und deren Gesellschafter und im Vermögen der in § 1 bezeichneten Genossenschaften und deren Genossen unterliegen nicht den Steuern vom Kapitalverkehr.

§ 52 Steuerliche Ausgangswerte in anderen Fällen. (1) Bei Steuerpflichtigen, die ihren Gewinn nach § 4 Abs. 3 des Einkommensteuergesetzes ermitteln, gelten als Anschaffungs- oder Herstellungskosten der Wirtschaftsgüter, die spätestens am 1. Juli 1990 Anlagevermögen gewesen sind oder auf den Steuerpflichtigen mit Wirkung vom 1. Juli 1990 übertragen worden sind, die Werte, die sich in entsprechender Anwendung der §§ 7 bis 11 und 18 ergeben. Wirtschaftsgüter nach Satz 1 sind unter Angabe ihres Werts zum 1. Juli 1990 in ein besonderes Verzeichnis (Anlageverzeichnis) aufzunehmen. Ergibt sich bis zum 31. Dezember 1994 einschließlich, daß sie zum 1. Juli 1990 nicht angesetzt werden durften oder zu Unrecht nicht oder wesentlich zu hoch oder zu niedrig angesetzt worden sind, so ist das Anlageverzeichnis insoweit zu berichtigen; sind bereits Steuerbescheide erlassen worden, so sind sie zu ändern, soweit die Berichtigung zu einem geänderten Gewinn oder Verlust führt.

(2) Absatz 1 Satz 1 ist auf Steuerpflichtige mit Einkünften aus nichtselbständiger Arbeit, Kapitalvermögen, Vermietung und Verpachtung oder mit anderen Einkünften nach §§ 17 und 22 des Einkommensteuergesetzes entsprechend anzuwenden.

§ 53 Wirtschaftsjahre 1990 und steuerliche Schlußbilanz. Bei Steuerpflichtigen mit Einkünften nach § 2 Abs. 3 Nr. 1 bis 3 des Einkommensteuergesetzes sind Wirtschaftsjahre im Kalenderjahr 1990 die Zeiträume vom 1. Januar bis zum 30. Juni und vom 1. Juli bis zum 31. Dezember. In der steuerlichen Schlußbilanz zum 31. Dezember können Rückstellungen nach § 5 Abs. 4 des Einkommensteuergesetzes nicht und Pensionsrückstellungen nur unter den Voraussetzungen des § 54 gebildet werden.

§ 54 Pensionsrückstellungen. (1) Für eine Pensionsverpflichtung darf eine Rückstellung (Pensionsrückstellung) nur gebildet werden, wenn
1. der Pensionsberechtigte einen Rechtsanspruch auf einmalige oder laufende Pensionsleistungen hat,

2. die Pensionszusage keinen Vorbehalt enthält, daß die Pensionsanwartschaft oder die Pensionsleistung gemindert oder entzogen werden kann, oder ein solcher Vorbehalt sich nur auf Tatbestände erstreckt, bei deren Vorliegen nach allgemeinen Rechtsgrundsätzen unter Beachtung billigen Ermessens eine Minderung oder ein Entzug der Pensionsanwartschaft oder der Pensionsleistung zulässig ist, und
3. die Pensionszusage schriftlich erteilt ist.

(2) Eine Pensionsrückstellung darf nur gebildet werden
1. vor Eintritt des Versorgungsfalls für das Wirtschaftsjahr, in dem die Pensionszusage erteilt wird, frühestens jedoch für das Wirtschaftsjahr, bis zu dessen Mitte der Pensionsberechtigte das 30. Lebensjahr vollendet,
2. nach Eintritt des Versorgungsfalls für das Wirtschaftsjahr, in dem der Versorgungsfall eintritt.

(3) Eine Pensionsrückstellung darf höchstens mit dem Teilwert der Pensionsverpflichtung angesetzt werden. Als Teilwert einer Pensionsverpflichtung gilt
1. vor Beendigung des Dienstverhältnisses des Pensionsberechtigten der Barwert der künftigen Pensionsleistungen am Schluß des Wirtschaftsjahrs abzüglich des sich auf denselben Zeitpunkt ergebenden Barwerts betragsmäßig gleichbleibender Jahresbeträge. Die Jahresbeträge sind so zu bemessen, daß am Beginn des Wirtschaftsjahrs, in dem das Dienstverhältnis begonnen hat, ihr Barwert gleich dem Barwert der künftigen Pensionsleistungen ist; die künftigen Pensionsleistungen sind dabei mit dem Betrag anzusetzen, der sich nach den Verhältnissen am Bilanzstichtag ergibt. Es sind die Jahresbeträge zugrunde zu legen, die vom Beginn des Wirtschaftsjahrs, in dem das Dienstverhältnis begonnen hat, bis zu dem in der Pensionszusage vorgesehenen Zeitpunkt des Eintritts des Versorgungsfalls rechnungsmäßig aufzubringen sind. Erhöhungen oder Verminderungen der Pensionsleistungen nach dem Schluß des Wirtschaftsjahrs, die hinsichtlich des Zeitpunkts ihres Wirksamwerdens oder ihres Umfangs ungewiß sind, sind bei der Berechnung des Barwerts der künftigen Pensionsleistungen und der Jahresbeträge erst zu berücksichtigen, wenn sie eingetreten sind. Wird die Pensionszusage erst nach dem Beginn des Dienstverhältnisses erteilt, so ist die Zwischenzeit für die Berechnung der Jahresbeträge nur insoweit als Wartezeit zu behandeln, als sie in der Pensionszusage als solche bestimmt ist. Hat das Dienstverhältnis schon vor der Vollendung des 30. Lebensjahrs des Pensionsberechtigten bestanden, so gilt es als zu Beginn des Wirtschaftsjahrs begonnen, bis zu dessen Mitte der Pensionsberechtigte das 30. Lebensjahr vollendet;
2. nach Beendigung des Dienstverhältnisses des Pensionsberechtigten unter Aufrechterhaltung seiner Pensionsanwartschaft oder nach Eintritt des Versorgungsfalls der Barwert der künftigen Pensionsleistungen am Schluß des Wirtschaftsjahrs; Nummer 1 Satz 4 gilt sinngemäß.

Bei der Berechnung des Teilwerts der Pensionsverpflichtung sind ein Rechnungszinsfuß von sechs vom Hundert und die anerkannten Regeln der Versicherungsmathematik anzuwenden.

(4) Eine Pensionsrückstellung darf höchstens um den Unterschied zwischen dem Teilwert der Pensionsverpflichtung am Schluß des am 31. Dezember 1990 endenden Wirtschaftsjahrs (Erstjahr) und dem Beginn dieses Wirtschaftsjahrs erhöht werden. Darf in dem Erstjahr mit der Bildung einer Pensionsrückstellung begonnen werden, darf die Rückstellung bis zur Höhe des Teilwerts der Pensionsverpflichtung am Schluß des Wirtschaftsjahrs gebildet werden; diese Rückstellung kann auf das Erstjahr und die beiden folgenden Wirtschaftsjahre gleichmäßig verteilt werden. Endet das Dienstverhältnis des Pensionsberechtigten unter Aufrechterhaltung seiner Pensionsanwartschaft am Schluß des Erstjahrs oder tritt der Versorgungsfall in diesem Wirtschaftsjahr ein, darf die Pensionsrückstellung stets bis zur Höhe des Teilwerts der Pensionsverpflichtung gebildet werden; die für dieses Wirtschaftsjahr zulässige Erhöhung der Pensionsrückstellung kann auf das Erstjahr und die beiden folgenden Wirtschaftsjahre gleichmäßig verteilt werden.

(5) Absatz 3 und 4 ist entsprechend anzuwenden, wenn der Pensionsberechtigte zu dem Pensionsverpflichteten in einem anderen Rechtsverhältnis als einem Dienstverhältnis steht.

§ 55 Einlagen. Werden einem Betrieb innerhalb von drei Jahren nach dem 30. Juni 1990 Wirtschaftsgüter als Einlage zugeführt, die vor dem 1. Juli 1990 angeschafft oder hergestellt worden sind, so gilt der Betrag, den der Steuerpflichtige in einer Eröffnungsbilanz zum 1. Juli 1990 hätte ansetzen können, als Anschaffungs- oder Herstellungskosten.

§ 56 Gebühren. (1) Gerichtsgebühren und notarielle Beurkundungsgebühren, die anläßlich der Feststellung der Eröffnungsbilanz und der Neufestsetzung der Kapitalverhältnisse nach diesem Gesetz entstehen, ermäßigen sich um fünfzig vom Hundert. Übersteigt die nach Satz 1 zu berechnende Gebühr für die Beurkundung von Versammlungsbeschlüssen zweitausend Deutsche Mark, so ermäßigt sich der zweitausend Deutsche Mark übersteigende Betrag um weitere fünfundzwanzig vom Hundert. Fließen die Gebühren dem Notar selbst zu, ermäßigen sich die Gebühren entsprechend § 144 Abs. 1 des Gesetzes über die Kosten in Angelegenheiten der Freiwilligen Gerichtsbarkeit (Kostenordnung) der Bundesrepublik Deutschland in der im Bundesgesetzblatt Teil III, Gliederungsnummer 361-1, veröffentlichten bereinigten Fassung, zuletzt geändert durch Artikel 5 des Gesetzes vom 5. April 1990 (BGBl. I S. 701).

(2) Die Ermäßigung gilt auch für die Gebühren, die bei einer Umwandlung von Gesellschaften entstehen, sofern die Umwandlung nicht später als die Neufestsetzung beschlossen wird und nach der Eröffnungsbilanz das Nennkapital einhunderttausend Deutsche Mark nicht erreicht oder das übertragene Eigenkapital der Aktiengesellschaft oder der Kommanditgesellschaft auf Aktien einhunderttausend Deutsche Mark oder das übertragene Eigenkapital der Gesellschaft mit beschränkter Haftung fünfzigtausend Deutsche Mark nicht erreicht. Die Ermäßigung erstreckt sich nicht auf die Gebühren, die anläßlich des Ausgleichs eines Kapitalentwertungskontos entstehen.

(3) Wird ein Beschluß, für dessen Beurkundung die Gebühren nach Absatz 1 zu ermäßigen sind, zugleich mit anderen nicht unter Absatz 1 fallenden Beschlüssen beurkundet, angemeldet oder eingetragen und ist dafür eine einheitliche Gebühr zu erheben, so ermäßigt sich nur der Teilbetrag der Gesamtgebühr, der die Gebühr, die für das nicht unter Absatz 1 fallende Geschäft bei gesonderter Vornahme zu erheben wäre, übersteigt.

(4) Die Ermäßigung erstreckt sich nicht auf die Zusatzgebühr für Beurkundungen außerhalb der Gerichtsstelle und für fremdsprachliche Erklärungen; die Gebühr für die Beurkundung außerhalb der Gerichtsstelle darf jedoch den Betrag der für das Geschäft selbst zu erhebenden (ermäßigten) Gebühr nicht übersteigen.

(5) Die Bestimmungen über die Mindestgebühr bleiben unberührt.

Abschnitt 9. Sonstige Vorschriften

§ 57 Auflösung. (1) Aktiengesellschaften, Kommanditgesellschaften auf Aktien und Gesellschaften mit beschränkter Haftung, die ihre Kapitalverhältnisse bis zum 31. Dezember 1991 nicht nach diesem Gesetz neu festgesetzt haben, sind mit dem Ablauf dieses Tages aufgelöst. Wird die Frist zur Feststellung der Eröffnungsbilanz im Einzelfall über den 31. Dezember 1991 hinaus verlängert, so tritt für die Gesellschaft an Stelle des 31. Dezember 1991 der drei Monate nach Ablauf der verlängerten Frist liegende Tag. Ist der Beschluß über die Neufestsetzung vor dem 31. Dezember 1991 angefochten worden, so tritt an die Stelle des 31. Dezember 1991 der sechs Monate nach dem Tag der Rechtskraft der Entscheidung liegende Tag.

(2) Aktiengesellschaften, Kommanditgesellschaften auf Aktien und Gesellschaften mit beschränkter Haftung, deren Endkapital nach der Neufestsetzung auf weniger als die nach der Rechtsform zulässigen Mindestbeträge lautet und die eine Erhöhung des Nennkapitals beschlossen haben, sind außerdem mit Ablauf des 31. Dezember 1991 aufgelöst, wenn die Erhöhung des Nennkapitals auf den zulässigen Mindestnennbetrag bis zu diesem Zeitpunkt nicht wirksam geworden ist.

(3) Aktiengesellschaften, Kommanditgesellschaften auf Aktien und Gesellschaften mit beschränkter Haftung, die von der Befugnis, ein Kapitalentwertungskonto zu bilden, Gebrauch gemacht haben, sind mit Ablauf des 31. Dezember 1997 aufgelöst, wenn die Durchführung des Ausgleichs nicht bis zu diesem Zeitpunkt in das Handelsregister eingetragen worden ist.

(4) Absatz 1 Satz 1 ist entsprechend auf Erwerbs- und Wirtschaftsgenossenschaften anzuwenden, wenn die notwendigen Änderungen des Statuts nicht bis zum 31. Dezember 1991 in das Genossenschaftsregister eingetragen worden sind.

§ 58 Geschäftsjahr. (1) Die Unternehmen haben ihr Geschäftsjahr neu festzusetzen. Das erste Geschäftsjahr kann abweichend von § 240 Abs. 2 Satz 2 des Handelsgesetzbuchs bis zu achtzehn Monate, bei Geldinstituten und Versicherungsunternehmen bis zu zwölf Monate umfassen.

(2) Unternehmen, die von Absatz 1 Gebrauch machen, müssen für den 31. Dezember 1990 einen Jahresabschluß nach den für sie maßgeblichen Vorschriften des Handelsrechts aufstellen. Eines Anhangs bedarf es nicht. Der Jahresabschluß braucht weder geprüft noch offengelegt zu werden.

Abschnitt 10. Schlußvorschriften

§ 59 Ermächtigung. Der Minister der Finanzen wird ermächtigt, im Einvernehmen mit dem Minister für Wirtschaft und dem Statistischen Amt der Deutschen Demokratischen Republik durch Rechtsverordnung Vorschriften zur Ausführung dieses Gesetzes über Form und Inhalt der nach den §§ 1, 20, 21, 39 und 45 aufzustellenden Unterlagen, die Kapitalausstattung der Unternehmen sowie über die Durchführung der Prüfung, die Feststellung und Offenlegung dieser Unterlagen und des dabei einzuhaltenden Verfahrens zu erlassen, soweit diese Vorschriften erforderlich sind, um die Durchführung der Währungsumstellung im Sinne des Vertrages über die Schaffung einer Währungs-, Wirtschafts- und Sozialunion und der Zielsetzung dieses Gesetzes zu gewährleisten.

§ 60[1] Anwendung. Dieses Gesetz ist mit Wirkung vom 1. Juli 1990 anzuwenden, die Bestimmungen des Abschnitts 7 jedoch erst vom Inkrafttreten des Vertrages an.

---

[1] § 60 neugefaßt durch Art. 5 Nr. 7 der Vereinbarung vom 18. 9. 1990 (BGBl. II S. 1239, 1245).

11. Gesetz zur Regelung des Kirchensteuerwesens

EVertr/Anl. II Kap. IV Abschn. I Nr. 5
(BGBl. 1990 II S. 1194)

Abschnitt I. Grundlagen

§ 1 Die Religionsgesellschaften, welche Körperschaften des öffentlichen Rechts sind, sind berechtigt, auf Grund der bürgerlichen Steuerlisten Steuern zu erheben.

§ 2 Körperschaften des öffentlichen Rechts sind:

1. im Bereich der Evangelischen Kirche:
   a) die Evangelische Landeskirche Anhalts,
   b) die Evangelische Kirche in Berlin-Brandenburg,
   c) die Evangelische Kirche des Görlitzer Kirchengebiets,
   d) die Pommersche Evangelische Kirche,
   e) die Evangelisch-Lutherische Landeskirche Mecklenburgs,
   f) die Evangelische Kirche der Kirchenprovinz Sachsen,
   g) die Evangelisch-Lutherische Landeskirche Sachsens,
   h) die Evangelisch-Lutherische Kirche in Thüringen
   sowie jeweils auch deren Kirchengemeinden und Kirchenkreise sowie deren Verbände;
2. im Bereich der Katholischen Kirche:
   a) das Bistum Berlin,
   b) das Bistum Dresden-Meißen,
   c) die Apostolische Administratur Görlitz,
   d) das Bischöfliche Amt Erfurt-Meiningen,
   e) das Bischöfliche Amt Magdeburg,
   f) das Bischöfliche Amt Schwerin
   sowie jeweils auch deren Kirchengemeinden und Kirchengemeindeverbände;
3. die jüdischen Kultusgemeinden;
4. andere Religionsgesellschaften, die die gleichen Rechte haben.

§ 3 Religionsgesellschaften sind auf Antrag die Rechte einer Körperschaft des öffentlichen Rechts zu gewähren, wenn sie durch ihre Verfassung und die Zahl ihrer Mitglieder die Gewähr der Dauer bieten. Schließen sich mehrere derartige öffentlich-rechtliche Religionsgesellschaften zu einem Verband zusammen, so ist auch dieser Verband eine öffentlich-rechtliche Körperschaft.

Abschnitt II. Kirchensteuerliche Rahmenregelungen für den Bereich der Evangelischen Kirche und der Katholischen Kirche

§ 4 Die Angehörigen der in § 2 Nr. 1 und 2 genannten Kirchen sind verpflichtet, öffentlich-rechtliche Abgaben (Kirchensteuern) nach Maßgabe der von den Kirchen erlassenen eigenen Steuerordnungen zu entrichten.

§ 5 (1) Kirchensteuerpflichtig sind alle Angehörigen der Evangelischen Kirche und der Katholischen Kirche, die ihren Wohnsitz oder gewöhnlichen Aufenthalt im Sinne der Abgabenordnung in der Deutschen Demokratischen Republik haben.

(2) Die Kirchensteuerpflicht beginnt mit dem ersten Tag des auf den Beginn der Zugehörigkeit zur Kirche und Wohnsitzbegründung folgenden Kalendermonats. Sie endet
1. bei Tod mit Ablauf des Sterbemonats,
2. bei Wegzug mit Ablauf des Kalendermonats, in dem der Wohnsitz aufgegeben worden ist,
3. bei Kirchenaustritt mit Ablauf des Kalendermonats, der auf den Monat folgt, in dem die Erklärung wirksam geworden ist.

Der Kirchenaustritt ist durch eine Bescheinigung der für die Entgegennahme der Kirchenaustrittserklärung gesetzlich zuständigen Stelle nachzuweisen.

§ 6 (1) Kirchensteuern können nach Maßgabe der kirchlichen Steuerordnungen jeweils einzeln oder nebeneinander erhoben werden als Landes-(Diözesan-)Kirchensteuern und als Ortskirchensteuern sowie in unterschiedlicher Art sowohl
1. als
   a) Zuschlag zur Einkommensteuer und Lohnsteuer oder nach Maßgabe des Einkommens auf Grund eines besonderen Tarifs (Kirchensteuer vom Einkommen),
   b) Zuschlag zur Vermögensteuer oder nach Maßgabe des Vermögens (Kirchensteuer vom Vermögen),

   jeweils in einem Vomhundertsatz der Maßstabsteuer. Vor Berechnung der Kirchensteuer vom Einkommen sind die Einkommensteuer und Lohnsteuer um die für die Berechnung von Maßstabsteuern vorgeschriebenen Beträge zu kürzen, soweit das Einkommensteuergesetz dies vorsieht;

   als auch
2. als Kirchgeld in festen oder gestaffelten Beträgen

   und
3. als besonderes Kirchgeld von Kirchensteuerpflichtigen, deren Ehegatte keiner steuerberechtigten Kirche angehört (Kirchgeld in glaubensverschiedener Ehe).

(2) Über die Art und die Höhe der zu erhebenden Kirchensteuer beschließt die nach der kirchlichen Steuerordnung zuständige Körperschaft oder kirchliche Stelle. Die kirchliche Steuerordnung kann bestimmen, daß Kirchensteuern einer Art auf Kirchensteuern einer anderen Art angerechnet werden.

(3) Die kirchlichen Steuerordnungen und die Kirchensteuerbeschlüsse sowie ihre Änderungen bedürfen der staatlichen Anerkennung. Über die Anerkennung entscheidet die für die Finanzverwaltung zuständige oberste Landesbehörde. Die anerkannten kirchlichen Steuerordnungen und Kirchensteuerbeschlüsse werden von den zuständigen kirchlichen Stellen in einer von ihnen zu bestimmenden Weise und von der anerkennenden Finanzbehörde in der für Steuergesetze vorgeschriebenen Form bekannt gemacht. Liegt zu Beginn eines Steuerjahres kein anerkannter Steuerbeschluß vor, gilt der bisherige bis zur Anerkennung eines neuen weiter, längstens jedoch bis zum 30. Juni des nächsten Steuerjahres.

§ 7 (1) Gehören Ehegatten verschiedenen steuerberechtigten Kirchen an (konfessionsverschiedene Ehe) und liegen die Voraussetzungen für eine Zusammenveranlagung bei der Einkommensteuer vor, so wird die Kirchensteuer als Kirchensteuer vom Einkommen von beiden Ehegatten in folgender Weise erhoben:

1. wenn die Ehegatten zusammen zur Einkommensteuer veranlagt werden, von der Hälfte der Einkommensteuer;
2. wenn ein Ehegatte oder beide Ehegatten lohnsteuerpflichtig sind, von der Hälfte der Lohnsteuer.

Die Ehegatten haften als Gesamtschuldner. Im Lohnabzugsverfahren ist die Kirchensteuer bei jedem Ehegatten auch für den anderen einzubehalten.

(2) Liegen die Voraussetzungen für eine Zusammenveranlagung zur Einkommensteuer nicht vor oder werden die Ehegatten getrennt oder besonders veranlagt, so wird die Kirchensteuer vom Einkommen von jedem Ehegatten nach seiner Kirchenangehörigkeit und nach der jeweils in seiner Person gegebenen Steuerbemessungsgrundlage erhoben.

(3) Für die Erhebung der anderen in § 6 Abs. 1 genannten Kirchensteuerarten gilt Absatz 2 entsprechend.

§ 8 (1) Gehört nur ein Ehegatte einer steuerberechtigten Kirche an (glaubensverschiedene Ehe), so erhebt die steuerberechtigte Kirche die Kirchensteuer von ihm nach der in seiner Person gegebenen Steuerbemessungsgrundlage.

(2) Werden die Ehegatten zur Maßstabsteuer zusammen veranlagt, so ist die gegen beide Ehegatten festgesetzte Maßstabsteuer im Verhältnis der Beträge aufzuteilen, die sich bei einer getrennten Veranlagung für jeden Ehegatten ergeben würden. Die von der Maßstabsteuer abhangige Steuer des der steuerberechtigten Religionsgemeinschaft angehörenden Ehegatten ist nach dem auf ihn entfallenden Teil der Maßstabsteuer zu bemessen. Entsprechendes gilt im Falle eines gemeinsamen Lohnsteuer-Jahresausgleichs.

(3) Unberührt bleiben die Bestimmungen über das Kirchgeld in glaubensverschiedener Ehe.

§ 9 (1) Die Kirchensteuern werden vorbehaltlich der Vorschriften des § 10 von den kirchlichen Stellen verwaltet. Diesen werden die Unterlagen, deren sie für die Besteuerung bedürfen, auf Anforderung von den zuständigen Landesbehörden und von den Gemeinden, Kreisen und kommunalen Zusammenschlüssen zur Verfügung gestellt. Die erforderlichen Meldedaten werden den kirchlichen Stellen übermittelt.

(2) Wer mit Kirchensteuer in Anspruch genommen werden soll, hat der mit der Verwaltung dieser Steuer beauftragten Stelle Auskunft über alle Tatsachen zu geben, von denen die Feststellung der Zugehörigkeit zu einer steuerberechtigten Kirche, Kirchengemeinde oder Verband abhängt. Der Kirchenangehörige hat darüber hinaus die zur Festsetzung der Kirchensteuer erforderlichen Erklärungen abzugeben.

§ 10 Auf Antrag einer Kirche ist die Verwaltung der ihr zustehenden Kirchensteuer vom Einkommen (Festsetzung und Erhebung sowie Durchführung des Jahresausgleichs), der Kirchensteuer vom Vermögen sowie des Kirchgeldes in glaubensverschiedener Ehe durch die für die Finanzverwaltung zuständigen obersten Landesbehörde den Finanzämtern zu übertragen. Die Verwaltung durch die Finanzämter setzt voraus, daß der Kirchensteuersatz innerhalb eines Landes einheitlich ist. Die Kirchen sind gehalten, sich untereinander über einheitliche Vomhundertsätze als Zuschläge zur Maßstabsteuer zu verständigen. Die für die Mitwirkung der Finanzämter bei der Verwaltung der Kirchensteuer zu leistende Vergütung wird zwischen der jeweiligen Landesregierung und den Kirchen vereinbart.

§ 11 (1) Soweit die Kirchensteuer vom Einkommen durch die Finanzämter verwaltet wird, sind die Arbeitgeber, deren Betriebsstätten in den Ländern der Deutschen Demokratischen Republik liegen, verpflichtet, die Kirchensteuer von allen Kirchenangehörigen mit Wohnsitz oder gewöhnlichem Aufenthalt im Sinne der Abgabenordnung in der Deutschen Demokratischen Republik mit dem für den Ort der Betriebsstätte im Sinne des Lohnsteuerrechts maßgeblichen Steuersatz einzubehalten und an das für die Betriebsstätte zuständige Finanzamt zur Weiterleitung an die Kirchen abzuführen.

(2) Auf Antrag der Kirchen, deren Gebiet ganz oder teilweise außerhalb der Deutschen Demokratischen Republik, jedoch innerhalb der Bundesrepublik Deutschland liegt, ordnet die zuständige oberste Finanzbehörde des Landes die Einbehaltung und Abführung der Kirchensteuer im Lohnabzugsverfahren auch für die gegenüber diesen Kirchen steuerpflichtigen Arbeitnehmer an, sofern sie in der Deutschen Demokratischen Republik nicht ihren Wohnsitz oder gewöhnlichen Aufenthalt im Sinne der Abgabenordnung haben, aber von einer Betriebsstätte im Sinne des Lohnsteuerrechts der Deutschen Demokratischen Republik entlohnt werden. Unterschiedsbeträge durch unterschiedliche Kirchensteuersätze gleichen die Kirchen selbst aus; Erstattungen sind auf Antrag der Arbeitnehmer vorzunehmen, auf Nacherhebungen kann verzichtet werden.

§ 12 (1) Soweit die Kirchensteuer durch die Finanzämter verwaltet wird, finden auf die Kirchensteuer vom Einkommen die Vorschriften für die Einkommensteuer und die Lohnsteuer, insbesondere die Vorschriften über das Lohnabzugsverfahren und auf die Kirchensteuer vom Vermögen die Vorschriften für die Vermögensteuer entsprechende Anwendung, sofern in diesem Gesetz und in der kirchlichen Steuerordnung nichts anderes bestimmt ist. Im übrigen sind die Vorschriften der Abgabenordnung anzuwenden mit Ausnahme der Vorschriften über Säumniszuschläge und Zinsen, über das außergerichtliche Rechtsbehelfsverfahren und über Strafen und Bußgelder.

(2) Soweit die Finanzämter die Kirchensteuer verwalten, erstreckt sich eine abweichende Festsetzung aus Billigkeitsgründen, eine Stundung, ein Erlaß oder eine Niederschlagung der Einkommensteuer (Lohnsteuer) oder Vermögensteuer auch auf die Kirchensteuern, die als Zuschläge zu diesen Steuern erhoben werden. Das Recht der kirchlichen Stellen, die Kirchensteuer aus Billigkeitsgründen abweichend festzusetzen, zu stunden, ganz oder teilweise zu erlassen oder niederzuschlagen, bleibt unberührt.

§ 13 Wird die Kirchensteuer von den Kirchen selbst verwaltet, so wird sie auf Antrag durch die Finanzämter nach den Vorschriften der Abgabenordnung sowie ihrer Nebengesetze oder, soweit kommunale Stellen die Maßstabsteuer einziehen, durch die kommunalen Vollstreckungsbehörden nach den Vorschriften über das Verwaltungszwangsverfahren beigetrieben.

§ 14 (1) Für Streitigkeiten in Kirchensteuersachen ist der Verwaltungsrechtsweg gegeben. Richtet sich der Widerspruch gegen den Steuerbescheid einer Finanzbehörde, ist die zuständige Kirchenbehörde zu hören.

(2) Rechtsbehelfe gegen die Heranziehung zur Kirchensteuer können nicht auf Einwendungen gegen die Bemessung der der Kirchensteuer zugrundeliegenden Einkommensteuer (Lohnsteuer) oder Vermögensteuer gestützt werden.

(3) Jeder ablehnende Bescheid der kirchlichen Behörden ist zu begründen und mit einer Belehrung über den Rechtsbehelf zu versehen.

Abschnitt III. Rahmenregelung für andere steuerberechtigte Religionsgemeinschaften

§ 15 Die §§ 4 bis 14 finden auf andere als die in § 2 Nr. 1 und 2 bezeichneten Kirchen sowie auf Religionsgemeinschaften und Weltanschauungsgesellschaften, die Körperschaften des öffentlichen Rechts sind, entsprechende Anwendung.

Abschnitt IV. Melderechtliche Regelungen

§ 16 (1) Die Meldebehörden erheben als Meldedaten auch die Angaben über die rechtliche Zugehörigkeit zu einer Religionsgesellschaft des öffentlichen Rechts. Die Angaben unterliegen dem Steuergeheimnis und dürfen im Rahmen dieses Gesetzes nur zur Feststellung der Kirchensteuerpflicht verwendet werden.

(2) Bestehen Zweifel über die Richtigkeit der bei der Meldebehörde vorhandenen Daten über die Zugehörigkeit zu einer Religionsgesellschaft, so sind auf Antrag des Betroffenen zunächst die nach seiner Auffassung

zutreffenden Angaben als Meldedaten zu führen. Die Meldebehörde hat die Abweichung der beteiligten Religionsgesellschaft mitzuteilen.

§ 17 Die Meldebehörden und die zuständigen kirchlichen Stellen nehmen zum Zwecke der Feststellung der für die Kirchensteuererhebung erforderlichen Daten der Kirchenangehörigen, einschließlich der amtlichen Bezeichnung der rechtlichen Zugehörigkeit zu einer Religionsgesellschaft öffentlichen Rechts, den erforderlichen Datenaustausch vor.

§ 18 Die für die Finanzverwaltung zuständige oberste Landesbehörde ist berechtigt, notwendige Einzelheiten der Erhebung, der Speicherung, der Weiterleitung und der Verwendung von Daten, die für die Feststellung der zutreffenden Kirchensteuer erforderlich sind, zur Sicherung des Datenschutzes durch Verordnung zu regeln.

§ 19 Allgemeine melderechtliche Vorschriften über die Kirchenzugehörigkeit bleiben unberührt.

Abschnitt V. Anwendungsvorschrift

§ 20 (1) Die Vorschriften dieses Gesetzes sind erstmals für das am 1. Januar 1991 beginnende Steuerjahr anzuwenden. Beim Steuerabzug vom Arbeitslohn gilt dies mit der Maßgabe, daß die Vorschriften erstmals auf laufenden Arbeitslohn anzuwenden sind, der für einen nach dem 31. Dezember 1990 endenden Lohnzahlungszeitraum gezahlt wird und auf sonstige Bezüge, die nach dem 31. Dezember 1990 zufließen.

(2) Soweit für die Feststellung der zutreffenden Kirchensteuer vor dem 1. Januar 1991 Feststellungen oder Datenübermittlungen erforderlich sind, ist das Gesetz vom Tage nach der Verkündung anzuwenden.

Sachverzeichnis

Die Angabe „(DDR)“ nach einem Stichwort weist auf eine Vorschrift der ehemaligen DDR hin.

Sachverzeichnis

Zahlen = Seiten

B

C

D

L

M

Q

R

S

V

W

Z

Sachverzeichnis

Zahlen = Seiten